[内部资料　注意保密]

CHINA CONSTRUCTION BANK ALMANAC

中国建设银行年鉴

2010

中国金融出版社

责任编辑：贾　真　肖丽敏
责任校对：李俊英
责任印制：裴　刚

图书在版编目（CIP）数据

中国建设银行年鉴 2010（Zhongguo Jianshe Yinhang Nianjian 2010）/中国建设银行年鉴编辑委员会编. —北京：中国金融出版社，2011.6
ISBN 978-7-5049-5860-0

Ⅰ.①中…　Ⅱ.①中…　Ⅲ.①建设银行—中国—2010—年鉴　Ⅳ.①F832.33-54

中国版本图书馆 CIP 数据核字（2011）第 033120 号

出版
发行　中国金融出版社
社址　北京市丰台区益泽路 2 号
市场开发部　（010）63266347，63805472，63439533（传真）
网 上 书 店　http://www.chinafph.com
　　　　　　（010）63286832，63365686（传真）
读者服务部　（010）66070833，62568380
邮编　100071
经销　新华书店
印刷　天津银博印刷技术发展有限公司
尺寸　205 毫米×280 毫米
印张　43.75
插页　18
字数　1298 千
版次　2011 年 6 月第 1 版
印次　2011 年 6 月第 1 次印刷
定价　139.80 元
ISBN 978-7-5049-5860-0/F.5420
如出现印装错误本社负责调换　联系电话（010）63263947

《中国建设银行年鉴2010》编委会

《中国建设银行年鉴 2010》编辑部

本年鉴数据使用责任说明

卷 首 语

2009年是非常困难、充满挑战的一年。我们认真贯彻党中央、国务院的决策部署，坚持积极审慎的经营方针，沉着应对全球金融危机带来的巨大挑战，深入推进业务转型，全面提升客户服务能力和风险管理水平，积蓄了更强有力的竞争优势，取得了优异的经营业绩。

一、沉着应对，改革创新稳步推进

经营规模再创新高，信贷业务调控有序。截至2009年底，全行资产总额超过9.6万亿元人民币，增加2万亿元，增幅27.37%；全口径人民币存款余额8.5万亿元，新增1.9万亿元，增量四行第一。其中企业存款余额突破4万亿元，共有20家分行在当地市场新增占比第一。

从2009年3月下旬开始，当整个银行业贷款猛增时，我行保持冷静，重新审视、提前预判新的市场形势和风险防控要求，主动调控回归常态，不与他行比增量增速，不搞季月末数字冲高。全年实现了总量控制适度，节奏把握均衡，经营结构改善，资产质量良好的目标。全行人民币贷款余额45 278亿元，新增9 447亿元。实现了信贷投放调控有序、收放自如，既注重了当年发展，更注重了未来风险防控。

合理把握发展速度，经营业绩再创新高。及时调整考核体系，不再考核分行贷款新增市场占比，信贷投放总体均衡；中间业务继续快速增长，在全部经营收入中的比重接近20%，四行占比增至28%；全年利润计划超额完成并创造历史最好水平，平均资产回报率和平均股东权益回报率分别为1.24%和20.87%；净利息收益率2.41%，在国内大型银行中均保持领先。国外投资机构评价，建设银行是国际上主要财务指标最好的大银行，也是中国国内市场综合竞争力最强的大银行。

积极创新产品服务，有力支持扩大内需。新增基础设施贷款3 514.11亿元，增速高出公司贷款5个百分点。通过发行债券、信托计划、租赁等多种工具，为客户筹措资金3 700多亿元，帮助企业解决各种融资困难。努力增强经济薄弱环节的金融服务。小企业贷款新增800多亿元，增幅47%，在8个省市发放网络贷款47.8亿元；涉农贷款新增1 630.96亿元，增幅38.25%，新设村镇银行6家；推出“内贸通”系列产品，帮助出口加工企业拓展国内市场。

结构调整进展顺利，风险防范得到加强。全年“进”、“保”类行业非贴现贷款占比上升4个百分点，“控”、“压”类占比下降3.9个百分点。全年实现信贷退出767亿元，计划完成率128%。通过优化外币债券投资组合、果断减少外币风险敞口，使外汇资产总体信用风险显著缩小。内部审计发现违规现象和风险隐患的能力进一步提高，问题整改效率明显提升。不良贷款累计处置率达54%，不良贷款额和不良贷款率持续双降，资产质量在国内大银行中保持领先。

持续推进“以客户为中心”的理念机制建设，服务质量不断提升。按照中央部署全面开展学习实践科学发展观活动，与此相联系相衔接，认真查找并整改客户服务薄弱环节和突出问题。完成1 200家网点二代转型，客户经理服务客户的时间提高31%。加快自助设备投入和电子银行建设，自助和电子渠道实现的交易次数相当于物理网点2倍以上。2009年下半年营业网点服务质量的“神秘人”调查得分93.5分，分别较2009年上半年和2008年下半年高出4.1分和2.1分，明显高出其他大银行。

推进管理机制改革和流程优化，专业化精细化水平明显提高。公司信贷经营职能整合取得明显成效，大型企业集中经营格局逐步形成，有效地减少了支行网点“吃大户”的现象。100个中心城市分行中，绝大部分实行了两级或两级半管理，三分之一取消了综合型支行设置，一半以上实现零售网点直管。新组建了一大批从事市场营销、产品开发、后台管理的专业化团队。产品创新实验室和个人客户数据分析中心投入使用。完成349个流程优化项目，收效明显。

把抓住市场先机与坚持稳健经营紧密结合起来，做到执两用中、守正出新。积极发现和抓住市场机遇，主动挖掘潜力和创造条件，做到见事早，行动快。比如，及早抓项目储备，下大力气抓小企业、机构业务和个人客户，切中了实体经济恢复的需要，掌握了业务发展的主动权。另外，时刻保持冷静头脑，立足建行自身实际，不盲从，不跟风，着力增强经营策略的灵活性。受到危机冲击后，不回避矛盾，不害怕困难，沉稳细致做好保全止损工作。

把结构调整和业务转型作为中心工作，兼顾短期目标和长远目标。认真贯彻“区别对待、有保有压”的方针，把转变业务发展方式作为应对金融危机的根本途径。制订不同行业、区域、产品信贷资源配置的调整优化方案，高度关注受经济波动和政策影响较大的行业和领域，主动退出高风险客户。在市场细分的基础上，大力拓展新兴业务，培育新的利润增长点。不仅保证了短期经营目标的实现，也巩固了长远发展的基础。

将客户至上理念与专业专注原则紧密融合，探索建立科学发展长效机制。坚持用“以客户为中心”的理念引领推动流程优化工作，深入贯彻落实科学发展观，持续查找不足，持续进行整改。充分挖掘客户需求，按照专业专注原则进行深耕细作，服务能力大大增强。对深层次矛盾问题，注重从体制机制上分析原因和寻找对策，对基层实践中摸索出来的好经验好做法，及时总结推广，使其转化为市场竞争力，不断推进有中国特色的世界一流银行建设。

二、统筹发展，实施稳健经营策略

——发挥传统优势，综合竞争实力持续增强。基础设施融资是我行传统优势，当年贷款新增占公司类贷款新增近一半，增幅32%，高于贷款平均水平5.6个百分点。独具优势的造价咨询业务成倍增加。银团贷款、CTS业务、境内外担保收入居四行首位。“银期直通车”覆盖139家期货公司，证券、期货签约客户数双双居市场第一。国际结算业务逆势增长，完成国际结算量4 651亿美元，是四行中唯一实现正增长的银行。证券投资基金新获批53只、新托管47只，均为同业第一。信用卡累计发行2 424万张，当年实现消费交易额2 928亿元，发行总量、交易金额、透支余额、资产质量四项指标同业第一。房改金融仍拥有近60%的市场份额。

——实施精细化管理，风险内控能力不断提高。不断丰富风险内控手段，实施了许多好的做法。一是行业细分，将十几个行业门类细分到九十多个，使经营方向和具体目标非常清晰便于操作。二是坚持行业限额管理和名单制管理，对16个“两高一剩”行业全部实现了名单制管理；总行实施了战略客户制度并重新梳理了重点客户名单，所有分行都已建立了合作伙伴的动态管理，取得了良好效果。三是实时监控，广泛运用管理工具，针对不同客户群的特点分别建立了评级模型；完善了管理平台，对公预警客户跟踪管理系统、押品管理系统建成上线。四是加强指导，总行相关部门搭建信息共享平台，适时发布政策信息和信号，及时向全行进行风险提示。

——严格成本控制，财务效益和资产质量稳步提升。2009年，全行一直把强化内部管理和控制成本贯穿于各项工作始终，经营业绩好于预期，净利润一举超过千亿元大关达到1 068.36亿元，比上年增加141.94亿元，增长15.32%，超额完成董事会下达的利润任务。

全行不良贷款余额721亿元，比年初减少117亿元；不良贷款率为1.50%，比年初下降0.71个百分点，继续“双降”。全年共处置各类不良资产454亿元，创历史最高水平。其中不良贷款420亿元，同比多处置100亿元。境内机构拨备覆盖率达175.77%，比年初上升44.19个百分点，远远超过150%的监管要求。

上述成绩的取得，得益于党中央、国务院的正确领导，得益于监管机构的有效指导，得益于总行领导层正确决策和切实执行，也得益于全行员工的开拓进取、努力奋斗。

2010年10月

董事长　郭树清

行长　张建国

监事长　谢渡扬

2009年4月7日，董事长郭树清在河南省分行进行调研并检查指导工作。

2009年5月7日，董事长郭树清一行在苏州市吴江亨通集团调研。

2009年6月1日，董事长郭树清在英国伦敦出席中国建设银行（伦敦）有限公司开业晚宴并致辞。图为董事长与伦敦有限公司员工合影。

2009年9月6日，董事长郭树清在浙江省万向集团调研。

2009年12月12日，董事长郭树清在新疆兵团农一师6团7连熊秀琼和周建平两位农工的家里，实地调研新疆维吾尔自治区分行小额农户贷款情况。

2009年1月12日，行长张建国在山东省分行调研。

2009年4月9日，行长张建国一行在广东省分行参加中国建设银行中小企业客户座谈会。

2009年6月5日，行长张建国一行在浙江省分行对网络银行系统进行调研。

2009年9月8日，行长张建国在北京出席中国建设银行与中国核工业建设集团公司战略合作协议签字仪式。

2009年9月28日至10月5日，行长张建国一行出席北京市分行举办庆祝建国60周年60位中国画名家邀请展暨“中国艺术家卡”首发仪式。

2009年3月16日，监事长谢渡扬在江西省分行调研。

2009年7月8日，监事长谢渡扬在青岛市分行调研。

2009年9月9日，监事长谢渡扬参加贵州省分行2009年度党员领导干部民主生活会。

2009年9月28日，中国建设银行推出国内首张中国艺术家卡。图为监事长谢渡扬(左) 参与揭卡仪式。

2009年12月31日，监事长谢渡扬视察审计部，并慰问员工。

2009年2月5日，副行长辛树森在巴西圣保罗与巴西银行签署代理行协议。

2009年6月23日，副行长辛树森在吉林省分行调研。

2009年8月25日，副行长辛树森在云南省分行调研。

2009年2月27日，冠军足球信用卡发卡仪式在北京举行。图为中国建设银行副行长陈佐夫（左）、中国银联总裁许罗德（右）和AC米兰俱乐部著名球星巴雷西（中）在揭卡仪式上。

2009年4月12日，副行长陈佐夫出席在重庆雾都宾馆隆重举行的中国建设银行股份有限公司与重庆市人民政府战略合作备忘录签约仪式。

2009年11月8日，中国建设银行信用卡中心南宁运行中心正式运行。图为中国建设银行副行长陈佐夫参加揭牌仪式。

2009年7月9日，建银国际与长电创新投资管理有限公司签订了共同设立医疗保健股权投资公司合作协议。图为副行长范一飞与三峡总公司李永安总经理互赠礼物。

2009年8月28日，副行长范一飞在《英才》杂志主办的2009年贡献中国高峰会上给客户颁奖。

2009年12月21日，副行长范一飞代表中国建设银行与浙江省人民政府、阿里巴巴集团签署网络银行合作备忘录。

2009年1月9日，副行长朱小黄出席在大连香格里拉酒店成功举行的中国建设银行与大连市财政局大连市重点项目战略合作签约仪式。

2009年2月18日，副行长朱小黄一行会见了广铁集团董事长何玉华先生。双方就推进企业年金业务、铁路龙卡发行及加强基建融资业务方面展开了深入交流。

2009年8月4日，副行长朱小黄在银川市会见宁夏回族自治区主席王正伟。

2009年8月6日，副行长胡哲一参加第二届北部湾经济与业务发展研讨会。

2009年9月22日，副行长胡哲一在江西省分行调研。

2009年11月17日，副行长胡哲一在哈尔滨培训中心调研检查指导工作。

建设银行2010年全国劳动模范

黄先俊（蒙古族）
内蒙古自治区分行行长

白国祥（蒙古族）
安徽省分行行长

李芳（女）
湖北省蕲春支行营业室主任

魏星（女）
四川省成都岷江支行个金部经理

目 录

二、风险研究（此部分内容见光盘）

四、行业研究（此部分内容见光盘）

五、产品与服务品牌（此部分内容见光盘）

六、专题研究（此部分内容见光盘）

CHINA 中国建设银行年鉴
CONSTRUCTION BANK ALMANAC
2010

CHINA 中国建设银行年鉴 2010
CONSTRUCTION BANK ALMANAC

第一部分　战略决策与战略管理

董事会的改革与成就

2009年，在复杂多变的国内外市场环境下，建设银行董事会认真贯彻落实国家宏观调控政策，坚持积极稳健的经营方针，大力推进以专业化和精细化为重点的管理改革，取得了良好的业绩。

2009年2月2日，董事王淑敏一行在湖北省分行调研。

2009年10月19日，董事刘向辉、王淑敏在吉林省分行调研。

2009年，我行境内外业务实现净利润1 068.36亿元，首次突破千亿元；资本回报率（ROE）达到20.87%，资产回报率（ROA）达到1.24%，在全球大银行中保持先进水平。截至2009年底，不良贷款率下降到1.50%，拨备覆盖率提高到175.77%，资产质量持续向好，风险防范能力不断增强。

良好的经营业绩和优质的服务得到了业界的广泛认可。我行在英国《银行家》杂志2009年度全球金融品牌500强排行中列第9位，《福布斯》杂志2009年度全球上市公司2 000强排名中列第23位，英国《金融时报》评选的全球500强中列第13位。并被《欧洲货币》、《亚洲货币》、《财资》等国际著名杂志授予“中国最佳银行奖”、“最具潜力中国企业”等奖项。

一、继续完善公司治理结构

2009年，我行董事会与公司治理各方一起积极探索，及时总结经验，在完善国有控股银行公司治理方面取得了新的进展。

（一）进一步理顺公司治理各方的关系

2009年，在监管机构的监督指导下，我行股东大会严格履行作为公司最高权力机构的各项职责，董事会及时制定公司经营决策，管理层积极组织各项经营管理活动，监事会认真加强内部监督约束，实现了公司治理体系的有序运行。

同时，严格按照国家法律、法规的要求，注重处理好“新三会”与“老三会”的关系，推动公司治理各方进行更加深入和有效的沟通与协调，在建设具有中国特色的现代银行制度方面进行了持续的探索。十分注重发挥职工代表大会和工会的作用，积极鼓励各级员工和工会为建设银行的发展建言献策。

此外，我行还以开放的态度将媒体监督和公

众监督作为公司治理的重要组成部分，自觉接受市场监管，认真考虑小股东利益和诉求。2009年，我行加大了对银行业改革和发展成就的宣传力度，不断完善信息披露和投资者关系管理，有效地提升了建设银行的市场形象。

（二）有效发挥董事会重大决策作用

2009年，董事会依法履职尽职，在关系全局的战略发展、聘任考核和制度建设等方面发挥了重要的决策作用。全年董事会共召开会议9次，审议议案36个，召集股东大会会议2次；召开专门委员会会议24次，审议或听取汇报议题119个，保障了公司治理机制的顺利运转。

2009年是全球经济走出危机的关键一年，为对经济金融形势有更清楚的了解，董事会加强了调研工作。董事会成员先后赴美国、欧洲、巴西、西班牙、澳大利亚、中国香港等地，以及境内20多个省市，围绕资源配置、资产处置、股权投资管理、海外机构经营以及信贷政策执行等重大专题，广泛而深入地开展调研。董事会还在内蒙古召开战略研讨会，对新形势下银行业务模式、业务增长点、商业银行与投资银行关系、电子银行发展等重大战略问题进行了深入研讨，并实地考察了当地的环境保护、沙漠治理和高新技术等项目，为制定科学的发展战略，实现建设银行的可持续发展奠定了基础。

为确保决策的合规性，提高决策效率，董事会加强了与监管机构、监事会、管理层等公司治理各方的沟通和协调。邀请银监会代表参加董事会定期会议，列席董事会战略委和风险委会议，重要事项及时咨询与沟通，充分了解监管规则，主动接受监管。自觉接受监事会监督，密切关注管理层的经营活动，建立了与监事会和管理层之间良好的沟通机制和信息传输渠道。

在全球金融危机的背景下，董事会带头节约、高效办会，多方采取措施，全面控制会议成本，会议费用降低了26%。

（三）不断强化风险管理

2009年，董事会把风险管理摆在更加突出的位置，强调要不断强化贷后管理和风险控制。2009年，我行进一步完善了专职审批人制度，对小企业经营中心、个贷中心等专营机构派驻审批人，审批决策专业化水平不断提高。全面推广风险经理和客户经理平行作业机制，风险控制关口更加贴近市场。

针对市场风险管理相对薄弱的状况，董事会推动管理层成立了市场风险管理部门，健全交易业务前台、中台、后台相分离的市场风险管理体制，制定了代客衍生产品风险政策底线、外币类债券发行体风险分级管理制度。同时，加快操作风险管理工具开发和信息系统建设，健全基础管理制度，加强对关键部位的风险排查，有效控制了操作风险。

此外，按照实施《巴塞尔新资本协议》的总体规划要求，董事会积极推进相关工作，一批重要成果已经在业务实践中推广应用。目前规划的50个项目已完成80%以上，完善了信用风险、操作风险、市场风险、银行账户利率风险、流动性风险的管理制度、工具和流程，基本具备了申请实施《巴塞尔新资本协议》的条件，为风险管理水平和核心竞争力的全面提高奠定了基础。

（四）董事会成员认真履职尽责

2009年，董事会成员认真履行职责，积极参加履职培训，独立审慎决策，恪守保密义务，推动了我行改革的不断深入和可持续发展。

执行董事在组织好各项经营管理活动的同时，注重加强与股权董事和独立董事的沟通，督促管理层及时向董事提供银行的经营形势、业务运转、风险管理和财务状况等关键信息，并就日常经营中的重大事项及时与董事沟通。

股权董事一方面主动加强对银行经营环境和我行经营情况的了解，提高决策的针对性和科学性，并就资源配置、结构调整、股权投资、电子银行等提出了很多有针对性的建议；另一方面对董事会程序性事项充分发表意见，促进了董事会的科学决策。

独立董事充分利用其国际视野和在多家机构任职的经验，积极为建设银行的发展建言献策，在海外业务、绿色银行、人才培养、财务管理等方面提供了大量有价值的信息，为推动我行战略转型和可持续发展发挥了积极的作用。

二、进一步加强战略管理

2009年，董事会坚持积极稳健的经营方针，沉着应对全球金融危机带来的巨大挑战，深入推进业务转型，全面提升建设银行客户服务能力和风险管理水平，稳步贯彻和落实董事会制定的业务发展战略纲要。

（一）合理把握信贷增长

2009 年，面对复杂、严峻的外部环境，董事会制定了相对谨慎的利润增长目标，并综合考虑贷款需求、银行管理水平以及市场环境等因素，合理安排全年信贷计划，将贷款增速控制在风险管理能力和资本可承受范围内。2009 年初，我行敏锐捕捉市场先机，贷款投放领先一步，第一季度新增贷款占全年贷款的 56%；3 月以后经营重点率先转到结构调整上来，主动控制投放节奏，按照“进、保、控、压、退”的信贷结构调整方案，明确“坚持有效发展，不盲目争市场第一；坚持信贷政策标准，不突破风险底线”的要求，优先满足高质量的、实体经济部门的信贷需求，确保重点客户和项目投放，严控对“两高一资”和产能过剩行业贷款，审慎发展对公房地产业贷款，规范地方政府融资平台贷款。全年人民币新增贷款 9 447 亿元，创出历史新高，同时同业排名由前几年的第一、第二名变为第四名，市场占比下降 2 个百分点，增速比同业平均低近 5 个百分点。

（二）努力增强民生领域金融服务

为积极支持国家扩大内需的政策，董事会从优化信贷资源配置着手，推动管理层改进业务流程、丰富创新金融产品、增强民生领域金融服务。一是努力为居民提供最好的住房金融和消费信贷服务。截至 2009 年底，我行个人住房贷款余额为 8 525.3 亿元，住房金融服务保持市场领先；个人消费贷款余额为 786.5 亿元；信用卡累计发行 2 424万张，累计发卡量、消费交易额、透支额、资产质量四项指标在同业中保持领先。二是大力拓展中小企业业务。在全系统新组建 140 家“信贷工厂”，创新推出小额无抵押贷款、助保金贷款、“e 贷通”网络银行贷款等近 30 项新产品，全年小企业贷款余额达 2 732.8 亿元，增长 47.1%。三是不断加强和改进“三农”金融服务。确定了支持经济作物种植、农副产品深加工等十大特色行业和领域，积极发展小额农贷业务。全年涉农贷款新增1 660亿元，增长 39%。四是推动民生事业发展，推出专门面向教育、医疗、社保、环保领域的“民本通达”系列产品和服务。2009 年重点民生领域贷款同比增长 49%，比全行平均贷款增速高 22 个百分点。

（三）稳步推进综合化经营

2009 年，我行在香港的全资投资银行——建银国际全年实现税前利润 20.50 亿元，同比增长 107%，利润总额跃居香港中资批发投资银行第一名。基金公司、租赁公司、信托公司、住房储蓄银行等的经营状况也持续向好。董事会还积极关注新的综合化经营平台的建立。2009 年，经董事会批准，我行与 ING 就其所持太平洋安泰 50% 的股权转让协议达成一致，与太平洋安泰的另一股东太保集团也达成了股权转让的意向。与桑坦德合资设立村镇银行控股有限公司的事宜也在积极推进。

（四）稳妥推进海外布局

按照《中国建设银行海外业务发展战略》的部署，董事会审慎稳妥地推进海外业务发展。2009 年，经董事会批准，我行全资子公司建行亚洲成功收购美国国际财务（香港）有限公司（AIGF），由于我行准确把握收购时机，谈判中积极争取我方利益，因而收购市账率仅为 0.45 倍。我行纽约分行、伦敦子银行先后开业，初步实现了我行全球 24 小时经营的目标。越南胡志明市分行 2009 年底获颁营业执照，悉尼代表处 2010 年上半年也有望获得升格为分行的营业执照。此外，我行已与近 130 个国家和地区的 1 300 多家银行建立代理行关系，利用代理行的网络延伸自身的服务渠道，全球客户服务能力显著提升。

（五）持续推进与美国银行、淡马锡的战略合作

2009 年，我行与美国银行战略合作更加深入和具体。双方在公司业务、财富管理、人力资源管理、风险管理，电子银行和 IT 等关键领域实施了 11 个战略协助项目。完成了 60 余个经验分享项目，美方专家来华授课 40 批次，我行近千名员工直接参加了培训课程及座谈会。另外，我行 24 名中层管理人员参与了为期 3 个月的赴美跟岗培训，在电子银行、信息技术、人力资源管理、财务管理、风险管理方面借鉴先进经验。淡马锡旗下富登金融与我行的战略协助协议虽于

2009 年初到期，但其仍继续在财富管理、私人银行、财务估值模型等方面为我行提供了培训资源和服务。

（六）加强资本规划和再融资研究

董事会根据银监会有关监管要求和《建设银行业务发展战略纲要》，制订了 2009—2011 年未来三年的资本补充规划，对因业务发展而形成的资本缺口进行了测算，并进一步明确了把资本充足率保持在 11% 的管理目标。年内把握住了有利的次级债的发行时机，在市场利率处于较低水平期间，分三次共发行 800 亿元次级债券，创造了商业银行次级债的年度最大发行量，有效地补充了我行的附属资本。同时，为满足业务稳健发展的需要，董事会积极开展再融资研究，对各种增长模式下的资本缺口和不同资本补充方案进行比较研究，为下一步的资本补充打下了坚实基础。

三、持续深化经营管理体制改革

我行董事会始终坚持“以客户为中心”的经营理念，积极推动建立专业化、差别化的客户服务体系，推进管理体制改革和流程优化，不断提升服务质量和专业化、精细化水平。

（一）推进组织机构改革

在董事会的大力推动下，2009 年，我行继续加快批发零售条线分开，推进公司业务经营重心上移和信贷经营职能整合，大型客户集中经营格局逐步形成。平稳推进机构扁平化改革，在 100 个中心城市分行中，绝大部分实行了两级或两级半管理，三分之一取消了综合型支行设置，一半以上实现了零售网点直管。在部分市场环境成熟、内部管理基础较好的地区试行了事业部制，并适当增加了新兴城市和发达县镇的机构和人员数量。

（二）建立健全专业化客户服务体系

2009 年，我行新组建了一大批从事市场营销、产品开发、后台管理等业务的专业化团队，为客户提供个性化的金融服务和增值服务。建立问题解决中心、客户体验中心和反欺诈中心，进一步提升客户营销服务和管理水平。同时，进一步理顺新型专业化经营机构与传统支行网点的关系，强化内部协同联动。全年新建各类专业化经营中心 928 个，总量达到 4 207 个。

（三）继续完善产品创新机制

董事会十分重视产品创新工作，积极推动联动创新，以优势和特色带动方向性、战略性业务发展。2009 年 9 月，我行第一个产品创新实验室在北京正式建成并投入使用。产品创新实验室采用全新的理念和专业化工作方法，收集、筛选来自市场、客户、内部员工的产品创意，为重要创新建立起相对完善的产品概念。目前，产品创新实验室已推出“消费生态大社区”等一批产品原型。同时，持续推动产品创新和流程优化，2007—2009 年累计完成产品创新 1 149 个，累计完成 1 086 个流程优化和标准化项目。

（四）大力推动渠道建设

在董事会的指导下，我行在全面完成第一代网点转型后，2009 年顺利推进 1 200 家网点的二代转型，以解决个人 VIP 客户差别化、专业化服务为重点，转型效果明显。2009 年营业网点服务质量的“神秘人”调查得分为 93.5 分，较 2008 年提高 2.1 分，明显高于其他大银行。面对互联网企业对银行业务的强烈冲击，董事会积极推进自助银行、电子银行等渠道建设。截至 2009 年底，全行安装运行自动柜员机 36 021 台，居全球银行业前列。电子银行交易量同比增长 58%，收入同比增长 66%；自助渠道总交易量与柜面总交易量之比达到 115%，同比分别提高 12 个百分点。

（五）积极推进全面成本管理

2009 年，董事会继续坚持成本领先的竞争策略，严格控制员工费用与利润的比例在 0.6∶1 的范围内，实现了低成本基础上业务的健康发展和效益的持续增长。同时，结合当前成本管理面临的形势和需要着手解决的重点与难点问题，指导管理层制定了加强全面成本管理十二项措施，并启动了涉及全行渠道、产品、作业、流程等方面的二十个重点成本管理项目研究，先期启动的档案管理项目将节省一半以上纸质档案，大大减轻了档案库房压力。

四、积极加强投资者关系管理和信息披露

2009 年，董事会以全体股东根本利益为出发点，不断强化与各类投资者的沟通交流，积

极完善信息披露制度，维护了我行良好的市场形象。

（一）加强与投资者沟通交流

2009年，国内商业银行信贷投放、资产质量、资本监管、迪拜危机影响等成为投资者关注的焦点，我行董事会和管理层及时、准确地对广大投资者进行了详细的解释或说明，打消了投资者的疑虑和担忧，使投资者更加全面地了解我行发展战略、最新改革发展状况及未来趋势，坚定了投资者的持股信心。同时，我行持续改进日常管理，加强与资本市场双向沟通，全年共举办年度和中期业绩发布会及全球路演2次，组织季度业绩分析师电话交流会2次，参加境内外大型投资者论坛8次，广泛地与各个国家和地区的投资者进行交流。2009年，我行获得和讯网评选的“最佳投资者关系上市公司”和《证券时报》评选的“中国最受投资者欢迎上市公司网站”等奖项。

（二）妥善应对危机和突发事件

针对复杂多变的形势，董事会加强了对资本市场及风险的研究和监控，积极准备应对预案，有效地阻止了风险的蔓延，维护了广大股东的利益。

2008年底和2009年5月，我行战略投资者之一——美国银行两次减持我行股份，董事会一方面与战略投资者保持密切沟通，协商确定合适的减持数量和减持时机；另一方面认真研究制订应对预案，积极利用业绩路演的机会，物色新的长线投资者适时入场，增强他们对买入并持有我行股票的兴趣，减少减持对市场的短期震动。

2009年11月底，在迪拜政府发布延迟支付债务公告当天，董事会和管理层迅速研究对策，及时应对，在第一时间冻结了阿联酋国家额度，缩减了26家涉及迪拜世界银团贷款的外资银行金融机构额度，在迪拜政府公告前数小时紧急通过存款账户质押方式收回1.75亿美元，并积极采取各类资产保全措施，使迪拜世界贷款风险降低到最小。

（三）积极拓展投资者基础

董事会不断加强股东的研究和分析，推进与投资者交流的差异化和针对性，同时密切关注国内外资本市场潜在投资者的最新动向，采取有效措施拓展投资者基础，不断改善股东结构。我行广泛与美国、欧洲、中国香港、新加坡、中东等国家和地区的主要投资者保持密切交流与沟通。目前，我行股东数量已超过120多万，分布在全球40多个国家和地区，巴克莱、富达基金、摩根富林明等国际大型机构投资者均长期稳定持有我行股份超过10亿股，已超过我行一些发起人持股量。

（四）充分、准确、及时披露信息，巩固我行良好的市场形象

董事会高度重视保护所有股东，尤其少数股东的权利和权益，力求为广大投资者和公众提供更多真实、有用的信息。全年我行发布定期报告4次，临时报告25次。2009年，我行获得《证券时报》评选的中国上市公司最佳信息披露网站奖，美国媒体专业联盟（LACP）年报评比银行类银奖，美国ARC国际年报大赛整体年报优秀奖、财务数据优秀奖、内文编写铜奖。同时，还获得香港管理协会最佳年报评比公司治理披露奖。

五、全面履行企业公民责任

我行董事会在积极为股东创造更大价值的同时，始终坚持企业与环境和社会良性互动、和谐发展的理念，积极投身社会公益事业，主动履行社会责任。

董事会认真研究节能环保产业发展给银行带来的业务机会，继续倡导“绿色信贷”理念，积极推动实施绿色发展战略，加大环保产业的信贷支持、产品创新和服务创新力度，配合国家节能减排战略，从严控制“高碳”项目。在产品方面，除为相关企业提供传统的存贷款业务外，还积极提供项目融资、买方信贷、支付结算、顾问咨询等多种服务，满足客户多方面的需要。目前，我行与国内主要的新能源公司建立了广泛的业务合作。

同时，董事会长期支持扶危济困的公益项目。2009年，经董事会批准，我行捐款6 000万元人民币，设立了“少数民族大学生成才计划奖（助）学金”。继续实施“资助贫困高中生成长计划”、希望小学援建维护工作、“情系西藏奖（助）学金”、“清华讲席教授基金”等一系列支持教育事业的计划。

此外，继续按照计划实施“中国贫困英模母亲资助计划”、中国扶贫开发协会村落工程电脑扶贫行动等项目。截至2009年底，资助了贫困高中生40 043人次，发放助学金约6 000万元；资助贫困英模母亲3 607人次，发放资助款超过1 005万元；累计捐建了34所建设银行希望小学。台湾发生“莫拉克”台风灾害后，我行还通过海协会捐款人民币500万元支援台湾同胞渡过难关，战胜灾害，恢复生产，重建家园。

我行积极履行企业公民责任的实践和努力，获得了社会各界的广泛认可，我行的品牌价值也得到大幅提升。在英国《银行家》杂志近期发布的2010年度“全球银行品牌500强排行榜”上，我行以120.76亿美元的品牌价值列全球第13位，并跻身“全球商业银行品牌十强”第二位。在由亚洲权威的社会责任分析评估机构企业社会责任亚洲（CSR ASIA）公布的“2009年亚洲可持续发展排名”中，我行荣登在香港上市的中国公司排名第三位，比2008年上升九位，并连续第二年列中资银行之首。我行还被中国社工协会企业公民委员会评为“第五届中国优秀企业公民”，郭树清董事长同时获评“2009年中国最具社会责任企业家”。

执笔：卢　刚　朱彩虹　刘　健

审稿：徐漫霞

监事会的改革与成就

2009年，监事会按照《公司法》和银行章程的规定，结合经济金融形势和本行实际，及时跟进新的监管要求，通过列席会议、现场调研、非现场分析、调阅审阅资料、访谈座谈等多种方式，主动、扎实地开展对银行财务、风险管理与内部控制、董事会和高级管理层及其成员履职尽职情况的监督，较好地履行了职责，推动公司治理不断完善，为全行健康发展作出了努力和贡献。

一、监事会会议运作规范，议事水平继续提高

2009年，监事会共召开六次会议，其中以书面议案的方式召开会议一次。审议通过《2008年年度监事会报告》、《2009年年度履职尽职监督工作方案》、《2009年年度财务与内部控制监督工作方案》和银行《2008年年度报告、年度报告摘要》、《2008年下半年利润分配方案》、《2009年第一季度报告》等十二项议案，对监事会日常及年度监督检查工作进行专题研究，总结、部署各阶段工作，及时了解、掌握银行年度财务、风险管控、内部审计等经营管理工作情况，督促加强和改进相关工作。监事会会议运作规范、注重效率、重点突出，较好地发挥了议事、决策和实施监督的功能。

在综合全年监督工作的基础上，根据年报信息披露的监管要求，监事会起草并审议通过了监事会年度报告，对本行依法运作情况、财务报告情况、募集资金使用情况、收购和出售资产情况、关联交易、内部控制以及履行社会责任的情况发表了监督意见，相关内容纳入银行年度报告进行了公开披露。

二、专门委员会积极协助开展监督工作，职能作用进一步加强

2009年，履职尽职监督委员会召开了四次会议，审议、审核了《监事会对董事会、高级管理层及其成员2008年度履职情况的意见》等三项议案，研究讨论了《关于完善履职尽职年度监督工作方案的意见》、《公司治理文件（监事会相关内容）的修订意见》等议题。财务与内部控制监督委员会召开了六次会议，审议、审核了《2008年度财务监督意见》、《2008年度内部控制监督意见》、《2008年度内部控制自我评估报告》等十一项议案，听取内部审计发现情况等专题汇报六次。对拟提交监事会审议的议题、议案，专门委员会先行进行了充分的讨论和研究；根据监事会的统一部署，细化并组织实施确定的监督事项，对监督工作的有效开展和落实发挥了积极作用。

在出席、列席各类会议的过程中，全体监事认真审阅资料，参加研究讨论，负责任地发表意见和进行表决，同时立足于各自专业特长，分别参与了相关的监督工作，包括调研和非现场分析，对董事、高级管理人员以及部门、分行的访谈座谈等，忠实地履行了监事职责。

三、高度重视自身建设，不断提高履职能力和水平

2009年，监事会着重通过以下途径，大力加强自身建设，提升履职能力。一是认真学习中央、政府有关部门和监管机构关于银行公司治理及监事会工作的新要求、新规定，专门召开研讨会进行集中讨论，研究落实措施，进一步深化了对监事会自身职责和工作重点的理解认识。二是组织、

参加各种类型的培训，年内共举办两期业务培训班，邀请股东单位、总行高级管理人员、部门负责人和外部专业人士，就国有控股金融机构监事会工作、上市公司监管新规则、风险管理、《巴塞尔新资本协议》和国际财务报告准则的新规定等举办专题讲座。组织全体监事参加证券监管部门举办的上市公司董事、监事业务培训班，组织股东代表监事、职工代表监事参加行内各类培训，深入学习科学发展观，就公司治理、战略管理、监管规则和金融改革等进行研讨，剖析国际金融危机的原因和影响。三是加强与同业的沟通交流，按照中央汇金公司的要求，承办了“汇金公司控股银行监事会工作座谈会”，与参会各银行监事会相互交流，学习借鉴工作方法和经验。四是充分调动和发挥监事会办事机构工作人员的积极性，大力营造团结进取的工作氛围，努力把监事会打造成一支精干、专业、高效的工作团队。适应监督任务日趋复杂的要求，进一步优化和规范内部工作流程，积极做好办公服务、辅助监督等各项基础性工作，为监事会的运作提供了有力支持。

四、主动适应外部经济环境变化，创造性地开展财务监督工作

2009 年，监事会主动适应宏观经济金融形势和银行财务管理环境的发展变化，调整工作思路，健全工作机制，创造性地开展财务监督工作。进一步加强与董事会、管理层和外部审计师的沟通交流，加大调阅、审阅内部文件资料的工作力度，及时跟踪分析外部监管规定、会计准则和上市公司信息披露的新要求，不断强化对银行财务报告依法合规性的监督。列席了董事会审计委员会与外部审计师的闭门会议、财务报告预沟通会和全部审计委员会定期报告审核会议，对其履行定期报告审核职责进行了监督。针对年内各项定期报告的编制、审计，分别与外部审计师和财务会计部等相关部门举行工作访谈 4 次，了解编审进程以及存在的问题，对准则的变化和执行、资产减值准备计提和回拨等事项重点予以关注，提出进一步加强信贷审计抽样的科学性等工作要求，把握重点，就年度报告中公允价值计量报告程序、历年现金红利分配情况等信息的披露提出修改建议，促进了财务报告整体编审质量的提高。

监事会持续关注对银行财务报告、经营效益具有重要影响的业务领域，以及银行综合经营计划、等级行评定和 KPI 考核办法等重要财务管理内容主动开展研究分析。在年度履职尽职访谈时，专门听取董事、高管、分行负责人对银行业绩考核等内容的意见和建议，并及时反馈给银行职能部门参考。对银行最近一次募集资金使用情况进行了监督。结合年度财务监督主要工作情况和监事会的日常监督发现，起草了对银行年度财务的监督意见，相关内容纳入监事会年度报告并经审议后进行公开披露。

五、及时把握监管部门新要求，努力推进内部控制监督工作

加强对董事会和高级管理层履行内部控制职责、董事会开展内部控制体系评价工作的进展情况进行监督。及时了解监管部门对银行相关内部控制和风险管理的新要求，组织对新发布的监管制度进行梳理分析。如对银监会发布的《商业银行信息科技风险管理指引》，重点从公司治理的角度进行分析，向监管机构和律师进行咨询，并将有关情况书面提供给董事会和管理层参考。针对财政部、银监会联合下发的《关于当前应对金融危机加强银行业金融机构财务和风险管理的意见》，要求各级分支机构积极贯彻落实，把相关工作做细致、做扎实。同时，重视对全行内部控制和风险管理中的新情况进行研究分析，如对个人贷款管理的合法、合规性进行了重点了解，督促职能管理部门强化合规意识，进一步规范经营行为。通过向董事会关联交易控制委员会进行书面征询、对总行职能部门进行书面调查和工作访谈等方式，对银行关联交易和重大资产收购与出售事项进行了监督。结合有关监管规定，对我行单笔 20 亿元以上的担保情况进行监测，及时提示有关部门知悉和关注。跟进了解总行主要负责人对电子渠道建设和优化的有关批示精神落实情况，对我行与主要竞争对手电子银行业务的发展情况进行对比分析，与职能部门进行了访谈，督促其及时了解同业产品、流程改进情况，研究采取相应措施，推动电子银行业务加快发展。结合年度内部控制监督主要工作情况和监事会的日常监督发现，起草了银行年度内部控制情况监督意见，

部分内容纳入监事会年度报告并经审议后进行公开披露。

六、围绕工作重点，组织开展履职尽职监督工作

监事会围绕董事会的决策职责履行情况，高级管理层执行决策的情况和效果，董事、高级管理人员勤勉尽职情况、依法合规情况以及发挥的作用等重点，组织开展履职尽职监督工作。在每次股东大会、董事会及其专门委员会会议召开前，组织对会议议案、议题以及会议召开程序、授权权限、表决结果、信息披露等进行认真分析，从合法、合规性的角度提出意见、建议。定期对股东大会决议执行情况、董事会决议的执行情况等进行监督分析，有重点地组织调阅执行董事、高级管理人员签批的部分文件签报，对经营决策程序的依法合规性进行了解和监督。持续收集整理董事参与董事会及其专门委员会工作、发言与表决、参加调研的情况，以及高级管理人员分管工作情况，不断充实和完善董事和高级管理人员履职尽职监督档案。

2008年底及2009年初，集中力量组织实施了对董事会、高管层及其成员年度履职尽职情况的一系列监督工作。包括审阅董事会、高管层及其成员根据监事会要求提交的年度履职报告；在董事、监事和高级管理人员范围内组织履职尽职情况的测评；对全体董事、高级管理人员、监事及部分分行、总行部门主要负责人等进行单独或集体访谈，先后组织了3次分行行长座谈会、1次总行部门负责人座谈会，共有60人次接受或参加访谈座谈；召开监事会成员参加的集中评议会，就年度监督意见的起草充分交换意见。在此基础上，本着严谨审慎的原则，经过反复斟酌、讨论，逐一形成对董事会及其专门委员会、高级管理层年度履职情况的意见，以及对每一位董事、高级管理人员年度履职情况的意见，并采取适当形式通报和反馈。

七、密切关注经营环境变化，加强专题调研分析和提示建议

监事会注意结合经营环境的变化，观察和分析本行业务发展和经营管理的新动向、新特点，从中筛选出一些监督重点，组织开展一系列较有深度的非现场分析和现场调研。如为全面了解信贷投放快速增长及管理情况，组织专门团队开展了信贷投放调研，与总行4个业务部门进行访谈，赴河北等4家分行进行现场调研，形成了专题调研报告。报告重点对贷款快速增长给风险防范、基础管理工作带来的压力，信贷资产组合变化对收益的影响，信贷结构调整的进展状况等进行了分析，建议董事会从发展战略的角度加强研究和指导，建议管理层把结构调整放在更重要的位置，加大对已发放贷款的风险排查力度，确保贷款大投放后的资产安全。

2009年，银行信贷资产快速增长对资本充足率管理带来了一定影响，监事会调阅有关材料，了解资本充足率的管理现状和计算方法，对2009年底资本充足率情况进行了初步匡算和分析，建议针对信贷总量快速增长的现实情况，进一步改进和加强资本充足率管理，适时研究资本补充计划。

近年来，我行本币资金业务规模增长较快，在总资产中的占比较大，投资格局日趋多元化，风险防范工作的重要性日益凸显。监事会组织开展了对该业务的调研分析，调阅相关规章制度等资料，先后与总行5个职能部门座谈，撰写了专题分析报告。管理层对此非常重视，组织进行专门研究，推出加强制度建设、组织建设，强化市场研究分析，改进、完善投资策略制定和投资管理，控制利率、信用风险等一系列改进措施。

针对近年来我行表外业务发展迅速、总量规模较大、创新产品不断出现的情况，监事会组织了对表外业务的非现场分析和调研，调阅分析了有关经营管理数据、内外部审计检查报告等，与8个职能部门进行访谈，并对天津市分行进行了现场调研，形成了专题调研报告。报告就表外业务会计核算、风险管理及内部控制进行了重点分析，建议董事会、高管层进一步加强对表外业务发展的统筹管理和战略规划，关注表外业务总量、结构及对收益与风险的影响，推动表外业务可持续健康发展，采取有效措施切实提高制度执行力，夯实基础管理工作。董事会、高管层已责成有关部门就报告所提建议进行研究、提出对策。

就一些重要问题或需要关注的事项，监事会

以书面提示函或建议函的方式及时进行提示建议。例如，国家实施适度宽松的货币政策之后，监事会即于2008年底向董事会、高管层发出建议函，建议切实改进和加强运营管理，做好新形势下的总量管理和风险防范工作。根据对本币资金业务非现场分析的情况，向董事会、高级管理层提出了关于重视加强本币资金业务风险管理的建议函，建议严格内部控制和监督检查，落实风险防范措施，加强专业团队建设，确保业务的健康运营。针对2009年中央及政府有关部门、银行证券业监管机构等相继颁布的涉及领导人员廉洁从业、企业内部控制、信息科技风险管理、董事选任及行为规范等制度规定，监事会专门向董事会发出建议函，就加强研究、加强遵循和执行等方面提出建议。

八、积极探索，认真履行对银行内部审计工作的指导职能

根据我行章程的规定，监事会认真履行对银行内部审计工作指导的职责。2009年，我行内部审计系统结合全行工作实际，积极探索更加科学合理、高效的工作方式方法，通过完善审计质量控制机制，提高先进技术方法的应用水平，加强审计队伍建设，着力提高审计质量和效率。全年共组织实施了25大类系统性审计项目和2 060多项次自选审计项目，发现问题60 000余个，发现案件线索1起，提出审计建议11 000余条。内部审计信息包括各类审计成果和重大审计发现，内审部门通过规范的渠道向总行领导和董事会审计委员会进行了报告，与有关部门和分支机构进行了交流、通报。各级机构对审计成果给予了高度重视，积极部署和督促相关整改工作，利用审计成果查找不足，主动规范经营行为、防范风险隐患、改进管理方法。经过多方面的共同努力，审计价值得到进一步体现。

执笔：陈亚楠

审稿：刘　进

CHINA 中国建设银行年鉴 2010
CONSTRUCTION BANK ALMANAC

第二部分　战略部署暨文献资料

准备迎接更大挑战 争取实现新的突破

——在中国建设银行工作会议上的讲话

郭树清

(2009年2月24日)

同志们：

我们的年度工作会议在时间上可能是最落后的，但是从另一种意义上说，我们工作安排又是最早的。2008年11月11日召开的秋季工作座谈会，及时贯彻了关于扩大内需的宏观新政。在过去的100天里，正好2008年底和2009年初各50天，全行在前所未有的复杂形势和市场环境下，做了大量卓有成效的工作。这次会议开得稍晚一些，也有利于我们掌握更多的新情况，更深刻地学习领会中央经济工作会议精神，更全面地对全行工作进行总结和部署。张建国同志将作全面的工作报告，明天还要召开党的工作会议，这里我围绕业务发展先讲五点意见。

一、2008年经营管理工作的主要成绩和问题

2008年，在党中央、国务院领导下，我们以改革创新精神进一步推动科学发展实践，紧紧抓住机制转换和业务转型，积极应对国际金融危机的冲击，经受住了一系列重大事件的考验。全行超额完成了年初确定的工作任务，客户服务和风险管理能力持续提升，主要财务指标达到全球大银行最好水平，综合竞争力继续领先国内同业，实现了新的跨越。

——在应对复杂形势中取得了良好经营业绩。适应经济形势和宏观调控的变化，及时调整经营策略，利润继续实现较快增长。全年人民币贷款新增5 085亿元，一般性存款新增首次突破1万亿元，中间业务收入连续三年在四大国有商业银行中增长最快。2008年度中国企业500强中，建设银行列第7位；《财富》杂志全球企业500强中，建设银行由上年的第230位上升至第171位，在国内企业中升幅最大。我行的一级资本在全球银行中列第13位，但是股票市值已连续三年居于前列，而且根据国际分析机构预测，2008年建设银行的净利润排名将由第十名上升到第二名。

——克服超常困难，提供优质的银行服务。全力支持抗灾、救灾和灾后重建，保证灾区金融服务不中断，主动了解灾区客户资金需求，有针对性地推出多项便民特别措施。开辟贷款绿色通道，累计投放冰雪救灾贷款240亿元，抗震救灾贷款318亿元。全行公益捐赠总额达2.11亿元，其中个人捐款达1.36亿元。集中精力做好奥运会、残奥会金融保障工作，认真组织信息系统和办公楼电力系统等专项应急演练，实现奥运期间正常运行，并专门提供了人性化的外语服务和无障碍服务。

——信贷结构调整取得明显进展。全年累计退出贷款644.6亿元，完成退出计划的121.9%，处置不良贷款405亿元。对不符合国家政策和我行风险偏好的271个退出类行业，实现贷款余额、不良额和不良率“三下降”。推进差别化信贷政策，加大信贷资源向战略重点业务倾斜，小企业、涉农贷款分别增长19%、31%，明显高于贷款平均增速。

——综合化经营迈出实质性步伐。投资银行业务蓬勃发展，成为公司客户金融解决方案的主要支柱。通过发行债券、信托计划和理财产品等多种手段，为客户筹措资金2 500多亿元。在资本市场不景气的状况下，建信基金公司管理的资产规模由2008年初的317亿元上升至2008年底的378亿元，升幅为19%。建信租赁公司开业第

一年实现利润1.41亿元。企业年金中心正式成立，管理受托资产73.4亿元。投资控股合肥兴泰信托公司的申请已获批准。入股幸福人寿保险公司的计划也进入实施阶段。

——战略合作和海外布局取得新成果。进一步深化与美国银行和淡马锡的战略合作，财富中心及理财中心的销售与服务流程、小额无抵押贷款、信用卡评分卡、按揭贷款信用评分卡等项目都取得了显著效果。积极跟踪研究了50多个并购项目，深入了解国内外金融体系和金融机构，掌握了常规情况下无法获得的市场信息，开阔了管理层的视野，培养、锻炼了一支专业化队伍，同时保持头脑冷静，避免盲目出手。伦敦子银行和纽约分行的开设获得当地监管当局的批准，解决了新加坡分行牌照升级问题，建行亚洲、建银国际进一步扩充了资本。

——持续提升企业价值和形象。坚持按最高标准履行公司的市场责任和社会责任。在动荡的市场环境下，进一步加强与客户、投资者和业务伙伴的联系与沟通，在守法、合规的前提下，力争提供更多信息，稳步提高公司透明度。加强公关宣传、媒体监测和舆情引导，使海内外投资者对建设银行未来发展充满信心。与战略投资者进行深入的讨论和交流，维护共同利益，稳定市场预期。

2008年我行还在渠道建设、产品创新、科技开发、队伍建设、基础管理、行政后勤等方面取得了不少成绩。所有这些成绩都是扎扎实实、来之不易的，全行同志付出了特别艰辛的努力。我代表总行党委、董事会、高管层、监事会向大家表示衷心的感谢！

但是，同时也要看到，工作中还存在一些问题，主要有以下几个方面。

一是外币资产减值压力加大，有的已产生实际损失。此次国际金融海啸来势迅猛，市场波动异常剧烈。虽然我行外汇敞口在总资产中的比例很小，但是外币债券减值成为影响当期盈利的主要因素之一。这些资产主要是在特殊背景下被动增持的，投资组合受到许多外部因素限制，但是我们的管理、人才、经验、分析能力和操作技术也存在着种种不足，教训非常深刻。

二是信贷违约案例出现反弹，银行总的经营风险上升。沿海一些企业经营困难，发生了企业主逃逸现象，有的房地产项目资金周转陷入困境，公司类不良贷款已经有所反弹，由于灾害原因，个人贷款也发生了不良率反弹的迹象。这种情况在一定时期内还会发展，资产质量控制和不良资产处置的任务很重。

三是存量贷款结构仍然不容乐观，一些行业的调整进度不够理想。对照我行自身的优势和特色，可以看到，我们的行业贷款风险仍然比较集中。例如，制造业贷款余额占比19.8%，不良贷款率为3%；房地产业贷款余额占比9%，不良率为4.2%，不良率都高于全部贷款平均水平。批发和零售业贷款不良率为5.2%，在同业中偏高，且增幅列同业第一。

四是粗放经营的表现仍很普遍，精细化管理差距很大。例如，有的分行为了增加存款，不顾整个金融市场的情况，以很高的利率拉入大额中长期协议存款；有些项目、企业的贷款和授信决策还缺乏独立研究支撑，往往只是简单地比照和跟随市场；对个人住房贷款执行优惠利率，很难实行真正的差别化政策，往往只有一两个档次。

此外，我们在客户服务、风险提示、内部管理等方面也存在不少缺点和不足，有的还引起了客户和员工投诉。指出这些问题，不是批评哪个分行、哪个部门，而是希望引起大家的注意，从中总结经验教训，有针对性地加以改进，切实提高我们的总体工作水平。

二、上市以来改革和转型的基本情况

三年多来，全行认真贯彻“以客户为中心”的经营理念，内部改革和业务转型成效显著。2008年底，股本回报率、资产回报率、成本收入比均提前达到了战略纲要设定的2010年目标；三大业务板块发展根基日益巩固，批发、零售、资金业务的税前利润占比分别为59.9%、17.9%、22.2%；净手续费及佣金收入占经营收入比重近15%，比2005年提高8.4个百分点。

——初步建立起现代银行治理结构。按照制衡与效率相统一的原则，公司治理机制不断健全和完善，得到市场和业界的充分肯定。股东大会依照法律规定，充分发挥了最高权力机构的职能。董事会不断改进和完善内部运作方式，战略管理和决策能力持续提升。高管层积极执行战略决策，有序组织各项经营管理活动。监事会持续改进加强监督工作，及时进行提示和建议。定期召开职工代表大会，切实保障民主管理和企业和谐。加强投资者关系管理和信息披露工作，保障所有股东享有获取信息的平等权利。自觉接受市场监管，主动把客户、媒体和公众监督作为公司治理的必要组成部分。

——持续推进业务流程的根本性改造。在关键业务领域实施了136个战略合作项目，自主实施了737个流程优化和标准化项目。通过流程再造，“以客户为中心”的经营理念得到贯彻，全面风险管理得到落实。零售网点基本完成转型，交易平均效率提高39%，客户平均等候时间下降35%。个贷中心服务流程明显优化，贷款平均办理时间缩短55%。完成60项柜面业务前台与后台分离和后台集中事项，全行授权人员压缩26 425人，普通临柜人员增加24 066人，每周增开服务窗口9 429个，柜面业务差错率由3.92‱下降到0.92‱。办公系统经过优化，实现跨级直发，大大缩短了公文传递时间。

——成功实施风险管理和审计体制改革。“了解客户、理解市场、全员参与、抓住重点”的风险理念深入人心，以垂直管理和平行作业为核心的风险管理体系基本建立起来。向资金交易部门派驻专职风险团队，实施严格的“防火墙”制度。风险计量、经济资本、风险限额、方案审批等风险管理工具广泛使用，发挥了积极的作用。完善审计体系，审计工作的独立性和权威性进一步提升，促进了审计质量的提高，发现了许多过去不容易发现的问题。坚决贯彻实施问责制度，推进“十项治本措施”，案件数量、涉案金额连续三年实现下降。

——基本实现建成国内一流零售银行的目标。零售客户差别化服务能力显著提高。三年累计新建个人理财中心1 443家、财富管理中心106家、个人贷款中心近500家。ATM运行数量突破3.18万台，居全球银行业首位，自助渠道替代柜面交易占比达103%。网上银行功能不断丰富，手机银行业务同业领先。电话银行逐步成为营销和客户问题解决中心。根据中介机构专项调查，2008年我行个人客户整体满意度为61.7%，比上年提高4.1个百分点，比同业均值高出3.6个百分点。全行营业网点服务质量平均得分为91.3分，高出四大国有商业银行其他竞争对手10多分。

——批发银行业务转型初见成效。结合机构扁平化改革，推动批发业务向专业化经营转变。逐步将小企业、现金管理、投资银行、金融租赁、企业年金、票据贴现、工程造价咨询等业务从传统公司业务中分离出来，组建专门的服务机构，形成多种跨部门、跨层级的任务型团队。大客户信贷经营重心大部分已经上移到二级分行及以上。资产保全试行业务单元制取得成功。小企业专业化服务体系建设富有成效，服务方式和金融产品不断创新，得到国务院领导的充分肯定。

总的来说，三年来的改革发展实践取得了令人鼓舞的成绩，战略纲要确定的“五个转型”进展不错，见到了实效，但也存在以下问题和不足：(1) 区域发展战略执行欠佳，在中心城市的市场竞争力提升不够显著。我行在几个特大城市的市场份额依然显著低于主要竞争对手，创造的增加值也低于金融资源的潜力。向经济发达县域地区渗透的战略执行不理想，强县支行的建设和业务发展不突出。例如，像义乌这样的经济强县，我们在机构网点设置、业务权限、干部配备等方面的力度还是不够。(2) 信息技术水平虽有明显提高，但还不能满足业务发展需要，有些方面与同业先进水平的差距有扩大趋势。(3) 人力资本总体上不适应业务发展的需要，结构不平衡问题突出，专业人才缺乏。例如，金融市场部管理着近2万亿元的资产，但是不足百人，队伍亟待充实。(4) 人均和网均资产低于同业，劳动生产率不均衡，人力和非人力费用增长速度偏快。(5) 研究能力不足的问题没有得到根本改善。行业研究不够透彻，基础数据的积累和分析利用差距也很大。这些问题都具有根本性，只有抓紧解决，才能使建设银行保持良好的发展势头。

三、当前经济金融形势和2009年工作总体要求

从国际上看，2009年经济金融形势依然很严峻。美欧金融体系已经陷入融资功能失效和流动性短缺的困境，对实体经济的影响日益加深。联合国、世界银行和国际货币基金组织等国际权威

机构连续下调经济预测，预计2009年世界经济增长将显著放慢至1%，是2002年以来的最低点，发达国家经济将出现0.5%的负增长，新兴市场和发展中国家经济进一步放缓至4.6%。金融体系和实体经济之间存在着恶性相互作用，诸多的不确定性不仅没有缩小，而且还在进一步扩大。第一，房屋价格如果调整不能到位，对应的金融资产就始终面临缩水压力。目前，美国房地产市场继续下滑，欧洲房地产市场也紧随其后，普遍预计还会下跌20%左右，在这种形势下，很少有人愿意买房、建房。第二，房屋之外的其他产品和服务的生产消费都受到信贷停滞的影响。银行等金融机构奉行“现金为王”的准则，企业和居民都难以获得贷款。第三，由于居民收入减少、失业率上升或担心失业，消费者信心下降，各种交易缩减，企业和个人的违约率还会上升，这是一个衰退的恶性循环。欧美发达国家第二波金融危机会不会出现，现在还难以预料，东欧国家则已经受到再次冲击。

尽管国际局势存在着巨大不确定性，也可以说是存在着罕见的危险性，但是这并不意味着欧美经济金融已经脆弱不堪、随时会垮台，我们需要全面、准确地加以认识。在中央经济工作会议上，胡锦涛总书记、温家宝总理对此都作了深刻、全面的阐述，我们要认真学习和深入领会。这场金融危机虽然给美国等发达国家造成重创，对世界经济金融带来重大影响，但是，目前的事态表明，经济全球化深入发展的大趋势不会改变、市场在资源配置中的基础性作用不会改变、美元作为主要国际货币的地位没有发生根本性改变、发达国家综合国力和核心竞争力领先的格局没有改变。我们要增强忧患意识和机遇意识，既要把困难估计得更充分些、应对措施考虑得更周密一些，做好全球经济持续低迷较长时间的充分准备，又要善于发现和利用逆境中的有利条件，在形势变化中捕捉和把握难得的发展机遇。

从国内看，我国经济运行困难明显增加。在这场全球性金融危机中，包括中国在内的任何国家，都不可能置之局外，独善其身。当前我国经济发生困难，既与国际金融危机紧密相关，也是自身周期性调整的结果。经济发展和自然界一样存在着不可抗拒的客观规律，任何经济体都无法在生产可能性边界上维持很长时间，必然会发生周期性波动，只不过外因和契机有许多不同。自2003年以来我国经济保持了平均11%以上的高速增长，其中2007年达到了13%。尽管国家实施了必要的宏观调控政策，但是由于种种深层次的矛盾没有解决，经济运行的惯性很大，结构问题更加突出。过去几十年的经验表明，经济增长减速的时候，往往正是结构调整升级的好时机。许多问题只有通过周期性、强制性调整才能解决，也就是说，波动中孕育着新的发展机遇。当然，调整的过程是痛苦的，也会带来一些社会问题。国家实施扩内需、保增长的宏观政策，加强社会保障制度建设，着力改善民生，就是为了尽可能地熨平周期，最大限度地减少震动。

应当充分看到，我国经济发展有利条件也很多。第一，工业化、城镇化、信息化处于高峰时期，决定了我国经济的基本面总体持续向好。第二，经过近些年的改革发展，金融体系总体上比较健康。第三，国家财政金融实力较为雄厚，财政货币政策发挥作用的空间较大。第四，国家已经制定了一系列扩大内需、调整结构、振兴产业的政策，而且还在继续研究进一步的举措。第五，这场金融危机导致外部需求大量减少，客观上形成了增加内需、加快国内经济结构调整的倒逼机制，同时国际资源和资产价格回落，也为我国以较低成本获得更多、更好的能源、技术和人才带来了有利条件。因此，应当对我国经济的发展前景充满信心。

诚然，当前复杂的经济金融形势也反映在银行经营中，必然会出现许多过去很少遇见的困难和问题。如何在防范风险的前提下用好新增信贷资金，有效地满足实体经济合理的融资需求，对我们来说是一个很大的挑战。情况复杂、前景不明的若干行业和项目贷款，进不进、进多少，一时难以看清、看透，因而很难决策。由于多家机构过度竞争等原因，一些项目快速放行，很可能会潜伏某种问题。一些不利因素的积累集聚，还可能引发、暴露一些风险事件。利差收窄、信贷成本增大、同业竞争加剧等，也会削弱银行的获利水平。

总之，2009年是我国经济发展应对严峻挑战、我行经营管理面临复杂考验的关键年份。

2009年全行工作的总体要求是：以科学发展观为指导，认真贯彻国家宏观调控政策，坚持改革创新，强健风险管理，加快业务转型，深化结构调整，加强基础建设，努力促进国民经济和社会全面发展。希望总行各部门、各一级分行、各附属机构都能忠实地、创造性地将这个总体要求贯彻到自身的工作中去。

四、坚持积极稳健的经营方针

在中央经济工作会议上，胡锦涛总书记指出："要深入贯彻落实科学发展观，立足扩大内需保持经济平稳较快增长，严格按照项目审批和建设程序办事，坚决防止新一轮高耗能、高污染、低水平重复建设，绝不能降低工程质量，绝不能搞劳民伤财的形象工程和脱离实际的政绩工程。"温家宝总理最近指出："银行既要实行适度宽松的货币政策，又应该把握贷款原则，使今天的贷款不至于日后变成坏账。"我们理解，商业银行贯彻落实中央精神，最关键的就是要坚持积极稳健的经营方针，既要服从大局，大力支持扩大内需，促进经济增长；又要保持审慎态度，合理安排贷款规模，控制信贷风险。经营中要坚持做到"了解客户、了解业务"，搞清楚风险程度和承受能力，不涉足高风险和不能把握的业务。紧密结合市场实际，明确我行的风险偏好和信贷政策，对鼓励什么、限制什么、鼓励限制到什么程度都要有具体、清晰的说法。政策还要适应形势变化，不断调整更新，方便执行和操作。

充分发挥传统优势。基础设施、住房金融是我行的强项，目前同业竞争很激烈，我们要与市场需求紧密结合，加强市场营销，尤其要组织好大客户、大项目营销，做实项目储备。抓好重点客户产品和新业务推介工作，巩固客户基础。围绕客户需求，协助部门、地方和企业完善融资方案。有针对性地帮助地方和企业研究项目资本金来源问题，主动提供综合化服务，化解客户难题，实现银企双赢。巩固一手房市场，加快拓展二手房市场，开辟保障性住房金融服务新领域，积极支持经济适用房和廉租房建设。

继续大胆探索多种业务创新。各项战略性业务的发展都不能放松。当前信贷需求旺盛，贷款规模也不受限制，在一定程度上减弱了银行提高综合金融服务能力的压力。我们一定要正确认识、自加压力，要看到这种市场格局的变化正是我行争取实现新的突破的良好契机。投资银行和理财业务仍有巨大潜力，既要整顿规范，又要开拓发展，两者都不能偏废。小企业、"三农"、机构业务、民生领域都迫切需要提供新的产品和服务，而且我们已经积累了一定的经验，有可能实现新的跨越。浙江省分行的网上信贷，江苏、深圳、河北分行的小企业信贷，新疆维吾尔自治区分行的小额农户贷款都要尽最大可能进行推广。进一步加大机构业务创新，丰富教育、医疗、环保、社保等金融产品，积极支持民生改善。加快组建一批村镇银行，探索与邮政储蓄银行合作，将服务延伸到更广大的县城和村镇。重视3G上线为手机银行发展带来的机会，大力发展新的服务模式。

坚持推进信贷结构调整。有保有压、区别对待，是国家有关银行信贷的基本政策要求。大力加强市场、行业和客户研究，在数据分析的基础上，进一步细化客户分类，巩固业务发展基础，这样我们才能更加主动。当前货币金融再次出现宽松局面，更有利于结构调整，要把握好机会，工作力度再大一些。不良资产处置要进一步加强，探索创新更多的有效手段。切实用好回收再贷资源，新增贷款一定要支持"保"的行业和客户，绝不能投向产能过剩和不符合条件的项目，比如落后技术和低水平加工业，还得继续加大压缩、退出力度。

加强全行内的协调联动。要发挥建设银行的整体优势，条线、部门、地区、境内外要经常沟通，加强协作，互相提供信息，共同维护客户，进行产品交叉销售。总行要发挥好联动牵头作用，多组织跨条线、跨部门的任务型团队。各地区之间要一起研究市场，共同实施营销。特别是对全国性集团客户、特大项目，要整合内部资源，集聚高素质人才，提供富有深度、个性化的专业服务。在某种意义上说，批发业务零售化和零售业务批发化都是新的银行模式。境内外机构要加强合作，为客户提供跨境服务。总分行也要与建银国际、建行亚洲、建信租赁、中德住房储蓄银行等子公司加强合作，促进传统优势业务与新兴业务的结合，提高综合竞争力。健全完善利益分享机制，充分调动协调联动的积极性，实现弹性边界和内部模块化运作。

抓好风险管理。在当前形势下，做好风险管理尤为重要，要围绕业务发展问题和风险隐患开展工作。一是尽快对纳入国家调整振兴规划的行业、受经济波动影响较大的行业制定客户准入标准，明确风险底线，控制项目风险。二是积极关注已有客户的风险变化状况，及时处理应对。风险管理最基本的工作是了解客户真实情况，把握好“人品”、“押品”和各种真实的交易记录凭证。三是继续控制好操作风险。如最近信用卡犯罪水平在提高，需要加大打击和防范力度。四是改进市场风险管理，实施稳健的本外币债券投资策略。五是加快推进实施《巴塞尔新资本协议》三大支柱，在政策制度、业务流程、系统模型、数据质量、员工素质方面打好基础。

五、坚定不移地推进改革

近年来，全行持续推进各项改革，专业化机构团队建设取得重大进展，网点转型取得显著成效，前台、后台职能日益清晰，风险内控、会计营运、IT服务等条线管理能力得到加强，部分城市实现了两级或两级半的扁平化管理。但总体上看，全行管理层级仍然较多，条线统筹能力偏弱，还不能做到按业务分开核算管理；客户专业化、综合化服务能力不强，市场渗透率不理想，同城内综合性支行之间争客户、争资源现象严重；人力资源配置的结构性矛盾比较突出，收入分配在一定程度上仍存在吃“大锅饭”现象，费用支出的效率还有待提高。这些问题都需要通过进一步深化改革加以解决。

根据以往经验和教训，改革要注意把握好几个原则：一是解决问题，促进发展。我们不是为了改革而改革，更不是折腾，而是要解决市场响应能力差、综合解决方案水平不高、产品创新能力不强、管理职能重合、运转效率低下等实际问题，通过改革提升市场竞争力，促进业务持续健康发展。这个大方向一定要把握好。二是区别对待，分步推进。有些业务关系比较复杂的领域，可以先行试点；有些具备了较好条件的领域，应尽快拿出方案，加快实施推进；有些形成了专业化模式，要加快建立利润中心，能实行事业部制的尽快实行事业部制。三是统筹兼顾，做好衔接。尤其要充分考虑客户服务的连续性和便利性，尊重客户习惯，涉及客户办理业务方式、地点变化的一定要事先征求意见，不能造成客户的不便、不满和流失。注意以新的机制推动联合营销，加强原有部门之间、员工之间的合作关系，强化而不是削弱客户服务能力。

2009年确定的重点改革任务有以下几个方面：

第一，以公司业务转型为中心推进系统组织机构改革。公司业务转型涉及的关系比较复杂，是我们的薄弱环节，2009年必须迈出重要步伐。最基本的要求是批发和零售业务分开，模式选择上可以有灵活性，但是时间进度上要有明确安排。这项改革也完全可以与当前加强和改进公司客户服务紧密结合起来。实际上，这些年来有不少分行已经取得了很成功的经验，例如，宁夏回族自治区分行的事业部制，吉林省、湖北省分行的城区网点集中管理，上海市、深圳市分行的支行业务重心调整等。从全行系统来说，当前突出的任务是要转变城区综合性支行职能，除撤并之外，多数可以改造为专业化的经营或管理机构。根据其业务特性和区位特点，可以有几种选择：（1）转为不同类型的批发业务专业经营中心，对外可以保持原有机构名称；（2）改为零售网点管理机构，负责一定区域内零售网点的集中管理；（3）对于特定业务或产品经营基础较好的支行，可改建为专业化的特色产品经营中心。投资银行、企业年金、工程造价咨询、票据贴现、现金管理、国际业务、资产保全、个人贷款、财富管理、私人银行、电子银行业务都可以设置专业化经营中心或团队，并由分行集中处理中后台相关事项。各中心条件成熟的，要作为利润中心进行考核；条件暂不成熟的，也要对业务量、效率质量和成本费用进行考核。

第二，进一步深化中后台专业化、集中化改革。2009年初已在深圳召开了深化前后台业务分离项目启动会，要最大限度地将柜面受理的支票、汇票、汇兑等支付结算业务移到后台处理，逐步建立以城市和总行两个层级为主的后台业务处理中心。这个项目意义重大，对节约成本、减少用工、提高效率、降低差错、提高我行综合服务能力、增强核心竞争力有很大帮助，同时也对我行的业务模式、处理流程、规章制度和技术系统形成巨大挑战，因此，要有远期、中期、近期的考虑。后台集中处理除了物理平台建设外，不能把前台业务简单地搬过来，要按照流水线的要求来建立作业机制，拆分动作，化繁为简，逐步实现跨区域集中，释放出更多人力从事专业化经营，缓解地区之间人力不平衡的矛盾。努力改善信息系统，调整账务核算模式，逐步推行更科学的管理会计，真正做到按产品、业务单元、条线分开考核，建立完善配套的支持保障机制，满足专业化、精细化经营管理的需要。未来核心业务系统也要按照有利于专业化和集中化进行建设改造。

第三，继续搞好业务流程优化和完善产品创新机制。流程优化方面我们已经做了很多工作，但是用“以客户为中心”这个标准来检验，还存在很多差距。广东省分行组织内部员工作为“神秘人”，到六家当地同业现场调查客户满意度，并运用六西格玛方法深入对比分析，发现营业网点在办理开户、挂失等业务时，环节还是过多，实际上增加了客户等候时间，比如要求客户反复输入密码等。这种用事实和数据说话的方法很好，值得坚持。2009 年要继续梳理优化业务流程，进一步制度化、规范化，不断提高客户满意度。与发达国家金融创新过度不同，国内银行面临的最主要的问题仍然是产品创新不足，不能有效地满足市场客户需要。从个人存款类产品到理财产品，从公司融资工具到综合金融方案，我们在许多方面还需要改进。要深入开展各类专项“客户之声”调查，推动产品服务创新更加贴近市场和客户关切，更好地满足支持扩大内需的相关需求。加强与美国银行、淡马锡的项目合作和经验分享，加快推动成果转化应用，同时要继续深化与桑坦德银行、渣打银行等国际金融机构在国内外多个领域的业务合作。

第四，优化人力资源配置结构。正视全行人员总量和结构不合理的矛盾，下决心解决前台人员不足和管理机构富余人员退出通道不畅的问题。一方面，通过业务流程整合优化，减少无效、低效的人力资源需求，充实一线人手；另一方面，对中后台管理事项可以探索多种模式，实行同城或分行本级集中管理，减少一般管理人员和行政后勤人员。集中后可通过派驻方式，实现就近管理和“贴身”服务，解决沟通和效率问题。通过培训转岗将富余人员分流到专业化经营机构、基层营业网点，在保证基本工资收入的同时，加强引导，鼓励他们转到行内产品销售和其他子公司的销售岗位，提高劳动生产效率。探索实施分区域的人员总量配置政策，健全跨区域的人员交流调配机制。例如，建立跨行帮扶制度，可以通过挂职、借调、交流等方式，统筹选派就近的省分行优秀干部和业务骨干到力量相对较弱的分行工作；对一些专业化岗位急需的人才，加大直接由市场引进的力度。

第五，加强领导人员专业人才的集中管理。进一步强化统一法人制度，总行加强对一级分行领导人员的直接管理，一级分行人力资源部门实行双向报告制度。明确全行各级领导人员和关键核心人才胜任素质要求，统一任职资格条件、选拔标准、评价体系和退出政策，加强公开选拔和竞争上岗。完善业务条线人力资源垂直化管理和团队派驻制，改进员工绩效考评工作。健全岗位体系设置，加强专业技术人员队伍建设。统一规范用工方式，将二级分行及以下的人员招聘管理集中上收到一级分行。加大总分行培训经费投入，实施新一轮大规模培训，大幅度提高员工素质。有效整合培训资源，创新境内外培训模式，丰富培训内容，培训资源集中向一线员工倾斜。

同志们，2008 年我们经受住了国内外经济形势急剧变化的考验，取得了令市场和投资者满意的成绩，建设银行在国际金融界的地位空前提升。2009 年我们将面临更大的压力和更严峻的挑战，但我相信，只要我们认真贯彻中央的决策和部署，统一思想、坚定信心、扎实工作，就一定能够克服各种困难，创造出一流的业绩，进一步增强建设银行的核心竞争力和价值创造力，为我国经济社会发展作出新的贡献。

以科学发展观为指导 进一步做好党的组织建设和作风建设

——在中国建设银行党的工作会议暨纪检监察工作会议上的讲话

郭树清

（2009年2月25日）

同志们：

在召开全行工作会议的同时，召开这次党的工作会议暨纪检监察工作会议，既有节俭办会、提高效率的考虑，也便于更多的同志能够同时参加两个会议，在做好业务工作的同时，更加重视党的建设和反腐倡廉工作，使两个方面更紧密地结合起来。下面，我代表总行党委，就进一步加强党的建设讲几点意见。

一、认真总结学习实践活动，为实现科学发展打下坚实基础

根据中央统一部署，2008年2月至8月，建设银行在总行本部和部分分支机构开展了深入学习实践科学发展观试点工作。2008年9月至2009年2月，我行在全行系统开展了科学发展观学习实践活动。各级分支机构严格按照总行党委的部署和要求，紧密联系实际，有针对性地查找和解决问题，取得了明显成效。

系统学习研讨，提高党员干部的思想认识水平。我们集中学习了胡锦涛总书记的一系列重要讲话和中央印发的有关科学发展观的重要文献。总行组织了5期高级培训班，200多名分行级领导人员参加，党委成员分别作了专题学习辅导报告，各部门、各分行也采取多种形式进行学习讨论。据统计，全行共举办学习班、培训班和研讨班5 782期，培训党员干部26.4万人次；组织辅导报告2 914场，召开各类座谈会7 891次。通过深入学习讨论，广大党员和领导干部认识到，尽管我行在改制上市后取得了一些成绩，但与科学发展的要求相比还有较大差距，必须进一步树立“以客户为中心”的理念，彻底改变“官商”作风；改变追求规模速度的经营思想，树立数量、质量和效益相统一的理念；改变过分注重短期效果的倾向，树立长期可持续发展的理念；改变单纯重视利润的评价标准，树立统筹兼顾企业绩效、社会关切和自然环境的理念。

认真分析检查，进一步理清全行发展思路。我们正视工作薄弱环节，深入基层广泛征求客户、员工意见，发现不少问题长期得不到解决的根本原因在于发展方式、业务模式不够科学。通过集思广益，形成了建设银行实现科学发展的基本思路，进一步明确了“为客户提供更好服务，为股东创造更大价值，为员工搭建广阔的发展平台，为社会承担全面的企业公民责任，努力走在中国经济现代化的最前列，成为引领市场的世界一流银行”的战略愿景。全行系统活动期间，各一级分行认真撰写和修改领导班子分析检查报告，与当地实际结合紧密，提出了各自的举措，使全行总体发展思路得到进一步贯彻落实。

深入持续整改，提升客户服务能力。我们始终把客户服务放在第一位，深入了解客户关切，从客户排队、柜台效率、投诉处理到风险提示等，都做到心里有数。确定了38个总行重点整改项目，着力提高客户服务水平。截至2008年底，整改项目均已完成。例如，大力推进零售网点转型，建立实施“客户接待日”制度，在北京等地建设客户体验中心，组织完成362个流程优化项目等。试点结束后，党委研究部署了持续整改措施，针对新发现的问题，新增6个项目一并落实整改。专业公司调查显示，2008年我行客户满意度明显

提升，其中个人客户整体满意度为61.7%，比上年提高4.1个百分点，比同业均值高3.6个百分点。

真诚关心员工，努力解决他们最关心的切身利益问题。通过“员工之声”等多种渠道，认真听取基层员工的意见和建议，采取一系列措施改善员工的工作、生活、学习和成长环境。例如，优化柜面流程，实行弹性排班，解决员工轮休不便的问题，使近14万名柜员受益；全面清理报表，大幅度精简手工登记作业，减轻基层员工负担；完善用工管理改革，择优将劳务用工转为合同用工；建立与岗位价值、员工能力、绩效贡献相联系的薪酬制度，收入分配向一线、基层、有贡献的人员倾斜；组织培训项目2.2万个，培训103.1万人次，人均培训7.9天，均较上年有大幅增长。

积极改革创新，进一步完善体制机制。试点期间，总行党委结合金融业和我行实际，研究确定了三大类16个调研专题。全行系统活动期间，各一级分行立足实际，共提出200多个调研专题。调研完成后，成果逐步付诸实践，在完善体制、机制方面得到了很好应用。例如，在公司治理方面，进一步规范股东大会、董事会、管理层和监事会之间的制约关系；在组织机构方面，制订实施总行机构改革方案，提升了专业化和精细化管理水平；在风险内控方面，进一步明确了全行风险偏好，并向资金交易部门派驻专职风险管理团队，实施严格的“防火墙”制度；在激励约束方面，完善了分行经营业绩的考核评价体系，加大了发展战略业务的激励力度。

全面贯彻国家政策，增强主动服务经济社会的责任感。面对复杂多变的国际国内形势，我行认真贯彻国家宏观政策，进一步增强大局意识和责任意识，转变思维方式、工作方式和业务增长方式，加强和改进金融服务，促进国民经济平稳健康发展。扩大内需政策出台后，我们主动与有关部门、地方政府及企业联系，及时了解客户需求，积极提供综合性金融服务方案。2008年，我行新增本外币贷款4 992亿元，增长15.7%。其中，基础设施贷款新增1 946亿元，增长24%；小企业贷款新增411亿元，增长19%；涉农贷款新增1 037亿元，增长31%。

全行系统学习实践科学发展观活动到2009年2月底将基本结束，各分行要认真做好收尾工作，系统总结经验，巩固深化活动成果。所谓科学发展，对我们银行来说，最重要的就是实现精细化管理，解决粗放经营、粗放发展的问题。精细化管理就是要细分客户、细分市场，产品一定要分出档次来，充分考虑客户差别和客户贡献度。随时随地可以看到，我们银行粗放的地方还是太多，大家要有针对性地根据自己分行、自己部门的情况加以整改。贯彻落实科学发展观是一项长期任务，我们要通过学习、实践、再学习、再实践，不断提高科学发展的能力和水平。

对下一步深入学习实践科学发展观，我再提几点要求：第一，继续加强学习，使学习成为全行的习惯。深入落实总行党委下发的《深入学习实践科学发展观中长期规划》和《党委中心组2009—2010年度学习计划》。各级党委每年集中学习不少于12次，以身作则推进学习型组织建设。第二，不断查找问题，使整改成为工作常态。继续完善和实施“客户之声”和“员工之声”调查制度，自觉地、经常地查找经营管理工作中的不足和问题，持续改进客户服务。第三，认真分析形势，积极应对挑战。各级党委要客观地分析当前经济金融形势对我行业务发展的影响，结合实际，完善基础管理，强化风险内控，推出促进可持续发展的新途径和新举措。第四，持续深化改革，探索科学的经营管理模式。按照“规范、严格、彻底、创新”的要求，进一步完善有效制衡、运作高效的公司治理结构，打造市场导向、专业专注、有机统一的现代商业银行组织架构。第五，加强企业文化建设，使践行科学发展观成为全行的自觉意识。努力构建以责任、理解、尊重、和谐为主题的人本文化，“以客户为中心”的服务文化，以开拓进取为主旨的创新文化，以“了解客户和市场”为核心的风险合规文化，营造崇尚科学发展的浓厚氛围。

二、加强党的组织建设，全面提高领导人员和员工队伍素质

近年来，我们大力加强党的组织建设，取得了显著成绩。在新形势下，党建工作、干部管理、人才培养、员工教育都要有新观念、新思路、新

要求。

提升各级管理人员的领导力，持续推进领导班子建设。有效提升各级管理人员的领导力，是增强我行核心竞争力和价值创造力，实现可持续发展的一个核心内容。作为国有控股的大型商业银行，各级管理人员的领导力素质，首先是具有坚定的政治立场、较高的政策水平、自觉遵守党纪国法的素质。在此前提下，我们就要求具有现代职业管理人员的素质。过去两年，我们学习借鉴国外银行的管理经验，结合建设银行实际，研究建立了高级管理人员领导力素质模型，总行在2008年的考核中已开始运用。中级和初级管理人员领导力素质模型也已进入测试阶段。这一模型明确了高级管理人员应当具备发展业务、有效执行、领导团队、引领变革、超越自我5大类关键素质，具体包含13项关键能力和42个高绩效行为。这套指标集合了优秀管理人员的基本特征，是我们的标杆，各级管理人员都要按照这个标杆去努力。

提高各级管理人员的领导力素质，可以为加强领导班子建设打下良好基础。从近几年的实践经验来看，银行中高级管理人员的能力素质，尤其重要的是以下几个方面：第一，德才兼备、以德为先，这是决定一个机构、一个团队最为根本性的东西。如果政治意识差，对公司忠诚度低，缺乏奉献精神，绝对不可能做好建设银行的高管工作。第二，良好的商业洞察力和风险收益平衡能力，这是保障有效执行能力的基础条件，再强人的计算机也代替不了。第三，团队工作能力和凝聚力，主要负责人尤其要心胸开阔、顾全大局，不搞亲疏远近、团团伙伙，真诚公正地对待同事和下属，宽严相济，真正能够做到团结反对过自己的人而且包括已被证明是反对错了的人一道工作。第四，勇于创新，能够引领变革。要善于敏锐地发现银行的缺点与不足，打破思维定式，探索用新的方法解决问题，把握时机持之以恒地推进变革，建设创新型金融企业。第五，认真负责，勇于承担，关键时刻不退却、不逃避、不互相推诿。

完善选拔任用机制，进一步提高选人、用人质量和公信度。坚持“民主、公开、竞争、择优”的方针开展干部选拔任用工作，努力把政治品质好、具备领导力素质、能得到群众拥护、崇尚实干、工作业绩显著的人才，选拔到各级领导和管理岗位上来。坚决整治用人不正之风，对2007年以来接到的反映违规、违纪用人问题的举报，要开展一次集中清理查核，进一步规范选人、用人监督。本行干部员工推荐人员入行，要出具书面的推荐意见，并做好登记存档，这不是要推荐人对推荐对象负无限连带责任，而是通过在案可查的方式，体现推荐人的公心和对推荐对象、对建设银行负责的态度。当前，要注意在应对国际金融危机、完成重大任务、解决复杂矛盾和问题中考察识别干部，大力起用能经受住考验、表现突出的优秀干部。进一步拓宽专业技术职务发展通道，加强专业技术岗位和人才的开发力度，逐步增加专业技术人员在员工队伍中的比重，努力做到人尽其才、才尽其用。

重视艰苦复杂工作环境的锻炼培养，提高领导人员的实际工作能力。抓紧落实培训规划，针对不同类型的人才，制订不同的培养方案，实施跟踪管理。通过多种形式的岗位交流、挂职锻炼，组织总分行年轻干部到基层、到复杂的环境中经受实践考验，参加关键项目工作，重点加强后备干部和核心业务人才培养。一个人思想工作水平的提高，最大的障碍恰恰是自己。年轻干部要一心一意干工作，自己主动去找工作，要耐得住寂寞，而且要受得了委屈。有的时候你的工作可能不被大家所理解，可能众说纷纭，老在扯皮，你应当先弯下腰去实践探索，不张扬、不争论，也就是实干、低调、默默奉献。要做成一些事，必须有这种锲而不舍、任劳任怨的精神。还要持续进行学习和适应，随时随地查找不足，保持强烈的求知欲，不断超越自我。同时也要大力提倡思考。要有自己的创造，必须先有长时间认真的甚至是痛苦的思考，这样才能准确地抓住事情的本质，才能使用简洁的语言表达想法和意见，才能做到有效地实现与各相关方面的沟通，才能知道在经营管理活动中什么时候坚持、什么时候让步，更好地应对复杂局面和突发事件。

抓好各级、各类培训工作，建设一流员工队伍。我们的员工队伍结构和素质还不适应发展需要，员工总量偏大，人员结构不合理，金融资源丰富的地区人员紧张，落后地区人员相对宽松，前台人员不足，中后台人员较多，总体用工成本偏高。要深入推进人力资源管理改革，下决心解决全行人员配置结构问题。最根本的出路是加强对员工的培训教育。认真实施新一轮大规模员工培训，集中培训资源向一线员工倾斜。完善员工激励约束机制，鼓励按劳分配，逐步提高员工的薪酬水平，同时也要树立比贡献、讲奉献的风尚，造就心齐劲足的工作环境，最大限度地发挥每一位员工的聪明才智，真正实现员工和建设银行的共同成长。

进一步发挥基层党组织的战斗堡垒作用。目前全行系统有148 000多名党员，8 936个基层党组织，调动并发挥好他们的先锋模范作用至关重要。各基层党委或党支部书记要承担起基层党建工作的第一责任，广泛开展“党员责任区”、“党员先锋岗”等活动，为党员发挥作用提供载体和平台。建立健全党内激励、关怀、帮扶机制，主动关怀和帮扶生活困难党员和老党员。认真做好发展党员工作，将业务一线人员、青年骨干作为优先发展对象。推进党务公开，积极开展党员民主评议，探索扩大党内基层民主的实现形式，保持党员队伍的纯洁性和先进性。

三、加强党的作风建设，深入推进反腐倡廉工作

在不久前召开的中央纪委三次全会上，胡锦涛总书记作了重要讲话，提出了现阶段深入推进党风廉政建设和反腐败斗争的总体要求和主要任务，强调各级领导干部要着力增强宗旨观念、提高实践能力、强化责任意识、树立正确的政绩观和利益观，增强党的纪律观念，以坚强的党性和优良的作风保证科学发展观的贯彻落实。对胡锦涛总书记的重要讲话和国务院、中央纪委领导同志在有关会议上的重要讲话，全行各级领导人员要认真学习领会，紧密结合实际贯彻落实。从我行的情况看，反腐倡廉工作需要引起各级党委的更高重视。

一是经济下行压力加大，使银行反腐倡廉、防范风险的任务加重。国内外经验都表明，在经济困难时期，银行容易成为少数人非正常获取资金，甚至诈骗、抢劫的目标，银行员工也容易成为不法分子拉拢腐蚀的对象。社会上乱集资的问题可能会多起来。银行工作人员以贷谋私、人情贷款的动机可能增强，一些隐藏在信用风险名义下的操作风险和道德风险可能会集中暴露。近年来博彩之风在一些地方盛行，社会上无所事事、做发财梦的人也时有所见，银行员工如果意志不坚定，也容易被卷入其中。建设银行和同业都屡次发生因赌博引发的重大案件，影响很坏。

二是银行改革和业务发展变化，对反腐倡廉、防范风险带来新的影响。我们近年来推行了一系列改革，如业务流程和组织机构再造、条线垂直管理、会计营运体制改革、专业化经营及团队建设等，全行的权力和风险分布情况发生了显著变化。同时，建设银行已由业务相对单一的传统商业银行向综合性银行和金融控股公司转变，业务领域、经营地域不断拓展，业务创新明显加快。在管理体制、机制和业务发展快速变化的情况下，相关措施难免有不配套、不完善之处，容易形成新的风险控制“盲区”，为个别人以权谋私、违规操作和监守自盗留下空间，需要我们加强监督检查、严加防范。

三是一些消极腐败现象和违规、违纪问题在我行还很突出。员工违法、违纪的案件仍然时有发生。2008年，少数分支机构的部分人员利用授信业务经营管理、安防设施集中采购、工程装修等方面的职务便利收受贿赂，被司法机关查处。以权谋私、利益输送的形式更加隐蔽。有的分支机构领导人员参与社会上的集资或变相参与集资，甚至搞“假个贷”，参与外面的投资项目，享受分红或收取租金；有的领导人员利用存贷款利率浮动权与企业串通合谋套取利差收入；有的领导人员在职时违反规定向关系企业提供信贷资源，离职后接受高薪聘请或高额补助；还有违规财务列支、存款多付利息、出具虚假的资金存款证明；等等。违反总行党委“六项要求”的问题仍然存在，内部营销、请客送礼还时有发生，营销费使用混乱、超标准公务接待、奢侈浪费、相互攀比等不正常现象在一些机构仍然比较突出。

以上情况充分说明了反腐倡廉建设的重要性和紧迫性。对全行反腐倡廉的任务和要求，辛树森同志在纪检监察工作报告中已作了全面部署，各分行要认真贯彻落实。根据中央纪委三次全会精神，结合建设银行实际情况，我再强调几点。

第一，加强领导人员党性修养，牢固树立和弘扬优良作风。胡锦涛总书记在中央纪委三次全会上强调，要把加强领导干部党性修养、树立和弘扬优良作风作为重大政治任务抓紧、抓好。从银行的实际来看，加强党员和党员干部的作风建设，当前特别要注意进一步增强“六个意识”，即服务意识、责任意识、竞争意识、创新意识、合规意识和风险意识。服务意识和责任意识是建设银行企业文化的精髓。对待客户要坚决克服机关作风，要更多地主动上门了解客户的需求，掌握客户的基本情况，为客户提供量身打造的服务。对下级、对员工既要有“管理意识”，也要有“服务意识”。竞争意识和创新意识是银行不断发展的力量源泉，只有积极参与市场竞争和勇于改革创新，才能立于不败之地。合规意识和风险意识是银行的生命线，银行的稳健经营应主要体现在这方面。全球金融危机带给我们许多经验教训，从我行自身的实践来看，也可谓惊心动魄、险象环生。以外币投资和战略并购为例，一步走错，就可能造成巨大损失。从事银行职业必须如履薄冰、时刻谨慎、依法合规，绝不能冒失。我们要更加坚定地加强合规和风险文化建设，力保每一笔交易都在依法合规、风险可控的前提下进行。

讲作风建设，还要特别强调一下勤俭节约问题。勤俭节约、艰苦奋斗是中华民族的传统美德，也是我们党的优良作风。在当前形势下，中央号召要过紧日子，共克时艰。银行业务经营和盈利增长面临严峻挑战，全行必须从增收和节支两个方面做文章。一些机构营销的主要套路还是靠请客吃饭、靠喝酒，经常我们的人比客人还多，不管多贵的酒，一喝就是好几瓶，既伤身体也很浪费。现在，不少地方公款吃喝的风气仍然很盛行。我们是发展中国家，还有许多人生活在“每天一美元”的水平以下，“富家一席酒，穷汉半年粮”，这种对比事例相信大家都曾目睹。我们不提倡清教徒式的生活方式，但是银行界人士有责任带头树立清新健康的生活风尚，这也是我们的社会责任。靠吃饭、喝酒搞营销的观念要逐渐淡化，与客户必要的联谊活动要尽可能选择文化体育活动，而且要看到，未来的市场竞争势必会更多地依靠金融解决方案，依靠高效优质、差异化和标准化有机结合的客户服务。在这方面，我们要多向国内外先进银行学习。

在节支方面，要通过推进全面成本管理，严格控制费用支出，尽可能减少无效投入和无效开支。最近三年，全行费用总量连续保持近20%的增幅，有效地支持了全行业务发展，但也同时使我行的成本竞争优势有所下降，目前我行员工的人均费用在国内大银行中已经居于较高水平，这既有合理和有利的一面，也有不合理和不利的一面。由于多种原因，现在还有不少新增加的刚性成本，财务资源供需矛盾突出。节约成本、压缩开支，确保利润计划完成成为2009年全行工作的一个重点。在费用增长中，一般行政性、消耗性支出增长较快，超标准开支、不按规定集中采购、局部浪费现象仍然不同程度地存在，全行费用有很大的挖潜和节俭空间。

这里，我重申一下总行制定的成本管理措施中与反腐倡廉密切相关的“五严格五严禁”，请各级领导班子、各级领导人员带头执行。一是严格会议管理，严禁以考察、培训、会议的名义公款旅游；二是严格执行接待和出差管理规定，严禁用公款搞内部相互走访、相互送礼、相互宴请以及大吃大喝和组织高消费娱乐活动；三是严格控制因公出国、出境团组，严禁因私以公务名义出国，未经总行批准，不得参加地方组织的出国团组；四是严格控制公车购置，严禁超标准和超预算购置车辆；五是严格执行财经纪律，严禁违规报销、违规核算和越权审批。各级财务会计、纪检监察部门要对上述措施的贯彻落实情况加强检查监督，对违反规定的相关责任人，要严肃处理。

第二，加强对领导人员的教育和监督，坚决防止各种腐败现象的发生。越是领导人员，越要从严要求。要把反腐倡廉教育贯穿于党员干部培养、使用、管理的各个环节。要针对实践中暴露的新问题，及时补充、完善领导人员廉洁从业规定。反商业贿赂和不正当交易行为，是我们这类机构需要时刻强调的重点任务。对于难以拒收的礼品、礼金和正常商务活动中收到的礼品，必须上交并逐项登记，由组织统一处理。对于领导人员及其关联人的贷款，要严格审核审批，本人不得插手过问。对于违规参与集资或变相参与集资，特别是用银行贷款去投资获利的，必须清理、退出，严肃处理。对利用职务之便搞“在职投入、离职产出”给建设银行造成损失的，一律追溯问责，直至通过司法诉讼等途径，追究其赔偿和刑事责任。风险管理、审计、纪检监察等有关部门要加强对授信、商品和服务采购、资产处置等重要业务的检查、审计、监督，对各种滥用职权、以权谋私的行为都要严肃查处。

巡视是加强对领导人员监督的重要措施。2008 年 9 月，总行决定将建设银行巡视工作领导小组办公室作为常设机构，与纪检监察部合署办公，这既落实了中央加强巡视工作的要求，又有利于提高巡视工作的权威性、独立性和专业性。2009 年，总行党委拟增派巡视组对尚未巡视的 16 个分行进行巡视，完成全行第一轮巡视计划。同时，拟将分行驻地审计条线的领导人员、一级分行风险总监、工会主任纳入巡视监督范围，防止出现监督盲区。

第三，扎实推进案件和违规问题查防工作，维护建设银行业务经营安全。案件和各种违规问题是建设银行面临的主要风险之一，关系到建设银行的经营安全和社会声誉。一旦发生案件和重大违规问题，会在财务利润、工作精力、队伍士气、社会形象等方面带来负面影响，监管部门的监管也会更加严格，从而制约金融创新，影响新的利润增长点的形成。一个机构要从案件的阴影中走出来，往往要三五年甚至更长的时间，这会丧失许多发展机会，因此，全行要正确认识案件查防工作的价值，更加坚定不移地抓好案件查防工作。

做好案件和违规问题的查防工作，要特别注意处理好重点突破和全面防控的关系。基层机构和网点容易发生案件和违规问题，应当重点关注。根据基层机构和网点工作任务重、风险点集中的特点，我们要通过加快推进网点转型、柜面业务流程优化、前后台业务分离和集中式网点服务保障体系建设等措施，尽量减少基层在后勤保障、物品配送、统计报表、残币整理、非实时性账务处理等方面事务及辅助性工作的压力，最大限度地释放基层营销服务能力，缓解基层风险压力，严防基层出现案件和大的风险。同时，还要高度关注上级机构、中后台管理部门和重要业务的风险。随着近年来部分经营管理权限的上收和业务的调整，上级机构和中后台工作复杂程度和风险点都有所增加，案件已经出现向二级分行以上机构和中后台管理部门转移迹象。对此，大家应当有清醒的认识，及早研究措施，主动采取对策，防止风险积聚，避免内部操作风险、道德风险与外部市场风险、信用风险相互渗透，形成共振和连锁反应。此外，办公楼和营业场所的安全保卫工作也需要引起高度重视，引进科学的制度和办法，真正做到万无一失。

第四，切实解决员工关心的突出问题，努力维护建设银行的和谐稳定。员工是建设银行事业发展的源泉，各级领导班子和领导人员要按照科学发展观的要求，坚持以人为本，增强为员工服务的意识，努力为广大员工办实事、做好事、解难事，提高员工满意度。要妥善处理好与员工特别是基层员工切身利益密切相关的问题，维护员工合法权益，促进和谐的劳动关系。在用工管理上，贯彻落实好《劳动合同法》，依法订立劳动合同，规范用工管理，逐步将劳务用工转为合同制员工，同时建立完善的辞退和淘汰机制。在薪酬待遇上，妥善处理好固定工资和浮动工资的比例关系，既要通过浮动工资体现奖优罚劣，又要防止固定工资过低而使人心浮动；规范员工工资薪酬的支付管理，严厉查处挤占、挪用、拖延发放员工工资的违规问题；增加工资级别的可行性，积极探索建立适应基层员工特点的长期激励机制。

当前，部分分支机构还有一些遗留的问题没有完全解决，化解矛盾、维护稳定的压力仍然比较大。2008 年第四季度，全行共接待群众来访 204 批次，同比上升 16.6%；到总行和国家机关集体上访的 19 批次，同比上升 15.8%。2009 年是建国 60 周年、西藏实行民主改革 50 周年、新疆和平解放 60 周年，也是平息 1989 年政治风波第 20 个年头、取缔“法轮功”邪教组织第 10 个年头，国家重大活动和敏感节点密集，全国维护稳定的任务很重。希望各级机构高度重视，提前做好对矛盾、问题的排查、分析和化解工作，对群体上访苗头要按照中央“发现要早、化解要快、处置妥当、防止蔓延”的要求，尽可能把问题解决在基层，把矛盾消除在萌芽状态，最大限度地降低负面影响。

第五，深化体制机制改革，努力发挥源头治

本作用。近年来，我们努力推进了完善公司治理结构、组织架构转型、梳理再造业务流程、全面清理修订规章制度、改革风险和信贷管理制度、探索人力资源改革、强化财务管控能力、完善集中采购制度、规范从业行为和职务消费、进一步推进后勤服务社会化“十项治本措施”，取得了良好成效。在全行工作会议上，我们又提出2009年要着力推进以公司业务转型为中心的系统组织机构改革、中后台专业化和集中化改革、业务流程优化和产品创新、人力资源管理改革。这些改革，都有利于完善建设银行内部控制，健全惩治和预防腐败体系，必须有新的突破。

纪检监察部门是综合性的内控管理部门，承担着具体推进反腐倡廉建设的重要职责，使命光荣、责任重大。各级党委要大力支持纪检监察部门履行监督职责，完善组织机构设置和人员配置，加大培养、使用和交流力度，为其顺利开展工作创造有利条件。各级纪检监察部门要继续加强自身建设，增强党性、改进作风、开拓创新，不断提升服务中心工作、规范从业行为、防范道德风险、促进科学发展的能力。

同志们，2009年是新中国成立60周年，也是建设银行成立55周年，全行改革发展和党的建设面临的工作很多、任务很重，关键要落实责任，一件一件地做好。我相信，通过全行干部员工的共同努力，我们一定能克服国际金融危机带来的困难，实现业务发展和党的建设“双丰收”。

着眼银行未来 做好内审工作

——在2009年全行审计工作会议上的讲话

郭树清

（2009年3月24日）

同志们：

当前经济金融形势非常复杂和不确定，全行的经营管理遇到了严峻的挑战。从国际上来说，这次金融危机是过去75年以来最严重的一次，不少机构预测世界经济将出现60年以来的首次负增长。尽管中国、印度这样的新兴经济体还是正增长，但是总体来看，仍然弥补不了发达国家的负增长。在这个大背景下，召开全行审计工作会议，研究部署内部审计工作，对于保证做好全行的经营管理工作，具有非常重要的现实意义。

首先，我给大家介绍一下国内的经济金融运行情况。自2008年11月以来，中央出台的一系列政策措施已初见成效，经济开始趋于稳定，不少指标开始好转。

第一，信贷投放增快。自2008年11月以来，信贷规模逐月放大，2009年1月贷款新增1.62万亿元，2月贷款新增1.07万亿元。广义货币供应量2月底同比增长20%以上，狭义货币供应量同比增长10%以上，均显著高于1月。第二，固定资产投资增速加快。2009年2月，城镇投资同比增速为26.5%，新开工项目和在建项目的投资规模明显回升，基础设施已经进入新的建设高潮期。第三，消费增长。2009年前两个月消费品零售总额同比增长15.2%，如果考虑物价下降的因素，增长的幅度比较大。由于出口下降，消费占GDP的比例提高的幅度也比较大，据估计，2008年11月为38%，2009年1月达到45%。第四，发电量和用电量恢复正增长，与2008年11月、12月已经形成鲜明对比。第五，工业生产恢复正增长。

但数据和事实也表明，对当前的经济运行还不能太乐观。2009年前两个月工业增加值同比增长3.8%，而2008年同期增长15.4%。外贸出口形势比预期的还要严峻。2009年2月消费物价指数（CPI）同比下降1.6%，生产价格指数（PPI）

下降4.5%，表明国内需求还比较低迷。更值得关注的是，结构调整虽然已有很大进步，但是低水平、高污染、高耗能企业又有抬头的迹象。

从建设银行的经营情况看，由于工作抓得较紧、项目储备充分，因而资产业务增长较快。2009年前两个月，工行、农行、中行、建行四行贷款分别新增3 346亿元、2 814亿元、3 100亿元、3 583亿元。我行新增最多，总行非常担心，随时进行监测、抽查、沟通，总行机关内部职能部门也提交了多份分析报告。从分析报告来看，还比较正常，贷款投向也比较合理，其中50%左右投向了基础设施领域，制造业不到20%，住房抵押贷款和房地产开发占15%左右，其余为小企业和信用卡等方面。结构上与其他银行最大的差别是，到昨天为止，其他行票据贴现都超过了1 000亿元，我行票据贴现和再贴现是400多亿元，占全部新增贷款的比重较低，不到11%，低于同业平均水平大概30个百分点。中间业务收入增长速度继续保持了大银行里的领先地位，绝对值也是最高的。

但是，也要看到面临的困难。一是全球经济金融危机尚未见底，国际金融市场震荡还可能带来新的冲击；二是国内经济增长速度放缓，还会有相当一部分企业陷入困境，资产质量控制和不良资产处置的难度加大；三是同业竞争日趋激烈，服务价格不断降低，部分业务的收益可能难以覆盖风险；四是利率进入下行通道，利差收窄、拨备提高，也增大了我行的盈利压力。总之，2009年改革发展的任务很重，我们要按照全行工作会议的安排部署，抓好落实和执行。

现在我们回到今天的主题上来。关于审计工作，监事长和于首席还会作专门的讲话和部署，我先讲三点意见供大家参考。

一、内审工作取得了历史性的进步

实施股份制改造以来，全行的改革发展取得了令人鼓舞的成绩，内审工作同样成效显著，主要体现在以下四个方面。

一是成功实施了内审体制改革。2005年，我行在国内同业中率先推出了全面、系统、深刻的审计体制改革，创建了全新的审计组织架构和体系，实行了审计机构、人员、经费和工作由总行垂直管理的机制，建立了既符合现代公司治理要求，又切合我行实际的审计信息报告路线。2006年进一步优化调整了相关审计机构，撤销了全部审计办事处，整合了审计分部和驻地总审计室。2008年完成了香港审计分部的组建工作。

改革减少了机构层级，精减了人员数量，优化了人员结构。目前审计人员数量比改革前减少800多人，但审计工作的能力却得到大幅度提升。人数减少了、结构优化了、能力提高了，这样的改革非常有说服力。通过改革，优化了内审工作环境，增强了审计的独立性、权威性和有效性，提高了审计工作集约化管理水平，同时也为业务系统垂直管理积累了宝贵的经验。

二是稳步提高了审计队伍的专业水平。一方面，建立起内部审计专业化发展的常态运行机制。明确了审计机构和审计人员的专业方向，组成了涵盖17个专业的研究团队。建立了审计人才库和审计知识库，确定了405名专业型主审人和92名研究型带头人。将专业化建设与审计项目实施、专业研究、激励约束措施等相结合。另一方面，重视审计人员培训工作，系统地制定了审计职业培训规划。采取集中培训、视频培训、远程教育、业务研讨、跟岗学习等多种方式，营造了良好的学习氛围。2008年，全行审计系统人均参训14.7次，人均学时154小时。目前，取得国际注册内部审计师、国际注册信息系统审计师和注册会计师等社会公认职业资格的审计人员，占比达到25%，较2005年提高了15个百分点。

三是自主创新了先进的流程规范和技术方法。在审计流程方面，建立了以审计章程为龙头、12项审计业务准则为核心、审计事务规范为补充，具有建设银行特色的审计规范体系，全面覆盖各项审计作业流程和管理过程，为审计人员开展工作提供了明确和规范的指导。

在电子化审计技术方面，开发了基于计算机网络和人工智能技术的非现场审计系统，研制模型数量近千个，基本建立了覆盖信贷业务、负债业务、财务管理的审计监测模型体系，从而改进了审计业务流程，扩大了审计覆盖面，提高了效率，节约了成本，受到业界的好评。在信息技术审计方面，引入了国际业界标准或最佳实践，形成了涵盖全行信息技术开发、运营、基础设施等方面的审计规范体系，初步建立起一支比较专业的审计团队，组织了多类信息技术审计项目，取得了良好效果。在审计信息管理、风险导向审计计划、内控审计评价、任期经济责任审计等方面，有关方法和工具的研制应用也取得了突破。

四是有效实现了内部审计价值。2005—2008年，全行审计系统共完成审计项目12 400多项次。在基础管理方面和高风险领域，查找出经营管理中的薄弱环节，发现了一系列风险隐患。例如，河南漯河黄河路支行账外违规经营银行承兑汇票等案件线索，此外还有员工贷款、柜员自办业务、财务收支等方面的违规行为。

通过全面业务审计和内控审计评价等综合性项目，对分支机构的综合执行力、风险控制力、价值创造力、市场竞争力、系统贡献度和持续发展能力等内容进行了分析评价，实现了对分支机构的周期性监督。围绕提高核心竞争力、优化业务流程、促进业务发展，开展了世界500强企业在我行业务情况、主要产品价格管理、营业网点经营管理等一系列审计调查，进一步体现了内审为银行创造价值的能力。

上述审计工作及其成果，得到了董事会、监事会和高管层的高度重视和充分肯定，在促进全行提高经营管理水平方面，有效地实现了内部审计价值。总体来看，我们按照现代商业银行公司治理的要求，基本建立了科学、规范、有效的内部审计体系，为全行的健康持续发展发挥了积极的促进作用。

多年来，全行审计系统，特别是广大基层审计工作者，发扬了勇于探索、不断创新的精神，克服了经常出差、较少休息、对家庭照顾不够、个人生活有诸多不便等困难，本着高度负责的态度，服从大局、坚持原则、勤奋工作、恪尽职守，各项工作卓有成效，为建设银行的事业贡献了自己的力量和智慧！在此，我代表总行党委、董事会，向大家表示亲切的慰问和衷心的感谢！

二、全行要进一步增强对内审工作重要性的认识

我行在建立现代银行治理结构的过程中，董事会、监事会和高管层充分认识到内审工作的重要性。由于内审能够从相对独立的角度，向决策和执行层客观反映经营管理情况，提示风险隐患、控制漏洞和流程缺陷，提出相关意见和建议，因而能够促进业务健康发展，帮助改进经营管理，是银行价值创造中不可或缺的环节。为此，有很多领导把内审形象地比喻为“保健医生”、“免疫系统”。

基于对内审工作重要性的认识，总行下决心改革内审体制，加强对内审工作的领导和管理，旗帜鲜明地支持审计人员开展工作，采取多种形式督促审计成果的利用，目的就是要充分发挥内审在银行治理、内部控制和风险管理中的作用。近几年来，全行上下对内审的认识普遍提高，能够积极支持配合审计工作，善于利用审计成果加强管理。但是，也有些情况值得大家研究和思考，这里举几个例子。

一是相当一部分同志存在“讳疾忌医”的思想，认为审计就是查问题、挑毛病，是和自己“过不去”，因此，不愿意接受审计、不支持配合审计，甚至习惯性地抱怨和指责审计人员。二是一些同志存在“怕麻烦”的思想，以各种借口推脱向审计人员介绍情况、提供资料，日常工作中不邀请审计机构负责人列席有关会议。三是有的同志甚至是负责全面工作的主要领导同志不了解审计原理、不善于科学利用审计成果，对审计提出的问题、隐患、建议不重视。四是有的同志不懂得“防微杜渐”的道理。一旦发生案件或重大问题，不分情况就开始质问审计为什么没有发现、为什么不早发现。五是有的同志不懂得“亡羊补牢”的道理，不懂得“事后”与“事先”的关系（就是说对过去是“事后”，对未来就是“事先”），对审计揭示的问题不以为然，不举一反三地开展整改，甚至是麻木不仁，整改很不积极主动。这些认识和态度都是不客观的、不负责的，对内部审计条线的工作也是不公平的。

上述情况如果长期存在，将很不利于我们银行的健康发展。全行要进一步增强对内审重要性的认识，总行各部门、各级分支机构特别是主要负责人，要用科学、正确的态度支持配合内审工作，应当积极创造条件，更好地利用内审工作成果。

第一，加强理解，主动支持配合内部审计工作。我们要把内部审计当成经营管理的参谋和助

手，没有必要采取戒备心理甚至不配合的态度。一定要站在全行战略的高度，从大局出发，充分认识审计工作的重要性，理解审计、尊重审计、虚心接受审计。像2008年国家审计署对我行的审计，对我们提供了很大的帮助，开始时，大家还有顾虑和不耐烦的情绪，觉得已有“内审”、“外审”，不必再多一个“国审”，我看多一种审计不是坏事。事实证明，国家审计署是讲道理、有水平的，在我们积极有效的配合下，结果也比较圆满。全行要以积极、开放的态度对待审计，要严格执行工作联系和信息沟通制度，为内部审计人员提供必需的信息、资料和情况。各分行要积极支持审计人员交流工作，妥善安排交流回分行的审计人员，合理解决他们的困难。

第二，重视审计成果，认真、扎实地做好整改工作。针对审计发现的问题和提出的建议，必须下力气持续抓好整改工作。很多看似细微的违规，往往背后还隐藏着案件和更大的风险隐患，如果能够及时予以纠正，是完全可以避免的。内审在资源相对有限的条件下，按照风险导向和重要性原则，采取“抽样”的方法，发现了苗头、提示了线索，而深入挖掘和改进工作，则要靠经营管理机构和部门自己。全行要进一步落实和完善整改工作机制，对一些因整改纠正不力造成严重后果的问题，应该严肃追究责任，以儆效尤。

第三，主动规范自律，切实履行好自身经营管理职责。风险防范工作要全员负责，每一道防线都有自己的职责。处于第一道、第二道防线的部门和机构要主动提高合规经营意识、规范业务操作，日常严格履行对业务的监督检查职责，以利于提高风险防范和内部控制能力，节约审计资源，使审计人员有更多的精力关注业务发展等活动。处于第三道防线之一的审计部门也要认真履行审计职责，通过“以小见大”、“防患于未然”的方式，发挥预防、警示、提醒作用。至于审计能不能发现案件、是否承担未发现案件的责任，要实事求是地客观分析。

三道防线各司其职、各负其责、相互支持配合，保持融洽的交流沟通机制，形成良好的合作氛围，避免不必要的推诿和指责，才能从根本上持续完善内部控制机制，在经营管理中产生良性互动效应。

三、内审条线要为全行稳健发展作出更大贡献

当前，国际经济金融环境依然严峻，欧美金融体系已经陷入困境，对实体经济的影响日益加深。我国经济运行困难明显增加，虽然也有很多发展的机遇和有利因素，但是，复杂多变的经济金融形势也会反映到我行的经营管理中，会出现过去很少遇到的困难和问题。与此同时，我们的工作中还存在着基础管理薄弱、专业水平低、粗放经营和精细化管理不足等问题。

为适应银行外部经营环境的变化，根据我行经营管理的实际情况，我们在全行工作会议上提出，坚持积极稳健的经营方针，坚定不移地推进改革，既要实现2009年的经营目标，又要促进银行长远战略目标的实现。如何做到既抓住机遇发展业务，又能迎接挑战控制风险，不单是经营管理部门需要面对的课题，同样是我们审计部门需要考虑的问题。因此，在新的形势下，内部审计部门和审计人员要认真思考，突出工作重点，提高工作针对性，发挥我们的优势和特长，在加强内部控制、夯实基础管理、防范风险、促进业务发展等方面发挥更大的作用，创造更多的价值。如何做好今后的工作，在此我强调几点：

第一，审计工作要立足现实、面向未来。与国际先进银行比较，我行在专业化经营、精细化管理等方面，还存在较大差距，尤其是在人均创造价值方面不占优势，许多产品、业务和机构仍然做不到精确的成本核算，因此必然会有这样或那样的吃“大锅饭”现象。这里有理念、意识、体制、机制和人际关系等方面的原因，但由于资源配置不合理、成本管理不够精细造成的损失更大。审计工作要关注这些问题，要把银行战略愿景作为工作的基本出发点，处理好现实利益与长远目标之间的关系。

审计工作要做到立意高远、考虑长久，就要处理好“捡芝麻”和“抱西瓜”的问题，既要及时揭示各类细微的问题，还要关注其他影响银行长远发展、价值创造的重要事项。公司治理机制合理不合理、主要领导人权力是不是太集中了、机构之间相互制衡作用如何、一些业务风险与收益能不能平衡等都应当成为我们审计工作者观察

和思考的问题。当然，对执行力不够、有章不循、制度不健全、风险认识模糊等问题，更需要内部审计进行关注。总之，建设世界一流银行，审计工作肩负着重要职责。

第二，审计工作要自觉服从、服务于银行发展的大局。审计要查问题、堵漏洞，但这不是目的，只是手段，目的是保障银行健康可持续发展，促进银行提高科学发展水平。审计工作必须融入银行改革发展的大局之中，要紧密围绕全行中心工作，重点审计经营管理中的薄弱环节和容易忽视的事项。要深入关注业务转型、机构改革、制度完善、流程优化、风险管理和产品创新，要深入关注外部的客户、市场和产品服务的质量效率，要从促进全行业务发展的角度，积极提供各类信息支持，避免为了审计而审计，更不是为了查问题而审计。审计人员不要总是以监督者自居，更不应满足于“查账先生”的身份，而要与审计对象建立工作伙伴的关系，努力树立业务顾问的形象，加强沟通交流工作。对一些情况可以与审计对象共同研究探讨，按照实事求是的原则，开展全面分析和换位思考。

第三，要提高审计工作的市场预见性和工作前瞻性。随着金融工具不断增多、竞争日趋激烈，加上严峻复杂且不确定的经济金融形势，国际金融危机的影响还会不断变化，我们面临的风险更会增加。为此，我们在各类风险的预见和防范上、在业务发展机会的把握上，必须要有前瞻性。例如，市场风险、信用风险、操作风险等方面的问题，究竟如何演变，都需要大家专题研究。审计部门对此也要增强紧迫感，提高对各类风险隐患的预警、把握和揭示能力，加强对各类新的风险点的关注和检查，加强对市场、产品和业务发展机会的研究分析，发现风险要及时提示，帮助各分行和部门及时研究应对措施，最大限度地减少对全行发展的负面损害。

第四，要发挥好对各级经营机构的信息支持作用。我行的公司治理结构决定了内部审计部门可以直接向董事会、监事会和高管层汇报各类审计成果。作为直接接触基层机构的有效途径，内部审计能够及时提供各类信息支持，为总行了解情况、作出决策提供第一手资料。今后工作中，审计部门要继续加强此项工作，在坚持独立性和客观性的基础上，及时揭示各类违规问题和重大风险事项，全面、准确地报告。同时，对于总行的战略、政策，重点关注的业务、产品、风险类型等，也可以通过日常审计工作及时传递到各分支机构，提醒其在日常工作中妥善把握，发挥信息传导桥梁的作用。

第五，要加强专业学习和技术创新。审计工作专业性很强，对审计人员各方面素质要求很高。审计人员要树立开放的理念，要勤于学习、主动学习、持续学习，要做学习的模范、思考的模范、创新的模范。要通过审计部门组织培训、广泛参与业务部门培训、在岗位实践中学习等多种方式，掌握建设银行的各项业务，熟悉各种产品的功能和流程，保持内部审计与业务的同步发展，努力成为某一业务方面的专家。

创新与应用先进的审计技术方法，是提高审计工作质量和效率的重要途径。为此，审计部门要巩固现有优势，加强对先进技术方法的推广应用，并不断改进优化，争取有新的创新突破，为提高审计的电子化、集约化、规范化、精细化水平提供强有力支持。

第六，要努力克服工作中的不足和困难。要高度重视工作中还存在的不足和困难。这里，我也举几个方面的例子：一些同志还不够安心于审计工作；一些单位的审计工作安于现状，开拓创新和进取精神不够；个别审计机构的独立性还需要加强；审计机构自选项目相对不足，任期经济责任审计项目任务过于繁重；审计队伍建设有待进一步加强，人员结构仍然有待优化；激励约束机制还有待进一步完善，员工晋升通道和职业生涯发展需要进一步创造条件；审计条线和其他条线的交流还不够。

导致这些不足和困难的原因是多方面的，有的还是全行的共性问题。因此，各级审计机构要主动想办法，采取不同方法和途径去努力克服解决。垂直管理是一个创新的模式，管理思路和方法也要创新，不适应的传统方法要进行改革、调整。对审计系统目前存在的人力资源管理方面的不足和困难，总行相关部门按照职责分工要认真研究，积极采取措施。审计机构与驻地分行要进一步加强相互支持，这要成为考核双方班子的一个重要侧面。现有审计人员绝大多数都是从分行来的，很多困难也是改革前留下来的，同时审计人员本身也主要是为驻地分行经营管理而工作的，无论从哪个角度出发，驻地分行都有很大责任解决好这些问题，这样审计工作才能迈上新台阶。这里，我拜托各分行的主要负责同志，一定要把支持审计工作当做重要任务接下来。

同志们，我们面临着新的复杂形势和繁重任务。希望大家统一思想、坚定信念、振奋精神、扎实工作，带领全行审计人员进一步提高工作水平，为全行稳健发展作出更大贡献。

在建设银行新任职领导人员培训班上的讲话

郭树清

（2009 年 5 月 12 日）

同志们：

李小三常务副院长的讲话，给我们上了非常生动而深刻的一课，我和大家一样，感到深受启发。李小三同志的讲话内容丰富，但又言简意赅，很少套话，讲得非常实在，把井冈山精神的核心、毛泽东同志的优秀品质、红军的光荣传统以及对我们新任职干部的建议和要求都作了阐述。我看到他讲话的稿子，是自己亲笔起草修改的一份提纲，上面还有勾勾画画，显然是专门为我们这次开班仪式准备的，这种敬业态度本身就值得我们学习。作为常务副院长，他每年可能要出席几十次这样的活动，但他把每一次都作为第一次，专门考虑、专门准备，这确实不容易。这也是我们建设银行倡导的工作作风。总之，李院长的第一堂课上得非常成功。

按照商定的议程，我也讲几点体会和要求。首先，我代表建设银行党委，向为举办这次培训班提供大力支持的井冈山干部学院的各位领导、教师和工作人员表示衷心的感谢！举办这样一个具有特殊意义的专题培训班，在我们建设银行还没有过，算得上是三个“第一次”。

这是第一次在革命圣地举办培训班。以往我们组织干部培训，主要是学习先进的管理理念、接触最新的产品和服务、提高专业知识素养，而这次培训与以往都不相同。井冈山是中国革命的摇篮，是中国人民心中的圣地。在艰苦卓绝的斗争中，我们党形成了井冈山精神，为中国革命播撒了燎原火种。井冈山精神的核心内容就是坚定信念、敢闯新路、依靠群众、艰苦奋斗。在当前改革开放和发展社会主义市场经济的新形势下，大力弘扬革命前辈的光荣传统，用井冈山精神教育、培训我们银行的党员干部，具有十分重要的现实意义。

这是我们第一次与井冈山干部学院合作办班。建设银行党委非常重视对党员干部进行思想政治教育，我们有自己的党校，在哈尔滨和常州还有分校，三地同时办学，现已举办 19 期进修班，培训学员近 4 000 人。这次委托井冈山干部学院办学，源自 2009 年初与中组部干教局领导的一次座谈，当时大家有个共识，就是大型国有企业、国有金融机构领导干部的思想政治素质教育应该进一步加强，常抓不懈，不能放松。在井冈山干部学院的大力支持下，我们这个想法从今天开始变成现实了。学院为我们做了精心的安排，虽然只有 5 天的课程，但内容十分丰富，形式也灵活多样。这个班是双方合作的第一次尝试，希望能够为今后长期的合作打下良好基础。

这是第一次针对新提拔任职领导人员的培训。参加这次培训的都是到新岗位履职时间不长的领导人员，有一级分行的副行长、纪委书记、风险总监，还有总行部门的副总经理，年轻同志比较多，大家来自不同的业务条线，有着不同的成长经历，可以说都是建设银行未来发展的中坚力量。总行党委希望通过这次集中、扎实的思想政治教育，帮助大家加深对党的光辉历程、思想路线的领会和理解，进一步坚定理想信念，牢固树立科学发展观，不断提高履行职责、适应岗位的能力，更好地为全行的科学发展服务。

我们专程到这里举办培训班，主要的目的是要学习井冈山精神，增强党性修养，提高政治素质，改进思想作风。虽然过去是战争时期，现在是和平时期，过去是武装斗争，现在是经济建设，有许多不同的东西，但是也有许多共同的东西。井冈山精神有许多闪光的地方值得我们不断传承发扬，我体会最突出的有四点。

一是理想信念。没有理想信念，就不会有对事业的热情；没有对事业的热情，什么工作都干不好，什么事情也做不成。当年红军上井冈山，就是为了解放天下受剥削、受压迫的劳苦大众，让人民过上幸福生活。尽管艰难困苦、历经曲折，但是这个目标逐步成为现实。井冈山革命根据地创建至今80年，从人类历史来看是非常短暂的，但这80年我们国家发生了翻天覆地的变化，从一个积贫积弱、落后黑暗的旧中国转变为一个经济繁荣、社会进步的新中国。现在，中国的国内生产总值（GDP）在全世界的占比达到6%左右，按购买力平价计算可能有12%，人均国民收入3 000多美元，按购买力平价计算大约为6 000美元。事实证明，伟大的理想信念不是虚无缥缈的，通过一代代人的奋斗，可以逐步转化为现实。建设银行的事业也一样，只要我们顽强拼搏、努力推进，就会见到实实在在的效果。事实上，自2005年上市以来，建设银行事业取得了突飞猛进的发展，对国家的贡献逐年提高，2008年我们为国家创造的价值达到1 200亿元，员工的工资福利和工作环境也得到很大改善。但是让人难以理解的是，我们有的分行领导干部和个别领导班子却软弱涣散、缺乏斗志、士气低落，也有的人心浮气躁、粗枝大叶、得过且过。工作缺乏激情、精神委靡不振，归根到底是缺乏理想信念。伟大的理想必然建立在坚实的基础之上，我们每个同志都要明确，通过自己的工作和奋斗，必然会为建设银行的事业作出贡献，必然会为国家的富强作出贡献，也必然会为世界的进步作出贡献。只重视物质激励、光强调薪酬是不够的，还需要加强精神层面的培养和建设。这次培训是一个非常好的起点，大家要从我做起，并影响和带动周围的同志，坚定信念、振奋精神，更好地完成我们的使命，实现我们的愿景。

二是敢闯新路。井冈山时期，一切都没有先例可循，军事、政治、经济、财政、法制、文化，都是白手起家。正是由于一切从实际出发，敢于探索、善于创造，井冈山斗争开辟了中国革命的正确道路，成为中国共产党领导中国人民夺取革命胜利的光辉起点。当今社会，我们办银行、办企业也必须实事求是，敢于创新，这样才能做到专业化和精细化。细分市场、细分客户，提供综合化、多样化、差别化的产品服务，都要探索，都要创新。以开放的态度参与国际竞争，学习借鉴国外银行先进经验是必要的，但绝不能代替我们自己的研究和探索，更不能简单照搬、照抄国外的模式和产品，即便是拷贝、移植，也要深入研究，看看是否符合国内市场实际。建设世界一流银行，仅靠模仿，没有自己的原创，更是不行的，必须以改革创新精神闯出一条科学发展的新路。这要求我们各级领导干部进一步解放思想，积极大胆地创造性地开展工作，同时激发调动全行员工的创新活力。

三是善于团结。任何时候、任何事情都离不开依靠群众，离不开凝聚民心，离不开坚强的团队。井冈山根据地能够建立起来，需要组织武装暴动，需要动员贫苦农民，还要联络工商人士，更重要的是首先必须争取原有地方武装的理解和信任，要开墟场、办工厂、铸银圆、设医院，需要多个方面的支持和配合。红军内部有早上山的，也有晚上山的；有秋收起义部队，还有南昌起义部队、平江起义部队；有做军事工作的，也有做政治工作的；有来自湖南、江西的，还有其他各地的；有土籍的，还有客籍的。这些关系都要处理好，一个方面出问题，就会影响到其他方面，甚至是影响到全局。我们今天从事的经营管理工作，同样需要密切联系群众，善于感召下属。团结是大智慧、大本事，不能团结人的人可能将一事无成。

四是艰苦奋斗。干革命，没有捷径可走，来不得半点虚假，只有进行艰苦卓绝的斗争，才能赢得胜利。今天，我们要干出一番事业，依然要靠艰苦奋斗、实干拼搏，靠旁门左道、投机取巧是最终不能成功的。党员领导干部要树立正确的人生观、价值观，在各个方面做好榜样，把时间精力投到工作学习上，讲实干、创实绩。动歪脑筋、要小聪明、走门子、拉关系，对于个人成长进步是没有任何好处的。艰苦奋斗还包括勤俭创业、节约奉公。办好现代金融企业，绝不能大手大脚、铺张浪费、讲排场、比阔气。要继续在全行树立厉行节约的良好风尚，倡导从小事做起，从身边的小事做起，带头建设节约型银行。

大家都是新近任职的领导干部，如何才能做好工作，承担起领导责任，我想关键有以下几点：

第一，进一步增强学习的紧迫感，养成良好的学习习惯。我们从事的工作属智力密集型行业，知识、技术、人才发挥的作用越来越大。与国际先进银行相比，我们还有很大的差距，需要探索的东西还很多。在2009年成本费用严格控制的情况下，总行继续加大培训力度，体现了党委对学习的重视、对人才的重视。但是学习要真正取得成效，归根结底还要靠每个人自己。首先是态度，其次是方法，这两条最为重要。毛泽东同志就是热爱学习、善于学习最优秀的典范。我们要努力做到敏而好学、学而不厌、学以致用，并通过个人学习，带动和改变一个班子、一个机构的氛围，营造积极向上的环境。

第二，加强品德修养，只有先做人，才能做好领导干部。德才兼备、以德为先，是中央提出的选人、用人标准，商业银行同样要坚决贯彻。要防范各种风险，归根结底都要靠人，靠领导干部的自觉、自愿，特别是操作风险和道德风险的防范更是如此。在2006年夏季座谈会上，我就怎样当好分行“一把手”提出了“正、实、明、清、稳”的要求。正，就是作风正派、为人正直、处事公正。古人说，政者正也。是不是出于公心、是不是公道正派，同事不难识别，群众不难发现，这往往是一个领导干部有没有威信、有没有号召力的重要因素。实，就是诚实、务实、实在、实干，核心是实事求是，不夸夸其谈、不搞花架子。明，就是有知识、有文化、有思想，明白事理、明辨是非、做明白人、办明白事。清，就是清白、清廉，做人清澈透明。稳，就是稳健、稳妥、沉稳，要戒骄戒躁、稳扎稳打，也包括胸怀宽广、行事低调、宽容他人。这些对于中高层领导班子成员既是基本素质，也是很高的要求。希望大家珍惜目前的工作和岗位，时刻保持清醒的头脑。要经得住各种诱惑，自觉抵制官僚主义、腐败风气、浮躁情绪，以及华而不实、阿谀奉承、投机取巧等不良现象。要提高处理复杂问题的能力，遇事要考虑周全，同时对自己坚持用更高标准要求，不因自己资历浅、排位后就减少责任、放弃义务，要通过每个人的努力，把班子、队伍和所辖机构的工作做好。

第三，进一步改进工作方式方法。准确判断形势、善于总结经验、把握事物的规律，这是毛泽东同志在创建井冈山根据地时表现出来的卓越才能，我们应当努力学习提高。银行管理必须适应市场形势变化和宏观调控大局。自2008年11月以来，中央出台了扩大内需、增加投资、促进消费的一系列政策措施，目前已经开始见到效果。但受国际金融危机和国内经济周期性调整的叠加影响，整个经济形势依然严峻，银行经营也面临巨大挑战。作为国有大型银行，我们既需要增加信贷投放，积极支持经济增长，又需要加强风险管理，保持资产质量良好，防止出现新的坏账。将这两个方面有机结合起来，必须提高经营管理水平，改进工作方式、方法。这意味着要下大力气进行一系列探索，要吃许多苦才能找到好的路子和方法，这并不是喊两句口号就能解决问题的。2009年第一季度，我行人民币贷款新增5 267亿元，同比多增3 849亿元，不良贷款额和不良贷款率实现了“双降”，可以说我们的管理水平经受住了初步的考验。但是，只有在未来三到五年后，这些贷款不出大的质量问题，才能最终说明问题。事实上，现阶段进行结构调整，转变发展方式的任务丝毫没有减轻，推进“基于数据和事实”的现代科学管理显得更为迫切。

第四，汲取国内外经验教训，积极稳妥地推进金融创新。银行服务要满足经济社会发展的各方面需要，必须进行产品和服务创新，但是金融创新又存在着多种风险。与发达国家金融创新过度不同，我们面临的最主要问题仍然是创新不足，如民生金融服务不足、农村金融供给短缺、小企业融资需求得不到满足等。这些都迫切需要我们加快创新步伐，在产品、渠道、模式、机制等方面进行积极探索和尝试。希望大家进一步强化创新意识、服务意识和风险危机意识，跳出部门条线的局限，开展大量艰苦细致的研究，推动建设银行健康持续发展。

同志们，这次学习机会非常宝贵，希望大家严格遵守学习纪律，自觉服从管理，集中精力，潜心学习，积极交流，互相探讨，学有所获，把我们这个班办成干部学院表现最好的一个班。最后，祝大家在井冈山身体健康，祝培训班获得圆满成功！

继续坚持积极稳健经营方针 进一步提高精细化管理水平

——在建设银行夏季工作座谈会上的讲话

郭树清

（2009 年 7 月 23 日）

同志们：

我完全赞同张建国行长刚才所作的工作报告。2009 年上半年，全行上下认真贯彻我行年初工作会议的各项部署，深入开展学习实践科学发展观活动，坚持积极稳健的经营方针，大力推进以专业化和精细化为重点的五项改革，各方面工作都取得了新的成绩。尤其值得称道的是，在纷繁复杂的国内外形势下，我行在服务大局、支持经济发展和调整结构、控制银行风险等方面都做得不错，赢得了市场和同业的好评。2009 年上半年建设银行共获得 40 多个国内外奖项，特别不容易的是，一些国际权威媒体给予了高度评价。《欧洲货币》杂志授予我行中国区“最佳银行奖”，认为建设银行一直坚持稳健经营，不良贷款率在中国大型商业银行中保持最低水平，强大的服务网络和零售网点转型项目使我行在竞争对手面前具有突出的优势。《亚洲货币》杂志认为，建设银行融合了稳健经营战略与敏锐捕捉市场先机的领导风格，能够在应对挑战中处于更为有利的位置。

2009 年初我们提出了积极稳健的经营方针，在具体经营活动中总行管理层特别是张建国同志也一直强调“控制总量，把握节奏，保证质量，调整结构，讲求效益”。2009 年我们一改往常的做法，不再考核分行的市场占比，就是为了避免与同业盲目攀比，防止出现大的偏差，大家执行得非常好。我们的结构调整又迈出了较大步伐，总的财务成绩也符合 2009 年初的预期，为完成全年计划奠定了坚实的基础。取得这样的成绩，是全行各级机构员工辛勤工作、努力奋斗的结果，我代表党委会、董事会、管理层、监事会向各级领导同志和全体员工表示最衷心的感谢！

下面，我讲三个方面的问题。

一、关于当前的货币信贷形势

为应对国际、国内双重的周期性经济下行，中央于 2008 年 11 月开始采取了一系列经济刺激措施。2009 年上半年，我国经济出现了迅速反弹和回升，第一季度 GDP 增速为 6.1%，第二季度达到了 7.9%。温家宝总理最近说，2008 年经济下滑很厉害，他担心 2009 年上半年经济会负增长，但是没有想到第一季度就出现反弹。现在看来，我国经济确实出现了典型的 V 形恢复。作为适度宽松货币政策的体现，银行信贷超常规增长，2009 年上半年人民币贷款新增 7.37 万亿元，比年初增长 24.26%，比 2008 年同期增长 34.44%，这应当是创纪录的。2009 年 6 月底全国货币供应量 M_2 同比增长 28.46%，M_1 同比增长 24.79%，这在历史上也是很高的。更重要的是，M_2 与 M_1

增速差距非常小，只有3个多百分点，说明货币的流动性非常强。

为什么银行信贷会出现超常规的高速增长？我认为有五个方面的原因。第一，各家银行贯彻中央要求，积极主动地支持扩内需、保增长。第二，中央银行调整货币政策，商业银行被迫大量增加贷款。中央银行将基本利率下调，超额准备金率也下调，而且停发公开市场票据，使商业银行资金过剩的压力剧增。仅我行一家，2009年上半年存款新增就将近1.5万亿元。现在超额准备金利率只有0.72%，而我行的存款平均付息率大约是1.7%，资金如果放在中央银行就会亏本。第三，银行盈利压力增大。在利差缩小、中间业务收入增长放慢的情况下，贷款成为银行最主要的盈利来源，只能靠量的扩张来弥补收入下滑。第四，各家银行竞争激烈，信贷投放盲目攀比。银行之间对大项目的争抢趋于白热化，轮番与地方政府和大企业签约，并且大造声势。我们从2008年11月上旬国务院会议之后就特别注意多做少说，避免给其他同业以刺激和压力，因为建设银行在基础设施投资信贷方面具有较大优势。2008年11月17日，我们率先与铁道部签署战略合作协议，特意请求对方不去宣传，铁道部说可以发一下系统内报刊。不久之后，其他银行与铁道部签署协议并在主流媒体发了消息。很多银行也担心下半年中央银行恢复规模控制，纷纷在2009年上半年抢占基数，引发贷款井喷式增长。第五，地方政府给银行施加了各种直接和间接的压力。例如，有些地方政府按照贷款投放多少给银行排名，进行通报，甚至给银行领导班子成员发奖金等。

对信贷资金大量增长带来的影响，要辩证地分析。积极的方面主要有：第一，体现了中央"出手要快、出拳要重"的要求，有力地促进了经济恢复。2009年上半年固定资产投资增长33.5%；社会消费品零售总额增长15%，扣除价格因素，实际增长16.6%；6月进出口总额降幅收窄至17.7%；上半年累计实现城镇新增就业569万人，完成全年计划的63%。银行贷款在这些方面发挥的作用功不可没。第二，促进了基础设施加快建设。银行的新增贷款有近一半投入了基础设施相关行业。第三，促进了地区经济金融发展的平衡。据银监会统计，2009年上半年贷款增幅最高的前10个省市中，西部地区6个、中部地区3个、东部地区1个。中西部地区的贷款增速普遍高于东部地区，这是以前没有出现过的。当然，贷款增量最多的还是在东部地区。前五个省市中，广东新增8 548亿元，江苏新增7 527亿元，浙江新增6 364亿元，北京新增5 640亿元，山东新增5 061亿元。但总体来看，中西部地区不但贷款增幅提高了，而且经济增长速度也显著超越了东部地区，原因在于基数较小。第四，促进了中小企业、"三农"发展。中小企业、"三农"贷款分别增长21.4%、25%，高于公司贷款平均水平1.5个和3.4个百分点。第五，促进了消费增长。从2009年第一季度开始，信用卡交易额大幅增长。2009年上半年个人消费贷款共投放6 508亿元，比2008年同期增加3 921亿元，高出1.5倍。第六，促进了各项民生和社会事业发展。居民服务业的贷款增长超过30%，卫生、社保、社会福利行业的贷款增长43.4%，公共管理行业和社会组织的贷款增长超过68%，教育、文化、体育行业的贷款增速也是多年来少有的。

在看到正面作用的同时，也必须看到一些需要关注和令人担忧的问题。第一，重复建设崭露头角，"五小"重新开工生产。在新开工投资项目中，产能过剩的钢铁、水泥行业分别增加了20%和78.6%，一些中小钢铁企业又开始"冒烟"了，一些小造纸企业、小化工企业也恢复了生产。绝大部分造船厂现在都没什么订单，但是船舶行业的固定资产投资增长了55.5%。这些情况与银行贷款的投入是分不开的。第二，资源消耗和环境污染的问题再度严峻起来。第三，贷款超高速投放已经达到或超过了银行管理能力的极限。一些大银行的贷款同比增长30%多，股份制银行同比增长40%多，城市商业银行、农村商业银行同比增长甚至超过60%。一些小银行的存贷比早已超过75%的监管上限。在"羊群效应"作用下，贷款项目的前期调查评估等必要的程序几乎形同虚设。历史经验表明，贷款投放过于迅猛就容易出问题，往往会"萝卜快了不洗泥"，难以保证资产质量。从建设银行自身的情况看，2003年公司类贷款增长超过20%，当年纯新发放的贷款到2004年底的时候不良率就达2.8%，到

2005年不良率达3.77%，明显高于其他正常年份发放的贷款。尽管这些年来我行的风险管理水平提高了很多，但是如果贷款按照20%、30%这样的高速度持续增长下去，肯定会超出管理能力的极限。第四，通货膨胀的预期上升。全球经济不景气，欧美和日本经济都还在负增长，但是最近国际大宗商品价格在上涨，国际石油价格比2008年最低时翻了一番，铜、铅价格的涨幅超过70%，棉花和大豆的价格也在上涨。国内股市和房市也大幅上涨，2009年上半年股市涨了70%，很多城市的地价、房价回到了2007年的最高水平。

最后，也就是第五点，货币信贷总量增长拉动经济的边际作用已明显递减。“一把钥匙开一把锁”，总量宽松并不能解决所有问题，尤其是结构性不足以及差异性造成的不平衡问题不是靠增加总量就可以解决的。这个道理就像农业灌溉。我下乡的时候，所在生产队负责种300多亩饲草、饲料和蔬菜，那块地大多在半坡上。最低洼处有一口井，水头很好，直径8寸的抽水机，24小时抽不干，但任水自由流淌，最多只够浇八九亩菜园子。我们在井旁边建了一个一丈多高的大坝，在上面修引水渠，才保证了整块地的灌溉。所以，虽然水的总量很多，但如果不采取特殊的措施，就解决不了全部抗旱问题。如果能够使用现在的喷灌、滴灌技术，相同的水量可能浇3 000亩地也不成问题。也就是说，设施不同、系统不同，结果也不同。同样地，大量注入货币到一定程度之后，相关的体制、机制改革需要迈出更大的步伐，要采取其他非常规的政策措施来配合跟进，否则就很难对经济起到持续拉动作用。超量增加货币信贷，会产生“溢出效应”，甚至形成“过涝灾害”。

二、关于下半年的经营管理工作

2009年下半年全行工作的基本要求是：继续深入学习实践科学发展观，坚决贯彻执行中央决策部署，不断提高专业化经营和精细化管理水平，促进经济持续增长和结构调整。具体到业务发展，要继续坚持积极稳妥或者积极审慎的基本方针。主要有以下三个方面。

（一）进一步努力改进金融服务

要从优化信贷资源配置着手，进一步改进金融服务，配合解决国民经济发展中的不平衡、不稳定、不确定问题。第一，继续支持重点基础设施建设，巩固传统优势。第二，努力促进消费增长。对我行来说主要是支持住房消费，发放优质住房开发贷款和住房抵押贷款，同时积极支持保障房建设。第三，进一步扩大对中小企业的支持，改进业务流程，丰富创新相关金融产品，控制好风险。第四，继续做好“三农”服务。2009年上半年我行涉农贷款在新增贷款中占比较高，增速也较快，下半年要继续加强。特别是新疆维吾尔自治区分行、黑龙江分行服务“三农”的做法非常成功，各分行要从当地实际出发，搞好学习、借鉴和推广。第五，积极帮助出口加工企业开辟内销渠道。国内大量的出口加工企业生产的都是世界名牌，但是在国内市场上很少见到它们的产品，因为它们没有自己的品牌、内销渠道和营销团队，也缺乏内销资金。我们要在依法合规的情况下，主动创新服务方式，帮助它们解决好这些问题，特别是沿海分行要多动一些脑筋。第六，服务好民生工程。“民本通达”的宣传报道很多，要继续做好相关服务，创造良好的经济效益和社会效益。第七，支持节能减排，促进产业升级和结构调整。第八，坚持自主创新，健全创新激励机制。无论做好哪方面的金融服务，都需要产品创新和服务手段创新，尤其要在自己熟悉的行业和产品领域里进行创新，进一步提升服务质量。

总之，以上八个方面都是2009年下半年经营工作的重点，我们既要体现积极又要体现审慎，稳妥地加以推进。

（二）从严控制风险

刚才张建国同志对控制风险工作提出了具体要求，这里我再做一些强调。

第一，重新审视、动态评估基础设施项目。重点防止投向能力严重过剩、未来现金流不理想、还款来源有问题的基础设施项目。现在有一些地方，在规划好的基础设施项目投资落实之后，又开始启动第二轮、第三轮投资，有的甚至提出来要提前实施“十二五”建设项目，而这些项目在规划、论证和可行性研究方面都很薄弱。例如，一些省份在同一方向上修好几条高速公路，将来会有多少车流量，什么时候才能达到预期车流量？在高速公路新线旁边不少地方还往往同时安排有铁路干线，也基本上是相同方向，如果同时投产的话，会在多大程度上形成闲置？这些问题直接涉及银行还款的现金来源，需要重新审慎评估。还有一些省市，建设的高速公路不在国道主干线上，沿线完全是农业，没有任何工业，也没有其他服务业，项目将来是否真能达到预期的经济效益？在过去，这些基础设施项目只有几家银行做，现在各家银行都在抢，竞相抬高授信，甚至放松贷款审批条件，项目拿过来后简单看一看就通过了。我们如果不好好地重新审视和评估，这些项目将来别说还本金，还利息可能都会成问题。

再比如，支持新能源项目的建设，这是利国、利民的好事，但也需要花力气去研究论证，不能一哄而上。最近几年对风力发电的投资每年都在成倍增长，装机已经达到1 200多万千瓦，而三峡电站的能力也只有1 800万千瓦。我请胡哲一副行长主持研究一下风电的情况，报告写得很不错。按照现在的规划，风力发电装机很快就会达到上亿千瓦，相应要投资9 000多亿元，据说我们承诺的贷款占市场的30%。国内几大电力公司这么积极主动地大上风电项目，但是上网遇到的问题好不好解决、自身运营管理的难点能不能克服等，这些问题似乎还有不确定性。最近，又有媒体报道，电监会牵头完成了一份研究报告，对大规模上风电项目基本上持否定意见，认为相关电网不配套、发电不稳定、过度分散、输电距离远，并且容易受制于气候条件的变化。这种报道是否属实，我们还没有核对。我讲这个例子只是要说明一点，对清洁能源项目，我们也必须保持理智，要研究透彻，真正把好的事情搞准做好。办银行千万不能随大溜，一定要有自己的观点，要有自己的研究判断。我们最近在行业研究方面的进步非常大，要再接再厉，继续加强。

第二，认真清理我行对政府融资平台的授信和贷款。据银监会统计，全国的政府融资平台有3 800家，其中70%以上是县区级的，2008年初全部负债只有1.7万亿元，到2009年6月底竟已高速增长到3.56万亿元。从我行情况来看，虽然有授信和贷款的政府融资平台大部分是省市一级的，但是根据调查，在这些融资平台的贷款项目中，有50%以上自身并不产生现金流，属于公益性或半公益性，完全依赖财政还款。有的省市财政实力比较强，具备还款能力，但有的省市负债过度，财政收入有限，风险就很大。因此，我们要把这些项目重新梳理一遍，认真做好风险跟踪和排查，绝不能掉以轻心。

第三，切实了解投资项目的资本金状况。据了解，在国家的四万亿元投资计划里，地方配套资金缺口大概是五千亿元。我在地方工作过，也了解过其他省市的状况。地方投资摊子一旦铺大了，资本金就很难全部到位。所以每个分行都有责任全面了解相应的各级地方政府客户的财政收支状况，要对未来收支进行认真测算和比较分析，切实搞清楚项目的资本金来源和落实进度，及时掌握项目的投资进展情况。

第四，监督企业资金流向。不是说对每笔小额支出都要弄得一清二楚，而是对大的资金流向一定要掌握好，特别要警惕流入资本市场。许多我行贷款的项目，其他银行都紧随跟进放款，造成对企业过度授信。一些企业的资金用不完，又重新回流银行，要银行帮着理财，而且收益还要高于定期存款利率。有的公司近年来进入资本市场很深，像2007年他们有大约一半的利润直接或间接来自股票投资，现在很可能又重新回到当时的那种状况。对于这类客户，要逐一研究对策，有必要的可以将贷款提前收回来，即使有把握可以暂不回收，也要采取措施，避免将来出现较大问题。

第五，重新评估企业客户的整体资产负债情况，要加快改进内部评级体系，合理安排授信。高度关注表外业务垫款风险增加的趋势。截至2009年6月底，全行表外业务垫款29.1亿元，比年初增加8.1亿元；代客衍生产品交易垫款5.6亿元，比年初增加2.5亿元。有些理财产品是我行主动向客户推荐的，甚至还提供了担保，出现风险有苦说不出，只好先垫款。要抓紧研究措施，组织清理，同时要总结经验教训，避免再出现类似问题。

第六，加强对内部员工违规、违法的监督检查。股市、房市重新热起来的时候，不仅个别客户会违法、违规，银行内部也容易出现问题。一种是内部员工作案，用银行资金炒股、炒房；另一种是内外勾结作案，一旦发生，数额往往很大，危害严重。一定要引起重视，有针对性地规避这类案件的风险。

（三）进一步加大结构调整力度

2009年下半年的信贷结构调整任务可能比上半年还要艰巨。上半年我行通过大规模的贷款投放，加上不良贷款的处置力度加大，使不良贷款出现“双降”，但这同时也掩盖了很多问题。显然，下半年我们无论如何都不可能再有那么快的贷款增长了。总行对2009年初贷款投放计划又作了调整，初步确定全年的计划是9 000亿元，下半年新增2 000亿元。这里，我想强调几点：

第一，2009年下半年的信贷安排要立足于结构调整。我行的基础设施项目、民生工程、“三农”以及住房按揭贷款，需求都很大，如果按照上半年那样去投放，肯定是不够的。我们必须通过优化结构来进一步支持经济发展。首要的是用好收回再贷资源。有关部门测算，下半年到期的非贴现贷款有5 300多亿元，可以腾出的贷款规模约1 500亿元。要尽可能保证新的基础设施项目，包括已经做出承诺和完成前期工作的一些项目。此外，总行制订了新的客户退出计划，下半年增加退出200亿元。腾出的规模，要用于新的好项目、好客户。

第二，制造业和批发零售业还是压缩的重点。制造业显然不是我行的优势，风险集中、不良率较高。我们提出压缩已经四年多了，这几年制造业贷款的比重在逐年下降，2009年上半年占比又下降了1个百分点。尽管如此，全行制造业和批发零售业新出现的不良额还在增加，而且集中在东部沿海地区。不良率虽然在下降，但目前还在高位，其中制造业为3.16%，批发和零售业为7.04%。2009年总行出台的制造业信贷结构调整指导意见，规定得比较细，希望大家严格执行。小企业风险控制与大企业不同，应当单独统计分析，也不宜分行业进行管理。如果将小企业剔除，我行制造业贷款比重可能还会下来一些。

第三，流动资金贷款和票据贴现新增占比提高值得警惕。这两项业务合计在2008年的新增占比是31.4%，2009年上半年的新增占比达到52.27%。占比大幅提高，可能有一部分是和基础设施项目相配套的，但也要认真分析。流动资金贷款历来是比较难处理好的事情，因为流动资金贷款从表面上看是短期的，但实际上可能是无限期的，所以一定要把流动资金贷款的比重控制住。

第四，防止零售业务出现下滑。我行在战略转型中提出批发业务和零售业务并重，2005—2007年做得不错，但从2008年开始零售业务的比重出现了下降。个人贷款2008年上半年新增占比是20.53%，2009年同期只有17.42%，都远低于2006年的水平。个贷增速15.46%，低于全部贷款平均增速4.31个百分点。出现这样的局面，与国家实施经济刺激政策后我行大规模地集中支持大项目有关。零售贷款数额小，个人信誉比较容易把握，信贷资产质量相对较好。历史数据表明，个贷损失率总体上只有1%左右，而公司贷款则要高出很多。目前，最关键的问题是，要进一步加大差别化利率的实施力度，一定要区别定价。个贷业务还是要重点突出住房抵押贷款，特别是居民首套住房按揭。同时，要积极拓展二手房市场。在一些大城市，我行的二手房贷款业务比同业领先水平落后很多，与“要住房，找建行”的品牌形象宣传很不相称，必须加紧改进。

第五，要更加重视非信贷业务，特别是投资银行等中间业务。2009年上半年全行投资银行业务收入超过50亿元，这很不容易，这个新的增长点一定要培育好。但是，我行的基金和理财业务也有下滑的迹象，原来工商银行的基金销售比我行差，现在已经超过我行。大家分析后，认为主要原因有两个：一是对风险把握不好，员工推销产品时有些害怕；二是销售基金的激励考核系数做了调整，比原来低3个百分点。我行相关的产品和服务一直不错，现在资本市场正在反弹，股票新开户数量在2009年6月达到了近三年的最高水平，下半年买基金、买股票的人可能还会增多，所以这块业务仍要重视，不能滑下来。当然，产品推销过程中必须注意向客户充分揭示风险。还有私人银行业务，也要把握机会，加快发展。

三、关于提高专业化和精细化水平

做好经营管理工作，特别是落实上面所说的改善服务、控制风险、调整结构这三个方面，从根本上说，都要靠提高专业化水平和精细化水平。2009年相关工作的情况很特殊，好坏两种趋势都有，而且都非常鲜明。一方面，公司业务、零售业务、电子银行等，在专业化、精细化方面，与前几年相比取得了很多实实在在的成绩；但另一方面，也出现了不好的势头，就是各级分行往往光顾着抓大公司、大项目、大的贷款，主要依靠增加贷款来创收，那些涉及长远的、战略性的业务很难做起来，大家都顾不上。敞开口子贷款的日子毕竟是有限的，我们一定要有长远眼光，千万不能让这些年来大力推进经营模式转型所奠定的那点基础，被一阵风吹掉了，又回到只靠贷款吃饭的粗放经营老路上去。我们要坚持努力开发出更多过去不重视、容易被忽略的战略性业务和新兴业务。

（一）专业化经营程度得到明显提高

在38个分行中，有20多个已经将批发和零售条线相对分开了。全行公司业务经营重心的上移也达到了70%以上。零售业务经营重心进一步下沉，网点转型进一步深化，特别是1 000家二代转型网点已经完成700多家。专业化经营机构建设的进展很快，2009年以来，全行新建各类专业化经营中心302个，总数达到了1 851个，其中批发条线新建152个，零售条线新建150个。中心城市行专业化机构建设力度更大一些，总数达到1 165个，占比63%。管理层级继续进一步压缩，有66个中心城市行实现了两级或两级半管理。全行综合性的管理支行也进一步减少，有半数多的城市行，网点已经由分行直接管理了。但是还有相当一部分城市行，目前还是三级以上管理，这个问题要加紧解决。中后台集中程度进一步提高，进展也比较令人满意，当然也存在一系列的问题，还要认真解决。特别是系统支持的问题，总行各部门要加强指导和帮助，分行之间也要进一步加强经验交流。

（二）精细化管理能力明显增强

2009年我行采取的新办法、新举措非常多，点均新增存款第一次在四大国有商业银行中排名第一，这是很不容易的。我行新发放的贷款在四大国有商业银行中最少，但是存款总额增长排名第二，关键是我们做了很多服务创新和管理创新，如公司业务开展的重点营销、“进保控压退”策略的有效实施、实行名单制管理、小企业信贷工厂和网络银行的推广、个人客户的精准营销、电子银行的服务创新等。在个贷、信用卡，私人银行、产品创新与质量管理等方面，也都有许多进步。财会部门千方百计增收节支，2009年上半年费用支出比2008年同期下降1%，人力成本同比下降3.5%，使全行盈利达到预期水平。

（三）全行存在的问题仍然十分突出

最主要的还是基础管理仍然十分薄弱。与满足客户的需要相比，与防范风险的要求相比，与国外先进银行的内部管理相比，我们的差距还是很大。最近总行派了一些员工到美国银行跟岗培训，几位董事也去美国银行进行了考察，体会都非常深刻。尽管美国银行也存在这样或那样的问题，但是在精细化、专业化和业务创新方面，还是很值得我们学习。与桑坦德银行、渣打银行的合作，也大大开阔了我们的眼界。这些合作就是要学习先进的理念、经验和做法，为我所用。最近参加中德住房储蓄银行董事会年会，我们顺便拜访了一些北欧的商业银行，发现他们的精细化管理也比我们做得好。特别是瑞典商业银行，在两次金融危机中都没有出问题，都没用政府的钱，他们有一套独特的理念和做法。我们看芬兰的城市管理、国家管理和社会管理，精细化程度都很高，也值得我们学习。有一个中国人到芬兰后，20多年里搬了7次家，最近一次搬家时地方政府下设的社区机构打印出一张单子来，他每次搬家的时间、地点都在上面，清清楚楚，可见工作做得非常精细。相比起来，我们还有很多问题。这里我举一些总行的例子，不是点名批评，希望引起大家的重视。

第一，工作没有记录，记录的材料没有及时保存，档案管理比较松散。我们上了不少系统，但是你去查一个东西，有的能查到，有的就查不到。这些信息可能都录入了，但是核对检查却没跟上。现在有好多我们做过的事情说不清楚，往往是很认真的一项工作、影响很大的一件事情，却没有书面记录，或者记录丢失了，这些都是不应该发生的。在芬兰，三户人同住一栋楼，三个业主组成楼委会，开会形成决议，会后三个人都要签字。如果一个人将来有异议，他也必须服从文字协议，否则其他人可以到法院起诉。我们以后所有的专题会议，包括与大客户的面谈，都必须要有书面记录。

第二，重要的报告和签报，流转不正常，有的甚至下落不明。有的签报、报告是关于银行投资决策的，涉及几十上百亿元，相关文件过后却找不到了，影响了重大的决策和执行。

第三，执行领导决策不坚决、不迅速。下级服从上级是一个基本要求，行领导已经有了明确、一致的意见，而且批示很清楚了，但是往往还不能落实。这些都做不到，精细化管理从何说起？

第四，责任不够分明。一些任务的完成往往有很大的随意性和或然性，缺乏相应的考核和管理。

第五，对相关的政策法规、外部经营环境不敏感。这些因素往往对银行的战略决策和实际利益具有决定性的影响，一些部门却不敏感，而且不清楚也不报告。比如灾备中心建设，党委会听取过好几次汇报，董事会也听取过汇报，我们当时就提出来，是建两个灾备中心还是三个灾备中心？我本人提出要建三个，后来大家说不需要。最近刚刚听说，原来中央银行已经下过文件，明确要求必须在同城和异地都有灾备中心，而且同城要有两个灾备中心，且直线距离不能少于30公里。但是我们在讨论时根本不知道，到现在有关部门才重新拿出文件来。还有武汉开发中心的建设，是否包括95533电话银行，来回折腾了好多次。

以上类似的问题，都是很大的问题，绝不是小事情。这些例子都是总行发生的事情，相信分行类似情况也不会少。这些事例说明我行的精细化管理、基础管理还是非常薄弱，在这样的基础上，既要搞好服务、搞好创新，又要控制风险，很难。

（四）继续强化科学发展思想，统一认识，坚持发展模式转型

2008年开展的科学发展观学习实践活动中，总行和分行完成的分析检查报告和各个研究报告，大家要再拿出来好好地读一下。对已经发现的问题、已经认识到的问题和制定出的方案和措施，要切实抓好整改落实。

（五）进一步强化责任意识

要从各级领导和领导班子抓起，同时要落实到各级机构、团队、网点。每个员工都要负起责任来，认真履行岗位职责，实实在在地做好每一项工作。

（六）精细化管理要落实到具体的条线、部门和产品，落实到各种经营措施和办法

比方说控制风险、调整结构，尤其要精细化，必须落实到客户选择。无论是公司还是个人条线，都有客户选择的问题。公司客户的名单制动态管理、个人客户分析中心建设都要抓紧，工作要进一步具体化，相关部门要大力支持。

（七）继续扎扎实实地推进落实好与战略合作伙伴的各项合作项目

战略合作项目成效越来越明显。美国银行过去不开放的项目，现在也对我行开放了，我们不要把这个好时机错过了，凡是对我行有用的，赶快派人去学习。还有与桑坦德银行、渣打银行的合作项目，也要加紧实施。

（八）加快落实全行新一轮大规模培训计划

要按照中央关于大规模培训干部的要求，把干部的理论学习和业务培训作为一项重要工作，下大力气抓好做实，尽可能扩大覆盖面和受益人员。

限于时间，我就讲这三个问题，讲得不对的地方，请大家批评指正。

"为祖国祝福、为建行添彩"

——在全行百名网点代表经验交流会上的讲话

郭树清

（2009 年 10 月 12 日）

大家在刚才的发言中谈到，能在祖国 60 华诞之际，到北京参加"为祖国祝福、为建行添彩"的经验交流会，十分激动。其实我和你们一样，也很激动。看到来自我们建设银行第一线的员工不仅充满朝气、热情高涨，而且提出了很多新的观点、新的建议，我非常高兴。由于时间有限，在座的大部分代表没有发言，我建议这次活动再增加一点时间来进行交流，把参观、学习和交流都结合起来。我长话短说，讲几点意见。

一、建设银行已成为国际上财务指标最好的大银行，国内综合竞争力最强的国有控股银行

中华人民共和国成立 60 年，建设银行成立 55 年。在这半个多世纪里，正如我们过去所说的"哪里有建设，哪里就有建行"一样，建设银行为国家的现代化建设作出了巨大的贡献。伴随着共和国的成长，我们建设银行也一步一步地走进了世界先进大银行之列。

通过大家的不懈努力，建设银行已经成为国际上财务指标最好的大银行，也是国内综合竞争力最强的国有控股银行。虽然不能说建设银行在所有方面的指标都很好，但自 2008 年以来，在主要的财务指标上，建设银行在全球大银行中名列第一。最主要是什么指标呢？就是银行的资产回报率和股本回报率。从这两个指标来看，我们建设银行当之无愧。同时，从 2008 年到现在，按股票的市值和净利润计算，我们是全球第二，第一是工商银行，因为它们的规模比我们大。但是按资产回报率和股本回报率来算，我们是全球第一。很多代表在发言中说自己作为建行人很自豪，这些成绩的取得使大家有理由感到骄傲和高兴。

在其他方面也有很多的进步。大家都知道，在全国范围内，建设银行的综合服务水平和市场竞争能力是得到客户和同业承认的。来自方方面面和各行各业的人都反映建设银行发生了深刻的变化。

零售银行业务已达国内一流。从总体上来看，应该说已经实现了我们提出的三年建成国内一流银行的目标。这几年零售业务转型主要完成了以下工作。

一是基本完成了标准零售网点转型。三年来，通过网点转型，在我们全行上下的共同努力下，建立了科学的、符合世界零售银行发展规律的网点前台营销和服务流程。在中国银行业的改革当中，零售网点转型是被公认为最成功的、最广泛的和最深刻的一个变革。三年来，我们应用国际先进的六西格玛变革管理方法，从两个零售网点转型试点开始，分四批推广完成了所有符合条件的 12 530 个零售网点的转型。零售网点转型通过专业化分工和标准化操作，实现了网点营销服务流程的标准化和规范化，有效地缓解了长期存在的排队问题，切实提高了网点产品销售规模和客户服务质量，同时也显著改善了员工精神面貌、网点营业环境和柜面服务效率。现在正在实施第二代转型。2009 年组织的第三方神秘访客对网点服务质量的调查结果显示，网点服务平均得分为 89.4 分（满分 100 分），与国内其他大银行相比，我行网点服务质量领先优势明显，基本评价得分分别高出工商银行和中国银行 11.7 分和 10.5 分，

与招商银行基本持平。

二是多渠道的分销网络基本形成。近三年，我们布局调整和装修改造了9 000多个营业网点，全行统一的“蓝色银行”视觉形象基本树立。无论走到哪里，我们建设银行的网点都是最亮丽的，包括在比较偏僻的新疆、西藏和青海等也没有例外。自助服务区和开放式柜台得到普遍推广，网点分区满足了营销服务功能的要求。三年来，全行新增自助设备12 400台，比2005年底增长64%；截至2009年6月底，全行自助设备达到33 500多台，继续居同业第一位。同时，电话银行和网上银行的功能也在不断增强。

三是中间业务快速发展，收入占比迅速提高。业务结构调整是零售业务转型的重要内容，目标是由负债业务主导型向资产、负债和中间业务均衡发展的转变。三年来，全行零售业务积极贯彻全行战略转型的要求，狠抓银行卡、基金、理财、保险、黄金和结售汇等产品的优化、创新和营销，推动了中间业务收入快速增长。从全国范围来看，中间业务收入在大银行中的增长速度排名连续几年都是第一。

四是专业化经营试点取得明显成效。从2006年开始，个人业务专业化经营在12个城市分行进行试点。三年来，试点分行就个人业务条线的组织架构、服务营销、渠道管理、风险控制、人员管理、后勤保障和业绩考核等方面进行了有益的探索，取得了一些经验，市场份额逐年攀升。

五是基本完成了零售网点非实时性业务的前后台分离。前后台分离对经营能力和经营水平的提高作出了巨大的贡献。中心城市行网点集中管理和实物集中配送运行机制已经建立，进一步分离了一线事务性工作，减轻了一线负担，提高了营销服务效率。

二、建设银行仍然存在着明显的缺点与不足，真正建成“世界一流”仍然有很长的路要走

我们取得的成绩要充分肯定，但是同时也要看到建设银行存在的不足，要真正建成世界一流的零售银行，仍然还有很长的路要走，这是我要讲的第二点。

（一）专业化、精细化管理方面与先进银行的差距很大

在建设银行随时随地都能够看到，我们的管理和经营还比较粗放。与国际先进银行和国内一些银行某些方面的先进水平相比，应该说还存在较大的距离，这个差距大家一定要看到，具体表现在产品、系统和渠道等方面还存在不足。刚才发言的同志也提到了，我行提供的产品，如理财产品就不够丰富，个性化的、特别适合高端客户的理财产品确实不足。大家都要正视这个问题，基层反映了很长时间，虽然有点改进，但改进不大。下一步，我们要把产品创新实验室建立起来，进一步创新，为前台提供更多的适合各类客户的理财产品。

另外，还要发挥好分行和直属公司的作用，比方说建银国际。建银国际作为一家公司，产品可以灵活一些，多开发一些具有创新性的产品，产品创新也不能完全都靠总行的部门来承担。怎么结合客户的需要，打造出个性化的产品，是一个艰巨而迫切的任务，需要我们一起来研究和改进。

（二）在产品、系统和渠道方面也有很多不足

比如刚才发言的同志也提到了，网上银行有很多不便的地方。在简化网上银行的操作方面，电子银行部做了很多努力，也有很大的进步。希望相关部门再对网上银行的便利性和风险进行研究和权衡，继续改进，进一步简化。

同时，在风险管理方面，大家要权衡收益和风险，转变风险管理的观念。有个核心的思想问题，我在这里提出来，希望大家进行对比、分析和权衡。在这个智能化作案程度越来越高的时代，当流程简化了以后，可能会增加风险。但是作为一家银行，是应该追求在一个环节上就把所有的风险、所有作案的可能性都给控制住，还是应该全方位、全流程来控制风险；是应该以完全不出案件为目标，还是说只要在总体上使风险可控，而不是杜绝所有案件的发生就可以了。我们应该在这二者之间进行权衡，确定要选择什么目标、什么取向，这是根本的问题。

我非常理解大家的想法，客户和董事们强调操作的便利性，包括我们的刘董事，在这样的研

讨会上，谈过很多次。而银行对风险考虑得更多，因为操作便利了，小偷小摸也比较便利了。但是，这二者之间有个平衡、有个取舍，在观念上要认识这个问题，转变思想。2005年我们考察美国银行的信用卡中心，当时美国银行还没有兼并大的信用卡公司，就只是美国银行自己的信用卡中心。客户消费时，既没有各种的限制条件，也没有密码，客户操作非常便利。然而客户操作便利了，同时带来的投诉和争议也很多，一年就达到80万笔。但是美国银行能做到把每个案件造成的损失都控制在比较低的水平上，一般就十几美元、几十美元，多了也就是几百美元。而且美国银行还设立有基金，有赔偿和赔付机制，出了问题就对客户进行赔付。而我们往往不愿意承担这个责任，总喜欢不计成本地与人家打官司，也当然谈不上有争端解决机制和赔偿制度。我觉得这是根本的问题，要把这个问题想清楚。

另外，关于电子渠道、ATM和物理网点的搭配也应该进行详细的分析。最近庞首席去山东调研，山东有一位同志写的一篇文章我觉得挺好，其内容是关于电子银行发展的潜力以及未来的前景，我已建议印发党委的各位同志、董事和监事。在分析电子银行和物理网点的关系时，这篇文章写道，电子银行的收益和效果用每个网点的营销费用来进行换算，通过成本和收益的分析，同时用网点交易的当量来进行比较得出结论，这几年新增的网上交易相当于增加了400个网点。但是大家要仔细地研究一下，这样计算科不科学，能不能就这样简单地算一算。ATM也是一样的道理。之所以做这些分析，就是希望大家在进行成本投入和收益的分析时要尽量地做得全面一点，尽量收集国内、国外的材料，多做一些对比，这样才能够把问题分析得更加准确和透彻。

（三）客户结构还有待优化

我们要看到，我行的客户结构还有不尽如人意的地方。很多的高端客户不在建设银行，特别是高端客户中的知识分子、高级专家、专业人士和外籍人士比例还比较小，管理资产比例少。我行现有的高端客户还多是集中在影视明星和个体户当中。我们不排斥民营企业家，但是我们有必要优化整个银行客户的结构，要多样化。个人客户是这样的情况，公司、企业的客户也一样。基本结算户的比例还是比较低的，和工商银行相比还有一定的差距。当然，甘蔗没有两头甜，要把基本户、所有的代发工资和养老金的发放都拿过来也是不可能的，这就要求我们研究我行客户结构的定位。我感觉我行高端客户的比例在全国不是太高。

（四）要继续强化“以客户为中心”的经营理念

“以客户为中心”不是一句简单的口号，而是要落实到我们每一次的营销活动和每一步的交易当中，落实到每一个岗位和每一个员工的身上。要真正做到“以客户为中心”，还有很大的挑战。比如北京分行最近有一个投诉，一个老同志本意是买10万元基金，但由于员工操作失误，将其20万元存款都买基金了，结果被客户投诉，然后就和我们建设银行打官司。其实我觉得这个事情很简单，本着“以客户为中心”的理念，查清事实后，直接承认是银行弄错了，将本金和利息按同期的利率付给客户就行了，但结果却反反复复地纠缠了很长的时间。我举这个例子是要说明“以客户为中心”是个理念的问题，而不是针对这个具体的事情。

（五）实际的服务能力和投资理财的咨询能力还有待提高

我们实际的服务和理财咨询能力面临着严峻的挑战，还需要进一步提高。网点、分行和各个部门都有给客户提供投资咨询的义务，但是现状却是在投资的时候没有顾问、没有建议。而且最近发生的一件事情让我记忆深刻，在这里提出来供大家分析。某分行的两名客户经理，对同一个客户的同一只基金提出了完全相反的投资建议。客户刚来时，其中一位客户经理强烈推荐这位客户买某只基金。过了一会儿，第一位客户经理出去了，又来了一位客户经理，针对同一只基金，第二位客户经理就认为风险很大，强烈反对这位客户购买。这件事就反映出我们为客户提供的咨询和建议基本上不靠谱。但不提供又不行，而且还要限制风险，不能误导客户。为什么我们全行2009年的基金销售明显比工商银行差呢，我觉得跟我们提供投资建议的能力大有关系。2007年我们的基金卖得很火，客户可能是在高点上买进的，那2009年必然会亏损。可是在2008年、2009年，当股市和基金处在低点的时候，我们应该建议客户在低点的时候买进，把握投资机会，但风险自负。一般来说应该是在低点进入的，在价位比较高的时候，比如2007年9月、10月和11月的时候你还建议客户买进基金，肯定是不合适的。这些基本的概念，我们应该都具有，而且也很重要。

另外就是讲到如何推荐我行的理财产品。我行的理财产品从总体上说风险是比较小的，但是不能说没有风险，必须把风险揭示出来。针对这个问题，要在全行进行研究，怎样在网点和理财中心为客户提供具有一致性的投资建议，并且还要留有余地。这是我们当前需要迫切解决的一个问题，否则网点转型二代就没有事情可干，也干不好。现在进行二代转型，专门腾出时间和精力为客户提供意见、顾问和咨询，但如果不进行研究，则无话可说，就会再次出现像刚才说的两个客户经理针对同样一个客户提出两种投资建议，而且是完全相反的两种建议的情况。这说明什么？说明我们没有研究，也就没有能力提供这个服务。

（六）还有一个突出的问题，就是激励机制

我们要把成本核算的问题与有关部门一起研究一下，怎么进一步推动考核与激励的机制。由于时间关系，我就不展开说了。

三、把已有的成绩归零，在新的起点上创造新的辉煌

成绩已经记录在历史上了，我们现在是要在新的起点上创造新的辉煌。我们取得了很大的成绩，在座的每个人都取得了很大的成绩，整个建设银行也取得了很大的成绩。但是要看到，在这个成绩的背后是由很多客观因素造成的。我们国家正处于城市化、工业化的高峰时期，金融资源增长迅速，而金融服务业还相对比较落后，所以我们现在容易做出许多成绩。但如果要真的做好，还面临着许多新的困难和新的挑战。这个交流会名叫百名网点代表经验交流座谈会，还是强调人是第一位的。大家讲得很好，员工的心是建设银行的根，我看大家都有共识，所以还是要把我们的队伍，特别是基层的队伍建设好。针对这个问题，这里我也讲几点。

（一）树立理想，坚定信念

首先还是要强调理想和信念。毛主席讲了，人是要有一点精神的，无论做什么工作，精神支柱十分重要。每一个网点经理和负责人，大家之所以能做出成绩来、能刻苦经营，就是因为你们有一股不屈不挠和积极向上的精神。事业是我们人生中最重要的内容，也是构成我们幸福指数最主要的指标，事业成功非常重要。大家要把个人和建设银行融为一体。

（二）关心祖国、关心人民，自觉承担社会责任

这一点很重要，大家不要认为自己仅仅是一名小小的网点员工，力量不大，我看凡是能够做好本职工作的同志，都是十分关心祖国、关心人民，自觉承担社会责任的人。只有立足于现状、着眼于全国，才能够不断地净化心灵，不断地提高政治思想水平和道德水平，也提高我们的智慧、提高我们的能力。

（三）加强学习，不断提高

每个同志，不论从事什么工作、有过多少成绩，都要加强学习，要不断提高、敢于创新。包括前面我们提到的一些问题，都有待大家一起来探索。

（四）相互关爱，以人为本，团队合作

继续加强我们每一个网点和每一个机构的建设。

（五）用心经营，不断提高客户满意度和价值创造力

这也是总结大家的经验。要用心去经营我们的事业、经营我们的客户、经营我们的人生，用心做好每一件事情，本着“以客户为中心”的经营理念，为客户提供最好的产品和服务，不断提高客户满意度和价值创造力。

（六）继续深化改革，合理配置我们的资源，促进效益最大化

每一个网点都有类似的问题，很多同志都注意到了，也提了很多与这个相关的建议。

（七）风险管理必须要有新的机制

前面我也提到过，要充分权衡收益和风险之间的关系，转变风险管理的理念，在风险可控和收益可以覆盖的情况下，尽量地简化操作流程，为客户提供方便。

（八）关心银行遗留问题

最后一点，也请大家关心我行的一些历史遗

留问题，特别是下岗分流人员，还有影响我行稳定和正常经营的各种因素。在1998年至2008年10年之间，有20万人离开了建设银行，其中有10万人是协议解除劳动关系的，背景非常复杂。希望你们像关心自己周围的同事、朋友和亲人一样，去关心我们建设银行曾经共事而现在是已经解除劳动关系的这些人。比如他们到我们网点来存款、取款或买产品时，要给他们一点温暖，让他们觉得，虽然法律上没有合同关系了，但建设银行还是他们的家。利用你们的客户关系、市场信息，帮助他们解决一下失业的问题，特别是零就业家庭再就业的问题。我想我们在建立职工互助基金的时候，大家也都捐款了，如果再组织这样的活动，大家应该进一步地支持。

同志们，参加“为祖国祝福、为建行添彩”全行百名网点代表经验交流会是荣誉，也是一种责任。我希望各位一线优秀代表要继续发扬好传统、好作风，戒骄戒躁、再接再厉，在本职工作上发挥模范带头作用，大力弘扬爱岗敬业精神，从思想、业务和生活上积极主动关心身边的员工，做好传、帮、带工作，为建设和谐银行、建设国际一流银行再创佳绩、再立新功。

在建设银行秋季工作会议（视频）上的讲话

郭树清

（2009年11月13日）

同志们：

刚才张行长和三位副行长，就我们2009年以来的工作进行了总结，也对2009年底和2010年初的工作任务作了安排部署，我完全赞成。他们几位讲得非常具体，我主要谈三点意见：一是当前形势及对我们的挑战；二是近期需要做好的几项工作；三是学习贯彻十七届四中全会精神，搞好党的建设和干部队伍建设。

2008年的建设银行秋季工作会议是11月11日召开的，正好在国务院安排部署扩大内需工作会议的第二天。我们在第一时间学习贯彻了党中央、国务院关于宏观调控的新决策和新部署。一开始，我们就有两个担心：一个是服务上不去，支持基础设施建设、中小企业贷款的工作力度不够大，落实中央的政策措施不到位；另一个是担心贷款上得过猛，质量保证不了，风险控制不住。2009年可能是总行党委同志对信贷业务关注最多、讨论最频繁的一年。我们确定了“积极审慎”的经营方针，既要主动出击、深入客户、超前服务，又要稳扎稳打、有保有压、依法合规。在全行上下的共同努力下，最终取得了比预期好得多的成绩。一方面，贷款增长适度，资产质量在四大国有商业银行中保持最优。在考核政策方面，我们做了一个一百八十度的大调整，2009年不提倡、不允许分行抢夺信贷市场份额，改变了前几年建设银行新增投放位居第一位或第二位的局面，贷款新增额在同业中列第四位，但资产负债总规模仍列第二位。另一方面，在服务大局方面做了许多创新。继续保持了基础设施建设和个人住房贷款的传统优势地位，小企业贷款增加600多亿元，增速超过30%。涉农贷款、民生领域、文化产业都有新探索。我们还积极支持出口企业转内销，推出了“内贸通”产品，这些举措都创造性地支持了扩大内需。

一、当前形势及对我们的挑战

从国际经济形势看，有六个特点值得注意。一是世界经济没有出现太大下滑。综合权威机构的分析，预计美国2009年GDP可能下跌2.6%，但实际上第三季度增长了3.5%；欧元区下降3.8%；日本下降5.6%。与原来预计的所谓百年不遇的情况相比，波动还是比较温和的。二是失业继续恶化。美国失业率最近上升到了10.2%，为26年来最高；欧洲失业率为9.6%，创欧元区诞生14年以来新高；日本失业率为5.3%，也处于10年来高位。三是国际贸易和投资萎缩。预计2009年全球贸易量将下降12%左右，外国直接投资下降30%～40%。四是价格水平平稳，没有下降过多，一些重要商品价格反弹很快，如大宗能源、原材料等。五是财政赤字加剧。从财政赤字占GDP比例来看，美国达11.9%，为第二次世界大战结束以来最高，英国达14.5%，日本为7.7%，整个欧元区达到6.5%。六是金融业不良资产还在扩大，国际货币基金组织估计在3.4万亿美元。信贷萎缩停滞，但是股市反弹很快。2009年以来，美国道琼斯工业平均指数、标准普尔500指数反弹12%以上，纳斯达克综合指数反弹30%以上。

国内经济形势总体向好，但也存在一些突出矛盾。一是GDP增长速度逐季加快，预计全年达到8.2%以上没有太大问题。二是就业情况迅速改善，城镇新增1 000多万就业岗位。三是外贸降幅收窄，1－10月比2008年同期下降19.9%，10月当月下降10.7%。四是价格持续负增长，同比降幅继续收窄，消费价格指数下降1.1%，生产价格指数负增长6.4%。五是投资和消费需求旺盛，前10个月城镇固定资产投资同比增长33.1%，社会消费品零售总额增长16.2%。六是金融极度宽松，到2009年10月底，M_2、M_1分别增长了29.42%、32.03%，这个水平是非常惊人的；人民币贷款增长了8.92万亿元，同比多增5.62万亿元。七是资产价格大幅上涨，股市、房市迅猛反弹。全国70个大中城市房屋销售价格同比上涨3.9%，上证指数重上3 000点。八是低水平重复建设和高耗能、高污染问题再度严重起来，国务院明确点名的就有钢铁、水泥、平板玻璃、煤化工、多晶硅、风电设备、电解铝、造船、大豆压榨等十多个行业。这是中国经济面临的一个突出问题。

对比分析国际国内形势，可以得出以下几点结论：

第一，从全球来说，实体经济恢复速度在各国、各地区不等，总体上还比较稳定。

第二，虚拟经济、货币经济前景很不明朗。监管政策改革情况并不乐观，特别是发达国家金融改革、坏账的处理没有太多实质性进展，但是各国都面临流动性过剩和资产价格反弹过快的问题。以色列、澳大利亚、挪威等国的中央银行已率先提高利率。

第三，国际合作不断加强，处理世界经济大起大落的机制正在增强，但矛盾冲突也反复出现。现在大家正在期待各方在应对环境污染方面形成更广泛的合作与共识。

第四，各国经济都处于不同阶段、不同内容的转型时期，进展不一。从经济结构调整这个角度看，美国、欧洲比我们快得多，正处于新的转型期，世界的人才调整也比预期更加迅速。美国仍然是最先进的经济体，也是经济转型最顺利的国家，积聚了全球范围内大量的优秀人才和高级劳动力。尽管传统上比较强的汽车工业、建筑业、金融业和银行业日子不好过，但是清洁能源、医疗保健、绿色产业、信息产业和互联网这些增长都很快。它的高科技产业不仅没有受到伤害，而且恢复得非常快，IT产业并购活动又开始活跃了。事实上，硅谷IT业的调整在危机之前就开始了，很多硬件的生产都转移到了发展中国家，自身则集中于研究、设计、销售、服务等高附加值环节。反观我国的情况倒并不乐观。经济恢复的速度是很快，但 大批低端的、低附加值的行业产业又活跃起来，重化工业产能超额过剩。最先恢复生产的就是小钢铁，好多小房地产开发商也都活过来了。产业的地区转移可以看到出现了趋势，中部崛起的势头很明显，西部投资增速也上来了，但是产业调整没那么大。

第五，金融业在进行新的改革重组，各国情况差别很大。美国金融从业人员占全部从业人员的6%左右，金融业对GDP的贡献在8%左右，英国、澳大利亚的占比更高，但是我国的金融业从业人员占比可能不到2%，所以中国金融业仍然需要进一步发展、进一步加强。

外部形势对我行现阶段经营带来诸多挑战，大家一定要进一步增强危机意识和忧患意识。

首先，宏观调控重点的转移可能带来一系列变化。经济步入平稳增长后，由于2009年基数低，2010年上半年可能是超高速增长。2009年10月，规模以上工业增加值增长速度达到16.1%，发电量增长了17.1%，全社会用电量增长了16%。在这种情况下，国务院提出来的宏观调控三个重点是保持经济平稳较快增长、调整产业结构、管理通胀预期，并且可能会把更多的注意力放在后两者上。这在全局上无疑是正确的，但可能导致包括基础设施在内的信贷需求相对减少，一些企业、一些项目可能支撑不下去。一些地方投融资机构可能被清理、整顿，包括2009年获得贷款比较多的一些机构。2009年我们新增贷款投放最多的是租赁和商业服务业，占到公司类贷款的26%，这其中大部分是地方政府办的投资公司。清理政府投融资平台对银行来说是一种考验。

其次，市场环境正在发生巨大变化。银行业之间的竞争还在加剧，竞相对优质客户、优质项目投放贷款，削弱了银行的自主经营能力。同时，企业融资渠道多元化，越来越多地采取发债、股本融资、产业基金、私募基金等手段进行融资。现在中国资本市场的成长性最好，IPO规模已经是全球最大，各种形式的公司债增发了上万亿元。而且2009年巨量投放贷款后，许多企业和地方资金宽裕，需要消化。因此，我们应该更清醒地认识到，几年以来总行党委、董事会强调的战略转型的紧迫性、严峻性更加突出了。过度依赖大公司、大项目，过度依赖少数人、少数机构没有出路，不良后果会一天一天地暴露出来，这绝不是危言耸听。2009年很多分行的日子就不好过了，有的大客户动辄拿走几百亿元存款，贷款也不要了，我们给他发行几十亿元、上百亿元的债券才赚取了两三百万元的中间业务收入。这就是我们花工夫研究结构调整，下大力气抓小企业、机构客户、高端个人客户的原因所在。全行上下，特别是总行部门，对这个问题一定要有预见性。

最后，要警惕系统性风险的威胁。密切关注利率风险，我们有两万多亿元的组合投资，利率水平直接影响到整体收益。现在执行个人住房贷款差别化利率、提高优惠利率门槛比较顺利，2010年下半年经济有可能又冷了，到时候又会出现不同的声音和各种压力。2009年整个银行系统新增近10万亿元贷款释放的系统性影响也值得审慎考虑。许多同志谈到，大的项目贷款、大的公司贷款，我们贷的时候资产负债率很低，情况也挺好，但是，之后又有别的银行对同一客户相继给予大额授信，情况就完全变了。现在的金融联系比以往任何时候都更加密切，从政府的角度、监管者的角度来说，不会随便让信用社、中小银行或其他金融机构倒闭，这些都会直接或间接地对我们产生很大影响。另外，汇率、黄金、石油、期货市场价格处于大幅波动之中，对于国际金融体系再次发生震荡的可能性要时刻保持关注。

二、近期必须抓紧抓好的几项工作

2009年前10个月，全行取得了令人欣慰的良好成绩。我们要继续深入学习实践科学发展观，坚决贯彻执行中央最新的决策部署，按照年初全行工作会议、夏季座谈会的安排，进一步搞好经营管理和内部改革。近期要重点抓好以下五项工作。

（一）以改革创新精神搞好2009年底2010年初的市场营销

要通过客户细分，促进市场营销，尤其是科学的精准营销，有针对性地扩大新兴客户群体。小企业服务、机构业务都做了不少工作，特别是“民本通达”取得了很好的成效，但是还不够，有些指标与同业比还是有差距，要引起高度重视。大企业、大项目不能丢，但要调整客户结构和业务结构，抓好小企业、机构客户、涉农业务和投资银行业务。一定要重视学校，把大学、中学、小学，甚至是一些幼儿园进行认真分类，进一步细化，这是我们未来战略性的优质客户。医院诊所、媒体、出版社、健身中心和体育俱乐部等服务机构，以及包括中介机构、律师事务所、会计师事务所、基金会等在内的各种新经济组织、新社会组织，还不在我们视野之内的，要去深度挖掘这些客户。

最近有份很好的个人客户发展情况的报告，我们分析发现，客户结构与资产结构不符合通常所讲的“二八定律”。建设银行管理的个人客户有3.05亿个，其中有1.23亿个是零资产的。剔除零资产客户，10%的个人客户就拥有近80%的资产总额，90%的客户只拥有资产总额的

21.7%。这种情况怎么分析理解？是由于大众客户太多，还是因为优质客户、高端客户挖掘得不够？我们的市场定位、客户定位还要深入分析、充分论证。要更加重视知识分子、专业人士、外来进城的富裕人群和外籍人士等新的中高端客户。在地域上要加快拓展城乡接合部、强县强镇，以及工业化、城镇化程度比较高的农村地区。

（二）实实在在地抓好网点的二代转型

零售网点一代转型非常成功，已经见到效果了，和同业相比，我们新增存款排名第一。二代转型进展也不错，但是一定要把它的内容充实好。个人客户的最大需求主要集中在消费和投资上，要进一步明确网点定位，为大众富裕客户做好服务。存款是一个方面，更重要的是做好理财服务。首先要丰富理财产品，大家必须提高认识，要舍得把优质信贷资产拿出来放入资产池。还要足额配备好理财师，目前财富中心、理财中心配备的理财师比例较低，点均只有0.2个。许多分行具备理财师资格的已经上千人了，但是人员不在这个岗位上。要鼓励更多的员工通过学习取得理财师资格，并将他们配备到二代转型网点上去。大家要重视这个问题，总行人力资源部要督促解决。当然，还要结合管理型支行改革，分流调剂更多的人员到一线网点去。要把电子银行业务作为二代转型的重要内容。根据美国银行的经验，电子银行渠道的客户是最稳定的，能够熟练操作电子银行的客户流失率非常低，所以要把这项工作认真做好。

（三）继续深入推进专业化建设

目前我行专业化建设在不同地区、不同条线进展很不平衡。小企业中心还有一些地方没搞起来，开展小企业业务还是沿用对待大客户的办法，这样是行不通的。服务小企业不是简单地服从政府号召，而是商业银行自身经营发展的必然要求。要认真检查总结专业化建设的利弊得失，对专业化经营应该下决心。要继续做好城区管理型支行改革，搞好撤销兼并，将裁减的机关人员补充到一线团队，改变过度依赖几个支行、几个客户经理的局面。宁夏、上海、深圳、湖北、河南、河北等分行在组织机构改革方面取得了实质性进展，全行要认真总结学习它们的先进经验，进一步加大这方面的工作力度。

（四）严格风险内控管理

要认真地、不折不扣地执行银监会关于贷后管理、年度检查的专门部署，重点是重新审查政府融资平台客户的授信工作。对不同类型的客户区别对待，调整完善相应的信贷条件，研究合理调整租赁和商务服务业的分类口径。建议制造业也逐步实施名单制，一步做不到总行统一管理，可以分两级，先从一级分行开始。制造业、房地产业、批发零售业贷款在经营规模中的比重有所降低，但是进展还不够理想，制造业还占新增贷款的20%左右。要把这项要求落到实处，扎扎实实做好。岁末年初，各单位部门尤其要高度重视做好案件防范与排查工作。

（五）继续做好协解人员工作

我们已经开了多次专题会进行安排部署。最主要的就是我们各级分行，尤其是一级分行、二级分行党委主要负责同志，不能心存侥幸，不能以消极拖延的态度对待这项工作，要用积极的、创造性的精神去对待解决协解人员的问题。总行已经明确了具体要求，也派出了督导组，一定要全力抓好落实。

三、各级党委要搞好党的建设和干部队伍建设

十七届四中全会是我党一次非常重要的会议。全会指出，加强和改进新形势下党的建设，是全党的重大政治责任。各级党组织要认真贯彻决定精神，坚持党要管党、从严治党，全面落实党建工作责任制，建立健全长效机制，确保党的建设各项部署落到实处。

（一）清醒认识和认真改进自身不适应新形势、新任务要求，不符合党的性质和宗旨的问题

正如四中全会《决定》指出的，世情、国情、党情的深刻变化，对党的建设提出了新的要求，党面临的执政考验、改革开放考验、市场经济考验、外部环境考验都是长期的、复杂的、严峻的。落实党要管党、从严治党的任务比过去任何时候都更为繁重和紧迫。党内还存在一系列消极现象，涉及从理想信念到民主集中制、从领导班子到基层组织、从法制意识到作风制度等诸多方面。我们建设银行各级党组织和党员干部也不同程度地存在一些问题，如学习不主动、工作不

尽职、官僚主义、形式主义、跑官要官、商业贿赂、利益输送等。大家应该对照检查，认真思考，努力整改。

（二）健全党的基层组织，增强党员队伍的生机与活力

充分发挥基层党组织的作用，通过精神激励，让员工感受到团体和集体的认可，这也是我行企业文化建设的一个重要方面。我们许多支行网点建立了“精神鼓励墙”，日常工作生活中互相激励，使大家敢于面对困难和挫折，努力营造争优创先氛围，员工队伍的凝聚力、战斗力确实比以前增强了。要总结推广好的经验做法，推进基层工作创新。开展多种多样健康向上的学习讨论和文体活动，与社区、企业、学校、政府机关加强共建交流。教育青年了解国情、走访社会、了解人民、不忘历史，树立正确的价值观、人生观。重视培养发展新党员，认真开展党员轮训。2009年总行尝试在井冈山干部学院举办了四期培训班，很多学员反映：真没想到革命传统教育给我们这些现代商业银行的专业人员带来这么多的激励和启发。我们要继续加大这方面的培训，将“坚定信念、艰苦奋斗，实事求是、敢闯新路，依靠群众、勇于胜利”的井冈山精神传承到实际工作中，不断增强党性修养，抓好思想政治教育。

（三）深化人事制度改革，建设高素质的干部队伍

坚持德才兼备、以德为先的用人标准，完善干部选拔任用机制。总行已做了许多工作，要进一步深化这方面的改革，提高领导班子和领导干部推动科学发展、促进社会和谐的能力。培养造就大批优秀年轻干部，还要注意培养少数民族干部和女干部。总行党委明确要求，一方面要强调培养行政管理人才、领导人才；另一方面也要加强培养专业人才、技术领头人。

（四）弘扬党的优良作风，保持党同人民群众的血肉联系

这一要求具体到我们商业银行，就是处理好上级机构与基层单位的关系、党员干部与普通群众的关系、各级领导与下属员工的关系、银行与客户的关系。近年来我们取得了很多进步，但是有一个方面还很不够，就是领导同志、领导机关深入基层与员工交流、联系得不多，甚至有的领导、有的分行、有的机构比较脱离实际。党员干部和上级机构必须谨记“群众是真正的英雄”，只有密切联系群众才能形成团队精神，才能做到始终坚持求真务实、艰苦奋斗、批评与自我批评。我们党有优良的传统，在战争年代军队政治工作就讲三条原则，一是官兵一致，二是军民一致，三是瓦解敌军、优待俘虏。在新形势下把党的优良传统转化为符合今天情况的实际行动，做到各级领导机关与基层、与团队、与员工同呼吸、共命运、互相关心、互相理解，这是很重要的。

（五）预防和惩治腐败

最近我们很痛心地看到，又有案件暴露出来，我想还是要把这个问题再强调一下。要自觉做到公私分开、廉洁自律，绝对不要在银行业务中徇私情、拿好处。在工程项目、设备采购方面，一律不许卷入个人利益、个人关系。具体负责的同志和部门，也一律不许去照顾任何所谓领导的关系。要按照节俭、高效、廉洁的原则，推进公务消费和接待工作改革。各级行在广告宣传和公益捐赠活动中一定要回避相关的人、相关的事，亲友不要参与、不要申请、不能受益。这要研究出具体的制度。

健全权力运行制约和监督机制，严格遵循公司治理机制和规章制度。财务经费，特别是营销经费，不要一个人管，要做到公开透明，让大家知道、让大家监督，至少要双签。加强改进巡视工作、审计工作，真正发挥员工监督和民众监督的作用，领导干部要述职述廉，接受函询、质询。要按照中纪委有关要求，完善举报受理制度，相关的信息收集要制度化。抓好案件查处，依法、依纪办案，保证被调查人的合法权益。加强重点案件剖析和通报工作，更好地让干部员工吸取教训。

谢谢大家。

进一步激发员工的主人翁精神 全面提升专业化、精细化工作水平

——在中国建设银行第二届职工代表大会第二次会议上的讲话

郭树清

（2009年11月13日）

同志们：

我们刚刚庆祝了新中国60华诞，正在迎来我行成立55周年。在这个时候召开全行第二届职工代表大会（以下简称职代会）第二次会议，主题就是贯彻中共中央十七届四中全会精神，进一步统一思想，坚定信心，凝聚广大员工的智慧和力量，加快内部改革和战略转型，更好地推动建设银行迈上科学发展的康庄大道。

我们完全有理由为已经取得的业绩感到骄傲和自豪。在党中央、国务院的正确领导下，经过五年来的股份制改造和国际金融危机引发的激烈市场动荡的考验，建设银行已经成为国际上财务指标最好的大银行，也是国内综合竞争力最强的国有控股银行。建设银行的资产回报率和股本回报率从2008年以来一直在全球大银行中名列第一，按股票市值和净利润计算，我们居全球第二位。更为重要的是，我们的盈利水平是在不良贷款额、不良贷款率持续“双降”，拨备覆盖率提高到161%的前提下实现的。这些经营成果实实在在，赢得了监管当局、社会各界和国内外市场的高度认可。在《财富》杂志全球500强中，建设银行排名第125位，较2008年提升46位；在中国企业500强中，综合排名第6位，较2008年再进1位；《欧洲货币》、《亚洲货币》均授予我行“中国最佳银行奖”。有这样出色的表现，归根结底在于我们有一支始终保持旺盛斗志和活力的员工队伍。这次获得“突出贡献奖”的39名同志，就是全行员工攻坚克难、争创一流的杰出代表。还有许许多多优秀员工，他们同样是爱岗敬业、艰苦奋斗、甘于奉献、勇于创新的楷模。在这里我代表总行党委、董事会、高管层和监事会，对大家表示崇高的敬意和衷心的感谢！

下面，结合贯彻十七届四中全会精神，就新形势下加强员工工作、工会工作和企业文化建设谈几点意见。

一、二届一次职代会以来取得的主要工作成绩

自2008年职代会以来，在党委领导下，全行切实加强和改善职工民主管理，积极创建和谐企业，大力推进职工素质建设工程，广泛开展建功立业活动，在许多领域都取得了新的进步。突出表现在以下几个方面。

（一）落实职代会制度，认真回复职工提案和建议

经过几年的运作，职代会制度已深入人心。全行各级分支机构已成立职代会1 760个，召开大会2 029次。对涉及员工切身利益的规章制度和重大事项，广泛征求员工的意见和建议。对员工的提案，做到认真研究、及时回复和妥善解决。二届一次职代会共收到职工代表提案155件，内容涉及客户服务、产品创新、科技开发、人力资源、薪酬分配、员工培训和福利保障等多个方面。不少提案质量很高，反映了职工群众的意愿，体现出大家对改革发展中遇到的新情况、新问题深入、细致的思考。总行相关职能部门逐一进行了研究，提案回复率达到99.35%。同时，各级机构高度重视工作改进，及时将提案建议转化为政策、方案和行动，形成价值创造力。许多分行还为倾听员工之声开辟了多种渠道，包括面对面地

与员工进行沟通。

（二）构建和谐劳动关系，全面维护职工合法权益

2009年3月，各级工会深入基层，组织开展了劳动关系调研，形成了专题报告。这个报告比较充分地反映了员工在工作、生活中所关注的热点、难点问题。调研结果表明，员工普遍对目前的工作状态比较满意，总体满意度达到94%。各分行关心员工身心健康，制定了员工休息休假实施细则，落实情况也较好。全行每年体检一次的员工占总人数的82%。工会积极开展“职工之家”建设，组织多种形式的文体活动，丰富员工文化生活。进一步规范用工管理，努力消除多种用工制度差别，2005年以来择优将7 193名劳务派遣制员工转为合同制员工。各分行员工对党群、干群关系评价较好，绝大多数对本单位贯彻执行党的路线、方针、政策和党风廉政建设比较认同，认为企业文化建设对业务发展起到了较大的促进作用。

（三）推进学习型企业建设，大力提升员工队伍素质

深入开展“创建学习型组织，争做知识型员工”活动，引导员工树立终身学习的理念，把学习当成一种职业要求、一种生活态度和一种精神追求。除了引导员工自学，全行还围绕业务发展战略开展大规模员工培训，大幅度提高员工素质。2009年上半年投入培训经费1.46亿元，共举办境内外各类培训班1.3万期，培训56.7万人次，完成培训工作量105万人天。其中培训一线员工39.88万人次，占总培训人次的70%。截至2009年9月底，总行共组织培训班428期，培训2.5万人次，已超过2008年全年水平。充分利用境外各种资源，采取学习研修、跟岗培训等形式，加大对核心人才和优秀一线员工的境外培训力度。2009年已举办102期境外培训班，培训3 928人次，比2008年同期增长一倍半。

（四）加强和改进人力资源管理，壮大专业化人才队伍

开发推广领导力素质模型和岗位素质模型，组建各类任务型团队。在总行、分行和基层选拔了15类业务核心人才，建立后备人才库。健全管理、专业技术和经办岗位职务序列，开辟了多条职业发展通道。截至2009年9月底，全行各系列专业技术岗位职务4.91万人，其中客户经理2.55万人，占比51.8%；执行会计师1.07万人，占比21.9%；风险经理5 356人，占比10.9%。已有5.08万人取得专业理财师的资格，河北、浙江、陕西、湖北、江苏、山东等12家分行的理财师均超过1 000人。积极鼓励员工再深造，持有国际数量金融工程师、金融风险管理师、注册会计师、注册内部审计师等资格的员工人数大幅增加。

（五）广泛开展劳动竞赛，推动服务改进和金融创新

大力宣传基层员工先进典型事迹，弘扬新时代劳模精神，引领和激励广大员工创优争先。全行组织开展了“抓服务、讲合规、促发展”系列活动，促进了“以客户为中心”理念的深入落实，增强了员工的风险防范意识，规范了员工的职业操守。各业务条线、各分行围绕提高市场竞争力和加强团队合作，开展了形式多样的业务竞赛和评先表彰活动。电子银行条线针对个人业务和企业网上银行业务开展了“不断超越自我、超越竞争对手”的劳动竞赛，推动了网银业务快速发展。一些基层网点以最佳服务和最优业绩为基准，评选出服务标杆和营销标杆，通过标杆员工交流心得，帮助其他员工共同提高。在“为祖国祝福，为建行添彩”百名网点代表经验交流会上，不少优秀员工介绍了自己的工作经验和体会，促进了彼此相互学习、相互启发，进一步提升了客户服务水平。

（六）积极开展帮扶救助工作，不断增强全行凝聚力

总行党委高度重视特困职工的工作、生活状况，多次专题研究提出解决方案。各级工会都建立了特困职工档案，及时为他们解决特殊性、突发性的生活困难，帮助他们树立信心、渡过难关。目前，全行职工互助基金累计救助困难员工31 477人次，累计救助金额8 069.68万元。其中总行职工互助基金实施了10批救助，累计救助特困员工和协解人员191人，救助金额达1 515万元。在坚持原则、依法办事的前提下，探索解决协解人员脱离社保的问题，通过多种方式帮助他们走上新的工作岗位。目前共推荐就业12 540人次，其中7 366人实现再就业。在重大节日期间，对困难员工和特困协解人员开展走访慰问和送温暖、献爱心活动。这些关爱员工的热情和行动，在受助人员中引起了强烈反响，得到了广大员工的大力拥护，有力地促进了企业、社会和谐稳定。

二、更好地发挥全行员工的积极性和创造性

人力资本已经成为衡量一个国家核心竞争力的最主要因素。根据世界经济论坛2009年9月公布的全球竞争力报告，中国排名第29位，并由要素驱动阶段进入效率驱动阶段。但是，中国经济社会发展总体上仍然比较落后，创新能力还十分薄弱，而且生产能耗高、环境污染严重、地区差别大、服务业总体滞后，金融市场成熟度排在全球第78位。全球创新能力最强的企业主要集中在美国、欧洲和日本，在100个世界最著名的品牌中，没有一个是中国的。转变发展方式、提升产业结构，是包括金融业在内的整个中国经济现阶段面临的历史性任务。增强核心竞争力、搞好技术创新、提高市场效率和金融市场成熟度，要害都是提高劳动者素质。如果要问建设银行未来凭什么能够成为国内外市场上最有竞争力的银行，答案只有一个，那就是我们拥有一支最具敬业精神、最具创新能力的员工队伍！

在互联网时代，成功的企业模式日益转向平等、开放、大规模的员工和客户参与。因此，职工和职代会的民主管理，是我们银行的巨大优势。建设银行的市值、资产回报率和股本回报率目前都处于全球领先水平，但是目前的规模和排名并不等同于实力，单纯指标的直接对比也容易让人忽视一些不可比的因素。我们的客户多、数量大，个人客户就有3亿多，所以现在的日子就好过一些。但实现经营转型，真正成为世界一流银行还有很长的路要走。广大员工是改革创新和科学发展的主力军，必须开发利用好这一最为宝贵的资源，通过各种方式集中群体智慧，提高建设银行的价值创造力。在这方面我们已经有了很好的开端和基础，在2008年以来的学习实践科学发展观活动中又得到进一步增强，下一阶段重点要在各个方面激发和弘扬员工的主人翁精神，大力提升全行的专业化、精细化工作水平。在这里，我提几点具体要求。

第一，广大员工要在客户服务、产品创新、流程优化方面进一步发挥积极性、主动性和创造性。特别是处于基层和一线的员工，最熟悉市场、最了解客户、最能感受到经营管理政策的合理性，对影响业务发展的问题也体会最深刻，最有发言权。全行“以客户为中心”的理念机制建设正在不断深入，与美国银行、淡马锡开展的战略协助项目也取得了明显成效。2006年以来全行自主实施完成了892个流程优化项目，近三年累计完成产品创新1 046项。一些产品、流程、作业方式经过整合或改造，释放出极大的价值创造力。员工在这些项目中发挥了很大作用。其中有的难度很高，但大家开动脑筋，解决问题的办法层出不穷，开拓了各项工作的新局面。但是与国际最先进水平相比，我们的经营管理总体上比较粗放的现状还没有得到根本扭转，后续的产品创新和流程优化更加需要攻坚的勇气和智慧。因此，我们必须把已经取得的成绩归零，继续付出艰辛努力，争取实现更多的突破和更大的跨越。

第二，进一步培养和激发创意，营造良好的建言献策氛围。中国银行业的服务水平还很低，在许多业务领域，创新大有可为。我们私人银行、财富管理、投资理财、网上银行等方面的创新还显得不足，创新实验室的工作更需要全行员工的广泛参与。许多分行2009年都开展了“快乐工作、我来支招”金点子征集活动，收到了很好的效果。一些分行制定了产品创新激励办法，积极鼓励并多渠道收集员工创意。这些好的做法应该常态化、制度化。还要加强员工论坛工作，设立开放式建议箱，大家都来参与讨论和完善。我们不能满足于简单模仿或改良，既要创造性地提出问题，更要创造性地解决问题。

第三，探索科学的方式、方法，不断提高工作质量与效率。干好工作，既要埋头苦干，更要勤于思考。银行工作看似平常，但要做好、做精，达到专业、专注，是一门很大的学问。在实际工作中，我们已经形成了一些好的做法，如“何晓工作法”、“郑凯珊服务法”等。但是，没有一劳永逸的最佳工作方式，我们每一次营销活动、每一笔交易、每一道工序当中，都会遇到新情况、新问题，都会发现还有可以改进的地方。我们要学会批判性地思考，对于任何渠道、手段和产品，

都要善于发现和挖掘出新的实用价值来。要提高工作效率，必须持之以恒，坚持做到每天提高1%，70天后工作水平就可以提升一倍。尽管这只是理论推算，但如果我们持续努力，的确能够看到实实在在的效果。

第四，各级机构要用更加开阔的视野来关心员工，实现股东、客户与员工价值最大化的有机统一。进一步推进大规模员工培训，为基层员工特别是网点员工参加培训创造更多的机会，保证充裕的时间。工会要组织好劳动竞赛，通过业务比拼激发员工的学习热情，调动员工的积极性。各级机构要提倡和鼓励员工利用业余时间学习充电，员工自身也要进一步增强竞争意识，主动加强学习，努力掌握各种新知识、新技术、新业务。指导和帮助员工规划职业生涯，加强岗位素质模型应用，探索创造更多的员工晋升通道。健全专业技术岗位，提高专业技术人员的比例。完善业务条线垂直化管理和团队派驻制，逐步构建相对独立的人力资源集中管理模式。深入开展管理会计应用，盈利性分析和成本分摊要逐步细化到条线、产品和客户，完善激励约束机制，引导员工更加关注业务的可持续发展。

第五，要重视员工在经营管理中的体验和感受。“员工的心，建行的根”。我们的内部管理要在人性化方面多下工夫，切实提高员工的工作幸福指数，真正让员工在内心深处感受到工作乐趣。领导风格、团队关系、工作流程、计划安排、绩效考核等，都应当充分体现对员工的尊重和信任。制度设计既要立足客户视角提供最大的便利，又要尽可能降低员工操作成本，多设身处地为员工着想。这些方面还有许多改进空间，例如，柜员操作的复杂程度还没有得到根本性降低，而且系统多、优化更新快、学习掌握的难度也比较大。另外，研发和推出新产品、新服务的时候，首先要在内部向员工宣传好处，鼓励员工试用并根据反馈情况积极改进。电话银行、网上银行、手机银行，大家都要率先使用、率先体验。如果我们的34万员工都成为电子银行、ATM及其他渠道金融产品的直接使用者，能够第一时间体验我们银行向市场提供的服务，这势必会转化成建设银行革故鼎新、完善流程的巨大动力源泉，我们的进步将没有任何力量能够阻挡！

三、进一步加强工会建设和企业文化建设

工会建设和企业文化建设是创建和谐企业的重要内容。就建设银行来说，要着重抓好以下几个方面。

（一）高度重视和加强工会工作

在党的十七届四中全会上，胡锦涛同志提出了“弘扬党的优良作风，保持党同人民群众的血肉联系”，“大兴密切联系群众之风”的要求。我们在科学发展观学习实践活动中坚持以人为本，深入基层调研，广泛征求意见，着重解决了员工反映强烈的突出问题，赢得了大家的高度认可和广泛支持。各级党委要进一步认识党群关系的重要性，把工会作为密切党群关系的桥梁和纽带，积极主动地支持工会开展工作，从多方面为其创造有利条件。

工会建设是完善中国特色现代银行制度的重要内容。我行在股份制改造过程中，认真、全面地学习借鉴了其他国家的公司治理经验，但是我们始终牢牢坚持了自身的优良特征和有效做法。在符合法律要求的前提下，加强和改善党组织的领导作用，充分发挥职工群众主动参与管理，建立和实行职代会制度，不断探索和充分发挥工会的作用，都是重要体现。应当承认，职工参与公司治理是全球范围现代企业发展的重要成果，即使在西方国家，职工也以不同方式参与公司管理，如员工持股、提供建议、参与决策、实施监督等。中国工人阶级具有更高的法律地位，各项民主权利有严格的法律保障。我国法律规定了国有企业通过职代会和其他形式实行民主管理。《工会法》以宪法为依据，全面规定了工会组织建设、基本权利和义务以及与各方面的关系。做好工会工作对保障广大职工的合法权益、推进人民民主和依法治国有着非常重要的意义。

我们要总结国有企业改革的经验教训，协调处理好各利益相关方关系，不仅要关注股东、客户利益，同样应该关心员工利益。这些利益从根本上说是能够一致起来的。有些国有企业不重视职工权利，涉及职工重大利益的重组改制方案不经过职代会审议、不征求职工意见，结果造成员工不满，甚至引发了严重的群体性事件，形成了

惨痛的教训。工会要围绕银行的经营管理和改革发展，创造性地履行好参与、维护、建设和教育四项基本职能，探索更加灵活、更加高效的国有银行职工民主管理方式。例如，建立落实职工代表巡查制度、提高基层工会的活力、推进劳务用工加入工会等。

（二）继续依法发挥职代会作用

做好职代会提案审查处理工作，是保证职代会质量的一个重要方面。各级机构都要高度重视职代会提案，将其作为强化银行管理、推动银行发展、解决职工切身利益、保护调动职工积极性的一项重要工作抓好。各部门、各机构要认真研究提案，制订解决方案，及时给予答复。提案落实情况要追踪检查，保证逐项落实到位，让职工满意。

职工代表要提高自身素质，认真履行权利和义务。深入领会党的路线、方针、政策，认真学习《工会法》、《公司法》、《劳动合同法》等法律法规，提高政治觉悟和履岗能力。发挥好增强全行凝聚力的作用，围绕全行中心工作，把党委的决定和要求变成广大职工的共识和奋斗目标。密切联系职工群众，热心为职工办事，对涉及员工切身利益的重大决策和重要事项认真发表意见，维护好职工的合法权益。

（三）积极探索发展和谐劳动关系

和谐劳动关系是和谐社会的基础，是党中央、国务院高度关注的民生问题。近年来，全行各级机构加大了《劳动合同法》宣传力度，细化了劳动管理规定，依法用工意识和员工维权意识都有所增强。但也存在需要引起重视的问题，例如总行和部分分行都收到过员工反映加班工资、年休假等权益未受到很好保护的信件，总行 2008 年就收到该类信件 18 封；近三年全行由员工提请的劳动争议仲裁诉讼有 200 多件，部分案件中银行确实存在责任和过错；一些分支机构还有人员身份等级观念，“同工不同酬”问题依然没有完全解决。

我们要高度重视和谐劳动关系建设，对劳动争议问题首先要从自身查找原因，员工合理的诉求要予以支持。各级机构要保证正常休息、休假，不能让加班成为常态，多实行弹性排班，安排好调休。各级党组织、工会要深入做好思想教育和宣传工作，引导广大员工坚定理想信念，树立正确的世界观、人生观和价值观；尤其要关注员工心理健康，开展心理咨询和心理辅导；多关心基层管理者和一线员工，有针对性地做好指导和服务。

要特别注意做好女员工工作，从多方面给予关心。我行女员工接近全行人数的一半，70% 分布在市场营销、储蓄、会计、出纳等一线岗位，她们的服务水平直接影响到客户服务质量。各级党委对此要高度重视。提拔领导人员和选送培训骨干，同等条件下要优先照顾女同志，切实保护好她们的合法权益。

（四）真情关爱基层员工和协解人员

领导干部要定期深入基层，经常到困难职工多、反映问题多的地方去，为他们解决实际难题。银行工作的特点是坐的时间长、活动时间少，我们要真心实意关心员工的身心健康，丰富员工业余生活，鼓励大家加强身体锻炼，养成健康的生活方式。工会及后勤等部门要增添健身设施，多方面绿化、美化办公环境，改善职工食堂，丰富学习阅读资料。要关注职工的生活和家庭状况，特别是在职工及家庭遇到重大困难或患有重病时，工会要成为第一知情人、第一帮助人，及时给予关爱和救助。

继续为协解人员解决好社保遗留问题，帮助他们创造就业机会，为特困人员提供经济援助，同时还要注意从精神上、情感上进行关爱。例如，他们来网点办理存款、取款或购买产品时，我们要热情接待，让他们觉得虽然法律上与建设银行没有劳动关系了，但建设银行仍是他们温暖的家。与协解人员住在同一宿舍楼或同一个居民委员会、同一个街区的同志尤其要注意，大家日常生活经常能碰面，要主动打招呼、问寒问暖、关心帮助，让他们感到过去的同事情意没有断，建设银行对他们的关爱没有变。

（五）加强企业文化建设

提升专业化、精细化工作水平，增强核心竞争力，实现银行战略愿景，不仅要靠完善机制体制，健全政策制度，还要靠广大员工认知、认同和自觉实践银行的企业文化。发挥企业文化的积极作用，关键要与银行经营管理相结合，对员工持续不断地进行思想教育，使之成为员工的信仰，转化为每个人的自觉行动。希望大家把建设银行愿景与个人事业融为一体，坚定建设世界一流银行的信念，积极进取、蓬勃向上，永远保持敢于克服困难的勇气和斗志；把建设银行的使命与自身职责结合起来，增强责任感，精益求精，做好自己的本职工作；把弘扬建设银行核心价值观与做人、做事结合起来，牢固树立诚实守信的职业操守，坚持公平正义，依法合规，在建设银行工作岗位上收获成功人生。

各位代表、同志们，建设银行已经成为全球瞩目的大银行，各项事业发展正处在一个新的发展阶段。我们要全面贯彻落实党的十七大和十七届四中全会精神，把科学发展观作为建设世界一流银行的行动指南，团结苦干，奋勇争先，推动全行管理、改革、发展不断取得新成就。

把握机会，力争企业年金业务再上新台阶

——在企业年金座谈会上的讲话

张建国

（2009 年 1 月 22 日）

企业年金业务是一项利国利民、利行利员工的战略性业务。利国，企业年金制度有利于实现社会和谐，是贯彻落实科学发展观，保持社会稳定的重要举措，意义重大；利民，建立企业年金有利于实现老有所养，提高人们退休待遇。建设银行发展企业年金服务不仅仅是业务创新，也向社会展现了我行的社会责任；利行，企业年金作为一项创新性和战略性业务，是我行业务转型和结构调整的重要载体。随着我国养老保障体系的不断完善，惠及的人群必然越来越广，养老金产品越来越多，市场规模将逐步放大，建设银行必须抓住机会，尽快树立企业年金业务品牌形象和市场地位。利员工，企业年金惠及每一个员工，总行管理层非常关心全体员工的养老问题，企业年金中心还协助管理全行 30 万职工的企业年金基金，一定要管好，既要确保安全，又要实现保值、增值。企业年金业务具有“一次投入，长期受益”的特点，而且业务链长，与公司业务、个金业务、投资管理等部门都有密切的关系，为开拓新的金融服务提供了广阔的空间。当前，我国养老金市场正处于市场划分初期，大家都处在同一起跑线上，一定要抓住机会，及早动手，争取更多的市场份额。

就我行下一步企业年金业务发展提出五点具体要求：一是希望企业年金中心及相关部门、各级分行全力以赴、积极开拓年金业务，2009 年尤其要抓好铁道系统和一批大客户的年金营销工作，迅速扩大市场份额。二是要加强部门之间的沟通、协调和配合。要把年金业务做成连接对公、个人业务的桥梁。年金中心要加强与公司业务、个金业务、投资管理等部门的业务衔接，其他部门也要做年金业务的坚强后盾，要加强前台、中台、后台的协调配合，尽快将建设银行综合优势转变为企业年金业务的市场优势。三是要加强规划，要认真研究养老金市场未来发展趋势和客户需求，从中寻找新的市场机会。要站得高、看得远，尽快制定养老金业务中长近期发展目标。四是要转变观念，主动上门。当前企业年金竞争十分激烈，各行要主动加强和地方、部门、企业的联系，及时掌握相关政策和市场动向，同时让他们了解建设银行、支持建设银行。五是要加强队伍建设。目前，我行企业年金业务人员欠缺、队伍年轻、经验不多，要尽快在总行本部和各级分行培养一批懂政策、懂专业、懂技术的年金业务骨干，带出一批熟悉年金业务的行家里手。形成一支学习型的队伍。

总之，要勇于创新，做出特色、做出水平，迅速使我行企业年金业务再上新台阶，不辜负行党委的殷切期盼。

坚定不移地坚持科学发展 全面提高全行经营管理水平

——在中国建设银行工作会议上的讲话

张建国

（2009年2月24日）

同志们：

刚才郭树清董事长作了一个非常重要的讲话，全面回顾了过去几年我行落实发展战略、深化改革创新的举措和成绩，深入分析了当前国际、国内形势，对2009年工作提出了明确的要求，大家要认真学习和贯彻执行。接下来，我结合全行经营情况谈几点想法，供大家讨论。

一、充分肯定去年成绩，客观评价全行经营状况

2008年是极不平凡的一年。面对复杂形势，我行克服多重困难，经受住严峻考验，抓住发展机遇，各项工作都取得了出色成绩。主要有以下几个方面。

（一）业务发展稳健，市场占比提高，风险控制良好，盈利能力增强

1. 经营规模跨上新台阶。截至2008年底，全行资产总额达75 176亿元人民币，历史性突破1万亿美元；当年人民币一般性存款新增突破1万亿元，余额达61 337亿元，跃居同业第二位，近3年年均增幅为17%，在四大国有商业银行中排名第一。人民币贷款新增5 085亿元、增长16.54%，余额达35 830亿元。

2. 竞争实力跃上新水平。优势业务进一步巩固。2008年底，基础设施贷款余额超过1万亿元，当年增量同业第一位。个人住房贷款余额和新增额均居同业首位。住房资金存款、公积金存款和公积金贷款继续保持行业领先地位，分别占市场份额的62%、56%和49%。新兴业务超常规发展。“八一工程”又取得新进展，军队武警存款市场占比连续3年成倍增加，由4%提高到16%，我行已成为军队武警的主办银行之一。信用卡业务发展势头良好，发卡量、消费交易额、透支余额和新增额、资产质量均在四大国有商业银行中排名第一。完成国际结算4 400多亿美元，在四大国有商业银行中占比达到18%，提高了3个百分点。收入增长140%，占比达到25%，提高了9个百分点。代理保险收入28.3亿元，新增额、增幅均从第四位成为第一位，在四大国有商业银行中占比从24%提高到31%。理财产品当年发行收入14亿元，在四大国有商业银行中排名第一。

3. 信贷结构进一步优化。基础设施贷款新增1 946亿元，增长24%，高出贷款平均增幅7个百分点，占公司类贷款比重由三年前的28%提升到37%。高信用等级客户占比持续上升，A级（含）以上客户贷款余额占比达到92.5%，又提高2个百分点。退出类行业贷款余额、不良贷款额和不良贷款率均在下降，双高、产能过剩行业贷款新增占比和增幅继续回落。

4. 中间业务保持快速发展。收入总量同业第二位，与排名第一位的银行差距大幅缩小，市场占比27%，提升了1.19个百分点，增幅连续三年在四大国有商业银行中排名第一。毛收入超过10亿元的产品从上年的5个增加到14个。市场竞争力第一的分行达到18家，又增加了8家。更为重要的是通过中间业务发展带动了整体经营水平的提高。

5. 风险控制和安全运营继续强化。2008年底，境内外不良贷款余额838亿元，比年初减少

13亿元；不良率为2.23%，减少0.4个百分点。拨备覆盖率从104%提高到131%。流动性管理经受住了冰冻雪灾、汶川地震、股市动荡、货币政策转向等考验，全年实现零风险支付，备付水平控制合理。案件数量和涉案金额同比双降，共立案查处各类案件10起，比2007年减少8起；涉案金额1 669万元，减少330万元。

6. 盈利能力持续增强。2008年全年实现税前利润1 176亿元，净利润909亿元，分别增长20%和35%。资产回报率为1.29%，提高0.17个百分点；股东权益回报率为20.59%，提高2.67个百分点；净利息收益率为3.26%，提高0.07个百分点；成本收入比率为36.77%，降低5.28个百分点。

（二）坚决贯彻党中央、国务院要求，忠实执行国有控股银行使命

2008年国际经济金融形势动荡不定，国内宏观政策也经历了两个不同阶段。前10个月，我行坚决贯彻执行宏观调控和从紧的货币政策要求，很好地把握了信贷投放总量和节奏，而且尽管信贷规模很紧，还专门安排资金，加大了对小企业和“三农”的信贷支持，小企业贷款新增411亿元，增长19%；“三农”贷款新增1 037亿元，增长31%。11月以后，中央决定实施积极的财政政策和适度宽松的货币政策，服务于“保增长、扩内需、调结构”，我行视党中央、国务院的政策为新的发展机遇，及时调整经营策略，前台部门强力营销，中后台部门提高审批效率，两个月共新增贷款1 555亿元，同业第一；在结构上，加大了必要的基础性信贷投放。同时，坚持做实业务、做实财务，为国民经济实现较快持续发展做出了应有努力，也为2009年经营打下了坚实基础。

（三）积极履行社会责任，努力打造品牌形象

在冰冻雪灾和汶川地震发生后，全行心系灾区，通过捐款捐物、提供特殊金融服务、组织志愿者队伍等多种方式，大力支援灾区人民抢险自救和灾后重建。我行对震区信贷实施非限制性行业准入和审批标准，开辟绿色通道，减免手续费，保证资金快速到位。全年累计发放救灾贷款558亿元，员工和公司捐赠2.11亿元。奥运期间我行积极提供优质、安全、高效的金融服务，25套关键系统可用率为100%，实现了零重大故障、零有效投诉的预期目标，被银行业协会授予“中国银行业迎奥运文明规范服务系列活动组织奖”。在2008年亚洲企业社会责任排名中，我行列第12位，在中资银行中居于前列。

上述成绩的取得，要感谢党中央、国务院的正确领导，感谢中央部门的关心支持。成绩的取得也是总行党委、董事会、管理层总体把握和监管机构、监事会监督保障的结果，是全行员工辛勤工作、共同努力的结果。在此，我谨代表总行管理层向会议所有代表、向全行员工表示由衷的感谢！

在肯定成绩的同时，我们也必须清醒地看到，全行转变发展方式的步子还比较慢，经营管理依然存在一些薄弱环节。例如，潜在信用风险有所抬头，2008年第四季度不良贷款明显反弹，贷款形态向下迁徙加快；客户基础亟待增强，企业基本结算账户在四大国有商业银行中占比仅为20%，只相当于有的银行的六成左右，存款在我行系统内沉淀比例不高；市场风险凸显，有些业务发展很快，但风险控制措施、业务质量和服务水平尚未跟上；审计署对总行和6个分行过去6年业务进行检查后，共发现170多亿元不合规经营问题，表明基础管理还较为薄弱。对这些问题和不足，我们必须高度重视、着力解决。

二、深入研究当前形势，把握机遇迎接挑战

（一）2009年形势更加复杂，经营发展需要前瞻、灵活把握

温总理在2009年国务院第二次全体会议上指出，2009年是中国进入新世纪以来最困难的一年。对此要有全面认识和深刻理解。对经济实现好转需要较长时间要有心理准备，要警惕经济低速运行中可能产生的局部性、结构性甚至系统性风险，制定、落实经营策略和具体措施时必须统筹兼顾，留有余地。

1. 全球金融危机愈演愈烈，外部环境将持续影响银行经营。当前，金融危机还在对全球形成一波又一波的影响。国际大银行频现巨额亏损。金融危机对实体经济的冲击仍在继续加深、加重。发达国家2009年GDP增长可能出现负值。市场

担心东欧地区引发第二轮危机。公司破产、信用违约、欺诈丑闻等还可能时有暴露。各国政府和国际组织应对危机措施的见效尚需时日，实效有待观察，银行经营仍将面对持续低迷、跌宕起伏的国际金融市场局面。

2. 国内经济平稳较快增长难度很大，宏观调控政策具有灵活性和调整空间。全球金融危机对我国特别是对实体经济还将产生持续的严重影响。外需锐减难以很快通过国内投资需求弥补，扩大内需、经济走出下滑通道需要时间，实现结构调整预期更不可能一蹴而就。在当前情况下，极易发生企业关停并转，极易形成抵质押物贬值，极易出现信贷质量向下迁徙，不良贷款反弹。扩大内需的调控政策是有力有效的，但全面显效也有一定的时滞，有些政策还需要细化跟进措施。上周，中国人民银行和银监会转发了国务院办公厅《关于促进房地产市场持续健康发展的通知》，近期中央银行将出台《放贷人条例》。这都需要我们及时调整经营策略，力争做到提早准备、准确理解和及时落实。

3. 市场环境依然复杂多变，同业竞争将更加激烈。股指虽已连续上扬，但从经济走势、上市公司效益预期等因素看，仍有可能震荡调整并再次下探，基金销售和托管、股票型投资理财等产品经营难以回暖。房地产行业因长期积累的问题和困难，整体走出低谷仍需时日。监管机构为严控风险，限制融资性保函业务、规范贷款承诺收费、停售或限售部分趸缴型和投资型保险产品等，会给银行盈利和中间业务发展带来新的难度。还要看到，我国银行业同质化竞争本来就日趋激烈，在2009年形势复杂和市场变化的情况下，这种竞争会进一步加剧。2008年，“国十条”出台后，由于见事早、行动快、营销得力、做得扎实，我行赢得了2009年初的开门红。现在，其他银行已醒悟过来，开始抢夺我们的优质客户，一旦掉以轻心，前期努力成果极有可能付诸东流。2009年几家银行已纷纷把我行确定为主要竞争对手，不仅是贷款业务，在其他各项业务上，我行与同业特别是大银行的市场竞争远比过去激烈，对此要有充分的准备和对策。

（二）坚定发展信心，把握发展机遇

1. 我国经济平稳较快增长基本面和长期趋势没有改变。我国仍处在工业化、城市化加快发展的重要战略机遇期。扩大内需空间巨大，消费和投资持续增长潜力旺盛，市场广度和深度不断拓展。企业活力和竞争力不断增强，深化改革开放不断释放出新的生产力。政府管理和调控能力不断提高，国内政治和社会持续稳定，资本管制会有效缓解外部市场的冲击，为银行创造了未来持续发展的不竭源泉。

2. 我国经济增长出现了回升动力。财税、金融支持经济增长的力度加大，2009年1月全部金融机构人民币贷款增加1.62万亿元，欧美经济衰退和信贷紧缩的恶性循环没有在中国出现。1月显露的正面经济信息不断提升搞好2009年银行经营的信心。

3. 我行具有发展优势，年初良好开局为全年经营奠定了坚实基础。正如郭树清董事长所讲，经过多年的改革发展，我行的体制机制、经营结构、市场竞争实力等在同业中都具有比较优势；建行人积极进取、敢于拼搏的精神和传统不断发扬光大，持续的创新为经营管理源源不断地注入新的活力和动力，这些都是我行战胜困难、赢得新发展的重要条件。自2009年初开始，全行业务即呈现出了良好的发展势头。1月签订了125个银政、银企合作协议，签约金额逾6 000亿元；通过春节前的强力营销，公司类贷款项目储备达2.59万亿元。截至2009年2月20日，人民币一般性存款新增4 137亿元，居同业第一位；其中企业存款新增996亿元，在各行增量中拔得头筹，储蓄存款新增3 141亿元，余额在1月超过了3万亿元。人民币贷款新增3 055亿元，居同业第一位，而且贷款真实、结构合理、质量很好。可以说，我们完全有信心、有能力应对挑战、抓住机遇，实现新的发展，进一步提升市场地位和竞争实力。

三、贯彻落实科学发展要求，努力完成2009年各项任务

2009年全行经营工作的指导思想是：抓住机遇，坚持科学发展；严控风险，确保经营安全。在当前形势下，贯彻落实科学发展要求，就是要抓住扩大内需、促进增长的历史性机遇，巩固和扩大市场份额；强化风险管控，调整结构确保经

营安全；坚持改革创新，提升优势特色，带动各项业务全面发展；加强基础建设，夯实发展基础，实现2009年全行业务快速、有效、优质、安全发展。

（一）加强全行统筹协调，确保全年经营目标顺利实现

1. 把握好贷款投放的总量和节奏。中央银行取消贷款规模管理并不意味着商业银行不要计划管理。2009年全行人民币贷款新增暂按5 000亿元安排，其中公司类贷款4 000亿元，个人类贷款1 000亿元。由总行另行安排小企业贷款、并购贷款、信用卡透支、特大型项目、灾后重建等紧急和特别需求。总行公司部和房金部已将条线计划分解并下达分行，各行要从全行大局着眼严格执行。在投放节奏上，虽取消了分季按月控制，但要统筹考虑，避免大起大落。非贴现贷款上半年按70%把握；票据资产增量第一季度控制在500亿元。当前贴现市场增量过大，利率太低，不利增盈，且中央银行已经向各行提示，此项业务总行将重新调整全年计划。个贷根据市场情况投放，上半年大体在50%。

2. 存款在四大国有商业银行中占比保持不降，重在优化结构、降低成本。要乘实施新的财政政策之机，努力抓好财政相关账户和存款，扩大财政拨款中下游资金在我行的沉淀；要通过完善激励、公司业务和个人业务联动等具体措施，切实做好基本结算户营销，扩大代发工资，实现客户资金链在行内循环。外币存款要遏制在四大国有商业银行中占比连续两年下降的势头，力争市场占比有所提高。

3. 中间业务增长11%，确保市场占比，力争有所突破。前两年，中间业务经营重在整体发展，重在部分区域市场，而2009年的重点是抓好相关产品。要大力抓好造价咨询、工程保函、工程资金监管、抵押物代理财险等受益于“保增长”政策的优势公司类产品；大力抓好人民币结算、借记卡及收单业务等受经济波动影响较小的传统劣势产品；大力抓好理财、贷记卡、电子银行尤其是网上银行、账户金与实物金等新兴产品。

4. 加强富余资金运用。全行要在规范和识别风险的基础上，强化市场风险管理。总分行共同拓展同业存放、同业拆放、同业借款、本外币互存、信贷资产转让等资金运用渠道。对信誉好、有实力的地方政府或企业发行的债券，试行总分行优势互补、利益和风险共担的联动投资机制。

（二）坚持信贷结构调整不放松，风险防控不动摇

激烈竞争容易动摇风险管控。有的银行为“后来居上”，承诺给某地几百亿元的规模，不讲流程、不论项目、不要担保，直接提款。这种做法我们绝不能跟风。无论市场竞争如何激烈，我们都不能放弃信贷结构调整、放宽管理标准、放松风险控制要求。

1. 严格执行信贷结构调整政策和“保、控、压、退”的具体要求。根据风险偏好，总行从行业、区域、客户、产品四个维度提出了2009年的信贷政策，贷款投向必须符合既定的14个重点。当前正是调整结构的大好时机，各行要依托区域资源禀赋、产业集群、行业特点，发挥本行优势，拓展优质客户。由于前期好项目、好业务、好客户储备充足，贷款时要好中选优，避免“搭便车”，以此来促进结构不断优化。不久前总行印发了《关于做好当前公司业务重点工作的通知》，已对2009年“保、控、压、退”政策做出了具体安排，全行要严格贯彻落实。

2. 坚守风险控制底线，完善审批管理。2009年风险控制的目标是，不良贷款余额控制在890亿元以内，不良贷款率控制在2.2%以内，不良贷款拨备覆盖率要争取达到监管新要求，处置不良资产305亿元，资产质量整体水平在四大国有商业银行中继续保持领先。实现这一目标难度很大，一要严格执行信贷准入和审批标准，切实防范新发放贷款风险。对总行信贷政策要求审慎介入或实施战略退出的行业及项目要守住底线。这是个老生常谈的问题，也因此表明其意义重大，必须警钟长鸣、常抓不懈。二要进一步加强贷款三查尤其是贷后检查。在信贷管理工作中，贷后检查一直是薄弱环节，也是老大难问题，必须高度重视、重点解决。要加强对贷款分类的整体监测。金融危机发生以来，市场变化大，企业经营压力加剧，应重点监测贷款形态的迁徙变化，重点监测企业的盈利状况，采取前瞻性的对策。要按行业分类加强对贷款客户抵质押物和担保的排查，重点排查有无虚假、重复、变化，针对查出的问题，有错立即纠正，贬值立即重估，避免债权悬空。过去三个月贷款投放总量很大，对这些贷款贷后管理更要及时跟上。三要更加重视对全行的信贷审批管理。日前，总行调整了分行的审批授权，审批人队伍素质和贷款审批水平要与之匹配。对于投向偏离总行要求，或违规操作的分行，将在信贷资源配置、核准权限方面进行重新调整和严格限制。

3. 坚持合规经营，严控市场和操作风险。一是近年来市场风险凸显，要加强研究，构建长效防控机制。二是严格执行政策制度，规范管理。认真履行反洗钱义务，对审计署检查发现的问题，要举一反三，受查行要保质、保量进行整改，其他分行要借鉴经验教训，自查整改。三是高度重视案件防控。形势变化，操作案件可能反弹，要注意苗头，严防死守。

（三）坚持联动创新，以优势和特色带动方向性、战略性业务发展

1. 推动银团业务发展，推广服务小企业成功经验。过去两年，我行积极承担并连任银团贷款委员会主任行，有效地提升了市场形象和竞争力，2009 年要在大项目大企业银团贷款上更好地发挥主任行职责，这既有利于拓展市场、树立品牌，又能有效地弥补资源不足、分散风险。同时要坚持抓大不放小。发展小企业有利于扩大社会就业、有利于和谐社会建设。小企业数量巨大，有良好的成长性，是我行信贷业务重点之一。全行在支持小企业发展中创新了许多服务方式，如深圳分行的“联贷联保”和“民营互保金”模式、浙江省分行的电子商务信贷模式、江苏省分行的“信贷工厂”模式等，很好地解决了中小企业融资难问题，取得了良好的经济效益和社会效益。总行正在总结推广这些经验，各行要加强学习和交流，结合当地情况认真进行本土化实践。

为进一步推进全行小企业业务发展，总行将正式设立小企业信贷部门，对全行小企业业务加强管理，专门统计考核。2009 年对小企业实行信贷计划专门管理，力争对小企业贷款增量超过 2008 年，力争增幅高于全行贷款平均增长。

2. “八一工程”要继续推进、银保业务要更上一层楼。各行要按照总行的统一部署，切实加大对军队武警总部级客户的营销力度，以资金结算网络建设和公务卡推广等部队改革需求为契机，对其后勤条线进行系统性拓展，实现军队武警业务市场的结构性转变，2009 年市场份额力争再提高 4 个百分点，达到 20% 以上。要积极优化银行保险业务结构，巩固我行代理寿险业务市场份额，依托公司客户，有效提高代理财险的市场份额，确保我行银保业务市场排名第一。

3. 并购贷款要形成合力，争取领先。并购贷款不仅是一项新的贷款品种，更是银行为客户提供综合金融服务的平台。我行已通过监管机构的资格审查，可以正式开办这项业务。而且我行具有服务大企业、集团客户的特点优势，并购贷款业务潜力很大。要在企业并购业务中提供投行咨询、发放并购贷款以及在后期上市中提供各项金融服务。但对由境外中介提供投行服务，风险无法分散，不能发放并购贷款；反之也不能仅仅为了争取投行业务机会而不顾风险隐患，被迫发放并购贷款。由于并购贷款是全新的业务，也是风险大、技术含量高的业务，因而关键要把握好政策要求和项目标准，一定要加强制度建设、队伍培养，打好基础。

4. 年金业务要抓住市场机遇，打造品牌。企业年金关乎社会保障体系建设，发展年金业务利国、利民、利行、利己，这项业务具有“一次攻关、长期受益，现在投入、未来获益”的特点，且正处于市场瓜分初期。我行在 2007 年底获得了三项年金业务资质，总行在 2009 年初正式成立了专门部门，通过一年多的努力，全行也打下了良好基础。目前这项业务竞争极其激烈，总行和部分分行正全力以赴重点抓好铁路系统、华能集团、中铁股份、航天科工等大客户年金业务的拓展，各行要确定好自己的目标客户，组建任务型团队，实现对目标企业的公司金融服务、企业年金服务和年金账户个人金融服务的密切联动和有效延伸。全行同志要牢记年金业务关系千家万户切身利益，一定要缜密地做好各项服务工作，绝不能出现丝毫差错。

5. 中期票据业务要缩小差距，短期融资券业务要保持优势，地方政府发债业务要巩固领先成果。全行要齐心协力抓好中期票据主承销业务，资源配置重点向营销部门倾斜。在与大型企业签订战略合作协议时，要将中期票据业务作为重点内容纳入。总行将与上海、广东、甘肃、天津等分行加强配合，继续做好当地政府发债营销工作，其他分行也要密切关注地方动态，捕捉业务机会。2008年我行短期融资券业务市场份额为19%，总量连续三年保持第一，2009年要守牢市场领先地位。

6. 探索民生领域金融服务，积累新兴市场业务经验。我们要紧跟国家关于科教文卫、社会保障、生态环保等民生领域的政策变化，拓展财政和金融的良性互动平台服务效应。对涉及民生的基础教育、卫生、环保、国家机构、新闻出版、文化传媒等行业提供金融服务和合理资金支持，在原有"211"高校和"三甲"医院的基础上，将贷款客户范围适当扩大到教育名校、重点"二甲"医院、重大水利和生态环境建设、出版传媒业的龙头骨干机构等客户群体。

（四）加强基础建设，加强成本管理

全行要在基础管理工作方面狠下工夫，2009年要重点抓好两件事。一是扎实推进后台业务集中。力争用两年半时间，实现在二级分行以上城市对票据交换提出、支票提示付款、汇兑三项业务量大、柜面压力重、风险程度高的业务进行后台集中处理。年底前完成系统开发，经深圳、河北分行试点验证后，逐步扩展功能，2010年中期开始在全行分期、分批推广。二是积极推进生产基地建设。目前，武汉、北京、广州生产基地土地购置合同已经签署，成都生产基地已达成土地购置意向。武汉、北京生产基地力争在6月和10月正式动工。

2009年经营形势非常困难，净利润不可能延续前几年的高速增长局面，全行既要努力增加盈利，更要加强成本管理，节约费用支出。下午，庞首席将对全行整体财务安排进行部署，这里我就厉行节约、控制支出谈三点要求：一是总行将从本部做起率先垂范，各一级分行也要给所辖分支行作出表率，各级领导干部要给全行员工作出表率。二是在全行整体费用较紧的情况下，要尽量保证前台部门、客户营销的支出。三是节约开支要注意细节，从点滴做起。古人尚且说"勿因善小而不为"，更何况全行经营规模庞大、员工队伍庞大，可以聚少成多、集腋成裘。管理现代商业银行，我们要传承中华民族美德，崇尚善小也要为。

同志们，2009年是我们伟大祖国60周年华诞，也是经济社会发展任务非常艰巨的一年。大家要以高度的政治意识、责任意识、大局意识为统领，坚定信念、齐心协力，全行员工共同开拓进取、艰苦奋斗，争取在新形势下取得新的更大成绩。

坚持科学发展　严控经营风险

——在建设银行夏季工作座谈会上的讲话

张建国

（2009年7月23日）

同志们：

这次会议的主要任务是全面回顾总结2009年上半年全行经营情况，深入分析探讨当前经济金融形势，研究确定下半年的经营目标和相应措施。会上董事长和监事长将就全行各项工作作重要讲话，希望大家认真学习、抓好落实。下面，我结合全行经营情况谈几点意见，供大家讨论。

一、2009年上半年全行经营管理与业务发展取得理想成绩

2009年以来，我行进一步贯彻执行中央"保增长、扩内需、调结构"的政策要求，认真学习落实中央领导同志到我行调研时的重要讲话精神，

切实落实各项风险防控措施，整体业务发展积极稳健，做到了既忠实地履行国有控股大银行支持经济建设的社会使命，又保证了经营管理水平的提高和各项业务发展的持续向好。

（一）经营规模不断扩大，各项业务发展良好

资产和存款取得新突破。截至 2009 年 6 月底，全行资产总额达到 9.09 万亿元，比年初增加了 1.58 万亿元，增长 21%，历史性地越过了 9 万亿元大关。

存款余额为 8.26 万亿元，超过了 8 万亿元，新增约 1.5 万亿元，增长 22%。其中人民币一般性存款总量、新增都在四大国有商业银行中排名第二，储蓄存款增幅和网均新增在四大国有商业银行均列第一。一般性存款市场份额提高 0.8 个百分点，宁夏、深圳、青海等 15 家分行当地市场新增占比在四大国有商业银行中排名第一。机构业务存款规模突破两万亿元。

客户数量快速增加。公司机构类账户新增 9.12 万户，计划完成率为 152%。其中，基本结算户新增超过 1 万户；活跃账户新增 3.75 万户；50 万元以上账户新增超过 9 000 户。个人类账户新增 2 800 万户，其中新增 VIP 客户 64.8 万户，新增 AUM 值在 300 万元以上的高端客户 1.36 万户。

中间业务稳步发展。截至 2009 年 6 月底，全行实现中间业务毛收入 251 亿元，比 2008 年同期增加 39 亿元，增长 18%，比计划高出了 7 个百分点；总量在四大国有商业银行中排名第二，市场份额达 28%，比 2008 年底提高 1.1 个百分点。投资银行、资产托管、企业年金、电子银行等新兴产品和服务发展迅速。投行业务上半年收入达 55.8 亿元，增长 65.52%。资产托管业务规模已达 7 776 亿元，托管收入 5.8 亿元，其中我行托管获准发行的基金 29 只，居同业第一位。企业年金业务不断取得突破，我行一举获得铁道系统 8 个路局年金账户，占铁路系统年金业务的 55%，在同业中名列第一，中粮集团、宝钢集团等一批大型企业集团的年金托管业务落户我行。电子银行业务保持快速增长，其中短信业务已达 2008 年全年收入的 115%。

（二）信贷业务坚持促进发展、稳健经营、调整结构

2009 年上半年信贷业务发展做到了积极稳健、总量适度、节奏有序、结构合理、质量良好。

1. 积极响应中央要求，支持经济发展。截至 2009 年 6 月底，人民币贷款余额 42 915 亿元，比年初增加 7 085 亿元，是 2008 年同期增量的 3 倍，增幅达 19.77%，增量的绝对数、相对数都创历史最高水平。贴现新增占贷款新增比重在四大国有商业银行中最低，仅为 12%，信贷资金最大限度地进入了实体经济。相对其他银行，我行信贷业务经营更为主动，既有力地支持了经济发展，又为下半年打下了良好基础，也为未来留有一定余地。

公司类信贷投放努力为“保增长、促发展”作贡献，加大了对政府配套项目的信贷支持力度，且兼顾了区域协调。2009 年上半年新增 5 816 亿元，同比多增了 3 867 亿元，增长 21%。在增加的公司类贷款中，支持国家四万亿元投资项目 462 个，贷款余额为 2 265 亿元。国家十大振兴产业的贷款余额为 8 043 亿元，占公司类非贴现贷款余额的 25%。新增贷款前五大板块均为与拉动内需密切相关的行业，合计占全部贷款新增的 76%。加大了对受危机影响严重的东南沿海地区的信贷支持，东部重点地区贷款新增占比为 56.44%，同比提高 1.58 个百分点。中西部地区信贷投放明显提速，增速达 21.2%，高于贷款平均增幅 1.43 个百分点。为响应启动内需、扩大消费要求，个贷新增 1 269 亿元，比上年同期多增 777 亿元。

2. 加大对“三农”、中小企业等经济薄弱环节支持力度，重视推进银团贷款、并购贷款、民生领域业务发展。小企业贷款新增 552 亿元，增幅为 29.7%，高于各项贷款平均增幅 10 个百分点，尤其是深化、完善了网络贷款、联保贷款等专门为服务小企业、民营企业而创新的贷款平台；“三农”贷款新增1 077亿元，增长 25%，新疆维吾尔自治区分行服务农户的小额贷款经验在部分分行得到推广；2009 年上半年累计向汶川地震灾区发放灾后重建贷款 119 亿元。

已核准通过并购贷款 78 亿元，其中已完成签约 59 亿元，向 10 家企业发放 42 亿元，居同业领先。牵头银团贷款 57 笔，参与银团贷款 46 笔，银团贷款余额为 2 099 亿元。

根据政策导向和市场趋势，全行抓住时机培育新的客户和新的业务。从2009年第二季度开始，率先推出了民生领域金融服务品牌——“民本通达”系统金融创新方案，“教育惠民”、“医疗健民”、“社保安民”、“环保益民”这四个系列产品一经在13个分行试点，即赢得市场欢迎和各方赞誉。

3. 发挥传统优势，加大战略性重点业务的发展。基础设施贷款新增2 420亿元，增长24%，高出贷款平均增幅4个百分点。

4. 坚持量力而为，加强资金调度，确保稳健经营。2009年初工作会议明确了“春节前重点抓市场营销，第一季度开始重点抓新市场形势下的风险防范”的策略。在同业竞相放贷、追求月底时点增量时，总行适时向全行明确提出了“坚持有效发展，不盲目争市场第一；坚持信贷政策标准，不突破风险底线”的要求，效果非常明显。全行成功实现了年初业务“开门红”，头两个月，全行人民币贷款新增、全口径存款新增和企业存款新增等多项业务指标均列同业第一位。截至2009年6月底，贷款新增额在四大国有商业银行中排名第四，非贴现贷款在四大国有商业银行中排名第三。总体看来，贷款增长与客户有效需求和我行自身管理能力较为匹配。贷款投放月度间、季度间均衡合理，月底日贷款新增占当月贷款新增比重平均为9%，分别比工商银行、农业银行、中国银行低14个、25个和12个百分点，运行较同业明显平稳。信贷投放均衡，避免了大幅波动和时点现象。

5. 坚持“区别对待、有保有压”，信贷结构调整取得新的成效。2009年上半年，根据国家产业政策和我行实际，继续贯彻落实客户结构、行业产业结构调整要求。还原部分客户到期未重新评级因素后，A级（含）以上客户非贴现贷款余额占比为92.74%，分别比年初和去年同期上升0.36个和1.07个百分点。“进”、“保”类行业贷款新增占比达68.67%，增速高于平均增速4.32个百分点；“控”、“压”和“退”类行业贷款增速低于平均增速，其中制造业和房地产业贷款余额占比均比年初下降了1个百分点。“产能过剩”、“两高一资”相关行业贷款余额占公司类非贴现贷款比重较年初减少了2个百分点。从不符合国家产业政策和环保政策、不良率较高的行业中退出贷款294亿元，完成年初计划的71%。

（三）狠抓风险管理和案件防控，资产质量稳步提升

2009年上半年，全行坚守信贷准入标准，坚持信贷审批流程，坚决不撞政策红线。风险管理工作突出了“细”与“严”，对行业、产业进一步细分并制定了限额，对调控行业实施了名单制管理，对制造业出台了更具体的管控措施，对政府融资平台进行了逐个风险审查。经过全行努力，贷后管理系统5月在全行全面上线，提高了“三查”水平，实现了信贷业务经营从注重数量速度到注重质量结构的转变。

加大风险资产处置力度，逐户落实“十大关注”和“十大不良”客户处置方案，2009年上半年处置不良贷款196亿元，比上年同期多处置63亿元。

截至2009年6月底，境内不良贷款余额为762.11亿元，比上年底减少67.33亿元；不良贷款率为1.73%，比上年减少0.54个百分点，保持了“双降”态势，资产质量在四大国有商业银行中继续领先；拨备覆盖率已达151.14%，比年初增加19.44个百分点。

认真贯彻落实案件防控再抓三年的要求，2009年上半年共立案查处各类案件2起，涉案金额364万元，其中百万元以上1起。在同业案件数量、涉案金额，特别是百万元以上大案、要案明显反弹的时候，我行依然实现了案件数量和涉案金额同比“双降”，成绩难能可贵，确实来之不易。

（四）千方百计增收节支，盈利水平符合预期

2009年初我行判断2009年增盈形势严峻，但充分尊重大股东意见，将年度利润目标从负增长调整至正增长1.5%。虽然中央银行不对称降息、房贷利率七折等政策因素导致净利差比年初收窄80个基点，同时根据银监会审慎经营要求加大了拨备计提力度，但上半年全行仍分别实现税前利润和税后利润716亿元和554亿元，同比仅下降3.4%和3.5%，计划完成率达到60%，实现时间过半、任务过半。主要财务比率得到了巩固维护，资产回报率（ROA）、股东权益回报率（ROE）分别为1.33%和22.86%，比上年提高0.04个和

2.31个百分点。

加强全面成本管理的十二项措施执行有效，上半年经营费用支出453亿元，同比下降1%；成本收入比率为34.95%，比去年降低1.82个百分点。

（五）海外布局取得突破性进展

2009年6月1日和6月5日，我行伦敦子银行和纽约分行相继顺利开业。这两个营业机构的开业，尤其是纽约分行成功登陆华尔街金融中心，圆了建行人的长期梦想，标志着我行海外战略取得了突破性进展。至此，我行在海外共有7家分行、2家子银行、1家投资银行，可以更好地满足优质客户对外交往的服务要求。

总之，2009年上半年经营发展成效显著，总行的战略意图和政策措施得到了较好的传导和执行，真正实现了“促发展、保增长、调结构、防风险”。

二、当前我行经营发展面临的环境和挑战

（一）国际国内经济金融形势依然十分复杂

当前，全球经济金融仍处震荡反复阶段，危机影响难言见底；我国经济金融正处企稳回升关键时期，面临的问题困难仍很多；境内银行竞争十分激烈。2009年下半年我行经营既有机会和潜力，也有挑战和压力。全行要对未来形势作出更充分的估计，同时要树立更坚定的信心。

1. 全球经济复苏将经历十分曲折复杂的过程。近一时期，美国经济初显触底迹象，但全球经济仍面临严峻考验。美国财政赤字日益扩大，失业率创下了26年新高，信用卡贷款逾期率急剧增至10.44%，信贷紧缩仍未明显缓解。欧洲经济持续低迷，工业产出、进出口、消费仍在下滑，失业率攀升至10年最高，6月份CPI更是首度出现负值，经济衰退和财政刺激措施使得欧洲财政状况更加恶化，东欧债务危机给西欧银行又带来危险信号，对未来经济金融的冲击程度难以预料。日本2009年第一季度GDP出现第二次世界大战后最大降幅，政府振兴经济方案效果有限。与此相关，我国的进出口贸易、外向型企业的形势依然不容乐观，我行信用证、海外代付及国外保函等相关业务仍然面临较大压力，自营及代客债券投资、利率和汇率衍生理财产品还可能继续遭受风险。因此，我们必须把拖累我国经济金融及我行相关业务经营的外部影响估计得充分一些，做好中长期的应对考虑。

2. 国内经济结构性问题依然比较突出。宏观经济企稳回升、积极向好，但存在着不平衡性、不协调性、不稳定性，尤须谨慎。经济增长仍严重依赖政府和国企投资拉动，民间投资动力不强，外需不足短期难以有效改观，消费对经济贡献依然较低。有些地方“有保无压”、“只保不压”，借机扩大落后产能、搞重复建设，如水泥行业产能已经严重过剩，但是2009年前5个月投资仍增长79%。淘汰落后需兼顾当地财政收入、居民就业影响，兼并重组更涉及多职能部门协调，甚至多地利益分配，使产能过剩和产业升级无法根本改观。一些地方财政收入难以支撑大规模基础项目建设，依靠未来土地增值进行大规模融资的现象较为普遍。房地产业销量增加过快、价格回升过快，天价地王时有爆出。煤炭、钢铁、有色金属等价格涨幅很大，使经营困难、微利亏损企业雪上加霜，银行的经营环境更加复杂。

3. 同业竞争更趋激烈。我行重组上市以来，在许多业务领域明显领先同业，也逐渐成为同业关注的焦点。工商银行“保老大”的观念依然如故，2009年要求落后于我行当地业务的分行要全面赶超；农业银行股改接近尾声，经营拓展开始发力，在中间业务方面已经提出了超常规发展要求；中国银行实施“扩规模、调结构”策略，战略重点由外币业务转向人民币业务，将我行视为直接的竞争对手；中小商业银行纷纷以做大存贷款规模为目标，蜂拥而起，争抢份额。

2009年上半年，金融机构贷款新增创历史纪录，同比增速达到32%，但四大国有商业银行占比反而下降。截至6月底，我行贷款余额占全部金融机构贷款余额的9.57%，分别比2007年6月底和2008年6月底下降0.6个和1.9个百分点。我行中间业务收入在过去两年一直保持新增额和增速居四大国有商业银行第一位，总量与第一名的差距逐步缩小。但是2009年上半年，中间业务收入增速低于农业银行，新增额低于工商银行。市场排名第一的分行有14家，比2008年减少4家；同期

工商银行排名第一的分行达到18家，增加7家。这些都反映了市场竞争压力的结果和态势。

4. 外部政策如果调整可能使银行面临新问题。金融稳定理事会和巴塞尔银行监管委员会将对全球金融监管提出新的标准，增加更严苛的要求，会对我国的会计制度、监管标准、银行经营产生巨大影响。我国监管机构开始加强对银行的窗口指导、监管检查，提出了包括2009年内大银行拨备覆盖率要达到150%等新的监管目标。适度宽松的货币政策主基调目前不会改变，但随着经济回暖，未来某些具体政策措施存在微调空间。一旦调整效力传导到投资项目和实体经济，那些依靠贷款支撑的行业、项目和客户风险将会凸显。例如政府土地储备，历次调控都首当其冲，银行在这方面的教训已经很多，要以史为鉴。

（二）我行自身经营面临诸多挑战

1. 不良贷款反弹潜在压力增加。虽然2009年上半年不良贷款继续实现“双降”，但新形成的不良贷款同比也多增加18亿元。有些行业、产业贷款问题尤其突出，如制造业、批发零售业新形成不良分别达48.44亿元、18.36亿元，同比多冒出28.6亿元、11.22亿元。在2009年新发放的贷款中，正常类出现质量滑落的苗头，A级及以上客户信贷余额占比实际有所下降，评级下迁迹象显露。

银行经营规律和历史经验证明，信贷高速增长往往引发高不良的产生。贷款增加迅猛、隐形风险积聚，虽然短期内不会大面积暴露，但难以经受长期考验。从我行经历看，贷款增速高的年份，随后2~3年不良新增显现。公司类贷款2003年增幅达到20%，当年纯新发放贷款在2004年底和2005年底的不良率分别为2.80%和3.77%；个人类贷款2003年增幅达到35%，两年后形成的不良率达到1.36%。

在市场跌宕不定的影响下，表外业务风险问题凸显。2009年6月底，我行表外垫款较年初增加8亿元，其中银行承兑汇票垫款增加了7.63亿元，信用证垫款增加了0.44亿元。考虑年初开出的信用证或办理的承兑汇票将陆续到期，预计还会有新的垫款形成。

2. 净利差优势弱化。2009年上半年净利差由2008年的3.26%下降到2.45%，骤降了80个基点。2009年6月底比2008年6月底贷款余额增加了1万亿元，但是净利息收入同比却减少了87.4亿元。我行净利差领先同业的优势在弱化，2006年净利差领先工商银行40个基点，到2009年上半年缩小至24个基点。上半年新发生公司类贷款加权利率浮动比例为-2.45%，同比减少2.42个百分点，利率下浮贷款占比高于工商银行9个百分点。

虽然中央银行不对称降息、房贷利率七折、货币市场利率低位运行等政策面因素直接导致了净利差下滑，但也和我行的产品定价能力下降、业务和客户结构需要优化，甚至有些分行不重视收益主动向客户退让有关。

3. 分行间经营不平衡现象突出。定价能力、资产质量、盈利水平反映出不同分行市场竞争力发生了很大反差。以新发放的公司类贷款为例，平均利率最高的分行为5.65%，比利率最低的分行高86个基点；甚至同属一个经济区域的两个不同分行，利率也相差73个基点。一般性存款新增在四大国有商业银行中占比有的分行超过40%，而有的分行不到19%；中间业务收入在四大国有商业银行中占比高的分行达到了45.8%，低的仅19.7%，都相差在1倍以上。新形成不良率辽宁省分行同比下降0.78个百分点，有的分行则上升0.55个百分点；新形成不良额北京分行同比减少10.93亿元，但有的分行则增加15.41亿元。税前利润同比增幅超过24%的有六家分行，而减幅15%以上的也有六家分行。

三、下半年经营发展中需要把握的重点

2009年以来，有些同志对外部环境和发展目标的认识还不到位，工作力度也不一样。全行尤其是各级领导同志要看清大局，虽然宏观经济面临很多问题和困难，但长期向好的历史大趋势不会改变。希望大家统一思想、提高认识，把行动进一步统一到党中央、国务院的精神上来，统一到总行和监管机构的要求上来。要准确定位，坚决支持国家经济社会发展不动摇，坚决实现我行全面协调可持续发展不动摇。要保持我行自身特点和亮点，在同业中不争资产总量和贷款增量最大，但要保证战略性业务、各项财务指标、风险管理目标最好。

（一）进一步加强信贷计划管理，继续坚持

行之有效的管理措施

1. 继续实施贷款总量控制。综合考虑贷款需求、风险管理水平和同业竞争情况，全行下半年贷款投放主动自我约束。2009 年全年贷款新增总量控制在 9 000 亿元左右，增长 26% 左右。下半年新增 2 000 亿元多一点的水平，其中公司类贷款和个人类贷款分别各安排 1 000 亿元。总行将进一步加强信贷计划执行情况的调度。

全行在放缓信贷投放的同时，年底前要积极营销优质客户和项目，扎实做好 2010 年的贷款项目、客户和业务储备，争取 2009 年底全行客户和业务储备向 2008 年底看齐，为今后可持续发展奠定更坚实的基础。

2. 继续坚持信贷结构调整。重点是加大"区别对待，有保有压"政策的执行力度，继续重点支持国家重大项目贷款和一手房按揭贷款等传统优势业务。

公司类贷款要在执行信贷政策和坚守信贷标准的前提下，确保基本满足国家重点工程优质客户和优质项目的需求；继续加强对小企业、"三农"、节能减排的信贷支持。进一步严控对"两高一资"、产能过剩行业的贷款，继续推广名单制管理，严格执行行业限额管理；对于不符合国家产业政策规定和市场准入标准、达不到国家环评和排放要求的项目，禁止任何形式的新增授信；要密切关注并积极防范地方政府融资平台贷款风险，对于存量贷款中执行政策有偏差、保证措施不合规的要立即整改，对于非我行重点支持的客户和项目要严控贷款。

个人类贷款要重点保证个人住房贷款当中的一手房、自住房需求，重点支持收入稳定、信用记录良好的居民购买自住房的信贷需求，控制风险较大的相应贷款品种。

3. 继续加强调度，把握贷款节奏。搞时点数既不经济，也不利于管理。在上周国务院常务会议上，国务院领导因为中国银行、交通银行两行贷款增长幅度过高，在会上点了这两家银行名，也批评了银行贷款的季度末、月底冲时点现象。中银央行已经提示，如果贷款冲时点现象加剧，将采取严厉措施。我行上半年贷款投放较同业平稳，下半年要继续加强调度，更合理把握投放节奏，不与他行攀比，保持信贷投放的月度和季度间的均衡，坚决杜绝月底、季末、年底贷款冲时点现象。

（二）提高定价能力，稳定利差水平，严格成本管理

定价能力代表了商业银行的核心竞争力，各行要高度重视。定价能力建设不仅仅指贷款，还包括存款、投资和中间业务。2009 年下半年，总行将加强定价情况分析，逐月对各行新发放贷款的定价水平进行通报，对贷款收益率提升和下降明显的分行予以奖惩。总行将研究贷款目标利率底线管理，以信用评级为核心，结合区域、行业、产品等因素，制定分类定价指引。各行要严格评估利率风险，谨慎介入超长期固定利率含权贷款项目；优化贷款在少数行业和大客户的集中度，提高优质中小企业客户占比。

要进一步加强成本管理，切实将《加强全面成本管理落实成本控制的措施》落到实处。要着眼于战略成本管理，对全行档案库房、安全防卫、电子监控等支出增长较快的项目进行分析研究，实施针对性措施，控制成本的刚性增长。加大集中采购力度，实现单一来源采购项目数量和采购金额占比的"双下降"，有效压缩采购成本。前不久，国务院开展了查处"小金库"专项活动，总行对领导人员加强作风建设也提出了五项具体要求，各级领导同志要身体力行，对违反中央及总行有关厉行节约规定的，将严查、严纠、严处。

（三）巩固存款市场地位，努力降低筹资成本

存款是商业银行赖以发展的经营之本，不可有些许放松。2009 年下半年存款将面临更激烈的同业竞争。目前股份制银行新增存贷比已经超过 75%，预计会受到更审慎的监管约束，因此可能会兴起新一轮争抢存款市场的高潮。如果经济进一步回暖，信贷资金将会进一步从产业链上游流向中下游、从企业总部流向子分公司，但是我行企业基本结算账户少，体内循环能力比较弱，存款结构和存款成本仍有待改善。活期存款新增占比为 44.42%，低于工商银行 8.49 个百分点；余额占比已由 2008 年初的 59.33% 下降到 52.06%。在新增存款当中，成本较高的保证金存款、通知存款、协定存款占比约 50%。

全行对上述情况都要高度关注、充分研判、着力改善。要继续以拓展结算账户作为重心，努力实现客户资金体系内循环。要严格控制高成本存款的快速增长，采取逐步提高协定存款的准入门槛，适当降低通知存款的主动营销力度，对保证金存款、两年以上长期存款实施主动负债管理等招法。要不断改进服务、丰富产品、用心增加客户、留住优质客户。

（四）中间业务要强化管理，建立品牌，巩固市场领先优势

全行要持之以恒地重视中间业务发展，把中间业务当做我行战略转型的重要内容来抓。各级行“一把手”要亲自负责，分管行领导要带头抓好落实。要坚持实施并完善中间业务激励机制，加大对重点产品的激励力度，树立中间业务品牌意识，要在市场上打造一批像工程造价咨询、“百易安”资金托管、“利得盈”理财产品、龙卡汽车卡等“推得出、叫得响”的品牌产品。2009年下半年，要对市场份额下降的分支机构和产品认真分析原因、查找差距，实施有针对性的改进措施。2008年市场份额第一的18个分行要力争保持或重新夺回领先地位；市场份额落后的分行，尤其是与当地工商银行差距较大的部分发达地区分行，要努力缩小差距。

2009年下半年要迅速推进高流动性理财产品在重点区域的发行，对一级分行之间此类产品合作进行试点；加大对结算账户的考核激励力度，明确无贷户的管理职责，加快现金管理产品的研发与推广；大力推进基金定投业务，选择与规模大、市场影响力强的基金公司开展专项营销活动；提高在各大中型城市优质商户的POS机和ATM的覆盖率和使用率，通过预先兑现奖励给持卡人来提高信用卡使用率，在控制风险的前提下大力发展分期业务，力争分期交易额占到全部信用卡消费交易额的5%；各行短信业务签约率都要争取提高到10%以上，同时合理控制减免收费范围。

（五）抓好新形势下的风险管理，严控不良和案件反弹

当前，经济金融形势发展变化很快，银行的风险管理也面临新变化、新任务。

1. 坚持信贷审批标准，守牢风险管理底线。当前的重点是执行好信贷政策和监管要求，防范政府融资平台风险，审慎控制向省级以下政府融资平台客户和土地储备机构新发放贷款；杜绝向政府融资平台项目发放打捆贷款；重点关注政府融资平台过度举债、资本金落实不到位、财政兜底和政府担保缺乏法律依据、政府换届道德风险等主要风险点；严格监控贷款用途，防范贷款被挪用于区县级财政、偿还其他借款主体贷款、流入股市和房市；推动资本金的封闭管理，防止虚假出资、抽逃、转移出资；避免盲目依赖政府担保，客观评估项目收益、地方财政实力、地方金融生态环境，确保第一还款来源有保障。

严格遵守“二套房贷”的有关政策，不得以任何手段变相降低首付款的比例成数，要根据借款人资信和贷款风险等因素采取差别化利率，提高贷款收益。个贷产品要体现有所为有所不为，管理方法要落实面谈、面签，监控重点是杜绝贷款资金违规挪用的情况发生，突出任务是夯实基础。

2. 加大贷款“三查”力度，尤其是做好贷后检查。2009年3月银监会组织了大型银行新发放贷款专项检查，从初步反馈的结果看，问题主要集中在贷前调查和风险评估不尽职、贷后管理不到位等方面。各行要高度重视内审检查和信贷风险排查工作，对监管部门和审计部门检查出的问题，一定要保质、保量进行整改，还要进一步举一反三、引以为戒，严格依法合规经营。

越是在贷款高速增长时期，贷后管理工作越显重要。贷后管理系统在全行上线后，要通过健全配套制度体系、完善激励约束机制来探索贷后管理的长效模式。对贷款第一和第二还款来源七个关键风险点的排查工作要形成常态，争取早发现、早化解风险隐患。

3. 发挥好内审检查作用，把好风控关口。2009年以来，监管机构、相关部委加大了对我行检查工作的力度和频度，对此要正确认识、积极配合、认真整改。总行决定调整内审检查工作安排，近日将启动一次全行性的信贷风险审计，主要内容包括对省级以下政府融资平台贷款的风险控制情况、对资本金不落实项目贷款情况、各级财政担保和人大承诺贷款情况、对担保公司和贷款公司贷款和拆借情况，以及对二套房贷款执行标准、循环交易额度贷款和车贷情况等。

4. 严格操作风险防控，加强“三防一保”工作。虽然我行操作案件整体防控情况好于他行，但在银行业案件严重反弹的严峻形势下，我行未来的案件防控工作绝不容乐观，更不能掉以轻心。要让基层员工警惕个别账户大额资金非正常频繁进出现象，各层级管理人员要关注员工个人账户异动变化，信贷条线同志要严控承兑贴现业务的风险，这三个领域是近期他行案件高发部位，也是我行案件防控的重点内容。针对当前犯罪分子作案手法不断变换的现象，全行要完善营业场所防范处置抢劫、诈骗、盗窃、破坏等突发事件预案，确保营业场所、自助设备、金库等重要部位的安防设施和监控报警的联网落实到位、运行良好。

5. 做好群体性事件的预防和应对工作。近期维稳形势十分严峻，任务尤其艰巨。各行要严格按照总行及当地党委、当地政府的统一部署，加强员工自我安全意识教育，完善各项应急机制，妥善处置群体性上访事件。

同志们，再过两个月，就是我们伟大祖国的60华诞。我相信，通过全行的智慧和努力，建设银行的各项工作一定能够更上一层楼，为60周年国庆献上一份厚礼！

发扬成绩　把握形势
稳妥做好年终收官和明年开局部署工作

——在建设银行秋季工作会议（视频）上的报告

张建国

（2009年11月13日）

同志们：

这次会议的主要任务是认真总结2009年以来全行的经营情况，深入分析当前经济金融形势，研究确定年终收官和明年开局的几项重点工作。会上董事长和几位行长将就全行工作作重要讲话，希望大家认真领会、抓好落实。根据会议安排，我先向大家报告一下2009年以来全行的经营情况，并对当前形势以及做好旺季工作谈几点意见。

一、前十个月经营业绩良好，全年有望超过既定目标

2009年以来，面对纷繁复杂的经济金融环境，全行始终坚持深入学习实践科学发展观，认真贯彻落实“保增长、扩内需、调结构、防风险”的政策要求，妥善处理了业务发展、规模扩大与风险防范、结构调整的关系，很好地把握了执行监管要求和满足客户需求的关系，平衡兼顾了安全性、流动性和效益性三者之间的关系，做到既积极履行了国有控股大银行支持经济建设的责任使命，又稳健促进了经营管理水平的提高和各项业务的持续向好。

（一）各项业务全面协调持续发展

1. 存款地位不断提升。截至2009年10月底，全行资产总量超过9.3万亿元，人民币存款余额达8.3万亿元，新增1.7万亿元，余额、新增均列行业第二位。其中储蓄存款增幅均列四大国有商业银行第一；企业存款首次突破4万亿元；青海、深圳、三峡等21家分行在当地市场新增占比在四大国有商业银行中排名第一。

2. 信贷业务稳健发展。在贷款投放上，全行始终坚持控制总量、把握节奏、调整结构、确保质量的审慎适度原则。截至2009年10月底，人民币贷款余额达4.5万亿元，新增8 755亿元，增长24.44%，低于金融机构平均增速4.93个百分点。相对同业，我行信贷投放稳健适度，季度月度间均衡，月度各旬间波幅较小。

3. 中间业务保持较快增长。截至2009年10月底，全行实现中间业务收入388亿元，增长

19%，超过年初计划的11%。总量在四大国有商业银行中稳居第二位，市场份额为28%，比2008年提高了1.2个百分点。

4. 新兴业务拓展取得显著成效。“民本通达”正在形成服务品牌，获得了社会各界的高度评价。教育、卫生等重点民生领域贷款余额为1 851亿元，增加611亿元，高于贷款平均增速19.52个百分点。投资银行业务再接再厉、取得新突破，2009年9月正式发起设立了卫生医疗投资产业基金，短期融资券的主承销业务一直居国内领先地位，兼并重组、企业上市、财务顾问等做得很好。企业年金业务2009年上半年在激烈的同业竞争中拔得头筹，铁道部一共200万员工，我们取得了110万个账户，此后在新的台阶上稳步向前发展。网络信贷业务在商业银行中一枝独秀，已经向1 300多家企业发放1 000多笔贷款，累计金额达31亿元，余额达21亿元。并购贷款签约98.4亿元，已累计向20家企业发放97.5亿元，位居同业第一。保理预付款累计发放300亿元，余额达166亿元。

（二）信贷结构调整收效显著

优势战略产品得到长足发展。基础设施贷款新增2 999亿元，增长29.38%，高出贷款平均增速近6个百分点。住房按揭贷款新增1 893亿元，占全部贷款新增的23%，余额依然保持同业第一。信用卡累计发行2 315万张、贷款余额达326亿元，在四大国有商业银行中排名第一；不良率为1.64%，为同业最好。

客户结构调整取得积极进展。A级及以上客户非贴现贷款余额占比为91.37%，比6月底又增加2.37个百分点。

行业产业结构调整收效显现。“进”、“保”类行业贷款在公司类新增贷款中占比达到73%，“控”、“压”类行业贷款余额占比逐渐下降，“退出”类行业贷款余额净减少3亿元。“两高一剩”行业贷款继续向优秀客户集中，AA级以上的客户贷款余额占比由2006年初的65.2%上升到2009年9月底的76.53%，而且行业贷款不良率已降至1.33%；实行名单制管理的11个行业不良率仅为0.74%。“六大”产能过剩和重复建设行业贷款增速放缓，其中钢铁、多晶硅等行业非贴现贷款余额比6月底减少24.12亿元。

支持国家重点项目的贷款多、余额大，对列入四万亿元投资项目的贷款余额达到2 311亿元，十大振兴产业贷款余额为8 189亿元，占公司类贷款的四分之一。

小企业贷款新增1 692亿元，占公司类贷款增量的27%；涉农贷款新增1 344亿元，增长31.52%；抗震救灾贷款2009年累计发放134亿元。

（三）风险管理和案件防控又有进步

1. 不良双降拨备提高，综合抗风险能力进一步增强。全行提前完成年度计划，共处置不良贷款282.2亿元。境内不良贷款额比年初减少106亿元，不良率降到1.57%。拨备覆盖水平由年初的132%提高到162%。在大银行当中，我行不良率最低、拨备覆盖率最高。

2. 专项治理扎实推进，案件防控成效持续提高。截至2009年9月底，全行共立案查处案件4起，比上年同期减少2起，下降33%；涉案金额533万元，其中百万元以上案件1起。在整个银行业案件上升，特别是大案、要案明显反弹的情况下，我行依然实现了案件数量下降，尤其难能可贵，得到了监管机构的肯定，全体员工用安全稳定运营的实际成果向国庆60周年献上了一份厚礼。

（四）盈利水平好于预期

截至2009年9月底，全行实现税前利润1 101亿元，净利润852亿元，同比均增长2.8%，一举扭转了连续两个季度负增长局面。主要财务指标达到历史最好水平，年化资产回报率（ROA）为1.36%，股东权益回报率（ROE）为22.78%，比2008年分别提高0.05个和2.1个百分点，继续保持国内大银行最好水平，也跻身国际银行业的优秀行列，而且季度效益状况环比逐季提高，预期全年情况好于年初计划。

总之，2009年前十个月我行成功经受住了政策调整、市场变化和同业竞争的考验，经营管理、改革发展都跃上了新水平，真正做到了既有效支持经济发展，又保证经营管理尤其是风险防控水平的持续提高。经过数年的一贯坚持，逐步形成了积极、稳健、均衡发展的经营特色。上个星期，银监会副主席蒋定之代表银监会对2009年以来我行的经营情况给予了充分肯定。借用蒋定之副主席的原话就是，建设银行的经营管理在大银行中是最好的，具体有四点：（1）2009年以来，建设银行在保增长、防风险的关系处理上把握得最好，贷款总量控制、节奏把握得很好。（2）虽然宏观经济形势、市场情况变化较大，也非常复杂，但建设银行始终把结构调整放在重要位置，取得了良好成绩。（3）采取了许多措施，对小企业的信贷支持、金融服务下了真工夫。（4）在稳健发展时，坚持风险管理、案件防控不放松，进步很大。

我们之所以取得这样的成绩，得益于党中央、国务院的正确领导，监管机构的适时指导，得益于董事会战略决策得当、监事会依法监督有力，尤其要归功于全行员工的共同努力、辛勤劳动。在此，我谨代表经营班子对全行员工，对董事会和监事会表示由衷的感谢！

二、未来形势依然错综复杂，需要认真研判主动应对

首先，在充分肯定成绩的同时，我们也必须清醒地看到，我行经营管理中还存在着一些薄弱环节，与同业相比也还有一些差距和不足。

一是中间业务领先优势明显缩小。几年前，我行中间业务收入在四大国有商业银行中不占优势。经过全行上下的共同努力，过去三年中间业务收入增速在四大国有商业银行中最高，有一年增量还超过工商银行。但是，2009年实现增量甚至于增速第一的目标很困难，在总量上、增量上与工商银行的差距小幅扩大。我们市场份额第一的分行在2008年底有18家，2009年减少了3家。

二是效益增长动力匮乏。2009年前三个季度利润同比正增长的主要动因难以为继，2008年同期外币债券减持和减值损失较大、不良资产拨备计提较多等都是不可比因素。2009年前十个月，全行人民币贷款增加了近9 000亿元，但利息收入比2008年同期减少135亿元。2009年第三季度，工商银行净利差实现了2009年以来的季度反转，我行净利差却还在微降，净利差领先同业的优势已由原来的40～50个基点降到目前的十几个基点。

三是潜在的信贷风险不容忽视。例如，对政府融资平台贷款过多，而有些地方财政实力不足或过度举债、还款来源不确定性堪忧，有些贷款保证措施不落实，风险隐患较大。

四是发生大案压力凸显，依法合规经营的任务艰巨。尽管2009年前三个季度案件数量同比下降，但涉案金额、风险金额同比还是略有增加，近期案件线索时有暴露。此外，审计署对各国有控股银行执行国家宏观政策、货币政策、监管政策的情况做了严格的调查，发现我行违规和有瑕疵的贷款累计金额超过了600亿元。

其次，国际经济金融形势仍处震荡变化时期，我国产业政策、货币政策和监管政策也在调整，银行将面对持续不确定的经营环境。

第一，世界经济出现积极变化，但仍面临巨大困难。2009年以来，全球经济“绿芽”初现，主要发达国家经济环比增幅转正，美国第三季度GDP环比大增3.5%，德国和日本第二季度的GDP环比增长分别为0.3%和0.9%。国际货币基金组织已将2009年全球GDP增长预测上调至－1.1%，对2010年的预测上调至3.1%。但是复苏动力主要来自财政刺激，经济增长的内生动力明显不足，经合组织成员国财政赤字占GDP的比重将会由2007年的1.4%骤然升至2010年的8.8%，这将严重制约刺激政策的可持续性。金融体系脆弱性依旧，本月美国仍频现银行倒闭破产，预计美欧发达经济体未来信贷规模还将缩减25%左右。全球经济复苏的脆弱性决定了外需将长期疲软，大宗商品价格波动和贸易保护主义蔓延引发的潜在风险绝不容忽视。2009年前三个季度，我行出口相关行业新出现风险迹象的客户达42个，涉及贷款26亿元。对外向型企业和相关业务依然要高度警惕。

第二，国内经济企稳回升，但银行信贷潜在风险正在积聚。2009年前三个季度，我国GDP增速逐季攀升，世界银行已经将我国2009年GDP增速预测由前一段时间的7.2%调高至8.4%。国内经济向好趋势已无悬念，但基础不稳定、不巩固、不平衡，一些深层次矛盾特别是结构性问题犹存。经济增长仍过多依赖政府投资。有些传统行业产能过剩日益突出，甚至部分新兴行业也问题凸显，推进节能减排和产业升级任务艰巨。物价指数逐月升高，房地产价格暴涨，通货膨胀压力悄然积累。可以预见，随着未来经济进一步好转，经济结构调整的力度会更大、政策会更实，

信贷风险管理也会因结构调整而面临严峻挑战。

第三，货币政策渐趋从紧，监管环境更趋严格。未来中央银行仍会坚持适度宽松的货币政策不变，但会要求商业银行避免过度放贷，严防无度投放，政策的具体内涵存在调整的空间和可能。目前，多国中央银行正在热议加息问题，澳大利亚和挪威已经率先行动，美国政府开始担心长期低利率政策可能埋下资产泡沫隐患。我国近期也强调管理通货膨胀预期，中央银行公开市场资金回笼期限明显拉长，银行间市场利率在稳步回升。这些信号表明，监管机构将会采取数量化紧缩手段，指导金融机构控制信贷投放总量，加大公开市场操作力度，提高存款准备金率，跟随全球中央银行进度加息。

监管内容将更趋多样，监管标准会更加严格，监管要求也必然更加严肃。日前，银监会已密集发布了资本补充机制、固定资产贷款管理、项目融资指引等重要新规，流动资金和个人贷款管理办法等也将在未来一段时间内陆续出台。最高人民法院也在本周出台了《关于审理洗钱等刑事案件具体应用法律若干问题的解释》，重新界定了六种洗钱行为。特别需要强调的是三个“办法”和一个“指引”将极大地影响现行商业银行的信贷理念和习惯，商业银行的贷款操作流程、资金营运、客户维护、贷后管理以及体制机制等都将随之发生根本性的变化。

要增强对政策变化的敏感性，如提前排查并切实化解那些单纯依靠贷款来支撑的行业、企业和项目风险，分析评估、尽量减少中长期固定利率贷款和中长期固定利率债券因利率攀升而形成的潜在损失。总行研究部系统梳理了境内外监管的新内容、新标准、新要求，已经形成了初步材料，正式成果将以适当方式发给全行以具体指导。大家要高度关注，要更多地从正面来解读、更主动地执行监管新规，也要更有效地抓住新规实施调整中的市场机遇。

第四，同业竞争会更激烈，要提前布局争取主动。一是竞争主体更加多元化。在我行独具特点和传统优势的基础设施、住房按揭等信贷领域，各大银行不遗余力地加大了投入；在我行高度重视坚持创新的小企业、信用卡、保理、理财等新兴业务上，各商业银行非常重视努力拓展；趁监管机构加强对大型银行监管之机，一些中小银行和非银行金融机构在贷款规模上加快扩张；有的非金融企业颇具金融意识，构建了第三方支付平台，不断蚕食银行的结算业务。二是竞争地域纵深化。不仅全国性中小商业银行，甚至区域性和二类城市的城市银行也争取到了新的市场准入机会，开始在全国大中城市进行大规模的机构布局，这将给我行的队伍稳定、客户维护带来新的冲击。三是评价标准更加复杂化。除传统的业务、财务、质量考评体系以外，现在的考评还延伸到资本领域。在财政部对各大银行的模拟考核中，我行虽各项经营指标优于他行，但因资本充足率略低而屈居第三位。未来的业务发展将更多地受资本占用制约，这对我行业务结构调整提出了新的课题。

面对上述竞争态势，全行一方面要保持高度的市场敏感性，抓住机遇，实现各项业务持续发展；另一方面要保持自身的经营特点、业务重点和既有优势，在同业中虽然不争资产总量和贷款增量最大，但要保证战略性业务、主要财务指标、风险管理目标最好，力争综合竞争实力最佳。

三、提前安排岁末年初工作，保证各项业务可持续发展

大家要认真总结2008年秋季会以来的成功经验，提前布置2009年底的各项工作，着手研究2010年的工作思路、整体举措和具体计划，保证各项业务持续、健康、有效发展。

（一）强化信贷计划管理，做好做实业务储备

1. 严肃执行信贷总量和进度计划。2009年以来，我行坚持不盲目和同业比市场份额，信贷计划总量和投放进度一直把握很好，也使后几个月信贷安排更为主动。早在9月，中央银行和银监会已对商业银行信贷投放的总量和节奏进行了非常严肃、非常具体的窗口指导，对我行的要求是第四季度每个月人民币贷款新增都控制在350亿元左右不超过10亿元，最好是控制在下限。全行同志，特别是各级领导、信贷条线的同志，要了解实情、头脑冷静、再接再厉、善始善终，务必保证全年人民币贷款新增严格控制在总行下达的计划内，严禁月底、年底冲时点现象。信贷资源确实有限，尤需搞好统筹配置。

2. 继续大力推进信贷结构调整。各分行要认真审视2009年以来“进、保、控、压、退”政策执行情况，实实在在推进信贷结构调整。对于钢铁、水泥、平板玻璃、煤化工、多晶硅、风电设备“六大”严重产能过剩行业，要守牢准入关口，严控新增贷款审批。

公司类贷款要在坚决执行信贷政策和坚守风险底线的前提下，优先考虑基础设施领域优质客户和优质项目的贷款需求，尽力满足优秀小企业对资金的需要，特别是要将供应链融资作为服务小企业短期信贷要求的主要产品。继续加大对保理业务、网络银行、农户贷款等新兴业务的信贷支持力度，票据贴现业务要在保证安全的前提下注重提高收益率。要在“民本通达”已经取得试点成果的基础上，丰富民生领域金融服务，实现结构优化，通过不断创新进一步提高我行在民生领域中的竞争优势。

个人类贷款主要保证“一手房”按揭需求，要坚持面谈、面签，重点做好客户细分工作，提升差别化定价能力，改善综合收益状况。要重点做好基础工作，完善风险控制技术、提高风险管理水平。坚决杜绝发放按揭时与中介秘密交易、背后返点，绝不容许“假个贷”发生，严格防范个贷资金违规进入资本市场。

3. 坚持持续营销，做实项目储备。2008年我行抓市场营销及时，业务储备充足，为2009年初赢得“开门红”和全年实现有效发展做好了铺垫。现在又到了岁末的关键时节，我们要借鉴2008年的成功经验，争取在未来发展中继续领先竞争对手。总行将于下月对营销工作进行具体部署，各分行也要结合自身实际早作安排。储备既要看量，更要重质，要做好储备项目的筛选、归类、分层和跟踪，提高项目储备的真实度和有效性。总分支行、前中后台要密切配合，争取2009年底全行优质客户和各项业务储备充分，为今后可持续发展奠定更加坚实的基础。

4. 做好新形势下的信贷投放预案。要尽早自觉适应银监会的信贷管理“办法”和“指引”要求，力争在信贷格局调整当中取得主动。

2010年信贷资源有限和客户需求旺盛的矛盾在局部可能会比较突出，也为理财产品和全面金融服务带来更多商机。过去几年，我行理财业务进步很大、整体上态势良好，现已稳居行业第二位，但是与工商银行的差距仍然非常突出。问题在哪里？深入剖析理财业务的四大类产品，债券、QDII、股票等资本市场相关产品我行不比同业差，差就差在以信贷项目、信贷资产作为基础的理财产品。如果拿出信贷资产做理财，既可以腾出规模满足战略客户的信贷需要，又可以通过理财产品维护优质的个人高端客户，还可以有效增加中间业务收入，一举多得。基层行经常呼吁总行牵头开发更多、更好的信贷类理财产品，但总行并不掌握信贷资产包，“巧妇难为无米之炊”。希望各分行，尤其是领导同志，能从全行整体战略和利益出发，主动提供信贷资产包，支持总行创新和丰富信贷类理财产品。

监管机构2010年将对银行信贷投放进行更加严格的季度、月度指导，并且已经提前发出非常清晰的信号，绝不允许商业银行年初突击放款。总行将确定2010年第一季度贷款计划，合理安排总量，按月、按行控制节奏。大家要严肃执行，过去那种年初集中投放贷款的做法必须调整。

（二）下真工夫抓好基本账户，改善存款结算业务状况

几年来，我行在存款上取得了卓越成绩，由三年前同业第三到现在稳居第二。存款的载体和基础是员工、网络和客户，从这个维度看，我们不占优势。例如，农业银行有网点2万多个，工商银行有1.6万多个，我行仅1.35万个。我们之所以提升到行业第二，靠的是大家的共同努力和员工的辛勤与智慧，靠的是不断提升的客户服务水平。居安思危，未来能否巩固好、维护住既有地位，是非常实际、非常紧迫、非常严峻的课题。我行的存款业务总量很好，但结构稍差；总量很大，但是结算账户，尤其是基本结算账户太少。从基本结算户的存量看，我行只是工商银行的60%左右；从增量看，我行更是不到工商银行的30%。一直以来，我们反复强调，要从源头上改变这种被动局面，增加基本结算账户，减少对大客户的过度依赖，但是基本结算业务薄弱的局面没有得到根本扭转。银监会新颁布的“办法”和“指引”会凸显并放大这种弱势，最显而易见的，按照实贷实付要求，传统的贷转存模式必须改变。本次会议朱小黄副行长将就“办法”和“指引”

作详细的解读并提出具体工作要求，大家要认真学习、认真落实。各级领导要更加重视、扎实做好结算户工作，要把拓展结算户作为存款工作的重心，要在综合经营计划、条线和分行 KPI 等考核激励的基本制度、重要办法中，加大结算户和结算业务的比重和内容。要通过继续改善服务来增加活期存款、降低筹资成本。

（三）经营转型贵在持之以恒，中间业务重在服务创新

中间业务承载着经营转型、收入结构调整的重任，已经成为全行经营发展的重点。经过长期努力，我行的中间业务基础扎实，过度依赖基金销售等个别产品的局面得到了有效改观，收入超过 10 亿元的产品和服务已超过 10 项，而两年前只有 2 项左右。大部分产品和服务都得到了很好的发展，有些还树立了口碑、形成了品牌，市场地位得到极大提高，全行发展中间业务的信心和决心也更加坚定。但是，2009 年以来，少数分行在当地市场竞争中落败，个别产品在整体发展当中退步，大家对此要高度警惕，绝不能在前进中掉队。要抓好两头，推动全行；要抓好重点产品、重点客户、重点服务，推动所有的服务。可以不计较一时一地的得失，但一定要重视打造品牌，立足长远发展。总行下月将召开旨在进一步推动中间业务发展的专门会议，大家要集思广益、形成共识，戒骄戒躁、继续努力，维护我行中间业务发展的良好势头。

（四）全面加强风险管理，坚持严格依法合规经营

1. 尽快弥补风险管理薄弱点。这几年我行风险管理水平日益提高，但是依然存在薄弱环节，例如，海外分行不良上升、表外业务风险积累加快。对于这些薄弱环节要进行系统性地梳理，全行基础管理特别是风险管理要涵盖到本币外币、境内海外、表内表外，甚至抵质押物等所有范畴和内容。各相关部门要认真履责，对薄弱环节的整改要有计划、有措施、有结果。

2. 严守信用风险底线不动摇。各分行应严格执行监管要求和总行信贷政策，当前尤其要加强对政府融资平台的风险管理。不得再与地方政府签署无特定项目的大额授信合作协议，对出资不实及治理架构、风险管理、资金管理等不健全的融资平台即使签订了协议也要严格限制贷款出账，对已投放的贷款要有预判，该收则收、能退就退，对没有现金流的要采取措施、尽早退出。对各级财政担保、人大出函、无任何保证措施的贷款，要抓紧加固债权。对房地产开发商要逐户管理，对“晒地皮”的开发商坚决不能贷款，对地方土地储备贷款要严格准入。要加强个人类贷款用途管理，禁止发放无指定用途贷款，严防个人信贷资金流入股市。

3. 主动规避行业政策风险。要坚定信贷投放行业结构调整的信心和决心，以低碳经济、节能经济、绿色经济为导向，严格执行“有保有压、有进有退”的信贷结构调整政策。要进一步细化行业限额管理，更大范围地实施客户名单制管理。

4. 深入开展“贷后管理年”活动。2010 年全行将组织开展“贷后管理年”活动，实质是“质量管理年”和“风险管理年”，探索建立市场营销与贷后管理相分离的新机制，将贷后管理打造成我行信贷业务的核心竞争力。要进一步整合贷后管理工具，提高贷后管理精细化水平；完善贷后管理考核机制，将贷后管理成效纳入 KPI 范围，并与等级行考核挂钩。

5. 加大排查力度，遏制案件反弹。在案件防范方面，有章不依、违章不究的问题依然严重。我行已有了完备的制度设计、机制安排和系统监控，但是在有的地方、有的环节，这些几乎完全失灵、形同虚设。个别领导同志对案件防范虽然口头上天天讲，但内心里未必真当回事，遇到问题、碰到案件执行起来更是千差万别，甚至于姑息养奸、将小错酿成大害。最近暴露的两个案件充分说明了这个问题。

要高度重视、认真学习银监会颁布的《案件处罚修订办法》。这个办法总行已经转发并两次召开专题会认真进行部署，这里仅就突出部分再强调三点：一是银监会这次关于案件处罚的修订内容更具体、措施更严厉，大家要仔细学习、扎实执行。二是在发生案件，尤其是大案、要案的地方，银监会禁止新的业务准入，甚至取消原有的业务资格，这就不是个别人、相应领导被处罚的问题，而是影响到一家分行支行、一批员工甚至全行的问题。三是如果发生大案、要案，银监会将终止此银行在海外创建或升级机构，包括代表处和分行。第二项和第三项都是新规，事关重大，各级领导要向全行员工晓以利害。

要高度关注近期案件新动向。一是在沿海发达地区，有不少资金掮客通过种种利诱手段，拉拢腐蚀个别银行职员进行欺诈活动。多家银行自2009年初以来深受其害，我们要更加严密地防控。二是因客户的过度信任而忽视了制度、流程和管理。例如，有的客户把存折、银行卡甚至密码、身份证件都交给了客户经理，是否作案完全在于客户经理的个人道德素养，长此以往，隐患太多。三是许多地下钱庄利用银行卡为海外工作或留学的人员提供汇兑甚至外币投资保值、学费及生活费支付等服务，给银行埋下很大隐患。四是作案分子通过种种理由打动、说服银行的柜台员工，骗出新开立账户的印鉴卡并立即更换，利用此账户作为倒出、倒入资金及非法金融活动的大本营。此类案件已经在他行发生。上述动态，请大家深入了解、扎牢篱笆、切实防范。

针对案件防范中的突出问题和最新动态，结合银监会关于案件处罚的最新规定，全行要做好以下工作：一是要严格执行好监管政策和行内要求。管理人员要敢于管理，俗话说得好，“以霹雳手段，行菩萨心肠”。平常抓得早、管得紧、罚得重，可以避免以后很多问题发生。虽然表面上看当时当事人面子上挂不住，但总比出案件后怨天尤人、个别人痛哭流涕甚至家破人亡好。二是继续抓好案件专项治理。我行在银行业案件严重反弹的时候，依然保持了案件数量的下降，这得益于银监会2004—2006年搞的案件专项治理，也得益于我行2007—2009年又搞了三年案件专项治理。总行党委已形成共识，案件专项治理2010年要再搞一年，2010年初总行将和所有分行签订防控案件新的责任状，相关内容肯定会比以前更具体、更严格。三是对于平时捕捉到的信号、发现的苗头或可疑的人和事，要及时、密集地排查，消灭隐患。四是一旦发生了案件，希望大家积极、正面地来应对，沉着冷静、内外有别、控制影响、减少损失。

（五）做好年终结算工作

年底财务收支的组织要继续遵循稳健原则，把盘子做实。

1. 要把握好全年资源配置。因利润增长，财务资源也相应增加，总行对资源配置政策做了相应调整，打开了一些封顶政策，根据分行实际兑现挂钩费用，对个别确有困难的分行适当补助。总体来看，费用紧张局面得到缓解，可以基本满足业务发展需要，但年底成本控制的要求不能放松，要将资源用在业务发展最需要的地方，尤其要注重关乎长期竞争能力提升的业务投入。

2. 做好年终决算。财务决算是对管理基础和管理水平的全面检验，各级行、各部门必须高度重视，切实加强年终决算的组织领导与协调配合。要做好年终结转前的各项基础工作，确保资产清查彻底、损益真实准确；妥善安排好各系统的年终结转；高质量完成财务报告编制。下月将召开专门会议进行部署年终结算。

3. 启动2010年综合经营计划编制。总行各部门正在对2010年的市场环境、目标、政策、措施进行分析研究，计划编制方案将在下月确定，各分行也要做好相应准备。2010年综合经营计划的安排，将着重于培植长期盈利能力，也将完善现行考核体系和激励政策。

各位同志，我们的国家地域辽阔、人口众多，发生偶然情况在所难免。特别是时下气候变化无常，从11月1日开始，华北地区连降三次大雪，河北和山西有的地方暴雪成灾，希望大家更多关心我行员工、客户和行产的安全。近期，“甲流”在有的地方开始进入大规模流行期，我们又面临旺季和年底收官工作，希望各级领导干部多加珍重，倍加关心员工的身心健康，统筹安排好工作的轻重缓急，创造更好的环境，为圆满完成2009年底和2010年初各项工作做出新的努力。

谢谢大家。

在2009年全行工作会议上的讲话

谢渡扬

（2009年2月25日）

同志们：

下面，我谈几点想法和意见，供大家参考。

一、关于做好新形势下的风险防范工作

2008年，为了应对国际金融危机和国内经济形势的变化，国家宏观调控政策经历了重大调整。我行服从大局，对宏观调控政策坚决贯彻，快速响应，发挥了国有控股大型银行的作用。同时，坚持稳健经营，推动战略转型、结构调整，保持了各项业务平稳较快发展，稳定了资产质量，取得了良好的业绩。

当前，全球金融危机仍在深化蔓延，美国、日本等发达国家的经济衰退已成定局，新兴经济体的增长大幅减缓。国内经济在连续五年保持两位数高速增长之后，调整、下行压力增大。内外部的不利因素形成了叠加效应。中央经济工作会议指出：目前我国经济运行中的困难增加，企业经营困难增多，金融领域潜在风险增加。对此，我们要有充分的估计，科学研判、审慎应对。形势越复杂，越要恪守谨循商业银行基本的经营原则，要将学习实践科学发展观的成果自觉运用到各项经营管理工作中去，努力做到保增长、促发展和防风险并重，近期目标和长远利益统筹兼顾，在复杂多变的情况下实现科学发展。

对于国家宏观调控政策，要全面理解、准确把握，联系实际正确贯彻，避免顾此失彼。最近，温家宝总理强调，绝不能把贷款投到重复建设和增加过剩产能，银行既要执行适度宽松的货币政策，又要把握贷款的原则，不要使今天的贷款变成明天的坏账。银监会主席刘明康也指出，商业银行做好当前形势下的风险防范与应对工作不仅是自身经营管理工作的需要，也是中央和监管部门的要求，要求做到保增长和防风险相结合。在当前形势下，这样的要求是非常及时和必要的。

自2008年11月以来，商业银行信贷增速迅猛。历史经验表明，较高的风险积累往往形成于大规模信贷扩张时期。我们要谨记历史经验教训，以更大的精力做好新形势下的风险防范工作，把风险防范措施做在前面，做细、做扎实，条件和标准不能降低，原则与底线不能突破，做到“数量有调整，质量不放松”，把握总量、控制节奏、优化结构，切实加强基础管理。

二、关于充分利用内外部审计成果

2008年，全行审计系统以促进战略目标的实现、防范风险和提高银行价值为目标，重点关注基础管理薄弱环节和高风险领域，组织开展了一系列业务调查，及时揭示出一些违规问题和风险隐患，全年共组织完成审计项目2 400多项次（其中系统性审计项目22大项），发现问题53 600多个，发现案件线索2起，提出审计建议10 300多条。审计部门采取多种形式，及时向总行领导和董事会审计委员会报告，积极与有关部门和分支机构交流、通报，推动各方重视审计发现问题，充分利用审计成果。审计的针对性进一步提高，发现问题、提示风险的能力进一步增强，审计的价值进一步提升，改善管理、促进发展的建设职能作用进一步显现。

2009年，审计系统要从当前经济金融形势出发，深入分析经营管理出现的新情况和新特点，紧密结合全行中心任务，重点关注宏观经济政策和市场环境变化可能导致的系统性风险，特别是与此相关的行业、客户、产品和机构等高风险领域和基础管理薄弱环节。要持续改进和完善非现

场系统等审计工具，加大非现场审计力度，充分发挥提示预警作用。继续推进审计队伍专业化建设，加强人员交流，进一步提高审计工作的独立性。

2008年，国家审计署对总行及6家一级分行进行了2007年度资产负债损益情况审计，在总行配合审计工作领导小组的统一领导下，总行部门和相关分行密切配合，保障了审计工作的顺利开展。同时银监会也对我行一些经营管理领域进行了现场检查。对于审计署和监管部门检查发现的问题，各部门和各级分支机构要高度重视、举一反三、落实整改。要从发现的问题和不足入手，进一步规范经营行为，从严管理，切实提高风险防范能力和经营管理水平。

三、关于新一轮大规模培训

在总行党委的高度重视和各级分行的共同努力下，2008年全行培训工作成效显著，在创新培训工作思路和方法、优化培训资源配置、扩大培训规模、改进培训效果方面有所突破，对服务、支持全行中心工作和人才队伍建设发挥了积极作用。但是我们也要清醒地看到，与发展战略、业务转型的总体要求相比，与专业化、国际化的发展趋势相比，我行的人员素质包括各级经营管理人员的素质，还有很大的差距。2008年，中央组织部下发了《关于2008—2012年大规模培训干部工作实施意见》，我们要以此为契机，从建设银行改革发展的实际需要出发，在全行组织实施新一轮大规模员工教育培训。总行党委已下发了相关意见，制订了全行2009年培训工作计划，各分行、各部门要切实贯彻。

2009年培训工作的重点，一是扩大培训规模，提高培训覆盖率，重点向一线倾斜，二是加强培训的针对性，对不同类型、不同岗位的人员组织不同内容的培训，三是提高培训质量，务求实效。我们在员工培训方面的投入近年虽有增加，但仍明显偏低。在这方面要舍得花力量，加强培训基地建设，为扩大培训规模创造必要的条件。2009年，全行员工培训工作要努力做到：保证各级领导在一年内有一次培训机会，保证每一位员工有一次脱产学习机会。全行上下要共同努力，按照总行党委的要求，把这项工作落实好、完成好，开创培训工作的新局面。

四、关于监事会工作情况的通报

2008年，监事会按照法律、法规和银行章程的规定职责，通过列席会议、调阅资料、调研检查、访谈座谈、履职测评等多种方法，开展对银行财务、内控和董事会、高级管理层及其成员履职尽职情况的监督，监督工作的重点是依法合规运作和风险防范。2009年初，监事会研究提出了对上一年度董事会、高级管理层履职尽职情况的监督意见，充分肯定了董事会、高级管理层以及全行员工一年来的工作成绩和经营业绩，肯定了在完善公司治理结构和提高内部管理水平方面所取得的积极进展，同时也对公司治理、内部控制、风险管理等方面存在的一些不足之处提出了改进意见。年度监督意见的主要部分在董事会会议和与高级管理层的座谈会上进行了通报，对个人的监督意见分别向本人进行了反馈。

在监督过程中，我们就一些涉及全局性、趋势性的事项及时发出提示、建议函，或以会议通报、会议发言、访谈座谈等其他方式作出了提示、建议。2008年主要提示和建议包括：在经济金融形势和宏观调控政策发生重大变化的新形势下，做好总量管理和风险防范工作；抓紧研究部署实施《企业内部控制基本规范》的相关工作；进一步提高投资并购可行性研究工作质量，充分关注各项因素对资本充足率的影响，对投融资计划进行统筹规划；加强海外机构风险管理和内部控制；建立完善中介机构后评价机制等。在财务报告监督过程中，我们加强与管理层和外部审计师的沟通，就会计政策一致性和表述的规范、财务报告编制工作的组织、外部监管规定的执行、减值准备的计提和信息披露等提出多项意见和建议。此外，就外币投资业务管理等事项通过不同方式进行了口头提示与建议。围绕经营管理工作中的热点、难点，组织开展了理财产品业务、房地产贷款业务和信贷结构等专题调研，对相关业务进行了解分析，从监督角度提出了建议。前一段，分别与各位董事、高级管理人员进行了访谈，组织了5次部分分行、部门主要负责人参加的座谈。我们对座谈、访谈中各方面提出的意见和建议进行了汇总，向董事长、行长进行了反馈。监事会的工作得到董事会、管理层和全行同志，包括在座的分行、部门同志的支持和配合，在此，我代表监事会向大家表示感谢！目前，年度监督各项工作正在按计划有序进行，所有工作完成后形成的年度监督意见，我们将通过适当场合向董事会和高级管理层通报。

同志们，2009年建设银行改革发展的任务繁重，我们要增强危机意识、大局意识，以科学发展观为指导，统筹做好各项工作，努力促进建设银行快速稳健发展。

在2009年全行审计工作会议上的讲话

谢渡扬

（2009年3月24日）

同志们：

刚才，郭树清董事长作了重要讲话，充分肯定了审计工作取得的成绩，对今后的审计工作提出了要求，大家一定要深刻领会，认真贯彻落实。

下面，我主要就2008年的审计工作情况、当前审计工作面临的形势和2009年的工作，讲三个方面的意见。

一、2008年审计工作回顾

2008年，全行审计系统认真学习实践科学发展观，围绕全行中心工作，认真履行职责、完善管理机制、创新技术方法，深入推进专业化建设，实现了学习实践科学发展观活动与提升审计工作效果的有机结合，全年工作取得了显著成效。

（一）审计项目方面

2008年审计重点关注了管理薄弱环节和高风险领域，并积极开展了一系列业务调查，及时揭示了违规问题和风险隐患，提出了很多改进管理、促进业务发展的建设性意见和建议。审计的针对性进一步提高，发现问题、提示风险的能力进一步增强，审计价值进一步提升。

2008年审计系统共完成审计项目2 400多项次，其中总行统一安排的系统性审计项目22大类。很多专题报告和审计成果，董事长、行长都作了明确批示。

针对基础管理中的薄弱环节，组织开展了挂销账业务审计、会计基础管理与营运管理审计等项目；为促进信贷结构的优化调整，开展了公司类大额不良贷款审计、对公信贷业务准入与退出审计调查等项目。

为提升审计在改进经营、提高效益等方面的作用，专门安排了主要产品价格管理审计调查、营业网点经营管理审计调查等咨询项目；为促进中间业务的健康发展，组织开展了部分中间业务、边贸结算业务等审计项目。

为完善客户服务平台，开展了电子银行业务审计项目，针对ATM管理、网上银行、手机银行和多项IT类系统开展了专项审计；利用非现场审计手段，开展了个人贷款业务、负债业务、财务管理等审计监测类项目，进一步加大了审计力度。

为保证审计的全面性，还组织开展了内部控制审计评价、任期经济责任审计和灵活多样的自选项目。根据董事会审计委员会委托，牵头组织完成了全行年度内部控制自我评估工作。

2008年，很多重要的审计发现和审计报告引起了总行和有关分行领导的重视，并采取多种方式，研究审计发现的情况，部署和督促相关的整改。有关部门和分行积极响应，认真组织开展了大量的专项清理和系统性整改工作，有效地实现了审计的目标。

（二）基础管理方面

加强了审计机构和人员的管理。审计系统进一步明确了日常审计工作责任，制定并实施了

《审计工作人员履职尽责指引》，促进各级审计工作人员更好地履行职责；认真开展了审计机构职务聘任资格审核，编制了专业技术岗位职务聘任规划；进一步严明财务程序，加强监督指导，适时监控费用支出，提高财务资源的有效利用；总行审计部组织开展了对13个审计机构的现场检查和调研，掌握了被检查机构的工作情况，共同研究落实总行的政策和思路，提出有针对性的改进建议，促进了整体工作质量的提高。

总行进一步优化了审计机构和人员的工作考评方案，加强了绩效考核工作的指导、培训和宣传，很多审计机构进一步完善了项目考评和员工绩效考核办法，促进了工作质量和效率的提升。审计系统还制定并实施了《专业审计人才库管理暂行办法》，试行积分机制，加强了对人才库人员的管理，促进对系统业务骨干的激励约束。

（三）队伍建设方面

审计系统持续推进审计队伍专业化建设，进一步明确了审计机构专业发展方向，理顺了专业化建设常态运行机制。39家审计机构交叉组成了17个方向的专业审计机构群，形成了对各专业领域的全面覆盖；通过审计知识库和审计专业人才库建设，搭建了知识积累和交流的平台，建立了审计人员专业发展档案，加强了对审计人才的管理，更好地规划和引导审计人员的职业发展；各审计机构也因地制宜地推进本机构的专业化建设，工作成效开始逐步显现，并有较大进展。刚才董事长提到，我行业务发展很快，如何跟上业务发展和业务创新的需要，这是审计面临的一个很大挑战。要求每个审计机构都配备熟悉所有专业的审计人员是有困难的，通过审计机构各有侧重、交叉组成专业审计机构群的办法，能够使我们适应业务发展，提高专业审计水平。

进一步加大了专业培训力度，总行审计部及各审计机构分层、分类组织实施了中高级审计管理人员研修班、中青年审计管理人员能力提升班等多期业务培训项目，年人均参训达到14.7次，比前几年都有进步，整个队伍的培训工作有所加强。首次引入了国际注册内部审计师（CIA）、国际注册信息系统审计师（CISA）资格考前培训，开展了赴海外机构跟岗、顶岗培训，取得了非常好的效果。自香港审计分部设立以来，由总行审计部统一安排一部分骨干到香港分部跟岗、顶岗，一方面缓解了当地招聘人员、充实人员比较困难的问题，另一方面满足了内地骨干了解海外市场审计的需要，加强了香港分部的力量，培训了内地审计人才，效果很好，以后还要继续。此外，通过研发远程培训软件、利用网络视频工具，丰富学习方式，提高学习资源的共享，进一步拓宽了培训渠道。

通过审计机构人员交流计划的实施，增强了审计机构优化队伍结构的压力和主动性。据统计，2008年，全系统进行人员交流248人次，其中调入117人，调出131人，优化了人员的专业和年龄结构。在审计条线垂直管理的时候，我曾经提出目标，每年交流10%，如果按单向即流入、流出各占10%，还有差距，但是双向加总能达到10%，还是很有进步的。

（四）审计技术方法优化创新方面

完善了非现场审计监测体系，已经基本建立覆盖信贷业务、负债业务、财务管理的非现场审计监测模型体系，审计监测已经嵌入审计业务流程之中。通过模型数据分析，及时发现业务经营管理中的异常交易与风险隐患，为现场查证提供有效的审计线索，为提高审计质量和效率提供了保证。刚才董事长提到，银监会对我行做现场检查时发现我们的非现场审计系统很好，提出要有偿使用我们的系统。这说明我们在审计手段方面的工作得到了监管部门的认可。

优化了审计管理信息系统，完善了审计工作管理、审计项目管理、项目测试步骤、统计分析报表等功能，并按照内部审计专业化方向，重新梳理编写问题词条体系，增强了系统的适应性和运行速度，有效地提高了工作效率。

建立了审计知识库系统，通过组织专业审计机构力量，并调动全体审计人员的积极性和创造性，对各个业务领域的信息、资料、审计经验和技巧进行总结，为审计系统实现知识积累、资源共享和交流搭建了平台。用计算机数据库的手段把审计涉及的各种知识、问题、词条汇集起来，便于大家查询使用、共享审计经验和案例，这是一个创造。

研究与普及审计抽样技术，制定并实施了《内部审计抽样指引》，配套研制了电子表格工具，针对各类抽样方法，设计了计算、推断等简易程序，增强了可操作性和实用性。

（五）配合国家审计署审计工作方面

在国家审计署对总行及6家一级分行的年度审计过程中，总行审计部和有关审计机构在组织、协调、联络、解释、保障等方面做了大量工作，保障了审计工作的顺利开展，促进了有关沟通交流工作。总行党委、董事会对这次配合工作是满意的，审计结果对我行帮助很大。在配合审计的同时，通过不同形式，积极与国家审计署的有关审计人员进行交流，学习他们的工作思路、项目组织方式和审计方法。

总体上看，2008年全行审计系统完成了董事会确定的各项任务，审计工作取得了很大进步。在此，我向各位董事、监事，向总行各部门，表示衷心感谢！向过去一年辛勤工作做出出色成绩的各级审计人员表示慰问和感谢！

二、当前内部审计工作面临的形势

（一）银行面临新的考验

国际金融危机爆发以来，很多知名金融机构出现巨额亏损，有的甚至倒闭或被收购。尽管相关各国已采取了一些紧急措施应对，但还未见明显成效。金融危机对实体经济的影响超过了人们的预期，西方主要经济体的投资和消费持续下降，比较一致的判断是危机尚未见底。

国内经济发展也不可避免地受到国际金融危机和世界经济变化的影响和冲击，经济运行困难增加。我国政府从2008年第三季度以来，及时做出了一系列宏观调控的重大决策，努力争取克服困难，实现经济的平稳较快发展。

在这样的形势下，我们作为国有控股的大型商业银行，面临着前所未遇的考验，遇到了许多新的问题。例如，如何全面贯彻国家宏观调控政策，既积极支持扩大内需、发展银行业务，又切实防范好风险，有效抵御金融危机的影响和冲击；在信贷投放力度加大的同时，如何选择优质客户、控制好信贷资产质量；在信贷结构调整力度加大的同时，如何提高贷后管理水平，防止和减少有关风险的形成；在促进产品创新的同时，如何规避和防范可能出现的新的风险；等等。对这些可能产生的问题和风险，必须提前考虑、早做准备，防患于未然。

（二）新的形势对内部审计提出了更高的要求

这场由美国次贷危机引发的国际金融危机固然有复杂的宏观微观原因，但其中重要原因之一，就是有关金融机构背离了审慎经营原则，风险失控、内控失效。在美国，虽然绝大多数银行都受到了冲击和影响，但程度不一。个别基础管理良好、坚持审慎经营策略、重视风险管理工作的银行，受到的冲击相对较小。

因此，作为经营风险的银行，无论在什么形势下、处于何种发展阶段，都要始终坚持审慎经营，重视风险管理，加强内部控制。这不但是这次国际金融危机带来的教训，也是为我们银行自身的历史发展所证明了的。

2009年全行工作会议把风险防控工作摆到了非常突出的位置，强调要坚持积极稳健的经营方针，在抓住机遇全面发展的过程中，尤其要强化风险管理，加强基础建设，确保经营安全。这些工作要求与内部审计职责、工作目标都直接相关，董事长在刚才的讲话中，对审计工作提出了明确的要求，寄予了很大的希望。全行审计人员必须强化责任意识，努力争取在这方面有更大作为。

（三）内部审计需要进一步提高工作水平

自2005年审计条线垂直管理以来，经过三年多的努力，全行成功实施了审计体制改革，审计机构和人员的管理措施逐步健全，基本建立了科学、规范、有效的内部审计体系，在审计队伍专业素质、审计技术方法创新、工作质量和效率等方面都取得了很大进步。但是，当前审计工作中还存在一些不足和困难，审计人员的专业能力、工作的质量和效率，在不同机构和人员之间还不平衡，有的差距还比较大。

2008年国家审计署对我行进行审计检查，为我们提供了很好的学习机会，使我们进一步看到了差距和不足。虽然审计署提出的案件线索、发现的主要违规问题内部审计以往均有揭示，但是，检查组能够在比较短的时间内全面熟悉情况、抓住审计重点，显示出很高的工作质量和效率，国家审计署检查组的审计思路、审计方法和专业能力值得我们认真学习和借鉴。

同志们，客观形势对审计工作的范围、深度、层次提出了更高要求，各方面对内部审计抱有更大期望。我们绝不能满足于已有的成绩，要再接再厉、迎难而上，进一步全面提高工作水平。

三、认真做好2009年的审计工作

面对当前形势，2009年全行审计工作要认真学习贯彻落实全行工作会议精神，继续坚持科学的审计理念和工作方法，进一步突出工作重点，持续提高审计专业能力，认真履行审计职责，提升审计工作效果，为实现全行发展目标贡献力量。

2009年度系统审计项目计划已由董事会批准，年初正式下发，各审计机构也已经根据自身情况上报了自选项目计划，大家要认真组织实施。刚才董事长讲话中提出的要求，对做好审计工作非常重要，大家要在工作中认真研究，切实执行。下面我从几个方面讲一讲2009年审计工作需要注意的几个问题。

（一）注意运用科学的工作方法

一是要提高工作针对性。要更好地体现对全行发展的促进作用，审计工作必须坚持有的放矢。要把有利于规范经营、有利于防范风险、有利于改进管理、有利于提高效益作为审计工作的出发点，据此确定审计项目、制订审计方案、实施具体审计工作。要注意了解和掌握全行和当地分行的经营管理情况，跟踪业务发展趋势，关注各个区域、业务类型的风险特征及其变化。特别是在当前复杂的经济金融形势下，内部审计更要密切跟踪新情况、新问题，关注可能出现的普遍性、倾向性和系统性风险苗头。现在审计系统2 200多人，人员比过去减少了，而全行新产品和新业务不断推出，业务种类越来越多、业务总量越来越大，尤其是在目前风险和经营压力比较大的情况下，需要审计和关注之处很多。只有把有限的力量用在最需要的地方，提高工作的针对性，才能解决资源和任务的矛盾。2008年总行系统性项目是按照提高针对性的要求确定的，基本抓住了主要的风险点和可能的风险领域，自选项目的针对性也有明显提高。2009年要继续坚持这一方针，继续努力，进一步提高审计的针对性。

二是要坚持重要性原则。只有切实坚持重要性原则，真正抓住重点，才能事半功倍，提高审计工作效率，保证审计工作质量。在工作安排上，审计工作要抓住影响全行发展的重要因素和核心问题，当前要突出经营管理的薄弱环节、内部控制的关键部位和高风险的业务领域。在具体审计项目中，审计资源的分配、审计样本的选择、审计报告的编写都要坚持重要性原则，对关键问题、重要线索必须查深、查透，充分揭示。

三是要有改革创新思维。审计人员要摆脱传统思维方式的束缚，学习借鉴先进的审计理念、技术方法，改革创新管理机制和审计作业流程。要做好审计工作，必须坚持对银行业务的持续研究，了解变化、关注前沿，思考对审计工作的影响。对任期经济责任审计等工作量较大的任务，要通过进一步优化方法和程序，提高工作效率。对审计发现的问题和情况，要全面分析、换位思考。要拓展思路，运用科学的经营管理理论和方法，提升审计工作层次，有效开展审计咨询调查项目，对影响全行发展的重大事项、热点问题和外部监管重点，要深入研究和分析。审计不能局限于对违规问题的揭示，还要积极提出解决问题、防范风险、促进发展的建议。以任期经济责任审计为例，工作任务规律性不强、干部集中调整时期工作量相当大、时间要求紧迫，如何提高该项工作的效率，同时处理好与其他审计任务的关系，是一个经常遇到的问题。希望各审计分部、总审计室结合当地情况积极探索实践，总行审计部要在进一步总结经验的基础上，提出指导性意见，把对机构负责人经常性任期审计和日常的审计工作更好地结合起来，提高效率、保证质量，把这项工作做好。

四是要加强审计分析研究工作。审计人员要注重和善于依据审计发现进行分析研究，从局部思考全局，从眼前分析长远。从审计发现的具体问题，找到影响整个银行发展的、带有倾向性和规律性的问题，从而提升审计的建设职能，更好地为全行发展贡献智慧。这方面是我们的薄弱环节，审计部门要着力提高理论水平，下工夫做好分析研究。

五是要重视审计信息的综合利用。这是提升审计工作效果和节约审计资源的重要途径。一方面，要根据不同管理层次的需要，深入加工审计信息，加强信息沟通交流，促进审计对象更好地利用审计成果；另一方面，不同的审计项目、人

员、机构之间，要有效实现审计信息的共享，这既有利于全行审计系统学习知识经验、改进工作方法、提高整体工作水平，又有利于任期经济责任审计和内部控制审计评价等常规审计任务的开展。

（二）完善审计质量控制机制

一是坚持独立客观原则。坚持审计的独立性，既是保证审计工作质量的基础，也是衡量审计分部和总审计室主要负责人是否合格的基本标准。对坚持独立性，大家必须要有清醒的认识，严格要求自己。在审计工作中，审计人员要实事求是地分析和评价审计事项，客观公正地提出审计意见和建议，按要求真实、完整地报告审计信息。对于独立性的问题，我和于首席一直非常重视，在2008年审计工作会上，我们都严肃地强调了这个问题，对于发生的问题进行了批评。2008年没有在独立性方面出现什么大的问题。但独立性对于审计来讲是个永恒课题，每一次审计、每一份报告都会涉及，无论何时都要把它当做把握审计质量的首要问题来看待。同时，还要坚持客观性，反映问题不能掺杂主观因素。比如检查单位的配合情况，不能成为审计人员判断问题、形成报告的感情因素。面对一些比较复杂、问题性质不易判断清楚的情况，更是要客观审慎。我们一定要本着客观、负责的态度，对审计负责，也对被审计单位负责，客观公正地提出审计意见和建议。

二是坚持审慎尽职原则。在这方面，总行已制定了审计职业道德准则，2008年又发布了《审计工作人员履职尽责指引》，各级审计人员一定要模范遵守。绝大多数审计人员工作认真负责，能够做到尽职尽责，但也有少数人员甚至个别领导干部安于现状、追求安逸、得过且过，工作学习不主动、不深入，职业敏感性不高。对这部分同志，要切实加强教育，促进其尽快转变。于首席和总行审计部对这方面情况很关注，做了大量工作，同有关人员谈话，进行提醒或教育。各审计分部和总审计室要做好这项工作，对所辖机构人员需要教育和提醒的，要敢于教育、敢于提醒。

三是坚持严格管理原则。不同层级的审计人员，都要提高工作的规范化和精细化水平，按照职责分工，对审计方案、审计底稿、审计报告严格把关，做好审计过程中各个环节的质量控制。要把审计项目的总结和考评工作作为质量管理的重要手段，以利于总结先进经验、查找差距、改进工作。根据掌握的情况，有的自选审计项目与系统审计项目的质量差异大，各审计机构之间的审计质量差异也较大。有关审计机构要予以重视，认真分析原因，强化管理措施，尽快缩小差距。总行要进一步加大审计质量管理力度，严格管理措施，提高组织、监督、指导能力，尤其要加强对自选审计项目的成果利用和质量考核工作，对审计质量不高的机构要给予重点指导和帮助。自选项目是在总行统一布置的审计任务外，各审计机构根据驻地分行的情况选择立项的，具有针对性强、符合分行实际的特点。但从目前掌握的情况来看，这部分项目的质量参差不齐，质量控制较差。2009年我们要对自选项目的选择和项目质量控制花更大的力气，严把质量关，增强审计力量配置，不辜负驻地分行对审计的期望和要求。

（三）提高先进技术、方法的应用水平

先进的技术、方法是实现审计工作目标的重要支撑。审计部门要巩固和扩大已有的优势，加大推广应用力度、扩大使用范围，不断创新运用更多的先进技术、方法。

一是持续完善非现场审计技术。进一步优化信贷、负债、财务收支三大业务的审计监测模型体系，逐步研制覆盖其他业务的模型体系，切实提高监测效果。优化疑点库管理等监测辅助工具，扩充数据源，搭建总行非现场审计数据平台，实现对多个业务的及时监测。加强对各审计机构系统运行的管理，建立常态化非现场审计监测运行机制。开展非现场审计技能测试，组建专业团队，进一步促进技术与业务的结合程度。

二是推动审计管理信息系统和审计知识库系统的应用。要进一步梳理需求，增强系统功能。以审计管理信息系统为平台，促进对审计流程和成果的信息化管理，提高审计信息质量。以知识库为平台，加强内部审计的知识管理，提高更新维护的时效性和实用性，落实审计知识的收集、整理、共享和积累的机制。

三是加强审计方法、技术的专题研究。加强我行IT审计技术研究，认真梳理我行现有信息系统及基础设施的有关情况，尝试IT应用控制的审计方法。结合外部监管的新要求，进一步修订、完善内部控制自我评估方案与评估工具，继续研究探索任期审计流程的支持系统。

（四）加强审计队伍建设

各级审计机构要坚持以人为本，完善激励约束机制，拓展员工发展空间，将员工的个人发展与整个组织的发展统一协调起来，最大限度地激发员工的积极性与创造力。

一是进一步完善人员管理机制。创新完善内部考核评价制度，提高员工考核与绩效分配的关联度，促进形成良性的内部竞争机制和收入分配机制。按照总行的统一部署，拓宽审计系统优秀人才发展渠道，建立领导人员后备人才选拔机制，落实审计系统管理岗位和专业技术岗位职务聘任工作。深入了解审计系统七职等以上人员的履职表现，加强对员工职业生涯的规划。妥善做好人员交流工作，同时采取换岗锻炼、互派骨干等补充方式，完善岗位流动机制。

二是着力提高审计人员专业能力。一方面，要加强审计专业化建设，不断优化审计人才库运行机制，完善《人才库管理暂行办法》，在各项审计工作中，切实发挥各类人才的传、帮、带作用，开展专业研究成果交流讲座，促进审计知识经验的共享；另一方面，要持续加大审计人员培训工作力度。积极落实新一轮大规模培训的要求，创造条件保证审计人员的学习培训机会，鼓励、支持员工参加相关职业资格考试。要加快兼职教师队伍的培养与锻炼，加快研发远程培训课程体系，开展多渠道、多途径的学习教育，为审计工作提供有力的人才保障。刚才董事长提出，要把审计条线建设成一个学习型条线，建立起良好的学习条件和氛围。2009 年，整个系统的培训工作计划在 2008 年的基础上进一步加强，实施过程中，时间上要有保障、内容上要更充实、方法上要有利于提高培训的效果。同时，还要注意对培训工作效果的评价，不能只满足于以培训时间来考量。培训包括两个方面：其一是审计条线自己组织培训，其二是输送审计人员参加各部门、各分行组织的其他业务培训，使审计工作与银行的业务发展能够紧密结合。为此，要积极地和分行沟通，各分行、总行各部门在组织相关培训时，也要考虑安排审计条线相应的人员参加。

三是重视审计职业道德和工作作风建设。各级审计人员要严守职业道德，坚持客观公正、审慎尽职、廉洁自律的原则，遵守各项制度和纪律，形成认真负责、严谨细致、团结合作的工作作风。审计领导人员更要加强修养、率先垂范、以身作则，创造一个良好的工作氛围，带出一支业务精、作风好的审计团队。

同志们，面对新的形势、新的任务、新的要求，大家要增强使命感，提高责任意识，认真完成全年审计工作任务，为建设银行的改革发展作出更大贡献！

在一级分行风险总监高级专题研修班上的讲话

谢渡扬

（2009 年 4 月 13 日）

同志们：

刚才朱小黄副行长给大家作了一个很好的报告，问题讲得很清楚，要求很明确。根据 2009 年全行培训计划，这次风险总监培训班在香港举办，培训的课程安排很有特点，既有宏观层面的内容，又与风险管理和业务密切相连，同时邀请了渣打银行、一些中介机构等高水平的授课老师，大家一致反映培训效果很好。我受董事长、张行长和总行党委的委托看望大家，并借这个机会和大家作一个交流，主要讲三个方面的内容。

一、从风险管理角度看金融危机

（一）金融危机形成的原因

对这次金融危机的成因，学界和业界比较一致的看法，主要包括：一是美国长期的低利率政策造成了国民的超额消费和房地产市场比较严重的泡沫；二是金融创新过度，虚拟经济脱离实体经济；三是金融机构，特别是投资银行为了追求高回报，风险偏好过于激进，超出了风险管理能力；四是金融监管过于宽松，特别是对金融衍生产品的监管形同虚设，形成监管“真空”；五是外部评级和审计机构的评级和审计“失真”。

从更深层次的经济学理论角度，也有一些观点和看法，主要集中于“新自由主义”与本次危机的关系。最近，我看了澳大利亚总理陆克文在《财经》杂志上发表的一篇文章，有几个主要观点：第一，这次金融危机是一场涉及体制、理论和意识形态的危机，它让人们开始质疑过去30年盛行的新自由主义经济理论，在这个理论基础上建立的国家和全球的监管框架如此不堪一击，根本无法阻止危机重创全球。陆克文是社会民主党人，他认为既要承认开放的、竞争的市场的巨大力量，又要摒弃极端资本主义和过度贪婪等给全球经济体系造成重大危害的因素，全球经济体系需要将个人利益和公共责任恰当地平衡，依靠国家机构创建规范的市场和重新拉动国内、国际需求。新自由主义崇尚市场制胜，尤其是无管制，认为市场出现偏差都应该归咎外部原因，泡沫和其他问题的产生是政府和其他方面的不完善导致的，而非市场本身的原因。新自由主义的理论支持个人利益不受限制，市场决定的收入分配是自然的、天然公成的，市场是文明社会自发的和自我调节的产物，政府是外来的、强行的。新自由主义把共同提供公共产品和社会团结概念简单地理解为中央集权。陆克文说，这次危机宣告了过去30年伟大的新自由主义试验失败，是宣告“皇帝没有穿衣服”的时候。第二，新自由主义的挫败，使国家的作用又一次被提到重要地位。陆克文认为，国家在三个方面发挥主要作用：一是拯救金融体系，防止其崩溃；二是提供对实体经济的直接刺激，抵消社会需求的减少；三是建立国家和全球性的管理机制，由政府来承担、确立和实施这一系统规则。这次G20会议，通过20国集团会议协调政府的行为，主要包括四个方面：一是为全球金融系统迅速提供流动性；二是协调必要的财政刺激措施，应对全球金融危机；三是重新制定金融管理条约，包括巴塞尔协议Ⅲ；四是改革现有的全球公共机构，特别是国际货币基金组织。

不同的观点也有，比如国内张维迎前段时间写了一篇文章——《埋葬新凯恩斯主义》，和陆克文的看法就完全不一样。对20世纪20年代美国经济大危机、大萧条时罗斯福施行的新政，美国现在也有一种观点认为，当时罗斯福奉行凯恩斯主义的干预是错误的、失败的，如果不实施新政、不搞凯恩斯主义的政策、不进行公共财政的刺激，情况会更好。当然，对于这个问题现在根本无从检验，我们也应看到，美国当时推行新政，后来比较快地走出危机都是历史事实。还有一种观点认为这次危机不是管理无效造成的，而是市场没有彻底自由地发挥作用，甚至认为放任不足。这些观点都是片面的，有的也比较极端，目前比较主流的观点还是认为，新自由主义理论体系是有缺陷的、失败的。

（二）金融危机给银行业带来的经验教训

首先，科学、明晰的风险偏好是做好风险管理的前提和核心。从风险管理的水平和技术看，西方银行大多都比我们先进。我认为，在这次危机中出现了比较大的风险问题的机构之所以“栽跟头”、蒙受很大的损失，主要是他们在确立风险偏好方面出现了问题。刚才朱小黄副行长也讲到，我们在风险管理上要确立一个合适的风险偏好。比如总行前两年提出的“五项基本原则”实际上就是一种风险偏好。风险偏好主要由董事会、高管层来确立，但具体化还要依靠我们每个分行，要结合各个分行的实际，具体到分行的不同层面和不同业务。

其次，要选择自身比较了解、比较擅长，并能够控制风险的业务作为主要经营对象。在这次危机中，西方大的银行的表现也不一样，从目前情况看，在美国，富国银行、摩根大通相对好一些；美国银行过去十几年通过不断地收购兼并从地方性中等银行发展为美国第二大银行，2008年收购美林后出现了一些困难和问题，能不能平稳度过还有待观察。再比如欧洲的桑坦德银行，它比较偏重做熟悉的零售业务，包括房地产、汽车贷款等，都是些传统的商业银行业务，投行、衍生产品业务涉及较少，到目前从披露的情况看还不错。相反，花旗银行从 1999 年开始混业经营，首先成为横跨商业银行、投资银行、保险业三大领域的金融集团，业务涉猎广泛，激励机制和风险偏好都偏向激进，许多业务离开了自己最熟悉的领域，结果在这次危机中出现了问题。商业银行是经营风险的企业，对业务应该做好取舍和选择，要把握好三个原则：一是做自己了解的，二是做自己擅长的，三是做自己能够承受和控制的。

再次，不仅要重视单笔业务的风险管理，更应重视组合风险管理。从风险管理发展趋势看，组合风险管理能力将是衡量银行风险管理和价值创造能力的重要标尺。要求银行不仅要对单一客户、单一资产实施有效管理，还必须在此基础上分析不同类型客户、资产之间的风险相关性，通过分散、对冲等手段对资产组合进行合理摆布，从而实现既定收益下的资产组合风险最小化。这次危机中，像雷曼兄弟、贝尔斯登这样的机构，正是由于投资了大量住房抵押债券和高风险资产，产品集中度和资产风险的相关性相当高，当这些资产出现问题时，很容易演变为流动性危机，成为“压倒骆驼的最后一根稻草”。

最后，要守住商业银行的风险底线。这次金融危机中，很多银行没有经受住“快钱”的诱惑，追逐不合格的客户。同时，由于看到资产证券化的投资者利用高杠杆在过去几年内获利丰厚，不少商业银行也禁不住诱惑，加入了自营交易的行列，投资了大量“有毒证券”，最终遭受灭顶之灾。因此，只有抵制住诱惑，守住底线，坚持做好银行传统业务，才能奠定好百年银行的基石。

（三）中国银行业受这次金融危机冲击较小，但与西方银行相比我们的管理基础还有很大差距

根据刚刚披露的年报，工商银行、建设银行在市值、净利润方面都是全球第一、第二，这个是三年前想不到的，对此我们应该保持清醒的头脑。中国银行业在这次危机中受到的影响比较小，可能有多种原因。从客观原因看，一是我国实行了较为严格的外汇管制和资本管制，资本市场和银行业开放程度有限，银行的外币投资业务和国际业务在全部业务中占的比重较小，即使发生亏损带来的准备金计提压力也能够承受，因此银行的盈利受到的冲击较小；二是国内金融机构仍然实行分业经营、分业监管，混业经营刚刚有一点起步，客观上减少了各类风险交叉、叠加爆发的机会；三是中国银行业改革方兴未艾，国家给予了强大的支持和保障，而且国有控股商业银行占据主体，财力和实力较强，享有较高的信用度，因此未出现严重的流动性问题。从主观原因看，在重组改制和上市融资后，国内银行在治理结构、战略转型、股东价值创造、提高服务水平方面取得了长足的进步，如我行在风险管理、审计等方面有了重大的改观。

但同时也要看到，虽然我们受到的冲击较小，但并不能说明我们的管理水平已超越了西方银行。我们自身还存在很多不足之处，许多国外银行出现的问题都能在我们身上找到影子，假设处于同样的环境，我们可能受到的影响更大。从风险管理来看，与西方银行相比，我们还有很大差距，还需要改进、完善、学习和提高。2009 年，按照中央的要求，我们加强了全行的培训力度，制订了培训规划和计划，也邀请了一些国外金融机构和专家过来介绍经验、教训。比如我们这次培训也请了苏格兰皇家银行的人员，他们正反两方面的经验、教训都有，更值得我们借鉴。

二、总结经验，进一步完善全行风险管理工作

（一）近年来我行风险管理中行之有效的做法必须继续坚持

近几年，建设银行建立起了垂直的风险管理体系，风险管理走在了国内同业的前面。主要有以下几点：

——底线和原则。金融危机中倒下的或出现重大风险的银行无一不是偏离了原有的偏好、底线和原则。这几年，我行通过制定行业风险管理底线、审批指引、准入退出标准、授信业务基本原则，采用资产波动法计量经济资本，率先在国内金融同业推行行业限额管理，应该说已经拥有了较为全面的底线政策体系，有效地屏蔽掉了大量不符合我行风险偏好、风险较高的贷款申请，在应对金融危机、结构调整和业务转型中发挥了

重要作用。今后，我们要及时根据外部环境、宏观政策和监管要求的变化调整各种底线和原则，保证时效性和合理性。

——垂直风险管理模式。2006年我行实行风险管理体制改革，建立起“首席风险官—风险总监—风险主管—风险经理”为主线的垂直风险管理架构，从体制上保证了风险条线对风险的客观评价。这套体制领先于国内同业，也得到了监管机构认可和肯定，在保证资产质量稳定向好发展、控制风险和防控案件中发挥了明显的作用，我们要予以继续坚持。

——独立审批制度。我行在这方面也做得比较早，十年前我们在国内同业中率先推行专职贷款审批人独立审批制度，并建立起一套信贷审批流程和审批人管理机制，有效防范了道德风险和操作风险，在确保我行新发放贷款质量方面功不可没。

——平行作业。我行在大中型公司类授信业务领域全面实施平行作业机制，由过去风险经理“盯”客户经理、客户经理“盯”市场，转变为客户经理和风险经理用“四只眼”共同看客户、看市场、看风险，风险经理介入贷前、贷中、贷后的全部信贷流程，风险管理的前瞻性和有效性明显提高，促进了业务发展和风险控制的统一，实现了质量和效率的“双赢”。

——“三道防线”。我行已基本建立起内控管理的“三道防线”——前台业务部门是风险管理的第一道防线，风险管理和合规部门是第二道防线，内部审计部门是第三道防线。通过“三道防线”的分工协作、有机配合，促进了前台、中台、后台统一价值观的形成，构筑起风险防范的内控屏障。

（二）风险管理中存在的薄弱环节和领域需要加强完善

我主要结合金融危机，谈谈我们亟需加强和完善的三个方面的主要工作。

——市场风险管理。这次危机使我们在外币投资业务、代客衍生交易业务遭受了一定损失，虽然我们可以将主要原因归咎于外部市场环境的瞬息万变以及系统性风险难以防控，但也说明我们在市场风险管理方面还存在不少问题。一是外币资产业务管理还比较薄弱。二是金融市场业务占我行总资产的比重越来越大，这部分业务的风险管理之前虽然不能称为空白，但可以说非常薄弱。我一直是强化市场风险管理的促进者，并多次提出建议，现在我也认为我行在这方面还有很多工作没有到位，还是处于改进加强的“进行时”。三是海外分行的风险管理过去还存在一些盲区。从这次危机的教训来看，我们在金融市场、外汇资产管理上的力量还不足，在市场风险的管理上存在一些盲区，这些方面都需要重点加强。2009年初的全行工作会议也专门强调了加强市场风险管理，特别是市场风险管理的人才、技术缺乏问题，需要我们加强和改进。

——操作风险管理。这两年我们在操作风险管理方面进行了尝试和探索，初步搭建起操作风险管理体系和框架。但在内、外部检查中发现的一些问题，包括发生的一些案件，说明我们的操作风险管理还存在很多问题。另外，国外银行发生的操作风险重大案例给我行敲响了警钟，如巴林银行、法国兴业银行案件等，其教训值得我们警醒。

——信用风险管理。对于我们来说，信用风险仍然需要重点管理，这是由以下几点决定的：一是我行信贷资产占总资产的比重较大，为50%左右。二是我国利率市场化不是很充分，信贷利差大，前几年在3个百分点以上，2009年也还在2.5个百分点以上，利差大容易导致容忍的风险比较大。三是中国的信用环境不健全，与国外情况相比还有很大的差距。四是客户抵御风险的能力不强。五是地方各级政府的作用。刚才朱小黄副行长谈到银监会在2009年的新发放贷款检查中初步发现的一些问题，我同意朱小黄副行长的意见，在当前阶段，我们风险条线要尽到自己的职责，切实把好关。六是过去粗放管理积习已久，把握不好容易旧病复发。从以上六个方面，我认为与信贷相关的信用风险的管理仍需要重点加强。

（三）风险管理中的若干重要关系需要正确处理

——业务发展和风险管理的关系。这是个老问题，也是新问题。在这个问题上，作为风险总监、风险条线人员是职责所在，第一位的是要坚持独立性，对确有把握的、能看准的问题，要敢于说“不”，因为有一些界限是很明确的，有些硬杠杠我们必须要坚持。

另外，在处理和分行的关系方面，风险管理条线和分行在根本利益上是一致的，但是在具体的一件事上可能会有不同的看法，可能会有相互矛盾和意见。处理这些事情的原则是什么？就是看准的问题一定要坚持，如果不坚持，从当前或从一时一事上看是关系处理好了，但从根本上损害了银行的利益，关系还是搞不好；如果坚持了正确的意见，可能一时不太理解，但是尽到了责任，最终会求得一致。所以，首先还是必须把情况弄清楚、把问题弄清楚，在弄清楚的基础上敢于独立地坚持，尽到我们的责任。

——风险计量技术与管理经验的有机结合。建设银行在风险计量方面走在了国内同业的前面，包括我们的压力测试为业务发展提供了很好的支撑。但风险计量的技术也要和管理经验结合起来，因为我们现在模型的开发还存在数据支持不足的问题。所以，我们应将专家的管理经验和风险计量技术紧密结合起来，既是弥补技术不足、提高决策科学性的要求，也是推进风险计量技术进步、实现“本土化”的关键。

——业务创新与风险管理的关系。这次金融危机发生的一个重要原因，就是金融衍生品发展过度和创新过度。但从中国的情况来看，包括建设银行在内，产品创新做得还不够。这次危机也给我们提供了一个教训，就是风险管理一定要跟上产品和业务创新，在设计新产品的时候，要把风险管理能不能满足新产品的要求作为前提。

三、抓住重点，强化薄弱环节，努力提高全行风险管理水平

（一）重视合规风险，坚持规范经营

2008 年，审计署、银监会在对我行的审计和检查中，都发现了一些合规方面的问题。我们必须高度重视合规风险，不合规的事绝不能做，特别是在贷款增加较快的情况下，我们更要坚持合规经营。

（二）抓住有利时机，加大力度推动结构调整

2009 年是结构调整的大好时机，要抓住时机，加大力度推动结构调整。前两年，风险条线和业务条线在结构调整方面做了大量工作，未雨绸缪，“壮士断腕”，取得了显著成效。大家要继续认真总结经验，互相学习借鉴，将结构调整工作做得更好。

（三）强化贷后管理，保证贷款质量稳定好转

2009 年，我们面临不良贷款反弹的压力相当大，保持资产质量的持续稳定仍是全行工作的重心。存量贷款的资产质量在很大程度上决定了贷款整体质量，加强贷后管理的重要性不言而喻。过去贷后管理一直是我们的薄弱环节。应该说，近两年我们很重视贷后管理问题，高管层屡次在各类会议上强调，为强化贷后管理，已经开发了流程系统、跟踪监测系统、催收系统，取得了好的进展。希望继续重视贷后管理工作，创造性地研究加强贷后管理的有效方法和技术，切实保证存量贷款资产质量稳定好转。对近年发展很快的一些新的业务品种，如内保外贷业务，更要注意加强研究，落实风险管理措施。

（四）落实市场风险偏好，加强市场风险管理

在继续做好外币资产管理的同时，要高度重视人民币资产的风险管理。现在大家对外币的风险认识已经比较充分，下一步，在市场风险管理方面，风险条线要重点考虑加强对人民币资产的管理。

（五）加强操作风险管理，继续做好案件防控工作

对操作风险重点要通过完善制度、完善流程来加强控制，同时要做好员工教育培训。在一线操作岗位上，派遣制员工占的比重相当大，而且现在几乎所有的业务都是通过信息系统来操作。因此，要重视通过合理的制度流程来有效控制一般性的操作风险。在这个方面，既要学习借鉴国外银行的经验，也要学习国内其他行的经验，当然也需要我们自己进行创新。

建议风险条线对操作风险点的防范重点要放在可能造成重大风险损失的事项上。刚才讲到的法国兴业银行的例子损失达到几十亿欧元，我们前些年也发生过一些数额大的案件，教训很深刻。所以，要特别注意重点防范可能造成重大损失的操作风险。

（六）关注法律和声誉风险，完善全面风险管理体系

我们对于法律和声誉风险还未形成一套完整

的管理思路，实际上这类新型风险已对我行造成了一些损害。如在这次金融危机中，我行个别代客衍生产品和理财产品由于交易对手或基础资产客户经营不善而违约，致使部分代理客户或投资者投诉，引发了法律风险和声誉风险。我行2008年发生了几起因系统故障引起的业务中断，给我们的社会形象和声誉带来不利影响。随着投资者法律意识的加强和社会信息透明度的增加，如果我行不重视加强法律和声誉风险管理，这方面的问题还将接踵而来。我行应通过完善合同条款、加强风险提示、建立公关和危机应对机制、加强业务持续性管理等，认真研究和探索如何加强法律和声誉风险管理的问题，这不仅是应对单个风险的需要，也是我们建立健全全面风险管理体系的一项重要内容。

（七）适应业务转型需要，继续深化风险管理体制改革

一是进一步理顺垂直管理和层级经营之间的关系。可以考虑在列席相关会议、风险条线人员的提名、风险岗位与经营岗位的横向交流等方面进一步进行探索和改进。二是进一步加强海外分行风险和内控管理，建立健全海外分行风险内控体系。三是对全行已具备条件实行事业部或单元制的经营条线（如信用卡条线），做好在事业部或单元内独立、垂直的风险管理体系的构建工作。各分行要做好所辖范围内符合条件的经营条线风险管理体系构建工作，做好对分行设立的专业化经营中心的风险管理团队的建立工作。

（八）做好队伍建设工作，提高风险管理队伍整体素质

上市之后，我们各方面的工作之所以做得好，是因为有一个比较有效的监督制衡机制，风险管理和内部控制做得比较好。风险条线有一支很好的队伍，下一步要通过加强学习和锻炼，提高队伍的素质。除风险总监的培训外，对风险主管、风险经理的培训也要加强。总行风险管理部门要协助和指导分行做好风险管理人员的培训工作。总的来讲，我对我们的风险条线、对建设银行整支队伍充满信心。把建设银行的各项业务做好，实现我们的战略远景，要靠我们自己。在人才的问题上，要以依靠内部人才为主，引进人才为辅。我们要正确对待自己，既不妄自尊大，也不妄自菲薄；既要相信自己，又要虚心学习别人。

这次金融危机，既是一个挑战，又是一个机遇，我更认为是一个机遇。大国力量兴衰的变化，往往都要通过一些重要事件的发生而改变进程。对中国来说，如果能够应对好这次危机，将是一个难得的机遇。对建设银行来说也是如此，如果没有这次危机，我们可能还不会成为全球第二大市值银行。不过危机还没过去，我们要用自己的努力证明我们禁得住危机的考验。一家银行是不是好银行，不仅要看在顺境中的发展，更要看在困难时期的发展情况。要应对好这次危机和挑战，在座的各位风险总监责任重大。历史经验表明，信用风险往往都是在快速增长的时候积累的，当前的贷款新增速度很快，我们一定要用非常负责任的态度来面对这个形势。

借此机会，我也给大家介绍一下监事会的情况。监事会的主要职责包括两个方面：一是对董事会、高管层进行监督，监督董事会依法合规、执行股东会重大决议的情况，监督高管层依法合规、执行董事会重大决议的情况，包括监督董事会董事和高管层成员；二是监管银行的内部控制和财务情况，包括年报、财务报告等。我行监事会现有成员8人，监事会办公室现有人员11人，可以说监事会每年的工作都是非常负责任的。监事会的工作离不开董事会、高管层、总行各个部门、各个分行，以及在座的各位的支持，我代表监事会对大家表示感谢，希望大家以后一如既往地继续给予支持。

最后，预祝本次培训取得圆满成功！

在建设银行夏季工作座谈会上的讲话

谢渡扬

（2009年7月24日）

同志们：

昨天，郭树清董事长、张建国行长做了重要讲话，大家要认真学习领会，把思想和行动统一到总行对当前形势的分析判断和对各项工作的决策部署上来，做好下半年的工作，确保全年经营目标的顺利实现。下面，我讲几点意见和看法。

一、做好金融服务，加强风险防范

2009年上半年，我行坚决贯彻党中央、国务院关于扩大内需、促进经济平稳较快发展的宏观调控政策和各项措施，努力做好金融服务，充分发挥了国有控股大型商业银行的作用。当前，经济出现向好的势头，但回升的基础还不稳固，国际金融危机的不利影响仍在持续，保持经济平稳较快发展仍然是当前的首要任务。在经济发展企稳回升的关键时期，我们要继续坚定不移地全面贯彻落实中央的各项宏观调控政策，努力把各项金融服务工作做好。

2009年上半年，我行在贷款投放的掌握上既积极支持扩大内需、促进经济增长，又强调调整结构、防范风险，总体把握得是很好的，但也要看到各个分行的情况不尽相同、不够平衡。从以往的经验来看，贷款大量投放、管理跟不上，往往容易形成风险的积累。昨天，董事长的讲话和张建国行长的工作报告都强调了这一点，银监会有关负责人也通报了这方面存在的九种现象。从我行情况来看，最近几年，我们的各项基础管理持续改进，但是，像2009年这种信贷快速增长的客观形势，无疑对风险防控是一个很大的考验。一直以来，特别是2009年3月以来，总行一再强调要加强风险防范，希望各级行按照总行的要求，坚持审慎经营的原则，恪守风险控制的底线，防范冲动放贷、粗放经营的倾向抬头，妥善处理好总量与结构、规模与质量、风险与效益之间的关系，把调结构、防风险、促转型、增后劲、保增长有机结合起来。

2009年5月26日，财政部、银监会联合下发了《关于当前应对金融危机加强银行业金融机构财务和风险管理的意见》，要求商业银行进一步深化公司治理改革，增强对风险的判断和识别能力。我行正在制定贯彻落实的具体措施，监事会也在研究安排相应的监督工作。目前监事会正在组织实施信贷投放专题调研，进行了非现场分析，在几家分行开展了现场调查。从初步情况来看，这几家分行对当前形势下加强风险管理的认识比较统一、比较审慎，但风险控制措施还需根据新的情况进一步加强。希望各级行按照总行的要求，针对业务形势的总体特点，在风险管理工作方面投入更大的精力，研究制定有针对性的管理措施，紧紧抓住风险管理的关键环节，严把信贷准入、严格信贷审批、严肃贷后检查，把工作做细致、做扎实。商业银行追求的目标是长期稳健发展，我们的工作不仅要经受今天的检验，更要经受未来的检验。

二、把握形势特点，突出审计重点

2009年上半年，审计系统组织开展了11类审计项目。各级审计机构充分利用非现场系统等工具，及时揭示了一些重大问题，提出了一些有价值的审计建议，形成了多份审计报告。相关部门和分行密切配合，从机制、制度、流程、系统等方面精心组织问题的落实整改，取得了明显的成效。

从审计揭示的问题和风险来看，有以下几个

方面需要引起高度重视。一是在经济形势复杂多变的时期，要严格防范操作风险。2009年上半年，审计发现了一起内部案件线索和一些性质比较严重的违规问题。二是在金融危机影响下，要严格防范一些企业因资金链紧张，违规变相套取银行资金的苗头。三是要严格防范票据融资业务中出现的变造、伪造各类原始交易票据的风险。四是要继续严格防范基础管理工作中有章不循、管理失控的风险。

2009年，外部环境发生了较大的变化，各家金融机构的贷款都在快速增长，我行贷款的增长也是未曾有过的。面对这种形势，总行决定对系统审计项目作较大的调整。昨天张建国行长提出了相关要求，主要是突出重点，加大对贷款业务的审计力度。重点有以下几个方面：省级以下政府融资平台贷款的风险控制情况、资本金不落实项目贷款情况、各级财政担保和人大承诺贷款情况、担保公司和贷款公司贷款、拆借情况以及二套房贷款执行标准、循环交易额度贷款和车贷情况等。此项审计工作已经开始着手启动，争取在8月底完成，具体审计通知将于下周一下发。审计机构要据此安排好下半年的工作，确保审计质量。各部门、各分行对审计检查工作要给予积极配合，注重利用审计成果，及时整改，促进相关管理工作的改进和加强。

有个情况向大家通报，近期国家审计署将对我行执行宏观经济政策情况进行审计调查，范围涉及总行和分行。对此大家应高度重视，给予支持和配合，及时了解相关信息，加强沟通和反馈，做好协调、联络工作。同时，要及早对相关情况进行认真梳理，切实做好自查、自纠工作。

三、落实培训计划，提高全员素质

2009年是按照中央要求实施新一轮员工大规模培训规划的第一年。上半年总行和各分行对培训工作抓得紧、措施得力、培训覆盖面扩大，培训内容紧扣业务发展的需要，培训方式改进，培训质量提高，参加培训的员工普遍反映收获很大。另外，通过培训产生了一大批覆盖各个方面的成果，有些成果还在《建行报》和内网刊载，供全行员工共享，拓展了培训成果的利用范围。

下半年，培训任务还很重，各行不能放松，特别是个别计划执行情况不够好的分行更要高度关注、统筹安排，确保2009年规划目标的实现。在保证培训时间和覆盖面的同时，各行要特别注意安排好培训内容，提高针对性，注意提高培训质量、提高培训效果。

不久前中共中央办公厅下发了《2009—2013年全国党员教育培训工作规划》，提出了“从2009年起，用5年时间，在切实加强经常性教育的基础上，对未纳入各级党委干部教育培训范围的广大基层党员普遍进行培训”的工作目标。郭树清董事长对此很重视，专门做出了批示。总行党委近期将拟订《2009—2013年中国建设银行党员教育培训工作规划》，提出全行系统党员教育培训的主要任务、总体安排、重点培训项目、工作措施。各级党组织要按照中央的要求和总行党委的部署，加强组织领导，精心安排，把工作措施落到实处，为党员教育培训工作五年规划的实施开一个好头。

四、加强制度建设，贯彻《国有企业领导人员廉洁从业的若干规定》

最后，结合辛树森同志传达的全国纪委书记座谈会议精神，就贯彻《国有企业领导人员廉洁从业的若干规定》（以下简称《若干规定》）提一点要求。《若干规定》提出了维护国家和出资人利益、忠实履行职责、正确行使经营管理权、勤俭节约和加强作风建设五个方面的要求，进一步明确了对违反规定行为的处理措施。我们要充分认识实施《若干规定》的重要意义，结合银行特点和自身实际，把这一基础性法规的内容融入各项制度建设工作中，贯穿决策、经营、管理活动全过程，在实际工作中抓好落实。各级领导干部要重点学习掌握和自觉执行各项禁止性规定，做廉洁从业的表率。对于违反规定的人员和行为，要按照《若干规定》和我行相关规定，严肃查处。

《若干规定》提出，国有企业监事会应当依照有关规定，加强对企业领导人员廉洁从业情况的监督。下一步，监事会将结合履职、尽职监督工作进一步研究细化落实措施，加强与相关方面特别是相关监督部门的沟通，进一步理顺信息交流和共享渠道，共同把监督工作做好。

同志们，让我们坚定信心，扎实工作，以优异的成绩迎接新中国成立60周年！

深入贯彻落实科学发展观
努力开创全行反腐倡廉建设的新局面

——中国建设银行纪检监察工作报告

辛树森

（2009 年 2 月 24 日）

同志们：

这次会议的主要任务是学习贯彻中央纪委三次全会和全行工作会议精神，总结 2008 年全行反腐倡廉建设和纪检监察工作，研究部署 2009 年的主要工作任务。

一、2008 年主要工作回顾

2008 年，全行各级机构认真贯彻落实中央纪委二次全会和国务院第一次廉政工作会议精神，根据中央确定的反腐倡廉工作方针和总行党委的部署，紧紧围绕全行中心工作，按照“反腐倡廉抓班子，案件防控抓基层”的总体思路，加强教育、完善制度、强化监督，认真抓好反腐倡廉各项工作任务的落实，为全行改革和发展提供了有力的支持和保障。

（一）加强教育和监督，领导人员廉洁从业意识进一步增强

2008 年，全行加大了反腐倡廉学习、宣传和教育力度，通过中心组专题学习、座谈会、讲座等多种形式，集中学习了中央对党政领导干部和国有企业领导人员廉洁自律提出的“五个重点”、“七个不准”、《关于严格禁止利用职务上的便利谋取不正当利益的若干规定》以及总行党委关于廉洁自律的各项要求。总行党委下发了《关于严格执行廉洁自律六项要求的补充通知》，起草了《中国建设银行总行管理的领导人员任前廉政谈话实施意见》。在学习实践科学发展观活动中，总行党委针对全行各级领导人员在廉洁自律和作风建设方面存在的问题，提出了“进一步加强教育引导”和“对商业贿赂、利益输送、亲友回避等问题”的整改措施。各级领导人员在学习实践活动中通过认真分析、查找自身与科学发展观及各项廉洁从业要求不适应、不符合的问题，开展自查并切实加以整改。全行领导人员廉洁从业意识进一步增强。

在监督方面，总行进一步加强了巡视工作，将原来挂靠纪委的巡视办明确为常设机构，与纪检监察部合署办公，同时充实和加强了巡视力量；对安徽、江西、贵州、云南、西藏、青海、苏州、宁波 8 个分行开展了巡视，针对巡视发现的问题提出整改意见，促进了被巡视分行领导班子建设和管理水平的提高。各级纪检监察部门通过专项检查、效能监察、信访核查等多种形式，及时了解廉洁自律各项要求的执行情况，对工程建设、房屋租赁、网点装修、信贷、商品和服务采购、资产处置等关键环节实施了重点监督。各行通过严格执行“三重一大”（重大事项决策、重要干部任免、重要项目安排、大额度资金使用）集体决策、廉政谈话、重大事项报告等制度，实施任期和离任责任审计、行务公开等监督措施，在促进领导人员廉洁从业方面取得了良好效果。一年来，全行各级机构开展廉政谈话 15 777 人次，述职述廉 14 972 人次，执行领导人员个人重大事项报告 8 792 人次；清理个人经商办企业 304 人次，任期和离任责任审计 1 641 人，有 939 人主动上交未能拒收的现金、有价证券和支付凭证 384.02 万元，全行共减少出国（境）学习考察 31 批次。

（二）扎实推进案件查防，案件总量和金额持续下降

2008 年，全行共立案查处各类案件 10 件，比上年减少 8 件，下降 44.4%；涉案金额 1 669 万元，比上年减少 330 万元，下降 16.5%；风险金额 670 万元，比上年减少 845 万元，下降 55.8%；百万元以上案件数量与上年持平。2008 年，全行继续深入推进《案件防控及整改方案》（以下简称《方案》），定期进行跟踪督办，组织开展专项效能监察活动，及时召开全行案件防控工作视频会议、各级机构案件防控工作联席会议。由于全行上下尤其是各一级分行及总行各部门的积极主动工作，《方案》提出的绝大部分措施得到了较好落实。总行制定并下发了《案件管理办法》，实现了对案件从发现到结案、整改的全流程管理。总行和一级分行加大了案件直接查办力度，案发后一级分行领导及相关部门人员迅速赶赴案发现场开展应急处置工作，对重大案件和典型案件，总行也及时派出工作组指导和参与办案。对于新发案件，案发机构和上级业务主管部门坚持“一案一整改”和“双线整改”的原则，深入查找案件中存在的问题并逐一落实整改；对于上年案件风险比较突出的分支机构，总行和一级分行实行了重点联系行制度，予以重点指导和监督。加强案件信息交流和工作指导，建立了“案件防控工作动态”等专门性的工作信息互动平台，及时刊发各级机构和业务条线的案件查防工作动态，并对案件风险及时提示、预警，组织落实整改；建立案件防控专项课题调研制度，总行联合山西、江苏、安徽、广东分行对四个重点课题进行了专题调研，形成了有一定价值的研究成果。总行研究制定了《员工行为排查办法》，开发试运行了员工行为排查系统，各分行结合自身情况认真开展了多轮次的排查活动，发现并消除了不少案件隐患。总行和被审计的六个分行纪检监察部门积极配合国家审计署审计检查，对审计发现的案件线索和违规问题认真组织核实；各级行对内部审计检查、稽核和业务监测系统发现的违规问题和案件风险也及时组织了核查处理。

（三）强化对违规失职行为的问责，执纪惩戒作用得到有效发挥

一是进一步健全和完善违规失职行为的惩戒制度。总行修订了《中国建设银行工作人员违规失职行为处理办法》、《中国建设银行工作人员轻微违规行为积分管理办法》，完善了违规失职行为处理操作规程和党纪处分操作规程，进一步健全了违规失职惩戒规范体系。二是深入开展授信业务责任认定。全行完成责任认定 17 770 笔，涉及贷款金额 197.79 亿元，涉及当事人员 13 992 人，经责任认定应承担主观责任人员为 3 901 人。全行通过开展责任认定工作，从实施责任认定项目中回收贷款本息 64.39 亿元，对于增强合法守规的信贷经营意识、提升信贷经营管理水平发挥了积极作用。三是加强对违规失职行为的追究。进一步上收审理权限，规定所有案件以及涉及金额亿元以上、性质严重违规问题的处理均需报总行核准；坚持按照经办、管理、领导三个层面，对每一起案件和违规问题进行全面问责；进一步完善审理工作机制，健全规章制度，规范审理程序。2008 年，全行共处理违规失职人员 5 787 人，其中一级分行负责人 14 人，二级分行负责人 473 人，县级支行负责人 799 人，基层网点负责人 579 人，其他人员 3 922 人。四是积分管理工作的成效进一步显现。2008 年积分管理工作推进力度进一步加大，全行共对 57 408 名违规员工进行了积分，较上年增加 7 957 人，积分人次达 79 885 人次，较上年增加 866 人次；各级机构自查发现问题比重明显加大，同一员工屡查屡犯现象明显减少，全行员工遵章守纪和依规操作的整体水平有了进一步提高。

（四）认真处理群众反映突出的问题，信访举报查办工作进一步深入

2008 年全行纪检监察系统共受理信访举报 1 004件，同比下降 40%，其中总行纪检监察部受理信访举报 406 件，与上年基本持平。全行继续加大了信访核查处理力度，对上级机关批查、总行领导批示的信访件，总行尽可能组织直查；对部分署名真实、线索清楚、内容具体、反映问题突出的信访举报，由分行组织核查并上报总行。对于查实的问题，按照有关规定进行了严肃处理。2008 年全行通过信访核查，对 60 人进行了党政纪处理，对 249 人进行了提醒谈话或诫勉谈话，对 140 人进行了经济处罚。同时，全行强化了信访举报工作的基础管理，加强了信访举报信息汇集分析，促进了各行解决信访问题能力的提高。总行加强了对信访举报的督办工作，制定并下发了《信访举报督办工作办法》，并派出督察组对6个分行进行了督办和专项调研。各分行也积极开展信访举报的核查和处理，认真查处群众反映突出的问题，及时化解不稳定因素，促进了全行的和谐。

（五）深化改革，从源头上防治腐败和风险工作取得新的进展

一是预防腐败和防范风险的“治本措施”取得了阶段性成效。围绕2007年郭树清董事长在全行纪检监察工作会议上提出的“十项治本措施”，2008年上半年，总行组织各级纪委监察部门对全行贯彻落实情况进行了较全面的跟踪调查，掌握了总体推进情况，并对相关分行和有关部门的工作进行了督办，促进了相关措施的进一步落实。从掌握的情况来看，一年多以来，全行围绕“十项治本措施”相继出台了一些重大改革举措，启动了一批系统工程，全行内部管理的体制、机制得到进一步完善，各项“治本措施”预防腐败和防范风险的效应逐步凸显。

二是一些新的“治本之策”陆续出台。在全行深入学习实践科学发展观活动中，总行党委通过深入学习和调研，提出了加快渠道建设和网点转型、推进专业化经营和机构扁平化改革、强化产品创新基础和流程标准化建设、改进风险管理政策和工具等整改措施，并在全行深入开展整改。这些举措都是按照科学发展观的要求，促进全行战略转型和科学发展的改革创新，也是进一步强化基础管理和风险控制，不断完善体制、机制，从源头上有效防治腐败、促进反腐倡廉建设的重要举措。

三是全行继续围绕教育、制度和监督，加大了惩治和预防腐败体系建设的推进力度。全行以学习宣传《员工职业操守》为重点，深入开展各类反腐倡廉教育活动，共举办各类报告974场，受教育人数达29.98万人次；全行进一步加强反腐倡廉制度建设，共制定、修订相关规章制度和规范性文件527件；各级纪委监察部门与风险、审计等相关部门积极配合，对信贷审批、人事任免、财务支出、集中采购等关键业务领域和环节实施重点监督，共开展各类专项或综合检查200余次，立项并实施了145个效能监察项目，各级纪委监察部门参加集中采购监督22 432项，涉及金额177亿元，对推进规范、优质采购起到了重要作用。中央颁布《建立健全惩治和预防腐败体系2008—2012年工作规划》后，总行及时下发了《中国建设银行建立健全惩治和预防腐败体系2008—2012年工作实施意见》，各级行认真组织学习宣传和贯彻落实，教育、制度、监督、改革、案件查防、纠风等方面的工作呈现整体推进的态势。

（六）重视自身建设，纪检监察组织队伍建设水平有了新的提高

一是进一步加强纪检监察组织机构建设。截至2008年底，全行共设有363个纪检监察部门，共配备专职纪检监察人员2 473人，兼职1 676人。全行纪检监察人员队伍在总量上保持了相对稳定，整体素质有了一定程度的提高。2008年，总行将授信业务责任认定职能划归纪检监察部门，进一步拓展了纪检监察的监督领域。二是加大纪检监察干部的选拔配备力度。2008年总行党委选配并异地交流了13位纪委书记，一级分行纪委书记绝大多数已配备到位。各分行也加大了纪检监察部干部的选拔配备力度，一批德才兼备、年富力强的干部被选拔到纪检监察领导岗位上来。三是加强组织队伍建设的调查研究和总体规划。总行先后在全行组织开展了纪检监察机构和人员调查，纪检监察特派员工作专题调研。总行纪委结合“全国纪检监察干部工作会议”的精神要求，着手研究并初步提出了关于进一步加强和改进全行纪检监察组织和队伍建设的具体措施。四是加大培训力度。总行先后举办了纪委书记研讨会、纪检监察部负责人和业务骨干培训班、纪检监察特派员培训班，依托中央纪委3个培训中心，对二级分行纪委书记开展轮训，共培训6批135人次。各分行也加大了培训力度，共举办不同形式的培训31期，参训人员达到2 983人次。此外，2008年1月，全行纪检监察管理系统正式上线运行，促进了纪检监察工作手段和方式的改进，全行纪检监察工作信息化水平进一步提高。

按照总行党委的统一部署，全行各级纪委监察部门认真学习实践科学发展观，深入开展学习讨论，分析查摆问题，深化了对反腐倡廉建设规律的认识，理清了用科学发展观统领反腐倡廉建设的工作思路，增强了以科学发展观指导纪检监察工作的自觉性。全行纪检监察工作坚持围绕中心、服务大局，把促进全行改革发展作为第一要务；坚持以人为本，着力把以人为本的要求融入各项工作之中；坚持统筹兼顾，正确把握和处理强化监督与业务发展、惩处与保护、治标与治本、纪检监察部门专门抓与各部门齐抓共管的关系；坚持全面协调可持续，更加突出治本和从源头上拓展防治腐败和案件风险的工作领域，全行反腐倡廉建设和纪检监察工作的科学性和系统性进一步增强。

在肯定成绩的同时，一些问题也不容忽视：在廉洁从业方面，全行的监督制约机制还不够完善，一些领导人员对自己要求不够严格，还存在内部营销，以及在公务活动中超规格接待、铺张浪费等现象，极少数领导人员利用手中的权力搞“利益输送”，搞“在职投入、离职产出”（即在职的时候，违反规定、政策向企业提供信贷等资源，离职后接受这些企业的高额补助或高薪聘请等不正当利益）。在案件查防方面，全行内部管理和案件查防的基础仍然比较薄弱，一些常见的案件诱因没有得到有效遏制，一些作案手段低级的同质、同类案件仍然反复出现，全行主动揭露案件的能力亟待提高，出现了分支行内设部门负责人涉案及非柜面部位案件占比上升的新情况。在领导班子自身建设方面，一些单位不能很好地贯彻民主集中制，党内政治生活和组织生活不够健全，议事和决策制度不够规范。在作风建设方面，有的领导人员不注意理论学习，对待工作责任心不强，贪图安逸、得过且过；有的不注意深入基层，对员工关心不够，作风漂浮，爱做表面文章；有的纪律观念淡薄，执行力不强，不能坚决有效地贯彻执行总行的各项决策部署。这些问题必须引起我们的高度重视，并在今后的工作中切实加以解决和改进。

二、2009 年主要工作任务

2009 年是新中国成立 60 周年，是深入学习实践科学发展观、促进经济平稳较快发展的关键一年。国际、国内经济形势更为复杂，市场竞争更为激烈，银行业特别是国有大型银行支持经济发展、强化风险防控、推进改革创新的责任重大、任务艰巨。全行纪检监察工作要积极主动适应新形势的要求，认真学习贯彻中央纪委三次全会精神，深入贯彻落实科学发展观，深入贯彻落实总行党委《建立健全惩治和预防腐败体系 2008—2012 年工作实施意见》，坚持标本兼治、综合治理，惩防并举、注重预防的方针，严格执行党风廉政建设责任制，以推进惩治和预防腐败体系建设为主线，以加强对各级领导班子及领导人员监督和加强各级机构案件查防工作为重点，深入开展“六抓六促”，努力开创全行反腐倡廉建设的新局面。

（一）着力抓好中央纪委三次全会精神的贯彻落实，促进全行惩治和预防腐败体系建设的深入推进

中央纪委三次全会特别是胡锦涛同志的重要讲话，从党和国家事业发展全局和战略的高度，全面分析了当前的反腐倡廉形势，明确提出了深入推进党风廉政建设和反腐败斗争的总体要求和主要任务，深刻阐述了新时期加强领导干部党性修养、树立弘扬良好作风的重要性和紧迫性，以及基本要求和工作重点，对于深入开展党风廉政建设和反腐败斗争，全面推进党的建设具有重大而深远的意义。全行各级纪委监察部门和广大纪检监察干部要认真学习领会，结合我行实际认真贯彻落实；要自觉地用科学发展观指导全行反腐倡廉建设和纪检监察工作，认真履行党章赋予的职责，协助党委抓好党的作风建设，研究提出加强和改进党员干部党性、党风的有效措施，切实解决一些领导人员在党性、党风方面存在的问题。

建立健全惩治和预防腐败体系，是党中央在不断深化对反腐倡廉工作规律认识基础上做出的战略决策，中央纪委三次全会明确提出了以完善惩治和预防腐败体系为重点，扎实推进党风廉政建设和反腐败斗争的总体思路。2008 年总行党委下发的《建立健全惩治和预防腐败体系 2008—2012 年工作实施意见》（以下简称《实施意见》），进一步明确了今后 5 年惩治和预防腐败体系建设的指导思想、基本要求、工作目标和相关措施，全行要切实抓好《实施意见》的贯彻落实。各级党组织要加强领导，把贯彻落实《实施意见》作为一项重要政治任务，列入重要议事日程。各级纪委监察部门要把协助党委抓好《实施意见》的贯彻实施作为工作的主线，把改革的推动力、教育的说服力、制度的约束力、监督的制衡力、惩治的威慑力有机结合起来，形成一个科学缜密的体系，整体推进反腐倡廉各项工作。

党风廉政建设责任制是深入推进党风廉政建设和反腐败斗争的一项基础性制度，中央纪委三次全会对党风廉政建设责任制提出了新的要求。全行各级党组织要严格执行党风廉政建设责任制，各级班子主要负责人要切实履行反腐倡廉第一责任人的职责，继续强化“四个意识”和“四个责任”；各级纪委监察部门要按照党风廉政建设责任制的要求，结合《实施意见》，做好反腐倡廉各项工作任务的责任分解、责任考核、责任追究，督促有关职能部门按照各自职责落实反腐倡廉的各项任务，促使各级领导人员特别是主要负责人对所管辖范围内的党风廉政建设切实负起领导责任。

（二）着力抓好对领导人员的教育和监督，促进全行党风、行风的进一步好转和干部队伍的进一步纯洁

继续抓住教育这一基础环节，结合深入学习实践科学发展观活动，开展中国特色社会主义理论体系和党性、党纪教育，引导各级领导人员坚定理想信念，牢固树立正确的政绩观和利益观，做到讲党性、重品行、作表率；深入开展示范教育、警示教育和廉洁从业教育，进一步提高廉洁合规意识和拒腐防变能力；认真落实总行2009年初下发的领导人员任前廉政谈话实施意见，扎实抓好各级领导人员任前廉政谈话教育；把反腐倡廉教育列入领导人员培训规划，并同领导人员的培养、选拔、管理、使用结合起来。坚持不懈地加强领导人员党性修养，进一步引导领导人员树立和弘扬良好作风，着力增强各级领导人员的宗旨观念。坚持理论联系实际，认真解决理论和实际脱节的问题；发扬求真务实精神，着力强化责任意识，认真解决作风漂浮、责任心不强等问题；大力发扬艰苦奋斗精神，牢记“两个务必”，认真执行中央和总行党委关于厉行节约、反对铺张浪费的规定，规范公务接待，认真解决讲排场、比阔气、奢侈浪费的问题。

认真抓好各项廉洁自律规定的贯彻落实。中央纪委三次全会就严格禁止领导干部利用职务上的便利谋取不正当利益提出了五项规定，结合我行实际，重申并补充提出以下要求：（1）严禁领导人员违反规定收受现金、有价证券和支付凭证、干股等行为；（2）落实领导人员配偶和子女从业、投资入股、到国（境）外定居等规定和有关事项报告登记制度，严禁发生与公共利益冲突的行为；（3）清理和纠正领导人员多占住房、以明显低于市场价格购置住房或以劣换优、以借为名占用贷款客户或有其他业务往来关系人的住房等问题；（4）严禁领导人员利用和操纵工程建设、房屋租赁、网点装修、信贷、担保、商品和服务采购、资产处置项目，为本人或特定关系人谋取私利，认真解决上述环节中的商业贿赂问题；（5）严禁领导人员相互请托，违反规定为对方的特定关系人在就业、投资入股、经商办企业等方面提供便利，谋取不正当利益。总行将尽快制定下发《中国建设银行领导人员廉洁从业规定》，补充和细化领导人员个人收入申报、述职述廉等制度，制定礼品、礼金上缴登记管理办法，研究监督领导人员职务消费等方面的具体规定，并抓好落实。

切实加强对各级领导人员的监督，确保权力正确行使。加强对领导人员作风建设的监督。各级纪委监察部门要切实履行职责，按照中央纪委三次全会特别是胡锦涛总书记关于加强领导干部党性修养、树立和弘扬优良作风的要求，强化监督和严格执行纪律，通过开展对全行各级领导人员作风状况的检查，及时发现和解决领导人员在作风方面的苗头性、倾向性问题，促进各级领导人员自觉加强党性修养和党性锻炼、树立和弘扬良好作风。加强对落实廉洁从业规定情况的监督。认真抓好中央纪委三次全会关于领导干部利用职务上便利谋取不正当利益五项规定的贯彻落实，同时要注意防止和纠正领导人员在资金交易、授信、资产处置、集中采购、投资理财、IT建设等业务中的各种利益输送行为，利用婚丧嫁娶等事宜收钱敛财，进行账外经营和设立“小金库”等问题。要特别注意防范“在职投入，离职产出”这一利益输送的新动向。加强对组织人事工作的监督。严格执行领导人员选拔任用工作有关规定，坚持选人、用人标准。切实抓好《中国建设银行领导人员任职前听取纪委意见试行办法》的落实，加强对领导人员选拔任用全过程的监督，防止考察失真、用人不公、“带病提拔”、“带病上岗”。加强对回避制度执行情况的监督。严格执行近亲属不得在同一机构、部门担任直接隶属于同一领导人员的职务或有直接上下级关系的职务，不得在其中一方担任领导职务的机构从事组织人事、纪检监察、审计、财务、信贷工作的规定。加强对改进成本管理和执行财经纪律的监督。重点检查各级行执行总行关于厉行节约“五严格、五严禁”的情况，防止和纠正借考察、培训、会议之机公款旅游，内部相互请客送礼以及大吃大喝和组织高消费娱乐活动；严格执行财经纪律，严格控制因公出国（境）团组、公车购置；加强对各级机构营销费用使用和管理的监督，进一步提高全行财务资源的使用效率。

要充分发挥各种监督渠道和监督力量的作用。加强党内监督。认真贯彻执行党内监督条例，加强对民主生活会、述职述廉、诫勉谈话和函询等制度执行情况的检查。加强对贯彻执行民主集中制的情况进行检查监督，促进党委会议议事规则、决策程序得到严格执行。

加大巡视监督力度。2009 年总行将派出 4 个巡视组，完成尚未巡视的 16 个一级分行、两个培训中心及驻地审计机构的巡视任务。在充分总结以往经验的基础上，适当扩大巡视对象的范围，将分行驻地总行审计条线领导人员、风险总监、一级分行工会主任纳入巡视监督范围。进一步突出巡视工作重点，强化对各分行在贯彻科学发展观、执行“三重一大”集体决策制度、遵守组织人事工作纪律、落实惩防体系建设、维护员工切身利益等方面进行监督检查。进一步改进巡视方式，积极运用现代信息技术和手段，拓宽获取信息的渠道，全方位了解情况、查找问题。强化巡视成果运用，督促被巡视分行按照反馈意见认真整改，并建立健全相关制度，把巡视成果充分运用到干部考核和选拔任用工作中。继续稳妥地推进一级分行对所辖二级分支机构开展巡视的试点工作，取得经验后再扩大范围。

加强信访举报监督。重点是对外部监管部门批查、上级机构批转、本级机构领导批示和一些线索清晰、性质严重的信访件加大核查力度。继续通过综合督办和专项督办，加强对所辖机构信访举报工作的指导，提高信访举报工作的质量和效率，着力解决一批重复信访、久拖不决的举报及员工申诉问题。对下级机构上报的核查情况必须严格审核把关，重在对发现的问题进行处理和整改。为配合《中国建设银行领导人员任职前听取纪委意见试行办法》及任前廉政谈话的开展，各级行纪委要及时掌握管理权限范围内领导人员的被举报情况，对于少数由非纪检监察部门承办的信访举报件，承办部门要及时与纪检监察部门沟通或抄送办理情况。进一步畅通信访举报渠道，鼓励员工实名举报，研究建立网上举报管理制度，切实保护网上举报人，充分发挥纪检监察信访在反腐倡廉建设中的重要作用。

要继续发挥内部审计的监督作用，加强对领导人员的任期和离任经济审计；坚持和完善职工代表大会制度，健全行务公开制度，发挥员工群众民主管理和监督的作用；积极参加地方组织的行风评议活动，建立和完善信息披露制度，通过多种形式自觉接受客户和社会的监督。

（三）着力抓好案件查防，促进全行各项业务的安全平稳运营

当前外部风险明显加大，案件尤其是大案反弹的压力明显增加。要巩固来之不易的案件查防成果，还需要我们认真分析和敏锐应对案件查防形势，创新手段，始终保持案件查防高压态势。2009 年要重点抓好以下五个方面的工作。

一是“围绕一个中心”，继续抓好《案件防控及整改方案》（以下简称《方案》）的落实。2009 年是《方案》实施的最后一年，全行要再接再厉，继续扎实推进。对于尚未落实的措施，要抓紧安排部署，力求早日到位；对于已经落实的措施，要回顾跟踪、评估效果，继续巩固深化，让《方案》有一个圆满的收尾，实现“每年见成效、三年见大成效”的预定目标。同时要认真总结《方案》推进的经验和成果，将一些行之有效的措施转化为案件查防的长效机制。二是“深化一个机制”，继续巩固和深化“上下联动、部门协作”的案件查防机制。这个机制是全行近年来在案件查防的实践中逐步总结形成的，是案件查防长效机制的核心内容，要继续坚持、巩固和深化。各级机构主要负责人要进一步增强案件查防的责任意识和能力，涉及案件查防工作的事项要主动过问、积极参与，重大事项的部署要亲历亲为；其他负责人要具体抓好分管业务范围的案件查防工作。各业务条线要主动负责、积极行动，在制度建设、流程改造、IT 系统建设、监督检查等方面继续狠下工夫。全行员工要进一步增强风险观念和责任意识，认真履职、合规操作，自觉抵制和举报违规行为，主动消除案件隐患。要进一步完善案件查防的评价和考核机制，强化“三道防线”建设，充分发挥业务部门扼守案件查防第一线、在业务流程中主动查防的功能；运营和风险管理部门利用监测分析、制度推动、政策导向等科学管理工具实施监督和支持的功能；审计监察部门揭示风险、查处案件、组织和监督整改的功能，巩固和深化联动机制。三是“落实一个制度”，依托《中国建设银行案件管理办法》抓好案件查处和整改工作全流程的精细化管理。要进一步严肃报案和立案纪律，发现案件线索的，必须在 24 小时内向总行报告，案件线索符合立案标准的，必须据实立案。各级机构要确保做到快速反应，强化对案件线索的管控，积极查办新发案件，全面贯彻防止资金损失、防止人员潜逃、防止恶意炒作“三个防止”的办案策略，减少损失和负面影响。发生案件后，一级分行要派出调查组组织查处工作；发生百万元以上案件，一级分行主要负责人要亲临现场，总行也要派出调查组指导办案。继续坚持和完善案发机构和业务条线“双线整改”制度、“一案一整改、一案一验收”制度、案件重点联系行“ 行 策”制度，确保案件暴露出的问题得到全面、系统和持续的整改。四是“推进一项活动”，开展以加强基层机构内控管理为重点的合规建设系列活动。从分析近年来案件和重大违规事件暴露出的突出问题入手，梳理、提炼若干易于记诵、便于执行的基层机构风险防范要点，编写“基层机构操作风险防范简易手册”，指导员工操作。在全行开展“案件查防与内控建设大讨论”活动，促进员工认真思考、积极建言献策，使合规操作在基层机构和网点获得广泛的认同。按照总行 2009 年“基层机构关键风险点监控检查操作手册”的要求，认真开展监控检查，加强对基层机构关键环节操作风险的管理。建立基层合规的日常工作机制和培训机制，在支行及以上机构建立案件查防工作联席会议制度，将案件查防作为基层机构负责人培训的必学科目，并作为网点晨会的重要内容。五是“探索一个方法”，着力探索解决屡查屡犯问题和防范新形势下、新业务领域案件风险的方法。要把同类问题屡禁不止、同质案件屡查屡犯问题作为一个专项调研课题重点研究，逐步探索建立纪检监察与风险管理、审计部门的信息共享渠道和协调推进整改的机制，进一步整合监督资源，争取尽快摸索出一套可以有效克服屡查屡犯问题的机制和方法。要在对典型案件和重大违规问题进行剖析的基础上，建设涵盖典型案件风险的“问题库”，指导全行根据实际采取差别化和针对性的管理措施。加强机构公司化、垂直化管理以及网点转型后风险防范及案件防控的研究；加强用 IT 系统有效控制操作风险的研究。

（四）着力抓好员工从业行为的管理和监督，促进全行员工遵章守纪意识进一步增强和从业行为进一步规范

要强化对员工的教育和培训。按照总行实施新一轮大规模员工教育培训的要求，继续对全体员工开展理论教育、廉洁从业教育、法规制度教育、优良作风教育和案例警示教育，要结合员工不同的岗位和工作内容，有针对性地开展《员工职业操守》、《员工行为规范》、《员工合规手册》、《工作人员违规失职行为处理办法》以及《积分管理办法》的学习和教育，增强员工遵章守纪、按章操作的意识；加大业务管理和操作规章的教育和培训力度，提升员工的基本业务技能和职业素质。在教育形式上要突出多样性和灵活性，继续坚持近年来一些行之有效的形式。在教育的组织上要突出统筹性，加强横向协作，进一步整合教育资源，把员工从业行为教育与提高员工队伍业务素质结合起来、与严格管理结合起来、与培育企业文化结合起来，形成良好的行风和文化氛围。积极探索员工从业教育工作的考核评价体系，促进各项教育活动取得实效。要全面加强员工行为管理，进一步前移风险防范的关口。各级机构要认真按照《中国建设银行员工行为排查办法》的要求，对重点部位、重点岗位的员工组织开展行为排查工作。要严格执行总行的“九条禁止性规定”，高度关注赌博、博彩、参与民间借贷、高风险投资、信用卡恶意透支等行为，注意把各业务部门检查发现的各类突出风险和多发问题纳入排查视野。在抓好集中排查活动的同时，要更加重视对员工日常行为、表现的持续关注和动态管理，充分发挥审计系统、稽核系统、柜面业务监测系统、录像监控系统的作用，对员工的从业行为进行及时而有效的监督。2009年，总行将利用系统监测、随机抽查等方式，对全行开展员工行为排查及整改的情况进行检查；各级纪委监察部门要加强督促和考核，把员工行为管理作为考核各部门及各基层机构案件查防工作的重要依据。要深入推进积分管理工作，切实将其作为员工从业行为监督、提高内控水平的常规性管理手段。通过对日常工作中员工的轻微违规行为进行积分、扣减绩效、考核运用等约束措施，减少屡查屡犯问题，消除隐患，遏制案件和重大违规问题的发生。2009年，各行要继续加大积分管理的力度，并注意平衡推进前台、中台、后台的积分管理工作；加强积分数据的利用，定期分析违规行为集中的业务环节、特点及趋势，为防范风险和案件提供参考。总行将定期对各行积分工作开展情况进行通报，对积分工作薄弱的分行进行重点检查和指导。

（五）着力抓好执规、执纪，促进科学发展观的贯彻落实和各项规章制度的严格执行

开展以执规、执纪为主要内容的专项效能监察工作。各级纪委监察部门要围绕推动科学发展重大决策部署的贯彻落实开展效能监察工作，对党中央和总行党委应对国际金融危机、加强宏观调控特别是扩大内需保持经济平稳较快增长政策措施的执行情况开展检查，保障国家政策更好地贯彻落实。同时要开展问责工作专项效能监察，进一步强化执规、执纪的严肃性，重点检查授信业务责任认定工作是否严肃规范；案件和重大违规问题的审理程序是否规范，处理结果是否客观公正；轻微违规行为是否按照规定给予及时准确地积分。总行将尽快制定下发《中国建设银行效能监察工作管理办法》，并抓好组织实施工作；同时，重点对一级分行本部开展效能监察的情况进行检查，推进全行效能监察工作深入、有效地开展。进一步加大授信业务责任认定工作力度。适应全行授信业务经营、审批管理模式转变的需要，及时对目前的责任认定管理办法进行修订完善，重点解决认定工作范围、操作流程、分工权限以及责任认定领导小组运转机制等方面存在的突出问题。进一步明确责任认定工作职能定位，理顺牵头部门与其他主办和协办部门的职责、分工、权限及相互间的关系，在全行建立起相对稳定的组织架构。继续做好对全行授信业务责任认定的组织、协调、督导、分析等基础性工作，对认定工作中发现的相对集中、影响较大的问题及时进行提示和预警，推进责任认定工作由单纯事后问责向事前警示风险、事中促进不良贷款回收转变。加大执纪力度，严肃规范审理工作。继续加大对案件和重大违规问题的责任追究力度，发生案件的要严格按照《中国建设银行工作人员违规失职行为处理办法》，从经办、管理、领导三个层面追究相关人员的责任；对自查及时发现案件，案发后应急处置得力，及时控制涉案人或积极挽回、有效避免资金及声誉损失的，对管理责任人和领导责任人可以从轻、减轻或者免予处理；对所有案件和涉及金额亿元以上的重大违规失职人员的处理要报总行核准；突出对授信责任认定结果的问责，分层级做好审计署和外部检查及内部审计发现问题的后续责任追究工作。加强对分行审理工作的指导，通过编发典型审理范例，确保同类、同质的审理事项在各行掌握尺度基本保持一致；通过纪检监察审理子系统调阅分行审理资料，对分行审理工作进行非现场监督，对发现的问题及时给予指导，进一步提高审理的质量和水平。

（六）着力抓好各项改革措施的落实，促进从源头上防治腐败和风险

当前，要按照总行党委的决策和全行工作会议的部署，重点抓好以下改革措施的推进：加快客户服务平台、渠道建设和网点转型工作，提高基层网点专业服务能力、产品营销能力和业务处理效率，解决基层网点业务流程复杂、风险控制能力较弱的问题；继续推进专业化经营和机构扁平化改革，加快各种任务团队、专业经营中心的建设，加快前台、中台、后台分离，进一步压缩机构层级，提升经营管理集约化程度，降低营运和管理成本，解决管理层级多、效率低、对基层管控力弱等问题，最大限度地减少风险点；进一步加强风险内控体制建设、提升财务集中控制能力和财务风险管理水平，强化集中采购的管理和监督。

各级纪委监察部门既要积极参与到各项改革之中，更要充分发挥监督检查职责，从维护党的政治纪律、确保政令畅通的高度，通过专项调研、效能监察、重点检查等手段，主动了解、跟踪各项改革措施在全行的贯彻落实情况，督促有关机构和部门稳步、深入推进；及时发现和纠正有令不行、有禁不止或者“上有政策、下有对策”的行为。要充分发挥纪检监察的优势，高度关注在体制、机制改革和产品创新过程中出现的新问题，特别是在配套制度、业务流程上不够完善，可能形成的潜在风险和漏洞，要协调有关业务部门一道认真研究，及早采取有效的化解措施，把这些问题消灭在萌芽状态。

三、进一步加强和改进纪检监察自身建设

2008年11月，中央纪委召开了全国纪检监察干部工作会议，对加强纪检监察组织和队伍建设提出了新的更高要求。近年来全行在加强纪检监察自身建设方面取得了一定的成绩，但我们纪检监察人员队伍的能力素质和工作作风与新形势、新任务的要求还存在一定的差距，一些机构仍然存在不重视纪检监察工作、不重视纪检监察组织队伍建设等方面的问题。我们要严格按照全国纪检监察干部工作会议的精神和总行党委的要求，切实加强改进全行纪检监察组织和队伍建设。

（一）加强纪检监察组织建设，进一步强化纪检监察职能

各级行要按照中央纪委关于“股份制改造要做到三个加强”的要求，认真落实《中国建设银行股份有限公司纪检监察组织机构设置方案》，进一步健全纪检监察组织机构，配齐、配强纪检监察人员，为充分发挥纪委监察部门的职能作用创造条件。要认真执行《中国建设银行纪检监察特派员管理办法》，已经实行基层特派员制度的分行，要积极稳妥地扩大特派员队伍对基层机构的覆盖面，并认真总结经验；近几年来案件和违规问题较多的基层机构，要配强、配足纪检监察特派员，现在未配备的要尽快配备到位；人员多、业务量大、离上级行较远的基层机构，更应配备特派员；少数还没有配备特派员的分行，要抓紧研究，积极推进这项工作。要抓紧研究制定《中国建设银行纪检监察特派员工作指引》，进一步完善特派员管理制度，不断提高特派员工作水平。

在加强组织建设的同时，针对国有控股上市银行的特点，结合建设银行战略转型的要求，进一步增强“纪检监察融入业务、纪检监察促进发展、纪检监察创造价值”的意识，不断拓展纪检监察工作领域，进一步强化纪检监察职能，使纪检监察成为全行员工从业行为监督、查处失职违规违纪行为、防范案件和道德风险的综合性内控管理部门，使纪检监察工作更好地服务科学发展、保障科学发展、推动科学发展。

（二）深入学习实践科学发展观，全面提高纪检监察队伍的综合素质

一是要自觉加强政治理论学习。当前要继续深入学习实践科学发展观，着力运用科学发展观的立场、观点、方法来统领和推进纪检监察工作，在指导思想上牢牢把握“四个坚持”，切实增强“五种意识”，即政治意识、大局意识、责任意识、改革意识和服务意识，把科学发展观对党风廉政建设和反腐败工作提出的各项要求贯彻落实到全行纪检监察工作实践之中。二是要进一步改进作风。紧密联系实际，认真分析、查找纪检监察工作和个人党性、党风、党纪方面存在的不足，在思想上、政治上、行动上与党中央保持高度一致，“做党的忠诚卫士、当群众的贴心人”，树立公道正派、严谨细致、严守纪律、甘于奉献、清正廉洁的“五种作风”，不断探索和拓宽服务全行科学发展的有效途径。要深入实际进行调查研究，继续坚持纪委书记和纪检监察部总经理向上级纪委监察部门述职和每年至少报送1篇调研报告的制度，各行要通过组织学习调研、专题研讨、开展经验交流等方式，促进运用科学理论指导反腐倡廉实践。三是深入开展培训工作。加大对纪检监察人员培训力度，改善知识结构、拓宽工作视野，努力提高工作的专业化水平。总行要继续重点开展对一级分行纪委书记、纪检监察部负责人和业务骨干的培训工作，2009年计划举办2期培训班；同时借助中央纪委所属3个培训中心的力量，继续开展对二级分行纪委

书记和纪检监察部负责人的轮训，全年计划培训8批200人次。各分行要抓紧制定并积极实施今后一个时期纪检监察人员的培训规划，着力提高全行纪检监察人员的“五种能力”，即围绕改革发展的中心任务开展纪检监察工作的能力，对领导人员有效监督的能力，依法执纪、依法办案的能力，适应上市银行经营管理需要开拓创新的能力，协助党委加强反腐倡廉建设和组织协调反腐败工作的能力。

（三）深化改革创新，不断健全和完善纪检监察工作机制

一是进一步强化纪委监察部门在反腐倡廉建设中的专业主导地位。继续坚持“党委统一领导，党政齐抓共管，纪委组织协调，部门各负其责，依靠群众的支持和参与”的反腐败领导体制和工作机制。各级行党委要经常听取纪委监察部门的工作汇报，旗帜鲜明地支持纪委监察部门行使职权。各级纪委监察部门要充分履行职责，进一步强化自身在反腐倡廉建设中的专业主导地位，充分发挥组织协调职能，抓好反腐倡廉工作的总体规划、部署和任务分解，促进“齐抓共管、全员参与”合力的不断增强。二是要进一步加强纪检监察系统的“双重领导”，强化各级纪委监察部门在监督上的独立性和权威性。研究制定纪委监察部门双重领导的具体办法，科学规范纪检监察领导班子双重管理的职责、权限和程序。上级纪委监察部门要加大对下级纪委监察部门的领导力度和业务指导力度。各级行纪委书记和纪检监察部负责人要增强系统管理的观念，服从上级纪委监察部门的领导和安排，认真完成上级纪委监察部门布置的工作任务，定期或不定期地向上级纪委监察部门汇报工作，重大问题要及时报告。要逐步推进一级、二级分行纪委书记交流任职；下级党委提名推荐纪委书记时，要事先与上级纪委充分沟通，对纪委副书记和纪检监察部总经理的任命和调整，必须报经上级纪委和纪检监察部同意。与此同时，要进一步规范纪委书记在同级班子中分管工作的范围，避免分管不利于纪委书记履行职责的业务。通过这些手段，进一步强化各级纪委监察部门在监督上的独立性和权威性，从机制上解决同级监督偏软的问题。

同志们，2009年全行反腐倡廉工作任务十分繁重而艰巨。我们要坚定信心、扎实工作、求真务实、开拓创新，高标准、高质量地完成全年的各项任务，促进全行改革措施的深入推进和业务经营的健康发展。

关于建设银行反腐倡廉建设情况汇报

——贺国强同志到建设银行调研时的反腐倡廉工作汇报

辛树森

（2009年3月25日）

近年来，建设银行认真贯彻落实胡锦涛总书记、贺国强书记在中央纪委全会上的重要讲话精神，按照中央以完善惩治和预防腐败体系为重点、扎实推进党风廉政建设和反腐败斗争的要求，突出领导人员廉洁从业和案件查防两个重点，加强纪检监察系统自身建设，全行反腐倡廉建设取得了明显成效，为建设银行的改革发展提供了有力保障。下面，我简要汇报一下我们做的一些工作。

一、突出抓好领导人员廉洁从业

根据中央的有关要求，结合建设银行实际，我们主要从以下四个方面促进领导人员廉洁从业。

一是对领导人员严格要求。近年来，总行党委每年都要根据中央纪委的要求，针对实践中存在的一些突出问题，提出廉洁自律的具体要求。2005年，提出了“廉洁自律六项要求”；2006年，提出了“内部接待节约从简七条规定”；2007年，提出了“领导人员廉洁合规从业八项要求”；2008年，提出了“廉洁自律要求的八条补充规定”。2009年又根据中央纪委三次全会精神，就严禁领导人员利用职务上的便利谋取不正当利益提出了五项规定，还按照中央号召过紧日子的要求，提出了勤俭节约、加强成本管理的“五严格、五严禁”要求。这些规定和要求，都是从最平常的事情、最细微的环节入手，通过最基本的制度设计，达到有效预防庸俗风气和腐败现象的目的。比如，为防止出现“接待出政绩、接待出干部”的问题，规定公务活动要轻车简从，下级机构领导不到机场、车站、码头迎送，内部不得相互送礼、相互宴请。

二是对领导人员严格教育。建设银行坚持把反腐倡廉教育作为基础工程来抓，每年都要结合实际，突出1~2个主题，重点抓好对各级领导人员的思想道德教育和政策法规教育。同时，我们把谈话作为对领导人员开展经常性教育的一种形式，先后制定了《中国建设银行规范领导人员从业行为的谈话办法》（以下简称《办法》）和《中国建设银行领导人员任前廉政谈话实施意见》（以下简称《实施意见》）。按照《办法》和《实施意见》，在领导人员提拔前或岗位交流时，要进行任前廉政谈话；本行系统和银行同业发生了重大案件和重大违规事件，要进行警戒谈话；发现领导人员有不良行为和苗头性问题，要进行提醒谈话；发现领导人员有违规违纪现象但不构成纪律处分的，要进行诫勉谈话。2005年至2008年，全行对各级领导人员开展谈话教育50 781人次。全行各级机构通过开展谈话教育，有效地引导、警示、督促了领导人员尽职尽责、遵纪守法、廉洁从业。

三是对领导人员严格监督。为了解决“上级监督太远、同级监督太软、下级监督太难”的问题，我们按照干部管理权限，对分行的领导人员派出巡视组加强监督，对基层机构负责人派驻纪检监察特派员加强监督。按照《党内监督条例》和中央纪委关于建立巡视制度的要求，我们建立了巡视制度，制定了《中国建设银行巡视工作暂行规定》，对分行已连续开展了四年的巡视。2008年，中央巡视办专题听取了建设银行巡视工作的汇报，对建设银行的巡视工作给予了有力指导。中央纪委、中央组织部召开巡视工作会议后，总行党委高度重视，研究提出了进一步加强巡视工作的具体措施，明确巡视工作办公室为常设机构，充实了巡视力量。党委非常重视对巡视结果的运用，把巡视结果与领导人员的考核使用结合起来，加大了班子成员的调整交流力度。到2008年底，建设银行共完成了22个分行的巡视工作，总行党委认真听取对每一个分行的巡视工作汇报，并根据巡视结果对其中5个分行的“一把手”进行了调整，占被巡视分行的23%。调整后的分行各项工作都有了明显的变化和进步。针对全行基层机构案件高发、基层机构负责人涉案较多、对基层机构的监督管理相对薄弱的情况，建设银行向县、区支行派驻了纪检监察特派员，实现了关口前移。经过几年的实践，纪检监察特派员在加强对基层机构负责人的监督、防范案件风险方面发挥了重要作用。根据对1998年至2004年发生的案件统计，基层机构负责人作案的案件约占案件总数的40%，涉案金额约占总涉案金额的80%。但2005年以后，基层机构负责人作案的案件占比明显下降，涉案金额明显减少。

四是对领导人员严格问责。建设银行把落实党风廉政建设责任制与对领导人员的问责结合起来。总行党委和纪委明确要求各级领导人员必须担负起“四个责任”，即抓好辖内业务发展和防范风险的责任；从源头上预防和治理腐败的责任；严格管理、带好队伍的责任；解决辖内存在的突出矛盾和问题、维护稳定、保证安全的责任。在明确领导人员基本责任的同时，建设银行逐步完善对领导人员的问责制度，先后制定了《关于追究案件发生机构及其上级机构领导人员责任的规定》、《中国建设银行领导人员问责办法》，对用人失察、决策失误、管理失职等造成辖内发生案件、重大违规事件、重大财物损失或严重不良影响的，都要严肃追究领导人员的责任。2005年，山西、湖南两个分行行长因辖内案件多发而引咎辞职，在全行引起很大震动。2008年，对西藏一个二级分行违规贷款用于投资经商的三名正副行长全部给予撤职处理。2005年至2008年，全行共处理违规失职领导人员8 791人次，其中一级分行负责人级29人次，二级分行负责人级1 255人次，县级支行负责人级7 507人次。

二、突出抓好案件查防工作

历史上，银行业一度案件高发，引起了中央的高度重视，也成为社会关注的焦点。1996年至2004年，建设银行共发生各类案件1 416件，涉案金额38.78亿元。新一届党委高度重视案件查防工作。2005年至2008年，全行共发生案件155件，涉案金额3.36亿元，案件数量和涉案金额连年下降。2008年案件10件，涉案金额1 669万元，比2004年案件数量下降了86.3%，涉案金额下降了96.2%，有力地支持和保障了银行经营安全。我们在案件查防方面主要采取了以下措施。

一是连续开展以“防风险、降案件”为主要目标的专项治理活动，长期保持案件查防的高压态势。为了快速扭转历史上案件多发、高发的态势，建设银行从案件风险最为集中的重点部位、重点机构、重要人员和突出问题入手，每年都设计一个载体，组织和发动全行对案件风险进行集中整治。根据中央纪委和银监会的部署，2005年开展了案件专项治理活动；2006年开展了治理商业贿赂专项治理工作和案件专项治理“回头看”活动；2007年至今，我们又在对历史案件进行量化分析的基础上，精心制定和实施了《案件防控及整改方案》，从9个方面提出了对案件进行综合治理的108项整改措施，分三年进行落实。通过各业务条线和一级分行联动，发现并消除了一大批历史遗留下来的风险隐患。

二是制定实施《案件管理办法》，提高案件查办能力。我们在总结长期形成的办案实践经验的基础上，研究制定了比较符合建设银行实际的《案件管理办法》，从发案、报案、应急处置到立案、案件调查、责任处理，再到结案、整改、档案管理等全套流程，都作了详细规定。按照办法的要求，总行和一级分行加大了直接查办案件力度，案发后一级分行领导及相关部门人员迅速赶赴现场，开展应急处置工作；对重大案件和典型案件，总行直接派出工作组指导和参与办案；对新发案件，坚持“一案一整改”、案发机构和上级业务主管部门“双线整改”，深入查找案件深层次的问题，逐一落实整改措施；对于案件风险比较突出的分支机构，总行和一级分行实行了重点联系行制度，予以重点指导和监督。

三是完善案件查防机制，形成案件查防工作合力。在案件查防工作中，建设银行注意发挥各个部门的作用，构建了操作风险管理的“三道防线”，前台业务经营部门、中台风险管理部门、后台内部审计和纪检监察部门分工合作，梯次共进防控风险。针对90%以上的案件发生在基层的特点，我们构建了以委派会计主管、风险经理、纪检监察特派员为主体的基层防控平台，加强了对基层机构和前台业务风险的直接控制。我们加强了科技在案件查防和风险防控中的作用。如通过开发柜面业务监测系统，实现了对账务交易风险的实时预警和监控；通过组建远程监控报警系统，在一级分行或二级分行层面基本实现了对所辖营业场所和金库安全的远程监控。

四是规范员工从业行为，加强员工行为排查，从源头上预防案件发生。我们研究制定了《员工职业操守》，作为员工日常行为的基本规范，使员工清楚地知道哪些事可为，哪些事不可为。我们的一些重要业务管理部门也结合自身特点，制定了有关的行为规范，如总行2007年成立的采购部，坚持廉洁采购、合规采购、优质采购、高效采购，针对易出问题环节，制定了“七遵守八不准”的工作要求，主动建立了全行员工对采购部门操作行为的监督渠道。两年来，采购项目1 472个，采购金额143亿元，节约资金21亿元，节约率达到15%。对于员工违反职业操守的行为，我们制定了《中国建设银行员工行为排查办法》，组织分支机构及时了解、掌握员工的工作表现、社会交往、家庭状况、经济往来等方面情况，一旦发现风险苗头，就果断采取相应的处置措施，消除隐患。

五是完善案件查防工作奖惩制度，形成奖罚分明、激励约束双管齐下的局面。建设银行制定了《关于工作人员堵截、检举和抵制违规违纪及违法犯罪行为的奖励办法》，明确规定对有效堵截、检举和抵制违法违纪违规行为、保护建设银行资产和信用安全的有功人员进行奖励，最高可达20万元。建设银行还制定了《中国建设银行工作人员违规失职行为处理办法》，全面规定了各种违规失职行为的处理标准，对案件的责任人，从经办、管理、领导三个层面进行责任追究，重大案件上追两级甚至三级。2005 年至 2008 年，全行共处理违规失职人员 37 934 人次。为有效解决有章不循、违章操作问题，我们还借鉴交通部门对违章司机进行扣分管理的办法，制定了《中国建设银行工作人员轻微违规行为积分管理办法》，对各种轻微违规行为进行积分，并与个人绩效考核、评先评优等挂钩。2005 年至 2008 年，全行共有 135 771 人次被积分 308 565 分。

三、大力加强纪检监察系统自身建设

总行党委高度重视加强纪检监察队伍建设，把纪检监察部门作为重要的综合性内控管理部门，在组织机构设置、人员配置、履行监督职责等方面都给予了大力支持。纪检监察自身也注意不断提升能力、开拓创新，充分发挥对全行改革发展的支持保障作用。

一是加强组织机构建设。建设银行实施股份制改造以来，按照中央纪委关于"股份制改造要做到纪检监察机构加强、纪检监察力量加强、纪检监察工作加强"的要求，总行党委制定了《中国建设银行纪检监察组织机构设置方案》，根据这一方案，凡是设立党委的分支机构都设立了纪委和纪检监察部门，没有党委的基层机构，派驻了纪检监察特派员，全行形成了一套体系完整、职责明晰的纪检监察组织架构。2008 年底，全行共设有纪检监察部门 363 个，配备专职纪检监察人员 2 473 人，兼职 1 676 人。其中，纪检监察特派员 1 407 人。2008 年，总行党委还加大了分行纪检监察领导人员的选配力度，配齐配强了各分行的纪委书记和纪检监察部总经理。

二是提升自身素质和能力。近年来，全行对纪检监察干部的培训力度逐年加大，除参加中央纪委举办的纪检监察干部培训班外，总行每年还组织不同层级纪检监察人员参加的培训班、专题研讨会。2009 年初，我们还举办了一级分行新任纪委书记培训班。我们规定，各级纪委书记和纪检监察部负责人每年要述职述廉，要向上级纪委监察部门报送 1 ~2 篇有价值的调查报告或研究文章。在深入学习实践科学发展观活动中，我们组织了专门的课题调研，提出了用科学发展观指导纪检监察工作的思路和方法。全行纪检监察人员主动适应建设银行上市后的新形势和新要求，着力提升"五种能力"：贯彻落实科学发展观、服务全行中心工作的能力；对领导人员有效监督的能力；依法执纪、依法办案的能力；适应上市银行经营管理需要开拓创新的能力；协助党委加强反腐倡廉建设和组织协调反腐败工作的能力。

三是创新工作理念和思路。为了适应建设银行境内外上市后反腐倡廉建设的需要，我们明确提出了"纪检监察融入业务、纪检监察促进发展、纪检监察创造价值"的工作理念，努力提高纪检监察工作的贡献和价值度。通过对实践中好做法的总结、升华，提出了"六个延伸"的工作思路：由对领导人员廉洁从业的监督，向对权力运行过程的监督延伸，以促进正确决策和减少腐败行为；由对领导人员的关注，向对全行员工的关注延伸，不断加强员工职业操守建设和从业行为监督管理；由对案件的事后查处，向事中、事前主动防控案件延伸，努力将案件风险消除在萌芽或未发状态；由对员工违法违纪案件的查处，向对重大违规操作事件的查处延伸，逐步构建覆盖严密的员工违法违纪违规失职行为综合查处体系；由对员工行为排查，向对业务风险点排查延伸，通过"双排查"把对人的监督和对事的监督结合起来；由对境内机构及人员的监督，向对海外机构及人员的监督延伸，主动适应建设银行海外业务不断发展的新形势。

四是探索完善纪检监察工作机制。我们不断探索加强纪检监察系统的"双重领导"，强化各级纪委监察部门在监督上的独立性和权威性。加大上级纪委监察部门对下级纪委监察部门的领导力度和业务指导力度，推行一级、二级分行纪委书记交流任职；下级党委提名推荐纪委书记，要事先与上级纪委充分沟通，对纪委副书记和纪检监察部总经理的任命和调整，必须报经上级纪委和纪检监察部同意。进一步规范了纪委书记在同级班子中分管工作的范围，避免分管不利于纪委书记履行职责的业务。

在中央纪委的正确领导和大力支持下，我行在反腐倡廉建设方面做了一些工作。但是，与中央的要求和建设银行自身发展的需要相比还有较大差距。在一些分支机构，违规违纪问题还时有发生，案件还时有暴露，腐败现象还时有显现。特别是在当前内外部经营管理环境出现重大变化的情况下，银行反腐倡廉、防范风险的任务更加艰巨。一是受到国际金融危机的冲击，银行容易成为少数人非正常获取资金，甚至诈骗、抢劫的目标，银行员工也容易成为不法分子拉拢腐蚀的对象；银行工作人员以贷谋私、人情贷款的动机也有所增强，一些隐藏在信用风险名义下的操作风险和道德风险可能会集中暴露。二是国有银行股改后员工在《刑法》上的身份由国家工作人员转变为股份制企业的员工，相同的职务犯罪行为所适用的罪名和刑罚发生重大变化，犯罪成本明显降低，员工作案特别是作大案的道德风险有所增加。如原来判处贪污罪的，最高可判处死刑；身份转变后，只能判处职务侵占罪，最高只有15年。原来的挪用公款罪，最高是无期徒刑；现在变为挪用资金罪，最高只有10年。三是随着改革和业务发展的逐步深入，银行管理模式、组织架构、经营地域、业务领域和流程等都会发生深刻的变化。如何跟上改革发展步伐，不使其产生监督“盲区”，越来越成为纪检监察部门面临的重要课题。

下一步，我们将认真贯彻落实中央纪委三次全会精神，继续坚持“标本兼治、综合治理、惩防并举、注重预防”的方针，不断完善惩治和预防腐败体系，深入推进全行党风建设和反腐倡廉工作，为建设银行的改革和发展多作贡献。当前，我们拟重点做好以下几项工作：一是着力抓好对领导人员的教育和监督，加大巡视工作力度，促进全行党风行风的进一步好转。二是着力抓好各级机构的案件查防工作，促进全行各项业务的安全平稳运营。三是着力抓好员工从业行为的管理和监督，促进全行员工遵章守纪意识的进一步增强。四是着力抓好执规执纪，促进科学发展观的贯彻落实和各项规章制度的严格执行。五是着力抓好党委提出的“十项治本措施”以及其他相关改革措施的推进实施，从源头上预防各种腐败和风险。六是着力抓好纪检监察自身建设，为反腐倡廉建设提供坚强的组织保障。全行纪检监察干部都要按照贺国强书记在全国纪检监察干部工作会议和中央纪委三次全会上的要求，做党的忠诚卫士、当群众的贴心人。目前，建设银行正在研究具体措施，准备制定下发《关于进一步加强和改进全行纪检监察队伍建设的若干意见》。我们相信，在党中央、国务院、中央纪委和总行党委的正确领导下，建设银行的反腐倡廉建设一定会取得更大成绩。

以上汇报不妥之处，请批评指正！

增强风险和责任意识 做好新形势下的安全保卫工作

——在全行安全保卫工作会议上的讲话

辛树森

（2009年4月9日）

同志们：

这次安全保卫工作会议的主要任务是：认真贯彻2009年全行工作会议精神，总结2008年以来安全保卫工作情况，深入分析当前面临的安全形势，围绕建设银行各项业务持续健康发展这个中心任务，部署2009年的安全保卫工作。下面，我讲几点意见，供大家讨论。

一、2008年安全保卫工作的回顾

2008年，各级行在总行党委的领导下，加强日常治安保卫、安全生产监督管理，积极预防和妥善处理各类突发事件，在维护全行正常经营秩序，保障银行财产和员工、客户人身安全的前提下，取得了以下显著成绩。

（一）创建“平安建行”活动初显成效

为深入贯彻《中央政法委员会、中央社会治安综合治理委员会关于深入开展平安建设的意见》，进一步维护建设银行的安全和稳定，总行于2007年5月下发了《关于深入开展创建“平安建行”活动的通知》（以下简称《通知》），又在天津召开了安全保卫工作会议，张建国行长到会并作重要讲话，具体部署了开展创建“平安建行”活动的各项工作。各分支行按照《通知》要求和天津会议精神，在所辖机构积极开展创建“平安建行”活动。截至2008年底，有4 804个分支机构被评定为“平安建行”工作先进单位、“平安分、支行”和“平安网点”。各级行还将公安、银监部门组织开展的“银行安全评估活动”与创建“平安建行”活动结合起来，将安全评估活动纳入创建“平安建行”活动的范围。全行有9 855个基层机构通过安全评估，占参评机构的99.92%，其中评定优秀的有3 927个，占39.82%。在创建“平安建行”活动中，按照总行《通知》精神和地方党委、政府“平安建设”的要求，许多行结合本行实际，积极探索加强基层机构内部控制和管理、做好安全稳定工作的思路，为创建“平安建行”活动提供了宝贵经验。

（二）确保奥运会等重大活动期间全行的安全稳定

2008年，我们把做好奥运期间的安全保卫工作、维护全行的安全稳定当做建设银行的一项重大政治任务来抓。为确保全行奥运期间的安全稳定，总行下发了《奥运会期间建设银行安全稳定工作方案》（以下简称《方案》），对奥运会期间安全稳定工作的目标、内容、措施等提出了具体要求，并两次召开视频会议，部署奥运期间的安全营运、维护稳定和治安保卫工作。总行还组成了11个安全检查组，先后对北京、天津等15个分行奥运期间的安全保卫工作进行了检查，对检查发现的安全隐患，责成有关分支行整改并通报全行。全行按照《方案》要求，加强了奥运场馆周边和奥运火炬经过地区分支机构的内部治安、维护稳定和安全生产管理。北京、上海、天津、青岛、沈阳、秦皇岛承担奥运赛事的城区所在分支机构更是全力以赴，采取了强有力的安保措施，为奥运会各项赛事的顺利进行提供了安全保障。与此同时，全行还针对“两会”、改革开放三十周年等重要政治活动和节假日，做了大量的安全保卫工作，确保了全行的安全稳定。

（三）积极应对南方冰雪和四川汶川特大地震灾害

2008年初，我国南方地区遭遇了持续的低温雨雪冰冻灾害，5月12日，四川汶川一带又发生8级特大地震，湖南、贵州、云南、四川、陕西、甘肃等多个分行受灾。灾害发生后，灾区分行安全保卫部门迅速将抗灾、救灾纳入工作日程，制定下发了《中国建设银行自然灾害应急处置预案》（以下简称《预案》）、《关于做好地震应急工作的紧急通知》、《关于加强地震灾区安全稳定工作的紧急通知》，指导全行的抗灾、救灾工作。灾区分支机构在地方党委政府的统一领导下，按照《预案》的相关要求，迅速反应、紧急行动，积极做好抢险救灾和灾后重建各项工作，各级安全保卫部门及时将抗灾、救灾情况上报各级行领导和有关部门，为行领导指挥抗灾、救灾提供了依据。同时千方百计地克服困难，恢复营业，为灾区的抗灾、救灾和灾后重建提供金融服务。由于全行共同努力，特别是灾区各级行领导和员工在大灾面前发扬万众一心、众志成城、不畏艰险、百折不挠的大无畏精神，实现了抗灾、救灾和业务发展的双胜利。

（四）外部侵害案件、群体性事件和安全事故的防控取得了显著成果

2008年，全行安全保卫部门加强了对外部侵害案件的安全防范。通过提供安全警示、开展安全巡查、加强安全技术防范、严格岗位安全操作等方式，提高了对营业场所、自助银行和自助机具、电子银行网络等银行交易渠道和办公区域的安全防护水平。2008年，全行共发生外部侵害刑事案件1件，涉案金额44.18万元，没有发生资金损失，与2007年相比，案件数量减少1件，下降50%；涉案金额减少216.92万元，下降83%；资金损失减少234.6万元。全行还成功堵截外部侵害案件55件，涉及金额8 063.8万元。

全行安全保卫、信访和人力资源等部门认真做好不稳定因素的排查，对因协议解除劳动合同而离岗、经济纠纷等产生的矛盾，加大政策宣传、矛盾调解和法治教育的力度，千方百计把矛盾化解在萌芽状态。同时在公安、信访等部门的大力协助指导下，及时妥善地处置聚众上访、滋事闹事等群体性事件。2008 年，全行共发生群体性治安事件 5 起，参与人员 473 人次，和去年同期相比，事件数量下降 50%，参与人次下降 47%。

全行安全保卫部门会同后勤管理部门加强了特种设备、公务车辆、危险物品、食品、药品、饮用水的安全生产监督管理，降低了各类安全事故发生比率。2008 年，全行共发生安全事故 4 起，造成 3 人死亡（其中内部员工 2 人），1 人受伤，和上年同期相比，事故数量减少 1 起，死亡人数减少 6 人，受伤人数减少 7 人。

（五）远程监控报警联网建设和守押社会化改革取得新进展

为了加强外部防范和内部管理，各行按照《中国建设银行监控报警联网建设指导意见》要求，在全行范围稳步推进远程监控系统建设，努力实现技防系统的网络化和集中控制，致力于打造安全防范、内控管理、检查监督的综合平台。截至 2008 年底，已有 27 个一级分行开展了远程监控报警联网建设，建成远程监控报警中心 171 个，其中一级分行管理的平台 17 个，二级分行管理的平台 154 个，有 11 个一级分行制订了远程监控联网方案并已通过项目论证。各行按照《中国建设银行守押体制改革意见》的要求，坚持“条件成熟一个，运作一个”的原则，积极稳妥地开展守押体制改革。截至 2008 年底，全行已经有 81.95% 的营业网点现金押运、61.75% 的金库守护委托保安公司承担。社会化公司派驻我行的保安、押运员达 35 124 人，占全部守押人员的 87.81% 以上。随着守押社会化改革的推进，2008 年与 2002 年比较，我行守押枪支由 15 882 支减至 1 964 支，减少了 13 918支，减幅为 87.63%，有 11 个分行实现了零枪弹，有效地降低了枪弹风险。

同志们，全行创建“平安建行”和安全保卫工作取得的这些成绩，是各级行领导高度重视、各部门相互配合协同作战的结果，也是全行安全保卫人员努力工作才取得的。许多同志在本职岗位上不顾个人得失和安危，任劳任怨、恪尽职守、勇于奉献。在此，我受郭树清董事长、张建国行长委托，代表总行党委、高管层向参加会议的同志，并通过你们向战斗在第一线的安全保卫和负责综合治理的同志、向所有为建设银行安全保卫工作作出贡献的安全员、驻行保安员和其他安全保卫同志表示亲切的慰问和衷心的感谢！

建设银行安全保卫工作得到了各级党委、政府和银监、公安等部门的精心指导与大力支持，借此机会，我代表建设银行向多年来关心、支持我行安全保卫和维护稳定工作的各级领导和有关部门同志表示衷心的感谢！

二、增强风险和责任意识，做好新形势下安全保卫工作

同志们，我们在回顾 2008 年工作取得成绩的同时，也要清醒地认识到影响我国安全和稳定的因素仍然大量存在，有的还相当严重。全行在安全管理和案件防范上还存在很多问题，我们的工作与形势发展的要求还有一定差距，面对新形势、新特点和新任务，全行的安全保卫工作面临许多新情况和新问题，需要我们认真应对。

从国际、国内严峻的安全形势来看，一是 2009 年是新中国成立 60 周年，也是西藏实行民主改革 50 周年。与此同时，平息 1989 年的政治风波已 20 年了，取缔打击“法轮功”邪教组织也有 10 年了，政治敏感时段相对集中。种种迹象表明，在全国各族人民欢庆胜利的时候，西方反华势力、“藏独”、“东突”、“民运”和“法轮功”邪教组织等各种敌对势力一定会加紧勾结，借机发难，企图掀起新一轮反华反共浪潮，甚至实施暴力恐怖活动。二是随着全球性金融危机对我国经济社会的影响和冲击不断加深，我国经济运行困难增加，经济生活中出现的问题必然反映和折射到社会领域。因金融危机对我国的影响进一步加剧，沿海不少中小企业已经停产倒闭，大量农民工返乡，必然增加就业压力；同时今年大学应届毕业生加上 2008 年底就业的毕业生，总数超过 700 万人，现在国家正在积极采取各种措施解决大学生就业问题，下岗和失业的人员比往年增多，一旦导致个人生存危机，社会矛盾有可能尖锐化，进而可能衍生成为重大社会问题。根据公安部门预测，2009 年案件发生数将同比呈两位数增长，同时也将成为群体性事件的高发年份。

从内部来看，我行安全保卫工作还存在一些

薄弱环节。主要表现在以下几方面。

（一）创建“平安建行”活动还有待于进一步深入

少数分行的领导对创建“平安建行”活动的认识还不够，重视程度还不高，支持力度不大，部分行对创建活动宣传、部署不够深入，开展进度比较缓慢，措施不力，效果不明显。

（二）部分要害部位的安全防护能力不强

一是全行计算机房的安全防护级别比较低，难以抵御暴力侵害和持枪、持械歹徒的攻击。二是二级分行及以下分支机构的办公楼有近30%没有取得消防验收合格证。三是部分离行式自助银行和自助设备的安全管理薄弱，成为不法分子作案的高发部位，近年来全行发生的诈骗、盗窃、抢劫银行资金的案件大多发生在这些部位。

（三）少数分支机构管理不善、员工违章操作

有的分行重业务开拓、轻安全防范，制度形同虚设，员工违章操作的情况仍然屡屡发生。2008年，全行安全保卫条线共发生轻微违规2 989人次，累计积分5 595分。由于上述原因，目前全行刑事、治安案件和安全责任事故仍时有发生。

（四）安全保卫人员素质有待于进一步提高

全行安全保卫人员结构不合理，尤其是懂金融、懂法律、懂安全设施管理的专门人才稀缺。少数安全保卫人员风险和责任意识不强，业务素质低，个别人员纪律松散，甚至违法乱纪。

产生上述问题既有内部的原因，也有外部原因。从内部讲，一是有的领导对安全保卫工作认识不到位，缺乏紧迫感和责任感，往往出了问题才引起重视。二是部分员工的风险意识和责任意识还比较淡薄，执行力差，违章操作的情况还比较普遍。三是全行安全管理和防范的手段还不适应当前严峻的社会治安形势，一些要害部位和案件易发环节还不能做到实时监控和事前预警。

面对当前的严峻形势和诸多问题，在拉内需、保增长、保民生的社会大环境下，各级行领导和安全保卫部门的同志要牢固树立“安全无小事”、“稳定压倒一切”的理念，大力增强风险意识、责任意识和改革创新意识，建立安全保卫工作长效机制，定期分析研究安全保卫工作，采取切实措施，严格加强管理，认真做好2009年的安全保卫工作。

2009年全行安全保卫工作的总体要求是：认真贯彻党和国家关于社会治安综合治理和安全生产管理的指示，紧紧围绕全行改革和业务发展，以维护稳定、保障安全、创建“平安建行”为主线，做好内部治安保卫、安全生产监督管理和突发事件应急管理工作，营造良好的银行经营秩序和工作环境，保障员工、客户的生命和银行财产安全，防范刑事案件、治安案件和安全事故的发生，为全行改革和业务的健康发展提供强有力的安全保障。

全行安全保卫工作要达到的目标是：营业、办公场所秩序井然，重要设施、设备运行正常；不发生重大刑事案件、抢盗得逞案件，不发生严重影响社会稳定的治安事件，不发生重特大安全责任事故；及时、妥善地处置各类突发事件，将损失及影响降低到最小程度；全行营业场所、自助设备、金库、计算机房、办公楼的安防设施、消防设施达到国家规定的标准；守押社会化和远程监控报警联网工作进一步推进。

围绕安全保卫工作的总体要求和目标，全行必须重点抓好以下工作。

（一）深入开展“平安建行”创建活动，营造安全、和谐的经营环境

各级行要结合本地区和本行的实际情况，继续推进“平安建行”创建活动。要认真抓好学习宣传、检查整改、考核审查、批准授予、复查验收各环节的工作，授予一批符合条件的“平安分（支）行”和“平安网点”。各级行综合治理领导小组和安全保卫部门要加强对创建“平安建行”活动的检查和指导，及时总结经验，解决创建活动中出现的问题，使创建活动有条不紊地进行。要加强已获得“平安分（支）行”、“平安网点”称号的管理，将“平安建行”创建活动与基层分支机构的日常管理、检查、考核结合起来，使创建活动收到实际效果，实现创建活动的常态化。总行将在适当的时候召开会议，表彰创建“平安建行”活动先进集体及个人。

在开展创建“平安建行”活动的同时，各行要按照《银行业金融机构安全评估办法》的要求，积极配合公安机关和银行监管部门做好银行安全评估工作，认真整改发现的问题，确保所辖分支机构达到合格和优秀标准。

（二）加强内部治安管理，维护社会和金融稳定

各级行要认真贯彻《企业事业单位内部治安保卫条例》，继续加强建设银行内部的治安管理。努力维护好正常的经营秩序。要加强营业场所和办公区域及重点部位的出入管理，严格出入查验、登记制度。要做好办公楼和营业场所周边的治安巡逻，发现抢劫、盗窃、寻衅滋事等违法行为，要坚决制止并送公安机关处理。

2009年以来，协解人员群体性上访事件出现银行同业间串联、上访人数增加、组织更加严密等特点，各级行要及时掌握他们的信息和动向，继续配合当地公安、信访等部门做好协解人员的政策解释和思想疏导工作。引导他们按照法律规定的渠道和程序，反映个人诉求，维护自身的合法权益。对少数组织、策划聚众上访、滋事闹事的骨干人员，要将其违法行为报告公安机关，由公安、司法机关依法处理。尽量将群体性上访事件消灭在萌芽状态，处理在基层。

近年来，因理财产品、代理业务等交易纠纷引发上访和投诉的现象增多，各级行要坚持依法开展信贷、理财等各项业务，推介产品、提供咨询时，要如实提供相关信息，做好风险提示和政策解释。受股市下挫和金融危机等因素影响，部分到期的银行理财产品出现亏损，导致部分客户不满，要按照总行《理财产品客户投诉处理预案》等规定，做好解释和安抚工作，防止引发群体性事件。

（三）落实各项防控措施，加强外部侵害案件的防范

各级行安全保卫和有关业务部门要加强对金融诈骗、盗窃、抢劫等外部侵害案件的防范，确保不发生重特大案件和抢盗得逞案件，最大限度地维护建设银行和客户利益。

要大力加强自助设备的安全管理，遏制自助设备案件的高发态势。2008年外部侵害案件突出表现为自助设备案件频繁发生，有的犯罪嫌疑人冒充银行张贴“通知”诈骗客户；有的用偷换银行卡，或安装读卡器等手段盗取客户资金；有的用暴力手段袭击抢劫客户资金；有的明目张胆地切开ATM进行盗窃，严重影响了自助设备正常运行和建设银行的声誉。针对自助设备案件频发的态势，各行一定要高度重视，采取切实措施加强防范：一是要加强自助设备的安全巡查，尤其要加强夜间的安全巡查，发现可疑人员或存在的安全隐患时要及时处理；二是要健全和完善联防机制，通过与自助设备所在地单位签订联防协议，把自助设备安全防范纳入所在地的治安管理中；三是加大客户安全用卡的宣传力度，通过发放安全手册等方式宣传安全用折、用卡知识，提高客户自我防范和保护意识；四是完善监控报警设施功能，确保发生案件时能第一时间获取报警信息；五是要与当地公安机关加强信息沟通，配合公安机关严厉打击针对自助设备的违法犯罪活动。

要加强金库出入的安全管理，严格金库出入人员、物品查验登记制度。做好网点接送款和上门收款的安全防护，防止抢劫、盗窃案件的发生。要做好营业场所反抢劫、抢夺工作。营业场所保安员及安全员要严格履行职责，加强营业场所及周边区域警戒、巡查和日常安全管理。要定期组织一线员工开展针对抢劫、盗窃、诈骗等突发事件预案的演练，提高处置突发事件的能力。同时要加强对网银客户安全操作方面的宣传教育，严格柜台签约管理，加强对可疑交易的监管和控制，及时甄别可疑交易并进行处理，发现案件线索要及时移交安全保卫部门处置。要完善网上银行的安全防护措施，防范利用网上银行诈骗资金的犯罪活动。

加强枪支弹药安全管理，防范涉枪案件的发生。最近，重庆市发生了杀害哨兵、抢劫枪支的恶性案件，为此，各行一定要引起高度重视，提高警惕，对于多余的枪支，要按规定尽快上缴公安部门，对现有的枪支要严格管理，严格执行《守护押运枪支管理规定》，认真落实枪支管理责任制，加强枪支保管、领用、交接、使用各环节风险点的管理和控制，严格执行守护押运人员“六条禁令”，确保我行的枪支安全。

（四）严格内部安全监督管理，防止安全责任事故的发生

2009年元宵节晚上，中央电视台新址附属文化中心在建大楼发生重大火灾事故，给国家财产造成重大损失和恶劣的影响。最近北京中央美院、新科技馆又发生火灾。我行要引以为戒，各级行领导和安全保卫等部门要牢记“安全责任重于泰山”。严格履行职责，加强内部安全监督管理，确保各项设施、设备时刻处于安全和正常状态。要按照公安消防部门的要求，做好办公楼消防隐患整改工作，确保办公楼各项设施达到国家规定的标准。要加强防火宣传和日常消防管理，教育员工和客户严格遵守各项消防规定，督促各部门做好责任区内的防火工作。要加强公务用车的安全管理，做好交通安全的教育知识培训，防止违章驾驶和故障车上路行驶，避免重大交通事故的发生。要加强安全防护设施、消防设施的管理，充分发挥设施、设备的作用。特别要做好数据中心、计算机房及水、电、空调等配套设施设备的安全管理，防止因设备损坏、供电中断等影响生产运行系统的正常工作。

（五）做好应急管理工作，妥善处置突发事件

建设银行作为一个大型上市公司，要加强危机管理，妥善应对各类突发事件。要完善应急管理体制，建立健全兼职抢险救护队伍，完善相关突发事件处置预案，加强应急预案的持续动态维护，提高应急预案的有效性、可操作性。要定期组织应急处置演练，要加强应急意识教育，加大培训与宣传力度，提高各级领导和员工的应急处置能力。突发事件发生后，要立即按照处置预案，组织相关部门和人员妥善处置。要加强与地方党委、政府及有关部门的联系，认真做好现场警戒、故障排查、人员财产抢救、善后处理、总结评价等工作，要完善突发事件的报告和沟通机制，密切关注事态的发展，及时进行情况通报，确保信息畅通，最大限度地控制突发事件的影响程度和范围。

近年来，全国自然灾害频发。各级行领导要重视防灾、减灾工作，分支机构要按照国家和总行的规定及当地政府有关要求，建立完善灾害应急机构及抢险救灾队伍，开展自救、互救演练。自然灾害发生后，灾区分支机构要在当地党委、政府的统一部署下，做好抗灾、救灾工作，确保灾区机构的正常营运和人员、财产安全，努力为抗灾、救灾和灾后恢复重建提供金融服务。

（六）积极稳妥地推进守押社会化和监控报警联网建设

要继续认真落实《中国建设银行守押体制改革意见》的各项要求，积极稳妥地推进守押体制改革。已实行守押等事务社会化的分支行，要按照《中国建设银行安全保卫委托事务管理暂行办法》的规定，加强对受托公司及驻行保安员的管理和监督，完善相关合同条款，并严格监督检查协议的履约情况。发现违章操作和服务质量问题，要及时采取措施，防止发生新的安全隐患和管理漏洞。未实行守押事务社会化的分支行，要加强对本地区保安、守押企业和市场的调查研究，按照总行“凡是当地有具备资质的受托企业，符合安全保卫对外委托条件的，都要将守押业务委托给当地守押公司”的要求，加快守押社会化的改革步伐。与此同时，其他安全保卫的操作岗位，如消防控制室和视频监控室值勤、自助设备巡查等，也要按照社会化、专业化的要求，尽可能委托社会化专业公司承担。

要按照《中国建设银行监控报警联网建设指导意见》的要求，积极推进监控报警联网建设工作。总行要求2010年底基本建成远程监控报警联网系统，实现一级、二级分行监控报警联网。各行要在充分利用现有监控报警设施的基础上，通过整合目前单一、分散的报警监控系统，推进监控报警联网建设，加强基层机构内部控制和管理，提高突发事件的预警能力。在项目建设上可以采取统一规划设计，分期、分批实施，重点推进以二级分行远程监控报警中心为主要管理平台，对辖内各重点部位实施24小时远程监控报警联网模式。各行要提高认识，加强对此项工作的领导，在当前资源趋紧的情况下，要注重提高资源的投入产出效率，尽可能节约资金，把有限的资源使用好、管理好。财务会计、信息技术等相关部门对远程监控报警联网建设要给予必要的财力和技术上的支持，安全保卫和有关业务部门要抽调得力人员抓好这一工作。已实现监控报警联网的分行，要做好监控中心人员的配备、培训和系统的管理维护，确保监控信息能得到及时分析、反馈和处理，充分发挥远程监控报警联网在安全管理、内控合规检查、事后监督和文明优质服务等方面的作用，成为建设银行对基层机构管理和控制的平台。同时，分支机构要建立健全突发事件快速处置机制，及时处置远程监控报警发现的各种问题和突发事件。

三、加强安全保卫队伍建设，努力提高安全保卫队伍素质

要加强安全保卫部门和安全保卫队伍的建设，充分发挥保卫部门的职能作用。长期以来，全行保卫人员积极努力工作，为做好安全稳定工作付出了辛勤劳动，取得了较好的成绩。但是，我们也应看到，随着形势的发展，对安全保卫队伍素质和安全保卫工作水平的要求越来越高，全行安全保卫队伍仍有许多不相适应的地方。少数安全保卫人员责任心不强，缺乏进取心；有的安全保卫人员纪律松懈，违章操作严重。个别安全保卫人员滥用职权、以权谋私、贪赃枉法，走上了经济犯罪的道路。2008 年发生的四川省分行安全保卫部原总经理张龙汀，在安防设备集中采购过程中的受贿案件，损害了建设银行干部和安全保卫队伍的形象，给我们敲响了警钟。我们从总行到分行都要吸取教训，要严格采购纪律，从严肃执纪入手，从严要求、从严教育、从严管理，切实加强安全保卫队伍建设。

（一）科学合理配置安全保卫机构和人员

各级行要按照安全保卫工作特点和总行要求，设置安全保卫机构，配备安全保卫人员，确保安全保卫工作做到组织和人员落实。要配备政治素质强、善于管理、精通安全保卫业务的同志担任保卫部门负责人。同时要加强对他们的教育培训、管理监督和考核。各级行安全保卫部门负责人要率先垂范，做勤政廉洁的带头人。安全保卫岗位是管理枪支弹药、安全防护设施，承担治安防范的要害岗位，对不适合做安全保卫工作的人员，要及时进行调整，努力建立一支政治可靠、纪律严明、勤政廉洁、作风过硬、业务熟悉的安全保卫队伍。

（二）加强安全保卫人员的思想教育和岗位培训

各级行安全保卫部门要组织广大安全保卫人员认真学习有关的法律、法规和行内各项规章制度，学习安全保卫工作操作规程和相关的业务知识，组织好岗位培训，不断提高他们的思想素质和业务技能。要继续在保卫队伍中开展爱岗敬业、遵章守纪、文明值勤的专项教育活动，树立良好的职业道德和工作作风，大力表彰那些忠于职守、勇斗歹徒、敢于同违法乱纪行为作斗争的先进人物。要经常了解分析安全保卫人员的思想、工作状况，有的放矢地做好思想政治工作，基层机构保卫人员工作条件比较差，工作十分辛苦，各级行领导和上级保卫部门要深入基层，关心他们的学习、工作和生活，尽可能地解决他们的实际困难。

（三）严格安全保卫人员的管理和监督

科学管理是加强安全保卫队伍建设的有力保证。首先要建立健全安全保卫各项规章制度，确保每个岗位和主要业务工作有章可循。其次要加强岗位操作的日常监督和检查。各级安全保卫负责人和上级安全保卫部门要定期查岗、查哨，检查安全保卫人员的岗位操作情况，发现违章操作要立即纠正并按有关规定处理，属于违法、违纪的，要报告纪检监察部门严肃查处。各级纪检监察和审计部门要做好对安全保卫部门的效能监察和审计监督，及时发现和处理存在的安全隐患和违章、违规行为。

同志们，总行领导高度重视安全保卫工作，郭树清董事长最近指出："消防、安全、办公室环境不是小事，都是一家企业管理水平的重要检测指标，希望能切实抓好。""办公楼和营业场所的安全保卫工作也需要引起高度重视，引进科学的制度和办法，真正做到万无一失。"张建国行长也多次强调："要大力加强自助设备的安全管理，遏制自助设备案件的高发态势。"各级行领导要按照郭树清董事长、张建国行长的指示，以高度的政治责任感，切实加强对安全保卫工作的领导。要确立"安全无小事"的理念，认识任何时刻、任何微小的疏忽和麻痹大意都会给国家财产、银行资产和员工客户的生命财产造成无法挽回的损失和严重的影响。为此，一定要居安思危，认真负责地做好各项安全防范，不可有丝毫麻痹和疏忽，确保办公、营业场所和其他要害部位的各项安全措施落实到位，不留有安全隐患和死角。要认真贯彻落实"谁主管，谁负责"的原则，层层落实安全保卫责任制，行长要切实承担安全保卫工作第一责任人的职责，做到"两手抓，两手都要硬"，分管行长要对本行安全保卫工作直接负责，经常过问安全保卫工作，切实解决存在的突出问题。要充分发挥各级社会治安综合治理领

导小组成员部门的作用，将各项安全责任层层落实到各级行和各部门。业务部门要根据本部门业务的特点和安全责任制的要求，找准本部门工作中的风险点，按照“看好自己的门，管好自己的人，做好自己的事”的原则，制定和落实本部门的安全防范措施。要把安全责任制的落实情况作为考核的重要内容，凡发生重大案件和安全责任事故的，要坚决实行“一票否决”，并追究有关领导和人员的责任。

同志们，当前我行内部治安管理和安全生产的形势还很严峻，安全管理和维护稳定工作任重而道远，各级行领导和安全保卫部门的同志一定要增强风险和责任意识，做好新形势下各项安全保卫工作，为创建平安、和谐的一流商业银行而努力工作，为建设银行的业务发展和安全稳定作出我们应有的贡献。

认清形势　加大力度
继续开创信访工作新局面

——在中国建设银行信访工作会议上的讲话

辛树森

（2009 年 4 月 23 日）

同志们：

这次全行信访工作会，是经总行党委同意召开的一次维稳工作重要会议。会议将学习贯彻胡锦涛总书记、温家宝总理等中央领导同志对信访工作的重要批示和指示，深入贯彻落实全国维护稳定暨信访工作会议精神；回顾总结近年来全行信访工作发展，围绕“保增长、保民生、保稳定”的总体要求，进一步部署全年信访维稳工作。会议还将就信接访工作有关问题进行授课、交流。

一、近年来全行信访工作的基本做法

（一）党委重视，信访工作作为建设和谐建设银行的基础性工作摆到了重要位置

信访工作作为建设和谐建行的基础性工作，在围绕建设银行中心任务、服务改革发展大局、营造良好的内外部环境中担负着重要的责任。总行党委和领导对信访工作非常重视，始终坚持从维护大局稳定出发，把信访工作作为构建和谐建设银行的基础性工作，要求加强对信访反映的各类不同问题认真研究、慎重妥善解决和处理，并及时调整和加强信访维稳工作的领导与组织建设，强化做好新时期信访工作的政治意识、大局意识、责任意识；提出加强信访工作管理、防范银行风险、加快改革创新以及履行社会责任方面的重要意见，进一步明确了做好新时期信访问题的工作定位、指导思想、目标任务和方式方法。郭树清董事长十分关注信访和维稳工作，高度重视贯彻落实中央和国务院领导同志以及中央联席会议、银监会等关于信访维稳工作的部署和要求，多次主持党委会，研究从政策和源头上化解矛盾纠纷的有效途径和工作思路；前一段，按照中央领导同志关于“银行一把手负总责”的批示要求，亲自主持并连续召开了有关部门参加的专题会议，研究部署贯彻措施；经常批阅群众来信、资料，亲自过问、了解群众上访处置情况；利用参加会议和工作调研之机，专门与分流人员进行座谈，面对面了解情况、听取意见。张建国行长高度关注信访维稳问题，要求各级组织在积极推进经营、改革的各项工作中务必重视上下联动做好维稳工作，强调信访处置工作第一责任人的落实，妥善化解信访突出矛盾，并对依法、按政策规定处置群体上访提出了具体要求；十分重视群众来信的核查和信访事项的处理，要求信访部门认真落实

"事要解决"的要求，切实维护群众的合法权益。张建国行长几次跟我讲：抓信访工作不容易，麻烦的事情多，对政策把握的要求很高。谢渡扬监事长也非常关心信访维稳问题的妥善处理，重视在全行审计检查中通过信访揭示违规问题和风险隐患的工作，要求加强对发现问题的整改落实。

根据工作需要，总行几年前成立了信访办公室，配备了专职工作人员，各分行也相应成立了分管部门，明确了信访维稳工作责任分工，形成了部门各司其责、上下协调联动处置信访维稳问题的工作格局，工作卓有成效。

各级行党委和领导在肩负经营管理和市场竞争巨大压力的情况下，高度重视处理信访问题，解决信访难题。许多分行领导重视对初信、初访的处理，注意对来信反映涉及员工利益、劳动争议、违法违规、领导作风以及客户对我行服务、产品的投诉反映等问题的核查、研究和追究处理。不少分行党委加强了组织领导，重视矛盾排查化解，在做好正常上访接谈处理的同时，加大对非正常上访的掌控，配合地方有关部门加强对个别重点人员的教育、引导，有效防范上访问题的反复。

河北、内蒙古、辽宁、黑龙江、江西、河南、海南、四川以及其他许多省区分行去年针对奥运会前后等重大活动期间以及信访维稳敏感时段，主动配合当地维稳部门和省区党委政府驻京信访工作组，加强协调联动，及时做好稳控工作。特别是一些与北京距离较近、工作难度较大的分行党委加强统筹安排，分管领导加大工作力度，全力以赴做好稳定工作，及时控制事发局面，有效地缓解了首都地区和总行的压力，特别是北京、河北等分行为奥运作了很大贡献。通过全行上下认真排查、化解矛盾，热情接访疏导情绪，积极推进"事要解决"，有效地防止和缓解了大规模上省、进京聚集上访问题的发生，较好地维护了北京奥运会及各项重大活动期间的安全稳定。

在积极推进全行改革发展的进程中，由于各级组织重视通过对信访问题特别是信访突出矛盾和存在问题的妥善处理与积极应对，厘清和解决了一些久拖不决的遗留问题，有效地化解了大量涉及行内、行外不同人员群体的利益诉求争议和突出矛盾；同时，涉及国有银行改革进程中具有共性并有待国家有关方面从法律或政策层面作出明确规定或需要进一步研究解决的矛盾冲突问题也得到了不同程度的缓解。总之，通过全行上下各个方面包括信访工作在内的共同努力，我行正在形成和谐有序、持续健康的工作局面，良好的整体形象也得到提升。

（二）完善机制，新时期信访工作格局基本形成

一是信访维稳责任主体制度进一步强化。以强化责任、整合资源、形成合力为目标，按照"属地管理、分级负责"和"谁主管、谁负责"的原则，各级行建立健全了领导责任制，确立了由"一把手"负总责、分管领导亲自抓、相关部门分工合作的责任体系，使信访维稳工作成为各级组织从大局出发，全盘统筹中的重要议事内容，注意及时分析研究，适时指导辖内信访处置工作，推动了一些因责任不清或其他各种原因而久处边缘化、拖延、扯皮的矛盾纠纷和突出信访问题得到化解和了结。二是处置群体性上访的应急工作机制不断健全并发挥作用。为了妥善处理群体性进京上访问题，维护首都社会稳定和我行良好的办公秩序，根据《中华人民共和国治安管理处罚法》、《国务院信访条例》等法律法规，结合建设银行实际，总行制定了处置群体性上访应急工作预案，为处置群体性上访问题提供了有力的组织和制度保障，形成了相关部门在现场处置、接谈劝返、信息反映、后勤保障中各司其责、协调配合的工作机制。不少分行也根据各自的实际情况制定了相应的工作预案。目前，各级行关于信访和群体性事件的处置工作有了明确的规范和遵循。三是紧紧依靠地方党政部门帮助和支持的协调联动机制逐步加强。在处置群体性非正常上访过程中，我行各级机构重视与地方维稳、信访、公安等部门的协调配合，积极依靠地方党委、政府，通过建立协调联动机制，妥善处置各类非正常上访。有的分行与省区政法、维稳、信访、公安、劳动等组织和部门建立了情况通报、联席会议、现场办公等工作联系制度，做到发生非正常集体上访问题时，有关部门能及时到位指导或配合我行分支机构开展工作，并对涉法重点人实时监控；发生聚众围堵、影响网点正常营业等非正常上访冲突时，地方政府能根据我行第一时间的汇报和申请，及时出动必要的警力帮助维护营业网点和公众场所秩序，积极协调各方参与研究，在属地管理范围按政策法规给予支持解决。地方政府强有力的介入和帮助，促使部分上访人不再坚持无理诉求，非正常上访群体出现分化，可能激化的矛盾在较短时间得到平息和化解。

（三）健全制度，全行信访工作规范化管理水平不断提升

法制、规范等制度化建设同样也是信访工作应遵循的基本要求。近年来，我行以党中央、国务院进一步加强新时期信访工作的意见为指导，以信访条例为依据，针对全行信访工作的基本情况和特点，制发了《加强非正常上访处置工作的意见》、《来访处理操作规程》，这些文件进一步明确了正常接访、处置非正常上访工作的基本原则与方法，相关部门的职责以及相互协调配合的工作机制，使我行来访处置工作做到了有章可循。为了进一步加强信访工作的管理，总行根据变化发展的形势和任务，正在组织修订信访管理规定，制定来信处理操作规程，待进一步征求意见修改后正式下发。在信访工作实践中，总行本部逐步建立了信访来件办理（转办、督察、督办）流程、信访信息统计分析、信访动态发布、群众来信及来访季度情况分析等工作制度，许多分行还结合自身和地区实际，总结制定了有效的信访工作实施方案、信访维稳信息通报等工作制度，为各级领导及时提供决策参考信息、促进建行维稳和谐发挥了积极作用。

（四）以人为本，认真履行和承担社会责任，为和谐稳定作出积极贡献

几年来，我们在坚持依法按政策解决和处置信访突出矛盾的同时，从维护社会稳定、承担社会责任的大局出发，对行内在岗、离退休、内退员工和协解等各类人员解困救助方面的信访诉求给予了高度关注，研究并解决了大量实际问题，取得了明显成效。截至2009年底，全行通过职工互助基金、钱物捐助等方式向行内外有关人员提供了大力帮扶救助，其中为协解人员提供救济款物折合人民币437万余元。不少地处中西部和欠发达地区的省区分行面临协解人员信访矛盾比较突出，我们在相对有限的条件下尽力做出了较多的募集救助。全行还通过机构组织和在岗员工个人资源先后帮助协解人员联系再就业12 540人次，实现再就业5 200余人。各级分支机构利用日常或节假日走访慰问困难协解人员1 500余人次。全行开展的各种形式的救助工作体现了建设银行员工的社会责任和对生活困难社会人员的真切关爱，有助于提升建设银行在全社会中的良好形象，同时对解决协解人员生活困难、稳定思想情绪，促使部分上访人员放弃参与非正常集体上访活动产生了积极影响和作用。

（五）开展调研，积极推动重要信访事项的磨合沟通与协商解决

近年来，总行有关部门多次组成联合工作组，先后拜访了全国人大、国务院的多家主管部门，赴部分省区分行进行工作调研，与当地政法、维稳、公安、信访、劳动人事、军转安置、社保、银行监管等部门以及中央驻省区信访督导工作组就涉及我行当前信访热点、难点问题沟通情况、交换意见，对有关政策的制定和实施、信访诉求的社会反映与媒体介入、有关政策覆盖中现实矛盾的解决等具体问题进行了咨询、沟通、商研。由于积极主动地就信访救助问题与国家有关部门和省区开展了密切接触和广泛沟通，因而我行面临的压力得到了各方面更多的理解、支持和帮助，一度持续突出的信访矛盾得到了一定程度的化解与缓和，相互间的信息沟通和工作联系进一步加强，处置突发事件和信访突出矛盾的联动机制更加协调有效，建设银行维稳工作得到进一步加强。

同志们，在总行和各级党委的正确领导和同志们的共同努力下，我行信访工作取得了一定的成绩。借此机会，我代表总行党委向在维护全行稳定大局和信访工作秩序中善于应对矛盾、勇于担负责任、甘于承受误解、团结协力工作的各有关部门的同志们表示敬意和感谢！

二、正确研判2009年全行信访和维稳形势，进一步增强做好信访工作的紧迫感

随着改革的深入，当前我国经济社会发展面临一些突出矛盾和问题，由于受国际金融危机快速蔓延和世界经济增长明显减速的影响，2009年以来，我国经济下行压力加大，市场环境趋紧，出口明显下滑，企业经营困难，金融潜在风险增大，影响社会发展的不稳定因素增多，由此，国

有商业银行做好信访维稳工作的政治责任将进一步增加。近期，引起中央和国务院高度关注并正在积极、慎重研究处理的国企改制、涉法涉诉、劳资纠纷、社会保障、失业人群、复转待遇等重点领域信访突出问题，在国有商业银行中均有不同程度的反映。社会矛盾交织并行，复杂严峻，对此，我们应有清醒、全面的认识和把握。

一是来信、来访总量仍然在高位运行，发展趋势不容乐观。2008 年，全行共接待群众来访 674 批次，较上年上升了 3.9%；其中，集体访 122 批次 2 484 人次，分别占总数的 18.1% 和 77.1%；个体访 552 批次 736 人次，分别占总数的 81.9% 和 22.9%。总行本部受理各类群众来信较上年增加 50% 以上，反映人事任用、工作作风、业务经济纠纷三类问题的来信上升幅度较大，分别达到 187.5%、152.94% 和 102.7%。

大量来信、来访仍集中反映经营管理、遵法执规、人事管理与员工切身利益等方面内容，有的是信访老户，大量的是初信、初访。有些信访问题频繁、越级、反复，引起多方面关注，牵扯了各级多重精力，这也说明稳定员工情绪、提高服务质量、创建和谐建行的任务还十分艰巨。

二是协解人员信访诉求矛盾依然十分突出。全行协解人员信访问题波动、持续，有的省区分行上访矛盾趋缓；而一些地处相对偏远的省区分行协解人员因受地区各种因素影响，突发了大规模集体上访问题；受经济减速影响，部分企业特别是中小企业出现停产、半停产，社会就业压力大幅上升，协解人群生活困难加剧，已经就业的协解人员可能再次面临失业。新旧矛盾叠加进一步加大了银行协解问题的难度。社会矛盾和问题交织扩散、互为影响，引起大规模集体上访等影响社会稳定的不确定因素增多。2009 年“两会”前夕，多家银行几千名协解人员有组织地进京聚集，先后到国家有关部门集体上访，围堵中南海等地，负面影响很大，引起各方面关注。

三是经济纠纷引发的客户市场风险日益凸显，客户涉诉信访呈上升趋势。2008 年，全行系统受理来信 3 467 件，客户涉诉类 811 件，占全部来信的 23.4%；全年共接待客户来访 314 批，占来访总量的 45.58%，接近半数，与往年相比有较大幅度的上升。受国际、国内经济走势的影响，尤其是 2008 年下半年以来国内证券市场跌幅加剧，投行业务风险加大、亏损严重，理财业务投诉纠纷出现明显增多趋势。其次，个贷类客户的业务纠纷也日益凸显。信访投诉人群主要是城镇低收入居民、离退人员等风险承受能力较为脆弱的中低端客户。二十年前，部分省区分行开办的各类长期存款自动转存的“保值储蓄”业务进入兑付密集期后，因利率、产品等政策规定早已调整，银客双方在兑付标准问题上引发纠纷。一些客户集体进京上访并冲击十七大会场，在我行个别城市机构网点发生严重过激冲突。公司业务方面，中小企业反映银行扶持力度不够的来信有所增多，公司客户与我行的债权、债务纠纷呈上升趋势。

四是敏感时段相对集中，维稳工作难度加大。2009 年是新中国成立 60 周年，也是西藏维吾尔自治区实行民主改革 50 周年、新疆自治区和平解放 60 周年、澳门回归祖国 10 周年，加上 1989 年政治风波第 20 年、取缔“法轮功”邪教组织第 10 年，重大活动多、政治敏感节点多。历史的经验告诉我们，越是在这样的时候，境内外敌对势力和社会非善意组织成员越有可能趁机制造事端，恶意炒作，煽动激化矛盾，使一般性问题扩大化、复杂化、政治化。信访问题也是他们插手利用的一个敏感点，这个问题希望引起大家关注。别有用心之人也会巧妙利用这些特殊敏感时段借助境外媒体、所谓“人权组织”制造影响社会和谐稳定的非正常信访活动，从而对信访工作构成新的压力，增加了维稳工作的难度。

三、坚持以科学发展观为指导，全力做好 2009 年的信访维稳工作

中央对信访维稳问题高度重视，胡锦涛总书记于 2009 年 1 月 16 日作出重要批示：2008 年信访工作富有成效，为维护社会稳定和谐，为维护人民合法权益作出了贡献。在新的一年里，希望同志们继续努力，为党分忧，为民解难，为实现“保增长、保民生、保稳定”作出新贡献。周永康同志在 2009 年初召开的全国维护稳定暨信访工作会议上要求，2009 年维稳和信访工作要深入贯彻落实科学发展观，紧紧围绕“保增长、保民生、保稳定”的总要求，深入排查、化解矛盾纠纷，多措并举解决信访突出问题，有效地预防和处理群体性事件，严密防

范打击敌对势力的捣乱破坏活动，保持经济平稳较快发展，创造稳定和谐的社会环境，以优异成绩迎接新中国成立60周年。

中央和国务院领导同志对通过信访反映涉及金融企业的问题高度重视，近期以来多次作出重要批示、指示，要求我们对涉及银行自身和社会稳定的问题，认真透析情况和原因，以维护稳定为目标，落实责任，务必妥善做好各类矛盾的化解和处理。并特别强调：越是经济困难时期，商业银行越要高度重视维稳工作。

中央的部署和要求任务明确、重点突出，为我们做好2009年全行的维稳和信访工作明确了方向。

2009年全行信访工作的目标任务是：认真贯彻落实全国维护稳定暨信访工作会议精神，深入学习实践科学发展观，围绕全行改革发展大局，以中央联席会议关于“开展信访积案化解年活动”为契机，积极稳妥地处理信访积案，化解矛盾纠纷，着力从源头上预防和减少不和谐因素，着力强化“事要解决”的要求，维护群众合法权益；着力完善机制，促进信访工作科学规范，为维护社会稳定、营造良好的经营环境提供保障。重点要做好以下工作。

（一）坚持按科学发展观要求妥善处理好各类信访事项

我行根据中央部署，在金融系统开展了学习实践科学发展观试点活动，取得明显成效。信访工作必须坚持以科学发展为指导。一是要把信访维稳问题放在全盘工作中统筹安排，放到全局中去思考谋划、部署推进。防止顾此失彼，忽视信访反映，致使矛盾和问题日积月累，成为影响全局的顽症。信访工作必须在服务大局中找准定位、发挥优势、衡量成效。二是要善于从广大客户和员工最关心的现实问题以及反映最强烈的呼声中，从信访反映的各种问题里发现工作中的不足，并及时研究分析，形成整改的常态响应。三是坚持按政策法规原则做好信访矛盾的调处，并注意根据发展变化的实际，提出推进和谐发展、有益矛盾化解的积极建议。

（二）继续妥善做好以协解人员信访特别是集体上访为突出问题的矛盾化解和处置工作

以协解人员为主体的信访问题是近年来国有商业银行改革发展中遇到的新情况，信访诉求涉及政策法律和社会维稳的诸多方面，经总分行多方努力、妥善处置，矛盾冲突一度高发的态势有明显好转，但信访诉求的根本性问题没有改变，诉求来信不断，有组织的上访活动规模增大，组织化程度大为提高，给银行业改革发展和社会和谐稳定带来严重的负面影响。中央和国务院领导同志对金融系统信访维稳工作始终高度关注，针对当前国内经济社会问题复杂多变、社会矛盾凸显严峻、国内经济金融局势格外引起关注的形势，近期明确责成由银监会牵头协调妥善解决有关问题，并要求银行业协会共同负责协调有关部门研究政策法律问题的处理。

总行要求各级行继续坚持从维稳的大局出发，保持和谐有责的紧迫感，切实落实信访和应急处置责任制，在排查化解力度和消除不稳定因素工作上切勿松懈，想方设法借助政府和各方面力量防范和力阻集体、越级和大规模的非正常聚集上访活动的形成，特别是加大做好2009年多个政治敏感时段的维稳和谐工作力度，防止和避免辖内出现因重视不够或处置失当致使矛盾升级扩延，引发大规模群体事件或社会性问题，甚至被媒体炒作利用，造成不良影响的问题发生。各级组织都要高度重视这个问题，不能“新官不理旧账”，要把信访维稳工作列入领导班子考核体系。在继续完善紧密依靠地方党政主管部门协调联动工作机制的基础上，注意加强与所在地区银行监管部门、银协组织的工作沟通联系，使他们更早介入情况，争取得到他们更多具体实在的指导和帮助。按照要求，积极配合开展调研工作。

（三）加强对重要信访信息的核查办理和分析研判

通过信访渠道获得的全行上下大量的动态信息，是我们发现问题、测评反映、改进服务、掌握市场反馈、改善应变管理的重要线索和丰富资源，要认真处理。一是对转、交办理和有必要安排核查的自收信访件要认真组织人员调查核实，并根据核查的事实、性质、程度等情况按照管辖职责和相关规定处理。二是对信访信息进行及时汇总整理，通过比较分析，作出动态研判，在可能的情况下，当好“第二研究室”，为各级领导提供必要的决策参考。三是根据需要做好相关信访信息的转递参阅，使那些有益改进服务、可能降低风险隐患、引发工作思考、有利测试管理效应的信访信息成为有关领导和单位部门工作中的鲜活案例和借鉴。

（四）畅通信访渠道，尊重和保护群众的民主权利

信访工作要拓宽思路，注意从有利服务、方便救助的要求出发，充分利用内部网络平台、员工信箱、员工之声、行长接待日以及其他可利用的社会公众渠道等多种形式，畅通言路，尊重并保护员工、客户传递诉求、表达意见的权利。同时，善于引导广大员工为参与行内改革发展、建设和谐建行积极建言献策；通过积极的信访诉求办理，改善服务，变意见为满意，取得客户和社会群众对我行改革发展的理解、信任，赢得更多的客户和市场。对于反映强烈的突出问题要区分对待，按政策规定应当并有条件解决的问题要抓紧研究处理；确难处理的，要做好说明解释，并积极创造解决的条件；对不合政策规定的过高要求，要做好解释和劝导说服，帮助信访人消除不切实际的想法，教育引导信访人以理性、合法的方式提出诉求，依法维护自己的权益。要把办信接访的每一个环节，作为推动党的路线、方针、政策落实的过程，把处理信访问题的过程变为促进沟通和谐的过程。信访问题大部分发生在基层，如果措施得力、工作及时，大部分问题能够在基层得到一定程度地化解稳控。要夯实基层基础工作，从源头上防止和减少信访问题的发生，把基层基础工作做扎实，使信访工作由被动变主动。

（五）贯彻中央信访工作统一部署，推动自身信访事项的化解和处置

中央提出要把2009年作为“信访积案化解年”，在2008年组织全面开展“县（市、区）委书记大接访和中央国家机关组织下访督导”工作的基础上，制发了领导干部定期接待群众来访的意见、中央和国家机关定期组织干部下访的意见以及把矛盾纠纷排查化解工作制度化的意见等文件，要求党政机关和领导干部把接访和解决信访矛盾、促进社会和谐稳定作为持续的常态工作，下大力集中化解久拖不决的信访问题。同时，中央联席会议还印发了加强对在京非正常上访行为依法处理工作和完善非正常上访人员劝返接回机制的实施意见，监察部、人力资源和社会保障部、国家信访局联合下发了《违反信访工作纪律处分暂行规定》，中纪委印发了《关于违反信访工作纪律适用中国共产党纪律处分条例若干问题的解释》。中央的统一部署安排以及有关规定要求是我们做好本地区信访工作和解决突出矛盾的有利契机和基本依据，各分行应根据所在辖区实际情况，不失时机地借助中央组织干部下访督导和地方党政部门接访的机会，以化解和消除影响银行经营管理的不稳定因素为目标，积极反映问题，主动争取帮助，推动工作的开展。

同志们，做好2009年信访工作，责任重大、任务艰巨。我们一定要按照中央的部署和总行党委的要求，以强烈的政治意识、大局意识、责任意识，做好所担负的工作，为维护建设银行的改革发展、促进社会和谐进步作出更大的努力和贡献。

认真学习贯彻中央颁布的四个文件 切实加强和改进全行纪检监察工作

——在一级分行纪委书记专题研讨会上的讲话

辛树森

（2009年8月26日）

同志们：

这次一级分行纪委书记专题研讨会的主要任务是学习贯彻中央最近印发的三项法规和专项治理工作意见以及全国纪委书记座谈会精神，座谈交流各行贯彻落实总行党委5号文件的情况，研讨在新形势下如何进一步加强和改进全行反腐倡廉建设及纪检监察工作。同时，这次研讨会通过以会代训的方式，邀请中纪委、银监会、全国政策科学研究会的有关领导和专家为我们授课。希望大家珍惜这次难得的机会，认真学习，深入探讨和研究问题。下面，我首先就前不久召开的全国纪委书记座谈会精神向大家作一传达，然后简要分析一下当前全行党风建设和反腐倡廉工作面临的形势，并对下一阶段的工作讲几点意见，供大家学习讨论。

一、认真学习贯彻全国纪委书记座谈会精神

7月13日至14日，全国纪委书记座谈会在北京召开，中共中央政治局常委、中央纪委书记贺国强同志，中共中央书记处书记、中央纪委副书记何勇同志出席会议并讲话，就贯彻落实中央最近印发的《中国共产党巡视工作条例（试行）》、《关于实行党政领导干部问责的暂行规定》、《国有企业领导人员廉洁从业若干规定》、《关于开展工程建设领域突出问题专项治理工作的意见》四个反腐倡廉重要文件进行了部署，同时总结了上半年党风廉政建设和反腐败工作，安排部署了下半年工作。

（一）贺国强同志讲话主要内容

贺国强同志主要讲了三个方面的问题。

第一，以学习贯彻四个文件为契机，大力推进反腐倡廉法规制度建设。贺国强指出，中央最近在不到一个月的时间里，集中出台了四个反腐倡廉法规和文件，充分体现了中央对党风廉政建设和反腐败工作的高度重视，体现了中央加强反腐倡廉制度建设、加大从源头上防治腐败工作力度的决心。贺国强强调，要充分认识加强反腐倡廉法规制度建设的重要意义，形成用制度管权、按制度办事、靠制度管人的有效机制；要深刻理解和全面把握四个重要文件的基本精神、主要内容和有关要求，认真抓好四个反腐倡廉重要文件的贯彻落实；要进一步推进反腐倡廉法规制度建设，在制度宣传教育、制度执行、制度完善、制度创新上下工夫，切实把制度建设贯穿于反腐倡廉工作的各个环节，不断提高反腐倡廉工作的科学化、规范化、制度化水平。

第二，回顾总结上半年的工作。贺国强指出，2009年以来，党风廉政建设和反腐败工作取得了新的进展。一是“两项重点任务”，即加强中央扩大内需、促进经济增长政策落实情况监督检查，加强领导干部党性修养和作风建设，均得到了全面落实。二是“五个一批”（查处一批大案要案、纠正一批损害群众利益的不正之风、解决一批涉及领导干部廉洁自律的突出问题、制定一批反腐倡廉法规制度、推进一批改革措施）工作扎实推进。三是“一项基础工程”（纪检监察机关自身建设）进一步巩固。

第三，关于下半年的工作。贺国强强调，

2009年时间已经过半，各项工作任务十分繁重，要切实把思想统一到中央关于当前形势和任务的分析判断上来，既要看到反腐败斗争取得的显著成绩，从而坚定信心，又要充分认识反腐败斗争的长期性、复杂性、艰巨性，从而坚定与消极腐败现象作斗争的决心；要坚持以科学发展观指导纪检监察工作，高度重视和大力加强纪检监察干部队伍建设，确保优质、高效、如期完成全年任务。贺国强指出，中央决定，下半年要召开党的十七届四中全会，重点研究加强和改进新形势下党的建设问题。中央纪委第四次全会将于同期召开，主要是就纪检监察机关学习贯彻党的十七届四中全会精神作出部署。

（二）何勇同志讲话主要内容

何勇同志在讲话中全面阐述了中央颁布实施三个法规和一个专项治理意见的重要意义、基本精神和主要内容。他指出，三个法规和一个意见的颁布实施，是反腐倡廉法规制度建设的重要成果，是完善惩治和预防腐败体系的重要举措，是深入开展党风廉政建设和反腐败斗争的必然要求，对于提高党的执政能力、保持和发展党的先进性、全面推进党的建设的伟大工程、促进经济社会又好又快发展具有十分重要的意义。要认真学习贯彻《中国共产党巡视工作条例》，坚持巡视工作的指导思想和基本原则，完善巡视工作的领导体制和工作机制，明确巡视的范围和主要任务，抓住巡视工作的重点和关键，依照规定程序开展巡视工作。要认真学习贯彻《关于实行党政领导干部问责的暂行规定》，明确问责对象、坚持问责原则、正确把握应当问责的情形、合理运用问责方式、严格规范被问责干部的安排使用、严格执行问责程序、正确处理实行问责与党纪政纪处分的关系。要认真学习贯彻《国有企业领导人员廉洁从业若干规定》，把廉洁从业各项要求落实到国有资产监管制度、市场监管制度和企业权力运行机制、决策、经营、管理等企业规章制度中，形成相互融合、相互促进的局面。要扎实开展工程建设领域突出问题专项治理工作，努力实现专项治理工作意见提出的阶段性目标。

何勇强调，各地区、各部门要把贯彻落实中央上述文件作为当前加强反腐倡廉建设的重要政治任务列入议事日程，深入学习宣传、认真组织实施。各级纪检监察机关要积极协助党委、政府抓好任务分解、组织协调和监督检查。

（三）四个重要文件颁布的背景和主要内容

1.《中国共产党巡视工作条例（试行）》。

1996年1月，中央纪委第六次全会决定建立巡视制度，选派部级干部到地方和部门巡视。1999年，中央组织了“三讲”教育专项工作巡视组。这一时期可以看做巡视工作的早期探索阶段。2002年，在党的十六大报告中明确提出：“要改革和完善党的纪检体制，建立和完善巡视制度。”2003年中央颁发了《中国共产党党内监督条例》，将巡视制度作为党内监督的一项重要制度确立下来。同年，中央纪委、中央组织部决定设立巡视专门机构，并随后开始对部分省市开展巡视。党的十七大将巡视制度写入党章，并把巡视工作以党内根本大法的形式确定下来。

这次中央颁布的《中国共产党巡视工作条例（试行）》总结了党的十六大以来开展巡视工作的经验，明确了巡视工作领导体制和工作机制，拓展了巡视监督内容，明确了对六种情况进行监督，包括：一是贯彻执行党的路线方针政策和决议、决定的情况；二是执行民主集中制的情况；三是执行党风廉政建设责任制和自身廉政勤政的情况；四是开展作风建设的情况；五是选拔任用干部的情况；六是派出巡视组的党组织要求了解的其他事项。同时还完善了巡视监督程序，强化了巡视结果和巡视整改情况的运用。条例规定：纪检机关、组织人事部门应当把巡视结果和巡视整改情况作为干部考核评价、选拔任用、奖励惩处和对干部进行调整、免职、降职等组织处理的重要依据。《中国共产党巡视工作条例（试行）》是落实党章关于巡视工作规定、完善党内监督制度的一部重要党内法规，它的颁布实施，对于完善巡视制度、规范巡视工作、促进党风廉政建设和腐败斗争的深入开展、加强领导班子和干部队伍建设具有十分重要的意义。

2.《关于实行党政领导干部问责的暂行规定》。

党的十六届四中全会提出，要依法实行问责制，加强对权力运行的制约和监督。党的十七大提出，健全质询、问责、经济责任审计、引咎辞职、罢免等制度。近年来，一些党政领导干部被问责，引起社会的广泛关注。为进一步规范党政领导干部问责工作，自2008年10月开始，中央纪委与中央组织部着手起草了《关于实行党政领导干部问责的暂行规定》，于2009年6月30日由中共中央办公厅、国务院办公厅正式印发。

《关于实行党政领导干部问责的暂行规定》对党政领导干部实行问责的对象、具体情形、方式、后果、程序等内容作出了明确具体的规定和统一的规范。在问责对象上要把握，除党政领导领导干部以外，对国有企业、国有金融企业领导人员也要参照该规定执行。六种应当问责的情形主要包括：一是决策严重失误；二是因工作失职；三是管理监督不力；四是滥用职权；五是对群体性、突发性事件处置失当，导致事态恶化，造成恶劣影响的；六是违反干部选拔任用工作有关规定，导致用人失察、失误，造成恶劣影响的。五种问责方式包括：责令公开道歉、停职检查、引咎辞职、责令辞职、免职。

《关于实行党政领导干部问责的暂行规定》第六条还对党政领导干部在贯彻落实党风廉政建设责任制方面出现的问题如何处理作出了规定，从而与党风廉政建设责任制的规定相衔接。同时，明确了问责与党纪政纪处分、刑事处罚三者之间的关系：实行问责不能代替党纪政纪处分，党纪政纪处分也不能代替问责，问责后仍可依照有关规定给予被问责者党纪政纪处分，涉嫌犯罪的，要移送司法机关依法处理。

3.《国有企业领导人员廉洁从业若干规定》。

2004年12月，中央曾经颁布实施《国有企业领导人员廉洁从业若干规定（试行）》。随着近年来国有企业反腐倡廉不断深入，国有企业领导人员在廉洁从业方面出现了一些新情况、新问题，试行规定已经不能完全适应新形势的需要，亟待修订完善。为此，中纪委、中组部、监察部、国资委等部委代中央起草了这个新的《国有企业领导人员廉洁从业若干规定》。新规定适用于国有独资企业、国有控股企业（含国有独资金融企业和国有控股金融企业）及其分支机构的领导班子成员。

新规定从5个方面明确了国有企业领导人员的39项廉洁从业行为规范：一是国有企业领导人员应当切实维护国家和出资人利益，不得有滥用职权、损害国有资产权益的行为；二是国有企业领导人员应当忠实履行职责，不得有利用职权谋取私利以及损害本企业利益的行为；三是国有企业领导人员应当正确行使经营管理权，防止可能侵害公共利益、企业利益行为的发生；四是国有企业领导人员应当勤俭节约，依据有关规定进行职务消费；五是国有企业领导人员应当加强作风建设，注重自身修养，增强社会责任意识，树立良好的公众形象。对违反所列行为规范的，视情节轻重，由有关机构按照管理权限分别给予警示谈话、调离岗位、降职、免职处理；应当追究纪律责任的，依照国家有关法律法规给予相应的处分；涉嫌犯罪的，依法移送司法机关处理；构成犯罪被判处刑罚的，终身不得担任国有企业的领导职务。

新规定有如下几个特点：一是针对性强、指向明确、规定具体；二是政策界限分明，明确了国有企业领导人员在经济和社会交往方面的区别，充实和完善了国有企业领导人员廉洁从业行为规范；三是明确了违反相关行为的处理办法，体现了新规定的严肃性和强制性。因此，它较好地适应了国有企业党风建设和反腐倡廉工作不断深入的需要，是规范国有企业领导人员廉洁从业行为的基础性法规。

4.《关于开展工程建设领域突出问题专项治理工作的意见》。

从2008年以来，中央为应对国际金融危机、扩大内需、促进经济增长出台了一系列举措，大量的工程建设项目陆续开展实施，如果缺乏强有力的预防和监管措施，就可能出现工程质量和腐败问题，造成严重的经济损失和恶劣的社会影响。《关于开展工程建设领域突出问题专项治理工作意见》正是在这样一个大背景下出台的。中央计划用两年左右的时间开展专项治理工作，《关于开展工程建设领域突出问题专项治理工作的意见》对专项治理工作的总体要求、主要任务、阶段性目标、工作重点、主要措施以及组织领导都提出了明确的要求。就我行而言，各行也有一些工程项目，如网点装修、办公楼建设等，也存在一些领导人员利用职权插手干预工程建设的现象，在招投标环节也还存在不规范的问题，需要我们对照《关于开展工程建设领域突出问题专项治理工作的意见》的要求，查找问题并切实加以整改。

（四）全行学习贯彻全国纪委书记座谈会精神的几点要求

全国纪委书记座谈会召开以后，总行党委高度重视，及时组织了学习，并在7月召开的全行夏季工作座谈会上作了传达。下一步，总行将根据中央四个文件，结合实际修订我行《领导人员廉洁从业若干规定》、《巡视工作规则》、《巡视工作操作规程》，对《工作人员违规失职行为处理办法》中问责的内容进行补充完善，研究制定我行开展工程建设领域专项治理工作的具体措施。为了更好地组织全行进一步深入学习贯彻会议精神，8月初，总行纪委专门下发了《关于深入学习贯彻中央印发的三项法规和专项治理工作意见的通知》，这里再强调一下。

一是提高认识，深入学习四个文件精神。各行要把中央颁布的四个文件作为党风、党纪教育的重要内容进行研读，同时采取多种形式组织广大员工特别是各级领导人员系统学习，深刻领会四个文件基本精神，切实增强贯彻落实的自觉性。特别是全行各级纪检监察干部，要带头学习四个文件，学深、学透，深刻领会四个文件的出台背景，全面把握四个文件的精神实质，统一思想认识，努力营造贯彻落实工作的浓厚氛围和良好环境。

二是结合实际，认真贯彻落实。各行要结合实际把贯彻落实工作摆上重要议事日程，研究具体措施；要紧密联系实际，对照四个文件的有关规定，认真查找在领导人员问责、廉洁从业、基建工程信贷等重点领域存在的突出问题和薄弱环节，采取有效措施加以解决，真正把四个文件落到实处。

三是强化效果，开展监督检查。各级纪委要切实履行职责，积极协助本级党委加强对四个文件的贯彻落实情况进行监督检查，总结成功经验，探索有效做法，强化贯彻执行的效果。

二、正确认识和把握当前的反腐倡廉形势，切实增强责任感和使命感

正确认识和把握当前形势是做好我们工作的前提。当前要着重要在以下几个方面统一思想、提高认识。

（一）党中央把反腐败提到一个前所未有的高度，反腐倡廉建设进入了新的发展阶段

我们党历来高度重视党风廉政建设和反腐败工作。党的十六大以来，以胡锦涛同志为总书记的新一代中央领导集体，更是把反腐败提到一个前所未有的高度，党风廉政建设和反腐败斗争方向更加明确、思路更加清晰、力度不断加大、领域不断拓宽。主要表现在：第一，反腐倡廉思想理论建设持续创新。确立了“标本兼治、综合治理、惩防并举、注重预防”的十六字方针，进一步明确了从根本上治理和防止腐败的基本思路和方法，确立了反腐倡廉工作的基本目标和基本着力点；提出并全面推进了建立健全惩治和预防腐败体系；提出了“反腐倡廉建设”的新思想，使党建理论体系形成了“五大建设”支柱。第二，反腐倡廉法规制度不断完善。一些重要的法规制度不断出台，如2003年颁布实施《中国共产党党内监督条例（试行）》和《纪律处分条例》；2004年颁布实施《党员权利保障条例》、《行政监察法实施条例》；2005年《建立健全教育、制度、监督并重的惩治和预防腐败体系实施纲要》；2006年《关于党员领导干部报告个人有关事项的规定》、《关于党员领导干部述职述廉的暂行规定》等；2007年《中共中央纪委关于严格禁止利用职务上的便利谋取不正当利益的若干规定》；2008年《建立健全惩治和预防腐败体系2008—2010年工作规划》；2009年刚刚颁布的三项法规和专项治理工作意见等。第三，反腐倡廉体制机制深入推进。中央和省（市、自治区）两级巡视机构、国家预防腐败局先后建立，监督的体制、机制建设有重大进展；司法、干部人事、财税、金融等方面的体制、机制改革深入推进。第四，反腐倡廉的惩处力度不断加大。十六大以来，一些位高权重的腐败贪官先后受到惩处，有的甚至被送上了断头台，显示了我们党反腐败斗争的力度，更表明了党中央惩治腐败的决心和能力。根据国家统计局民意调查显示，群众对反腐倡廉工作成效的满意度从2003年的51.9%上升到2008年的65.5%，群众认为消极腐败现象得到了不同程度遏制的比例，从2003年的68.1%上升到2008年的81.6%，国际社会对我国反腐败工作也给予积极评价。以上这些都充分体现了新一届中央领导

集体对反腐倡廉建设的高度重视和坚定决心，表明我们党对反腐倡廉工作规律性的认识和把握达到了新的高度，标志着反腐倡廉建设进入了新的发展阶段。

（二）国有企业和金融机构的反腐倡廉建设备受中央的关注

我国目前实行的是公有制为主体，多种所有制经济共同发展的经济制度。很多国有企业关系国家安全和国计民生的一些重要领域，体现了公有制的主体地位；而金融是现代经济的核心。国有企业和金融机构党风建设和反腐倡廉工作，是整个党风廉政建设和反腐败工作的重要组成部分，是促进经济金融业稳定健康发展的重要保证。党的十七大以来，中央纪委历次全会和国务院历次廉政工作会议都把国有企业反腐倡廉摆在更加重要的位置，作出了全面部署。

3 月 23 日至 25 日，贺国强在何勇、周小川、刘明康等同志的陪同下，到部分中央金融机构调研，看望金融机构干部职工，听取工作汇报。他强调指出，金融在经济社会发展中发挥着越来越重要的作用，面对当前严峻的经济形势和繁重的改革发展稳定任务，金融机构广大干部职工要增强政治意识、大局意识、责任意识，认真贯彻落实中央的要求和部署，积极推进金融改革发展，切实防范金融风险，深入推进党风建设和反腐倡廉工作，为应对国际金融危机、促进经济平稳较快增长和保持金融稳定健康发展作出积极贡献。

7 月 21 日，银监会在北京举办“银行业反腐倡廉警示教育展览”，贺国强、王岐山、何勇等同志一同观看了首展。贺国强指出：银行业金融机构要以此为契机，结合工作实际，认真开展警示教育，筑牢廉洁从业思想防线，不断提高拒腐防变能力，确保银行业安全、稳健、高效运行，为保增长、保民生、保稳定提供有力金融支持。8 月 17 日至 22 日，这个展览巡回到我行展出，郭树清董事长和在京的行领导、总行各部门的员工都进行了观看。

与此同时，中央对金融机构纪检监察组织建设也十分关心。2009 年，中纪委专门就非派驻中管单位纪检监察机构的职能定位、机构设置、人员配备、职责权限、工作方式进行调研。5 月 13 日，中纪委、中组部为此举办了一次中央金融机构纪委负责人专题会议，就金融机构纪检监察组织建设的情况进行座谈；7 月下旬，中纪委二室和干部室分别到部分中央金融机构就纪检监察组织队伍建设进行实地调研，7 月 25 日，中纪委调研组专程到我行走访了郭树清董事长，听取建设银行贯彻落实贺国强重要讲话精神及纪检监察组织队伍建设的相关情况及意见。下一步，中纪委还将在调研的基础上，研究提出中央金融机构纪检监察机构组织建设的指导性意见。

中央高层领导在不到半年时间里，连续调研并就国有企业和金融机构的党风廉政建设发表重要讲话，中央纪委如此频繁地对金融机构纪检监察工作及其组织建设进行广泛、深入的调研，这在以往是没有的，这表明，中央对金融机构的反腐倡廉建设越来越关注、越来越重视。

（三）总行党委一贯高度重视反腐倡廉建设，全行纪检监察工作迎来股改上市以来的又一个机遇期

从建设银行看，总行党委一贯高度重视反腐倡廉建设和纪检监察工作。近年来，郭树清董事长在历年纪检监察工作会议上对反腐倡廉建设的重要性作了全面、系统的阐述。总行党委在全行召开重大会议时，都把反腐倡廉建设特别是案件防控工作作为一个重要内容，专门听取汇报，并就有关工作进行研究和部署。2005 年以来，总行党委每年都针对实践中存在的一些突出问题，先后提出了“廉洁自律六项要求”等一系列廉洁从业的具体要求。按照总行的要求，全行围绕重要部位和关键环节，逐步健全和完善了信贷、财务、资产处置、集中采购、组织人事等方面的规章制度；2007 年出台了《案件防控及整改方案》，对案件开展了为期三年的全面整治，成效显著；为加强对一级分行领导班子和领导人员的监督，总行连续多年对一级分行开展巡视监督，2009 年将完成对 38 家一级分行和两个培训中心的第一轮巡视。为规范员工从业行为，推行了员工轻微违规行为积分管理，建立了员工行为排查制度，制定了《员工职业操守》。在股改上市的过程中，总行党委专门下发了《纪检监察组织机构设置方案》和《纪检监察特派员管理办法》，为健全我行纪检监察组织机构、加强纪检监察力量提供了有力的保证。通过几年的共同努力，全行反腐倡廉建设取得了明显的成效，全行纪检监察系统较好地适应了我行股改上市后新的形势和要求，并逐渐得到全行的认可。

2009 年 3 月 25 日，贺国强同志在中央金融机构调研座谈会上发表重要讲话后，总行党委高度重视，三次召开专题会议，学习讨论讲话精神，并结合建设银行实际，研究了贯彻落实讲话精神的具体意见，对全行学习讲话精神作了部署。按照党委的部署，总行专门下发了《关于深入学习贯彻贺国强同志重要讲话精神的通知》，并全行从 3 月底开始，针对不同对象，采取不同的形式，先后组织召开了总行纪委会议、部分分行纪委书记座谈会、总行各部门副总经理以上领导人员会议、全行系统视频等会议，分层次组织传达和学习，研究贯彻落实的措施。各级行纪委监察部门领导人员带头，各业务条线积极参与，撰写学习体会 200 多篇。在学习活动中，总行还加大了宣传力度，先后在《建设银行报》和企业网上开辟了“学习专栏”，同时还利用《工作简报》等载体，及时刊发各单位开展学习的动态和成果，在全行营造良好的学习氛围。

在学习活动中，总行党委下发了《关于贯彻落实贺国强同志重要讲话精神，进一步加强全行反腐倡廉建设和纪检监察工作的意见》（建党发［2009］5 号），这个文件比较系统地总结了股改上市以来全行纪检监察工作探索和实践的经验与成果，将近年来中央关于反腐倡廉建设的最新精神和要求具体化，对全行纪检监察工作中若干重要问题作了界定和明确，可以说是今后一个时期指导我们工作的一个重要文件。

在近几个月里，全行举办了各种学习贺国强讲话精神的活动，召开学习专题会议、研讨会，使学习活动成为近一段时间全行最为关注的热点之一，不仅为全行学习贯彻讲话精神营造了良好的氛围，也大大提高了全行对纪检监察工作的关注和重视程度，为下一步加强和改进纪检监察工作创造了良好的氛围和环境。

下一步，我们要进一步贯彻落实贺国强同志在中央金融机构调研座谈会上的重要讲话精神，以及全国纪委书记座谈会精神。希望在座的各位纪委书记要提高认识，正确把握当前全行反腐倡廉建设面临的有利形势，抓往机遇，切实增强做好工作的责任感和使命感，把我们的工作推上一个新的台阶。

三、进一步加强和改进全行反腐倡廉建设和纪检监察工作

总行党委 5 号文件的内容涉及全行反腐倡廉建设和纪检监察工作的许多重要问题，既有原则的要求，又有具体措施，具有很强的针对性、指导性和可操作性。下面结合年初部署的几项重点工作，就下一阶段如何抓好这个文件的落实，以及贯彻全国纪委书记座谈会精神讲几点意见。

（一）关于推进惩防体系建设问题

年初工作会议上我们根据中央纪委三次全会精神，结合我行实际，提出了以推进惩治和预防腐败体系建设为主线，以加强对各级领导人员监督和加强各级机构案件查防工作为重点的工作思路。围绕这条主线，各行采取多种形式传达学习总行党委下发的《建立健全惩治和预防腐败体系 2008—2012 年工作实施意见》（以下简称《实施意见》）；先后有 26 个一级分行成立了推进《实施意见》领导小组，有 22 个分行结合本行实际，研究制定了具体的实施方案，细化了工作任务，分解确定了责任部门，列出了落实推进表；有 24 个分行与各部门和分支机构就推进体系建设签订了责任书；有 33 个分行把贯彻落实《实施意见》的情况纳入各级领导班子的考核内容。各行在推进体系建设方面做了大量工作，取得了一定的成绩。但总体来看，离总行党委提出的要求还有一定的差距。主要表现在：推进工作开展不够平衡，一些机构工作不够积极主动；部分同志认为惩防体系内容繁杂不好抓，对构建和落实惩防体系缺乏全面深入的学习和研究；有的牵头部门作用发挥得不够，与协办部门统筹协调不得力，整体推进的效果不明显。如何结合各行实际，扎实有效地推进惩防体系建设，还需要我们深入思考和探索。

一是要把推进体系建设作为融入业务的重要途径。贺国强同志在金融机构调研时指出：要努力把纪检监察工作融入金融业务之中，与金融经营管理工作紧密结合，更好地为金融改革发展服务。近年来，我行纪检监察工作之所以能适应股改上市的新形势，并取得明显的成效，一条很重

要的经验就是立足于全行改革发展的大局，围绕中心、融入业务开展工作，这一条我们今后还必须要坚持。惩防体系涵盖了改革、教育、制度、监督等多个方面的内容，贯彻落实《实施意见》的过程，就是推进精细化管理、优化业务流程、加强风险管理与控制的过程。因此，我们要把推进惩防体系建设作为融入中心工作的主要渠道和重要抓手，更好地推进“纪检监察融入业务、纪检监察促进发展、纪检监察创造价值”。

二是要按照党风廉政建设责任制的要求完善齐抓共建的机制。这次总行党委5号文件全面总结了10年来全行落实党风廉政建设责任制的经验和成果，进一步明确了各级领导班子主要负责人、其他成员、各职能部门和纪委监察部门的职责。推进惩防体系建设绝不是纪检监察一个部门的事，因而要按照党风廉政建设责任制的要求完善齐抓共建的机制，切实做到领导到位、责任到位、措施到位，保证各项工作有人抓、有人管。

三是要正确把握近期工作与长远目标、突出重点与整体推进的关系。惩防体系建设作为一项系统工程，涉及面广、头绪多。每个行在党风廉政建设中存在的突出问题和症结不一样，纪检监察力量配备有差异。因此，要立足本单位的实际，抓住关键、找准突破点，通过以点带面达到整体推进的效果。既要重视惩防体系长远目标的制定，又要注重阶段性任务的落实完成，分步骤、分阶段地开展工作，一项一项地抓好落实。

（二）关于领导人员廉洁从业问题

各级领导人员担负着经营决策和管理的重任，手中握有一定的权力，如果不加强监督，极易引发腐败问题，因此，抓住了领导人员廉洁从业这个重点就抓住了企业党风建设和反腐倡廉工作的要害和关键。从建设银行实际情况看，目前我们一些机构对领导人员的选拔任用、监督管理方面还存在一些薄弱环节，一些领导人员对自身要求不严格，利用手中的权力贪污受贿、谋取不正当利益，以及违反廉洁自律规定和相关纪律的情况还时有发生。

从2006年至2008年近3年信访举报的情况看，反映少数领导人员违规发放贷款，资产处置中以权谋私，利用职权插手干预工程装修及大宗物品采购，违反财务纪律设立“小金库”，选人、用人上的不正之风等方面的问题占了全部信访举报总数的70%。2009年上半年，反映此类问题的有300余件，占比达到72%。从近3年的贿赂案件情况看，2006—2008年，全行共立案查处贿赂案件19件，在全部案件中的占比达24.44%。2009年以来，也发现3起员工涉嫌受贿的案件线索。前不久，郭树清董事长专门就此问题进行批示，要求相关部门研究制订防治贿赂问题的工作方案报总行党委审议，目前总行正在研究相关措施。

这些案件和信访举报中暴露出的问题，主要是我们少数领导人员在廉洁从业方面出了问题，问题的部位主要集中在信贷及相关业务、集中采购和费用支出等环节。此类问题有的本身涉及金额不大，但往往与金额巨大的银行业务相联系，严重威胁着银行的利益，员工群众对此反映比较强烈。如某分行房贷部经理受贿10万元，就促成1 800万元的房地产项目贷款；某支行行长收受贿赂3万元，在其关照下为行贿人顺利获取了1.6亿元贷款。

关于领导人员廉洁从业问题，是总行党委5号文件的一个重点内容，在文件第三条“加强领导人员作风建设和廉洁自律工作”、第四条“加强对领导人员和权力运行过程的监督”中提出了明确要求，总行近期将根据中央颁发的《国有企业领导人员廉洁从业若干规定》，制定我行领导人员廉洁从业的具体规定，各行要根据5号文件和这些规定的要求，认真执行，抓好贯彻落实。

（三）关于案件查防工作

2009年以来，全行共立案查处案件2起，涉案金额364.33万元，较上年同期分别减少了3起和131.45万元，分别下降60%和26.5%。这个“双下降”的成绩，是在外部经济金融和社会不利因素明显增多、银行同业案件明显反弹的背景下取得的，显得更加难能可贵，为此，大家做了大量的艰苦工作，付出了很多心血和努力。但对这个成绩，我们也不能过于乐观。一方面，我们还有5起案件线索按照监管部门的要求暂未立案，涉及金额378.2万元，算上这些案件线索，2009年案件数量和金额同比不仅没有下降，反而还有所上升；另一方面，当前银行经营的内外部环境依然十分复杂，各种诱发案件的因素还很多，银行案件特别是大案面临着较大的反弹压力。大家都知道，2009年银行同业的大案、要案比较多，千万元甚至亿元以上的特大案件都不鲜见，因此，如何有效防控大案、要案，将是未来一段时期全行上下面临的一项紧迫任务。

在2009年银行业案件明显反弹的形势下，银监会对银行案件的监管力度也明显加大。2009年4月9日，银监会发出特急通知，组织各银行业金融机构开展案件风险大排查。4月15日，银监会召开2009年第二次经济金融形势通报会，突出强调要严防银行案件风险。5月8日，银监会约请工商银行、农业银行、中国银行等案件较多的银行进行监管谈话。5月12日，银监会召开银行业案件防控和安全保卫工作会议。6月12日，银监会召开大型银行重点地区案件查防工作座谈会。其间，银监会还印发多项通知和风险提示，督促各银行业金融机构关注并严控案件风险。银监会这样高密度的连续动作，既表明了监管部门做好案件防控工作的态度和决心，也充分体现了2009年银行业案件形势的严峻性。

为做好2009年的案件查防工作，总行在年初纪检监察工作会议上做了总体部署；5月和7月，又分别印发通知对案件查防的各项工作任务作出具体部署。7月初，总行纪检监察部还在河北承德组织部分分行召开了案件形势分析研讨会。这里，我想就做好下一步的案件查防工作再强调几点。

一是切实做好《案件防控及整改方案》（以下简称《方案》）的收官工作。总行纪检监察部刚对《方案》的落实进展情况进行了梳理。从各分行报告和总行部门反馈的情况来看，各分行的措施落实进展总体良好，完成率普遍超过了95%。但是在落实过程中，也还是存在一些问题，如个别措施落实相对滞缓，进展落后于《方案》要求；少数分支机构工作不扎实，一些已完成措施应该解决的问题，在2009年的案件和内外部审计检查发现的问题中又被暴露出来。因此，在最后这四个多月的时间里，各级机构既要抓好尚未完成措施的落实，又要对已完成措施的真实性和效果进行一次回顾跟踪，将工作做得更加扎实。同时，还要系统梳理和总结《方案》推进的经验和成果，将一些行之有效的措施转化为案件查防的长效机制。《方案》的收官，并不代表案件查防工作的结束，相反，应该是我们案件查防工作的一个新起点。如何在新起点上把案件查防工作做得更好、更有成效，大家要早筹谋、早安排。

二是进一步关注和防范2009年银行业比较突出的六类案件。这六类案件，其一是涉及结算账户的案件；其二是涉及票据业务的案件；其三是涉及信贷业务的案件；其四是涉及尾箱现金的案件；其五是涉及自助银行业务的案件；其六是商业贿赂的案件。对这六类案件，银监会和总行都非常关注。围绕这些案件，各级行也都已经采取了一些措施，如建立滚动式常态化的排查机制、加强日常监控和监督管理等。对商业贿赂案件，总行目前正在研究专门的防治工作方案，成熟后将下发执行。对其他的五类案件，各行也要继续密切关注，不断强化监督管理，及时发现和消除风险苗头，绝不能怀有任何侥幸心理。

三是切实改善和加强对基层的管理。我在2008年纪检监察工作会上提出了“反腐倡廉抓班子、案件防控抓基层”的工作总体思路，现在看来还是符合实际的。2008年和2009年的案件、案件线索，90%左右发生在基层机构和营业网点，因此，只有抓住“基层”这个重点，案件查防工作才能事半功倍。那么，怎样抓基层呢？我想应当“两手抓”，一手抓“减法”，一手抓“加法”。所谓“减法”，就是要通过加快推进网点转型、柜面业务流程优化、前后台业务分离和集中式网点服务保障体系建设等改革措施，尽量减少基层经营管理的复杂程度和风险点，最大限度地缓解基层的风险压力。所谓“加法”，就是要通过加强对基层内控监督力量的配置和管理、加强基层员工的合规文化建设、加强员工行为排查和动态管理等手段，进一步提高基层机构的风险控制水平，严防基层出现案件和大的风险。

四是继续巩固和深化案件长效机制建设。当前的重点是：要充分发挥案件查防工作联席会议和工作例会制度的平台作用，进一步强化案件查防工作联动机制。要切实加强对各种违法、违纪、违规问题的管理，严肃执规、执纪和责任追究；对所辖机构一段时期以来的违法、违纪、违规问题，各级机构都要定期进行系统性地分析，总结问题发生的特点、规律和原因，研究采取一揽子的综合整改措施。要把解决屡查屡犯问题作为推进案件查防工作的一项战略课题进行重点研究，尽早探索形成破解这个难题的思路和方法。要继续优化内控管理资源配置，强化内控管理责任，完善内控管理手段，健全内控管理考核评价机制，加强内控管理信息的沟通和共享，不断提高内控管理体系的效能。

（四）关于纪检监察自身建设

关于加强纪检监察队伍自身建设问题，我在不同场合曾多次强调，这次党委下发的5号文件用了近三分之一的篇幅再次对这个问题进行了集中的阐述，提出了明确的要求。这里就其中几个问题再强调一下。

首先，文件明确了纪检监察的职能定位问题。将全行纪检监察部门定位为“银行综合性内控管理部门”，纪检监察的作用界定为“既是建设银行党的建设的重要组成部分，又是建设银行加强内控、防范风险、促进业务稳定健康发展的重要保证”。总行党委首次以正式文件对纪检监察部门职能定位作出了明确的界定，有利于克服实际工作中一些忽视纪检监察工作、将纪检监察边缘化的倾向，有利于进一步发挥纪检监察部门的职能作用。

特别需要指出的是，针对少数分支机构将纪检监察部门按照行政后勤类别进行绩效考核的现象，5号文件明确，要结合纪检监察部门履行职责的实际，“按照综合管理类部门对其进行考核”。据我们了解，目前一级、二级分行对部门分类一般分两种情况：一是按四种类别进行分类，即业务管理类、综合管理类、业务支持类和后勤保障类，二是按三种类别进行分类：即业务管理类、综合管理类、支持保障类。但无论哪种分类，就纪检监察部门实际履行的职责而言，它都应属于综合管理类。对于这一问题，请各位纪委书记关注一下，向分行党委汇报有关情况，争取得到支持和理解，并按照总行党委5号文件的要求严格执行。

其次，文件重申了纪检监察机构设置和人员配备的问题。总体要求是落实《纪检监察机构设置方案》和《纪检监察特派员管理办法》，确保有党委的机构设立纪委和纪检监察部门，未设立纪委、纪检监察部门的分支机构由上级机构派驻纪检监察特派员；根据纪检监察部门的职责及承担的工作任务，合理核定纪检监察的职（岗）位和人员编制，配齐、配强纪检监察领导班子和工作人员。

这里再强调一下纪检监察特派员问题。总行2008年在山东举办了全行部分纪检监察特派员培训班，我在开班仪式上就全行进一步完善特派员制度、加强特派员队伍建设提出了要求。培训结束后，一些分行积极行动起来，相继又有5个分行推行了特派员制度。据初步统计，截至2009年12月，推行或部分推行了纪检监察派驻制度的一级分行增加到34个，全行纪检监察特派员比2008年增加了225人，总数达到1 691人。其中专职特派员1 030人，占比61%；兼职特派员661人，占比39%。从调查情况看，各行特派员的配备情况大致如下：有12个分行主要配备了专职特派员，特派员基本覆盖了所辖的基层机构；有9个分行专职、兼职特派员数量占比大致相当，特派员对基层机构的覆盖率达到90%以上；有14个分行配有少量特派员，特派员对基层机构的覆盖面还不大；另外还有4个分行未配备特派员。最近，我到吉林、内蒙古自治区分行调研，调研期间，我都与基层的纪检监察特派员进行了座谈，从我了解和掌握的情况以及近几年的工作实践来看，纪检监察特派员在促进基层机构依法合规经营、加强内控管理、有效遏制案件和违规事件发生等方面发挥了积极作用。因此，各分行对特派员制度认识要明确，推进工作要坚定。一是少数还没有配备特派员的分行，要结合本行实际抓紧研究，积极推进这项工作。二是一些目前只是部分推行特派员制度的分行，要在总结试点经验的基础上，积极稳妥地扩大特派员队伍对基层机构的覆盖面。特别是人员多、业务量大、离上级行较远的基层机构，以及近两年来案件和违规问题较多的基层机构，要配强、配足纪检监察特派员。三是要切实加强对特派员的管理，落实特派员的待遇。各行对特派员的选派、考核、奖惩、交流、培训要由派出行统一管理，给异地交流的特派员提供必要的生活保障，为特派员营造良好的工作环境。要按照总行统一管理办法的要求，落实相应职级待遇，同时要注意为特派员的长远发展创造条件。四是各一级、二级分行要加强对纪检监察特派员的工作指导和培训。2009年4月，总行下发了《中国建设银行纪检监察特派员工作指引》，明确了纪检监察特派员的工作职责，细化了14个方面的工作任务，提出了工作参考方法，使纪检监察特派员的工作有了相对规范的操作依据。近年来，全行特派员队伍不断扩大，新加入这个队伍的人员较多，因此，加强对特派员的培训显得十分必要。各分行要把特派员培训列入计划统筹安排，可比照2008年总行山东特派员培训班的做法，对本行纪检监察特派员进行专题培训，相关业务部门举办培训班时，也要安排纪检监察特派员参加。

再次，文件拓展了纪检监察人员的晋升渠道。明确提出在纪检监察系统保留非领导职务，探索开辟纪检监察专业技术职务序列。可以说这两条措施都来之不易，对于进一步拓展纪检监察人员的晋升渠道、促进纪检监察人员合理规划职业生涯发展目标、从渠道和机制上进一步稳定和提高全行纪检监察人员队伍，将起到积极作用。在纪检监察系统保留非领导职务，各行要结合自身实际，抓好落实；对于探索开辟纪检监察专业技术职务序列，总行将在进一步调研的基础上拿出统一方案。

总之，5号文件对纪检监察的职能定位、机构设置和人员配备、系统管理和考核、人员晋升渠道等方面都提出了明确要求和具体的措施，这无疑为我们加强和改进自身建设创造了一个良好的内部环境，打下了一个坚实的基础。下一步，关键是要把这些要求贯彻落实好，尤其是要充分履行纪委监察部门的职责，发挥我们独特的职能作用，不断提高自身素质和工作水平，在全行改革发展中真正做到“有为”，不辜负总行党委对我们的关怀和期望。

同志们！如何在当前的形势下抓住机遇，进一步加强和改进全行反腐倡廉建设和纪检监察工作，是我们每一位纪检监察干部当前必须深入思考的一个重要问题。希望同志们在这次会议上就这个问题进行深入研讨，回去以后还要在工作中不断探索和实践，并注意总结工作经验、研究工作规律，进一步深入推进全行党风建设和反腐倡廉工作，为建设银行的改革和发展作出新的贡献，以优异的成绩向国庆60周年献礼。

更新理念　创新方式
不断提升全行办公管理精细化、专业化水平

——在建设银行办公室工作会议上的讲话

辛树森

（2009年10月13日）

同志们：

上一次全行办公室工作会议是2006年11月在杭州召开的，距今已有三年时间。三年来，全行认真贯彻“以客户为中心”的经营理念，内部改革和战略转型成效显著，初步建立了现代商业银行治理结构，业务发展迈上新台阶。2008年底，资产回报率、股本回报率在全球大银行中名列第一，总市值和净利润均为第二。在这种形势下，办公室工作面临新的任务和挑战，必须以更加前瞻性和全局性的意识来开展工作。郭树清董事长、张建国行长、谢渡扬监事长一直都很重视党办、行办工作，对办公室工作有很多明确的要求。针对本次会议，郭树清董事长指示，要多强调精细化、专业化。办公室要带头遵循制度和规章，严格履行程序，还要强调改进作风，特别是文风、会风，切实贯彻中共十七届四中全会有关精神。我们召开这次全行办公室工作会议，就是要按照行领导的要求，分析形势、提高认识、交流经验，研究部署当前办公室系统的主要工作。下面我讲几点意见，供大家讨论。

一、三年来全行办公室系统的主要工作

三年来，办公室系统融入全行改革发展事业，按照杭州会议提出的总体要求和确定的主要任务，解放思想、求真务实，不断创新办公理念和方式，提高服务水平和综合协调能力，扎实推进各项基础管理工作，初步建立了适应现代商业银行需求的办公管理体制和机制，为全行的改革发展提供了重要的支持保障。

（一）组织深入学习实践科学发展观活动，不断改进工作机制和工作作风

自2008年2月中央确定建设银行为深入学习实践科学发展观活动试点单位以来，我们紧密结合自身实际，在改革发展和管理实践中进行了全面贯彻，学习实践科学发展观试点工作和第一批学习实践活动取得了圆满成功，得到了各方面的充分肯定。在全党第一批深入学习实践科学发展观活动工作会议上，我行作为交流经验的7个试点单位之一，作了重点发言。党委办公室作为学习实践活动的牵头部门，承担了大量的组织协调工作，包括与上级单位和行内各部门、分支机构的联络沟通，有关会议、讲座、上级领导来行调研检查工作的筹备安排，大量重要材料的撰写报送等，任务相当繁重。活动期间，总行和分行办公室的同志长时间加班加点，有力地保障了全行学习实践活动的顺利开展。

同时，办公室系统认真搞好自身的学习实践活动，切实做到边学、边查、边改，工作作风和工作效率都有明显进步。梳理完善了行政会议管理、公文运转、保密管理、档案管理及库房建设等方面的规章，各分行也结合本行实际情况，制定了相关实施细则。更加主动地为内部客户服务，针对部分分行事业部制改革和公司业务大客户部制改革的需要，总行行长办公室及时与相关分行和总行有关部门协商，明确了公文运转、印章刻制办法及操作流程，确保了新机制的建立和有序规范运转。在学习实践活动中，将总行本部信息刊物由116种精简整合为48种，节约了大量的人员精力、信息系统资源和成本费用。

（二）调查研究和信息报送工作得到加强，政策传导水平进一步提升

面对上市后体制、机制改革和业务发展的新形势，办公室系统大力加强调查研究和信息传导工作，在做好事务性、程序性服务工作的同时，围绕全行中心工作，在服务科学决策、当好参谋助手方面发挥了积极作用。

认真做好重要报告撰写等文字综合工作。根据行内外形势变化，结合办公室工作的特点，从实际需要出发，早考虑、早研究、早动手，增强了调研工作的针对性和实效性，为开拓视野、拓展思路、做好本职工作奠定了良好的基础。在起草领导讲话和重要文字材料时，办公室的同志努力把握有关要求，及时、准确地完成重要报告撰写工作，各级行完成了许多高质量的文稿和调研报告。在行领导亲自把关下，总行上报的一些文件，特别是反映当前经济金融政策执行情况及有关建议的材料，得到了国务院领导同志的肯定。

加强信息载体建设和信息报送工作。每日动态、向国办及中办的信息专报、总分行企业网站已成为沟通情况、推动工作的重要信息平台，突出反映基层和同业的创新举措、工作进展、情况问题及外部政策动向。其中很多方面的问题得到了总行领导的高度关注，许多建议被相关部门采纳。持续监测信息网站，确保网站信息内容重点突出，观点准确、及时更新。

（三）提高办文办会办事效率，增强全行执行力

认真履行服务领导、服务本部、服务基层的职能。办公室工作的实质就是服务，办文、办会、办事是办公室履行职能的具体表现。各级行办公室严守规章、规范操作、注重细节，对上周密、细心地服务，认真协调安排好领导的重要活动，办好领导交办事项；对下严格要求，遵守原则、秉公办事、不怕麻烦、服务到位。

公文质量和运行效率进一步提高。主动适应全行组织机构扁平化、专业化、垂直化改革的需要，及时调整风险条线、审计条线、分行事业部的公文运转流程。连续开展公文质量和效率测评活动，强化核稿、退文和通报制度，把好公文的依据关、程序关、内容关和格式关。改革传统公文运行方式，推行公文跨级直发和跨行签报制度，合理控制跨级直发文件的范围，公文从总行到网点的传递时间由过去的两三天缩短到10分钟左

右，实现了全行异地同步办公和信息保真传递；跨行签报由两个文件减少为一个，办文流程由四个减少为一个。这些举措每年减少纸质公文30多万份，深受各级行的好评。

全行上下形成了以总行办公室为主的督查、督办工作体系，认真及时地检查各分行、各部门对党委会、行长办公会、专题会的每一项决定、决议的落实情况。通过OA系统等技术手段实现了重要事项的网上分办、催办提醒、督办、通报和动态跟踪。即时或定期以督察情况通报等形式通报、反馈重大事项办理的进展情况，抽查已办结事项的办理质量，公布未办结公文处理部门和经办人员名单，切实把领导交办、批办、重要会议决策事项和下级行请示事项落到实处。总行办理下级行请示类公文平均时间逐年缩短，2008年为9.9天，比2007年缩短2.5天。

（四）强化条线指导，优化办公系统，基础管理水平不断提升

组织编写了《印章管理》、《保密管理》等培训用书，很好地起到了普及知识、规范操作的作用。各级行加强了对办公管理实务、公文写作与规范、印章管理、保密管理、档案管理和宣传工作的培训与现场检查指导，要求印章管理人员考核上岗。三年来，总行组织培训达8 300多人次。对检查中发现的问题及时督促整改，大幅减少了印章、保密等关键部位的操作风险。尤其值得一提的是，股改上市后，我们及时制定了保密管理办法和两个相关管理规定，不断加大保密技术和保密设备投入。从员工入行就抓保密教育，统一组织了30万名员工签署保密协议。我行连续保持了20年没有重大泄密、失密事件发生的良好势头。2008年以来，在中央保密部门对中央和国家机关保密检查中，没有发现我行有失泄密情况。

为提高协同办公能力和工作效率，办公室系统依托科技进步，积极优化流程，拓展系统功能，打造了部门之间、管理层级之间快速、便捷、低成本的网络协同办公平台。OA系统升级到3.0版，与海外机构连通，覆盖了全行各级机构和网点，用户达到11万余人，年处理公文60万份；视频会议系统已直联全行所有县级支行和部分基层网点，总行平均每年召开400次左右视频会议。网络协同办公平台已成为全行使用范围最广、效率最高的系统管理工具。档案管理信息系统是档案管理电子化、信息化建设的良好开端，并在同业中率先将条形码技术引用到档案管理中。

全行档案库房的建设需求激增，给全行财务资源投入带来较大压力。总行办公室落实全面成本管理方针，积极推进档案集中管理，规范档案库房建设。在档案全宗中单独设立了信用卡业务档案种类，指导6家分行成立了档案管理中心。总行办公室与财会部还共同牵头成立了项目研究团队，对档案保管、档案库房建设进行专项研究。此项工作既是提升全行档案管理水平的基础性工作，又是推进战略成本管理的重点项目，目前正在积极推进。

（五）围绕重点工作，突出经营亮点，营造良好的舆论氛围

对于公开上市银行来说，信息披露、媒体宣传和公共关系管理工作非常重要。办公室、公共关系与企业文化部两个条线密切配合，秉承“对内振奋员工精神，对外树立企业形象”的原则，共同推动宣传工作顺利开展。

在维护公共关系方面，各级行融洽与报刊、广播、电视等传统媒体和互联网等新兴媒体的合作关系，积极宣传建设银行的改革发展成果，加大品牌建设，着力打造“蓝色银行”形象。配合业务发展和战略转型，加大广告宣传和营销力度；沉着做好危机应对，及时组织力量，加强对突发事件的正面引导。积极履行企业社会责任，不断加大对社会公益事业的支持力度，提高建设银行的知名度和美誉度，塑造了良好的企业形象。

《建设银行报》坚持贴近业务、贴近基层、贴近员工的办报方针，更加主动地为全行的工作大局服务，办报水平稳步提升。它已经成为指导工作、推动发展、传播文化的有力工具，既是包括一线员工和离退休老同志在内的全体员工及时了解中心工作和各项改革举措的主渠道，也是展示全行业务发展动态、交流好经验好做法的重要平台，深受广大员工的欢迎。

行史年鉴编纂工作进展顺利。出版了《中国建设银行大事记》、《中国建设银行史》、《中国建设银行辉煌50年》以及2007年、2008年年鉴共5本书，完成了近700万字的编写任务，清晰再现了我行改革与发展的历史轨迹，真实地反映了半个多世纪来波澜起伏的峥嵘岁月、辉煌历史和宝贵经验，是建设银行的重要史料和员工教育的宝贵教材。

（六）强化危机管理，协调做好信访维稳工作和特殊时期的金融服务

办公室工作综合性强、涉及面广、突发性和临时性事务多，但各级行办公室能够在繁多的事务中着眼全局、抓住重点、力保稳定。无论是在2008年“5·12”四川汶川大地震等自然灾害期间，还是在2008年奥运会和残奥会期间，以至于2009年的新中国成立60周年大庆和新疆的“7·5”事件中，各级行办公室妥善处理了许多重要紧急情况，为保障全行正常、有序运行付出了艰苦的努力。

办公室系统坚持24小时值班制度，保证信息联络畅通。参与组织应急演练，提高实战能力。收集汇总相关信息，编发值班动态和情况专报，并及时向上级领导和有关部门报送。协调相关部门和分行迅速建立抗灾、救灾“绿色通道”，提供奥运特色金融服务，保障特殊时期的安全运营。作为维护稳定领导小组的成员部门，充分认识维稳工作的敏感性和复杂性，与有关部门一道，认真研究政策，制定对策，努力做好维稳和协解人员工作。

一级分行办公室还要对口总行董事会办公室、监事会办公室、研究部等部门，有的还承担了企业文化、产品与质量效率管理和总务等职责；二级分行办公室对应的部门职责更多，任务更加繁重。但无论是分内还是分外的工作，办公室的同志都同样重视，不推诿扯皮，尽心尽力做好，得到了行领导和有关部门的好评。

总之，办公室工作取得了很好的成绩。这些成绩的取得，是办公室系统全体同志积极进取、努力工作、无私奉献的结果。在此，我代表总行党委和高管层向在座的各位，并通过你们向辛勤工作在办公室各个岗位的同志表示衷心的感谢！

二、办公室工作的总体要求和主要任务

在充分肯定成绩的同时，我们也必须清醒地认识到，全行办公室的工作还存在一些不足之处。与满足现实需要相比、与国外先进银行的内部管理相比，也还存在较大的差距。正如郭树清董事长在夏季工作座谈会上指出的，在专业化和精细化方面，全行仍有一些突出的矛盾和问题。有的会议纪要不完整，使相关会议的精神不能很好地贯彻；个别分行没有很好地理解总行制定的制度，存在着执行不统一、操作不一致的问题；上报文件不规范、不按程序上报的情况仍时有发生；也有值班制度落实不到位，重大事项上报不及时、不准确的情况。办公室工作事无巨细，而又影响全局。对于工作中的不足，大家要认真对待，绝不能因目前的工作尚能应对而有所懈怠。

总行党委和高管层高度重视办公室工作，并寄予厚望。在当前和今后一个时期，全行办公室工作的总体要求是：以科学发展观为指导，更新服务理念，创新办公方式，夯实基础工作，促进办公管理精细化、专业化、标准化和规范化，全面提升服务能力和工作效率，为全行改革发展提供坚强有力的保障。

为落实以上总体要求，下一阶段要重点做好以下几方面的工作。

（一）按照现代公司治理和加强党的建设的要求，履行好行长办公室和党委办公室的双重职能

股改上市以来，我行按照现代企业的要求建立了现代商业银行治理结构，妥善处理了党委会与股东会、董事会、高管层、监事会之间的关系。在总行和各级分行层面上，都设立了党委办公室和行长办公室，二者合署办公，实际上是“一套机构，两块牌子”。应当说，党委办公室和行长办公室二者的工作是紧密不可分、相互促进的，但是这两者又各有侧重，有不同的职责和要求，不能简单地互相替代，不能一手硬、一手软，两手都要抓，两个职责都要发挥好。

党委办公室作为党委的办事机构，职责是服务和保障党务正常运行，组织督导党委各项政策制度、决议的贯彻落实，积极配合组织部、宣传部、纪检监察部等其他办事机构共同做好党建工作。当前，要按照总行党委统一部署，学习领会党的十七届四中全会精神，贯彻落实《关于加强

和改进新形势下党的建设若干重大问题的决定》，执行好我行内部接待节约、从简等廉洁从业方面的制度规定。

行长办公室作为管理层的办事机构，是支持全行工作有序运转和改革发展的服务保障部门，主要通过综合协调、督促检查、细致周到的服务来发挥作用。要强化大局意识和责任意识，抓住综合协调和服务两条主线，充分发挥办公室的枢纽作用，加快实现向现代商业银行的办公运行方式转变。

（二）深化落实科学发展观活动的各项要求，不断提高综合协调能力和服务水平

通过开展深入学习实践科学发展观活动，办公室系统对内部客户最关心的问题进行了整改，收到了很好的成效，按照中央要求和我们制定的中长期学习实践规划，还有些项目需要在具体工作中持续整改。核心是彻底转变不适应科学发展的思想观念，深化“以客户为中心”的服务理念，围绕中心、服务大局，集中力量抓协调、抓落实，推动各级行党委和管理层决策精神的贯彻。

——抓好沟通协调。要正视矛盾和问题，注意工作方式和方法，善于化解矛盾；既要勇当“主角”，又要甘当“配角”；既要主观努力，又要寻求支持。对外要积极争取上级领导和部门的支持，营造一个良好的外部环境；对内要充分了解和听取领导、部门等各方面的意见，掌握各方面的实际情况，使工作方案行得通、落得实，达到预期效果。

——增强督办工作的权威性，抓好工作落实。要健全重大决策部署执行情况，定期检查和专项督察制度、纪律保障机制，坚决纠正有令不行、有禁不止的现象。完善立项登记、准确分办、督察通知、检查催办、办结反馈等环节，对督办事项实行全程跟踪，随时掌握情况。加强对督办事项的通报，对工作不落实的，要及时督促整改。同时，创新督办方式、增加督办手段，形成有效的检查落实机制，提高督办效能。

——关注宏观环境变化，把握全行经营管理主线，主动做好调研和信息报送工作。要增强敏感性，使“快、准、实、深、短”的信息和调研报告成为服务领导决策、联系上下、沟通左右、及时传递工作动态的有效途径。加强危机管理意识，坚持行政值班和重大事项报告制度。

（三）强化效率意识和成本意识，扎实推进精细化管理

把精细化管理的要求融入具体的业务流程之中，落实到各种管理办法和措施之中，改变笼而统之、大而化之的习惯，加强数据分析应用，提高办公管理的规范化、标准化。

——充分发挥公文和会议归口管理部门的作用。中共十七届四中全会明确要求，要大力整治文风、会风，提倡开短会、讲短话，讲管用的话，力戒空话套话。积极运用信息化手段，严格控制发文数量和范围，严格控制会议数量、经费、规模。办公室系统在这方面要下更大的工夫。要加强日常公文处理的监测和审核，严格按照行文规则和规定的渠道处理公文。报送行领导的签报和上级行的公文要经办公室核稿并通过 OA 系统传递，同时做好实物文件各流转环节的记录跟踪。进一步做好公文跨级直发和跨行签报的推广应用工作，减轻公文处理的工作量。正确标引密级，降低密级文件的保管成本，合理扩大可接触范围，更好地方便工作开展。进一步精简会议，倡导利用视频会议和电话会议。

——加强档案保管和库房建设。目前全行已设立 12 个档案门类，现存各类档案 1.59 亿卷，并且以每年 1 160 万卷的速度增长，因此，需要重视档案保管和库房建设问题，给予必要的投入。初步的思路是在全面梳理业务流程、测算合理存储需求的基础上，用 3 年左右的时间，集中解决档案库房问题，基本满足全行档案存储周转的需要。要站在全行的高度审视现有的档案生成和管理流程，打破行域观念，统筹规划，实行全程管理，避免层层重复归档。首先，入口要精简。尽量减少纸质文件的生成，并以电子档案为主，最大限度地压缩电子文件打印量。其次，以分类为基础，应用条形码等技术手段，简化档案管理过程。最后，出口要顺畅。逐步建立到期档案自动销毁制度，实现档案库房管理的“能进、能出”。

——保持高度警惕，继续守牢保密防线。针对中央国家机关连续发生的计算机泄密事件，胡锦涛总书记、温家宝总理分别作出了重要批示。

不久前发生的“力拓间谍案”也为我们保护商业秘密敲响了警钟。各级行要正确认识新形势下做好网络信息安全和保密工作的重要性、紧迫性，结合计算机失泄密案件的典型案例，在全行范围内开展保密安全教育活动，做到涉密人员懂保密、会保密、善保密。把保密教育培训与涉密岗位资格审查、岗位考核结合起来，这要作为一项硬性任务加以落实。要根据国家保密部门要求及时更新技术设备，组织开展全行计算机信息系统和移动存储介质的保密安全检查，加强互联网端口管理，及时发现和堵塞漏洞，防止失泄密事件发生。

——进一步严防印章风险。做好印章管理人员培训教育和岗位考核，切实增强其责任心和风险意识，从源头上控制风险。当前，要特别注意私刻、伪造印章的风险，发现情况要及时报告，并采取有效措施妥善处理。从2009年发现的3起伪造印章情况看，由于当事的河北省、山东省分行认真对待，处理及时得力，没有形成案件，但仍要引起大家的警惕和重视。

（四）大力开展办公信息化建设，提高专业化服务水平

运用信息技术手段辅助管理，是现代商业银行行务系统高效、有序运转的重要保障。要顺应全行组织机构改革和业务流程优化的需要，加强与分行和部门的沟通联系，优化和完善办公管理信息系统功能，加大推广应用力度。

——重视OA系统运行维护和功能拓展。作为全行使用范围最广的管理工具，OA系统的稳定运行非常重要。总行在三次OA系统在线运维检查中，发现一些分行仍然存在标准和操作不统一等问题，需要认真解决。在管理上，包括日常的工作记录、事项流转路径等，要做到能上OA系统的尽量都要上OA系统。同时，根据新的需求和新技术的发展情况，及时拓展OA系统的新功能，使其真正成为满足员工需要的协同办公平台。

——提高会议系统的科技含量，扩大会议系统的利用范围。加强视频会议系统的管理和调度，提高视频会议系统的利用率。探索使用视频会议系统、电话会议系统等进行远程讨论和交流，形成立体沟通网络，节约差旅费和会议费开支。

——本着“先优化，后推广”的原则，积极推进档案信息化建设。组织研究各类信息系统、电子数据的档案标准化建设和管理方式，确保电子档案能够及时归档、规范存储、方便利用。进一步推广应用档案条形码技术，提高实物档案的信息化处理能力，尽快完成二级分行以下机构实物档案的数字化工作。对现有档案管理信息系统进行优化改造，增强其适用性，提高运转效率，逐步向二级分行推广。

（五）加强组织策划，做好舆论引导工作

——不断提升品牌形象。充分利用文字宣传、视觉形象、广告营销、产品推介、公关活动、履行企业社会责任等多种形式，积极宣传改革发展成果，塑造建设银行品牌形象。坚持舆情监测，正视舆论监督与批评。融洽与当地宣传主管部门、媒体包括网络媒体的关系，提高网上舆情引导水平，减少负面报道，防止媒体不当炒作。

——更好地发挥《建设银行报》的宣传作用。作为企业报，要更好地为全行改革发展提供舆论支持；交流产品和服务创新的好举措，推广经营管理中好的经验和做法；群策群力，为全行的科学发展出谋划策，共同推动各项工作取得新进展、新成效。

——继续做好年鉴编写工作。要通过年鉴编纂，及时准确、全面客观地为建设银行留存具有较高价值的历史文献。利用已有的工作成果，精心组织筹备行史展，展示建设银行的发展历程和建行人奋斗不息的精神风貌。总行各部门、各分行要一如既往地支持这项工作，系统收集、妥善保存、及时报送重要文献资料和图片资料。

（六）加强系统管理和指导，搞好队伍建设

——充分利用网络、会议和培训等多种形式，逐步建立起涵盖全行的督察、公文、档案、保密、印章、信息和秘书等岗位的骨干团队，促进同一岗位知识的有效传播和经验分享。通过调研、检查、考核评优、表彰激励等多种方式，加强沟通指导，提高办公室系统的执行力。

——加大力度培养年轻干部和专业技术人才。提高人员素质是做好办公室工作的必由之路。要更多地依靠加强内部培养和岗位调整来扩大急需的专业化人才队伍。按照总行员工培训的相关要求，制定培训规划，精心组织，丰富案例分析、现场指导等培训形式，确保每一位办公室员工都能得到相应的岗位培训机会。用好总行办公室编写的培训教材，不仅要用于培训，也可作为员工自学和工作指南使用。

三、做好当前工作的几点要求

办公室工作是全行改革发展事业的重要组成部分，同志们要进一步提高思想认识、增强服务能力、提高工作水平。

（一）进一步增强责任感

有人讲，办公室工作“三多三少”，即重复性平凡工作多，轰动性亮点少；累活难事多，物质资源少；受批评多，受表扬少。尽管有些消极偏激，但也多少反映了办公室工作的一些特点。办公室工作是幕后工作，是服务性工作，服务就意味着要甘于默默奉献。办公室的同志要顾全大局，对工作要有耐心、细心和平常心，在工作中要相互配合、相互补位，争取在平凡的岗位上创造出不平凡的业绩。

（二）进一步创新工作思路

办公室有很多工作沿袭已久，容易按老习惯办事。面对新的形势，要建设学习型组织，营造崇尚学习的浓厚氛围，优化知识结构，提高综合素质，增强创新能力。我们要学会以创新的思维开展工作，善于发现固有工作模式中不适应的部分，积极加以改进。现有的办公方式和各类管理系统如何升级优化，如何进一步解放生产力、提高工作效率等都值得我们去深入探讨。大家要以更开放的心态积极接受新的变化，带领团队创造性地开展好各项工作。

（三）进一步改进工作方法

办公室的工作千头万绪，很容易让大家陷入具体事务中去。要做到“围绕中心、服务大局”，就要把“一切服从大局，一切服务大局”作为工作的出发点和落脚点，把握规律，抓住关键矛盾，增强工作的预见性、前瞻性和应急能力。要采取一些有效的方式、方法，做好组织协调工作，不搞包办、代办。要按照重点工作和日常工作、中心工作和一般工作，以及轻、重、缓、急等层次科学合理地安排。

（四）进一步完善办公手段

提高专业化和精细化水平是全行一项重要的改革任务。具体到办公室来说，就是要以世界一流商业银行的标准审视和改进我们的工作，学习引进先进的管理工具和技术，培养专业的人才。比如说档案和保密工作，长期以来，都是依靠这些岗位上同志们的经验和责任心来管，但是随着信息技术的发展和现代办公手段在银行领域的深入应用，光有责任心和老经验已经不能适应现阶段以及未来工作的需要了。我们的工作人员还需要具有专业知识和技能，能够运用先进的管理工具。

（五）进一步加强作风建设

办公室同志接触领导多、工作联系广、涉及秘密事项多，岗位比较特殊，这些都对工作人员的理想信念、党性修养和工作作风提出了更高的要求。要抓紧政治思想工作不放松，认真开展社会主义核心价值学习教育和廉洁从业教育，对工作人员严格要求、严格教育、严格管理、严格监督；正确对待权力、地位和利益，带头遵循制度和规章，严格履行程序，秉公办事，不搞特殊化；强化求真务实、热情服务、严谨细致、精益求精的工作作风；注重身体力行，勤俭节约，不搞铺张浪费，加强环保意识，推动绿色银行建设。

同志们，面对新的形势、新的挑战，我们要进一步增强使命感、紧迫感，加强学习、扎实工作、更新理念、创新方式，不断提升全行办公管理精细化、专业化水平！

积极进取 扎实工作
努力提升公共关系与企业文化价值创造力

——在全行公共关系与企业文化工作（视频）会议上的讲话

辛树森

（2009年12月10日）

同志们：

在全行上下认真贯彻落实中央经济工作会议精神，部署加快战略转型、促进经济发展之际，经总行党委批准，今天我们通过视频召开全行公共关系与企业文化工作会议。前不久，总行以视频形式召开了全行秋季工作会和职代会，既节约了经费，也提高了效率，会议开得很成功。基于同样的考虑，今天的会议也以视频形式召开。这次会议的主要任务是：深入学习贯彻中共十七届四中全会和中央经济工作会议精神，以科学发展观为指导，总结近年来的成绩和经验，分析新的形势，查找问题与不足，进一步统一思想、理清思路，研究部署下一阶段工作，以提升价值创造力，支持和推动全行的改革和发展。下面，我讲几点意见。

一、关于全行公共关系与企业文化工作的回顾

两年来，全行公共关系与企业文化系统在总行党委的正确领导下，主动适应股改上市后的新形势，围绕全行战略转型和中心工作，深入学习实践科学发展观，以“对内振奋员工精神，对外树立企业形象”为宗旨，积极推进公共关系与企业文化建设，建设银行文化逐步深入人心，市场形象大幅提升，为全行实现又好又快发展提供了有力的服务和支撑。

（一）发挥中心组学习平台的作用，不断强化全行科学发展意识

认真做好中心组学习的组织服务。两年来，按照总行党委的部署，主动适应上市后的新形势、新任务，围绕科学发展观和十七大以来党的路线方针政策，结合国有商业银行改革发展实际，积极做好中心组学习讲座的组织，邀请知名专家学者举办经济、金融、外交、科技、环保、“三农”发展、医疗改革等方面的专题讲座。定期选编学习资料、推荐经典书目，并通过视频转播、内部网络等方式在全行共享学习资源。两年多来，共组织20多次讲座和多次专题培训班，每次讲座均由郭树清董事长亲自策划、亲自邀请专家、亲自主持并组织讨论，学习内容涉猎广泛，邀请的专家层次和水平高，形式活泼、讨论深入，让各级领导干部既学习了经济金融知识，又能跳出金融思考经济和社会发展问题。通过学习开阔了思路、增长了见识、促进了业务发展，取得了很好的效果。各级党委中心组也不断创新学习形式、丰富学习内容，增强学习的针对性和有效性，收到了良好成效。

大力推进学习的长效机制建设。2008年以来，配合并全过程参与全行开展学习实践科学发展观活动，在总行党委的领导下，参与制订了《中国建设银行学习实践科学发展观中长期规划》，下发了《2009—2010年党委中心组学习计划》。各级党委中心组认真落实规划，密切联系经营管理实际，加强对影响业务发展和群众普遍关心的相关问题的研究。一些分行建立了“领导人员读书班”制度，定期研究解决涉及本行科学发展的重大问题；不少分行定期举办学习笔会和论坛活动，促进思想交流，增强科学发展意识。

积极组织全行员工的理论学习和思想教育。在各级党委的带头示范下，全行广泛开展学习党

的十七大、十七届三中、四中全会精神、学习实践科学发展观、庆祝建国60周年等主题教育活动，认真贯彻中央关于国有银行改革的方针政策，持续学习总行党委的各项决策、全行发展战略以及建设银行文化理念。特别针对战略转型和应对金融危机等关键问题，各级机构认真开展了调查研究，有针对性地进行教育宣传，及时将全行员工的思想和行动统一到中央精神和总行党委的决策上来，较好地保证了各项工作的顺利推进。

（二）狠抓服务文化和合规文化建设，努力提升对建设银行文化的认知、认同

深入开展学习实践建设银行价值理念及规范操守活动。在总行党委、董事会、监事会、管理层的精心指导下，以多种方式多次听取各方面意见，集中全行智慧，最后由总行党委、董事会确定了符合中国国情、具有金融行业特色的建设银行战略愿景、使命、核心价值观及其理念，进一步完善了建设银行文化要素体系、员工行为规范和职业操守。两年来，全行上下始终围绕战略愿景，努力践行核心价值观，认真履行企业使命，坚持以客户为中心，为客户提供越来越好的服务；不断提升经营业绩，为国家和社会创造越来越大的价值；真心关爱员工，为员工搭建越来越广阔的发展平台；支持公益、扶困济危，自觉为社会承担越来越全面的企业公民责任。全行通过举办学习培训班、中心组专题讲座、建设文化长廊、组织文化故事征集、《员工手册》网上答题、“我的建行我的生活”征文等活动，组织广大员工深入学习实践文化要素和行为规范，举办相关学习培训班5 255期，参加培训人员达32.25万人次，进一步提高了员工对建设银行文化的认知、认同，增强了立足本职岗位，为实现战略愿景作贡献的自觉性和主动性。

积极推进“以客户为中心”的服务文化建设。为将“以客户为中心”的理念落到实处，总分行联动开展服务质量“对照、查找、整改”活动，查出、整改了服务标准不统一、客户投诉应急反应不畅等突出问题。同时，配合网点转型和流程优化等，积极探索服务管理流程，推广成功做法，特别是不局限于关注一时一事，而是伴随商业银行的改革发展不断深化服务文化，有力地推动了长效机制的建设。

精心组织“抓服务、讲合规、促发展”主题系列活动。2009年初以来，全行上下按照总行部署，围绕活动主题，紧扣中心工作，开展规范操守专题教育、主题演讲和员工关爱活动累计达4 400多场（次），查找和改正不规范服务行为410多种，征集到690多篇服务营销案例和大量创新服务、关爱员工的金点子。在活动中，不少分行推广优秀服务模式，精心打造精品网点，着力解决实际问题，有力地强化了员工的服务与合规意识，并为强化员工合规行为、减少案件发生、提高效益作出了贡献。

（三）注重正面宣传和危机应对，为全行改革发展营造良好的舆论环境

建立健全新闻宣传工作机制。总行党委十分重视对外宣传工作，明确要求将媒体和公众监督作为公司治理的一个重要组成部分。根据上市公司信息披露要求，先后制定了新闻宣传管理办法、突发事件新闻发布规定、新闻发言人制度等一系列制度办法。各分行也相继制定完善了具体制度办法，推动和促进了全行新闻宣传工作的扎实、规范开展。总行党委中心组还专门安排了“企业危机媒体应对策略”专题学习。经过近几年的实践，全行上下在处理突发事件中应对媒体的意识和能力日益增强。截至2009年12月，全行建立健全了与现代企业制度相适应的新闻宣传管理机制，形成了归口管理、统一发布、上下联动、快速反应的新闻宣传工作模式。

积极传播我行改革发展的新变化、新成果。两年来，全行宣传系统不断增强政治敏锐性，紧紧围绕中心，自觉服务大局，结合年报、中报和季报发布，大力宣传我行股改上市以来取得的骄人业绩。通过摆事实、讲道理、算细账，有理有据地进行正面舆论引导，有效地澄清和驳斥了有关国有银行“贱卖论”的负面影响，坚定了社会各界对国有银行改革的信心，收到了良好的宣传效果。同时，贴近业务发展、贴近服务营销，大力宣传我行在网点转型、创新产品、调整结构、改进服务、强化内控等方面取得的成效和成就，每年累计在国内外媒体刊发稿件达四五万篇，并且在宣传内容的选择、时机的把握、节奏的掌控等方面日渐成熟。为落实温家宝总理、王岐山副总理在我行《大银行服务小企业》材料上的批示精神，2009年上半年，联系人民日报、新华社、中央电视台等媒体进行突出报道，取得了良好的社会反响。

不断提高媒体危机应对和处置水平。近年来，针对网点排队、产品服务以及美国银行减持、发生案件等热点与敏感问题，总分行快速反应，及时监测分析舆论关注热点，认真制定应对预案和应对口径，主动引导舆论，争取掌握话语权，消除负面影响。建立健全媒体监测制度，总行坚持每天编发《媒体监测快报》，各分行定期编发《媒体舆情分析》，为领导决策提供了基础资料和信息参考。总行于2007年在同业中率先建立网络评论员队伍，对重点网站、论坛、博客进行监测和舆情引导，防止负面炒作，受到了国务院新闻办公室和银监会的充分肯定。

（四）推进形象建设与营销，着力支持和促进业务发展和战略转型

"蓝色银行"形象深入人心。及时出台了个人出入境金融服务中心、财富管理中心、电子银行服务区、村镇银行等新型营业机构视觉形象标准；完善了部分子公司和海外分行Logo及视觉规范；出台了奥运配套服务标识；修订了《平面宣传品视觉规范指引》，统一规范了宣传品的版式和整体形象。可以说，我行的业务发展到哪里，视觉形象管理就服务到哪里。截至2009年上半年，全行已按照"蓝色银行"形象标准建设或改造营业网点9 455个，新建财富管理中心110家、私人银行3家、电子银行服务区18个，已初步形成了整体和谐、互为补充的多层次的视觉形象体系；在境内和境外，成功树立了我行统一的"蓝色银行"形象，获得了员工的广泛认同和社会的普遍认可。

建设银行品牌知名度不断提升。全行统一推出了"善建者行"版企业形象系列宣传广告，这一广告语意味深长，很好地诠释了我行的文化理念，在较短时间内引起公众的广泛关注，并在随后的大型演出、赞助活动、贺卡和年报设计等多个场合、多种载体上持续广泛地宣传，使这一广告语深入客户和员工心中。适应业务发展需要，总行加大了在中央级媒体、境外媒体和香港及首都机场的广告投放力度，各分行充分挖掘自有物业资源宣传潜力，加大了在重点机场、高速公路、繁华路段、写字楼等户外媒体的投放，基本实现了对重点区域"要么有网点，要么有自助设备，要么有形象广告"的有效覆盖，初步形成了"步调一致、上下联动、整体出击"的传播格局，进一步提升了我行品牌的知名度和美誉度。

（五）承担企业公民责任，促进我行与社会和谐共赢

建立和完善年度社会责任报告制度。近年来，我行认真执行国家宏观政策，支持绿色环保和改善民生，积极投身社会公益事业，主动履行社会责任。2007年，我行在国有大型商业银行中率先发布社会责任报告，按照相关监管规定与要求，借鉴和参考国际先进经验，不断规范和改进，并率先聘请独立第三方机构进行鉴证。在2009年度A股上市公司社会责任报告评选中，我行荣获金融行业第一名。

全力支持抢险救灾。2008年汶川大地震发生后，全行捐款高达1.79亿元。张建国行长当天就带领有关部门的同志抵达灾区慰问，指导我行抗震救灾工作，并向地方政府捐赠2 000万元，随后各级机构、广大员工踊跃捐款，其中党员缴纳特殊党费4 700万元，团员缴纳特殊团费306万元。创新推出无卡折应急取款、免费快速汇划救灾资金、灾后重建贷款"绿色通道"等十多项特色措施，四川、甘肃、陕西等灾区行通过"帐篷银行"、"板房银行"等提供灾区急需的金融服务。在2008年初南方发生冰雪灾害时，我行捐款1 200万元。2009年台湾水灾，我行心系同胞，第一时间捐款500万元。在支持抢险救灾的过程中，我们既履行了对国家、对人民、对社会的一份回报，尽到了企业的一份责任，同时也陶冶了广大员工的情操，增强了大家的社会责任意识和对建设银行的认同感。

持续开展扶危济困的公益项目。两年来，我行成功赞助上海世界特殊奥林匹克运动会，启动了贫困高中生成长计划、贫困英模母亲资助计划、情系西藏奖（助）学金、援建建设银行希望小学等长期公益项目，公益投放总额达4.4亿元人民币。截至2009年12月，资助了贫困高中生40 043人次，发放助学金约6 000万元；资助贫困英模母亲3 607人次，发放资助款超过1 005万元；累计捐建了35所建设银行希望小学。配合项目推进，在中央电视台“春暖”栏目制作了两期“感恩英雄”晚会。我行的努力得到了社会各界的广泛赞誉，两年累计获得境内外20多项社会责任荣誉和奖项，居同业领先地位。

（六）突出以人为本，充分调动员工的积极性和创造性

探索开展关爱员工活动。针对转型时期业务发展快、员工压力大等问题，各级机构坚持以人为本，开展员工恳谈、家访、问卷调查等，广泛了解员工需求，切实解决实际问题。同时，注重心理疏导和人文关怀，尝试开展心理知识培训、心理咨询。有的分行对直面银行抢劫的员工及时实施心理干预，消除心灵阴影；有的分行探索构建员工自我管理压力体系，引导员工快乐工作、健康生活。

创新开展共青团和青年工作。各级团组织紧扣中心工作，配合业务创新和营销，组织开展了“青春炫服务，满意在建行”、“赢在转型”等一系列丰富多彩的主题活动。通过树立青年典型、打造优秀青年团体，充分引导和激发青年员工的积极性和创造力。两年来，全行评选出“十杰”青年、青年服务明星、青年文明号、五四红旗团委等一大批先进青年集体和个人，全行“全国青年文明号”达到275家，有33个集体和个人荣获团中央和金融团工委表彰。

深入开展文明创建活动。完善文明单位评选表彰管理办法，积极组织全国级、总行级、分行级文明单位申报、评选、复查工作，认真开展文明单位先进经验的宣传交流。截至2009年12月，全行分别有全国级、省市级、区县级文明单位16家、757家、326家，总行级、分行级文明单位127家、375家，很好地发挥了示范带头作用。

（七）加强基础管理和作风建设，夯实履职尽责的基础

强化基础管理。两年来，制定了《评选表彰文明单位管理办法》等10多个制度规章，出台了对一级分行相关工作的考核测评方案。通过下发要点与指引、统一策划主题活动等，加强对系统的指导。同时，通过《公关工作动态》、内部网等加强业务指导和工作交流。

加大培训力度。为适应业务发展与职能整合的需求，积极组织专业技能培训。两年来，总行共举办9个基层业务骨干培训班，累计培训近1 000人次，其中一半左右向基层骨干倾斜，提高了工作的专业化水平，促进了横向和纵向的工作交流。同时，在危机公关、公益赞助、广告宣传等方面加强了与美国银行的交流、合作和经验分享。

加强作风建设。每年组织基层调研，及时总结经验、查找问题、研究对策。加强教育，规范大家履职尽责、廉洁从业、对外交往等行为，明确提出“七要七不准”，促进条线人员遵章守纪、改进作风。

总之，2007年以来，公共关系与企业文化建设努力融入基础管理，服务业务发展，工作做得有声有色，成效显著。这些成绩的取得，一是总行党委高度重视、正确领导；二是相关部门密切合作，各级机构同心协力，形成了共同参与、协同推进的良好局面；三是条线同志不断创新工作思路和手段，积极进取、努力工作、无私奉献，在支持和服务我行向世界一流银行迈进中，不断提升企业文化的价值创造力。在此，我代表总行党委和高管层向在座的各位，并通过你们向辛勤工作在公共关系与企业文化条线的各位同志表示亲切的慰问和衷心的感谢！

二、认清形势，求实创新，不断提升公共关系与企业文化工作的价值创造力

刚刚结束的中央经济工作会议，客观总结了我国一年来应对金融危机、“扩内需、保增长、调结构、惠民生”的成绩和经验，对2010年的经济发展进行了全面的部署和安排。总体要求是：全面贯彻党的十七大和十七届三中、四中全会精神，以邓小平理论和“三个代表”重要思想为指导，深入贯彻落实科学发展观，保持宏观经济政策的连续性和稳定性，继续实施积极的财政政策和适度宽松的货币政策，根据新形势、新情况着力提高政策的针对性和灵活性。特别是要更加注重提高经济增长质量和效益，更加注重推动经济发展方式转变和经济结构调整，更加注重推进改革开放和自主创新、增强经济增长活力和动力，更加注重改善民生、保持社会和谐稳定，更加注重统筹国内、国际两个大局，努力实现经济平稳较快发展。这对我行落实国家宏观政策、推进战略转型、强化风险管理、实现自身又好又快发展

带来了新的机遇和挑战。希望大家及早尽快学习领会中央精神，总行将在2010年1月召开全行工作会议，进一步提出学习贯彻的具体要求。同时，在经历了金融危机的洗礼后，同业之间的竞争将会更加激烈，这不仅是产品和服务的竞争，更是企业文化、公众形象和品牌影响力的竞争，是员工职业素养和精神面貌的竞争。另外，我行经营管理方式和员工思想观念在新的形势下也发生了许多新的变化，不可避免地带来了新的矛盾和问题，这一切都对我们提出了全新的课题和更高的要求。

我行公共关系和企业文化工作在取得长足进步的同时，也还存在不少问题和不足，其中，既有发展中出现的新问题，也有一些不平衡、不适应的问题：一是思想上还存在一些模糊认识和畏难情绪；二是与业务发展的融合度还不够强；三是基础管理还存在一些薄弱环节；四是协作机制还不能很好地适应工作需要。希望大家引起足够重视，并尽快加以解决。

面对新的形势和挑战，当前和今后一段时期公共关系与企业文化工作的总体要求是：以科学发展观为指导，深入贯彻落实党的十七届四中全会和中央经济工作会议精神，按照总行党委的部署和要求，主动适应宏观形势变化、全行改革发展要求和基层一线需求，做好党的宣传工作，围绕中心，创新思路，强化管理和服务，协同推进公共关系、企业文化和党团工作，进一步提高专业化和精细化水平，建立和完善提升价值创造力的长效机制，为支持业务发展、实现全行战略愿景提供有力保障。

为落实这一总体要求，2010年及今后一段时期，要重点做好以下几方面的工作。

（一）深入学习贯彻党的十七届四中全会精神、持续推进党的宣传教育工作

一是要继续重视抓好党委中心组学习，着力推进全行学习型组织建设。党的十七届四中全会对新形势下加强和改进党的建设作出了战略部署。近日，中央政治局就贯彻落实十七届四中全会精神、努力提高党的建设科学化水平进行了集体学习。胡锦涛总书记在主持学习时强调指出，加强和改进新形势下党的建设，必须着眼于继续解放思想、坚持改革开放、推动科学发展、促进社会和谐，着眼于提高党的执政能力、保持和发展党的先进性，全面推进思想建设、组织建设、作风建设、制度建设和反腐倡廉建设，提高党的建设科学化水平。我行党委宣传部承担着推进思想建设的重任，要继续做好党委中心组学习的组织和服务工作，推进全行学习型组织建设。各级党委要认真落实全行学习实践科学发展观中长期规划和中心组学习计划。要坚持理论联系实际，将中心组学习与贯彻中央精神紧密结合，与落实我行积极稳健的经营方针、加快业务结构调整、加大风险管理力度等中心工作紧密结合。要积极创新学习形式，统筹开展主题讲座、实地调研、材料研读、读书评书等活动。要加强总分行、各分行之间的交流联动，使学习成果能够在更大范围传导和共享。

二是要高度重视抓好基层员工的思想教育，发挥思想引导和精神激励的作用。要坚持把“以人为本”作为创新思想教育的切入点和落脚点，与信访维稳、防范风险等工作紧密结合，持续开展关爱员工活动。要不断完善管理沟通机制，深入开展员工思想动态调查，倾听员工心声，协调有关部门帮助员工解决实际问题，加强职业规划和专业技能培训，并配合做好协解人员的思想工作。要把思想教育与薪酬激励机制有机结合，从物质和精神两个层面调动员工的积极性。要将有需求、有实效、受欢迎的教育关爱工作逐步常态化、流程化、制度化，构建长效机制，真正将“以人为本”的要求落到基层、落到实处。

（二）持续深化建设银行价值理念落地工作，不断培育和强化与现代商业银行发展要求相适应的企业文化

一是要继续深化建设银行文化要素的学习与实践，着力培育全行统一的价值理念。各级领导人员要率先垂范，在工作中积极倡导、践行建设银行价值理念和规范操守，为员工作出表率。各业务条线、各级分支机构都要将建设银行文化要素体系作为员工职业素质教育的重点，纳入专题学习和员工岗位业务培训特别是新员工培训课程中，并利用内部网站、报刊和文化长廊等加大诠释、传播力度，努力使建设银行价值理念和行为规范转化为员工的自觉行动和职业习惯。

二是要开展“深化客户服务，关爱基层员

工”主题活动，推动建设银行价值理念落地。2010年计划在全行开展“深化客户服务，关爱基层员工”主题活动，具体方案和部署将在2010年初拟定下发。各级机构要在认真总结上一年主题活动成果的基础上，细化、创新实施方案，广泛开展专题教育、服务明星评选、关爱员工案例交流等活动。一方面要不断强化“以客户为中心”的理念和机制，推动解决客户服务中的重点、难点问题，弘扬先进服务典型，进一步提升全行服务水平；另一方面各级领导要真正把员工作为建设银行最宝贵的财富，高度重视主题活动的开展。各级机构、各部门要以不同方式、从不同渠道来落实对员工的关爱，少一点形式主义，多一点实际措施，努力“为员工搭建广阔的发展平台”，向广大员工传递组织的温暖和关怀。要按照总行方案的总体要求，结合本单位实际，因地制宜、因势利导，采取有效措施促进员工心理健康，快乐工作与生活，激发工作积极性和创造性，努力提供令客户满意的服务。

三是要加强示范点建设，不断深化服务文化与合规文化建设。近期，总行已组织第三批示范点审核工作，下一步将加强规范化和精细化管理。各分行要对推选的示范点严格把关，优胜劣汰、宁缺毋滥。要通过示范点进一步深化对企业文化管理与建设途径、模式和方法的探索和创新，将文化建设与基础管理、业务发展相融合，并提炼和推广示范点在网点转型、服务营销、合规管理等方面的成功经验和做法，发挥其示范带动作用。

四是要以培养宣传先进典型为手段，营造积极进取、和谐向上的文化氛围。要在进一步提升、推广“向党工作站”、“红梅理财中心”、“天龙在线”等原有先进典型的同时，紧密结合业务发展重点，培养、打造一批来自基层和一线的“服务合规标兵”和先进典型。要利用行内外媒体，大力宣传、推广其事迹和经验，发挥示范带头作用，在全行营造积极进取、和谐向上的良好氛围。

（三）适应媒体发展和舆论环境新变化，通过新闻宣传推动业务发展

一是要加强规范管理。胡锦涛总书记在前不久出席世界媒体大会时指出，要搞好媒体监督，保障人民知情权、参与权、表达权、监督权。最近银监会也就加强声誉风险管理专门下发了指引，提出了明确要求。新闻宣传工作政治性、政策性、敏感性强，关系到我行的形象、声誉乃至改革发展大局。郭树清董事长在2009年党委中心组“企业危机媒体应对策略”的专题学习中强调指出：“全行各级党委要适应新的形势，重视学习、了解和把握新闻传媒规律特点，努力提高运用媒体、引导舆论的水平。”全行宣传系统要增强大局意识、责任意识和政治敏锐性，强化规范管理，完善体制、机制，既要严格遵守新闻发布和信息披露相关规章制度，又要正确把握新闻规律，善于寻找实际工作与新闻报道的结合点，通过有效的新闻宣传推动各项工作开展。

二是要增强新闻宣传的及时性、有效性。全行宣传工作要把营造良性舆论氛围作为中心任务，更好地发挥保障和促进作用。要学习借鉴国际同业先进做法，不断创新方式、方法。结合经营业绩发布、结合业务拓展和战略转型，主动发掘提炼和总结推介我行治理改革和业务发展的亮点及各方面的先进典型，特别是小企业服务、“三农”服务、民生服务等，把我行的新举措、新面貌、新成就及时传播给社会大众。在宣传中要严格遵循总行的统一口径，同时要注意发挥宣传资源的合力，通过《建设银行报》、内部网站等平台和外部渠道，增强内外宣传的及时性和有效性。

三是要高度重视媒体关系管理。必须积极适应新的形势要求，努力提高专业化水平，以主动、坦诚的态度，积极同社会公众、境内外媒体等进行互动。同时，注意从强化媒体监测、畅通信息渠道入手，逐步建立起多部门协作、上下联动的媒体危机预警和应对机制，一方面化危机为良机、化消极因素为积极因素，将媒体的正确批评和监督作为改进我们工作的“助推器”；另一方面对境内外媒体的失实、不负责任的报道及时进行澄清或必要的回应，努力排除对我行改革发展的外部舆论干扰。各部门出台一些敏感政策措施，要提前与公关宣传部门沟通，准备好媒体应对预案；各分行发生重大案件、客户集体投诉及其他可能引发群体性事件的情况，要及时与总行公关部联系，共同拟定预案，做好应对工作。要继续办好《媒体监测快报》、《舆情分析参考》等，不断提高质量和水平，确保每日信息监测不间断、重要舆情有分析、负面新闻有预警。要加强对分支机构媒体应对的指导与培训，注意提高全行员工特别是一线员工的媒体应对能力。要善用互联网、手机等新兴媒体，探索建立全行性的网络评论员队伍，积极主动地进行网上舆情引导。

（四）主动融入业务营销过程，不断提升我行品牌形象的市场影响力

一是要持续巩固“蓝色银行”品牌形象。要配合业务转型，及时出台对公网点转型、自助银亭等新型渠道形象建设标准，出台VI部分应用系统的新标准，巩固在视觉形象建设方面的领先优势；要继续推进网点视觉形象标准化改造和建设，确保到2010年底按新标准全部推广完毕；要探索网点建设上的差别化管理，试点建设一批旗舰网点。要强化对VI标准的检查监督，确保统一的视觉形象；要在充分听取意见的基础上修订员工职业装制作标准；要加快制定“品牌管理办法”等规章制度，进一步理顺工作流程，提高工作效率。

二是要做好重点事件、重点业务的营销宣传。要不断完善广告营销策略，分年度、季度制订广告营销方案及投放计划，合理划分总、分行传播渠道和广告投放内容。针对同业竞争加剧的现状，总行、分行都要适当加大资源配置力度，持续做好对机场、高速公路及闹市区的广告投放，进一步利用好营业网点、ATM及电子渠道等自有宣传资源。要积极配合业务部门，加强战略性业务和重点产品的广告宣传，并创新广告形式，探索精准投放，把广告营销与新闻宣传有机结合，进一步提高宣传性价比。要发挥联动优势，积极支持海外分支机构及建信基金、建信租赁等综合化经营业务的推广营销。要做好重点事件、重点时段营销宣传活动。从2010年起，总行将统一部署全行旺季营销的广告宣传和品牌推广工作，各行要高度重视，部门之间要密切合作，做好网点布置、广告宣传等工作。相关分行要高度关注2010年上海世博会、广州亚运会等重大活动和赛事，提早准备、精心策划，开展阶段性专题营销。

（五）加大创新和规范力度，努力实现履行社会责任与业务发展的良性互动

一是要提高认识，积极主动地推进社会责任工作。全行上下特别是各级领导要深刻理解社会责任工作的丰富内涵和重要意义，尊重股东、客户、员工等各方的利益关切，积极促进企业与社会和谐发展。要将社会责任意识融入企业形象和产品与服务的宣传中，对我行在促进民生改善、支持环境保护、关怀员工发展、为国家和广大投资者创造价值等方面取得的成绩加大宣传力度。要利用好社会责任年度报告这个载体，各分行、各部门要共同努力、协同配合，重视丰富和充实报告内容，以展示和提升我行社会形象。

二是要持续做好重点公益项目，积极探索与业务营销的联动。目前我行重点实施的公益项目有高中生成长计划、资助英模母亲等。2009年底，我行还将捐款几千万元，在新疆、西藏、内蒙古、广西、宁夏等十多个省、自治区启动资助少数民族贫困大学生的公益项目。相关分行要按照总行部署，积极主动地与当地合作方联系，把项目落到实处，把好事办好。要提高业务敏感性，主动加强与公司、机构、个人等业务条线的协作联动，通过推进公益活动发掘新客户、新业务，密切银企、银政合作关系。同时，要鼓励员工参与社会责任活动和志愿服务，不断提高社会责任意识，增强员工对国情、民情的认识及对我行的归属感和认同感。

（六）不断创新，提升青年工作和文明创建水平

一是要创新开展丰富多彩的青年活动，为青年员工建功成才搭建平台。各级团组织要在深入了解青年需求、把握转型期青年思想特点的前提下，有针对性地开展青年思想教育，围绕党的中心工作和业务发展，精心组织开展丰富多彩的青年主题活动。2010年，总行团委将以“岗位建功成才”为主题，开展形式多样的系列活动，各分行要精心组织、务求实效，并主动融入业务，与技能比赛相结合，为青年的职业成长提供良好平台，促进各项业务又好又快发展。近年来持续开展的青年文明号创建、青年岗位能手、青年服务明星、“十大杰出青年”评选等青年品牌活动要在规范的基础上不断创新，坚持德才兼备的原则，持续培养和树立道德品质和业务能力都过硬的青年先进典型。

二是要以创建“文明单位”为载体，进一步促进全行精神文明建设。各分行要按规定认真组织各级文明单位申报、评选表彰活动，对申报单位要进行实地考察和严格把关，确保评选质量，进一步扩大文明创建成果。要把创建工作抓紧、抓实，加强文明单位的管理和工作创新，重视总结宣传推广先进经验，发挥文明单位在服务大局、推动业务发展中的示范效应。要处理好集中创建活动与经常性创建活动、系统创建与参加当地创建等的关系，提高精神文明建设工作的综合效能。

三、强化管理，夯实基础，进一步提高公共关系与企业文化工作水平

为顺利完成各项工作任务，各级机构要按照总行的统一部署，加强领导、明确责任、夯实基础，把工作落到实处。

（一）进一步加强组织领导

各级行要充分认识到，公共关系与企业文化工作对内事关员工士气，对外事关企业形象，在增强全行员工的凝聚力、执行力和创造力，提升我行知名度、美誉度和品牌价值，打造我行软实力及核心竞争力等方面都有着不可替代的重要作用。全行上下一定要在思想上高度重视，在工作上切实加强组织领导，在资源配置上争取相应保障。各一级分行要强化相关职能部门建设，各二级分行及以下机构此项职能不管在什么部门，一定要有人做、有岗位、确保上下畅通、工作落实。要进一步充实力量，加强人员的交流和培养，从整体上提高条线人员的综合素质和履岗能力。

（二）不断增强责任意识

公共关系与企业文化工作条线职能多、责任重，思想性、政策性强，政治敏感度高，工作影响面大，大家一定要强化责任意识，认真履行岗位职责，努力提高工作质量和效率。要在前两年工作的基础上，认真总结经验教训，学习借鉴国内外的先进做法，不断提高工作水平。面对新情况、新问题，要勤于思考、敢于负责，积极想办法，创造性地开展工作；面对危机应对等紧急任务，要及时报告、快速反应、沉着应对；要进一步增强团队协作意识，主动补位、补缺，共同完成好各项工作任务，不辜负各级党委的重托。

（三）努力提高专业化和精细化水平

要贯彻总行党委提出的加强专业化和精细化的要求。实现专业化，就是要求我们不断学习钻研，掌握和遵循工作规律，成为本职工作的行家里手；就是要综合运用专业知识、专业工具和手段，借助专业机构力量，提高工作的专业化程度；就是要探索建立科学的决策机制和工作衡量标准，靠事实、数据说话，提高工作的科学化水平。实现精细化，就是要重视实际操作和基础管理，注重建章立制、优化流程，做好公文运转、档案管理、统计分类等基础性工作；就是要培养踏实细致的工作作风，注重细节和过程，精益求精，尤其在对外发布敏感问题和数据时，务必做到真实、准确，不出差错；就是要细化责任，把指标细化到每一个岗位，把任务分解到每一个人员，把标准贯穿于每一道工序，把考核落实到每一个环节。各级机构要针对存在的问题加大整改力度，努力提高规范化、专业化、精细化水平。

（四）健全联动协作机制

公共关系与企业文化工作千头万绪，必须加强协作联动。要探索建立与业务部门的联动协作机制，及时了解业务发展需要，创新思路，配合做好支持服务工作；业务部门也应主动加强与公共关系与企业文化部门的协作配合，提出业务需求，协商危机应对预案，做到沟通及时、信息对称。要探索建立总分行之间的上下联动机制。分行既要不折不扣地完成总行的部署，又要结合本单位实际，与总行一起有针对性和创造性地开展具体工作，形成上下呼应、联动配合、共同参与、整体推进的工作格局。必要时可以组建跨部门、跨区域的工作团队，充分发挥集体力量，推进工作落实。在此还要强调的是，公共关系与企业文化职能尚未整合的分行，办公室和企业文化部要密切合作、加强沟通、形成合力。

（五）创新工作思路与方法

面对新形势、新任务和新课题，要创新思路，打破思维定式和旧有模式，及时了解和把握全行战略转型新要求，密切关注经营发展新动向，精心谋划、大胆工作。要开阔视野，加强与国内外先进银行的交流合作，加强与专家学者和专业机构的联系合作，学习掌握最新的研究成果和应用技术，不断改进工作手段和方法。基层一线离市场最近、离客户最近，面临的新情况、新问题最现实、最紧迫，创新及设想往往最富针对性和实效性。实践证明，绝大多数重大创新成果都来自基层、来自一线员工的灵感。因此，要经常深入基层，倾听需求，发现、总结新经验、新做法。

(六)努力打造一支专业专注、奋发有为的工作队伍

要不断加大培训力度,充分利用我行境内外培训资源,扩大培训覆盖面,向基层倾斜,提升综合素质和专业能力,为专业化队伍建设和员工职业生涯发展创造条件。要加强对分支机构的指导、管理和服务,通过座谈会、网络交流、专题调研、视频资料、电脑课件等多种途径,共享知识与经验。要加强队伍作风建设,继续严格落实“七要七不准”等廉洁从业的规定要求,倡导求真务实之风,培养积极健康的生活观念,展示奋发有为的精神风貌,使大家真正做到认认真真学习、老老实实做人、干干净净做事、快快乐乐生活,成为建设银行文化的践行者和推进者。

同志们,我行的改革发展和战略转型正在不断深化,进一步加强公共关系与企业文化工作,对于促进全行发展战略和工作目标的实现具有重要意义。我们一定要认清肩负的责任和使命,认真贯彻落实总行党委的各项要求,按照2010年全行工作会议精神,认真部署和落实公共关系与企业文化各项工作,加强学习、提高认识、求实创新、扎实工作,为把我行建设成为世界一流银行作出新的、更大的贡献。

坚定信心 扎实工作 推动个人业务跃上新的台阶

——在2009年全行个人金融业务总经理座谈会上的讲话

陈佐夫

(2009年4月8日)

同志们:

2008年是很不平凡的一年,在总行党委和董事会的领导下,全行个人条线全体员工深入学习和实践科学发展观,积极应对国际金融危机的冲击,经受住了一系列重大考验,取得了良好的业绩,各项基础工作快速推进,服务品质持续提升,市场竞争力显著增强。

2009年仍然是比较困难的一年,国际、国内的经济形势还比较复杂,但这也不乏发展机遇。2009年第一季度,客观地讲全行的整体业绩还是比较好的。正像温家宝总理所说,挑战与机遇并存,困难与希望同在。今天我们在这里共同回顾2008年的工作,讨论2009年后三个季度业务如何发展,并取得新的业绩。

一、关于过去一年的工作

(一)2008年个人业务亮点纷呈

2008年,在我们在座各位和全行员工的共同努力下,个人存款与投资条线取得了良好的业绩,多项业务指标创历史最好水平。

1. 个人存款当年新增6 208亿元,增速达26.8%,超过历史最高年份的两倍;增速及网均新增均居四大国有商业银行之首。存款是个银板块很基础的一项工作。2008年个人存款新增6 208亿元,这是历史上没有的;增速达26.8%,新增额超过历史最高年份的两倍;增速和网均新增都居四大国有商业银行之首。2008年全行一般性存款新增超过了1万亿元,其中储蓄存款达6 200亿元,2008年底余额接近3万亿元,到2009年1月中旬突破3万亿元。当时张建国行长还向全行员工发了贺信。回顾存款业务的发展历史,建设银行从开展零售业务到2009年初,已整整20年的时间。20年我们从零到3万亿元,迈过了三个大台阶。前面第一个万亿元用了12年时间;第二个万亿元用了6年时间,时间上打了个对折;到3万亿元又打了个对折,只用了3年时间。这既有国家经济不断发展、老百姓逐步富裕的因素，但更重要的是反映了我们服务和营销能力的提升。事实证明，通过服务和营销，这项业务做得还是非常好，网均余额从四大国有商业银行第三跃居第二，新增第一。

2. 投资理财类产品高速增长，较好地满足了中高端客户的理财需求。全年共销售理财产品3 731亿元，是2007年的5.2倍。现在我们在四大国有商业银行中排名第二，而且和第一名的差距非常小，第三名和我们的差距比较大。另外就是黄金交易，这项业务起步比较晚，但是发展得比较快。2008年呈爆发式的增长，交易量达251吨，交易金额达465亿元，分别和2007年相比增长了8倍和9倍。同业占比名列第二。

3. 实现中间业务收入148亿元，达到历史第二个高点。从产品的收入贡献来看，基本上摆脱了对传统产品的依赖性。全年收入达到148亿元，其中收入超10亿元的产品我们现在已经有5项，2005年上市的时候才2项，这项业务发展的速度比较快。

4. 借记卡发卡快速增长，对稳定个人存款及促进中间业务的增长作用明显。借记卡这几年发展的速度都是非常快的，都在3 000万张以上，2008年发了近5 000万张，卡的功能也在不断丰富，为中间业务收入的增加起了很重要的作用。

5. 全行87%的网点已完成一代转型，基本实现了由交易核算向服务销售的转变。在总行党委的直接支持和重视下，全行网点转型顺利推进，现在全行上下对网点转型都是交口称赞的。一线客户经理反映最大的感受是网点转型以后建设银行的形象、品牌发生了根本性的变化，客户认知程度提高。这是全行达成共识的，也尝到了甜头。在这个过程中，我们还建立了客户体验中心、客户分析中心，这些都为一线的服务、营销提供了很有力的支持。

6. 中高端客户快速增长，客户结构日趋合理。我们现在已经走出了以前那种大众化、大一统的情况，面对我们的中高端客户也提供个性化、专业化的介绍。在客户的筛选、服务方面都有很大进步。客户和前几年相比也大幅增加，增加了50%以上，客户AUM值增长了85%。

7. 自助设备总量跃居全球银行业之首，账户类交易量超过了柜台。这几年在董事会的支持下，我们自助设备发展在同业当中是非常快的，每年都要投入很大的资源来采购自助设备。通过这几年的努力，我们安装运行的自助设备是全国同业当中最多的，也是世界银行业当中最多的。对这一点在2009年的工作会上董事长、行长都专门给予了肯定。而且自助设备运行的效果非常好，柜面的替代率超过了103%。在没有计算运行成本的基础上，现在每台自助设备每年带来的直接收入是4.95万元，如果按照单台采购金额，两年就可以收回投资。这一块现在也是同业中争得比较厉害的，据说2009年农业银行要加大力度，采购量要超过1万台。

8. 优化流程，强化功能，电话银行服务能力显著提升。这几年在总行党委的支持下，我们对电话银行中心的建设力度也是比较大。对于电话银行，大家印象最深的就是我们在同业当中率先把以前放在最后的“人工服务”提到第一。不要看简单的仅仅是一个位次的挪动，这反映了我们后台支持的能力，只有在具备条件的情况下，我们才能改进电话银行菜单。2008年底，电话银行中心又在测算的基础上，将“英语服务”放到后面，节省了客户时间。像这些改进都非常人性化，虽然是很小的改动，但体现出我们的服务进了一大步，客户的反映非常好。再加上最近增加的异地挂失等，在同业中都是比较好。董事长最近要求就这方面要不断加大宣传力度，宣传我们的品牌，告诉客户我们有这样的改进。这也是对我们工作的肯定。

9. 加强队伍建设，提升人员素质。这几年在培训上个人部下的工夫比较大，2008年这个工作做得还是不错的。现在通过培训以后，整体员工的素质、服务能力有了很大的进步。这在客户当中也是得到了认可。这是我们大家这几年以来甚至几十年以来，通过不断努力所取得的成果。

前面讲的九点，包括社会的认可，这些成绩都是来之不易的，都是大家共同努力的结果，也和我们在座的每一位分不开。这些成绩的取得，既有党委、董事会的正确领导和大力支持，也离不开其他条线、其他板块的协调、配合、理解和支持，当然，从根上讲还在于我们个人板块全体员工的共同努力。所以在这里我代表高管层，也代表董事长和张建国行长，向我们个人板块的全体员工，向在座各位表示衷心的感谢和崇高的敬意！

（二）值得关注的问题

接下来讲讲下一步工作当中需要关注的问题。

1. 保持和巩固一代网点转型的成果还要付出努力。一是一代转型虽然在网点岗位设置、功能分区、服务流程方面进行了规范，但是很多方面还没有固定下来。转型网点在产品销售、客户服务、员工体验等方面已经有了很大的改进和提高，在行内、行外都得到了认可。但要巩固转型效果，还要做出艰苦努力。从面上讲，我们有些东西很容易回到以前的老路上去。有段时间我到东北去看，有些一代转型网点的面貌又开始回头了，和一年以前有很大变化。这方面要引起重视。（1）客户的识别。现在对客户的识别完全靠叫号机，有些行通过刷卡以后可以识别客户，但在相当一部分行，还识别不了或者说只能简单地进行识别。（2）低柜销售的支持还是沿用过去的一些老系统，有些新的系统上线了也还很不到位。（3）柜员工作量的综合考核。这是网点转型的核心，有推进但不是很理想。现在比较普遍的做法就是所谓的“买单制”或者说产品定价，和我们要求的柜员工作量、绩效的综合考评差得还比较远。下一步这些都要通过系统开发、科技支持，逐步继续优化。

二是客户经理配备和素质的提升。转型以后，各行比较重视，在人员配备方面都做了很多工作。但现在看，无论从数量和质量上，离转型的根本要求还是有差别。现在有些网点客户经理严重不足，“空心化”问题依然存在，有些地方可能还比较严重，尤其是一些理财中心。有些是客户比较多，客户经理配备不够，客户经理的工作量和压力过大；有些是客户数量不足，一个客户经理才维护几十个客户，达不到我们的标准。

三是转型网点在销售过程当中对销售宗旨理解不到位，没有严格按照总行的有关规定或流程进行操作。为什么要强调这个问题？2008年面对金融危机的冲击，监管部门对此是非常的重视，对理财产品、保险产品等金融产品的销售都有严格要求，有些还制定了很具体的规定。但是我们在销售过程中随意性还是比较大，导致客户体验出现差异，甚至出现投诉等一些后遗症。在巩固转型过程当中这方面要加以重视。

四是前后台分离问题。我们到很多网点去看，一线柜员仍承担了大量本应由后台去做的一些工作、由后台去分解处理的一些业务。在转型之初我们就提出来，一定要减轻一线员工负担，缩短一线员工工作时间，这个问题有所改变，但没有根本性的改变。可能有些地方好一点，营业时间终止以后半个小时或者一个小时可以结束，不用加班。相当一部分分行网点可能要用一个半小时甚至更长的时间。这和前后台分离包括管理模式的改变直接相关。我们要求在城市行建立集中的网点管理中心和物品配送中心，来提高效率、降低成本。现在有些行解决得比较好，但有些行还解决得不到位。这是一个大问题，要加一把力。

2. 进一步提高网点的综合竞争力迫在眉睫。通过这几年的改革和发展，转型以后我们的竞争力是提高了、营销能力是增强了，但是毕竟我们是处在竞争当中，我们在变，同业也在变。竞争的压力从客观上要求提高网点的综合、服务和营销能力。

一是网点投入与产出不匹配。比如说在三大重点区域，包括其他一些中心城市，资源的投入和产出不相匹配。有些投入大、产出小；有些是长期给建设银行作出贡献的，但是资源配置不到位。这方面总行计财部要从大的方面做调整。落实到我们个人条线，也要逐步调整，把投入和产出一致起来。

二是网点规模效应还有待进一步提高。我们的网均余额现在还是在四大国有商业银行中排名第二。2009年网点转型，包括一代转型的扫尾、二代转型的起步，都还有很大的工作量。这里需要强调的是，网点还是要通过增加人员、扩大面积、增加产品供给、扩大它的影响来提升它的综合竞争能力。我们在转型之初讲的标准网点8个人，那是最基本的配置，在有条件的情况下，网点如果增加人、服务、产品，可能比8人的效果会更好。据统计，现在全行还有好几百个网点是5人以下的网点，只能维持简单的存取款，很难做营销。这样的网点在东部还占有相当的数量。苏州市分行金融资源比较丰富，但网点的综合营销能力和当地同业相比明显不足。原因之一就是

5人以下的网点太多，占相当的比例，综合服务的能力较弱，负债能力也不强。

3. ATM数量已居同业第一，但利用率还有待提高。现在自助设备从总量和产出效益来说，还是比较好的，但也不能说没有发展和改善的空间。前几年我们一直在强调自助设备的集中化、专业化管理，现在看来推进得很不理想，主要责任还在于总行，在于管理部门，不在分行。但今后管理的数量越来越大，布放的范围越来越广，专业化、集中化管理已经是必须要提到议事日程上了。2009年必须要加大这方面的推进力度。

一是设备利用率低。2008年底，审计部对北京、天津、河北、内蒙古、山西五家分行自助设备运行情况做了专项审计。当然，审计时点和奥运会的召开、供应商交付设备的时间有点冲突，客观上会受一些影响，但还是反映出管理上的一些问题。这五家分行设备的平均利用率是64%，高一点的达到70%，低一点的为50%。1 000台机器大概就500台在运行，其余500台有各种形态。有些是放在库房里，有些是装完以后还没调试好等待用的，有些是等待批准的，有些是撤下来以后等待进一步维修再投入使用的，还有少数是等待报废的。这反映出我们管理上不到位，利用率太低。股改上市以来，董事会对这块工作是很支持的，在每年资本投入非常有限的情况下，对网点装修改造和自助设备采购的投入是非常不容易的，我们应该千方百计地把设备利用好。

二是设备替代率低。现在有些分行自助设备替代率和柜台相比达到1:1。但有些分行的替代率非常低，最低的达到50%以下，大大低于全行平均水平。

三是离行式自助设备比较少。由于管理的问题，附行式自助设备装得比较多，离行式装得比较少。离行式自助设备营运成本高，要通过专业化的管理，甚至委外管理来加以解决。2009年是自助设备投放的低谷，近期投放的主要应是离行式布放。离行式布放是市场占比，这方面竞争压力是非常大的。大家要下工夫来研究怎么投放离行式设备，占领市场。

2009年1月福建发生了好几百个客户资料被盗，后来查清是在福州的一个支行里，犯罪分子安了盗码器。录像显示，这个盗码器装的时间很长，连续四个晚上从下午五六点钟到晚上十点。我们的设备是24小时监控，但是不可能每天盯着，所以竟然四天时间都没有发现，让犯罪分子得逞。现在有些客户要起诉建设银行。严格来说，这是银行在设备上出了问题。我们要求加大巡查的力度，制止非法安装一些盗窃设备。在加大离行式布放的同时，管理上也必须要跟上，不能留漏洞给犯罪分子。是委外也好还是自己管也好，管理必须到位。

4. 个人客户数据分析滞后。在总行党委的支持下，我们要成立客户分析中心，建立电话银行中心。通过对客户数据的分析，提供差别化的服务和产品。这项业务下一步上线了，我们可通过该中心知道客户需要什么、了解什么。

5. 理财业务有关问题要引起高度关注。监管部门2009年比较关心理财业务，并多次要求商业银行严格规范理财业务。所以在代理销售相关产品尤其是保险产品时，对产品要进行严格的审查。关于保险驻点销售的问题，要明确就在现有的范围内不要再扩大，因为所有的风险最后都是银行买单。最理想的是我们有自己的保险公司，销售自己的产品。目前我们和保险公司在这方面的合作有点眉目，但路还很遥远。

6. 零售网点的集约化管理还不适应业务发展的需要。集中化管理，包括网点管理中心和配送中心。现在有些网点员工的收入还在吃"大锅饭"，综合化、合理的考核还没建立，运营成本相当高。降低成本、集中管理，还要加大力度。

前面讲到的就是在2008年工作当中存在的比较突出的问题，要特别加以关注。

二、关于2009年的形势及相关工作

（一）对形势的判断

在2月底的全行工作会议上，董事长和张建国行长对2009年的经济形势都做了全面、深入的分析。现在形势对金融体系影响比较大，不确定因素非常多。尽管刚刚闭幕的G20峰会带来了一些好消息，但现在也不能盲目乐观。我看了一下美国的相关数据，也是好坏参半。好消息是新房开工率有较大回升，采购经理指数和对经济回暖的信心指数也是回升的。但坏消息是失业率又创了历史新高，消费信心指数是下降的。美国现在

面临的形势也不容乐观。进入2009年以来，困难增加得更明显，形势更不乐观。有人说在这场危机中，美国受轻伤，欧洲受重伤，中国受内伤。这场危机即使消退以后，金融格局也会更加不平衡。我们还是要按照温家宝总理在政府工作报告中讲的，既要充满信心，也要做好充分的思想准备。

前不久贺国强同志专门到国有控股的金融机构做了调研，2009年3月25日在建设银行召集十六家金融机构座谈，并发表了重要讲话。这个讲话对今后相当一段时间的金融工作，包括对建设银行下一步业务的发展，都将起到很重要的作用，有些观点可以和大家一起分享一下。其中讲到要积极地应对国际金融危机，既要克服金融危机保持经济平稳发展，也要保持金融业的稳定发展。贺国强同志认为，当前金融危机仍在蔓延，尚未见底，对经济实体的影响不断加深，世界经济增长的速度明显降低，国际金融风险加大，国际贸易保护主义抬头，全球经济要走出金融危机的阴影仍需较长的时间。目前对这场危机进行全面总结为时尚早。但现在可以看清的有几点。一是世界经济增长的格局会有所变化，但经济全球化发展的大趋势不会改变。二是政府维护市场正常运行的职责会有所加强，但市场在资源配置当中的基础性作用不会改变。三是国际货币多元化的趋势会有所推进，但美元作为主要的国际货币的地位短期内不会发生根本性变化。四是发展中国家的整体实力会有所上升，但是发达国家的综合国力和核心竞争能力仍很强，这种格局不会改变。这四个改变总体来说对中国也是有利有弊。通过对经济的分析和判断，贺国强同志认为中国的金融机构应该得到几点启示。一是要充分认识金融在现代经济中的核心地位，从而加快对金融业的改革和发展。二是要促进虚拟经济与实体经济的协调发展，形成两者相互促进、良性发展的格局。三是要稳步推进金融创新，而且金融创新一定要和金融监管相适应。四是要加强全方位的金融监管，避免金融监管的缺位，切实防范金融风险。五是要从中国的国情出发、从我们自身的利益出发，审慎地推进金融开放，维护国家的金融安全。六是积极推进建立合理、包容、有序的国际金融体系。贺国强同志也讲到对中国金融机构的评价，他认为中国在这几年的金融体制改革进程中，通过大家的努力，中国的金融体系基本是健康的。他说这场国际金融危机给我国的经济提出了前所未有的挑战，也带来了难得的机遇。就我们的金融业来讲，尽管金融企业都受到了不同程度的损失，但总体影响是有限的，风险是可控的。目前我国金融体系运行稳健，资金供给比较充足，抵御风险的能力比较强，企业改革发展的空间广阔、潜力巨大。特别是我们有一支经过改革开放锻炼和考验的、高素质的领导班子和干部职工队伍。只要我们坚定信心、迎难而上，就一定能共克时艰。这前面是对我们金融机构的肯定，对增强我们信心，做好下一步工作也是非常重要。贺国强同志认为，下一步金融机构要做好相应的工作，要为扩大内需、促进经济平稳较快发展提供有力的金融支持。具体来说有这样几点：（1）中央的金融机构，包括全国性的银行，要加大为中央应对国际金融危机提供决策咨询的工作力度。中央机构承担着研究金融形势甚至是制定金融政策的重要职责，也聚集了相当一批金融方面的人才，希望大家能发挥自身的优势，跟踪和把握世界经济形势，及时做出风险评估，提出政策的对策、意见和建议。（2）要加大对企业的支持力度，尤其是强调要加大对实体经济支持力度。企业是市场经济的主体，保企业就是保增长。企业要摆脱困境，无论是稳定生产还是开拓产品市场，都离不开资金的支持。讲的是资金有问题但是发展前景比较好、产品有销路这样的企业。（3）要支持“三农”。中国还是一个农业大国，有8亿农民，稳定农村就是稳定中国。（4）要加大对基础设施建设的金融支持。（5）要加大对民生工程的金融支持力度。各金融机构要进一步强化社会责任，把赢得经济效益与承担社会责任有机结合起来，积极地为保民生保稳定作贡献。（6）加大对企业“走出去”的支持力度。（7）加强金融监管。

我们在座的都是建设银行的各级管理人员，在下一步业务发展过程中，把握中央对形势的判断和对下一步工作的要求很重要。对这个讲话下一步全行要专门组织传达。

总的来说，个人银行业务也是困难与机遇并存，机遇大于挑战。理由是：一是现在投资渠道相对比较少，老百姓有钱还是来买基金或银行的理财产品。二是适度宽松的货币政策，为经济复苏包括股市回暖都创造了比较好的条件，至少不会再出现单边下跌的情况，这为产品销售、业务发展带来利好。三是通过这几年的市场培育，老百姓的理财意识增强，愿意买一些银行的理财产品。但更重要的是，通过这次金融危机以后，中国的老百姓特别是富裕人士的观念改变了。前段时间我看了调查报告，其中讲到了中国富裕人士有两个观点值得重视：一是理财意识大大增强；二是希望把资产放在中资银行而不是像以前放在外资银行。这些条件都是下一步发展要抓的机遇。

（二）几项重点工作

1. 关于网点转型。一是要抓好网点转型。今天上午的培训个人部的负责同志也专门讲了，我就不重复了。

二是要配备专业化、高素质的客户经理。要按照总行的要求，按客户经理和客户配置的比例、客户经理服务于客户的时间来配。可以从一线员工当中选拔一些业务骨干加以培训。但新入行的员工没有基层工作经验的、没有突出贡献的，还是要放在基层岗位，原则上不能直接进理财中心。

三是网点转型配套项目建设和推广工作要加紧推进。包括实现客户管理方面、服务质量和产品销售的全流程化管理，还有品牌建设。

四是要加大前后台分离。现在董事长亲自督促对公业务要加快前后台分离，我们也要加快进度。在这个过程中比较突出的是网点集中管理以后，名称、权限出现了一些新的矛盾。比如河南，网点集中管理的机构叫支行，下辖的几十家网点也叫支行，出去营销的时候客户弄不清楚哪家支行大，哪家支行小。这也要提到议事日程上来，要调整。董事长也曾提出来，可以叫管理部或者中心，负责人叫总监、首席都可以。我觉得都可以考虑，至少在营销活动中，客户不会混淆。我们作为管理层这些都要加强研究。

五是小型网点转型。这两年不断在推进了。关于5人以下网点是转成销售型自助银行还是标准网点，还是要实事求是、因地制宜。有条件的还是要扩大范围，做成综合型网点，增强综合服务能力。确实不具备条件的，只能改成销售型自助银行。

2. 关于优化网点布局。现在各地城市发展比较快，我们的业务要随着城市的变化而变化。以前我们强调网点不要再建，现在不但不减还应该增加。有些网点要做结构性的调整，要在金融资源丰富的地方去设网点，抢占制高点。希望通过几年的努力，在我们网点的布局上进行科学合理的调整，促进物理网点、自助渠道、电话银行、网上银行四大渠道协调发展，把物理网点解放出来为客户提供高附加值服务。

3. 关于电话银行建设。要把电话银行建设成我行服务的主渠道。就像美国银行一样，打个电话，在识别客户的真实身份的前提下，所有业务都能做。现在我们就是朝着这个目标来努力。几个电话银行中心要有所分工，实行专业化经营，有些规模很大，上千人甚至两千人以上。现在电话银行中心做得最好的还是成都中心，担负着全行电话银行业务的主要工作，下一步也希望支持其他的中心尽快把业务做起来。

4. 关于自助设备专业化管理。这项工作是2009年工作的重中之重，必须要提出近期能实现的目标。个人部提出一些设想很有意义，比如说和厂家联系，改造ATM钞箱，我们设立一个中心装钞、密封以后送到各点，各点就直接装到机器里就行，不需要再去点钞、清箱。类似于像这样的专业化管理思路非常好。希望专业化管理这方面2009年有明显的变化，要提高自助设备利用率，降低故障率。

5. 关于客户数据分析中心的建设。刚才讲了数据分析中心总行已投入建设，依靠在北京中心。下一步还要调一批专业人员来把这项业务开展起来，来为专业化服务、量身定做的个性化服务提供支持。

6. 关于业务培训。培训工作这几年一直力度比较大。2008年受汶川大地震影响，培训受到一些影响。但2009年尽管整体费用要下降，但培训费用不减，而且2008年没有实施的项目2009年还要实施。

总之，2009年我们面临着挑战同时也面临着机遇，但是我们相信，在总行党委的领导下，在全行员工的共同努力下，大家齐心协力，一定能够共克时艰，一定能够在取得成绩的基础上创造新的业绩、创造新的辉煌。

把握大局 增强信心 扎实工作 实现机构业务的跨越式发展

——在全行机构业务工作会议上的讲话

陈佐夫

（2009 年 4 月 14 日）

同志们：

早上好。全行机构业务工作会议在总行机构业务部的精心准备下、在各分行的积极配合下，今天在春意盎然的北京召开了。我们这次会议是继 2005 年 9 月全行机构业务工作会议后的又一次重要会议。这次会议的主题是面对复杂多变的国际环境，结合国家“扩内需、保增长、促发展”的各项政策，研究机构业务如何把握机遇，抓住民生领域金融服务主线，充分发挥财政和金融两个平台作用，在已取得良好业绩的基础上，努力提升我行的竞争能力，实现机构业务的跨越式发展。应该说这次会议比较重要，也比较及时。总行领导对这次会议高度重视，张建国行长亲自到会，一会儿还将作重要讲话。我现在根据总行的工作要求做一个发言，我发言的题目是“把握大局，增强信心，扎实工作，实现机构业务的跨越式发展”。主要讲四个方面的问题，供大家讨论。

一、肯定成绩，找出差距，坚定信心

三年来，机构业务条线紧紧围绕着全行重点工作，勇于创新、积极进取，业务由小到大、由弱到强，呈现了健康快速发展的良好势头，主要有以下几个方面。

（一）主要业务指标变化明显

第一，从效益看：2008 年机构业务实现税前利润为 252 亿元，较 2005 年提高 188 亿元，全行占比达到 21.05%，比 2005 年提高了 9.43 个百分点。实现经济增加值 169 亿元，是三年前的 8.8 倍，在全行经营部门中占比达到 28.7%，与三年前相比提高了 16.86 个百分点。

第二，从速度看：2008 年底机构类全口径存款达到 15 976 亿元，与三年前相比翻了一倍多，年平均增速达 27.45%。实现中间业务收入 47.56 亿元，是三年前中间业务收入的 7.09 倍，年平均增速达 92.14%。贷款余额为 1 406 亿元，与三年前相比增长了 508 亿元，年平均增速为 16.12%。

第三，从质量看：2008 年机构业务贷款不良率为 1.36%，较三年前下降了 0.9 个百分点，较全行不良率低 0.85 个百分点。机构业务一般性存款付息率为 1.72%，较全行一般性存款付息率低 0.29 个百分点。贷款收益率为 7.39%，较全行平均水平高 0.23 个百分点。也就是说，我们的效益是很好的，付息率低于全行水平，收益率高于全行水平。

第四，从结构看：2008 年中间业务收入在机构业务毛收入中占比达到 16.06%，与三年前相比提高了 7.62 个百分点，较全行指标高 1.06 个百分点。AA 级及以上客户贷款余额达到 80.36%，比 2005 年提高了 20 个百分点，资产质量比较好。

（二）重点领域竞争力显著增强

——拓宽与保险机构合作的广度和深度，市场份额大幅提升。在原有代销保险业务的基础上，我们与保险公司开展了包括资产业务、资金托管、联名卡在内的全方位合作，积极拓宽了销售渠道，探索在资本层面合作，代理保险业务市场份额大幅上升。2008 年全行代理保险业务实现收入 28.33 亿元，与三年前相比增长了 6 倍，在四大国有商业银行中占比达到 30.68%，与三年前相

比上升了14个百分点，市场位次跃居第二，与排名第一的银行销售收入仅相差1 199万元。全行有20家分行代理保险业务收入位居当地同业市场第一位。

——“八一工程”业绩喜人，薄弱环节取得突破。这是我们三年来的一项重点工作，在全行范围内持续开展了“八一工程”营销活动，推出了包括资金结算网络、公务卡、造价咨询、八一龙卡、对私房贷、对私理财等产品在内的综合化金融服务，有效地提升了竞争力。2008年我行已经成为服务武警板块的主办银行，并成功营销了军队总部、军兵种、大军区等“龙头”客户和一些影响深远的国防重大项目，“八一工程”初步形成了由“点”到“线”再到“面”的格局。同业市场份额达到16.2%，与三年前相比提高了12个百分点。

——持续跟进客户需求，传统财政优势进一步巩固。积极跟进财政体制改革进度，先后成功中标代理财政授权支付、非税收入收缴、国库现金管理等业务，提升了财政领域的竞争能力。代理中央财政授权支付业务市场份额一直保持在市场首位。

——社保业务市场份额大幅提升，业务综合系统领先同业。三年多来，我行紧跟社保体制改革步伐，积极参与社保管理部门政策制定，寻找业务切入点。抓住了社保系统养老保险对私账户业务试点、事业单位养老保险业务全国首批试点、“五险合一”等改革机会，相关分行成功中标并积累了宝贵经验。全行社保资金存款三年平均增幅达到51.8%，市场占比达到19.8%，比2005年提高了11.8个百分点。总行自主开发的社保综合服务系统（SSIS）是业内首家全行统一的社保综合业务系统，为今后的发展奠定了坚实的基础。

（三）业务转型创新取得实效

——加强产品的创新和推广，中间业务快速发展。注重依托金融业务平台，通过对传统产品的优化提升、应市产品的研发推广和新兴产品的跟进培育，形成了较为丰富和有生命力的中间业务产品系列，有效地促进了收益结构的转型。代理保险业务在全行十大中间业务产品中的位次已由三年前的第9位跃升至第5位，其中“鑫存管”、“百易安”、“龙信通”等重点创新产品迅速成长起来，收入超亿元产品三年前时只有1项，2008年已经达到6项。中间业务在EVA中的贡献由2005年的2%提升到2008年的17%，提高了15个百分点。

——积极创新营销和服务模式，重点业务取得突破。针对机构客户特点，从起步开始就确立了任务型团队营销模式，整合全行资源，提高了竞争能力。打破传统对私和对公业务界限，形成了综合营销的优势，对清华大学、协和医院、阜外医院等重点行业客户取得突破，并把清华大学的经验进行了推广。几天前我去四川省分行进行了调研，四川省分行在营销这类客户方面取得了很好的业绩，包括对成都有名的华西医院，四川省分行的市场份额占比较大。我行与华西医院联合发行的“华西龙卡”，现发行量已经超过80万张，这不仅仅是发卡的数量，关键是持卡人在使用过程中非常便捷。“华西龙卡”可以在成都的所有医院进行流通，同时龙卡的其他功能也很齐备，持卡人反映非常好，这些工作提升了我行在教育卫生行业的市场份额。目前全国有153所全日制高校与我行签订了全面（战略）合作协议，166所高校达成单项业务合作协议，我行高校贷款余额达670.74亿元，不良率仅为0.37%，我们对高校的贷款是同业中贷款量最多、质量最好的。

——金融机构的业务及时跟进市场，新兴业务领域占据先机。针对非银行金融机构业务不断变化的情况，主动贴近市场，与证券公司、期货公司、信托公司、财务公司以及金融租赁公司等加深合作，收效明显。我行还与证监会合作创新了证券保证金第三方存管模式，并一直保持市场领先优势。截至2008年底签约合作券商达105家，为我行导入具有理财需求的高端对公和对私客户达1 764万户，现在市场占比达33%，我到四川省分行、重庆市分行进行调研后了解到，在当地同业市场中我行占有绝对优势，稳居市场首位。我行还成为国内商业银行中第一家同步实现A股、B股两市场客户交易结算资金第三方存管的银行。成功营销天津股权交易所和天津排放权交易所，成为其首家清算银行。针对金融期货蓄势待发的形势，进行了先期研究和系统建设准备，取得了先发优势。

——市场应变能力提高了，业务发展能力增

强了。针对社会机构在经济和社会发展中的职能和作用，积极与政府职能部门进行合作并提供金融服务，提高了业务开展的前瞻性和有效性。在抗震救灾和灾后重建中，与相关国家部委和红十字会等慈善机构建立起了日常沟通的渠道，巩固和拓展了合作机会。我行在代理国家开发银行业务市场占比始终居首位的基础上，主动与该行在教育等民生相关领域进行创新合作，并已取得实质性、突破性进展。

总的来说，三年来全行机构业务的发展和进步，强化了基础、锻炼了队伍、提高了能力、积累了经验，值得我们总结。这三年是机构业务有效进展的三年，不仅仅弥补了历史上我们形成的差距和不足，在部分重点领域还形成了优势，可以说是抓住了市场先机，取得了良好业绩。当然，这些成绩的取得离不开董事会和郭树清董事长、张建国行长的高度重视，也离不开总行有关部门的大力支持，更离不开机构业务条线全体员工扎扎实实、兢兢业业的工作和辛勤的付出。在此，我代表张建国行长、代表总行向在座的各位，并通过各位向全行机构业务的员工表示衷心的感谢和崇高的敬意！

在肯定成绩和总结经验的同时，我们也必须清醒地看到，在业务发展过程中仍然存在着不足和差距。一是业务发展还不均衡。一些分行仍然习惯于传统的做法、传统的产品和传统的领域，业务创新不足，尤其是在一些重点地区的分行，竞争力不突出，没有起到“领头羊”的作用。二是对市场的应对能力有所不足。对政策变化反应还不够及时，对商机的把握能力还有待增强。三是对市场细分的能力差，不能适应客户的需要，对客户的个性化、综合化服务的能力还有待提高和加强。这些问题的存在，有能力方面的问题，但从根本上看还是服务意识和服务理念的问题，有待于我们在今后的工作中加以克服。

二、把握形势，理清思路，抓住机遇

（一）形势日趋复杂，发展更具挑战

2009 年又是充满挑战的一年，对于世界经济如此、对于我国经济如此、对于我行机构业务的发展也是如此。面对 21 世纪以来，也可以说是半个多世纪以来最严重的金融危机，现在世界权威机构，包括国际货币基金组织对世界经济发展的前景都作出了悲观的预测，尽管前不久 G20 峰会带来了一些好消息，尤其是在加强国际合作和加强国际金融监管方面取得了一些进展，但是我们认为面对今天的形势仍然不能过分乐观，落在纸面上的东西和付诸行动还有一定的距离，应该说可能还会有相当漫长的过程。前不久，温家宝总理在出席东亚领导人峰会的过程当中接见媒体时也讲到，尽管 2009 年第一季度中国的经济出现了一些积极的变化，但是各项工作仍然不能放松。我记得他讲到了三个一些，就是“宁可把困难估计得重一些，把影响的时间估计得长一些，把工作做得更充分一些”，对目前的情况不能太乐观。

中国经济已经融入了经济全球化的范畴，经济外向型特征明显，不可能在当前的危机中独善其身。自 2008 年下半年以来，我们经济发展的不确定因素显著增多，经济运行困难明显增加。面对这种形势，我们要认真学习和领会温家宝总理在人大会上的政府工作报告和贺国强同志在金融机构座谈会上的讲话精神。今天上午按照总行党委的安排，我们召开了全行的视频会，传达贺国强同志在中央金融机构座谈会上的讲话精神，由于今天的会议是之前安排的，所以在座的部分同志可能就只有在会后再参加学习。那么在这里我想把贺国强同志在座谈会上的几段讲话与大家共同来学习一下，以此来描述当前我们所面临的经营形势。

前不久，贺国强同志在中央金融机构进行了调研，在调研的基础上，在建设银行召集了十六家金融机构的主要负责人和纪委书记以及建设银行全体党委成员召开会议，在这个会议上发表了重要的讲话。在此我想选两段与我们当前形势和工作有关的和大家共同学习一下。贺国强同志要求各金融机构在应对当前金融危机的过程中，要夺取促进经济平稳较快发展和保持金融业稳定健康发展的双胜利。贺国强同志说，当前的国际金融危机仍然在蔓延，尚未见底，对实体经济的影响不断加深，世界经济的增长明显减速，国际经济和金融的风险在加大，国际贸易保护主义抬头，全球经济要走出金融危机的阴影仍需较长的时间。贺国强同志认为，目前对于这场危机进行全面总结还为时尚早，但是有四点还是可以明确。一是

世界经济增长的格局会有所改变，通过这次金融危机，世界经济增长的格局会有所改变，但世界经济全球化深入发展的大格局不会改变；二是政府维护市场正常运行的职责会有所加强，但市场在资源配置的过程中基础性作用不会改变，也就是说政府的干预有可能加强，但市场在资源配置过程中的作用不会改变；三是国际货币多元化会有所推进，但是美元作为主要国际货币的地位在短期内不会发生更改；四是发展中国家的整体实力会有所上升，但以美国为首的发达国家的综合国力和核心竞争能力领先的格局没有改变。我觉得他这四条总结得非常好。那么在这个基础上，贺国强同志认为，通过这次金融危机，要得到下面这样几条启示，一共是六条。第一，要充分认识金融在现代经济当中的核心地位，这也是邓小平同志一直强调的，因此要加快金融业的改革和发展；第二，要促进虚拟经济与实体经济之间的协调发展，促进两者之间建立良性互动的格局；第三，要稳步推进金融创新，使金融创新与金融发展和金融监管的水平相适应；第四，要加强全方位的金融监管，防止金融监管缺位、防范金融风险；第五，要从我国自身的利益出发，审慎地推进金融开放，维护国家的金融安全，也就是说金融开放要审慎；第六，要建立合理的、包容的、有序的国际金融体系。这是通过金融危机我们得出的六点启示。

在谈到对下一步工作的要求时，贺国强同志讲到的内容与我们今天的会议也是有着直接的关系的，下一步中央金融机构主要就是要为扩大内需、促进经济的平稳较快发展提供有力的金融支持，这个金融支持包括六个方面：一是要加大对中央为应对金融危机提供决策咨询的工作力度，也就是要从我们的角度对国家的决策提供意见和建议，他认为中央金融机构聚集了一大批金融方面的人才和专家，要发挥他们的作用；二是要加大对实体经济，特别是对企业的支持力度，他认为企业是市场经济的主体，当前保企业就是保增长，我觉得这个提法非常好，因为我们的企业要摆脱困境，无论是要实现稳定经营，还是要开拓市场，都离不开信贷资金的支持，他这里讲得非常明确；三要加大对“三农”的金融支持力度，这项工作是我们几大银行，包括我们建设银行一直在做的；四要加大对基础设施建设的支持力度，这也是我们行的强项和优势，也是我们一直在做的；五要加大对民生工程的金融支持力度，各金融机构要进一步强化社会责任，把赢得经济效益与承担社会责任有机地统一起来，积极地为保民生、保稳定作出贡献，这第五条和我们的机构业务、和我们今天会议的主题是直接相关的，他里面讲到银行要在服务社会大众的过程当中，包括要增设网点、改善服务、方便群众方面都要求得比较具体；六要加大对企业“走出去”的支持力度，就是要加大支持企业向外发展。我认为贺国强同志的讲话非常重要，不仅对我们金融机构今后相当长一段时间的发展具有指导意义，而且对我们机构业务今后的相关工作也具有指导意义。这个讲话全行现在都在组织相关的学习，会后行里面还会组织进一步的传达和贯彻。讲到经济形势，我觉得这段讲话就代表了我们对经济形势的主要的观点。

（二）抓民生领域的发展，把握业务推进的商机

面对当前的形势，国家出台了一系列扩内需、保增长、调结构、惠民生的政策，提振了全国人民的信心，也给我们商业银行的业务发展带来新的机遇。在政府出台的一系列政策中，民生是国家资金投入的重点。胡锦涛总书记指出：“民生连着民心，民心凝聚民力，在经济发展遇到困难的情况下，更要加大改善民生工作力度，多渠道地扩大就业，加快完善社会保障体系，切实提高教育和医疗的服务水平，全力维护社会和谐稳定”。温家宝总理也指出：“政府的投入一定要把民生摆在首位”。两天以前我刚刚从重庆调研回来，重庆作为一个新兴的直辖市发展得非常快，尤其是薄熙来同志在那里主持工作以后提出要建“五个重庆”，即要把重庆建成“宜居重庆、畅通重庆、森林重庆、平安重庆和健康重庆”，他所提出来的“五个重庆”应该说都是与我们今天机构业务会议直接相关的，也都是和民生直接相关的。

我们要深刻认识到，国家在这个时候强调民生，不是应对危机的一时之举，它是我国经济经过多年高速增长，自身结构调整的客观需要；是国家促进结构调整和社会进步、转变经济增长方式、落实科学发展观的必然选择。

多年来，我国经济发展更多地体现在以投资拉动为主、以工业建设与基础设施项目为主、以强调外向型经济特征为主，但这种发展模式不可持续，尤其是当经济发展到一定水平时，一般来说这个标准是人均GDP超过3 000美元，2008年我国人均GDP达到3 267美元，超过了这个水平，经济已经走到了结构调整、经济方式转变的重要关口。民生领域建设，从近期看，能够扩大内需、促进发展；从长远看，它是我国培育国内市场和消费基础、抵御外来风险、惠及老百姓的根本性变革。因此，民生领域建设是一个大趋势，是国家政策支持、产业特征明显、业务种类繁多、发展潜力巨大、蕴藏无限商机的新兴业务，必将成为同业竞争的重点和焦点。做好民生领域的金融服务，不仅是商业银行对国家民生相关政策的支持和服务社会的责任，也是商业银行把握业务商机的必然选择。

（三）服务民生领域，承担社会责任

机构业务与民生领域有很高的依存度，从机构客户的性质看，机构客户都属于服务业的范畴，其中有相当大比重与民生紧密相关。根据我行数据，机构业务中有97%的资产业务直接支持于民生领域，74%的负债业务直接受益于民生领域，83%的中间业务直接服务于民生领域，而且机构业务具有层级高、辐射面广的特点，派生性很强，也是连接对公业务和对私业务的重要桥梁。因此，商业银行服务民生领域机构业务首当其冲，我们要抢占先机，将民生领域作为我们机构业务的重中之重来抓。我们今天强调更好、更快、更广地为民生领域提供金融服务具有十分重要的现实意义和长远的历史意义，对此，我们要有责任感和使命感。

总的来说，从经济和社会发展进程看，民生领域在未来相当长的时期内都将成为国家建设和经济拉动的重点，商业银行的机构业务也历史性地被推到了前沿。大家务必要充分认识到民生领域蕴藏的商机和作用，站得高一点，看得远一点，充分发挥机构业务传导政策、拉动需求、链接市场的作用，在新一轮竞争中，通过民生领域的金融服务在同业占领先机，形成整体竞争优势和基础。

三、明确工作重点，实现跨越式发展

根据我们面临的形势，2009年全行机构业务工作的指导思想是：把握国家宏观政策，牢牢抓住民生业务的重点，发挥财政和金融两个平台的优势，加快业务转型和金融创新，有效提升机构业务的市场竞争能力。主要有下面几个方面的工作要求。

（一）抓住民生这个纲，做好相关领域的金融服务

民生领域包括衣、食、住、行以及提升国民生活质量的多个方面。我们的工作重点可以放在教育、医疗、社保、环保等老百姓最为关心和最热点的几个领域，通过优质服务，形成优势、形成品牌。总行集中研究和提出了“民本通达”（这是暂定名，会上还可以讨论）民生系列产品综合金融服务方案，这些方案是我们服务民生领域的重点拳头产品，供与会同志讨论。下一步将要选择条件成熟的分行进行试点，在试点取得经验的基础上及时在全行推广，形成整体竞争优势，我看了一下大约有三十个项目要进行试点。

——做好教育医疗领域综合化金融服务。教育和医疗是目前的热点社会问题，关系到每个家庭，我们要结合对清华大学、协和医院等行业“排头兵”客户的服务经验，推广综合服务方案、扩大客户范围。在教育领域，除“211工程”高校和全日制高校外，还要支持被列入“国家示范性高等职业院校建设计划”的100所高职以及品牌优势强的省级示范高中和著名高中，这些工作有一个逐步推进的过程，而不是一下子推开。医疗领域除三级甲等医院外，还要重点支持具有明显区位优势、财务结构合理的二级甲等以上综合性医院。刚才前面讲了，这些工作都要在试点基础上逐步推开，而不是全面开花，要按照我们的工作部署进行。

——继续开展“社保营销年”的系列营销活动。在社保营销过程中，我们的工作标准不能仅仅停留在拉存款上，要提出我们的综合服务理念，充分利用我行社保业务综合系统（SSIS）的同业领先优势，跟进国家社保体制改革的进度和趋势，争取从社保资金体制改革源头上介入，形成稳定合作和长远优势，让老百姓感到金融服务的魅力。

——大力支持国家环境保护和生态建设。环境保护和生态建设是功在当代、利在千秋的社会问题。这项业务要早抓、早介入，要将排放权交易服务与扶持中小企业客户结合起来；将服务各级各类政府职能部门与具体水利工程、与生态建设结合起来；将江河治理与水源地保护结合起来；将库区移民金融服务与梯级开发建设结合起来，在服务过程中，形成我行的优势。

这四个民生领域的金融服务，上游是机构业务，下游覆盖到对公条线和对私条线的相关业务，不仅是我们机构业务转型的重要契机，也是全行业务转型的重要内容。

（二）打造政府业务平台，再创我行业务优势

——跟进财政客户需求，有效促进财政资金在我行体内循环。这一点是张建国行长在工作会议上提出的要求，财政客户不仅自身是重要机构客户，同时还影响到各级预算单位，是发挥政府财政职能的重要工具。建设银行与财政部门渊源非常深厚，应该说是我们的传统优势，但是随着同业的竞争，我们的优势有所弱化。尽管通过三年的努力，这种状况有了很大改善和提高，但还不够。张建国行长在工作会议上要求我们关注民生领域，要求我们运用好财政金融两个平台，要求我们做好财政资金体内循环。我理解这些要求是结合形势变化提出的重要策略，希望大家深刻领会，认真贯彻落实。

——抓住建国六十周年、建军八十二周年的契机，扎扎实实地推进“八一工程”。应该说建国六十周年首都国庆阅兵是一个契机，我们要抓好军队武警资金结算网络建设、部队公务卡推广、军人保障卡试点推广，以及军队后勤社会化等业务，尽管这项业务工商银行因为传统的因素已经取得了先机，但我们还是要继续跟进，做好相关工作。争取全面突破解放军四总部、各军兵种，七大军区联勤部账户审批，特别是通过构建资金结算网络，跟进部队公务卡改革和军人保障卡推广，在军队后勤条线取得系统性突破。重点营销国防重大基础设施建设项目。为金融需求相对多样化的军队武警综合性医院和部队院校等客户群体提供综合化金融服务。力争市场份额再提升3.8个百分点，市场占比达到20%。

——做实、做强政府机构业务。注重新形势下各级政府在制定政策、规划和措施以及市场中的特殊作用，积极寻求商机。搭建服务平台，打造我行服务重点中央机关的整体优势品牌。加大对社区、律师事务所、会计师事务所等机构客户的研究，同时细分客户需求，研发推出适合客户要求的金融产品。

（三）努力拓展金融平台，保持同业业务优势

要发挥保险、证券、银行以及其他非银行金融机构等特有的平台作用，在原有业务基础上整合优势、做出影响、做出品牌、做出规模、做出效益。

——打造新形势下的银保合作新模式。全面贯彻落实总行关于强化新形势下银保合作模式的要求，紧紧围绕拉动内需、关注民生领域这个中心，要抓住为全行业务搭建合作平台、有效防范金融风险两大主题，力争银保业务市场竞争力位居四大国有商业银行之首。尤其是银保业务要从更宽的合作面、更深的合作内容、更远的合作利益去考虑把握，而不是简单的代销。郭树清董事长和张建国行长多次提出，银保业务不能是简单的代销模式，要与客户需求紧密结合，在合作过程中形成我行的特点和优势。

——巩固和拓展证券机构业务的优势。证券机构业务要关注资本市场变化，巩固和扩大原有CTS市场优势，前面我们讲到，由于与监管部门合作，因而我们的CTS在同业中占据较大的优势。尤其要注意继续发挥CTS引发的对私高端客户贡献和作用，进一步关注和把握市场变化可能为我行中小企业和对私高端客户带来的机会。同时也要关注天津股权交易所和排放权交易所，以此作为我行服务民生、服务生态建设的有效的切入点。

——进一步拓宽银行同业合作的思路。在银行同业合作中，一方面要结合我行的战略重点，加深与不同类型银行的合作，实现优势互补，尤其要主动加强与邮政储蓄银行、农业发展银行、国家开发银行、农村商业（合作）银行、农村信用合作社等成长性强的金融同业合作。另一方面也要注意做好其他中小银行客户在境外的服务，利用海外机构开展业务。

——做好非银行金融机构业务。在进一步做好财务公司、期货经纪公司、信托公司、汽车金融公司等传统客户金融服务的同时，还要关注金融期货试点推进的进度和动向，早切入、早跟进；要做好对我行全资子公司的业务支持和工作配合，既包括金融租赁公司、马上要开业的信托公司，也包括中德储蓄银行；全面考虑汽车金融公司业务在目前拉动内需中的特殊作用，与汽车金融公司探讨新的合作模式和切入点。我们建设银行是较早开展了汽车金融业务的商业银行，但是由于经验不足，我们也出现了一些问题，包括对我们的资产造成了一定的损失，要在控制风险的前提下拓展业务。

四、作出科学部署，扎实推进业务

2009年是特殊的一年，是机构业务夯实基础、巩固优势、拓展新业务的重要一年。我们要充分认识2009年工作的艰巨性和重要性，既要充满信心，也要做到心中有数，用科学的态度和饱满的工作热情脚踏实地做好全年工作。

（一）在发展战略上，要坚持始终将服务业作为工作重点

要根据市场环境变化和政策变化，调整我们的工作部署，但始终要抓住民生这个主题不放。2009年民生产品推广是我行在该领域的重要一步。相关试点分行要加大重视、全力以赴，在工作实践中摸索出适合我行特点的经验和思路，继而推广到全行。

（二）在营销策略上，要突出综合服务和个性化服务

民生领域的竞争往往不是价格的竞争、资金的竞争，而是服务的竞争，尤其是综合服务能力的竞争，这就要求必须做好以下几个方面：一是必须坚持市场和客户细分，真正做好客户服务。二是必须形成全行统一行动，不能靠各级部门孤立地发挥作用，要整合全行力量，在效率上、在服务的准确性和科学性上形成我们优势。三是必须坚持算大账、算总账，既要讲成本，也要讲长期回报，而不是计较眼前价格和得失。

（三）在产品上，要突出“新”和“特”，做到人无我有，人有我新，人新我特

有针对性地把我们的产品功能以及产品组合后的辐射功能充分发挥出来，做到自我创新，而不是在同业中简单地复制、随波逐流。

（四）在营销模式上，要进一步发挥任务型专业团队的作用

要加强团队建设，进一步落实和明确不同阶段、不同层级、不同区域对客户提供服务的责任和任务。做到市场有人分析、产品有人设计、客户有人维护、成本有人控制、风险有人管控。让客户真正体会到建设银行的服务与客户的利益直接攸关，与客户的自身发展同步。

（五）在客户策略上，要加快结构调整

在客户的选择上要选择和重点营销话语权强、影响大的政府机构客户，选择成长性好、竞争能力强的事业法人客户，不断优化客户结构。对国家的基础教育、卫生、社保、环保以及新闻出版、文化传媒等行业要主动提供金融服务和资金支持，尤其要抓住当前国家推进事业单位改革的机遇。前两天我看到有关报道，在出版传媒方面，要整合全国资源，要形成七八个在世界上有影响力的传媒集团。要抓住这样的机会，调整我们的结构。

（六）在项目控制上，要加强风险防范

机构业务种类多、业务专业性强、社会影响广泛，因此业务发展过程中对风险的把握极为重要。目前市场形势变化快、不确定因素多、风险隐患增多，风险防范更是重中之重。要进一步加强信贷名单制管理，加强贷前审查和贷后管理。对负债业务和代理业务要区分特点，合理进行营销。如财政资金、社保资金、国防资金，安全是第一位的，我们在提供相关服务的过程中都必须确保安全；移民资金特征是政策性强，要求具有一定的监督管理，我们的作用就要发挥到位；代理保险要针对不同类型的客户风险承受能力推销不同的产品，严格执行监管部门的有关要求。

（七）在内部管理上，要强化基础管理

注重进一步发挥总行和一级分行的总体规划、牵头营销和系统管理职能，要强化上级行对下级行的服务和支持功能，上级行要有效地对下级行进行指导。不缺位、不越位，切实履行好各自的职能。有关部门要在工作中要及时总结经验、采编案例、及时推广。分行也要加强对一线人员的引导和培训，提高前台人员对产品和服务方案的把握能力，提高整体竞争力。

2009年的又一个特点就是根据国务院的要

求，也是根据经济发展的具体情况，我们的费用特别紧张，可以说是费用紧、任务重，我们要积极响应总行关于费用管理的要求，加强成本核算和管理。在业务开展中，要把有限的资源投入到最重要的地方和项目上去，将费用使用在最急需的营销环节当中去，并与业务的进展紧密挂钩，重视回报率。

同志们，2009年又是一个关键之年，形势逼人、任务繁重。希望各分行要根据总行的要求和安排，制定符合分行实际的工作计划及落实的具体措施，确保机构业务与全行对公业务和个银业务协调推进、健康发展，通过我们自身的努力使全行的机构业务跃上一个新的台阶。

提高精细化管理水平 为建设一流银行夯实基础

——在全行产品与质量管理工作座谈会上的讲话

陈佐夫

（2009年5月7日）

同志们：

今天我们召开全行第一次产品与质量管理工作座谈会，这是在国际、国内经济金融形势发生重大变化，我行加快战略转型的特殊背景下召开的。座谈会的形式也有所变化，既有讨论和交流，也有现场观摩和专题培训，魏春旗总经理将要做具体工作部署。这里我先谈四个方面的问题，供大家参考。

一、当前国际、国内形势对我行发展的机遇和挑战

当前国际金融危机还在扩散蔓延，世界经济衰退的基本态势没有改变，金融体系存在的问题没有解决，实体经济恶化超出预期，全球经济和金融业整体恢复可能要经历较长和曲折的过程。在这种形势下，我国银行业继续保持了稳健运营的态势，按市值排名，全球十大上市银行里中资银行占据了四位，我行也成为全球市值规模第二大银行。

（一）客观评价我行的发展和市场的变化

2008年我行实现净利润926亿元，而花旗银行亏损321亿美元，美国银行亏损262亿美元，对于巨大的亏损和坏账来说，一些银行市值缩水超过90%是市场的公允评价。同时，国内银行股跌幅仅是30%～40%，而美国等西方国家跌幅高达70%～90%，我们的领先是缘于此长彼消，是市场竞争格局的阶段性表现。

一方面要看到我国的主要银行股改上市后在法人治理结构、业务发展模式、风险管控水平、营销服务等方面的进步与变化，要看到我们盈利的增长主要得益于我国经济长期高速发展惯性带来的巨额信贷增量和高利息差。另一方面原因是金融危机重创了全球金融机构，我们的进步与西方银行的倒退导致了当今的金融格局。但是我们和世界领先银行的竞争力差距并未因金融危机而缩小。首先是盈利模式单一，如与汇丰银行相比，2008年我行非利息收入占比较之低37.53个百分点，净利息收入中零售客户贡献较之低35个百分点。其次是我们产品过于集中，如个人业务中前三大产品带来的账户数就占到97.2%。我们的产品和服务的范围相对狭窄，专业化程度不高，创新能力不足，仍未达到国际先进银行的竞争运筹能力。

由此可见，在金融危机中崭露头角的中资银行，能否抓住机遇真正跻身国际一流银行行列，还需切实提高市场竞争力，接受市场长期的考验。

（二）勇于面对我们面临的困难与问题

我们要清醒地认识挑战。一是金融危机造成的经济下滑可能要持续一段时间，而我们仍习惯于资产扩张性盈利模式，产品竞争力还难以支撑经济增长下滑后利差空间渐趋缩窄的威胁。二是我国正加快经济转型和产业结构性调整，市场前景、产品的适销对路判断难度加大，把握不好可能面临市场风险。三是当前市场流动性过分宽裕，短期存贷利率倒挂，银行盈利难度加大。四是客户理财意识日益增强，少数客户贷款存入银行或购买理财产品套利，或者用本应投入生产的资金进行高风险投机，这对我们的客户识别和产品销售带来新的考验。五是部分业务领域过度竞争，比如票据贴现的利率一度低到1.2%，中央银行票据低于1%，削弱了我们的盈利空间。面对这些问题，如不能拓展新的风险回报相平衡的业务，将难以维持盈利增长。

（三）抓住机遇才能全面提升市场竞争力

金融危机既是风险，也有机遇，要化挑战为机遇，这需要我们提高市场预测和判断能力，增强风险分析、预警和预控能力，提升我们应对变化和谋求发展的核心竞争力。一方面，要通过客户之声、流程用户之声等方法，洞悉市场和客户需求变化；另一方面，要改进和创新我们的产品和服务，调整经营结构，增强应需而变的价值创造力，形成新的增长点和竞争优势。要通过优化流程、提高运作效率、降低营运成本和风险控制力，夯实变革和创新的基础。

可以说危机也是市场格局调整和强弱分野的重要机遇，能否守住我行传统的业务优势，并不断巩固和放大它是我们建设一流银行的关键，我们要从全行发展战略的高度来思考这个问题。

二、做好产品与质量管理工作的重要意义

经过十几年的金融改革，中国的金融市场已经有了根本性的变化，规模已不再是唯一的竞争手段，产品和服务已经凸显为银行制胜的利器。提升银行核心市场竞争力的关键取决于同业对手难以复制的、高质量的产品和服务流程。正如中国古代先贤老子所言：“天下大事，必做于细。天下难事，必做于易”。从银行科学可持续发展的角度来看，做好产品与质量管理工作的重要意义，正是在于采取科学的方法进行管理和创新，以高质量的产品和服务适应市场的变化与发展，全面提升市场核心竞争力，才能为建设“百年老店”打好基础。

（一）打造“百年老店”必须适应市场变化与发展

“百年老店”长盛不衰的秘诀就在于比竞争对手更了解客户及其需求的变化，更了解同业动态，更善于运用数据和事实准确判断市场发展趋势。只有早于竞争对手抢占先机，应需而变，才能提高客户的忠诚度，才能走在竞争对手的前列。世界一流的知名企业都拥有强大的市场研究力量，每年投入了解市场的费用也占相当高的比例，如韩国的三星、美国的宝洁。我行自2006年开始引入客户之声调查技术，其目的就是加深我们对市场、对客户需求的了解，提高适应市场变化与发展的能力，尤其是通过对客户多维度细分，寻求同业难以复制的产品和服务。

对客户之声调查结果的应用效率同样影响着我们的市场应变能力和发展水平。客户之声的应用是一个将需求转化为服务的过程，而这个过程的优劣往往决定了一家银行的竞争力。例如，对于学校、医院等民生领域金融服务新商机，就可以借助于深入、细致的客户之声调查，在了解其服务、营运和管理流程的基础上，根据其金融需求特征和财务管理水平定制金融服务解决方案，帮助客户改善服务和运营，银行也可将其上升为针对该行业特殊的定制产品组合和服务流程进行推广。

（二）打造“百年老店”必须确保产品和服务的高质量

打造“百年老店”靠的是客户口碑和市场品牌，而口碑和品牌又是靠高质量的产品和服务支撑的。六西格玛管理其灵魂就是将产品和服务的瑕疵降到最低限度。没有合理的流程、先进科学的服务标准和测量工具，“以客户为中心”就无法真正落到实处；没有基于数据和事实的科学方法，就难以精准、有效地解决产品和服务中存在的问题。只有通过对流程进行系统地梳理、优化和整合，运用更为先进的信息技术建立标准化、模块化的客户服务平台，才能建立高质量的流程管理体系，从而改进客户体验、控制经营风险和

降低运营成本。

为解决产品和服务质量的深层次问题，我们还要加大前后台业务分离力度，通过最大限度地将非必须临柜的业务移到后台集中处理，用流程和科技手段来控制风险，使柜员能集中精力做简单而标准的业务。逐步实现“凡是自助设备能做的，不要柜员去做；凡是后台能做的，不要前台去做”，这样才能真正确保服务的质量。

（三）打造“百年老店”必须坚持不断创新

大凡国内外“百年老店”都不会因循守旧或墨守成规而一成不变，都善于通过创新而不断适应变化并发展自己。产品创新就是一个寻求突破的过程，即突破原有交易方式，构筑新的商业模式。

应当说金融危机给了我们一次通过产品创新缩小差距的良机，但必须科学地把握创新方向。这次危机的一个重大教训是部分金融创新产品严重脱离了实体经济、脱离了企业和居民的实际需要。过于复杂且高杠杆率，这种零和游戏导致的风险几乎给整个金融体系带来灭顶之灾。危机给我们的教训启示是，创新必须围绕现实需求，必须与实体经济的发展需求相适应，必须要建立科学的流程和评价监测机制，否则赌博性质的创新也能将雷曼兄弟这样的“百年老店”带入“不归之路”。

三、近年全行产品与质量管理工作取得显著成效

我行自2006年成立质量效率管理部以来，全行借助客户之声体系、六西格玛管理等基于数据和事实的科学方法，在业务转型及重点产品和流程上取得了一系列成果，有效地提升了全行的客户满意度和市场竞争力。

（一）创建了国内领先的客户服务质量管理体系

一是客户之声调查成为改进产品和服务流程事前的决策依据。我行建立了客户之声调查制度，先后实施20余次调查；在国内率先建立“客户接待日”，这些方法都为客户细分、改进产品和服务流程提供了翔实的数据基础。二是服务质量标准管理成为客户服务的事中控制手段。总行先后完成了零售网点、公司客户经理等一系列服务质量标准，每年组织实施两次全行性营业网点服务质量调查，每次抽查1 000多个网点，大大推动了全行服务质量的持续提升。三是客户满意度测评和神秘人检查在事后考核上发挥重要作用，有效地推动了产品和服务流程的改进。2008年我行个人客户满意度同比提高4.1个百分点，高出同业3.6个百分点；公司客户满意度提高0.4个百分点。营业网点服务质量评分平均高于其他大行。

（二）运用六西格玛方法梳理全行业务流程初见成效

一是运用六西格玛管理优化流程取得了一系列成果。三年来，在客户服务、产品管理、风险管理、后台运营等重点领域开展了737个流程优化项目，定、测、析、改、控的管理方法已经深入全行员工，有效地提升了服务的质量和效率。我行在国内金融业率先制定了《流程管理规划》和《流程优化项目选择及立项管理规程》等十余项重要制度，在提高案件防控能力的同时，促进了不同业务之间的无缝隙连接。二是构建了六西格玛管理技术体系，培养了专业人才队伍。几年来通过项目的实施和专项培训等，组织总分行完成培训339期27 626人次，建立了一支专业人才队伍。全行绿带资质人数达到143人，2009年还选拔培训了10名黑带候选人，这些都为流程优化工作和一流银行建设打下了重要基础。

（三）产品创新和管理能力建设取得明显进展

一是树立起了不断创新的理念，在创新中求发展已成为各业务条线的共识。二是产品创新能力取得突破，2007年和2008年共计创新产品800多项，取得“大丰收组合理财产品”等重要成果，有力地支撑了我行中间业务持续快速增长。在国内银行业中率先建立了客户体验中心、客户分析中心和产品创新实验室，为创新产品提供了多元化实验平台。三是产品基础管理工作得到加强。目前我行产品评估工作正在总行有关部门和7个分行试点，并将逐步建立产品运行的监测评价体系。

总的来看，在总行有关部门的支持和各分行同志们的共同努力下，我行产品与质量管理工作在时间短、投入少、人手缺等条件下，做了不少工作，取得了不少成绩。我代表总行向大家表示

衷心的感谢！向工作中获奖的单位和个人表示热烈的祝贺！

四、我行产品与质量管理存在的问题和下一步工作重点

尽管我行在产品与质量管理方面取得了很大进步，但对照“以客户为中心”的标准和向国际一流银行迈进的目标来看，尚有较大差距，对产品与质量工作的认识和态度还参差不齐，这就需要从提升我行核心市场竞争力的战略高度来重新认识这个问题。

（一）目前存在的问题

1. 产品创新和管理能力仍很薄弱。一方面是客户细分和需求挖掘精细化不足，导致了产品的同质化或随大流，我们的产品往往缺乏对客户特征、市场需求、监管偏好以及银行投入产出等多种因素的综合分析，导致难以对产品和渠道的对象、方法、时点及收益等进行精确定位，从而制约了我行产品创新设计水平的进一步提升。另一方面是产品管理和创新流程化程度不高，在产品经营管理的标准建设、评价考核、激励约束、人才积累等方面还有很多薄弱环节，难以对产品研发提供有力的支持。

2. 流程优化覆盖面和流程标准化不足。各分支机构在业务发展过程中创造了许多合理、有效的服务方式和办法，总行也做了一些优化和推广，但流程优化覆盖面和流程标准化不足，这方面仍有很多工作要做。例如，将大量简单业务向自助设备分流、将复杂非现金业务向低柜分流、用自助设备和网银等新型平台等服务客户。总体上看，前台人员还没有完全从繁重的核算型业务中解放出来，工作时间也普遍偏长，制约了全行客户服务效率和水平的提高。

3. 客户服务专业化和标准化管理有待加强。目前全行正在推进批发业务专业经营中心、零售网点集中管理和专业化特色经营等多项改革，亟待建立相应的专业化服务标准。前不久的调查发现，被查网点中仍有11%存在大堂经理不在岗或在岗不认真履职现象，大堂经理服务的主动性、低柜柜员对客户需求的理解能力和业务办理效率方面满意度评价相对较低。这些都是我们的服务专业化和标准化过程中需要加以解决的问题。

（二）下一步工作的重点

上述问题的分析表明，做好产品与质量管理工作必须坚持三个有效的原则，即“以客户之声和员工之声作为事前决策依据，以科学的服务标准和合理的流程方法作为事中支持手段，以客户满意度和员工满意度及业务后评估作为事后考核标尺”。要切实重视和加强产品和质量工作的管理，重点抓好以下四个方面工作。

1. 创新的重点在于突出市场竞争力。各部门和各分行首先要抓创新源头，针对扩大内需等重点金融服务需要，加强需求的前瞻性调查，了解市场的走向及动态。一是应做到人无我有，其次才是人有我优，从源头上支持创新。二是要提高产品研发水平，应用产品创新流程体系提高产品创新质量效率和风险预控水平，充分发挥产品创新实验室的作用。三是要建立科学的评价和管理机制，组织好产品评估试点，健全产品评估和运行监测体系，为产品经营管理提供决策依据。四是要完善基础建设，抓紧实施产品标准体系建设，为产品创新的效率和绩效核算提供基础。

2. 流程优化的重点在于客户的最佳体验。一是要密切围绕全行战略转型重点和流程管理规划，将客户最佳体验的客观需求与内部的营运效率、风险控制和成本管理结合起来，统筹纳入流程功能优化之中。在抓好前后台分离、公司业务专业化经营改革、提高电子银行业务替代率等项目的同时，进一步完善售后服务、客户关怀和争议处理流程。二是要拓展流程标准化和手册化建设覆盖面，开展流程评估试点，巩固流程、优化成果，使我行各类传统和新型服务平台为客户提供专业化、一体化的最佳体验，促进以客户为中心的弹性边界和无缝隙链接，进一步提高客户满意度。

3. 客户之声的工作重点在于整改和应用。一是各部门和各分行都要将专项客户之声调查作为制定营销策略、实施产品创新、开展流程优化、设计金融服务方案的重要工作内容。二是要利用客户满意度的测评结果，及时进行整改并持续追踪整改效果。三是要充分发挥“客户接待日”的窗口作用，进一步提高客户需求响应效率。这次会议上专门安排了专项客户之声培训和客户满意度报告解读，希望同志们认真参与。

4. 提高和巩固管理水平的重点在于加强专业

化团队建设。要进一步健全产品与质量管理专业化团队。总行产品与质量管理部要继续加强对全行产品创新和流程优化专业人员的技术培训和水平认证，推动产品经理素质模型、培训和队伍建设。总行各业务部门和各一级分行都要建立产品与质量管理专业化团队，使产品与质量管理工作有切实的载体和责任，要使全行管理人员和员工逐步树立起质量即效率、即生命的观念。

同志们！做好产品与质量管理工作对于提高全行的核心竞争力至关重要，在复杂多变的形势和激烈的竞争环境下，我们的任务十分艰巨，任重道远。希望大家团结一致，共同努力、扎实工作、狠抓落实，确保全行产品与质量工作取得新的突破。

持续改进　追求卓越
创建世界一流银行

——在亚太六西格玛领导力大会上的讲话

陈佐夫

（2009 年 5 月 20 日）

尊敬的国际六西格玛专家协会的专家，各位同仁及新闻界的朋友们：

早上好！

下面，我以“持续改进　追求卓越　创建世界一流银行”为题与在座各位分享和交流建设银行实施六西格玛的历程。

一、引入和推进六西格玛管理的历程

“为客户提供更好服务，为股东创造更大价值，为员工搭建广阔的发展平台，为社会承担全面的企业公民责任，始终走在中国经济现代化的最前列，成为世界一流银行”是建设银行股改上市以后确定的企业愿景。围绕着这一愿景的实现，建设银行全方位实施了战略转型，从更新经营理念、采用科学方法以及建设专业队伍三个方面入手，开启了六西格玛管理之旅。

在理念方面，我们从科学可持续发展的角度出发，确立了“以客户为中心”的经营理念，全面部署和实施了零售业务和批发业务转型。突出强调了以提升核心竞争力为关键着力点，应用精细化、专业化的方法，强化管理、不断创新，六西格玛管理成为全行提高战略转型执行力、不断改善服务的共同工作语言。

在方法上，建设银行自 2006 年 1 月举办第一次全行性六西格玛管理视频培训以来，每年都举办相应的培训班，董事会、监事会成员、高管层以及各部门、各分行主要负责人都要参加。

在队伍方面，我们于 2006 年组建了质量效率管理部，在各业务部门和各分行建立了产品与质量管理专业化团队，在战略合作伙伴美国银行的支持下，共认证了 205 位六西格玛倡导者以及 153 名绿带和黑带。从 2009 年起，我们进入自主培养绿带的新阶段。

历经三年努力，我们借助六西格玛，在业务转型及产品和流程上取得了一系列成果，建立了包括《流程管理规划》等在内的一整套标准化制度体系，有效地提升了全行的客户满意度、员工满意度和我们的市场竞争力。

二、提高专业化和精细化水平的实施路径

我行将六西格玛管理与战略转型有机融合，着力提升经营管理的专业化和精细化水平，主要做法有以下几方面。

一是客户之声调查成为改进产品和服务流程的事前决策依据。我行建立了客户之声调查

制度，先后实施20余次调查，并建立了有各级行长参与的“客户接待日”活动，为改进产品和服务流程提供了翔实的数据基础和科学的决策依据。

二是服务质量标准和流程制度成为客户服务的事中控制手段。我行先后确定了零售网点、公司客户经理等一系列服务质量的标准，每年组织实施两次全行性营业网点服务质量调查，每次抽查1 000多个网点，大大推动了全行服务质量的提升。目前，六西格玛中的定、测、析、改、控的方法已经深入全行员工，有效地提升了服务的质量和效率。

三是客户满意度、员工满意度和业务后评估作为事后考核标尺。从2007年起，我行多次实施多维度客户满意度及员工满意度监测考核，并在2009年推行业务后评估，以此来推动产品和服务流程改进，促进了客户满意度和资源配置效率的提升。

三年来，我们以促进增强核心竞争力为目标，应用六西格玛全面提升了客户服务能力、提升了产品创新能力、提升了风险管理能力、提升了营运支持能力。

三、科学的管理工具有助于实现银行的可持续发展

三年多的探索和实践使我们深刻感受到，推进六西格玛，正是在于采取科学的方法进行管理和创新，以高质量的产品和服务适应市场的变化与需求，从而实现银行的可持续发展。我们的体会有三点。

一是传统业务流程的梳理和服务方式的变革，离不开科学的方法和先进的工具；二是六西格玛以其著名的定、测、析、改、控方法，有效地保障了这一过程的推进；三是六西格玛的核心就是，将产品和服务的瑕疵和波动降到最低限度，用基于数据和事实的科学方法，精准、有效地解决好产品和服务中存在的问题。

四、建设一流银行需要长期不懈的努力

展望未来，任重道远，为了实现建设世界一流银行的目标，建设银行推行六西格玛还需要持之以恒的“精耕细作”，并做好以下工作：一是必须适应市场变化与发展。要比其他市场参与者更了解客户及其需求的变化，更能有效识别机会和风险，更善于运用数据和事实准确判断市场发展趋势。二是必须确保产品和服务的高质量。高质量的产品和服务是支撑客户口碑和市场品牌的载体，产品和服务的能力也是银行在市场竞争中获得胜利的法宝。三是必须坚持不断创新。改革和创新都永无止境，但创新必须要适应市场的变化，必须要适应现实的业务需求，必须要建立科学的评价监测体系。

各位朋友，如果要用一句话来描述我们建设银行科学可持续发展的目标，那就是坚持“以客户为中心”，努力成为倾听的银行、行动的银行！

我的发言完了，谢谢诸位！

在2009年推进“八一工程”重点分行座谈会上的讲话

陈佐夫

（2009年7月16日）

同志们：

这次会议是继2009年初全行工作会议和机构业务工作会议以来召开的一次重要的专题会议，也是继2006年启动“八一工程”三年目标的一次总结会议。今天的会开得很好，仁刚总经理对“八一工程”两年多来所做的工作及成绩进行了

全面而客观的总结，并提出了下一阶段工作的具体要求；我们也分享了9家分行推进“八一工程”的经验；总行几个部门的同志就大家共同关注的一些问题做了解释。听了大家的发言，我很受启发，在此，我谈几点意见供大家参考。

一、推进“八一工程”的经验总结

从总行机构部通报的情况以及各重点分行的交流中我们可以看到，我行“八一工程”推进两年多来取得了很多实实在在的成绩，在军队武警重点板块、重点区域、重要客户、重大项目和重头产品等方面都取得了突破性进展，成绩和变化有目共睹。我感到，回顾两年多来的工作，有以下经验值得我们总结与肯定。

（一）“八一工程”是“一把手”工程，“一把手”重视，牵头直接营销，往往起到事半功倍的效果

“八一工程”推进两年多来，各层级领导的重视程度是前所未有的。在总行层面，仅2008年一年里，总行郭树清董事长、张建国行长、谢渡扬监事长和其他行级领导亲自营销军警客户就高达20多人次。张建国行长还分别致信十家分行，对分行“八一工程”推进工作给予了充分肯定和高度评价，鼓舞了士气。在分行层面，各分行党委高度重视，2008年一年，一级分行主要负责人共参加军警客户营销不下百次，分行主管行领导带领营销团队冲锋在前已成常态。全行上下统一认识、扎实推进，形成了强大的执行力以及良好的业务发展氛围，这是工程推进非常重要的一环，特别是对我行合作基础薄弱的军警客户群体，要冲破同业多年的壁垒，这点是尤为重要的，也是我们持续深入地推进“八一工程”的基础和有利条件。

（二）对公、对私板块的有效联动和前、中、后台的协同配合，提升了我行整体竞争优势

“八一工程”推进以来，从创新“八一龙卡”到营销公务卡、军人保障卡；从搭建结算网络到制发应急预案；从“中国贫困英模母亲”资助计划的启动到各项资源的有效配置，每一项工作的有效推进，都离不开有关部门的积极参与和紧密配合。“八一工程”作为一项战略性任务，不是机构部一个部门的事情，更是全行性的工作和责任体现。比如“八一龙卡”的创新与营销，在机构部、个金部和卡部相互配合下，营销比较顺利，并以这个产品作为“尖兵”为我们争取了很多商机和话语权。又如总行、江苏省和辽宁省分行机构部与信息技术部协调联动，为南京军区联勤部、沈阳军区联勤部搭建了资金结算网络，一举打破了原来单一银行结算的垄断局面，在全面提升服务水平的同时，也得到了总后财务部会计局的高度评价，并表达了在全军范围内进行推广的意向。部门间横向联动、形成合力，对公、对私产品交叉营销，发挥建设银行的整体优势共同营销和维护客户，成为我们取得成绩的宝贵经验。

（三）专业化的团队营销模式深度契合了客户需求，为业务发展提供保障

我行以客户的组织架构和金融需求为导向，打破现有层级管理模式，组建了总部型和跨区域的任务型团队，通过明确目标、落实责任，为客户提供一体化服务，积累了很多成功案例。例如，048项目及配套工程的成功营销，充分体现了总行牵头营销下北京、辽宁、青岛、上海、宁波等多家分行多个部门有效联动所发挥的巨大效应；北京市分行地处军警客户总部所在地，积极配合总行，实现了对总部客户不同程度的突破，为兄弟行的营销提供了有力支持；广东、甘肃等分行充分发挥牵头行的作用，在扎实做好大军区联勤、装备部门营销维护工作的基础上，加强区域内联动，有效地带动和支持了成员行的营销拓展；山东省分行在深入挖掘现有客户潜力、积极拓展新兴业务市场方面也进行了积极的尝试。在其他总部团队和区域型团队，这样的案例还有很多。实践证明，这种跨区域的团队化组织模式，是符合军警客户的特点和要求的，值得我们总结和进一步推广。

（四）善抓机遇，特事特办，在重大事件面前展示了我行的应急服务能力

军队武警的特点是“特、急、快”，只有满足客户的需求才能赢得信赖。2008年冰雪灾害、藏独、汶川地震等发生后，我行紧急启动应急预案，开通了快速保障通道，保证震区一线军队武警资金及时到位，为部队救灾工作提供了坚实有力的金融保障。特别是四川省分行在抗震救灾的应急保障和支持灾后重建等方面做了大量卓有成效的工作。总行2008年7月制定下发了《中国建设银行军队武警客户现金应急保障预案》，将特殊时期的金融保障预案制度化，并在奥运保障中进行了实践。近日“7·5”事件发生后，我行立即启动应急预案，圆满地完成了武警部队应急取现的工作，为当地的维稳工作提供了有力支持。针对军队武警这一特殊客户群体，积极响应部队在突发事件中的应急保障需求，紧抓机遇、快速反应、建立制度、优化流程，帮助客户解决燃眉之急，使我们赢得了客户的认可与信任。

（五）支持国防建设，履行社会责任，将经济效益与社会效益有机结合

“八一工程”将军队武警业务从一项单一的业务品类提升到了支持国防、回馈社会、促进和谐的高度来理解和推动。在日常业务办理中，通过热情、高效的专业服务和每年“八一”建军节的系列拥军活动，我们与客户加深了联系。从“蓝飘带基金”的发起捐赠，到启动“中国贫困英模母亲”建设银行资助计划，再到抗震救灾资助慰问计划，无不是建设银行关注民生、服务民生、支持国防建设、促进社会和谐的具体行动，在社会上反响非常强烈。很多军队客户在不同场合表示“建设银行是拥军意识最强的银行，我们要和建设银行加深合作”。

以上几点经验是我们在不断实践中探索和总结的。军队武警业务作为新兴业务领域，就是一个通过不断摸索，寻找路径，积累和推广经验的领域。“八一工程”推进两年多以来所总结出来的经验是我们一线员工智慧的结晶，也是我们的辛劳和汗水浇灌的成果。相信这些经验和智慧对今后工作甚至是全行各项业务具有推广和借鉴意义。

二、全力做好新形势下的“八一工程”推进工作

2009年是全行开展“八一工程”的第三年，也是收获成果的关键之年。要确保市场份额提升3.8个百分点，占比达到20%的工作目标的实现，市场潜力和工作难度都比较大。当前形势下，总行要求2009年工作要继续深入落实科学发展观，紧紧把握建国六十周年的历史契机，紧紧把握军队武警资金结算网络建设、部队公务卡推广、军人保障卡试点推广等改革契机，巩固和加深与武警和军队装备条线业务合作，争取军队后勤条线的系统性拓展，实现军队武警客户市场的结构性转变。这里我重点谈四点意见。

一要坚定信念、持之以恒，将“八一工程”不断推向深入。“八一工程”推进两年多以来，除了对公业务的发展外，还有对私业务的辐射和拉动，更有社会效益和品牌效应的综合体现。“八一工程”不是某一个阶段、某一个时期的任务，无论是从业务发展还是从服务客户的角度来说，它都是一项持之以恒的重要业务，是要作为支持国防建设的一项政治性、长期性和战略性的业务坚定不移地推进的。各行要明确“八一工程”的持久性。“民本通达”是我行2009年机构业务的一项重要工作，但并不是意味着“八一工程”就不重要了，两项业务要互相促进、相得益彰。各分行要正确处理好“八一工程”和“民本通达”的关系，要倍加珍惜今天来之不易的成果，锲而不舍地将“八一工程”不断推向深入。这次会议要把这个信息和要求传导到全行各分支机构。

二要明确目标、集中攻坚，实现重点板块和重要业务的战略性拓展。“八一工程”推进两年多以来，全行上下按照“八一工程”启动之初提出的“先武警、后装备、再后勤”的“三步走”战略部署，稳扎稳打，在2007年和2008年先后如期实现了武警条线和军队装备条线的系统性拓展，为营销拓展后勤条线积累了经验。军队后勤体系是全军最核心也是最牢固的部分，牵一发而动全身。我行要实现军队武警业务市场格局的结构性转变，必须全力以赴，打好攻坚战。如果我们在军队后勤体系取得战略性拓展，那么在军队业务领域就有了建设银行的地位和影响。

为此，2009年要重点做好以下方面工作：第一，在后勤体系方面，各分行要紧紧把握建国六十周年首都国庆阅兵的历史契机，通过构建资金结算网络，积极跟进部队公务卡试点改革和军人保障卡推广，重点抓好总部营销，以为各大军区联勤部搭建结算网络和营销公务卡、军人保障卡为主要手段，上下呼应、左右策应，争取依次实现突破，并最终打破现有格局，带动全军后勤体系的全面拓展。第二，在其他总部和重点客户方面，要在主攻后勤条线的同时，继续巩固和维护

好与武警和装备系统的业务合作，积极拓展与深化与空军、海军、二炮、总参、总政的业务合作，扩大与军队武警重点院校、三甲医院的业务合作层次，挖掘其对银行的综合贡献度。第三，在重点国防建设项目方面，要继续深入挖掘和加强维护，利用我行跨区域团队的联动辐射能力，保障信息畅通，结成服务网络，充分利用我行在造价咨询方面独家的产品服务优势，争取优势市场份额并辐射上下游，实现资金体内循环。第四，在部队的应急保障方面，我行前期做了很多工作，要继续巩固和发扬，时刻保持对形势的敏感性，为部队特殊时期的金融服务需求及时提供坚实有力的保障。

三要加强联动、提高效能，重点分行要有重点贡献。要进一步加强总分行部门的横向联动，充分调动和整合全行客户部门、产品部门的资源，注重对公、对私联动营销和军民共建等多种手段并举；要加强总分联动、分行联动，建立信息共享、资源互为利用的保障机制，实现快速反应，进一步发挥团队营销的效能；要坚持典型引路，全面推动，利用重点领域、重点客户、重要区域的进展以点带面，辐射全部。

今天请来的都是七大军区、三大舰队团队的牵头行，业务涉及好几个省，在过去两年多里都为军队武警业务的拓展做了大量工作。但是，作为工程的主责任人，你们处在“八一工程”推进的“主战场”，具有其他分行不可替代的作用。要义不容辞地担负起重点解决总部客户特别是大军区联勤部的突破责任。

四要精心策划、周密部署，做好建军节和国庆六十周年的相关营销服务工作。2009 年是建国六十周年，首都北京将举行盛大的国庆阅兵活动，一年一度的建军节也日益临近。各行要根据当地情况因地制宜地组织实施系列营销活动，并开展有效的媒体舆论宣传。将平时对部队的营销服务工作与国庆阅兵等重大庆典活动结合起来，与建军节慰问活动结合起来。各大军区团队牵头行要联动成员行，做好本区域客户的活动策划和安排，实现上下联动、横向联动，扩大我行回馈社会、服务国防的品牌影响力。

同志们，从现在到年底还有五个半月的时间，这将是十分关键和十分艰苦的一段时间。但只要我们团结一心、振奋精神、迎难而上，我们一定能够达到预期的目标，全行“八一工程”必将再上一个新的台阶！

在“八一工程”推进座谈会上的讲话

陈佐夫

（2009 年 11 月 17 日）

同志们：

在年终各项工作都处于繁忙进行的时候，把各位请到总行来开一个专题的座谈会。我认为这是一个很好的座谈会，一个很有特点、很有意义的座谈会。所谓特点和意义在于：总行平时开全国性的会议，如工作会、条线的会议，甚至一些地区性的座谈会，经常请分行行长、部门总经理参加，而真正把分行的分管行长到部门总经理，乃至一线的分管行长同时也是总行在一线的客户经理请到总行来开专题会议，这在全行还是第一次。这充分说明总行对“八一工程”特别重视，对于“八一工程”总部的工作特别重视，也对“八一工程”总部所在地分行的具体工作特别重视。刚才听到大家的发言，结合平时我分管的业务，我讲三点意见。

一、要充分认识开展“八一工程”的重要意义，高度重视“八一工程”工作

（一）开展“八一工程”工作是全行战略定位的需要

建设银行是当前中国资产规模第二大银行，也是国际上第二大上市银行，但我们的主要业务还是在中国国内。郭树清董事长多次强调，我们不是不走向海外、不重视国际业务，而是要在立足国内业务的基础上发展海外业务。首要的是把中国国内的业务做大做强，做成一流。这样的战略定位必然要求我们要开展和重视“八一工程”工作。军队在中国社会中占有非常重要的地位，是社会中很重要的组成部分，立足于国内业务必然要开展“八一工程”工作，这是建设银行整个战略定位使然。

（二）开展“八一工程”工作是全行业务转型的需要

十几年前，建设银行还是一家承担着许多政府职能的专业银行，自1997年商业化改革和业务转型以来，特别是股改上市以后，商业化改革的步伐越推越快，要求业务全面转型。1997年金融工作会要求四大商业银行加快商业化转型，提出改善利润结构，增加中间业务收入。2000年总行成立中间业务部，主抓中间业务、非利差收入，目的是改善我行的利润结构。2005年股改上市以后，尤其是新一届党委，董事长、行长、监事长，以及各位行领导，也包括董事，都非常重视改变全行的利润结构，非常重视中间业务，要求开辟包括“八一工程”在内的新的利润增长点。这几年在各种场合，董事长、行长、监事长，以及各位高管以上领导都强调要抓好“八一工程”工作，这是全行业务转型的需要。

（三）开展“八一工程”工作是弥补我行与同业竞争差距的需要

张建国行长在多个场合指出，我行与工商银行在几个特大城市（如北京、上海、广州、深圳等重点地区）的主要差距在于两方面：一是储蓄，这是传统形成的；另一个就是军队武警业务。要缩小差距、弥补不足，必须抓好这两方面工作，其中就包括“八一工程”。我们不一定要争市场份额第一，但是缩小差距的工作是非抓不可的。

（四）开展“八一工程”工作是我行开辟新的利润来源的需要

这几年，在对公业务中我们感觉到，一些大的优质客户对公业务利润的增长非常困难，2009年这一体会尤为深刻。现在好的客户在他们身上不但增加新利润很困难，而且原有的利润都很难保证，因此一定要开辟新的利润来源。“八一工程”工作、民本通达所涉及的国计民生的相关工作，必须要加大工作力度，以弥补我们现在整个对公业务中后劲不足的问题、利润差距的问题，以及利润结构调整的问题。

（五）开展“八一工程”是建设银行承担社会责任的需要

建设银行作为一家国有控股的在社会上具有很大影响力的银行，必须要承担一定的社会责任，其中包括支持军队武警的工作。银行支持军队武警工作的落脚点就是提供优质的金融服务，这是最好的支持、最好的拥军。

以上是从这“五个需要”强调开展“八一工程”的重要意义，希望大家高度重视。“八一工程”作为一项长期的战略性任务，不是一年，也不是三年，而是涉及建设银行的长远利益。

二、要认真总结经验教训，采取有效措施，扎实推进“八一工程”工作

（一）要正视“八一工程”工作中存在的不足和差距，正视我们的历史和现状

工商银行由于传统因素，占有绝对优势的市场份额，我们要正视这个差距，但是不能认输。建设银行在其他领域能和其他银行争高低，在“八一工程”领域也应该有这个精神和气势。

（二）要扬长避短、坚持不懈、巩固成绩、守土有责

所谓扬长避短，我们总能找到其他行的不足与差距，我们总能找到我们的优势和强项，只要在认真分析的基础上抓住重点、坚持不懈，一定会有成果。我行通过近三年的工作取得了明显的进展和成绩，要继续巩固。前几年我们主要是从其他银行争取业务，抓客户、抢市场，这项工作现在也不能放松。迄今为止，我们还有一个很重要的任务是要守土有责，即把现在的业务守住。我们在营销，别人也在营销，既包括老对手，也

包括新对手。我们在取得现有成绩的基础上，要巩固成绩、守土有责。希望大家在总结经验的基础上，调整营销策略，有时候需要组织力量，调动精兵强将，包括各分支行甚至总行出面进行强攻，可用“打仗”的办法，正面进攻，或集团式冲锋，也可采取一些智取的方法。

（三）市场拓展的关键要依靠服务和产品支撑

银行的营销工作关键要靠以客户为中心的经营理念和以客户为中心的服务、产品、渠道来支撑；要靠能够让客户受益的金融服务方案、良好的服务手段和先进科学技术的运用，也即用所谓的“绝活”来争取客户、争取市场、稳定业务。其他一些非金融服务也很重要，但从长远看，随着市场日益成熟，客户需求也日益多元化，竞争的根本仍是靠金融服务。

在做好对公业务的同时，要和相关条线紧密联动，认真做好部队个人金融服务。基层网点除了开展“军人优先”服务外，也可为军官进入理财中心、财富中心开辟相应的绿色通道，制定标准，按职级而不一定单纯依照贡献度确定军官进入理财中心的门槛。通过做好个人金融服务，有助于争取到部队单位的业务，这种情况我们在其他业务上是屡见不鲜的。只有全行联动起来，做好相关的服务，“八一工程”才能更有希望。

三、坚定信心、抓住机遇、团结奋战，争取“八一工程”工作的更大成绩

（一）抓“八一工程”工作，天时、地利、人和，具有良好条件

首先是领导重视。包括董事长、行长、监事长都非常重视。这项工作无论是过去罗行长分管，还是赵行长分管，现在又是我分管，我们都一如既往，有一个共识：这项工作只能做好，不能有闪失，“八一工程”是全行一个很好的客户平台和业务平台。其次是全行的支持。我们通过三年的工作，现在全行上下认识基本统一，已形成共识：“八一工程”非抓不可，必须重视。这是我们做这项工作最好的条件。总行党委、总行的主要领导不但在大会小会上讲、每年的工作报告中强调，而且无论是否分管，都亲自参加营销、亲自做工作。我陪张建国行长参加军队武警客户的营销就有多次。全行唯一不论分管与否，所有行领导亲自反复营销的恐怕就是“八一工程”。各级行也如此，“八一工程”的工作成为分行最重要的工作之一。我了解了一下，重要的客户营销都是分行“一把手”亲自出面。从总行到分行，应该说我们现在抓这项工作是很有优势、很有条件的。另外，从政策优惠和资源配置上，总行对于“八一工程”业务拓展的相关非金融需求，如在人员安置和营销费用配置等方面一直给予最大限度地支持，从未打过折扣，这一点在今后工作中也将会一如既往地坚持。总行看到了“八一工程”三年来全行的变化和成绩，确定2010年在适当的时候要进行一次表彰，以此来肯定我们的成绩、鼓舞大家的信心。

（二）“八一工程”取得了实实在在进展和成绩

当初我们提出开展这项工作时，我行市场份额只有4%，现在到了19%。每走一步，都是在座每一位机构业务条线上，以及全行各个条线员工共同努力的结果。一定要看到这样的成绩和变化，以此来增强我们的信心。要看到很多事物都不是铁板一块，只要通过辛勤工作，都会取得进步和变化，“八一工程”就是一个例子。

（三）从总行到分支行，推进“八一工程”工作有丰富经验和成功案例

我接触了一些具体经办人员，包括支行行长，从事这项工作时间比较长，经验非常丰富，观点非常鲜明，采取的措施都非常有效。有经验、有案例、有方法、有措施，这是开展工作的有利条件。

（四）建设银行的良好品牌是推进“八一工程”的基础

我们现在拥有建设银行的品牌，建设银行在金融同业当中品牌已经树立起来了；在社会生活当中，作为一个金融企业，品牌也建立起来了。提到银行、金融企业，建设银行不一定是第一名，但前三名肯定有建设银行，很多业务都会提到建设银行。每年，建设银行也开展大量的拥军优属活动和支持军队、武警的活动，与军队、武警有着传统的良好关系。有的同事的建议非常好，总行可以统一搞一些有影响力的活动，加大工作力度、加大投入，实际上这项工作是一直在做并有

着良好的基础的。我行和军队、武警部队的良好关系以及建设银行良好的品牌和社会影响，是我们开展工作的基础。

（五）各分行特别是具体承办业务的分支机构，一定要深刻领会座谈会的意义，加大工作力度

不知道现在在座几个行在38个分行当中、在众多的具体经办行当中处于什么样的位置。如果是先进，要保持荣誉，再接再厉，绝不能故步自封；如果是后进，要加大工作力度，争取创造优异条件，后来者居上，绝不能拖后腿。可能有些行做得非常好，希望不要松懈，按照座谈会的要求，按照确定的目标，扎实做好相关工作。如果是后进，需要加把劲，需要坐下来认真地分析、冷静地对待，采取有效措施，弥补这一差距，不拖全行的后腿。

短期业务的数据变化是可以理解的，关键是要着眼于长远，看我们和部队合作的紧密程度，看我们是否能把基本账户、结算账户拿过来了。只要着眼于长远、着眼于紧密的合作、着眼于一些关键客户和关键账户，我们的业务发展就有了很好的基础、有了可持续性。

2009年的年度目标不是说可不可以完成，而是必须完成，不仅是在座的行，而是所有的分支行都必须完成，这是没有商量余地的，是全行对总行党委和高管层决策的执行力问题。

总之，建设银行现已是世界瞩目的大银行，按市值排名基本稳居全球第二，全行业务正处于发展的关键时期。我们上市的时候确立的目标是建立一流的银行，一流的银行要求有一流的业务、一流的服务。对公业务、机构业务，乃至“八一工程”，都必须有一流的标准。希望各位深刻理解今天座谈会的战略意图，认真执行总行提出的有关要求，结合分行的实际情况，团结奋战、扎实工作，争取更好的成绩，在2010年总行召开总结表彰会的时候，能够向总行、向全行交出一份满意的答卷。

与电子银行部负责同志的谈话记录

范一飞

（2009年1月19日）

过去两年，尽管我没有分管电子银行部，但却一直心系全行的电子银行业务发展。我也非常欣喜地看到，在过去两年里，建设银行的电子银行业务取得了长足进步，在同业中的竞争实力明显增强。但是我们更应该清醒地看到，目前我行的电子银行发展水平与客户的需求、与总行党委的要求以及与电子银行业务本身所具备的发展空间来说，差距是巨大的，潜力也是巨大的。下面我主要谈几点意见，供参考。

一、要明确电子银行的定位

现阶段认清部门属性、明确业务定位，对做好当前工作至关重要。发展电子银行业务是建设银行的一项重要战略选择，这既是市场发展机遇和竞争方面的要求，也是建设银行实现从传统银行向现代商业银行转型的内在要求。电子银行本质上是一个渠道，电子银行部本质上也是一个渠道部门，我们发展电子银行的目的就是要把电子银行建设成为为客户提供包括账户管理、转账支付、缴费、理财等多种服务功能在内的综合性渠道，成为建设银行物理网点在时间和空间上的拓展和延伸，成为连接银行与客户的重要纽带和桥梁。由于电子银行系统具有自然垄断的特征，因而成为全行重要的基础设施，也成为全行具有唯一性和战略性的资源。既然是战略性的资源，我们对电子银行的投入也将是巨大的。当前电子银行业务还处于战略投入期，我们不能把目光集中在短期的业务性指标上，更不能一味地强调电子银行业务本身的财务收益，要着眼于长远、着眼于打基础，在渠道建设上多下工夫。当然，在这一过程中我们无疑也要强调少花钱、多办事。如果我们不能清醒地认识到电子银行作为渠道功能这一本质属性，就会被多重目标弄得无所适从，使电子银行业务成为建设银行未来发展的瓶颈，也必将导致建设银行在新一轮的市场竞争中处于非常被动的境地。电子银行的发展事关重大，电子银行部的责任重大。

二、要始终把改善客户体验放在首位

既然电子银行是为客户提供多种金融服务的综合渠道，那么，改善客户体验就必然成为我们工作的重心和首要出发点。而我们恰恰在重视客户体验方面做得很不够，如网点签约流程不合理、密码输入次数多、重置流程复杂、证书下载烦琐等问题，这些都会直接影响客户体验和客户忠诚度。我们在这些方面实在有太多的工作需要改进。例如，为什么每天第一次登录网银或手机银行，也要输入附加码？客户忘记密码后，为什么不在网上预设几个问题，只要能够正确回答就可以重置密码呢？我们尽量不要让客户跑柜台，尽量让客户少使用证书。再比如，IE浏览器漏洞百出，有些客户根本不喜欢用，我们为什么不考虑使用其他浏览器作为补充和替代呢？我们要想真正赢得客户，就必须站在客户的角度，对现有服务流程进行全面梳理和改造，以切实改善客户体验。

在客户体验方面存在的严重问题，有的是源于信息技术上的缺陷，有的是源于流程设计上的不完善等，但是，归根结底还是我们在确定电子银行发展思路的过程中，认识上存在一些误区。这里主要有两个问题需要澄清。

第一，要正确处理便捷与安全的关系。我们要加强安全措施，避免因安全事件而损害建设银行的声誉，也要防止因片面追求安全，不计成本增加投入。打一个简单的比方，我们投入300万元去改造我们的系统，增强一些防护措施，结果可能只减少概率为50%、金额为200万元的损失，那么，从财务的角度来看，这种投入就是一种过犹不及的做法。如果把账算得更细一些，复杂的程序和烦琐的流程会造成数据处理负担过重，极大地提高银行科技运营成本，而且这个成本往往最容易被人所忽略。更为关键的是，客户之所以选择电子银行渠道，看重的是其便捷性和高效率，看重的是其24小时不间断服务。而过于烦琐的程序和流程却加重了客户负担，为客户带来不必要的麻烦，导致客户大量流失，最终会损害建设银行的根本利益，到那时还能奢谈安全吗？其实，世界上根本就没有绝对安全的系统，我们需要的是在安全与便利之间找到一个平衡点，设立一个合理的区间。在设计业务流程时，把重心和基础从单纯防范风险转移到改善客户体验和风险防范并重上来。我们追求的安全一定要建立在满足客户需求、改善客户体验的基础上，绝对不能不计成本地片面强调安全，更不能以牺牲客户的便利换来所谓的安全运行。

第二，怎样科学认识安全问题。我行电子银行的安全管理工作主要放在事前防范上，投入了大量资源去设置各种风险防范措施，但一段时间下来，效果并不理想。而且这些措施在防范少数网络犯罪分子的同时，给广大客户带来了很多不必要的麻烦，甚至可以说是沉重的负担。与此同时，我们却忽视事中控制与事后处理，导致发生事故后赔付机制不到位，客户纠纷不断，一旦把这些公开出去，会给建设银行的声誉带来无法估量的损失。因此，我们必须深刻反思我们的安全管理思路，科学地认识电子银行的安全问题。任何措施都不能保证100%做到安全防范，绝对的安全是没有的。事前防范措施的立足点在于“防”，事中控制的立足点是“控”，事后处理的立足点则在于“补”。而防、控、补三者先后顺序不同，要求网络所能提供的支持也不同，其花费的代价与技术实现难度也有着非常大的差别。从现状看，综合各方面的成本与收益，我们与其在事前防范这个“无底洞”上继续投入，还不如在事中控制和事后补偿或处理方面多下点工夫来得更切合实际、更有价值。在这一方面，我们应该进一步解放思想，电子银行部的领导要勇于承担责任。例如，在事中控制方面，对异常交易、大额交易、频繁交易建立起实时监控制度；在事后处理方面，建立应急机制和迅速赔付机制，要进一步理清协议条文、完善协议内容，只要是符合协议中的规定，我们就应该在第一时间对客户进行赔付并致歉。这样既为客户提供了便捷的服务，又保障了客户的利益，也维护了建设银行的声誉，还为我行节约了大量成本，其带来的有形价值和无形价值会远远高于单纯在事前防范风险带来的收益。

三、完善机制，突出重点

第一，完善考核机制。要将客户体验指标作为考核电子银行部工作最主要的指标，把客户是否满意、基层网点是否满意、前台部门是否满意作为评价电子银行部门工作好坏的标尺。与此同时，对电子银行业务的考核力度、考核标准应高于柜台，要尽可能地将“买单奖励”落实到网点和客户经理头上，充分调动全行员工发展电子银行业务的积极性。网上实现的销售，要奖励给前台部门和客户经理，理论上力度要大于物理网点同等数量的销售所给予的奖励，以鼓励更多的产品销售通过低成本的电子银行渠道来实现。当然，电子银行渠道也可以给客户让部分利，但定价折扣不要太低，一切让利行为的最终目的都是为了提升建设银行的整体利益。

第二，要做好客户反馈信息的采集、整理和分析工作。电子银行的一大缺陷是不能像柜面经理那样与客户直接接触，客户体验好坏难以直截了当地反馈上来。如何才能持续地、不间断地、大面积地倾听电子银行客户之声？这是当前一个十分重要而且急迫的问题。作为渠道部门，电子银行部目前还没有建立起相应的机制和专门的机构对客户体验的反馈信息进行收集、整理和分析，这样就不可能真正了解客户、了解市场，不可能根据客户、市场的需求来改进我们的业务流程、改善客户体验。电子银行部一定要高度重视客户体验的信息管理工作，要从制度和组织架构着手，在全行选择几个具有代表性的地区，成立客户体验中心，尽快建立起全方位、立体的客户体验信息管理体系。

第三，突出工作重点，做大做强网上银行业务。从渠道来看，要将网上银行作为电子银行的工作重点；从产品来看，要以建设银行自身的产品和服务为主，至于网上商城等业务，我们比起专业的网上商城如阿里巴巴、亚马逊等来说没有竞争优势，但可以将其作为一种探索和补充，争取发挥锦上添花的作用；从目标客户来看，电子银行最主要的还是面向大众客户，我们的目的是通过发展电子银行来解放物理网点，让大众客户使用电子银行，而让物理网点逐步开始为中高端客户提供服务。因此，我们的工作重点应该放在网银大众版的改造和优化上，在改善大众客户体验方面投入更多精力。

四、科学划分部门职责，加强部门间的协调与配合

第一，要科学划分部门职责，该交出去的一定要交出去。电子银行部的主要服务对象应该是个人客户和中小企业客户，要把重客系统以及企业网银的相关职能尽快移交给资金结算部，这样才能轻装上阵、目标明确、突出工作重点。

第二，要加强与其他产品部门的合作与沟通，并使之与客户服务衔接起来。要对全行现有的金融产品进行全面梳理，分期、分批地在电子银行渠道推出。理论上，只要不涉及现金业务，其他所有产品服务都应该在网上银行实现。要尽快开通网上直接开户、直接发卡等业务。今后行里新推出的产品，原则上必须同步在电子银行渠道推出，要使其成为制度，形成一种习惯和文化。

第三，要处理好与其他部门的利益关系。作为全行的公共部门，电子银行部应该把工作重心放在改善客户体验上来，而不要盯着具体的收入指标，不要为了完成个别收益指标而“捡了芝麻，丢了西瓜”。电子银行部必须从建设银行的整体利益出发，站在全行的角度，处理好与其他业务部门的利益关系。要增强服务客户、服务其他部门的主动性，尽可能地不与业务部门争利。在这方面，部领导要有大局意识和责任意识，要有任劳任怨、为人作嫁衣的思想境界。

总之，电子银行业务就像是一片汪洋大海，深不见底、宽不见边，蕴藏着巨大的潜力并具有无限广阔的发展空间。我们有幸生活在这个时代，更有幸从事这份职业。我希望电子银行战线

的同事们能够充分发挥自己的聪明才智，创造性地开展工作，在2009年能够进一步解放思想，更加突出工作重点，抓住改善客户体验这个中心环节，多下点工夫、多投入点精力，力争在尽可能短的时间内使全行的电子银行工作迈上一个新的台阶。

在2009年全行海外机构座谈会上的讲话

范一飞

（2009年1月22日）

同志们：

这次为期一天半的海外机构座谈会开得很好。来自各海外机构的负责同志，总行不同部门、不同层级的同志汇聚于此，充分沟通信息、交流情况。通过此次会议，大家统一了思想，进一步明确了发展的方向，各海外机构的业务规划更加清晰，实施措施也将更加具体。同时，我们还就IT系统实施进度、税务处理等具体问题进行了讨论，形成了初步的意见。虽然2009年海外机构座谈会时间较长，但会议所起的作用更加具体、更加实在。借此机会，我讲几点意见。

一、充分肯定2008年海外业务发展取得的成绩

2008年是不平凡的一年，全球性金融危机对我行形成了很大冲击。海外机构首当其冲，特别是处于国际金融中心（如欧洲、日本）的分行所受到的影响相对较大。但总体来看，我行海外业务的发展情况还是不错的。截至2008年底，我行海外经营性机构（含建银国际和建行亚洲）资产总额达270.8亿美元，实现税前利润2.13亿美元，其中部分分行（香港分行、约翰内斯堡分行、首尔分行）预算完成情况相当好，为全行完成综合经营计划和预算指标作出了贡献。目前，海外各项业务均有条不紊地推进，风险整体可控。截至2008年底，我行海外机构平均不良贷款率为0.53%，虽然比上年同期（0.17%）有所上升，但海外业务资产质量相对较好，仍整体优于境内业务。全行境内外业务联动进一步深化，2008年全年，境内分行通过海外机构办理的进口开证笔数占比已达47%，比2007年提高了近20个百分点，通过我行海外分行办理的主要币种清算业务占比也均已达到80%以上。

取得这样的成绩源于多方面的因素：既有总行部门的支持，特别是在座各部门对海外业务的发展壮大倾注了大量的心血，也有总行领导的关心——董事长、张行长、监事长对海外业务，乃至我行在海外工作的每一位同事都非常关心。张建国行长多次亲自主持召开会议，对海外机构加快业务发展、业务转型、风险防范等方面都提出了明确的要求。此外，海外机构经营成绩的取得也离不开境内分支机构对海外机构的支持，但最终还是要归功于海外机构的同事们，特别是各机构的负责人，你们在2008年严峻的形势面前，总体上交出了令人满意的答卷。在此，我向你们表示衷心的感谢和亲切的慰问！

二、正确看待当前形势，从全局战略上把握海外业务当前面临的发展机遇和挑战

当前，全球经济形势仍非常严峻，世界主要经济体都面临着经济衰退或者放缓的威胁，很多同志因此对未来缺乏信心，认为经济形势和金融机构情况还将进一步恶化，市场还会进一步走软。我认为目前对未来形势的恶化或者好转下结论还为时尚早，还需要继续观察一段时间后再行判断。

相比于对全球整体经济金融形势的判断，对海外机构所在具体市场的判断更为重要。我相信全球经济体不会以同一幅度大起大落，通常会有好坏之分，且程度也不一样。反映到工作上，就要求我们对市场、对客户作客观判断和具体分析。在现有形势下，我们有些客户不但没有受到消极影响，反而还变得更好；同样是受到负面影响的客户，有的确实会顶不住垮掉，但也有的可能仅是暂时遇到困难，中长期来看是没有问题的。因此，面对复杂多变的经济金融形势，密切关注市场、关注经济环境变化、关注客户变化，在当前就显得尤为重要。我希望大家对这几个方面保持切实关注，并动态观测最新经济数据和市场信息。同时，大家也可以实地去走一走、看一看，了解企业生产经营、资产质量特别是抵押物的实际情况，以便对企业的状况有切身体会。总之，我们要进一步加强对市场的分析和预测、对客户的关注和研究，总行和海外机构之间、境内外分行之间、海外机构之间都要及时、充分地进行信息的沟通和交换。

三、切实采取措施推动海外业务转型和发展

这两天会上对各海外机构业务计划的讨论已经十分充分了，这里主要给大家提几点希望。

（一）要有全局视角、长远眼光

各海外机构要把海外业务转型放到建设银行整体发展战略和未来长远发展的高度去认识和实践，要坚决克服本位主义和短期行为。我们知道，过去多年形成的经营模式和收入结构，是各海外机构在特定历史发展时期的客观产物，也知道转型的过程是痛苦的。现在市场变了，我们就必须去改变原有模式，但确实很不容易。

我们现在对大家提出的转型要求，从全局来讲是必需的，但从某个分行的局部来看可能是吃力不讨好的；有些业务从长远来讲可能会有所盈利，但从眼下来看是“赔钱赚吆喝”，需要投入相当的人力和物力；有些业务短期内甚至是为他人作嫁衣，海外机构可能得不到什么实质的利益，这就需要大家提高认识境界。当然，我们会努力改进考核机制及加强总行对海外机构的管理，也相信大家都具有较高的觉悟，能够处理好相关的问题和矛盾。

（二）要发扬艰苦奋斗的精神，把工作做深、做细

大家要看到我行海外业务目前还处于“打天下”的阶段。我们现在要求大家停下来不做的业务，基本都是大家比较熟悉也比较容易做的业务，如参加银团贷款、债券投资等；而要求大家去做的在战略上强调的业务，反而比较难。资金清算要求招人、上系统、营销客户、形成规模效益，谈何容易？我们做多少笔汇款才能够赶上投一笔债券赚的钱呢？海外机构从总行拆到低利率资金，转手买成债券，几百万美元或许就能赚到手了，但如果去做清算，要多少人、多少年才能赚到一百万美元呢？所以这个时候我们要特别能吃苦、特别能战斗，坚持不懈地发扬这种精神。

另外，要把工作做深、做细，究竟市场是何情况、客户是何状况、内地分行是何态度，绝不能想当然。建设银行的市场机会和客户资源是“取之不尽、用之不竭”的，如果我们不能很好地发掘和把握，机会就会白白流失。因此，在市场调研、客户分析和产品开发等方面，需要我们做深入细致的工作，“功夫不负有心人”，工作应是越深越好、越细越好。

（三）各海外机构既要遵循统一转型要求，又要结合自身特点，积极培养特色产品和业务

总体上讲，各海外机构应做好三个层面的基础性业务：所在国货币清算业务（限可自由流通货币）、境内外联动业务和服务于所在国与中国经贸往来的相关银行业务。在此基础上，再根据市场情况和自身特点，因地制宜地开展其他业务。

同时在以下几个方面，海外机构也要切实做好转型工作：第一，在业务定位上，要从以往“小而全”的业务定位向战略性、功能性定位转变，坚持做到“一行一策”，市场需要什么、客户需要什么、建设银行全行需要什么，我们就做什么。第二，在发展目标上，应转变对短期盈利的追求，进一步强调发挥海外机构的战略性作用。第三，在经营模式上，应由以债券投资、银团贷款为主的经营模式逐步向贸易驱动和境内外联动的新模式转变，坚持“有所为，有所不为”。第四，在收入结构上，应由以利息收入为主向利息

收入、中间业务收入并重转变，有些分行则应明确以中间业务收入为主（如东京分行）。

俗话说“特色就是魅力，魅力就是优势”，就海外机构个体而言，我希望每个机构都有自身的特色、魅力和优势，这样大家在建设银行整个棋盘上发挥的作用就可以跳出各自所在区域的局限。比如伦敦子银行可以探索金融衍生交易设计及定价，新加坡分行可以研究大宗商品代理套期保值交易，这些都是很好的尝试。这些海外机构产品和服务的特色创新不仅可以充分利用区位优势树立自身品牌和价值，而且可以服务全行，有效提升建设银行的整体竞争力。

（四）在转型中要注意控制风险，讲求效益

无论是传统的银团贷款和债券投资，还是目前总行鼓励开展的清算业务都具有不同的风险。我们一方面对现有业务风险的防范、化解工作不能放松，另一方面对于新开发的业务、新发展的产品也要有清醒的认识，一开始就要把风险防范工作做足、做到点子上。

同时，我们不能将战略转型与效益原则对立起来。战略转型归根结底是为了实现建设银行的整体效益和长远效益。在转型过程中，我们既要最大限度地节约成本，也要最大限度地增加收益。在强调转型的同时，绝不能放松成本效益指标的约束。当然，成本效益指标必须实事求是，我们绝不希望看到海外机构为完成短期财务指标而延续过去的老路。

四、对总行各部门的要求

海外机构的转型能否成功，一方面取决于海外机构自身，另一方面也取决于总行各部门的指导和支持，至少有以下几个方面的问题需要认真研究、积极解决。

第一，关于IT系统。几乎所有海外机构都有改善IT系统的迫切需求。首先应当肯定IT部门近年来转变了作风，想前台部门所想、急业务需求所急，解决问题的效率比以往有了很大提高。但总体来看，目前我行海外IT系统建设依然薄弱，十几年来几乎没有大的投入，导致大家反映出的问题和矛盾比较突出。总行信息技术部、财务会计部和国际业务部应积极配合，加快推动海外IT系统的建设。

第二，关于人员问题。下一步我行将对整个海外机构人力资源管理作出重大调整，进一步加大国际业务部和人力资源部在海外人力资源统一管理方面的地位和作用。总行已研究决定从人力资源部派驻团队到国际业务部，专门负责海外机构人员管理及工资福利管理。在此之前，针对此次讨论中涉及的人员问题，还要请国际业务部和人力资源部联合起草签报，汇总每家机构的人力资源需求，提出具体的建议方案。

第三，关于风险管理。海外机构在转型，业务在变化，因而风险管理的政策也需要相应调整，特别是对新产品、新业务的风险管理制度要及时跟上，海外业务的风险管理体系要及时完善，必要的风险额度要及时予以调整。海外机构基本没有参与总行上一轮的风险体制改革，现在根据情况变化，行里已初步考虑启动海外分行的风险管理体制改革，准备向部分海外分行派驻风险总监。这项工作我们会分批推进，初始阶段会选择一到两家分行做试点。

第四，关于考核与资源配置。考核指标应随业务转型进行调整，特别是我们强调战略性业务，就应当把相应考核指标做到KPI指标中去。不能仅仅依靠行领导呼吁和国际业务部下发文件，还要有实实在在的考核指标，这样大家才能看到中期、年度的奋斗目标，通过这些指标的引导去集中分行所有同事的智慧和注意力。此外，在业务转型中，资源配置（包括人力和财务资源）也需要调整。我们强调的三大基础性业务，资源就要优先得到配置，且三大业务也是有先后顺序的，一定要把清算、结算业务的资源配置放在首位。

第五，关于资产簿记。在建设银行这样的大银行里，总分行之间、分行之间相互簿记资产是很正常的，但要严格服从税务和监管的相关要求。由于我行目前缺乏这方面的管理制度，建议营运管理部、财务会计部、国际业务部联合进行相关研究，尽快确定簿记业务的操作流程、组织开展的惯例和规则，并据此制定相关政策。

第六，关于国际业务部的海外业务牵头管理职能。国际业务部应进一步健全职能，加强海外机构管理中的协调工作。其中包含两层含义：一方面，要强调国际业务部的归口管理地位和作用，向国际业务部集中部分职能，如对于涉及海外机构财务管理的相关事项，财务会计部要加强与国际业务部的沟通和协调，使对海外机构财务管理的考核要求与对其业务要求和战略要求充分兼顾、保持一致；另一方面，国际业务部牵头管理职能的发挥也需要充分依靠总行各个职能部门，所以各部门要积极协调配合，保证海外机构的要求和呼吁能够得到及时响应。

总之，海外业务发展的好坏绝非仅取决于海外机构自身的努力，更取决于总行各部门的支持力度是否充分、指导方针是否合理，请大家对此给予高度重视，共同推动我行海外机构顺利转型、业务健康发展！

在珠三角地区协调委员会2009年例会上的讲话

范一飞

（2009年5月27日）

同志们：

今天的会议开得很好，参加会议的各机构认真总结了2008年联动工作情况，交流了2009年以来有关联动工作的进展，提出了进一步加强珠三角地区业务联动的具体思路。从大家介绍的情况看，珠三角地区的各分行、子公司以及总行各部门都在积极推进区域业务联动，促进了珠三角区域内业务的共同发展和综合竞争力的提升。这次会议还套开了两个会，一个是全行并购贷款业务座谈会，另一个是建银国际董事会。总体来讲，这次会议内容充实、安排紧凑、讨论和研究问题热烈，达到了预期效果。

下面，我主要就深化珠三角地区业务联动的有关问题讲四个方面的意见。

一、珠三角地区业务联动取得的主要成效及存在的不足

（一）克服金融危机不利影响，区域联动取得明显成效

珠三角地区各机构一直高度重视联动工作，一年以来，努力克服金融危机带来的不利影响，深入挖掘联动需求，不断拓展联动深度和广度，联动成效显著，成绩值得肯定。

1. 珠三角区域各分行业务发展态势持续向好

截至2009年4月底，区域内福建省、广东省、广西壮族自治区、海南省、厦门市、深圳市六家一级分行一般性存款余额达12 651.64亿元，新增1 562.1亿元，增速为14.09%，三大重点区域均列第三；我行存款新增、增速均在四大国有商业银行中排名第一。各项贷款余额达7 488.87亿元，新增1 243.30亿元，增速为19.91%，三大重点区域列第一；我行贷款余额、贷款新增均在四大国有商业银行中排名第二。实现利润80.76亿元，占全行利润总额的18.31%，其中，中间业务收入为28亿元。不良贷款余额为112.85亿元，不良贷款率为1.51%，低于全行平均水平（1.79%）0.28个百分点，三大重点区域中列第二，资产质量持续改善。

2. 境内外机构合作进一步深化，联动内容更加丰富

2008年，香港分行与内地分行合作的内保外贷业务共审批48笔，审批金额为23.17亿美元；审批外保内贷业务6笔，审批金额为1.5亿美元；办理NDF交易197笔，交易金额为19.09亿美元；办理境外代付业务309笔，金额为6.43亿美元。建银国际实现IPO保荐、承销、私募、短债、中票等多项业务的突破，全年获委任项目30个；作为15家企业在香港上市的保荐人、主承销商，融

资额超过120亿港元；以财务顾问的角色先后完成两单收购控股股权项目。建行亚洲在努力拓展业务网络和业务规模的同时，与广东省、深圳市分行创新推出“陆港通龙卡”业务，成功实现粤、深、港见证开户，在香港发行人民币信用卡，并积极研发港人内地住房按揭贷款，对境内高端个人客户提供的服务也日益广泛。

通过业务合作与联动，珠三角地区机构都深刻体会到：联动已成为日常工作不可或缺的部分，成为企业文化的重要组成部分，是建设银行拓展市场、提升竞争力一个强有力的手段。张建国行长对珠三角地区的业务联动一直非常关注，对大家取得的成绩给予了充分肯定。应该说，相比其他地区，珠三角既有内地分行之间的联动，又有内地分行与在港机构之间的联动；既有商业银行业务的联动，又有商业银行业务和投资银行业务之间的联动；零售银行方面的联动也比较活跃。可以说，这些特点正是我们得天独厚的优势。正因为珠三角联动的这些特点和优势，通过过去几年互惠互利的合作，各机构都得到了实实在在的好处。比如说，2008年很多内地分行通过与境外机构联动办理内保外贷，更好地满足了一部分客户的融资需求，增强了综合服务能力；另外，海外机构通过内保外贷业务与内地分行联动，扩大了收入来源，实现了业务转型。特别是香港分行，如果没有和内地分行的业务联动，加大转型力度，就可能不会像现在这样成功度过金融危机。如果说联动对我们很多内地分行是“锦上添花”的话，对海外机构则是关系到“生死存亡”的事情。比如建银国际，如果离开了总行和内地分行的支持将寸步难行，且不说获得“2008年香港地区最佳投资银行”的荣誉，连生存都可能会成问题。

（二）业务联动中存在的问题和不足

从提升联动工作水平，更好地为客户服务的角度出发，珠三角地区的业务联动仍然存在一些不足，需要引起充分重视。

第一，与具体项目的联动相比，产品创新方面的联动还不够。从前一阶段的工作来看，我们在重大客户和贷款项目等方面的联动做得比较多，效果也比较好；但在产品创新，更好地满足客户多层次、多样化的服务需求方面，还仍然存在一些不足。

第二，与对公业务联动相比，个人银行业务、高端个人客户等方面的联动还不够。这里可能有一个工作难度大小的问题，但我们下一步确实需要在零售银行业务方面加大联动力度，争取尽快取得突破。

第三，与国际、国内同业相比，我们虽然通过联动增强了竞争力，但整体而言市场竞争力还不够突出。同样是中资背景的银行，我们在一些融资产品方面的报价就不具有充分的竞争力。为什么同样的价格其他银行能挣钱，而我们不能？同样的价格其他银行能接受，而我们不能？市场竞争归根结底是价格竞争，价格问题虽然不是竞争的全部，但价格仍然是衡量一家银行是否具有全面竞争力的一个非常重要的指标。

第四，相比大多数分行对联动工作高度重视，积极主动地配合区域内其他机构工作，也存在个别分支机构市场反应速度慢，或本位主义严重、全局观念单薄的情况，这在一定程度上削弱了整个区域联动工作效果。

第五，相比自上而下的有组织、有要求的业务联动而言，日常联动工作较为薄弱，自觉联动、经常性联动还不够，甚至存在日常信息交流不够充分的问题。这就好比一部机器，如果完全依靠中央指令运作，那肯定不是好机器；好的机器除了要不折不扣地执行中央指令外，还要通过层次多样的正反馈和负反馈实现自动的良好运行。

这是我总结的五个方面的不足之处，也是希望引起大家充分重视的一些问题。我希望在座的同志不要沉醉于取得的成绩，要更多地看到存在的差距和不足，深入剖析产生问题的根源，积极寻找解决措施，尽快提高联动工作的质量。这次会上，与会同志，特别是分行一些部门的负责同志提出了不少具体问题，希望有关机构特别是总行有关部门的同志予以重视，并尽快研究解决。

二、深入分析当前形势，从全局角度把握当前面临的发展挑战和机遇

在当前形势下，如何把握世界经济发展的基本形势和中国经济前景，如何认识全行面临的经营形势，如何深刻分析各分行自身的一些实际问题，这都是非常关键的。这里，与大家一起交流

一下个人看法。

首先是世界经济发展的基本形势。应该说，目前全球经济已经度过了最困难的时期，不大可能再出现大型金融机构倒闭、破产的情况。但全球经济什么时候能够复苏还难以预料，而且不同地区的情况也不完全一样，亚洲地区（日本除外）经济最有可能率先走出谷底，欧洲经济可能还会继续停滞或恶化，美国经济则可能居中。虽然大型金融机构的破产不太可能发生，但中小金融机构和一些传统产业企业的国有化、破产保护、清盘的可能性是存在的。2009 年 5 月 7 日，美国公布了 19 家大型金融机构压力测试的情况，尽管有 10 家金融机构需要筹措资金以补充资本，但整体测试结果缓解了金融系统不确定性的担忧。这项压力测试的基本假设是美国经济下降 3.3%，失业率攀升到 10.3%，以此测试美国主要金融机构在此条件下的资产质量和资本充足状况。很多人认为测试条件过于乐观，可能不能准确地代表美国经济的未来走向。但是，测试结果的揭晓确实增强了市场对于美国金融业乃至全球经济金融未来发展趋势的信心。大家知道，金融业在很大程度上是靠信心支撑的，拥有信心，即使存在一些问题，可能也能够支撑企业实现正常运营，甚至还能实现盈利；相反，如果丧失信心，就可能会让运行良好的机构在一夜之间垮掉。同时，看美国经济在很大程度上还是要看美国的金融业，衡量的一个重点就是企业借贷活动。美国经济很大程度上是信用经济，如果全社会的信用运行不畅、借贷活动停滞，经济复苏就会遥遥无期；相反，如果市场借贷活动能够逐步复苏，金融业很可能逐步走出阴影，对整体经济复苏起到积极推动作用。当前，尽管克莱斯勒等几家汽车制造企业进入了破产保护，但大家也应当注意到，美国的信贷市场在缓慢复苏，这是一个非常积极的信号。三个月前，还只有一些零散的指标显示这一点，应该说目前这方面的迹象已经更加明显。随着美国经济逐步走向复苏，也会对其他国家和地区的经济产生积极的带动作用和连锁效应，全球经济的缓慢复苏应当是可以期待的。

再看中国经济形势和前景。现在的分歧较大。一种观点认为当前经济增速放慢主要是周期性原因，中国经济本身没有问题，经济下行主要是受外部经济处于下行周期的影响，随着全球经济复苏，中国经济也会步入复苏增长。另一种观点认为中国经济存在结构性问题，出现了严重失衡，即使没有这次全球性金融与经济危机，中国经济迟早也会出现问题。第二种观点是比较悲观的看法，按照这种理论，如果中国经济发展的结构性矛盾不解决，中国经济还会继续下行，经济复苏甚至可能会晚于全球经济的复苏。根据上述两种观点来判断中国当前的经济状况和出台的宏观政策，又分别形成了两种不同的看法。按照周期论观点。现在政府采取加大基础设施投入，扩大内需，实施积极财政政策和适度宽松货币政策的做法是对的，会见到成效。按照结构论观点，结论正好相反，现在这些措施不仅不会实现经济复苏，还可能加剧中国经济业已存在的结构性失衡。在我看来，两种观点从不同的角度来分析当前形势，各有可取之处，对正确把握当前的宏观经济特点都有借鉴价值。两者并不是非此即彼，而是你中有我、我中有你的关系。我对中国未来经济的发展充满信心，同时也认为在未来一段时间内我们必须要高度重视并持续优化经济结构，否则中国经济就很难像过去几年那样保持 GDP 年增长 12% 的高速发展。

从建设银行的情况来看。面对当前复杂的外部经济金融形势，一方面，我们应当认真跟踪宏观走势，及时应对；另一方面，无论外部条件发生什么变化，作为一家大型商业银行，我们必须坚守几项重要的发展原则。

一是以客户为中心，以市场为导向。客户需求是建设银行发展壮大、不断创新的动力源泉，市场导向是建设银行一以贯之的基本原则。我们工作的主要方向就是要千方百计地满足客户需求，为广大客户提供全方位、综合化的金融服务，并在这个过程中不断提高自身的竞争实力。

二是严守“三性”原则，实现可持续发展。经营机构完全不受经济周期的影响、不出现一些起伏是不现实的，但是一个优秀的金融机构，要尽可能把外界环境对自身经营造成的影响降到最低。在别人头脑发热时，我们保持冷静；在别人自身难保的时候，我们还“弹药”充足，能够满足客户正常的服务需求。无论什么时候，在安全性、流动性和盈利性之间寻求最佳平衡点始终是我们最重要的战略任务。关于安全性和盈利性，大家都讲得比较多，也比较重视，这里我希望大家也重视流动性问题。中国商业银行的流动性问题经常为外界所忽视，但我们自己不能忽视，作为一家大型银行，我们有责任自己管理好自己的流动性。极端而言，如果中国银行业出现整体的流动性危机，我们可能也无法幸免，但我们至少要做最后一个倒下的银行；如果别人都安然无恙，而我们自己因为流动性首先出现问题，那更是“千古罪人”。

三是“有所为，有所不为”。最近，国务院陆续出台了《珠江三角洲地区改革发展规划纲要（2008—2020 年）》、《广西北部湾经济区发展规划》和《关于支持福建省加快建设海峡西岸经济区的若干意见》，就在几天前国务院还批准了《深圳市综合配套改革总体方案》，赋予深圳市四个“先行先试”的任务。这些重要的区域经济发展政策与在座的分行都有密切关系，确实令人振奋，大家都希望从中挖掘更多的业务机会，乘势而上、加快发展步伐，有的分行还积极向总行申请更大的信贷规模。应该说，大家把握发展机遇的敏锐性和主动性值得肯定和鼓励，这正是我们建设银行不断取得成功的重要保障。不过，面临当前的宏观经济形势，我也希望珠三角地区的分行始终保持清醒头脑，做到“有所为，有所不为”。“有所为”是指要紧紧抓住机遇，围绕国家和地方政府出台的各项政策措施，将实现健康、快速发展这篇“文章”做好。“有所不为”就是要客观、冷静地判断我们自身优势和劣势，明确我们要取什么、舍什么。对于得到什么，大家一般都想得比较多，但我们到底需要丢掉什么，大家也应当仔细琢磨。只有把这个问题想清楚了，当同业来抢你的业务、置换你的贷款时，你才会知道应该争取什么、保护什么、舍弃什么。正是在“有所为”和“有所不为”之间，我们要实现经营模式的转换和业务结构的优化，为中长期发展打下更好的基础。大家千万不要低估这次金融危机对中国经济和金融的影响，这可能是改革开放以来，也可能是建国以来面临的最严峻的外部经济挑战。中国经济的大分化、大调整序幕可能刚刚拉开，如果我们对经济发展的基本趋势判断不准、应对失当，就可能会出现严重失误。面临当前复杂的经济金融形势，我希望各机构要从自身实际情况出发，认真把握好“取”和“舍”的问题。

三、深入做好珠三角地区业务联动的四项要求

郭树清董事长和张建国行长对珠三角地区业务的发展非常重视，寄予了很高期望。希望大家通过认真踏实的工作，取得更大成绩，争取为全行作出更大贡献。应该说，继续深入做好珠三角的联动工作，对于促进我行珠三角地区业务的全面发展具有很强的推动作用，这里提“四个字”的具体要求。

第一个字是“恒”。任何一个个人和组织对外部的需求都是随形势变化而变化的。形势不好的时候对外部的依赖和需求就会多一些，形势好的时候对外部的需求和依赖就可能少一些。业务联动也一样，外部市场形势不好时，大家对联动工作会更加重视，希望通过联动解决困难和问题，对兄弟行的需求也能积极响应。但是，当市场形势好转时，有些分行对联动工作就不那么重视了，对兄弟行的联动需求也不那么积极了。我认为，无论外部环境好坏，联动都要持之以恒，不能因为市场环境好了，就认为很多产品、服务“皇帝女儿不愁嫁”，对兄弟行的联动需求就漫不经心。我们一直在强调，联动工作不仅可以使大家在困难时期相互抱团“取暖”，更重要的是可以高质量地满足客户需求。客户需求是客观和多样的，而在我们现有的组织架构下，单靠某一家分行或机构有时很难完全满足客户需求，必须通过联动使我们整体的服务能力得到提升和发挥。所以越是形势好的时候业务联动越要加强。因为我们的客户多，业务和服务需求也多，要通过联动满足客户更多需求，若此时联动不加强反而削弱了，建设银行的整体服务质量就会下降，我们的核心利益和银行信誉就会受到损害。所以，业务联动的形式和内容要根据客观环境的变化而变化，但联动工作只能加强不能削弱，我们要将业务联动变成一种经常性的行为方式和企业文化，融入我们的血液中。

第二个字是“实”。珠三角地区业务联动除了机构多元化、多样性外，还有一个重要特点就是“实”。2008年初，总行组织召开了粤深港联动座谈会，部署了210个联动营销项目和34项产品创新联动项目。粤深港三地机构切实加强业务联动，积极成立营销团队，明确牵头人和联系人，经过一年跟踪营销，已开展合作并取得一定成果的项目有45个，正在积极营销的项目有89个，受金融危机影响，营销无进展或不需要联动的有76个。部署的34项产品创新项目中，已完成产品创新10项，正在积极营销推进的有19项，受政策障碍等因素影响而无进展的有5项。针对这次会议，公司业务部筛选汇总了205项联动需求，其中重要集团客户及重大项目联动需求178个，产品创新13个，产品推广9个，培训需求4个及客户风险联防客户1个。我们要牢牢抓住项目不放松，把大家的合作需求纳入实实在在的具体项目中，每个联动项目都要组建联动团队，确定主办行、主办部门，定期检查项目执行情况。

第三个字是“快”。我们竞争对手咄咄逼人，复制我们的产品、抢夺我们的客户，我们该怎么办？我想这反映了市场经济的规律：你创新，人家就会在你的基础上再创新，这要求我们要更为快速地响应客户需求、应对竞争者的挑战。分行要快，总行部门也要快；境内机构要快，境外机构也要快。我们几十年来在竞争中立于不败之地，其中一个原因就是我们能够快速响应、先发制人。当然，大家也要好好研究如何在快速响应和不断创新中更有效地保护自己，提高对手的模仿成本，争取逐步把我们的创新做到不可复制、不可模仿。

第四个字是“新”。“不断创新，永无止境”是我们制胜的根本之道。针对珠三角地区业务联动实际情况，各机构当前要重点做好以下创新工作。一是加快人民币国际结算、海外账户通、货币期权、结汇盈产品等13项联动产品创新；二是充分借助境外机构敏锐的市场触觉和先进的经营模式，加强新型财务顾问服务、私人银行、财富管理、企业资本性融资、金融衍生品等高附加值中间业务产品创新；三是加大新兴业务推进力度，继续跟进南方电网、紫金矿业、亚洲铝业等14个重点客户的IPO和债务重组项目，密切关注北部湾产业投资基金，针对高端客户理财需求，推出国内首只医疗保健产业投资基金和国策主导基金；四是大力推广陆港通龙卡，中澳两地理财卡，人民币、港元信用卡和见证开户业务，争办内地与香港之间的人民币清算业务；五是加快推进广东、广西人民币结算试点工作。

还需要强调的是，珠三角地区机构要通过创新，逐步深化联动内容、提升联动层次。联动有三个层次，第一个层次是项目和资金方面的联动，第二个层次是产品创新方面的联动，第三个层次是组织机构、内部机制和管理创新等方面的联动。我希望这三个层次的联动要做到渐次推进，在前两个层次取得成效的同时，要特别重视和加强第三个层次的创新，只有这样才能真正把联动推向深入。

四、加强珠三角地区业务联动的具体建议

第一个是联动会议形式。按原定方案，联动会议一年要召开四次。我想，一级分行行长参加的高层次会议是否可以一年开一次，这是年度例会，主要目的是全面总结联动工作成绩，分析存在的不足，提出政策建议，提高联动质量。全年是否还可以再组织三次会议：一是客户经理项目衔接会，由联动办公室梳理参与各方项目需求，梳理出初步的项目方案和项目团队的组成人员，通过会议具体落实；二是公司业务与投资银行业务客户经理联动会，重点是对公业务联动，由总行公司部、集团部和投资银行部共同组织，公司部负责牵头落实；三是零售业务联动会，由总行个人部、财富部、信用卡中心、电子银行部共同参与组织，个人部牵头落实。

第二个是日常联动机构的问题。总行公司部作为珠三角地区协调委员会办公室，做了大量工作，取得了显著成绩。目前日常联动工作有两个架构，一个是广东省分行承担整个珠三角地区协调委员会的日常工作，一个是深圳市分行承担粤深港地区联动的日常工作，可以考虑进一步精简。今天上午，大家提到珠三角每个分行可抽调一名业务人员到深圳集中办公，作为香港分行的深圳经营部，我建议由这个部门同时承担珠三角联动的日常具体工作。这个部门可以有两块“牌子”，首先作为珠三角地区协调委员会的日常工作机构，其次也是香港分行及其他在港机构在内地的办公室，这样可以最大限度地发挥这支队伍的作用。建议这个部门的日常工作由总行公司部指导，由

深圳市分行和香港分行共同负责组建，并由深圳市分行提供后勤保障。希望各分行要派出精兵强将参加这个部门，由他们代表派出分行更有效地推进具体联动工作。

在北京分行财富管理与私人银行部进行调研时的讲话

范一飞

（2009年7月7日）

今天，非常高兴来到全行设立的第一家私人银行。刚才听了大家的介绍，很受鼓舞。近几年，北京市分行上下特别是财富管理和私人银行团队的同志们积极探索、勇于创新，赢得了一个良好的开局。借此机会，我向大家表示衷心的祝贺和感谢！

财富管理和私人银行既是一项战略性业务，又是一项新兴业务。说它是战略性业务，是因为财富管理和私人银行业务以其稳定的资产、持续的收入流、较低的平均账户成本，以及不断引入的新兴业务，形成了稳定的价值创造能力，成为现代商业银行重要的利润增长点，成为竞争的“制高点”。说它是新兴业务，是因为财富管理与私人银行业务在中国还是一项新生事物，对它的发展规律我们尚未掌握，也没有现成的模式可以照搬，需要我们结合国情行情大胆尝试，不断摸索总结。改革开放三十年为我国的财富管理与私人银行业务提供了广阔的发展空间。相对于这一业务的战略意义和发展潜力来说，我们现在的工作可以说还是微乎其微，任重而道远。下面，我结合全行的财富管理和私人银行业务现状，谈几点意见，供大家参考。

一、抓住机遇，加快发展

既然是战略性业务和新兴业务，我们就必须着眼长远、着眼于打基础，千万不能短视。目前我行的财富管理与私人银行业务尚处于初创阶段，正是战略投入的重要时期。尽管眼下是幼苗，但终会长成参天大树。因此，当前我们要精心呵护、浇水施肥，如果我们在投入的问题上再不给予足够重视，将犯战略性的错误，未来的参天大树很可能成为“小老树”。这方面我们是有教训的。

投入问题有两点需要提醒大家注意：一是时机非常重要。有的时候加大投入是事半功倍，有的时候则是事倍功半。当前这场金融危机在给西方银行声誉带来重大影响的同时，也树立了市场对于中资金融机构的信心，给我们提供了拓展业务的重要机遇。很多优质的客户主动转向我们，这在以往是想都不敢想的。例如，德国的一家大型跨国公司愿意将在外资银行开立的账户全部转到我们建设银行；我行伦敦子银行开业时，许多客户专程赶往伦敦要求与我们建立合作关系。应该说，这个机遇是千载难逢的，如果抓好了，可以把过去失去的时间补回来，可以使我们在三五年内做到的事比以往10年、20年做得还多还好；如果错失机遇，将来要想争取到这些客户将付出高昂的代价，我们与市场领先者的差距还会进一步加大。因此，不抓住当前机遇就是对未来的犯罪，就是对建设银行事业不负责任。大家务必要有紧迫感、责任感，深刻意识到“机不可失，时不再来”。面对百年不遇的机遇，要以超常的工作热情和工作效率，实现建设银行财富管理与私人银行业务的大发展。二是要处理好投入和产出的关系。我们既要具备“有投入才有产出”的发展眼光，也要坚持“节约每一分钱”的传统观念，要注重投入的效率和产出的效果。现在有一些高端客户服务渠道的服务能力和利用程度都还较低，如财富中心的点均签约客户和余额资产都还不够理想。总行财富部要注意总结经验教训，把市场分析透、把客户研究透、把系统情况搞清楚，对全行私人银行业务的发展战略和资源投入问题要科学规划、统筹安排，尽快拿个方案出来向行里作专题汇报。

二、夯实基础，加强学习

目前我行的私人银行业务还处于“幼苗”阶段，无论是硬件还是软件，基础都非常薄弱。我们在加大投入、加快发展的同时，要特别强调基础管理，要严格按照传统“三性”的要求，把基础打得牢固一些。

第一，要高度重视安全问题。随着财富管理与私人银行业务全面向业务领域推进，客户需求呈现出跨条线（个人、公司、投资银行等）、跨区域（跨一级分行，甚至海外分行）的特征，但目前我行相关的前台、中台、后台工作都集中在财富部门，基本没有风险隔离。对从业人员只有“软”要求，没有“硬”约束，一旦出现洗钱、诈骗等行为，将给建设银行声誉带来巨大影响，对处于“幼苗”阶段的私人银行业务造成致命打击。我们要及时总结操作环节以及前台、中台、后台制衡方面还存在哪些问题，尽快完善相关制度。对于私人银行这样一个私密性极强的行业，我们要特别注重客户信息的保密和管理工作，确保绝对安全。在这方面，我们的经验和意识还很不够，希望引起大家的高度重视。

第二，无论是总行还是各分行，都必须完善相关机制，各司其职。财富部作为业务主管部门，在战略规划、制度建设、系统开发、行业研究以及队伍建设等方面要发挥主导作用。在与总行其他部门间的联动方面，要合理设计各项业务之间的结合点，建设性地与其他业务部门展开合作；要加强对各分行的业务指导。分行在加强基础建设方面也责无旁贷，现在很多资源在分行手中，各一级分行要充分发挥自身的主观能动性。实际上，很多基础管理制度是在实践中摸索完成的，分行有责任、有义务根据市场情况、客户情况积极探索、大胆尝试。总行财富部要做好规划统筹、分工、协调工作，组织各分行共同来构造我们的管理基础。对于分行好的做法也要及时总结、及时推广。在这方面，我希望大家思想更解放一些，步子再快一些。一定要处理好业务拓展和基础管理的关系，做到二者相辅相成。

第三，要充分利用我行战略合作者的资源，加强学习。私人银行业源远流长，瑞士和英国的私人银行至少可以追溯到17世纪。尽管建设银行已经是全球第二大市值银行，但是在私人银行业务方面，我们还是幼儿园水平。我们要学习、借鉴国外好的做法，特别是要充分利用我行的战略合作者——美国银行和西班牙桑坦德银行的资源，学习它们在客户服务、产品、网络、内控、管理等方面的经验和做法，尽可能多地与它们合作。我们既要“引进来”，又要“送出去”。一方面，要引入专业人才，最好连客户一起引过来；另一方面，也要把自己的队伍送出去。我们与西班牙桑坦德银行的第一期合作项目就包括私人银行业务，到时候要给北京市分行一些名额。重要的是学习私人银行业务的本质，并结合中国的经营环境，探索出一条与建设银行实际相符合的发展道路，只有这样，才能变“后发劣势”为“后发优势”，真正实现私人银行业务的长期健康发展。

三、积极探索，形成特色

从商业模式来看，目前全球财富市场主要有两种：一种是北美模式，该模式的强项在于投资领域，侧重以（交易驱动的）佣金为基础；另一种是欧洲模式，该模式以全能银行和传统的私人银行为主导，偏重以收费为基础。从管理模式来看，则主要包括事业部制和准事业部制。认真研究这些模式的发展规律和普遍做法，对于创建我们自己的经营模式会很有帮助。但是，我们更应该坚持“从实践中来，到实践中去”的原则，即从我们的工作实践中不断总结其中的成败得失，及时完善调整，最终发展形成具有建设银行特色的私人银行。关于经营模式问题，我谈几点个人想法，以抛砖引玉。

第一，要处理好私人银行业务与财富管理业务之间的关系。我行目前选择了与国内其他同业不同的发展模式：将私人银行业务与财富管理业务放在一起。应该说，这种模式的选择是经过慎重考虑的，私人银行业务与财富管理业务一脉相承，我行财富管理业务还处于起步阶段，独立开展私人银行业务的根基还不牢靠，将两者放在一起有利于把基础打得更扎实一些，有利于发挥建设银行的整体优势。现在面临的挑战是，如何处理好两者关系，使特色真正成为我们的优势。有些人担心目前的模式是否会导致顾此失彼：一是认为我行现有财富客户很多，会忽视 AUM1 000万元以上的私人银行客户，致使相应资源投入不足；二是认为私人银行业务有意思，客户层次更高、资产规模也更大，会忽视 AUM 在 300 万 ~ 1 000 万元的财富管理客户。我想，这两种倾向都应该注意避免。从目前中国的市场环境和建设银行的实际来看，财富管理与私人银行之间不是一种此消彼长的关系，而更应该是齐头并进、相互促进、共同发展的关系。我们不能因为要强调一方面而忽视另一方面的重要性。刚才听你们介绍，北京市分行私人银行团队现在才 6 个人，我认为以北京的市场规模和潜力来看，目前的团队力量配置是远远不够的，北京市分行对私人银行业务的投入还应当加大力度，要争取做到与财富管理人员相当的水平。

第二，要处理好财富部与其他业务部门的关系。财富管理和私人银行业务的核心是联动问题。作为一项高度专业化的“全需求”业务，财富管理与私人银行业务和中小企业、零售银行、投资银行、资产管理等业务存在重要的功能交叉，要做好这项业务，既要精细分工，又要紧密协作。如何妥善处理各方关系，加强内部协作成为我们面临的一大挑战。比如，与中小企业的联动问题，我行客户的特色是对公、对私需求常在一起，中小企业业务放在对公板块，但其管理者却在对私板块。再比如，如何处理好投资银行业务与私人银行业务间的联动也至关重要，投资银行部必须为私人银行部提供产品和方案，私人银行部则要积极为投资银行部推荐和营销客户。北京市分行在这方面已经做了一些很好的探索，但尚在起步阶段，还有很多的规律要去认识、去摸索，特别是要注重建立好的利益机制。我们必须从完善内部联动机制的角度出发，在高端客户服务体系建设、利益分配、绩效考核、产品设计、业务流程以及从业队伍建设等方面多下点工夫。要改变目前“头痛医头、脚痛医脚”的做法，不能总是靠领导开会协调，要建立机制，以制度作保障。

第三，要处理好财富中心、私人银行与一般性大众网点的关系。经营网点作为我行分布最广、最基层的组织，是发现、培养和维护高端客户非常重要的载体，也是与其他银行展开竞争的有力武器，我们必须充分利用好这一宝贵资源。但是，高端客户对于网点绩效考核和利润贡献的重要性不言而喻，这就要求我们必须妥善处理好财富中心、私人银行与网点之间的关系。要通过建立合理的利益分配机制和协作机制，打消网点疑虑，最大限度地调动网点为财富中心和私人银行培育、推荐客户的积极性，使网点、财富中心、私人银行之间形成和谐共处、水乳交融的局面。这既是尽快做大做强财富管理与私人银行业务的需要，也是总行党委确定的深化网点转型的需要，大家一定要从战略的高度看待这个问题，绝对不要算小账。

第四，要处理好金融服务与非金融服务的关系。经过几年的努力，我行在财富管理和私人银行服务方面作了些尝试，取得了一定的成绩，但是与客户的要求还相差甚远，特别是还存在重金融服务、轻非金融服务的现象。在处理金融服务与非金融服务两者关系的问题上，我们要牢牢把握住一条原则——“以客户为中心”，即始终把满足客户需求作为我们考虑和处理问题的出发点、落脚点。因此，深入研究我们的客户群体至关重要。现代中国的第一代富豪有着自身的行为特征，比如说，他们都很要面子，如果信用卡额度给他500 万元，说起来他会觉得很有面子。有时候，这些客户对非金融服务的需求甚至大于对金融服务的需求，比如，他们重视子女教育、保健养生、生活品位等，这些都是我们传统的金融服务所无法满足的。在提供金融服务的同时，我们要高度重视非金融服务，使两项业务互为支持、相得益彰。在当前金融产品供给不足的情况下，非金融服务将有助于提升客户满意度。另外，在海外布局的问题上，要加紧研究在香港、新加坡、纽约、伦敦等地利用我行现有的海外网络设立私人银行机构，以更有效地满足高端客户子女留学、旅行等方面的需求。

第五，我想强调的一点是，经营模式的选择固然重要，但是我行的财富管理和私人银行业务最终能否取得成功，将更多地取决于一种模式的正确执行，而不是模式选择本身。我们的工作不能只挂在嘴上说，而是要真正去落实。有些问题没有必要反复争论，任何事物的对错其实都是相对的，只要大方向没有问题，就应该坚定地往前推进。例如，近两三年我们准备投入多少资源，在私人银行的网络布局上我们准备选择什么样的地区、服务什么样的客户群体、配备多少客户经理队伍等，都要具体化，要把已经研究确定下来的事情落到实处。

四、几个具体问题

北京市分行刚才提出了很多很好的建议，如品牌、人才、产品、费用等。今天总行人力、计财、投资银行等部门的负责人也都来了，各部门回去后要认真研究，尽快落实并给予答复。在产品方面，我想更多的应该在总行层面上解决。但现在很多资源在分行手中，各一级行也要发挥各自的作用。总行能满足当然最好，不能满足分行就应该自己解决，千万不能等。在这方面，北京市分行应该向深圳市分行学习，要进一步加强产品研发力量，紧贴市场、紧跟客户。要优先选择自己系统内的兄弟公司，如基金公司、信托公司等。当然，也可以从市场上引入一些好的第三方机构的产品。对于引入第三方机构的产品要开绿灯，思想要再解放一点，在满足客户需求的同时也是我们自身学习提高的过程。至于品牌问题，总行正在研究。目前私人银行客户专属银行卡已经推出，但要起个好名字很难。可以尝试在全行系统进行有奖征名，有了品牌才好宣传。

财富管理和私人银行业务的发展是一项综合性的系统工程，确实非一日之功，不是今天抓，明天就能出效果的。需要我们在相当长的时间里投入巨大的精力和热情，更需要我们通过建立科学的机制和流程作保障。今天讲的这些意见仅供大家参考，不对的地方欢迎批评指正。

在子公司管理座谈会上的讲话

范一飞

（2009 年 11 月 26 日）

今天的会议是受郭树清董事长委托召开的。时间虽短，但大家谈得都很好，这对于我们进一步启发思路、加强子公司管理具有重要意义。会后，股权部要会同总行相关部门、各子公司，根据大家讨论的意见以及庞秀生首席和毛裕民总监的讲话精神，对《子公司管理暂行办法》进行适当修订，对下一步的管理思路、具体办法、流程以及规章制度进行梳理，尽可能地完善。下面我谈几点意见，供大家参考。

一、综合化经营是大势所趋，集团化发展势在必行

讨论对子公司的管理，我们首先需要搞清楚建设银行为什么要兴办子公司。从历史经验来看，银行办公司、办实体并不成功。如 20 世纪 80 年代投资高峰的时候，建设银行办了不少“三产”，但最终付出了惨重的代价，有些公司当年移交给信达和建银投资后至今还没清理完。那么为什么我们现在还要克服重重困难，兴办这么多子公司呢？我认为，从根本上讲这是建设银行与时俱进，切实贯彻“以客户为中心”、完善金融服务功能的需要，是建设银行进一步提高竞争能力、提升行业地位的需要，也是建设银行进一步提升集团整体价值、提高股东回报的需要。

目前中国金融业实行的还是严格的分业经营，商业银行服务客户的金融手段受到现行法规政策的严重制约。但客户对金融服务的需求却日益呈现出多元化和差别化趋势，远远超出了传统商业银行支付结算和存储放贷的范畴。随着供应商经济时代让位于客户经济时代，如果建设银行的综合金融服务功能和手段不能及时跟上，势必造成客户完整的金融需求被割裂，最终导致高端客户的流失。

从市场竞争的角度来看，以资本市场为中心的金融产品开发和需求的创造使资本市场的功能日趋突出，银行业的传统功能面临“技术性脱媒”和“资本性脱媒”的双重挑战，我国银行业也已进入一个充满竞争的买方市场环境，传统领域利润率的下降迫使商业银行必须向多样化、全能化方向发展，以提高自身竞争力。

随着建设银行上市成为公众银行，广大股东对投资回报的期望值越来越高，来自各方面的关注和监管越来越多，使得建设银行面临利润、质量和管理的多重压力。因此，在严峻的形势面前，必须因势而变，不断寻找新的增长点，才能持续发展。建设银行设立功能不同的金融子公司，实行集团化发展，正是“与时俱进、因势而变”的必然结果。

二、实现从单一银行经营向集团化经营的观念转变，既是加强子公司管理的治本之策，也是当务之急

截至2009年9月30日，建设银行对外直接投资已经达到了298亿元，相当于全部核心资本的6.2%，由于直接投资而并表进入集团合并报表的资产已经达到918亿元。目前，除了保险和证券这两块重要牌照暂缺以外，建设银行集团在金融领域的功能已初步健全，综合化经营的雏形已经形成。从这个意义上讲，全行上下务必尽快实现从单一银行经营向集团化经营的观念转变，这既是加强子公司管理的治本之策，也是当务之急。

从子公司的角度来看，无论是建设银行全资还是控股的，都是建设银行集团内不可或缺的组成部分。子公司的发展必须自觉服务于建设银行的整体发展战略，任何时候都不能游离于建设银行的整体战略之外。具体而言，就是要把满足建设银行客户的业务需求作为子公司拓展业务的立足点和出发点，要把贯彻落实总行党委要求、董事会战略规划和管理层交办的任务作为首要目标，要把增进和维护建设银行整体利益作为检验我们工作成败的基本准则。

从总行的角度来看，各部门更要转变思想，牢固树立集团化经营的观念。总行各部门不仅是建设银行作为商业银行的职能部门，也是建设银行集团的职能部门，要将服务和管理的对象覆盖和扩大到各专业子公司，而不能再仅局限于各级分支行。总体来看，集团化经营的观念现在还比较淡薄，特别是在总行有关部门。建设银行股份有限公司作为建设银行集团的控股母公司，这种组织形式和公司架构决定了建设银行对整个集团的服务和管理不是哪一个部门的事情，而是总行各部门都必须承担的责任和义务。

三、子公司的发展必须坚持集团支持与自身努力相结合，切实提高各自的核心竞争力

各子公司必须辩证地处理好集团支持和独立经营之间的关系，依靠但不依赖建设银行。

第一，充分合理地利用建设银行的整体资源，是办好公司的前提和基础。建设银行树大根深、资源丰富，作为贯彻落实集团整体战略的子公司自然要依靠建设银行这棵“大树”，这不仅是各子公司自身发展的需要，更是建设银行集团化和综合化经营的题中应有之义。在同等条件下，对于建设银行客户的延伸——金融产品和服务，凡是集团子公司可以提供的，应优先选择自己的子公司。

尽管这可能会形成所谓的关联交易，但是我认为应当准确地把握和理解对关联交易的监管实质。监管部门对于关联交易的态度是规范而非禁止，规范的重点在于：一是支付的对价要合理，不能借关联交易搞利益输送；二是关联交易要按规定程序进行必要披露，不能搞黑箱作业。只要符合这两条，关联交易就是合法、合规的。那种认为只要是关联交易就一概亮红灯的观点和做法，是对关联交易管理的错误理解。在建设银行集团这个大背景下，关联交易不仅应当做，而且要加以鼓励，要优先做，否则设立这么多功能性的子公司就失去了意义。

第二，积极打造自身核心竞争力才是子公司发展的长治久安之道。从内部来看，有观点认为，

仅靠建设银行母公司的支持就能实现子公司的持续经营和健康发展，我表示怀疑。“打铁还得自身硬”，建设银行集团化经营的成功，必须发挥母公司和子公司的两个积极性。子公司必须积极探索和形成自身独特的、具有持续竞争能力的商业模式，打造核心竞争力。一方面，要切实承担贯彻落实建设银行集团整体战略和为客户提供延伸金融服务的职责；另一方面，要严格按照市场公允原则，合法、合规地在集团内部开展关联交易。

从外部市场竞争环境来看，各专业子公司所处行业都不是“只此一家、别无分店”的垄断性行业，整体市场化程度都比较高，至少比商业银行的市场化程度还要高，竞争也更加激烈和残酷。从这个意义上讲，对子公司的要求和标准实际上更高。因此，我认为加强自身竞争能力的建设是各专业子公司非常重要和紧迫的任务，必须放到首要的议事日程上来。

第三，把系统的风险管理和内部控制建设作为打造核心竞争力关键的、基本的组成部分。强调风险管理，绝不仅是因为历史上的惨痛教训。随着中国金融企业内部管理的改进和金融监管的加强，金融业的经营秩序已经发生了根本变化，不会再出现过去那种混乱的状况。但金融业依然是高风险的行业，随着金融创新的不断发展，带有更强技术性特征的风险控制问题会越来越多地产生，由业务关联性而产生的风险问题也会不断挑战我们的风险控制体系。这次源于美国的金融危机，体现了传统商业银行业务中的瑕疵，透过投资银行工具的放大，对整个金融体系产生了严重冲击，也促使我们更深入地思考风险控制的策略和技术。因此，作为集团风险控制，在子公司业务发展上要强调两点：一是子公司的风险管理政策、流程、方法和工具的完整性和有效性，以及对这些要求进行评价和改进的能力。优秀的风险管理要能够为业务的拓展提供指导和支持，帮助前台建立有针对性的客户评价方法、产品组合方法。此外，要在政策上明确，对于高风险业务要严格限制。二是对集团风险管理的政策、制度、工具的完整性和有效性，特别是要建立基于计量基础的集团（合并）风险管理政策和流程。要集团化发展，必然会产生相应的风险。控制风险就是要在风险识别基础上，对允许做的业务明确审批流程，对禁止的事项建立“防火墙”制度，对可能承担的风险提出相应的风险缓释措施。总行有关部门要尽快推进这些工作，尽可能减少对子公司业务申请事项一事一议的做法。

第四，我们既要志存高远，也要实事求是。对于子公司“又大又好”的目标定位，我完全赞同，这与建设银行的整体战略是相匹配的。这个目标定位，既体现了对子公司稳健经营、讲求效益的要求，也体现了对子公司业务规模、市场份额以及在行业中地位的要求。建设银行有几亿的个人账户，数百万的公司客户，要使这些客户在非商业银行的金融服务领域的需求得到有效覆盖和满足，如果子公司缺乏足够的规模和相应的服务能力，是无法承担起这个重任的。这很自然地就会要求各专业子公司必须具有行业领先的地位。应当清醒地认识到，这种战略定位不是盲目追求市场地位的结果，而是由建设银行的整体发展战略和雄厚的客户基础所决定的。

同时，我们也要认清子公司尚处在战略投入期的现实。目前成立时间最长的中德住房储蓄银行也还不满 10 年，时间最短的信托公司还没挂牌。未来必然会有一定时间的战略投入期，各子公司的财务回报可能在相当长时间里会低于全行的平均水平，这是不容回避的客观现实，总行会充分考虑这一点，并积极地给各子公司以支持。但是各子公司也要有紧迫感，要充分认识到建设银行资本金的稀缺性，考虑必要的价值回报。

四、集团对子公司的管理必须以战略协作为核心，以差别化管理为手段，完善机制、突出重点

第一，加强对子公司的管理，战略协同是核心。那么，如何理解战略协同呢？我认为应该包括三个方面：一是战略的制定。前面已经提到，每一个子公司的战略都是建设银行整体战略的一部分，不能游离于建设银行整体战略之外，集团战略与各子公司的战略应该成为一个有机整体。二是战略的执行。集团战略的有效执行有赖于母公司、子公司以及战略各方的协调配合和顺利实施。在总体战略下，要建立起母子公司之间和子公司相互之间的信息互通、资源共享、密切联动、

协同攻关、流程衔接等整体协调机制。无论是宏观战略的制定，还是日常的信息沟通、业务联动、流程衔接、产品研发，或者是对客户提供的综合金融服务方案，总行各部门及各子公司必须协同攻关、协同作战。三是有效的协同机制。如果没有科学有效的机制作保障，那么战略协同只是一句空话。根据各子公司的主要经营领域，我建议在总行建立一个子公司与总行业务部门的固定联系机制：中德住房储蓄银行联系住房金融部，建信基金联系个人存款与投资部、财富管理和私人银行部，建信租赁联系公司部和集团部，信托公司联系公司部和投资银行部，这种业务联系机制要制度化。除了相对固定的业务联系部门外，其他部门仍然要根据自身职责，加强对子公司的管理和服务。当然，股权部责无旁贷地应该多承担一些沟通协调工作。

第二，差别化管理是前提。对子公司的股权管理模式应根据实际情况实施差别化管理。对于大多数的子公司，我们要充分发挥其自身法人治理结构的作用，并有效结合集团的战略管理，实施战略指导型管理模式，在具体经营管理上充分授权；对于在海外设立的子银行，考虑到境外市场环境比较复杂、经营风险较高，为审慎起见，我们则比照分行管理，严格授权，实施所谓全面控制型的股权管理模式；对于村镇银行，在村镇银行控股公司成立后，所有的村镇银行都要划归控股公司统一管理。尽管村镇银行本身是独立法人，但考虑到村镇银行的经营环境和管理基础，将来控股公司对它们也应采取全面控制型的管理模式。

总行各部门对子公司的业务管理和指导方式同样应强调差别化，特别是对于实行战略指导型管理的子公司，切忌照抄、照搬对分支行的管理方法，主要应通过战略协同来管理。对于一些特殊的管理环节，如并表管理、目标管理，预算管理等，尤其要注意合规、合法，特别是有些子公司还有外方的股东，要充分尊重并发挥其自身公司治理结构的作用。

第三，完善机制是关键。要建立健全科学合理的绩效考核体系，把战略目标具体化，变成可执行的考核体系。这个考核体系应当既包括战略协同的要求，也包括对每个子公司独立的财务回报要求；既要有长期的战略目标，也要有年度和短期的策略目标。此外，对各分行、对总行各部门也要逐步加大对集团化和综合化经营考核的力度，使得整个建设银行集团形成综合化经营的合力。

要建立有竞争力的薪酬激励体系。金融企业不是制造业，最宝贵的资产不是机器设备，而是人才。要充分尊重核心人才的市场价值。核心人才的市场流动性很强，薪酬激励跟不上很容易导致人才流失，这不仅是子公司的损失，也是建设银行集团的损失。与此同时，也要考虑到所有子公司在经营中都或多或少地依靠和利用了建设银行的公共资源，经营业绩中也自然包含了这部分公共资源的贡献，所以对于建设银行派往子公司工作的人员，薪酬不可能彻底市场化，多少要打点折扣，这也符合投入产出的原则。总行人力部和股权部一直致力于设计出科学有效的薪酬体系，也聘请了外部咨询公司来协助。希望通过大家共同的探索，最终能够形成一套既有市场竞争力，又能充分体现建设银行特点的薪酬体系。

尽管建设银行兴办实体的历史很长，但作为一个集团，怎样加强商业银行和子公司之间的战略协同、怎样科学管理子公司，对我们来说还是一个全新的课题，还有很多事情需要我们去摸索、去研究。我希望大家一起努力，共同把子公司管理体系建设得更科学。

切实贯彻“以客户为中心”的服务理念 不断改善客户体验 加快电子银行业务发展

——在全行电子银行业务工作会议上的讲话

范一飞

（2009年12月3日）

同志们：

临近岁末之际，在大家工作非常繁忙的情况下，总行仍然决定如期召开全行电子银行业务工作会议，足以说明总行党委对电子银行工作的高度重视。在秋季工作（视频）会议上，我就电子银行工作作了简单的强调。下面，借这次会议机会再跟大家详细交换一下意见。我重点讲三个方面的内容。

一、全行电子银行业务取得可喜成绩

近年来，在总行党委的正确领导下、在总行高管层的高度重视下，经过全行上下共同努力，电子银行业务实现了跨越式发展，取得了可喜成绩，值得充分肯定。

刚才龚蜀雄行长介绍了湖南省分行的情况，一批电子银行业务先进的分支行、先进的客户经理和网点人员受到了表彰，从他们身上都可以看到电子银行这两年取得的可喜进步。事实上，这些先进分行和同志的业绩本身就是全行电子银行业务不断发展、壮大的一个缩影。

（一）电子银行业务持续快速发展，业务规模不断扩大，电子银行作为经营主渠道的作用日益显现

电子银行业务自我行2005年股改上市以后，持续快速发展。到2009年11月底，全行已成功拓展了3 915万网上银行客户（其中个人网上银行客户3 847万户，企业网上银行客户68万户）和1 324万在线手机银行客户。2009年前11个月，国际互联网站（ccb. com）日均页面浏览量突破1 000万次，电子银行与柜面交易量之比达到77%，全行电子银行业务直接收入超过15亿元。

在全行38家分行中，有7家分行电子银行交易量全面超过柜面交易量。特别是深圳市分行电子银行与柜面交易量之比达到了355%，意味着通过电子银行渠道实现的交易量相当于柜面渠道交易量的3.5倍，也就是说，除了看得见的网点以外，还有相当于网点3.5倍规模的虚拟银行在帮助深圳市分行服务客户、创造价值。厦门市分行电子银行与柜面交易量之比达到222%、上海市分行达到146%、北京市分行达到143%、浙江省分行达到132%、福建省分行达到116%、广东省分行达到111%。在同业竞争中，深圳、厦门、福建、湖南4家分行电子银行主要指标持续位居当地同业首位。

从具体的业务来看，电子银行业务已经逐步成为部分业务的分销主渠道。辽宁省分行代缴费业务100%是通过电子渠道实现；浙江省分行电子银行渠道外汇买卖的交易量占比已达到99%；大连市分行账户金交易90%以上是通过电子银行渠道分销；北京市分行基金申购交易电子银行成交金额占比达到了60%。

（二）电子银行功能不断丰富，流程不断优化

个人网上银行优化业务流程，开通了无证书、非签约转账功能，取消了附加码和交易密码，新增了密码重置服务，解决了大众客户必须到柜面签约的问题；创新服务功能，推出了通知存款、7×24小时跨行转账、来账信息显示等功能，并针对不同客户群，推出了大众客户便捷开

通服务、高端版内部试用服务，在网站开通了账户查询快速通道。企业网上银行先后推出了定向保理、e单通、鑫存管、银期直通车、电子商业汇票等一系列产品服务。手机银行推出了有特色的“手机到手机转账”，在业界属于首创。短信金融服务基本覆盖了所有账户类型，客户量大、收益显著。

（三）电子银行市场营销不断深化，在全行形成了良好的业务发展氛围

电子银行业务正式纳入全行岗位资格认证体系，对电子银行的全员普及起到了积极的推动作用。特别是2009年在全行范围开展的“351和112电子银行劳动竞赛”活动，任务明确、激励到位，充分调动了全行对私条线和对公条线网点人员、客户经理的积极性，成效显著。湖南、辽宁、河南等分行组织了电子银行大比武活动，基层行员工全员参与实际检验电子银行使用技能和营销技能。有的分行成立了“e路通”服务中心，设立专门队伍，保障电子银行专业化的产品服务支持。总分行还开展了一系列丰富多彩的内外部营销活动，全员体验电子银行服务工作正在开展，部分分行的工会会费直接通过电子银行渠道缴纳。

（四）电子银行品牌建设成绩显著，社会影响力不断提升

“e路通”已经成为广大客户信赖的电子银行品牌。在国内比较有影响力的奖项评选活动中，我行网上银行、手机银行和国际互联网站分别获得“中国最佳网上银行”、“最具竞争力第一品牌”、“中国优秀财经证券网站”等多项殊荣。我行连续三年主协办的“e路通”杯电子商务创新大赛，覆盖了全国320个城市和地区共2 300多所高校，有15万大学生直接参与，在广大高校师生中引起强烈反响，受到社会各界的好评。

我们取得的成绩还有很多，不限于刚才所列举的这些，值得充分肯定。这些成绩既是全行员工特别是全行电子银行条线员工勇于创新、开拓进取、克服困难、勤奋工作的结果，也是总行各部门、各业务条线共同努力的结果，我代表总行党委和管理层向大家表示感谢！

二、进一步提高认识、转变观念

（一）电子银行业务存在的主要问题与不足

在充分肯定全行电子银行业务取得的进步和成绩的同时，对存在的问题也不能回避。应该看到，我行电子银行业务与客户和市场日益增长的需求相比、与支持全行业务发展及战略转型的要求相比、与电子银行业务自身所具有的发展空间相比，差距仍然很大。突出体现在三个方面。

第一，客户体验不佳。虽然我们一直致力于提升客户体验，不断改进电子银行业务流程、系统和界面，但是电子银行渠道特别是网上银行这个主渠道还存在很多问题，可以说，比比皆是。有些问题是客户反映比较强烈的，但日积月累，很多同事可能都已习惯了，甚至熟视无睹。我不知道在座的同事有多少是我行的电子银行用户，特别是在座的各位分行领导有没有用过电子银行，包括网上银行、手机银行，我相信都用过的人不会超过一半，尽管你们是主管电子银行业务的行领导。可以这样说，从柜台签约开始，我行的电子银行业务流程就有很多不合情、不合理的问题。不久前，我因为忘了密码，到网点办理完电子银行签约手续之后，回来登录网上银行，一进入网上银行界面，第一个问题就把我难住了，页面要求我输入客户号，但无论是当初在柜台签约还是提供的回单上，没有任何提示什么是客户号，相关协议上有流水号、有证件号，但就是没有解释什么是客户号。后来问了才知道，原来这个所谓客户号就是身份证号。而身份证号还有新老身份证两个号，是新身份证号，还是老身份证号，无从得知。我比较了一下我行的网上银行和其他银行的网上银行，特别是国外的一些网上银行，建设银行网上银行操作之烦琐，无人能及。密码设了那么多重，一般人如果不是拿个本子记下来或者特意存储，而是单凭脑子就能记住这些密码的话，我相信这个人一定有非凡的记忆力。作为建设银行网上银行的用户，大家都有一个共同的体会，就是建设银行在考用户、考大家的智力、考大家的记忆力，也在考大家的忍耐力。很多客户最终经受不起我行网上银行流程的考验流失了。近期网上银行系统升级时，由于没能周到、仔细地向客户进行公告，造成客户使用不方便、不顺畅，引起客户投诉，甚至还引起监管部门的关注。我所说的这些问题只是沧海一粟，我认为我行网上银行客户体验可以用“极差”两个字来形容。长期以来，我们缺乏一套客户意见的快速发现、传导机制以及问题的跟踪解决机制，客户有了问题，包括流程上的问题、系统上的问题长时间得不到解决。这是一个非常突出的问题。

第二，电子银行产品不丰富，在同步部署方面做得很不够。电子银行渠道真正有竞争力的、便利的产品少。在网上银行或者手机银行买不到有吸引力的理财产品，网上不能直接开户、开卡，网上不能申请个人贷款。现有产品功能也不完善，缺乏实用性，与其他银行相比缺乏竞争力，如基金、黄金、外汇买卖业务没有相关的价格走势分析、个人投资的到期盈亏分析，不能做零存整取的续存、支取等。此外，在产品应用方面也存在较大差距，例如，我行网上银行代销基金比例很低，代理保险业务网上也没有很好地开展，虽然总行再三强调，还专门发了文件，要求产品在电子银行渠道和物理网点渠道同步部署，但这个要求迟迟没有落实到位。全行还有不少非现金类产品没有在电子银行渠道上实现，相关部门推出新产品的时候，普遍性、经常性地把电子银行渠道给遗忘了，做不到在物理网点和电子银行渠道同步部署。

第三，电子银行业务行际之间的发展很不平衡，先进行和落后行差距悬殊。刚才说有四家分行在当地排名第一，但也有很多分行在当地排名非常靠后。在秋季工作会议上，我就要求电子银行部把38家分行电子银行与柜面交易量之比的数据给我，准备在会上通报。但会议时间太短了，今天我再占用大家的一些时间，跟大家通报一下。目前全行电子银行与柜面交易量之比是77%，最高的深圳市分行达到355%，最差的分行不到30%，不到最高分行的1/10。38家分行可以分成三个梯队，第一梯队超过100%的有7家分行，第二梯队有17家分行，为50%～100%，还有14家分行在50%以下。虽然发展电子银行业务与当地社会、经济环境有一定的关联，但事在人为，否则，就不能解释新疆维吾尔自治区分行能在全行排第11位。电子银行与柜面交易量之比以后要经常通报，可以直接发文，也可以在《建设银行报》开辟专栏。当然，电子银行交易量必须是真实交易量，审计部门、监督部门一旦发现虚假交易，要严肃处理。

托尔斯泰小说里有一句话，幸福的家庭何其相似，不幸的家庭各有各的不幸。我想套用这句话，就是做得好的分行何其相似，做得不好的分行也各有各的失利之处、各有各的糟糕之处。希望大家好好地反省，挖掘问题的根源。大家既然来到长沙，就不能白来一趟，除了大会交流以外，要实地到湖南省分行的网点走一走，多跟湖南省分行各级员工接触，把他们的真经学到手。选择在湖南召开这次会议是有深意的。为什么在短短的两年时间内，湖南省分行电子银行业务能打漂亮的翻身仗？首要一条，就是湖南省分行主要领导对电子银行业务高度重视，把电子银行业务提到“枪杆子”的高度。“枪杆子里面出政权”，这是革命胜利最基本的手段。电子银行渠道是全行统一的系统，分行特色的比重不是很大，但同样的系统，有的分行业务发展得很好，有的分行发展得很差，差距如此悬殊，我看首要还是认识问题，主要是一级分行主要领导、一级分行班子、分管领导的认识问题。正是由于部分分行领导不重视、措施不得力，只重视传统业务、传统渠道，重视眼前利益，对发展电子银行业务的重要性、紧迫性认识不充分，资源投入不到位，工作抓得不实，必然导致落后。

（二）进一步提高认识，转变观念

关于电子银行的认识问题，总行各位领导，包括董事长、张行长、监事长，都已经讲过很多次，这次会议也摘编了三位主要领导和陈佐夫副行长、庞秀生首席关于电子银行的重要讲话，大家要认真学习。在2009年初与电子银行部负责同志的讲话里，很多原则性问题我也讲过，不再重复。这里，我再讲三个方面的问题，供大家参考。

第一，要处理好战略投入和眼前利益的关系，或者说是长远利益与短期利益的关系。电子银行业务是一项战略性业务，同时也是一项基础性业务。之所以说它是战略性业务，一是因为这项业务在未来相当长的时期内会保持持续高增长，这项业务会成为或者已经成为银行之间竞争的主要领域，谁抓好这项业务，谁就将在未来竞争中占据主动。牵一发而动全身，抓好这项业务，无论是传统的存款业务、贷款业务，还是中间业务，无论是零售业务，还是批发业务，都会在未来的竞争中处在有利的位置。二是因为传统的网点、传统的渠道，其服务能力是有限的，而电子渠道发展空间是无限的，深圳市分行电子银行渠道交易量是物理网点渠道交易量的3.5倍，大家都会很惊奇，我可以告诉大家，这个比例将来还要继续提高，将来可能是十倍或者百倍，大家终于有一天会看到，电子银行成为商业银行发展业务的主渠道、相互竞争的“主战场”。之所以说电子银行业务是基础性业务，是因为电子银行是建设银行百年大计的基础工程。万丈高楼平地起，如果基础不打牢，将来建设银行这座大厦就是空中楼阁。很多产品和服务都要靠电子银行渠道来承担。产品设计得再好、柜面服务做得再到家，如果电子银行做不好，要想提升竞争力、赢得应有的位置，终将是一句空话，是不切实际的，也是不可能的。

因此，大家一定要看到电子银行业务的极端重要性，这种重要性正是源于它的战略性和基础性。我们必须着眼长远，在未来相当长的时间内，不要指望电子银行成为盈利的主渠道，而要把它作为重点投入的主渠道。为了建设银行的未来，如果现在不投入、不抓紧，将来后悔都来不及。电子银行渠道客户资源一旦被其他银行抢走，如果再想夺回来，就要付出比现在高几倍甚至几十倍的代价，这个代价实际上将来会超出我们银行的承受能力。我并不是说电子银行十几亿元的收入不重要，也不是说电子银行渠道建设不要讲投入产出、不要精打细算，我要强调的是，当前必须认清我行电子银行业务正处于战略投入期的现实，要舍得投入、舍得花钱，要调动建设银行相当规模的人、财、物资源投入到电子银行领域，为建设银行的长远发展打下基础。

第二，要处理好电子银行作为渠道与其他部门的关系。电子银行作为完整的体系而言，包含渠道、产品和相关的服务，以及中后台的管理。它本质上是渠道，但又千万不能将电子银行简单地理解为只是渠道，仅是电子银行部门一个部门的事情。建设银行电子银行业务要发展好，离不开其他部门的共同努力。电子银行就像交通体系一样，如果光有路，没有车，能够成为一个交通体系吗？如果光有路、有车，没有路灯、没有管理，能构成一个交通体系吗？建设银行电子银行做得好坏与否，电子银行部门当然责无旁贷，但最终要体现建设银行的综合竞争力，还需要所有的部门一起来做，特别是相关产品部门和客户部门。电子银行作为单纯的渠道而言，既是基础设施，也是公共设施，是建设银行内部的公共产品。在西方经济学里，公共产品（Public Goods）是有其特定含义的，相关部门一定要将这个公共产品利用好，发挥其最大效用。电子银行渠道既然是公共产品，电子银行部门就不要与其他部门争利。电子银行部门要勤勤恳恳地把这条“高速路”修好、维护好，要更好地协助产品部门和客户部门发展好业务，而必要的成本核算由有关后台部门负责。电子银行部门一定要有为他人做嫁衣的思想境界和奉献精神。在建设电子银行渠道的时候，一定要想到是为了建设银行的未来；在做好电子银行服务的时候，一定要想到是为了建设银行的整体。电子银行部门要甘当铺路石，我们的职责就在于配合其他部门更好地做好营销和服务，为客户带来便利、创造价值。所以，我们更要看重电子银行渠道为建设银行带来的整体竞争力的提升，这不是10亿元、20亿元直接收入可以衡量的。如果过多地强调电子银行自身的收入和盈利，那么必将影响投入和服务，必将影响我行的战略大计。

第三，要正确处理好总行和分支行的关系。发展电子银行业务，总行和分支行应该有适当分工，各有侧重，但不能绝对割裂开来。提升电子银行客户体验，绝对不仅仅是总行的事情。在客户体验方面存在的种种问题为基层行、基层网点增加了很多负担，网点人员和客户经理是有切肤之痛的，但目前我们还缺乏渠道将基层行的观点反映上来，偶尔反映在《每日动态》上，我们如获至宝。上次河北省分行反映的问题，郭树清董事长作了批示，我也不约而同地作了批示，我们都非常看重基层行反映的问题。提高电子银行整体的服务质量、改善客户体验，要从问题发现环节入手，要建立畅通的问题反映渠道。根据国际先进银行的经验，改善电子银行产品服务最好的办法，就是内部员工先试、先用，基层行、分支行的同志更是责无旁贷。更何况流程的完善、系统的完善都是相对的概念，是永无止境的。我要求电子银行部尽可能打造出完善的系统、挑不出毛病的系统，但是大家知道，万事万物没有尽善尽美的，在未来相当长的时间内，电子银行系统是一直会存在缺陷的。如何赢得客户的好感，让客户容忍缺陷使用我们的系统，提高客户忠诚度，要靠广大基层网点及其同事的努力。所以，提升客户体验、提高服务质量是全行的大事，我们每一位员工都责无旁贷。

另外，业务推进和市场营销并不是把指标分给分行就完事了，总行各部门同样负有不可推卸的责任。全行最基础的工作，就是实现所有产品在物理网点渠道和电子银行渠道同步部署。这个要求为什么没有做到，根源在总行。总行一些部门长期习惯于在网点部署产品，自觉不自觉地把电子银行渠道遗忘了。还有一个方面至今没有破题，就是如何把电子银行渠道营销推广好、把电子银行渠道完善好，嵌入总行每一个具体的管理流程之中。虽然建设银行在传统物理网点渠道的基础上增加了新的电子渠道，但建设银行整个经营重心仍然停留在传统物理网点渠道上，很多地方或者说绝大部分领域都把电子银行渠道丢在一边。电子银行还没有成为全行的有机整体，还没有真正融入进来，这些主要靠总行相关部门转变思想、改进流程。

三、明确目标，加快发展电子银行业务

下一阶段全行发展电子银行业务的指导思想是：深入学习贯彻科学发展观，切实贯彻“以客户为中心”的服务理念，千方百计地改善客户体验、优化服务流程、提升服务水平，努力建设国内领先、国际一流的电子银行业务体系。

今后三年全行发展电子银行业务的总体目标是“一达标、两翻番、三提高”。“一达标”就是从2010年开始明显改善客户体验，建立电子银行客户满意度基线值，并逐年提升，至2011年客户满意度基本达标，2012年达到80%～85%，位列国内同业首位；“两翻番”就是到2012年底，网上银行和手机银行客户比2009年底翻一番，2012年超过1亿户，电子银行与柜面交易量之比比2009年翻一番，2012年超过150%；“三提高”就是提高全行现有存量客户电子银行渠道覆盖率和新增客户同步开通率，提高电子银行业务主要指标的市场份额，提高电子银行品牌影响力。

（一）始终把改善客户体验放在首位，全面提升电子银行渠道服务能力

为什么这么强调客户体验，以前我没有展开与大家沟通，这里与大家详细谈谈。作为银行，任何一个渠道、任何一项服务，客户体验都是非常重要的，但对于电子银行，客户体验尤为重要。我认为，在电子银行领域，没有任何一项指标能与客户体验相提并论，其他所有问题都在客户体验之后。第一，电子银行渠道是新兴的渠道，与传统物理网点不一样，电子银行渠道是客户主动选择的过程，而传统的渠道，客户多少是被动的，只能被动地接受网点服务。电子银行从一开始，客户就处在主动的位置，随时可以选择退出，甚至签约后客户不把钱转进来，签约开户也没有实际意义。第二，电子银行交易是客户自主操作，银行工作人员难以介入，或者无法直接介入。如果系统或流程界面设计不合理，客户遇到问题、遇到障碍，即使能够到网点咨询、拨打95533，或者在线交流，但都无法解决主要问题和用户满意度的问题，而这些问题必须要靠统一集中地改善客户体验、提高服务质量来解决。第三，电子银行系统是一个统一的体系。系统好，整体上就好；系统差，整体上就差。同样是建设银行的网点，服务好的和服务差的可以差到十万八千里。同一个分行，两个网点紧挨着，一个网点可能门庭若市，一个网点可能门可罗雀，但网点人员可以发挥主观能动性。但电子银行系统作为整体具有高度的同一性，系统的一个缺点被一万个客户放大，就是一万个缺点，被一亿个客户放大，就是一亿个缺点。所以，在客户体验方面，我们怎么强调都不过分，必须把缺陷消灭到最少。

所以说，客户体验是电子银行的生命线，是电子银行发展的根基，贯穿于电子银行服务的全过程，是电子银行工作的中心和出发点。当然，也不能忽视基层行的主观能动性，否则，解释不了分行之间业务发展不平衡的问题。但归根结底，要提升建设银行电子银行整体竞争力，必须着眼于提升客户体验。我们必须转变观念，始终把改善客户体验放在首位，不断改

善服务水平、优化服务流程、提高客户满意度，要将客户满意度作为评价电子银行工作好坏最重要的标尺。

下一阶段工作要重点从五方面入手：一是建立客户意见的快速传导机制，全行员工都要自觉地体验电子银行产品，要把员工体验电子银行产品制度化，一线人员要将收集客户对电子银行的意见纳入日常的工作流程，有条件的分行要建立电子银行体验场所，定期或不定期地组织开展客户体验工作，收集客户意见，并且将客户意见及时传导至电子银行部门。二是建立问题跟踪解决机制，电子银行部门和技术部门要加强配合，加快反应速度，缩短实施路径，保证客户的意见得到及时解决。三是狠下决心解决困扰客户使用体验的问题，全面梳理、优化电子银行服务流程，重点解决电子银行渠道签约流程过于烦琐、操作提示不易理解、文字表述不准确等客户反映集中的问题，尽一切努力将烦琐交给系统，把方便让给客户。四是要细分客户，现在我们把网上银行简单地分为查询版和交易版是远远不够的，银行服务要做到精细化、专业化，客户分层一定要做细。要在细分客户的基础上，丰富和完善网上银行版本，清晰各版本的定位，提升差异化服务能力，这也是电子银行安全策略的需要。网上银行要针对不同层级的客户，提供不同的安全措施，提升客户体验必须处理好方便性和安全性的关系。重要的交易不要放在互联网上，企业网上银行、重客系统的大额交易或者巨额交易必须走专线，互联网上走大众客户、小企业客户和微小企业客户。互联网上也要细分客户，对于高端客户和小企业客户要安装客户终端，一旦客户登录系统，就可以实时监控。一般大众客户，例如学生花10元买个CD，也要求人家到柜台签约，要求购买网银盾，就是多此一举了。五是要抓紧完善电子银行风险监控系统，力争在2009年底前出台电子银行风险事件快速赔付处理机制，切实树立建设银行对客户负责任的形象。我们要好好清理一下，这些年为了防范电子银行风险，全行花了多少钱、客户花了多少钱，这些措施上去后，又真正防范了多少案件、减少了多少损失。与其这样没完没了地投入，还不如将这些钱省下来，拿出十分之一或许就够赔偿客户损失了。

（二）全面落实渠道同步战略，加强产品创新，增强市场竞争力

电子银行是一个完整的体系，但最基本的属性是渠道，是物理网点服务在时间和空间上的拓展和延伸。电子银行和物理网点都是我行发展业务、拓展客户的重要渠道，这一点大家应该没有分歧了。当务之急是要从主要运用物理网点渠道发展业务转变到运用物理网点和电子银行两个渠道发展业务的策略上来。过一段时间我们可能会提出主要通过电子银行渠道发展业务，网点成为补充。2009年总行下发了《关于在物理网点和电子银行渠道同步部署产品及开展服务的通知》，要求全行充分运用物理网点和电子银行两个渠道发展业务，增强市场竞争力。这份文件是明确全行渠道战略、清晰全行渠道策略的纲领性文件。以前电子银行部以“建总函”发文，我觉得提的高度还不够，就改成“建总发”，我看大家还没有对这份文件予以足够的重视，特别是总行有关部门。总行有关部门和各分行要扎扎实实地全面贯彻落实，文件下发一段时期后，全行要对照检查一下落实情况。这里我再重申五点：

一是从2010年开始，各条线、各分行对于新研发的所有非现金、非实物单证类产品服务，原则上必须同步在物理网点和电子银行渠道推出，科技部门在立项环节要把好关口。各业务部门、各分行要按照轻重缓急的原则，用两年左右的时间分阶段地将现有产品服务部署到电子银行渠道。这项任务在相关产品部门、客户部门工作量很大，电子银行部门要提供协助支持，产品质量部门要把这项工作作为日常性工作进行监督，财会部门也要把关，如果没有做到同步部署就不要给予财务支持。也就是说，如果不落实同步部署，就没有体现节约的原则，没有充分利用财务资源，财务上就没有理由支持。这件事必须全行重视，不是哪一个部门的事情。

二是各业务部门、各条线要把电子银行渠道看做自己的资源，充分运用电子银行渠道分销产品、创新服务、开拓市场、发展业务。电子银行部要把通过电子银行渠道创造的收入，原原本本地还原到业务部门、还原到网点。我曾说过，要鼓励客户更多地通过电子银行渠道办理业务，在内部的激励制度上，对客户经理买单，电子银行渠道就应该比网点高。比方说，如果客户在网点购买1万元基金，奖励客户经理10元，那么通过电子银行渠道购买1万元基金，就应该奖励15元甚至20元才对，因为电子银行帮助物理网点分流了业务、节约了成本。要大力提高电子银行产品的应用率，对在电子银行渠道分销产品创造的收入和办理的业务量要在业务部门和电子银行部门双线统计、双线考核。

三是要继续加强产品创新和业务创新，丰富电子银行产品应用。网上银行要瞄准国际一流，丰富服务功能，全面覆盖柜面所有非现金、非实物单证类产品服务，成为各业务部门分销产品、服务客户、发展业务的重要渠道。手机银行业务和短信金融服务业务是建设银行的优势业务，要进一步加大创新力度，确保领先地位不丧失。电子商务领域蕴藏着巨大“金矿”，是下一阶段商业银行激烈争夺的重点领域，要大胆探索、积极介入。我行已经研究并明确了下一阶段发展电子商务整体的思路和策略，在拓展电子商务业务过程中，可以考虑利用建设银行集团子公司资源和机制，发挥建设银行集团的优势。

四是要把国际互联网站作为建设银行向客户推介产品、推广业务和广告宣传的首选平台。从2010年开始，总分行推出的新产品、新服务及投放广告都必须首先在我行互联网站发布。

五是要把电子银行渠道特别是网上银行作为网点二代转型的重点。在刚刚结束的秋季座谈会上，郭树清董事长明确要求把电子银行特别是网上银行作为网点二代转型的重点，进一步改善服务，提高网点销售能力和综合盈利能力。各部门、各分行要认真落实。

（三）整合资源，全员营销，加强组织推动，全面快速发展电子银行业务

发展电子银行业务是全行的共同任务，必须整合全行资源，依靠全行的力量。全行对公、对私和投资理财业务条线要主动承担起电子银行渠道推广的重担，把营销和发展电子银行业务作为一项重要营销任务，制订计划、下达任务、加强考核、推动落实。

要充分发挥全行13 000多家物理网点营销阵地的作用，要把营销和发展电子银行业务作为考核、评价营业网点和网点柜员的重要指标，通过完善激励约束机制，打消营业网点和网点柜员发展电子银行的顾虑，让营业网点和网点柜员更直观地感受到发展电子银行的好处，更多地分享发展电子银行的成果。

各级各类客户经理熟练掌握电子银行业务知识和技能，是现代商业银行客户经理必须具备的素质，也是对客户经理最基本的要求。所有客户经理都应加强学习、提高素质，努力成为电子银行业务的行家里手，发挥营销和服务电子银行业务的主力军作用。要加大培训力度、创新培训方式、提升培训效果，从2010年开始，原则上所有面向客户经理的培训班都要增加电子银行的培训内容。

总行电子银行部作为电子银行业务的主管部门，要重点做好统筹规划、综合协调和全行性组织推动工作。2009年在全行组织开展的“351”和“112”劳动竞赛活动，形式很好，效果也不错，要在认真总结完善的基础上，继续坚持。要加强与移动运营商、行业龙头电子商务企业等单位的合作，开展联动营销，共享资源、借力发展。

要继续在全行系统内深入开展学习、使用、营销电子银行体验活动。总行本部正在开展“电子银行服务送上门”活动，过去对电子银行心存疑虑的很多老总都主动找到电子银行部要求开通网上银行、手机银行，令人鼓舞。在上个月召开的第二届职代会上，郭树清董事长要求全行30多万员工都要带头应用电子银行渠道，体验电子银行服务，从而更好地向个人和企业客户营销、推介电子银行。希望各分行根据郭树清董事长发出的指令，立即行动起来，尽快落实好，总行电子银行部要加强考核督促。

（四）加强政策引导，完善考核机制

我行电子银行业务发展还处在战略投入期和打基础的阶段，正是加大投入的关键时期。各级行要把电子银行业务作为全行重点战略业务、重中之重来支持，加大财务资源投入，实行政策倾斜。发展电子银行，既有现实、短期的财务效益，更有综合、长远的效益。现阶段我们绝不能仅仅盯着眼前收入，因为只算“小账”和“眼前账”而犯战略性错误，错失发展机遇。

电子银行业务高速发展需要一支专业化人才队伍，各级行人力资源部门要给予大力支持。总行人力资源部要重点支持有关电子银行专业化中心建设。各分行要进一步充实电子银行部人员，省会城市和中心城市行要尽快组建专业化、集约化的电子银行客户服务队伍，加强力量，提升专业化服务水平。

发展电子银行需要科技部门的强有力支持，科技部门要专门研究制定适合电子银行渠道特点的开发机制，精简立项环节、缩短开发周期，满足快速响应客户需求的需要。科技部门和电子银行部要共同研究，对客户反映强烈的、简单的提示信息及页面修改要合理分工、快速反应。电子银行部不能等、靠、要，要承担相应责任。

要进一步加大考核力度，引导全行合力发展电子银行业务，支持客户优先和自主选择电子银行服务渠道。2010 年，总行将在继续加大电子银行业务战略性激励费用投入的基础上，在综合经营计划中的一级分行 KPI 指标体系中，增加产品覆盖度和电子渠道交易占比两类指标，首次将电子渠道交易占比作为一项单独指标与经营效益、资产质量类指标放在同等重要的位置。这个考核力度是前所未有的，充分体现了总行党委大力发展电子银行业务的决心。关于发展电子银行业务，2009 年郭树清董事长就与我说过不下十次，张建国行长更是耳提面命，说得非常具体，这方面的要求今后也要及时传达。各分行务必深刻领会总行党委的战略意图，准确把握政策导向，加强考核政策传导，力争“系统内提位次、当地同业增份额”，促进电子银行业务全面快速发展。

既然客户体验这么重要，那么考核也要跟上。要将电子银行客户满意度纳入全行电子银行业务考核指标，可考虑作为负指标，对于客户满意度下降的分行将扣减相应分值。

（五）加强管理、防范风险

加强管理、防范风险是电子银行健康快速发展的保障。我们要坚决摒弃粗放经营、不重质量的无效增长，实现在精细管理、保证质量前提下的健康发展。

要加强基础管理，建立健全电子银行业务制度，保障业务健康规范发展。对不适应电子银行业务发展要求的现有规章制度，有关部门要尽快调整完善，绝不能用过时的制度阻碍战略性业务发展。

要加强对电子银行服务区、E 动终端设备和安全工具等设备的管理，避免出现风险漏洞。要加强关键环节和关键岗位人员管理，防止操作风险和道德风险。加强风险检查和业务审计，认真做好风险检查和业务审计发现问题的整改工作。

要建立科学的电子银行风险观，尽快从追求“零风险”转移到确保“风险可控”的目标上来，从过度倚重事前防范转移到事前防范、事中监控和事后处理补救并重上来，全面构建“防、控、补”于一体的电子银行风险管理体系。对于客户遵守我行有关规定，并已经采取了必要的安全措施，而受到第三方入侵造成资金损失的，要快速赔付，避免因处置不当损害建设银行声誉。同时要认真分析原因，找准症结所在，迅速采取补救措施，避免同一类案件重复发生。

同志们，发展电子银行业务事关建设银行未来生存发展、任务艰巨、责任重大、使命光荣。希望大家进一步解放思想、转变观念、提高执行力，认真抓好贯彻落实，努力推动全行电子银行全面、健康、快速发展。

在2009年国际业务部海外机构管理部成立仪式上的讲话

范一飞

（2009年12月23日）

同志们：

为了进一步加强海外机构管理，更有效地推进海外机构战略转型，总行党委决定在国际业务部下设海外机构管理二级部。经过相关部门和在座各位的共同努力，海外部今天正式成立了。受郭树清董事长和张建国行长委托，我谨向大家付出的辛勤劳动表示感谢，并对海外部的成立表示衷心的祝贺！

回顾我行海外业务的发展历程，可以说一路走来，实属不易。从1991年伦敦代表处设立至今，海外机构历经十多年的发展，业务从无到有、由小到大。目前全行海外资产规模已经超过2 000亿元人民币，共有11家机构，若将海外机构中的零售网点包含在内，我们的海外机构则达到近60个。建设银行已经由一家完全专注于国内业务的银行转变为网络遍及全球主要金融市场、能提供24小时不间断交易服务的准国际性银行。其间，总行相关部门以及各海外分支机构的同事们付出了艰辛的劳动，也探索出一些海外经营的基本原则和管理的方式、方法，为建设银行的改革发展作出了贡献。

在肯定成绩的同时，我们更应该清醒地看到，目前海外业务的发展水平相对于全行庞大的客户数量及其需求、相对于国内业务的发展态势以及建设银行在全球银行业中的地位来说，差距是巨大的。特别是当前海外业务中暴露出的结构性矛盾和资产质量问题更是令人担忧，甚至到了非常严峻的程度。大家都知道，自2008年下半年以来，海外业务中陆续暴露出一些高风险事件，不仅造成了实际、直接的财务损失，也给我行声誉带来极大损害。特别是在中东某贷款项目上存在的巨大风险敞口，使我行成为唯一一家处在如此不利位置的中资银行。在座各位务必认清形势的严峻性，增强忧患意识和责任意识。下面我谈几点个人意见，供大家参考。

一、总行为什么要成立海外机构管理部

要深入理解总行成立海外机构管理部的目的，首先要分析当前制约海外机构健康发展的深层次原因。原本认为，我们的海外机构大多处在发达国家和地区，接受的是较为先进的金融监管，有着高薪聘来的管理和业务人才，按理说应该比国内分行做得更好才是，但没想到会是今天这种局面。这就需要我们深入分析究竟是什么原因造成这样的结果。应该说，其中有一些外部或者客观的因素。例如，此次金融危机从主要金融市场爆发，我们很多海外机构正处于风口浪尖，首当其冲；我们也可以解释说，我们的海外业务发展时间较短，缺乏相应的经验和人才；或许我们还可以认为是海外机构的某些管理者、经营者素质不高、执行力较差造成的。我想，这些因素都客观存在。

但今天我想讲的是，我们是否应该从总行自身查找问题的根源，从总行工作、制度等层面反思一下，我们在指导、管理、协调、服务等方面有没有做得不到位的地方？如果海外整体经营情况不错，只有一两家机构经营情况不理想，那可以说是其自身的问题，但若是海外机构大部分甚至普遍存在问题，还说总行没责任，恐怕是说不过去的。我个人认为，造成海外分行今天这种经

营局面，首要责任恰恰在总行。总行作为海外业务的最高决策者和最终管理者，至少在以下这几方面应当加以反省和检讨。

第一，海外机构的战略定位问题。我认为，对于为何要设立海外机构这个问题，这么多年来我们一直没有很好地回答。在很长一段时间里，我们好像是为了设机构而设机构。海外分行的经营模式陈旧，多数以债券投资或银团贷款为主，抗风险能力弱，一笔不良资产就能抵消好几年的利润，此次金融危机中一些海外分行更是损失惨重，连营运资本都亏损殆尽；筹资渠道单一，对总行资金依赖性过大，某些海外分行对总行资金的依赖度高达90%；对清算、结算等基础性业务没有足够重视，如东京分行已成立好几年，但因为各种原因一直未能开通日元清算服务，浪费了中日间每年巨额贸易结算带来的大好机会；跨区域经营的情况较为严重，局面混乱，如香港分行在世界各地到处发放贷款。之所以造成这种局面，从总行的角度说就是这些年来对各海外机构业务没有进行清晰的战略定位、没有对海外机构的经营进行必要规范，也缺乏具体指导和管理。

第二，对海外机构的管理职能在总行层面严重分散，效率低下。据统计，海外业务管理涉及总行十一个部门，人人都在管，但好像谁说了都不算，海外机构一旦出了问题，甚至连管理责任都无法追究。有关部门办事效率低，遇事相互推诿，海外机构提出的一些问题很长时间得不到解决。总行与海外机构之间也缺乏通畅的信息沟通机制，相互间难以及时了解最新情况和动向，如与香港分行有关的迪拜世界贷款专题会议纪要，分行却无法在OA上查看到；再如海外分行的IT系统，刚开始还算先进，可后来十多年都没有投入，在张建国行长的高度关注下，前段时间新系统才得以在香港分行上线。此外，海外分行在中层管理人员的任用决定上自主性太大，缺乏科学有效的制约与平衡机制。总体而言，由于总行相关职责缺失，海外分行基本处于放任自流的状态。

第三，总行对海外业务的指导和管理不到位，对海外机构缺乏服务意识和责任意识。总行对海外分行仅有的一点指导和管理往往也没有管到点子上，而且方式、方法也成问题。我们相关部门的一些同志，在工作态度和工作作风上有待改进，有的同志缺乏服务意识和责任意识，有些同志连对海外同事应有的礼貌和尊重都不讲。我们要看到，海外机构所处市场环境有别于国内，我们不能像管理境内分行一样管理海外分行，应该有所差异。海外机构身处异国他乡，比国内分行更需要总行的关心、支持和帮助。

以上只是个人对我们海外经营和管理现状的一些描述，如不客观，请予以纠正。正是因为存在这些亟待解决的问题，总行党委经过认真研究才决定成立海外机构管理部，期望通过组织结构调整和机制创新，以切实加大对海外业务的指导力度，提高总行对海外机构的管理、协调和服务水平，尽快扭转当前海外机构的经营管理现状。

二、今后海外业务转型的方向在哪里

按照海外发展战略纲要要求，今后我们海外机构的数量还会不断增加，海外业务的规模也会不断扩大。但我们不能为了赶时髦而发展，而是要紧紧围绕全行发展战略，提高认识、深化联动、夯实基础，在推进海外机构战略转型的过程中实现海外业务的健康快速发展。

在思想认识上，要牢固树立“以客户为中心”的经营理念。在长期经营的过程中，建设银行积累了很大规模的优质客户群体，其中相当部分客户已经建立了海外业务网络或有意拓展海外业务，这就必然产生对海外相关金融产品和服务的巨大需求。我们发展海外业务的根本目的，就是为了更好地服务客户、更有效地延伸服务客户的平台、扩展服务客户的手段，这是贯彻“以客户为中心”经营理念的重要体现。

在工作机制上，要紧紧抓住“内外联动”这条生命线。作为建设银行整体的一部分，海外机构的生命力和竞争力在于与境内机构有机融合在一起，形成合力。与境内机构的联动就是海外机构业务发展的生命线，离开它，我们发展海外业务只是一句空话。这些机构孤悬于海外，凭其自身的规模和能力，要去做当地市场主流客户的业务，机会很小。但我们的境内机构有着遍布全球的产品和服务需求，客户也是遍布天下，因此，海外机构要彻底摒弃那些舍本逐末、舍近求远的经营行为，紧紧围绕建设银行的主流客户需求去开展业务，这是我们付出了惨痛代价才换来的经验教训。此次金融危机让我们更加深刻地认识到海外业务转型的重要性和紧迫性。

我认为，联动的好坏是检验海外机构经营好坏最重要的标准之一。我们可以看到，一些海外分行经营数年也没有多少双边客户，可当地有那么多中资企业以及在中国境内有投资的本地企业，为什么不去拓展呢？过去那种依靠总行廉价资金购买债券、参与银团的盈利模式追求的是短期、局部的小利益，对全行而言，没有实质意义。我们只有紧紧围绕建设银行的基本客户或主流客户做文章，通过联动获得的盈利才是真实有效的、才是可持续的。

在产品服务上，我认为最重要的是要抓好三项基本业务。这几项内容我2008年就在海外会上提出过，今天还要再次重申。一是所在国家/市场主要币种的清算业务。如纽约分行就是要抓美元清算业务，东京分行就是要抓日元清算业务等。纽约分行自开业3个月以来，美元清算月收入已达15万美元，预计2010年还要翻番，相当可观。这种业务主要靠操作人员和系统自动实现，真可谓“日进斗金”，而且接近零风险。我们之前提出了海外清算“双50%”的要求，现在我希望朝“双100%”的目标努力。二是与所在国家/市场和中国经济贸易活动相关的结算、融资等业务，如汇款、外汇买卖、大宗商品融资、保值、衍生产品等，这些都是中外经贸合作和人员往来所必需的基本金融服务。每年中国对外贸易结算量达3万多亿美元，但其中有多少业务是中资银行的呢？据说花旗银行在中国只有几十人的贸易融资团队，一年纯收入却有近10亿美元。三是与境内外联动相关的各项业务。海外机构要通过多种方式去了解并抓住各种业务机会，提供各类与之相关的金融或非金融服务，满足境内机构和客户的需求。同时，海外机构还要承担起全行员工境外培训、出访接待的基本职责。以上这三项基本业务，是海外经营的基础，其他业务都应是在这三项业务基础之上延伸或派生而出，不把这三项基本业务做好，其他业务就是“空中楼阁”。我们有限的资源要首先投入这三项基本业务，银行有余力才能再去拓展其他业务。

三、海外机构管理部的工作重点在哪里

目前海外机构经营管理中面临不少问题，其中一部分需要海外机构通过自身努力解决，但相当一部分还需要海外机构与总行共同努力解决。海外业务的战略转型离不开总行对海外机构管理模式的转型，前者的转型甚至要以后者转型为基础。海外机构管理部要通过建立科学有效的工作机制，彻底转变管理方式和工作作风，确保海外业务战略转型的顺利推进。

在IT系统建设方面，既要未雨绸缪、有长远规划，又要分清轻重缓急，集中力量解决当前亟待解决的问题。目前要抓紧普及OCBS，新设机构要务求“一步到位”直接上新系统。有必要开通GMPS的分行要尽早开通，当前主要是建立悉尼分行的澳元清算系统和胡志明市分行的越南盾清算系统。

在人力资源配置方面，要着手建立与海外业务战略转型相适应、与深化内外联动相配套的用人机制。目前海外机构内派人员规模太小，要及时为实现海外机构战略转型配置足够的内派人员。在这方面尤其需要解放思想，目前海外急需国内派出的人员数量不是两三个，也不是七八个，而是几十个、上百个。今后，海外机构无论是前台还是后台人员，都应熟悉中国市场、了解中国文化，懂得如何与有中国背景的客户打交道，知道如何与境内分行和人员建立团队协作关系。

在财会和绩效考核方面，总行要做的不仅仅是拨付机构开业费用，还要适时加大投入；对海外机构考核的KPI指标设置也要跟上，要通过KPI指标设置充分体现海外业务战略转型的导向。我建议2009年底海外机构管理部可以设计·个表格，由境内外分行负责人、公司部、国际部总经理甚至客户经理对境内、境外机构联动情况进行交叉评分，以此作为考核海外机构的重要依据之一。

更为根本的是，总行要切实转变海外机构管理的思想理念和方式、方法，这是实现海外业务转型的基础和前提。如何检验今后海外机构管理的工作成效，我想可以通过海外分行转型的快慢好坏来衡量。我们一定要在思想理念、管理方式、工作作风等方面实现彻底转变，要积极为境内外机构联动牵线搭桥。总行对海外机构不仅要管理和指导，更要服务和奉献，没有服务就没有发言权。在座各位一定要把为分行服务、帮助分行解

决具体问题和实际困难看成是职责所在，真正实现“寓管理于服务之中”。

海外机构管理部的成立只是一个开端，今后海外部要进一步强化职能，对内要建章建制、凝聚人心、充实队伍，对外要加强沟通、完善协调联动机制，真正成为管理和服务海外机构的综合部门，为海外机构提供“一站式”服务。在这里，我还要强调，为避免海外机构面对总行众多部门无所适从，如无特别重大例外，今后海外机构需报请总行研究解决的事项原则上均可向海外机构管理部直接请示，海外部能办的，抓紧办理；不能办的，要替海外机构商请总行相关部门协调解决。海外部作为海外机构管理的“第一责任人”，要真正起到“不管部”的作用。

在座各位虽然来自不同职能部门，但今天走到一起，就是一个整体，有着共同的任务、使命和责任，不能一盘散沙，而要服从管理、形成合力。各位今后既要承担起海外机构管理部的管理职能，又要发挥派出部门的沟通桥梁作用，任务艰巨。我想，这对各位来说既是考验，也是难得的锻炼机会。希望海外机构管理部全体同志增强责任感和使命感，迎难而上、拼搏奋进，将推动海外业务战略转型作为首要任务，积极协助、引导、督促海外机构把转型工作做细、做实，为实现我行海外业务的持续健康发展贡献力量。

谢谢大家！

振奋精神　开拓创新
为改善全行资产质量多作贡献

——在2009年资产保全工作会议上的讲话

朱小黄

（2009年3月12日）

同志们：

这次会议的主要任务是贯彻全行工作会议精神，回顾2008年全行资产保全工作，表彰先进单位和先进个人，分析当前形势并部署2009年工作。

一、2008年资产保全工作回顾

2008年，在总行党委的正确领导下，在有关部门的支持和配合下，全行资产保全条线员工大胆开拓创新、坚持不懈努力，克服重重困难，实现了不良资产处置新的突破，为全行资产质量的持续改善作出了重要贡献。

（一）超额完成不良资产处置计划，处置比率再创新高

2008年全行共处置不良资产474.75亿元，实现不良资产现金回收268.18亿元，超值现金回收81.10亿元，超额完成全年不良资产处置回收计划。其中：

——处置不良贷款405.06亿元（其中，自行处置320.54亿元，完成自行处置计划的153%）。现金回收不良贷款217.41亿元，完成计划的158%。不良贷款处置比率高达49%，创历史最高水平。

——处置非信贷不良资产69.69亿元，完成全年计划的114%。现金回收非信贷不良资产30.51亿元，完成全年计划的166%。

——核销呆账136.10亿元（其中，自行处置核销71.84亿元，完成计划的167%），创我行股改以来最高水平。

——实现证券化受托资产现金回收19.80亿元，债券兑付比率达78%。

近三年来，我行不良资产处置能力显著增强。2008年我参加重庆培训班的时候，评价保全队伍是团结的队伍，是有专业技术、能打硬仗的集体。

事实证明，保全部无愧于这个称号，每年处置的不良贷款均超过存量的40%以上。2008年，全行不良资产处置能力进一步提升，北京、广东、湖南、四川、辽宁等分行全年自行处置不良贷款均超15亿元；全行不良贷款处置比率再创历史新高，厦门、广西、三峡、宁夏、四川、湖南等分行的不良贷款处置比率均已超过55%。在2008年下半年经济形势已经受到金融危机严重影响的情况下，以上成绩的取得实属不易，值得充分肯定。

（二）成功发行首单重整资产证券化项目，手段创新取得突破

2008年1月，我行成功发行“建元2008－1”重整资产证券化项目，一次性处置表内不良贷款84.52亿元。这是我国商业银行在不良贷款证券化领域的首次探索和实践，实现了批量处置的重大政策突破，对我行实现不良贷款“双降”发挥了重大作用，各行对这件事还要加深认识。2008年，该项目还获得了香港《财资》杂志颁发的“最佳结构性交易”优胜奖。项目发行后，我行认真履行资产服务商职责。北京、河北等10家分行在企业经营不景气、处置难度增大的情况下，在做好表内不良资产处置回收的同时，抽调精兵强将成立专门项目团队，克服重重困难，努力提高现金回收水平。2008年，证券化受托资产实现现金回收19.80亿元，优先级债券兑付本金16.71亿元，兑付比例已近八成，受托资产的回收情况好于发行时预测，有效地维护了我行良好的市场声誉。

（二）不良资产处置技术日趋成熟，专业化水平显著提升

近年来，资产保全系统在不断加大不良资产处置力度的同时，深入研究处置技术、积极尝试创新手段、着力培养专业化队伍，取得了显著的成效。一是不良资产处置技术日趋成熟。近年来，保全工作不仅积累了许多宝贵的处置经验，而且在工作中注重处置手段的深入挖掘和创新，从灵活运用催收、重组、核销等常规手段拓展到资产证券化、债权转让、打包出售等新型市场化手段，综合运用各种处置手段的能力进一步增强。我在协调证券化项目的过程中，发现保全团队很优秀，对创新技术的掌握和运用很熟练。二是保全队伍专业化程度不断提高。保全系统认真贯彻全行扁平化管理的要求，逐步提升经营层级，注重人员素质培养和资源整合，操作能力显著增强，保全队伍呈现出蓬勃生机。2005—2008年，二级分行保全机构由291个减少到67个，机构减少77%；专职人员由2 156人减少到1 147人，人员减少47%；不良资产人均处置额由2 180万元提高到4 141万元，人均处置额几乎翻了一番。三是不良资产处置效率显著提高。全行每年新增不良贷款400多亿元，保全条线每年消化的不良贷款多于新暴露额，所以全行的不良贷款额逐年下降，这是保全条线的功劳。2008年全行不良贷款处置总额比2005年增加了近100亿元，各分行充分发挥专业优势，努力提升不良资产处置效率，取得了显著的效果：宁夏、四川等分行不良资产处置额已达2005年的3倍；河北、山西、江西、三峡、广西、云南等分行不良贷款处置额比2005年至少翻一番。因为保全条线的处置能力不断增强，且有在座各位和全体保全条线员工的共同努力，所以我们对全行资产质量的控制比较有把握。

（四）统一集中经营模式，深入推进业务单元制改革

我行资产保全条线的业务单元制改革走在国有商业银行的前列。近年全行不良资产处置额、处置比率逐年上升，不良额和不良率连续实现“双降”，足以证明这一改革符合银行的发展方向，促进了业务的发展。总行在充分总结前期改革经验的基础上，于2008年出台了《资产保全业务单元制改革推进方案》，统一了一级分行集中经营不良资产的基本范围和模式，将改革推向了一个新的高度。通过减少经营层级、缩短管理半径，全面提升了不良资产的处置效益和效率。各分行已逐渐认识到了改革的先进性、必要性和紧迫性，并积极按照总行方案要求，制订了符合本行实际的改革细化方案。河北、宁波、海南、云南、西藏等分行扩大了公司类不良贷款划账经营的范围；北京、安徽、厦门、四川、重庆、西藏、甘肃、新疆等分行已实现不良个贷集中管理和部分个贷资产的集中经营。

（五）工作机制进一步完善，有效助推全行“双降”

2008年资产保全各项体制和经营机制进一步完善，有效助推全行“双降”。

一是重点联系行制度继续推行。2008年初总行确定北京、河北、山西、辽宁、大连、黑龙江、江西、青岛、广东、甘肃10个分行为重点联系行，有针对性地予以重点指导和帮助。授信管理部重点抓的“双十大”也有重点联系行制度，几方面共同推动还是很有效的。在上述分行的努力下，10个重点联系行均圆满完成全年计划，自行处置不良贷款120亿元，占全行的37%。同时，进一步运用区域联动机制，充分发挥总行的综合协调作用和分行的联动处置效果，促进跨区域项目的处置进程。在总行、分行的综合联动和共同努力下，三九集团、中关村系、东盛系等重大项目的处置工作取得突破。

二是专家诊断优势进一步发挥。2008年初，不良资产专家诊断工作走上流程化、规范化、制度化轨道。诊断项目范围和参与诊断的专家范围进一步扩大，使专家诊断工作更具针对性和适用性，提升了诊断效果。我在信箱里看到过保全部发的项目诊断方案，感觉这项工作很好，希望能够坚持。全年总行共集中专家诊断10次，对100个不良贷款项目、358个非信贷项目和45个核销项目进行了诊断。在处置过程中，诊断意见得到了逐步落实，有力地推动了项目的处置进展。

三是众多重大项目取得突破。在总行、分行的共同努力下，“百大项目”中有80户取得进展，三九医药股份有限公司（3.65亿元）、潍坊北大青鸟华光科技股份有限公司（3.19亿元）、深圳京广发展有限公司（2亿元）等35户全额退出，处置不良贷款本金78.6亿元，这是非常重大的进展；四川省分行准确把握时机，在钢铁行业下滑时期果断退出，成功处置全行最大的债转股项目——“攀枝花钢铁有限公司”股权14.5亿元；光大集团拖欠我行长达七年之久的6亿元金融债券也得以全额回收。近两年我行很多重大历史疑难问题都是在保全部操作下解决的，能做好这些工作很不容易。

四是个贷催收处置渠道更加完善。保全部自2006年起牵头组建个贷催收流程。这项工作综合性强、协调广度大，涉及资产保全、房金、个金、电子银行和信息技术5个具体操作部门，工作范围涵盖全口径的个人类贷款。经过这两年的努力，标准化催收成效显著。目前短信、电话、信函、上门催收已实现总行和一级分行的相对集中，动作标准统一，总行还专门组建了95533电话银行个贷催收中心为这个流程服务，委外催收和司法催收业务也在稳步推进。在“假个贷”处置方面，保全部做了很多工作，相继出台还原、特殊账务处理等专项政策，解决了很多问题，使“假个贷”余额在不良个贷中的占比由最高峰时的39%下降到现在的20.92%。

（六）注重流程优化和风险控制，基础管理迈上新台阶

一是SARM系统（二期）成功上线。经过历时14个月的开发，SARM系统（二期）于2008年10月成功上线，实现了全部业务的电子化、流程化管理。二期系统新增不良资产批量处置、个贷管理等功能模块，优化了业务流程，并对行内数据源进行了突破性的整合，实现了与CLPM数据的交互、共享，有效地避免了客户经理的重复操作，显著提升了资产保全业务的规范化、标准化水平，并在防范操作风险、强化管理等方面发挥了重要作用。

二是风险意识进一步增强。近年来，保全条线在风险防范和制度建设方面下了很大工夫。2008年，总行保全部组织完成了《资产保全规章制度选编》和《资产保全案例精选2002—2007》的修订、编写工作，为保全条线依法合规开展工作提供了依据。每年定期开展的“三项业务”检查，通过分行自查和总行抽查，及时发现问题、整改问题。在2008年审计署对我行的审计中，保全条线未发现违规、违纪问题，显示了我们较高的风险防范意识和较强的合规意识。在此我要提醒各位，千万不能大意、不能掉以轻心，要把这个良好的传统发扬光大，干干净净做好保全工作。

三是培训创新收效显著。针对不同层次员工的培训需求，保全系统按照前瞻性、提高性、普及性的原则开展培训，注重形式和内容创新，收到了显著的成效。2008年保全系统共组织3次全行性培训，采取课程讲授、案例教学、研究讨论、视频培训等多种形式，提升培训效果。

上述成绩的取得，得益于总行党委、董事会、监事会、高管层领导的高度重视和各有关部门的大力支持；得益于各一级分行“一把手”和分管行领导的精心指导和直接参与；得益于各级行对资产保全业务的激励措施到位；也得益于总、分行资产保全部门的精心组织和认真落实。

2008年全行资产保全员工继续发扬锲而不舍、奋勇拼搏的精神，团结一致、真抓实干，为全行资产质量持续改善作出了重大贡献。借此机会，我代表总行党委、高管层，向全行资产保全战线的广大干部员工表示衷心感谢！向2008年资产保全工作先进集体和先进个人表示热烈祝贺！同时，也希望保全条线能够继续发扬传统，在工作中不断总结经验、举一反三，为全行经营管理提出更多建议，发挥更大作用，与相关部门密切配合，为提高全行整体经营管理水平作出更大的贡献。

二、当前资产保全工作面临的形势

2009年经济形势具有较大的不确定性，保全工作面临更加严峻的考验。在当前形势下，全行要尽快树立应变的观念，积极应对外部环境的变化，充分运用已有政策和近期出台的专项政策，抓住机遇，寻找保全工作新的突破口。

（一）把握形势、积极应对，增强紧迫感和责任感

一是受国际金融危机影响，经济形势复杂，银行资产质量面临挑战。到目前为止，世界经济的萧条还在延续。受国际金融危机影响，2008年我国经济呈下滑态势，特别是第四季度的形势更为严峻。工业增速逐渐放缓、发电量和用电量减少、出口增速持续下滑、货运量继续萎缩、股市和楼市继续波动。2008年全年GDP（初步核算）增长9%，比上年回落4个百分点，且增长速度逐季下降。2009年2月的CPI出现了负增长。2008年12月8日召开的中央经济工作会议确定了2009年我国GDP增速保持8%的目标，但各方研究机构观点不一：社科院预测2009年我国GDP将增长9%或更多；而世界银行、渣打银行等机构的预测较为悲观，认为仅增长7%～7.5%。因此，2009年我国的经济形势较为复杂，具有较大的不确定性。在美国，GDP增长每下降1%，银行不良率就上升0.4%。我国虽然没有这方面的经验数据，但可以预见2009年、2010年两年，银行将面临着巨大的不良贷款反弹压力，我行资产质量将受到严峻的挑战。

二是经济危机已波及多个行业，企业资金趋紧，不良贷款处置难度加大。经济危机的影响已从外贸出口、中小企业和房地产等行业蔓延到重工业，钢铁、有色、煤炭、电力等能源和原材料基础产业产能过剩矛盾也愈加突出。受市场低迷影响，房地产、股权、机器设备等抵（质）押物价值下降，且难以处置；企业资金链普遍趋紧，有的已经断裂，现金偿还能力大幅下降，第三方重组及代偿等方式的实施较为困难；有些已确定处置方案的项目，由于企业资金问题导致方案无法落实。与此同时，全行不良贷款结构不容乐观：2008年底，在公司类不良贷款中，可疑和损失类贷款余额达426.38亿元，占比61.3%；单户5 000万元（含）以上的不良贷款余额为403.91亿元，占全部不良贷款的58.02%，这些项目可控性差，处置工作存在较大的不确定性；2010年以后到期不良贷款160.98亿元，占比23.12%，受法律及合同限制，处置也存在一定难度。

三是为实现资产质量持续改善的目标，加快不良贷款处置的紧迫性越来越大。压力一方面来自市场。股改上市以来，我行资产质量在国内同业中一直保持领先地位，但同业竞争的压力一直很大。据了解，工商银行、中国银行2008年底的不良率已紧追我行。如果2009年不良贷款增多，将直接影响到市场的信心和股东价值的增长，影响我行同业领先的地位。压力另一方面来自监管要求。银监会在《关于当前调整部分信贷监管政策 促进经济稳健发展的通知》中再次重申，要求各银行继续抓好不良率下降的同时，从紧控制不良贷款余额。因此，我们2009年确定的目标是：将不良率控制在2.1%以下，不良贷款余额控制在890亿元以内。要实现这一目标，各分行2009年新增多少不良贷款，就要处置多少不良贷款，这一压力还是很大的。

（二）抓住机遇，坚定信心，积极迎接新挑战

一是当前经济形势下蕴涵不良贷款盘活处置新机遇。近期，国家密集出台了4万亿元投资计划、“国十条”、“金融三十条”、银监会“关于当前调整部分信贷监管政策”等一系列宏观政策调整措施，为我行盘活处置不良资产带来了新的机遇。2009年各家银行都加大了信贷投入，四大国

有商业银行1月共投放16 200亿元，我行到2月底已经投放3 400亿元，增加了企业现金流，我们要抓住这个机遇。总行已经组织相关部门做好摸底工作，积极研究如何用好政策，化解不良贷款风险。各分行也要加强对本地区经济的研究，关注国家政策对本地资金投放、行业发展和企业扶持方面的影响，积极寻找不良贷款盘活处置的新机遇。

二是政策环境促生不良贷款处置有利因素。首先，企业融资渠道拓宽。财政斥资18亿元补贴中小企业；国家出台钢铁、汽车等10个重点行业的振兴计划措施，拓宽了企业融资的渠道，为不良贷款盘活处置创造了更多空间。其次，市场化处置手段加强。银监会支持银行发放并购贷款，鼓励开展贷款重组和资产转让；财政部放宽了金融机构对中小企业贷款和涉农贷款的呆账核销条件和重组要求等，为积极运用市场化手段处置不良贷款提供了新依据，我们要抓紧落实。再次，专项政策有利于化解存量贷款风险。地震灾区不良贷款和东北地区国有装备制造业不良贷款打折政策出台，为化解存量不良贷款风险提供了政策支持，所在地区要抓紧解决。最后，金融积案有望加快解决。2009年法院系统将继续开展清理未结金融案件的专项集中执行活动。同时，最高院要求建立系列案件审判执行统一协调机制，为加快执行已诉项目提供了机遇。

三是全行风险管理能力和经营能力不断增强。目前全行不良贷款拨备覆盖率达到131%，已具备较强的抵御风险能力。近年来，全行上下对资产保全工作的重视程度不断提高，保全条线的单元制改革、联动处置和专家诊断等机制将进一步发挥作用，处置技术更加成熟，有利于资产保全工作的顺利开展。

面对复杂的经济形势，总行希望各分行能够对当前形势作出正确的认识并积极应对，保全条线要充分发挥专业优势，全力以赴做好2009年资产保全工作。

三、2009年资产保全基本思路和工作安排

2009年全行资产保全工作的总体要求是：认真贯彻落实全行工作会议精神，振奋精神、开拓创新，继续以不良贷款处置和证券化资产服务商工作为重点，通过全面实施一级分行集中经营，灵活运用贷款重组、以物抵债、打包处置、债权转让等多种处置手段，实现不良资产早处置、快处置、多处置，为改善全行资产质量多作贡献。

全年考核工作目标有以下几方面：

——处置不良资产305亿元，其中处置不良贷款280亿元（自行处置210亿元，批量处置70亿元），处置非信贷资产25亿元；现金回收不良资产130亿元，其中现金回收不良贷款103亿元；实现不良资产超值现金回收36亿元。

——履行“建元2008－1”重整资产证券化项目资产服务商职责，现金回收受托资产14亿元。

2009年下达给各行的不良贷款处置考核计划是210亿元，这一计划是在各行存量不良贷款和一定比例新增不良贷款的基础上测算的。结合当前的国内外经济形势，为实现我行2009年底不良贷款余额890亿元、不良率2.1%的控制目标，授信管理部根据2009年各行不良贷款预计新暴露情况，测算出2009年实际需要处置不良贷款总量是440亿元。这个目标任务如果不能完成，那么全行不良贷款控制目标就无法实现，就无法达到银监会的“双控”要求；这个目标任务如果不能完成，那么各行的KPI都会受到影响，这是关系到分行整体利益的事情，各行要以大局为重，务必完成此项工作。我已经让总行保全部按照各行不良贷款控制目标，将440亿元的处置任务分解到各行，并已在会议期间发给各行，以进一步明确2009年各行实际要完成的不良贷款处置任务。要实现440亿元的不良贷款处置目标，一方面要靠各行自行处置超考核计划来实现；另一方面总行也积极组织不良贷款打包转让项目来集中处置。希望各行会后尽快对440亿元分解的目标任务研究落实措施，对于自行处置无法完成的目标任务，要及时与总行联系，争取参加总行打包处置项目。

440亿元的处置目标虽然比下达的考核计划高很多，但是从历年均超计划处置不良贷款的情况来看，近两年都在400亿元以上，保全条线的处置能力还是很强的，希望2009年继续努力完成这一目标。当然，保持我行资产质量领先不单是保全条线的工作，还要靠全行各个条线的配合和

共同努力。会后请各位行长及时向“一把手”汇报此次会议精神，要充分引起重视。今后总行各前台经营部门都要来参加保全部的工作会议，加深对不良贷款和保全工作的认识；相关部门要密切配合保全工作，通力合作，共同为保持全行资产质量持续领先贡献力量。

为实现上述目标，保全工作要早计划、早部署、早行动，工作开展动作要快、下手要准。2009年要重点做好以下工作。

（一）加大工作力度，“又快又多”处置不良贷款

为调动分行积极性，总行对2009年KPI指标和激励政策进行了调整，并预留超计划激励费用，鼓励分行多超计划处置不良贷款。各分行要增强危机感和紧迫性，加大工作力度、用好相关政策、用活处置手段，全面做好不良贷款处置工作。

一是继续以重点分行和重大项目为工作重点。2008年底，有15家分行的不良贷款余额高于20亿元，16家分行的不良率在全行平均水平以上，这些分行有很大的不良压缩空间，在不良贷款处置工作上要多想办法、多下工夫，特别是不良余额大且不良率超过全行平均水平的10家分行，要把处置不良贷款作为分行重点工作之一。2009年，总行继续确定北京、广东等十家不良贷款额大、不良率高的分行作为重点联系行，通过现场办公、参与项目经营及增强业务指导等多种方式，加强对重点联系行的帮助和督导。对于存量144户（余额285亿元）亿元以上的重大项目，总行将进一步完善参与经营机制和流程，加大参与经营的力度。各分行要把重大不良项目的处置作为工作重点，加大处置力度，并落实相应的资源，力争大多数重大项目在年内有进展。

二是灵活运用各种方式，加强手段创新。目前我们处置不良资产的手段已经比较丰富，但对现有处置手段的潜力挖掘不够，工作创新有待进一步加强。第一，积极运用以物抵债和重组手段。总行2009年将扩大对一级分行收取和处置抵债资产的授权，并向有关部门积极争取抵债资产税费减免，促进分行加快处置不良贷款。各分行要积极运用以物抵债方式处置不良贷款，本着风险敞口不扩大的原则，在兼顾处置效率与效益的前提下，对新暴露不良贷款主动收取抵债资产，并实现快速处置；要有效地发挥贷款重组在企业重组并购中的作用，抓住时机盘活不良贷款。第二，充分运用专项政策。近期，国家密集出台了保持经济平稳发展的政策，各分行要密切关注国家对中小企业、东北装备制造业、地震灾区、涉农贷款等的扶持政策，充分运用专项政策，寻找有利时机，加快处置不良贷款。第三，灵活运用创新手段。总行将对已完成尽职调查的不良贷款批量处置项目实施转型，争取在不拆包的前提下进行打包转让，目前这一项目已启动实施。在此基础上，总行力争再多完成一个批量处置项目。各分行要积极配合做好批量处置项目的筛选、尽职调查、估值等工作。今后我们要建立一个机制，在组建资产池的时候考虑分行的配合程度。对于配合较好的分行，可以多吸收一些资产入包。

三是加大呆账核销力度。2008年我行的核销工作得到了银监会的充分肯定。2009年银监会督导重点之一是确保“核呆力度必须到位”，监管机构对呆账核销工作非常重视。目前我行的拨备覆盖率已经很高，如果只提拨备而不抓紧核销，就会造成资源的两头占用。各分行要深入学习领会财政部新核销办法，用好、用活核销政策。要敢于运用“强制执行两年以上未收回”等新的核销条件，只要是符合核销条件、要件齐全的损失类项目，确保成熟一个、申报一个。各行从现在起就要开展核销工作，调整工作节奏，把核销的重点放在上半年。加快核销申报进度，实现季度均衡，避免突击核销。2008年保全部组织的集中核销效果不错，2009年这项工作要继续充分准备，并且高度重视6月底的核销情况。此外，地震灾区分行要依据国家政策，认真做好地震灾区贷款的重组和核销工作，尽快消化符合条件的不良贷款。

（二）切实落实改革措施，确保激励政策到位

一方面要将改革措施落到实处，提升改革效果。2009年资产保全业务单元制改革进入全面推进阶段，各一级分行能否真正承担起集中经营的职责，关系到改革的效果能否充分发挥。但个别分行至今存在畏难情绪，不敢集中经营，影响了全行的整体进度，这些分行要尽快研究制定办法，抓紧落实改革措施。保全条线的单元制改革很有推动力，并且效果明显，我建议把这些经验好好地总结一下。在此基础上，我认为还可以有更大胆的探索，因为保全条线是最有条件搞单元制的。下一步要积极和财会部门协调，尽早实现成本计量和独立核算。具备一定条件的分行，要积极开展内部考核、费用核算、员工评价等方面的工作，为事业部制打下良好基础。

另一方面要确保激励措施落实到位，充分调动员工的积极性。总行2009年在经费十分紧张的情况下，给保全条线预留了充足的战略性激励费用，并且调整了部分产品的激励挂钩系数，以鼓励各行多处置不良资产。各行要确保机构、人员、相关资源及配套措施落实到位，特别是要确保将激励费用直接兑现到对处置回收不良资产有贡献的项目团队和个人，包括参与项目的法律条线等相关人员，充分调动员工的积极性，发挥一级分行的政策优势和专业优势，全面提升处置效果。

总行将密切关注各行改革的进程，帮助分行解决改革中遇到的问题和困难，并对各行改革措施的落实情况和改革成效进行检验。

（三）做好受托资产服务，确保资产服务商工作圆满完成

2008年完成的证券化项目虽然已经出表，但我行的法律责任依然在身。我行担任资产服务商可以获得中间业务收入，超出部分还可以分成，这本来是一件很好的事情，但我们如果无法按期回收现金将产生严重的法律后果，对我行市场声誉的负面影响很大。项目发行时我们的预期回收额是一定的，一家分行完不成计划，就需要别的分行超额完成计划来弥补，如果弥补不了，就可能形成“次债”，这要坚决杜绝。另外，要考虑资金的时间价值，如14亿元的受托资产现金回收计划是以2009年结束资产服务商工作为前提来测算的，如果2009年不能兑付完毕，那么到2010年我们又要支付更多的利息，14亿元就远远不够了。相关分行要继续加强对证券化产品的学习，提高对资产服务商工作的认识，继续努力，确保完成2009年的现金回收计划。2009年底前要完成本项目全部债券本息的兑付工作，力争结束资产服务商工作。

（四）完善三项业务制度，提升专业化处置水平

一是完善专家诊断制度。近两年专家诊断制度日趋成熟，为重大项目、疑难项目的处置提供了宝贵的建议，这项制度应该坚持。今后，要加强对已诊断项目的监测和督导，定期报告进展情况，提高诊断方案的决策性和约束力。

二是优化个贷催收流程体系。对于个贷催收工作，以前全行的重视程度不够，保全部能够推动这件事情非常不容易。2008年我讲过，个贷催收这项工作要加强。保全部牵头管个贷回收不是业务流程外的事，而是正常业务流程里面的一个环节。2008年各行在个贷催收处置方面做了很多工作，2009年，各行要继续从全局出发，正确认识个贷工作的重要性，认真做好不良个贷的催收处置工作。

三是完善已核销呆账的管理制度。随着呆账核销条件的逐渐放宽，我行已核销呆账724亿元，其中保留追索权的占80%。如此庞大的资源，怎么让它创造更多的价值？解决途径就是加强已核销呆账管理。近期总行将下发已核销呆账管理指导意见，整理历年已核销项目台账并导入SARM系统；同时，继续加大已核销呆账回收的激励力度，在费用挂钩比例不变的前提下，部分激励费用由总行直接兑现。各分行要按照总行要求，完善已核销呆账相关信息，加强日常管理和清收处置工作，为增加全行利润作贡献。

（五）加强风险控制，依法合规经营

资产保全业务一直是内外部审计检查关注的重点。各分行要继续健全内控制度，加强贷后管理，完善管理上的薄弱环节，进一步强化风险防范意识，确保业务操作依法合规。特别是在2009年总行要求加快处置不良资产的情况下，更不能放松风险防范和廉政建设。

一是规范经营活动。随着不良资产市场化处置手段的丰富，我们要及时识别经营中的风险点，做好风险防控，确保经营活动依法合规。在保全工作中，要坚持双人下户、做好谈判记录、集体制订处置方案等，在处置不良资产过程中确保风险不扩大。

二是遵循授权审批。各分行要继续坚持“安全高效、权责对称”的原则，在授权范围内开展业务审批。要坚持集体审批，并实行经营与审批职责相分离，坚决杜绝不通过SARM系统进行的线外审批，保证审批的标准化、专业化和流程化。

三是做好业务检查。一年一度的资产保全业务检查已基本结束，这项工作也要继续坚持。各分行要高度重视整改落实工作，从问题中找原因、找漏洞，杜绝问题的再次出现。同时，要将资产保全业务检查嵌入到日常经营管理流程，在项目审批或处置后及时对项目开展审计、检查，使检查工作日常化、规范化。

（六）强化基础管理，加强保全队伍建设

一是加强手段创新。各分行要注重对本地区经济、政策、法律、行业的研究，对政策信号快速作出反应，加强政策运用，积极学习和借鉴同业先进做法，拓宽不良资产的处置渠道。在资产保全手段创新方面，我们一直走在同业前列，但是还要继续保持前列。各分行不要等着总行的打包项目，也要寻找本行不良资产的创新处置途径。同时，积极开拓市场，尝试并购贷款、信贷资产转让、阶段性托管等新方法。有条件的分行要实现保全关口前移，提前介入关注类贷款。

二是强化流程控制。SARM系统（二期）已上线运行，为资产保全业务流程化管理提供了良好的支持平台。总行将继续加强对SARM系统数据的监测，并使用系统数据进行业务检查和业务通报。各分行要充分利用系统资源，用好SARM系统，产生不良后及时交接并导入系统，确保系统数据准确，使资产保全工作更规范、更高效、更透明。

三是做好业务培训。资产保全是银行中一项常规性、技术性的业务，有其自身的技术含量和价值理念。保全工作比较复杂，需要综合运用法律、财务、金融等各种知识，确实需要加强综合性培训。2009年总行下发了《关于在全行实施新一轮大规模员工教育培训的意见》，按照文件要求，2009年我们将继续加大一级分行保全人员的培训力度，对一级分行保全客户经理组织一到两期培训，普及资产保全业务手段和相关知识，提高直接经营水平。此外，还将充分利用高校等培训资源，开展多层次的培训，使业务培训更有针对性。各分行也要充分运用各种资源，合理安排，做好本行的培训工作。

同志们！2009年的保全工作是全行工作的重中之重，希望大家能够按照总行党委的部署，继续发扬战斗精神和开拓精神，稳步提升管理水平和经营能力，扎实工作、大胆创新，全力以赴做好不良资产处置工作，在2009年打一个漂亮仗！

在建设银行2009年度本外币现钞反假培训班上的讲话

朱小黄

（2009年3月17日）

同志们：

在“两会”刚刚结束之际，我们在北京举办反假货币培训班，这是为应对当前反假货币形势而提前举办的。近来，国务院反假货币联席会议和人民银行已连续三次召开反假货币专题会议，媒体对假币事件也多有报道，说明当前面临的反假货币形势严峻、不容乐观。

借这次培训班的机会，我来看望一下同志们，对大家过去所做的工作表示感谢，并就反假货币及现金管理工作讲几点意见，供大家研究。

一、提高认识，高度重视反假工作

制贩假币是一种世界各国都存在的、危害性极大的社会经济犯罪活动。中国的现金交易量很大，电子货币量只占到20% ~30%，我们还是习惯大量使用现金。同时，人民币的地位在提升，尤其是在东南亚等地，人民币的流通量越来越大。现金流通量的扩大，增大了犯罪的空间。

假币背后的政治经济背景很复杂。历史上，第二次世界大战时期的德国伪造苏联的卢布，实际上是军事战争后面的货币战争。台湾国民党政府与大陆政府处于敌对状态时期，也曾大量生产假币进入大陆，破坏大陆的经济发展。

当前，制贩假币等犯罪活动十分猖獗，已对我国货币的良好信誉构成极大威胁，也影响到我国的经济安全和社会稳定。银行是经营货币的特殊企业，所有流通中的货币都是通过银行渠道投放社会的，所以银行在反假货币工作中也承担着特殊使命，处在反假的前沿。因此，我们必须高度重视反假货币工作，建设完备的反假机制。要充分认清自身在反假货币工作中的责任与使命，从构建和谐社会、维护国家货币信誉和经济秩序、确保金融安全和社会稳定的高度，从维护客户利益与我行声誉的高度，切实重视反假货币工作，增强责任感和紧迫感。只要货币存在，制贩假币犯罪活动就不会消亡，因此，各行一定要把反假货币工作作为一项长期性工作，切实抓紧、抓好。

二、落实措施，认真做好反假币工作

目前，假币制作具有技术先进、造假速度快、批量大、仿真度高的特点。有的假币还伪造了水印、安全线等主要防伪特征。事实上，犯罪分子是利用两个方面来制贩假币的，一方面是提高制作假币的技术，尽量贴近真币；另一方面是利用社会人群对真币的防伪知识不足来蒙骗广大群众。现在全社会都知道 HD90 的假币，老百姓一看是 HD 的就说是假的，对真的都表示怀疑，可见其危害性。

2009 年 3 月 3 日，张建国行长在总行营运管理部《关于我行反假货币工作情况的报告》上批示："反假是一项长期工作，也是一项十分艰巨的任务。要根据假币在不同时期的表象，采取针对性措施。"我们要认真落实张建国行长的批示精神，针对当前制贩假货币新特征、反假工作新形势，研究落实针对性的措施，坚决遏制假币事件的高发态势，工作的重点要围绕当前媒体集中报道，或者收缴大量的 HD 等假币开展。

前期我们从制度、培训、宣传和现金业务实务的组织与管理上做了大量工作，也取得了一定的成效。上次参加人民银行的一个会议，人民银行对我行的工作是肯定的。下一步要重点做好以下工作。

一是要认真贯彻落实国务院反假联席会议精神，履行我行《告客户书》提出的各项承诺，确保通过我行对外支付的现金无假货币。前段时间人民银行开会要求，银行出来的钱绝对不能有假。银行是权威机构，若不能保证从银行出来的钱绝对不能有假，老百姓就会觉得社会不安定、没有安全感。因此，我们应该进一步加大反假币工作力度，加强培训，保证从事现金业务的员工识假、辨假能力适应当前反假工作要求；做好出纳机具的检测、升级工作，保证所有机具均能有效发现所有机制版假币；加强操作流程管理，保证从事现金业务的员工能很好地履行反假货币工作职责，保证假币信息能及时上传、下达。

二是要加强对客户的宣传与培训。通过张贴宣传图、发放宣传手册、上门培训、柜面提醒、大堂咨询等方式，提高客户识假、辨假的能力，普及人民币及反假常识，营造良好的反假环境。

三是落实责任，及时处理客户投诉、纠纷事件，维护我行声誉。假币事件的社会背景比较复杂，处理起来也有一些难度。容易上当的人大多是社会上的普通老百姓，尤其是弱势群体。法律虽有规定，持有假币是违法的，都应予以收缴，但实际执行起来并不这么简单。比如说，有一个老人来存钱，八张面值一百元的，发现其中一张是假币，就是八分之一啊，对老人来说是一件非常大的事情。客户投诉也是一样，纠纷事件孰大孰小要做一个判断，有些事情还是要做一些人性化的处理。既要坚持原则、按法规办事，该报案、该收缴、该登记的都要按法律程序走，同时又要根据情况对某些具体环节灵活处理。反假货币工作包含着法律学、社会学，与社会心理学有很大联系，怎样科学地、人文地解决反假货币中的一些问题是一个很重要的课题。既要以客户为中心，服务好我们的客户，又要认真执行各项法规，妥善处理好与客户的纠纷与投诉。

对不法分子的违法行为，我们要给予有力的

回击。最近，广东省东莞市分行成功堵截不法分子用假币换真币后，谎称是从我行自助设备取出假币，企图诈骗我行资金的事件就是一个典型的案例。诸如此类事件，处理不好会严重影响到我行的声誉。

四是建立长效机制，提升反假能力，逐步树立我行在反假货币领域的权威性。我们要逐步建立反假网络信息系统，提高反假培训、信息发布的时效性；要组建反假货币专家团队，做长远的打算，建立起长期有效的机制，包括队伍的建设，假币信息的跟踪、分析、报告制度，增强反假工作的前瞻性。关于信息问题，发现新版假币，要很快地报告，要不然社会上都知道了，我们却没有收到报告，工作上就会陷入被动。假币信息的报告、发布要按规定的程序、规定的渠道办理。

三、加强基础管理，保证现金业务安全运行

现金业务管理是银行基础管理的重要组成部分，事实告诉我们，管理不到位，就会发生案件。现金的管理应该引起高度重视。我们要重点抓好以下两方面工作：

一是做好现金备付管理工作。2008 年，我行的现金备付率是 0.51%，2007 年是 0.63%，同比下降了 0.12 个百分点，虽有成绩，但还有不小的潜力。从 2008 年发生的出纳部位案件看，部分行管理粗放，库存限额远远超出了实际需要。库存额太高，不仅增加了无效资金占款、降低了效益，也给犯罪分子提供了可乘之机，所以现金备付一定要合理。2009 年，全行扣除新增 ATM 占款等不可比因素，要再下降 10%。现在，我们有些地方管理粗放、人浮于事，对深层次的管理问题不去关注。为了省事，给基层行核定一个很大的库存额度，超了库存限额也知道，但不检查、不监控，给犯罪分子以可乘之机。所以，我们要加强现金备付管理，要加强对现金业务的检查和监督。

二是加强操作流程诸环节的管理，重点解决屡查屡犯的问题。现金业务检查要全面实施突击检查，除现场清点现金外，主要采用通过查看监控录像的方式进行。要建立从柜员到机构的库存现金及交易流水实时监测制度，实行专业化监控，增强监督检查的时效性，化解因管理疲劳导致管理真空所带来的操作风险。常年重复做同一件事、同一个操作，就容易导致管理疲劳。比如复核授权，两个人长期合作，8 小时内看得清清楚楚，相互信任，就容易出现管理疲劳，但你不清楚其 8 小时之外的活动，当管理漏洞长期存在时，好人也有可能误入歧途，做出违法的事情。消除管理疲劳，就需要我们时刻保持高度的风险意识，加强检查和监督。所以，各级现金管理人员、各地市行的会计主管，要经常去网点走一走，及时发现、解决和处理有章不循、违规操作等问题。

要引入现代物流管理技术、工具，增强现金物流管理环节的自动化程度，在提高现金业务效率的同时，降低现金配送、交接、收付诸环节的业务风险。其他常规的管理手段，有效的要坚持并不断完善，增强其针对性；不起什么作用的要简化，过度控制不仅降低效率、浪费管理资源，也会造成新的操作风险。

我们传统控制风险的方式，要做 180 度的大转变。传统的方式是发现问题后，加环节、加人，企图用复杂的流程来控制操作风险，这是个认识的误区。我们知道操作风险有两个因素，第一个是流程的环节多，风险就多；第二个是人越多，风险就越多。增加的流程越多，风险总量就越大。我们增加了人，把流程加长了，成本上去了，效率下来了，风险也没有控制住。现代风险管理的手段主要是靠技术程度的提升来控制风险。

借这个机会，我讲讲营运管理部的工作，希望全行要多理解营运管理部。营运管理部是全行运行的“心脏地带”，管理着大量的生产系统，工作量大、责任大、技术要求高。我们在座的各位要有责任感，要知道自己的分量。营运管理部一边要维护安全运行，一边要推进体制改革。前后台分离，是带有革命性的变革，影响到建设银行的未来，影响到我们今后的业务质量、经营能力。我们要通过这项改革，实现三个目标：一是提高效率、提升服务能力，把网点打造成一个纯粹的交易平台；二是通过简化流程，前后台分离，降低风险；三是通过资源整合，降低成本。前后台分离是全行的项目，由总行牵头开发建设，以

后要在全行推行，希望大家支持。

最后，希望参加培训的同志们认真学习，很好地掌握货币防伪知识和假币识别技能，成为我行反假货币方面的专家型人才。

在一级分行风险总监高级专题研修班上的讲话

朱小黄

（2009 年 4 月 13 日）

同志们：

本次培训班是风险总监到位后第一次在境外举办的培训班，总行党委和行领导非常重视，监事长亲自出席并作重要讲话。总行人力部、香港培训中心也对本次培训提供了大力支持。此次培训班充分利用香港丰富的培训资源，课程安排较好，并取得了很好的培训效果，对于提高风险总监队伍的整体素质和今后的工作水平具有长远的影响。借这个机会，我主要就当前的经济金融形势和 2009 年的风险管理工作重点，与大家做一个沟通和交流。

一、当前的经济金融形势

当前，全球经济金融形势的不确定性较大，如果美国的实体经济继续下滑，会对全球经济的负面影响越来越深。我前几天去美国，感觉到美国目前存在两个方面的主要问题：一是社会积累的一些问题，如服务质量的下降、工作效率的降低、在操作层面上人员素质的降低等；二是当前的金融危机使失业率升高，目前达到 8.5%，有机构预测 2009 年底将达到 10% 或者 12%，高失业率会带来信用卡违约率的大幅度上升等信用违约问题。奥巴马政府在上台之后采取了一些措施，但这些措施要真正产生效果还需要一段时间。到现在为止，除美国以外，东欧、西欧等传统发达国家的经济问题也已显现。所以，对于全球经济而言，不确定性仍然很大。在这种形势下，我们从事风险管理工作的，更要关注经济形势的负面影响，看清楚存在的问题。

当前，国内经济形势快速变化，目前的普遍看法是国内经济有回暖的迹象。从 2008 年第四季度开始，我国实行“双放松”的货币政策，加大了财政支出和信用投放。从一般的概念上讲，加大银行信贷投放的目的是为了解决企业的现金流问题，维护现有的各种产品市场的正常运行。但维护市场并不能仅靠现金流，更需要解决市场本身的供求关系问题。从消费方面看，当前国内拉动消费的政策弱于加大投放的政策，如果消费市场不能有效增长，那么经济形势很难根本好转。如果大量投放的银行现金流变成企业的产品库存，企业和银行都会出问题，我们当然不希望出现这样的局面，但是万一出现的话，我们应该如何应对？

从 2008 年第四季度开始，总行管理层提出了一系列正确的信贷政策，抓住了很多优质项目，特别是一些基础设施项目。2009 年第一季度，全行 50% ~60% 的贷款投向了基础设施和基础行业，信贷投放结构较好。但如果出现重大经济形势转换或极端情况，我们该如何应对？我们所能采取的策略就是要争取比别人晚出问题，也许在我们坚持之中形势就有了好转。这就需要我们做到两点：一是不能太冒失，不能冲动；二是要有选择，有所为，有所不为。我们现有的各项信贷政策都很清晰，关键是如何根据当前形势和当地实际情况来执行好。风险总监要掌握分行的信贷政策执行情况，在政策的具体执行过程中要把握好分寸。一方面要准确判断市场，看得准，该做的要做；另一方面要抑制住不合理的冲动，如果抑制不住出了问题，就要承担责任。信贷审批是重要的把关环节，如果审批人审批的贷款出了问题，该处理的也要进行处理。这次银监会检查发现，有些分行的贷款存在违规现象。如对批准手续不全和审批流程存在瑕疵的项目发放贷款。未严格落实授信条件发放贷款。这些问题充分表明有的分行的基础管理存在较大问题，风险管理工作不到位，必须进行认真反省。面对当前的复杂形势，各分行一定要谨慎，要依法合规开展业务，同时也要把握住市场。风险总监也要切实承担起责任，要加强风险控制。

二、2009年的不良资产压力问题

2008年，我行实现了不良资产“双降”，全行累计新暴露不良贷款389亿元，剔除灾害影响、以往年度表外垫款，纯新发放形成不良贷款27.6亿元；2008年初实行了84亿元的不良资产证券化，全年共处置不良贷款405亿元，不良贷款绝对额下降十几亿元；2008年第四季度全行加大了贷款投放，年初预计投放3 500亿元，全年实际投放5 000多亿元，不良率也大幅度下降。

与2008年相比，2009年全行不良资产回收压力比较大。2009年初，我行原计划打包转让不良资产80多亿元，但由于种种原因，未能采取此种方式进行处置。2009年第一季度，全行不良资产继续保持“双降”，但随着2006年和2007年经济快速增长所附带问题的逐步暴露，2009年不良贷款反弹压力很大。根据压力测试结果，经济增长每下降1个百分点，不良率将增加0.4%，如果2009年我国的经济发展速度从10%下降到8%，不良率将会增加约1个百分点，按照信贷总资产总量4万亿元计算，会带来新的不良贷款额400亿元，不良贷款总额将达到1 200亿元以上，不良率可能会高于2%，不良率不降反升。如果2009年下半年经济继续下滑，还会新增一大批不良资产，这就要求我们必须在不良资产回收方面下手快一些、主动一些，才会在下半年对可能出现的问题有消化能力。在这几年的路演中，财务指标和资产质量指标是我行的亮点，强于其他银行，这两个方面的优势我们无论如何要守住。

2009年，必须要加大不良资产的回收力度。一是要继续加大现金回收力度。目前大量的信贷投放带来了很多领域现金流的加大，这是追回资金的大好时机。二是要加大抵押品的回收力度。用抵押品来对冲风险、减少不良，这是当前我们加大不良资产回收的方法之一。对此，各位风险总监要进行认真研究，把分行的资产抵押情况摸清楚，关键是要搞清楚不良资产的抵押情况，对可变现的、能回收的抵押品，各分行要安排布置做好回收和处置工作。

三、当前需要注意的一些风险问题

（一）关注贷款集中性风险

根据统计，2009年第一季度全国金融机构本外币贷款新增4.5万亿元，绝大部分投向了铁路、公路、电力、机场、港口等国家重大基础设施项目，以及有政府背景的融资平台等。

从我行情况看，在2009年前两个月新增贷款3 586亿元（含贴现587亿元）中，投向商务服务业722亿元、电力321亿元、批发290亿元、公共设施管理259亿元、房地产249亿元、国家机构248亿元、公路166亿元、钢铁147亿元，上述行业贷款新增占比67%，上述行业大部分属于亲周期类行业，过分的集中会带来系统性风险。因此，各行要严格执行总行的限额管理制度。有的分行为了发放贷款，私自调整行业归属，这种做法是不行的。

（二）关注地方政府的偿债能力

最近一段时间，我行和地方政府合作了不少项目。我们给地方政府融资平台的贷款，本质上都是过桥贷款，核心是项目的第一还款来源和政府财政拨款能否到位。发达地区的政府情况相对较好，财政能力较强，但令人担心的是，有些分行和地市级以下的政府甚至是县级市政府签订了各种协议。如果到时签的协议我们不兑现，我行信誉会受到损失；如果兑现，我们的风险能否控制得住，必须要算好账。对于地方政府融资平台，不能在贷款审批方面放松标准。

（三）关注部分行业的风险

1. 关注房地产企业风险。从2008年开始，房地产市场持续低迷，销售量持续下滑、空置率持续上升，导致房地产开发商的开发资金普遍比较紧张，有些企业已开始出现资金断裂的迹象。

从2007年开始，我行严格控制房地产开发类贷款，这个决策是非常科学的，目前我行房地产行业的不良率不仅没有明显上升，反而还在下降。对于房地产行业，各分行要保持一定的警惕性，一是要严格按照信贷政策底线，从严控制房地产开发贷款，原则上只能对AA级及以上客户发放贷款，守住新发放贷款质量线；二是要加强贷后管理，落实封闭管理措施。

2. 关注造船企业资金断裂风险。造船业与房地产业一样是资金密集型产业，具有周期长、前期投资大的特点。目前，部分造船企业的已经出现资金断裂。如果经济萧条，很多造船企业的订单都是虚拟的。因此，不要迷信客户的信息，不要被他们所引导，要相信自己的判断。

总行已经下发文件对造船行业的风险进行了专门提示。各分行原则上只对AA级及以上客户发放贷款，要注意一些期限较长的贷款风险，对出现资金断裂苗头的企业及时采取控制措施，尽可能减少我行贷款损失。

（四）关注部分产品风险

1. 关注票据业务风险。2009年第一季度，我行票据业务的总量不大，占全部信贷投放的16%～17%，业务质量较好。但是从信用风险看，部分分行已出现了大额新增垫款风险加大的现象；从操作风险看，个别分支机构在实际操作中有章不循，擅自放宽保证金的收取比例或放松抵押担保的条件，为一些不符合准入条件的企业签发汇票，或者办理无真实贸易背景的承兑汇票。这次银监会的检查也发现了此类问题，各位风险总监要予以关注。

2. 关注信用卡业务风险。从近期观察的情况来看，信用卡业务风险主要表现在三个方面：一是客户违约率上升。截至2009年2月底，全行信用卡不良贷款为3.70亿元，贷款不良率为1.66%（逾期90天以上），较年初上升0.38%，虽仍保持较低的水平，但为2006年6月以来最高。目前我行信用卡业务信贷承诺（即未透支信用卡额度和未使用分期付款额度）已近2 000亿元，一旦客户恶意透支比例上升，将直接对信贷资产质量带来负面影响。二是信用卡套现事件频发。目前，利用终端POS机进行信用卡套现的行为愈演愈烈，已形成一条“灰色产业链”。三是商务卡风险显现，可能出现商务卡不良率上升的情况。商务卡额度的核定基本依据企业对公授信评级及其授信额度，但目前部分对公客户商务卡额度不占用其授信额度，在客观上形成了一定的管理真空。

总行风险管理部、授信管理部和信用卡中心要对上述几个方面的问题进行研究，对商务卡额度也应纳入客户总体的授信额度中。各分行要根据信用卡业务的特点，结合本地区客户的风险特征，采取有效的风险管控措施，核心问题是要注意客户的选择。

3. 关注理财业务风险。自2008年以来，我行理财业务做得较多，但很多产品期限较长，用银行的信用垫底，未来潜在风险很大。特别是在理财产品初期，对产品的风险提示不充分，出现了很多客户投诉的情况。更为严重的是，如果选择的客户本身出现了问题，理财产品就会面临很大风险。

4. 关注融资性保函业务风险。总行已经发文，明确禁止办理各类理财产品担保业务，以及各类企业债券、公司债券、信托计划、保险公司收益计划、券商专项资产管理计划等融资性项目的担保业务。

各分行应充分认识融资性担保业务的风险，进一步加强对相关监管政策和我行相关规章制度的执行力度，切实防范融资保函业务风险。

四、当前的几项主要工作

（一）提高信贷审批质量和效率

在2009年第一季度内部检查和银监会外部检查中，发现了信贷审批质量方面存在的一些问题。在业务的快速发展过程中，对信贷审批效率的要求也提高了，分行信贷审批会面临一些压力。现行体制的设计，风险条线和业务条线的角度不同，但方向和价值是一样的，都是为了建设银行的健康发展。从本质上讲，信贷审批的目标是支持业务有效发展的实现，是对风险和收益平衡的取舍，而不是简单的“Yes or No”。取舍就需要沟通，通过沟通，决定怎么做最合适、怎么做风险最小、收益能够覆盖风险。

（二）加强贷后管理

总行开发的贷后管理跟踪系统全行已基本实现上线，过一段时间就要正式启用。贷后管理跟踪系统基本上能把出现风险苗头的贷款纳入系统流程，并按照流程进行贷后管理。全行要通过上述系统，把贷后管理的水平往前推进一步。

（三）完善组织架构，加强市场风险管理

一是尽快完善市场风险管理架构。我行的市场风险管理系统架构已基本建立起来了，下一步要逐步完善工作流程和工作内容，明确市场风险的边界、明确分行的市场风险管理职责和任务。

二是加强代客衍生产品交易、远期结售汇、内保外贷等市场风险相关业务的风险管理工作。2008 年，我行代客衍生产品交易业务出现个别客户亏损和我行垫款情况，内保外贷业务也出现了一些新的风险。各分行应结合自身业务开展情况，密切关注市场动态，加强代客衍生产品交易、远期结售汇、内保外贷等业务的市场风险管理工作，避免外部市场风险转化为我行信用风险。

（四）加大不良资产的核销、处置力度

过去我行的不良资产核销往往是打突击战，没有节奏感，2009 年的不良资产核销要从现在开始加大力度，不能等到年底才开始进行。当前，不良资产核销存在许多有利条件，前不久银监会出台了“银十条”，银行间资产转让“开闸”，各行要抓住有利时机，做一些资产转让；对于涉农、小企业和受灾地区的贷款，财政部给了一些特殊政策，各行要利用好这些政策。2009 年上半年，要力争完成全年不良资产处置任务的一大半。

2009 年，总行将继续实行资产质量差别化管理，允许不良率处于较低水平的分行不良贷款额在合理范围内有一定波动，对不良率和不良贷款额较高的分行则要求加大力度，确保本行不良率与不良贷款额“双下降”。

（五）加强风险跟踪和排查

自 2008 年以来，我行加大了不良资产的排查力度，对于出现的不良资产，能够做到及时发现、及时处理，将风险控制在了消化能力之内。

2009 年，各行要继续加强房地产、土地储备、钢铁、建材、汽车、造船和出口相关行业等受经济波动影响较大行业客户的风险排查，防止不良资产反弹。总行要做好各类风险提示工作，各分行要根据区域风险特点自主开展风险排查工作。

（六）加强风险条线队伍建设

一是要加强学习研究。当前风险管理对人员队伍的要求非常高，需要具备很高的管理能力和管理水平。与此同时，我行使用的各类风险管理工具，如限额管理、经济资本、监测系统等，技术含量都很高，这些对我们都提出了很高的要求。所以，必须要不断加强学习和研究。

二是要加强队伍管理。这两年我们个别风险总监出现了一些身体或生活方面的问题，主要原因是生活方式不健康。“上有所好，下必甚焉”，风险总监要以身作则、率先垂范，把心思放在工作上。生活方式要健康，多一些体育运动，少喝些酒。更要注意的是贷款审批方面，现在信贷投放很快，要千万小心人情贷款。风险总监们不仅要管住自己，还要管好下属员工，在开会的时候要多提要求。

继续推进大额授信风险处置
切实加强贷后管理
确保全行信贷资产质量持续稳步向好

——在2009年"双十大"客户暨资产质量重点联系行风险处置专题会议上的讲话

朱小黄

（2009年6月5日）

同志们：

这次会议开得很好，节奏紧凑、信息量大、效率很高，相关分行作了充分的准备，主要的情况和问题反映得比较清楚，"双十大"客户处置方案落实情况也比较好。除了风险条线人员外，参加本次会议的还有银监会领导、董事和相关部门的专家，大家集思广益，进行了充分的沟通和探讨，拟定了针对性强的风险处置措施，对下一步的工作有较强的指导意义。根据会议情况，我重点讲三个方面的问题。

一、坚持不懈地推行"双十大"客户与资产质量重点联系行工作机制

2009年5月底全行不良贷款继续保持"双降"，表明我行风险管理水平初步经受住了此次金融危机的考验，其中，"双十大"客户和资产质量重点联系行机制发挥了重要的作用，效果显著。截至2009年4月末，总分行"十大关注"客户关注类贷款为538.08亿元，占全部关注类贷款的26.9%，比2008年初减少344.24亿元；"十大不良"客户不良贷款为273.58亿元，占全部不良贷款的35.8%，比2008年初减少126.07亿元。2008年底，总行45家资产质量重点联系二级分支行中有37家实现不良贷款额、不良率"双降"，有25家不良率降至10%以下。截至2009年4月底，新确定的26家重点联系二级行不良贷款比年初减少了15.41亿元，平均不良率下降了3.75个百分点。

总行自2007年建立并实施的"双十大"客户和资产质量重点联系行制度，工作方式就是通过对具体问题的分析判断来找到解决问题的正确方法，包括具体诊断、具体分析、个案决策、确定策略、有力推进，既是解决大额不良贷款的工作平台，也是全行处理不良资产的良好示范；既是工作方法和手段的示范，也是工作作风、工作思路的示范。这一工作机制要坚持不懈地推行下去。

针对2009年经济环境不确定性增大、信贷资产质量潜在风险较大的实际情况，我们要进一步深化大额授信客户风险处置的工作机制，加大处置力度，因此适度扩大了范围。一是选择房地产、钢铁、化纤、政府融资平台等重点关注行业，新增6家企业作为"十大关注"客户，并根据客户风险状况变化重新确定了25个总行"双十大"客户，下一步将根据处置进展每半年调整一次名单；二是按照全部贷款不良率大于10%，且不良贷款额大于1亿元的标准，重新确定了26家资产质量联系二级行，其中6家为新进入二级行；三是将不良率在3%以上的11家一级行作为资产质量重点联系行，以促进相关分行加快不良贷款处置，确保降低不良率。从汇报的情况看，各行已感受到了压力，纷纷表示2009年底不良率都能下降到3%以下，或降到2.5%左右。由于各行具体情况不一，因而目标的实现难易程度不同，希望各行会后提高执行力，言必行、行必果，年底必

须达成会议确定的处置目标，请总行授信管理部对执行情况进行监督。

各行风险总监应更加务实，着眼于具体问题如何解决，而不是讨论工作模式和经验体会。要清楚了解“双十大”客户、重点联系行的资产质量情况，抓住问题的主要症结，有数据、有重点，加强针对性，提高处置策略的精细化水平。

二、正确认识外部形势变化，多管齐下加快不良贷款处置，坚决防止不良贷款反弹

（一）目前外部经济形势仍然非常复杂，不良贷款反弹压力仍然较大

目前国际、国内综合经济指标显示，各种指标曲线在大幅下滑之后有了缓步的回升，但是这种回升是否稳定还需要进一步观察。在2009年第一季度综合经营分析会上，张建国行长提出了不与同业银行竞争规模的理性判断，要求全行合理把握新增贷款总量与节奏，上半年新增人民币贷款控制在原定的全年计划内。总行要在对上半年经济数据认真分析的基础上，确定下半年的信贷政策方向，并对现有项目和客户储备是否能保证明年的后续增长作进一步研究。总的来看，国内外经济发展趋势如果稳定向好，我行不良贷款反弹压力可能会有所减小；若经济走势长时间处于波动状态，不良贷款反弹的压力则更大。

另外，不良个贷的反弹也要引起注意。2009年初以来，房地产市场在刚性需求的影响下，交易量略有起色，但仍无法与2008年同期相比，而我行2009年个贷投放量大大高于2008年，2008年全年投放约1 000亿元，2009年前5个月就达到900亿元，其中百分之八九十是按揭贷款。在此之中是否存在一些问题按揭，需要我们进一步加强排查，提前消除风险隐患，防止出现重大问题。

（二）充分运用风险管理工具和手段

现阶段我行风险管理体系的建设已经取得明显进展，风险管理方法和工具基本覆盖了所有业务范围，得到了外界和同业的认可。我行已经建成并掌握的各类工具，包括授信业务监测系统、贷后跟踪预警系统、风险限额管理、风险底线等，在提高评估与识别能力、加强流程控制等方面发挥了重要作用；个贷业务评分卡系统已上线，运行情况良好；我们正在开发操作风险相关管理软件，建立自评估系统，强化关键风险点控制。当然，工具不能代替判断，业务的持续发展还要依靠提高整个系统的人员素质。

同时，信贷结构调整的方法也越来越细，我们制订的行业性信贷退出计划已经细化到客户，2009年总行对一些信贷规模较大的行业进行了细致的分析，如新出台的制造业结构调整指导意见对不同的分行、不同的行业小类分别提出了“保、控、进、退”的要求，希望能够为分行提供直接的根据，更好地促进业务健康发展。

（三）多管齐下解决不良贷款问题，加快压缩退出力度

在加快风险处置方面，各分行要积极探索，采取多种有效措施。2008年我行加大了现金回收和核销的力度，并通过资产证券化处理了不良贷款85亿元。2009年消化不良贷款的一个主要手段是回收不良资产抵押品。目前在全行800多亿元不良贷款中，约有500多亿元设定了抵押，各行要重新衡量抵押品缓释风险的价值，加大回收处置力度。要加快核销进度，要改变往年“前松后紧”的做法，提前准备、调整节奏。

同时，我们要对不讲信用的企业采取强硬的手段，提高违约成本，将压力转移给企业，有利于加快信贷退出。对企业集团来说，它是一个整体，不同成员企业的贷款质量是密切相关的，有的分行只将企业集团部分贷款分类为不良，还有部分贷款风险未充分暴露。我们要通盘考虑，充分暴露风险，使企业体会到对银行不讲信用要付出相应的代价，加快压缩退出进度。如新疆某企业拖欠我行贷款，当我行将其全部贷款分类下迁到不良后，企业出于信誉的考虑，一个月就偿还了贷款。

三、重点抓好贷后管理，切实加强全面风险管理

（一）利用现有的工具、手段、流程，下大力气抓好贷后管理

贷后管理是我行乃至中国银行业信贷管理中最薄弱的环节，已构成我行信贷管理的“软肋”。一个主要原因是我们一直以来对存量贷款和增量贷款的关系处置不当。现在全行的精力基本放在

增量贷款投放上，但我行每年的增量贷款仅占10%，存量贷款占90%，利息收益也主要依靠存量贷款，因此需要将更多精力放在存量贷款的管理上。贷后管理也是拓展客户、拓展市场、提高客户满意度和忠诚度的重要途径，贷后管理与贷前、贷中构成一个完整的体系，正如郭树清董事长所强调的，"了解市场、了解客户、抓住关键"的经营理念应该贯穿信贷业务全过程。贷后管理是业务经营部门的工作平台，也是风险管理部门的工作平台。贷后管理是贷前调查、贷中审批的逻辑结果，发放贷款是为了利息收益，落实审批条件是为了确保贷后能够正常还本付息。贷前、贷中所做的工作都是为了贷后能正常回收本息，若不重视贷后管理工作，是与贷前、贷中的工作逻辑相悖的。从整个信贷流程来看，我们贷前要防患于未然，贷中要安排好已然，贷后要处理好既然，三者之间有很强的承前启后、周而复始的逻辑关系，哪个环节出了疏漏或者管理松懈，都会破坏这种良性循环，形成"短板制约"，甚至引发系统性风险。因此，贷后管理不仅是一个风险管理概念，更是一个经营战略概念，是银行最重要的基础性管理工作。

贷后管理是一项复杂、长期的系统工程，不可能一蹴而就。从总体上来把握，我们必须要抓住信贷退出、问题客户处理和常态化管理这三个方面，以一套可供操作的工具为突破口，把贷后管理工作做深、做细、做实，改变"喊口号、发文件、提要求"的粗放管理模式，从根本上扭转贷后管理薄弱的局面，把贷后管理真正落到实处。

一是要建立退出机制。我们是商业银行，必须扶植客户、培育客户基础，但并不意味着要被动地伴随一个企业的兴衰史，关键是要建立择机退出的机制。在企业活跃时就要分析判断其发展趋势，在把握不准时要及时退出，不要等客户出了问题再退出，到那个时候想退也很难退出来，只能使贷款形成不良后再处置、核销。我们所说的退出是建立在对行业、企业准确判断的基础上，要根据企业的负债水平、现金流等因素来把我行贷款余额控制在一个安全合理的范围内，并非仅指全额退出。在结构调整过程中，退出不擅长的、风险较高的行业和企业，可以将资源配置到较好的行业和客户上。

二是建立问题客户处理机制。我们不能保证所有的客户都不出现问题，但出现问题之后要有相应处置机制。目前，贷后跟踪监测系统已经在全行上线，各行要按照系统流程，将出现问题苗头的企业纳入跟踪管理，及早下决断，解决存在的问题。

三是要通过技术化的手段，针对日常贷后管理薄弱环节，加强常态化管理，落实具体的风险防控措施。例如，在系统内增加自动提示功能，提前一段时间提示客户经理贷款即将到期；在流程系统中将审批条件落实设成关键环节，由指定岗位逐项确认后才可放款，上级机构风险监控岗位可随时通过系统随机调阅审查等；同时要扎实开展贷后平行作业，加大贷后风险监测、预警与控制力度。

近期内部审计和监管机构通过现场检查发现了一些贷后管理的问题，各行要对问题进行认真清理，责任要落实到人。授信管理部要牵头细化并督促落实整改，各分行要加大力度，把信贷管理主要精力放在贷后管理上。要坚持规范的流程和操作，不允许违规越权行为，一旦发现，立即查处，绝不姑息。当前假按揭的形成，就是因为内外勾结，缺乏必要的面签程序造成的，对于涉及的经办人员，要严格按照规定问责处理，纪检部门要做好督办。

（二）强化市场风险控制，有效避免市场风险导致信用风险

在当前经济形势下，市场风险和信用风险之间要建立隔离带，避免市场风险导致信用风险。对于一些代客衍生产品，我们过去当做纯粹的中间业务，忽略了银行作为其中的一个交易对手，在任何一方出现违约时都可能承担垫付义务。由于市场波动剧烈，客户在预期损失严重的情况下往往选择不履约，导致我行被动垫款，转为信用风险。尤其是一些跟外币利率挂钩的、类似对赌性质的衍生产品，发生风险的概率更大。其他商业银行在衍生产品业务方面做得较好，主要原因在于其客户结构好，能够做到真正意义上的背对背平盘，而我们的客户结构达不到这个标准。

我们要针对该类业务设定相应的风险隔离带，谨慎决策、严格管理，不能以信用风险增加为代价来完成相关业务指标。对于类似对赌性质的衍生产品，收益再高、客户再好，商业银行也不能涉足，因为这类风险是商业银行不能承受的。对于纯虚拟性质的衍生产品，如基于一个衍生产品派生出来的新的衍生产品，或者将一个实物资产分割成几个部分分别包装成衍生产品，加大整个风险敞口的，商业银行也不应介入。

（三）建立操作风险的补救机制

近几年，全行操作风险管理的“三道防线”已初步建立，操作风险和案件的管理取得一定成效。今后一段时期，操作风险管理的工作重点，是在对自评估、损失数据等采集、分析的基础上，找出薄弱环节，完善修改相关流程与规则，形成决策，将管理成本转化为管理效益。

（四）稳步推进《巴塞尔新资本协议》的实施

实施《巴塞尔新资本协议》对于我行具有十分重大的现实意义，它将促进风险管理体系的再造。我们对《巴塞尔新资本协议》的理解，不仅是对资本的要求和形式上的监管框架，还是各类管理工具的基础；我们的执行与落实，就是把风险管理技术嵌入业务流程之中，能为业务所用。近几年来，我们坚持把业务应用和《巴塞尔新资本协议》的实施结合起来，优先选择业务发展迫切需要的公司类客户评级、个人信贷业务评分卡等重点开展工作，并将阶段性成果及时应用于业务实践，取得了良好效果。目前实施《巴塞尔新资本协议》各项工作正稳步推进，总体进度较好，新资本协议办公室对此做了大量的工作，推动与此相关的几十个项目的开发实施，有的已初见成效。今后，我们将进一步统一思想，加大资源投入、加快项目进度，拟按三大支柱分别向银监会申报实施。

（五）完善风险管理体制

我们要进一步完善风险管理体制，健全风险条线的激励约束机制，加强风险条线的队伍建设，对一些深化风险体制改革相关的问题进行研究，如风险管理考核上如何淡化规模冲动、信贷产品是否能实施买单制等。

大家要再接再厉，积极落实好各项措施，巩固资产质量领先优势，全面提升风险管理能力，为建设银行迈向世界一流银行而努力！

在贷后管理工作专题视频会议上的讲话

朱小黄

（2009年6月10日）

同志们：

今天，我们召开全行视频会议，专门部署贷后管理的相关问题。当前，我们正处在一个非常特殊的时期。这次百年一遇的国际金融危机已经持续了将近一年，虽然目前有诸多迹象显示国内外经济已经触底回暖，但可以肯定的是，危机及其后遗症对我们的影响远未结束，经营中的不确定性仍然难以预料。2008年第四季度以来，为进一步贯彻落实国家出台的一系列“保增长、扩内需、调结构”的政策措施，银行信贷进入了一轮快速投放期。2009年前5个月中国银行业新增贷款近5.7万亿元，截至2009年6月我行新增贷款已经超过6 000亿元。贷款的后续维护和管理任务十分艰巨。与此同时，2008年以来受利差收窄、经济下行等因素影响，我行资产减值计提对即期利润构成了巨大的压力。所有这些都说明，贷后管理工作比过去任何时候都要繁重艰巨，也显得更加必要。所以，我们召开这个会议的目的，就在于进一步提高认识、理清思路，采取强有力的措施，推动整个贷后管理工作上一个新的台阶。张建国行长在百忙之中来参加今天的会议并将作重要讲话，充分说明总行党委和管理层对贷后管理工作的高度重视。我先讲三个方面的问题。

一、贷后管理是关乎银行生存发展的战略性问题

贷后管理的概念大家并不陌生，“加强贷后管理”的口号也强调了很多年，近些年我们也确实采取了很多措施，取得了一定成效。例如，《信贷业务手册》和相关制度早就对贷后管理作了比较详细的规定，对于指导开展贷后管理工作发挥了积极作用；信贷资产风险分类由五级改为十二级，强化和细化了对不同资产的分类管理；开发了授信业务监测系统、公司客户预警跟踪管理系统、个人贷款催收系统和资产保全业务管理系统等工具，基本上涵盖了整个业务流程；针对问题客户和大额风险暴露采取了“一户一策”的管理模式，对“双十大”客户进行了集中的风险处置；特别是2008年下发了信贷结构调整指导意见和贷后管理工作指导意见，形成了关于结构调整、贷后管理流程、管理职责、管理工具等一系列政策要求。应该说，这些工作措施对于保障全行资产质量、巩固同业领先优势发挥了积极的作用。但是也应该看到，目前全行的贷后管理工作总的来说还不够系统，还没有形成一套完整的机制，不同分行的贷后管理水平有很大的差距，一些认识还需要逐步提高。贷后管理仍然是中国银行业信贷管理中最薄弱的环节，已经构成我行信贷管理的“短板”。

一是从我行新暴露的不良贷款来看，近三年每年新暴露的不良贷款达到300亿~400亿元。根据有关分行的统计，在进行责任认定的不良贷款中，涉及贷后管理的原因超过了80%。二是我们在存量贷款上投入的管理资源严重不足，构成了管理“短板”。我行对公贷款增量和存量的比例大概是1:10的关系（每年新增贷款约5 000亿~6 000亿元，现在资产总额为7万多亿元，信贷余额为4万多亿元）。但是与增量贷款相比，我们在存量贷款的人力和财务资源配置上却往往不成比例。三是多年来我们对新增贷款建立起了较为严密的制度和流程体系，但是在存量贷款管理方面显得相对薄弱，有的还存在一定空白。四是近年来我们对增量贷款的管理开发了若干管理系统，但贷后管理的工具相对较少。五是在当前复杂多变的外部环境中，我行资产质量向下迁徙的压力较大，成为一个潜在的风险隐患，尤其是受金融危机影响的行业和企业以及近期急剧新增的信贷投放，未来资产质量迁徙变化的不确定性很大。六是近期内部审计和银监会通过现场检查发现和提出了大量贷后管理不到位方面的问题。因此，全行必须对贷后管理薄弱的现状要有清晰的认识，要着力提升这一“短板”。

应该看到，贷后管理既是风险管理的问题，又是业务经营的问题；既是我们当前亟需解决的现实问题，又是关乎我行成为国际一流银行的战略性问题。

首先，自股份制改革以来，银行的业务结构和资产结构发生了重大变化，主要体现在信贷资产比例有所下降，非信贷资产比例有所上升，但这并不意味着信贷资产和信用风险管理不再重要；相反，我们盈利中的绝大多数仍然来源于息差收入。以2008年为例，工商银行、中国银行、建设银行、交通银行利息收入占营业收入的比例分别为85%、71.4%、84%、85.6%，而在利息收入中绝大多数又来自存量贷款。因此，处理好存量和增量的关系、做好存量贷款管理对提高银行利润和经营效益至关重要，必须把它提升到一个战略层面来对待。

其次，贷后管理也是拓展客户、拓展市场、提高客户满意度和忠诚度的重要途径。因为有效的贷后管理有助于发现新的业务机会、挖掘潜在的客户需求、培育新的利润增长点。从这个角度说，贷后管理也是信贷经营的延伸，两者具有内在的逻辑关系。

最后，贷后管理与贷前、贷中构成一个完整的体系。应该说，做好贷前、贷中很重要，但不能寄希望于前端把问题都解决了，更不能用贷前、贷中管理来替代贷后管理。贷前调查、项目评估、客户评级是为了从源头上把控风险，把不合格的客户或项目排除掉，把符合统一偏好和标准的客户争取进来。贷中的贷款审批和审批条件落实是在平衡收益和风险的基础上，努力实现收益的最大化和风险的最小化，是授信方案的完善和落实环节。贷后管理则要在整个贷款存续期内，通过深入细致的跟踪、通过专业的组合分析、通过细微的变化发现客户可能违约的蛛丝马迹，及时采取措施，或者选择退出，或者增加风险缓释措施，或者采取保全手段等，以化解风险或减少损失，保证信贷资产的安全。因此，贷前、贷中和贷后之间有很强的承前启后、周而复始的逻辑关系，哪个环节出了疏漏或者管理松懈，都会破坏这种良性循环，形成前面所提到的“短板制约”，甚至引发系统性风险。

因此，贷后管理不仅是一个风险管理概念，更是一个经营战略概念，是银行最重要的基础性管理工作。我们必须从现在开始，痛下决心，抓好贷后管理，彻底扭转贷后薄弱的局面，把“短板”加长，把“软肋”打造成钢筋铁骨，确保我行的发展能够健康持续，不断提升竞争力并向国际一流银行进发。

二、工具应用是贷后管理取得突破的关键

贷后管理是一项复杂、长期的系统工程，不可能一蹴而就。在管理资源有限的情况下，强化贷后管理的过程是一个抓住重点、逐步深入的过程，是一个抓住主要问题、逐步细化的过程。从总体上来把握，我们必须要抓住信贷退出、问题客户处理和常态化管理这三个方面，以一套可供操作的工具为突破口，把贷后管理工作做深、做细、做实，改变“喊口号、发文件、提要求”的粗放管理模式，从根本上扭转贷后管理薄弱的局面，把贷后管理真正落到实处。

（一）以信贷政策工具为依托，把握好信贷退出

如果说贷前与贷中主要解决信贷准入问题，那么贷后管理在很大程度上就是要把握好信贷退出的问题。我们是商业银行，必须扶植客户、培育客户基础，但并不意味着要被动地伴随一个企业的兴衰史，关键是要建立择机退出的机制。在整个信贷经营管理过程中，上策是“防患于未然”，就是在贷前要做好客户选择；中策是“安排好已然”，就是已经做了的业务要安排好风险；下策是“处理好既然”，就是出现问题要及时处置。在企业活跃时就要分析判断发展趋势，在把握不准时要及时退出，不要等客户出了问题再退出，到那个时候想退也很难退出来，只能使贷款形成不良后再处置、核销。从这个角度讲，. 信贷退出是资产组合层面的贷后管理，是对银行信贷经营管理能力的综合考验，是决定银行能否具备抵御经济周期波动能力的关键一环。当前，银行体系流动性比较充裕，国家产业政策导向也很清晰，加上在过去几年中我们积累了一些好的经验和做法，应该说做好信贷退出已经有了良好的内外部条件。目前，关键的一点就是要综合运用好信贷结构调整的各种政策工具，明确方向、把握时机、注重策略，进一步加大信贷退出的力度。

从现有的工具看，我们基本上建立了一套资产组合层面和单个客户层面的信贷政策工具，包括公司类、零售类和小企业的信贷政策，客户选择指导意见，准入标准，名单制管理制度等。针对存量贷款的退出虽然有一个计划，但是在政策导向特别是在体现行业的区域差异性方面还做得不够、指导性不强。接下来，我们还要在这方面多下工夫，更好地指导全行的信贷结构调整工作。除了年初我们已经下达的2009年信贷结构调整政策之外，最近总行又下发了关于制造业的信贷结构调整指导意见，针对每一个行业明确要求哪些要退出、哪些要保有、哪些要进入，而且具体落实到每一个分行。希望各行认真研究总行政策，做好信贷退出工作。

（二）以预警跟踪管理系统为平台，建立问题客户处理机制

预警客户跟踪管理系统是由韩安度先生牵头，集中了全行的智慧和大家的经验，是在韩先生个人研究的基础上开发的，具有先进的管理理念和方法。从2009年初开始，全行逐步上线。从上线运行的情况看，取得了良好的工作成效，也受到了监管当局的高度评价。可以说，预警客户跟踪管理实现了贷后管理的十大突破：一是贷后管理由单个客户经理向全员参与突破；二是贷后管理由客户经理定期检查向日常跟踪管理突破；三是贷后管理由合规管理为目的向贷后发现、决策和处理的全流程管理突破；四是贷后管理由个人决策向集体决策突破；五是贷后管理由一次性、非常规性向循环性、常规性突破；六是贷后管理由缺乏工具和方法向积极运用有效管理工具和方法突破；七是贷后管理由定性分析管理向定性与量

化管理相结合突破；八是贷后管理由重贷轻管向贷后实质性管理突破；九是贷后管理由发现控制风险向控制风险与发现机会并重突破；十是贷后管理由控制风险向创造利润价值突破。

预警跟踪管理系统的一个非常有价值的方面是鼓励及早发现问题、及时采取行动来处理相应问题，体现了"充分暴露风险"、"尽职免责、失职问责"的先进风险文化理念，全行要大力提倡和积极践行。在系统运行中，有些分行提出，我们发现问题之后总行会不会作为一个问题来处理我们，对此，我这里讲清楚，不存在这个问题，因为所发现的这些问题是需要我们揭示暴露、需要及时解决的问题。发现问题而没有在跟踪管理系统中体现，致使问题没有得到及时处理的，这才是问题。如果没有及时化解风险，就要对责任人严格问责；相反，如果发现问题及时录入系统，进行跟踪管理，即使最后出现损失也是可以免责的。

刚才我已经谈到，预警跟踪管理促使贷后管理成为一个全员参与、全流程的业务管理活动，它不是一个部门或者某个业务条线的事情，需要前台、中台、后台各业务条线人员的密切配合、共同参与，真正构筑起信贷管理的"三道防线"。贷后管理也不再是一个阶段性工作，而是一项需要从理念、制度、工具、系统和考核等诸多方面齐抓共管的系统性工程。有了良好的系统平台和工作机制这两项要素，贷后管理工作就有希望实现良性运转。

（三）以日常监测分析工具为基础，抓住关键细节，形成常态化管理

相对来讲，贷后管理工作繁杂琐碎、工作环节多、质量要求高，但人手短缺，所以，我们不能不分轻重缓急，眉毛胡子一把抓。要抓住重点和关键环节，把风险防控要求切实嵌入我们的日常监测系统和工具中，如授信风险监测系统、对公信贷流程系统、A+P系统、内部评级系统等具有贷后管理功能的系统，在流程中发现和控制风险，做到既没有管理"真空"，又没有管理过度。这样，贷后管理就不再是事后的补救，而变成一种精耕细作的常态化管理。下一步，我们要在这个基础上逐步深入细化，开发出更科学、更严密的风险监测系统和工具，推动全行贷后管理水平上一个新的台阶。

三、当前贷后管理需要重点关注的几个问题

（一）抓住结构调整有利时机，主动实施信贷退出

2009年初定的全行信贷结构调整计划是信贷退出客户5 022户，退出贷款总额415亿元。具体的退出客户名单，总行已经下达到各分行。今天上午，张建国行长主持召开行长碰头会，明确提出要加大信贷退出力度，退出计划要调整到不少于600亿元，公司部要抓紧落实。各分行要根据市场环境和当地的情况，以及总行信贷结构调整的方向和要求，进一步加大信贷退出力度。具体要求有以下几方面。

一是要认真贯彻落实总行信贷结构调整政策。2009年初以来，总行下发了《2009年信贷政策与结构调整若干意见》、《公司及机构类客户选择指导意见》、《关于加强政府融资平台客户及项目授信管理的通知》、《2009年小企业信贷结构调整意见》等一系列政策性文件，各行要严格执行。最近，总行又出台了《制造业信贷结构调整指导意见》，下一步，总行还要继续出台批发业和零售业的结构调整指导意见。各分行也要按这个思路，结合本行实际，细化标准，提出本辖区结构调整的实施方案。

二是要严格执行退出计划。截至2009年5月底，根据授信业务监测系统的监测数据，总行发现已经列入2009年信贷退出贷款名单中的广州天河高新技术产业开发区华新经营公司、昌邑源祥印染有限公司等31家客户贷款余额较年初增加。对于这些客户，相关分行要立即进行逐笔核查。对于经核查属实的，要立即停止办理新增贷款业务，研究落实相关整改措施，尽快收回贷款，有效压缩客户风险敞口，并严格按规定追究有关当事人员责任。

三是探索建立信贷结构调整的激励约束机制。总行将把信贷结构调整成效作为2009年一级分行负责人年度考核的重要指标，提高压缩退出类客户的经济资本占用水平和回报要求。对超额完成退出计划的分行，也可以考虑给予适当的费用奖励。各分行也应对所辖分支行研究制定相应的考

核措施和利益补偿方案，有效引导、正向激励，对由于执行总行信贷退出政策而导致贷款存量下降、绩效受到一定影响的分支机构，要考虑在考核方面给予相应的补偿。

（二）认真做好对公预警客户跟踪管理系统上线后的维护和操作工作

从系统上线后的应用情况看，我们也发现一些机构认识不到位、领导重视不够，存在着没有按要求录入风险预警信号，或者录入不及时、没有按要求召开跟踪例会和高层分析会、对发现问题没有及时分析决策的现象，个别行对暴露问题还存在疑虑。各行要充分认识这个系统对于促进贷后管理常态化的积极作用，做好以下几方面工作：

一是要鼓励预警信号早发现、早录入、早处理。识别和发现风险预警信号是跟踪管理的关键。J. P摩根一项研究表明，在客户信用风险暴露之前180天采取预控措施，平均损失率仅为1% ~ 2%；提前90天，平均损失率为3% ~6%；提前30天，平均损失率为10% ~20%；在没有任何预控措施的情况下，风险损失率高达50%以上。可见，银行越早获得信息、越早识别风险、越早采取措施，减少损失的几率就越大。总行已经规定了必须录入系统的十二种情况，各行要严格按照规定，下大力气抓好预警信号的早发现、早录入工作，对那些隐瞒预警信息或披露不及时的分支机构和人员要严格问责。总行已经要求授信部对系统运行的情况进行抽查，看看录入遗漏的情况多不多。

二是要坚持定期召开高层分析会和跟踪管理例会。高层分析会和跟踪管理例会是对所发现风险进行研究决策的重要活动，一些客户经理、风险经理分析不到的风险、决策不了的事情，可以在会上讨论决策。各一级分行至少每季度要召开一次高层分析会，并对从正常类向下迁徙但事前在系统中没有跟踪的客户，要重点分析没有被跟踪的原因；需要决策的一定要有决策意见，形成会议纪要，加大落实执行的力度。各二级分行必须坚持定期召开跟踪管理例会，鼓励引导客户经理和风险经理提早暴露客户风险信号。

三是要完善预警信号发现流程和工具。总行公司部要加快贷后管理办法修订，推动贷后流程优化。总行授信部要加强行业和区域风险研究，及时对重点客户提出风险排查要求；指导客户潜在风险的识别，对录入系统的预警信号组织跟踪处理。各分行要根据自身情况编制跟踪管理系统标准化流程操作细则，逐步积累经验，认真研究客户和产品预警信号的特征，把握规律、提高预警信号的发现能力。这是一个非常关键的事情。有很多现象我们还不能及时发现，要发现这些信号，一方面要靠系统，另一方面要靠我们客户经理的能力水平和对问题的敏感度。

四是探索完善贷后管理的激励约束机制。总行将根据跟踪管理系统的记录，每年对贷后管理的尽职尽责情况进行考核。对风险信号发现早、采取措施及时、早退出或减少损失的，要进行表彰奖励；对没有及时发现风险信号、没有及时跟踪管理又没有适当理由的，对重大事项发生后使我行处于被动、造成风险损失的，要依规处罚。各行也要根据本行实际，进一步完善贷后管理的激励约束机制。

（三）扎实开展贷后平行作业，切实履行岗位职责

前一阶段，各行平行作业的重心主要集中在贷前和贷中环节。随着项目评估队伍和专职审批人力量的增强，加上各种配套制度的健全，贷前和贷中平行作业已基本实现专业化和常规化管理，有效地保障了新发放贷款质量。相比之下，贷后的平行作业目前还落得不“实”。除了资源配置、人员因素外，最关键的瓶颈就是客户经理和风险经理在贷后平行作业环节的职责没有划分清楚，信贷经营部门和风险管理部门在贷后管理上没有形成合力。下一步，全行要逐渐将平行作业的重心转向贷后管理。

最近，总行印发了《贷后风险经理平行作业指导意见》，明确了风险经理在贷后平行作业中的工作职责。包括监测贷后风险，协同信贷经营部门进行风险预警和跟踪管理，负责风险分类和减值损失估算认定。在这里，我强调一句：信贷经营部门仍是贷后管理的主要责任部门，风险管理部门的职责是从贷后风险角度协同信贷经营部门加强贷后管理工作。接下来，总行还将进一步明确贷后管理中各条线、各岗位的工作职责，真正建立起贷后平行作业的岗位责任制。

各行要按照总行的思路和要求，对客户经理和风险经理的贷后平行作业岗位职责进行落实和细化，对尽职情况进行督导，建立和完善考核评价体系。要积极开展业务培训，不断探索提高客户经理和风险经理履职能力的方法和手段，将贷后平行作业落到实处，为进一步加强全行贷后管理奠定好的基础。

（四）抓住关键环节，安全回收本息

贷后管理的首要目标是安全回收贷款本息，只有抓住了关键环节，做好其中的每一个细节，才能实现这一目标。

2008年，总行公司部组织8家分行开展了对公信贷业务贷后管理风险自评估工作，共评估对公信贷业务6 709笔，发现贷后管理各环节15个关键风险点中出现各类风险4 725个（次）。从评估情况看，暴露风险最多的是第一还款来源监控环节，高达1 912个（次），占比为40.47%；其次为贷款发放管理环节935个（次）和第二还款来源监控环节880个（次）；而信贷管理规范性方面暴露的风险点也达到了670个（次）。其中，借款人财务状况检查、信贷资产检查、信贷担保管理、向保证人主张权利、落实贷前条件、监控贷款用途、落实借新还旧合规性条件和担保条件八个风险点是贷后管理最核心的关键风险控制点。

各家分行可以对照这八个关键风险点，好好检查一下贷后管理工作是否做到位、做扎实。比如，是否定期查看客户的财务报表，是否了解最新财务状况；是否定期走访客户，走访记录是否归档，客户经理有没有到企业看过库存，有没有查看过进出库的单据记录；是否根据我行信贷政策和合规要求对贷款条件落实情况进行持续的重检；是否对抵押品、担保人的偿债能力进行了定期重估；是否对资金用途进行持续监控。在信贷检查和审计当中，我们也发现，很多客户的贷款用途与合同不符、资金走向完全失控。如果这些关键环节都得到认真执行，成为业务管理的内在要求，那么离有效回收贷款本息、真正建立贷后管理长效机制就不远了。

（五）深入挖掘内部管理潜力，加大不良贷款处置力度

近年来，资产保全条线创新处置手段、拓宽处置渠道，取得了很大成绩，为全行资产质量和经营效益提升作出了突出贡献。当前，通过打包出售等手段来处置不良的政策限制多、协调沟通成本高、困难越来越大。同时，国际金融危机影响还在持续，国内经济回暖基础尚不牢固，如果2009年下半年经济继续下滑，新的不良贷款可能会加快暴露。在这个形势下，全行资产保全部门应当“眼光向内”，将工作重点转向挖掘内部管理潜力，充分运用“以物抵债”，增加现金回收，加大核销力度。在核销工作周期的安排上，要注意加快进度，争取在2009年七八月以前基本完成年度核销工作。工作进度整体前移4～5个月，为下半年作准备，上半年加大核销力度。避免年底为赶进度，突击核销，降低工作质量。具体要求有以下几方面：

一是对目前存量不良贷款中的资产抵押情况进行全面梳理，按照变现能力进行分类，尽早处置回收、减少损失，切实发挥抵押品的风险缓释作用；二是对于那些没有抵押品的不良贷款，要争取一些变现能力强的抵债资产，加快处置进度，最大限度地保全资产；三是对于符合呆账核销条件的不良贷款，要及早申报，不要集中到年底突击进行，对已核销贷款要按照“账销案存”的原则继续加强管理，建立已核销资产的保全和追收制度，认真维护我行的合法权益。

（六）提高认识，抓住薄弱环节，强化表外业务的贷后管理

近两年来，全行表外业务取得了长足发展，风险管理也在不断加强。但值得注意的是，近一个时期以来，全行表外业务垫款上升较快。2009年前4个月，全行表外业务垫款余额增加了11.68亿元，比年初增长45.6%，并出现了一些新的特点，应该引起全行重视。一是沿海地区成为表外业务垫款高发区；二是AA级客户垫款占比较高；三是大型、特大型客户垫款占比较高。

下一步，全行要紧紧抓住内部管理中存在的薄弱环节，切实加强贷后管理。下面我提几条具体要求：

在承兑业务方面，要严密监控承兑业务的新增垫款，继续加大承兑垫款清收力度。对垫款清收不力、垫款率高于总行测算的最高容忍率（2.8%）的二级分行，要考虑采取停办一般承兑业务的措施。要加大业务检查力度，特别是对业务量大、保有空白承兑汇票多、内控管理薄弱的县级支行，要组织各有关部门联合开展业务检查。对此次银监会检查在承兑业务贷后管理方面所发现的问题，各分行要进行梳理分析，认真组织落实整改。

在贸易融资业务方面，要加强贸易融资用途监管，防止以贸易融资名义发放流动资金贷款。各行要加强限制性行业贸易融资业务的贷后管理，重点检查贸易融资业务期限是否合理、贸易背景是否真实、资金用途是否合规，防止客户资金挪用风险。要继续加强贸易融资风险排查工作，密切关注出口加工企业的市场变化情况，重点加强货物装运前的资金使用管理，重点排查利用进口大宗商品进行融资套现的风险。

在国外保函业务方面，要注意做好我行已开立的出口船舶退款保函的风险管理，督促船舶企业如期履约，审慎处理合同和保函延期、转让和仲裁等事项。要切实建立起包括账户监管、贷后检查、风险监控、档案管理、监管报告、贷款回收等环节的“内保外贷”业务贷后监管机制，有效防范和控制“内保外贷”业务的全过程风险。

在代客资金业务方面，要建立主要金融市场和金融工具的盯市机制和市场分析研判机制。在市场出现非预期变化或客户基本面恶化时，要及时开展客户现金流量与潜在风险敞口匹配度评估。要提高估值水平和重估频度，定期做好客户风险提示。2009 年以来，总行连续下发了几个文件，对代客衍生品交易的风险管理提出了明确的要求，各行要认真贯彻落实。尤其要指出的是，那些属于对市场走向做赌注性的投资或掉期、利率挂钩性产品，文件已经作出了明确的规定，严禁开展此类业务，严禁向客户兜售此类产品。

（七）把握重点，加强工具运用，进一步提高个贷产品贷后管理水平

到期贷款催收和及时发现问题、及时开展处置是目前我行个贷贷后管理需要把握好的两个重点。在这两个方面，我行仍存在不足之处，其表现是技术化水平低，在利用系统自动提示、开展催收方面仍有提高的空间；对违规行为发现不及时、处置不及时，最终造成损失。如果我们能够在贷后管理中及早发现这些隐患，及时弥补处置，就不会导致如此严重的后果。下一步，各行要把握管理重点，进一步提高工具运用水平。

在当前形势下，个贷业务在产品选择、客户分析、风险评价方面还存在一些问题。例如，总行高管层曾多次在不同场合明确提出要审慎进入的一些产品，被一些分行当做重点业务来发展，这充分说明我们对市场的敏感度还有待提高。又如，尽管个人按揭贷款拥有良好的抵押品，抗风险能力较强，但我们不要盲目以为有了房屋抵押就可以抵御一切风险。自 2008 年下半年以来，房地产市场的波动性、不确定性不断加大，最近，媒体对大中城市退房潮以及背后隐藏的虚假运作做了大量报道，监管部门和国家有关部门对此高度重视，中央领导也作出批示。2008 年上半年全行按揭业务新增约 500 亿～600 亿元，截至 2009 年 6 月，按揭业务新增已经超过 800 亿～900 亿元，里面是否隐含风险，需要引起关注。尤其是监管部门和审计部门在检查和审计中揭示出一些“假按揭”和违规操作，最近还出现了一些案件，充分说明我们在个人贷款管理的一些环节、流程和工具运用方面还存在着漏洞。当然，总的来说，我行个贷业务发展还是很不错的，不良率控制在比较合理的水平上，但要提前预见到一些风险，提早采取防控措施。

一是要积极运用监测工具，加强风险信号识别。利用个贷监测分析系统，加强风险预警监测，关注贷款风险分类和逾期账龄变化，重点做好抵押登记的落实、资金流向的监控、风险苗头的排查等工作。加强信用卡欺诈和大额交易的监控，加大套现行为的打击力度。利用票据套现，是目前外部欺诈的重点领域，要引起高度重视。

二是要充分利用个贷催收管理平台，优化催收流程，提升催收效率。同时，要做好客户还款的自动提示，降低非恶意逾期的比例。

三是要继续加强风险计量工具的研发应用。目前，我行在零售风险计量工具的开发应用方面处于国内领先，个人住房贷款申请卡、行为评分卡、信用卡申请卡在应用中均取得良好效果，极大地提高了风险监测、早期干预、催收处置水平。下一步，总行将围绕客户的贷后行为和账户表现，继续推进评分卡的研发工作，为个贷业务和信用卡透支的贷后管理提供更多工具。

四是要认真研究新形势下“假按揭”、“假首付”、“假房价”等新型风险形态的发生规律，将“假个贷”的清理排查作为当前个贷业务贷后管理的重要内容。同时要严肃纪律，发生“假按揭”的直接责任人员要坚决清理出建设银行队伍。从目前出现的一些案件看，有的人完成全部造假过程如入无人之境，让人不可思议。对于这种情况，管理者、操作者包括流程周边应该尽职的部门都要承担起责任，要严肃查处此类不该发生的事情。

刚才我讲到的几个问题，请各行抓紧落实具体措施，并将落实情况及时上报总行。最后，希望能够通过此次会议，将贷后管理的规则、观念和工具运用向大家说清楚，将全行贷后管理工作的整体水平向前推进一步，推动贷后管理工作上一个新台阶！

汲取危机经验教训 提升基础管理水平 以有效的风险管控促进业务持续健康发展

——在风险总监专题研究班上的讲话

朱小黄

（2009 年 9 月 16 日）

同志们：

这次风险总监专题研究班的主题是《巴塞尔新资本协议》。在全球金融风暴逐渐平息、经济复苏还存在诸多变数的背景下，大家坐下来认真地梳理和总结危机的经验教训，务虚和务实结合，带着问题和思考来系统地学习研讨《巴塞尔新资本协议》，研究怎样提升建设银行的全面风险管理能力，这是非常有意义的。借这个机会，主要谈三个方面的问题。

一、对危机的反思以及后危机时代的挑战和机遇

昨天是雷曼兄弟破产一周年。雷曼兄弟的倒闭标志着金融危机帷幕的打开，由此引发了全球金融市场动荡并演绎出一系列重大事件。经过一年的时间，总体来看，金融危机最困难的时期基本已经过去，但实体经济还没有走出衰退的低谷。对于金融危机产生的原因，目前国外专家有各种不同的看法和观点。我个人认为，经济周期规律与结构缺陷问题的相互耦合，构成了这次危机的深层次背景。现在要全面、深刻地认识这次危机还有一些困难，这需要经过一段时间的观察和研究，积极深入的思考是必要的。应该说，这次危机对于中国银行业来说是一个契机，通过危机的鲜活案例，汲取正反两方面的经验教训，可以从中找出金融运行的内在规律，减少试错成本，进而更好地思考和谋划未来的发展。

（一）危机的教训和启示

1. 虚拟经济不能脱离实体经济基础。这是金融危机的一个深刻教训。长期以来，美国虚拟经济快速发展并形成一个相对独立的自我循环经济体，这就是所谓的“华尔街”（Wall Street）与“主街”（Main Street）的分离。这种分离有利于金融功能的发挥，但是对于一个健康的经济体来说，虚拟经济与实体经济应该有一个合理的比例范围，虚拟经济脱离实体经济非理性扩张，必然导致泡沫化并最终损害实体经济。比方说，这次金融危机发生时，仅 CDS 的市场规模就超过 60 万亿美元，达到美国 GDP 的 4～5 倍，这是非常不理性的。对于这个问题，美国人实际上也在开始反思，奥巴马在总统胜选演讲中有句话给人印象很深，他说，实体经济不行了，就不可能有华尔街的繁荣。

中国目前虽然虚拟经济还不发达，但是现在

出现的一些现象还是很令人担忧，就是搞实体经济的人对虚拟经济非常感兴趣，例如，有不少大企业参与股票、房地产投资乃至介入复杂衍生品交易。这次危机给我们一个警示，就是金融发展要回归本源，要以实体经济为本，服务于实体经济的发展。对于我们来说，就是要一心一意办好商业银行，要以自身对风险的专业化管理能力、对市场的准确把握能力、对客户的精细化服务能力，更好地承担信用中介、支付中介、信用创造、金融服务的功能，以促进社会财富的创造、客户价值的增长，实现自身的利润增长和可持续发展。从建设银行走过的发展历程来看，不能抛弃这个根本。建设银行的不断成长壮大，正是得益于将自身发展战略很好地融入中国经济社会发展主流中，抓住了中国改革开放和经济发展的脉搏，如20世纪90年代的“双大战略”以及在基本建设和基础设施、住房金融等领域的重点投入等，都很好地契合了我国工业化、城市化的进程，有力地支持和促进了中国经济社会发展，也为建设银行自身快速发展壮大奠定了良好的基础。因此，在后危机时代，如何使得银行的战略布局、长远目标与中国经济社会发展路径、中华民族复兴的目标更加紧密地契合起来，抓住机遇，定位好自身未来发展，是当前需要认真研究思考的问题。总行之所以非常强调对宏观经济、各个行业和产业发展的研究，也是基于这方面考虑。如果发展定位偏离了实体经济发展的主流，那么将很难避免出现系统性风险。

2. 金融杠杆不能超越自身可承受范围。高杠杆比率是金融机构的固有特点，也是风险管控的重点和难点。提高杠杆比率意味着以同样的资本做更多的业务、承担更大的风险敞口，一方面能够大大提高盈利能力，另一方面也可能意味着高损失，这是一把“双刃剑”。从这次美国金融危机来看，投资银行之所以首当其冲，一个重要原因就是高杠杆带来的风险失控超过了自身管理能力和可承受限度。传统的投资银行业务主要是以佣金收入为主的中介服务，如证券经纪、IPO、企业购并、咨询服务等，后来则逐步发展到一些资产管理业务，进而直接介入复杂金融产品的设计、销售、自营等高风险业务，在这过程中金融杠杆比率不断提高，盈利水平也快速上升，但是潜在风险也随着高杠杆同步放大，有人称之为“刀尖上的舞蹈”。仅2003—2007年，华尔街五大投资银行的杠杆率就从20倍左右上升到30多倍，如果算上SIV等整体杠杆比率还要更高。雷曼兄弟就是典型的例子。由于利益驱动，雷曼兄弟在危机前大量介入高杠杆自营业务，在2002—2007年充裕的流动性推动美国房地产市场节节攀升的背景下，雷曼兄弟由此获得巨额收益，盈利水平远远超越同行，但是在2007年以后随着市场变化，高杠杆也逐渐转化为高损失（以25倍杠杆为例，只要有4%损失就完全消耗掉自有的资本）。

因此，对金融杠杆比率的风险管控既是金融监管的核心内容，也是包括银行在内的金融机构风险管理的重要基点。《巴塞尔新资本协议》规定银行资本充足率底线为8%，也就是说最高允许12.5倍的杠杆比率，体现了审慎监管的理念。对金融杠杆比率的风险管控更多还是要基于内在自我约束机制来实现，要通过风险识别和计量、经济资本管理、限额控制、压力测试等制度安排，将杠杆比率严格控制在风险容忍度范围之内，为业务扩张设定理性的边界。这是银行稳健经营的基础。

3. 业务发展创新不能游离于风险管控之外。不少人将金融衍生产品创新视为这次金融危机的“罪魁祸首”之一，实际上，问题并不在于这些金融衍生产品本身，而在于对这些创新产品的风险管控出现“真空”。从这次金融危机的情况来看，很多金融机构对于CDO、CDS等产品的内在风险缺乏必要的重视，有的则将其视同普通交易业务交由市场部门自行管理；有的虽然意识到这些业务可能存在较大风险，但是并没有投入必要的资源进行独立、尽职的风险识别、计量、评估，而是简单地沿用外部评级机构的信用评级和风险评价报告。另外，由于很长一段时间次贷以及相关衍生产品非常红火，整个市场弥漫着乐观乃至狂热的情绪，从一些报道来看，虽然也有不少金融机构风险管理人员看出了潜在的危险端倪并对此作出风险提示，但是这些风险提示往往被业务部门和公司高管层视为噪音。风险管控的缺位最终导致了风险失控和危机的蔓延。有一本书名叫《我们自己制造的魔鬼》，就在这次金融危机爆发前几个月出版。书中分析了美国过去发生的几次金融危机，认为重要原因在于创新失去有效的管控，危机来自我们自己制造的魔鬼。

风险往往在最被人忽视的地方露出它狰狞的面目，这个规律被反反复复地印证。在音乐响起的时候，所有人都跟着起舞，唯独风险管控人员应该例外，他们必须时刻以尽职、独立、清醒的态度盯紧底线和边界。对于风险管控人员作出的提示，业务部门人员也要多从正面来理解和吸收，不要反感和抵触。全面风险管理不仅仅要体现在观念上，更要渗透到各项业务和经营管理的流程中。这也是危机给我们的重要启示。

4. 过度自信导致风险防控盲点。金融危机中不少国际顶尖金融机构受到重创甚至倒闭，这些金融机构在市场影响力、专业水准、资本实力、管理层素质等各方面都是首屈一指的。雷曼兄弟就是典型例子。雷曼兄弟被誉为“有 19 条命的猫”，长期以来在华尔街属于标杆式的卓越投资银行，尤其在固定收益产品领域更是代表了业内最高专业水准。CEO 福尔德长期以来更是华尔街的明星人物，曾经带领雷曼兄弟经历过多次危机并化险为夷。尤其是在 2001 年“9·11”恐怖袭击中，雷曼兄弟在世贸中心的全球总部被摧毁，交易中心瘫痪，但是公司迅速将总部转移到一家酒店，并在 48 小时内成功恢复运营，受到美国各界的广泛赞誉。但是，也正是过去的辉煌业绩使得雷曼兄弟管理层特别是 CEO 福尔德本人对于自己驾驭市场和风险的能力过于自信，导致对形势变化和市场波动的估计严重不足，特别是在次贷风险已开始显露出来的情况下，不仅没有刹车，而且还继续扩张业务（如在 2007 年 5 月 29 日还收购了一家房地产投资信托公司）；在危机处置过程中，由于过度自信也错失了很多止损和获得救助的机会。其中的教训非常深刻。

因此，越是优秀的金融机构，越要防范由于过于自信而导致的风险防控盲点。在面对异常复杂、充满不确定性的外部市场时，要时刻保持清醒的头脑，要有“如临深渊，如履薄冰”的审慎心态，要意识到单个机构和个人的有限理性在风云莫测的市场中都是很脆弱的。反过来看我们国内的情况，这次金融危机对中国的银行业杀伤不大（但损失的绝对数实际上也不小），所以现在有的人已经开始昂首挺胸“自信”起来了，甚至认为我们已经达到国际先进银行水平，这是非常危险的。远的不说，就说在信贷投放中，有些同志就非常自信，拍胸脯说凭他的经验这个项目 100% 没有问题，市场前景如何如何好，可以打保票。这种盲目的自信就很令人担心，这不是一个称职的银行从业者所应该有的心态。

（二）后危机时代的挑战和机遇

1. 能否化危机为机遇，结构调整是关键。从中国的情况来看，金融危机的冲击是外因，但是起决定性作用的还是内因，具体来说就是我们的经济结构还存在不合理的地方，目前所遇到的困难，实际上是长期以来中国经济诸多结构性矛盾的集中爆发。因此，这次危机实际上也为调整结构创造了一个好时机。中央强调“保增长”，并不是简单地保速度、保总量，更重要的是调结构、转变经济增长方式，要改变依赖要素投入推动经济增长的惯性，尽快转到靠技术创新、产业升级来培育新的增长点。这也是科学发展观的要求。

经济结构在调整，银行信贷结构也要调整。在当前以及今后相当长一段时间内，“调结构”应该是信贷工作的主轴，着力点要放在优化信贷资源配置上，行动越早就越主动。2008 年我们按照“进、保、控、压、退”的结构调整方案，退出了 644.59 亿元贷款，考虑到 2009 年的特殊情况，年初下达了 400 亿元退出计划，后来总行经过研究又增加了 200 亿元，并配套出台了更加精细化、差别化的结构调整政策指引。从目前的情况来看，成效是很明显的，优化了信贷资产配置、增强了资产组合的抗风险能力、降低了“亲周期”效应。不少分行反映，由于我们结构调整做得比较早，在经济景气周期下行之前提前退出，因而避免了很多损失。下一步，结构调整仍然是工作重点，目前外部形势还比较严峻，过去一些过热的行业，如房地产业，原有泡沫还没有挤掉，现在新的泡沫又开始滋生，信贷结构调整任务还相当艰巨。后面我还要具体布置。

2. 创新是应对挑战、赢得发展的原动力。经过这次金融危机，很多人对金融创新心存顾虑。实际上，如果说美国是金融创新过度，那么中国面临的则是金融创新严重不足的问题，导致客户的很多合理需求银行无法满足。任何创新都有风险，但不能因噎废食。从风险管理的角度来看，有风险并不可怕，只要一个创新的业务和产品有科学合理的风险安排方案（包括风险的管控、抵补、转移、缓释等），同时把风险揭示清楚，让客户、让监管部门都能够看明白，那么就出不了什么大问题。

比方说小企业信贷业务，有人将其视为后危机时代银行发展的“蓝海”，但是也有人则认为风险很大，收益覆盖不了风险。这个问题应该怎么看，我认为症结还是在于创新不足。如果沿用过去做大项目、大客户的制度、流程和管理模式，那么显然小企业信贷业务很难做好、做大。大银行要做好小企业业务，归根到底必须在创新上下工夫。要针对不同行业的小企业的特点，从产品、服务、风险管控模式等方面进行创新。近年来，我们在小企业领域的金融产品和服务创新方面开展了很多有益的探索和尝试，如“速贷通”、“成长之路”产品，以及与阿里巴巴合作开发的“e贷通”电子商务信贷产品、与淡马锡合作试点小企业“信贷工厂”等，成效不错，不仅风险管控住了，客户也很满意。因此，以客户需求为驱动的金融创新是银行发展的原动力。

3. 认识和把握低碳经济的历史机遇，提前筹划布局。危机往往是产业革命的“催化剂”。在后危机时代，很多国家都在研究如何找到拉动经济走出低谷的新增长支柱、新产业。美国总统奥巴马上台后把新能源作为振兴经济的重要抓手，希望能通过发展低碳经济实现美国经济转型，带动经济走出低谷，抢占世界经济制高点。

低碳经济是近年来国际社会应对由于人类大量消耗化石能源、排放二氧化碳等温室气体导致环境恶化和全球气候灾害性变化而提出的新概念，具体来说，就是通过技术和制度创新，改变长期以来严重依赖化石能源的经济发展模式，实现低能耗、低排放、低污染的可持续发展。目前低碳经济概念已经得到国际社会的广泛认同。

当然，也有一些学者认为低碳经济是发达国家对发展中国家设置的“圈套”或“门槛”。我个人认为还不能这么看。首先，从外部因素来看，作为一种国际的游戏规则，与其选择回避（乃至对抗），不如主动参与、占据有利地位、争取话语权，力求规则为我所用。实际上，我们国家在加入世界贸易组织、接受《巴塞尔新资本协议》等重大国际规则方面也充分表明了这样的积极态度。其次，从中国自身情况来看，发展低碳经济、促进节能减排，是落实科学发展观、实现经济可持续发展的内在要求。目前中国的工业化、城市化、现代化进程尚未完成，但是资源和环境问题已经成为主要的制约瓶颈。如何化解矛盾、突破制约瓶颈，关键在于如何有效降低经济发展对传统能源的高度依赖，而低碳经济为我们提供了一个支撑经济社会可持续发展的新路径。低碳经济和低碳技术被普遍认为是继信息技术革命之后的第五次科技浪潮。但是在这方面目前中国还缺乏核心技术，像光伏产业、风能产业等新能源领域，核心技术都是掌握在外国公司手里。因此，如果不抓紧进行研究攻关和技术创新，那么将来的发展将始终受制于人。

对于商业银行来说，也需要作出前瞻性的研究和筹划。从目前发达国家低碳经济发展实践来看，主要有四个方面的热点：一是可再生能源、清洁能源的开发和运用；二是低碳技术的创新和运用；三是产业结构调整，特别是对高碳产业的替代或升级；四是低碳消费的新生活方式。应该说，在上述四个方面，商业银行都有很多工作可以做。比方说，我们在信贷政策上要考虑新能源、新技术的发展趋势，积极支持未来潜力大、有广阔前景的行业和项目，从严控制高碳项目，加大力度推进绿色信贷；在信贷结构调整方面，要结合政策导向主动压缩和退出高碳产业贷款；等等。这些都要提前研究。另外值得关注的是，随着《京都议定书》的实施，碳金融在全球发展迅猛。中国也有很多企业参与到碳交易活动中，专家预计中国将成为全球最大的碳交易国家之一。在方兴未艾的碳金融中，银行可以利用自身优势，为碳交易参与方提供多方面的金融服务，如提供项目融资、买方信贷、支付结算、咨询服务等，市场潜力很大。据了解，这方面国内一些银行已经走在前面了。如兴业银行在2006年5月与国际金融公司（IFC）签署了《能源效率融资项目合作协议》，并在北京、天津、山东、山西、重庆、浙江、福建等多省市开展节能减排贷款业务。据报道，截至2009年6月底已对100个项目发放42亿元贷款，这100个项目可实现每年节约标准煤385万吨、减排二氧化碳1 539万吨，相当于关闭

20座100兆瓦的火电站。建设银行作为一个在国内外有影响力的大银行，有必要在碳金融方面加紧研究推进，把握住市场机会，实现银行效益增长与履行社会责任的完美结合。

二、把握《巴塞尔新资本协议》科学内涵，提升风险管理精细化水平

这次金融危机暴露出了金融体系存在的诸多问题，也引发了银行业对实施《巴塞尔新资本协议》的深层次思考。如果进行深入的分析，这次危机不仅没有颠覆《巴塞尔新资本协议》整体框架的合理性，而且进一步证明了《巴塞尔新资本协议》的普适性，以及全面实施《巴塞尔新资本协议》的必要性和紧迫性。从我们实施《巴塞尔新资本协议》的目标来看，不仅是为了满足监管要求，更是解决实际问题、提升基础管理水平的需要。

（一）深入理解新协议的内涵及实施新协议的意义

1. 资本约束是银行经营管理的最低边界。有多少资本做多大生意，这个朴素的真理在金融危机中再次得到印证。从风险管理的角度来看，资本约束体现了银行管理的高度理性和自律，也是对粗放经营和规模冲动的有效约束。

按照《巴塞尔新资本协议》规定，商业银行资本充足率不得低于8%。资本对银行的规模与经营边界形成刚性约束，资本要能足够抵御银行的非预期损失。一方面，资本约束制约规模的外延式扩张；另一方面，资本约束督促银行通过优化资产配置（调结构）、提高管理水平以提高资本运用效率。因此，只有正确理解和运用资本约束机制，才能确保风险管理在银行经营过程中发挥安全保障作用。实际上，在商业银行处理规模、发展、速度和质量等问题方面，资本是最关键的纽带，是银行风险管理的“中枢”。

2. 系统性风险是银行风险管理第一要务。银行风险管理的核心价值之一是防止破产，而系统性风险是导致银行特别是大银行破产的主要原因。从历史上的经济危机和金融危机情况来看，银行也都受到波及。在1929年至1932年美国大萧条中，有9 755家银行破产；在20世纪90年代日本经济危机中，日本银行受到重创，银行总数从1993年的969家锐减到640家；在亚洲金融危机中，韩国32家银行中有20家破产。在这次金融危机中，美国已经有14家传统银行破产，花旗银行等也出现历史性的巨额亏损，经过政府救助才渡过难关。这些例子都充分说明，系统性风险对于银行的冲击力和破坏力是致命的。

全面实施《巴塞尔新资本协议》，是银行体系防范系统性风险的关键路径，这次危机也说明了这一点。欧洲银行实施《巴塞尔新资本协议》总体上比美国积极，银行体系在危机中受到的冲击比美国相对要小一些。因此，实施《巴塞尔新资本协议》不仅仅要着眼于单个银行的稳健性，还要站在防范系统性风险的高度来认识其重要性和紧迫性。

3. 实施《巴塞尔新资本协议》为精细化管理提供了良好的契机。粗放始终是银行经营管理的最大天敌。银行要时刻面对复杂多变的市场环境和形形色色的风险，管理链条中任何一个环节的粗放操作都可能导致经营失败。过去粗放经营曾经给我们带来很多惨痛的教训，在国有银行重组改制前剥离的不良资产中，有很多是过去粗放经营的产物。近年来，虽然银行经营管理水平有了显著提升，精细化管理理念也逐渐深入人心，但是粗放经营仍然比较普遍，一些经营管理人员还没有摆脱粗放的惯性和冲动，对约束的抵触、对流程的反感、对边界的怀疑等现象还存在，这是非常危险的。

如何以最科学的路径尽快推进精细化管理，实施《巴塞尔新资本协议》是最佳切入点。《巴塞尔新资本协议》并不是单纯的一些准则和模型，而是一整套精细化的管理机制、方法、技术以及文化理念，是银行风险管理最佳实践的总结和凝练。以实施《巴塞尔新资本协议》来推动风险管理精细化进程，可以少走很多弯路。精细化管理是银行管理方式的重大转变，也是我们下一步工作的着力点，希望全行能够结合《巴塞尔新资本协议》的实施，进一步深入推进。

4. 实施《巴塞尔新资本协议》是一个实践的过程。有些同志存在一个误解，认为按照银监会关于实施《巴塞尔新资本协议》的要求，搭建一个体系框架、开发一些模型和工具就可以了，但实际上并不是这么一回事。实施《巴塞尔新资本协议》要求必须将这一套机制、方法和工具真正

运用到银行业务实践中。

要做到这一点，就要充分发挥广大专家和员工的能动性。先进的工具和方法并不是风险管理的全部，更无法取代人的作用，先进工具和方法的功能发挥关键在于使用者能否科学地掌握和运用。要让全体风险条线专家和员工，以及其他相关部门和条线的专家和员工都充分了解和掌握《巴塞尔新资本协议》提供的工具和方法，并真正运用到实际工作中，通过实践进一步提升整个体系的科学性和完善性。

（二）建设银行实施《巴塞尔新资本协议》的进展

2006 年以来，在董事会和高管层的高度重视和指导下，各相关部门尤其是各实施组通力协作、埋头苦干，实施《巴塞尔新资本协议》的各项准备工作稳步、有序推进。经过 3 年多的努力，一批重要成果已经顺利完成并在业务实践中推广使用，对提高全行风险管理水平、提升建设银行核心竞争力发挥了重要作用。截至 2009 年 9 月中旬，在原计划 50 项主要工作中，基本完成（100% 完成及完成 80% 以上）的项目有 37 项，占 74%；完成 50% ~80% 的项目占 18%。从项目类别来看，信用风险和操作风险相关工作基本完成 85% 以上，市场风险、第二支柱、第三支柱完成总体工作量 70% 左右。目前，我行的工作进展在国内同业中处于领先水平，受到监管部门的高度评价。

通过实施《巴塞尔新资本协议》，全行风险管理能力有了很大进步，突出表现在以下几个方面。

1. 新一代评级系统成功上线，信用风险管理水平迈上新台阶。截至 2009 年 8 月，已经完成了非零售内部评级系统（二期）、小企业评级系统、零售评分卡系统、零售敞口内部评级分池系统的上线；完成了模型实验室基础架构的搭建。同时，根据银监会监管指引和全行业务发展要求，陆续制定了相关制度和实施细则，新一代内部评级体系基本建成。

2. 抵押品管理进一步加强，组合管理水平明显提升。2009 年 8 月，我行抵押品管理系统开始在三个分行试运行，有望 2009 年底前在全行上线，届时将实现对公和零售业务的抵押品流程管理自动化。同时，组合管理咨询项目已经完成，初步建立了符合《巴塞尔新资本协议》技术标准的 LGD、EAD 统计模型，优化了经济资本计量方案，基本具备了实施信用风险内部评级高级法的能力。在组合管理信息系统开发完成后，全行组合管理水平将得到进一步提高。

3. 操作风险基础管理得到全面加强，信息化水平明显提升。目前，我行已基本达到实施操作风险标准法的条件，完成了操作风险标准法映射方案、计量实施细则的制定；各项基础管理得到全面加强，自评估工作稳步推进，企业级关键风险指标以及 IT、营运管理两个业务条线的关键风险指标初步建立，操作风险管理信息系统（一期）进入全面开发阶段，初步建立了业务持续性管理体系。

4. 进一步理顺市场风险管理体制，夯实管理基础。针对金融危机的经验教训，总行重点强化市场风险管理，成立了市场风险管理部，进一步理顺市场风险管理架构和管理流程。开展了市场风险内部模型法、交易对手信用风险管理等项目，这些项目有助于突破当前市场风险管理中的制约瓶颈。同时，金融市场业务风险管理系统进入开发阶段，计划在 2009 年底上线，届时市场风险管理能力将得到全面提高。

5. 第二支柱、第三支柱的建设稳步推进，取得了阶段性成果。在《巴塞尔新资本协议》第二支柱领域，围绕业务、风险和资本这一主线，内部资本充足评估程序（ICAAP）项目进展顺利，进一步提高了银行账户利率风险、流动性风险、声誉风险管理水平。在第三支柱领域，以风险加权资产计算和监管报表为核心，全面加强数据管控，提高数据质量，有望在较短时间内按照银监会监管要求建成规范、完善的信息披露体系。

6. 基本形成了符合《巴塞尔新资本协议》要求的 IT 系统架构，信息系统逐步成为业务竞争优势。在推进《巴塞尔新资本协议》的过程中，基本形成了风险管理项目群的统一 IT 架构规划，建立了统一、完善的数据集市，优化了 CLPM 等主要业务系统的风险管理功能。基于数据集中和 IT 系统流程化处理，风险管理更紧密地融入业务流程，大大提升了风险管控能力和响应速度。

（三）下一步工作要求

1. 要确保成为第一批实施银行。银监会对实施《巴塞尔新资本协议》设定了实施时间表。目前我们已经按照银监会关于实施《巴塞尔新资本协议》的要求，启动了《巴塞尔新资本协议》验证与申请项目。目前，有几个商业银行已经提出要在2010年实施内部评级法高级法，对此我们也要抓紧作出评估和部署。作为国内领先银行，建设银行应努力确保成为第一批实施《巴塞尔新资本协议》的银行。下一步工作任务还很艰巨，希望大家按照既定的规划抓紧组织落实。

2. 扎实推进各关键领域工作。目前实施《巴塞尔新资本协议》各项工作总体进展情况不错，但还存在个别“短板”项目，需要集中人力和资源加快推进。在信用风险管理方面，要扎实抓好项目成果的运用。在市场风险管理方面，这是目前薄弱环节，要加大投入、加快进度，把基础工具和体系尽快完善起来，确保市场风险相关项目在2009年底前完成。另外，第二支柱和第三支柱的相关项目也要抓紧推进，确保按期完成。尤其在信息披露方面，要对照第三支柱要求尽快完善配套制度和系统建设。

3. 充分调动和发挥分行在实施《巴塞新资本协议》中的作用。各分行在实施《巴塞尔新资本协议》中不能置身事外。《巴塞尔新资本协议》为银行提供了多种风险管理工具和方法，同时也强调在工具方法的应用过程中必须有足够的人工判断和专家决策流程，以确保将模型以外的所有相关因素均考虑在内。各分行在应用各种风险管理工具时，要充分发挥广大员工的主观能动性，特别是要发挥专家经验的作用，将专家经验与风险管理工具有机结合，以确保模型科学应用，也为模型维护和升级贡献大家的智慧。

4. 以实施《巴塞尔新资本协议》为契机推进全面风险管理。《巴塞尔新资本协议》实质上是一个全面风险管理的体系。《巴塞尔新资本协议》第一支柱对信用、市场、操作风险确定了定量和定性要求。对于第一支柱没有覆盖的风险（如银行账户利率风险、交易账户信用风险等）以及不属于第一支柱范畴的关键风险（如流动性风险、集中度风险、结算风险、战略风险等），《巴塞尔新资本协议》在第二支柱中也提出了相应管理要求。巴塞尔银行监管委员会在金融危机之后发布的一系列优化完善文件中，特别强调了对第二支柱的改进，以促进银行建立全面风险管理体系。因此，实施《巴塞尔新资本协议》是推进全面风险管理的良好契机，全行在实施《巴塞尔新资本协议》过程中，要将推进工作和日常风险管理工作更加紧密地结合起来，打好基础，实现全面风险管理体系建设再上一个新台阶。

5. 通过培训使《巴塞尔新资本协议》成为风险管理的共同语言。总行一直强调要加大培训力度，这次是对总监层面的培训，后面还要开展各个层面、不同专题的培训，今明两年要争取在《巴塞尔新资本协议》培训的广度（覆盖面）和深度上有大幅度的提升。要将《巴塞尔新资本协议》有关内容纳入全行高级管理人员培训课程中。要通过培训，逐渐使《巴塞尔新资本协议》所蕴涵的先进理念、工具和方法成为全行风险管理的共同语言，成为建设银行风险文化的有机组成部分。

需要特别指出的是，《巴塞尔新资本协议》的实施和运用是银行打造百年老店、占据战略制高点、实现长远可持续发展的技术基础。过去我们习惯于凭经验进行决策和管理，随着金融市场日趋精细复杂，经验往往是靠不住的，昨天的经验不能解决今天和明天的问题。应该看到，目前中国商业银行正处于由传统的经验管理为主向技术管理为主过渡的转换期，商业银行要主动顺应并加快实现这个转变。具体到管理中，就是要习惯于用数据来说明、用图表来表达、用技术来管理。例如，风险管理中的底线、边界、标准等，都必须是基于科学的技术工具和数据基础。实施《巴塞尔新资本协议》是推动银行实现管理方式转变的最佳路径，要把实施《巴塞尔新资本协议》与建设百年老店的目标有机结合起来，把基础打好。

三、当前风险管理形势及下一步工作安排

2009年以来，全行上下认真贯彻“保增长、扩内需、调结构、防风险”的政策要求，合理把握信贷投放总量和节奏、服务经济发展大局、加快结构调整步伐、强化贷后管理和风险化解处置，

资产质量继续保持稳定向好。截至 2009 年 8 月底，境内分行本外币不良贷款余额达 739.96 亿元（调整后口径，下同），比年初审计后减少 92.73 亿元，不良贷款率为 1.65%，比年初审计后下降 0.62 个百分点，继续保持在国有银行中的领先地位。这些成绩凝聚着各业务部门、在座各位风险总监以及风险条线全体员工的智慧和心血，这里我向大家表示感谢！

借这个机会，对一些工作成绩突出的分行以及这些分行的风险总监提出表扬：第一，在资产质量方面，三峡、重庆、内蒙古、福建、广西、安徽等分行近年来贷款不良率持续控制在较低水平；陕西、青海、广西、甘肃、辽宁、广东等分行不良贷款“双降”成效显著，不良率年降幅超过 20%。第二，在贷后管理方面，北京市分行全面推进对公预警客户贷后跟踪管理，成绩突出；广西、湖南、上海、河北等分行在完善贷后管理机制等方面取得了显著进展。第三，在操作风险管理方面，四川、重庆分行分别建立了操作风险关键风险指标体系和操作风险信息报告处理工作机制；浙江、安徽等分行建立了操作风险考评机制；内蒙古、辽宁等分行积极开展关键风险点监控检查，建立了多层次的检查模式；厦门、湖北、贵州、山东、陕西等分行扎实开展操作风险自评估，实现了业务流程优化和制度更新。第四，在推进精细化管理方面，上海、江苏、河南等分行深入开展行业研究和信贷审批指引建设；陕西等分行大力推进风险管理工具应用，提高了信贷审批和风险管理的专业化和精细化水平。第五，在深化风险管理体制改革方面，湖北、安徽等分行探索推行省会城市行风险集中管理；北京、山西、天津等分行积极推进信贷审批人集中统一管理，取得明显成效。第六，在应对危机方面，江苏、浙江、宁波、厦门、苏州等分行密切跟踪市场变化，积极开展风险应对处置，做了大量工作。

（一）当前需要关注的几个问题

1. 不良贷款反弹的潜在压力较大。2008 年第四季度以来贷款投放增速迅猛，客观上对信贷管理带来较大压力。从历史经验来看，贷款投放过于迅猛对于资产质量的影响将在后面 1～2 年逐渐显现出来。例如，2003 年全行公司类贷款增长超过 20%，当年纯新发放贷款到 2004 年底的不良率就达到 2.8%，到 2005 年底不良率达到 3.77%，明显高于其他正常年份发放的贷款。因此，下一步要花大力气抓贷后管理，以避免贷款质量下滑，否则后面几年压力很大。从 2009 年 8 月数据来看，总体情况良好，但是也存在一些值得关注的问题：

一是部分区域不良贷款明显上升。截至 2009 年 8 月底，虽然全行不良贷款额和不良率继续“双降”，但有部分区域不良贷款增加较多，如长三角地区不良贷款额比 2009 年初增加 20.63 亿元。在 38 个一级分行中，有 6 个分行不良贷款有所反弹，不良上升较多的有浙江、上海、山西和湖北等分行。

二是制造业、批发零售业等行业新形成不良贷款较多。截至 2009 年 8 月底，全行公司类新形成不良贷款 119.74 亿元，主要集中在制造业、批发零售业等行业。其中，制造业新形成不良贷款 59.93 亿元，主要集中在长三角地区和通信设备、非金属、金属矿物制品、纺织化纤等受国际经济波动影响较大的行业上。批发和零售业新形成不良贷款 21.34 亿元，主要原因是受宏观经济下滑与出口萎缩影响，部分贸易客户风险暴露所致。从出口情况看，虽然目前出现企稳回升，但总体来看仍相对低迷，短期内难以根本扭转。2009 年 6 月底排查结果显示，全行出口相关行业有风险迹象客户 118 个，涉及贷款余额 113 亿元，相关贷款的风险变化还需要密切关注。

三是承兑汇票、代客衍生交易及部分个人信贷产品风险增加。截至 2009 年 8 月底，银行承兑汇票垫款较年初增加 8.14 亿元。截至 2009 年 6 月底共有 12 家分行为 67 家客户垫付交易利息 5.6 亿元，比年初增加 2.49 亿元。考虑到未来市场走势仍不明朗，代客衍生交易垫款风险还有可能增大。另外，部分个人信贷产品如个人助业不良贷款增加 1.26 亿元，信用卡不良贷款增加 2.24 亿元。

2. 结构调整的执行力度和完成进度差异较大。一是部分分支机构对结构调整的重视程度不够、工作措施不到位。有的分行违反规定向“控”、“压”类行业中拟实施战略退出客户发放贷款，在行业贷款限额出现红色、橙色预警信号期间，未经核准发放贷款。对此总行已经下发风险提示，相关分行要认真核查整改。二是退出贷款客户压缩进度行际差异较大。截至2009年8月底，23个分行退出计划完成率低于全行平均水平（77.33%），退出计划完成率较低的分行有山西（26.30%）、海南（31.89%）、湖南（43.59%）等分行。

3. 大额授信集中风险值得关注。截至2009年8月底，信贷余额超过20亿元的客户有56户，信贷余额达到2 294亿元，其中信贷余额50亿元以上的有11户，100亿元以上的有3户。从行业分布来看，这些客户主要集中在电力、公共设施、道路运输、交通以及商务服务等行业，很多是政府融资平台类客户。虽然目前这些贷款都属于正常类，但是考虑到贷款金额大、期限长、受宏观经济周期影响较大，一旦外部环境发生不利变化、客户还款能力下降、风险缓释难以发挥作用，将对我行贷款质量造成较大冲击，甚至可能引发一系列连锁反应和风险暴露。

4. 重大突发事件和案件防控形势不容乐观。受国内外宏观经济形势变化影响，2009年以来部分地区重大风险事项暴露较多，在严峻的经济金融形势下，存在内外部道德风险上升的苗头，全行案件防控形势也不容乐观。在国庆前后的敏感时期，应对突发事件的任务非常艰巨，对全行的应急处置工作以及案件防控都提出了新的挑战。各分行“守土有责”，一定不能掉以轻心。

5. 对于新的风险形态还缺乏完善的管控机制。近年来，我们在小企业信贷业务、表外业务、外汇业务与资本市场相关的理财业务、企业并购等方面业务发展很快。在改善金融服务的同时，这些业务创新也改变了传统的风险形态和发生规律，出现了诸如“表外业务风险表内化”、“单一客户风险连锁化”、“信用风险、市场风险和操作风险相互转化”等新的风险演化形态。但是，相应的风险控制手段和配套制度建设还没有及时跟上，存在管理薄弱环节和风险隐患。

（二）下一阶段工作要求和主要安排

1. 深入推进结构调整，作为常态化工作抓紧、抓实。结构调整不能松懈，只有有了好的贷款结构和资产组合，才能有效抵御系统性风险，经受住周期性波动的考验。我过去说过结构决定命运，就是这个道理。要重点抓好以下几个方面的工作。

一是进一步细化政策。要建立客户细分基础上的行业细分政策。这方面风险管理部、公司部等做了大量工作。比方说制造业结构调整政策就做得很细，文件下发之后执行效果不错，最近制造业贷款在明显下降。下一步还要继续推进，其他几个行业的信贷结构调整政策也要抓紧出台。同时，要做好对客户的细分，实行差别化政策。

二是要把结构调整作为常态化工作。今后几年结构调整政策基本框架就是“进、保、控、压、退”，各分行可以按照这个框架提前规划好本辖的结构调整工作。当然，每年的“进、保、控、压、退”的具体范围和任务要求是不一样的，要把市场变化和自身实际密切结合起来。

三是做好低碳经济条件下的信贷政策研究。银行在信贷政策上要有前瞻性的考虑，如果不主动、积极地启动这方面工作，今后可能要吃大亏，现在是理论上的风险，以后可能成为现实的风险。从2010年开始，对于不可持续的“高排放”企业要纳入退出名单，对于一些“高排放”的行业，也要研究实行选择性退出政策。

四是对部分行业要提前行动、果断调整。2009年前8个月，全行水泥行业贷款比年初增加73亿元，增幅达32%，高于公司类贷款平均增速10个百分点，增速过快。再比方说光伏行业，目前我国多晶硅已建和在建产能近15万吨，全球同期需求大约仅8万吨，产能明显过剩，但是我行前8个月该行业贷款增速高达70%。2009年以来，我行制造业贷款增幅高出工商银行9.35个百分点，其中钢铁、水泥以及光伏产品、风电制造等行业贷款增长较快，对此必须高度关注，要下决心控制。

2. 严格贷款质量管理，实事求是，不搞攀比。这几年来全行不良贷款回收处置力度不断加大，同时新暴露不良贷款也得到更有效的控制，因此不良贷款实现了连年持续“双降”。但是从目前情况来看，不良贷款已经压缩到一个较低的水平，而且外部市场环境也不乐观，继续实现“双降”的空间越来越小，对此大家一定要有充分的认识和准备。这里重点强调几个方面要求：

一是不良贷款“双降”必须建立在工作措施上，而不是建立在工作目标上。不是定了目标就行，要把可能性和必要性结合起来，落实到具体的工作措施和执行方案上。我们过去强调“一户一策”，目前市场情况下“一策”可能还不行，要把可能出现的困难都估计充分，做好预案。

二是不搞横向攀比，确保质量真实性。不良贷款“双降”不是要跟别人比，不要为比较而工作，要确保实事求是，真实性优先。现在不良率已经下降到一点六几的水平，从外部市场环境以及自身经营管理现状来看，已经是很低的水平，因此，对于经济波动带来的不良贷款增减变化要平静地接受、客观地看待。抓不良贷款“双降”工作是“操作”而不是“操纵”，虚假的数字没有任何意义。

三是考核指标不会做大的调整。目前不良贷款反弹形势比较严峻，因此总体上还要保持一定的压力，总行对2009年考核指标不做大的调整，像KPI中的不良贷款考核指标等都不会动。希望各分行在2009年后面几个月切实加大工作力度，充分挖掘潜力。

3. 加强行业研究，优化审批管理。根据新的形势和市场发展变化，进一步提高贷款审批的专业性、独立性。

一是做好行业研究。按照“贴近市场、贴近客户、贴近基层”的要求，深入开展行业研究和市场调研，细化完善审批指引。特别是对于列入国家调整振兴规划的钢铁、船舶、纺织、运输物流业等行业及信贷余额占比较大的房地产、交通运输等领域要组织专题研究，重检审批标准。要认真、准确地使用好行业研究成果，真正运用到具体贷款项目审批中。像“三高一剩”行业、二级公路等贷款项目要严格控制，不能抱侥幸心理。

二是要坚持方案审批，并逐步实现由信贷方案审批向全面的金融服务方案审批过渡。现在企业的金融需求是多方面的，不仅仅是信贷需求，还包括像财务顾问、IPO等其他新的需求。经过这几年的努力，现在建设银行基本具备了向客户提供一揽子金融服务的能力，当前要抓紧探索优化我们的审批模式，逐步向金融服务方案审批过渡。这方面授信管理部要开展专门研究，尽快拿出方案。

三是允许沟通，不允许勾对。有问题可以找审批部门，不要找具体的贷款审批人，审批人不见客，这个原则必须要坚持。审批人要了解市场，但了解市场的途径主要是加强调查研究、加强行业信息支持、加强个人学习。要重视市场调研，审批部门可以与研究部门、客户部门共同组织联合团队开展调研，要建立起这个工作机制。今后审批人调研至少要邀请研究部的专家一起参与。

4. 全面强化贷后管理，探索推进机制创新。2008年以来，我们开始在全行大力抓贷后管理，目前已取得了阶段性成果，提升了贷款风险管控、交叉销售、精细化管理等方面的整体水平。2010年还要进一步加大力度，重点抓以下工作：

一是开展“贷后管理年”活动。初步确定2010年是全行“贷后管理年”，要力争通过这个活动，在贷后管理机制、制度、流程、工具、文化等方面有一个全面的提升，将贷后管理真正打造成为建设银行信贷业务的核心竞争力。具体工作方案请风险管理部、授信部、公司部等有关部门研究制定。

二是抓好工具建设，提升精细化管理水平。在对公信贷领域，要进一步优化贷后预警跟踪管理系统，丰富和完善配套管理工具；在零售信贷领域，要充分发挥评分卡等先进计量技术工具在贷后管理中的运用，推进工具研发，全面提升贷后风险预警、贷款催收、交叉营销能力。

三是完善贷后管理配套机制。要针对目前信贷经营管理模式，抓紧研究制定科学合理、便于执行的贷后管理考核指标。2010年贷后管理工作要纳入KPI，并实现与等级行考核挂钩。同时，贷后管理也要作为重要指标纳入分行风险评级、信贷授权方案中。

四是逐步实现市场营销和贷后管理的职责分离。要最终解决贷后管理薄弱的症结，必须从信贷基础流程和职责边界上作根本性调整。具体地说，就是要实现市场营销和贷后管理的职责分离。从近年来的探索和实践来看，这是必然趋势，必须朝着这个方向努力。当然，这里涉及管理、考核等方方面面的因素，需要统筹研究设计方案。

5. 做好小企业信贷业务，加强按揭贷款利率差别化管理。小企业和个人住房贷款业务是全行信贷业务发展的战略重点，要立足于业务创新和精细化管理，进一步拓展发展空间，提升盈利能力。

一是完善和推广阿里巴巴小企业信贷模式。这方面浙江省分行做了很好的尝试，目前已经与阿里巴巴建立了合作平台。下一步主要是进一步研究优化“风险池”运行模式。另外，在业务管理上要统一归口，浙江省分行是全行与阿里巴巴业务合作的窗口，统一进行谈判和协调；浙江省分行可以设立专业化团队，也可以总行的名义设。各分行与此相关的事项，可以通过这一窗口统一反馈和实施。

二是大力推进小企业信贷业务。在信贷投放行业政策方面，小企业不受一般公司客户信贷结构调整的行业限制。风险管控的关键，是从小企业的经营管理、企业主（实际控制人）的能力、资信等方面来进行把握和判断。

三是做好按揭贷款利率差别化管理。虽然个人住房贷款打七折以后银行收益大幅度收窄，但是从长期来看这是相对安全的优质资产。提升盈利能力的关键是利率差别化。目前增量个人按揭贷款中打七折的接近80%，存量贷款中接近40%，比例还比较高。总行文件已经对利率差别化提出了要求，各行要认真执行。下一步还可以探索引入客户的申请评分、行为评分等计量成果，建立差别化、精细化的定价机制。

6. 加大核销力度，开展资产保全工作自查。一是对于符合核销条件的贷款要加紧办理相关手续，组织材料申报。目前全行拨备覆盖率很高，准备计提充足，与此同时，账上还有不少损失类贷款，部分还是陈年老账，各分行还要进一步加大核销力度。二是在2009年底之前组织开展一次资产保全业务自查。请保全部牵头，风险部、授信部配合，制定自查方案，认真组织实施。

7. 推进全面风险管理建设，强化薄弱环节。针对目前存在的管理“短板”，下一步要花大力气抓基础建设，重点做好以下工作。

一是提升业务持续性和应急管理水平。组织开展重大突发事件应急准备工作，加强对信息系统、电力设备、办公场所及其设施的检查，完善预案、加强演练，确保国庆期间各项业务安全运行，并以此为契机建立起一套长效机制。

二是加强工具建设，提高精细化管理水平。做好风险计量工具的开发和运用，优化对公客户评级、风险限额管理等核心工具，依托零售评分卡推进风险识别、授信审批、贷后管理等环节的精细化管理。

三是进一步强化市场风险管理。细化信用类债券投资的风险政策底线，加强债券投资的信用风险管理；推进海外分行管理信息系统建设，及时掌握海外分行债券交易信息，实现风险实时监控；将代客资金业务纳入统一授信管理，完善代客业务风险管理体系。

四是推进操作风险专业化管理。总行将逐步建立一级分行操作风险管理评价体系，并进一步开展关键风险指标试点。继续推进操作风险自评估，确保自评估成果运用；总结操作风险薄弱环节，持续完善操作风险修补机制。

五是完善海外机构风险管理。在全行统一的风险管理体系下，结合各海外机构属地监管要求，健全风险管理组织架构和内控制度，规范授信业务流程和决策机制，调整优化风险报告线路。

8. 组织重点领域风险排查，化解风险隐患。通过排查及早发现隐患，及时处置化解，确保资产质量持续向好。

一是组织贷后管理专项检查。2009年信贷大检查的重点是贷后管理，计划在第三季度实施，重点将对质量反弹压力大已经列入对公预警跟踪管理系统的客户进行排查，确保各项贷后管理与风险处置措施落实到位，及早消除风险隐患，保证资产质量稳定向好。

二是全面排查政府融资平台客户存量贷款风险。重点就政府财政实力、项目立项程序的合规性、资本金落实情况、资金使用及投向等进行全面排查，边查边改，对存在合规性隐患的贷款限期落实整改措施。同时，要对固定资产项目贷款、表外业务等组织持续进行风险排查，并加强大额、集团客户授信监控，加强内控名单客户的管理，有效防范风险。

9. 进一步加强风险条线管理。深化风险管理体制改革，提高风险条线管理的制度化、专业化水平。

一是持续完善风险管理评价机制，促进风险管理水平提升。总行将进一步优化评价指标体系，以资产质量和风险收益平衡能力为核心，加强对新发放贷款、风险缓释效果、客户结构和信贷结构调整等年度重点工作的评价力度，提高指标体系的全面性、敏感性和前瞻性，并研究探索贷后管理、信贷基础数据质量及市场风险管理等方面的评价指标，力求全面反映分支机构风险管理状况。同时，进一步完善风险条线人力资源管理机制，加强风险条线队伍建设，主要包括：制定实施《2009年度一级分行风险总监绩效考核实施方案》，加大对信贷结构调整成效和基础管理的考核力度；研究探索各类风险管理人员能力评价体系；继续加强风险条线人员培训等。

二是进一步加强对风险条线的业务指导工作，促进风险管理体制有效运行。完善信贷审批授权机制，建立信贷授权后评价制度，提高授权执行情况在信贷大检查中的检查比重，利用现有系统，及时发现问题，并将信贷授权执行情况纳入分行风险管理评价。同时，总结一级分行所在城市行风险集中管理的先进经验并加以推广，具备条件时，总行将考虑分批组织部分分行进行集中现场交流和研讨。

同志们，这次集中学习的机会非常宝贵，大家平时工作都很忙，总行见缝插针安排了这次专业培训。希望大家能够珍惜这几天时间，认真学习、积极思考、深入研讨，真正做到有收获、有感悟、有提高，把学习成果带回去，运用到日常工作中，促进全面风险管理能力的进一步提升。

以先进计量技术打造精细化、专业化的风险管理体系

——在内部评级二期客户评级、评分系统验收会上的讲话

朱小黄

（2009年10月19日）

内部评级二期对公和小企业评级、零售评分卡项目的开发和试运行今天通过验收。这里我表示祝贺！

内部评级系统二期项目是提升全行风险计量、技术、推进风险管理精细化、专业化的重要基础，也是建设银行实施《巴塞尔新资本协议》的技术核心。通过这个项目，我们把对公、小企业的评级体系以及零售评分卡体系较为完整地搭建起来了。在对公评级方面细分了5大类18个评级模型，在小企业评级方面细分了4大类7个评级模型，在零售方面开发了9张评分卡共13个模型。这些技术工具的研发以及在业务经营管理中的实际运用，表明建设银行在信用风险管理的精细化、专业化方面迈出了扎实、关键的一大步。这里，我要向项目研发和实施过程中付出辛勤劳动的总行相关部门、参与分行，特别是所有的项目组成员，表示衷心的感谢！

借这个机会，谈三个方面问题。

一、依托技术、基于数据的管理是现代银行精细化管理的大趋势

过去我们习惯于凭经验进行经营管理和决策，但是随着市场发展变化和金融业务创新，风险形态越来越复杂多变，仅仅依赖经验是靠不住的，必须要借助先进的技术工具。目前中国商业银行正处于由传统的经验管理为主向技术管理为主过渡的转换期，这是大趋势，要主动顺应这个趋势，加快实现转换——要习惯于用数据来说明、用图表来表达、用技术来管理。

具体在风险管理方面，我们的风险战略和风险偏好要尽可能借助定量化的形式进行准确的表达和传导；风险边界和底线要尽可能借助定量化的标准来进行清晰的界定和监控；风险管理的流程和操作要尽可能借助定量化的工具来进行科学的规范和优化。这些都是需要抓紧推进的工作。应该说，经过这几年的努力，我们逐渐告别粗放，

初步有了精细化管理的意识，开始朝着精细化、专业化的方向摸索前进，但是客观地讲，还有不足之处。其中，最主要的制约瓶颈在于技术工具的支持跟不上，定量化管理基础比较薄弱。现在完成了内部评级二期客户评级、评分系统，只是迈出了最基础的一步，后面还有大量的工作要做。希望大家再接再厉，加快推进风险计量技术工具体系建设，为业务经营管理精细化水平的提升提供强有力的技术支持和保障。

二、做好计量技术工具在经营管理中的运用，将成果转化为生产力

与国内的一些同业相比，我们在风险计量技术体系建设方面一开始就比较重视与实际业务和管理实践的结合。先进的模型和技术工具开发出来，就要积极地运用到业务经营管理中，发挥技术工具的功能，真正转化为生产力。《巴塞尔新资本协议》非常强调“应用测试”（Use－test）的原则，就是内部评级的各项成果，要在银行经营管理实践中得到切实的应用，要在风险管理和业务决策中发挥作用。也只有通过实际运用，才能发现模型和技术工具中存在的不足和缺陷，进行持续优化改进，提高模型的科学性和适用性。

在新的技术工具运用过程中，要特别强调两个问题：

一是技术工具和模型不能简单替代专家的专业判断。以客户评级模型为例，客户情况千差万别，再好的模型也不可能做到契合每个客户的个性化特征。针对这个情况，一方面是需要借助专家的判断，发挥专家的智慧。总行在客户评级模型的运用政策和制度安排上，设置了相应的人工调整通道，基于专家判断可以对系统给出的评级结果进行上调、下调乃至推翻。另一方面要在运用过程中密切跟踪模型的表现，对共性问题进行详细分析，在运用中不断优化改进，确保模型的准确性、稳定性、科学性。

二是要从观念和技能上尽快适应精细化管理的变化。随着管理更加精细，专业的技术工具和模型引入业务经营管理流程，操作的灵活性和个人自由裁量空间相应也小一些，这实际上也是统一全行风险偏好的过程，要尽快适应这种变化，改变过去粗线条的管理习惯。同时要加强培训，做到准确理解、熟练掌握新的技术工具，避免因为不熟悉或者运用不恰当造成的管理脱节；要缩短磨合期，尽快向新的精细化管理模式过渡。

三、下一步要重点抓好的几项工作

一是加快《巴塞尔新资本协议》相关项目群的推进。内部评级系统二期项目的完成，标志着实施《巴塞尔新资本协议》的基础工作向前推进了一大步。从国际先进银行的实践来看，这部分工作无论是难度还是工作量都比较大，是难啃的“硬骨头”。目前，国内有几家银行已经提出要在2010年实施内部评级法高级法，对此我们也要抓紧做出评估和部署。作为国内领先银行，建设银行要确保成为第一批实施《巴塞尔新资本协议》的银行。上个月风险部汇总更新了实施《巴塞尔新资本协议》项目进度表，总体进展令人满意，但是也有个别短板项目。下一步任务还很艰巨，希望项目涉及的各个相关部门通力合作，保证开发队伍相对稳定，集中力量加快项目推进。

二是发挥先进技术工具在贷后管理中的作用。总行初步确定2010年是“贷后管理年”，要力争在贷后管理方面有质的提升。其中，先进计量技术工具的运用是一个重要方面。要借助计量工具的数据挖掘和预警分析功能，将贷后管理方案与客户行为表现、违约规律紧密联系起来，做到对风险的提前响应和预处置。比如，可以依托零售评分卡的支持，基于客户信用行为特征筛选出预警对象，在违约行为发生之前乃至拖欠发生前采取针对措施，进行“拖欠前管理”或“拖欠预防”。据美国银行经验分享项目提供的资料，有2/3的贷款是可以通过有效的客户沟通、提前干预从而避免形成实质损失的。另外，还可以借助定量化技术工具，在信贷退出方案安排、资产风险分类、拨备计提以及绩效考核等方面进一步提高精细化管理水平。

三是依托定量化分析提高差别化定价能力。目前我们对贷款的差别化定价程度还不高。在全行非贴现公司贷款中，AAA级客户（约占全部客户的16%）基本按照下浮10%定价，AA级客户（约占全部客户的60%）中也很少有高于基准利率的情况。在个人住房贷款中，2009年上半年新发放贷款加权平均利率为0.73倍基准利率，七折

利率贷款占78%，存量贷款中执行七折利率的占48%。提高差别化定价能力，一方面是要提高营销和议价能力（包括综合服务能力）；另一方面则是要能够把贷款成本量化地匡算出来，为贷款定价提供决策支持。这方面工作要提上日程。风险管理部准备依托现有的计量技术成果，开发贷款成本打分板模型，综合考虑客户信用评级、信贷产品、风险缓释（包括押品质量、抵质押率）等因素，建立起贷款成本与风险收益、价格之间的关系。这个设想很好，模型开发出来以后可以考虑嵌入前台业务流程系统中，更加高效、便捷地服务和支持对公客户的差别化定价。在零售业务方面，也可以考虑结合评分卡等工具在差别化定价方面进行探索。这方面应该说有很大的潜力可以挖掘。

四是加强组合风险管理研究，提升对系统性风险的防控能力。我曾经多次谈过一个观点，就是系统性风险是银行面临的最大风险，这次金融危机也充分印证了这一点。有效防控系统性风险，一方面要做到对宏观经济金融、产业结构变化的敏锐把握和研判，另一方面则是要有科学的组合风险管理。组合风险管理对于国内银行来说是一个新课题，绝大多数银行还没有真正开始这方面的研究和管理。自2008年以来我们开展了一些探索，但主要还是停留在组合风险分析层面，下一步要借助计量技术工具，逐步从组合风险分析走向主动的组合风险管理，开发组合管理系统，建立组合风险管理平台，探索引入量化管理工具，通过资本配置、限额管理、贷款转让等手段主动调整和优化组合结构，提升组合盈利能力和抗风险能力，有效抵御周期波动等因素带来的系统性风险。

在总行本部2008年新行员下派锻炼总结大会上的讲话

胡哲一

（2009年1月20日）

同志们：

今天，我们召开总行本部2008年新行员下派锻炼总结大会。首先，请允许我代表总行党委和各位行领导，向大家表示祝贺并欢迎你们返回总行投入新的工作！

刚才听了8位新行员代表的发言，我感到很欣慰。你们的发言紧密结合个人实习经历，从不同角度对建设银行改革创新、业务发展和团队建设进行了探索，你们在不同分行、不同机构、不同岗位，在短短半年的时间当中，既感受到建设银行发展的朝气和活力，也感受到了建设银行工作的艰辛和不易。大家总结提出了很多好的意见和建议，这充分说明大家在下派锻炼过程中，有实践、有体会、有思考、有收获，你们在建设银行有了一个良好的、难忘的开端。

事业兴旺，人才为本，建设银行要实现战略愿景，建成国际一流商业银行，必须造就一支结构合理、素质优良的人才队伍。总行党委非常重视人才，特别是年轻人才的培养和发展。在人员短缺、工作任务繁重的情况下，总行党委仍决定用半年的时间让大家到基层锻炼，今天各部门负责同志亲自到会听取大家的汇报，都充分说明了建设银行对年轻人培养的重视。今天，短暂的锻炼已经结束，新的征程即将开始。大家即将分配到总行各个部门的岗位，开始新的工作和事业。我也是建设银行的新兵。在此，提几点要求，与大家共勉。

一、善于传承，勇于创新，努力实现自我突破与超越

建设银行前辈们不懈努力为建设银行的发展打下了坚实基础，我们不能坐享其成，大家的志向是高远的，要在好的基础上再接再厉，艰苦奋斗，创造新的辉煌。建设银行的业绩是不断发展的业绩。面对新的挑战和困难，大家首先要真诚、虚心地向老同志、向先入建设银行的同志学习，大家身边都有师傅，要善于在学习中传承建设银行的优良传统，同时也要坚持与时俱进、开拓创新，把建设银行的改革与发展不断推向前进。年轻人思维活跃，理解力强，思想开放，最具创新潜力，是金融业发展的重要力量。大家要紧跟时代潮流，解放思想，实事求是，把创造的热情和科学的态度结合起来，把日积月累和寻求突破结合起来，努力成为建设银行发展急需的高素质人才。刚才一位发言的同志说得好，“要在奉献建设银行中提升自己，更要在提升自己中奉献于建设银行”。

二、珍惜机会，转换角色，积极投身建设银行发展大业

建设银行正在向国际一流商业银行迈进，历史给你们创造了发挥聪明才智的舞台，时代给你们提供了书写壮丽篇章的机遇。大家一定要珍惜这来之不易的工作机会，在建设银行充分发挥自己的聪明才智。今后不管从事什么工作，在什么岗位上，希望大家取得成绩不骄傲，遇到困难不气馁，能够正确对待、理智处理，始终把工作放在第一位，而不是个人利益第一；用大我来衡量小我，用整体来衡量个体，多站在整体的角度来理解问题，多换位思考，加强团结与合作，树立团队意识，学会沟通，善于合作。刚才不少同志在发言中都提到从一个学生转变为职业人，这点非常重要。大家来自五湖四海，来自不同院校、不同专业，具有不同的专业背景和成长经历，人才汇集，希望大家能够积极转换思维，转变角色，适应新的环境，努力实现个人与建设银行事业的共同发展。大部分青年朋友是独生子女，有长处也有不足。“独”字又好，又不好。“独立”、“独特”、“独创”是好的，“孤独”、“独行”是不好的。银行业是一个团队竞争激烈的行业，独生子女成长的背景加上金融行业的特点，更要求大家在工作中学会尊重、理解和学习别人，善于合作，善于沟通，善于协调，维护和发扬团队精神尤为重要。

三、注重修养，廉洁自律，尽早成为德才兼备的栋梁之才

提高修养，首先是要加强学习。大家要在建设银行的改革发展中担当重任，首先要广泛、勤奋地学习，不仅要学习业务知识，具备过硬的业务本领，还要学习社会知识，更要有高尚的情操和顽强的意志，树立正确的世界观、人生观、价值观，成为有德有才、全面发展的年轻人。金融行业是一个风险行业，在踏上职业生涯之初，我要提醒大家，“千里之堤，溃于蚁穴”。面对纷繁复杂的形势，大家一定要树立良好的职业道德，严格要求自己，遵纪守法，爱岗敬业；要从小事做起，勿以善小而不为，勿以恶小而为之，在一点一滴中积累，在一言一行中培养，打牢自身道德修养的根基，把自己塑造成为一名德才兼备的栋梁之才。

我对大家在建设银行的成长、发展、奉献充满信心，因为有基础、有条件、有机遇。首先，你们赶上了改革、开放、发展的好时代。面临全球金融危机，党中央坚强领导、正确决策，全国上下积极应对、共同努力，尽管还会遇到困难和挑战，但我国经济将继续保持良好的发展态势，金融业也将持续稳健发展。其次，从建设银行来看，一是建设银行具备了良好的发展基础。建设银行有着光荣的历史，半个多世纪以来，建设银行为我国的建设与发展作出了巨大的贡献，特别是股份制改造以来，建设银行活力迸发，走在了金融业、银行业改革发展的前列。2008 年在经济形势急剧变化的情况下，仍取得了良好的经营业绩。二是建设银行有一支坚强有力的管理团队，有一支久经考验、素质不断提高的干部职工队伍，有科学的治理构架和运行机制，有丰富的经验和良好的社会形象。建设银行是一个大舞台、好舞台。三是建设银行上上下下非常重视年轻人的培养。今天，相关部门负责人来到这里接你们。从你们进入建设银行的第一天起，人力资源、行政、

后勤等部门和有关分行，精心安排，全力工作和服务，付出了很大的心血。有了这些条件，加上你们自己的努力，我对大家在建设银行的成长与发展充满信心。当然，你们前进的道路上肯定会遇到困难和困惑，如何应对？还是要请教师傅、补短扬长、知难不退、迎难而上。

今天相关部门负责人也在这里，借此机会，我也给各位部门负责人提几点希望：第一，各部门要重视对新行员的培养，要把年轻干部的培养当做一件关系建设银行、本部门未来发展的大事抓紧抓好。第二，各部门要根据工作需要，尽可能地考虑新行员的专业结构和个人特点，合理科学地安排岗位；要安排一些具有较强工作能力和丰富实践经验的同志，对年轻同志进行传帮带，帮助他们尽快融入新的岗位和工作。第三，要重视年轻员工的继续培训工作，要把岗位技能提升培训、职业能力提升培训和职业生涯发展培训有机地结合起来，全面提高他们的素质。

同志们！2009 年是新中国成立 60 周年，我想引用新中国缔造者毛泽东主席的一段名言：“世界是你们的，也是我们的，但是归根结底是你们的。你们青年人朝气蓬勃，正在兴旺时期，好像早晨八九点钟的太阳。希望就寄托在你们身上。”相信你们一定会珍惜机会，努力学习专业知识，认真做好本职工作，牢固树立服务意识，以良好的精神风貌和一流的工作业绩为建设银行的发展贡献自己的智慧和力量。

全力做好新形势下法律合规工作
为我行实现新发展作出更大贡献

——在全行法律合规工作会议上的讲话

胡哲一

（2009 年 5 月 21 日）

同志们：

经总行领导批准，今天我们在这里召开全行 2009 年法律合规工作会议。会议的主要任务是贯彻全行工作会议精神，总结 2008 年以来全行法律合规工作，分析法律合规工作面临的形势，研究部署下一阶段工作。接下来法律合规部程总还要就有关工作作具体安排，我先讲三点意见。

一、肯定成绩，正视不足，全面总结 2008 年以来法律合规工作

2008 年以来，国际国内经济形势发生了重大变化，我国宏观经济政策进行了根本调整，建设银行经受住了考验，把握好了节奏，作出了新的成绩和贡献，其中就有法律合规条线的一份辛苦和功劳。大家紧密围绕全行中心工作，在总行党委正确的领导下，在“法律合规工作创造价值、保障发展”理念的指引下，注重法律合规风险防范和化解，着力提升服务质量与效率，在保障全行依法合规经营管理、促进业务健康可持续发展等方面，起到了非常重要的作用。这里简要点几个已做的主要工作。

第一，支持业务战略发展与转型效果突出。一是全面、深度介入产品创新与研发，成为建设银行价值创造的重要建设力量。总行法律合规部参与了“大丰收”、“利得盈”等 60 余个创新产品研发，扫清了产品创新过程中的法律障碍，保障了新产品章程及合同条款在依法合规的前提下，最大限度地维护建设银行及客户双方的权益。深圳、上海、厦门、湖南等一级分行法律合规部门也充分发挥专业优势，积极参与分行产品创新，开展全方位、多角度的法律服务，得到了业务部门的肯定与好评。二是鼎力支持全行重大项目，

促进业务拓展。参与了向中石油发行乾图信托理财产品项目、美国银行中小企业战略合作项目等许多大的项目，在确保交易安全与对价平等、实现银行与客户共赢等方面起到了积极作用。在支持业务创新与发展中，克服人手力量不足、工作量快速增加的许多困难，坚持不断提高法律服务的针对性、及时性，2008 年共审查法律性文件约 14 万份，日均 400 件左右，满足了日益增长的法律服务需求。

第二，合规管理不断深入。一是扎实开展合规整改工作。审计署审计发现问题的整改工作量大、涉及面广，有些问题还比较复杂。法规条线与审计条线及相关部门密切配合，认真努力，整个整改工作取得积极成果。截至 3 月底，《审计报告》和《审计分报告》揭示的 59 个薄弱环节和业务风险问题，整改完成率为 90%。较好地完成了中国银监会 2007 年现场检查发现问题以及 2008 年内部审计发现问题的牵头整改工作，整改完成率分别为 97.5% 和 93.7%。加强对整改情况的督促及现场核查，统一了内部审计发现问题整改状态分类标准和整改完成率计算口径。法律合规条线同志会同相关部门，对审计署、中国银监会及各级机构做了大量工作。这次整改工作得到了中国银监会、建设银行董事会审计委员会的认可与肯定，对建设银行当前经营和长远发展都有重要作用。二是进一步加强关联交易管理。启动关联交易规章体系的全面修改，下发了《关联方识别指引》及关联方参考名单。推进关联交易的重点化、差别化管理，组织全行反复识别、完善关联方名单，第一次将 6 种监管规则下的关联方全部纳入管理和监控，新发现关联方 3 584 个，重庆、上海分行对关联方识别的准确性较高。组织全行对 2008 年的关联交易进行抓取和补录，宁夏、香港、陕西、北京、宁波、海南、贵州、大连等分行关联交易申报审核工作组织有力。三是严格履行法定义务，做好反洗钱工作。2008 年以来，中国人民银行对反洗钱工作的要求更高、力度更大。大家积极配合监管检查，既如实反映情况和问题，又主动做好解释工作，积极改进，尽量避免或降低监管处罚风险。与 2006 年比，2007 年和 2008 年全行受到经济处罚总额分别降低了 84% 和 80%，警告行次分别降低了 91% 和 82%，全行因受行政处罚导致的直接财务损失明显减少。进一步健全反洗钱规章制度，下发《反洗钱客户风险等级分类管理办法》等制度。顺利完成恐怖融资监控、非现场监管、账户协查等工作，“812 案件”协查工作受到中国人民银行反洗钱局来函表扬。

第三，法律纠纷管理成效显著。全行法律合规部门 2008 年共办理各类民事案件 37 452 件，涉案标的总额 474 亿元，办结案件胜诉率为 98.44%，比上年增长约 1 个百分点，通过法律手段收回资产共计 60.96 亿元，直接减少赔偿责任 10.92 亿元，两项合计 71.88 亿元，这是直接回收的、看得见的真金白银，还有多方面的间接经济效益，这说明法律纠纷管理工作创造价值作用进一步发挥和体现。雷曼兄弟破产案以及被媒体广为炒作的“基金维权第一案”、重庆行的“反垄断第一案”、广西行的“王海索要发票案”等所有重大、敏感法律纠纷都得到了及时妥善的处理，克服了许多复杂困难和问题，最大限度地确保了建设银行资产安全和商业声誉，维护了建设银行合法权益，保障了我们经营发展所取得的成果。

第四，知识产权拥有量继续领先国内同业。知识产权保护工作不断深化，知识产权拥有量稳步攀升，商标拥有总量居四大行之首，核心商标获得世界知识产权组织国际局以及韩国、日本、澳大利亚等国授权，一举取得 6 件发明专利，继续保持了知识产权工作在金融同业中的领先地位。截至 2008 年底，全行拥有商标 400 件（其中注册商标 87 件，申请进程中商标 313 件，全部商标中含海外注册 53 件）、专利 105 件（其中授权专利 9 件，申请进程中专利 96 件），计算机软件著作权登记并获得证书 46 件，比 2007 年分别新增 35 件、46 件和 38 件。

第五，合同文本和规章制度体系进一步健全。这是一件重要的基础性工作。继 2007 年印发对公、对私 150 余种新版主要业务合同文本后，2008 年又按计划完成了应收账款质押、委托贷款等 5 类 50 余种文本的起草修订，完成了合同文本使用手册 5 册共 120 余万字的编写及印刷，启动了新版对公合同文本的英文翻译工作。新版合同文本较好地反映了法律法规变化、监管要求以及国际惯例的最新发展，在质量及操作便利度等方面均处于业内领先水平。同时，完成了《中国建设银行工作人员违规失职行为处理办法》的整合修改。根据宏观形势变化和内部管理需求，不断调整、完善授权方案，全年共调整权限200余件次，开展了《授权管理办法》的修改以及新授权方案的制定。这些方面的工作是繁杂的，也是带根本性的，对于从制度上、源头上规范建设银行经营行为、保障业务健康发展，十分重要。

第六，法制宣传教育再结硕果。认真贯彻五五普法规划，深入推进普法依法治理工作，创造性地开展法制宣传教育活动，不少分行结合自身实际开展工作，取得了很好的效果。如湖南省分行的“零违规、零差错、从我做起”主题活动，广西壮族自治区分行的“依法合规、防范风险”专题教育培训工程，促进了员工遵章守纪意识和依法合规操作能力的进一步提升。在中宣部、司法部、全国普法办开展的全国五五普法中期先进评选表彰活动中，建设银行福建省分行荣获先进单位称号，山东省分行、广西壮族自治区分行、江苏省分行、西藏自治区分行共有四位同志荣获先进个人称号。

第七，信息系统建设取得实质性进展。在完善制度、改进管理的同时，重视和推进系统建设，运用科技手段，提升法律合规工作水平。开展了法律工作管理信息系统、关联交易申报和信息披露系统、反洗钱系统优化，启动了整改信息系统、格式合同应用管理信息系统建设。法律工作管理信息系统二期促进了法律工作流程的规范化、标准化，提高了法律服务效率；关联交易申报和信息披露系统二期基本实现对关联交易管理的流程控制，提高了对关联交易的监测水平；反洗钱系统优化后，能够按照中国人民银行新的数据接口规范和数据报送校验规则报送大额和可疑交易报告，基本满足了反洗钱监管要求。

同时，在法律合规咨询、法律合规条线队伍建设、人员培训和资料管理等方面也都取得了明显成效。

上述成绩的取得，得益于总行领导的高度重视和总行相关部门的大力支持，得益于分行的重视、支持和配合，更得益于全行法律合规人员忠于职守、坚持不懈的辛勤付出。对法律合规工作，总行领导及有关部门给予了充分的肯定。在此，我代表总行党委、高管层，向法律合规条线广大员工、向支持法律合规工作的各级机构和相关部门表示衷心的感谢和诚挚的慰问！

在肯定成绩的同时，我们也清醒地认识到，在不断适应形势发展要求、积极做好法律合规工作的过程中，我们仍然存在着一些不足和差距。一是有的分行领导人员对法律合规工作的重要性在认识上存在偏差，对新形势下外部经营环境日益复杂、我国经济市场化、法治化的不断发展、企业和公民维权意识的增强、经营风险和不确定因素的不断增多等方面所带来的银行法律合规需求快速增加、法律合规工作更加重要和艰巨，仍然认识不足。在相关资源及配套措施上缺乏有效支持，有相当一部分分行未在反洗钱、关联交易岗位配备专人。二是有的分行对事前风险防范未给予足够重视，疏于事前、事中严格按合法合规议事、办事，仍然偏重于靠事后诉讼“打官司”解决问题，一些新产品或重要业务合同未经法律合规部审查就推出或对外签署，很有可能为日后埋下风险、纠纷甚至是巨额损失的种种隐患。三是有的分行对法律合规工作的社会性、关联性，对法律合规部门的综合协调职能认识不到位，认为审计整改、反洗钱、关联交易就是法律合规部一个部门的事，因而缺乏必要的组织、人力支持。四是基层行法律合规队伍的人员数量和素质有待进一步充实和提高。产生上述这些问题和不足，原因是多方面的，客观上，有些管理职责是在建设银行股改上市后新增加的（如反洗钱、关联交易等），国家法律法规和监管部门的相关规定也在不断改进完善，实践中大家都缺乏经验；主观上，也有我们自身认识高度不到位，对法律合规工作解释、宣传、培训工作力度不到位等原因。分析和正视不足，是希望引起大家的注意，有针对性地加以改进和纠正，切实提高依法合规经营管理水平。

二、认清形势，提高认识，增强做好法律合规工作的责任感、紧迫感和使命感

2009年是我国经济发展应对严峻挑战、建设银行经营管理应对严峻考验的关键年份，受内外

部经营环境影响，建设银行在力克艰难中前行，法律合规工作也面临着新的任务与挑战。

从经济金融宏观形势来看，比较一致的判断是，国际金融危机尚未见底，对实体经济的影响还在加深，全球经济要走出衰退仍需较长的时间。受此影响，一方面，我国银行支持扩大内需和经济发展，信贷投放迅速增长，而风险管控能力提升相对滞后；另一方面，国内部分企业尤其是出口企业和产能过剩行业企业经营困难，还款能力下降，合同违约现象增多，房地产市场、金融市场波动和不稳定性因素增加，同业竞争更加激烈，违规经营现象有所加剧，银行信用风险、市场风险和操作风险都在进一步加大，资产质量和盈利状况面临相当大的压力。公司贷款类、贸易融资类、破产类民事案件的数量和金额呈上升趋势，债权类诉讼案件也呈增长势头，银行法律纠纷管理任务更加艰巨。

从金融监管环境来看，在应对当前国际金融危机的过程中，金融风险防范被高度重视并反复强调，金融监管全方位加强，商业银行的依法合规经营管理受到全社会的高度关注。作为全面风险管理体系的重要内容，法律合规风险管理也面临着严峻的形势。在金融创新方面，面对日趋严格的监管要求，面对日趋激烈的市场环境和越来越复杂的产品法律关系，如何处理法律没有规定的“灰色地带”和有效防范创新风险，极大地考验着法律合规人员的能力与水平。在反洗钱和关联交易管理方面，随着市场交易行为和社会资金流动的日趋复杂，随着监管部门的增多和监管制度的日趋严格，商业银行面临监管处罚的风险也明显加大。

从法制建设情况来看，随着我国市场经济的不断发展和法制建设的日趋完善，《公司法》、《物权法》等一大批法律陆续制定、修订，对商业银行经营管理产生了现实的、深远的影响。新的法律的施行，在为商业银行的经营管理提供更加有力保障的同时，也对商业银行加强风险管理提出了更高的要求。同时，司法实践中普遍存在的保护弱势群体利益的情况和地方保护主义等，给商业银行依法维权也带来了较大困难。

在复杂的形势下，商业银行如何在支持扩大内需、促进经济增长的同时做好风险防范，确保依法合规发展和资产质量的稳步提高，这对我们的工作能力和水平将是一个很大的考验。

中央领导同志到建设银行调研并在中央金融机构负责人座谈会上强调指出，“各金融机构要夺取促进经济平稳较快发展和保持金融业稳定健康发展的双胜利”。“双胜利”的目标对商业银行和银行法律合规工作提出了新的、更高的要求。郭树清董事长在全行工作会议上深刻指出，“在当前形势下，做好风险管理尤为重要，要围绕业务发展问题和风险隐患开展工作”。张建国行长在全行工作会议上进一步强调要“坚持风险防控不动摇”、“坚持合规经营”。全行法律合规条线要深刻理解贯彻有关领导讲话精神，以此来指导我们的思想和工作。

（一）统一思想认识，提升依法合规经营水平

当前形势下，全行必须牢固树立依法合规经营管理观念，充分认识加强法律合规工作的重要意义。可概括为“三个一”。首先，依法合规是企业经营的一项基本准则。商业银行从事经营活动，依法合规是《商业银行法》的明确要求。法律合规管理工作一旦出现问题，银行不仅会遭受直接的甚至是巨额的经济损失，还要受到监管处罚，相关领导及员工要承担纪律处分甚至法律责任，建设银行的社会声誉、市场价值等多方面都会受到影响。全行要将依法合规作为风险管理的基本标准之一。不论经济金融形势和市场环境多么复杂，不论同业竞争多么激烈，依法合规经营的基本底线不能突破，法律合规工作和风险内控能力不但不能削弱，还要进一步增强，真正做到依法决策、依法经营、依法操作。其次，依法合规是价值创造的一项基本保障。银行所有的产品、交易最终都必须以合同等法律文本为载体来表现。如果银行提供的某项产品、服务，或者与客户所做的某项交易无法得到法律的肯定性评价，那么银行不但得不到预期的收益，还将可能面对纠纷、赔偿和损害等，价值创造更无从谈起。在当前业务发展压力加大的情况下，银行更需要加强金融创新，研发更多适应客户需求、具有市场竞争力的产品和服务，同时也更需要提高法律合规风险管理水平。坚持产品创新合法合规的基本前提，直接决定着创新业务的成败。最后，依法合规是建设银行企业文化建设的一项基本要素。当前，全行正在开展“抓服务、讲合规、促发展”主题系列活动，法律合规部门要积极参与，结合中国银监会近期下发的《银行业金融机构从业人员职业操守指引》以及审计整改、法律纠纷有关典型案例，加强对银行从业人员知法守法、规范操作教育，提高员工的职业道德和业务素质，真正形成与弘扬依法合规的企业文化。

（二）加强协作联动，增强法律合规工作合力

法律合规管理从性质上讲有很强的综合性、全局性，涉及全行各业务条线、各级机构，方方面面的具体工作需要全行上下联动、齐抓共管。特别是在反洗钱、关联交易、合规整改方面，大量基础性工作如数据采集和情况报送、制度和措施出台、整改落实等，都需要相关部门切实履行职责，密切配合。

提高法律合规工作效率和水平，必须充分调动各方的积极性，形成工作合力。首先是法律合规部门本身要增强全局观念和服务保障意识，加强与其他部门尤其是主要业务部门和风险管理部门、与分行、与行外相关机构和单位的主动协调和信息沟通，总行要加强对分行的业务指导；同时一级分行领导对法律合规工作必须予以高度重视，在综合性合规事务的协调方面应给予法律合规部门必要的支持；总行、分行相关部门也应积极主动地支持配合法律合规工作。总之，要将依法合规监管要求按照部门职责渗透到业务操作和管理流程的各个环节，各司其职，形成合力，共同推动全行法律合规工作的不断完善和提升。

（三）以机构调整和岗位建设为重点，全面加强法律合规队伍建设

一是稳步推进法律合规工作机构、岗位和人员建设。截至2009年4月底，已有30家分行按照要求设立了法律合规部并调整了部门职责，为总行、分行工作有序衔接奠定了基础。但是，在此次机构人员整合中，有的一级分行合规专职人员流失比较严重，合规工作的连续性受到影响。各一级分行务必重视和加强法律合规机构、岗位和人员队伍的建设，严格按照“人随事走”的原则进行人员调配。还没有设立法律合规部的，要确保相关工作的正常开展，同时尽快推进法律合规组织机构改革和完善。

二是探索建立和完善工作激励机制，提高员工积极性。在总行层面推出统一的法律合规条线激励政策的条件和时机现在看来还不成熟，但据了解一些法律合规工作开展较好的分行已经先行一步，建立、实施了相应的激励机制，如民事案件维权专项激励等，取得了良好效果。总行鼓励一级分行立足于本行实际，借鉴兄弟分行的有益经验，在本辖区范围内建立和实施法律合规条线激励政策和制度。也鼓励在执行保全条线及其他条线现有的激励政策时，根据法律合规人员的实际贡献，将其纳入激励范围。

三是加强培训，培养锻炼专家型人才。法律合规工作与业务发展联系紧密，知识更新快，人员素质要求高。要加大对法律合规人员学习、培训力度。各分行要为法律合规人员参加业务培训创造必要的条件，不断提高其履岗能力，以满足快速发展的业务需要。要进一步整合条线资源，选拔培养高素质专业人才，建立法律合规人才专家库，合力处理全行性重大疑难法律合规事务。要进一步完善对法律合规人员的专业技术岗位职务聘任，拓宽职业生涯发展通道。

三、突出重点，深化管理，努力推动法律合规工作科学发展

结合当前形势，按照全行经营工作“抓住机遇，坚持科学发展；严控风险，确保经营安全”的指导思想，2009年全行法律合规工作的总体要求是以科学发展观为统领，深化“法律合规工作创造价值、保障发展”理念，以确保经营安全和维护银行合法权益为目标，集中力量构建、完善和丰富法律合规工作管理体系，有效识别、预防和化解法律合规风险，为业务拓展提供优质的服务，推动法律合规工作向纵深发展。重点做好六个方面的工作。

（一）坚守法律合规风险底线，全面参与价值创造，促进业务发展

一是加强对创新领域的法律合规风险防范。金融危机的教训使我们深刻认识到，金融创新产品设计首先必须考虑风险控制与合规监管。从法律与合规工作方面讲，正确把握风险控制与合规底线、有效避免可能出现的法律纠纷和损失，是扶持、保障、推进产品创新和经营发展的重要职

责与任务。全行法律合规条线应当进一步关注产品创新中的法律合规风险防范，继续将“最大限度地参与业务部门的产品创新及研发”作为当前非诉讼法律工作的重点，准确识别、有效防范产品创新法律合规风险，既要坚守合法合规风险底线，又要处理好业务发展和风险防范的关系，开拓思维，努力设计出符合法律法规和监管要求的产品交易结构模式和法律文本，更有力地支持、促进产品创新和市场开拓。

要进一步加强对创新业务的前瞻性研究。为更好地促进扩大内需和经济增长，2009 年全行将加强在小企业、“三农”、机构客户、民生领域等方面的业务创新。全行法律合规部门要根据全行产品创新计划，准确把握产品创新方向和趋势，进一步加强投资银行和理财业务风险防范，加强并购贷款、供应链融资和贸易融资等方面业务研究，全力确保产品设计满足风险控制和合法合规性要求，不断提高法律合规部门对全行产品创新工作的参与度和贡献度，促进战略转型重点领域的创新突破。

二是增强主动发现和主动识别能力，做好法律合规风险提示与预警。在新的形势下，法律合规部门需要进一步提高工作的主动性，加强对法律风险的主动关注和分析研判。要密切关注外部法律、政策变化情况，分析外部环境变化对商业银行的影响，了解、借鉴同业的法律合规工作好的经验与做法，认真剖析法律合规方面的典型事件和案例，及时作出风险提示。要根据形势发展，针对业务运行中的疑难法律问题、工作开展中的合规性问题，及时发布风险预警。

三是努力为全行各项工作提供高水平的法律合规服务。要坚持以风险的事前防范为核心，扎实开展规章制度、合同审查、法律咨询等常规性工作，把好合法性审查关口。起草、审查有关规章制度和法律文件时，要注意落实《商业银行法》、《消费者权益保护法》、中国银监会规章中有关保护金融消费者利益的要求，平等地保护建设银行利益与客户利益，促进银行与客户的共同发展，提升建设银行社会形象。

（二）落实监管要求，坚持不懈加强合规工作有效性管理

在当前监管力度不断加强的形势下，全行上下要对合规工作的长期性和艰巨性有清醒的足够的认识，努力抓好合规工作基础管理，齐心协力推动合规工作有效开展。

一是扎扎实实做好整改工作。全行各级机构、相关部门要全力支持、配合内外部审计和监管检查，加强沟通，加强自查自纠。要总结经验教训，对于发现的问题必须保质保量落实整改。要从制度、流程、系统上查找原因，举一反三，从源头上防范风险，构建整改工作长效机制。对监管部门 2009 年以来专项检查中发现的问题，总行有关部门和分行务必按要求在规定时间内整改，切实消除风险隐患。法律合规部门要进一步关注内外部审计和监管检查发现问题整改工作的真实性、持续性和系统性，加强对整改情况的检查核实，加强对未整改事项的后续监督，探索有效防范和治理屡查屡犯、此查彼犯问题的方法，找出有针对性的措施加以落实。

二是进一步深化关联交易管理。随着建设银行业务和机构的快速发展，关联交易数量明显增加，交易种类和活动更加复杂，存在的问题也日渐突出，加强和改进关联交易管理，十分重要和迫切。5 月 13 日行长办公会原则同意进一步加强关联交易管理的若干意见，并要求抓好落实。全行各级机构、部门应当加强对境内外不同关联交易监管规则的了解，做好关联交易信息申报、备案、审批等工作，不断提高关联交易风险识别、计量、监控和处理能力。要进一步修改完善现行关联交易规章制度，确保与中国证监会、上海交易所、香港联交所最新规定的有效衔接。要结合“重点化”、“差别化”的管理思路，优化关联交易工作流程，进一步明确关联交易管理的主要风险点，实现重点监控。

三是积极履行商业银行反洗钱法定义务和社会责任。全行各级机构、各部门要进一步提高反洗钱意识，坚决贯彻落实反洗钱有关监管要求，加强管理，开展持续的客户尽职调查，全面防范反洗钱监管处罚风险。在制度、流程和系统建设时要体现反洗钱监管要求，将反洗钱工作与业务工作紧密结合。要严格执行反洗钱规章制度，落实客户身份识别、客户身份资料及交易记录保存制度。进一步完善可疑交易报告人工识别流程，着力提高可疑交易人工分析和甄别能力，逐步提高可疑交易报告的针对性和有效性。积极开展，按时、按要求完成客户风险等级分类工作，确保分类结果准确，确保客户风险等级分类工作开局良好。

（三）积极应对法律纠纷管理的新挑战，依法维护建设银行合法权益

要进一步完善全面法律纠纷管理体制，建立有效防范和化解重大信用风险的快速法律反应机制，加强对尚未形成诉讼、仲裁的重大法律风险事件的管理，妥善处理被诉案件及重大疑难案件，注重通过和解等非诉讼手段灵活高效的解决纠纷、消除矛盾，避免银行资产损失和声誉伤害。要重视民事案件代理的实际成效，加强律师库动态管理，鼓励分行人员自行代理民事案件并在相关费用上给予支持和倾斜，进一步发挥法律纠纷管理工作直接创造效益的积极作用。

要密切关注国际国内经济金融形势变化对建设银行法律纠纷管理工作的影响，审慎应对，全力做好因全球金融危机引发的各类资产及债权法律纠纷的处置，综合运用诉讼、仲裁、和解等方式，避免资产损失，保护金融债权。要与保全部门密切配合，做好各类起诉案件的管理工作，更有效地发挥法律手段在降低银行不良资产中的积极作用。要进一步关注涉及个人客户有关法律纠纷，探索建立快速灵活的个人客户法律纠纷处理机制，避免发生有损于建设银行声誉的群体性被诉案件。

（四）推动知识产权战略，提升建设银行核心竞争力

随着知识经济和经济全球化的深入发展，知识产权日益成为国家发展的战略性资源和国际竞争力的核心要素，成为建设创新型国家的重要支撑和掌握发展主动权的关键，也是一个现代企业市场竞争力的核心要素。2008 年，国务院颁布了《国家知识产权战略纲要》，确定实施国家知识产权战略。全行要积极贯彻落实国家有关知识产权战略相关要求，抓住机遇，全面加强知识产权创造、运用、保护和管理，使知识产权在提升建设银行核心竞争力方面发挥更大的作用。要进一步密切与产品创新部门的联系，加强对金融创新成果的保护，培育和打造建设银行知名品牌和核心知识产权，推动建设银行知识产权拥有量再上新的台阶。要在提高知识产权自我维权能力的同时做好知识产权侵权风险的防范工作。

（五）贯彻战略导向，构筑科学高效的授权管理体系

要进一步发挥法人授权的战略导向作用，确保总行经营决策和意图的有效传导与各级经营管理行为的严格规范。总行 2009 年新授权方案下发后，各行要按时完成转授权工作，确保授权有效期的有序衔接。要遵循审慎适度和差别化等原则，综合考量分支行风险管理水平、资产质量、贷款规模和区域特色等因素，研究制订有针对性和操作性的转授权方案，确保被授权权限与业务发展水平相匹配，促进业务转型与各项工作发展。要加强授权工作的动态化管理，根据形势变化及时调整授权政策，提高授权管理工作对市场和风险的响应速度，有力支持全行各项业务发展。

要进一步加强对海外分行、子公司以及一些总行特殊机构授权管理的研究和政策支持力度，提高授权管理的覆盖范围，使整个集团的授权管理工作更加规范和富有效率，使授权工作更好地契合建设银行综合化经营、拓展海外市场等战略发展要求。

（六）加强基础管理，提高信息化水平

一是继续深化合同文本管理和规章制定管理。要重视对前一阶段下发的 200 余种主要业务新版合同文本的学习与培训，特别是要加强对客户经理等使用人员的培训，防范文本使用过程中的操作风险，防止错填、错用；要继续加强英文格式文本建设；推进与采购业务有关的常用业务文本建设进程。进一步做好规章制度清理、规章制定计划等管理工作，构建科学、规范、严密的建设银行规章制度体系。二是继续做好法制宣传教育。要着力提升基层行合规风险防范化解能力，提升全行员工特别是各级领导人员法律意识和法律素质，营造良好的学法、守法、用法氛围。三是不断提高法律合规工作信息化水平。要做好格式合同应用管理信息系统、整改信息系统建设，加强反洗钱、关联交易系统优化。特别是要按照新的监管规则，加快反洗钱系统改造，提高反洗钱系统数据提取能力和业务系统支持能力。

同志们，2009 年建设银行经营发展面临更加严峻的考验，法律合规部门承担的工作任务更加繁重。面对压力与挑战，希望大家能够振奋精神，坚定信心，扎实工作，不断提高全行法律合规工作水平和质量，积极开拓法律合规工作新局面，为促进建设银行提升核心竞争力和价值创造力、为保障建设银行实现新的发展作出更大贡献。

发挥大型银行优势 积极支持“三农”和发展新型农村金融机构

——在农村金融论坛上的演讲

胡哲一

（2009年6月20日）

一、建设银行服务“三农”、努力发展农村金融业务的实践

近几年，建设银行从国家经济和社会发展的大局出发，结合自身持续业务发展，在服务“三农”、支持农村金融发展方面进行了积极探索。

（一）不断提高服务“三农”、支持农村金融发展重要性的认识，加大投入和业务发展力度

我国农村人口众多，地域广阔，“三农问题”在社会经济活动中占有特别重要的位置，农业和农村发展关系到国家经济社会发展大局。中央历来高度重视农业和农村的发展，近几年连续发出中央“一号文件”，采取综合政策措施，加大对农业和农村投入，农村经济和社会发展取得显著进展。随着现代农业发展、新农村建设和农民收入不断提升，农村市场更加活跃，农村金融需求日益旺盛，这对银行业包括国有大型商业银行提出了更高要求，也带来巨大商机。

建设银行经过多年特别是近几年的改革发展，经营实力和管理水平显著提高，业务创新和运行保障能力大大提升，为服务“三农”、发展农村金融业务提供了好的基础和条件。我们认识到，国有大型商业银行落实中央的要求，顺应农业和农村发展的形势，积极开拓“三农”金融业务，既是职责所在，也是银行自身发展的需要。因此，建设银行将发展农村金融业务作为新的经营战略和业务结构调整的重要组成部分，加大机构网点、业务政策和信贷资金等资源的倾斜力度，服务“三农”业务得到迅速发展。到2009年5月底，建设银行涉农贷款余额达到5 097亿元，同比增长近20%，新增占比大大提高，新增涉农贷款不良率保持在良好水平。

（二）针对“三农”对金融服务需求的特点，积极探索农村金融服务新模式

农村金融业务与城市金融业务、大型银行传统业务有很大差别，大型银行在开展农村金融业务的过程中不能简单照搬或移植现有的管理经验，而应充分考虑农村金融业务的特殊性，结合各地区的差异性，探索创造灵活、简便和高效的经营与服务模式。建设银行经营重点和业务特色侧重于城市经济和国家基本建设项目，近几年通过推进业务结构调整和战略转型，在中小企业贷款、个人消费信贷等方面也积累了经验和优势，针对中小企业客户的“成长之路”、“存贷通”、“速贷通”特色产品受到欢迎，针对小企业的“信贷工厂”模式已有成功范例。为适应服务“三农”业务的要求，建设银行从一开始就注重业务创新，借鉴基层网点经营和小企业经营的经验，结合农村金融业务特点，探索新型、务实和高效的服务模式。

比如，以“兵团加农户”模式，为兵团农业产供销提供优质金融服务。建设银行新疆维吾尔

自治区分行针对新疆建设兵团供种、播种、种植灌溉、施肥、购销等统一管理的特点，推出“兵团加农户”的小额农户贷款产品，实现了“银行—农户—团场—银行”的封闭运作模式，既为兵团农业金融提供了优质服务，又保障了资产质量。截至2009年5月底，累计向兵团发放贷款507亿元，向“三农”企业及农户发放253亿元，贷款质量稳定，其中小额农户贷款不良率为零。

又比如，以阿里巴巴网络银行模式，直接服务涉农中小企业。建设银行浙江省分行2007年开始与阿里巴巴公司合作电子商务信贷业务，推出多种融资创新产品，满足了小企业的灵活需求，深受客户欢迎。截至2009年5月底，累计有1.5万个客户通过阿里巴巴网络银行提出贷款申请，实际发放贷款19亿元，不良率为1.26%，申请和贷款客户中有相当部分为涉及“三农”的小企业。

再比如，探索建立服务“三农”的专营内设机构。建设银行深圳市分行在2009年3月正式挂牌成立“村镇业务部”，突破传统规范授信政策对非完全产权物业融资的约束，重点创新推出社区住房建设贷款、村镇生产经营性物业融资贷款、村镇生产经营性物业建设贷款和原村民非商品住房配售贷款等四类特色产品，既满足了当地村镇基础设施建设融资需要，也满足了深圳现代农业发展的需要。

这些服务模式的共同特点是，适应了“三农”金融服务的差异化需求，机制灵活高效，风险可控，既有活力又有持续经营的生命力。

（三）试点发起设立村镇银行，探索服务“三农”的专营机构和长效机制

为落实金融管理部门关于大中型商业银行参与和发展新型农村金融机构的要求，建设银行成立了专门工作团队，整体规划与重点推进相结合，积极探索建立服务“三农”、合理回报和可持续发展的村镇银行发展模式。建设银行已分别发起设立了建信桃江和建信苍南两家村镇银行。截至6月10日，两家村镇银行贷款余额1.2亿元，其中涉农贷款0.9亿元，存款余额2.4亿元，获得了一定的经济效益。两家村镇银行努力构建“村镇金融便利站”式零售银行，满足了当地农民客户的金融需求，苍南建信村镇银行开业短短10天，发放贷款46笔，解决了客户的燃眉之急。同时，也给当地金融业带来“鲶鱼效应”，激活了农村金融市场。建信桃江村镇银行以其贴近农村和农业的经营模式，促进其他金融机构加大支农服务，当地农村信用社主动降低了贷款利率，还将单个客户贷款授信从100万元增加到300万元。

二、发挥大型银行优势，继续积极支持“三农”和发展新型农村金融机构

我国已初步建立起多元化、多层次、多形式，优势互补、合作发展的农村金融体系，但农村金融仍然是整个金融体系中最为薄弱的部分。在当前保增长、扩内需的形势下，农业和农村发展更是至关重要。农业和农村发展需要金融机构特别是大型商业银行的大力支持和全面服务，如果农村金融服务跟不上，不仅影响当前保增长、扩内需政策目标的实现，还将影响“三农”长远发展和现代化战略全局。

国有大型商业银行有责任和义务进一步加大对“三农”和农村金融体系建设的支持力度。大型银行支持发展新型农村金融机构具有多方面的优势，一是经营实力和管理经验方面的优势。大型银行积累了较强的资金实力和成熟的管理经验，具备了资金投入、管理规划和产品创新等方面的雄厚实力，可为发展新型农村金融机构提供资金、人才、规划和管理经验等方面的有力支持。二是风险管理和技术的优势。风险管理水平直接决定了银行创新和持续经营的能力。大银行可运用多年来风险管理体制改革的成果，向新型农村金融机构转移风险管理经验、技术和工具，保障资产质量，实现可持续经营。三是网络支持和业务运行保障的优势。大银行具备分布广阔的分支机构、电子化服务渠道和自助设备，有较为强大和安全的IT系统及网络，可为新型农村金融机构提供支付结算、发行银行卡和代理中间业务等支持与保障。

下一步，建设银行将继续积极探索发展服务“三农”业务和支持新型农村金融机构建设的新模式，重点从以下几个方面着手。第一，完善服务“三农”业务和发展新型农村金融机构的战略规划。进一步明确服务“三农”业务的市场定位、发展目标、经营运作和考核体系，建设银行

已提出了发起设立村镇银行的“三年规划”，待获得相关部门支持及条件成熟后尽快实施。第二，继续改进服务“三农”业务模式。建设银行将针对涉农客户的需求变化，不断完善已有的服务模式。在为涉农客户侧重提供信贷产品的基础上，研究推出包括理财、代理保险和证券等中间业务产品和服务。第三，探索发展新型农村金融机构新模式。一是加强对已设村镇银行的有效管理，避免重设立轻管理、重形式轻业绩的倾向。在合法合规前提下，行使大股东职权、履行义务，使村镇银行在服务“三农”的同时实现可持续发展目标。二是探索发展新型农村金融机构的新思路。我们初步考虑组建专门团队或机构，对村镇银行发起设立和经营发展实行统一战略规划、统一风险管控、统一支持保障，努力实现村镇银行经营专业化和集约化，形成规模效应。

发展新型农村金融机构是一项新生事物，不可避免地会遇到新情况和新问题，需要我们不断总结，在发展中逐步解决完善。例如，村镇银行的组织形式问题，按照现行规定，可以选择“有限责任公司”也可以选择“股份有限公司”形式，这两种形式各有利弊，需要在实践中探索和选择，使之既有利于村镇银行的经营发展，也有利于发起人管理规范和健康运行。当前我国农村经济金融正在发生深刻变化，既有挑战，又有重要发展机遇。我们愿与其他同行一道，积极探索，开拓创新，推进新型农村金融机构建设，为把农村金融提升到新水平而努力。

在第二届北部湾经济与业务发展研讨会上的讲话

胡哲一

（2009年8月6日）

同志们：

当前，北部湾区域已步入新的发展时期。今天恰逢广西区政府举办第二届北部湾经济与业务发展研讨会，我们第一届北部湾经济与业务发展研讨会也过去了一年多的时间，很有必要认真总结并继续努力。下午的会议开得很好，各分行、各部门既表了态，又积极参与了项目联动，提出了很好的建议，也谈了认识。这次会议很及时，也很重要。下面我简单谈几点意见。

一、充分肯定第一届研讨会以来的成绩，认真总结经验，做好下一步的工作

第一届研讨会提出了建设银行要高度关注、深度参与北部湾的开发建设，发挥建设银行的桥头堡作用，在服务北部湾、参与北部湾建设的同时，增强建设银行在这个区域的竞争力和效益。一年多来，在总行领导高度重视、广西壮族自治区分行全力牵头与支持、总行各部门和相关分行的协同作战下，第一次研讨会提出的要求得到了很好的贯彻和落实，在调动各方面力量、整合我行内部资源、支持北部湾的建设等方面做了大量的工作，取得了显著的成绩，也积累了宝贵的经验。过去一年，各分行在面临严峻挑战和困难的情况下，认真贯彻落实“国十条”、“金九条”及总行相关要求，开拓进取，积极支持地方经济建设和发展，无论是存款增长、贷款投放，还是中间业务收入以及内部管理和风险防范方面都取得了显著成绩，为我行完成全年各项工作任务奠定了坚实的基础。各相关分行一年多来的发展，既有国家政策的指导、总行的支持、自身的努力，也有这个协作机制所起到的积极作用。所以，对第一届研讨会以来所取得的成绩、建立的机制和获得的经验应该给予充分的肯定，要把这个研讨会继续办下去，办得更好。

二、高度重视北部湾经济区开发的战略性，继续积极、深度地支持和服务北部湾经济区的发展和建设

近年特别是2009年以来，我国的经济发展和宏观调控有一个显著的特点，就是重点区域的发展得到了进一步提升，中央更加高度关注和推动重点区域的发展，政策支持力度加大，各个重点区域各有特色。重点区域的发展战略从最早的振兴东北开始，然后是西部大开发、中部崛起，现在从环渤海、长三角、珠三角、福建的海西到广西的北部湾，都进一步在延伸。重点区域发展具有带动全局的战略意义，具有促进区域协调发展、对外开放多元化、提高整体资源配置效益、充分发挥重点地区优势等多方面的作用，也给建设银行带来了新的市场和发展机遇。支持和服务重点区域发展已提到了总行党委会的议程，对每个区域都需要明确、深化、推动。广西北部湾是我国乃至整个东盟、亚洲重要的经济增长点，拥有区位优势、资源优势、政策优势，发展空间很大，有了很好的基础。2009年以来，我行坚持积极稳健的经营方针，合理把握贷款节奏，优化信贷结构和防范风险，具有持续支持经济发展的能力。面对北部湾的市场潜力和发展机遇，我行应当继续积极支持，与会各分行更是义不容辞。

三、继续完善区域联动协作机制，提升我行的区域竞争优势和整体效益

建设银行支持重点区域必须要有一个联动协作机制，希望大家能为区域联动协作机制作出积极的探索。对于区域联动协作机制的重要性和必要性，我认为可以从外部和内部两个方面来看。从外部来看，一是经济发展和市场运行是全国统一的，金融需求的范围不断扩大，跨区域的项目和业务急剧增加，这就要求我们必须协调联动。二是银行要落实和利用好国家区域发展战略和扶持政策，必须建立自身的协同机制，协同利用的效益要大于分散利用。三是现在的企业结构发生了很大变化，跨区域集团不断增多，企业内部联动性大大增强，银行对客户的服务也必须更多地跨区域联动。虽然我们一级分行的体制没有改变，但是面对的环境和宏观经济政策发生了变化，这就要求我们必须作出调整，尽快整合资源，以变应变。从内部来看，建立这样一个联动协作机制，一是总行对分行部分资源进行针对性地重新整合、发挥积极性和整体效益的需要；二是总行业务部门加强对分行的指导、提高总行与分行之间的沟通、协调和指导有效性的需要；三是不同分行优势互补、共同发展的需要。因此，从内外部6个方面的需求来看，建立和完善联动协作机制非常必要，也大有空间、大有作为。

对联动协作机制我们既要看到它项目的直接效益，还要看到它多方面的间接效益，第一是信息和经验共享的效益，这一点非常重要，有些信息的及时沟通往往会发现很大的商机，有些经验的相互借鉴能够促进不同分行的快速发展；第二是技术、客户、经营管理等方面优势互补的效益；第三是人员交流和共同提高的效益；第四是风险联控的效益，这也体现在直接效益上，因为项目跨区域，企业、集团跨区域，风险在企业集团内、在企业上下关联方之间传递和扩散相当快，我们的协调和联动不但能及时发现商机，也能从不同侧面及时发现和通报隐患与异动。联动协作机制还要发挥不同层次平台的作用，包括单个联动平台自身的作用以及多个联动平台间的相互协调作用，今后时机成熟我们还可以召开不同重点区域联动平台牵头行之间的联动研讨会议。

四、再接再厉，落实总行夏季工作会议精神，努力做好第三季度和全年工作

总的来看，目前国内经济有喜有忧，经济持续回升，市场预期和信心增强，但经济回升的基础还不确定、不稳固和不平衡。对我们银行来说，也是有喜有忧。喜的是，经济复苏大大改善金融生存和发展环境，金融需求不断增长，银行大有用武之地；忧的是，国有大银行责任重、压力大、困难多。当前，我们要坚决落实总行夏季工作会议的部署，解决好四个方面的问题：一是如何在更好地支持经济增长的同时实现自身科学发展；二是如何有效地防范和化解新的风险隐患；三是如何在业务快速发展中持续增强盈利能力；四是如何统筹解决当前和长远的问题，进一步提升建设银行的竞争力。在具体工作中应当做到三个保持：一是保持清醒的头脑。对形势要有清醒的认

识。继续支持经济回升与平稳发展仍是中央赋予银行的首要任务。我们坚持积极稳健，就是要为经济复苏、为企业提供有效、优质、可持续的支持和服务。对风险要有清醒的认识。这一轮的投放大大超过了预期，也超过了银行正常的经营管理和风险防范能力，对2010年甚至更长时间的风险隐患要有足够的警醒，后几个月要在防范风险和改进管理上多下力气。对同业竞争要有清醒的认识。我们要通过实力去有序竞争，我们有我们的底线，不能盲目跟进，更不能违规跟进。对发展前景要有清醒的认识。不能光看到困难，要有信心，才能出智慧、出办法。二是保持饱满的工作热情和开拓精神。在一段时期的大投放过后，各方面工作都应转向深化，在发展业务、调整结构、防范风险、加强管理等方面都还有很多细致的工作要做，任务还很艰巨，要继续努力。三是保持严谨务实的作风和科学的态度。贯彻夏季工作会议的精神，关键在于落到实处，不能停留或满足于开会传达和学习文件，而要把各项工作做实、做透、做细。在复杂的形势下，决策和办事更需要实事求是、一步三思、科学规范，不违背经济金融基本规律。

我相信，在新的形势下，我们一定能够在总行党委的领导下，坚持开拓、创新、务实，把各方面的工作做得更好，使我们建设银行在这一轮应对金融危机中能打高分。祝愿北部湾联动协作机制在已有的基础上更加务实，取得更大成效。

后危机时期中国大陆银行业发展新格局

——在两岸金融学术研讨会上的演讲

胡哲一

（2009年12月1日）

各位来宾，各位同仁，女士们，先生们：

大家好！很高兴参加今天的两岸金融学术研讨会，首先，请允许我向主办这次研讨会的中国金融学会、台湾中华经济研究院、台北金融研究发展基金会表示衷心感谢！作为银行业代表之一，我愿与大家就“后金融危机”时期中国大陆银行业发展新格局问题做一个交流和探讨。

一、全球银行业将迎来深刻调整、变革和发展新时期

各国和地区政府、国际组织和机构积极应对这次国际金融危机，经过一年多的努力，全球金融市场企稳回升，经济呈现初步复苏态势。但要清醒看到，经济复苏还存在很大的不确定性，全球经济金融中一些长期性、深层次问题短期内不可能根本解决，只有通过深刻调整、变革才能实现新的发展。这是因为，主要发达国家重构金融体系、企业和社会信用体系是一件艰巨的事情；各国调整经济发展模式和经济结构非一日之功；国际货币体系的变革、国际监管规则的完善也不可能一蹴而就。在这个调整、变革和发展的艰难长期过程中，银行业面临更加复杂的环境，也将会通过调整、变革与优化，形成竞争新格局和发展新趋势。一是银行因竞争实力、力量对比变化而产生层次更高、更趋激烈的竞争。二是银行业特别是欧美银行业将加快去杠杆化、去有毒资产过程，重塑实力基础。三是银行业将加快并购重组，强者更强，有特色的中小银行也会明显增多。四是银行将更为注重核心业务，适度调整经营规模和范围，完善综合经营，在稳健与创新之间寻找新的平衡点。五是银行业将重归审慎经营原则，提高风险控制和内部约束能力，并接受更为严格的外部监管。

总之，在后危机时期，全球银行业必将顺应全球经济复苏发展、国际金融调整变化的大趋势，通过深刻调整与变革，实现新的发展。

二、中国大陆银行业既具有新的发展机遇，也面临严峻挑战

这次国际金融危机对经济冲击很大，就大陆来说，主要是外贸出口大幅下滑，财政收入和就业大幅下降，经济增长明显回落。政府见事早，行动快，及时、正确地出台了一系列经济刺激政策，着力于“扩内需、调结构、惠民生”。经过一年多的努力，经济企稳回升态势日益增强，前三个季度国内生产总值21.8万亿元人民币，同比增长7.7%，比上半年加快0.6个百分点，10月工业生产基本恢复到危机前的增长水平，考虑到经济复苏惯性和上年同期基数等，预计第四季度经济增速还会快一些，全年完成8%增长目标能够实现。这一更早、更快、更明显的复苏态势，不仅展示大陆经济强大的发展潜力，同时也对世界经济复苏作出贡献。

在大陆经济复苏过程中，作为金融主力军的银行业发挥了重要支撑和促进作用。据统计，2008年10月底至2009年10月底的一年中，全部金融机构人民币贷款余额净增长9.49万亿元。2009年前10个月人民币贷款增加8.93万亿元，预计全年实际新增贷款接近10万亿元。贷款涉及投资、消费、出口、科技和改革等广泛领域，有力地支持了政府一揽子经济刺激计划的实施。同时，银行业自身也在克服危机困难中实现了业务增长、结构优化、盈利增加和资产质量改善。前三个季度，14家大陆上市银行合计实现净利润3 423亿元人民币，同比增长2.33%；全部商业银行不良贷款余额5 045亿元，比年初减少558亿元，不良贷款率1.66%，比年初下降0.76个百分点，实现双降。

尽管银行经营形势持续向好，但我们也清醒地认识到，大陆银行业发展的内外部经济环境仍相当复杂，我们既有良好的发展机遇和条件，又面临严峻的挑战。

先从挑战来看，一是全球经济复苏势头还很脆弱，大陆的外需增长仍受到很大限制，内需增长多以政府主导投资为主，整个经济持续增长的基础尚不稳固、不平衡，经济结构调整和发展方式转变既迫在眉睫，又任重道远，经济回升路上喜中有忧。目前，大陆银行业既要继续促进经济增长和结构调整，又要防范风险和提高效益，如何把两者结合好，把握好平衡点，仍是一大难题。二是一年多来，银行信贷超常规快速增长，10月底，广义货币 M_2 同比增长29.4%，狭义货币 M_1 增长32%，创1995年以来最快纪录。预计2009年底2010年初，货币增速会有所下降，但也不会太大。信贷大量投放，既支持经济增长，也导致货币流动性过多、通胀预期抬头、资产价格上涨较快等问题，同时，过多贷款进入“两高一剩”行业和政府融资平台，这些都给商业银行带来潜在的市场风险和政策风险。三是大陆银行业自身还存在缺陷，如银行信贷资源过多集中于大银行和城市银行，对“三农”和中小企业等薄弱环节支持不足；银行产品服务创新能力不足，业务同质化、粗放经营等特征明显；银行全面风险管理体系还不完善，精细化管理尚待时日；银行公司治理结构仍需深化改革，内部和外部激励约束机制亟待完善。四是国际大银行根基并未动摇，其经营理念、机制优势和管理水平依然领先，经过调整与重塑后其将对大陆银行业构成更大竞争压力。虽然中国大陆好几家大银行已跻身世界排名前十，但排名并不完全反映综合实力，大陆银行业总体上仍处在发展和学习阶段，我们必须明白这一点。

再从机遇和条件看：一是大陆经济企稳复苏态势良好，内需快速增长，外需有所改善。城市化、工业化、信息化等基本发展趋势不会改变，改革深化、科技进步和巨大的市场需求持续为经济增长提供活力，大陆银行业发展具备有利的、坚实的宏观经济基础。二是大陆正处于重要的经济结构调整期，坚持实施产业振兴规划和区域发展战略，将加快产业优化升级和地区协调发展，这里面商机很多，既为银行业调整和扩大传统业务提供了市场，也为开拓新兴业务带来了机遇。三是随着大陆经济日益多元化和多样化、多层次金融市场体系建设加快，企业、居民等市场主体的金融需求快速扩大，货币、银行、证券、保险等各类金融市场日益活跃，这为银行业务创新和利润增长创造了巨大空间。四是社会金融意识增强，包括法律体系、社会信用体系等在内的金融外部环境继续改善，金融基础设施建设加快，金融人才队伍不断壮大，这为银行业发展提供了良

好条件。五是这场危机使国际经济金融格局发生变化，也给大陆银行业带来机遇。危机是一本鲜活的教材，有利于大陆银行业汲取经验教训；国际监管规则的调整变化会促进大陆银行业更稳健地发展；顺应国际分工调整和服务于大陆企业"走出去"，大陆银行业也会赢得海外的新发展。

总之，在新的形势下，只要紧紧抓住发展机遇和有利条件，直面挑战和问题，积极调整改革，务实稳健经营，大陆银行业必将开创发展新格局。

三、后危机时期中国大陆银行业发展新格局的展望

第一，大陆银行业将在促进经济增长中进一步发展壮大。与发达国家相比，目前大陆经济杠杆化率仍处于相对低位，商业银行平均贷存比为1994年以来最低。毫无疑问，随着大陆经济的复苏和健康发展，国民经济金融化程度将进一步提高，经济社会发展的巨大金融需求继续快速释放，金融活动将以更大规模、更多形式、更深层次地渗入到经济社会活动的各个领域和方面，银行业务拓展和产品创新的空间更加广阔，服务更加多样化，大陆银行业将继续呈现持续快速健康发展。

第二，大陆银行业将在调整变革中实现机构体系合理优化。今后将在继续发展大中银行和城市银行的同时，重点支持村镇银行、农村资金互助社、小额贷款公司等多种形式的农村银行业机构发展，鼓励设立区域性小银行和社区银行等小企业专营机构，进一步规范和完善政策性银行功能，推动整个银行体系更加合理优化。

第三，大陆银行业将在优化客户与业务结构中稳步推进综合化经营。大陆银行将加快调整客户与业务结构，拓展产品和盈利机会。继续发展资产负债业务，大力开拓中间业务、投资银行业务、本外币业务、离在岸和境内外业务联动；实施高、中、低端客户差别化经营战略，等等。在金融分业经营基本框架内，通过多种形式开发跨市场、跨机构、跨产品的金融业务，银行综合化、多元化经营趋势将得到加强。

第四，大陆银行业将在经营发展中提升内部控制与风险管理水平。大陆银行业将高度关注并处置好经济加快回升、信贷快速投放中出现的各种风险，有效防范和化解新形势下可能出现的信用风险、市场风险和操作风险，警惕和防范国际金融风险的传入，加强各类金融风险的科学识别并精细化度量，加快健全内部控制机制，完善全面风险管理体系，构建全员风险管理文化，走有效约束的稳健发展道路。

第五，大陆银行业将在主要立足国内的同时积极稳妥开拓海外市场。顺应经济开放度提高、大陆企业"走出去"增多和国际银行业合作加强的大趋势，大陆银行业将继续在积极稳妥原则下，加强对国际经济金融市场的研究，培养和提升海外金融服务能力，加大对大陆经济外向型发展和企业海外经营的金融服务力度，加大对国际银行业合作的参与力度，努力推进银行海外机构和业务发展。

女士们，先生们：在这场金融危机中，台湾银行业也经受住了严峻考验，对台湾金融稳定和经济复苏起到了重要作用。当前，两岸经贸联系日益密切，两岸金融合作日益加深，近期又签署了《两岸金融监管合作谅解备忘录》，两岸银行业互利双赢的合作空间更加广阔。我们欢迎台湾的银行到大陆去发展，大陆银行也愿意和期盼到台湾来设立机构和开展业务，建设银行郭树清董事长不久前也公开表达了建设银行的这一愿望。我相信，后危机时期，两岸银行业只要顺势而为，加强交流合作，发挥各自优势，努力改善对两岸企业、居民的服务，就一定能够携手开创两岸银行业发展的新格局，为两岸经济的更大发展与合作作出新贡献。

谢谢大家！

在支持低碳经济发展中银行业大有可为

——在“2009 中国金融论坛”上的演讲

胡哲一

（2009 年 12 月 22 日）

尊敬的各位嘉宾，女士们、先生们：

大家下午好！很高兴参加由中国金融学会和金融时报社共同主办的“2009 中国金融论坛”。在联合国哥本哈根气候变化峰会刚刚落幕、各国对全球气候变暖和经济可持续发展问题高度关注的背景下，有机会与各位探讨交流低碳经济与中国银行业的发展问题，我感到非常荣幸。根据本次论坛的主题，我想简要谈三点。

一、低碳经济是世界和我国经济的发展方向

当前，能源资源过度开发利用和二氧化碳排放加剧带来的环境问题对人类生存发展提出了严峻挑战，高碳经济增长模式已难以为继。大力发展低碳经济、推动经济社会可持续发展，已经成为世界各国的共识，包括中国在内的世界主要国家已开始向以节能减排为核心的低碳经济模式转型，通过改革生产方式与消费模式，调整产业和贸易结构，构建低碳社会，维持生态平衡，摆脱气候危机，低碳经济日益成为世界经济增长的新引擎。

发展低碳经济与我国实现全面可持续发展的要求是一致的，也是科学发展观的重要内容。大力发展低碳经济，加快构建以低碳排放为特征的能源、产业、消费结构体系，有效缓解日益严峻的资源、环境压力，已成为新形势下我国经济发展的现实选择和紧迫任务。目前，虽然在减排目标、资金问题等方面，各国仍存在分歧，这次哥本哈根会议仍未形成具有法律约束力的文本，但世界主要国家在发展低碳经济方面已形成共识。美、欧、日都制订了有关发展低碳经济的法案和计划，大多数发达国家已提出各自的量化减排目标。我国高度重视环境保护和发展低碳经济，是最早制订实施《应对气候变化国家方案》的发展中国家，也是全球新能源和可再生资源增长速度最快的国家。

二、在支持低碳经济发展中我国银行业大有可为

经济决定金融。支持低碳经济发展是中国银行业未来发展的重要支撑，也是时代赋予中国银行业的重任。在支持低碳经济发展方面，中国银行业将大有可为。

首先，在支持低碳经济发展中，银行业要在贯彻国家宏观政策方面将发挥重要作用。2009 年，政府支持低碳经济发展的政策导向日渐清晰：我国已明确提出，到 2020 年我国单位 GDP 二氧化碳排放比 2005 年下降 40% ~45%；中央经济工作会议要求 2010 年要“开展低碳经济试点，努力控制温室气体排放”；国家发展改革委已开始着手起草低碳经济发展指导意见。作为金融业主体的银行业有责任、有能力认真贯彻落实国家宏观政策，在支持低碳经济发展中走在前面，发挥应有的重要作用。

其次，在支持低碳经济发展中，银行业在业务拓展方面将大有可为。一是在向低碳经济转型过程中，大批传统产业改造升级，大量新兴产业茁壮成长，将产生巨大的“绿色信贷”需求。二是银行业在提供低碳经济相关金融服务创新方面空间巨大，包括为 CDM 项目开发者提供信用和咨询服务、开发相关的理财产品和金融衍生产品、开展低碳项目各类融资等。三是银行业在参与碳

交易市场方面优势明显。随着我国碳交易机制逐步建立健全、产品逐步丰富、市场规模不断扩大，银行业既可直接参与市场，也可作为中介为各类市场参与者提供金融服务。

最后，在支持低碳经济发展中，银行业将获得良好的经济效益和社会效益。低碳经济发展在实现经济结构调整的同时扩张经济总量，拓展银行传统业务的盈利空间；低碳经济发展催生众多战略性新兴产业，以及这些产业的配套和服务行业，这给银行业创造巨大的新兴业务盈利空间。同时，支持低碳经济发展有利于提升银行业的社会公众形象、扩大其社会影响力。

三、在支持低碳经济发展中，国有大型银行应发挥引领作用

国有大型银行具有支持低碳经济发展的诸多优势。国有大型银行积累了贯彻执行国家宏观政策、推动新型经济发展的较强实力和丰富经验，大银行资金力量雄厚，产业联系广泛，信贷总量涉及面广，具备支持国民经济结构调整和产业结构升级的优势和能力，加之其发展中间业务基础较好，有较高的风险控制力和技术服务水平，完全能够发挥优势，起到引领带动作用。

近年，建设银行在支持节能环保、推广“绿色信贷”上作了积极探索。建设银行早在2006年，就将“贷款项目必须符合国家环保政策”作为授信审批五项基本原则之一；目前，更是在信贷审批中实行环保“一票否决制”，严格限制向“高污染、高能耗”行业贷款；截至2008年底，建设银行“绿色信贷”项目金额已经超过千亿元。最近，在亚洲权威的社会责任评估机构“CSR ASIA”公布的“2009年亚洲可持续发展排名”中，建设银行列中资银行首位。近期，建设银行又成立专门小组对碳交易相关工作进行了新的探索：一是深入研究碳交易市场发展情况、建设银行的参与方式以及碳交易风险收益等。二是选定了试点分行和试点项目开展碳交易试点营销。三是与市场领先的专业公司洽谈低碳经济发展和金融服务方面的合作。

今后，建设银行将从全局发展和长远战略出发，积极支持低碳经济发展，继续大力创新相关产品与服务。一是坚决贯彻落实国家产业政策要求，“进、保、控、压、退”并举，加快信贷结构调整。二是积极开展低碳经济相关金融服务。建设银行将加强部门间、总分行间合作和联动，充分发挥海外分行优势，抓住重点客户尽快形成业务突破。三是加强与市场知名的专业化中介机构合作，向客户提供与低碳经济发展相关的一系列金融咨询和服务。四是结合信贷业务，利用建设银行自身的贷款客户资源，推进碳交易业务开展，开发相关金融产品。五是积极参与和支持碳交易市场建立和发展。目前，建设银行已与一些国内排放权交易所签署了战略合作协议。

同时，我们也清醒地看到，国有大型商业银行开展低碳经济相关金融服务还面临着一系列风险和困难，需要努力防范和客服。一是政策风险。哥本哈根会议后，世界低碳经济发展仍前景难料，各国政策还有很大不确定性，碳交易市场前景不明朗。二是项目审批风险。近年国际上碳减排项目审批尺度变严，通过审批的难度加大，尤其是我国的项目获批更难，这对为申报碳减排企业提供贷款的银行来说风险很大。三是安全性和盈利性风险。CDM项目具有较大不确定性，项目最终能否产生预期收益直接影响到银行贷款的安全性和盈利性。四是价格和汇率风险。CERs具有类似期货的不确定性特征，一般采用美元计价，市场风险较高。此外，银行直接参与国内外碳交易市场及开发理财产品和衍生产品，还将面临与其他金融市场产品类似的各种风险等；由于碳减排项目专业性强、运作周期长、前期投入较大、成功经验较少，以及一些大客户已经自行开展此项业务等原因，目前开展相关金融服务还面临不少现实困难。

各位嘉宾，女士们、先生们，低碳经济是决定人类命运的新生事物，发展低碳经济、实现经济低碳化是一个必然的、艰苦的长期过程，推动低碳经济金融服务也面临风险和困难，但我们相信，在国家宏观政策指导下，我国银行业一定能够顺应潮流，抓住机遇，开拓创新，在加快业务拓展、抢占发展先机的同时，为建设资源节约型和环境友好型社会、兑现我国政府的庄严承诺作出应有的贡献。

谢谢大家！

在2009年计财处长座谈会上的讲话

庞秀生

（2009年2月24日）

同志们：

2008年，国内外经济形势急转而下，全行业务运行经历了前所未有的波动起伏。面对困难形势，全体财会人员积极应对，艰辛努力，财会工作在落实发展规划、增强政策调控、优化绩效考核、推进成本管理、加强制度建设和财务监管、加大服务支持等方面，都取得了较好的成绩，有力保障了全行各项任务目标的顺利实现。2008年，我们在坚持审慎原则、大幅计提各项拨备507亿元的情况下，全行实现税前利润1 176亿元，净利润909亿元，分别增长19.7%和35.5%；实现每股盈利0.4元，比上年增加0.1元；资产回报率和股东权益回报率等核心财务指标已经居于国际一流银行的前列。

大家做了许多工作，可以回顾和展望的事情很多。在这里，我重点谈三个方面的问题。

一、正确理解两项重大调整

2008年，总行在计财方面做了许多改革和探索，但最重要、最受关注、同时影响最大的莫过于分行考核激励机制和转移价格的调整，今天来回顾和理解这两项调整也最有意义。

优化考核激励机制。2008年，作为学习实践科学发展观的重大课题，总行对等级行评定办法和一级分行KPI考核办法进行了全面改进，出台了新的办法。改进中除了确保办法与建设银行整体战略一致性外，主要在提高考核评价的科学性、客观性、公平性方面作了比较大的调整和完善，反复权衡了规模与效率、效益与占比、当期与长期等各种因素，在论证的过程中也充分吸取了分行意见。应该说，改进后的办法更为清晰地界定了等级行和KPI考核的功能定位，前者强调贡献度和累积的状态，后者侧重反映当年的业绩和变化，互为补充；考核指标大幅精减了50%以上，指标权重和考核规则也根据形势作了调整。但是，任何考核体系总是需要进行权衡、作出取舍，从不同角度看也总会有不同意见，因此考核办法永远是“只有更好，没有最好”。关键是我们大家要从战略上、从全行整体上来理解它。

目前，2008年考核已完成，“成绩单”上各行的排名较上年有了一定的变化，这里有考评办法本身调整的原因，这方面应该说是各行在全系统内定位的合理回归；但总的来说，主要还是反映了各行的经营贡献和经营业绩变化。总体上看，由于方法更为科学，2008年的考核结果比往年更为准确和客观，总行管理层对考核结果给予了充分的认可。为便于分行根据考核结果查找问题并作出改进，总行2009年进一步增加了考核结果的透明性。2008年对分行公布了等级行的指标计算结果，2009年对KPI的考核结果也将采取类似方式予以发布。分行拿到考核结果后，要从全行战略角度去理解并客观评价考核结果，正确地应用考核结果，认真查找问题。不应该仅立足于自身的排名高低，去无谓争议办法的合理性。由于KPI主要评价当年业绩改善情况，与等级行考核在定位和指向上不同，因此有些分行两者的排名可能会相差较大，这种情况很正常，正是这种差异可以更全面地揭示分行的成绩或问题，给改进自身业务提供客观分析的依据。

2008年，为适应扁平化、专业化等经营管理体制改革的需要，理顺基层机构的激励传导机制，提高全行绩效管理水平，总行还出台了《中国建设银行二级分行绩效考核与工资分配指导意见》，对二级分行考核分配基本方法和基本模式进行统一规范，给大家提供了工具和参照。这个办法的应用主要在2009年，各行要在充分理解的基础上结合实际去运用，稳步推进，去解决基层考核和分配中的实际问题。

调整内部转移价格。大家要充分理解2008年一系列内部资金转移价格调整背后的管理意图和转移价格的内涵。

首先，转移价格是市场价格的客观反映。转移价格必须反映真实的资金成本，它必然随着中央银行基准利率和市场利率变化而调整。2008年第四季度，中央银行5次降低存贷款基准利率，中央银行票据、金融债等银行间市场利率跌幅超过2个百分点，建设银行内转价格也随之相应调整。在调整频率、调整幅度、细化分档等方面及时盯住市场，就是要向全行传递正确的市场信号。对于这些调整，有的分行认为总行调整幅度太大，对分行2009年利息收入增长构成了较大压力。实际上，总行已经考虑了分行的承受能力及对战略产品的支持等因素，在不扭曲市场信号的情况下，转移价格的调整与实际市场利率比仍留有一定空间。比如1月以来，短期市场拆借利率一直徘徊在0.8% ~0.95%，3个月中央银行票据发行利率仅为0.965%，而我们的活期存款转移价格仍然保持在2%以上的高位，高出市场运用收益1个百分点以上。

其次，转移价格是建设银行对外部市场预测性的反映，而不应成为内部博弈的工具。作为引导业务发展的无形杠杆，转移价格要反映对未来市场形势的判断，否则容易给未来的利息收入带来巨大的潜在损失。比如，在目前的降息周期中，贷款利率浮动周期短期化需求明显，总行收到的按月、按季度浮动贷款请示已超过300亿元；长期存款利率风险也非常值得关注。对待这些问题，我们必须有前瞻性的考虑，如果处理不好，损失就会在2010年、2011年逐渐暴露。目前，总行对两年以上同业和单位存款转移价格实行严格控制，对超过转移价格的长期限对公固定利率存贷款不再锁定利差，提高短浮动周期贷款资金成本价格，这些都是为了引导全行提高利率风险意识，保证我们的资产负债能持续健康发展。分行和业务部门不能抱有和总行博弈的想法，业务上不去、占比下降，要更多地从产品和服务上去找原因，要通过提升产品和服务竞争力、提高对客户议价能力来为整个建设银行创造价值。

最后，转移价格是总行战略导向的体现。从2008年4月以来，总行就对基本建设贷款、个人住房贷款等战略产品的转移价格给予了政策性优惠，目前5年期个人住房贷款转移价格已低于活期储蓄价格，接近单位活期价格。春节前，在市场利率和流动性状况没有重大变化的情况下，总行小幅、单向提高了贷款转移价格，就是要提醒大家在积极拓展优质客户和项目的同时，一定要保持冷静和清醒的头脑，坚持既有标准不能放松。事实上转移价格的每次调整都在传达总行的政策导向，分行要切实做好转移价格调整的解读。

二、2009年的计划形势和安排

2009年的经营形势，是建设银行上市以来最为困难的一年，可以用两个字来概括，就是“难”和“紧”，盈利难、增长难、风控难，资源紧、费用紧，计划管理和经营面临严峻的挑战。

（一）利润、资源形势与安排

受经济下行、连续降息、流动性充裕、服务收费受限等多重因素叠加的影响，2009年银行业将面临极大的盈利增长压力。预计主要上市银行2009年NIM水平将较上年下降50－70BPS，拨备前利润整体上将为负增长，税前利润增长情况可能会好一些，主要是由于2008年各行根据中国银监会提高拨备覆盖率的要求以及受国际金融危机影响，大幅计提贷款和外币债券减值准备，拉低了2008年的利润基数。但即便如此，估计2009年行业利润水平也是徘徊在零增长边缘，乐观预期也仅是个位数增长。

由于业务结构等方面的原因，建设银行受降息的影响要比其他同业更大。测算建设银行2009年净利息收入将比上年负增长10%左右，要实现2%的利润增长目标，难度极大。从目前计划编制的情况看，分行净利息收入预计可实现比上年增长2%，主要是内部转移价格锁定了存量业务的利率风险，适当延缓和减轻了降息对分行效益的影响。由此，分行的利润增长可能会因此超过了当地同业的平均水平，大家要明白其中不同的制度安排方面的原因，不要盲目乐观，居危不知危，更不应因此而提出过高的费用增长需求。分行要在严格风险管理的前提下，挖掘收入获取能力和成本控制能力，努力完成利润计划，全行齐心，共渡难关。

费用形势的“紧”，可能是分行2009年最关心的问题。根据董事会的预算规则，员工费用增幅与利润增幅必须按1:0.6挂钩。基于2009年的利润预期，员工费用总量要按零增长安排。在总量零增长的情况下，考虑到困难时期分行的经营压力更大，计划将总行留存的应付员工费用退回，安排给分行。这样，分行利润虽然有所下降，但由于总行作了相应安排并对绩效薪酬挂钩办法作了调整，在总行统一解决分行统筹费用的刚性增长需求的情况下，分行薪酬的总体水平还是保证了基本不下降。可以说，总行是清了家底并调整管理参数保分行费用水平整体不下降，希望分行对下面分配时，也能够把自己手头的应付工资拿出来，加大对基层员工的激励。

非员工费用的安排，与上年实际相比，分行可能感觉更为紧张。“紧”是客观的，是预算约束，也是我们加强成本管理的原因。但我更希望大家把这种“紧”当做对我们管理能力的一种锻炼和考验。另外，也不是2009年少了，而是近两年来的预算都比较宽松。尤其是2008年总行补充配置了部分费用，业务管理费增长达到23%，在相当程度上解决了以前想做而没钱做以及本打算以后做而提前做的事情，就是为了让分行2009年能够轻松上阵。2009年非员工费用总量安排，在成本收入比40%的控制目标内，实行有保有压政策。通过结构调整，保障基础运营正常开支和支持战略业务发展。折旧、摊销、房租、保险、运钞等刚性费用增长24%，其中，五项专项费用增长5%以内的部分由分行适当压缩控制高弹费用和行政性费用来自己消化，余下部分由总行专项配置。

（二）严格执行贷款计划

2009年，宏观经济金融形势严峻，要警惕在经济底部运行期可能导致的银行信贷风险的积累和恶化。对此，各级行必须保持清醒，要通过计划管理和约束机制引导全行的经营行为，防止非理性的信贷扩张和漠视风险。2009年人民币贷款新增计划安排5 000亿元，其中公司类贷款4 000亿元，个人类贷款1 000亿元。这是建设银行历史上最高的计划，与2008年实际新增量持平，加上大量贷款回收的资源，可以说完全能够涵盖优质客户和项目的信贷需求。2009年贷款计划是指令性的，条线和分行未经总行同意均不得突破。要严格合理把握投放进度，非贴现贷款上半年按70%控制；贴现要合理安排期限结构，9月底以前可以适度多增，但第一季度不得突破500亿元，第二季度末不得突破800亿元，年底前必须压缩到计划内；个人类贷款根据市场情况投放，上半年大体在50%。

从近期的贷款增长数据看，我们的贷款计划管理显得相对软弱无力。截至2月20日，建设银行人民币贷款新增超3 000亿元，完成全年计划的六成，流动资金贷款接近全年计划，房地产开发贷款已超过全年计划，后面还10个多月的时间我们怎么维持。先给大家说明，总行没有多少余地，只能靠各行自身去统筹平衡。不能为了完成利润计划，争取更多的财务资源，鼓动条线部门争抢信贷资源；不能借加强富余资金运用之名，人为做大贷款基数，打“小算盘”；不能简单地追求粗放式扩大，盲目与同业进行贷款数量攀比；不能跟总行博弈，用贷款多增的既成事实倒逼总行。要加强调查研究，了解市场、客户和同业的实际状况，对业务形势要有较为准确的判断和清醒的认识。

要进一步加大风险控制的力度，信贷投放必须坚守风险控制底线，不能放松信贷准入、信贷审批和信贷监测标准。要理性决策，防止收益与成本倒挂。2008年10月以来，贴现利率从5%跌到2%以下，转贴加权平均利率一度降到1.31%。贴现利率已经低于2008年全行加权平均付息率，也一度低于3个月存款利率（1.71%），资产负债价格出现倒挂。我们自己很高兴地以为通过贴现降低了头寸，提高了收益。实际上我们的客户，尤其是大客户，却可以通过一边办贴现，一边办存款实现套利。银行在资产负债双向增长的情况下不断赔钱。面对目前不理性的市场，不要盲从市场，不要头脑发热。不能简单将贴现利率与超额存款准备金利率（0.72%）进行比较，要冷静观察，理性决策，避免成为别人套利的工具。

（三）促进中间业务平稳增长

在确定2009年的中间业务计划时，总行考虑整体经济形势，调低了增长速度。但是，这并不是说对发展中间业务的要求降低了。大力发展中间业务是应对外部环境变化、保持盈利能力的重要手段，也是银行经营模式转型的根本所在，重要性是其他业务所无法取代的。2008年中间业务在全部经济增加值中的贡献已经超过20%，2009年这一比例将继续提升。因此，2009年要继续坚持把中间业务作为重中之重来抓，总的目标是：继续巩固市场第二的地位，争取增速处于同业前列。要实现这个目标，关键是要做好两个方面的工作。

一是政策力度、激励力度、考核力度不能减。要保持中间业务在绩效分配、等级行评定及KPI考核指标中的合理权重；要按照整体不低于2008年激励水平对重点中间业务产品配置战略性费用；要改进买单制，引导分行将工作重点放在客户结构和产品创新上来；要做实中间业务收入，确保中间业务发展的合规性。

二是苦练内功、狠抓客户基础及产品创新。客户是产品和收益的载体，增强和拓展客户基础是我们2009年工作的重中之重，我们的各项业务，尤其是中间业务的长足发展必须依赖客户基础。2009年KPI考核指标设计把客户发展作为核心指标，就是要引导、鞭策大家去关注客户基础、发展客户基础。分行要以新增基本结算账户及大额结算账户为重点，着力于潜在优质客户及账户的挖掘工作，同时通过改善服务提高小余额账户的存款余额和结算业务量，提高账户使用频率及账户收益，全面提升客户综合贡献度。产品方面要围绕政府"保增长"的政策，大力发展工程类保函、造价咨询业务等公司类中间业务。着重抓基础传统产品，确保受经济波动影响较小的人民币结算、借记卡等产品有较好的发展；同时要重点培育高速成长阶段的理财产品、电子银行、贷记卡等业务。

三、做好投入产出大文章

现代银行财会工作的一项重要的核心职能是提升企业经营活动的投入产出效率，支持企业创造价值的能力。财务分析是判断投入产出，资源配置是合理安排投入产出，成本管理是控制投入产出，考核激励也是通过建立机制来优化投入产出。中国的农村改革就是起于经营承包制的机制安排，获得了农业生产效率的空前提高。2009年我们面临特殊的"难"和"紧"的形势，同时又要推进经营调整和组织改革，因此深化财会工作的管理和支持服务，必须做好投入产出这篇大文章。

（一）加强全面成本管理

一是要认清形势，调适观念。近几年建设银行费用总量随着业务发展持续较快增长，2007年、2008年分别较上年增长22.4%和17.8%，一些弹性较高的费用项目，如会议费、招待费、宣传用品费等，增长速度较快，年平均增长速度在30%以上，有的分行用于招待、宣传方面的支出两年之间增长了5倍多，粗放经营的情况非常普遍。同时，同业比较建设银行成本竞争优势出现下降，成本收入比已经从2005年的国内主要同业相比最低，变化为与国内主要同业基本持平甚至略高的水平，成本支出存在节约挖潜和结构调整空间。2009年在费用总量安排零增长，同时还要支持业务发展和改革，出路只有厉行节约和提升效率。大家要认识当前形势，调整观念，改变经济快速增长时期在资源安排和成本开支方面的粗放习惯，营造"人人节约、处处增效"的文化氛围，形成节约成本的良好风气，适应市场环境的不利变化。

二是要强化和优化财务管理。近年来，立足于财务支持服务和业务转型，建设银行对财务管理模式进行了探索和改革，各级机构不同程度地对部门参与资源配置的责权进行了调整，发挥业务部门贴近市场和客户的优势，以提高执行效率。另外也要看到，部分分行把费用支出和资源分配模式的变革简单地理解为放手和放权，出现了预算管理松弛、资源安排分散化甚至支出失控的现象：有的分行将业务条线的考核和激励完全交给业务部门，造成买单费用超预算而无法兑现；有的分行放松财务标准的控制，不严格执行装修间隔年限要求，超标装修；有的分行花钱大手大脚、超标准超授权购置豪华车辆等。2009年，作为对严峻形势的应对措施，建设银行要从强化有效的财务管理出发，对财务管理流程、资源分配方式进行重新梳理，摆正财务支持与财务管理的关系，加强服务并不意味着放弃管理，支持发展也并不意味着简单移交资源配置权。对管理流程、资源分配、开支管理上不符合投入产出原则的方面要调整回来，要通过加强财务集中管控和延伸管理，落实投入产出要求。

三是要搭建全面成本管理的基本框架。我们要在完善成本管理机制、强化成本责任、运用成本管理工具与方法、深化成本核算与成本分解等方面进一步加强研究，构建起成本管理渗透在全员、全过程、全方位之中的，以责任制为特征的全面成本管理整体架构，培养和提升成本管理能力，以有效支持业务战略转型，促进业务发展。这次总行制定了近期建设银行加强成本管理的具体措施，作为工作会议材料供大家参阅，各行要根据总行要求认真贯彻执行，并结合本行实际情况研究采取相应的成本管理措施，抓出实效。

（二）加强财会工作对战略和经营的支持服务

实施发展战略，提升全行经营活动的投入产出效率，离不开财务工作的专业支持。

第一，要在客户、产品的分析和识别方面取得实质性的进展。我有一个判断，今后，银行可以躺在巨额利差上轻轻松松挣钱的“好日子”应当不会再有了。要保证投入产出，我们必须在精细化上下工夫，发现和选择商业机会。这就要我们能以专业的方法和能力，去分析客户的盈利性，识别不同客户和产品对建设银行的差别贡献。在这方面，在加速变动的市场中，我们面临许多课题，迫切需要回答。当前，如个人住房贷款等敏感产品的效益判断、自助设备等新兴渠道的贡献度衡量，超大型集团等重点客户的盈利分析等，都是业务部门乃至管理层高度关注的问题，都需要我们给出公允、专业的分析和判断，并在此基础上确定相关的经营策略。没有可靠的分析，就没有正确的决策。譬如，我们需要得知在许多大集团客户中，哪些是真正产生客户贡献的，哪些客户的贡献率较高，以此来确定相关资源的安排。这项需求非常现实，也非常重要，因此，我们的财会部门务必要拿出提供这些特大集团客户评价分析的解决方案。当然，操作上可以根据目前的系统和数据的条件，从基本的存贷款收支、非利息收入和风险成本起步，一步一步地做起来，逐渐做细，取得较优的成果。

第二，要着力解决完善激励机制相关的多维度评价考核问题。随着战略转型的推进，建设银行正在形成多维度的经营体系，在越来越依赖多维营销实现最终收益的情况下，为了建立有效的激励机制，迫切需要满足各方面对客户、产品、渠道等各维度绩效评价的需求，进而进行多边考核。财会部门要研究改进目前的考核方式，从建立多边的经营责任承担入手，实现多边的经营成果考核，以此整合和调动多方面的积极性，消弭由于责任不清、贡献不明造成的矛盾和内耗。目前，要从问题最突出、业务影响最大的地方做起，如一些研发端和销售端跨部门的中间业务产品的利益分割问题，中间业务按客户和产品维度的双边考核等，虽然现在管理会计报告已经能够展示数据，但从业务部门反映的问题看，对收入分摊规则和结果一是了解不充分，二是不完全认同结果。2009 年要选择几个收入占比高、业务链条比较长、部门矛盾比较突出的产品作为突破口，推进权责清晰的收支分摊机制的建立。

第三，提供定价支持，提高业务经营中的综合定价能力。2009 年，由于市场价格走势的不确定性大、贷款规模放松后的信贷市场竞争加剧和利率市场化改革步伐加快等因素的影响，综合定价能力成为我们在经营上的最大挑战和考验。因此 2009 年必然要把提高综合定价能力作为全行的重要关注点，也要将对定价的管理和支持作为财会部门的工作重点。从管理方面，要加强利率、汇率走势的研究和同业的沟通交流，及时了解市场业务和价格动态，要完善价格授权和总分行、前后台沟通会商机制。在机制上要完善前台部门、业务条线和客户经理绩效考核机制，促使前台人员主动自觉地提高客户议价意识和能力。在技术支持上要做好定价的基础工作。由于利率市场化带来的一个重大转变是以产品为中心的定价转向以客户为中心的定价，因此要整合客户信息系统，改进成本费用分摊和风险计量方法，为前台营销定价提供数据支持，使定价建立在科学基础上。在这里还要强调一下价格保密问题。内外部价格水平和价格底线是建设银行的核心机密，前后台人员要严守保密制度。对随意向客户、同业泄露价格机密并造成损失的，要按行内相关规定追究责任。

分析、评价、考核是复杂的管理会计工作，

标准的解决方案需要可靠的数据和系统的支持，需要有管理会计方法和工具的应用，并往往成为一家银行的核心管理能力。唯其十分重要，在当前的经济低迷期和建设银行的改革转型期尤为重要，所以我们不能等、不能因为存在困难就不做，而要研究在现有条件下的过渡方法，以解决当前经营考核中的实际问题，要通过实证研究总结经验或查找问题，要通过实证分析跨越与支行之间的鸿沟，在实践中积极探索与推进，也为未来有关工作的信息化、系统化积累知识经验。需要强调的是，分析和评价应该不单是总行财会部门的事，也是分行的事、业务部门的事，大家都要增强对客户、对产品、对渠道的分析研究能力，在算细账、算准账、算清账的基础上，把有限的资源投到最赚钱的地方，才真正能够全面提升整个银行的投入产出效率。做好这件事，当然是很不容易的，但我们要坚定地去做。

最后，还是用一句老话共勉：任重而道远。

高度重视 精心组织
按时保质完成税务自查任务

——在税务自查视频会议上的讲话

庞秀生

（2009 年 6 月 23 日）

同志们：

今天总行召开这个重要而迫切的视频会议，主要目的是根据国家税务总局关于 2009 年税务检查的总体要求，动员全行上下进一步加强建设银行的税务自查工作，确保建设银行按时、保质完成税务自查任务，为全行今后的工作创造有利的环境，奠定良好的基础。下面我就进一步加强本次税务自查工作讲几点意见。

一、当前税收工作的外部环境正在发生深刻的变化

税收是经济社会的重要元素，对国家和企业都十分重要。税收与经济环境密切相关，并随着经济形势和国家政策而变化。全球经济金融危机以来，我国的经济财政形势、税收改革、税收政策正在发生一系列深刻的变化，使建设银行的税收工作面临全新而复杂的环境，需要全行上下认清形势、研究对策、迎接挑战。

（一）2009 年国家财政收支形势十分严峻，税务部门正不断加大税收稽查力度

在国际经济金融危机的大背景下，2009 年我国财政收支形势十分严峻，控制财政赤字总量面临巨大压力。一方面，经济下滑、企业利润下降，国家实施结构性减税政策，导致财政收入减少，2009 年前 4 个月财政收入同比均为负增长。另一方面，为刺激经济增长，扩大内需，国家需要不断增加财政支出。在这种情况下，国家必须通过保障税收收入的稳定增长，实现财政收支平衡。4 月 29 日，国务院常务会议在财税方面提出加强税收征管的要求。国家税务部门根据国家政策导向，下发了《关于加强税种征管促进堵漏增收的若干意见》，并不断地出台政策措施，加强税收征管和稽查的力度。各级税务部门都将通过税收检查提高税收收入作为 2009 年的重点工作，目前，各级、各地税务部门正在全国范围开展税收稽查行动，近年来未受到稽查的企业将会成为重点检查对象。

（二）国家税务总局尝试对大企业税收管理进行改革

大企业具有明显区别于一般企业的特征，比如生产经营复杂、跨区域跨国家经营、信息科技水平较高、内部制度相对统一、具有合规遵从的

主观愿望等，因此，国际先进的做法是将大企业作为特定的群体开展税收管理与服务。为改进对大企业的管理与服务，2008 年底，国家税务总局专门设立了大企业税收管理司，2009 年在各省税务局逐步设立了大企业税收管理部门。其管理服务理念是借鉴国际经验，以税收风险作为管理重心，寓管理于服务之中，通过为管理对象提供专业化的纳税服务，促进税企合作，帮助大企业提高纳税遵从度，强化依法纳税意识，有效控制税收风险。其工作目标是对大企业在较高管理层面上实施相对集中、更具针对性和专业化的税收管理和纳税服务，形成对大企业高水平、高效率的税收管理能力。

目前，大企业税收管理司确定了首批包括建设银行在内的 45 家总局定点联系大企业，作为其实施具体管理与服务的对象，银行同业中还包括工商银行、中国银行、农业银行、国家开发银行、农业发展银行、进出口银行等。

（三）当前处于新的税制改革时期，税收法规政策变化大、复杂度提高

国家新一轮的税制改革已经展开，继新企业所得税法及其实施条例颁布后，后续管理办法正在陆续出台。增值税、营业税的有关法规也随着流转税的改革陆续修改出台。一方面，新法规政策的出台、调整，对建设银行的税收支出产生了较大的影响；另一方面，尽管不少新法规已经出台，但在操作层面还缺少一些必要的细化规定或统一解释，新法规执行的确定性和操作性有待改进，如果在政策解读与执行中存在偏差，都可能给建设银行带来潜在的税务风险，并在外部税收检查中出现问题。

二、国家税务总局 2009 年税务检查工作的总体安排

根据国家财政收支形势，结合对大企业的税收管理改革，国家税务总局关于 2009 年税务检查工作的总体安排是在国家税务总局确定的，由大企业司管理的 45 家企业中，选择包括建设银行在内的 11 家大企业和 10 家外资企业，由大企业司负责组织税收检查工作。一般企业和 45 家企业中的其他大企业，如果近年没有接受比较大的税收检查，则由国家税务总局稽查局负责直接开展稽查工作。

大企业司对上述 21 家企业的税收检查工作分为三个阶段：一是企业税收风险评估，二是企业税收自查，三是税务部门组织税收稽查。其中第三阶段，由大企业司根据企业自查质量及结果，确定需要开展后续稽查的企业对象，并由税务稽查局进一步开展税收稽查。对于自查质量及结果好的企业，企业自查工作结束后，可不再安排进一步的税收稽查。

大企业司前期组织开展的企业税收风险评估已经完成，目前已经进入企业税务自查阶段。企业税务自查在 5 月下旬至 7 月中旬完成，自查对象覆盖企业总部和所有层级的分支机构，自查范围包括 2006 年至 2008 年的所有税种，企业自查结果要于 7 月 17 日前上报税总大企业司。

三、税务自查结果将对建设银行今后工作产生重大影响

国家税务总局要在 2009 年的税务检查中实现双重目标，一是符合国家财政收支预算的有关安排与要求，二是初步建立对大企业的新型管理模式。这两个目标，在 2009 年特殊的经济形势和环境下存在一定的矛盾，其中实际上蕴涵了短期目标与长远方向之间的关系。要增加短期税收收入，必须加大税收稽查力度；要改革大企业税收管理，必须实施相对柔性的管理策略。这就要求建设银行从企业内部建立合规纳税的意识，提高税收风险管理能力，以适应税务部门的新型管理模式，同时在未来的外部税收检查中赢得主动。

从长远来看，新的大企业税收管理机制将能够更好地适应大企业经营发展及税务风险控制需要；而从近期来看，这一机制处于尝试探索阶段，短期产生明显的效果还会遇到各种困难。体现在 2009 年的税务检查安排上，目前仅选择了为数不多的企业由大企业司组织税务检查，据了解，税务部门内部相关各方对此还存在不同的观点和争议。

在这种情况下，建设银行本次税务自查工作的质量及结果就显得尤为重要，它将对建设银行后续的很多工作产生重大而深远的影响。从 2009 年来看，如果建设银行自查质量及结果良好，满足税务部门的要求，就不需接受第三阶段的税务

稽查，实现税企双赢。否则，全行上下就要投入大量的精力、花费大量的成本，来配合税务部门开展这项工作。稽查结果将存在较大的不确定性，如果发生税务处罚事项，还涉及信息披露，对建设银行市场形象将产生负面影响。前两年到工商银行、中国银行开展的税务稽查工作，时间断断续续都超过半年，到目前为止尚没有形成最终的稽查结论。从长期来看，如果企业自查结果出现税企双赢的局面，将有助于建立并推进新的大企业税收管理与服务机制，税务部门就能够在较高管理层面处理大企业的涉税诉求，更好地解决税收法规政策的确定性和透明度问题，为大企业提供更具针对性、专业化的税收管理和纳税服务，这将能够为建设银行未来的业务发展创造更加有利的税收环境。

四、前期建设银行税务检查工作总体进展顺利

在3月到4月的第一阶段企业税收风险评估中，根据税总安排，总行和13个分行参加了税收问卷调查，从税总通报的情况来看，建设银行整体评估情况良好，在11家大企业中位于前列，税总领导要求建设银行能够再接再厉，做好第二阶段的税务自查工作。但从建设银行参加问卷调查的14个机构的情况来看，填报的认真程度存在较大差距，被税总评为“认真负责”的有总行、河南省分行、四川省分行3家；被评为“不认真负责”的有深圳市、河北省、湖北省、湖南省、山东省等5家分行；其他有5家分行被评为“比较认真负责”；有1家分行被评为“不够认真负责”。

第二阶段，大企业司5月下旬召开企业税务自查初步布置会之后，总行第二天就对各一级分行进行了自查布置，宣导了税总税务检查工作的背景，提出了自查工作的相关要求。总行对本次税务自查工作总的思路和要求是，在布置时突出“快速”，在实际自查时突出“认真”，在报送时突出“按时保质”。目前各分行正在根据总行要求有序开展全面的税务自查，从分行上周末报告的自查进度看，全行自查进度基本正常，部分分行自查进度超过60%，最高的已完成80%，但也有少数分行进度还在20%～30%。

五、全行要进一步加强税务自查工作力度

一是各级行要充分认识本次自查任务的艰巨性。对建设银行而言，本次是近年来规模最大的税务自查。自查对象覆盖全行所有的机构，需要填报工作底稿的机构超过600家；自查期间跨越2006—2008年3年时间；自查范围涵盖建设银行经营管理涉及的所有税种，包括企业税、代扣代缴个人所得税、为客户代扣代缴税款等方面；自查时间仅不到2个月的时间，其中还包含了熟悉自查软件、自查结果内部报告流程所需的时间。可想而知，本次自查困难很多，任务确实十分繁重，但是自查结果对建设银行又具有十分重要的意义，各级分行对此要有充分、清醒的认识。

二是要高度重视，把本次自查作为当前非常重要而迫切的任务。国家税务总局对此次企业税务自查工作十分重视，6月17日，总局领导亲自带领大企业司的相关人员到建设银行走访，与张建国行长进行会谈。税总领导在会谈中强调了本次自查的目标任务，以及企业自查质量及结果将决定是否对企业展开第三阶段的稽查。税总领导走访企业，在目前“征强纳弱”的税收征纳格局中，以及在以往的税务工作中是比较少见的，我们要理解其目的和意图。鉴于此次税务自查工作的质量及结果对建设银行影响重大，张建国行长已经作出明确指示，要求全行上下务必高度重视此事。我今天在这里再次要求，各级分行特别是行领导要高度重视本行的自查工作，作出有力部署与安排。

三是要认真组织好本行的税务自查工作。各级行要安排、补充骨干力量加入自查工作组，克服时间紧、任务重的困难，认真组织自查。各级行要组织协调行内有关部门，共同参加自查工作。自查期间，各级行要做好与当地税务部门的沟通工作，本次自查既会有当地大企业管理部门的督导，又会面临当地税务稽查条线的一些要求。分行在自查、沟通过程中遇到的问题，要及时向总行报告反映，总行也将及时进行研究，并与税总大企业司进行沟通。

四是要明确本次税务自查工作的责任。各级行要明确本次自查工作的负责人，并在自查工作

组、相关部门等层面落实自查工作责任。二级分行是在统一软件中填报自查结果的基本单位，要组织好所辖范围的自查工作，切实从源头上把好税务自查工作底稿的质量关。一级分行要切实担负起审核、把关的责任。本次自查如果因分行的工作底稿填报质量差，而影响到全行的自查结果，对全行后续工作产生不利影响，总行将根据大企业司提供的打分评价结果进行通报，并严肃追究有关分行的责任，此后还将对其开展行内的重点检查。

五是要从底稿质量、认真度、时效性等方面把握自查工作质量。从第一阶段情况来看，底稿质量及其所反映的认真程度，对最终的评价结果十分关键，总行前期下发的布置文件已经对工作底稿的填报提出了统一、规范的要求，有关具体情况在今天的视频会上还会作更加详细的讲解，各级行必须严格按照总行要求填列，并及时上报。

六是要深入研究把握税法政策，对本行税务自查结果负责。本次自查涉及的税法政策量多、面广，有的政策规定在理解及执行中存在多重性或弹性，这是对各级行政策把握能力的很大考验，各级行都要进行认真研究和仔细把握。对于税法政策明确规定需要纳税的事项，必须严格按照税法政策的要求进行自查和报告，确保自查结果经得起检验，化解潜在的税务风险。反之，对于能够确定不需纳税的事项，要避免不合理地多缴税款，降低税收成本。各级行都要对本行的涉税事项和自查结果负责，要避免内部博弈、推卸责任，上级行应就有关税务政策进行指导和解释，下级行应当对本行的涉税事项进行分析判断，并承担相应的税务责任和税务成本。各级行要尽量避免税收处罚，努力减少对全行信息披露产生负面影响。

六、加强税务管理需要关注的几个重要方面

今天视频会议的主题是税务自查，我也要借此机会强调几点今后加强税务管理的重要方面。

（一）转变观念，提高税收遵从意识

受历史因素影响，各级分行在税收工作中不同程度地存在一些传统思维：一是比较关注税收对短期经营效益的影响；二是在外部税收政策存在弹性，或者即使外部税收政策明确，但由于内部信息缺乏或操作处理复杂，而倾向于采用税收成本相对较低、操作相对简便、税收政策执行不够严格的做法；三是过度地依赖与税务部门或人员的关系疏通，暂时、局部地解决已经暴露的税务问题或潜在的税务风险。

建设银行作为资本市场知名上市企业，要严格执行信息披露规则和监管规定，要十分注重企业的市场形象，如果在外部税收检查中遭到处罚，将对建设银行的声誉产生严重的负面影响。目前建设银行董事会、监事会进行自我评价时，外部处罚事项也是其自我评价的内容之一。从前面说到的大企业税务管理改革方向来看，税务部门将更加强调大企业的税收遵从意识，引导企业主动控制税收风险。因此，各级行要转变观念，强化依据税收法律法规履行纳税义务的观念，树立长远的税务风险防范意识，正确处理好提高税收遵从度与降低税收成本的关系，切实改变过去存在的一些随意性、变通性而具有潜在税务风险的做法，要纠正并杜绝为了短期、局部的利益而采取不符合税法规定的行为，要深刻认识到这些行为可能会给建设银行带来更大的经济损失和长期的税务风险，并将损害建设银行的市场形象和声誉。

（二）加强内部控制，防范潜在税务风险

税务不是独立的工作，任何税务事项都是经营管理、财务处理的延续，企业内部控制状况会对税务风险产生重要影响。税务风险控制本身就是内部控制的重要方面，其状况也受到其他各个经营管理领域内部控制的影响。随着建设银行业务的快速发展，涉税的环节不断增加，税务处理也日趋复杂，必须不断地改进完善全行的内部控制，才能真正有效地防范潜在的税务风险。近期，国家税务总局正在研究制定《大企业税务风险管理指引》，其核心内容就是要求企业改进组织结构、风险评估、内部控制、信息基础、监督机制，实现控制税收风险的目的，《大企业税务风险管理指引》正式发布后，全行要认真贯彻落实。

建设银行要在各个经营管理领域和内部控制环节引入“税务思维”，关注“税负因素”。各级行税务人员应逐步参与重大的经营管理活动，在经营决策和新业务开展时事先考虑税收因素，对税收风险实现事前评估、事中控制、事后自查，

实现从源头上有效控制税务风险，并真正实现税收成本的最优化。另外，要进一步完善内部税务管理规章制度，明确税务处理的业务流程，梳理潜在税务风险点，及时开展税务风险评估和税务自查，建立良好的税收风险控制环境。

（三）加强税法政策学习研究，提高税收管理专业化水平

税务管理工作具有很强的专业性，要有效管理税务风险，税务管理人员的专业水平十分重要，《大企业税务风险管理指引》中明确提出，“企业应配备合格的人员负责涉税业务”。税务管理人员一要具备对税收法规的准确解读能力；二要具备很强的学习能力，能够持续跟踪学习不断更新的税法政策；三要熟悉财务会计制度及其与税法的区别；四要掌握银行经营管理状况中的各项涉税事项。

目前，建设银行税务管理方面的人力资源较为缺乏，数量和素质都不能满足需要，这会影响全行对税法政策的深入理解和正确把握，对税务风险控制存在一定制约作用。目前我国正处于税制改革时期，新的税务法规条例不断颁布实施，因此全行上下要重视和加强对税务人员的配备和培养，积极鼓励税务人员钻研税收政策，在税务实践中磨炼自己，不断进行有效的知识积累、信息积累和经验积累，造就一支高素质、专业化的税收管理队伍，以适应外部税收管理改革和内部税收风险控制的需要。

（四）加强与税务部门沟通，建立良性互动的征纳关系

目前我国的税收环境比较复杂，税收征管体制尚不完善，部分税法政策具有不确定性，各地方税务机关的征管水平参差不齐，对部分税收政策的理解也不甚一致，往往造成对同一政策的执行要求各地存在差异，易引发税务纠纷。在此情况下，各级分行要认真分析研究本地区的税收环境，加强与地方主管税务部门的沟通与协调，积极主动寻求税务部门的政策指导，及时获取最新的税务咨询，构建和谐、良性互动的征纳关系，在税务实践中力争把握最佳处理方式，努力规避税收风险。同时，要实现税收风险管理的持续稳健，也不能过度依赖与税务部门特别是税务人员个体的关系，要避免因外部税务环境或税务人员的变化，而付出更高的成本，承担更大的风险。

同志们，2009 年的外部税收形势不容乐观，建设银行将面临前所未有的挑战。本次税务自查，全行上下要把握机会，周密安排，保证质量，争取圆满完成税务自查任务，实现我们预期的工作目标。

谢谢大家！

在全额资金计价视频会议上的讲话

庞秀生

（2009 年 9 月 15 日）

今天是个特殊的日子。两年前的今天我们完成了 A 股上市的全部程序性工作，标志着建设银行的重组改制上市取得了决定性成果；2008 年的今天雷曼兄弟公司倒闭，引爆了国际金融海啸；2009 年的今天中共十七届四中全会正式开幕。这些日子会给许多人留下深刻的记忆，甚至给工作和生活带来一些根本性的变化。比如，金融危机之后，我几乎把全部精力投入到日常业务运行和年度财务预算执行之中去，每天要关注贷款增长、利息收支变化以及金融市场信息。

目前这些数据都有了向好的变化：第一，6 月以来活期存款比重有所提高。第二，贷款增长冲动得到控制，7 月、8 月每月增加 300 亿元至 500 亿元，增长水平恢复正常；贷款利率大幅下降的趋势也有所缓解，7 月、8 月新发放对公贷款利率只比上半年下降了 3 个基点。第三，中间业务收入较为稳定，手续费净收入较上年增长10%左右。第四，NIM形势有所好转，7月、8月基本稳定下来，8月环比有所上升。2008年9月的时候我们感觉形势很严峻，预计2009年全年利润可能零增长。2009年上半年全行利润负增长4%左右，由于有了这些向好的变化，预计9月、10月可能恢复至2008年水平，全年可能实现正增长。此外，目前人民币货币市场和债券市场利率都在走高，意味着一些大额、低息的货币市场投资收益率会上行，2010年利润增长压力要比2009年小。总之，我们可能基本度过了危机状态，恢复到一个较低的增长速度是完全有可能的。

在这个时候，需要回过头来关注整个银行的营运质量、效率及管理理念等基础问题。我们今天研究的三个问题都属于管理基础建设方面的，表面上这好像仅是资债、财会职能范围内的事情，但本质上取决于各个部门的共同努力。所以，我在这样一个更大的范围内来讲一讲，希望大家引起重视。

一、全额资金计价工作

（一）全额资金计价的意义

全额资金计价的意义简单概括起来包括四层。

第一，支持算细账。在全额计价模式下，每笔生息资产都对应一笔转移成本，每笔付息负债都对应一笔转移收入。通过转移价格能够对每一笔资产负债业务计算出直观的净利息收入，这是件非常不容易的事情，2007年以前我们是做不到的。虽然现在我们的管理会计还不能精确核算每个部门、产品、客户、网点、个人的绩效，但是转移计价能够将净利息收支计算到每笔业务中去，为多维度、多主体的核算或评价考核体系提供了一个重要基础，这在四大银行中目前还只有我们能做到。现在我们在许多方面都开始应用全额资金计价结果，管理会计体系也正在建设之中。

第二，为全行的价值分析比对提供了统一基准。原来我们在进行价值分析时，存差行用上存利率测算，借差行用借款利率测算；存款部门用贷款利息收入作为存款运用收益，贷款部门把存款付息率作为贷款资金成本。同样一笔业务，下级行认为赚钱，上级行认为不赚钱；业务部门认为赚钱，财会部门认为不赚钱。现在我们的内部资金转移价格给大家提供了一个统一的基准，使大家至少在净利息收入方面能有一致的判断。

第三，让我们对市场多了些感觉。前几年可能只有资债部、金融市场部关心市场价格，大家还不太关心，但是现在不关心已经不行了，主要有以下三方面原因：一是目前全行8万多亿元生息资产中有超过3.3万亿元是在货币市场、债券市场上的投资，其在很大程度上决定着建设银行的收益水平和NIM变化。二是2009年以来，中央银行存贷款基准利率没变化，但是货币市场和债券市场利率变化幅度都在30%左右。如果我们对这个变化没有清楚的判断和基本感觉，不仅相关业务做不好，存贷款业务也很难做好。三是我们一些最好的客户都参与了较多的投融资业务，他们在选择金融产品时，是考虑到各种产品的价值判断的。如果我们不了解市场，则不能真正掌握客户的体验和感受，也就无法为客户提供优质高效的服务。现在我们的内部资金转移价格很多是每周甚至每天调整的，对全行培养市场感觉很有帮助。

第四，实现点对点的政策导向。在差额模式下，上调转移价格对存款是一种激励，但对贷款就会起到抑制作用；下调转移价格可能抑制了存款的虚增，但又积聚了贷款的冲动；对细项更无法实现差别化调控。而现在，总行的政策导向可以通过转移价格对应到每一类产品，如果需要还可以对应到一些特别重大的项目或业务，这是转移价格最重要的意义之一。

（二）全额资金计价的推行经验

我很高兴的是，经过不到三年的努力，全额资金计价改革推进得很平稳、很顺利。其实这是一个重大的改革，涉及到各个分支机构的利益调整和业务部门绩效评价的变化。之所以能够平稳推进，主要得益于以下几个方面。

第一，整个方案的设计循序渐进。根据市场情况、全行接受及承受能力，全额资金计价改革方案采取逐步推进、逐步见效的方式，让全行有一个较好的体验和感受，最终成为全行员工共同理解的统一意志，进而发展成为建设银行的优势。

第二，各级行、各部门的支持理解。实际上我们都知道，全额资金计价第一年推出的时候，一些存贷比较高的分行在考核利润上是付出了代价的。2008年以来的价格调整又让一些活期存款占比较高的分行付出了一定代价。尽管如此，总体来看，除个别问题外，全行能够从大局、从长远、从管理要求上理解这件事情，所以推进比较平稳。

第三，技术支持的同步到位。全额资金计价改革以系统为依托，整个操作流程基本实现自动化，由总行直接完成，在提供更充分的决策支持信息的同时，不仅没有增加而且大大减少了各分支行和业务部门的工作量。这也是一点重要经验。

对全额资金计价取得的成绩和它的平稳实现，我既感到高兴，也对大家表示感谢。

（三）全额资金计价面临的现实困难

全额资金计价的方法论在国际上是比较成熟的，但实际应用起来有很多限制条件。说实话，我们的市场现在还不完全具备应有的条件。一是价格双轨制，即市场化价格和管制价格并行。二是市场价格本身也没有一条连贯的收益率曲线。这条曲线在一些市场化国家中是随时可以找到的，但我们没有，只能根据多个市场信息加工修正后得出。三是在整个市场经济建设完善的过程中，市场存在较多缺陷和偏差。四是我们的管理还没有完全和市场接轨。因此，在实际操作过程中，转移价格调整既要结合市场，又要兼顾建设银行经营管理的现状，操做起来肯定存在诸多问题和局限性，只能希望大家逐步矫正、逐步纠错。

（四）当前关注的重点问题

1. 转移价格如何适应市场变化。转移价格的制定是需要适应市场、跟随市场变化的，否则一旦与市场脱离，可能误导全行的经营行为。尤其对于一些市场化产品，转移价格现在是完全和市场接轨的，每周甚至每日调整。当然，我们对市场的变化需要有一个及时甚至是提前的反应，而不是局部、滞后的反应。此外，对市场的缺陷和偏差，我们还要依据银行各方面的专家意见及各种信息进行判断，不能盲目跟随。大家可能经常提出例如“别人能做的为什么我们不能做”、“总行怎么总是限制我们的竞争能力”之类的问题。实际上，有些时候市场的偏差正是我们要限制或避免的。举个例子，君子兰曾拍卖到3万元一盆，那是市场行为，没有哪个行政指令让它卖到3万元，但是否意味着我们也要在那个价位买呢？再举个例子，前年股市冲到6 000多点，是市场炒上去的，但别人参与是否意味着我们也要去炒呢？作为大银行的优势之一，就是能够利用大量的信息和专家的职业经验得出整体的判断。尽管6 000点仍可能赚钱，但是我们5 000点就不再投资了，5 500点就都卖了，这就是一个大银行可能作出的选择。当然，并不是说每一次判断都绝对会对，但是我们需要借助整个银行的能力作出判断，并作为全行的行动基准。所以不能讲绝对，不要绝对讲市场，不要绝对讲别人。

在适应市场方面，实际上这两三年我们有很多的经验和教训：

第一，先说一个教训。2008年8月、9月间建设银行吸收了1 200亿元的长期协议存款，有一部分完全是固定利率的，有一部分是浮动利率的，但同时工商银行、中国银行、农业银行三家都没有发生。因为这1 200亿元，如按当前的付息成本测算，从2009年开始，5年之内每年要多付出利息15亿元左右，5年要多付出75亿元，大体上相当于我们全行利润的1.2个百分点，而且它发生在我们最困难的时期。这种事情为什么会发生？原因就是我们对市场变化不敏感。其实2008年7月下旬中央政治局会议已经调整了宏观政策导向，由双控改为一防一控，同时市场利率也开始变化，在9月贷款基准利率就下调了。我们的内部转移价格当时还是执行按月调整，晚调了几天，可是分行觉得总行的转移价格锁定了利差，分行既不用承担风险还能增加存款，所以有吸存冲动。结果一个比较聪明的东西让我们干了一件傻事。

第二，再说一个经验。我们的次级债发行就是很成功的例子。从2007年开始我们就计划发行，但当时判断市场利率处于高点，因此没发行。2008年董事会和中国人民银行批准后，12月作出了最终发行决策，2009年3月正好在长期限债券利率低点发行。“5+5”债券的成本才3.2%，“10+5”债券的成本也只有4%。于是当时我们决定再增发。当时中国银监会的审批有一些困难，但我们还是下大力气去积极做工作，因为我们判断8月之后市场利率将上行，即使批准了也可能面临发行困境。经过努力，最终我们赶在8月以较低的价格又发行了200亿元。前两天兴业银行

"5+5"债券发行价达到了3.8%左右，"10+5"债券发行价达到了5.17%，分别比建设银行的发行成本高了0.6个和1个多百分点。

第三，说一下贴现的经验。年初时全行资金大量富裕，短期中央银行票据和回购等市场运用收益率都低于1%。许多人主张大力做贴现，因为尽管其收益率只有1.3%左右，但依然高于存放中央银行的收益，而且又能占住贷款规模。但是总行最后没按这个判断进行决策，而是采取了一种相对谨慎的策略。我们反复强调过，贴现不是货币市场工具，而是对企业的授信，在市场上存在套利空间的时候对某一家分支行来说可能有利可图，但是对于全行或者整个银行体系来说是没有效益的，甚至可能存在很大风险。现在检查已经暴露出了问题，天津、广东等几家分行都产生了比较多的垫款，湖北省分行的票据通过法院判决已经退给前手。最近检查还发现，某公司通过贴现、存保证金、再贴现的方式空转资金10次以上，因定期存款利率与贴现利率倒挂，公司肯定是赚钱的。局部来看银行可能表面上也赚钱，但是存在较大风险，且对于整个银行体系来说肯定是净赔钱的。所以贴现不能看做是货币市场工具，某些分支行通过套利行为在季度末同时虚增存贷款，危害很大。

第四，再说一个教训。建设银行6月底有600亿元票据到期，因与3个月的短期票据相比，1年期票据收益率相对较高（1.1%），资债部和金融市场部建议买1年期。然而7月10日，也就是我们购买后的第10天，1年期中央银行祟据的发行利率就升至1.52%，比我们的投资收益高出0.4个百分点，同时3个月中央银行票据利率以平均每周5个基点的幅度上升。目前，3个月、1年期中央银行票据利率已分别达到1.3%及1.78%左右。这件事情不是判断正确、及时与否的问题，而是操作过程中没有组织若干专家真正投入精力去研究，结果致使我们少收入1亿元。

每个人的工作和全行效益都有紧密联系，如果不了解市场，作不出基本判断，就有可能给全行带来负效益。当然大家都说经济决策的实质就是博弈，要在市场中博弈，总有赢和输的时候。这点我赞成，但也强调两点：一是博弈不是赌博。不能说"也许没事"、"也许赚钱"，这样的赌博银行不能做，风险和收益总体平衡的原则我们必须坚持。二是博弈不是系统内博弈。总分行之间、分支行之间也会有博弈，但前提是1加1不能小于2，如小于2就不是博弈了，而是一种错误的经营行为。如2008年的长期协议存款，尽管总行审批非常严格，态度也非常严肃，但某些分行为了争取存款份额还是吸收了很多，最终给全行造成了损失。这种博弈是绝对不能做的。

2. 转移价格是否应该以及如何体现经营导向。大家也许说转移价格既然是对市场的真实反映，那就不需要再掺杂内部导向，否则就背离了其方法论本质。理论上是这样，但我们前面说过，市场是有偏差和缺陷的，而且我们银行的经营实际还没有完全和市场接轨，所以我们必须保留它的导向意义。举个最基本的例子，如果2009年上半年按市场利率把活期存款转移价格降至0.95%以下，那么几乎所有的储蓄所、分理处以及相当一部分县支行都会亏损，不仅严重影响前台业务发展的积极性，而且可能会误导经营，导致0.95%以上的存款全部被拒之门外。这对建设银行的长期发展来说可能是很大的损失。因此，转移价格是以市场为重要参考，但同时还要考虑业务导向。

此外，对于一些重要的资产业务，如基础设施贷款、个人住房贷款等，转移价格是体现鼓励的。现代西方商业银行较少运用价格杠杆体现导向，因为他们有很多其他手段配合，如资本分配、资本回报等，能够比较清晰、科学地定义风险回报和风险成本。而我们现在还做不到，所以我们不能取消转移价格的导向作用。

导向作用不仅体现在战略产品方面，也可以体现在经营策略方面，既要和市场接轨又支持管理者的预见性。比如2009年基准利率没调整，但是建设银行贷款转移价格却上调了四次。一方面，这与市场利率有关，后两次调整时市场利率的确在上升；另一方面，也体现了抑制过分贷款冲动的政策导向。所以在春节后、计财会之前，尽管当时市场价格还未出现变化，总行即上调了转移价格，目的就是让分行有一个理智的判断，转移价格可能不断上调，贷款不一定多赚钱，缩短贷款重定价期限也不一定合适。我们希望贷款调控手段不仅仅局限于规模总量控制和结构调整计划，转移价格作为现代银行工具，应该在今后的业务调控中发挥更大作用。

3. 转移价格是否限制短期存款。夏季行长会上有个别分行反映，目前内部转移价格鼓励长期存款，而限制短期存款。我给大家说几个数字：个人和单位活期存款的利差分别为1.92%和1.76%；3个月、6个月、1年期的存款利差分别为0.6%、0.45%、0.36%；2年、3年期的个人存款不赚钱，而单位存款利差分别为-0.1%和-0.45%；5年期的个人和单位存款利差分别为-0.05%和-0.47%。很明显，存款期限越短利差越大，期限长则利差为0或为负。之所以得出转移价格限制短期存款的结论，是因为尽管活期存款利差最大，但是2009年其转移价格下降幅度比较大，一些活期存款比例高的分行受到一定影响，因而把业务量快速增长、利润却在下降的原因简单归结为转移价格调整。这个逻辑显然是不对的。

内部资金转移价格调整是一个内部利益的重新调整，但是整个银行面临的调整是市场利率调整带来的。其实对于2009年市场利率调整带来的收益冲击，在总行层面已经作了一些缓冲处理。这里再举几个数字：

2009年上半年全行本外币净利息收益同比下降了86亿元，而分行增加了34亿元，其中分行从外部得到的利息收益减少65亿元，而从总行收到的内部转移收入增加99亿元；也就是说总行内部转移价格调整的结果是，在全行收益减少86亿元的情况下，依然使分行增加了34亿元。再看业务条线，上半年零售业务条线净利息收益同比增长19亿元，公司条线增长0.34亿元，而资金条线下降111.5亿元，其中资金条线包括金融市场部和总行司库，也就是说总行在价格调整过程中是净付出的。2008年总行司库轧差后是净上收（人民币）内部资金收益98亿元，主要来自于5 000亿元资本金的使用效益，而2009年上半年总行净付出32亿元，说明分行的利润下降并不是转移价格调整带来的，而是市场价格波动产生的。如前所述，3个月期市场价格曾一度跌到0.95%，而总行对活期存款却依然给予2.28%的转移价格，尽管总行已经承担了很大的压力，市场利率的大幅度下调还是使分行收益受到了一定影响。但如果分行作为一个独立的银行，而不是建设银行的分支机构，则受到的冲击会更大，整个市场的利率变动都需要分行自己承担。所以在市场经济环境下，大家的经营思维模式需要转变，不要简单认为是总行的价格调整影响了分行的利润，要多从市场的角度去想问题，正确理解价格调整背后的深层原因。

4. 为什么长期固定利率存贷款业务不再锁定利差。有些分行反映，全额资金计价的核心理念之一就是要锁定重定价风险，国外银行既然如此，为什么总行现在对大额长期存贷款不再锁定利差了呢？其实不管国外、国内，利率风险都可以锁定，但前提是权责对称，即谁决策谁负责。只要在总行政策指导范围内做的业务，重定价期限内利差依然锁定；但如果分行判断要做总行不倾向做的事情，比如大额协议存款或大额固定利率贷款业务，那就要自己判断、自己负责。这就是中国经营管理的现实，和国外商业银行不一样。分行判断可能是对的，则效益属于分行、体现为分行的成绩；如果判断错了，风险也由分行自行承担、体现为分行的责任。

希望大家正确理解转移价格这件事情，要多学习、多沟通、多汇报、多宣传。有时候部分分行领导理解不准确、业务部门提出的意见有偏差，都跟各分行计财部工作有重要关系，其中可能存在一定程度的误导，要避免利润一下降，不加分析地简单归咎于总行的转移价格。只有我们真正学懂它，并正确地向全行进行传导，让大家共同理解，才能将其变成全行共同的优势。

二、长期大额利率顶贷款定价和市场风险管理问题

现在降息周期几乎结束了，也许不久之后就会步入升息周期，这点不仅银行清楚，客户也都清楚。现在有定价权的客户纷纷提出来锁定利率顶，即升息时客户贷款利率不变、风险由银行承担，降息时客户贷款利率要相应下降、收益归客户。这样的贷款一方面期限长、价格低、利率风险大，另一方面客户好、额度大、信贷质量好；不能简单判断贷与不贷，既要考虑短期贷款收益，也要考虑长期综合收益，而且是风险平衡后的收益。我们的目标是世界一流银行，利率风险到底有多大、综合收益到底有多少不能是一笔糊涂账，一定要进行量化分析算清楚。前两个月遇到好几

个类似的项目，四川二滩项目作为首次尝试，总行资债、财会、集团、公司等几个部门组成联合工作小组，想了些办法，最后测算出量化利率风险后的综合贡献不为负，因此总行同意了，希望分行在投标和与企业谈判过程中把握最好时机。

四川的项目仅是一个开始，今后所有带利率顶的长期大额贷款都要测算，每一次测算经验大家可以共同分享、共同验证、共同完善，只有这样银行才能逐步形成自己的知识化体系、培育自己的看家本领。在经济增加值不小于零的情况下总行有可能批准，只有在极特殊的情况下再让领导来判断。那是不是算完就完了呢？即使是把风险算清楚了，可能分行还是有冲动去做，因为在当前利率下项目是赚钱的，以后的亏损还不确定，利率风险还未变成现实。因此我们要通过机制来解决这个问题，就是计算出利率风险价值后，通过计提利率风险准备金，把利率风险先提出来放到风险池里，让分行好的年份少赚点、亏的年份进行填补，以避免给效益带来大的波动。这和分行以及员工的利益也都是一致的。

今天讲这件事的目的就是在全行范围内征求意见，请全行共同研究测算方法、利率风险价值计算和机制设计等。待完善后，总行会将模板发至全行共享，在应用的过程中还可以不断发现错误、不断矫正，最后形成全行的知识。希望资债部和财会部协同把类似工作延展到更广的范围去，以真正体现财会条线对业务部门定价能力的支持，进一步促进全行定价能力的提高，而定价能力的提高对银行未来在利率市场化情况下的盈利与生存是至关重要的。

另外再强调一点，就是贷款定价问题。上半年建设银行贷款收益率下降较快，与其他银行相比，定价优势较以前大大收窄。因此总行下半年下发了一个办法，鼓励全行努力提高定价能力、避免贷款利率不正常下降。7月、8月两个月效果有所体现，全行贷款加权平均利率只下降了3个基点。但是各行执行情况很不均衡，上半年收益率较高的分行提高较快，而收益率较低的分行下降较快，这说明分行的定价能力及对定价的重视程度还有差距。通报5个贷款利率执行好的行：内蒙古行7—8月新发放贷款加权平均利率6.14%、全行第一，较上半年提高0.49%、增幅全行第二；大连行7—8新发放贷款加权平均利率5.77%、全行第二，较上半年提高0.6%、增幅全行第一；类似的还有海南、三峡、青海等分行，利率不低，提高得也快。再通报10个利率较低、下降又较快的分行：吉林行利率4.90%，比内蒙古行低了1.24%，7—8月较上半年又下降了0.32%；上海行利率只有4.91%，7—8月较上半年又下降了0.18%；下降最多的是山西行，利率5.15%，在全行处于下游，7月、8月较上半年又下降了0.45%；此外与上半年相比，青岛、新疆、四川、河南、江西、福建、辽宁、江苏等分行近几个月利率下降幅度都超过了10个基点。各分行定价水平存在明显偏差不能绝对说是利率管理、定价能力和对定价的重视问题，可能还有贷款结构原因，但对公贷款利率的总体执行结果我们是需要认真思考和足够重视的。

三、关于财务检查

第一点感觉是在会计的各个重要环节比较普遍地、经常性地存在差错，有些还相当严重。说各个环节是指会计的确认、计量、记录、报告四个最重要环节都有差错存在；说比较普遍是指我们只重点抽查了几个分行，大部分还是自查，就发现1 900笔差错；说经常性是指有些分行刚刚审计整改结束，财务检查又发现同样的问题。

第二点感觉是有些问题表面上是执行操作的问题，但实质上是规则、流程和系统设计的问题。比如说贷款计息错误问题，大家都说是录入人员不认真，但如果这种情况在大范围内经常发生，可能就不是认不认真的问题，说明系统设计上可能存在缺陷。整改不仅仅是分行的整改，包括总分行两级，希望总行部门在设计系统、规则、流程时要认真考虑，如果出现很多差错就要想一想是不是自己的问题。

第三点感觉是问题的出现不太被重视及严肃对待。有些行存在很多执行操作问题，像少计贷款利息收入几百万元、多计存款利息支出上百万元，但重视的人很少。如果出现同等金额的不良贷款、案件损失，一定是高度重视、严肃追究责任的。分行财会部门说是业务部门在前台录错了，后台部门没有时间和精力去管，也没有严肃处理过。如果情况是这样的话，那说明我们银行在收入管理、财务报告方面存在严重漏洞。上次视频会谈税务检查时，已经把“小金库”问题说得特别严肃了，但这两个月又查出两个“小金库”，一个二级分行计财部总经理是“小金库”主要责任人之一。你每年管理的费用都有几千万元，怎么拿出那么大精力去干这种违规的事情，去操心十年八年才百八十万的事情呢？你能很好地履行二级分行计财部总经理的责任，把建设银行的大账管好吗？

这是我的三点感觉，希望大家充分重视、严肃整改。昨天总行行长办公会讨论贷款检查结果时，大家有共识，我也说了一个观点，违规和重大失误在建设银行没有市场、没有借口，当事人一定要承担责任、一定要付出代价，而且我们的整改要举一反三。毕马威对我们的审计就很严肃，每次查出问题仅说改了是不够的，第一要在实际工作中认证，通过事实确认整改结果；第二即使一个分行改了，但另一个分行问题又出现，那审计结论还是没整改。所以希望各分行、各部门也要举一反三，从一个问题出发解决一类问题，从其他分行的问题出发解决自己的问题，从基层的问题出发解决总行制度、流程、规则制定、系统设计中的问题。同时，我们要大力推进财务报告内部控制体系及流程的建设，要把财务检查纳入其中，加大检查力度，以保证建设银行的财务报告质量，保证整个银行的经营安全及管理水准。

强化基础管理　防范操作风险 全面做好营业网点及营运后台风险防控工作

——在2009年“营业网点及营运后台操作风险防控”视频培训会议上的讲话

庞秀生

（2009年11月10日）

同志们：

大家下午好！

营业网点及营运后台的操作风险管控始终是我们高度重视也有些担忧的问题。年底岁初正值案件高发时段，尽管大家工作都很忙，但我们还是要占用一些时间，来集中精力讲一讲全行操作风险防控和工作要求，意在警钟长鸣，希望能够引起大家的高度重视和关注，确保不发生大案、要案。下面我讲三个方面的意见。

一、全行上下齐抓共管，多措并举，操作风险有所抬头的趋势得到控制

2009年初，建设银行连续在基层发生两起案件，为抑制住案件猛发的局面，全行上下高度重视，快速行动，抓管理、控风险，开展了一系列卓有成效的工作。我知道分行一直把前台柜面和后台营运的操作风险防控作为最重要的工作内容之一，一些分行的分管负责同志对此给予了高度重视，从体制上、制度上、流程上、科技系统上以及检查防控上，想办法、下工夫，作了一些积极的尝试和改进，工作抓得很紧，取得了一定成效。

总行各部门2009年以来各项风险防控和管理力度也很大，针对日常管理和以往检查发现的问题和漏洞，采取多项措施，如按月下发柜面业务重点整改事项工作简报，持续开展核心系统流程优化改造提高机控能力，组织全行柜员岗位操作权限的清理，加强日常稽核检查，开展金库尾箱

现金突击检查，组织跨部门联合检查等。总的来看，我们在许多方面找到了一些门道，积累了不少工作经验和方式方法，应该说工作是有成效的。前三个季度，建设银行案件数量、涉案金额在国内同业中处在比较低的水平上，受到了监管部门和同业的赞誉。所以，对于大家的辛勤工作和所取得的成绩，我心存敬意，表示感谢！

但从9月、10月全行开展的“防范营业网点及营运后台操作风险”专项检查活动结果看，违规操作、屡查屡犯问题仍很突出；个别分行，尤其是基层机构操作风险的防范形势非常严峻，需引起高度重视。

我们所作的工作，取得的成绩，是经过大量工作努力得来的，不能说是偶然的，但也不敢说是必然的。案件防控工作还是像一把利剑，始终悬在我们头上，对保持较低的发案率、不出大案要案，不是很有底气，所以，我们整个系统网点管理和后台营运操作风险的控制工作，责任重大，任务艰巨。这和全行同志，特别是和各级行相关的领导同志、各部门同志的努力，和大家的工作状态、精神状态都高度相关，所以我们一定要以很好的精神面貌来集中精力思考和关注这些问题，减少或避免案件发生。否则，很有可能问题就发生在我们的眼前。我希望各行要认真重视这次会议，认真落实好这次会议精神。

二、要以强烈的责任感抓基础、抓整改、抓重点部位，确保运营安全

一要有高度的责任感和使命感。各级行领导负有重要的领导责任，要重视和支持柜面及营运后台的风险防控工作，同时要把责任层层传导落实下去。在抓改革、抓管理、抓发展的过程中，要随时关注柜面和后台营运的操作风险，明确基层机构管理责任部门，对出现违规、大案要案或防控措施不得力的，要严肃追究，责任人应该付出代价。各基层机构和网点负责人是柜面操作风险防范的第一责任主体，在抓业务发展和完成各项业务指标的同时，要率先垂范，尽职尽责，带头遵守各项内控规章；委派会计主管或柜员主管要切实发挥风险防范第一道关口的作用；柜面操作人员要增强责任心和风险防范意识，切实履行岗位职责。

总行和各级管理行的业务部门要切实负起责任，认真地审视和思考我们的工作，从流程、规则、管理方式、信息系统等方面，去发现薄弱环节，研究存在的问题，逐步整治，打好我们的基础。

二要抓问题整改。无论是从中国银监会、内外部审计检查发现问题看，还是从全行开展的“防范营业网点及营运后台操作风险”专项检查活动结果看，履查履犯、屡禁不止问题仍很突出。这次全行上报的专项检查发现的十一类、两万多条问题，70%都是以前发现的问题，有问题不能及时整改，危害极大。这可能造成我们工作人员习以为常、麻痹大意，又给一些不法分子提供可趁之机，从这几年发生的大案要案分析看，不认真抓好整改工作，这是一个很重要的原因。所以，要求各一级分行要以这次全行专项检查活动为契机，由分管行长负责抓整改落实工作，组织相关部门，将历次内外部检查和稽核监测发现的问题进行整理、分类和汇总，提出针对性的措施多方面进行根治。

总行各部门要主动梳理解决一批全行性的、系统性的问题，分行在工作中无法解决的问题也要上报总行，总行将认真研究提出解决措施。各分行要建立各营业机构和营运后台的风险档案，在每次的业务检查中对同质同类问题进行复查，对屡查屡犯的相关人员要更严肃地处理，杜绝问题再度发生。

三要抓重点部位。年底岁初，结合决算工作，一方面，要抓好客户预留印鉴、会计印章、重要空白凭证、现金柜员调拨等一些重要事项的清查和常规风险管理；另一方面，要针对案件高发期的特点，重点加强金库尾箱现金盘点、重空运送环节、现金柜员排查、客户对账四项工作。

截至第三季度，在全行共立案查处的4件案件中，其中3件发生在柜面，2起是现金柜员作案，1起与对账业务相关。各行要严格按照现金及金库管理办法、对账管理办法和对账操作规程文件要求，认真做好现金核查工作，确保账实、账账相符；同时还要做好年底集中对账组织工作，要严格执行核算人员不得负责对账工作的制度规定，要确保客户对账单回收率、对账结果准确率，对在对账过程中发现的问题及疑点要及时清查核

实，不留风险隐患。

四要抓风险排查。这次专项检查一级分行共派出检查组282个，对580家二级分支行进行了抽查，抽查面达到72%。各行要针对此次检查暴露出的问题，认真组织未抽查分支行风险排查工作。要利用营运管理部的柜面监测系统、稽核系统等非现场检查工具，针对风险源变化，搞专题专项稽核，提高稽查深度。现场检查和非现场检查要密切配合，信息共享；要利用非现场检查工具为现场检查确定检查和组织排查的范围，要找准重点，有指导性地做好现场检查和风险排查工作。

三、提高柜面服务质量，加快相关中间业务发展

最近，总行比较关注结算和现金管理业务量和服务的收费情况。总体来看，2009年全行支付结算和现金管理业务收入增长较好，增速大约在80%，结算账户不断扩展，业务发展比较快。同时，建设银行一些服务的产品和服务的渠道也在不断提高和完善，整个业务发展呈现出良好势头。但是这项工作还有很大的潜力。目前整个建设银行的情况大约占工商银行的62%，有的分行认为这主要是我们的客户基础不如工商银行，尽管我们的客户数大约也相当于工商银行的60%，但从各分行情况来看，工作很不平衡。我们有几家分行，如辽宁、江苏、浙江等分行，已经超过了当地工商银行，但还有十几家分行不足当地工商银行的50%。具体分析这些分行的情况，并不总是和客户基础正相关的，主要取决于分行所做的工作。支付结算和现金管理业务，是建设银行对客户提供的最基本的服务，也是一项很重要的中间业务收入，所以我们要下大力度，从为客户提供更好的服务、为客户创造价值、让客户有更好的感受和体验的角度去推动，同时实现我们的业务和收入较快增长。

近期，总行也在研究了解这项工作牵头管理部门问题。建设银行一直贯彻落实“以客户为中心”的经营理念，那么客户部门当然要负主要责任，但同时，总行、分行资金结算和会计部门作为资金结算和现金管理业务的一个重要的产品部门和渠道管理部门，也和公司客户部门承担着同样重要的责任，所以在2010年的综合经营计划中，我们要双线落实任务，双线考核。现在许多分行的资金结算工作在分行会计部门内还没有被引起充分的重视，这对于发挥我们整个系统作为重要的产品部门和渠道部门的作用，还有许多没有理顺的地方。希望分行无论怎么改革，都要有一支资金结算和现金管理的工作团队，来落实支付结算和现金管理产品的管理和支持责任。同时，全系统的对公柜面的人员，既要做好交易处理、提高柜面服务质量和操作风险的防范工作，也要积极地投入到产品的柜面销售过程中去，配合客户经理更好地推动发展这项业务。

对于激励问题。目前一些买单产品的销售对象主要是个人，对公业务的销售面还不宽，导致许多对公柜员在这方面的销售任务和激励都不足。总行公司业务部门、资金结算部门也在研究这件事，要建立有效的激励机制，对客户部门、产品部门、前台柜员同时安排必要的激励，来加快这项业务的发展，继续保持快速增长势头，缩小和领先银行的差距，体现我们整个银行对企业全方位的服务能力。银行对客户的服务不光是放贷款、拉存款，还要致力于整个客户的资金管理工作，特别是整个客户内部财务资金管理效率的提高。我们作为银行，应该成为企业提高资金管理效率的一个很重要的服务部门，我们有很多潜力，未来更是大有作为，希望大家在这方面引起重视。

年终将至，应该说是到了丰收的季节，但是我们一定要高度重视柜面和后台营运的操作风险防控工作，不能有丝毫放松和大意，要继续振奋精神，全面加强风险管理，确保建设银行各项业务高效、安全、稳定运行。

认真做好年终决算工作
切实加强财会基础管理
促进提升全行长期竞争能力

——在2009年财务会计决算会议上的讲话

庞秀生

（2009年12月10日）

同志们：

今天召开建设银行2009年度财务会计决算会议。会议的主要任务是部署年终财务会计决算，安排好岁末年初重要的财会工作。下面我就相关工作讲几点意见。

一、切实加强组织领导，确保年终决算工作顺利完成

年终决算是全行的一件大事，总行对这项工作非常重视。在全行秋季工作会上，张建国行长对年终决算提出了明确要求。希望各级行高度重视，按照张建国行长的要求，从点滴入手，扎实做好每项工作，圆满完成“关好账、开好门”这一中心任务。

（一）通力协作，加强年终决算工作的组织领导

一年一度的年终决算是对各级行管理基础和管理水平的全面检验，只有全行上下、各个部门行动一致，各负其责，才能真正把决算工作抓实、抓好。

各行主要负责人要切实担负起领导责任，亲自过问并主动协调年终决算中的重大问题。分管行长要具体抓好决算中的主要工作，并重点做好跨部门的组织协调工作。各行要成立以分管行长为组长，会计、计划财务、营运管理、信息技术、风险管理以及相关业务部门负责人参加的领导小组，负责组织、协调和落实年终决算工作，确保各项工作有序开展。决算过程中遇到的问题，要及时向领导小组报告，领导小组要及时协调解决。

作为年终决算的主要工作部门，会计、营运、计财部门要投入主要精力做好组织牵头工作。各个部门要密切配合，认真做好相关事项归口管理工作。上下级行之间要建立高效顺畅的沟通和反应机制，对于下级行反映的问题，管辖行要及时研究解决，确保上下联动、目标一致。

（二）做好年终结转前的各项基础工作

一年一度的决算工作是对全行资金和资产安全的一次集中排查，决算工作中的重点就是年终结转前的各项基础工作。各行要落实好资产盘点、账户清理、资金核实、损益确认等工作，既要确保资产清查彻底，损益真实准确，又要及时发现和解决问题，切实防范风险。总行的决算文件已经在上月底下发，各行已经开始着手进行相关清理核查工作，下面我特别强调以下几点。

一是把好资产盘点、账务核对、账务清理关。资产清查要认真彻底，避免流于形式，走过场。要认真落实账务核对工作，提高对账质量，确保账务关系、资金关系真实一致，有效防范资金风险。各部门要密切配合，提前梳理年度终了前重大业务和会计处理事项，认真核实清理账务，避免账务处理错误或遗漏。

二是认真清理资金挂账。为改变原“3140待处理结算款项”核算码核算内容复杂、使用混乱的状况，总行在2009年投入很大精力组织全行进行了专项清理和核算码拆分，并于11月底完成了新旧账户的结转工作。从目前情况看，总体上全

行拆分和账户结转工作完成得较好，为后续规范管理与核算创造了良好的条件。但是这项工作真正取得实效关键在于后续管理中严格执行规定，及时进行清理。各行要利用年终决算的机会，明确落实责任，由各业务部门组织在年底前对归口管理的挂账账户进行认真清查，尤其要对审计发现的违规垫款、代发工资、内部账户取现、挪用资金、隐匿收入、调整账户余额等关键风险点进行重点清理，坚决杜绝产生新的违规挂账。今后，各行要持之以恒，加强日常监控，及时发现问题，查找原因，限期解决。

三是加强对利息收支计提的管理和监督。从近期内外部审计检查情况来看，涉及利息收支计提的问题还不少。利息收支的准确性从结果上看是一个核算问题，其实是银行精细化管理的一个基本侧面，从计提的规则和流程来看，涉及多个部门的多个环节。利息收支实现系统自动计提并不意味着各部门可以免除责任甚至不再过问，相反，管理责任和核算责任相互关联，业务部门和财会部门都负有责任。要解决利息收支核算的准确性问题，各行必须要加强对业务系统中存贷款种类、贷款利率、贷款科目等参数设置的核查，建立起覆盖到各个业务环节的全过程监督机制。尤其是年底，结合关账安排要进行一次全面核查，确保全年的收支核算和反映真实准确。

四是全面准确计提资产减值和预计负债。要严格执行会计准则，按照审慎的原则计提资产减值和预计负债，确保计提范围覆盖全面，计提结果客观反映风险状况。总行2009年修订了预计负债管理办法，明确了在表外核算的对外债务担保、保函、银行承兑汇票等或有事项的预计负债确认方法和工作程序，为更好地开展预计负债计提工作提供了制度依据。各行要认真执行总行文件要求，对表内和表外资产认真进行清理核查，特别是归口管理部门要切实履行好职责，按照规定程序和流程及时、足额确认预计负债。

五是落实好资本性支出计划执行与规范核算。临近年底，各行要加强各方面的沟通协作，做好项目执行的盘查工作，将资本性支出计划落到实处。具体项目建设核算要严格按照权责发生制等制度要求合规入账，项目完工要及时决算、及时入账，不允许拖欠工程款和延期核算，也不得虚列支出，确保资本性支出及时规范入账。

（三）确保CCBS等系统年终结转顺利完成

顺利完成年终结转是保证旧年度账务按时关闭、新年度正常对外营业的前提，也是年终决算的重要环节。由于年终结转涉及的系统较多，不仅包括全行统一的CCBS核心业务系统、总行统一开发的网银、龙卡、证券、个贷、重客、资金清算、ERPF等业务系统或管理系统，而且还涉及分行的特色业务系统，总行营运管理、信息技术管理部要做好系统年结的总体部署和计划安排，把握好时间进度，尽早组织系统年结模拟演练，及时编制发布各系统年结协同计划表，落实各系统关闭、结转以及新年度对外营业时间安排等协调工作。各级行、各部门要根据总行核心业务系统年终结转要求，倒排时间，按时、保质完成各自的工作任务。

（四）高质量完成财务报告编制工作

一直以来，建设银行的财务报告编制在很大程度上依赖外部审计师，分行和部门主要在做确认工作，这种状况与我们作为国际一流银行的目标定位极不适应。为从根本上提高财务报告编制能力，在总行层面组建了财会部门为主、相关部门参与的财务报告团队，独立完成了半年报的编制工作。从半年报编制情况来看，总体上比预想得好，但也暴露出不少问题。可以说，目前自主编制财务报告最大的困难不在于技术层面，而在于各方面对于这项工作的认识和组织，在于传统上依赖外部审计师的观念和习惯。有相当多的分行、部门还没有调整角色，在财务报告编制工作中仍然在“跑龙套”、做确认等外围工作，没有把自己当成主角。

2009年年报将是建设银行第一份自主编制的年度报告，其意义和影响不言而喻。独立自主完成财务报告编制工作是国际一流银行必备的基本功，对于财会人员来说，这是一个最基本的挑战，也是必须完成的基本目标。由于年度报告涉及大量的专业的业务判断，因此，业务部门同财务会计部门一样，也是编制财务报告的重要主体。2009年年报编制是对我们的一次重要考验，相信一定能把这项工作做好，关键是各级行、各部门要正确理解自身在财务报告编制中的地位和角色，摆脱以往“跑龙套”的定位，成为财务报告工作中的主角。各行要认真组织和开展相关编制工作，并积极配合审计师开展外部审计，同时将工作重心转移到严控数据质量上来，切实做好披露信息的采集、审核和汇总工作，特别要通过严格审核来把好基础数据质量关。为切实提高基础信息质量，总行2009年将组织总分行财务报告编制人员和毕马威一起对各行报送的基础数据进行三方会审。各行要配备高水准、充足的专业人员，并保证填报队伍的相对稳定。从2009年开始，总行已开展了每年两期的“财务报告核心人才百人工程”培训工作，旨在全系统建立起一支熟悉准则、掌握制度、精于报告的编报队伍，要通过编报实践积累知识，储备人才，提高能力，使全行财务报告编制工作进入一个全新的阶段。

二、准确解读综合经营计划政策安排，认真做好2010年计划编制工作

2010年综合经营计划编制方案已下达分行。未来三个月的计划编制、确定工作将是全行系统进行多方面沟通的过程，将会有大量的信息在总分行及部门间反馈，这对于准确地理解市场、理解政策、理解客户的需求都是极为必要的。这也是个汇集知识、凝结共识的过程，各种政策将会根据各方面的意见和建议继续进行修正调整。2010年方案的突出特点和重点是它不仅仅立足于策划当年的业务发展和盈利增长，而且更为着眼于长期竞争能力和可持续盈利能力的建设。为什么作出这样的调整，我想首先谈谈前期我在未来1年到3年盈利增长点调研中的几点感受。在这次调研中，分行和部门反馈的情况给了我很多信息，使我受益匪浅。

第一点突出的感受是信息和网络的飞速发展催生整个社会的行为和商业模式发生深刻变化，对银行的经营服务模式提出了挑战。企业和个人的商业行为从单个的行为，演变为商业链和社区网络行为。客户的需求已经不仅仅局限于对其资金流的服务，更需要资金流、信息流和物流高度融合的产品和服务，也包括向客户提供产业链的上下游信息。在这方面，银行业反应都不是很灵敏、很迅速。举两方面的例子，一个就是以阿里巴巴等为代表的第三方支付交易中介，它们做了整个支付结算网络资金流、信息流和物流相结合的服务，而银行在其中做的只是末端的业务处理，价值量有限，基本没有介入信息流和物流服务。之所以第三方中介还在跟银行合作，主要是碍于中国人民银行结算法规的限制，一旦取消了这方面限制，第三方中介就可以架空银行了。另一个例子是个人房地产服务，建设银行一个很有价值的口号是“要买房，到建行”，品牌的核心内容是基于我们掌握着比其他同业多的信息流和物流，在提供贷款的同时，还提供买房的相关知识或者楼盘的信息，在当时可以很好满足客户的需求。而今天，中介发挥着我们曾经的作用，他们掌握了客户和房源的信息流和物流，甚至建设银行做二手房贷款也要去找中介，付给中介很高的手续费。我们原有的优势在退化，剩下的只是资金流的服务。目前住房金融与个人信贷部已经充分认识以后的工作方向是重新集聚信息流和物流的优势，将三者有效地结合起来。上面两个例子可以充分说明，现今的市场情况迫切需要我们以客户为中心，充分把握客户的资金流、信息流和物流，深度挖掘客户的信息和需求，以先进的技术手段为支撑，创造新的业务模式，提供高品质的产品和服务，以此留住客户，提高客户的忠诚度，改善客户的感受和体验，赢得未来。

第二点感受是关于电子银行。目前，互联网广泛地改变了人们的生活和行为方式，而其所具备的开放式销售平台、网络客户数量与客户价值提升的指数级关系以及规模化成本摊薄效应等特征，是传统商业模式所不具备的，这使得基于互联网技术的电子银行业务具备巨大的发展潜力。从趋势上看，电子银行的长远效应要远大于短期效应，在未来的成本节约、拓展收入来源、提高客户忠诚度等方面都将会有重大影响。目前，我们的电子银行与工商银行、招商银行有相当的差距，甚至有人判断，工商银行凭借信息技术方面的优势将在几年后形成全面竞争优势，远远领先于竞争对手。我们总说在客户基础方面我们明显弱于工商银行，但实际上我们在电子渠道方面与工商银行的差距要远大于客户基础方面的差距，这一点要引起充分重视。未来几年的经济效益在相当程度上取决于电子银行的服务能力。所以，我们在考核激励和资源配置方面要给予积极的支持和安排。眼光要放长远，不要过于在意短期财

务效益，在鼓励客户使用电子银行产品方面给予一些短期让利，尝试一些创新，容忍一些风险，都是可以的。

第三点感受是我们在客户、产品、渠道联动整合能力方面还比较欠缺。我们一些传统业务，特别是在一个部门如果既管客户又管渠道和产品的情况下，我们的市场竞争力都是非常强的，但是，在很多联动整合要求较高的新产品开发和市场占有方面我们就有些底气不足了。如果渠道、产品、客户和区域都跨部门，劣势就更加明显，我们和同业的差距也在这一点。而这些新产品往往具有资金流、信息流和物流相结合的一些特征，包括电子银行、现金管理、保理、理财等，需要客户部门、产品部门和渠道部门之间高度配合，需要打破部门界限、产品界限、条线界限，充分挖掘和满足客户需求，通过各种渠道提供综合解决方案，而这方面我们做得不够好，需要尽快迎头赶上。据分行反映，工商银行客户经理对客户已经开展套餐式产品销售，并进行差异化定价，这实际上是在深化交叉销售，是值得我们关注的同业动向，显示出它们对客户的拓展、维护、服务和考核上有新的理念。而我们还缺乏交叉销售的意识，这是2010年综合经营计划重点要解决的问题之一，客户、产品、渠道的联动整合对深入挖掘现有客户资源具有非常重要的作用，我们要通过考核激励等政策工具引导全行思想认识和理念，打通一些环节，解决一些问题。比如说，在激励政策的设计上，发放个人贷款要同时营销至少三个建设银行产品，才能给予销售奖励等。

第四点感受是我们在很多方面的决策还缺乏精确的定量分析的支持。比如说，对公信贷客户结构应该如何调整，哪一类客户赚钱，需要我们按客户类别对净利息收益率、中间业务收入、费用成本率、贷款准备金率、经济资本占用等多个参数有精确的定量分析，才能作出决策判断，现在我们还做不到。我很高兴的是大家现在已经开始了这一方面的尝试，不同部门都在算综合回报率，但数据和结论的准确性还需要推敲。所以我们特别强调，从总行开始各级财会部门要支持业务部门进行深入的业务分析，提供财务专业支持，对一些重要的问题进行定量的分析。这些多维度的盈利分析关系到全行的盈利判断，关系到我们的经营战略和策略。我们要逐步地得出一些比较深入的、基于事实和数据的定量化分析结果，逐步在政策的设计中体现出来。定量分析对于我们走向国际一流银行和摆脱传统经验的束缚是至关重要的。

第五点感受是我们长期形成的依靠大企业、大项目、大客户的战略面临转型的紧迫性。总行2009年花了很大的精力，对全行最大的94个集团客户的盈利性进行分析，总体上回报水平很低，其中有24个客户经济增加值是负值，有8个客户利润为亏损。也就是说，一部分客户的资本回报水平达不到全行平均水平，甚至连11%左右的经济资本成本率也达不到。目前来看，其中有些计算数据可能有误差，所以还不能下最后的判断，但这种现象值得我们注意。在同业竞争压力下，对大客户的定价我们没有太多余地。但对中小客户，银行在定价中的地位很高，现在中小企业和个人金融服务的需求急剧增加，但需求满足的程度又很低，所以这是我们金融服务价值中最有希望高成长的部分。要分享这块蛋糕，需要我们在产品设计、风险管理、组织结构方面都有适应中小企业的体制和机制、流程和规则。我很高兴的是在调研中发现，我们银行的进步很大，但仍需要逐步的积累积淀。

第六点感受是战略成本管理的潜力很大。10月下旬，我们在武汉召开了成本管理座谈会。重点不是讨论从细枝末节节省的问题，虽然这些是我们在日常工作中要关注的细节，但我们着重讨论的是从流程、作业以及重大业务处理的方面有没有一些节约成本的潜力。这次会议后，整理了20个成本课题。我们正在试图通过这些课题的研究，从重要环节上改善成本效率。先期启动的档案管理项目已经取得一定成果，经过初步的研究判断，估计大约50%的会计纸质档案可以节省，这对减轻档案库房压力、优化作业流程、减少柜面业务量，乃至环保和生态方面都是一件了不起的事情。所以战略性成本管理事关全行，各方面的深入挖掘可以有很大的成本压缩潜力，只有依靠战略性的成本管理才能打造相对的成本竞争优势。

综合经营计划是对全行业务的安排，也要体现对全行业务发展的政策引导，我们的上述认识和判断，形成了2010年综合经营计划方案的新特点。2010年计划和政策安排要重点强调三个方面：一是保证当前业务和效益的平稳增长；二是着力提升客户、产品、渠道等关乎未来盈利能力和长期竞争能力的实力建设；三是加强资本约束、成本管理、定价管理和风险控制等基础管理工作。但我们最为重视的是第二方面，特别是在客户、产品、渠道等方面的联动。

客户、产品、渠道的实力建设和联动整合是决定未来竞争力的关键，也是2010年综合经营计划政策指向的重点部位。目前，建设银行的客户基础在数量和质量方面相对于我们的主要竞争对手还显薄弱，对公基本结算户四行占比还不足20%；个人大众富裕客户以上等级客户占比也偏低。2009年，我们在一级分行KPI中增加了“客户增长”指标，当时限于数据基础，对公客户还是以结算账户的数量来替代。现在，随着全行客户数据积累以及管理会计等系统的上线，我们具备了以客户为核心的考核数据的基础。所以，2010年我们再进了一步，除保留一级分行KPI考核办法中的客户指标外，在等级行评定办法的规模效益指标中增加了客户数量的指标，并突出基本结算户和个人中高端客户。同时，战略性费用配置的大部分与客户或重点账户增长挂钩。我们既要重视客户基础，但是同时也要认识到我们与同业的差距并不完全是由于客户基础薄弱造成的。全行绝大部分分行的客户基础都弱于工商银行，但是经过两三年的时间，江苏、辽宁等5家分行的现金管理和支付结算收入超过了工商银行；但有些分行与工商银行的差距还在拉大，目前有十几家分行现金管理和支付结算的收入不到工商银行的一半，远低于全行平均水平。所以，现有客户的挖潜也是至关重要的。

一级分行KPI中，2010年新增加了产品维度的“产品覆盖度”指标，主要也是以客户为中心设计和统计的。这个指标主要考核每个公司和个人客户平均使用建设银行的产品数量。总行经过选择和归并的对公产品大类共20项，个人产品大类共17项。我们为此做了大量的测算和数据收集工作，通过数据分析发现，一些业务与同业的差距与客户的产品覆盖度存在着很强的相关性。这个指标的设计就是要鼓励和引导分行挖掘存量客户资源，提高产品交叉销售，从而真正提高贡献度。客户使用的产品越多，客户就越不容易流失。产品覆盖度指标可以应用于很多分析和决策，比如说，结合产品覆盖度对客户价值贡献度进行对比分析；根据客户使用产品的数量进行差别化定价，例如，个人住房贷款的定价政策仅考虑了一手房、二手房、第一套住房还是第二套住房以及首付款的比例等，这是我们信息不够而采取的权宜之计，将来希望有更多的因素参与到产品定价中来，比如考虑到客户产品覆盖度、客户产品使用活跃情况等因素。

一级分行KPI中另外一个新增的维度是渠道维度，考核的是电子银行和自助设备账务性交易量占比，鼓励和引导分行进一步推进电子渠道功能的优化和运用，逐步将非现金产品和服务迁移到电子渠道。电子渠道的发展是靠客户部门、产品部门和渠道部门共同努力的，大家都要将交易电子化作为自己的工作任务和工作目标。各级行要通过考核激励等政策工具的引导促进联动和整合，对客户、产品、渠道等不同维度研究设计多边考核体系，调动各方面的积极性。

在资本约束、成本管理、定价管理和风险控制等基础管理工作方面，KPI与经济增加值考核中也有相应的指标设计。总体强调的一点就是，基础管理水平的提高必须依靠定量分析和精细化管理。这里，我重点谈一下资本约束问题，这是以后资产业务发展中将面临的突出矛盾。我们原来也讲资本约束，但是没有现在感受这么深刻。中国银监会目前的初步想法是2010年对商业银行主要监管三个指标——不良贷款率、拨备覆盖率和资本充足率，并且将对各家商业银行下达差别化目标。这三个指标中，对建设银行而言，拨备覆盖率最有把握，不良贷款率指标压力也不是很大，目前面临的监管压力主要集中在资本充足率。2009年底，资本充足率有可能会低于监管要求的水平，这是一个硬指标。因此，一方面我们要积极筹资，另一方面全行必须认真地控制资本占用。目前有些业务从资本占用上看很不合理，比如说承兑汇票、保函、一年以上的贷款承诺等表外业务，都是百分之百的风险权重，但是目前收费相当低，经济增加值是负数。今后我们更要强调经济资本回报要求，要更加注重经济增加值的考核，只有满足最低资本回报要求之后的盈利，才是真正的创造价值，否则就是在毁灭价值。建设银行内部考核一直采用经济资本口径，而资本充足率采用的是监管资本口径。在实施《巴塞尔新资本协议》计算监管资本后有三年的过渡期，过渡期结束后，经济资本和监管资本会趋同，但目前还存在较大差异，经济资本总量远小于监管资本。由于资本充足率要求日益严格，监管资本已成为确定业务总量和优化业务结构的重要考虑因素。因此，从2010年开始，要在以现有经济资本管理为核心的基础上，辅以监管资本要求对分行和部门进行管理，引导分行和部门综合考虑外部监管资本要求，优化资产结构，提高资本使用效率，并缓解全行资本充足压力。主要的做法包括：一是按一定原则对经济资本与监管资本的差异计算资本调整，同时，为避免对分行绩效造成重大冲击，在绩效挂钩测算中通过调整基期绩效的方法消化存量影响。二是在业务计划安排中，贷款总量和结构均为指令性计划，这主要是由于不同贷款的监管资本要求不同，例如个人住房贷款监管要求的风险权重为50%，其他大部分贷款均为100%。同时，加强对表外业务占用资本的管理，下达表外业务加权风险资产新增总量指令性计划，这可能会和过去的经营思维和习惯存在冲突，甚至在具体的环节上有可能和客户的需求有冲突，这都需要我们来调整管理，以适应新的要求。三是加强政策指导，引导各行业务发展中采取有效措施降低资本占用。

关于资源配置政策，总体框架没有大的变化，我想重点谈两点。一是战略性费用配置和买单制的关系问题。2010年综合经营计划对战略性费用和买单制的政策作了进一步梳理和明晰，使之既能在重点部位保持有效激励，又能给分行留下更大的调控和操作空间。战略性业务激励费用配置是费用总量分配的一种方式，是总行为鼓励战略性业务发展补充配置的用于超额激励或重点激励的费用。而买单制是基层机构对员工的一种薪酬分配方式。在前两年，我们确实是将这两种方式结合在一起，2009年要适当分离。2010年，总行不再给出在EVA中配置激励费用的参考单价标准，二级分行（含）以下机构是否实行买单制以及实行买单的项目和标准，由其根据实际情况和薪酬特点自行决定。二是网点购置的投向与方向需要更加引起重视。近两年全行网点购置资源投入不少，但主要侧重自有网点调整和新设网点购置，对全行自有率提高和成本替代效应作用不明显。2010年网点购置要优先安排现有租赁网点的替代购置，优先满足中心城市的网点购置，配置给中心城市的网点购置的比重一定要大于总体的比重，优先满足符合总行政策要求的单点网点的购置，即减少办公用房（包括支行以上）的购置。从长期看，成熟网点尤其是中心城市的租赁成本要高于购置成本，并且购置后对成本的影响也相对稳定。在购置方向上，要考虑未来组织结构、前后台业务分离推进、经营模式的改革方向，要与业务转型、管理集中、流程改造的趋势相匹配。目前正在推进对公柜面业务的后台集中，据总行营运管理部以及试点分行的测算，实行集中后，对公窗口的压力会大大缓解，未来可能不需要增加很多对公窗口。所以不要按过去的管理模式、业务处理流程来考虑网点的购置问题，而是要考虑未来的发展方向。

以上各方面的政策还会根据分行和部门的反馈意见继续完善，分行对方案的不同意见可以在编制报告中专门提出。各行要认真解读总行政策，做好对下面的传达、解释，各项计划要编好编实。不管是部门还是分行，在计划编制的过程中都要合理估计业务发展水平，一方面便于部门之间的协调沟通，另一方面也有利于对业务发展进行合理激励。计划制定要尽量考虑联动，联动是我们的弱项，各部门、分行都需要承担起联动的责任。产品、渠道、部门是一个统一的平台，是统一经营实力的组成部分。要通过计划编制真正起到引导思想认识、激励业务发展、推动管理创新的作用。

三、进一步提高规范化水平，有效防范财务风险

财务规范性问题总行多年来一直高度关注，并在改进核算基础、完善内控建设等方面采取了很多措施，取得了比较好的成效。但仍有一些关键风险点没有控制住，一些传统的违规问题没有解决，核算错误、违规处理财务收支、“小金库”的现象还时有发生，有的性质还相当严重。从

2009年审计检查反应的情况看，突出的问题有三个。一是中间业务收入不按规定入账，截留、挪用、人为调节收入的现象有一定的普遍性。截至11月，全行有26家审计机构反映该问题，涉及金额为7 700余万元，包括挪用个贷按揭费、挪用个人理财收入、违规协议外收取代理保险费、转移代扣代缴个税手续费等。二是通过员工控制账户违规办理业务，包括代客户开户、转账、取现、收取佣金等，逃避内外部制度约束，个别柜员甚至利用控制账户办理大额资金拆借和信贷融通，参与民间借贷谋取私利，累计交易的资金量达到上亿元。这已经是银行的一个重要风险点。三是“小金库”问题还屡禁不止，部分机构采取截留收入、虚列支出、挤占成本、使用假发票套取现金或转移资金、设置账外资金等方式设立“小金库”，性质非常恶劣。

上面这些问题，制度上有规范，流程上有控制，但为什么还是屡查屡犯，归根结底还是认识上的问题。现在有一种观点，认为只要个人没有从中获取好处，而是出于维护客户、发展业务等所谓“公心”，对制度作出变通也是不得已而为之的，即使违规也不是什么大事。这是极端错误的，特别是基层机构负责人如果有了这样的思想，危害就更严重。拿收入不入账问题来说，就为了人为调控业务指标、逃避财务控制，把本该入账的收入滞留账外，这在实质上就是账外经营，就是“小金库”。它的危害，绝不仅仅是会计反映不真实、激励政策传导扭曲的问题，实际上是使业务资金脱离了监管的视线，形成了管理的“黑洞”，不仅带坏了风气、带坏了队伍，也极易诱发违法案件和贪污腐败现象。利用员工控制账户违规经营的问题也是一样。表面上看是出于方便客户的目的，解决其一时之需，但实际背后隐藏的却是个人或小团体的私利。这种以牺牲风险内控为代价、无原则地迎合客户要求的行为，极易演化成内外勾结的重大案件，不仅造成经济上的巨大损失，也给建设银行长期以来累积下来的依法合规的企业形象和品牌造成严重损害。对于这些行为，总行的态度是明确的，就是要做到“零容忍”。不论出于什么目的、采取哪种形式，都不姑息，宁肯牺牲一些业务，也不能给这些违规行为以可乘之机。

各行要利用年底决算的机会，对各种违规行为和风险隐患进行全面的清理排查，发现问题要按规定彻底整改。过去对违规问题的整改效果不理想，一个很重要的原因就是责任人处理流于形式，往往雷声大雨点小，最后不了了之，削弱了制度的严肃性和威慑力，在客观上起到了助长歪风邪气的作用。为此，对违规行为一定要一查到底，严格责任人追究和处理。根据情节，该撤职的撤职，该记过的记过，不能只是罚款、积分了事。要在机制上树立和强化这样的预期，谁越过了底线，谁就要为此付出代价。有些原则性的问题，对财会人员必须要有职业标准和职业道德规范，过了底线起码就必须要作取消财会职业资格的处理。做好规范管理，还要在制度配套和过程控制方面多下工夫。要通过具体的案例查找制度上的缺陷，堵塞系统性漏洞。要通过优化业务监控系统等手段，提高对柜面交易过程的信息处理和风险分析能力，强化对重点交易、重点账户、重点环节的实时监控，把风险消灭在萌芽阶段。

同志们，2009年我们经受住了严峻的考验，预期将取得令人满意的经营业绩，值得欢欣鼓舞。新的一年即将开始，希望全行财务会计人员保持艰苦奋战的优良作风，坚定信心，积极进取，全力支持全行业务的战略转型，努力发掘新的盈利增长点，成为促进提升全行长期竞争能力的主力军。

在全行中间业务专题会议上的讲话

庞秀生

（2009 年 12 月 15 日）

同志们：

这次会议是我们继 2004 年以来全行首次召开大规模、高规格的中间业务专门会议，年度会议计划中没有这次会议，张建国行长提议在年底前最好开一次中间业务会议。我向张建国行长汇报，我最近在调研中深刻地感受到，中间业务发展中最主要的现象是不平衡，各项产品的发展不平衡，各分行的工作不平衡。所以这次我们开一个规模大点的会，把分行的领导和中间业务综合管理部门的人都找来，把一些中间业务工作做得好的分支行也找来。整个会议要很清晰地让大家感到不平衡，重点解决认知和下一步组织推动的问题。对这次会议，张建国行长非常关心和重视。如果不是与公司业务工作会时间冲突，他是准备到会讲话的。就在准备会议过程中，郭树清董事长有个批示给所有党委成员和高管，提出中间业务的总量和增速均落后于工商银行这个现象值得我们高度警觉，要找出问题所在，2010 年务必赶上来。所以，我们这次会议实际是贯彻郭树清董事长和张建国行长对加快中间业务发展的一些指示和要求，或者说是总行党委的希望。

两天的会就要结束了，我觉得这个会议很重要，我们开得也很认真、很务实。为了这次会议的成功，许多人做了精心的准备工作，包括昨天上台演讲的 11 个人，包括资债部，也包括在座的各位。昨天的讲解，我坐在那听，感觉一点都不浪费时间，比我参加的许多会议收获都大。后来又有好多分行行长跟我说这次会议开得不错，很有收获。我估计，这可能是相当一部分人的感受。我们不仅了解了许多趋势和情况，甚至观念上也有了一些变化。而且我觉得建设银行应该为这样一批人才、这样一批作出突出成绩的人感到高兴、感到骄傲。今天各分行负责同志、各分行中间业务部门负责同志和总行各业务部门负责同志一起作一次交流，尽管不是很深入，但是也很有必要，我想对大家也都是很有帮助的。下面我讲三个方面。

一、中间业务发展取得巨大成绩

经过最近几年的努力，建设银行中间业务的发展情况和工作状况已经发生了重大改变。过去“重资产负债业务，轻中间业务”的问题在全系统实质性地解决了。全行有相当比例的员工，比较普遍地认识到了中间业务的重要性，而且积极参与进来，取得了巨大的成绩！

（一）中间业务收入连续 5 年大幅增长

我们 2005 年上市的时候，业绩报表中中间业务收入 77 亿元，占主营业务收入的 7.93%。我们路演时介绍全行的发展战略是公司业务每年增长 10%，个人信贷业务每年增长 20%，中间业务每年增长 30%。很多投资者都不相信，问我们能做到吗？现在看，我们都做到了，而且远远超过了对投资者的承诺。中间业务近 5 年实现每年 50% 的增速，这在前些年是不可想象的。过去，中国银监会认为我们中间业务收入占主营业务收入的比重低，要求我们跟国外银行比，问需要多少年才能达到 20%？上市的时候，我们说 5 年能到 15%，可是 2009 年就到了 18%，而且是在利息净收入高速增长的情况下实现的。

（二）市场份额大幅提高

我们的市场份额由原来的 21% 提高到了 28%。5 年前我们不仅跟工商银行没法比，跟中国银行也没法比，现在已经比较明显地甩开了中国银行。2009 年跟工商银行的差距在拉大，但

2007 年和 2008 年实际在缩小，我们市场份额由原来的 21% 到现在的 28%，总量 500 亿元中通过提高市场份额实现的有 125 亿元，占 1/4。如果没有市场份额的提高，2009 年底中间业务收入仅仅是 2008 年底的余额。这是非常了不起的数据。

（三）中间业务产品快速发展

从产品看，2004 年收入超过 10 亿元只有一个个人人民币结算和银行卡，现在收入到 10 月底已经超过 68 亿元，2009 年底可能突破 70 亿元、80 亿元。投资顾问业务，2009 年也肯定超过 60 亿元，单位人民币结算、工程造价咨询 2009 年都能超过 30 亿元，还有一批超过 20 亿元的产品，发展非常快！

（四）市场竞争力全面提升

我们整个银行在市场上的竞争力也发生了重要的变化，2004 年只有 4 家分行在当地同业位居第一，现在已经有 15 家。原来大量的分行是位居第三、第四，现在位居第四的已经没有了，到 10 月底的时候，位居第三的有 8 家。我相信到年底市场位居第三的不会超过 5 家。很有可能在 1 ~ 2 年内，38 家分行市场份额消灭第三、第四，全部进入第一、第二的行列。

（五）经营理念、管理经验等各个环节都有可喜变化

中间业务发展过程中，在管理上、操作上创造了许多经验，有许多进步在过去是不可想象的。三年前买单制还是个别的经验，很难推广。但 2010 年综合经营计划一个重要的调整，就是把买单制视做基层行分内的事情，总行仅仅对超额激励和战略重点进行激励。因为买单的重要意义与它的作用和方法已经深入人心，已成为基层行一个具体的管理手段。总行可以把它交给分行，由各行根据自己的特殊情况实施买单，以解决过去弹性不足、柔性不足的问题，使中间业务发展的激励和各级行薪酬体系的调整更好地结合起来。

最近在调研过程中，我感觉到建设银行在各个环节上都有许多喜人的变化，有许多都是适合未来的、方向性的变化。一些新观念、新产品，比如说资金流、信息流、物流的结合，供应链的服务等，有的部门、有的产品已经做得很好了。所有这些都支持我前面讲到的判断，就是中间业务取得了很大的成绩，工作面貌发生了根本性的改变，全行“重资产负债，轻中间业务”的状况已经发生了实质性的改观，或者说是根本的改观。

二、中间业务的发展严重不平衡

除了市场份额的不平衡，还让我觉得奇怪的是，我们有很多分行、很多产品总量和增速都赶不上工商银行。

（一）分行总量不平衡

截至 10 月的数据，38 家分行中，有 18 家分行超过工商银行，其中宁夏、厦门、深圳、青海都超过工商银行 1.5 倍，湖南、三峡、内蒙古是 1.3 ~ 1.5 倍，可是我们还有 5 家分行不足工商银行的 70%，广西、山东、山西、北京、海南分别只相当于工商银行的 69%、67%、62%、59%、48%。不平衡现象有多严重！

（二）产品间不平衡

我们 10 月底收入比工商银行少 41 亿元，最主要的差距产品是单位人民币结算比工商银行少 17 亿元，理财产品少 22 亿元，代销基金少 10 亿元，这三项产品就少了 49 亿元。当然还有财务顾问比工商银行少 26 亿元，但是财务顾问现在最重要的还不是数字，而是服务内容，我们抓的重点是服务的内容和深度，要提高客户的性价比。其中单位人民币结算还好，增速要远远超过工商银行，我们增速接近 80%，工商银行只有 30% 多。理财产品增速还低于工商银行，代销基金我们是负增长 31.6%，工商银行是正增长 10.3%。我们说是受资本市场的影响、是股市的问题，可工商银行在增长，而我们是负增长 1/3。当然，我们有一些小的产品比工商银行好，比如说 CTS、实物金等都是超过工商银行的，但超过工商银行的项目收入额都很小，对总量没有重要的影响。

（三）各分行间产品发展不平衡

全行没有一个产品是 38 家分行都比工商银行差的，每一项产品都有分行远远超越工商银行，也有分行远远落后于工商银行。

单位人民币结算收入，尽管全行只是工商银行的 63.8%，但辽宁省分行收入是工商银行的 196%，宁波市分行是工商银行的 153%，青岛、江苏、青海、三峡、湖南都比工商银行多。而山东、吉林、重庆、甘肃、天津、内蒙古都不超过工商银行的 36%，也就是工商银行的 1/3 上下。

理财产品的收入差距更大，内蒙古分行是当地工商银行的480%，深圳分行是当地工商银行的245%。重庆、厦门、青岛也比当地工商银行多，而有6家分行，不足工商银行的20%，包括北京、江苏等大行，我们的海南分行只是当地工商银行的4.8%。

代销基金的收入，有四川、河南、福建、河北、甘肃、湖北、三峡、青岛、云南等9家分行超过当地工商银行，但是也有北京、青海、天津、上海、宁夏、海南不足工商银行的35%，又包括京津沪三大直辖市。

代理保险有17家分行超过了工商银行，最多的厦门是工商银行的3倍。但北京、山西、海南、天津不足工商银行的一半。

再说几个与工商银行可比性不太大的产品。信用卡收入全行增速是71.2%，有15家分行信用卡增速超过100%，最多的是内蒙古，增速183%，吉林、河南都超过了150%，而浙江、大连、重庆、厦门、苏州都低于50%。

短信业务签约率，贵州、新疆、江西、三峡、陕西、宁波、河南、甘肃签约率都超过15%，深圳、云南、北京、海南、黑龙江、天津、青岛签约率都不到7%，其中青岛签约率仅有2.1%。

保理业务，河北收入6 133万元，接近第二名上海和第三名山东的合计数。但大连只有3.2万元，青海4.3万元，海南10万元，三峡46万元，重庆51万元，安徽71万元，四川96.5万元，连100万元都不到。

实物金买卖全行收入才1.3亿元，新疆1 254万元，广东1 412万元，浙江1 119万元，只有3家分行超过千万元。很多大行只有几十万元，包括我们2009年中间业务做得很好的深圳分行，才92.4万元。

人民币结算及银行卡收入有16家分行超过了当地工商银行，分别是三峡、湖南、青海、苏州、厦门、四川、宁波、河南、辽宁、湖北、深圳、江苏、云南、河北、大连、西藏，但仍有5家分行不足工商银行的70%，又包括上海、天津、安徽、山西、海南。

代客资金业务也有16家分行超过了当地工商银行，但是北京、贵州、山西、云南、甘肃还是不如工商银行的一半，其中甘肃只相当于工商银行的2.5%。

国际结算有20家分行超过了当地工商银行，有8家分行是当地工商银行的3倍以上，黑龙江是工商银行的5倍，大连、内蒙古是工商银行的4倍，青海、陕西、新疆、甘肃、四川都是超工商银行3倍以上的，但是还是有6家分行不足工商银行的60%，包括广东、山东这两个大行，还有贵州、云南、河南、安徽。

这就是这次会议想让大家知道的一个问题，发展严重的不平衡！为什么会有严重的不平衡呢？可能大家会想出很多理由，比如由于分行在当地的贷款市场份额低。但是最近5年来，建设银行的贷款份额在四大银行的份额没有上升，中间业务的市场占比却上升了7个点。2009年四大银行的贷款增长速度最高的是中国银行，增长超过50%，但前10个月的中间业务市场份额下降了1.8个百分点；贷款增速第二快的是农业银行，全年贷款增速超过30%，它的中间业务市场份额前10个月下降了0.8个百分点，贷款增速第三快的是建设银行，2009年的贷款增长27%左右，中间业务市场份额前10个月是增加了1.2个百分点。贷款增速最慢的刚好是工商银行，工商银行全年贷款增速绝对超不过25%，但是它的中间业务市场份额前10个月提高了1.5%，比我们还要多。2009年四大银行的贷款增速和中间业务的市场份额恰恰相反。当然，这是就全行来说，各分行中间业务和贷款的市场份额不能说没有一点关联，但绝不是一个必然的重大的关联。

我们网点比工商银行少，如果按照网均计算，我们收入还超过它了。但是网点毕竟不是核心因素，农业银行的网点最多，可是中间业务收入是四大银行中最少的。而我们网点比工商银行少，是所有分行都面临的问题，不是某一家分行的问题，分析起来，也不构成不平衡的必然原因。

还有就是客户基础。显然银行客户基础非常重要。建设银行的客户基础比工商银行肯定是弱，不仅历史上弱，而且现在的增量也弱。但是它不是某一家分行的问题，同样一家分行，客户基础是一样的，有的产品就做得好，有的产品就做得差。

人员素质是不是原因？我们很多分行没有这方面的人才，培训也不够，肯定是原因。还有政策的问题、产品的问题、部门联动的问题、风险控制的问题、信息技术的问题等，肯定都是很重要的影响因素，但是都不是构成差异的必然关联因素。

形成这么大的差异，到底是什么原因？我觉得就是认知水平加行动力，或者说执行力。其实就是一个能力的问题，事在人为！有志者事竟成！不管你在什么地方，在偏僻的边疆也好，在发达的东部也好，还是在中部、东北部都一样。分行重视，总体上做得就很好；有的分行总体做得不是很好，可是某一个部门、某一批人员非常重视、非常投入，也会做得很好；同一家部门、同一家分行照样有的做得好，有的做得不好。所以说事在人为。

我们说认知力、认知水平，或者说认知能力是什么？那就是学习力、思维能力和观察能力，观察市场、分析客户和对市场变化的前瞻性，也就是说视野和眼界问题。我感觉建设银行有一批年轻人在这方面是很有水平的，我们可以让这些人起到很好的传导作用，带动全行进行交流、传导，让大家学到更多的东西。这次会议就是希望在这方面有个尝试。我想许多知识的传导和交流对全行都是很有帮助的。所谓的行动力和执行力，也就是解决知行鸿沟的问题。作为管理人员，要让所在的分行和部门、员工能够更多地接受它，把你的知识变成一个部门和分行的行动能力，变成全体员工的行动能力。在这方面，有许多具体、细致的工作要做，包括培训，激励、推动、资源的配置等。

如果能够有效解决不平衡的问题，我们就有可能实现一个很好的发展。2010 年综合经营计划方案确定中间业务增长 20%。这是一个中性的、较稳妥的业务计划，而且是各部门谈判之后妥协的结果，因此，至少不能作为我们的一个奋斗目标和争取的目标。郭树清董事长要求 2010 年总量和增速不能都低于工商银行。所以，我们的奋斗目标应该是 2010 年的增量要位居同业第一。由于我们现在存量比工商银行少，这就意味着增速一定会比它高一点。而且，由于我们位居市场第二，增量比它高，显然也就是同业最高的了。但是增速可不一定是第一位，因为有的银行基数比我们低。它们的增速可能会比我们快一点，这个并不完全可比。我们瞄准的是工商银行，我希望各分行对目标，也主要对工商银行，看看究竟差在什么地方。我想这个目标对每家分行是平衡的，不至于鞭打快牛。财会部也研究一下，2010 年 KPI 中中间业务的考核以这个指标为准。达到这个目标，最前面的分行市场份额已经达到 40% 了，可能略降一点，增速也可能略降一点，但是增长额还是有可能达到同业第一位的，而市场份额比较低的行就要加大力度追赶，而且市场份额低也有更大的潜力。

三、要高度重视中间业务的发展

现在说说为什么总行如此重视中间业务的增长。其实道理已经讲过很多了，我今天只想突出强调三点。按照重要性高低，我先讲第三点。

第一，发展中间业务直接关系到保持经济增加值的稳定与持续增长，就是提高我们的价值创造能力。我们 2009 年的中间业务有可能增加 100 亿元，而税前利润大约只能增加 150 亿元，而且 2009 年净利息收入还可能是负增长，可见中间业务占了多么重要的分量。大家都已经知道，未来资本约束已经非常强，风险资产的增长不可能有很大的提升，那么风险调整后回报的增长也不会很快，甚至股本回报率可能已接近于峰值，所以要想实现经济增加值，或者说风险调整后净利润想快速增长，中间业务的发展至关重要。这仅仅是第三点。

第二，中间业务的发展是我们银行转型的外在表现，中间业务的增长速度，集中反映了一个银行业务转型的速度。业务转型从本质上是要满足各层次客户不断变化、不断深化的金融服务需求，并且持续地改善客户的体验和感受。传统银行服务中，客户需求就是资金余缺的调剂和资金的支付，也就是存、贷、结算三大产品。现在我们客户需求变化是什么？我的理解就是把财务管理整体或部分地外包给银行或其他的金融机构，分两种：第一种外包是传统浅层的存贷款和资金收付，包括整个资产负债表、损益表和现金流量表。可以外包给银行、证券公司或是保险公司，其中有些是部分、分散的外包，有些是整体、全部的外包。第二种是整个财务管理过程的外包。从信息的收集整理、分析研究、查询开始，到财务策略、财务战略、理财规划，到一些具体的资产负债组织，到一些财务处理：账单、收付款、内部资金转移定价、内部账务管理、集团资金共享、集团授权控制等都外包。可能外包给一个机构，也可能外包给很多机构。后一种外包真正体现出今天客户的变化，即把自己整个的财务管理过程，计划、执行、跟踪、考核、控制等各个环节包给你来做。

我们现在提出银行内部财务要转型，不再总是传统简单地记账、算账、报账和开支控制，重点是要支持我们的业务发展。事实上，可以看出，今天的客户，包括公司客户、个人客户，他们的财务管理需求及外包也体现出四个特征：一是供应链上的信息流、物流和资金流统一管理跨越了企业和个人本身。客户要把信息流、物流和资金流很好地结合起来，要把深化的这些东西外包给银行或其他机构。你说我只管资金，其他信息流没有，你慢慢地就会被甩掉，它不会包给你，因为包给你很别扭。别人要是都能干，他就会一揽子地包给别人。二是这种财务管理外包具有资金流延伸性质，客户更希望最好银行来替他管。有些企业也确实管不了，没有这方面的专业能力。三是这是转型后的财务管理外包。企业本身已经转型了，由传统的商业模式转型到网络经济的模式。他都变了，你不变，你就服务不了他，你就没有能力来承担他外包的任务。四是这也是全球化的财务资金管理的外包，不再完全立足于国内和本币，已经更多地涉及到境外和外币。这是一个大的趋势。

客户需求的变化还带来一个问题，即客户的多样性和需求个性化。我们原来的存贷款、结算更多地体现为标准化。原来是你看我卖什么，你来买吧，他就来买了，他自动地适应你。可是当客户的需求已经发生这么多的变化以后，每一个客户有特定的情况，你拿一个东西去推销给他是不行的，就算这个产品行，也需要个性化，或者说是客户化。所以就需要银行的服务要充分地体现差别化和多样化，能够适应客户的个性需求。否则我们就会被逐步地边缘化，不仅在银行业内的份额会减少，在整个金融蛋糕的分配中，银行业的那一块也会越来越小。

这些变化和我们的中间业务有着广泛的联系，或者说它与中间业务的联系要大于和存贷款业务的联系。所以，我们的转型速度一个最重要的指标反映在中间业务的发展上，发展中间业务实际上是推动和评价银行转型的效果，它比当年或两三年内的经济增加值重要。

第三，也是更重要的，中间业务的发展是一个银行综合实力和核心竞争力的反映。中间业务的发展，不是一个人的事、一个部门的事、一个流程上的事，它和战略，人力资源，财务资源的配置、体制、机制、信息技术、风险管理，各个业务部门的联动，各个产品渠道的联动等紧密相关。我们说综合实力、核心竞争力，不是单纯地体现在存款份额、贷款增长上，而是更多的体现在中间业务的水平和发展能力上。我们要建立世界级一流银行，股本回报率、资产回报率、不良贷款率等都是重要指标，但带有局限性。由中间业务增长所带来的量化的表现，可能更深刻地反映我们的综合实力和核心竞争能力。要实现战略远景，就必须在中间业务上下大工夫。

发展中间业务需要做的工作很多，像提高认识、加强领导、精心组织等都很重要，尤其对解决中间业务发展的不平衡问题至关重要。产品创新的问题、交叉销售的问题、部门联动的问题、规范经营的问题，各级领导都在反复强调，我就不重复说了。我想强调要加大投入。财务的投入产出、财务资源的使用效率和利润的增长当然重要，必须加以关注。但能力的建设，客户的基础、产品的创新、渠道的开发和升级也需要加大投入，有些业务短期的回报并不重要，像电子银行、年金等，可能几年都不赚钱，但是我们还是要积极地发展。要实施有效激励，包括考核体系、买单、等级行、KPI 等，我们都会反复研究、反复征求意见，并和大家沟通信息。

总之，解决不平衡的问题是这次会议的主要任务，解决的主要措施是提高认知水平，提高执行力和行动能力。

在 2009 年全行审计工作会议上的总结讲话

于永顺

（2009 年 3 月 25 日）

同志们：

在这次会议上，郭树清董事长和谢渡扬监事长作了重要讲话，我们花了两个半天的时间讨论。两位领导的讲话内容全面、重点突出，为此，我仅就大家讨论的情况，简要地讲一些内容。

一、关于这次会议的主要收获

一是总结了过去的成绩，坚定了工作信心。我们审计工作取得的一些成绩，得益于各方面给我们创造的良好环境，得益于包括在座各位在内的各级审计人员的艰苦努力。总行领导高度评价我们审计工作所取得的成绩，体现了总行党委、董事会、监事会和高管层，对审计工作的重视和支持，对各级审计人员的关心和爱护。大家深受鼓舞，坚定了做好工作的信心和决心！

二是分析了当前的形势，增强了审计使命感。总行领导在讲话中分析了当前内外部形势，指出了我们工作中存在的不足和困难，对审计工作提出了更高要求，寄予了更大期望。大家在讨论中进一步交流了情况，分析研究了有关难题和困难，深感责任重大，认为不能满足于过去的成绩，必须认清我们所面临的形势，把领导的肯定当做鞭策。过去所取得的成绩已载入史册，我们将以今天为起点，为实现全行发展目标贡献更大的力量。

三是谋划了未来的发展，明确了工作方向。郭树清董事长以战略的眼光、从全行发展的高度，指明了今后一个时期的内审工作定位和工作目标，谢渡扬监事长提出了今后的审计工作思路，两位领导都重点强调了提高审计工作水平的途径和方法。这些都为我们今后的工作明确了方向。大家在交流讨论中，进一步学习领会总行领导的讲话精神，结合实际谈了今后的工作想法，初步提出了一些工作措施，对做好今后的工作很有帮助。

总而言之，这次会议开得很有成效，达到了预期目的，为今后的审计工作开了一个好头，对建设银行审计工作的历史和现实，都具有非常重要的意义。

二、关于队伍建设

一是人员交流问题。有效的、适当的人员交流，同时保持一定数量的核心业务骨干相对稳定，长远看对审计队伍建设具有重要意义。但人员交流是一项复杂困难的工作，各地差异很大，环境、文化、理念、人员状况都有不同，难易程度不一。因此，要按照政策和制度的规定，针对不同的情况，坚持积极稳妥的原则，开展人员交流工作。

为克服和减少有关审计机构人员交流过程中的困难，需要多方努力、多管齐下，积极主动想办法。例如，近年很多审计机构在实践中摸索出了一些经验，有些成功的做法，大部分交流回分行的审计人员受到欢迎，素质和能力得到肯定，岗位得到合理安排，有关审计机构可以积极学习借鉴。

各审计机构可以结合各自实际，具体情况具体处理，方法技巧要有智慧、讲艺术，积极主动地加强与分行的沟通协调，最大限度地争取分行的支持和理解，以人为本，耐心细致地做好有关人员的思想工作，合情合理地提供帮助。相信总行相关部门，会在贯彻落实郭树清董事长讲话精神的工作中，将进一步深入研究，完善制度和政策，同时会有重点地积极帮助、协调联系，督促落实有关政策。

对整个审计机构来说，如果大家的工作能力和专业水平都比较高，与分行人员交流就能形成良性循环，趋向正常化，交流的压力才不会很大；对不同状态的审计人员来说，如果有较高的专业素质，不管交流不交流，无论在哪个机构、哪个岗位，都受欢迎，甚至得到更大、更快的发展。因此，下大力气提高专业水平，对做好人员交流工作具有根本性的推动作用。当然，相关人员对自身的情况、特长和能力也要有清醒的认识，实事求是地自我评估，合理确定工作岗位的期望值。

二是审计条线职务晋升提拔问题。据我们所知，总行人力资源部已经考虑了《审计系统后备人才选拔方案》的起草工作，按程序审核审批后，适时启动相关工作，专业技术岗位设置也初步进行了规划。七职等及其以上的管理岗位和专业技术岗位职务的聘任工作，2008 年有关计划因各种原因，总行本部和审计条线都没有启动。2009 年总行相关部门正在共同研究，预计将会积极推进落实。七职等以下岗位的晋升工作一直按照程序和要求正常进行。

其实总行相关部门对这个问题，还是非常关照审计条线的，为此做了大量工作。但这是一个政策性强、关注度也要较高的问题。目前总行的确对各职等有一定比例的控制，这也是没有办法的办法。我们高职等人员比例相对较高，因改革前的存量占了我们相当多的职数，加上前几年第一批聘任的专业技术三级、四级人员也不少，这部分人员是刚性的，除个别机构通过整合有一定调整外，通过交流减少的很少。因此，晋升提拔的数量受限。如果真正做到能上能下，就能够比较好地解决这个问题。

即使增加比例也不可能人人都是高级经理，所以解决办法也要采取多种途径，例如，非一对一的交流，存量和增量一起内部竞争，通过绩效收入分配动态调节，这些方法操作起来都有难度，总行相关部门可以和大家一起研究探索，也不排除总行在一定时候会出台统一的措施，相关人员应有思想准备。另外，如何保证七职等以上岗位职务聘任工作时间的周期性和持续性，我们还将商请人力资源部门考虑制定常态化的措施和方法。

三是队伍建设中充分发挥专业化建设和人性化管理的作用。专业化建设的重要性，两位领导也都强调了，这里不再展开讲。需要进一步强调的是，我们除了要解决职务、薪酬等问题外，更要意识到营造和谐、关爱工作氛围的重要意义：人性化的管理措施，能使我们的队伍不只是一个工作上的团体，更是一个充满温暖的集体，能促进相互的理解、支持和沟通。广州审计分部等机构在这方面采取了一些有益的做法，大家可以结合实际，学习借鉴。队伍整体素质提高了，工作氛围好了，能更好地解决人员交流和晋升提拔的问题。

三、关于审计质量

总行领导在讲话中谈到了审计工作的方向、思路、方法和要求，都透露出提高审计层次和质量这个核心问题。对这个问题，在此我想有选择地强调几点。

一是要加强对各类审计项目的指导与管理。要继续加强对各类系统性项目的指导。总行要利用自身调动资源便利的优势，尝试以组织专业团队的形式，特别是针对一些审计技术和专业要求较高的项目，可以直接实施相关审计项目，发挥锻炼队伍、示范、培训的作用。对于一些覆盖面较广的项目，要从信息收集、方案制订、前期试点等环节入手，严格把关，确实起到明确的导向作用。在项目开展过程中，要及时收集各审计组的信息，通过汇总整理，实现资源共享，对审计中出现的偏离现象要及时予以纠正。各审计机构要针对同时派出多个审计组的情况，及时传递信息，以统一的标准规范审计行为，以统一的尺度进行审计判断，确保审计结论的客观公正。

要加大对自选项目的管理力度。目前总行已经对各类自选项目按照专业分工，要求相关处室给予业务指导，同时，将加大自选项目质量考核。各审计机构也要进一步提高对自选项目的重视程度，结合驻地行的特点，作出特色，发挥更大的作用。

二是多途径体现审计建设职能。履行建设职能，对审计人员的专业能力和知识储备有更高的要求。以往开展的管理咨询类审计项目，取得了较好的效果，积累了一些经验。我们要再接再厉，无论是在审计计划、技术方法、分析判断、信息管理等与项目直接相关的工作中，还是在日常业务跟踪、学习、研究中，都要重视和注意建设职能的发挥，以便更好地体现审计价值。目前，总行已制定下发了有关管理咨询类审计的指导意见，下一步还要举办专门的培训班，大家要认真学习，在实际工作积极尝试。

三是要取长补短，发挥优势，弥补差距。要进一步发挥审计系统的整体优势和各个审计机构的特长。例如，在审计技术方法和专业化分工等方面已经积累了很多经验，这是我们的优势，要充分用好。总行审计部要加大总结和推广的力度，各审计机构要主动贡献力量和智慧，共同提高整个系统的共享程度，扩大受益面。个别审计机构、项目、人员要尽快缩小与先进水平的差距，积极主动地寻找解决办法，加紧学习提高，争取其他审计机构或人员的帮助，以减少对整个工作质量的影响，降低整体审计风险。

四、关于会议精神的学习传达和贯彻落实

大家回去之后，尽快组织学习传达工作，将会议精神传递给驻地分行，传达到每一位审计人员。要因地制宜，认真制定贯彻措施，结合实际抓好落实。请各审计机构将组织学习传达的情况和制定的贯彻措施于 4 月 25 日前以 OA 文件的形式报总行审计部。

目前，中国银监会正在总行和各分行开展新发放贷款的专项检查工作，今天上午总行召开了视频会议，专门部署落实有关工作。我们因这次审计工作会议的原因未能参加，请各审计机构按照总行的统一部署和要求，认真做好相关工作。

同志们，2009 年审计工作任务重、要求高，我们要继续发挥优势，认真扎实地开展各项审计工作，不辜负总行党委、董事会、监事会、高管层的期望！

CHINA 中国建设银行年鉴 2010
CONSTRUCTION BANK ALMANAC

第三部分　改革发展与内部管理

一、改革创新与业务发展

资产负债管理

2009年，资债部认真执行董事会、高管层各项决策，适应市场和业务发展变化，尽职勤勉地开展工作，做了一系列富有成效和有助于提升我行未来价值的实事。

一、及时监测贷款进度，认真做好形势分析，促进业务健康发展

及时做好计划执行情况监测和同业比较，积极向监管部门汇报沟通，认真准备季度分析会，使信息更完整准确，问题分析更加深入，政策建议更具针对性，为行里研究决策提供了良好支持，有效促进了全行信贷均衡投放和其他业务的健康发展。

二、完善全额资金计价体系；细化计价类别和频率，及时调整价格水平；对金融市场业务进行全额资金计价

对有价格底线控制的存贷款产品以管制利率为基础确定价格，根据管理需要不定期调整，如对活期存款内转价格进行三次下调，以更好地反映分行和产品的价值贡献；对市场化产品根据货币、债券市场收益率确定价格，按周动态调整；对金融市场业务进行全额资金计价，实现了转移收支实际入账，满足了对外业绩分部报告需要和为条线考核提供了基础。

三、以长期限固定利率存款、利率顶贷款和金融市场部投资业务为突破口，积极尝试银行账户利率风险管理

对长期限单位存款和固定利率公司贷款转移价格按年浮动，引导分行重视利率风险；开发了固定利率和利率顶贷款定价模板指导分行定价；与财会部一起建立了利率风险准备金制度，平抑利率波动对年度间效益的影响；根据久期和流动性管理要求，完成金融市场部2010年新的转移定价方案设计。

四、加强资金预测调度，建立多渠道资金融通机制，确保了资金使用效率提高，备付水平合理，全年支付清算零风险

去年上半年，受宽松货币政策影响，全行人民币资金极为充裕。为提高资金利用率，我部协调总行有关部门和分行，通过扩大企业类债券投资、推进同业拆借、借款与存放、购买外资银行贷款、拓展外保内贷等途径积极拓展资金运用渠道，使资金闲置局面得以缓解，备付率逐渐下降。2009年人民币日均备付率为2.67%，在四大行中位居第二，处于较好水平。我行外币资金盘子小，结构不合理，易受市场波动冲击。我们通过及时向人民银行申请归还掉期、叙做掉期、新增掉期、

货币互存等，确保了外币的流动性安全。全行系统没有发生一次本外币支付风险事故。

通过建行亚洲认购香港分行发行的存款证等方式，解决了香港分行资金不足以及通过香港分行归还总行拆借资金的问题，探索建立了境内外分行资金融通调剂机制。建立纽约分行、法兰克福分行与总行三地交替管理全行美元清算的机制，使我行美元清算做到了24小时全球服务。

五、以重点产品发展为抓手，加强计划指导，加大培训交流力度，完善考核激励，推动中间业务持续快速发展

2009年全行实现中间业务毛收入504亿元，同比增加97亿元，增幅为23.8%，远高于年初制订的11%的增长计划；占主营业务收入比重达18.6%。为促进中间业务持续稳定发展，2009年做了以下工作：完善买单制等激励考核机制，加强计划引导，深化数据对比研究，组织重点产品专题分析，举办中间业务专题交流研讨会议和深港联动培训，开展标杆行交流。

六、牵头组织推动发展战略的贯彻落实以及系统组织机构改革

定期组织总行部门及分行对战略落实情况进行分析总结，草拟《建设银行战略落实情况》《国际金融危机的影响及面临的挑战》《宏观形势变化及我行的应对策略》《坚持稳健和可持续发展的战略方向》等报告和分析材料；筹备董事会战略研讨会议，多次组织召开行领导、董事、监事参加的战略问题座谈会、预备会；组织实施战略宣传和培训，并对母子公司联动等战略性问题进行研究和推动落实。

在广泛调研、座谈、征求意见的基础上，起草了我行系统组织机构改革方案和相关说明文件；协调推动云南、重庆、北京、上海等11家分行的组织机构改革，通过现场调研、召开座谈会议，对分行机构改革工作进行指导；协调推动总行集团客户、小企业客户、票据业务、投资托管业务改革；组织完成义乌支行升格为二级分行的审查报批工作。

七、牵头实施新资本协议第二支柱，ICAAP管理咨询项目和资产负债管理系统（二期）项目已获阶段性成果

以ICAAP管理、银行账户利率风险、流动性风险压力测试和客户行为为主要内容的咨询基本完成，并获得了资本管理、利率风险和流动性风险管理的基本方法论和初步量化计量结果。以实现利率风险、流动性风险和汇率风险的多角度、多方法的精细化计量为目标的资产负债管理系统（二期）项目已完成50%的工作量。其中，满足信息披露要求的风险报表已于2009年底开发完毕进入测试阶段，2010年1月上线；动态缺口、久期、净利息收益模拟、经济价值分析、压力测试、限额监测等高级功能将于2010年6月上线。

八、高效率、高质量完成800亿元次债发行工作

牵头完成2009年第一期次级债全部发行工作，抢占有利的发行时机，组织多部门联合市场营销、合理引导投资者利率预期，使发行利率创造了2009年以来同业各期次级债最低利率水平。完成第二期和第三期次级债监管报批和发行材料准备，并配合金融市场部完成相关发行工作。2009年我行全年发行800亿元次级债工作的圆满完成，创造了商业银行次级债的年度最大发行量，补充了我行的附属资本，保证了在全部赎回2004年400亿元次级债后资本充足率水平的稳定。

九、圆满完成了2 470亿元政策性债到期延期支付协议签署，确保了我行合法权益

经过与财政部、信达公司的反复汇报、沟通，就2 470亿元政策性债券，完成与信达公司的延期协议签署，争取了财政部对本息兑付的明确支持，明确了债券承接主体，妥善处理法律手续和外审事宜，消除了债券延期对我行股价和信息披露的不利影响。

十、吸取国际先进银行定期报告编制经验，丰富和细化报告内容，增加信息的透明度；2008年年报获得多项荣誉

在研究和分析多家国际先进银行年报的基础

上，增加了短期、中长期公司类贷款收益率、迁徙率、内控、贷款变动额行业地区构成情况、前瞻性信息免责条款等信息，使报告内容较往年更为丰富透明。2008 年年报在三大知名年报评比中，获美国媒体专业联盟（LACP）年报评比银行类银奖，获美国 ARC 国际年报大赛整体年报优秀奖、财务数据优秀奖、论文编写铜奖，获香港管理协会最佳年报评比公司治理披露奖。

执笔：张立强

审稿：许一鸣

财务会计管理

2009 年，财务会计部紧紧围绕全行发展战略，认真履行对全行损益管理和财务会计综合管理的职责，通过创新工作方法，优化计划编制方式，夯实财会管理基础，提高支持服务水平，对各项业务发展和经营业绩的持续提升作出了应有的贡献，对全行发展战略的实施发挥了重要推动作用。

一、优化财务资源配置方式，增强综合经营计划的把控能力

一是调整资源配置结构，提高使用效率。工资性费用基本安排零增长的同时，将与 EVA 挂钩的绩效薪酬总量根据不同业务类别实行差异化激励，更好地传达总行战略导向；对于当期效益不明显的战略性业务，补充配置相应财务资源，在短期与长期利益间取得平衡；调整业务管理费用支出结构，除了对几项刚性成本增长据实核定分行费用增量外，其他费用总量零增长，压缩高弹费用和低效行政性支出。

二是增强对计划执行的掌控能力。动态掌握计划执行情况，按月分析全行计划执行进度，根据分行执行情况和业务发展的新需求，对计划适时进行动态微调，提高资源配置的响应速度，有力地保障了全行各项任务目标顺利实现。

三是借助科技手段，提高计划编制效率。设计开发综合经营计划管理项目利息收支预算模块，支持各种情景下对净利息收支情况的准确判断，改变了全行手工进行综合经营计划编制的局面，提高了预算编制效率和预测分析能力。

四是进一步加强资本性支出管理，重点支持渠道建设和业务转型。坚持总量控制与分类管理相结合，继续加大有助于提升长期盈利能力和核心竞争力的营业网点等渠道建设和科技投入。对网点购置、装修等定期调查统计进度，督促分行及时、规范安排营业网点建设，2009 年全行网点建设计划完成率达 95.9%。

二、优化改进激励约束机制，引导全行长期竞争能力的提升

根据宏观经济和外部环境的变化，完善考核激励机制的设计，改进绩效考核指标体系，着眼于提高考核指标评价的科学性、合理性、公平性，从结果性指标不断延伸到价值创造源头，引导分行树立科学发展理念，促进全行长期竞争能力的提升。

改进等级行和一级分行 KPI 考核指标体系，在等级行办法中取消了与贷款投放密切相关的资产总额指标，在一级分行 KPI 办法中新增了客户指标，体现“以客户为中心”的经营理念，引导全行把着眼点放在夯实客户基础、强化基础能力建设、谋划可持续发展大局方面，促进业务健康发展。同时，加强形势研究和政策创新，根据全行发展战略的要求，结合关于未来利润增长点调研中发现的问题，持续优化考核和激励等政策工具，引导全行着力提升关乎未来盈利能力和长期竞争能力的客户、产品、渠道等关键因素建设，

在资本约束、成本管理、定价管理和风险控制等基础能力建设方面加强了考核和计划引导，夯实了全行可持续发展的基础。

三、加快职能转型，加大财务专业支持与服务力度

一是提高财务分析的密度和精确性，建立清晰、系统化的分析测算模板，密切关注全行经营业绩指标和财务收支的变化，加强同业分析比较，为管理层提供重要决策参考。二是协助开展客户识别和投入产出分析，重点针对94家集团客户进行盈利性分析。三是配合全行业务转型和业务经营管理模式的转换，完善投资托管部财务改革方案，协助完成CTS业务行际利益调整方案。四是研究深化信用卡财务管理改革整体工作思路，对2010年信用卡财务预算编制提出信用卡中心财务独立合理过渡方案。五是根据流动性风险、利率风险管理要求，完善金融市场业务内部资金转移价格体系，制定金融市场部经营绩效考核办法。六是进行各项专题税务政策研究，重点加强对业务创新产品涉税事项研究，深入分析税收政策变化对我行的影响，积极做好与税务部门退税的沟通工作。七是以财务预算为中心，做好本级财务支持工作，简化费用审批流程，提升服务质量，减轻部门负担，控制支付风险，提高财务事项处理能力和审批效率。八是积极配合我行国际化发展战略，从财务资源配置、绩效考核、人员配备等方面为海外业务发展提供专业支持与服务，并完成营运资金拨付、债券投资减值准备计提、税务筹划、财务授权管理、新设机构的财务可行性研究以及海外股权投资单位的财务管理等工作。

四、不断完善财会制度，夯实财务管理基础

一是规范待处理结算款项的管理，将原有的核算码拆分为12个一级核算码、46个二级核算码，明确核算内容和部门职责，解决了按部门职责管理挂账的要求。二是加强对重大财务事项的制度研究和指导工作，根据财政部要求研究拟定福利费管理制度的建议，明确协解人员费用财务处理，进行股改后人员补充年金测算，规范其他应收款核销以及网银和解支出财务审批流程。三是加大内部管理账户，完善监管制度和审批流程，明确部门责任，并在全行范围内组织了内部管理类账户的清理，共撤销内部管理账户1 160个，比例达到13.4%。四是结合外部审计师管理建议书，规范会计处理。分析和细化汇兑损益的构成与核算；规范垫款管理，特别是衍生品垫款的核算和审批流程；调整报表归并口径，确保内外部报告一致；改进预计负债管理办法，明确表外信贷业务预计负债确认方法和工作程序；改进网银盾核算处理方法；针对债券减值及回拨等会计制度方面的空缺进行研究，修订相应核算办法；规范贷款承诺及海外代付收入的确认，规范各类中间业务收入的会计确认与处理。五是配合业务创新，研究制定相应会计核算制度，为业务发展提供财会制度支持。制发和修订结构性存款、汇率类产品、“e贷通”业务风险池专项资金、电子商业票据、债券投资等20余项产品及业务会计核算办法。六是加强会计研究，规范理财产品表外核算，针对理财产品、信贷资产转让等业务中基础资产表外核算问题进行研究，从规范会计处理的角度明确了基础资产表外核算需满足的条件。七是完成与中国建投2008年资金清算，理清代理业务及总分行间资金关系，组织全行清理近三年建投历史挂账，保障我行资金权益。

五、探索推进管理会计系统应用，提高财务分析和管理精细化水平

一是基本解决多维度盈利性评价问题，满足多维经营体系下的对经营主体和客户维度报告的需要，科学、客观地评价各经营主体的贡献度水平，改进客户甄别、综合定价等基础经营能力，建立了对新型经营主体盈利性的评价方法和模型，提高了财务管理对经营转型服务与支持的能力。二是搭建共享收益分成平台，部分解决多方经营主体对贡献收益的划分问题，为建立责权利对等的责任体系奠定了基础。三是在全行业务框架整体实现的基础上，支持分行层面的管理会计应用，解决分行在经营管理中面临的实际问题。四是构建多维度成本计量模型，特别是客户运营成本计量模型，为多维度盈利性分析提供更加全面、客观的成本数据，为全面成本管理提供基础性支持。此外，在系统建设过程中，研究分析全行基础数

据以及数据关系，推动了我行 CCBS、DW 数据仓库等重大系统数据质量的提高。

六、持续深入推进全面成本管理，提高内在投入产出效率

一是结合当前成本管理面临的形势和需要着手解决的重点与难点问题，梳理出覆盖我行经营管理重要方面的 20 个项目，组织总行相关部门成立项目组研究改进方案。二是做好理念宣传，制定成本管理的目标和具体措施。建立督促通报机制，在全行范围内推广责任中心费用公示制度，要求分行按月反馈成本管理措施的执行情况，并就分行在成本管理工作中的做法和经验及时与全行共享。三是总行本级财务带头严格控制成本支出，梳理各项费用支出标准，合理调整和压缩部分费用支出标准，努力降低行政性费用支出，严格执行审批操作流程，避免发生超标准和超授权事项，在确保刚性费用和业务发展及战略重点投入的前提下，节约各项费用支出。四是加强 IT 项目财务管理，改变 IT 预算切块管理的模式，按项目编制 IT 预算，积极推进科技预算管理系统的开发，为实现 IT 财务管理的全流程、全项目、全视图的跟踪和监控提供有效的科技支持手段。2009 年，全行经营费用 1 031.75 亿元，比上年增幅下降 13.32 个百分点。支出结构进一步优化，员工成本在经营费用中占比不断提高，物业及设备维护费同比下降 9.7%，其他一般及行政费用同比下降 4.66%。

七、以内外部检查为契机，强化合规经营意识，提升财务管理规范化水平

一是稳步推进财务报告内控体系建设，提高会计信息披露质量。结合部门职责定位，以提高财务会计信息质量为目标，通过建立对财务报告内部控制运行状况的持续监控、改进机制，不断完善财务报告内部控制。已初步完成以内控建设管理办法，记录、测试手册，测试抽样方法和评估方法为核心的财务报告内控体系，研讨内控建设工作方式方法和内控建设管理办法。

二是按时、保质地完成了税务部门布置的税收自查。克服自查涉及面广、工作量大、时间紧、各方需要协调的关系多等困难，经过努力，按时、保质地完成了全行税务风险评估和全面自查工作，较好地实现了税务成本与风险的平衡，避免了税务部门对我行的全面稽查，为全行业务正常开展创造了良好的税务环境。

三是加大对制度执行情况的监督，提升内控管理水平。下发文件要求分行开展财务自查的同时，有针对性地对福建等 8 家分行开展了财务会计专项检查，内容涉及表外业务核算、存贷款利息等方面，共发现财务违规问题 1 956 个。通过检查，提高了各分行的风险防范意识，有力地推动了基层机构案件风险防控工作开展，促进了制度完善、系统和流程优化，财务会计部位案件形势有了明显好转。

四是积极完成财务会计条线涉及的审计发现问题整改工作，杜绝屡查屡犯、屡禁不止问题发生。针对审计发现的问题，逐一落实整改单位和责任人，明确具体整改措施和整改时限，全年财务会计专项检查等内外部审计和监管检查发现问题共 3 162 条，整改 3 158 条，整改率达到 99.9%。从严追查责任人处理，共处理责任人 256 人，累计积分 6 316 分。同时，从制度、系统、流程等多方面了解、分析问题发生的深层次原因，从根源上解决出现问题的原因，避免同类问题的再次发生。

八、加强总账数据监控审核，财务报告编报水平同业领先

一是完善 ERP 总账数据监控制度，提高会计信息质量。在全行建立总分行总账审查工作联系人制度，对总账数据进行每日审查监控，对重点账套、重点科目及项目进行每日监控及动态跟踪，有效落实监控中发现的问题，定期通报分行总账数据质量，提升总账数据的准确性和规范性。完成 ERP 系统三期需求，完成相应部分的上线测试、手册编写以及培训等工作，优化功能点 120 余个，提高了相关功能模块对分行业务的支持能力。

二是认真做好月度财务报表及外部监管报表的编报工作。结合香港联交所的最新披露指引，向董事会报送月度财务报表，重点提出均衡月度财务收支的政策建议；协调相关部门提供管理信息数据，顺利完成了全年各季度的财政部财务快

报的编报工作；充分利用 ERPF 系统提供的条线、产品数据，每季度对条线、产品、分部盈利性情况进行分析，为决策提供参考，进一步拓展财务分析应用能力。

三是组建财务报告团队，建立财务报告会审制度，提高财务报告编制能力。组建跨部门、跨处室的财务报告专业团队，以实现定期财务报告编制、财务报告披露格式和内容的持续改进、监管规定的持续跟进等相关工作。探索有效的财务报告编制机制，建立财务报告会审制度，培养专业人才。独立完成2009 年中期和年度财务报告编制，不但提升了我行财务报告编制能力，还为各级行、各部门在财务报告编制中的角色转变奠定了良好基础。

九、加大培训力度，增强财务人员专业服务意识和服务能力

以提高财会人员服务意识和服务技能为中心，组织多层次、分重点的专业化业务能力培训。2009 年，独立举办 8 期专业培训班，联合武汉大学、厦门大学等高校举办两期联合培训班，内容涵盖非一般机构财务管理、税务自查、分行经费业务运维、财务报告编制以及外部最新监管要求等，并根据不同的管理层级，认真选配师资力量，精心编制培训教材，在总行财会部网站发布所有培训课件，打破单纯依赖集中培训对时间、空间和人员的局限，扩大了参加人数，促进了分行间沟通与交流，对于增强整个财会队伍的凝聚力和战斗力，提高财会人员支持服务水平有重要意义。

执笔：张　歌

审稿：俞　斌

资金结算管理

一、单位人民币结算业务收入持续快速增长，市场占比提升

2009 年，资金结算部坚持以科学发展观为指导，紧紧抓住“产品、渠道、客户”的主线，以营销支持、产品创新、流程优化、考核激励为手段，积极推动单位人民币结算收入增长。全行累计实现结算收入 38.51 亿元，同比增长 16.22 亿元，增幅为 72.81%，同业排名第二；四行占比 24.91%，同比上升 2.71 个百分点，与工行的差距由上年 24 个百分点缩小至 15 个百分点。其中，账单服务收入、查询收入、现金管理收入、国内信用证收入同比分别增长 17.55 倍、6.32 倍、5.7 倍和 2.25 倍。

二、加快产品创新步伐，正式推出禹道现金管理品牌

2009 年，开发推出电子商业汇票、对公一户通等 10 项全新的资金结算产品，与公司部、国际部共同研发推出“内贸通”系列产品，有效地提升了客户体验；完成现金管理系统一期建设开发目标，实现专线主机直连功能，满足中国兵器集团公司等 20 余家客户的现金管理需求；正式推出了建设银行资金结算品牌——“禹道，智胜的现金管理”，提升了我行现金管理产品的知名度。

三、稳步增强营销支持能力，着力提升客户体验

参与中石化、中联通、沃尔玛等 44 家重要客户营销工作，完成现金管理服务方案设计、产品

推介与展示、合作协议签订、现金管理网络组建、系统测试上线等工作；参与5次产品推介和银企座谈会，精心设计制作《现金管理产品介绍》、产品宣传画册和宣传折页；参与指导并推动上海市分行江森自控、湖北省分行长江航运集团、浙江分行娃哈哈集团等16个分行级客户的营销工作；研究制定了大中型客户、政府机构客户、事业法人客户、金融同业客户、小型连锁企业五类客户金融服务方案模板，强化了对客户需求的差别化服务。

不断完善优化集团客户服务，重要客户服务系统完成50余项产品功能的持续优化，实施跨行落地集中处理项目，满足了财政部、铁道部等数十家大客户的需求；组织完成核心系统集团账户功能优化，满足了客户通过参数配置实现对本单位或所属单位现金或转账支出进行自动控制的需求，截至12月底，已上线7 444个客户（其中：集团总部388个，下属机构7 056个）。

四、优化业务处理流程，提高服务效率

组织实施营业网点日终处理流程优化，简化与调整了耗时较多、操作烦琐的日终事项，日终业务处理时间由45分钟减少到20分钟，缓解了柜员日终处理压力；开展CCBS系统电子汇划来账落地处理流程优化，全国电子汇划来账落地业务日均减少5万余笔，每笔落地报文的处理时间由3分钟减至2分钟；组织完成了CCBS系统客户账号与营业机构号脱钩改造工作，实现了在账号不变的前提下变更客户开户机构的功能。

五、强化操作风险管理，持续增强防控能力

2009年，狠抓重点环节管理，按月确定柜面操作整改重点，组织对柜员岗位设置及管理、核心系统授权参数设置及执行、单位客户存款对账等10个高风险环节实施重点整治。3月和9月两次会同营运管理部和个人存款与投资部开展组织“防范营业网点及营运后台操作风险”专项检查，累计派出检查组2 979个，检查人员9 178人，责任追究3 063人。开展结算账户常态化风险排查，规范了账户管理，风险防控能力得到持续增强。

六、加强基础制度建设，完善制度体系

2009年，根据业务发展需要和外部风险监管要求，先后制定了《关于加强和规范固定资产贷款发放与支付管理的通知》《中国建设银行电子商业汇票业务管理办法》《中国建设银行国内信用证业务管理办法》等制度，进一步规范支付结算管理，保证了各项新产品的稳健推广实施。同时，针对操作风险暴露的新特点，及时印发《关于切实加强人民币单位存款账户对账管理的通知》等文件，提出新的管理要求，有效遏制了风险隐患。

七、管理基础进一步夯实，内部管理日益规范

启动并组织完成了支付业务报表系统建设工作，2009年7月8日，全行支付结算报表平台正式建成投入使用，解决了业务管理信息的瓶颈问题。组织设计了“中国建设银行营业机构及人员情况表”、“重要客户服务系统客户基本情况表”及“分行特色系统现金管理客户情况统计表”，进一步丰富了基础数据内容。

八、加大培训力度，提高从业人员业务素质

2009年，按照总行高强度密集培训的要求，举办以资金结算及现金管理为主要内容的培训38期，其中，总行组织培训11期，参与客户部门和分行培训17期，部内培训10期。通过举办系列培训，提高了从业人员现金管理业务素质。

执笔：孟　强

审稿：李国建

信息管理

一、出色完成了监管部门布置的各项工作任务

2009年，我行高质量地完成了人民银行金融统计数据报送、银监会非现场监管报表和客户风险信息报送、人民银行征信信息报送等工作任务，数据质量不断提升。从2009年初开始，我行顺利完成了金融统计数据集中报送新旧系统程序切换，原总账传输系统（GLMIS）停止向人民银行报送数据，正式采用统计管理信息系统（SMIS2.0）向人民银行报送全行三层四级的金融统计数据，在商业银行中率先完成新旧系统两套数据的衔接工作。2009年11月，总行信息中心被中国人民银行授予“金融统计数据集中先进集体”的光荣称号，同时获得“先进团队奖”、“优秀组织奖”、“业务创新奖”三项殊荣。

二、为经营管理决策提供了大量数据信息

信息中心依托统计管理信息系统、信贷管理信息系统、数据仓库系统等为各级经营管理决策提供了大量数据信息支持，对信息披露、贷款投放进度把握、信贷结构调整、中小企业经营、支持“三农”贷款、贷款质量考核、重点区域联动营销、外部评价等工作的开展起到了不可或缺的信息支持作用。2009年2月，我行正式启用新一代信贷管理信息系统（CMISII）进行信贷信息的权威发布与应用，实现信贷数据全行集中，搭建全行统一的信贷信息发布应用平台和质量检核监测平台，圆满完成了CMIS3.0下线后的对外数据披露工作，实现了新旧系统的平稳切换，并在2009年增加开发固定报表124套，扩充自由查询指标116个，新增对公房地产业务、客户财务信息、利率信息等五项信贷专题分析。2009年底，总行数据仓库整合了34个系统的数据，完成82个数据服务需求，实现了财务绩效类、风险管理类、监管合规类、客户分析类、运营和内部管理类等五大类35个业务应用。主导编辑的《同业信息周报》《同业存贷款经营指标分析》《同业主要银行监管指标分析》《宏观经济金融指标运行情况初步估计》《宏观经济金融运行结果分析》《月度全行经营指标分析》《建设银行经营情况与风险状况分析》等分析报告，为行领导及各级管理机构及时掌握宏观经济走向、了解市场和同业情况提供了依据；还为全行工作会议、分行行长座谈会提供了参阅材料——《主要业务统计资料》。此外，信息中心对企业信息门户网站的外部信息资源进行整合，建立了外部信息资讯平台，为全行用户便捷地查询和共享应用外部信息提供了便利。

三、推动新资本协议相关工作开展

根据我行新资本协议工作安排，信息中心按期完成了数据及第三支柱实施咨询项目，编写了新资本协议数据需求说明书，设计了数据需求管理体系，提出了数据质量要求，实施了数据合规性验证，提出了数据质量改进方案，确定了三大风险加权资产和监管资本计算规则，设计了建设银行RWA计算系统及未来监管及外部披露报表系统实施方案。在咨询成果基础上，正式启动RWA计算及监管报表系统开发项目，并根据新资本协议数据需求及RWA计算要求，推动对公信贷流程系统、押品管理信息系统、零售分池系统、金融市场业务风险管理系统等数据源系统优化改造，解决数据问题。

四、健全制度，夯实信息管理基础

为适应数据源系统的调整变化，建立新系统

架构下信息管理流程和控制机制，进一步提高数据信息质量，2009年信息中心修订了《中国建设银行信息管理工作综合考评办法》（建信息［2009］40号）、《中国建设银行个人信用报告异议处理管理办法》（建总发［2009］119号）等制度，出台了《中国建设银行新一代信贷管理信息系统信息质量管理办法（试行）》（建总发［2009］157号）、《中国建设银行企业征信系统运行管理办法（试行）》（建总发［2009］184号）、《中国建设银行企业级数据仓库业务需求管理办法（试行）》（建总发［2009］180号）等制度。

五、开展业务检查，查找数据质量问题

2009年9月，信息中心对湖南、福建、宁夏、四川、甘肃等分行的统计及征信工作进行了现场检查，并对检查中发现的问题发文供全行借鉴，加强对分行的监督指导起到了积极的推动作用。积极配合银监会开展监管统计现场检查，对检查组提出的问题及时沟通，并组织总行13个部门研究整改落实措施，形成完整的整改报告上报银监会。牵头组织人民银行征信中心关于个人和企业征信数据质量现场核查工作，研究数据问题的解决方案，促进征信数据质量进一步提升。

六、加强信息管理，提升数据质量

为便于及时发现并推动解决数据质量问题，2009年4月，总行信息中心启动CMISII数据质量改进与应用拓展项目，扩充系统检核规则，改进数据质量，并启动信贷信息管理流程优化项目，运用六西格玛工具，全面梳理CMISII新系统架构下的信贷信息流程，定位风险环节，制定改进措施。与此同时，数据仓库系统建立了数据质量管理平台，新增配置了2 362条数据检核规则，保证了数据质量的持续提升。为了从源头上提高数据质量，2009年2月，信息中心发布关于印发《中国建设银行数据标准公共代码部分（第四批）》的通知（建总发［2009］14号）；2009年6月，发布《中国建设银行数据标准公共代码部分（第五批）》（建总发［2009］123号）；2009年5月，发布《押品类型数据标准》（建总发［2009］110号），并正式启动产品数据标准的制定工作。2009年11月，信息中心牵头，联合个贷部、房金部和信用卡中心制定并发布了《个人客户身份识别信息采集规范（暂行）》（建信息［2009］57号）。此外，针对资本充足率报表中资产证券化业务、各项减值准备、汇率、利率及其他衍生产品合约风险资产等指标口径不够精准的问题，以及国家四部委对中小企业的统计口径与我行口径的差异等问题进行专门分析，对指标口径、数据处理流程等进行优化完善，使监管报表的数据质量更加准确、合理，持续改善数据质量。

七、加强信息整合，提升服务支持能力

2009年，信息中心继续推进总行数据仓库系统建设，于年底完成了数据仓库三期实施项目，并正式启动四期的立项工作。为配合新资本协议信用风险组的数据需求，信息中心牵头对个人征信系统进行了优化，实现了模拟登录人民银行征信系统的功能，把获取的客户信用报告以数据源的形式保存下来，使相关系统能通过统一途径获取人民银行征信信息，实现数据共享，有效地避免了不同业务系统重复查询的现象，满足了个贷评分和信用卡申请评分的需求。同时，将从人民银行征信系统和建设银行资产保全系统、保理系统、内部评级系统、集团客户系统、海外分行系统的数据整合进入总行数据仓库，有力地支持了相关风险类应用项目的实施，较好地满足了监管报告及合规披露的数据要求。积极推进分行综合数据管理平台建设与管理工作，与信息技术管理部共同提出了"分行综合数据管理平台应用支持与推广——2009"项目，并基本完成了项目的立项工作。

执笔：李晓杰
审稿：王怀伟

研究工作

2009年，研究部在总行党委的正确领导下，在分管行长的悉心指导下，紧紧围绕建设银行战略愿景和经营目标，认真贯彻“研究工作要与全行业务经营紧密结合”的指导思想，紧贴业务实际，更加注重与部门、分行相结合，集中力量开展对全行关注的热点难点问题的研究，在宏观经济、金融同业、行业研究等各个方面都取得了具有一定价值的研究成果，为全行战略规划、政策制定和业务经营提供了必要支撑。

一、更加突出了研究工作的针对性和务实性

针对建设银行业务经营中的热点难点问题，先后完成了《我国融资租赁业务发展趋势分析》《银行系金融租赁公司比较分析》《对我行融资租赁业务发展的建议》《建设银行渠道互动的紧迫性与推进策略》《中国基金市场发展趋势》《五大行基金托管与代销业务比较》《中期票据市场发展趋势和建设银行对策》《建设银行企业年金业务角色选择策略》《银行进入交易所债券市场前景分析》《龙卡汽车卡增值服务和网银盾成本列支问题》等一批业务研究报告，为解决困扰我行业务发展的一些急难问题提供了思路与方案。此外，研究部先后向董办、行办、资债部、财会部等提供宏观经济形势分析材料10多份；多次参加总行有关部门组织的业务研讨活动；参加了94个总行级战略性客户的营销团队，积极参与实际业务营销工作；配合这些部门接待客户来访，开展客户营销，深入到中投公司、北汽福田等重点客户，介绍当前经济金融形势和今后政策走向，为客户提供价值增值服务。

在为分行服务方面，随着上海“双中心”发展战略的出台，研究部与上海分行共同组成专题组，撰写完成了《建设银行服务上海“双中心”建设若干建议》等三份系列报告；面对2009年珠三角地区新的发展形势，与广东省分行合作共同提出了《落实〈珠江三角洲改革发展规划纲要〉的若干建议措施》；根据行领导的指示和北京市分行的要求，与北京市分行共同组成专题组，初步完成了《北京市分行战略定位与发展》四份系列报告；参与了苏州分行三年规划的制定及云南省分行有关水电开发专题的研究；面对天津滨海新区、海西经济开发区等国家区域规划带来的发展新机遇，我们与相关分行共同撰写了调研报告，为明确有关区域业务发展战略提供了重要支持。

二、行业研究取得突破性进展

为了加强行业研究，我们在年初就把行业研究确定为部门工作的重中之重。第一，在部门内部进行了资源整合，将区域研究处与行业研究处合并，加强行业研究队伍，并且吸收部分博士后参与到行业研究中来。第二，明确行业研究目标，即紧密围绕建设银行业务重心，服务于全行市场拓展、信贷审批和风险控制。第三，确定14个行业作为全年重点研究领域。第四，推出《行业动态专报》，对20个大类行业进行实时跟踪分析。第五，加强调查研究，突出行业研究的针对性和务实性。在团队的共同努力下，形成了《城市轨道交通发展及建设银行对策建议》《石油行业发展趋势及我行对策研究》《钢铁行业需要关注的问题》《船舶行业发展趋势及我行金融服务策略》《风电行业发展情况及我行对策研究》等一批有价值的行业研究报告。

三、宏观形势分析能力进一步提高

2009年，面对百年不遇的全球经济金融危

机，把握宏观经济走向的难度空前加大。宏观研究团队广泛收集美国、日本、欧盟以及中国等主要经济体的权威数据，及时跟踪每周甚至每天的主要经济指标变化趋势，对全球经济进行全天候观察。在国内生产和出口急剧下滑、大量企业停产、大量农民工返乡、全社会悲观情绪蔓延的情况下，国际国内知名机构普遍预测2009年我国GDP增长率将下降至6%以下，而我们在深入分析的基础上，在年初就果断提出了我国GDP全年将增长8.3%以上。在全社会普遍预测各大银行利润将会出现负增长的情况下，我们同样在年初预测建设银行利润将会增长10%以上。我们按季度形成的《2009：中国经济金融形势分析与预测》《经济触底回升，全面转暖也有不确定因素》《经济回升将进一步加快，货币政策微调力度逐步加大》《经济回升态势继续巩固，全年经济目标能够实现》等多篇关于经济金融形势发展的分析预测报告，为全行作出正确的工作安排提供了富有价值的依据，同时在社会上也获得了积极的影响。

四、进一步深化银行同业发展动向与趋势研究

2009年，研究部进一步深化了银行业经营环境和同业发展研究，完成了《中国商业银行发展报告（2009）》，并在此基础上推出了14份系列研究报告。通过详尽的数据分析和大量的案例比较，总结了在全球金融危机背景下中国商业银行在改革发展和经营管理等诸多方面的新特点、新趋势、新变化，对于全行经营发展具有重要的参考和借鉴意义。同时，研究部还于第三季度推出了我国上市商业银行财务状况和风险状况系列共计9份研究报告，及时对比、总结、分析了上市商业银行经营业绩和风险管理状况，为我行业务拓展和风险管理提供了决策参考。

五、积极参与对外交流，扩大建设银行和研究部的知名度和影响力

由于研究部推出的研究成果得到了业界的普遍认同，主要新闻媒体、重要财经报刊、知名门户网站争相转载，转载次数达上千次。研究部先后为行领导参加的有关论坛、峰会、年会准备综合材料、演讲稿、报告等20多份；全年共参加并发表主题演讲的学术研讨活动达20多次；接受中央电视台、新华社、第一财经、国外媒体等采访、专访数十次；会见美国公使、美国财政部副部长、卢森堡财政大臣、世界大型企业联合会董事长、西班牙国际银行经济学家、JP摩根高管、剑桥大学教授、牛津大学副校长等外国政府官员和经济学家20多次。这些对外交流研讨活动对提升建设银行及研究部的知名度和影响力起到了积极作用。

六、研究产品体系不断丰富完善，研究深度、广度和及时度不断提高

2009年，我们在巩固、提高原有的三个“拳头”研究产品《研究报告》（全年共18期）、《决策参考》（全年共34期）、《中国商业银行发展报告（2009）》的基础上，根据新形势、新任务，适时推出了4个新的研究产品系列：1月份推出了《经济金融国际要情》（全年共42期），3月份推出了《行业动态专报》（全年共116期），5月份推出了《经济金融月度观察（月刊）》（全年共7期），11月份我们又推出了《经济金融热点追踪》（全年共6期）。新的研究产品系列的推出，使得研究部的研究产品体系更加完善。从结构看，有周、双周、月、季的研究产品，还有根据全行中心工作的热点难点问题随时推出的热点追踪；从研究方向看，有宏观经济研究、金融同业研究，还有行业与区域研究；从服务对象看，既有深度报告，也有前沿资讯。在研究产品数量翻番增长的同时，质量也得到提升。全年得到行领导重要批示的研究报告有30多份，同时，大量的报告得到了总行部门、分行的广泛认同和赞誉。

七、“两刊”质量稳步提升，“窗口”和“平台”作用日益显现

为进一步发挥“两刊”的效应，2009年扩大了《投资研究》的版面，由48页增加到64页，并着力提高刊物的理论深度和实际应用价值。全年围绕宏观经济金融形势、全球危机治理、房地产业发展、上海“两个”中心建设、人民币国际化、政府融资平台等热点问题，通过开辟专栏及特别约稿，刊发了一批具有较高理论深度和实际应用价值的文章，在社会上引起了较大的反响，

《投资研究》的品牌形象得到有效提升。《现代商业银行导刊》坚持正确的舆论导向和务实的行刊风格，紧紧围绕全行中心工作，及时传达总行党委的战略意图与工作要求，介绍国内外先进的经济金融理论，展示全行研究成果，交流工作经验，探讨企业文化建设，较好地发挥了平台和窗口作用。“两刊”全年共出版25期，刊登文章400篇，处理来稿2 400余篇，审稿量达到2 000万字。

八、博士后工作站工作得到进一步改进

博士后工作站是建设银行选拔人才、培养人才的又一基地，也是提升研究水平和展示建设银行国际大银行品牌形象的方式之一。2009年我们以高度的责任心和使命感，严格把关，精心挑选，招收了三名第三届博士后。同时，在总结经验查找不足的基础上，对博士后工作进行了积极改革，一是在招收培养方式上，改变与高校、科研院所联合招收、联合培养的方式，探索单独招收、独立培养的模式。二是在培养方向和培养目标上，突出实用性，突出与建设银行业务发展的紧密联系，将博士后培养方向和培养目标彻底转到建设银行实际业务经营与发展上来。为了强化博士后培养与建设银行业务实际的紧密结合，分阶段吸收部分博士后参与了行业研究、市场研究的部分工作，取得了较好的效果，博士后得到了锻炼，研究力量得到了充实。

执笔：孙永红
审稿：郭世坤

股权投资与战略合作业务

2009年4月2日，总行正式设立股权投资与战略合作部，负责全行境内外股权投资、子公司和参股公司管理以及与战略投资者战略合作。

一、落实与美国银行的战略协助，推动全行业务发展和管理改进

2009年，组织中国建设银行和美国银行双方完成5个协助型项目、6个咨询型项目和86个经验分享项目，协调组织派出3期24人的赴美跟岗培训，有效解决了相关业务管理难题，提升了客户服务和管理水平，促进了人才队伍建设。

一是通过实施高端客户事件驱动型关系管理项目，上海古北、江苏无锡和广东中山等3家财富中心实现了对高端客户的精准营销和深度关系维护，专业化经营和精细化管理水平明显提高。

二是通过实施小企业项目，设计并推广应用了行业筛选与客户筛选工具，建立起标准化的销售及管理流程，弥补了建设银行小企业业务领域缺乏统一的行业和客户识别工具的空白，解决了前端销售缺乏标准化流程和管理路径的问题，有效地提升了客户筛选的准确度和客户经理的营销效率。

2009年1月15日，中国建设银行与美国银行战略协助项目启动仪式在北京举行。

三是通过实施网站销售流程优化项目，构建国际一流的网站在线销售流程，打造了国内领先的基金网络服务平台，并创造性地实现了网站与网银交易直通，提高了网站销售贡献度。建设银

行网站基金频道客户日均点击量比上线前增长了354%，访问量占比提升了5个百分点。2009年12月，建设银行网站日均客户浏览量达到1 395万个，较2008年同期增长了205%。

2009年4月21日至5月27日，建信收益增强债券型证券投资基金向全社会公开募集，并于6月2日起正式成立。

四是通过实施交易对手风险管理项目，开发了交易对手风险计量模型，并成功应用到外汇交易敞口的计量，使建设银行交易对手风险管理达到国内同业领先水平。

五是建立国内同业第一个产品创新实验室，创建了专门致力于银行产品研发的流程体系和方法，实施成立以来，已经完成和正在开发的新产品原型数量达到10个。

六是完成领导力发展推广、高级领导发展设计、IT服务管理平台、IT供应商管理、管理会计以及VOC系统等6个咨询型项目，在提升建设银行领导力培养能力以及基础管理水平等方面将长期发挥作用。

七是组织完成86个经验分享项目，较大程度地提高了战略协助受惠面。项目数量同比增加50%，涵盖19个业务部门的需求，美方专家来华授课40批次，近千名员工参加培训或研讨会。

2009年9月21日至10月30日，建信沪深300指数证券投资基金（LOF）向全社会公开募集，并于11月5日起正式成立。

此外，组织安排3期24名管理人员赴美跟岗培训，并对跟岗培训实施全程管理，组织每期跟岗人员回行后作报告和讲座，分享培训成果，跟进制订和执行工作改进计划，借鉴美国银行经验有针对性地解决突出问题，取得了良好效果。

二、稳步推进股权投资项目，提升专业能力和水平

一是把握市场机会，审慎开展股权投资。严格按照董事会、高管层的决策以及并购战略纲要的指引，广泛跟踪研究潜在并购目标，谨慎选择投资对象。2009年跟踪研究境内外并购项目24个，完成尽职调查项目4个，参与投标项目3个，完成签约项目2个，完成交割项目1个。

2009年10月，完成以建行亚洲为主体收购

AIGF 项目，使建行亚洲迅速获得 50 万新的客户资源和完整的信用卡经营平台，港澳地区业务资产接近 2 000 亿港元。

2009 年 12 月，完成收购太平洋安泰股权项目的尽职调查和协议谈判等工作，建设银行与 ING 签署了《股权转让协议》，与太保签署了“股权收购的合作意向书”。

此外，推进建银国际与其他机构成立基金管理公司，投资上海银行股份，完成对渣打银行和广州农村信用社的尽职调查等。

2009 年 10 月 27 日，建信金色助学计划——新疆财经大学公益助学活动启动仪式在新疆财经大学举办。

二是加强股权投资基础研究和管理，促进投资并购专业能力的快速提升。制定股权投资内部工作规程，规范并明确了股权投资工作流程和方法；建立项目库，分类登记和动态管理 85 个储备项目，改变了过分依赖中介获取信息的状况；组织开展建设银行客户海外需求专题调研，掌握了客户海外活动的第一手材料，摸清了客户海外发展所处阶段以及金融服务需求；完成各类市场分析和项目研究报告 10 份，并向董事会战略委员会提交了境内外股权投资策略和工作计划建议，为我行投资决策提供了支持；举办一系列战略并购、估值模型和并购整合等培训和交流活动，投资团队的专业技能明显提高。

三、改进子公司管理，推动集团实现战略协同

2009 年，着手理清子公司管理思路，明确管理模式，完善管理机制，加大对子公司的支持和服务，有力地促进了子公司业务发展和效益提升。截至 2009 年底，建信租赁、中德银行资产总额分别同比增长 67.6% 和 80%，建信信托的信托资产规模、建信基金管理的资产净值也分别同比增长 459% 和 16%，这四家子公司实现净利润共计 2.55 亿元。

首先，梳理子公司管理思路，确立战略指导型管理模式。在深入调研子公司和开展同业交流的基础上，组织召开全行子公司管理工作座谈会，力促全行树立集团化经营观念，明确以战略协同为核心的子公司管理基本原则以及战略指导型管理模式，初步厘清了总行各职能部门在子公司管理中的职责分工。同时，指导各子公司制定 2010—2012 年发展规划，衔接建设银行集团战略，并根据各子公司所处行业及发展阶段等实际情况，实施差别化管理。

2009 年 11 月 26 日，副行长范一飞主持召开子公司座谈会，并作重要讲话，首席财务官庞秀生，投资理财总监毛裕民出席会议。

其次，完善制度与机制，推进子公司规范化管理。第一，开展子公司薪酬调研与改进项目，探索建立科学合理的激励约束及业绩评价体系，初步确立绩效考核与业绩挂钩、薪酬与预算挂钩的子公司激励约束机制；第二，制定子公司预算编制流程及方法，确保子公司规范编制预算、制订业务计划，既体现集团战略和回报要求，又符合子公司客观实际；第三，研究制定派出董事的信息沟通与报告机制，解决了总行与子公司长期存在的信息沟通渠道不畅问题，定期编制《子公司动态分析》，为总行管理层和相关部门提供决策依据；第四，圆满完成银监会对我行并表管理

检查的组织协调，以此为契机，全面梳理并表制度，落实整改措施，提升了集团并表管理水平；第五，配合总行相关部门制定与子公司管理相关的10余项规章制度，进一步完善了建设银行集团化管理制度体系。

最后，加强对子公司的服务与支持，促进协同效益的发挥。2009年，积极协调总行相关部门和分行与子公司保持密切联动和协同支持，加大对子公司服务和支持力度，取得了一系列成果。第一，建立各子公司与总行相关部门的固定联系人制度；第二，在分行KPI考核指标体系中增加与子公司业务战略协同指标；第三，在建设银行互联网站开辟专栏，增加子公司宣传信息和营销内容；第四，促成集团客户部与建信租赁公司共同开展产品推介；第五，举办专题培训班，提高建设银行派出到子公司人员的履职能力；第六，召集总行相关部门协商解决子公司经营中的难点问题，比如，通过增加资本金、同业存款等方式解决了中德住房储蓄银行流动性支持问题，等等。

四、深化与战略伙伴的业务合作，加快培育发展新型农村金融机构

一是创新性地提出合资设立村镇银行控股公司方案。2009年，深入研究中国农村金融需求以及村镇银行业务模式，形成了以规模化、专业化、集中化的经营模式发展村镇银行，拓展了农村金融业务的总体思路。在此基础上，与西班牙桑坦德银行开展了反复协商和充分论证，研究提出了合资设立村镇银行控股公司方案，形成了详尽的可行性研究报告。2009年12月，上报建设银行董事会审议通过《关于与西班牙桑坦德银行合资设立村镇银行控股公司的议案》，随后，以建总函［2009］143号文向银监会呈报了《中国建设银行关于与西班牙桑坦德银行合资成立村镇银行控股公司的请示》。银监会对建设银行积极探索发展村镇银行的投资与业务的创新模式给予了高度评价。

二是加快发起设立村镇银行，规范已设村镇银行经营管理。2009年，从全国布局的角度研究村镇银行的总体规划和选址策略，组织有关分行加快推进村镇银行申报和筹建工作。2009年中，完成了浙江苍南建信村镇银行的筹备和开业；组织论证并批准筹备上海浦东、河北丰宁、陕西安塞、安徽繁昌、浙江青田和武义6家村镇银行。同时，通过梳理制定村镇银行规章制度、业务和管理流程，协调相关部门开发上线代理村镇银行支付系统，配合相关部门开展对已设村镇银行的审计等工作，初步规范了已设村镇银行的经营管理，完善了风险内控机制，促进了已设村镇银行合规经营和稳健发展。截至2009年底，湖南桃江建信村镇银行和浙江苍南建信村镇银行贷款合计2.68亿元，存款合计3.32亿元，前者实现净利润92万元，后者亏损18万元（开业仅7个月）；两家村镇银行资产质量保持良好，不良贷款率均为零。

执笔：周赵丹

审核：谢瑞平

境内子公司改革与发展

一、建信基金管理有限责任公司

（一）业务发展概况

2009年，建信基金管理公司在股东的大力支持，在董事会、监事会、管理层的正确领导下，秉持“诚信、专业、规范、创新”的核心价值观，积极推进战略实施，保持业务稳步发展，取得了较好的经营业绩。公募基金规模达到437.33亿元，特定单一客户资产管理业务规模为1.54亿元，特定多个客户资产管理业务规模为12.35亿

元，投资咨询业务资产规模为23.02亿元，投资管理业绩稳步提升，全年实现净利润7 546万元。

（二）主要经营管理举措

1. 进一步扩大资产管理规模。2009年，公司不断加大营销力度，完善产品线布局，扩大资产管理规模。公司顺利完成建信收益增强债券型证券投资基金和建信沪深300指数证券投资基金（LOF）两只新基金募集工作，首发规模达到132.9亿元。截至2009年底，公司共管理9只公募基金，其中6只股票基金，2只债券基金，1只货币基金。公司还发行了5只特定多个客户资产管理计划，总规模达到12.35亿元。

2. 稳步提升投资管理业绩。2009年，通过不断优化公司投资理念，以内部培养与外部引进相结合的方式提升团队战斗力，进一步完善激励机制，激发团队积极性，构建量化投资研究平台，公司旗下基金投资业绩持续提升。固定收益类基金继续保持优良业绩，尤其是稳定增利基金在34只可比基金中排名第2位。权益类基金业绩与2008年相比明显提升，其中核心精选基金表现较好，在220只可比基金中排名第29位。公司管理的非公募投资组合运作良好，处于行业中上游水平。

3. 继续加强团队建设。2009年，公司进一步完善了人力资源配置，强化人才梯队建设，提高了员工工作积极性；加大了培训投入，初步建立了制度健全、管理规范的培训制度，培训效果明显提升；系统梳理了绩效指标，绩效考核进一步优化，更加符合业务发展的实际情况。截至2009年12月31日，公司员工共计153人，其中66%以上的员工具有硕士及以上学位，17%以上的员工具有海外留学或工作经历，92%的员工具有金融、证券从业经历，员工平均年龄32岁。

4. 进一步提高公司治理水平，公司运作规范稳健。2009年，公司进一步完善公司治理结构，提高公司治理水平，继续坚持依法合规经营，切实维护基金持有人的合法权益。同时，大力推动合规文化建设，优化内控工作流程，完善合规性风险监控指标体系建设，注重流动性风险和信用风险管理，公司全年未发生重大投资风险，未存在违法违规行为，并在监管层多次检查中获得好评。

二、建信租赁股份有限公司

（一）业务发展概况

2009年底，公司资产总额达到82亿元，年内净新增租赁资产为44.2亿元，租赁投放累计达80亿元，租赁资产质量优良；负债总额为34.6亿元；股东权益总额为47.4亿元；实现税前利润1.65亿元，净利润1.24亿元。

（二）主要经营管理举措

1. 修订完成了三年规划。2009年，公司根据国内外经济形势变化和市场实际情况，及时修订并完成了公司2010—2012年业务发展规划，明确了今后三年的工作目标。公司紧紧围绕总行总体发展战略，以客户为中心，以市场为导向，积极开拓创新，努力打造国际水准的租赁公司品牌。

2. 加强联动营销。2009年，公司结合国内外经济、金融形势变化，研究和调整了公司的营销策略，加大市场营销力度，重点加强对电力、交通、基础设施、能源等行业优质客户的服务力度，共为十几家分行客户提供了融资租赁服务。通过举办建设银行和公司银租联动座谈会等形式，介绍租赁业务产品和案例，进一步加深了分行对租赁业务的理解和认识，初步建立了联动机制。

3. 不断推出创新产品。公司的直接租赁业务已推向市场；经营性租赁、厂商租赁产品开发已完成；完成了第一笔联合租赁项目；买断型应收租赁款转让已完成1个项目；飞机租赁业务获得突破，已签署第一笔飞机租赁交易合同；公司在天竺综合保税区开展飞机租赁业务的项目公司即将正式成立。

4. 强化基础管理和风险管理。公司进一步做好基础工作，加强制度系统化、标准化建设，优化业务流程，控制业务关键风险点，做好租前调查、审批和租后管理工作，贯彻总行风险政策和风险偏好，强化风险管理，确保租赁资产质量。

三、建信信托有限责任公司

（一）业务发展概况

2009年，经银监会批准，建设银行投资控股原合肥兴泰信托有限责任公司，重组设立了建信信托有限责任公司（以下简称建信信托）。2009年7月底，建信信托完成了金融许可证换领和企业法人营业执照变更，注册资金为15.2727亿元，其中建设银行持股比例为67%。

2009年，在总行党委的正确领导和高度重视下，建信信托重组工作稳妥有序推进，规范管理水平明显提升，各项业务快速发展，取得了较好的经营业绩，有效地发挥了信托功能优势，为丰富建设银行产品线、满足客户多样化金融需求作出了积极贡献。截至2009年底，固有资产规模达到45.43亿元，信托资产规模达到275.55亿元，均为2008年底的5.6倍，实现净利润7 207万元，比2008年翻了一番，新投放贷款及投资没有形成不良贷款。

（二）主要经营管理举措

2009年，建信信托认真贯彻落实总行综合化经营发展战略，一手抓自身建设，一手抓市场拓展。自身建设方面，着力构建完善公司治理结构，确保经营决策有效有序运转；制定了三年发展规划，明确了发展的指导思想和思路；设立了与业务特点和发展战略相适应的内部组织机构；系统梳理和优化了业务管理流程，积极推进管理制度体系建设；牢固树立风险意识，强化内部控制，建立健全风险管理体系；统筹规划，分步实施，全面提升了信息化水平。市场拓展方面，紧紧围绕与集团的战略协同业务，在总行相关部门的大力支持下，先后与总行和20多家分行实现了业务合作或达成合作意向，并且与相关分行签署了全面业务合作协议，有效促进了业务的快速发展。

四、中德住房储蓄银行

（一）业务发展概况

中德住房储蓄银行成立于2004年2月，由中国建设银行和德国施威比豪尔住房储蓄银行共同投资组建，注册资本金10亿元。2008年底，该行在原有住房储蓄业务的基础上开办了个人住房贷款、房地产开发贷款等业务，转型成为全国唯一一家专业经营住房信贷业务的商业银行。

（二）主要经营管理举措

2009年是中德银行转型后的首个经营年度。该行在经营模式上始终追求专业化、特色化，在服务对象上以住房保障群体及从事保障性住房开发建设的企业为重点。

首先，传统的住房储蓄业务特色鲜明，通过引导购房消费者有计划地进行规律性存款来降低和锁定未来购房融资成本，在减轻购房者还贷压力的同时帮助其规避利率风险，2009年实现住房储蓄合同额和合同份数分别同比增长56%和57%。

其次，于2009年新开办的个人住房贷款与房地产开发贷款业务发展迅速，保障类住房信贷市场占有率处于领先地位。一是全年新增个人住房贷款近10亿元，特别是保障类个人住房贷款当年新增1.79亿元，新增市场占比达到50%以上；二是房地产开发贷款结构鲜明，保障性住房开发贷款余额占该行房地产开发贷款总余额的86%，且新增市场占比同业领先。

此外，中德银行在推出基础性贷款产品的同时，重点加强个人住房贷款与住房储蓄产品的组合设计，把个人住房贷款的即期消费优势，与住房储蓄的信用约束机制、利率风险管理优势结合起来，形成相对普通按揭产品的比较优势，先后研发推出了个人住房与住房储蓄组合贷款、省息贷等创新产品。2009年，贷款新增25.57亿元，增幅达到1 173%，信贷资产质量优良，不良贷款率继续保持为零。

五、湖南桃江建信村镇银行股份有限公司

（一）业务发展概况

2009年，桃江村镇银行取得了良好的经营业绩，年底资产总额达到32 592万元，其中贷款总额为12 237万元，涉农贷款达84%，贷款不良率为零。负债总额为27 524万元，其中全口径存款余额为22 310万元。累计计提拨备190万元，实现税前利润139万元。

（二）主要经营管理举措

桃江村镇银行结合本地实际，确定了“立足桃江、服务‘三农’、支持中小企业”的发展宗旨，将信贷资源向本地有特色的养殖业、竹木业、建材业等支柱产业倾斜。针对客户资金需求短、平、快的特点，充分发挥一级法人机制灵活、决策链条短的优势，提出了“机制活一点、利率低一点、速度快一点”的“三点”要求，确定了在同业中的竞争策略。同时，在担保方式上不断推陈出新，推出了“致富之星”中小企业贷款系列，包括产业链担保贷款、担保公司担保贷款、

股权质押贷款、经营权质押贷款和企业联保贷款等创新品种。

在战略协同方面，桃江村镇银行与当地建设银行分支机构实现业务联动，在共同营销项目、相互推荐客户等方面发挥各自优势。建设银行对目前不能提供信贷支持的中小企业客户，推荐给村镇银行先进行信贷支持。待企业发展后，再由村镇银行推荐给当地建设银行继续提供信贷支持，争取达到效益最大化。

六、浙江苍南建信村镇银行股份有限公司

（一）业务发展概况

苍南村镇银行于2009年5月26日开业，年底资产总额达到25 976万元，其中贷款总额为14 629万元，涉农贷款达65.7%，贷款不良率为零。负债总额为10 994万元，其中全口径存款余额为10 913万元。2009年12月底，利润总额为负17.83万元。

（二）主要经营管理举措

开业以来，苍南村镇银行坚守合规经营的原则和“金融创新，服务‘三农’”的理念，一方面建立健全内控制度，加强员工培训工作；另一方面立足当地市场，跟踪市场动态变化，及时把握经营区域内整体贷款规模、资金投向、利率水平、风险控制等信息，充分发挥村镇银行独立法人信息收集反馈快、方针政策制定快、实施快的优势，针对当地农村金融需求和当地市场专门设计贷款产品，推出了农户联保贷款、企业联保贷款、“速贷顺”流动资金贷款、“致富通”专业大户贷款、农民助业贷款等面对中小企业和农业专业大户的贷款品种。

执笔：周赵丹

审核：谢瑞平

公司业务

一、全面完成年度经营目标，对全行效益贡献不断提升

（一）贷款平稳较快增长，总量控制精准

公司类人民币贷款新增6 787亿元，同比多增2 681亿元，增速为24.57%，控制在总行下达的计划目标之内。公司类贷款中，票据贴现新增650亿元，累计贴现7 407亿元，满足了收益和流动性管理的双重需要；房地产类贷款新增450亿元，增幅为13.41%，低于公司类贷款11.16个百分点；小企业贷款新增875亿元，同比多增464亿元，增幅为42%。

（二）企业存款快速增长，新增同业第一

人民币企业存款8月底突破四万亿元大关，张行长亲自致信祝贺，给予了充分的肯定。2009年底余额为41 749亿元，新增9 520亿元，完成全年计划的两倍多，且没有冲时点。新增额居同业第一位，是继2006年以来又一次同业新增第一；增幅为29.5%，高于一般性存款3.5个百分点；活期存款新增占比达到74.6%，有效降低了资金成本。公司机构类账户折算后新增19万户，完成全年计划的318.5%。从折算前实际账户新增情况来看，基本结算账户新增2.3万户，规模以上基本结算账户新增8 167户。

（三）中间业务增长迅速，竞争力不断增强

累计实现对公中间业务收入292.8亿元，同比多增近78.5亿元，增幅达36.6%，高于全行平均水平14.3个百分点；在全行收入占比达58%，同比提高5.43个百分点。其中，公司部牵头中间业务产品收入达104.1亿元，同比增长36.6亿元，增幅为55.71%，公司部牵头产品收入额、增长额、增长率、计划完成率均居对公部门之首。国内保理、审价咨询增幅高达334.1%和107.2%；单位人民币结算、银团贷款收入同比增

长95%。同业比，银团贷款收入居四行首位；单位人民币结算、境外担保和银团贷款增长额居四行首位；国内保理增长率居四行首位。

2009年2月，总行公司部印制全行第一本《公司客户中间业务营销案例集》，以加强全行公司客户中间业务行际间交流，促进公司客户中间业务发展。行长张建国为案例集亲题序言、总监顾京圃亲任总编。

（四）结构调整成效显著

1. 行业结构调整进退有序、保压分明。支持国家四万亿元投资项目446个，贷款余额达2 278亿元；支持国家十大振兴产业贷款余额为8 358亿元，占公司非贴现贷款余额的29.2%，新增1 401亿元，占制造业新增的93%。全年“三农”贷款新增1 660亿元，占全行对公贷款新增额的25.6%，增幅达39%。

重点调控领域中，截至2009年底，“产能过剩”、“高耗能、高污染”、“节能减排”等16个调控行业不良贷款余额为116.07亿元，较年初下降24.98亿元。11个名单制管理行业不良贷款余额为49.46亿元，较年初下降18.48亿元。2009年底，全行对公房地产贷款比年初新增450.4亿元，增幅为13.41%，远低于全行对公非贴现贷款23.62%的增幅。与同业相比，我行对公房地产贷款新增四行最低，贷款余额第三。截至2009年底，我行全部政府融资平台客户共1 544户（与7月底相比，贷款回收销户99户），贷款余额为6 462.55亿元，比年初新增2 679.54亿元，比7月底增加156.73亿元，信贷投放速度明显放缓；餐饮娱乐业连续5年负增长。继续推进信贷退出，全年共退出贷款760亿元，涉及客户6 291家，超额完成全年计划。

2. 客户结构上，贷款资源向小企业客户、优质客户集中。小企业重点推进行由16家扩展到22家，研发了小企业特色产品和管理工具。小企业信贷客户新增9 436户，完成全年计划的134.8%；小企业非贴现贷款新增785.7亿元，完成全年计划的120.9%；小企业不良贷款退出42.6亿元，完成全年计划的118.2%。22家重点推进行贷款新增828亿元，贷款增幅达49.7%，高于小企业平均增幅2.6个百分点。84.3%的贷款投向制造业和批发零售业、科技和采矿业四个不良率低于平均水平的行业。高信用等级客户占比继续提高，76%的贷款投放于A级以上客户，比上年提高12.11个百分点。房地产行业新发放贷款中78%的贷款用于支持AA级及以上优质客户，77%的贷款投向重点区域优质客户。

3. 产品结构上，传统与新兴并进。基础设施非贴贷款余额为15 352亿元，占公司类贷款的46%，较年初新增3 490亿元，新增占比53.6%，增幅达29.4%，高于平均增幅5.2个百分点；新兴业务齐头并进，累计向28家客户发放并购贷款125亿元，继续领先同业；累计向1 890家企业发放网络银行贷款47.8亿元，贷款余额为33.7亿元。“诚贷通”小额无抵押贷款以22个重点推进行为基础向全行推广，已发放5 300万元，研发小企业助保金贷款产品，已向7家分行推广，适应新形势，率先推出外贸企业“内贸通”系列产品，共为989家外贸企业客户提供了服务，信贷业务余额达150亿元。

（五）资产质量持续优化

对公不良贷款余额为542.1亿元，比年初减少154.1亿元；不良率为1.52%，比年初下降0.92个百分点，实现了持续“双降”，资产质量在四大行中继续处于领先地位。16个调控行业不良贷款余额为125.37亿元，较年初减少15.68亿元，不良贷款率为1.33%，其中11个名单制管理行业不良贷款率仅为0.73%。房地产不良贷款余额为77.73亿元，比年初减少46.55亿元；不良贷款率为2.04%，比年初下降1.66%。小企业不良贷款余额比年初减少22.3亿元，不良贷款率为2.53%，比年初下降2.39个百分点。

（六）财务效益稳步提升

全年累计实现公司类客户贷款利息收入1 887亿元，占全行贷款利息收入的79.75%，同比提高2.26个百分点；实现贴现利息净收入50.91亿元，买入返售票据利息收入13.84亿元。对公非贴现贷款利差达4.58个百分点，高于全行平均0.68个百分点。公司类贷款收益率为5.87%，较上年有所下降，但比各项贷款收益少降31个基点。

二、加强市场营销和交叉销售，扩大客户基础

（一）加强银政企合作

从2008年11月起加大市场营销力度，牵头组织了总行与苏州、宁波、大连、山东、湖北、河南、陕西、重庆、上海政府及大型企业战略合作签约活动，对分行与地方政府的签约活动进行有效指导，仅2009年上半年就累计与政府、企业签署战略合作备忘录及协议290个，金额达34 635亿元，取得较好营销效果和社会影响。开展与交通部的全面战略合作，积极参与推进不停车电子收费系统试点工作。与交科院联合在吉林推广试点高速公路不停车收费项目，2009年11月与交科院、吉林高管局三方签署协议，正式启动省内高速公路上线工作。

（二）积极开展区域联动，促进区域业务发展

组织召开珠三角地区协调委员会2009年度例会，筛选出178项集团客户及重大项目联动需求；搭建联动信息平台，进一步促进珠三角地区分行与驻港机构的业务联动。截至2009年底，珠三角各机构已成功组建银团3项，授信额度达81亿元，实现投放27.54亿元；内保外贷完成19项，已审批金额达13.8亿美元；实现海外代付199笔，金额达16.1亿美元；NDF业务102笔，合同金额达24.62亿美元，联动工作成效显著。

（三）加强交叉营销，积极推进信用卡发卡

与信用卡中心联合召开全行公司机构条线信

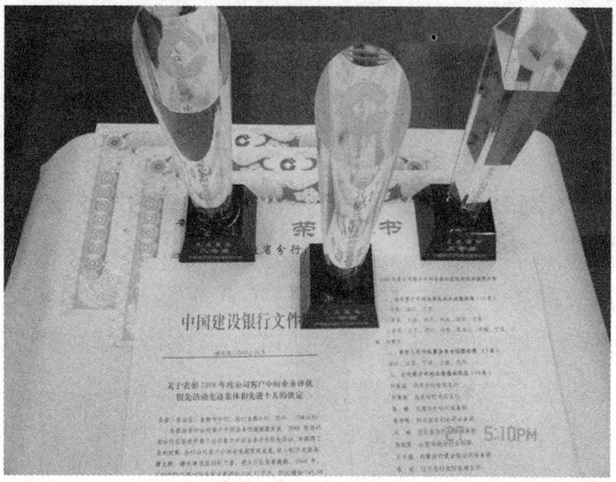

2009年3月，中国建设银行对2008年度公司客户中间业务评优创先活动先进集体和先进个人、公司客户中间业务产品创意征集活动获奖作品及先进集体进行表彰，通过创意征集活动建立了全行第一个“公司客户中间业务产品创意库”。

用卡营销视频会，部署全年对公业务条线信用卡发卡工作。针对发卡进展情况，2009年11月与信用卡中心联合下发《关于继续做好公司（含集团）业务条线信用卡联动营销的通知》，指导分行加大发卡联动营销力度。截至2009年底，公司（集团）业务条线发卡新增63.2万户，完成全年发卡计划的105.34%。

（四）组织对公产品营销推介，树立良好品牌形象

2009年10月、11月在江苏和广东举办了两期区域大客户公司业务介绍会，邀请当地98家区域重要客户参会，重点向客户推介了最新产品“内贸通”以及供应链融资、并购贷款、现金管理等重点产品，联合私人银行部开展了企业高管交叉营销，企业高管对我行融智增值服务给予了高度评价。

（五）建立小企业联动营销机制

下发了《关于小企业业务与财富管理及私人银行业务联动营销的指导意见》，搭建服务平台，建立保障机制，共享客户资源和产品服务；参与高端部组织的小康杂志营销活动；加强与国际业务部联动营销，配合下发《关于下发〈中国建设银行小企业外汇业务整体服务方案（简称“速贸通”）〉的通知》，全方位满足小企业客户金融服务需求。

三、深化改革，推动公司业务战略转型

（一）信贷经营职能整合工作取得了较好成效

对17家对公信贷经营职能整合试点分行进行调研，撰写了《关于对公信贷经营职能整合进展情况的报告》和《对公信贷经营职能整合试点工作的总结报告》，全面总结试点工作取得的成效，分析整合工作取得成效及遇到的难点问题，对进一步推进信贷经营职能整合提出相关建议，动态跟踪试点分行经营职能整合的进展情况。

（二）加快专业经营机构建设

按季开展对公业务专业化建设情况专题调查，截至2009年底，全行公司业务条线共建立专业化经营中心848个，比年初新增224个。其中，大中型客户经营中心建设成效显著，比年初增加151个；小企业经营中心、企业年金中心比年初分别增加57个和16个，为专业专注和精细化管理打下了良好基础。

四、强化产品创新和管理，提高盈利能力

（一）完成全年产品创新计划

牵头组织公司业务条线2009年产品创新计划编制工作，认真组织落实计划，全年共完成10项（其中计划外5项）产品创新，计划完成率达111%。

（二）积极推进产品创新

推出转让型银团贷款，形成了以直接银团、转让型银团、内部银团三类产品为主的银团贷款产品体系；存款产品创新和系统优化工作取得突破，先后修订下发了人民币单位协定存款、人民币单位通知存款管理办法，为重要客户设计了七天自动转存和约定转存的存款理财功能，增强了我行对公存款产品的市场竞争力；完成“工程保”、“定向保理”、“应收账款池融资”、“融票”等产品设计工作；继“e贷通”之后，成功研发“e单通”产品，确立并巩固了我行网络银行业务的领军地位；继续完善供应链融资产品系列，推出国内信用证融资、保兑仓融资等新产品，保兑仓业务目前已在6家分行进行试点；整合“内贸通”系列产品，推出国际贸易融资、国内供应链融资、并购贷款及结算等三大系列产品。

（三）强化产品管理体系

研究制定了《中国建设银行对公产品管理暂行办法》，并经第15次行长办公会审议通过下发。该办法首次明确提出了全行对公产品管理责任体系的组织架构和我行对公产品矩阵式管理模式，即在全行层级管理为主的基础上将全部对公产品形成从总行管理端到支行销售端的纵向管理链，建立起对公产品在总行部门“包管到人”的责任体系。

五、加强业务指导，完善制度建设

（一）加强业务分析和指导

2009年初下发全年工作要点，指导分行开展工作；按季度对公司业务运营情况进行全面分析，内容丰富、形式新颖，具有较高的参考价值，多次得到行领导的高度评价；对未来三年公司业务盈利性进行分析，提出了业务发展策略；针对政府融资平台、产能过剩行业、制造业、批发零售业贷款和房地产业贷款增长形势，撰写了《关于我行政府融资平台客户贷款情况的报告》《关于我行两高一剩行业贷款情况的报告》《关于我行制造业、批发零售业贷款情况的分析报告》和《房地产开发类贷款业务有关情况的报告》，形成了《总行级重点客户现状简要分析报告》，自2006年重点客户年检以来首次较为全面地对重点客户进行细化分析，实现了对重点客户的月度调整和经济资本占用系统季度调整。

（二）深入开展调查研究

梳理相关区域经济金融政策及业务发展机调，明确发展重点和目标，形成《区域政策研究及差别化政策建议》；根据银监会和人民银行的要求，撰写了《中国建设银行支持西部大开发有关情况报告》和《关于建设银行做好金融支持西部大开发总结评估报告》；为指导全行对公条线在贷后管理年中发挥积极作用，切实解决贷后管理的若干关键问题，会同风险管理部和授信管理部对深圳、广西等分行进行了调研，撰写了《关于贷后管理调研工作情况的报告》，为制定贷后管理年工作方案提供了支持。派员参加银监会、人民银行召集的有关政府融资平台、绿色信贷、文化创意产业、节能减排等政策研讨会，积极提供意见

和建议，并一起到有关部委调研，研究制定有关金融政策。

2009 年 5 月 5 日，董事长郭树清赴江苏省苏州市、镇江市与小企业客户代表进行座谈。

（三）完善制度建设

下发了《关于加强公司类大额贷款支用管理的通知》，建立了大额贷款支用核准备案制度，进一步加强了贷款的投放监测；制定下发了小企业、房地产、中间业务、企业存款等各项业务的指导意见。结合当前形势，起草了 2010 年贷后管理、结构调整、产品管理、供应链融资、造价咨询、票据贴现等业务的指导意见 10 余份，以及贷后管理办法、客户营销分配管理办法、对公业务综合评价办法等文件，将于近期修改后陆续下发。

（四）加强重点客户管理

一是严格准入门槛，分两次启动重点客户新增认定工作，对分行推荐上报的 3 533 个客户进行了审查，最终认定了 1 313 个客户为总行级重点客户。二是狠抓基础管理，将 3 641 个存量重点客户在 CLPM 系统进行标识，建立了重点客户动态管理基础，为客户调整提供了依据。三是完善管理制度，对原重点客户管理办法进行修订，进一步规范了管理要求和业务流程，提升了重点客户的满意度、依存度和贡献度。

六、强化基础管理，提升经营管理水平

（一）完善贷后管理体系

下发《关于加强公司类客户信贷业务贷后管理的通知》，要求抓住重点行业、重点产品、重点客户和关键风险点，加大贷后管理力度。对公预警客户跟踪管理（CEWM）系统正式全面上线，为加强贷后管理提供了平台。2009 年 6 月初组织召开全行贷后管理工作视频会，进一步提高了全行对贷后管理工作重要性的认识。

（二）认真组织全行开展自查和风险排查工作

先后开展了新发放对公贷款资金使用情况自查；票据业务和大额存款账户案件风险滚动排查；贷款资金流向、项目资本金、票据业务等“五项检查”；虚增存款、产能过剩行业及重复建设项目贷款管理等四类风险的自查。

（三）切实做好检查发现问题整改督导

完成了 2008 年审计署发现问题公司业务部整改情况报告；面对多项检查工作，下发了《关于做好公司业务条线信贷业务审计检查问题整改工作的通知》，督促分行边查边改；对内部审计汇总报告中的风险提示事项追踪落实，督促分行完成审计发现问题整改工作。

（四）优化完善信息系统功能

完成了 OCRM 二期的开发和全行上线推广工作，初步形成以“客户经理为主体、客户数据为基础、客户管理为核心”三位一体的对公客户关系管理平台。在对公信贷流程管理系统、网络银行、保理、票据等系统中新增“e 单通”、工程保理、分离式保函等 17 个新产品，积极配合人民银行推行电子票据业务要求，在信贷流程管理系统和票据贴现管理系统中实现了承兑汇票业务的全流程电子化处理功能。根据审计提出的系统整改意见，增加了 CLPM 系统数据维护相关功能模块的审核流程。实现了对小企业三位一体流程模式和小企业低信用风险流程模式的支持，实现了对公客户新评级模型的部署并完成评级流程改造工作，为审批人提供政策制度检索及合规风险预警等审批决策支持的相关功能，实现了按新规则对客户额度进行管控，建立了押品管理流程。

七、加强队伍建设，提升人员素质

（一）加强沟通协调，圆满完成全年培训任务

2009 年共完成培训 25 期，累计培训 1 729 人次，完成全年培训计划的 126%。加大境外培训、高端培训力度，举办了 4 期境外培训，累计培训 191 人次。一级分行公司业务部总经理清华大学培训、百佳客户经理香港培训已成为公司业务的品牌培训，对外影响力日益提升。

（二）积极开展协作，配合办好高层培训

协助人力部举办7期培训，累计培训349人次。其中，协助举办二级分行主管副行长专题研究班5期，培训300人次，形成30份有价值的专题研究报告，有力地促进了对公各部门的业务发展；协助举办一级分行主管行长英国培训班2期，培训49人次，进一步开阔了高层管理人员的国际视野。

执笔：袁　麟

审稿：靳彦民　袁桂军

集团客户业务

一、主要业务数据

截至2009年底，集团客户部所辖客户贷款余额为24 538.08亿元，占全行对公贷款余额35 666.16亿元的68.8%，比年初增长了4 312.23亿元，增幅达21.32%。其中，总行级战略性客户贷款余额为6 705.96亿元，占全行对公贷款余额35 666.16亿元的18.8%，占集团业务条线贷款余额24 538.08亿元的27.33%，比年初增长了615.99亿元，增幅达10.11%。

所辖客户存款余额为11 231.33亿元，占全行对公客户存款余额42 538.59亿元的26.4%。其中，总行级战略性客户存款余额为3 709.75亿元，比年初增长了665.56亿元，增幅达21.86%。

所辖客户不良贷款余额（含保全类客户）为281.58亿元，比年初减少了96.85亿元，减幅为25.59%，不良贷款率为1.15%（剔除转保全客户后不良贷款率为0.23%）。其中总行级战略性客户不良贷款率为0.04%。

二、主要经营管理情况

（一）市场触觉敏锐，积极抵御金融危机

2009年，总行层面策划并完成高层营销248次，其中行长级64次，总经理级184次；对重要客户或重点项目进行总部营销470次，开展牵头营销168次；与优质大型集团客户签订银企战略合作协议和各项重要协议75项；组织申报集团客户授信限额方案310笔，审定授信限额达14 433.3亿元，组织内部银团119笔，大项目营销亮点纷呈。其中，在中水电崇信火电项目和四川成简快速公路项目上贷款签约29亿元，份额占比85%；在中石化及其成员企业短期融资券和中期票据承销中占据65%的市场份额，继续保持优势地位；赢得了铁道部国铁、合资铁路、装备购置项目45个，新增铁路项目储备48个，新增贷款储备金额达1 932.8亿元，成功中标北京等8个铁路局的年金账户管理和托管业务；成功营销航天科工集团现金管理业务，并将集团本部基本户从工行转移到我行，打破了工行对该集团的长期业务垄断；争取到华能集团近300亿元的融资份额，为16家融资银行中的最大份额，占华能集团2009年度全部融资额度的1/3；成功营销联通移动全国26个分公司基本存款账户，进一步确立了我行为联通移动最主要合作银行的地位。

通过全部门员工的不懈努力和全条线、各部门的通力协作，集团客户部2009年获得大量行内外褒奖，如“铁路路网项目营销服务流程优化项目”获“全行流程优化及标准化建设优秀项目奖”；营销案例“服务致远——总行成功营销铁道部体会”在“客户营销服务实践案例征集评选活动”中获得一等奖；营销案例“谁与争锋——建设银行营销服务京沪高铁项目”荣获《银行家》杂志（公司业务类）金融产品十佳奖。

（二）结构调整效果明显

面对金融危机的挑战，全行加大了结构调整力度，规范新增贷款投向，严控贷后风险，由于动手早、动手快，集团客户部在开局之初取得了主动地位，抢在同业之前，赢得了一批好项目、好客户，从而为结构调整留有了较大的回旋余地。2009 年所辖客户的新增贷款资产质量稳步提升，结构调整取得明显成效。

从行业结构来看，新增贷款主要投向国家 4 万亿元投资拉动行业，“控”、“压”类行业的新增投放集中于行业内优质客户；贷款新增较多的行业总体上与 4 万亿元投资支持行业相符，其中商务服务业、公共设施管理业的余额占比稳步上升；贷款增长前十大行业中，七个行业属于行内 2009 年加大投入、保证增长的行业范围；化学原料及化学制品制造业、黑色金属冶炼及压延加工业、批发业、房地产业等“控”、“压”类行业，新增贷款基本集中于行业内优质客户，四个行业新增贷款中 AA（含）级以上客户占比均达到 80% 以上；A（含）级以上客户新增占比达 93.06%。

从客户结构来看，AA 级客户新增占比超八成、余额占比提高，全部新增贷款的 91% 集中于 AA 级客户，AA 级客户贷款增长 3 947.13 亿元，客户结构趋势向好。

从区域结构来看，各区域贷款增长相对均衡。其中，环渤海地区贷款波动较大，东北地区增长相对较少，中西部地区受益于 4 万亿元投资政策支持，贷款增长最多。

从产品结构和期限结构来看，基本建设贷款新增占比近五成，五年期以上和一年期至三年期贷款占全部新增贷款的八成。

（三）坚持稳健经营，贷款步调平稳

2009 年经济金融形势复杂多变，我部积极顺应国家宏观调控政策，坚决贯彻党委意图从年初开领行业信贷投放之先，到 4 月份开始放慢脚步，均本着实事求是的态度，审慎经营，坚持业务发展与风险防范并重，节制信贷投放冲动，以长远的眼光经营客户，以清醒的头脑把握风险。截至 2009 年 12 月底，建设银行总行级战略性客户贷款比年初增长了 615.99 亿元，增幅达 10.11%，各季度、月间贷款投放节奏较为均衡。

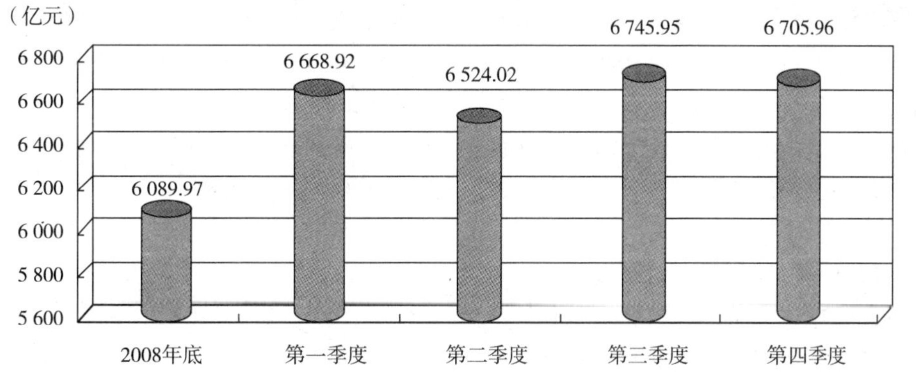

战略性客户各季度贷款情况

（四）总分支三级联动，发挥平台作用

2009 年继续坚持“搭建平台，共同唱戏”的理念，进一步挖掘集团客户作为我行开展多项业务的综合平台作用，有效地带动了中间业务、年金业务、租赁业务、信用卡等业务发展乃至个人高端客户的拓展。

1. 组建总行跨部门客户服务团队，综合平台作用凸显。贯彻行领导指示，正式下发了《关于总行建立跨部门集团客户服务团队的通知》，根据目前 94 家总行级战略性客户的特点，组建 32 个主要行业的服务团队，每个服务团队由集团客户部相关专职客户经理担任负责人，各部门指派业务相关、工作得力的专门人员参加，部门协作进一步深化。通过集团客户部与各有关部门密切配合，2009 年全年在成功牵头营销客户中，年金业务赢得初始归集资金合计 102.26 亿元，企业参加年金业务人数合计约 127.3 万人；所发行额 782.05 亿元中期票据中，我行已承销 402 亿元；所发行额1 391亿元短期融资券中，我行已承销 679 亿元，已审批待由我行承销157.5 亿元；新发龙卡数量合计约为22.45万张，已达成发卡意向性承诺0.6万张；新发个人按揭贷款金额合计约为8.4亿元，业务结构调整获得重大改善。

2. 总分支行纵向联动，“建行速度”引人瞩目。在“以客户为中心”理念的指导下，始终坚持为客户提供最优质的服务。近年来金融服务同质化趋势明显，能够提供全面的金融服务固然重要，能否在第一时间为客户排忧解难也至关重要。集团客户部注重整合总、分、支行资源，通过高效率的内部配合，屡次以快捷、及时的“建行速度”为客户提供服务，为客户所称道。2009年1月，湖南分行所属总行级重点客户水电八局为参加某铁路投标，需我行出具10亿元信贷证明，但该客户在湖南分行授信额度不够，经办行在获悉情况后，马上向湖南分行作了汇报，分行紧急致电总行请求支持，在总行集团客户部、授信管理部的支持下，从客户提出需求，到分配授信限额、额度授信审批，然后出具信贷证明，仅仅用了24个小时，充分体现了总分支行三级联动的效率，得到了客户的高度赞扬。

3. 推动区域资源整合，筹划区域业务发展。为积极响应国务院对海峡西岸经济区等7个区域经济规划布局，组织各前、中、后台部门，对海西地区、大连软件园等地进行实地调研，高度关注区域业务的发展。协调分行召开了第二届北部湾经济发展研讨会，关注北部湾—东盟商圈的发展动向；牵头总行调研小组赴福建专题调研了海峡西岸经济区规划和建设等情况，并与四省一市分行座谈分析了我行在支持海西发展中遇到的问题及相关措施和工作建议；持续推动环渤海区域的联动营销，并通过《泛环渤海区域联动快报》，促进区域内信息共享；赴大连软件园进行实地考察，与总行有关部门和分行共同分析在支持区域经济发展中面临的困难和问题。

（五）条线管理推陈出新，进一步理顺内部关系

1. 改革创新，优化内部架构及条线管理。认真贯彻科学发展观，建立健全精细化管理体系；按照专业、专注的原则，增强条线的业务经营和管理能力，建立相对完善的服务集团客户的组织架构；按照条线利润中心的目标，强化总行直接经营与条线管理的职能，实现责、权、利相结合的管理模式。

2. 求精求细，将总行级战略性客户做实。出台《关于总行级战略性客户享受差别化政策的通知》、《关于印发〈中国建设银行总行级战略性客户管理办法（试行）〉》等一系列规章制度，进一步提高战略性客户精细化管理水平，切实提高服务集团客户的市场竞争能力。

3. 深入研究，为业务发展把脉开方。加强对所辖行业/客户的研究力度，起草了《国内3G发展现状》《我国液晶面板生产行业浅析》《北欧三国考察报告》《钢铁行业信贷报告》《韩资企业与我行业务分析报告》《台资企业在大陆投资及与我行合作情况的调查报告》《关于海峡西岸经济区的专题调研报告》等13份研究报告，并得到行领导的认可和重要批示，对全行集团客户部业务的发展起到了指向作用。

执笔：周　婧

审稿：程远国

机 构 业 务

2009年，全行机构业务条线按照总行党委的部署和要求，主动应对形势变化，及时捕捉市场商机，紧紧围绕“突出一个领域，拓展两个平台”的工作思路，前瞻布局民生领域金融服务，不断拓展财政和金融两大平台，以创新促转型，以品牌赢市场，超额完成年度计划，顺利实现了各项工作目标。

2009 年 4 月 14 日，中国建设银行 2009 年全行机构业务工作会议在北京召开。

2009 年底机构业务贷款余额为 2 070.70 亿元，较年初增长 664.24 亿元，增幅达 47.23%，不良贷款额、不良贷款率实现双降，不良率低至 0.66%。机构业务存款在 2009 年首次突破20 000亿元，年底余额达 22 209.86 亿元；一般性存款活期余额占比 73.2%，较年初提高 0.5 个百分点。中间业务收入首次突破 50 亿元大关，实现部门口径中间业务收入 60.38 亿元，较上年增长 26.96%；2009 年已有 5 个中间业务产品收入超过 2 亿元，其中代理保险和“百易安”业务收入已超 10 亿元。

一、把握民生领域业务商机，在同业中成功首创品牌，形成先发优势

结合国家一系列“保增长、扩内需、调结构、惠民生”的政策和措施，总行及时抢抓机遇，前瞻研发了针对民生领域金融服务的全行性品牌——“民本通达”综合服务方案。作为银行同业中首个针对民生领域的金融服务品牌，“民本通达”打破银行传统的对公和个人业务界限，紧紧围绕民生领域客户的现实和未来需求，突出为民生领域客户提供全流程的综合化金融服务。

作为银行同业中首个针对民生领域的综合服务品牌，“民本通达”初步奠定了我行在民生领域的先发优势，并带动了相关业务的迅速发展。截至 2009 年 12 月底，全行教育、卫生等重点民生领域贷款余额达 1 904.12 亿元，同比增长

2009 年 11 月 25 日，中国人民解放军总后勤部司令部与中国工商银行、中国农业银行、中国建设银行三大国有银行在北京举行军人保障卡业务合作协议签约仪式，正式启动军人保障卡联合发行工作。行长张建国出席签约仪式并致辞，副行长陈佐夫代表中国建设银行与中国人民解放军总后勤部司令部共同签署了合作协议。

48.56%；教育、医疗、社保、环保领域相关存款余额达 5 324.53 亿元，同比增长 30.24%。通过抓教育厅、卫生厅、社保局、环保局等主管部门入手，有效拓展市场。推广期间全行成批营销了包括中国科学技术大学、重庆大学、北京交通大学、中国医科大学第一附属医院、哈尔滨医科大学第一附属医院等优质客户在内的累计 1 441 家民生领域新客户。通过全流程的综合化服务，不断拓宽我行产品覆盖面，鼓励分行延伸客户链条、拓宽产品线、丰富方案内涵。

试点及推广以来，各分行认真贯彻落实总行工作要求，以“民本通达”为平台，抢抓民生领域政策商机，积极投身业务转型，勇于开拓新兴市场，紧盯客户和基本账户营销，精准地把握了客户综合化服务需求的最新发展，得到了客户和客户主管部门的高度认可和欢迎，取得显著成效。

二、以产品为依托，加强联动营销，打造财政业务平台

（一）“八一工程”完成三年预定目标，由以往星星点点、零零散散的业务状态，转化为与军队武警客户群体全面开展业务的良好局面

截至 2009 年底，圆满完成“八一工程”预期目标；通过“一网三卡”产品的有效推广和应用，密切了与部队官兵的业务合作，开启与后勤

条线合作的新局面；深化了与部队综合性医院和院校的业务合作，与91家军队武警综合性医院、31个军队武警重点院校建立了良好的业务合作关系；在各级行建立了应急保障体系，并在抗震救灾、奥运保障和藏疆维稳等事件中得到实施和优化。

2009年12月15日，中国建设银行与总后勤部财务部"军队公务卡"军银业务座谈会在北京举行。此次座谈会的召开是中国建设银行与军队财务系统首次业务互动。

（二）完善信贷准入制度，制定重要领域行业指引，结构调整取得成效，事业法人业务实现质量效益双丰收

在进一步加强行业分析的基础上，集中编写了教育、医疗等8个行业信贷准入退出管理办法、信贷准入退出标准及综合金融服务指引，使基层行在兼顾风险与收益平衡的前提下，进一步调整结构，提升综合金融服务能力。总行先后与中国农业大学、中国科技大学等重点客户签订《战略合作协议》，陕西省分行与省教育厅、湖南省分行与湖南卫视、上海市分行与上海市第十人民医院等签署了业务合作协议。

（三）以财政存款、代理国库集中收付、公务卡三大业务为主的财政业务迈上新台阶

克服财政支付力度加大的困难，促进财政资金体内循环，财政及预算单位存款大幅增长，达到历史最高水平；中央财政授权支付业务代理预算单位数、代理资金支付量、代理手续费收入均居同业第一。公务卡业务蓬勃发展，全行累计发行预算单位公务卡126.62万张。紧抓源头信息，上下联动配合，高效开立民口科技专户，经财政部批准共计272家中央财政民口科技重大专项资金项目承担单位的财政特设账户落户我行。树立三峡金融服务品牌，服务民生领域，体现社会责任，被国务院三峡建设委员会办公室授予先进单位称号。

（四）有效应对市场形势变化，牵头重点地区客户营销，社保业务硕果丰盈

2009年，社保业务紧紧结合国家经济形势和政策变化，克服金融危机冲击下国家社保基金征缴减免等不利因素，总分行联动，加大重点地区社保客户营销，各项业务指标保持平稳快速增长。全行社保存款余额达2 988亿元，比年初增长620亿元；发行社保联名卡、医保卡等共计142万张；新增企业年金客户43户；广东、江苏、四川等分行在城乡居民一体化基本医疗保险、社保联名卡和新农合等重大社保领域取得突破。

（五）实施差别化指导，促进产品推广应用，有效发挥平台作用，政府机构业务蓬勃发展

2009年以来，通过对不同梯队实施差别化的指导策略，百易安业务收入达到14.08亿元，银关通及电子保函业务通关金额达308.60亿元。电子保函业务继续保持稳步增长势头，2009年业务量为66.45万元，为国际贸易类客户提供了有效产品。引导并支持分行对城市IC卡机构客户营销拓展取得有效突破，湖南省分行在未来8年中全面代理长沙公交IC卡充值及发卡业务。

三、同业业务优势持续领先，金融机构平台做实成效显著

（一）主动搭建银保合作平台，银保合作走向深入

2009年实现代理保险业务收入27.53亿元，连续两年与工行、农行同处银保市场竞争格局的第一梯队；网均产能20.20万元，在同业中排名第一。38家分行均进行了银保通系统推广，活动网点达到12 429个，网点活动率为95.67%。与平安人寿、平安财险、泰康人寿在部分分行进行网上银行销售保险试点。广东、湖南、深圳、青岛分行在电话销售、信函销售、保险理财顾问等销售模式上也积极进行了尝试。扩展银保合作内涵，争取到正德人寿、首创安泰人寿、光大永明人寿的托管业务。

2009年中国建设银行机构业务部获三峡移民资金监管工作先进集体光荣称号。

（二）证券业务新老产品并重，现实效益产品和潜力产品各有千秋

2009年CTS客户数净新增192万户，客户总数达1 923万户，实现存管手续费收入4.68亿元，客户总数及手续费收入继续保持市场占比第一。全行证券公司存款达3 966亿元，比上年同期增加2 193亿元。存管资金总量达3 709亿元，与工行的差距缩小。券商集合资产管理计划托管与代理推广业务取得突飞猛进的发展，全年新准入证券公司8家，新销售集合产品10只，首次募集金额合计60.1亿元；新增托管产品9只，同业排名第一位。

（三）创新转型、直接经营、强化内控，银行机构业务圆满完成全年经营任务

银行同业业务经营健康发展，加强与同业流动性资金安排，增强直接经营的意识和力度，全年累计开展存放同业业务达358.6亿元，实现利息收入超过2亿元；持续推进产品创新，完成了代理承兑业务的产品研发工作；加强维护同业客户关系，搭建同业合作平台；加强授信管理，推动全行债券、贴现等业务发展；牵头或参与制定授信业务风险底线、授信指引等多项管理政策文件，严格客户准入管理，防范同业经营风险的传导。

（四）非银行金融机构业务保持市场领先地位

全年共实现代理信托计划收入2.15亿元，稳居市场第一；银企直通车业务系统累计上线期货公司137家，签约投资者数量达39万户，居同业首位；我行组建的财务公司资金结算网络近70家，铺设覆盖率约为70%。以“民本通达”为依托，着手研究大连沿海经济带金融支持方案，为业务发展寻求新的基点和方向。

2010年1月30日，中国建设银行“民本通达”系列产品综合服务营销案例在来自全国的228份参评案例中脱颖而出，荣膺《银行家》杂志社、《银行家》“2009年中国金融营销奖”评委会2009年度公司业务类金融产品十佳奖。

四、加强业务的分类指导和风险防范，提高业务管理的专业化和精细化

（一）加大专业营销指导力度，通过各种渠道加强对分行的引导和指导

2009年成功召开了全行机构业务工作会议，成功举办了浙江、四川、福建等3次重要机构客户营销推介会议。及时为分行提供业务分析和案例指导，全面改版建设银行外网网页关于机构业务的版面和内容，更新24个机构业务产品相关信息；启动了《机构业务客户经理能力提升教材》的开发；优化内网栏目，更新网页信息930条；下发机构业务参考64期，为分行提供信息交流平台；组织了对全行机构业务中间业务及“八一工程”先进集体和个人的表彰；先后举办了高级管理人员新加坡培训班，3次全行性国内业务培训班及十余次单项业务培训，提高了机构业务从业人员素质。

（二）通过精细化管理实现业务督导，顺畅管理关系

从2009年5月开始，总行机构业务部按月召开月度经营形势分析会，通过多角度的分析比较，日渐精细和精准地反映经营现状，为分行提供更准确的指导；对于财政、社保类业务，按照区域

不同和发展潜力情况，制定分类指导措施，并指定专人负责，实现业务分类管理；军队武警业务通过建立区域联动营销指导制度来督导分行业务；事业法人业务实行总行直接联系行制度，加大联动营销；政府业务实施差别化指导策略，直接参与重点项目营销；保险业务按照收入潜力建立收入大行的监测分析制度；证券业务制定了证券公司总行级客户经理工作手册，对全行证券机构业务和重点产品实行月度和季度通报机制；银行业务强化资产业务本级经营取得可观效益；非银业务改变单人单岗工作模式，采取模块化工作，组建内部团队。

（三）注重风险管理和制度建设，树立健康发展观

在加强事业法人客户准入，强化对政府融资平台客户及项目风险管理的同时，2009 年，总行修订下发了一系列金融机构管理制度如中小商业银行风险防控、CTS 业务操作、保险业务危机事件的处理与合规经营、银信合作相关操作流程、非银行金融机构准入退出等，有效地保证在金融海啸环境下抵御风险。建立了重点客户动态管理制度，指导分行对 493 家重要客户全部运用“OCRM 系统”和“CLPM 系统”进行规范管理；编制了机构条线系列内部规章制度，提高经营管理水平；分行请示督办文件的办理效率、机构业务始终在全行部门中处于并列第一的水平，尤其办文，没有一件超过规定时限。

执笔：李　华　郭　华

审稿：任冬艳

国际业务

2009 年国际经济金融环境发生了巨大变化，面对不利形势，总分行齐心协力、积极应对，及时调整了经营和管理重心，在有效控制风险的前提下保证了各项业务稳健经营，经营业绩呈现许多亮点。

一、2009 年外汇业务经营情况

在总行各相关部门的密切配合和全行外汇业务员工的共同努力下，我行克服了国际金融危机的不利影响，主要外汇业务实现增长。

外汇业务扭亏为盈。外汇净利润同比增加 10 亿美元，实现外汇中间业务收入 51 亿元，在全行中间业务收入中占比 10%。

外汇存贷款业务保持了均衡发展。外汇存款稳步增长，外汇贷款增速得到了有效控制，外汇存贷比远低于中行、工行，保持了较好的外币流动性；贷款结构实现优化，贸易融资余额翻倍提升，在外汇贷款余额中占比较年初增长了 11 个百分点；转贷款余额仅次于中行保持同业第二，项目储备金额同业第一，备选项目个数占比 44.26；贷款质量进一步提高，逾期及非应计外汇贷款率下降。

国际结算业务逆市增长，国外保函业务兼顾规模、效益和质量。在全国外贸进出口下降 13.9% 的不利形势下，完成国际结算量 4 651 亿美元，同比增长 3.8%，在四行中唯一实现正增长。盈利水平进一步提升，国际结算业务收入（含国际保理收入）同比增长 8%。国外保函业务余额稳居同业第二位，继续保持对工商银行领先一倍的优势。

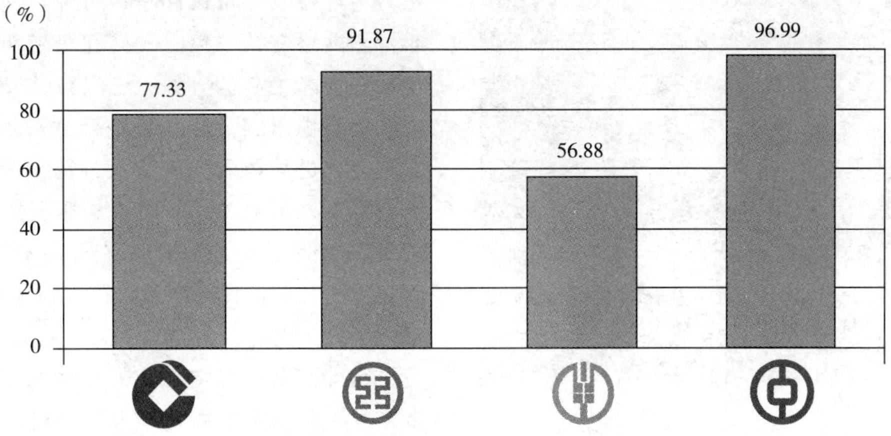

图 1　四行外汇存贷比（不含转贷款）情况（2009 年 12 月 31 日）

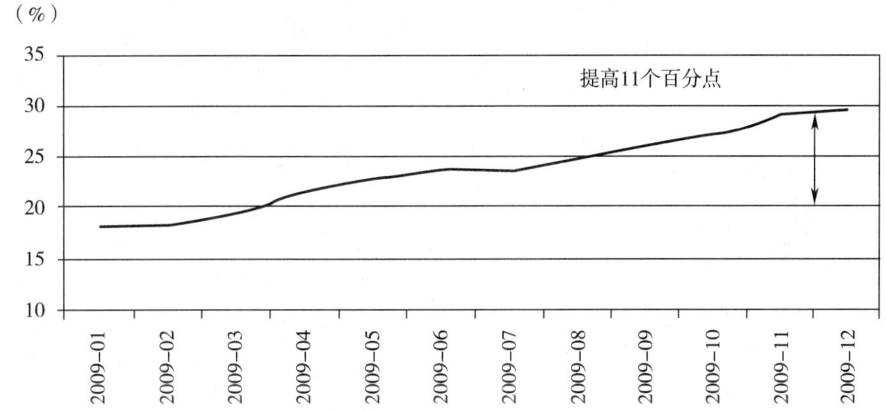

图 2　外币贸易融资余额在外币贷款
（不含转贷款）中的占比变化

2009 年 12 月 31 日四行国际结算量情况表

	国际结算量（亿美元）	四行占比（%）	同比增加（亿美元）	同比增幅（%）
建设银行	4 650.97	21.65	169.47	3.78
工商银行	5 458.81	25.42	−336.24	5.80
农业银行	3 491.09	16.25	−250.35	−6.69
中国银行	7 876.78	36.67	−3 306.97	−29.57
四行合计	21 477.65	—	−3 724.09	−14.78

代理外币结算/清算业务快速发展，已与 59 家中外资银行签订了代理结算/清算协议，手续费收入同比增长了近 3 倍。国外银行合作网络进一步扩大，与 132 个国家和地区的 1 402 家银行建立了总行级代理行关系。

二、2009 年国际业务工作主要举措

（一）多管齐下开源节流，外汇存贷款管理成效显著

2009 年外汇资金形势经历了从异常紧张转为资金过剩，之后又再度陷入紧张的过山车式变化，我行始终将保持外汇存贷款业务均衡发展作为工作的重中之重，根据市场形势变化及时调整了政策措施，在头寸紧张时大力组织吸收存款、控制贷款；在资金头寸充裕时坚持主动负债、扩大资金运用，通过调整外币存贷款价格及贷款额度管理政策，促进了成本收益的平衡，较好地完成了外汇存贷款管理的艰巨任务。一是确保了流动性。采取措施积极吸收外汇存款，在同业中率先实施“以存定贷”管理，有效地遏制了贷款快速增长

2009年6月6日，董事长郭树清在美国纽约出席中国建设银行纽约分行开业典礼并致辞。

的势头，避免了我行外汇贷款出现“猛投放、急刹车”的大起大落现象，外汇存贷比保持合理水平。二是优化了结构。大力压缩现汇贷款投放，价格优惠和额度审批尽可能向贸易融资业务倾斜，外币贸易融资余额翻倍提升，在不利环境下仍促进了我行国际结算业务的增长。三是拓宽了来源。多渠道筹集资金，为“走出去”贷款争取到了宝贵的专项资金。四是提高了收益。外汇存贷款价格管理卓有成效，谨慎审批分行外汇存贷款价格超权限申请，避免分行盲目参与价格竞争，以确保有限的外汇资金实现效益最大化。2009年12月我行外汇存款平均利率四行最低，存贷利差四行第二。

（二）继续发挥牵头管理职能，推动我行外汇业务管理能力稳步提升

做好全行外汇业务经营计划的汇总平衡工作，积极争取到对发展外汇业务有利的政策。在一级分行行长KPI大幅精简的情况下，保留了国际业务折算客户数指标；首次争取到按照国际结算收入总量挂钩人力和非人力费用的激励政策；加强了外汇业务市场准入管理，首次对新开办外汇业务分支机构经营情况开展跟踪调查，2009年批准新开办外汇业务对公机构81家，增办外汇业务对公机构51家，全行办理外汇业务的对公机构达到2 093家；完成了外汇金宏系统的全国推广，外汇局王小奕副局长专程赴我行视察，对我行工作予以充分肯定；论证了我行在上海设立国际业务分部和人民币国际结算中心的必要性和可行性，具体方案经行领导审议同意；为应对辽宁沿海经济带国家战略支持政策，我行起草了在大连设立船舶融资产品中心的方案，已经行领导同意，我部将积极组织落实；开展了外汇业务评优活动，对获奖的先进集体及先进个人进行了表彰，调动了全行发展外汇业务的积极性；履行短期外债管理职责，确保短期外债指标在外汇局核定的限额内；督促有关部门和分行严格执行各项外汇管理政策，确保了外汇业务合规经营，外汇局通报2008年我行执行外汇管理规定总体考核情况较好；及时转发了外汇局颁布的新考核办法，对各项管理规定的执行情况进行了梳理，要求各分行进一步明确本分行相关考核指标责任部门，保证了各项管理要求落实到位。

（三）加大产品创新力度，发掘新的业务增长点

为应对金融危机，国际业务部在大力推进传统产品的同时积极研发新产品，深入调查市场及客户需求，配合全行支持中小企业发展的要求，及时推出了票据保险融资、“融税通”、“融链通”等新产品，2009年被美国权威杂志《环球金融》评选为“中国最佳贸易融资银行”，并荣获中国进出口企业第八届年会“最佳贸易金融奖”。代理外币结算/清算业务再创佳绩，继成功取得人民银行境内外币支付系统港元结算行资格后，又争取到中国外汇交易中心银行间外汇市场美元代理结算银行资格。首批启动跨境贸易人民币结算业务，创造了市场上单笔最大金额纪录，业务量市场份额超过1/3。启动了外汇现金管理业务系统开发和制度建设工作，推出了出口信保担保和金融机构反担保项下国外保函业务，细化分离式境外工程保函。支持企业“走出去”，积极推进出口信贷及跨境银团贷款项目，包括多个国家“421专项”；飞机融资业务逆市增长。

（四）积极推动流程优化，业务处理效率显著提高

启动了“速贸通”试点，优化了小企业办理贸易融资业务流程；推进NTFS系统贸易融资风险控制及档案电子化管理工作进程；在信贷结构调整过程中为贸易融资争取到优惠政策，放宽了限额预警行业贸易融资核准权限；调整了“内保外贷”授信管理授权方案，简化了“海外融资保”审批流程，以充分满足业务灵活处理的需要；不断提高外汇清算质量和效率，获得了花旗、大通、纽约梅隆等多家账户行颁发的美元清算直通率优秀奖，标志着我行美元汇款直通率在国内银行中名列前茅。

稳步推进国际贸易单证集中处理进程，8 家境内分行、总行集团客户部及建行亚洲单证业务实现集中处理，牵头伦敦、香港、悉尼等海外机构单证业务集中工作，协助纽约分行完成了单证业务开办准备。

（五）风险防范与业务发展结合，保证了外汇业务的稳健发展

通过调整国外银行额度、分层次清理账户、开展风险排查、变更业务受理条件、加强贷后管理等一系列措施，及时应对金融危机，坚持一手抓风险防范，一手抓业务发展。

开发了国家（地区）和国外金融机构内部评级和限额管理信息系统，为我行国外银行风险管理的科学化发展奠定了基础。出具了国家（地区）风险分析报告，对国外银行进行资信监控和动态评级监测。规范了出口信贷业务管理与操作，优先发展低风险业务。在采取措施防范风险的同时，积极寻找与代理行合作机会和潜在业务增长点，与桑坦德银行等多家外资银行签署了业务协议。

认真做好风险排查，及时退出了部分高风险客户。调整了部分产品的受理条件，进一步加强贷后管理，提出了不同业务品种的贷后管理细化要求，保证了贸易融资和国外保函业务的健康发展。贸易融资业务资产质量继续改善，2009 年底不良余额为 2.49 亿美元，累计不良率为 0.99%，比上年下降了 0.9%；国外保函业务不良率维持较低水平。

在危机形势下充分发挥国际融资业务结构设计合理、风险分担有效、收入长期稳定的特点，有选择地发展国际融资业务。进一步规范了国际融资业务的管理和操作，出台了《出口信贷管理办法（试行）》及《出口信贷再融资操作规程（试行）》，为相关业务健康发展提供了依据。

（六）全方位开展学习培训，专业素质提升效果明显

组织各类专题培训，业务学习与经验交流并举。积极参加境内外研讨会，学习先进理念，拓宽经营管理思路。编撰国际业务专刊，共享经营管理经验，翻译出版教材，丰富外汇业务培训资料。积极参加总行本部培训讲座，支持相关部门开展外汇业务培训，在全行范围内普及外汇业务知识，获得中央金融团工委论文评比二等奖。

（七）积极促进国际交流，外事管理工作再上新台阶

配合总行有关部门，合理协调外事资源，为高管层和业务部门出访、考察、研讨等提供有力支持和保障。通过组织安排各类外事会谈，促进国际交流与合作，大力宣传我行企业形象；严格审核全行各类因公出访考察团组，重点保障与我行业务发展紧密相关的因公出访；充分发挥翻译专业优势，保证了全行对外交流与合作的顺利进行；外事管理系统已上线运行，初步建立了外事工作信息化管理框架。

执笔：展　佳
审稿：江建华

海外业务

2009 年，各海外经营性机构继续贯彻我行《海外发展战略纲要》，围绕“做强亚洲、巩固欧非、突破美澳”的海外业务发展指导思想，结合年初海外机构负责人座谈会的相关精神，努力优化资产及收入结构，降低债券投资业务占比，拓展国际结算、外汇清算等中间业务，深化境内外业务联动，开始着力贯彻海外业务转型。

截至2009年底，我行海外经营性机构资产总额为338.8亿美元，较上年增长22.3%；实现拨备后税前利润1.93亿美元，较上年下降5.3%。

一、总行对海外机构的业务管理、指导及支持措施

2009年，总行各部门按照全行《海外业务发展战略纲要》确定的目标，结合海外业务发展及国际金融市场的实际情况，采取多项措施，确保海外业务在不利的国际经济金融环境下平稳发展。

（一）成立海外机构管理部

2009年12月23日，海外机构管理部作为全行海外机构和海外业务的归口管理部门正式成立。海外机构管理部旨在集中原有分散在相关部门的涉及海外机构管理的主要团队和职能，改进海外业务管理模式，以形成管理合力，提高管理效率，加快我行海外业务发展步伐。

（二）组织召开海外机构座谈会

2009年1月21日至22日，全行海外机构座谈会召开。会议的主要议题是贯彻2008年秋季海外机构座谈会精神，围绕总行对海外机构经营转型和业务定位提出的最新要求，按照“熟悉市场、熟悉客户”和“一行一策”的原则，对各海外机构未来3年业务发展策略进行了逐一研究讨论，明确了各海外机构近期的工作重点和努力方向。

（三）总行各相关部门进一步加强了对海外机构和海外业务的管理、指导与支持

2009年，总行相关部门进一步完善了针对海外机构的各项管理制度，采取有效措施支持和保障海外机构业务转型的顺利开展以及境内外联动工作向纵深推进。

人力资源部下发了《关于境外机构管理有关工作的通知》（建人［2009］428号），进一步规范了海外机构的人力资源管理工作。

资产负债管理部为加强海外分支机构资金统筹管理、规范业务流程，牵头制定《关于调整海外分支机构系统内借款相关规定的通知》（建总函［2009］379号）；积极支持纽约分行业务发展，使总行在纽约分行美元账户的日均余额保持在合理水平，以满足全行美元清算需要；建立了海外机构资金头寸报告制度，以便及时了解海外分行资金头寸情况，加强海外机构的流动性管理。

财务会计部根据总行对海外机构提出的业务转型要求，按照“一行一策”的原则，进一步完善了海外分行考核制度和评价指标，并在充分征求总行相关部门及海外分行意见的基础上，编制了《2009年海外分行绩效工资考核挂钩方案》。

风险管理部根据各海外机构风险管理状况和水平，制定并下发了新的海外机构信贷业务授权方案；加强对海外机构授信业务的监控和分析，完成了《海外机构欧洲地区授信业务分析》；加强了对海外机构经济资本的计量和管理，以实现风险收益平衡；制定并下发了《关于进一步加强海外机构风险管理工作的通知》，要求海外机构在全行统一的风险管理体系下，结合当地监管要求，从组织机构设置、内部控制与合规管理、客户和业务准入标准、业务流程和风险报告等五个主要方面入手，加强风险管理和内部控制建设，促进海外机构业务健康快速发展。

审计部对香港、新加坡、法兰克福、约翰内斯堡、东京、首尔等6家分行2008年度主要业务经营管理情况以及伦敦、悉尼、纽约代表处2008年度财务收支情况进行了审计，并提出了相关审计整改意见和建议。

公司业务部于2009年5月召开珠三角地区协调委员会年度例会，总结珠三角地区分行和在港机构业务联动进展情况，并就内地分行与在港机构业务联动开展情况和加强与在港机构联动工作的思路进行了交流与讨论，为全年推进各项联动工作打下了良好的基础；此外，公司业务部还从珠三角各分行抽调专人组建深圳工作团队，作为珠三角地区协调委员会的办事机构以及香港地区协调委员会的联络机构。

金融市场部参与制定了各海外分行2009年资金业务授权方案；完成总行香港交易中心与香港分行资金部的整合工作，实现了统一管理、双线汇报、双重风控、主管派驻的条线管理业务模式；通过参与境外分行债券投资策略的制定和调整、对债券业务进行集中管理等方式，进一步落实全

行债券投资业务的垂直条线管理；向各海外机构下发了《2009 年度金融市场业务交易性市场风险限额表（海外分行）》，及时提示各海外分行风险指标的变化。

信息技术管理部会同总行有关部门，完成了海外核心业务系统（OCBS）在香港分行的上线工作，标志着我行在海外系统建设和数据集中方面迈出了重要的一步；完成了纽约分行和东京分行海外清算系统（GMPS）的上线工作，进一步完善了我行的全球外汇清算网络；同时进一步加强了对海外分行 IT 系统的支持力度，保障其 IT 系统正常稳定运行。

营运管理部对纽约、东京两地清算业务环境与要求进行调研，并在此基础上分析业务需求；对 GMPS 进行改造，拓展和优化相关功能；按期完成纽约、东京两家分行清算系统的上线工作，并通过多种方式支持全行美元、欧元、港元和日元清算中心建设；此外，为降低海外清算业务运行成本，营运管理部设计了境内境外协同完成清算工作的业务处理架构，并在外汇清算中心建立海外清算支持团队，将可分离的业务集中到境内处理。

二、各海外机构业务开展情况

（一）香港分行

1. 业务开展情况。截至 2009 年 12 月底，分行总资产为 161.69 亿美元，较上年增长 30%，其中一半源自海外代付业务的增长。分行 2009 年全年亏损 2.58 亿美元。2009 年，香港分行在银团贷款业务方面取得突破性进展，成功以牵头协调行身份安排 AMVIG、远洋地产、魏桥纺织股份有限公司及上海实业集团等公司的银团贷款；共签署授信承诺书 78 笔，总授信额度约 311 亿港元，主要集中于有联动概念、综合收益较高和具有代表意义的结构性融资项目；开发信贷类新客户 103 家；完成信用证通知业务（包括修改书）6 783 笔，较上年增长 45.4%；办理海外代付业务 1 611 笔，金额约 271 亿港元，笔数及金额均较上年有大幅增长；完成 NDF 交易额达 30.9 亿美元，同比增长近 62%，给分行带来 3 931 万港元利润；新增存款客户 141 户，年底存款总额达 718 亿港元，同比增长 31.5%；分行全年发行存款证共计 128 亿港元，发行额居在港银行首位。

2. 主要工作措施。

（1）进一步深化境内外业务联动。一方面，分行继续与建银国际在多个业务领域进行合作，积极推动我行投资银行业务的发展；另一方面，进一步加强与境内分行的业务联动，主要联动产品包括内保外贷、外保内贷、NDF 四方协议、挂钩结构性存款、账户监管协议、复杂性结构融资、清算、结算及贸易融资等。此外，为配合总行要求与业务需要，加强与境内分行的产品联动开发与推广，2009 年分行还制定并推出了多项产品，包括转开香港信用证业务；汇款授权账户服务；跨境人民币结算，有人民币储蓄存款、人民币往来账户以及人民币定期存款；非信用证项下订单融资业务；跨境贸易人民币结算下的“汇贷盈”等。

（2）进一步强化风险管理、提高内控水平。分行采取的措施包括，自 2008 年第四季度起推行全面风险监测季报，使分行管理层对日常经营中的市场及操作风险能够做到及时发现、及时处理，避免问题累积；根据标准普尔等国际评级机构的模板，参考相关银行同业的标准，自主研发全新的信用评级系统，并于 2009 年 1 月正式投入使用；对信贷审批委员会成员构成进行重检，彻底解决了前后台利益冲突的矛盾；全面梳理信贷审批流程，提高项目审批的处理效率；结合香港金融管理局的监管意见，对其他原有委员会构架实施调整，并根据各委员会的业务特性调整相关人员结构；按照总行及香港金管局的要求，严格开展反洗钱工作；根据业务发展情况，适时提出有关法律、合规及内控意见。

（二）新加坡分行

1. 业务开展情况。截至 2009 年底，分行总资产约为 9.56 亿美元，较上年增长 5%；分行全年业务开展情况良好，全年实现利润 2 666 万美元（含回拨准备金2 465万新加坡元）。

分行在银团贷款、内保外贷、保函业务、贸易融资、NDF 业务等方面与境内分行联动合作，并取得了良好的成效。截至 2009 年底，分行银团贷款余额约为 4.35 亿新加坡元，较上年底增长 64%。其中分行参与的一笔华能电力集团收购新加坡大士电厂的银团贷款，开创了以内保外贷方式参与长期银团贷款的新模式。受国内相关政策及利差收窄影响，分行双边贷款业务量有所下降，截至2009年底，余额约为2.05亿新加坡元，较上年底减少61%。由于部分债券到期以及减持，2009年底分行的债券投资余额较年初减少1.45亿新加坡元，减幅为28.8%，债券投资占比进一步下降。

2. 主要工作措施。

（1）重点发展境内外联动业务，并进一步加大在当地市场的业务拓展力度，逐步扩大基本客户数量，通过培养稳定的客户来源以形成稳定的收入来源，为分行的长远发展打好基础。在扩大业务规模的同时，分行严格注重对风险的防范，积极采取措施，保证资产质量，确保业务高质量、可持续发展。

（2）积极调整资产负债结构与产品结构。按照总行要求，分行不再进行新的债券投资，并适时减持高风险债券。在逐步压缩债券投资的同时，大力拓展对公信贷业务和贸易融资业务。2009年分行经营的产品结构有重大调整，内保外贷、海外代付以及贸易融资创新产品等业务均有大幅度增长，特别是重点发展国内客户所急需的业务。如2009年分行开办了跨境贸易人民币结算业务，已实现的业务量居同业领先地位，并通过与上海分行联动，该项业务在国内同业市场占比方面居领先地位。分行未来还将进一步利用建设银行在中国市场强大的整体优势，把人民币结算业务做大做强，特别是重点发展相关的衍生产品，在当地市场打造自己的优势产品。

此外，分行还十分注重流动性风险管理，积极拓宽资金来源，并重点拓展非金融机构客户存款，以降低对总行资金的依赖度，从总行借入资金在资金来源中的占比逐步下降。

（3）积极调整业务的区域布局。在调整资产负债结构的同时，分行积极贯彻总行有关经营区域划分的要求，本着熟悉区域、熟悉客户的基本原则，重点经营新加坡及周边东南亚国家的业务，并制订相应的计划，适时退出非重点区域的业务，2009年跨区域授信业务减持金额合计2.17亿美元。

（4）强化风险管理，完善基础工作。分行进一步优化、完善内部风险管理架构，包括成立专门的风险管理委员会，对各类风险实施全面有效的管理；调整内部风险管理的部门职责，将信贷风险、市场风险、操作风险、流动性风险的管理集中至风险管理部，并通过更换、增加从业人员，加强风险管理力度；完善内部操作手册，根据当地监管规定及总行政策，对现有的各类操作规程进行了全面梳理与完善；完成了对重点产品操作风险的专项检查。

（5）境内外机构的人员及业务交流进一步加强。分行协助执行总行人力资源部与南洋理工大学制订的培训计划，全年完成了19期、745人次的培训；协助总行有关业务部门在新加坡举办其他培训活动，如财富管理培训班、财富管理硕士班、金融租赁公司专题业务培训班等；此外，还组织部分国内分行从事境内外业务联动的经办人员赴分行进行在岗培训。2009年，分行协助办理各类培训总人数达900人次以上。

（三）法兰克福分行

1. 业务开展情况。截至2009年底，分行资产总额约为9.37亿美元，较年初下降22.3%，主要是由于海外代付及债券投资减少所致，相关余额分别较年初减少33.2%、37.8%。2009年分行实现税前利润908万美元。

2009年分行共为总行及国内分行提供欧元清算服务178 349笔，金额累计达265亿欧元，分别较上年增长28%和15%，全年实现清算手续费收入137万欧元，同比增长17%；通知跟单信用证1 616笔，累计金额为7.4亿欧元；办理出口托收业务223笔，累计金额为8.15亿欧元；叙做海外代付业务993笔，累计发生额约为10亿欧元；外汇买卖对外平盘交易总额达19亿美元，平盘利润超过40万美元；积极配合总行管理美元账户，2009年共向总行支付利息80万欧元。

2. 主要工作措施。

（1）加大债券处置力度。根据年初制定的优化资产结构、控制债券投资规模及相应调整结构的计划，2009年法兰克福分行没有进行新的债券投资，同时根据市场风险状况积极减持，全年共减持8张债券（面值共约3 300万欧元）；另外有12张债券自然到期（共约4 400万欧元）。截至2009年12月底，分行持有债券34笔（平均剩余期限为1.53年），账面余额约为1.28亿欧元，仅占总资产的19.7%，与几年前超过50%的状况相比，分行资产结构有了较大改善。

（2）积极拓展金融市场业务。分行积极面向全球货币市场，吸收同业存款，并充分利用国内外币资金流动性和利率变动形势，争取了浦发、招商、厦门国际等银行将欧元隔夜资金存放于分行，再转存欧洲央行，在不承担任何交易对手风险的情况下，创造了无风险利差收入。

（3）推出中文网银服务。分行于2009年11月19日正式启用网银项目，到2009年底已有3家公司客户签约。网银项目的推出，扩展了分行的业务覆盖范围，提高了分行与其他商业银行竞争的能力，为分行进一步开拓欧洲市场创造了条件。

（4）积极筹备“落地经营”。经过长期商谈，分行与大楼业主达成协议，租下了地面层一块办公室，目前已进行第一步装修，装上了建设银行标志招牌，并取得了较好的广告效果。

（5）不断推动产品创新。为满足国内分行和客户的需求，分行推出了浮动利率海外代付这一创新产品，增加了分行和国内分行的外汇业务收入，降低了客户融资成本，实现了客户、国内分行与自身的多赢。

（6）加强风险管理与合规工作。分行积极加强制度建设，成立风险管理委员会，每季度初召开例会，讨论上一季度分行各项业务的运营情况，从信贷风险、市场风险及操作风险三个方面回顾分行风险暴露的状况。此外，分行还根据德国央行2009年8月14日颁发的《风险管理最低要求》，更新了《风险手册》。

（7）持续改进信息技术系统。分行继续加强IT基础设施建设，对关键的计算机全部采用机架式镜像服务器，对到总行的专线系统采用主备线路自动切换方案，显著提高了IT系统的安全性和可靠性。

（四）约翰内斯堡分行

1. 业务开展情况。截至2009年底，分行资产总额约为11亿美元（其中本地资产6.73亿美元，簿记总行资产4.14亿美元，簿记香港分行资产1 000万美元），较年初增长45%；全年实现税前利润1 476万美元。

2009年约堡分行按照总行转型要求并结合自身特点，继续巩固贸易融资的核心业务地位。截至2009年底，分行贸易融资余额占资产总额的24%，客户存款占筹资总额的52%，相关收入约占主营业务收入的30%，资产负债及收入结构继续得以优化。

2. 主要工作措施。

（1）深化业务转型，经营定位向兼具功能性和盈利性转变。2009年，约堡分行成功营销了IDC（南非国家工业发展投资公司）、Sasol（萨索石油公司）、Transnet（南非国有港口、管道、铁路运营公司）、MTN（非洲最大移动通讯运营商）等南非知名公司，为这些公司提供了包括结构性贸易融资、一般性公司贷款、外汇买卖等一系列服务。分行客户质量获得较大提升，超过67%的贷款发放给当地蓝筹企业。同时，分行大力营销大公司存款，当地知名机构的兰特存款稳步上升，现已成为分行兰特融资的最主要来源。随着资金自给能力的增强，分行对总行资金的依赖不断下降。

大宗商品结构性贸易融资是分行的核心产品。2009年分行在贸易融资客户群体、风险识别与控制、产品个性化等方面都获得较大提升。截至2009年底，分行贸易融资占资产总额24%，相关收入约占主营业务收入的30%。

2009年7月，总行与非洲最大的金融集团之一——第一兰德签订了非洲业务合作协议。协议签订后，根据总行部署，约堡分行负责具体落实及推进相关合作。分行已通过风险分担的方式与该集团在多个项目上进行了实质性的合作，并具体探讨了在汇款、清算、信用卡等业务方面的合作细节。

（2）将境内外联动作为经营的重要模式，开展多维度联动。目前，约堡分行和国内分行在离岸金融、内保外贷联合贷前调查和贷后管理、结构性贸易融资等方面都进行了实质性的合作。在联合贷款项目中发挥前端机构的功能性作用，承担境外项目风险评估和贷后管理方案设计等工作。

同时，在总行的统一部署下，约堡分行在研究了人民币结算的可行性后，着手进行一系列准备工作，具体包括同监管当局沟通，获得开展人民币结算业务的许可；组建人民币结算团队；完善内部流程和系统，以支持人民币结算等。

此外，为配合中国汽车进入南非，约堡分行根据南非市场的特点，在当地寻找合作伙伴，搭建了中国汽车的融资平台。约堡分行选择了第一兰德旗下的南非最大的抵押融资专业银行Wesbank作为合作伙伴，与其在不同环节分别提供融资，并由Wesbank负责用户贷款审批、抵押品登记和变现、贷款催收等工作。通过这种安排，融资覆盖了从进口商到经销商再到最终用户的全过程。

（3）进一步完善风险管理体系，夯实基础。2009年分行继续坚持既定的经营和风险管理原则，在管理条线、组织架构、流程和技术等方面进一步完善风险管理基础建设工作。

（五）东京分行

1. 业务开展情况。截至2009年底，东京分行资产总额约为556.75亿日元；全年实现主营业务收入28 276万日元。2009年底分行海外代付余额约为87.78亿日元，较上年同期增长7倍多，双边贷款余额约为24.95亿日元，同比增长66.3%；分行全年国际结算业务量总计5 881笔，累计金额为25.6亿美元，实现中间业务收入1.07亿日元，较上年同期增长118.7%。此外，2009年12月初分行顺利完成了日元一级清算业务的全面开通工作，截至2009年12月底，共处理日元清算6 085笔，累计清算金额约2 242亿日元，实现清算手续费收入969万日元。

2. 主要工作措施。

（1）积极推进业务转型，不断完善服务手段和功能。分行贯彻业务转型的发展战略，确定了新的经营策略和实施措施，积极推进业务转型。2009年12月初，分行顺利完成了日元一级清算业务的全面开通工作，成为继中国银行之后第二家开办日元一级清算的中资银行，不仅扩大了分行的业务领域，还完善了服务功能，提高了建设银行的品牌和声誉。

2009年，分行完成日本大型企业积水化学、住友建机、欧力士租赁公司的授信。另外，与国际知名的日本综合贸易商社丸红、双日的业务合作也顺利进展，改变了分行开业以来无当地基础客户、难以与当地企业建立实质性业务合作的局面。

此外，分行还大力发展中间业务，增加收入来源。除了新开通日元清算业务和继续开展传统的信用证通知等中间业务外，分行还与日资银行联手，开办了东芝公司风险共担产品及中国中小商业银行开出的信用项下融资相关风险共担产品。

（2）全面深化境内外业务联动。2009年分行在互利共赢的基础上，扩大境内外业务联动的层次和水平。2009年，分行共叙做海外代付295笔，累计金额达27 885.53万美元。同时，分行在内保外贷和外保内贷业务方面有了新突破。除继续拓展传统内保外贷业务外，分行还尝试通过“海外支付保”这一产品解决中国在日本投资企业的资金需求。

（3）强化内部管理，完善制度建设。2009年，分行认真贯彻落实总行加强风险管理的各项方针政策以及当地的监管要求，通过采取一系列措施，提高了内部管理水平，改善了风险管理状况。具体包括统一思想，转变认识，增强全体员工特别是管理层的风险防范意识；调整内部管理机制，优化组织结构，初步确立了职责明确、相互制约、严密有效的内部管理和风险控制机制框架；制定、修改和完善各种管理规章制度、操作手册，使风险管理工作规范化、制度化。

（4）积极优化和调整资产负债结构，降低经营风险。2009年全年分行没有新增债券投资，并减持了4笔债券，完成预定减持计划。贷款投放也集中在双边贷款、贸易融资特别是海外代付等产品上，使分行资产结构得以优化，2009年底分行海外代付余额占分行全年平均资产的20%左右。

为了逐步改善负债结构、拓宽资金来源，2009年下半年分行积极探讨与更多日本地方银行的合作机会。此外，为了降低资金成本，分行还积极推进存款质押的贸易融资业务。

（六）首尔分行

1. 业务开展情况。截至2009年底，分行资产总额约为12.6亿美元，全年实现税前利润2 779万美元。分行全年累计办理贸易融资业务17 275笔，累计结算金额36.17亿美元；共办理外汇买卖27亿美元；全年共办理中国汇往韩国汇款16 467笔，累计金额9.46亿美元；韩国汇往中国汇款23 749笔，金额为9.01亿美元。分行全年共实现中间业务收入167.87万美元。

2. 主要工作措施。2009年，在认真总结经验的基础上，分行制定了“适时调整资产结构，优化客户群体，扩大中间业务产品比重，促进贸易融资业务稳步增长；积极参与银团贷款，努力开拓投资咨询等新的业务品种；从严客户准入，加强风险控制、强化贷后管理，使内部管理更加精细化、科学化；提高服务技能，努力打造高效的学习型集体”的整体发展战略。

（1）严控资产增长，加快业务转型，大力拓展低风险业务。2009年，首尔分行一方面按照总行的相关规定，严格控制债券投资的种类和数量；另一方面严控贸易融资项下信用贷款的投放，并全面对存量资产进行梳理、评估和动态跟踪，确定现有资产的风险关联程度。与此同时，大力拓展低风险业务，如汇款、境内信贷资金境外封闭监管等中间业务产品，并大力宣传个人汇款“预结汇”新业务，扩展服务领域，增加中间业务收入。

（2）优化客户结构，从严客户准入，强化风险管理。2009年，分行严把客户准入关，对既有客户进行了严格筛选，主动退出一些可能存在潜在风险的客户，巩固优质客户，并适量扩展新的客户群体。同时强化风险管理，加强贷后监督，防患于未然。

（3）加强流动性管理，保证稳定的资金来源。针对韩国市场美元流动性严重不足的情况，分行加强了流动性管理。在减少资产规模的同时，积极采取措施加强资金头寸的调度和管理，密切市场动态，制定相应预案，以确保流动性安全。按照总行统一部署，分行要求各部门严格控制头寸，防止业务开展过程中可能出现的流动性风险。

（4）加强境内外联动，努力实现双赢。分行积极协助境内总分行营销三星、SK、LG、现代、浦项、乐天集团等在华投资项目；积极配合境内分行营销韩国国民银行、中小企业银行、新韩银行等，经过联动营销，相当一批韩资银行在中国的分行（子银行）与建设银行境内分行建立了账户行关系，或在建设银行开立了基本账户；同时，分行还积极协助处理境内分行在韩业务纠纷、诉讼等。

（5）服务全行，加强经济信息收集工作。分行全年向总行和境内外分行发送《每周动态》，《韩国市场最新变动情况》等，内容包含分行经营动态、内外联动信息、行情信息、韩国政治经济动态等内容。

2009年分别完成了《韩国与巴西贸易概况》《投资银行业务发展现状及我行的机遇》《金融危机背景下业务发展面临的主要问题困难等情况》《国外银行收费情况调研》《2009年韩国反洗钱法规及变化》《韩国企业结构调整制度及企业回升制度》《国外电子银行的风险防范措施和手段》《韩国企业重整再生法案对银行债权人利益保护的影响及防范对策》等报告，为总分行了解韩国金融市场运作提供了有效的信息支持。

（七）纽约分行

1. 分行筹备及开业情况。2009年2月18日，纽约分行获得纽约州银行局颁发的营业执照。2009年上半年，纽约分行在得到美国监管当局批准后，在人手少、时间紧的条件下克服了各项困难，仅用半年时间就完成了分行选址搬迁、人员招聘、整章建制、IT系统建设、开业仪式等各项开业前的筹备工作，为分行的正式运营打下良好的基础。2009年6月5日，纽约分行在曼哈顿举行了隆重的开业仪式，并于7月1日正式营业。

2. 业务开展情况。开业后，分行紧紧围绕总行制定的海外业务发展策略和自身定位，重点发展美元清算业务，建立了美元清算服务体系；大力开拓贸易融资市场，积极发展资金业务，为今后业务发展奠定了良好的基础；此外，还积极拓展筹资渠道。截至2009年底，纽约分行资产总额达4.23亿美元，各项贷款总额为2.4亿美元，其中银团贷款1.87亿美元，海外代付5 385万美元，未发生不良贷款；开业半年，实现主营业务收入199万美元，其中，中间业务收入45万美元。2009年分行的美元清算业务量为67 000笔，较原计划增长407.6%，实际收付额为410亿美元，实现清算手续费收入45万美元。此外，分行还于2009年12月成功发行扬基存款证，是第一家在美国市场上发行扬基存款证的中资银行，为缓解全行美元头寸紧张情况提供了有效的融资渠道。

3. 主要工作措施。

（1）配合总行战略，稳步发展资产业务。自开业后，纽约分行积极配合总行发展战略，依托自身的优势，充分发挥与境内机构的协同效应，并取得了较好的经营成果。

（2）以美元清算、贸易融资及资金业务作为发展重点，积极开发新客户，扩大分行的知名度和影响力。自第三季度开始，纽约分行积极发展美元清算业务，贸易融资业务及资金业务，有力地推动了各项工作的进行。此外，为了发展客户，扩大分行的影响力，分行员工还积极参加当地各种企业界及金融界的聚会，取得了较好的反响。

（3）大力发展中间业务。在总行的积极推动和境内分行的大力支持下，纽约分行积极发展美元清算业务，中间业务收入大幅增长。

（八）建行伦敦

1. 有关开业情况。建行伦敦于2009年3月9日取得英国金融服务局（FSA）发放的银行牌照，该牌照为批发业务银行牌照。2009年6月1日，建行伦敦正式开业。

2. 业务开展情况。在负债规模有限的情况下，建行伦敦充分利用资本金发展资产业务，包括为当地一家英国企业HALCROW工程设计公司以及全球最大的百威英博啤酒酿造集团企业提供贷款，参与纽约分行组建的内部银团为GE提供贷款，以及参与贸易融资业务项下信贷资产转让业务等；配合总行实现了外汇和黄金买卖在北京—伦敦—纽约间不间断交易的操作模式，在国内金融同业中率先实现突破；积极开展商品保值业务和外汇衍生产品业务处理系统的可行性研究工作；此外，还充分发挥桥梁作用，协助苏州分行等境内分行营销客户。截至2009年底，建行伦敦资产总额达9 127万美元，其中，债券投资3 000万美元、银团贷款及其他贷款3 275万美元、贸易融资1 707万美元、同业存款799万美元。

3. 主要工作措施。

（1）内部建设上，建立了适合子银行业务发展的治理结构和组织架构并进行了相应的人力资源配置。

（2）举行四次董事会，明确了子银行业务发展的阶段性目标并对其工作进行了及时引导。

（3）初步制定了符合子银行业务发展的各项规章制度，内容覆盖人力资源、财务、信息技术管理、风险与合规等方面，并进一步完善了子银行管理委员会，包括信贷委员会、资产负债管理委员会、风险与合规委员会等。

（4）按计划完成子银行核心业务系统（Urbis）、资金业务后台系统（Opics）、资金清算系统（SWIFT）的实施部署工作。

（5）根据建行伦敦董事会审计委员会要求及内部管理需要，2009年建行伦敦对各项工作进行了多项内外部审计，协助建行伦敦董事会和管理层了解经营风险，并提出了改进建议。

（6）逐步建立起适合子银行管理模式的财务管理方式及全面预算管理模式。

（九）悉尼代表处

1. 有关悉尼分行申设工作进展情况。2009年，围绕申设分行这个中心任务，代表处积极推进分行各项筹备工作，争取用最短时间完成行领导“突破美澳”的战略部署。截至2009年底，代表处（筹备组）与APRA进行了14次阶段性会谈，并根据APRA的分步反馈对申设文件进行修改、完善，完成40份分行政策性文件、19份风险管理操作手册，并在2009年9月通过了APRA前线监管团队对申设文件的第一轮审核。2009年10月后，代表处将工作重点转向分行操作手册的编制，即准备APRA前线监管团队对申设文件的第二轮审核。同时，经APRA认可，申设工作的重点已转入分行物理环境的搭建，包括分行办公室新址的租赁及装修、分行IT系统搭建、分行风险管理操作手册的编制、分行人员招聘、分行其他业务管理系统搭建等。为使总行及时了解悉尼分行申设进展情况，并对悉尼分行的申设工作进行指导和支持，代表处（筹备组）于2009年5月开始编写《悉尼分行申设进程简报》并按期上报总行。

2. 代表处日常业务开展情况。代表处成立两年来，通过不懈努力与自我完善，为建行进入澳洲市场打下了坚实基础。2009年底，APRA对代表处进行了年度检查，并对代表处本年度的工作以及取得的成果予以肯定。

（1）客户关系维持及业务推荐。代表处积极联络中资企业客户，如中钢（澳洲）、中铝集团、兖煤、五矿国际、中远集团、云南铜业、北车集团、首开集团、三一重工、湖南有色、中纺、国航、东航等，对其进行拜访并保持密切联系。

（2）政府部门的关系维护。代表处积极联络各相关政府部门，主要澳洲政府部门包括澳大利亚审慎监管局、澳大利亚证券投资委员会、澳大利亚联邦储备银行、澳大利亚联邦投资署、澳大利亚联邦贸易署、新南威尔士州投资署，驻澳中国政府部门包括驻澳中国大使馆、驻悉尼总领馆、经商处、教育处、广东投资促进局等。此外，为及时领会国家机关部委下达的政策精神，与中澳企业建立联系，熟悉当地经济金融政策，代表处积极参加了由政府部门举办的各种会议和活动。

（3）保持金融同业关系。代表处曾对澳大利亚储备银行、澳大利亚证券交易所、西太平洋银行、澳新银行、国民银行、西澳大利亚银行、美国银行、美联银行、花旗银行、荷兰银行、苏格兰皇家银行、大华银行、野村证券、三井住友银行、国家开发银行、昆仑国际金融公司、兆龙投资银行、工行、中行、人民银行、中国银联等20余家金融机构进行过拜访。

（4）市场调研。代表处认真做好日常市场调研，及时向总行反馈代理行评级和澳洲金融市场变化情况，以及当地政策经济形势，并按时向总行上报《澳大利亚每周金融市场要情》、《国外银行金融资讯要情》与《代表处一周工作大事记》，以便总行及时了解代表处工作动态和澳洲金融市场情况，掌握国外银行重大变动事项，防范交易对手风险。为方便总行掌握澳大利亚重大政策调整、经济金融形势与重大商业收购，代表处对澳洲一段时期内与中国有关的重要经济事件进行汇总并整理成13期《澳大利亚经济金融动态》，陆续上报给总行。同时，代表处积极参加由专业机构举办的各类会谈和讲座。

（5）行政管理。代表处在2009年逐步健全了办公室内部规章制度，并及时与总行沟通汇报。严格遵照总行的要求进行公文运转，启用安装了办公自动化（OA）系统和视频会议系统。此外，代表处还完成了包括办公室搬迁、保险合约签署以及配合、协助安排总行、分行来澳培训考察等行政事项。

执笔：原　玎

审稿：江建华

投资托管服务业务

2009年，建设银行加大与优质大型托管客户的业务合作力度，努力调整产品结构，积极推动业务创新和流程优化，加强业务基础建设和风险控制管理，不断提高投资托管服务质量，各项投资托管业务取得新突破。截至2009年12月底，建设银行投资托管业务规模接近万亿元，达到9 961亿元，比2008年增加3 662亿元，增幅达58.14%。建设银行荣获英国《全球托管人》杂志2009年“新兴市场托管银行服务评选——中国地区”的“国内最佳托管银行”荣誉称号（Domestic Top Rated），荣获香港《财资》杂志（*The Assets*）2009年度“中国最佳托管银行”奖，荣获《首席财务官》杂志中国CFO最信赖的银行“最佳资产托管奖”。

一、证券投资基金托管业务再创佳绩，新增基金只数同业第一，市场占比连续五年持续提高

2009年，建设银行新获批基金53只，新增托管基金47只，均创历史最高水平，列市场第一位。托管证券投资基金资产净值6 421亿元。基金托管净值市场占比提升至25%，较2004年提高了9个百分点。

建设银行重视做好客户关系的拓展和维护工作。成功举办了第三届“建设银行与基金业发展研讨会”，国内42家优质基金公司高管参会，业内反响甚佳，全年共新增基金客户11家。同时，建设银行积极研判资本市场发展形势，主动调整

托管主代销基金品种，努力增加基金托管产品数量，为基金托管业务的持续发展奠定坚实的基础。

二、其他投资托管业务取得重大进展

（一）证券类资产托管业务进一步推进

一是证券公司受托资金证券投资托管业务实现跨越式发展。2009 年，监管部门大大加快了集合理财产品的审批发行速度，建设银行及时抓住此商机，新增了 12 家证券公司客户，与招商、中金、银河等 10 家证券公司签署上报了 11 只集合资产管理计划，与信达资产、投资者保护基金签署了定向资产管理合同，创新了券商定向资产管理计划托管业务，全年建设银行证券公司受托资金证券投资托管业务市场份额和增长速度均居同业第一位。二是大力营销保险资产托管业务。2009 年，建设银行积极营销新华、泰康、太平洋、平安等保险公司托管业务，提交托管服务解决方案，提供人员业务培训，调动重点地区分行力量，组建专门营销团队，举办专题营销活动，巩固和争取市场业务份额。三是稳步开展信托财产保管业务。2009 年，建设银行重点选择优质信托公司开展托管业务合作，认真梳理业务流程，制定下发有关制度，加强对分行的管理和检查，确保业务顺利开展。

（二）QFII、QDII 托管业务营销稳步推进

2009 年，建设银行成功获得法国领先资产管理公司、东方汇理资产管理公司、台湾富邦资产管理公司托管委任，成功与摩根大通建立了次托管业务关系，争取大通、纽约、道富等主要托管银行的次托管服务取得阶段性成果。

2009 年，在监管部门未审批新的 QDII 产品的情况下，建设银行仍加紧进行 QDII 产品的储备工作，已储备 10 只基金 QDII 产品，为将来业务发展做好准备。

（三）企业年金基金托管营销成果丰硕

2009 年，建设银行集中力量开展年金营销，取得铁道部下辖八大铁路局、中国航天科技集团、中国东方电气集团、鞍钢集团、山东电力、福建电力、浙江电力等 27 家大型客户的年金托管人资格，完成 59 份年金托管合同、58 份年金操作备忘录的谈判工作，涉及年金初始托管规模超过 160 亿元。

（四）实业投资托管业务营销取得新进展

2009 年，建设银行积极推进保险资金间接投资基础设施项目托管营销工作，当年托管规模新增一倍，达 458 亿元。对滨海国际股权交易所等 25 家重点客户展开营销，对分行拟开展的近 200 个项目进行业务指导和审查批复，批复同意分行开展的项目 157 个。

（五）特定客户资产托管业务迅速起步

2009 年，建设银行积极推进特定客户资产托管业务，与 17 家基金公司开展业务合作，共签署专户理财托管合同 35 个。

（六）理财产品托管业务规范发展

2009 年 7 月，中国银监会下发文件要求商业银行发行理财产品必须进行托管。建设银行及时召开全行业务座谈会，积极研究规范业务流程，制定并下发了一系列规章制度，推动了该业务规范发展。

三、托管产品创新能力不断提升，有效满足市场需求

2009 年，建设银行积极参与基本养老保险个人账户基金投资管理办法等行业政策的制定与研究，顺应监管部门政策导向和市场需求，不断推出新的业务产品，产品创新能力不断提升。建设银行与长盛基金公司研发的创新品种——长盛创新型可分离交易基金，在产品设计上的创新优势得到市场的认可和投资者的青睐，首发当日售罄，募集近 150 亿份，创造了“天量”发行奇迹；在单一客户专户资产托管基础上，积极开展多客户专户资产托管创新，在业内率先开展境外托管专户业务；组织完成独具建行特色、风险管理较同业更为严谨的“平安建行养颐人生”、“泰康建行养颐乐泰”、“太平建行智乐”、“国寿建行永颐”等系列标准化企业年金产品，与监管部门唯一批准试点单位——长江养老公司合作开发了“金色林荫”集合性年金产品，有效满足了中小客户市场需求，提高了服务效率、降低了管理成本；积极研究境外基金中基金及衍生产品开户、保管、业务流程、服务平台等方面托管服务，为客户搭建投资境外开放式基金的便利通道，提供更为广泛的可托管投资品种。

四、托管运营服务水平进一步提高

2009年，建设银行托管资产规模快速增长，投资组合数迅速增加，面对集中运营压力，建设银行较好地完成了托管集中运营服务工作，服务水平进一步提高。全年准确完成了基金、保险、证券、QFII、QDII、年金、特定客户资产等各类托管业务的会计核算、估值、信息披露和客户信息报告工作；及时对各类托管组合业务执行投资运作监督，根据监管部门要求报送各类监督报告及资产风险评价和绩效评估报告；全年累计完成托管资产结算金额达8万亿元，结算笔数达16万笔；顺利完成上海证券交易所“新一代交易系统”上线转换工作，确保了转换前后建设银行托管系统业务运营的正常运行；参与中国证券登记结算公司、中央国债登记结算公司的调研与规则讨论；针对ETF连结基金、结算风险、交易单元、DVP交收结算、互保金、债券市场收费模式等问题参与业内研究并提交报告。

五、基础建设和风险管理进一步加强

（一）完善投资托管业务规章制度建设

2009年，建设银行不断完善投资托管业务规章制度建设工作，先后下发《建设银行信托财产保管业务管理暂行规定》《企业年金托管业务管理有关事项的通知》《建设银行理财产品（金融市场）托管业务操作规程（试行）》《关于近期做好建设银行发行银行理财产品托管工作相关事项的通知》《关于做好建设银行发行银行理财产品托管工作的补充通知》等一系列规章制度，规范信托财产保管、企业年金托管、银行理财产品托管等业务在全行的规范运作。

（二）加大托管业务培训力度

建设银行先后举办了证券从业人员后续培训、托管运营总部培训和深港培训、信托证券投资财产保管业务专题培训、养老金托管业务营销与谈判培训和实业投资托管业务专题培训等5个项目多期培训班，培训内容涵盖投资托管业务各个方面，有效提升了全行托管业务从业人员的业务素质。

（三）加强业务风险控制

2009年，建设银行完成了对QFII托管业务的内控审计工作。同时，着力加强内控基础工作，加大对分行负责的证券类信托财产保管业务、企业年金受托财产托管账户托管业务以及实业投资托管业务的管理力度，在分行自查的基础上进行总行重点检查和专项抽查，发现问题及时整改，有效遏制了托管业务运营中有章不循、违规操作的行为，投资托管业务安全、稳定运营进一步增强。

执笔：杨增亮　王云鹏

审稿：纪　伟

企业年金业务

2009年，在行领导和各部门的大力支持下，全行年金业务条线，努力克服业务开展初期的各种困难，奋力开拓市场，取得了较为满意的成绩。企业年金中心在市场营销、组织和运营体系建设、制度建设、系统开发、产品研发、业务运营等方面都取得了明显进展。

一、各项任务圆满完成，市场地位逐步确立

经过近两年的不懈努力，我行成功中标了北京、沈阳、广铁等8家路局年金项目，共涉及员工105万人，存量年金基金达92.8亿元，账户管理和托管业务份额双双超过了50%，成功实现预

定的任务目标。截至 2009 年 12 月底，我行管理个人账户 192.5 万户，较年初新增 127 万户，比年初增长 194%，完成全年任务计划的 105.9%；管理受托资产达 96.2 亿元，较年初新增 23.5 亿元，完成全年任务计划的 107%；签约集合计划产品客户达 1 013 户，圆满实现集合年金计划“千户工程”任务目标。我行自主年金品牌“养颐乐”已在市场中初步树立了良好的品牌形象，并得到了广大中小客户的一致认可。

根据同业交换数据统计分析，截至 2009 年 12 月底，我行管理个人账户市场占比 16.4%，居第二位；增幅达到了 194%，高于企业年金账户管理机构平均增幅约 140 个百分点；管理受托资产市场占比 9%，居第五位，银行业排名第一位。

二、产品创新和研发能力稳步提高

继成功推出“养颐乐”1 号、2 号集合计划产品后，2009 年又成功推出了“养颐乐——建行农行”集合计划产品。与其他年金机构的合作进一步深化，与平安、泰康等机构联合推出了“养颐乐泰”、“养颐人生”等集合计划产品，进一步丰富了产品线。同时，为抢占市场先机，进一步加强了产品创新和研发力度，积极开拓企业员工福利计划、补充养老保险等养老金管理业务，相关的“养颐四方”产品创新和研发工作也已取得了阶段性成果，即将推向市场。

三、企业年金实现平稳、安全运营

截至 2009 年 12 月底，我行已进入账户管理实际运营的个人账户达到了 148.3 万户，占个人账户总数的 77%。随着大量年金计划和个人账户进入实际运营阶段，特别是铁路年金计划的建立和实际运营，我行账户管理业务运营能力显著提高，特别是服务大型集团性客户的能力明显提高。

截至 2009 年 12 月底，我行已进入实际运营的受托资产规模达到了 82.1 亿元，占总受托资产规模的 85.3%，实际运营率较年初进一步提高。随着建行、海富通、中铝贵州等受托实际运营工作的持续开展，我行受托实际运营经验逐步丰富，各业务流程已逐项打通，风控制度逐步落实，受托业务运营稳步发展。

铁路系统企业年金运营实施工作圆满完成。中标的 8 家路局已按计划成功实施个人账户建账工作，并进入实际运营阶段，共涉及账户 105 万户。

四、流程建设和运营体系建设进一步加强

2009 年初，企业年金中心组建了市场开拓、产品支持、投资管理和风险监控、账户管理和受托业务运营及系统开发 5 个功能处室，基本形成了企业年金受托业务和账户管理业务两条产品线，通过近一年的运营，业务运营流程不断完善，账管和受托系统逐步优化，人员业务素质不断提高，为我行企业年金业务的长远发展打造了良好的发展平台。

五、专业培训和基础培训工作有序开展

全年安排了 8 期企业年金专项培训，涉及受托和账户管理各业务领域，培训分行人员 600 人次。同时，积极参加公司委组织的各项培训，为各级客户经理和产品经理，开展企业年金业务基础性培训。通过专项培训与基础培训的有序开展，一方面进一步提高了分行企业年金从业人员的专业水平，一方面提升了分行客户经理和产品经理队伍企业年金业务的认知程度，为下阶段企业年金业务的快速发展积蓄了力量。

执笔：刘　伟

审稿：陈玉祥

个人存款与投资业务

2009年，个人存款与投资部围绕建设国际一流零售银行的发展战略，坚持“以客户为中心，以市场为导向”的经营方针，积极应对外部市场环境变化，加快推进业务转型，优化客户结构，夯实发展基础，九项业务快速推进，市场竞争力明显增强。

一、2009年个人存款与投资业务呈现的主要特点

（一）个人存款增速和网均新增居四行首位

2009年，全行个人存款余额35 813亿元，当年新增6 456亿元，创历史新高，增速达22%。增速和网均新增均位居四行第一，分别比同业第二高出2.7%和584万元；新增市场占比26.68%，同比提升2%，四行中提升最快。

（二）中间业务稳步增长

2009年，实现条线中间业务收入达164亿元，同比增长9.7%。其中代销国债、黄金业务成为新的增长点，分别同比增长103%和68%。

（三）新增借记卡发卡质、量双提升

2009年，全行借记卡累计发卡2.52亿张，剔除集中销卡影响，全年实际新增发卡5 973万张，创历史新高。年内实现消费交易额7 907亿元，同比增长77%。借记卡实现中间业务收入58.32亿元，同比增长20%。全年清理7 900万张睡眠卡，发卡质量提高。

（四）个人富裕客户数量和金融资产均高速增长

2009年，全行个人富裕客户达573万人，金融资产达1.95万亿元，分别比上年增长52.14%和43.40%。持有基金、账户金、CTS产品的富裕客户同比分别增长32.65%、56.75%、73.62%。网均富裕客户人数达到429人，比上年增长52.36%。

（五）一代转型基本完成，二代转型全面推进

2009年，全行已完成一代转型网点达12 968个，占全行对外营业零售网点数的99.45%；排队监测系统和销售门户系统上线网点分别为9 913个和12 960个，分别占全行对外营业零售网点数的76.02%和99.39%。转型后网点交易效率提高近39%，客户平均等候时间下降41%，有效缓解了长期存在的排队问题，切实提高了网点产品销售和客户服务质量。全行已完成并通过总行验收的二代转型网点达1 200家，转型后客户经理岗位职责明晰，服务VIP客户的时间比转型前提高31%，客户经理销售量占网点销售量的比例较转型前提高14%。

（六）自助业务管理成效显著，交易替代率和设备维护效率大幅提升

2009年，全行投入运营自助设备36 021台，较2008年新增4 125台。投入运营自助银行8 128家，较2008年增加了4 533家。全年自助渠道交易总量与柜面交易总量之比为1.15:1，自助渠道与柜面账务性交易量之比为1.24:1，比上年同期分别提高了12%和26%。分行运行设备平均开机率为96.94%，较年初提高了2.8%。

（七）电话银行业务稳步增长，服务获得客户好评

截至2009年底，全行电话银行客户数达5 437万户，较年初增长了34.44%；交易量达37 038万笔，同比提高了43.01%；“95533”客户服务接通率为80%，维持在较高水平上；客户投诉同比降低了34.63%。

（八）客户数据分析结果转化取得一定成效

初步建立了支持客户数据挖掘与精准营销的个人客户数据分析中心，发布了全量及VIP客户数量、分层、结构分析报告。同时，还在全行多渠道

部署和发布了4个事件式营销模型的目标客户清单，每月平均筛选出营销目标客户64.7万人，意向达成率和实际成交率分别约为75%和17.5%，初步实现了对不同分层客户精准营销的支持。

（九）前后台分离、联动营销取得成效

1. 在总行营运部、技术部、电子部等部门的大力支持下，全面落实8项前后台分离措施，建立了339个网点管理中心、353个区域物品配送服务中心和其他支持服务中心。

2. 加强个人条线信用卡发卡联动。当年信用卡发卡净新增（剔除当年销户）379.4万户，完成条线KPI指标的112.3%。

3. 注重保险业务合规销售，当年个人条线代理保险业务实现收入26.12亿元，同比增长了2.56%。

二、2009年个人存款与投资主要工作举措

（一）以网点转型为龙头，抓好客户服务

1. 通过开发、推广销售门户系统、排队监测系统、零售网点业绩评价与考核系统，建立网点管理中心和物品配送中心，开展转型网点上岗考试等措施，巩固一代转型效果。

2. 加大了二代转型推广力度，依托OCRM系统开发上线了二代转型配套支持系统，实现四大流程28项工具的自动化，减轻了客户经理64%的手工信息维护量，更好地支持了全行VIP客户的服务和产品销售。

3. 通过客户体验活动改进客户服务。组织约2 000名客户参与开放式柜台业务流程体验活动。

4. 提升理财产品销售支持水平，修订了理财产品个人客户风险评估问卷，优化了建设银行网站理财频道。

5. 推出电话银行新版语音菜单，将人工服务提前到菜单选项第一项，提升客户体验。

（二）努力增加客户及账户总量，优化客户结构

1. 继续做实理财业务，推动客户结构调整。2009年全行有资产个人客户达1.89亿人，同比增加1 497万人，增长8.62%，个人富裕客户在有资产全量客户中的占比从2008年底的2.17%提升到3.03%，客户结构得到进一步优化。

2. 依托CRM系统进行客户数据分析。对4 411万“零资产有账户”的目标客户开展个人客户挽留激活活动，截至2009年11月底，约有336万人被成功挽留，约占目标客户总量的7.62%，被成功挽留的客户带来资产（AUM）约250亿元，人均7 451元，成效显著。

3. 以新增发卡为抓手，增加基本结算账户，提升发卡质量。2009年新增发卡5 973万张，增加有效账户5 555万户，年费收取比例超过80%。

4. 持续加大基金定投业务的推广力度。2009年基金定投新增户数（单笔超过500元）达78.69万户。

5. 努力提高黄金产品的销量。组织多次个人黄金业务主题营销活动，推出“建行金”品牌。2009年账户金交易金额达892.66亿元，客户增长35%。

（三）以产品销售为手段，推动业务结构调整

1. 2009年，首发销售规模与工行持平。

2. 2009年，国债销售额达到606亿元，较2008年增长56%。

3. 2009年组织多主题旺季营销活动，增存、增加重点产品销量。特别是对“建行金”品牌的营销，2009年实现黄金销量比2008年翻番。实物金交易量达18.64吨，同比增长36%。

（四）加快渠道建设，打造分层服务渠道体系

1. 稳步推进网点装修改造。2009年，装修网点2 772个，全行已有万余网点的整体视觉形象符合总行最新要求。

2. 在业内率先建立自助业务运营控管系统。实现了全行自助设备运行情况实时监控、业务跟踪、设备开机率考核等100多项功能。

3. 2009年开工建设理财中心1 136家，其中已开业理财中心767家。

4. 成立电话银行中心，统一规划管理全行电话银行业务，确立建行电话银行为总行—分行呼叫中心两级运营模式并行架构。成立问题解决中心，专门负责全行重大客户问题处理。

（五）加大创新力度，满足客户多样化需求

1. 率先在四大行中推出个人外币通存通兑业务，实现了全国范围内的个人外币储蓄账户异地存取、转账和查询等功能。

2. 在全国24家分行上线个人国际速汇业务系统，整合银星速汇业务流程。

3. 打造借记卡产品新亮点。完成“陆港通”龙卡二期优化推广；开通“龙卡通”在酒店消费的预授权业务功能；上线全行统一的电话支付业务系统；部分分行试点推出公共事业IC卡；扩大证券类、保险类联名卡业务合作，推出财富管理卡、私人银行卡、军人保障卡等细分新产品。

4. 推出“天天大丰收”每日开放型理财产品，弥补了我行短期限、高流动性理财产品的不足。

5. 2009年先后推出了生肖金条、金章，以及贺岁、福禄寿喜、婚庆、生肖等23种近百款黄金新品。

（六）加强制度建设，强化操作风险管理

1. 完成4次零售网点柜面操作风险检查，召开了4次零售网点操作风险分析例会，分析问题，研究落实整改措施。

2. 组织建立并实施了个人业务条线大额交易风险排查工作。全行个人业务条线共排查了209万个个人账户，涉及大额交易336万笔，金额达15万亿元。

（七）做好基础工作，保持可持续发展

1. 组织开展不动卡的激活和清理工作。开展对全行存量卡中三年不动的零余额借记卡的集中清理，共销卡7 900万张，确保借记卡质量。

2. 推进自助业务专业化管理。开展系列自助业务专项治理活动，完成自助业务成本分析，形成《离行式自助设备管理与发展规划》。

3. 率先建成国内领先、国际先进的CRM客户数据分析体系，实现了以客户为中心的管理信息视图。

4. 优化证券业务系统。实现基金跨市场转换、货币基金快速赎回，证券业务系统前端与网点、柜员管理体系以及CCBS的整合。在全行推广应用基金研究评价资讯系统。为各级行及基金营销人员提供支持。

5. 优化龙卡网络系统，实现贷记卡前置集群改造、专项POS分期交易和贷记卡批量代收付系统基础设施升级。

6. 储蓄国债优化系统开发上线，修订并下发储蓄国债业务管理规定、操作规程和客户服务章程。

7. 上线理财产品综合支持系统TA功能，支持封闭型、开放型及高流动性产品的发行，分行特色理财产品的销售。

8. 将“95533”电话银行知识库的使用范围延伸至个人业务营业网点，方便一线人员使用。

（八）大力开展培训，提升人员素质

1. 组织全行5 000人次的境内、境外各类培训项目70余期，培训人员覆盖个人条线经营管理层、专业技术人员和基层员工。

2. 在修订了零售网点“五岗位”教材及题库的基础上，组织全行13万人次的零售网点“五岗位”考试。

3. 组织全行1万多人次的理财师考试，并组织开发了理财师案例互动课件。2009年全行取得初、中级理财师资格证书的人数达30 035人，其中初级理财师22 731人，中级理财师7 304人，理财师队伍不断壮大，人员素质进一步提升。

执笔：虞菊华　赵　鸿
审稿：赵富高

财富管理与私人银行业务

2009年，在宏观经济金融环境逐步改善的背景下，建设银行财富管理与私人银行业务继续保持快速增长，同时，建设银行对业务如何向纵深发展和建立适合的业务模式进行积极探索和实践，着力打造财富管理与私人银行方面的专业核心竞争力，并在一些基本问题上取得突破，为可持续快速、健康发展奠定了坚实的基础。

2009 年 5 月 7 日，总监毛裕民、总行财富部负责人和上海分行领导与 2008 年度优秀财富管理中心代表和财富管理之星合影。

一、2009 年业务发展主要成果

（一）高端客户及其金融资产规模继续保持较快增长，客户质量明显提高

高端客户数较 2009 年初增长了 51%。其中，私人银行客户全年增长 172%。高端客户 AUM 较 2009 年初增长了 49.6%，其中，私人银行客户 AUM 较年初增长 86.9%。截至 2009 年底，私人银行客户占高端客户总数已超过 10%，而其 AUM 占高端客户的 1/3。

（二）“建行财富”系列产品销售喜人，一对多专户理财效力初显

全年共发行“建行财富”系列理财产品 165 期，募集金额达 206 亿元，实现中间业务收入 5 966万元；代理销售基金一对多专户理财产品 12 期，募集金额约 22 亿元。

（三）高端客户渠道体系进一步完善，财富管理中心服务能力和覆盖度不断提高

2009 年新建私人银行 1 家，财富管理中心 25 家，已开业财富管理中心总数达到 131 家，遍布除西藏以外的所有一级分行；财富管理中心交易功能逐步发挥，财富管理卡和私人银行卡发行工作已稳健起步。

二、主要经营管理工作

（一）完成高端客户关系管理流程项目的推广和验收工作，全面提升财富管理中心服务能力

继 2008 年完成与美国银行合作的高端客户关系管理项目后，2009 年开始在全行财富管理中心全面推广上线，通过验收，财富管理中心人员配备已基本到位，各岗位人员配比基本符合要求；项目的主要流程和工具等已全部在财富中心的日常工作中落实；客户经理服务客户时间占比较从前提高了 39 个百分点，客户经理人均签约客户增长率达到了 200%，高端客户服务能力明显提升；各分行还提出优化建议共计 628 条，对人员岗位、业务流程、工具模板及解决方案进行了大胆创新。

为支持流程项目的进一步规范化和实用化，还完成 WPPS 第一期开发项目。WPPS 系统初步解决了一些基本管理问题，对高净值客户实现了细分，实现了对流程项目的可控管理，为标准化工作流程及人员岗位设置在分行的推广提供了系统保证。

（二）明确高端客户服务渠道建设总体规划，巩固和提高财富中心与私人银行的服务能力

2009 年，在经过深入调查研究的基础上，总行财富部提出了三年渠道建设规划，在行领导的关于“服务渠道建设要先于客户成长”批示支持下，制定了全行财富中心和私人银行渠道建设布局规划的方案。

（三）积极开展一对多专户理财，推进高端客户理财产品多元化

一对多专户理财的推出正好出现在高端客户理财产品不足的问题较为突出的时候，借助基金公司的专业化投资能力，专户理财在丰富财富管理产品线，形成财富管理产品特色方面发挥了积极作用。截至 2009 年底，建行已与建信、宝盈、国泰等 8 家基金公司合作，相继推出一对多专户理财产品共 12 只，定点在财富中心和私人银行进行销售，共募集金额约 22 亿元。

（四）强化私人银行业务管理，重视业务与数据分析精细化

2009 年 9 月，经多次修改形成的《关于推进私人银行业务发展的几点意见》（以下简称《意见》）印发全行。《意见》明确规定了私人银行的业务布局原则、客户拓展策略、组织架构及岗位设置、服务模式、风险和法律合规管理，同时引导分行加强私人银行客户的拓展工作。

在此基础上，下发《关于加强对全行私人银行业务管理的通知》，建立了私人银行业务重点联系行例会制度，并设计了《私人银行客户信息报表》《大额资金变动情况说明模板》等工具，提升私人银行客户关系管理的精细化水平。

针对建行私人银行客户中中小企业主占有相当比例的特点，重点加强了公私客户交叉营销的工作，制定了《关于小企业业务与财富管理及私人银行业务联动营销的指导意见》，建立公私联动营销的平台、机制和流程。此外，还于2009年先后两次向分行征集经典案例，于12月底正式形成《私人银行客户服务案例汇编》，为各行开展私人银行客户拓展和营销服务提供了参考和借鉴。

（五）充分整合行内外各种资源，积极推广联动营销模式

2009年，借助山西煤炭行业的资源整合进程的有利商机，由总行牵头，在山西分行的大力配合下，联合投资银行、建信基金等集团资源，迅速启动了山西煤炭行业个人高端客户专项营销活动，在太原举办了2009年财富管理与私人银行产品服务推介会，直接面对特定客户进行产品服务定向营销。共有来自太原、晋城、临汾等地近40余名高端客户出席，客户反响强烈。会议结束后，山西分行更是加大力度，集中人力财力，重拳出击开展营销活动。截至2009年12月，共营销客户56户，其中AUM 1 000万元以上客户24户；营销资金超过15亿元。

（六）稳步推出财富管理卡与私人银行卡

2009年，建行正式向签约高端客户推出为其量身打造的财富管理卡与私人银行卡。两卡作为建行财富管理和私人银行业务的载体，具有身份识别、一揽子金融需求解决方案、差别化传统银行服务、相关服务费用减免等十大卖点，是拓展高端客户的有效工具。

截至2009年底，全行共发行财富管理卡2 965张，存款余额为2.49亿元；私人银行卡670张，存款余额为1.2亿元。

（七）及时推出客户管理办法，完善高端客户服务管理制度体系

在经过广泛征求各分行和总行相关部门意见基础上，形成《中国建设银行财富管理与私人银行客户管理（暂行）办法》，并于2009年11月正式下发各分行。《办法》明确了客户在我行的金融资产AUM当月日均值为划分客户等级的首要标准，将AUM1 000万元以上的客户单列出来为私人银行级别客户，从某种程度上解决了客户交叉管理的问题，为今后业务发展和IT系统开发规则奠定了基础，同时也有利于实现资源的差别化投入，以及展开财富卡和私人银行卡的发行工作。

（八）不断丰富和完善非金融服务体系，打造高端客户营销的有力臂助

2009年我行非金融服务在巩固已有成果的基础上继续不断地推出新品种。继续深入开展全国机场嘉宾和贵宾服务、健康关爱服务以及国际紧急援助服务基础，服务覆盖范围和客户体验效果得到显著提高。

在完善已有服务的基础上，不断推出新服务。2009年6月正式推出高尔夫服务。2009年11月，与中国国旅合作推出便捷出境服务，为建设银行高端客户提供包括免面签、个性化行程定制为特色的一揽子出境服务，客户反响热烈。另外，目前已投入工作，于年底前完成高端客户子女留学服务的采购并即将正式推出此项服务。

为使全国各地的私人银行客户都能体会到建行高端客户非金融服务的品质，由总行首次牵头组织了若干大型主题活动，汇集客户进行贵宾体检、翡翠鉴赏和子女留学现场咨询和讲座，客户参与热情极高。还针对非金融服务积分制定了管理办法，规范了积分的计算方式及试用、审批流程，从而有效遏制了客户积分随意增减，在保证服务品质和效率的同时，有效降低服务成本。

（九）WPPS顺利投入运行为财富管理与私人银行业务提供有力的技术支持

WPPS开发工作历时一年，2009年8月上线投产，同年12月完成在全行38个分行的推广工作。WPPS的开发成功地为业务提供了统一的管理与操作平台，专门支持财富中心、私人银行各岗位人员实施客户关系管理，为客户提供财富管理顾问服务、非金融服务和交易服务。WPPS按照个人高端客户关系管理流程的要求，形成了财富中心客户获取、管理、服务与销售的电子化流程，为财富管理与私人银行业务流程建设工作的深入开展提供了持续的IT支持保障。

执笔：景　华　曾　珣

审稿：程正红

住房金融与个人信贷业务

一、2009年业务发展成果

2009年住房金融与个人信贷业务认真贯彻落实国家"扩内需、保增长、调结构"的政策要求，主动应对市场变化，积极把握节奏，全面优化结构，不断强化管理，实现了持续稳健发展，个人贷款余额超越万亿元，资产质量显著提升，房改金融稳步发展，基础管理有效夯实，业务发展长效机制和品牌建设再上台阶。2009年我行再次荣获《环球金融》杂志评选的"最佳抵押贷款银行"奖。

（一）个人贷款投放均衡有序，结构调整成效显著

1. 个人贷款增长既较好地满足了市场需求，又圆满地完成了计划目标。2009年全行共发放个贷近200万笔，发放金额达5 510亿元，截至2009年底，个人贷款余额超越万亿元，达10 507亿元，本年新增2 527亿元，增速达32%，新增在全行各项贷款的占比为25.74%，比上年提高了8个百分点。其中，个人住房贷款余额9 342亿元，本年新增2 471亿元，增速达36%，共发放153万笔、金额达4 367亿元；个人消费经营类贷款余额1 165亿元，本年新增56亿元。

2. 信贷产品结构进一步优化，重点支持住房、"三农"等民生领域。新增个贷主要投放于个人住房贷款，重点支持百姓购买普通自住房。截至2009年底，全行个人贷款中，个人住房贷款余额、本年新增占比分别达89%和98%；住房贷款中，一手房、二手房贷款合计余额、新增占比分别达91%和100.53%。消费经营类贷款业务积极响应国家促进居民消费及解决中小企业融资难的政策要求，贷款主要投向消费贷款和助业贷款，同时为贯彻落实国家支持涉农贷款的政策要求，将小额农户贷款试点扩大到黑龙江、新疆和吉林三家分行，截至2009年底，全行小额农户贷款本年新增超过10亿元，余额近18亿元。

3. 信贷区域结构持续优化，贷款新增主要集中在市场稳定、管理能力和资产质量水平较高的分行。2009年全行个人贷款本年新增前10位的分行平均不良率仅为0.48%。

（二）资产质量显著提升，住房、消费不良贷款全面实现双降

截至2009年底，全行个人不良贷款余额为64.82亿元，比年初减少了17.45亿元，不良率仅为0.62%，比年初下降了0.41个百分点。有31个分行实现不良额和不良率"双降"，35家分行不良率下降。其中，个人住房不良贷款余额为46.98亿元，比年初减少了14.06亿元；不良率为0.5%，比年初下降了0.39个百分点。个人消费经营类不良贷款余额为17.84亿元，比年初减少了3.39亿元；不良率为1.53%，比年初下降了0.38个百分点。

（三）房改金融业务继续保持市场领先，新业务拓展成效显著，中间业务收入再创新高

2009年全国公积金应用力度加大，我行积极做好公积金服务，加大公积金贷款发放。截至2009年底，全行住房资金存款余额为3 712亿元，比年初负增长了25亿元。2009年全行发放公积金贷款92.09万户，约2 029亿元，住房公积金贷款余额为4 145亿元，本年新增1 255亿元。2009年我行在全国主要城市发放公积金龙卡超过800万张，住房维修基金业务拓展成效明显，余额达512亿元，比年初增长122亿元。2009年，全行住房金融与个人信贷业务全年实现中间业务收入16.14亿元，其中房改金融中间业务收入12.39亿元，同比增幅为10.93%。

二、2009 年主要工作措施

（一）贯彻政策要求，把握发展机遇，巩固业务优势

将贯彻国家政策与发展业务、增强竞争实力、强化内部管理紧密结合，住房金融与个人信贷业务制定了“防风险，保市场，创优势，树品牌”的工作思路，实施了“‘一手房和二手房市场’‘存量客户和增量客户’齐抓并举，自营性业务和委托性业务互相促进，住房商品化市场和保障性市场金融服务无缝链接，‘住房、消费、经营类贷款’共同发展”的经营策略，持续改进模式、流程和系统，严格制度执行，加强贷款管理，规范贷款操作，提升基础管理水平和风险防控能力，有效应对了错综复杂的经济金融形势，抓住了宏观经济和市场回暖的机遇，保持了持续健康的发展态势。

（二）坚持有保有压，严格把控贷款投向，促进重点业务发展

在结构调整中贯彻国家政策导向和风险管理要求，进一步细化产品、客户、项目的分类管理要求，明确了各项产品的区域、客户策略，在全行继续实施区域差别化管理，通过资源配置、政策差别化优先支持经营管理能力强、资产质量好的分行加快发展，把贷款重点投向房地产市场发育成熟、房价相对平稳、自住房需求旺盛、经营管理规范的区域，控制基础管理薄弱、资产质量较差的分行的贷款增长，有效地促进了重点业务的快速发展和区域结构的持续优化。

（三）实行差别化定价，提高业务收益和综合贡献

积极应对利率市场化的挑战，在稳步推进存量房贷利率调整的同时，进一步细分客户，加大差别化定价力度，提高贷款议价能力，提高贷款直接收益。2009 年年初，对存量房贷利率采取“客户申请、银行审批”方式进行调整，保持了存量房贷收益的稳定。2009 年全行新增个贷客户和公积金客户数近 300 万户，有效地推动了个人存款、银行卡、信用卡、电子银行等各项业务的发展。

（四）规范产品制度和经营要求，稳健发展个人消费经营类贷款

进一步完善消费经营类信贷管理制度，明确主要产品的经营定位、发展策略和营销重点，严格规范贷款条件、抵押管理、外部合作机构管理、资金流向监控等重要环节的操作要求。同时，结合外部市场与分行管理水平，对重点区域给予差别化发展政策，在黑龙江、吉林扩大试点小额农户贷款，并在全国 100 家专业市场重点拓展个人助业贷款。

（五）积极支持国家公积金改革试点，努力做好保障性住房市场金融服务

高度重视并大力支持国家公积金改革试点，研发住房委托贷款产品等配套政策，开办经济适用房个人住房贷款业务，与各地住房资金管理中心合作，积极推广公积金置换贷款、贴息贷款和接力贷款，支持中低收入群体购买经济适用住房和保障房。2009 年全行为 7.7 万多户中低收入居民发放保障房商业按揭和公积金贷款 142 亿元。

（六）完善内控，加强检查及问题整改，全面增强风险管理水平

针对市场风险及经营管理中存在的问题，重点加强关键环节风险管理，强化薄弱环节制度规范，严格贷前调查面谈、贷款签约面签等制度执行要求，强化员工贷款和消费贷款用途管理。主动开展自查自纠，以真实性、合规性为重点开展业务检查，加大整改力度，将检查作为提高管理水平的良机，确保业务合规经营。

（七）强化贷后管理，贷后管理的制度化、流程化水平进一步提高

在全行实施贷款动态监测，建立了逾期账龄日报和风险分类迁徙月报分析制度，动态监控分行资产质量变化，及时进行风险提示，严查严防风险隐患。以贷后管理环节为对象，组织开展了操作风险与内部控制自评，查找梳理贷后管理中存在的问题，识别主要风险点，进一步加强贷后管理操作风险控制，完善贷后管理制度，促进了贷后管理流程的优化。2009 年全行个贷催收管理平台推广取得积极成效，依托系统实现标准化催收手段的无缝衔接，贷后管理效率和集约化水平进一步提高。同时，组织全行持续开展了“夯实基础　提升质量”活动、“提升精细化管理水平巩固个贷资产质量”等活动，对促进逾期催收和不良贷款压缩起到积极作用。

（八）加强市场研究，围绕客户需求创新产品服务

全行以“惠民安居　服务大众”为主题，开展了“安居购房　首选建行”等营销活动，探索创新二手房贷款业务新模式，为购买普通自住房的优质客户提供了多项新的产品组合服务，还为单个还款账户余额不足的客户提供“合力还”服务，为客户提供了更加便利的还款服务。加强市场研究分析，本部撰写了《房地产金融改革开放三十年回顾》《个人住房反向抵押贷款（逆按揭）产品设计研究》等论文。

（九）全面强化基础建设，继续构建业务发展长效机制

1. 个贷中心规范化建设和流程标准化水平不断提高。在检查验收的基础上，按照标准化、专业化、集约化经营的标准，加快推进全行个贷中心的合理布局和规范建设，将流程建设的标准和要求落到实处，下大力气完善个贷中心专业化经营架构，推进个贷业务的集中经营。目前全行已建成个贷中心575个，一级分行所在城市及多数地市二级分行都组建了个贷中心，城区个贷业务全部实现中后端环节的集中经营和管理。

2. 系统支持与应用能力进一步加强。针对利率市场化、客户服务提升等问题和要求，加快改进优化系统管理功能，推广电子审批，业务经营操作的流程化和标准化水平进一步提高。全行基本构建了支持贷款运营管理、监测分析、风险管理和客户服务的全方位体系，系统对业务决策、监控督导、风险管理和客户综合服务能力不断提升，推动了个贷业务的精细化和科学化管理。

3. 从业人员队伍建设和培训工作稳步推进。下发《中国建设银行客户经理（房金）岗位职务管理暂行办法》，实现了对房金客户经理的规范化管理，对提高房金客户经理队伍总体素质和专业化水平起到了重要作用。在业务培训方面，重点加强营销、定价、风险识别技能培训，强化从业人员的客户细分、风险定价能力，有效地推动了房金条线人员的业务技能和素质的提高。

执笔：蔡军花　李向峰

审稿：杨绍萍

信用卡业务

2009年我行信用卡业务继续保持良好的发展势头，品牌影响力、市场竞争力、风险控制力和客户满意度进一步提高。2009年我行信用卡先后获得VISA国际组织颁发的信用卡业务成就奖、中国银联颁发的银行卡风险管理杰出贡献奖等21项荣誉，市场影响力进一步增强。截至2009年底，我行信用卡客户数、消费交易额、新增贷款、资产质量同业排名第一；累计发卡量、贷款余额在四大国有银行中排名第一，同业排名第二。

一、主要指标完成情况

（一）客户数和发卡量稳步增长

截至2009年底，全行信用卡累计客户数达到2 024万户，当年净增客户605万户。当年净增发卡553万张，增速为30%，累计发卡量达到2 424万张。

（二）消费交易额增长迅速

2009年，全行信用卡实现消费交易额2 928亿元，比上年增长了85%。全行信用卡账户活动率为54.75%，较年初提高了3.35个百分点。活动客户户均消费交易额达到2.6万元，比上年增长了38%。

（三）分期付款和商户业务快速推进

2009年，全行信用卡分期付款业务交易额达43亿元，比上年增长了24%；实现分期付款业务收入2.89亿元，比上年增长了68%；分期合作商户累计达到3 028户，当年新增801户。全行收单商户规模达到17.5万户，当年新增3.7万户；特惠商户总量达到9 651户。

（四）业务收入增长较快

2009年，全行实现业务收入44亿元，其中信用卡业务收入39.1亿元，比上年增长了68%。从信用卡利息性收入贡献看，利息性收入19.5亿元，占比50%，同比提高4个百分点；信用卡中间业务收入22.5亿元，同比增长61%。

（五）资产质量保持良好

截至2009年底，全行信用卡贷款余额达363亿元，当年新增134亿元，增幅为58.52%。全行逾期90天以上贷款不良率仅为1.66%，逾期180天以上贷款不良率仅为1.25%，资产质量保持良好。

二、重要工作举措

（一）发挥全行整体优势，渠道联动营销进一步增强

充分发挥网点主渠道作用，推出网点信用卡营销“525”策略（营销5种信用卡产品、2种类型客户、5种标准化营销流程）。加快挖掘和梳理房贷、理财等优质客户，持续优化完善信用卡业务预审批系统，平均营销成功率已达12%。网点综合营销能力进一步提高，实现每网点日均净增客户1.04户，2009年网点新增信用卡客户已占全行新增客户总数的70%。公司机构条线依托铁路龙卡、公务卡等重点项目开展联动营销，取得良好效果。从区域市场来看，重点地区分行继续发挥业务“领头羊”作用，20家重点分行客户数、消费交易额、贷款余额等主要指标全行占比超过80%，其中8家重中之重分行全行占比在50%以上。其他18家分行对全行的业务贡献稳步提升，当年客户净增在全行的占比较2008年上升5个百分点。

（二）加大产品创新力度，市场影响力进一步提升

产品创新不断加快，继东航龙卡后，又推出深航龙卡、南航龙卡等航空联名卡；先后推出冠军足球信用卡、“My Love”信用卡（个性化卡）和中国艺术家信用卡，其中足球卡2009年发卡已突破37万张，“My Love”个性化卡上市伊始已发卡3万余张。继续发挥先发优势，进一步扩大财政公务卡、汽车卡、百货卡等重点产品规模，财政公务卡当年净增77万张，累计发卡突破127万张；汽车卡当年净增60万张，累计发卡达到150万张；百货卡合作商户达到86家，累计发卡近222万张。

2009年9月1日，中国建设银行推出My Love信用卡。图为中国建设银行零售业务总监杜亚军出席发布仪式。

市场影响力进一步提升。2009年我行信用卡业务先后获得VISA、Master Card国际组织及中国银联多个奖项，在产品设计、市场营销、品牌推广和风险管理等方面得到充分肯定。此外，我行信用卡还先后获得《南方周末》“2009年度十大银行信用卡”、《理财周报》“最具成长性信用卡品牌”、搜狐网“最受欢迎的信用卡品牌”等奖项。其中汽车卡分别获得“顾客最喜爱的汽车卡”、“最佳私家车主信用卡”等奖项。

（三）加快分期付款业务发展与创新，加快商户业务拓展力度

信用卡分期付款业务推进加快，已形成账单分期、商户分期、邮购分期、大额分期四大类产品系列，本年实现分期交易额43亿元，同比增长24%，成为信用卡中间业务收入的增长亮点。

2009年，抓住银联商务业务调整的有利时机，加快对其原有商户的接收与合作，扩大我行自有商户规模；加快清理低零扣率商户，提高商户质量；加快自有直联商户的间联改造，进一步提高商户收单收入。目前我行0.5%以上扣率商户15万户，占商户总量的80%；成功争办海尔集团、广州本田、统一集团等全国性集团商户15家；信用卡商户平均扣率0.58%，远高于全国商户平均扣率水平0.25%。分期付款业务当年实现交易额超过43亿元，其中购车分期达到22.5亿元，2009年中国市场销售的每千辆家庭用车就有4辆得到我行信用卡分期付款的支持。

2009年10月17日，中国建设银行与中国南方航空股份有限公司举行航空联名信用卡——南航明珠龙卡信用卡首发仪式，图为中国建设银行副行长陈佐夫与中国南方航空股份有限公司总经理谭万庚等共同揭卡。

（四）风险控制体系日益完善，风险防范能力进一步提高

在形成从目标客户选择到征信审核、额度管理、交易监控、逾期催收、资产保全等关键流程的信用风险和操作风险控制体系的基础上，及时贯彻落实2009年以来政府监管部门加强和规范信用卡业务管理的政策要求，重点在发卡营销、商户管理、风险审批、客户服务等方面根据新的监管要求完善制度、优化流程、细化管理、改进服务，加快评分卡、欺诈和套现侦测系统的开发应用，重点做好防欺诈、防伪冒、防套现的风险防范工作，在依法合规、风险可控的前提下确保业务持续、健康发展。

（五）加大集中经营、集中管理力度

2009年继续加大全行信用卡营销活动的集中组织、集中策划，在全国范围统一开展旅游、购物、餐饮等主题的促销活动，提高营销财务资源利用的集约化程度，提升龙卡信用卡品牌的市场影响力。实行积分礼品集中采购，启动积分礼品集中兑换项目建设，完成促销管理规程制定，为进一步加大全行集中营销组织策划力度打下基础。风险审批的集中工作进展良好，38个分行中已有30个分行实现在总行和一级分行集中审批，审批质量和效率得到提升。

（六）进一步提高客户服务保障能力

全年共受理客户电话7 929万通，同比增长23.4%；IVR利用率达到50.32%，同比提高1个百分点；客户满意度达到91.56%，同比提高了0.68个百分点。先后获得中国信息化推进联盟“2009年中国最佳呼叫中心”、Bankrate（银率）网“信用卡满意度奖”等好评。随着南宁运行中心建成投产、花木后台运行总中心建设的加快，客户服务能力进一步提高。利用信用卡业务统一的数据分析平台CCDA，建立客户细分模型、客户贡献度模型和客户流失模型，并开始应用于差异化客户服务策略和客户升等工作，为客户服务的精细化管理提供保障。

（七）进一步深化与美国银行的业务合作

2009年与美国银行在5个业务领域共开展12个项目的合作，其中冠军足球卡及个性化卡研发、客户忠诚度管理、信用卡网点销售、评分卡推广与应用、呼叫中心管理优化、账单和制卡中心规划建设、数据分析团队建设、成本管理流程优化等项目合作取得较好成效。

执笔：朱中南
审稿：赵宇梓

金融市场业务

一、2009年金融市场业务经营情况

2009年，金融市场业务条线收入实现750亿元，完成计划110%。其中，货币市场收入79亿元，债券投资收益631亿元，中间业务及非利息收入55亿元，总行本级实现收入716亿元。

（一）提高本币投资组合管理能力，继续增强市场影响力

2009年，我行债券组合采取短久期、杠铃型结构的投资配置策略，合理择时择券，优化投资进度和配置结构。在投资指引中规定信用类债券配置不超过15%的比例限制，设置行业集中度、发行体等限制指标。制定了《中国建设银行债券投资业务管理暂行办法》，对投资评估、风险承担、投资管理流程、投资操作方式、投资后的跟踪管理等从制度层面进行了规范。2009年国债承销综合排名第一；农发行、国开行政策性金融债承销量市场排名第一；银行间债券双边做市商业务、柜台国债业务市场排名第一。圆满完成三期共800亿元次级债券发行工作，实现三期次级债成功、顺利、低成本发行，成为2009年度银行间市场最大的次级债券发行主体。

（二）择机减持外币组合信用风险敞口

2009年，外币投资组合实现收益5.83亿美元，完成计划的104%。按全回报口径，组合收益率4.85%，较计划收益率2.80%提高了205个基点；按照年报披露口径，债券投资利息收益率达4.03%。

（三）抓住市场有利时机，推动账户金、实物金和黄金租借业务发展

全行黄金交易总量达919.77吨，较2008年全年交易量增加了98.73%，实现收入3.82亿元，超过2008年全年收入62.54%。

（四）结售汇业务量与收入同比下降，市场份额继续提高

2009年，我行代客结售汇及外汇买卖市场份额同比提高0.21个百分点至11.11%。继续加强银行间做市交易力度，积极承担做市商职责。我行人民币外汇市场做市商总交易量排名第三，交易笔数排名第二。通过与建行亚洲、香港分行和新加坡分行联动，完成差额交割远期交易87.66亿美元，同比大幅增加超过240%。

（五）理财业务规范发展，组合类产品取得进展

2009年，我行成功发行“天天大丰收”高流动性组合产品，为首只覆盖全国的每天开放的理财产品，有效地填补了我行高流动性产品的空白，提升了市场竞争力。组织14家分行试点运作包括7天滚动产品在内的债券类理财产品，并支持深圳、上海等分行组合类理财产品的债券配置。按照银监会的规定，在确保理财产品资产独立性和完整性的前提下，顺利完成了理财产品的托管制度安排，促进了理财业务规范发展。

（六）加强海外分行金融市场业务管理，强化集中管控

2009年，我行通过增持高评级债券、减持高风险债券，改善了债券组合的市场风险指标。制定了全行统一的债券投资策略；实现了境外分行债券的逐笔审批制；债券交易数据实现了实时监控；制定了全行信用类债券减持评估机制，逐步实现了全行债券业务的条线垂直管理。

（七）推进投研一体化，提高分析能力

2009年，金融市场部共完成各类报告逾375篇。其中每日快讯逾196篇，研究周刊48篇，交易员周评50篇，专题研究8篇，内部参考11篇，为建设银行报提供市场报告49篇。加强了对重要事件的快速反应、持续跟踪，包括对主要经济体

货币政策回顾及展望、警惕主权债务违约风险等报送行领导，对迪拜债务危机的影响持续跟踪等；参加了风险管理部“实行新资本协议办公室”，包括“LGD－EAD内部验证”和“市场风险内部模型验证”。

二、深刻吸取金融危机教训，加强基础管理，强化内控建设

（一）强化业务管理职能，切实做到经营与管理并重

1. 在部内增设境内外机构管理团队，集中对境外分支机构的金融市场业务进行管理和指导；增设内控管理工作团队，充分发挥风险管理第一道防线的作用。

2. 严格授权管理，优化授权方案，强化授权执行，实行动态管理。在授权方案中明晰授权和授信管理的边界，彻底解决了授权覆盖授信的问题；调整转授权方式，按照总经理—副总经理—团队主管—交易员层级逐级递减转授权；根据业务开展需要，及时申请变更授权方案，下发《关于调整境内分行2009年部分资金业务授权的通知》。

3. 实行统一集中的额度授信管理，注重防范交易对手信用风险。制定《中国建设银行资金交易授信管理操作规程》，掌握目前所涉的200多家境内外机构的金融市场业务额度使用情况，定期提示风险并提出改进建议。

4. 重视制度建设，建立健全金融市场业务内控制度文件体系。全面梳理相关的部内外规章制度268个，结合业务对其中139个内部制度文件进行了评估和重检，制定2009年制度修订计划，制定或重新修订制度32个。

5. 组建金融市场业务产品创新管理工作领导小组，加强对产品创新的支持和服务；组建金融市场业务量化分析小组、投资组合管理研究小组、碳金融工作小组等专业化团队，开展战略性、前瞻性的产品研究。

（二）密切关注市场变化，提高快速反应能力

迪拜世界债务重组事件发生后，立即采取行动并密切跟踪事态发展，收集市场信息，先后以10期《金融市场部工作周报增刊》向行领导报告有关情况；下发了《关于迪拜世界债务重组事件风险警示的通知》《关于迪拜世界债务重组事件交易对手风险警示的补充通知》及《关于意大利、西班牙、葡萄牙、爱尔兰等国家主权风险警示的通知》，在国际部的管控措施基础上进一步严控交易对手风险。

（三）海外分行业务整合取得初步成效

1. 形成《香港分行资金交易业务向总行金融市场部转移方案》并已落实派驻主管、划分业务与人员、梳理代客资金交易流程、调整FTP内部交易流程、重检规章制度、整理系统需求等方面内容。

2. 充分利用国际金融中心的时差、人才、市场等区位优势，于2009年12月15日实现24小时外汇和黄金交易三地（北京、伦敦、纽约）的全球化运营。金融市场部分别向伦敦子行、纽约分行派驻了2名外汇、黄金交易员。

（四）加强基础管理和部门建设

1. 对我部现存的五大类、22种共343套系统（包括资讯系统、交易系统以及风险管理系统）的风险点进行全面排查。同时积极推进IT系统采购工作，满足交易、管理和风险内控的需要。

2. 积极探索和推进部门绩效考核工作。配合资债部、财会部研究提出切实可行的绩效考核办法，逐步建立有效的激励约束机制，2010年开始正式实施。

3. 重视员工培训和管理，制订入职培训方案，通过集中授课、跟岗培训、综合测评、导师制等方式培养新入职的42名新员工；严格上岗要求，交易员上岗前需取得相关资格认证，在人民币债券交易员上岗培训考核中，我行参加考试的交易员包揽了前三名。

4. 加强基础管理水平，提高执行力。及时以周报或增刊向行领导报告金融市场信息和部门工作动态，完成编报《金融市场部工作周报》22期、《金融市场部工作周报增刊》18期。狠抓公文运转管理，通过培训和督导，提高公文质量和效率。

执笔：王红强
审稿：杨爱民

投资银行业务

2009年，投资银行业务围绕“创新、效率、特色、风险、制度、培训”的发展方针，紧跟国家宏观经济政策导向及产业升级调整的市场动向，加强研究、紧抓机遇，实现了传统重点业务的持续稳步发展以及多项创新业务的大幅度增长。2009年，实现境内外投资银行业务收入122.42亿元，较上年增长43.70亿元，增幅为56%。

2008年12月30日，投资银行部与《21世纪经济报道》联合在北京成功举办“21世纪金融理财系列活动暨中国建设银行理财沙龙”活动。

2009年，投资银行业务通过自身的不懈努力，获得了各方的广泛认可，并在多项评选活动中获奖，包括在《21世纪经济报道》举办的“第二届金贝奖年度金融理财”评选中荣获“年度优秀理财银行”奖；在《证券时报》举办的“中国区优秀投资银行”评选活动中获得“最佳银行类投资银行”、“最佳资产证券化投资银行”、“最佳资产证券化项目”等多个重要奖项；在《上海证券报》举办的“金理财”评选活动中，“乾图理财”荣获“最佳理财品牌”奖；在《首席财务官》杂志2009年度“中国CFO最信赖银行”评选中，建设银行荣获“最佳投资银行”奖；在《理财周刊》主办的2009年“最受尊敬银行”评选暨“中国最佳银行理财产品”评选中，建设银行“利得盈——基础设施建设性（定）2009年第二期（3年）”产品获得“最佳银行理财产品”奖，同时，总行投资银行部获得“最佳投资与管理团队”殊荣；在银行家杂志社“2009年中国金融创新奖”评选活动中，建行“乾元”中小企业信托贷款集合型理财产品荣获“金融产品十佳奖”，福建炼油乙烯项目融资财务顾问项目荣获“最佳金融营销创新奖”。

一、工作成果

（一）财务顾问业务

2009年财务顾问业务实现业务收入70.46亿元，完成计划的121%，增幅为45%；成功推进新型财务顾问项目200个，完成全年计划的108%。2009年，建设银行在银行同业中率先推出金融全面解决方案——FITS（Financial Total Solution），即“飞驰”（意为“建设银行和您一起飞驰”）。建设银行及全资子公司建银国际作为财务顾问，根据政府机构、大型企业、中小企业、个人客户的不同情况和投融资需求，综合运用传统商业银行、新型投资银行以及各种基金和银行理财计划等产品和工具，整合成为全面的多元化金融服务方案，以最快的速度、最小的半径、最短的时间解决客户的金融需求。2009年，成功向广东省政府提交了《关于落实广东政府扩大内需促进经济快速发展的全面资金解决方案》；与廊坊市政府正式签署了建设银行第一个针对政府城市改造建设的提供全面金融服务的合作协议；并联动建银国际与株洲旗滨玻璃集团有限公司签署了建设银行首单为中小企业提供全面金融财务顾问服务的合作协议。

2009年2月20日，甘肃省常务副省长冯健身一行在北京与中国建设银行签署了100亿元中期票据业务合作备忘录。监事长谢渡扬、副行长范一飞、投资银行部总经理王贵亚及甘肃省分行行长康义等参加了签字仪式。

此外，建设银行投行业务紧抓国家宏观经济调控和产业升级整合带来的机遇，并购重组财务顾问业务取得了跨越式的增长，2009年成功推进并购重组项目63个，实现收入1.65亿元，比上年增长近40倍。

（二）债务融资业务

2009年，建设银行债务融资工具承销业务高速发展，实现业务收入67 612万元，为全年计划的161%，同比增长191%；共承销债务融资工具发行项目39期，累计承销量1 645亿元，完成全年计划的135%，比上年增长822.5亿元，同比翻番，承销量排名市场第二。2009年，通过高层牵头营销、总分行积极联动等方式，在我国2009年首批推出的北京、上海、广东、甘肃政府融资平台发行中期票据业务中，成功取得了上海、广东、甘肃政府融资平台中期票据发行项目主承销商或联席主承销商资格，在该项业务中占据了超过60%的市场份额。

（三）理财业务

2009年，投资银行业务条线共设计推出“利得盈”、“建行财富”、“乾图理财”、“乾元”、“开放型资产组合人民币理财产品”等各类理财产品472期，累计募集资金7 198亿元，同比增长68%；实现各类收入19.92亿元，同比增长40%。在国家增加投资规模、确保经济增长的宏观经济背景下，积极调整理财业务的发展思路，合理调配存量、增量信贷类理财产品的发行规模，加大产品创新力度，适时推出凭证式国债类、另类投资型、中小企业集合信贷等创新型理财产品，并扩大了高流动性的开放型资产组合模式理财产品发行地域和规模，丰富了理财产品的种类，更好地满足了投融资双方客户的不同需求，实现了本集团与投融资客户的多方共赢。为积极引导民间资金投资于“5·12”地震灾后建设，在全行范围内发行了“5·12”地震灾后建设人民币理财产品，履行了建设银行的社会责任。

（四）资产证券化业务

REITS项目方面，通过积极营销、审慎考察，最终确定了上海陆家嘴公司作为建设银行首只REITS产品的试点单位，并与该公司达成了合作意向；此后，通过与地方政府、监管机构以及法律、税务、评级、评估等中介机构的多次沟通研讨，完成了REITS项目的试点方案及相关申报材料，并已上报人民银行；目前，此项目有望于2010年作为我国首只REITS试点产品在银行间市场发行。

（五）产业基金业务

2009年，建设银行充分利用建银国际这一投资银行平台，积极创新拓展产业基金业务，助推重大民生领域改革和国家经济战略的落实。一是发起设立医疗和文化产业基金，支持医疗和文化体制改革和产业发展。医疗基金和文化基金管理公司均已获得国家发改委的备案批复，医疗基金首期资金26亿元已经募集完成，文化基金也正在和财政部共同推动发起设立，初期规模达50亿元。二是配合上海两个中心建设、皖江城市带承接产业转移示范区等国家级区域中心的设立，建设银行与上海市城投集团签署了合作协议并成立了基金管理公司，以推动环保产业基金的发起设立；另外与安徽地方政府合作完成了皖江承接产业转移投资基金的设立。三是积极支持国家鼓励的行业发展和产业调整。与中国航空工业集团合作发起设立了中国航空产业基金，还发起设立了优势资源和创业投资基金。以上6只股权投资基金正处于基金募集和项目投资筛选阶段，预计首期总规模为200亿元。

2009 年 3 月 5 日，河北省分行在邯郸成功举办了中国建设银行创新融资方式产品研讨暨邯郸分行财务顾问签约仪式。

2009 年 3 月 26 日至 27 日，由投资银行部举办的并购财务顾问业务研讨会在湖北省分行培训中心赤壁校区举行。来自全国 38 家分行的投资银行业务负责人和业务骨干，总行投资银行部部分管理人员及总行其他 10 个相关部门的人员参加了此次研讨会。

二、主要工作举措

（一）有效控制投行业务的风险

2009 年全行投资银行条线设计发行理财产品 472 期，发行额达 7 198 亿元，兑付本息 6 800 多亿元，全部按照预期收益兑付，没有出现一单到期未足额兑付的情况。2009 年，投行业务条线不间断地开展分行内部控制评估和风险排查，指导分行规范业务发展，提高风险控制水平。

（二）加强基础管理工作

投行业务条线不断加强基础管理，总行针对各项业务出台了一系列规章制度，通过制定“常年财务顾问业务服务要点”，规范了常年财务顾问业务的内容。制定了债务融资工具业务相关规范性管理文件，下发了《关于规范债券承销业务工作流程的通知》规范债券承销业务工作流程。

制定了《中国建设银行理财业务管理暂行办法》《信贷资产类信托理财产品存续期间管理工作指引（试行）》《中国建设银行一级分行开放型资产组合人民币理财产品操作指引（试行）》等一系列管理办法和指引，确保理财业务有序开展、规范业务操作。下发了《关于进一步规范境内分行与建银国际（控股）有限公司开展境内外投资银行业务联动的指导意见》，规范了和子公司、行外机构开展合作的制度。

（三）组织研讨，加强业务交流

总行投行部举办了多期培训班、研讨会和视频会，全面提升投行条线员工的业务水平。举办了财务顾问业务研讨会、投资银行业务骨干培训班、债务融资业务培训研讨会、财务顾问案例研讨会、投资银行业务培训班、理财业务研讨会。通过培训班和研讨会加深了投行条线对业务的理解，加强了总、分行之间相互交流，提高了从业人员专业能力，充实了理财业务专家团队。

（四）重视信息技术与系统建设

理财业务综合支持系统于 2009 年 8 月 15 日成功上线运行，为建设银行理财产品的多渠道销售、差别化服务提供了良好的技术支持。理财业务综合支持系统功能全面、技术领先，既吸收了国内外同业先进的理财模型，又结合了建设银行的理财业务实践，支持创新产品的灵活配置和快速定义；可提供多样化、差别化的定价模式，能够满足不同客户群体的产品需求；使理财业务流程规范化，实现了理财产品“销售—售后—兑付”的环环相扣、层层统一。

（五）建信信托正式成立

2009 年 7 月，建设银行投资控股合肥兴泰信托有限公司的增资资金全部到位，2009 年 8 月 3 日信托公司完成工商变更手续，公司正式更名为建信信托有限责任公司。公司注册资金 15.2727 亿元，其中我行持有 67% 的股份，合肥兴泰控股集团有限公司持有 27.5% 的股份，合肥市国有资产控股有限公司持有 5.5% 的股份。

三、建银国际业务完成情况

2009年，面对复杂多变的国际资本市场与全球经济环境，我行在港全资子公司建银国际紧密围绕有效推进业务转型的工作主题，积极开展市场拓展和风险防控，取得了可喜的成绩。公司全年收入增长94%至27.76亿港元，税前利润增长107%至20.50亿港元，税后利润增长108%至16.81亿港元。核心财务指标继续处于香港投行领先地位。

在传统投资银行业务方面，建银国际参与并完成了匹克体育、361度、琥珀能源等多宗上市项目。新业务方面，建银国际目前在产业基金、香港公募基金方面已取得突破并粗具规模，进一步丰富了公司的产品结构。其中，2009年9月建银国际医疗保健基金正式揭牌成立，首期筹集资金26亿元人民币，是内地首家医疗产业基金；2009年1月建银国际在市场低迷之际率先发行国策主导公募基金，其表现在香港证监会认可的34只基金中名列前茅，并被 *Capital Weekly* 评选为优质投资产品。

2009年，建银国际加大品牌宣传力度，并于报告期内获得多项大奖，包括《经济观察报》授予中国最佳投资银行奖项（海外唯一）、《证券时报》授予香港最佳中资投资银行、最佳私募股权投资机构奖项，*China Venture* 评选中国最佳私募股权投资机构奖项，*Capital Weekly* 评选优质投资产品奖项、智选投资银行奖项，清科评选最佳退出私募股权投资项目奖项等。

执笔：张寒松

审稿：张明合

资产保全业务

一、2009年工作成果

（一）坚决贯彻执行总行战略部署，全面超额完成全年各项任务目标

2009年，全行资产保全条线共处置各类不良资产454亿元，现金回收不良资产294亿元，实现不良资产超值现金回收117亿元，全面超额完成全年计划。不良资产现金回收率达65%，较以前年度有大幅度的提高，最大限度地减少了我行资产损失。2009年共处置不良贷款420亿元，比上年多处置100亿元，不良贷款处置额高于全年新增不良额，圆满实现了不良贷款“新增多少、处置多少”的任务目标；全年不良贷款处置比率达到年初余额的54%，创历史最高水平。

（二）提前结束资产服务商工作，维护了我行良好的市场声誉

2008年1月“建元2008－1”重整资产证券化项目成功发行以来，相关10个分行高度重视资产服务商工作，共现金回收信托资产30亿元。2009年9月，该项目优先级证券本息全部兑付完毕，优先级投资者实现了6.08%的较高年化投资收益，剩余信托财产依约返还次级投资者；我行累计获得基本服务费、超额奖励服务费和处置费用2.26亿元，增加了全行中间业务收入，实现了多方共赢。该项目法定存续期为5年，提前了3年多终止，标志着国内商业银行首单重整资产证券化项目取得圆满成功，充分展示了我行的不良资产专业化处置能力，维护了我行良好市场声誉。

（三）业务单元制改革深入推进，彰显管理体制价值

2009年，各分行以不良资产集中经营为主线，以提升不良资产处置效果为目标，深入推进资产保全业务单元制改革，实现了省会城市不良资产和全行大额不良资产的集中经营，公司类不良贷款集中经营度达到80%，非信贷不良资产集中经营度达到87%。全行有10个分行集中经营公司类不良贷款达到100%；21个分行实现了不良资产的划账集中经营，还有部分分行实现了不良个贷的集中经营。资产保全业务专业化水平明显提高，不良贷款处置比率连续5年稳步提高，较改革前提高了16个百分点，2009年首次突破了50%；不良资产超值现金回收达到117亿元，较改革前翻了一番。

（四）探索延伸保全业务职能，业务领域拓展取得新成就

2009年全行秋季工作会议后，按照会议精神，总行积极组织、研究探索资产保全两头延伸工作职能。一方面，制定下发了《资产保全部门管理处置关注三级公司类贷款试行方案》，为全行保全部门介入关注三级贷款提供了制度依据，奠定了工作基础。另一方面，努力建立健全已核销呆账管理机制。2009年首次由总行直接配置已核销呆账回收激励费用，下发《关于加强已核销资产管理和催收工作的通知》，对已核销呆账管理催收工作作出了具体明确的安排部署，取得了良好效果，全年共现金回收已核销呆账4.3亿元，超过了前两年总和。

（五）个人类贷款标准化催收流程体系持续优化

2009年，全行着力于节约催收成本、提高工作效率，个人类贷款标准化催收流程体系的优化调整取得积极进展：电话催收集中度不断提高，25个分行的逾期个贷催收实现在武汉、兰州等总行级“95533”电话银行中心的集中；配套系统支持力度加强，“个贷催收管理平台”全行上线，上门、委外、司法催收功能模块研发工作有序推进；不良个贷催收处置手段日趋专业化，总行正式下发首批委外催收机构建议名单，向全行推荐机构12家，分支机构累计80个，为开展委外催收业务提供了资源共享平台。

（六）风险防控取得实效，各项业务合规高效运行

2009年，全行开展了两次资产保全业务合规性检查，这在资产保全条线尚属首次，也是保全部门积极调整工作节奏、妥善处理业务运行与风险防控关系的结果。从检查结果看，检查发现问题的数量继续减少，业务总体情况良好，能够按照国家有关法律、法规以及总行有关文件规定执行，未发现严重违规违纪和弄虚作假行为。总行保全部组织梳理相关规章制度和业务流程，出台《不良贷款客户存款账户扣收业务操作流程》，消除了风险隐患，堵塞了经营漏洞，强化了风险控制。

（七）信息技术保障有力，精细化水平进一步提高

SARM系统（二期）上线平稳运行，所有表内不良资产处置项目均通过系统进行申报审批，各级行可随时了解项目情况，实现了保全业务的全流程化管理和无纸化办公方式。这一覆盖全部资产保全业务品种的基础管理信息平台，为有效提升资产保全业务精细化管理水平、规范各类资产经营管理提供了有力的支撑。

二、2009年主要工作举措

（一）领导重视，相关部门大力支持

全行上下高度重视，将资产保全工作作为改善资产质量、调整资产结构的一项重要工作来抓。董事长、行长亲自过问资产保全工作，协调解决保全工作中遇到的重大问题；行长办公会对保全工作专题研究；董事进行专题调研，全面了解新形势下资产保全工作面临的困难和问题；相关部门大力支持，创造良好的条件，共同推动不良资产处置工作。各分行也将资产保全工作作为重点工作之一，个别重大不良项目由分行行领导亲自挂帅、全程跟踪，为保全工作创造了良好条件。

（二）提前筹划，坚持全年工作的早安排、早部署、早行动

早安排、早部署、早行动是保全条线近年来一直坚持的一项基本工作原则。对2009年的工作，保全条线从2008年第四季度就开始着手研究，安排了全年工作措施，提前制定了项目处置方案。2009年初，总行分别以座谈会和工作会等形式，第一时间明确了全年的目标任务和总体要求，为全年工作赢得了宝贵时间。

（三）调整节奏，做到不良贷款早处置、多处置、快处置

2009年，资产保全工作节奏调整取得了很好的效果，9月份提前完成280亿元的不良贷款处置考核计划。在此基础上，保全条线服从大局，再接再厉，继续运用各种手段加大不良贷款处置力度，第四季度又处置不良贷款138亿元，高于全年新增不良额100多亿元，促进了全行资产质量的持续改善。

（四）措施得力，各项工作机制行之有效

资产保全条线在坚持现金回收最大化的同时，深入调查不良贷款项目情况，开展项目诊断，对符合收取抵债资产条件的项目和呆账核销项目实行名单制管理，科学安排全年进度，逐项督导落实。2009年，总行先后组织了9次重大不良项目专家诊断，对重点项目形成了有时间进度要求、有量化目标的处置方案，形成有效督导。重点联系行制度成效明显，10个重点联系行共处置不良贷款207亿元，占全行的49%。

（五）培训到位，全面提升员工技能

2009年，各一级分行从事不良资产直接经营工作的客户经理近400人，初步构建了一支不良资产专业化经营团队。根据总行关于开展新一轮大规模培训的有关精神，保全条线按照“按需施教、分类培训”的原则，加强员工培训力度。先后组织开展业务知识普及性、提高性、前瞻性等三个不同层次的全行培训和四次区域培训，共培训员工548人次，进一步提升了条线员工的履岗能力和专业素质。

执笔：党　亮

审稿：高　扬

IT建设与发展

2009年，信息技术管理部（以下简称技术部）紧紧围绕全行发展战略，狠抓安全生产管理和信息技术发展创新，确保了国庆60周年期间信息系统的安全稳定，实现了一批重大战略项目特别是网络银行、海外业务核心系统、管理会计等项目的创新和发展，全行信息技术工作迈上了新台阶。

一、完成了国庆保障和安全生产任务

加强对各应用系统进行全面梳理、检查、优化和加固，并对风险隐患进行及时整改。不断采用新技术、新手段，先后推广应用了集中监控、集中备份等自动化运维系统，强化上线集中审核制度和运行值班、系统运行状况监控制度，完成ALS系统远程灾备建设并完善了系统应急预案168套，在总行层面组织了针对32个重点系统的243次应急演练，解决运行事件11万余件。全行信息系统运行平稳，CCBS核心业务系统、国际卡、ALS、证券、重客、CTS、银保等关键系统全年，特别是国庆期间运行可用率达100%，龙卡、网银、证券等系统交易量分别增长24.61%、40.79%、56.09%，保证了我行业务快速健康发展。

二、科技创新取得新进展

2009年，技术部重点实施了深化前后台分离、海外分行核心业务系统、管理会计、网络银行项目等一批重大科技项目，全年启动项目开发218项（其中续建107项、新建111项）、验收89项。提交版权登记19项、专利申请33项，累计获得专利10余项。8个项目获得人民银行科技进步奖，另有7个项目通过人民银行科技发展奖鉴定，其中达到国际领先水平、国际先进水平的项目各一个，其余项目均达到国内领先水平。

（一）电子渠道建设方

总行短信服务平台累计完成21家分行推广，推出约定转账、主动式缴费充值等功能扩展，系统客户数增加了5.4倍，中间业务收入近6亿元；个人网上银行推出高端版，推出了7×24小时跨行转账、理财产品优化等新产品、新服务，系统客户数达3 800万户，客户数、交易量同比分别增长30%、66%；企业网上银行在企业收付款、投资理财、贷款等重要业务上推出了24项产品服务、71个功能，拉近了与同业先进的差距；“95533”系统菜单从9级简化为3级，一通电话时间从平均90秒缩短到60秒，在2009年度电子金融年会上，独家获得“最受客户喜爱的电话银行”之“金爵奖”；自助设备控管系统（ATMS）实现了全行自助设备统一控管、系统整合运维集中、区域集中和业务快速部署，自助设备开机率达到96.94%，相当于多投放了1 000台设备，柜面业务替代率上升至126%。

（二）新兴市场拓展方

企业年金业务信息系统配合业务部门，营销了8个铁路局并实现了客户数据上线运作，协助签约了首创集团、开滦集团、唐山钢铁等大批优质客户，账管业务已签约账户达180万户，受托企业570余家；对公信贷业务流程管理系统（CLPM）推出了小企业无抵押贷款等创新产品，完成“e贷通”推广到北京、上海等7家分行，基本实现全流程网上操作，与“e单通”一起实现了系统与阿里巴巴、金银岛电子商务平台及中国远洋物流系统的互联，累计向1 400余家小企业发放网络银行贷款35亿元；现金管理平台基本建成，开发了对公理财账户、电子商业汇票、集团资金结算托管等创新产品，兵器财务等5家客户完成上线及15家客户已批复上线，推出了网银客户端；代理村镇银行支付子系统上线，具备了汇划、事务等来往账交易功能，实现了代理方式从手工到自动的转变；外汇交易美元结算银行系统完成上线，人民币国际结算业务投产，为我行争取到相关结算银行资质奠定了基础。

（三）促进网点转型方

网点排队及客户满意度监测分析项目完成了全行推广，智能排队和弹性排班在10 000余个网点应用，客户平均排队时间从9分钟缩短到6分钟，网点日平均处理业务从120人/天增加到201人/天；个人金融产品营销服务系统完成全行推广，建立起了营销销售体系的闭环流程，累计提示营销商机1 273万人次，记录客户反馈意见661万人次，推动了个人金融产品营销模式创新和网点转型；零售网点整合系统（PBCS）进一步优化，在38个分行、12 800个网点上线运行，建立了分行特色业务接入总行系统的新模式，日交易量突破200万笔；财富管理与私人银行业务流程支持项目完成全行推广，管理客户92 677人，构建了财富中心客户获取、管理、服务与销售的电子化流程。

（四）数据挖掘和应用方

管理会计（MA）一期项目上线，完成了2009年的历史数据追溯，建立了完善盈利性分析方法及绩效计量，研究并试点新的成本分解方法的数据支撑平台；数据仓库新接入网上银行等16个系统数据源，补充了CLPM等12个源系统数据，解决数据问题400余项，改进了数据数量。

（五）支持海外业务发展方

建立了纽约分行、伦敦子银行等海外机构到总行的网络连接，实现了海外清算系统在纽约分行的部署；完成了海外分行核心业务系统（OCBS）的开发和香港分行的上线，实现了海外分行核心业务的统一处理、与总行间的信息共享、新业务的快速部署、数据的自动报送和报表的自动生成。

（六）促进管理改革方

大额支付系统完成全国推广，建立了总行级大额支付系统业务应急平台，并在湖北和内蒙古分行完成实战演练，支付系统业务应急模式取得了根本性的突破；后台业务集中处理批量代收付系统、同城票据交换系统投入使用，营运作业与管理系统持续优化，深化前后台分离项目有序推进。

三、IT安全管理体系建设进一步加强

（一）建立健全信息安全管理制度规范

完成了《中国建设银行信息安全政策》的报批稿，制定了《信息系统用户安全管理规定》《信息科技风险管理规定》《科技信息安全管理规范》等一系列安全制度规范，进一步明确了技术和业务部门、总分行之间的职责，实现了对信息科技主要风险点的覆盖。

（二）加强信息科技风险评估工作

制定了《信息科技风险评估管理规定》、《整体信息科技风险评估标准》，开发了信息科技风险自评估平台，在全行组织开展信息科技风险自评估，梳理了十大风险点，部署落实了整改工作。

（三）完善数据安全管理流程

修订了《生产数据使用安全管理规定》，下发了《关于规范受理生产数据使用申请流程的通知》，制订了数据安全管理工作规划，完成了《科技信息安全管理规范》并在5家分行试点，启动并试运行了数据安全管理项目，引进了数据安全销毁工具，防范敏感数据泄露对我行声誉和利益造成严重损害的信息安全事故。

四、专业化服务能力持续改进

（一）开展全行IT资产清查

在全行组织开展了为期6个月的IT资产清查工作，处理信息8万多项，基本掌握了我行IT设备、设施、人员、供应商等IT资产的基本情况和应用水平，有针对性地制定、实施了提高基础设施规划能力、加大应用系统与基础设施整合力度等一系列问题的整改措施。

（二）改进管理流程和制度规范

对项目管理流程进行了全面优化，制定了统一的工作量估算规定，加强内部控制力度和成本精确测量能力；实施了与美国银行合作的IT开发类供应商评估及采购流程优化项目，对现有采购和供应商管理流程进行了梳理、分析和改进，在模拟运行中，采购周期从目前的平均92天缩短到38天；完善了架构规范体系，发布了Oracle数据库等3个开发规范，建立了应用系统管理基线，重点开展了灾备中心规划、分行架构规划、服务器整合及应用系统基础设施性能评估等专题工作；开发并投产了IT计划与预算管理系统，改变了IT计划和预算管理长期依赖手工实现的状况。

（三）推进IT资源整合

启动了60个总推分系统的上收整合，形成了24套解决方案并先行启动了9个，完成了新一代贸易融资系统（NTFS）和外汇业务管理信息系统（FIMS）的整合工作，分行IT资源开始逐步释放；推进总行集中测试环境建设，完成了测试基础软件在开发中心的推广、培训；部署和应用集中监控系统、集中备份系统，将总分行5 500余台设备纳入系统监控范围；推进虚拟化技术应用，通过了10个分行的试点，成功将793台服务器和PC上的342个应用整合到156台PC服务器上，整合比达到1:5。

（四）加强队伍建设

科技队伍进一步发展壮大，总行技术部本部及各开发中心、数据中心、支持中心，当年通过系统内调入、校园及社会招聘，新增科技人员119人，使总行科技人员数量达到1 388人。同时加大对科技队伍的培养力度，全年累计举办了27期IT培训班，培训人员1 107人次、7 289人天，培训内容涵盖IT管理能力、专业能力和金融业务知识，380人获得项目管理资质提升。

执笔：马　龙

审稿：金磐石

营运管理

一、组织实施深化前后台业务分离项目建设，完成年度计划任务

紧紧围绕提高效率、降低风险和控制成本的三大目标，引入先进营运理念和技术，按照前台受理、后台处理、前后台一体化设计思路，重新划分前后台工作界面，重组柜面业务流程。将原由营业网点完成业务处理全过程的生产方式，调整为营业网点仅负责受理、鉴伪并扫描上传，主要业务处理环节转由后台完成；将原逐笔逐项处理业务的生产流程，调整为主要环节由后台同步操作、批量处理的流水化生产流程；将原主要依靠复核授权、人工判别的操作风险控制模式，调整为主要依靠流程控制、自动核对、系统预警，

人工仅负责对预警事项的审核把关。年内已如期完成业务需求编写与评审工作，完成了系统开发、生产组织管理架构设计、管理制度编写的阶段性任务，进入了测试阶段。

二、扩大后台业务集中范围，进一步分离前台业务

（一）推动批量代收付业务一级分行集中，实现38家分行系统全部上线运行

全行存量批量代收付客户切换占比达98.5%，新增客户增幅为21%。平均每个一级分行配备3~5人、开立一个标准账户即可完成辖内批量业务处理，改变了批量代收付业务分散设计产品、按委托单位分别开户、操作风险高、占用前台人力资源多的局面。

（二）33家分行网银跨行交易落地业务一级分行集中

前台事务大幅减少，系统自动记忆和匹配人民银行支付机构号，落地业务笔数下降，客户资金到账速度提高近5倍，业务效率提升2~3倍，系统对重汇、大额授权交易、重要交易要素自动控制，操作风险降低。

（三）推动票据交换提入业务集中

采用磁码实物方式的16个大城市推广使用票据交换系统，服务网点1 125个，日均处理业务5.4万笔，分别占当地网点及业务量的86%和81%。

三、构建全行集中支付体系，全面提升清算业务能力

（一）组织实施二代支付系统配套工程前期研究，完成人民币集中支付清算体系方案设计

核心内容是，总行一点接入人民银行支付系统、集中清算全行跨行往来资金，相应取消分支机构在人民银行开立的清算账户；行内支付平台由总行集中运行维护，相应取消现分布于一级分行的40个运行节点；将分散在分支行及营业网点的汇划落地业务，分步集中到规划中的总行后台业务处理中心，进一步分离前台业务。按照上述设计思路，2009年完成了支付平台及其主要业务系统改造的需求设计与评审，为推进二代支付系统建设奠定了基础。

（二）打造总行集中运营的海外分行清算体系，提升海外清算业务能力，支持海外分行业务转型

完成海外清算系统改造及在纽约、东京分行上线，保障纽约分行按期开业；完成海外清算系统与纽约、东京本地清算系统直联，使分行具备了独立的清算能力。组建海外清算支持团队，承担纽约分行三分之二的清算工作量，与纽约分行接力提供24小时清算服务，使纽约分行清算业务迅猛增长，2009年12月份当月取得手续费收入17万美元。着力落实行领导关于清算业务向海外分行集中的要求，港元、欧元集中率接近100%，美元、日元超过50%，2009年12月份当月海外分行实现清算手续费收入总计64万美元。

（三）建立村镇银行集中支付体系，完成代理支付子系统建设

解决了湖南桃江和浙江苍南村镇银行支付结算“孤岛”困境，实现代理方式从手工跑单到自动处理的跃进，既有力地支持了村镇银行结算业务的开办，又为村镇银行集团公司以及其他金融机构的代理接入提供了机制和平台。

（四）承担外汇交易中心净额清算业务美元结算任务，全面履行投标承诺

按期完成外汇清算系统结算中心模块开发，设立代理清算团队，为外汇交易中心及其清算会员提供优质服务，共完成资金结算业务2 300亿美元，资金调拨业务2 000亿美元，日均资金沉淀超过5亿美元。

（五）快速响应跨境贸易人民币国际结算试点对支付系统的要求，完成了系统改造，确保我行成为首批试点银行

及时完成了代理行模式下人民币跨境支付涉及的CCBS和MPS系统改造，协助完成了试点初期业务方案制订，完成了清算行模式下大额支付系统业务应急处理指导和方案制订，为我行第一时间成为首批试点银行创造了条件。

四、夯实现金业务精细化管理基础，全面提升管理水平

（一）积极打造精细化管理平台

为实现对全行各部分库存现金的细化管理，将原业务现金核算码拆分为柜员现金、自助设备

现金和金库现金；为满足集中配送需要，新增了用于核算次日现金调缴的待提待交现金核算码；为细化实物黄金管理，提出并完成了在出纳综合管理系统中增加实物黄金退库、返厂的优化需求及编写；为适应金库集约化作业需求，2009 年全年新建金库 27 座，是 2008 年新建金库的 2 倍。2009 年底在用金库 721 座，比 2008 年底减少 78 座。

（二）建立高效的反假货币反应机制

为了积极应对 2009 年反假货币的严峻形势，牵头建立了由总行营运管理部、资金结算部、个人存款与投资部、采购部、安全保卫部和办公室共同参与的反假货币联动协调机制，搭建了指挥高效、信息畅通、反应快速的反假货币平台，形成了反假货币工作的强有力领导，分行对出现的假币事件反应迅速，处理得当，较好地兑现了我行告客户书中“从我行提取现金不会出现假币”的承诺。

2009 年 3 月 17 日，副行长朱小黄出席“2009 年度中国建设银行本、外币现钞反假培训班”开学典礼。

（三）现金备付管理成效明显

为减少现金占用，降低库存风险，加大监管和考核力度，及时跟踪监控全行库存现金和在途现金情况，及时解决现金备付管理中的难题。人民币、外币现金备付率分别由 2008 年的 0.51% 和 2.71% 下降到 0.47% 和 2.05%，降幅分别为 8% 和 24%。在全行本、外币存款大幅增长的情况下，全行每日减少库存占用资金约 35 亿元。

（四）强化黄金库存和上门收款全流程管理

明确个人实物黄金入库、库存摆放、盘库、查库、出库、配送、退库等环节操作要求，完善了实物黄金鉴伪手段，提高了出入库及盘库、查库的工作效率，出台了解决黄金库存量大、质损及积压黄金占库等问题的针对性措施。规范金库集中上门收款封包、审批、交接、对账、解款等业务操作，强化全流程管理，防范了上门收款风险。

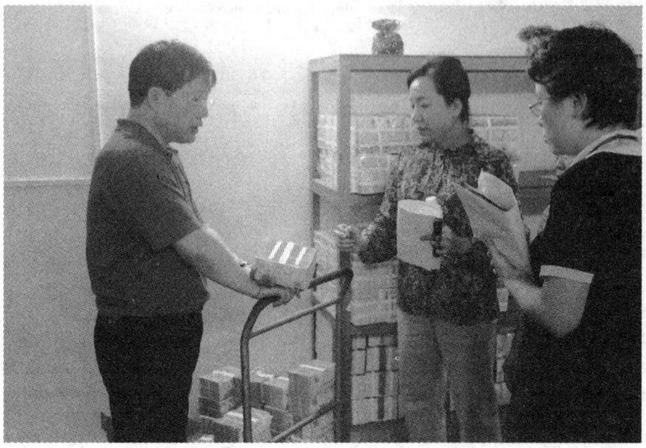

2009 年 10 月 15 日，副行长朱小黄以金库特别检查员身份，带领总行营运管理部特别检查组对海南省分行金库实施特别检查。

（五）扩大集中配送服务范围

规范县级支行集中配送业务模式，推动集中配送体系向下延伸，全行现金业务网点综合配送率（现金和尾箱直接从金库配送到网点的比率）达 78%，比上年提高 9.86 个百分点，离行式自助设备综合配送率（集中维护的离行式自助设备占所有离行式自助设备的比率）达 83%，比上年提高 21 个百分点。

五、完善风险监控手段，不断提升风险防控能力

（一）完成稽核、监测系统优化与推广

优化了稽核系统、监测系统处理流程，增设多项业务功能，作业效率明显提升。扩大监督覆盖面，将证券、个贷、电子银行等业务纳入了稽核范围；针对近三年案件和审计发现问题暴露出的风险点，新增预警模型 86 个，数据特征明显的可疑交易已基本实现由系统自动监控；针对潜在资金风险出口，优化预警模型 198 个，基本覆盖了 CCBS 系统对公、对私及营运后台全部风险性交易类别。稽核监督的针对性、有效性明显提高。

（二）依托新系统，有效发挥稽核监督效能

组织推动调整稽核作业模式，一是通过分拆

稽核要素，明晰稽核重点，不断推动常规稽核工作的标准化；二是跟踪业务风险变化，对大额支付、定期存款提前支取等业务实施专项稽核，堵住了一批风险隐患，增强了威慑力。组织稽核信息分析、典型案例发布，及时提示风险防控重点，利用稽核成果开展了营业网点风险内控评价，稽核监测效能得到提升。

（三）加大现场检查力度

组织开展营运后台业务检查，协同相关部门开展会计营运大检查。总行直接检查了13个分行的本级业务、11个二级分行的自助设备集中维护业务；对全行89座金库和部分网点实施了特别检查；组织开展了全行范围以一级分行为主体的非营业时间、同一时点的网点、金库、自助设备现金业务突击检查。针对检查发现的问题，提出了多项加强风险管控的措施，效果明显，全行营运条线实现全年无案件、无事故。

六、加强系统业务运维管理，提高服务保障能力

（一）进一步提升运维服务和保障能力

总行本级在运行人员零增长情况下，新承接了电子商业汇票等10个系统的运行工作，运维系统总量达到32个，比2008年增加45.5%。周密部署、加强管理，确保了国庆60周年期间的安全稳定运行。全程参与了电子商业汇票、证券业务系统四期等10多个系统的开发推广工作，提前规划系统后台运维模式，为系统上线后的稳定运行打下了良好基础。

（二）全面提升大额支付系统应急处置效率

完成大额支付系统优化改造，业务应急能力提升至单个节点5万笔，应急范围拓展到全量业务，应急方式转变为后台参数控制，全行支付系统应急能力居业内领先水平。

（三）规范跨行汇划业务渠道，降低手续费支出

协同相关部门优化CCBS等系统，规范网点柜员操作，自2009年8月规范汇划渠道以来，通过大额渠道处理的小额业务从年初37.93%下降至16.21%，节约手续费支出1 459万元。

（四）持续推动系统优化，提升集约化运行效率

实现了支付联行号与CCBS系统的同步、自动更新，解决了多年来手工维护存在的更新不及时、南北两中心版本可能存在差异的问题；解决了CTS鑫存管系统单边账问题；优化系统，使重客系统公务卡日终、CTS对账等人工操作减少了25.6%；理财卡境外业务后台系统对账、费用拆分处理时间由4小时缩减为30分钟；证券系统和CCBS系统机构参数维护效率分别提高了50%和30%。

七、制定规章制度，规范业务管理

制定并发布《营业性系统业务运行管理办法》《营运业务外包风险管理指引》《个人实物黄金库存管理暂行规定》《核算中心业务操作手册》《营运工作考评办法》等规章制度，出台金库集中上门收款、县支行现金配送管理等规范性措施，组织编写离行式自助设备集中维护岗位培训教材，修订稽核、监测系统管理办法和操作规程，进一步完善了业务制度体系。

执笔：胡　忠

审稿：沈　明

电子银行业务

一、2009 年电子银行业务发展情况

2009 年，全行上下认真学习科学发展观，加快业务转型，运用渠道优势，电子银行业务实现了跨越式发展。截至 2009 年底，建设银行网上银行客户数突破 4 000 万户，达到 4 028 万户，比年初增加 1 286 万户；手机银行客户数达到 1 428 万户，较年初新增 935 万户；短信客户数达到 6 460 万户，比年初增加 2 560 万户；电话银行客户数达到 5 437 万户，比年初增加 1 398 万户。电子银行与柜面交易量之比达到 75%，电子银行作为经营主渠道的作用日益显现。

（一）网上银行

2009 年，全行网上银行客户数达到 4 028 万户，其中，网上银行个人客户数 3 959 万户，网上银行企业客户数 69 万户；新增客户数 1 286 万户，其中，个人网银客户新增 1 268 万户，企业网银客户新增 18 万户。

2009 年，全行网上银行实现交易额近 36 万亿元，其中网上银行个人交易额 3 万亿元，网上银行企业交易额 32.95 万亿元；全行网上银行实现交易量达到 18.8 亿笔，其中网上银行个人交易量 15.4 亿笔，网上银行企业交易量 3.4 亿笔。

（二）手机银行

2009 年，手机银行客户数达到 1 428 万户，新增客户 935 万户，完成交易额 2 464 亿元，交易量达到 5 855 万笔。

（三）短信业务

2009 年，短信客户数达到 6 460 万户（含部分分行按账户收费的重复计算在内），新增客户 2 560万户。

（四）国际互联网

2009 年，我行国际互联网网站日均页面浏览量由 410 万次平均增长至 1 395 万次，单日页面浏览量最高达到 1 708 万次，实现爆发式增长。全年网站累计发布信息 87 246 条，比 2008 年增长 132.6%，其中总行 20 个部门发布信息 38 835 条，38 家分行自行维护信息 8 494 条，与 2008 年相比，增幅分别为 209.9%、230.1%，创历史新高。

（五）电子银行收入情况

2009 年，电子银行业务收入达到 18.89 亿元，其中，单位电子银行收入 7.28 亿元，个人电子银行收入 11.61 亿元。

二、电子银行管理与创新

（一）大力推进产品创新工作，丰富渠道服务功能

着力推进个人网上银行流程优化，进一步缩小与同业的差距。个人网上银行成功推出“陆港通”、个人贷款、代理保险、通知存款、跨行预约转账、跨行转账 7 × 24 小时和理财产品风险评估等重点功能，并简化网上支付流程，推出网上“e 付通”服务。其中，2009 年年初启动的个人网上银行的流程优化工作，以改善客户体验为首要目标，重点对签约流程、密码重置等影响客户体验的环节进行优化，并全面对比借鉴国内同业的优势和广泛征集“客户之声”，通过本次深入优化后，我行个人网上银行的客户体验提升至更高层次。

（二）充实企业网上银行服务内容，满足企业客户需求

与资金结算部密切合作，加大对企业网上银行的产品创新力度，推出“e 贷通”产品，实现为中小企业客户提供批量信贷支持服务，并与相关部门共同完成了企业网上银行跨行交易集中处理系统改造工作；同时推出定向保理、定期存款、通知存款、商务卡、军队武警公务卡、在线缴费、外联平台电子对账、电子回单专用章、企业主管

手机审批等主要业务。

2009年12月3日，中国建设银行电子银行业务工作会议在湖南长沙举行。

（三）深化手机银行服务创新，巩固市场领先地位

推出企业年金、银期直通车、账户金、跨行转账7×24小时和B2B主管手机授权等主要功能。同时，重点打造手机到手机转账服务，丰富个人贷款、信用卡、投资理财等内容，提高了手机渠道应用。

（四）加强国际互联网网站平台建设，提高网站服务能力

大力充实网站服务信息量和内容深度，全面优化网站首页，扩展页面长度。加快网站服务创新，推出了账户查询服务、个人快捷菜单定制、网站搜索等功能，并学习借鉴美国银行先进经验，构建我行网站在线基金销售流程。着力加强网站频道建设和持续优化，新建黄金频道，对理财频道、电子银行频道和网上商城渠道进行了深入优化。全面改版分行网站，加大支持分行业务营销宣传工作力度，提升网站点击量和服务质量。值得一提的是，在我行推出这些功能中，包括网站多种账户查询服务、企业网上银行“e贷通”，企业主管手机审批服务、手机到手机转账服务和“e动终端服务”，在同业中处于领先地位，有力地提高了我行电子银行服务竞争力。

2009年3月，我行学习美国银行先进经验，成立客户体验中心专职团队，实践电子银行客户体验的改进与提升。从职能上强化服务理念，网上银行处、市场与商务处、互联网站处面向业务部门、面向分行，摆脱产品研发、项目开发管理等负担，全力以赴深化与主要业务部门的关系，支持推动各业务的发展。进一步解放和发挥研发中心作用，全面承担电子银行产品的研发、项目实施、产品日常支持维护，用新思维、新方法、新流程打造“以客户为中心的需求分析和产品设计”体系。2009年，积极落实行领导关于“电子银行部门要负责产品原型设计”的指示精神，全力攻关产品原型设计工作，努力做到专业专注。

2009年电子银行部全面启动电子银行服务区建设，制定下发了全行统一的VI规范，完成了设备的统一选型以及第一阶段的网点部署，预计3年时间完成全行电子银行服务区的建设。

2009年8月，总行正式下达文件，明确电子银行战略渠道作用，要求各部门、各分行在工作中实施渠道同步战略，加快全行电子银行的发展。

2009年12月，正式出台了《中国建设银行网上银行纠纷和解管理规定》，为电子银行风险赔付工作提供了制度依据和操作规范，建立并实施了风险联系人机制，极大地促进了业务的发展。

2009年在全行范围内开展的电子银行业务“351和112电子银行劳动竞赛”活动，任务明确，激励到位，充分调动了全行对私条线和对公条线网点人员、客户经理的积极性，实际检验电子银行使用技能和营销技能。

加强简单密码控制，提升网银普通客户安全，通过强化个人网银、手机银行、国际互联网网站、网点柜台等各个渠道的客户简单密码管理工作，统一了各渠道简单密码安全策略。

在国内同业中创新推出了短信二次确认服务。通过多渠道互动交叉身份认证，有效抵御了黑客木马病毒的攻击。

推出了“e路护航”网银安全组件，通过部署数字签名、密码控件、客户端特征采集控件、网银安全检测工具、网银盾“所见即所签”等一系列创新应用，有力地提升了客户安全体验，优化了转账汇款业务流程，在确保客户资金安全的前提下，有效地改善了客户的操作体验。

2009年，加快实现个人开户签约流程整合，推出了全新的《个人开户与电子银行服务申请表》，为客户提供一站式个人客户服务，满足开卡、开通电子银行同步实现的需求，实现了个人业务与电子银行柜面业务流程的整合，简化了客户操作，大幅提高了柜台服务效率。同时，为适应上门营销、现场开通电子银行等客户需求，在国内首家推出了移动签约服务，统一规范了业务管理。另外，还创新推出了集中签约和免柜台签约等新型服务手段，提高了客户签约的便捷性。

网银开通 10 周年策划宣传活动。联合公关部、质量部举办媒体记者电子银行体验活动。

2009 年，我行与中国互联网协会成功举办了第二届建行“e 路通”杯全国大学生网络商务创新应用大赛。大赛搭建了全行校银合作的平台，形成了以电子银行为开路先锋，我行各项服务进入全国高校的新局面。

开展“电子银行服务送上门”活动，自 2009 年 5 月起，总行电子银行部组织业务小组专门辅导和协助总行各部门领导开通电子银行服务，此举进一步加深各部门对电子银行渠道的认识。

三、对外项目合作

2009 年，国际互联网网站与美国银行在网站业务领域全面开展战略合作，学习借鉴美国银行先进经验，以网站基金频道为切入点，优化用户界面、增加实用功能，全面构建我行产品在线销售流程，实现网站与网银交易直通。并于 12 月正式推出新版基金频道，显著提升了网站对基金产品的销售贡献。

四、品牌建设

“e 路通”已经成为广大客户信赖的电子银行品牌。在国内比较有影响力的奖项评选活动中，建设银行网上银行、手机银行和国际互联网站分别获得“中国最佳网上银行”、“最具竞争力第一品牌”、“中国优秀财经证券网站”等多项殊荣。

我行连续 3 年主协办的“e 路通”杯电子商务创新大赛，覆盖了全国 320 个城市和地区共 2 300多所高校，有 15 万大学生直接参与，在广大高校师生中引起强烈反响，得到了社会各界的好评。

执笔：孙曙光

审稿：马春峰

二、内部管理与风险控制

办公自动化与基础工作管理

2009年，行长办公室紧紧围绕全行中心工作，创新办公方式，强化精细管理，扎实推进各项基础管理工作，进一步加快信息化建设步伐，不断提高办公管理专业化、标准化和规范化水平，全面提升管理和服务能力，全力打造国际一流商业银行办公管理的运作模式，为促进全行改革发展提供了保障。

一、服务大局，抓好综合协调，促进行务运行高质、高效

（一）主动协调，快速响应，确保重大紧急事项的及时处理

在国庆60周年、重要敏感时期、节假日等，国家有关部门、总行党委及时作出部署和要求，为妥善安排金融服务、保运转、保安全稳定运营，行长办公室及时协调总行有关部门提出具体的落实措施，指导全行。

（二）深入调查研究，广泛收集材料，务求高质、高效地完成行领导交办材料的起草工作

2009年，先后多次起草完成了全行性重要会议领导讲话、党委工作总结、高管层和行长履职报告、本部组织机构改革主要成效等重要总结材料；多次参与起草行领导交办的报送党中央、国务院和监管部门的重要汇报材料。

（三）全面掌握部门职责，主动沟通，及时做好外来文件的分办工作

2009年，行长办公室共收到党中央、国务院、中国人民银行、中国银监会、同业协会及各有关单位的文件有1 500多份。由于部门职责在不断调整过程中，有的文件涉及多个部门，行长办公室积极与部门沟通，明确牵头和主办部门，确保外来文件得以及时分办、处理。

（四）精心组织，周密安排，做好全行性重要会议的筹备落实工作

2009年，先后完成全行工作会议——两次季度工作座谈会、21次总行党委会和7次行长办公会的会议组织工作；承担中国人民银行、中国银监会等上级领导机关来行检查及召开相关会议等18次；参与党委民主生活会、全行职代会、董事会会议、领导干部大会等的组织和会务工作，协助总行相关部门承办多次合作协议签约仪式等。同时，全年共联系协调行领导出席党中央、国务院、中国人民银行、中国银监会等上级领导机关召开的各类会议近60次。全年立项督办党委会议议定事项249项。

（五）加强值班管理，保证政令畅通

行长办公室实行全体党员轮流值班工作，坚持24小时在位和室领导在岗带班制度。编辑《值

班动态》249期，累计向中国银监会报送领导活动信息46期，编辑党委领导和高级管理人员每周会议活动计划表46期；全年处理报送行领导的各类文件9 000余件，信件600余件。

二、推行精细化管理，扎实做好各项基础管理工作

（一）坚持制度和程序，严格公文把关，切实提高公文处理效率

认真把好公文的依据关、程序关、格式关和核校关，采取分类指导的方法，解决公文运转中存在的问题，及时下发了《关于进一步严格公文管理的通知》。全年共完成核稿1 326份，审核签报3 647件，审核并印发《情况通报》44期。同时，加强了对重发文件、退回文件的管理，制定下发了《关于加强电子发文校对工作的通知》和《关于分行重发与退回文件问题整改情况的通报》。2009年，收发文岗位通过复核退回分行来文219份，比上年减少8.63%，退回总行各部门不合格发文311份。

（二）强化全行OA系统的管理与维护，保障公文正常运转

提高了系统的反应速度和响应能力，全年修复电子公文共计3 280件，电话在线咨询服务9 012次，排除故障3 812次，机构维护1 465次。连续开展OA系统运行维护在线检查，采取集中业务培训、网络互动交流等多种形式，着力提高全行OA系统的运维管理水平。

（三）严格执行印章管理制度，进一步提升印章管理水平

一是认真做好印章管理人员的岗前培训工作，针对工作中存在的问题，及时给予指导。二是加强制度的执行，全行全年没有发生一起印章管理人员的涉章案件。三是加强条线印章的管理，会同有关部门制定了《中国建设银行电子回单专用章管理规定》等规章。四是加强总行本部印章的管理。全年审核总行本部法律性文件用印共计983件，行章用印51 940次，党委印章、行领导印章用印260余次。

（四）保持高度警惕，扎实做好保密工作

一是组织保密委员会会议及时学习传达中央领导对保密工作重要批示精神，提高对进一步加强网络信息安全和保密工作重要性的认识。二是对全行保密工作现状进行认真梳理，针对实际，制定并下发了《关于加强网络信息安全和保密工作的通知》。三是在全行范围内开展了一次互联网信息安全和保密工作自查。四是做好普通密码的保密管理工作。五是做好保密设备的管理和日常维护工作，配置了保密电话机，形成保密传真、保密电话、公文加密传输系统三个秘密信息传输渠道。

（五）完成“视频会议系统海外延伸项目”

大大提高了工作效率，节省了大量费用支出。全年共协调召开176次全行视频会议、140次信贷审批视频会议、395次技术交流视频会议，加快了总行部署工作的传递速度。

三、梳理制度和流程，贯彻全面战略成本管理要求，改进档案管理与库房建设

档案信息管理系统收集的档案信息大幅度增加，管理作用日渐发挥。截至2009年底，总行和各分行应用档案管理信息系统完成2008年度文书文件的归档工作，存入电子数据43万条，报送各类信息248条、图片254张。总行本部档案著录移库档案条目信息36 017条，完成1980年至2001年文书档案、1968年至2000年会计档案的移库工作。

更新理念，加强制度建设，启动全行档案销毁工作。在充分调研的基础上，制定并下发了《中国建设银行档案销毁管理规定》、《中国建设银行文书档案管理规定》、《中国建设银行声像档案管理规定》、《中国建设银行会计档案管理规定》。

四、认真做好信息和督促检查工作，提供决策服务

（一）《每日动态》信息采编和报送工作

围绕全行积极应对国际金融危机冲击，扩内需、调结构、惠民生，支持经济保增长，坚持稳健经营，有效防范风险等工作，多渠道开拓稿源，精心策划组稿，充分发挥《每日动态》的内部信息交流平台的重要作用。

（二）向国办、中办及监管部门的信息专报工作

系统全面地收集、整理建设银行改革发展综

合情况和重大业务动向信息，集中报道国家领导关注的焦点问题。其中《建行从三方面加大信贷投入》等3期被国办《昨日要情》采用。

（三）督导落实重大行务决策

全年共印发《督办通知单》6期，共计立项督办20项，有关问题和意见全部得到了落实与反馈。同时，根据行领导的指示，牵头成立了总行各部门参与的专项工作团队，在全行范围内组织对落实“以客户为中心”理念机制建设的督办。

（四）加强各分行贯彻总行重要会议精神的督办

及时了解、掌握各分行贯彻全行工作会议、夏季和秋季座谈会精神的情况及采取的具体工作措施，并将分行相关工作进展在全行系统进行了通报。同时，广泛开展督察调研，积极探索督察工作规律，有效促进全局工作。

（五）强化办理分行请示事项的督办

增强服务意识，采取及时分办、实时监测、催办提醒、定期通报、加强沟通、抽查办结情况等措施。全年共立项督办下级行请示类公文13 990件，各部门已办结13 780件，完成率达98.5%。其中，通过OA系统受理13 950件，已办结13 450件。

五、建设银行报开拓创新、大胆实践，不断提升办报水平

一是围绕全行中心工作，对总行重大战略部署进行深入宣传。在新闻版开设了“学习实践科学发展观”专栏，围绕支持经济平稳较快增长和落实国家有关基本政策要求，对各分行在信贷发放、风险管理等方面的好经验、好做法、好措施进行宣传。二是及时报道与国家政治经济生活密切相关的热点问题。三是对各分行围绕我行持续深化内部改革，大力推进战略转型，促进各项业务快速发展的经营管理举措进行宣传报道。四是重点推出“与基层员工面对面”采访活动，展示基层行普通员工的精神风貌，反映一线真实的声音，提供有价值的意见和建议。五是客户版推陈出新，继续发挥连接客户和建设银行的纽带作用，新增设“95533客户问答”栏目，“我和你”栏目采访对象得到进一步丰富，加大了行外人物的比例。

六、年鉴编撰工作

完成了《中国建设银行年鉴2009》稿件的征集、修改等工作。本部年鉴130万字、200幅照片、100张表格，系统、全面地反映了建设银行2009年的发展轨迹，为研究建设银行的历史留下了宝贵的财富。

执笔：韩力群　杨　旭

采购管理

2009年，采购部以实施新采购制度为契机，贯彻落实“制度完善，流程规范，执行有力，队伍可靠，氛围良好”的工作目标，坚持质量与效益相统一，坚持“又好又快又安全”开展各项工作。全年共组织实施采购项目660个，采购预算59.7亿元。其中，审批分行超授权项目71项，采购部执行项目589项，完成585项，完成率达99%，与2008年相比提高3个百分点；已完成项目采购预算58.6亿元，预算完成率达99.7%，同比提高3个百分点，合同金额为47.9亿元，比预算节约了10.7亿元，节约率为18%，同比提高3个百分点。

一、进一步加大成本控制力度，成本节约效果显著

根据加强全面成本管理的要求，采购部将降低成本作为一项重要工作，抓紧抓好。下发了《关于进一步加强全面成本管理落实成本控制措施的通知》，并结合当前形势和工作实际，进一步研究制定了《采购部落实成本控制措施和工作计划》，从加强内部监督和制约机制、扩大集中采购范围、加大集中采购力度、减少单一来源采购等几个方面，提出11条具体措施，明确了完成时间。还借助政府采购平台、利用政府采购优势实施公务车采购，在满足分行车辆需求、节约采购资源投入的同时，进一步降低了全行采购成本。

采购部通过关注市场变化、捕捉降低采购成本机会，整合采购需求、构筑买方市场，扩大竞争性谈判、降低单一来源采购，精心运用采购策略、发挥价格杠杆作用等多渠道多方式控制采购成本。在采购预算比2008年减少21.5亿元的情况下，节约额达到10.7亿元，节约率为18%，成本控制效果显著。

二、扩大集中采购范围，加大集中采购力度

通过联动需求管理部门，在以往全行性商品目录基础上，增加了金库门及组合密码锁、掌形仪、网络银行自助设备、手机银行自助设备、带库、加密机、PC机和思科网络设备等全行性集中采购项目，切实加强全行性集中采购力度。2009年，总行全行性采购项目占全部执行项目的27%，同比提高5个百分点。

三、提高采购竞争性，实现单一来源采购"双降"

一是按照《关于严格控制供应商提前进场的通知》（建总函［2008］1017号）要求，严格控制供应商提前进场，避免造成事实上的单一来源。二是严格执行单一来源采购方式适用条件，对总、分行单一来源采购事项严格审核把关，尽力减少单一来源采购，以充分构筑供应市场竞争机制。三是与信息技术部协商制定了IT单一来源采购的控制目标。四是细化IT采购方式的适用条件，将技术应用策略与采购策略有机结合，制定了《中国建设银行IT产品及服务采购策略（试行）》，印发全行执行。五是充分发挥供应商管理职能，努力发掘潜在供应商，构成竞争，变单一来源为竞争性谈判。2009年单一来源采购中，项目占比为25%，预算占比24%，较同业的工行、农行、中行、交行单一来源占比平均低10个百分点。

四、推行全流程管理，现代企业采购机制雏形初现

2009年，采购部由以往的采购谈判环节，向前延伸到供应商管理，向后延伸到合同执行管理，实行"供应商管理—采购谈判—合同执行管理"全流程管理。

供应商管理由以前分散在各部门管理逐步转为由采购部门集中管理后，采购部重点做好供应商信息库的建设工作，全年完成了137个供应商的基本信息更新，新增供应商210家，目前库内共有供应商1 050家。

在采购执行环节，2009年重点在对现有流程梳理基础上制定项目组织流程和合同变更流程，明确了团队之间、岗位之间的相互配合和制约关系，规范操作，防范风险；制定《采购部项目评审实施细则》，建立评委库，规范评委评审行为，提高了评审质量。

合同执行管理重点完成合同审核付款工作，抓好需求部门合同执行方面的规范化管理。注意提高合同审核质量，对审核中发现的问题，及时跟进，提高合同执行的规范性。加强与供应商的协商、沟通，及时解决存在的问题。

五、多项措施并举，提高采购效率

继续执行《提高采购工作效率的十九条措施》和《采购部严格公文运转的措施》，实行限时办结制度，保证各项工作有序高效推进。2009年，采购项目执行周期平均为41个自然天，比2008年（46个自然天）缩短了5天，效率提高幅度超过10%，项目执行平均周期目标完成时间在30个工作日之内。

六、加强供应商动态管理，从源头保证采购竞争性

采购部从分析供应商管理现状入手，以分行反

映强烈的供应商售后服务为切入点，指定专人受理分行和总行部门对供应商售后服务情况的反映，督促供应商限期整改。2009 年共完成分行对 5 类 21 家供应商反映的 62 个问题的整改，整改率达到 100%。

七、主动提前介入，提高服务水平

采购部于年初走访了总行重点采购需求部门，做到提前介入。根据计划内项目预先配备采购经理，由采购经理一对一地与需求部门经办人衔接，对计划内项目进行“旬前提醒、旬中督促、旬后催办”，积极协助需求部门推动项目进展。

八、加快推进采购管理信息系统建设，加大采购工作的技术支撑力度

2009 年，采购部以“实现采购管理、操作全流程电子化；规范采购流程，统一全行操作模式；提高采购效率，增强风险防范能力；实现全行采购信息共享，为管理决策提供实时数据”为目标，启动了采购管理信息系统（一期）的建设工作。项目充分吸取了已有信息系统的成果，起点和标准较高，能满足供应商评价、采购电子评审、合同执行管理等方面的功能需求。

九、加强队伍建设，自觉廉洁从业

正确引导员工规划职业生涯。教育员工树立正确的职业观，并通过加强党支部建设，凝聚人心，提高战斗力。

用监督检查制度保护员工。为增强员工拒腐防变的免疫力，制定了《采购部关于防控商业贿赂案件的措施》《采购部关于部领导集体决策的规定》和《采购部举报投诉处理规定》，从制度上保证决策的科学性，保证采购过程置于严格的监督之下。同时坚持自查自纠，按季度填写自查表，无法拒绝的礼品上交、登记，保证了廉洁采购。

十、履行系统管理职能，加大对分行工作指导的力度

2009 年，采购部针对《2009 年第三季度主要审计发现汇总报告》中 11 家分行涉及 2007—2008 年度采购工作问题，及时向分行下发通知，要求分行认真分析问题原因，制定整改措施，避免类似问题再次发生。同时加大对分行工作指导的力度。组织分行进行座谈，对分行提出的意见建议进行整理和研究，一一解答。并在日常批复分行请示事项、采购项目沟通协调、采购执行情况统计分析等工作中加强对分行指导。

执笔：郭金江　邰　倩

审稿：吴建中

风险管理

2009 年，全行风险管理工作紧紧围绕促增长、防风险、调结构、保质量的目标，一手抓危机应对，一手抓基础管理，采取更加积极主动的风险安排，更加审慎的风险底线控制，全行风险管控能力进一步增强，资产质量持续向好。截至 2009 年底，集团口径不良贷款余额为 721.56 亿元，较上年减少 117.26 亿元；不良贷款率为 1.50%，较上年下降 0.71 个百分点；拨备覆盖率达 175.77%，较上年提升 44.19 个百分点。

一、完善政策底线，强化薄弱环节管理，信用风险管理精细化水平不断提升

（一）认真贯彻执行宏观调控政策，深化信贷结构调整

2009 年初，根据外部形势变化以及全行业务发展实际情况，总行制定下发了 2009 年信贷政策和结构调整指导意见，建立“进、保、控、压、退”的政策框架，首次在制造业、批发和零售

业、交通运输业等关键行业将结构调整要求细化到区域和行业国标小类。明确公司及机构类客户选择指导意见，出台金融机构客户、理财产品、票据业务等一系列风险政策底线。信贷政策不断细化，底线管理范围不断扩大，有力地促进了全行业务的稳健发展和结构调整的持续深入。

（二）密切跟踪政策和市场变化，针对新的风险苗头果断采取应对措施

一是制定下发了《关于进一步加强政府融资平台客户风险管理的通知》，对政府融资平台客户和项目的准入标准、授信总量控制、担保措施等提出明确要求，有效控制政府融资平台客户信贷风险。二是制定下发了《关于防范和化解存量二级公路贷款风险的通知》，要求各级行有效落实存量贷款的还款来源和还贷担保，禁止新增二级公路项目法人准入等。通过采取果断措施，在实施主动退出过程中赢得了主动。三是针对钢铁、水泥、平板玻璃、煤化工、风电设备、多晶硅等产能过剩和重复建设问题，下发通知要求全行按照“区别对待、有保有压”的原则严控6个行业授信业务增长，并全面实施名单制管理。

（三）强化表外、海外等薄弱环节的风险控制

一是加强统一授信管理，审慎控制表外风险敞口，完善表外业务的风险底线和限额管理。加强人民币债务管理业务风险管理，充分揭示和排查发行体和交易对手风险。紧急叫停系统内债权代理人业务，提前化解了个别代理业务的潜在风险。二是成立海外机构风险管理团队并派驻海外机构管理部，将其纳入全行统一的风险管理体系，并从组织机构设置、内部控制和合规管理、客户和业务准入标准、业务流程和风险报告等主要方面入手，加强风险管理和内部控制建设。

（四）加快管理工具体系建设和应用，提升风险管理精细化水平

一是进一步优化信用风险的经济资本计量和行业风险限额管理工具，以契合不同行业和客户风险特性，在引导资源配置、科学进行绩效考核等方面发挥了积极作用。二是针对不同客户群的特点分别建立评级模型。全面优化升级对公信用评级体系，将原有的10级细化为16级。完成9张零售评分卡的开发和系统上线，初步形成了零售评分卡工具应用体系。小企业客户评级系统上线运用，有力地支持了客户评价、信贷审批和风险监测。三是押品管理系统建成上线，基本实现了押品的流程化管理，大大提升全行风险缓释管理能力，填补了长期以来押品管理方面的空白。四是就外部环境变化和重点关注领域组织开展了多项压力测试，分析利率、房价以及其他方面重大市场波动对资产质量的影响，并将成果运用到经营管理中。压力测试工作在同业中起步早、技术水准高，得到监管部门的高度评价。

二、健全体制机制，加快工具建设，市场风险管理基础得到加强

（一）健全市场风险管理体制，三道防线初步形成

建立健全交易业务前中后台相分离的市场风险管理体制。金融市场部开始组建内控团队，承担“第一道防线”职能；市场风险管理部制定政策、明确边界，独立监控和报告的职能不断强化；审计部门完成全行第一次市场风险专项审计。市场风险管理的“三道防线”初步形成，前台、中台、后台平衡制约机制不断完善。

（二）实施积极主动的风险边界管理

一是围绕落实全行风险边界管理的要求，开展市场风险限额体系的研究和优化工作，出台了《2009年度金融市场业务交易性市场风险限额方案》，区分存量和新增债券投资，突出强调了止损要求，进一步强化限额的风险管控功能。二是研究制定了《中国建设银行代客衍生产品风险政策底线》，明确产品风险分类、客户分类、交易授权、交易担保等政策底线，同时，全面梳理存量中包含主要市场风险因子的产品和业务，引入平行作业机制，提高代客衍生产品交易客户端流程的质量和效率。

（三）加强对金融市场业务风险的深度研究

密切关注外部市场和国际银行业最新动态，先后完成《关于迪拜经济金融走势及其影响的分析报告》、《公允价值计量规则改变对美国金融机构的影响分析》、《商业银行附属资本次级债政策调整动向及其影响分析》，为决策提供了有力参考。同时，制定了市场风险指标预警方案，对相关指标设立预警线并建立相应报告流程，提高了

应对市场风险变化能力。

（四）加快市场风险管理工具建设

与美国银行的战略协助项目“交易对手风险管理项目”进入改进阶段，提出交易对手风险敞口的统一计量规则，规范计量流程；初步搭建了市场风险计量框架体系和数据管控体系，立项开发了金融市场业务风险管理系统项目（一期），为市场风险的精细化管理奠定了基础。

三、抓住重点和薄弱环节，强化操作风险管理，确保全行业务安全稳定运行

（一）加强新形势下的操作风险管理

深入分析操作风险特征和趋势，制定下发了《关于当前形势下进一步加强操作风险管理的通知》，针对关键部位和重点领域提出了有效措施，加强对员工的管理和行为引导，推动建立操作风险治理长效机制。

（二）针对薄弱环节强化操作风险基础管理

一是继续稳步推进操作风险自评估工作，重点解决管理最薄弱、问题最集中、对经营业绩影响最大的业务、产品、流程或系统中的操作风险。共实施各类自评估项目164项次。二是完成25个企业级关键风险指标、37个IT条线关键风险指标、10个营运管理条线关键风险指标的开发工作。三是针对案件特点和审计中发现的问题，动态调整关键风险点的监控检查。四是制定下发了《操作风险监管资本标准法计量实施细则》，规范操作风险监管资本计量。操作风险管理信息系统项目一期建设也进入实施阶段。

（三）制定整体规划，业务持续性管理体系建设初见成效

依托与美国银行的业务持续性管理经验分享项目，借鉴国际最佳实践，制定下发全行业务持续性管理整体规划，为未来几年的业务持续性管理体系建设提供了依据。制定《中国建设银行业务持续性管理政策》，构建了全行业务持续性管理的统一管理框架和组织架构。

（四）加强应急管理，保障各项业务安全稳定运行

2009年初，总行对全行安全运行保障工作进行了总体部署和安排，进一步加强对信息系统、电力设备、办公场所等基础设施的安全检查，消除风险隐患。针对全行重点应用系统，共梳理整改风险点99个，分行梳理整改风险点318个。总行开展了106项应急演练，分行针对12个系统开展了20项应急演练，有力地保障了全行各项业务的安全稳定运行。

四、积极参与产品创新，为新产品开发设计提供风险管理支持

参与了“速贸通”、出口退税池融资、应收账款池质押、“保兑仓”、“互保金”、集团客户项下中小企业管理等多项新业务规章制度的制定，做好新产品风险的揭示与管控，促进相关业务健康快速发展。在网络银行信贷业务方面，牵头研究制定了网络银行信贷业务风险池组建原则及基础方案，开展对“e贷通”信贷业务风险补偿模式研究；在新产品开发方面，依托产品创新风险管理经验分享项目，全面总结美国银行的成熟经验，积极参与并购贷款、供应链融资、小额无抵押贷款、村镇银行授信产品等方面的研究与推广工作，为新产品开发设计提供风险管理支持。

五、结合业务发展需要，突出应用和基础管理，实施新资本协议各项工作有序推进

2009年，以实施新资本协议为契机，风险管理基础得到进一步加强。实施新资本协议项目群（50个项目）已完成工作量的80%以上，其中信用风险、市场风险、操作风险项目已全面完成。第二支柱、第三支柱相关项目也在顺利推进之中。初步估计，适用于内部评级法的资产覆盖率达到80%以上（申报实施新资本协议的监管要求为50%）。通过项目实施，风险治理结构得到进一步完善；制定下发了近30个与新资本协议密切相关的制度办法，填补了制度空白；完善数据管控体系，数据质量得到明显提升；项目成果在经营管理中得到充分运用，对业务发展形成有力支撑。在实施新资本协议项目的推动下，全行风险基础管理迈上一个新台阶。

六、增强风险研究分析的前瞻性和敏感性，决策支持作用得到充分发挥

（一）积极开展组合风险分析和专题研究

完成《全行风险敞口情况报告》《贷款增速

对资产质量压力的初步分析》《全行资产组合风险趋势分析报告》等组合分析报告，完成《做好客户选择工作的若干建议》《关于大型商业银行信贷结构比较分析的报告》《商业地产信贷业务风险分析》《个人信贷业务风险状况及管理建议》《表外业务风险状况专题报告》等专题报告，为全行经营管理决策提供重要参考。

（二）加强风险形势的分析研判，增强风险研究分析的敏感性和前瞻性

加强对宏观经济走势和重要运行指标的跟踪监测，围绕各地区域经济运行、重要产业发展、同业动态等方面的变化，开展区域风险的专题性研究，扩大风险研究分析范围，增强风险研究的敏感性和前瞻性。

七、深化风险管理体制改革，推进风险文化建设，体制价值得到较好体现

（一）深化体制机制创新，打造专业化团队

研究《银行并表监管指引（试行）》，着手制定《中国建设银行子公司风险管理办法》，规范对子公司的风险管理；将海外机构风险管理纳入全行统一风险管理体系；不断健全考核机制和风险管理评价机制，覆盖信用风险、市场风险和操作风险等各类风险的全面风险管理体系初步建立，体制改革的核心价值得到较好体现。

（二）传播先进风险文化理念，提升全员的风险意识和政策执行力

2009年，风险条线进一步充实培训内容、创新培训方式、扩大培训覆盖面。全年共举办普及型培训班28期，培训人员2 204人次。同时，借助《建设银行报》、《风险管理参考》、企业内部网等平台，介绍风险管理最新动态和工作思路、总分行工作成果及好的做法、国际先进银行的管理理念和经验等，积极传播风险文化和先进管理理念，促进了前中后台共同价值观的形成。

执笔：卢　娜　徐　霞

审稿：刘桂峰

授 信 管 理

2009年，授信管理部认真贯彻落实总行党委、董事会和高管层的决策部署，下大力气加强系统管理，促进了信贷投放结构的进一步优化，资产质量稳定向好，保障了全行信贷计划顺利完成。

一、主要工作成果

（一）实现信贷资产质量稳定向好，全行不良贷款继续双降，拨备覆盖率进一步提高

截至2009年底，全行集团口径不良贷款余额约为721.6亿元，比年初减少117亿元；不良率为1.50%，比年初下降0.71个百分点；集团口径拨备覆盖率约175.8%，比年初提高44个百分点；主要行业不良贷款均较年初下降；正常关注类贷款中期限调整及本息拖欠贷款大幅减少。

（二）信贷审批工作保障全行信贷业务健康平稳发展

2009年，全行共审批通过公司类贷款145 166.5亿元，同比增长46%，审批通过率为92.1%，与上年相比上升2个百分点；个人贷款5 252亿元，同比增长83.1%，审批通过率为96.3%，比上年同期下降1.2个百分点；2009年审定客户信用评级45 361笔，同比增长3.2%。从审批通过金额层级分布看，大中型客户授信业务审批通过贷款金额总行占全行的39.2%，一级分行占50.1%，二级分行及以下占10.7%。

（三）贷前平行作业前移了风险控制关口，为信贷审批决策提供了科学依据

1. 授信业务风险评价审查。2009年，全行风险条线按平行作业工作方式完成授信业务风险评

价28 734笔，申请授信金额83 156亿元，分别比上年增长10.5%和71%。通过平行作业，共对不符合我行贷款条件或风险控制措施不完备的543个客户的授信方案提出调整意见，涉及建议授信额度1 970亿元，分别占风险评价审查客户数和建议授信金额的1.86%和2.38%；对196个客户提出不同意授信的意见，涉及申请授信额度264亿元，分别占风险评价审查客户数和申请授信额度的0.68%和0.32%。

2. 固定资产贷款项目评估。2009年，全行风险条线按平行作业工作方式完成固定资产贷款项目评估6 426个，申请建设银行贷款金额28 948亿元，分别比上年增长59.8%和84.1%。通过调查、评估和风险评价，识别和控制风险，对不符合我行贷款条件或风险控制措施不完备的76个固定资产贷款项目（含房地产开发贷款项目）提出评估否定意见，涉及申请建设银行贷款250亿元，分别占项目评估总数和申请建设银行贷款总金额的1.18%和0.86%。

3. 客户信用等级评定的风险评价。2009年全行风险条线按平行作业工作方式，共对44 682个客户评级提出了风险评价意见。

二、主要管理工作举措

（一）切实加强审批系统管理，进一步完善信贷审批机制，提高信贷政策执行力，有力地支持了重点客户强力营销与关系维护

1. 狠抓信贷政策传导，统一全行风险偏好。通过按月召开视频会议，开展非现场分析与现场检查，针对热点、重点行业直接提出管控要求等措施，指导与规范全行系统审批行为，先后对房地产贷款投放过快、非重点投向客户贷款占比较高的6家分行进行了现场检查，及时纠正基层行放松审批标准、偏离信贷政策要求等问题，效果显著。

2. 强化授信合规理念，严肃岗位问责，严守风险底线。进一步强化合规经营意识，严禁各行受理审批国家法律法规及监管制度明确要求不得办理的业务，同时加强贷中放款环节的审查管理，确保项目贷款合法合规。

（二）认真加强系统管理，切实贯彻结构调整政策

1. 建立“非重点投向审批备案制”，加强现场检查与分析，有效地指导与规范全行系统审批行为，确保新增授信投向重点优质客户和战略性业务。各行对不符合总行重点投向要求客户的新增授信业务在审批同意后2个工作日内报总行备案，并由总行组织跟踪核查和现场检查。

2. 及时完善CRMS系统监测规则，加强系统实时监控和预警，对分支机构突破政策制度要求办理信贷业务的情况及时叫停业务流程，对政策执行和违规情况进行通报。

3. 加强行业限额管理，按月公布行业限额预警信号，提示有关部门根据情况调整相关行业经营策略。

4. 推进差别化和电子化审批，提升服务水平。2009年初以来，授信管理部积极配合信贷经营部门，迅速建立了快速响应机制，推出重点优质客户审批绿色通道，加强重大项目会前沟通，实现了申报审批全面电子化，完善了差别化审批，有力地支持了重点客户强力营销与关系维护。

（三）继续完善审批机制，提高差别化服务质量和水平

1. 提高全行审批集约化、专业化水平。2009年全行审批资源进一步向上集中，县支行已基本不再配置专职贷款审批人；全年大中型客户授信业务中，总行和一级分行审批量分别比2008年和2007年上升3.2个和10个百分点。

2. 制定出台了《授信审批沟通工作管理规定》，进一步规范了重点项目和优质客户的会前沟通方式。

3. 及时调整优化小企业业务、“e贷通”、“e单通”等业务审批机制，开发小企业申报书，简化授信申报材料，缩短评级审批流程，在可控风险基础上努力提高服务效率，积极支持我行新兴业务和战略业务发展。2009年，我行小企业信贷业务审批量比去年同期增长48%。

4. 2009年大中型、小企业及零售客户授信业务全面实施电子化申报审批，取消纸质申报材料，大幅降低管理成本，缩短申报审批时间，有效提高对客户的反应速度。

（四）贯彻“三贴近”的要求，大力加强行业与客户研究，提高对全行的审批指导

1. 及时制定和重检审批指引。贯彻国家抑制部分行业产能过剩和重复建设的政策精神，组织对钢铁、水泥等17个行业信贷审批指引进行重检；针对新兴产业、新业务领域开展研究，全年共完成输配电及控制设备制造、信托公司等10个新审批指引。

2. 加强对市场热点和突发风险的研究。2009年年中，针对多晶硅、风电设备制造行业过热苗头、中美轮胎特保案、氯碱行业授信风险等，及时组织研究并发布风险提示。

3. 完善行业研究机制，加强市场调研。2009年组建了钢铁、有色、房地产等19个行业研究团队，持续跟踪监测行业关键指标，同时建立行业研究例会机制；针对热点区域、行业、重点业务，先后组织审批人对天津滨海新区以及光伏等行业进行8批次的调研或项目回访。

（五）积极主动进行风险排查，加强大额授信风险处置管理，及早化解风险，在复杂形势下保证信贷资产质量持续稳定向好

1. 持续开展风险排查，及早消除风险隐患。

结合银监会关于化解防范六大风险的监管要求，组织全行开展了以“查风险隐患、抓问题整改、促贷后管理、保质量稳定”为主线的信贷资产质量检查工作。

自2009年3月起，牵头积极配合银监会、各省银监局和银监分局按照贷款审批终审层级对总行本级、38个一级分行和528个二级分支行进行的新发放贷款专项检查，并针对检查发现的贷前调查和风险评估不尽职等问题认真研究提出针对性的措施，建立持续改进机制，组织全行整改。

建立重点行业、客户风险的滚动排查机制，对进出口相关行业、二级公路、房地产开发贷款等开展了持续的风险排查。

2. 进一步落实重大风险事项报告与处置机制，继续坚持推进“双十大”客户与资产质量重点联系行工作机制，进一步加强大额不良处置力度，取得了显著成效。

（六）强化贷前平行作业工作机制，按照集约化方向调整作业模式，提升平行作业集约化、专业化水平

1. 适应信贷经营业务重心上移的要求，一级分行本级完成的评估评价工作量所占比重稳步提高。与2007年比较，2009年一级分行本级完成的评估评价工作量所占比重，客户评级由5.5%提高到12.6%，提高了7.1个百分点；授信业务风险评价的项目数量、建议授信额度分别由5.6%、17.7%，提高到12.3%、27.1%，分别提高了6.7个和9.4个百分点；项目评估项目数量、建议我行贷款金额分别由34.4%、58.0%，提高到47.3%、74.1%，分别提高了12.9个和16.1个百分点。2009年，大中型客户固贷项目100%由一级分行评估已有24家分行。

2. 建立健全评估评价专职机构，提高一级分行评估评价专职人员比重。2009年，总行授信管理部针对全行贷前平行作业集约化、专业化推进情况作了专题调研，向全行印发了《关于全行贷前平行作业集约化、专业化推进情况的通报》，有效地推进了全行平行作业集约化、专业化工作进程，全行贷前平行作业集约化、专业化程度有了明显提高。2009年底，38家分行均已建立专职评估评价机构，其中，7个分行设立独立的评估评价机构（分行一级部），17个分行实现项目评估集中一级分行，13个分行实现一级分行所在地城市行授信评价和客户评级业务集中。多家分行建立了项目评估人才库。

截至2009年底，全行从事贷前平行作业风险经理2 222人，比2007年底人数减少14%。其中，一级分行人员总数为415人，同2007年相比，人数增加165人，占比达到18.68%，比2007年占比提高了9个百分点。

（七）加强信贷基础管理和制度建设，优化工作流程，完善IT系统工具，持续提高授信业务科学管理水平

1. 规范贷前平行作业管理，严格客户和项目甄选。配合新客户评级办法实施，及时制定《大中型公司类客户评级操作规程》并重检《大中型客户信用等级调整（推翻）审定指引》；制定出台《大中型客户授信业务风险评价操作规程》和《贷后风险经理平行作业指导意见》。配合《并购贷款管理办法（试行）》的发布实施，配套制定了《并购贷款尽职调查和风险评估报告（试行）》模板，为构建固贷项目评估和专业贷款评估评级平台，配套制定了《固定资产贷款项目评估评级操作规程（试点用）》和《固定资产和房地产项目评估评级报告电子化模板》，实现在北京、广东和山东三家分行试点上线。

2. 积极开展客户评级流程操作风险与内控自我评估工作，有效识别了客户评级流程中的风险控制薄弱环节，总结提出了针对性的控制优化方案。

3. 持续优化授信风险监测系统（CRMS），系统二期于2009年12月28日在全国正式推广运行，实现了从审批受理到贷后管理全流程的风险监控，有力地提升了专业监控能力。

（八）加强队伍建设，提升专业培训水平，服务全行业务发展

1. 推进审批人员规范管理。继续组织施行审批人岗位标准化考试，并通过专职贷款审批人招聘，开展纯新发放不良贷款成因及审批人行为分析，加强对分行审批人管理的监督和指导。

2. 多渠道全方位提升专业培训质量，服务全行业务发展。2009年全系统共举办各类培训439期，培训授信管理条线和其他相关岗位人员25 969人次（不包括总行视频培训人数）。其中总行举办现场培训22期，培训1 222人次；视频培训10期，培训范围覆盖本条线各岗位。一级分行举办各类培训407期，培训24 747人次。经过三年的努力，总行基本实现了对全行各级审批人和一、二级分行平行作业风险经理轮训一遍。

针对相对薄弱的个贷审批培训，完成《专职贷款审批人培训教材（个人信贷业务）》教材和课程研发工作，并举办培训班5期。

通过举办专业理论培训班、财务专题培训班、思路拓展境外培训班、实战演练模拟审批培训班和派人参加行业研讨会，多角度持续提升四级以上专职审批人的专业素养。

执笔：易　路

审稿：王书仁

内部审计

2009年，按照董事会、监事会和高管层的要求，全行审计系统服从服务于银行发展大局，密切跟踪经营管理形势和国家审计机关金融审计重点，注重高风险领域和管理薄弱环节的审计，注重风险提示作用和审计建设职能的发挥，注重先进审计技术方法和专业化建设成果的运用，注重沟通交流和联动配合工作，加强审计机构与人员的基础管理，加强审计专业化、规范化、精细化、信息化建设，全年工作取得显著成效。

2009年，全行审计系统组织实施了25类系统性审计项目和2 060多项次自选审计项目，及时揭示了一系列违规现象、控制缺陷和风险隐患，提出了相关改进建议和专题调查报告。各类审计工作成果得到总行领导和相关部门、机构的重视和认可，通过后续的纠正、改进行动，在加强银行基础管理、促进业务发展、规避外部审计监管风险等方面，发挥了较大的促进作用，充分体现了内部审计价值。

一、突出重点，兼顾全面，较好实现内部审计价值

审计部门根据经营管理形势变化，结合国家审计机关金融审计重点，突出对新情况、新业务、高风险领域和薄弱环节等管理层关注的审计内容；通过非现场审计常态化监测、内部控制审计评价、任期经济责任审计和大量自选审计项目，合理保证了审计覆盖面。

关注了信贷业务大幅增长的情况。适时调整审计计划，集中力量开展了全行性的信贷业务审计检查，重点关注了贷款发放合规性、政府融资平台贷款、贷款资金流向等内容。另外，还实施了公司类保证贷款审计、公司类贷款呆账核销审计、保函业务审计、信贷业务非现场审计监测等项目。

关注了新型业务和信息技术领域。实施了外汇买卖业务审计、总行本级债券投资审计、关联交易审计、理财业务审计调查等项目，首次开展了复杂结构的衍生产品和市场风险方面的审计。以IT运行和项目开发管理流程规范性、遵循性、安全性为重点，实施了分行IT运行审计、开发中心审计、数据中心审计等项目。

2009年3月24日，董事长郭树清、监事长谢渡扬出席在北京市明苑宾馆召开的中国建设银行2009年审计工作会议。

关注了海外机构和子公司。审计覆盖了中德住房储蓄银行、湖南桃江和浙江苍南建信村镇银行3家境内子公司，对6家海外分行、各海外代表处、建银国际、建行亚洲加大了审计力度，为总行了解海外机构和子公司经营管理状况，加强日常监督提供了重要支持。

关注了基础管理、风险管理和业务发展中的薄弱环节。开展了基础管理审计调查、二级分行综合经营管理审计、对公负债审计、资本性支出审计、非业务合同签订及执行情况审计、自助设备审计等项目，对分行风险管理和业务发展相关内容进行了审计调查，在财务、负债业务领域实施了常态化的非现场审计监测。

此外，开展一级分行内部控制审计评价、任期经济责任审计，为分行级干部管理和考核提供支持。接受董事会审计委员会委托，牵头具体组织完成我行董事会内部控制自我评估工作。通过组织各类自选审计项目，涵盖了综合管理、审计追踪、信用卡、中间业务、反洗钱、财务管理、抵债资产、外包业务、个人贷款、网上银行等众多领域。

在总、分行领导和相关部门的大力支持下，审计部门提供的各类审计信息，通过相关整改行动，在规范经营、完善内控、提示风险、改进管理、促进业务发展等方面，较好地实现了审计工作的价值作用。

揭示了诸多违规或不规范行为。在公司和个人类贷款、财务管理、负债业务、债券投资、会计与营运管理、系统开发运行等方面，审计发现的情况、问题得到总行领导及相关部门的重视和认可，多次批示、召开专题会议研究，促进了依法合规经营意识，加大了相关整改工作力度。相关业务部门和各分行也通过自查、完善制度、重点通报等形式，加强整改，进一步改进自身经营管理。

提示了一系列新的控制缺陷或潜在风险隐患。密切联系经济金融形势，分析各类新情况、新风险，及时针对控制缺陷作出提示。年度内对信贷管理、理财产品、上门服务、外汇买卖、系统功能缺陷、部分业务可能涉及的法律风险等风险苗头，及时进行了提示，为业务部门和分行规范经营、提早识别和防范风险起到了较好的支持作用。

提出了改进工作、促进业务发展的建议和调查报告。全年加大了管理咨询审计的力度，围绕业务发展、风险管理、营业网点建设等领域，从体制机制、制度流程、资源配置、政策导向等方面入手，开展分析调查，提出相关改进建议，针对重点方面出具了专题调查报告，审计建设职能进一步体现。

二、完善机制，强化管理，稳步推进专业化建设

审计系统结合工作实际，立足基础管理，从审计工作专业化、规范化、精细化、信息化等方面着手，在机构与人员管理、专业化建设、技术方法、制度规范等方面做了大量卓有成效的工作，为保证审计工作质量和效率，提高审计人员专业能力，发挥了促进作用。

（一）持续完善机构人员和财务管理

一是配合人力资源管理部门，开展了管理岗位和经办岗位的职务聘任工作，克服困难，加强了人员交流，全年审计系统共调入131人，调出144人，年龄、学历、专业结构进一步优化。

二是完善激励约束机制。审计部优化了机构

考评方案，更新了相关考评指标内容和标准，组织推动了评优树先工作，开展了“三优”评选表彰活动；参加了建设银行突出贡献奖、全国青年文明号单位、总行级青年岗位能手等评选工作，表彰先进、树立典范。各审计分部和总审计室也采取多种形式和措施，完善考核、绩效分配机制，弘扬先进，鞭策落后，促进提高整体工作水平。

三是开展工作检查、调查和调研活动，督促加强基础管理，指导改进工作。

四是加强审计机构内部财务管理。

2009年10月13日，审计部在明苑宾馆举办非现场审计研讨会，部分审计机构20余位同志参加了讨论。

（二）稳步推进审计专业化建设

一是重视专业化团队及机制建设。审计系统组织了非现场审计系统应用能力资格认证考试，组建了非现场审计专业团队。修订了专业审计人才库积分标准，优化了知识库的后续维护工作的流程、分工和职责等，进一步健全了专业化建设的常态运行机制。

二是注重日常业务研究和积累。加强了对各专业审计机构的指导，通过研讨、座谈等形式，对关键业务领域的专业化建设工作进行了讨论和总结；及时跟进业务发展和风险态势，研究相关课题；及时开展对新资本协议等新知识、新业务的学习研究，参加了达标预评估等多项专业性工作；组织指导开展内部控制审计专题研究，在内部审计协会举办的“2009年度内部审计与内部控制体系建设理论研讨”中，有10篇论文获奖，并获得组织奖，建设银行也是唯一获此奖项的金融机构。

三是提高实效，切实做好各类培训。加强了审计培训管理，注重与审计业务紧密结合，强调培训质量，圆满完成各项培训任务。全年审计系统共举办短期业务培训325期，其中专业化研究成果交流视频培训6期；各类审前培训579期；参加总行其他部门及驻地分行的外部培训及讲座690期；全年人均参训达到13.8次。继续组织开展CISA（国际注册信息系统审计师）和CIA（国际注册内部审计师）参考者的专门培训，顺利完成了内部审计远程培训课程（第一期）的开发工作，积极探索新的培训渠道。此外，还在总行本部员工培训系列讲座、金融市场部、法律合规部等多个业务条线的培训中承担授课任务。

三、改进方法，优化技术，持续提升审计质量和效率

审计部门在总结经验的基础上，继续发挥审计体制垂直管理模式、非现场审计手段和专业化建设等方面的优势，进一步完善了审计方式方法，为提高审计项目的质量和效率奠定了基础。

提高集约化和专业化程度。针对重点审计项目和大规模的紧急性审计任务，集中优势专业人员和机构的力量，召开研讨会、编制方案、研发审计模型、收集审计依据，同时，指定专业机构专门人员作为专家，及时提供专业与技术支持。针对非现场审计、IT审计、海外审计、新业务审计等专业性强、难度大、业务骨干少的情况，集中组建专业团队实施。

提高不同审计项目、审计手段的有机结合程度。探索审计与审计调查两种形式的有机结合，以审计查证为基础，深入开展相关业务的调查和分析，并充分利用其他项目信息；加强了现场审计与非现场手段的有机结合，有的组成交叉组合团队，有的相互提供信息、共享成果；加强了自选项目和管理咨询类项目的管理、指导和考核力度，促进机构之间相互交流经验、知识和技术。

加强沟通交流和联动配合工作。注重与业务部门的联动配合，无论是现场审计还是日常工作中，通过座谈和交流，听取意见，积累信息，促进知识更新，提高审计结论的准确性；各审计机构及内部处室间也加大了沟通交流配合力度，审计部及时总结审计经验、技术方法和案例并下发，有效指导了各审计机构的工作，从而在系统内提高了信息、数据和技术的共享程度，在信贷业务

检查等不少项目中都能“协同作战”。

继续运用并不断完善非现场审计系统（OAS）、管理信息系统（AMIS）及知识库系统（KBS）。及时跟踪技术环境的变化，对非现场审计系统数据库迁移的可行性进行了初步的研究、分析和对比测试；积极开展业务系统数据调研与采集，指导各审计机构统一建立了 CLPM、CMSII、ERPF 审计数据接口；对系统数据清理功能进行了优化升级。

建立集中化的审计数据平台，探索集中审计新模式。以建立审计署数据平台为契机，同步建立了我行内部审计数据平台，数据范围涵盖 29 个主要业务系统。在信贷业务审计检查项目中，利用平台数据进行了集中非现场分析，取得了良好效果。该平台的建立为提高总行的项目管理能力、提高审计时效性提供了有力的技术支持。

初步研发经营绩效审计分析系统。利用 OAS 获取的 ERPF、CMISII、CCBS 等业务系统数据，利用审计计算模型，实现对一级分行、二级分行经营绩效的持续监测与常态化分析，为进一步拓展审计工作范围，积极探索对经营管理的审计监测和审计咨询提供支持。

研究完善相关规章制度。着手开展对内部审计章程、内部控制审计评价体系、分支机构负责人聘（任）期经济责任审计办法、与驻地一级分行工作联系办法等制度规范的修订工作。

四、积极配合，加强交流，保障审计署对我行审计调查工作顺利进行

在国家审计署对我行开展有关宏观经济政策执行情况审计调查过程中，审计部和相关审计机构认真落实总行领导的要求，积极配合审计组工作，有效协调相关分行和部门的工作，促进审计组和各部门、各分行的沟通与交流，及时汇报情况、反馈意见，在组织、协调、联络、解释、应对、后勤保障等方面做了大量的基础性工作，保障了审计工作顺利进行，同时在妥善处理有关情况、规范和改进经营管理等方面也发挥了提示和促进作用。

执笔：陆　君　周雪舟　林　胜

审稿：牟乃密　赵观甫　冯道海　万盛举

产品与质量管理

2009 年，产品与质量管理部按照行领导关于“进一步激发员工的主人翁精神，全面提升专业化精细化工作水平”的指示精神，持续推进“以客户之声调查为事前改进依据、以精益六西格玛方法为事中支持手段、以客户满意度和投入产出分析为事后评价标准”的工作模式，在推动产品创新、流程优化等方面取得一批新的成果，我行 2009 年获得国际六西格玛专家委员会“ISSSP 中国第二届亚太六西格玛领导力大奖”。

一、着力推动全行产品创新能力提升

1. 初步形成产品创意、研发、面市的系列化管理局面。2009 年初按照全行综合经营计划加强产品创新方向引导，形成每年创意一批、研发一批、面市一批的持续创新局面。2009 年全行新提出产品创意 2 975 个（其中公司业务 1 041 个，个人业务 1 427 个，理财业务 237 个，信用卡业务 270 个）。2007—2009 年三年累计完成产品创新 1 149个，2009 年当年完成产品创新 313 项（总行 57 项，分行 256 项），其中公司与机构业务条线 122 项，个人业务条线 105 项，投资理财业务条线 86 项，产品创新收入约 38 亿元。

2. 创建业内首家产品创新实验室和重大产品创新原型。我部与北京分行共同建设的首家产品创新实验室于 2009 年 9 月正式开业，完成实验室工作机制、技术指南等工具方法建设，开发出

“消费生态大社区”等重大新产品原型，行领导三次视察实验室并作出重要指示，“产品营销互动机具”等新产品原型已移交开发。

2009年4月27日，总行在四川成都举办第二期自主绿带培训班（成都），贵州省分行的学员们正在进行案例讨论。

3. 加大产品创新流程管理体系推广应用力度。2009年发布《中国建设银行产品创新流程管理规程》，产品创新流程管理系统（PIPM）一期于2009年12月1日成功上线运行，实现了产品创新的创意、研发项目管理等功能的电子化操作，通过开展系列化培训，组织创新激励、考核和经验分享，培植了一批成功典型和技术骨干。目前全行各业务条线已积极投入新模式的推广应用，各分行已建立产品创新决策机构和执行细则，促进了产品创新质量效率的持续提高。截至2009年底，全行145个产品创新项目应用了产品创新流程实施研发，反应良好。

4. 探索产品标准、信息收集和评价机制等基础建设。制定了产品标准建设目标、产品要素标准建设方案，开始对公司业务产品标准进行梳理。制定了同业产品信息收集工作机制，实施了小企业业务同业产品调查。运用创新能力成熟度模型对12家分行开展了自评估工作，制定了符合实际的创新发展目标和行动计划。制定了统一产品评价模型和流程框架，完成了“大丰收理财”、“代销保险”等11个产品评价及其产品政策建议。

二、持续实施流程优化和标准化

1. 搭建了员工合理化建议向流程优化成效的转化渠道。通过积极推进内部流程用户之声系统应用，开展了32项专项内部流程用户之声调查项目，收集全行各级各类员工提出的意见和建议5 647条，涉及客户服务、产品管理、成本管理和风险控制多个领域，通过管理整改和流程优化，问题解决率达到91%。

2009年5月7日，中国建设银行产品与质量管理工作座谈会在廊坊召开，会上副行长陈佐夫作了重要讲话。

2. 流程优化项目取得良好投入产出效应。通过加强项目技术辅导和规范阶段评审，流程优化项目取得良好投入产出效应，2007年至2009年完成1 077个流程优化和标准化项目。2009年当年完成349个项目，业务增收4.54亿元，运营成本降低2.37亿元，优化业务领域的客户满意度平均提高17个百分点，业务差错率平均降低15个百分点。项目投入成本约2 491万元，带来直接财务贡献约6.91亿元，非财务贡献（折算后）约3.22亿元。投入产出效应约41倍。

3. 推进流程评估和流程标准化建设。发布流程评估模型和操作规程，信用卡中心、山东分行等实施的10项评估为改善流程管理提供了有效驱动。优化了业务流程操作手册的编写方法和标准化模板，巩固加强了在流程优化项目控制阶段编制业务流程操作手册的工作模式。

4. 加强流程优化成果转化和移植推广。2009年加强了典型项目成果宣传，加大了成功项目的移植推广力度，开展了流程优化评奖，表彰全行2008年度流程优化及标准化建设优秀项目30项、优秀项目人员30名，有效地激发了全行开展流程优化、提升专业化和精细化水平的积极性。

三、健全服务质量监测和改进驱动机制

1. 客户满意度监测为改进服务提供市场驱动。通过持续监测客户满意度“晴雨表”，从产品、渠道、区域和客户细分多维度为改进客户服务提供决策依据。我行个人客户满意度连续3年稳步提升，2009年达到63.9%，高于银行同业平均水平3.5个百分点；对公客户满意度2009年达到88.5%，连续3年保持相对稳定。

2009年5月20日，中国建设银行荣获亚太企业管理领域的最高荣誉：“亚太六西格玛领导力大奖”。

2. “客户接待日”成为探查体验和解决诉求的重要窗口。自2008年以来，我行按月开展“客户接待日”工作，各级行领导共接待客户约46 500位，客户提出各类问题建议25 600个。其中2009年接待客户约18 100位，客户提出的各类问题建议10 100个。通过当场处理和事后处理，客户问题解决率达80%。

3. 客户之声调查为产品流程创新提供客观依据。2009年完成个人中高端客户、中小企业集群、信用卡特惠商户等客户细分，个人住房贷款、个人消费贷款、商户联盟卡、代销保险、现金管理及支付结算等产品，个人网银开通、营业网点等渠道专项调查，为产品流程创新提供了客观依据。同时，通过加强技术交流和培训，使客户之声技术逐步嵌入总分行产品流程项目实施之中。

4. 标准管理和调查监控助推服务质量持续提升。2008年以来，总行每年实施两次网点服务质量调查，2009年下半年调查评价平均得分为93.5分，分别高于2009年上半年和2008年下半年同口径调查4.1分和2.1分，全行网点服务质量一致性明显增强。我行网点服务质量标准得到中国银行业协会高度肯定，应邀协助其制定发布了《中国银行业零售业务服务规范》；我行公司客户经理服务规范也已下发执行。

四、系统推进产品创新和流程管理能力建设

1. 加强对全行产品与质量管理工作部署推动。陈佐夫副行长出席全行产品与质量管理工作座谈会并作重要讲话，总结了近年全行产品与质量管理工作取得的成绩，针对当前面临的问题提出了具体推进要求，会后发布了《中国建设银行产品与质量管理考核评价暂行办法》。上述举措有力地推动了分行层面的工作开展。

2. 扩大产品创新和流程管理方法培训面。全年组织实施354期、27 363人次产品与流程管理培训，比上年分别增长48%和55%。培训内容涵盖产品创新和管理，六西格玛绿带、黑带，客户之声与服务质量调查，以及流程管理等专业化、精细化方法技术。

3. 继续培养壮大流程管理专家队伍。参照国际一流银行标准，从知识、技能和项目经历三个方面严格把关，截至2009年底，全行已完成认证绿带167名，正在认证27名；组织开展了全行第一批12名黑带的培养和认证。

4. 推进产品经理素质模型建设。开发全行产品经理素质模型，总结提炼了全行高绩效产品经理应具备的创新、协同和内驱等核心能力和素质项，构建了产品研发经理、产品营销支持经理和产品管理经理三类素质模型，并着手推动产品经理素质模型在产品经理队伍能力培训和提升、队伍建设规划等方面的应用。

5. 新开发数个网络式新型学习课件。完成《流程管理——绿带培训教程》和《流程管理基础教程》两个远程课件，以及《流程管理岗位培训教材》的开发，将进一步提高流程管理知识方法的普及效率。

执笔：季　方　何　静

审稿：魏春旗

法律合规管理

2009年，全行法律合规部门大力践行“法律合规工作创造价值、保障发展”理念，围绕全行中心工作，全面支持和保障产品创新、市场拓展、客户服务等工作，认真做好法律合规风险防范和化解工作，努力提高法律合规风险管理能力，在保障经营成果、促进业务健康快速发展等方面发挥了积极作用。

一、大力支持业务创新，保障核心重点业务发展

2009年，全行法律合规部门紧跟业务发展，为产品创新、重大项目和重要业务工作提供有力支持与保障，法律服务覆盖面持续扩大，能力和水平进一步提高，共审查与业务发展相关法律性文件约17万份，涉及金额8.4万亿元，同比分别增长18%和14%，全面参与了并购贷款授信、个人住房抵押额度贷款等60余项对公、对私业务产品创新；参与了“金谷”项目法律尽职调查、村镇银行设立、海外投资并购等全行性重大项目；参与了怡富证券全球托管业务、人民币外汇衍生产品主协议谈判等重要业务工作，为全行各项业务发展提供了强有力的法律合规支持与保障。

二、扎实开展法律纠纷管理，依法保障经营成果

2009年，全行共处理各类民事案件37 850件，涉及总金额为507.96亿元，其中被诉案件2 089件，涉案标的额为32.10亿元。截至2009年底，共办结18 648件，办结216.25亿元，已回收90.04亿元，同时减免赔偿责任9.11亿元，两项合计，直接创造的效益达99.15亿元，纠纷管理工作成效突出。雷曼公司破产案、基金份额持有人起诉托管人违约案、总行因信用证拒付在纽约被诉案等所有重大、敏感法律纠纷均得到了及时妥善的处理，切实维护了我行资产安全与经营信誉。加大对执行工作的投入，积极参与最高人民法院开展的“清理执行积案”活动，尤其是参与总行确定的双十大项目的处置和风险控制，取得较好成绩。组织了理财产品法律纠纷研讨会，撰写了《理财与银行业务发展法律问题报告》，被评为中国银行业协会2009年度科研课题第一名，并被评为优秀课题报告。注重理论研究，出版《金融机构协助执行操作指引和制度研讨》专著一本。

2009年7月10日，中国建设银行荣获“2008年度中国上市公司法律风险管理奖银奖”奖牌。

三、大力开展知识产权申请与保护，促进银行核心竞争力提升

2009年，全行法律合规部门进一步加大知识

产权申请工作力度，截至2009年底，全行拥有商标441件（其中注册商标281件，申请进程中商标160件；该441件商标中含海外注册77件），比2008年新增41件；全行拥有专利147件（其中授权专利23件，申请进程中专利124件），比2008年新增42件；全行累计登记计算机软件版权94件，比2008年新增48件，知识产权拥有量继续保持在国内金融业的领先地位。知识产权保护工作与业务产品和技术创新结合更加紧密，行名、行徽等核心商标海外注册工作取得突破性进展，有效地配合了产品创新和海外发展战略。维权工作和防止侵权工作齐头并进，妥善应对处理多起知识产权侵权案件。

四、不断加强授权工作精细化管理

2009年，完成了《行长授权管理办法》的修订，在对必要环节加强风险控制的同时提高了效率，进一步发挥授权工作对业务的支持促进作用。下发2009年全行新授权方案，向境内外45家分行和伦敦子银行分别制发了授权书，授权涉及财务管理、信贷审批、资金业务等十九大类事项。授权方案调整了信贷业务审批权限在各层级的分布，使之更加符合经营重心调整的战略导向，突出了支持全行战略发展、促进业务转型的总体思路。此次修订充分考虑了国际国内经济环境及全行机构改革等因素，继续加大差别化授权力度，进一步强化了风险管理。总行方案下发后，各一级分行结合本行实际，按时完成了对所辖分支机构的转授权工作。密切关注分行执行授权和转授权情况，通过转授权方案备案、开展全行性调查与实地调研相结合等方式详细了解有关情况，促进了全行授权管理水平的进一步提升。

五、切实履行合规整改牵头职责，不断提升整改效果

2009年，不断加强整改工作制度建设、流程改造和系统开发，整改信息系统建成并上线运行，出台了《整改工作规程》、《整改情况核查工作管理办法》等制度，提出建立持续整改机制和审计监管检查发现问题常态化管理机制，推动从根源上解决审计监管检查发现问题，强化部门和分行的整改责任与整改效果，并将整改核查纳入整改工作流程，将海外机构整改纳入全行整改工作范畴。与审计条线及有关业务部门密切配合，整体联动，较好地完成了审计署2008年审计、银监会新发放贷款检查发现问题，以及2008年第四季度和2009年第一、第二、第三季度4个内部审计汇总项目的整改工作，较大幅度地减少了有关监管处罚，注重现场核查，不断加强对重点、热点、风险及未完成问题的跟踪督促，整改成果获得了监管部门及董事会相关委员会的认可。

2009年5月21日，中国建设银行法律合规工作（视频）会议在北京召开。

六、加强关联交易基础管理，保障业务健康发展

一是夯实关联交易管理基础。在制度上，修订了《关联交易管理实施办法》，制定了《关联交易管理规程》，下发了相关指引与手册，各分行也相应完善了各自的管理细则，为关联交易管理奠定基础；在管理上，全面落实监管要求，将管理的范围进一步扩大到境外分行和附属公司，实现了对建设银行集团关联交易的规范管理。二是优化系统与流程，降低全行关联交易管理难度。按照“重点化、差别化”的管理思路，在不增加风险的前提下优化流程，分别减少了99%和35%拟发生和已发生关联交易申报、审核的工作量；主动追踪、积极争取，使占全行41%的关联方得到豁免，减少了26%关联交易申报、审核的工作量。持续开展系统功能优化，不断提高数据采集的质量与效率。三是主动介入各项合作，保障业务健康发展。在合同审核上，增加对非制式涉及关联交易法律合同的审查流程，提出法律建议；在对外合作上，主动追踪我行各类附属公司设立

情况，提出合理化建议；在新业务发展上，提前评估业务带来的关联交易风险，研究规避办法。四是规范内部管理，强化宣传教育。坚持将关联交易风险提示作为一项长效机制加以落实，组织全行通过非现场手段排查业务系统中关联方的遗漏情况，积极通过建设银行报、网站、邮件、文函等多种方式加强关联交易宣传，促进各级机构关联交易风险防范意识的进一步增强。

七、加强反洗钱管理，不断提升反洗钱数据报送质量

集中力量改造反洗钱系统，对反洗钱系统进行了多次版本优化，尽力降低数据的手工补录率，组织各分行上收分行特色业务数据，着力加强反洗钱相关系统开发建设，不断提升反洗钱数据报送质量。通过努力，数据成功报送率从20%左右提升到60%左右。组织全面开展反洗钱客户风险等级分类工作，下发了反洗钱客户风险等级分类办法，全行累计对1.92亿个客户进行了等级分类。努力降低监管处罚风险，2009年全行24家一级分行所辖193家机构接受了人民银行反洗钱监管检查，5个分行被处罚金额相对减少。部分分行积极发挥主观能动性，自行组织反洗钱相关系统优化，在提高反洗钱报告工作质量方面取得较好效果。

八、围绕推动工作科学发展，夯实法律合规管理基础，加强自身建设和条线管理

加强业务基础建设，全面开展合同文本体系建设，组织完成全行第二次业务合同文本修订工作，形成全套共5册、累计120余万字的业务合同文本使用手册，下发了200余种对公及个人类业务合同及117种对公英文格式合同文本，全面满足监管要求和业务发展需要。加强条线管理与建设，下发《法律合规工作管理暂行办法》，有效指导全行法律合规工作的深入开展。完成了法律工作管理信息系统优化，法律工作管理电子化水平进一步提升。先后就并购融资、应收账款质押等组织专题研讨，撰写了一批专题报告，为总分行提供有益参考，受到欢迎。此外，全行法律合规部门还积极参与国家法制建设，深入开展法制宣传，提出立法建议，在改善外部法治环境、保护银行合法权益以及促进全员增强法律观念和提升法律素质等方面，取得良好效果。

执笔：邱纪成　宁　欣

审稿：程美芬

安全保卫

2009年，在总行党委的领导下，全行认真贯彻落实建设银行工作会议精神，牢固树立“安全第一、综合治理、预防为主”的思想，坚持以科学发展观为指导，以创建“平安建行”为主线，以确保新中国成立60周年庆祝活动期间安全稳定为重点，扎实推进内部治安保卫、安全生产监督管理、应急突发事件管理三项工作，初步建立了适应现代商业银行需求的安全保卫管理体制和机制，为全行各项业务持续健康发展提供了强有力的安全保障。

一、业务开展情况

（一）建立健全责任机制，切实加强对安全保卫工作的组织领导

2009年，各分行充分认清国际金融危机给银行业安全保卫工作带来的严重影响，通过层层签订安全责任书，强化各分支机构负责人做好安全保卫工作的责任意识和紧迫感；积极推行“一岗双责”的工作机制，努力构建“横向到边、纵向到底”的安全责任体系，初步形成了“统一领导、分级负责、

职责明确、措施到位”的安全保卫工作机制。

（二）高度重视，周密部署，确保国庆60周年期间全行安全稳定

2009年，全行把做好新中国成立60周年庆祝活动期间的安全保卫和维护稳定工作当做建设银行的一项重大政治任务抓实、抓细、抓好。总行下发了《关于切实做好国庆期间安全保卫和维护稳定工作的通知》，对国庆节期间安全稳定工作的目标、内容、措施等提出了具体要求。为督促指导各分行抓好各项工作落实，确实安全稳定，总行安全保卫部制订了安全检查实施方案，下发了《关于对部分分行国庆前安全保卫工作进行抽查的通知》，并由副总经理和一级分行副行长级领导牵头，组成10个检查组，于2009年8月中旬至9月下旬对北京等10个分行所辖的57个分支行的73个营业网点、13座金库、14幢办公楼和9个计算机房的安全保卫及维护稳定工作进行了安全检查，对发现的50个隐患和薄弱环节，责成有关分支机构整改并通报全行，加强防范。

（三）积极落实各项措施，严密防范外部侵害案件、治安案件

2009年，各分行积极采取各项有效措施，严密防范外部侵害案件、治安案件和安全事故的发生。一是密切关注警情，及早采取防范措施。二是积极采取“三防”措施，保障自助设备安全运营。“人防、物防、技防”措施构筑的防控网络，为自助设备安全运营提供了安全保障。三是加强各项预案演练，提高全员防范处置能力，提高了应对、处置和堵截案件的能力。一年来，各分支机构共开展防抢劫防诈骗应急预案演练27 919次，成功堵截外部犯罪侵害案件60起，避免直接经济损失17 642.1万元；堵截百万元以上案件17起，涉案金额达17 346万元。

（四）着力把握维稳工作的特点规律，积极维护重要时期全行的安全稳定

针对2009年遭受国际金融危机冲击、内部矛盾和公共事件多发、稳定和治安形势严峻等复杂情况，各分行积极建立“矛盾联调、问题联治、事件联处、平安联创”工作机制，通过深入扎实有效的工作，把矛盾化解在基层、把问题解决在当地、把隐患消除在萌芽状态。一是努力掌握影响维稳工作的不安全因素。二是积极采取有效措施维护安全稳定。针对“7·5”事件，相关分行多方采取有效措施，努力确保员工人身安全和银行财产安全。三是内外联动妥善处置各类突发事件。

（五）加强重点部位的安防设施建设和管理，进一步提升安全防护水平

为进一步完善重点部位的安全防护设施建设，切实防范安全风险，根据国家新颁布的银行相关部位安全防护设施建设标准及总行相关要求，对原《中国建设银行安全防护设施建设及其使用管理暂行规定》进行了修订、下发。各分行严格执行《中国建设银行安全防护设施建设及管理规定》，加强了对营业场所、金库（保管箱库）、自助银行（自助设备）、计算机房等重点部位的安防设施建设及管理，其安全防护水平不断提升。截至2009年底，全行13 042个营业场所，视频监控安装率100%、防弹玻璃安装率99.96%、联网报警安装率95.51%；752座金库，视频监控和联网报警安装率均为100%；8 294个自助银行，视频监控安装率100%；62座银亭，视频监控、联网报警安装率均为100%；22 587台自助设备（不包括自助银行内的），视频监控安装率99.83%；2 896幢办公楼，80.21%取得消防验收合格证、42.13%设有视频监控室、31.25%设有消防控制室。重点部位的安全防护水平有了较大提升。

（六）以加强消防安全管理为重点，严防发生安全生产责任事故

2009年，各分行按照总行安全保卫工作会议要求，加大了对安全生产监督管理力度，尤其是加强了对办公楼、营业场所、计算机房、金库、档案库等重点部位消防安全的监督管理。一是大力开展宣传教育，提高员工安全意识。二是积极开展应急预案演练，提高自救互救和组织人员疏散逃生等能力。三是开展专项整治活动，认真排查安全隐患。

二、重要工作举措

（一）夯实基层基础建设，扎实推进“平安建行”创建活动

各分行按照总行《关于深入开展创建“平安建行”活动的通知》要求和部署，积极开展创建

"平安建行"活动。一是采取各种措施培育、建设安全文化，使平安创建活动深入人心，提高了员工对创建活动的知晓率和参与率。二是不断修订完善创建考核各项指标。部分分行在总结2008年创建"平安建行"活动的基础上，对创建"平安网点"的标准进行了修订完善，使"平安网点"的考评全部指标化。三是进一步健全各部门齐抓共管的工作机制。把平安建设放到与部门业务工作同等重要的位置，加强部门联动，把安全防范与风险防控有机结合起来，使经营风险与操作风险得到有效防控，为"平安建行"常态化管理奠定了重要基础。截至2009年底，全行共有8 960个分支机构被评定为"平安建行"工作先进单位、"平安分、支行"和"平安网点"。

（二）扎实推进远程监控报警联网建设，稳步开展安全保卫委托事务改革

各分行按照《中国建设银行监控报警联网建设指导意见》的要求和部署，扎实推进远程监控系统建设。截至2009年底，11个一级分行的远程监控报警联网已建成并投入运行；全行建成远程监控报警中心230个。另外，各分行根据本地保安市场发育状况和本行实际，按照《中国建设银行守押体制改革意见》《中国建设银行安全保卫委托事务管理暂行办法》的要求，坚持"条件成熟一个，运作一个"的原则，积极稳妥地开展守押体制改革。随着守押社会化、集约化的推进，与开始推行社会化的2002年相比，守押枪支由15 882支减至1 301支，减少了14 581支，减幅为91.81%；有17个分行实行了零枪弹，大大降低了枪弹带来的风险。

（三）积极开展安全检查，督导安全隐患整改

为抓好各项规章制度的落实，确保重点部位的安全，各分支机构安全保卫部门组织人员进一步加强了对营业场所、金库等重点部位和运钞等环节的检查。2009年7月至9月，根据《中国银监会办公厅关于开展银行业金融机构专项安全检查的通知》要求和总行部署，各分行对所辖机构的自助设备、自助银行、营业场所、业务现金库、保管箱库的安防设施和安全管理内控情况进行了一次彻底检查和安全评价。对存在的问题和安全隐患进行了分类汇总，并制定了具体可行的整改措施，有力地推动了我行安全防护能力水平的进一步提升。

执笔：李　勇

审稿：谭光明

三、党建工作与队伍建设

人力资源管理工作

2009年，我们在总行党委的正确领导下，积极推进集中统一管理改革，大力加强党的组织建设，妥善解决协解人员问题，进一步提升用人、用工、薪酬管理水平，深入开展新一轮大规模培训，为全行改革和科学发展提供了强有力的组织保证和人力资源支持。

一、积极推进人力资源管理改革、创新工作

1. 推进人力资源集中统一管理改革。下发了《关于加强人力资源集中统一管理的意见》以及《一级分行各部门、各二级分（支）行主要负责人任（免）职备案管理办法》和《一级分行人力资源管理部门双线汇报和双线考核试行办法》两个子办法。同时，召集各一级分行人力资源部总经理，召开人力资源管理工作研讨班，研究解决实施过程中出现的难点问题。目前，这项工作正在有条不紊地推进之中。

2. 进一步规范管理人员选拔任用工作流程。按照总行党委要求，结合我行的实际情况，就总行管理的领导人员选拔任用有关事宜和党委组织部长办公会议制度进行了专门研究和归纳梳理，形成建议，报总行党委。对建议人选的酝酿、领导人员平职调整所需履行的组织考察程序、一级分行行级非领导职务人员的管理、后备干部的管理等作了进一步规范，对组织部长办公会议的作用、参会的人员、召开时间、会议研究事项等作了进一步明确规定。

3. 开发建立领导力素质模型。在《中国建设银行领导力素质模型（高级）》的基础上，完成了高级模型解读、高绩效管理者行为访谈、数据分析、形成初稿、模型验证等阶段的工作，总结提炼了中级和初级优秀员工在领导力方面应具备的关键能力和高绩效行为特征，建立起了适应需要的《中国建设银行领导力素质模型》（中级）和（初级），为我行各级岗位员工的领导力开发提供了重要的方法和工具。

4. 实施“360度反馈”评价。实施测评工作历时5周，全行共有30个总行部门、19个一级分行、19个审计机构的319名员工参与了评分，其中总行部门级、一级分行行级和审计条线的管理人员共177人；共生成测评问卷426份，实际完成提交问卷424份，完成率达99.53%，取得了较好的效果。

5. 设计加速培养计划。加速培养计划是一种专门为高潜力的后备管理人才开发设计的培养项目。2009年完成了加速培养计划模板设计、培养重点和领域研究、外部供应商初洽等多项前期准备工作，为2010年的实施奠定了基础。

二、深化拓展组织工作

1. 做好学习实践活动收尾和传达学习贯彻党

的十七届四中全会精神工作。按照中央和总行党委的要求，围绕制订落实整改方案和建立健全长效机制，认真做好学习实践活动收尾、总结和持续改进工作，不断深化问题整改和成果应用。党的十七届四中全会召开后，按照总行党委部署，及时下发通知，通过多种形式，扎实抓好十七届四中全会精神的贯彻落实。召开各一级分行组织部长研讨班，传达学习全国组织部长学习贯彻党的十七届四中全会精神培训班的精神，对全行组织人事系统学习贯彻党的十七届四中全会精神提出明确要求。

2. 组织开好党员领导干部民主生活会。按照总行党委的部署，各一级分行、培训中心于2009年9月至11月组织召开了2009年度党员领导干部民主生活会。各级党委加强指导，认真组织，严格规范会议程序，达到了提高民主生活会质量，增强领导班子团结，提升解决自身矛盾能力的预期目的。

3. 认真落实党员教育培训工作规划。下发《2009—2013年党员教育培训工作规划》，部署全行党员教育培训工作。在哈培和常培举办20期基层党组织负责人及党务工作骨干培训班，共培训基层党组织及党务工作骨干1 300多人。

4. 深化拓展“讲党性、重品行、作表率”活动。各级组织部门精心组织，周密安排，取得了新成效。及时编发工作简报，宣传各单位深化拓展活动的好经验、好做法，营造良好氛围。目前刊发活动简报34期。

5. 规范全行系统党费财务管理。制定下发了党费收缴、使用和管理实施办法，对全行党费收缴、使用和管理情况进行了检查梳理。组织开展党费具体财务工作移交，总行本部、38个一级分行、2个培训中心已全部完成移交工作。

6. 大力开展丰富多样的党组织活动。以“践行科学发展观，体现党员先进性”为主题，采取多种方式，组织开展了纪念建党88周年主题党日活动。组织开展了走访慰问新中国成立前参加革命工作的老干部、老党员活动，全行系统共发放慰问资金4 569 320元，慰问老干部、老党员3 268名。组织开展了学习先进典型活动，在建设银行报开辟“新中国成立60周年党建风采”专栏，对先进典型的事迹进行了集中宣传。

三、持续加强人力资源管理工作

1. 加大领导班子和领导人员队伍建设。加快年轻干部的培养选拔，充实调整领导班子结构，共对24个一级分行、2个培训中心的领导班子进行了调整补充，涉及领导人员92人次。引入建设银行领导力素质模型，优化KPI考核指标，完善领导班子和领导人员考核评价，对整体考核情况进行了分析总结，得到总行党委的肯定。在井冈山干部学院和延安干部学院举办新任职领导人员专题培训班，强化党性修养、思想政治素质、革命传统等方面教育，提高了新提拔领导人员的适岗能力，取得了良好效果。深化干部监督工作，对全行干部选拔工作、近年来新提拔干部进行了民主测评，组织开展了对2007年以来受理和办理违规用人问题举报的集中清理查核，形成专题报告上报中组部。

2. 加快人才队伍建设。加强全行专业技术岗位职务聘任，积极推进2008—2010年专业技术岗位职务聘任规划的落实，截至2009年底，全行共聘任专业技术岗位职务50 429人，比2008年增加5 034人，增幅11.1%。在新增专业技术岗位职务系列方面取得突破，制定印发了客户经理（房金）和财富管理师管理暂行办法。认真做好专业技术资格管理和专家管理工作，在全行建立了高级工程师“以考代评”和高级会计师“考评结合”的制度。完成2008年度享受政府特殊津贴人员的评选工作，全行449名同志取得了高级专业技术资格。组织落实人力资源综合业务系统二期建设工作，完成招聘、年薪模块的研发工作。在全行范围内开展境外机构内派员工备选人员海选工作，对境外机构当地雇员招聘尝试组织视频面试，组织建银国际内派人员批量招聘工作。探索对香港分行和建行亚洲管理层进行有别于国内领导班子的履职考核。

3. 进一步规范用工管理。积极推进劳务人员转制工作，全年共有25个分行实施了劳务转制工作，共转制6 691人。探索解决协解人员问题，组成专门工作小组对全行协解人员的基本情况进行全面的调查、建档，积极拜访国家和地方相关部门，咨询政策，共同寻找解决办法。组织开展用工专项检查，内容包括人员配置、劳动合同管理、劳务派遣管理、劳动权益维护等用工管理事项，涵盖了各级分支机构。组织实施全行2010年高校毕业生招聘工作，统一流程、统一公告、统一命题、统一笔试、统一录取，实现了3个历史性突破：首次实现境内分支机构统一笔试，首次启用“95533”中心提供24小时咨询服务，首次实现为网上招聘系统提供统一的信息技术支持。

4. 提升薪酬基础管理水平。下发了工资支付管理办法，为建立以工资总额管理、工资分配管理和工资支付管理为三大支柱的工资管理体系奠定了基础。修订境外机构内派员工工资管理办法，探索税后工资和本币核算制，剔除税率和汇率变动对内派员工收入的影响。跟踪国家关于企业高管人员考核分配办法的政策动向，不断完善和探索适应新形势的我行高管考核方案和薪酬分配细则。开展全行薪酬规范化检查，全行778个发薪机构进行了自查，自查面为100%，一级分行核查发薪机构407个，核查面为52.31%。对总行管理的专项基金自设立以来的资金收支进行了全面盘点、精算、核对，形成分析报告。按照中央六部委联合下发的关于调整离休人员待遇的文件精神，在与同业充分沟通的基础上，积极推进离休人员待遇调整工作。

5. 不断扩大全行培训规模。2009年全行共投入培训经费4.5亿元，举办境内外各类培训24 486期，培训1 311 363人次，完成培训工作量2 632 656人/天。总行本部共组织实施境内外培训项目和开发项目538期，培训30 066人次，完成培训工作量181 391人/天。加大对核心人才和优秀一线员工的境外培训力度，共举办境外培训班131期，培训4 878人次。开展了送培训到基层活动，加大了培训的辐射面和基层员工培训的机会。加大了基于一线员工的培训教材统一开发力度，优化了网点转型后零售五岗位培训教材和试题库，组织全行营业网点零售五岗位相关员工培训，并在全行分三批组织了网上考试。加大一线员工赴境外培训力度，针对一线业务骨干举办了49期境外培训班，培训1 655人次。组织了全行岗位资格考试，开考了20个科目，全行4.5万多人参加了考试。

6. 不断提升垂直条线和派驻条线人力资源管理水平。根据全行发展战略和审计风险条线领导人员队伍数量、质量、结构的总体需求，加大条线人才选拔力度。2009年共调整总审计师14人，涉及11个审计机构。加大人员交流力度，2009年审计条线实际交流363人次，交流比例达16.5%。推进电话银行条线组织机构整合，组建电话银行武汉中心，筹备电话银行广州中心及电子银行业务中心。推进信息技术条线人力资源改革项目，以开发管理岗位试点的成功要素表已经通过验证，入职计划试点工作也进入尾声。推进新入职员工导师制，促进新行员快速进入工作状态。引入大学生见习制度，提早介入新行员招聘选拔，保证新行员招聘质量。完善信用卡中心高级经理级人员考核评价机制，建立后备人才库，实行动态管理。积极探索符合信用卡业务经营管理需要的经办岗位职务聘任办法，通过择优吸收应届毕业生、系统内招聘、职务晋升等方式，不断充实、盘活、优化员工队伍。编制信用卡中心3年人员规划，组织开展业务模块及岗位人员定编。

执笔：张　洋

审稿：刘　英

反腐倡廉与纪检监察工作

一、深入学习贯彻贺国强讲话精神，惩治和预防腐败体系建设全面推进

2009年3月，中央政治局常委、中央纪委书记贺国强来我行调研，在我行召开中央金融机构负责人调研座谈会并发表了重要讲话。总行党委、纪委高度重视，三次召开专题会议学习讨论，并根据贺国强讲话精神，系统总结了股改上市以来全行反腐倡廉建设的经验，下发了《关于贯彻落实贺国强同志重要讲话精神，进一步加强全行反腐倡廉建设和纪检监察工作的意见》，对纪检监

察工作中若干重要问题作出明确界定，对今后一个时期的工作提出了新的要求，明确了方向。全行组织开展了“学习、宣传和贯彻落实贺国强讲话精神”的专题活动，利用建设银行报、企业网、工作简报等载体，及时刊发学习贯彻情况。各级领导人员带头撰写学习体会，认真抓好讲话精神的贯彻落实。

2009年1月6日，纪委书记辛树森在北京为一级分行新任纪委书记授课。

2009年3月25日，中央政治局常委、中央纪委书记贺国强在中国建设银行调研并主持召开中央金融机构负责人座谈会，中国建设银行纪委书记、副行长辛树森汇报中国建设银行反腐倡廉建设情况。

在贯彻落实贺国强讲话精神中，全行进一步推进惩治和预防腐败体系建设。按照总行要求，各分行相继成立推进惩防体系建设工作领导小组，研究制订具体的实施方案，细化工作任务，明确责任部门，落实推进计划。2009年，全行围绕惩防体系建设，深入开展各类教育活动，共举办各类报告会2 062场，受教育人数达31万人次；制定和完善反腐倡廉相关规章制度，促进权力和各项经营管理活动规范运行；各级纪委监察部门与风险、审计等部门密切配合，对信贷经营、人事任免、财务支出、集中采购等关键业务领域和环节实施重点监督，共开展各类专项或综合检查220余次，各级纪检监察部门参加集中采购监督12 927项，涉及金额133亿元。中央召开2009年度推进惩防体系建设检查工作会议后，总行党委研究制定了《检查工作实施方案》，总行各部门和各分行对照要求，对推进惩防体系建设情况进行全面总结，查找问题，分析原因，积极改进；总行组织3个检查组对10个分行进行抽查，有力地推进了全行惩防体系建设。

二、加强教育和监督，领导人员廉洁从业意识进一步增强

全行继续开展多种形式的反腐倡廉学习、宣传和教育活动。各分行围绕领导人员作风方面存在的突出问题，重点开展党性党风党纪教育，通过组织“作风建设年”等专项活动，制定并认真落实了加强作风建设的具体措施。按照银监会的统一部署和各地银监部门的安排，各级行组织广大干部员工观看了“银行业反腐倡廉警示教育巡回展览”，通过对照和反思银行业发生的100多个典型案例，思想受到很大触动和教育。中央颁布《国有企业领导人员廉洁从业若干规定》《中国共产党巡视工作条例（试行）》《关于实行党政领导干部问责的暂行规定》《关于开展工程建设领域突出问题专项治理工作的意见》等4个文件后，各级行通过党委中心组、研讨会、培训班等多种途径和形式认真组织学习，并结合实际贯彻落实，进一步提高了领导人员对反腐倡廉重要性的认识，增强了廉洁自律意识。

全行对领导人员的监督力度进一步加大。巡视工作深入推进。2009年，总行巡视了16个分行和2个培训中心，把风险总监、工会主任及驻地审计机构负责人纳入巡视范围。截至2009年底，用5年时间完成了对38个一级分行和2个培训中心的第一轮巡视工作。巡视工作一直被列入党委重要议事日程。巡视力量得到进一步调整和加强，巡视工作流程进一步优化，建立了领导班子和领导人员民主测评制度、联席会议制度和巡

视工作协调机制，加强了巡视成果的综合运用，巡视监督效果进一步提高。部分分行开展了对二级分行的巡视工作试点。信访监督的作用增强，进一步强化信访举报工作责任机制，规范信访举报工作流程，提高信访核查质量。各级行集中力量核查线索清楚、性质严重的问题，对查实的违规违纪问题进行严肃处理；对群众意见较大的问题进行整改；对倾向性、苗头性问题及时进行提醒或诫勉谈话，进一步发挥了信访监督的作用。

全行认真执行中央纪委三次全会关于严禁领导干部利用职务上便利谋取不正当利益的五项规定。各级纪委监察部门加强监督，重点检查中央关于厉行节约“八项要求”，以及总行关于加强成本管理“五严格五严禁”的执行情况。各级行坚持执行“三重一大”集体决策制度。2009 年，全行对领导人员廉政谈话 25 993 人次，经济责任审计 1 681 人；领导人员述职述廉 17 282 人次，个人重大事项报告 10 060 人次；有 1 013 人次主动上交未能拒收的现金、有价证券和支付凭证 626.67 万元。全行公务接待、车辆购置及运行、会议等费用支出均比往年大幅减少。

2009 年 8 月 26 日，纪委书记辛树森在云南昆明主持召开一级分行纪委书记专题研讨会。

三、扎实推进“五个一”工程，案件查防工作力度不断加大

2009 年，全行共立案查处各类案件 10 件，立案金额 7 021 万元。全行以强化基础管理和内控建设为目标，围绕“五个一”工程，系统推进案防各项工作。一是“围绕一个中心”，继续抓好《案件防控及整改方案》的落实。在总行各部门、各级机构的共同努力下，《案件防控及整改方案》提出的 9 大类 108 项措施，以及各分行结合自身实际补充的 1 142 项整改措施，绝大部分已落实到位。全行通过 3 年综合治理，进一步提升了员工合规守法意识，夯实了内控管理基础。二是“深化一个机制”，“上下联动、部门协作”的案件查防机制进一步巩固。各级分支机构定期召开案件查防工作联席会议、研究部署案件查防工作，各业务条线积极参与案件查办，主动思考案防问题，通过系统优化、流程控制、稽核监测、监督检查等手段强化案件防控能力。三是“落实一个制度”，依托《案件管理办法》，抓好案件查处和整改全流程的精细化管理。案件快速响应机制进一步建立，案件应急处置工作得到加强。业务部门参与调查、共同“会诊”案件的做法成为常态。制定了《案件整改验收工作规范》。“一案一整改、一案一验收”和“双线整改”机制进一步深化，重点联系行制度得到完善。四是“推进一项活动”，开展基层机构合规建设系列活动。全行组织开展了案件风险紧急排查、“基层合规和内控建设大讨论”，制定实施了案件风险自查与化解防范工作方案。针对案件暴露出来的突出问题，各级行认真组织开展了员工行为排查。结合“抓服务、讲合规、促发展”主题系列活动，加强了对基层员工的案例警示和风险合规教育。五是“探索一个方法”，研究解决屡查屡犯和新业务领域案件风险防范问题。总行对近年来贿赂案件、操作性案件进行深入分析，分别形成专题报告和有针对性的工作方案。一些分行从多维度对屡查屡犯问题进行专题调研或专项整治；有的分行对零售网点转型后的风险防范、扁平化改革后的员工管理等新课题进行深入探讨，取得了阶段性成果。

四、严格执规执纪，违规失职行为问责工作进一步强化

一是扎实开展授信业务责任认定。全行完成授信业务责任认定 29 116 笔，涉及贷款金额 290.5 亿元，涉及当事人员 12 495 人，经认定应承担主观责任的为 3 686 人。通过开展责任认定工作，促进了贷款回收，实施责任认定的项目共回收贷款本息 89.39 亿元。二是严格责任追究。

全面上收案件审理权限，加大对案件管理责任人和领导责任人的追究力度，对百万元以上案件，严格按照有关规定上追到一级分行相关业务部门的负责人。逐步规范重大违规问题的责任追究工作，加大总行直接审理或审核的力度。全行共处理违规失职人员 4 568 人，其中一级分行负责人 5 人，二级分行负责人 530 人，县级支行负责人 651 人。三是深入推进轻微违规积分管理。全行对 59 332 名员工累计积 166 285 分，较上年增加 25.40%，对 9 543 个机构累计积 100 322 分，较上年增加 10.12%。总行在加强本部积分管理工作的同时，加大对分行的督导，坚持按季通报全行积分管理情况。各分行不断创新工作方式，完善管理流程，补充积分标准，充分运用积分结果，进一步发挥了积分的警示作用。四是扎实开展问责工作专项效能监察。全行对 6 283 个机构网点开展检查，发现问题 6 793 个，出具整改通知书 2 289份，并对相关责任人进行了及时处理。总行派 4 个检查组对 8 个分行进行了检查。总行还制定《效能监察办法》，进一步规范了全行效能监察工作。

五、自身定位进一步明确，纪检监察队伍建设取得新的成效

总行党委将纪检监察部门定位为“综合性内控管理部门”，并强调反腐倡廉建设“既是建设银行党的建设的重要组成部分，又是全行加强内控、防范风险、促进业务稳定健康发展的重要保证”。在机构改革和业务转型的背景下，各级行认真落实《纪检监察机构设置方案》和《纪检监察特派员管理办法》，全行纪检监察组织机构进一步健全，特派员对基层机构的覆盖面进一步扩大，确保了机构改革中纪检监察工作的及时跟进。人员的配备和管理进一步规范。多数分行根据纪检监察部门的职责、任务，合理核定了职数和人员编制，全行纪检监察人员在总量上保持了相对稳定，整体素质得到进一步提高。一些分行新选聘了纪检监察非领导职务人员，有 8 个分行在纪检监察领域开辟了专业技术职务聘任渠道。总行下发《纪检监察特派员工作指引》，促进了特派员工作水平的提高。总行举办了新任纪委书记培训班、纪委书记研讨会、纪检监察部负责人和业务骨干培训班，依托中央纪委 3 个培训中心，对二级分行纪委书记进行轮训，共培训 8 批 200 多人次。各分行也加大了培训力度，举办不同形式的培训，参训人员达到 6 432 人次。全行纪检监察队伍的综合素质有了提高。

执笔：王　君

审稿：刘文锦

公共关系与企业文化建设

一、以“抓服务、讲合规、促发展”主题活动为载体，积极探索企业文化建设新途径

一是深入开展“抓服务、讲合规、促发展”主题系列活动。组织开展贯穿全年的“抓服务、讲合规、促发展”主题系列活动，各分行积极推进落实。全行共开展规范和操守专题教育、主题演讲和员工关爱活动 4 000 多场（次），查找和改正不规范服务行为 400 多条，征集服务营销案例近 700 篇、创新服务金点子 200 多条。编发《公关工作动态》主题活动专刊，与《建设银行报》合办期“主题活动论坛”，强化对活动的宣传与交流。

二是加强示范点管理与指导。组织审核第三批总行级企业文化示范点；修订完善总行级企业文化建设示范点基本标准和审核细则；总结、提炼并推广典型经验和做法，推广厦门市分行、广州直属支行、湖南郴州分行等10项服务文化管理模式和做法。

三是加强对基层文化管理的研究探讨。策划、指导标杆管理工作，重点指导山西省分行“红梅理财中心”服务模式和阳泉分行“文化管理模式”推广活动；研究指导转型网点服务品牌建设，重点指导天津市分行“服务文化建设暨打造二代转型精品网点交流研讨会”活动，促进转型网点实现由“形转”到“神转”，并配合打造一批精品转型网点和服务品牌。

二、积极开展正面宣传和危机应对，树立和维护建设银行良好社会声誉

一是强化对重点、热点问题的舆论引导。重点部署并做好国庆60周年庆祝活动及维稳工作，协调在《中国金融》等杂志和报刊发表行领导署名文章，介绍我行改革发展成果。提前准备“两会”期间媒体应答口径，协调安排我行政协委员接受采访、发表重点稿件，发布新闻发言人答记者问。就美国银行两次减持建设银行股份发布新闻发言人谈话，协调在《经济日报》发表郭树清董事长两篇署名文章。邀请国内外媒体参加年报、季报新闻发布会，提前准备媒体应对口径、中英文PPT文件及新闻稿件，国内外一千余家媒体对此进行了报道。

二是加强对重点业务、重要产品的营销宣传。积极落实温家宝总理、王岐山副总理的重要批示精神，专题宣传我行服务中小企业，与公司部配合，组织中央级媒体赴浙江、江苏基层行小企业中心采访，协调行领导、业务部门负责人参加中央电视台国际论坛。中央电视台、新华社及内参等对我行“大银行服务小企业”做法进行了突出报道。与机构部共同研究“民本通达”宣传方案，并对试点分行提出宣传要求；组织新华社等媒体赴广东等分行进行现场报道。组织相关业务宣传，与审计部配合就审计署发布我行审计报告编写应对口径；与房金部合作，就媒体应对与宣传对住房信贷条线人员进行培训；组织电子银行及业务成果集中宣传，策划媒体体验电子银行；组织个人业务条线专题宣传等。

三是提高媒体应对和处置水平。在重要时段、敏感时期等提前准备媒体应对口径；每季通报基层媒体应对经验做法；每天进行媒体监测，并积极开展网络舆情引导。每日编发《媒体监测快报》；组织总行网络评论员监测负面言论，并跟帖、发表评论，妥善处置贵州朝阳支行歹徒抢劫现金案等多起危机公关事件。作为银行系统唯一代表参加国务院新闻办网络评论研讨班，并介绍经验。

四是加强与媒体沟通和互动。建立媒体日常沟通协调机制，加强信息沟通和互动。组织北京、广州、上海、香港四地媒体举办新春媒体联谊会；协调行领导开展经常性的媒体走访活动；组织国内外媒体和机构组织的奖项参评活动。先后荣获“中国最佳银行”、“中国杰出零售银行”、“亚洲最具影响力企业”等30多个重要奖项。我行新闻发言人团队荣获人民网、新浪网“中国企业十大新闻发言人（团队奖）”。全行共在国内外各种媒体刊播宣传稿件近47 000余篇（次）。

三、推进企业形象建设，提升广告营销效果

一是强化视觉形象建设。推出伦敦子银行和纽约分行等海外分行LOGO，并完善相关视觉规范；推出建信信托、建信租赁、村镇银行等新型机构的LOGO和视觉规范；完成上海总部大楼的标识设计；出台《中国建设银行平面宣传品视觉规范指引》；补充24小时自助银行等标识。会同相关部门，完成电子银行服务区、电子回单印章、我行国际互联网网站页面改版等形象设计；审核信用卡、借记卡等多款银行卡设计样稿及“财富管理”教学片。按照“蓝色银行”标准改造全行营业网点、财富管理中心、私人银行、电子银行服务区。完成行旗和磁铁式胸徽制作。

二是提升广告营销效果。针对总行各部门提交的设计需求，先后推出冠军足球信用卡、民本通达等几十款富有新意的产品及促销活动的广告、现金管理手册等；配合2010年旺季营销，专题设计下发平面广告和配套宣传品；制作集团客户业务等产品视频宣传片以及国庆60周年、庆贺新年的视频短片；进行网络广告创意设计，其中个人汽车贷款、公积金产品、信用卡汽车分期等广告得到业内好评。加强广告拍摄与图片、用字管理，并尝试行内员工参与广告拍摄工作。重点通过网

站、全国性报刊、电台频道等主流媒体，以及框架广告、首都机场等新型广告渠道，为总行多个部门安排40余项产品、活动的广告投放，有效地促进了产品营销和市场推广。牵头组织首次在全行范围内开展2010年旺季营销广告宣传和品牌推广工作，统一主要宣传元素；牵头组织参加2009年中国国际金融展；全力支持“中国艺术家卡”、民本通达等多项业务和产品品牌的设计和宣传推广。

四、组织开展公益活动，促进我行与社会和谐共赢

一是认真落实长期公益项目。通过“资助贫困高中生成长计划”，向4万余名贫困高中生发放助学金6 000万元，其中的优秀高中生获得“成长先锋”奖，3 000多名高中生考上大学；通过“中国贫困英模母亲资助计划”，向3 000余名英模母亲或妻子发放资助款1 005万元；持续援建、资助建设银行希望小学，并帮助兴建图书室、体育园地；连续第三年支持“中国村落工程——绿色电脑扶贫行动”；继续关注我行捐资设立的“清华讲席教授基金”、“情系西藏——中国建设银行与中国建投奖（助）学金”；赞助“构建二十一世纪金融体系”中美研讨会、国际金融研究会春季成员会及2009年全球智库峰会。全年共实施10余个公益项目，投入总额约7 853万元人民币。

二是编写发布《2008年社会责任报告》。编写《2008年社会责任报告》，由毕马威华振会计师事务所进行独立第三方鉴证，与我行2008年年度业绩同时发布。报告详细介绍了我行努力践行科学发展观，坚持履行企业公民责任的显著成绩，并首次对外披露海外分行的社会责任业绩，在信息披露的透明性、及时性及广泛性方面均有显著提高，获得监管机构的好评。参与撰写《2008年中国银行业社会责任报告》。在胡润公布的2009企业社会责任榜中进入前50强；获得中国金融慈善榜“金融行业·卓越贡献奖”及“中国金融产品社会公益奖”；中国扶贫基金会颁发的“20年特别贡献奖”；中国新闻周刊与中国红十字基金会联合颁发的“改革开放三十年·最具责任感企业奖”等多项大奖。在“2009年亚洲可持续发展排名”中，我行荣登H股中国公司第三位，列中资银行之首。

五、持续加强党团工作，为改革发展提供精神动力

一是认真服务和组织党委中心组学习。制定下发《党委中心组2009—2010年度学习计划》；邀请知名专家举办“国际金融危机的反思与教训”、“企业危机媒体应对策略”等辅导讲座，引导各级管理人员研究中央宏观经济政策；加强分支机构党委中心组学习的组织指导，编辑《中心组学习参考资料》，发放学习活页文选，推荐、购买图书；建立全行学习专家信息库，实现资源共享。北京、山东等分行建立“领导人员读书班”制度，天津、福建等分行围绕滨海、海西等区域经济发展战略进行学习研讨。

二是积极开展关爱员工活动。探索员工教育工作的新方法，重点组织开展“关爱员工”活动，下发《关于探索开展关爱员工活动的通知》，通过心理疏导和人文关怀、快乐工作我参与、关爱员工家庭等系列人文活动，倡导快乐工作、健康生活，增强凝聚力、向心力和对建设银行的认同感，在建设银行报编发“员工心理健康”等主题专刊，精选推广基层成功案例。各级行通过座谈、问卷调查等方式有针对性地开展心理知识培训等活动，帮助员工缓解压力。北京市分行及时为经历抢劫案的洋桥支行员工进行心理干预，山东省分行开展“关爱员工、缓释压力”的调研，重庆市分行在辖内推广16种关爱员工方式。同时，组织向金融政研会推荐优秀论文，推选金融系统“新中国60年金融先进文化优秀建设者”，组织开展“我心目中最受信赖的友好型银行”征文活动等。

三是深入开展文明创建工作。下发《关于做好对全国级、总行级文明单位学习宣传工作的通知》，与建设银行报合办专栏宣传全国级文明单位的先进事迹，通过部门网页宣传总行级文明单位先进事迹。总结全国级和总行级文明单位创建工作基本经验，进行基层文明创建工作经验交流。组织全国级文明单位进行复查；指导各分行对总行级文明单位进行复查。向中央文明办专题汇报我行文明创建工作情况，得到肯定和支持。

四是大力开展共青团和青年工作。深入开展“赢在转型”系列活动，组织开展“青年论坛”征文、“青年创新建行强”金点子大赛等活动，多篇论文在金融团工委评比中获奖。各分行通过举办“成长之路”对话会等活动，组织十杰代表与青年员工进行交流。开展纪念五四运动90周年评选表彰活动，表彰优秀共青团员、优秀团干部，五四红旗团委，命名百余位总行级青年岗位能手，有4名青年员工荣获团中央、金融团工委殊誉。树立并宣传先进典型，开展“金融青年服务明星”评选活动，其中10名同志被中央金融团工委命名“全国金融青年服务明星”。广东省分行郑凯珊获金融系统第13届“中国青年五四奖章”，山西省分行王红梅获金融系统第19届“中国十大杰出青年”提名奖。配合电子部开展第二届建设银行“e路通”杯全国大学生网络商务创新应用大赛的营销宣传；配合旺季营销，组织“迎新春，创佳绩”新春贺卡设计和对联宣传语征集活动，共征集近4 000条对联，并将精选对联供分行使用；继续开展“走进校园、走进名企、走进机关、走进社区”青年营销宣传活动；组织开展“建行青年志愿者在行动”活动。继续推进“青年文明号”创建和“青年就业创业见习基地”工作。

六、召开条线工作会议，研究部署公关工作

根据工作需要，组织召开全行公共关系和企业文化工作（视频）会议。党委委员、副行长辛树森出席并作重要讲话，全面回顾和肯定了2007年大连工作会议后，特别是2009年以来全行公共关系与企业文化建设工作所取得的成绩，认真分析当前面临的新形势和存在问题，对全行公共关系与企业文化工作进行总体部署。

第一是对近两年全行公共关系与企业文化进行总结。会议指出，两年来全行公共关系与企业文化系统在总行党委的正确领导下，为全行实现又好又快发展提供了有力的服务和支撑。一是发挥中心组学习平台的作用，不断强化全行科学发展意识；二是狠抓服务文化和合规文化建设，努力提升对建设银行文化的认知认同；三是注重正面宣传和危机应对，为全行改革发展营造良好的舆论环境；四是推进形象建设与营销，着力支持和促进业务发展和战略转型；五是承担企业公民责任，促进我行与社会和谐共赢；六是突出以人为本，充分调动员工的积极性和创造性；七是加强基础管理和作风建设，夯实履职尽责的基础。

第二是对全行公共关系与企业文化工作作出部署。会议提出了当前和今后一段时期公共关系与企业文化工作的总体要求是，以科学发展观为指导，深入贯彻落实党的十七届四中全会和中央经济工作会议精神，按照总行党委的部署和要求，主动适应宏观形势变化、全行改革发展要求和基层一线需求，做好党的宣传工作，围绕中心，创新思路，强化管理和服务，协同推进公共关系、企业文化和党团工作，进一步提高专业化和精细化水平，建立和完善提升价值创造力的长效机制，为支持业务发展、实现全行战略愿景提供有力保障。会议对全行公共关系与企业文化工作进行总体部署：一是要深入学习贯彻党的十七届四中全会精神，持续推进党的宣传教育工作；二是要持续深化建设银行价值理念落地工作，不断培育和强化与现代商业银行发展要求相适应的企业文化；三是要适应媒体发展和舆论环境新变化，通过新闻宣传推动业务发展；四是要主动融入业务营销过程，不断提升我行品牌形象的市场影响力；五是要加大创新和规范力度，努力实现履行社会责任与业务发展的良性互动；六是要不断创新，提升青年工作和文明创建水平。

第三是对做好全行公共关系与企业文化工作提出要求。一要进一步加强组织领导，二要不断增强责任意识，三要努力提高专业化和精细化水平，四要健全联动协作机制，五要创新工作思路与方法，六要努力打造一支专业专注、奋发有为的工作队伍。

执笔：陈　曦
审稿：胡昌苗

离退休人员管理工作

一、坚持不懈抓政治理论学习，坚定老同志的理想信念

2009年，总行机关离退休部在坚持每月5日组织老干部传达学习文件和有关会议精神的同时，6月在北京昌平还举办了第19期老干部读书班。通过进一步深入系统的学习科学发展观，听取中央党校理论教员、中央有关部委领导和著名经济专家的辅导报告，老同志普遍反映很好，大大开阔了眼界，增强了对改革开放、建设有中国特色社会主义的信心，坚定了政治信念。广大老同志做到了“政治坚定，思想常新，理想永存”。

二、抓老干部工作人员培训，提高政策水平和工作能力

2009年7月24日至28日在哈尔滨培训中心举办了一期离退休管理人员培训班。参加培训学员人数为88人。集中对科学发展观、我国老龄工作的开展、离退休干部政策、老干部党支部建设及老干部思想政治工作等方面进行了培训。

三、集中精力落实党中央关于离退休干部待遇的各项政策

为庆祝建国60周年，充分体现党中央和总行党委对老同志的关心，按照中央的部署和总行党委安排，展开了惠及广大老干部的系列活动。

1. 千方百计落实老干部的生活待遇。总行认真落实上级有关老干部生活待遇方面的文件规定，做到按时足额发放离退休养老金和统筹外费用，离休干部医药费按规定实报实销，退休干部的医药费按比例予以报销。离休干部的特需经费，退休干部活动经费每年都按规定的标准提取，为搞好老干部开展各项活动，各分行都不同程度地给予了一定的生活补贴。对生病住院的老同志做到第一时间去看望，对生活有特殊困难的老同志及时给予生活补助，每逢行里组织大型活动都能派车接送老同志，定期组织老同志进行健康检查，对体检中发现的问题及时督促给予治疗。

2. 认真落实中央六部委下发的40号、41号文件和中组部《关于提高部分离休干部医疗待遇的通知》，及时与人力资源部及有关部门沟通，研究方案，拿出办法。截至2009年底各省、自治区分行绝大部分上报调整方案。有7家分行已审查批准执行。广大离退休老干部对中央40号、41号文件及《关于提高部分离休干部医疗待遇的通知》反响很大，很多八九十岁的老前辈、老干部深受感动，热泪盈眶，他们深切地感受到了中央40号、41号文件和《关于提高部分离休干部医疗待遇的通知》为他们解决了后顾之忧的轻松，真正地体会到了党的关怀和老有所养的幸福。

3. 根据中央《关于在中华人民共和国成立60周年之际，开展走访慰问老干部、老工人、老党员活动的通知》精神，总行领导亲自带头走访慰问，各省、自治区、直辖市分行党委以高度的政治责任感和认真负责的态度，精心组织，快速部署，狠抓落实。各省、自治区、直辖市分行一把手亲自走访慰问老干部，把党的关怀送到老干部、老工人、老党员的心坎上，深受老同志的好评。

4. 大力宣传表彰先进，极大地鼓励了广大离退休干部。以中组部表彰全国先进离退休干部党支部和离退休干部先进个人为契机，及时转发了中组部关于评“双先”的决定；根据金融系统和建设银行的实际情况制定了本行评“双先”的标准和办法。2009年上半年在全行老干部中开展了

评选“双先”活动，调研、考查、评选了上报中组部表彰的全国老干部先进个人1名。国庆节前总行党委决定对近年来在中国特色社会主义建设中表现突出的离退休干部和离退休干部党支部进行了表彰：授予刁俊然等32名离退休干部“中国建设银行离退休干部先进个人”荣誉称号，授予北京市分行离退休干部党总支第二党支部等35个离退休干部党支部“先进离退休干部党支部”荣誉称号。我行山东滕州支行离休干部刁俊然被中组部评为全国离退休干部先进个人。

通过上述表彰先进、树立榜样的评“双先”活动，极大地鼓舞了老干部、老党员焕发青春的活力，进一步加强了老干部为党的事业奋斗终身的决心。

以建国60周年、建设银行成立55周年为契机，精心组织全行老干部庆60周年书画摄影比赛。全行共有221人上报了书画摄影作品226幅，评选出金、银、铜奖共125项奖。

组织了各种文体健身活动，组织参加了总行职工运动会。

由于政治待遇、生活待遇的落实，确保了老干部队伍的稳定，全行没有发生老干部集体上访等事件。

执笔：申志峰

审稿：安全德

党校（高级研修院）培训工作

一、培训工作概述

2009年，总行党校（高级研修院）认真贯彻落实总行党委和上级党校的有关指示精神及年度培训计划，圆满完成了培训任务。全年共举办各类培训班8期，其中2期干部进修班（党校班）、2期专业人才培训班、3期专题研究班、1期总行本部入党积极分子培训班；指导两个分校各举办2期干部进修班、10期基层党组织负责人及党务工作骨干培训班，总计培训学员45 728人/天，其中干部进修班（含哈尔滨、常州分校）培训人数为34 756人/天，专题研究班培训人数为930人/天，专业人才培训班培训人数为1 358人/天，总行本部入党积极分子培训班培训人数为248人/天，基层党组织负责人及党务工作骨干培训班培训人数为8 436人/天，成为近年来办班期数较多、效果较好的一年。

二、培训工作亮点

（一）着眼于提升领导素质与能力，办好党员干部进修班

2009年，总行党校及哈尔滨、常州分校分别举办了第19、20期干部进修班，两期班共460名学员完成了教学计划，考核合格，获得了中央党校颁发的毕业证书。总行领导对两期班均作出批示，给予了充分肯定的评价，认为第19期班培训成效很大，教学组织较过去也有较大改进。

这两期班的质量与效果比较好，就党校自身教学与管理实践来看，有以下六个特点：

第一，在深入学习“三基本”的过程中，更加突出了中国特色社会主义理论体系这门主课的深入学习，尤其是把深入学习实践科学发展观摆在了突出位置。

第二，注重了研读经典原著的环节。学员们能够充分利用党校读书学习的有利条件，比较系统地、大批量地研读了革命导师的经典原著，同时还广泛地阅读了本校图书室中的大量图书，在校园里形成了爱读书、读好书、善读书的良好氛围。

第三，注重了教学的针对性和实效性。根据学员的需求与建议，着眼于提高培训质量与效果。一是在组织好录像辅导课的同时，邀请了中央党校等有关教授、专家进行面授。二是两期班先后安排了井冈山和延安干部学院现场体验式教学活动。学员们比较系统、全方位地接受了井冈山革命斗争史、延安精神的教育，在心灵上获得了一次革命传统教育的洗礼。三是第20期班特邀中央党校青年干部班组织委员和学员来校做了“从政经验分享”专题讲座，讲述自己亲身经历的一个刻骨铭心的案例（故事）及其所引发的思考。借鉴这一成功经验，总行党校学员党支部组织了一次“管理故事交流”，30位学员人人踊跃参与，大家对这种“素质+能力”的全方位、实战性培训给予了高度认同，建议党校把这一活动作为学习培训的重要环节继续坚持下去，并采取适当方式让更多人分享。

第四，突出了理论联系实际的学风建设。大家能够注重运用所学理论，特别是学习、运用马克思主义的立场、观点、方法，联系建党88周年的历史、建国60周年的历史，联系国际金融危机、当今世界的发展趋势和变化特征，结合我行业务发展和工作实际，结合“两带来”的问题，如金融创新、网络银行、绿色信贷、宏观经济政策、信息资源管理、商业银行发展战略与提升竞争力、领导力与执行力、加强与改进党的建设等问题，进行了深入思考与研讨。

第五，坚持把党性锻炼贯穿于党校教育的全过程。大家能够自觉地把在党校学习的过程，作为增强党性、加强修养、陶冶情操、提升境界的过程。

第六，产生了一批创新性较强、理论或实际应用价值较高的论文。学员全部撰写了毕业论文，其中66篇被评为优秀论文，《现代商业银行导刊》以专刊形式对优秀论文做了刊载。

第七，积极探索有建设银行特色的办学路子。一是把遵循党校办学规律与符合建设银行党员干部成长规律有机结合起来；二是把坚持党校姓党、从严治校与精细化、专业化、人性化管理有机结合起来；三是在认真执行中央党校教学计划的前提下，紧紧围绕党委的重大部署和全行的中心工作，贴近本行实际，搞好金融特色课程；四是把党校的一切教学及相关活动当成研究式、体验式、模拟式、联想式等学习实践活动；五是注意把党校办成陶冶情操、强化党性、增长见识、提升素质、交流信息、增进理解、传播文化、展示形象的平台；六是真正把提高党校员工的综合素质与服务能力作为落实“以学员为中心”理念、做好教学保障工作的基础环节，真心实意地依靠员工为学员提供“整洁、安全、方便、舒适、温馨”的服务；七是坚持勤俭办学，立足现有条件开展丰富多彩的教学与文体活动。

（二）着眼于强基固本，办好基层党组织负责人和党务工作骨干培训班

根据总行党委决策，由党校会同党委组织部负责承办的基层党组织负责人及党务工作骨干培训项目，2009年9月至12月，分别在哈尔滨分校、常州分校各成功举办了10期，来自全行系统的1 406名学员参加了为期6天的集中强化培训，收到明显成效。

第一，培训效果。学员们普遍反映，通过培训明白了党建工作的科学内涵和重要地位及作用，强化了做好基层党建工作的责任感、紧迫感、危机感；比较系统地学习了《中国共产党党章》和党建实务的基本常识及工作方法，分享了经验（案例），研究了经营管理与党建工作有效融合的基本内涵及要求，提高了履行“一岗双责”的实际工作能力；开阔了视野，探索了基层党建工作创新的新思路、新载体、新方法。

分支机构党组织普遍反映，这一培训项目，是我行自1998年党的关系实行垂直领导体制以来，第一次系统性地培训全行基层党组织负责人及党务工作骨干的重要项目，并为贯彻落实党的十七届四中全会精神和总行党委关于《2009—

2013 年中国建设银行党员教育培训工作规划》摸索了成功经验，是着眼于固本强基的战略之举、务实之举，非常符合全行基层党建工作实际，必将进一步有力促进全行基层党的建设。

中组部干部局、中央党校、中央国家机关工委党校等上级有关部门认为，在中央发出关于《2009—2013 年全国党员教育培训工作计划》之前，建设银行率先实施了这一培训项目，走在了金融系统、中央党校分校系统的前头，也体现了建设银行党委政治敏感性强、工作思路清、善于抓大事、重视打基础的特点。

第二，基本特点：一是注重需求调研。由总行党校牵头、两个分校参与的项目组坚持把深入调研贯穿于整个项目研发与实施的全过程。二是课程设置合理。其中包括《中国共产党党章》研究及党史回顾、基层党建实务、党建工作经验分享、建设银行发展战略及相关政策解读、关于建设银行企业文化建设的实践与探索、管理的实践与艺术等课程，两分校还因地制宜，分别安排了参观爱国主义教育基地的教学实践活动和拓展训练等。三是注重培训创新。运用了专题讲座、录像教学、模拟教学、互动教学、案例教学等多种培训形式，力争多介绍一些有效的、管用的好方法、好经验，多组织一些高质量的案例教学、互动交流，并尽可能利用网络、多媒体等现代化教学手段，调动了学员们主动参与学习与研究的积极性。四是教学组织严密。始终注意把握培训目标与效果导向，并贯穿到教学与日常生活的各个环节；坚持实施集体备课制度，从授课内容，到模拟教学、案例教学组织的各个环节，项目组共同研讨，集思广益；把从严治校、从严管理与精细化、人性化管理有机结合起来；重视发挥学员党支部自主管理作用及其榜样示范作用，以确保良好的教学秩序。五是学员满意度高。据两个分校组织 20 期 1 406 名学员对八大类课程的测评结果看，平均满意率高达 98.18%，最低的为 97.34%，最高的为 98.89%。

执笔：严　莹

审稿：王博之

工 会 工 作

一、围绕全行工作大局，积极开展调查研究，加强工会组织建设

2009 年，各级行工会在总、分行党委的正确领导下，加强对工会的领导和检查督促，扎实有序、稳步推进工会组织建设，使工会工作落到实处。针对机构扁平化改革的要求，各级行工会认真做好工会的组织建制改革工作，研究顺应机构改革、强化工会管理、更好地服务全行员工的改革方案，使工会工作更好地服务于全行业务发展改革的大局。

各级行党委都加强了工会领导班子和干部队伍建设，研究和落实加强工会工作，一批年纪轻、学历高、能力强、群众基础好的新同志或者经过重要业务岗位锻炼、实践经验丰富的同志到工会领导岗位，为工会带来了生机和活力。浙江、甘肃、云南、青海、广西、宁波、新疆、黑龙江、陕西、上海、安徽、福建、重庆、宁夏、西藏、三峡等 16 个一级分行召开了工会委员会，研究部署工会工作，选举或补选工会领导班子。总行组织参加了中国金融工会第三届全国委员会第一次全体会议。

积极开展调查研究工作，增强工会工作针对性。2009 年总行连续组织的三次全行性调查研

究，在全行范围内先后开展了劳动关系调研、职工之家调研、女职工调研活动。采取调研与自查相结合的方式，通过召开座谈会、查看有关资料、发放问卷等形式基本摸清了建设银行职工之家、劳动关系、女职工工作的基本情况和员工最关注的主要问题。这些全面深入的调查研究工作促进了全行职工之家建设的深入开展，提高了劳动关系调整工作的前瞻性和主动性，全面了解掌握建设银行女职工工作情况，给党委及有关部门正确决策提供了相应的理论依据，对于下一步业务发展、机构改革提供了翔实的参考数据。

认真组织先进典型的评比、宣传、培养、管理和劳模疗休养工作。为了抓好精神文明创建和企业文化建设，各级行工会评选表彰了一批全国和金融系统五一劳动奖状、奖章和工人先锋号，34个单位和个人获得“五一”表彰；评选表彰了40个总行级“学习型组织先进单位”、42个总行级“学习型组织先进班组”、46个总行级“知识型先进员工”；6人5单位获全国金融系统“职工之友”和“创争”标兵、先进荣誉称号，1单位获职工职业道德建设先进单位，评选推荐了4个金融系统优秀工会干部。

重视和关心女职工工作。各级行女职工委员会充分发挥作用，广泛组织开展适合女职工的体检、讲座、健康知识宣传教育以及各类文化体育活动，在提高女职工素质、维护女职工权益、提高女员工对疾病的预防和自我保健意识方面做了一定的积极工作。38个集体被命名为总行级女职工文明示范岗，授予39名女员工为总行级巾帼建功标兵。

二、落实维稳工作要求，积极开展特困救助，构建和谐企业环境

认真贯彻落实党中央国务院关于维稳工作的政策要求，维护企业、社会和谐稳定，切实帮助困难职工和特困协解人员解决实际生活困难，积极推进职工互助基金救助特困职工特别是特困协解人员的救助工作，加大对特困职工和协解人员救助力度。各分行党委高度重视，周密部署，提出了具体的工作方案和解决措施，切实帮助困难员工解决实际生活困难。

总行进一步强调了职工互助基金申报程序，尤其加大了对申报材料的审查力度，确保真实性和准确性，严肃操作管理。各级行工会协调行动，完成了三批特困员工和协解人员救助，救助特困员工和协解人员108人，救助金额660万元；其中在职员工25人，离退休人员6人，内退人员4人，去世员工家属2人，协解人员71人。特困救助活动的开展，在特困员工特别是特困协解人员中引起了积极反响，受到了广大员工的积极拥护和充分肯定，进一步营造了团结友爱、共建和谐的良好氛围。

元旦春节和国庆中秋期间，各级行组织开展了送温暖活动。总行组织开展了全行系统职工互助基金捐款活动，共有25万人参加了此次捐款活动。据不完全统计，各级分支机构职工互助基金共募集资金1 727万元。国庆、中秋两节期间，全行一、二级分（支）行共慰问困难员工6 848人次，慰问金额为691.35万元，其中慰问困难协解人员1 236人次，慰问金额为131.79万元。总行工会还对地震重灾区作了实地调研，了解灾区职工的工作、生活、房屋受损及心理健康等情况。

三、激发员工建功立业热情，广泛开展劳动竞赛和文体活动，丰富职工业余生活

各级行工会在研究先进管理模式基础上组织开展多种形式的劳动竞赛活动，大力调动员工积极性，开展产品创新、合理化建议等方面的竞赛，广泛开展“创建学习型组织，争做知识型员工”活动。根据中国金融工会的统一部署，总行在全行系统组织开展以“创新金融服务，支持经济发展”为主题的建功立业竞赛活动，协同有关业务部门拟定了建功立业竞赛活动总体方案，组织有关业务部门制订竞赛活动细化方案。竞赛活动将在2010年广泛开展。

各级行工会以建国60周年为主题，组织了职工田径运动会、文艺晚会、书画摄影、球类比赛、歌咏比赛、心理咨询等多种形式的文化体育活动，

凝聚了人心，鼓舞了士气，推动了建设银行职工的艺术创作热情和全民健身运动的开展，展现了建设银行健康向上、快速发展的主旋律。同时，各级行工会利用文体活动的外部交流功能，通过与高端客户、大客户开展形式多样的文体活动，沟通感情，增进友谊，加深银企之间的了解，有力地促进了全行经营业务的发展。

总行举办了第四届全行系统乒乓球赛，分5个赛区进行了预赛，经过选拔后12个代表队在总行组织了决赛。全行系统书画摄影展在网上展览的基础上组织系统内有关人员进行了评选，并印发了书画摄影作品集。总行还组织对建设银行书法、美术、摄影、戏剧和收藏各类专业人才进行了统计调查，对建设银行各类艺术创作人才进行了摸底，对于进一步组织开展员工艺术创作活动奠定了良好的基础。

四、坚持和改善职工民主管理，完善行务公开，增强职工队伍的凝聚力

各级行党委都非常重视和关心职工代表大会，充分发挥民主管理和民主监督职能，以职代会为载体，全面推行行务公开，规范公开内容，实现重大决策的公开化和透明化，坚持把改革发展的难点、职工普遍关心的热点、涉及职工切身利益的焦点作为行务公开工作的重点，坚持突出职工最关心、反映最强烈的问题，紧紧依靠职工办企业，有效地维护了职工的合法权益，密切了干群关系，促进了全行的和谐企业建设和改革发展稳定。

总行工会继续围绕全行经营管理和改革发展，创造性地履行好参与、维护、建设和教育四项基本职能，探索更加灵活、更加高效的国有控股银行职工民主管理新制度新机制。组织召开了第二次职工代表大会第二次会议（视频），郭树清董事长作了“进一步激发员工的主人翁精神，全面提升专业化精细化工作水平”的重要讲话，张建国行长宣读了表彰中国建设银行突出贡献员工的决定。二届一次职代会共收到提案155件，回复154件，回复率达到99.4%；2009年收到职工代表提案124件，已经回复65件，其余正在回复，目前回复率为64.6%。

新疆、常培、四川、陕西、青海、安徽、上海、云南、广西、黑龙江、宁波、河南、福建、贵州、西藏、天津、重庆、山东等18个一级分行召开了职工代表大会，充分体现了各级行党委对坚持和改善职工民主管理的高度重视。

各级行工会把职代会提案作为强化银行管理、推动银行发展、解决职工切身利益、保护调动职工积极性的一项重点工作抓好落实。积极做好提案征集的宣传发动工作，最大限度地反映民情、民意、民力，做到提案件件有落实，事事有回音。通过职代会，及时公开全行职工关心的热点、焦点问题，加强沟通，提高认识，强化监督。积极做好职工代表的培训工作，主动协助职工代表进行广泛深入的调查研究，提高提案的质量，重视提案的回复、跟踪和落实。

五、做好工会自身建设，切实提高工会自身履职能力

各级行工会都开展了多种形式的工会干部培训，提高工会干部队伍的整体素质。总行组织举办了工会主席香港高级研修班、工会财务管理人员培训班。辛树森副行长出席香港高级研修班开班式并对工会工作作了重要指示。

各级行工会从实际出发，遵循“服务大局、突出维护、创新发展、齐抓共管”的原则，积极探索“建家”活动的形式和内容，不断创新建家的内容、形式、标准，积极拓宽建家的领域，加大软硬件建设的投入力度，充分利用现有资源和设施，通过强化民主管理、开展劳动竞赛、丰富职工业余文化生活等一系列“建家”工作，增强了基层工会组织的凝聚力，有效地发挥了基层工会在改革、发展、稳定、服务中的作用，促进了各项业务的蓬勃发展。

根据总行整体部署，总行组织对各级工会财务管理状况的真实性和合规性进行了检查，要求各一级分行工会在2009年年底前将工会财务移交到财务计划管理部门。

回顾总结过去的一年工作，成绩是总行和各级行党委对工会工作的要求和肯定，也是对今后工会工作的鞭策和激励。要做好工会工作，我们的体会是，一是坚持和加强总行和各级行党委对工会工作的领导，突出工作重点，注重工作实效；二是必须找准工会工作的着力点，紧紧围绕全行中心工作，贴近基层，贴近实际、贴近员工、才能更好地发挥职能作用；三是工会工作必须贯彻科学发展观，坚持“以人为本”，紧紧依靠广大职工，做到“从职工中来，到职工中去”，充分发挥广大员工的聪明才智；四是工会组织必须代表职工根本利益，做好职工维权、扶贫帮困等重点和难点工作；五是工会干部要不断加强学习，勇于开拓创新，与时俱进，才能不断提高自身履职能力水平。

执笔：梅兴文

审稿：张玉英

CHINA 中国建设银行年鉴 2010
CONSTRUCTION BANK ALMANAC

第四部分　境内分行改革与发展

北京市分行

北京市分行行长王军

一、业务发展概况

2009年，北京市分行本外币总资产6 905.63亿元，较上年增加748.49亿元，增幅为12.16%；本外币存款余额6 807.09亿元，较上年增加716.94亿元，增幅为11.77%，其中人民币存款余额6 677.11亿元，较上年增加757.46亿元，增幅为12.8%；本外币贷款余额2 723.3亿元，较上年增加317.59亿元，增幅为13.2%，其中人民币贷款余额2 570.83亿元，较上年增加335.95亿元，增幅为15.03%；实现账面利润79.42亿元，居系统第三位，比上年上升了两个位次。

【公司业务】本外币对公存款余额为4 703.48亿元，较上年新增293.95亿元；本外币对公贷款余额为2 277.20亿元，较上年新增262.58亿元。发放贴现贷款442.26亿元，实现贴现利息收入3.40亿元。投资银行业务实现收入4.3亿元。年金托管规模达到20亿元。

【个人金融业务】个人存款余额突破2 000亿元，本外币个人存款时点余额为2 103.61亿元，较上年新增422.98亿元，增幅为25.2%。个人类贷款余额达446.09亿元，较上年增长55.01亿元，公积金个人住房贷款余额达295.56亿元，较上年增长123.48亿元；累计发放公积金贷款167.70亿元。公积金个人住房贷款发放额继续保持地区同业首位。个人高端客户数量达到5 944名，管理客户资产254亿元。

【中间业务】分行实现中间业务总收入25.24亿元，同比增加1.93亿元，增幅为8.27%。全分行中间业务收入创历史新高，继续保持区域市场第二名。

【国际业务】外汇全口径存款余额为190 376万美元，外汇贷款余额为223 324万美元。国际结算量首次突破400亿美元，增速排名系统第一。同比增幅为46.18%；外汇中间业务收入达到30 308万元。

【银行卡业务】信用卡新增客户17.6万户，实现中间业务净收入4.2亿元，同比增长29%。发卡总量在地区同业排名第三位，实现消费额156.85亿元，在地区同业排名第二位；累计发展特约商户14 631家，商户数量在地区同业排名第二位；MIS直联商户42家，同业排名第一位。

2009年7月22日，北京市分行与中铁联合国际集装箱有限公司举行战略合作协议签字仪式。

【电子银行业务】电子银行客户数量达594

万户，新增173万户，交易额达78 277亿元。电子银行与柜面交易量之比达到141.4%，较上年提高了56%。

【资产质量和风险控制】五级分类口径不良贷款余额62.1亿元，较上年减少18.4亿元，不良率为2.28%，较上年下降1.07%。共处置各类不良资产33.3亿元，计划完成率145.7%。

二、主要工作举措

【建立“两级经营，一级管理”的经营架构】2009年，北京市分行积极应对复杂多变的经济金融形势，紧紧围绕“推进战略规划，加快业务发展”的中心工作，完成了城区经营网点扁平化改革，增设39家直管支行，建立起“两级经营，一级管理”的经营架构；实现对74家支行的直接经营，并对城区158个零售网点实行了集中管理。对公业务转型改革打破部门界限，建立起营销、产品、管理、风险四个模块，按照行业核心客户类型组建起了跨层级营销团队。全面完成个人银行准事业部制改革。实施本部组织机构改革，设立了资产负债、公司及机构业务、个人银行业务等八大委员会，初步建立起管理清晰、运行高效的经营管理体制。全面完成财务、会计、信息、资产保全、金库及现金配送、安全保卫、后勤保障等集中管理改革。

【开展ISO 9000质量管理体系建设】在银行管理中引入质量管理的理念，对各项银行业务操作实施规范化、标准化的流程管理，完成了覆盖银行主要经营管理活动体系文件520个，上线体系文件IT管理系统，组建了一支近600人的质量管理内审员队伍，并于2009年12月11日通过英标管理体系认证（北京）有限公司的认证审核。

【对公业务重点抓好旺季营销】开展“早谋划、早储备、早发展”营销竞赛活动，以抓好旺季营销为重点，全力支持地方经济和中小企业发展，运用按月余额控制、价格调整和优先满足重点客户需求等多种调控方式对贴现业务实行总量调控和结构调整，负债规模进一步扩大。积极吸收上市资金，对公贷款全力支持地方经济发展，为北京地铁八号线、机场线、南水北调等基础设施项目投放34.2亿元；先后与20余家兄弟分行组建50多个内部银团，累计投放79亿元。推出

2009年12月11日，北京市分行与北京京煤集团有限责任公司签署战略合作协议。

了企业网银预置证书业务，将企业网银客户签约缩短到当天申请、当时签约、次日使用，流程得到极大优化；推出了短信通签约数据集中加载业务。积极推进网络银行业务发展，发放网络银行贷款1 808.2万元；办理了系统内首笔“e单通”和分行首笔“e贷通”业务。

【加大个银业务的拓展力度】个人存款以抓好旺季营销为重点，加大营销基金、国债、理财、保险等业务，实现快速增长。深化零售网点转型。强化投资理财产品销售，促进客户金融资产优化配置，实现个人金融业务快速发展。推出财富卡和私人银行卡，在全国范围内为个人高端客户搭建了一个全方位的优先优惠服务网络。推出国内第一只以艺术品收益权质押的理财产品、各类信托计划、一对多等一系列产品。推出奢侈品系列鉴赏活动、便捷出境等服务。以一手房贷款业务为发展重点，调整个人商业用房贷款、个人消费贷款的投放节奏，有保有压地开展贷款投放工作。成立5个个贷中心。率先推出市住房公积金管理中心二手房个人住房组合贷款业务，增加楼盘现场咨询、上门服务、3个工作日放款等服务措施。

【国际业务“重点突破求发展，逆境创新促增长”】紧盯北京地区进出口500强、海外工程承包225强以及国家出口信贷资金支持项目客户，深入开展“百强企业攻坚战”，开拓新兴市场和领域，壮大外汇业务客户群体，提升外汇业务发展能力。

【风险集中管理建设持续深入】审批事项集中化程度进一步提升，平行作业机制不断完善。加强管理办法、操作规程、关键风险点、评价考核四个

方面的制度建设，贷后管理系统全部上线运行。充分运用授信监测系统、CLPM 系统等风险工具，对公预警客户跟踪管理系统客户覆盖率达到 100%。信贷结构持续优化，继续强化行业限额管理，全年退出贷款 48.9 亿元，完成退出计划的 125.8%，AA 级以上客户信贷余额较上年提高 7.1%。

【不断加大成本控制力度】制定实施了 18 项压缩费用措施，合理配置财务资源。加强会计基础管理，实施“总会计”管理体制改革，管理质量和效率进一步提升；加大非现场检查力度，组织了印鉴、财会、柜面业务等多种专项检查工作，有效地控制了操作风险的发生。注重合规建设，继续加强反洗钱工作机制；认真落实内外部审计整改工作，整改率进一步提升。加强惩治和预防腐败体系建设，发挥基层机构总会计、风险主管和纪检监察特派员的监督作用，案件风险防范能力得到加强；认真开展行为排查，员工依法合规意识进一步增强。积极开展创建“平安建行”活动。成功处置“4·30”劫持人质抢劫银行案件。

【企业文化建设坚持“以人为本”的理念】强化“首都行”意识，积极开展“抓服务，讲合规，促发展”主题活动，服务文化与合规建设进一步深化。坚持举办领导干部读书班活动，党委中心组学习得到强化，各级领导干部的素质进一步提高。组织开展 1 000 余人次的职业成长情况调研，稳步推进职业生涯发展规划项目，进一步优化人才选拔机制，建立了 4 个后备人才库，为长期发展提供了充足的人才储备。完成 818 名业务岗位派遣制员工的转制工作。推进员工满意度项目，员工积极性不断提高。推行压力管理，通过优化柜面流程、实行储蓄网点轮休制等措施，减轻一线员工负担。关心离退休人员生活，城区内实现了离退休人员的集中管理。成功举办了第八届职工运动会，创建了 39 个分行级先进“职工小家”，建立了青年风采论坛机制，开展“蓝色主人翁”精神学习讨论活动，工会和团组织作用得到充分发挥。

执笔：何　冰

审稿：李　凡

天津市分行

天津市分行行长高德高

一、业务发展概况

【资产负债业务快速发展】截至 2009 年底，天津市分行各项贷款余额达到 1 263.76 亿元，较上年新增 329.19 亿元，增幅为 35.22%；对公贷款余额为 1 134.83 亿元，较上年新增 292.35 亿元，增幅达到 34.7%。全口径存款余额达到 1 700.48 亿元，较上年新增 457.36 亿元，增幅为 36.79%，较 2007 年实现翻番。其中，对公存款余额达到 914.64 亿元，当年实现新增 255.57 亿元，增幅为 38.78%；个人存款余额达到 574.31 亿元，当年新增 152.70 亿元，新增速度系统内排名和新增额地区四行排名均位列第一。

【战略性业务继续保持快速发展态势】坚持以大力发展中间业务为核心深入推进战略转型，2009 年实现中间业务收入 8.09 亿元，剔除上年承诺费因素，同比增速达到 30.44%。工程造价咨询、资金监管等传统业务领域的市场领先优势继续保持和扩大，全年共实现业务收入 1.32 亿元，较上年增长272%，在系统内名列前茅，在天津市造价行业连续三年排名第一。信用卡业务全年实现发卡量净增13.78万户，消费交易额达到41.28亿元，完成中间业务收入3 233.55万元，发展速度领先同业。电子银行业务进入高速增长的全新阶段，电子银行客户总量达到165万，电子银行与柜面交易量之比达到80.49%，各主要业务指标在系统内排名均有大幅跃升。个贷业务专业化服务水平进一步提升，全年累计发放个人住房贷款65.09亿元，实现净新增37.22亿元；发放公积金贷款169.08亿元，新增94.43亿元，市场占比提升至92.12%，均创历史最好水平。国际结算、结售汇等国际业务市场份额稳步提升，客户数量逐步增长，实现了分行制定的国际业务“弯道超车”的战略意图。

2009年9月11日，总行授信管理部对天津滨海新区进行为期两天的调研活动。

【大力进行结构调整，资产质量和经营效益稳步提高】认真执行总行关于信贷投放的“保、压、控、退”政策，大力加强信贷结构调整。贷款发放坚持优中选优，新增贷款主要投向拉动内需、改善民生的基础设施及社会公共管理等行业的优质客户。对于受经济危机影响较大的房地产、制造业、批发和零售业等行业，通过提高信贷准入门槛、实行限额管理和名单制管理等手段进行适当调整，使其贷款余额占比较上年同期均有不同幅度的下降。同时，不断加强贷款日常管理及动态监控，着力提高风险管理精细化水平；继续发挥不良资产集中经营的优势，全年处置不良资产84 665万元，推动资产质量稳步提升。截至2009年底，天津市分行不良贷款余额为15.71亿元，比年初减少3.77亿元，不良贷款率为1.24%，比年初减少0.84个百分点，持续呈现双降态势。业务快速发展和资产质量大幅提升，带动全分行财务效益与盈利能力进一步提高，全年实现拨备前考核利润32.07亿元，剔除上年非剥离债转股处置溢价收入因素，同比增幅达24.54%，再创历史最好水平。

二、主要工作举措

【认真执行国家和总行相关政策，抢抓滨海新区发展机遇】天津市分行积极贯彻落实党中央、国务院“保增长、扩内需、调结构”的政策要求，紧抓本市及滨海新区基础设施建设大力发展的有利机遇，积极谋求与政府和集团总部建立战略合作关系，提供包括信贷支持在内的组合金融支持服务方案。继续与滨海新区6家重点客户签署银企合作协议，在地区内率先树起支持经济发展的亮丽形象后，又成功地与天保控股签订提供300亿元金融支持的合作协议，为天津城投集团追加集团授信限额至1 220亿元，与开发区管委会签订帮助中小企业解决融资问题的合作协议，并为滨海建投等优质客户以及天津西站、子牙河循环经济园、南水北调等建设项目实施贷款投放或提供授信。

个人金融业务继续秉承“以客户为中心，以富裕客户为核心，不断提升营业网点市场竞争能力和价值创造能力”的工作思路，通过深化“一、二代网点转型”和网点结构优化工作，推动全分行网点市场竞争能力和价值创造能力大幅提升。

继续深入推进对公存款和账户三年营销活动，并逐步实现从注重数量到注重质量的转变，客户结构持续得到优化。

【加强整体联动，推动战略性业务快速发展】进一步加强对中间业务的整体管理和系统推动，要求各业务条线、分支行之间切实加强协调、联动，促进全分行中间业务延续了近年来快速发展的势头。工程造价咨询、资金监管等业务发展迅猛，在系统内位列前茅。同时，还为未来业务发展储备了丰富的项目资源。信用卡业务继续快速稳健发展，直销团队和各业务条线发卡工作均得到进一步加强，重点产品的推广和商户拓展工作成效明显。电子银行业务以重点产品、重点服务功能的拓展应用为突破口，形成了“条线联动、全员营销”的良好局面，推动业务发展进入高速增长的全新阶段。个贷业务通过在市区率先成立个人贷款中心、优化个贷业务流程等有效举措，专业化服务水平进一步得到提升。

天津市分行着力构建更加面向市场的国际业务营销支持体系，努力推进国际业务的职能定位从中后台管理向前台营销的转变。新成立的国际业务营销团队在深挖客户资源、加大产品推广支持力度以及配合支（分）行开展营销活动等方面发挥了积极作用。在外部环境不利的情况下，国际业务市场占比、客户数量逐步上升，中间业务收入保持了良好增长态势。

【加强产品和服务创新，为业务发展提供新的动力】1. 建立完善产品创新机制，推动全分行产品创新工作取得新成果。天津市分行成立了产品创新委员会，建立完善了产品创新流程管理办法和激励机制，推动产品创新工作力度进一步加大。独立设计、开发的“乾元五号”王朝红酒理财产品成功发行，作为满足高端客户理财收益形式多样化需求的成功尝试，在天津市场得到好评。推出了包括订单融资、动产质押、仓单质押、保理、电子商务“e路通”等在内的“供应链融资”系列产品，进一步拓宽了中小企业的融资途径。

2. 积极响应政策号召，大力开展银团贷款业务。积极响应银监会、银行业协会关于推动银团贷款发展的要求，与工商银行携手作为共同牵头行与代理行，成功为临港工业区二、三期围海造陆项目提供总额129.7亿元的银团贷款。与天津市保障住房建设投资有限公司签订银企合作协议，作为牵头行组织了总额200亿元的银团贷款，并获准优先办理个人住房贷款、项目评估咨询及监理、工程建设资金监管等业务，为天津分行各项业务发展起到重要的带动和促进作用。

3. 全面启动总行“民本通达”综合服务方案推广工作。承担了“环保益民”专项试点工作，在设施农业等方面积极开拓新的业务发展领域。同时，全面启动“医疗健民”、“教育慧民”、“社保安民”综合服务方案营销工作，确立了南开大学等22个教育行业重点目标客户和天津市人民医院等29个卫生行业重点目标客户，逐步树立起“民生工程找建设银行”的社会品牌形象。同时，积极配合总行开展与天津排放权交易所、股权交易所和贵金属交易所的业务合作，为滨海新区新兴市场业务开展奠定基础。

【狠抓内部基础管理，稳步推进各项改革】进一步加大操作风险和案件防控工作力度，有针对性地开展“把好三道防线人人有责”警示教育活动，引导员工转变角色、主动参与，克服教育与接受教育的疲劳心理。实行对公条线会计主管委派制度和零售网点柜员主管委派轮换制度，充分发挥“岗位制衡”作用，促进案件防控“关口前移”，进一步提升了操作风险事前控制水平。建立起案件防控和员工日常行为排查相结合的常态化风险排查机制，引入跨行轮岗互查等创新型检查方式，进一步有效地防范了柜面业务风险。建立基层营业机构内控等级评定机制，全面推进风险管控各项要求和措施的落实，对于在全分行形成按章操作、合规经营的良好局面起到了积极的促进作用。加快推进实施服务典型示范工程建设，促进网点软硬件服务水平得到进一步提升；企业网上银行客户申请流程优化、柜员岗位核查系统优化等流程优化项目的实施，在提高内部工作效率的同时增强了客户对分行的满意度和认同感；稳步推进营运管理体制改革，业务处理集约化水平和后台为前台服务水平不断提升。信息技术对经营管理的支撑作用进一步加强，2009年共完成易安家二手房交易平台、远程监控报警联网、对公存贷款及账户营销分析系统等16个总行推广项目和10个分行自建项目建设工作，有力地保障和促进了业务发展。加快推进档案集中存储库房建设，全面开展分行系统历史档案整理工作。

【进一步加强干部队伍和企业文化建设】加强干部队伍建设，优化了领导干部配备结构，壮大了高层次专业人才队伍；启动优秀青年员工“培养计划”，为天津市分行未来事业发展进行人才与智力储备。完善员工队伍管理机制，建立优秀劳务派遣制员工转制和个金条线用工退出机制。企业内刊《蓝本》的创办，为员工提供了一个充分交流和展现自我的平台；职工诉求表达平台的建立，为进一步倾听职工呼声，及时解决大家工作、生活中的实际问题提供了方便。

执笔：侯　杰　祁雪梅　王兴捷

审稿：文远华

河北省分行

河北省分行行长杨毓

一、业务发展概况

2009年，河北省分行获得省政府颁发的“金融贡献奖”以及人民银行石家庄中心支行、河北省环保厅、河北省银监局等联合授予的“绿色信贷先进单位”等多个奖项。全面完成了总行核定的综合经营计划和KPI指标。全口径存款余额3 520. 3亿元，比年初新增755. 09亿元；各项贷款余额1 691. 45亿元，比年初新增382. 94亿元。全年实现账面利润47. 63亿元，系统排名第九位，创历史最好水平。2009年底五级分类口径不良贷款余额为23. 79亿元，比年初减少8. 63亿元；不良贷款率为1. 41%，比年初下降1. 07个百分点。

【公司业务】人民币对公贷款余额1 382亿元，较年初新增285. 4亿元，其中人民币对公非贴现贷款余额新增262. 49亿元；有效储备固定资产贷款项目203个，较年初增加71个；本外币企业存款余额1 325亿元，比年初增长249亿元。

【机构业务】民生领域贷款余额翻番，达116亿元，负债业务贡献度不断提高，同业存款结构进一步优化。

【国际业务】表内外外汇贷款余额15亿美元，较年初新增3. 1亿美元；外汇企业存款时点余额达2. 14亿美元，较年初增加0. 43亿美元；实现外汇中间业务收入1. 84亿元，系统排名较上年提升1个位次，市场占比较年初增长7%；全年无新增不良贷款，信用证垫款继续保持为零。

【小企业业务】小企业贷款余额104. 3亿元，较年初增加31. 9亿元，其中非贴现贷款余额72. 8亿元，较年初增加31. 7亿元。当年纯新发放无一笔不良。

【个人金融业务】本外币个人存款时点新增399亿元，首次跃居同业第一，余额达到1 970. 6亿元，存款期限结构持续优化。全分行AUM 20万元以上个人客户较年初新增73 417户。一代转型基本实现对零售网点的全覆盖；二代转型在200家理财中心推广完毕，占全分行网点总量的30%。渠道建设取得明显成效。

【住房金融业务】个人贷款余额达到299. 4亿元，比年初新增93. 6亿元，增速达45. 5%，创下历史同期最高新增额和最高增速。房地产开发贷款余额71. 40亿元，比年初新增27. 48亿元；房地产开发贷款不良额1 594. 5万元，比年初减少3 386. 72万元，不良率0. 22%，比年初下降了0. 91个百分点。

2009年5月20日，中国建设银行与新奥集团在河北省廊坊市签署战略合作协议。

【信用卡业务】信用卡业务净新增客户17.3万户，消费交易额84.15亿元，完成全年计划的150%，同比增长110%；账户活动率62.05%，超全分行平均水平7.3个百分点，系统内重点分行排名第一；不良率1.59%，低于全分行平均水平0.25个百分点；新增商户854户，完成全年计划的122%。

【电子银行业务】累计实现收入6 659.25万元，计划完成率124.94%；累计新增个人网上银行签约客户及手机银行活动客户43.07万户，全年计划完成率153.82%；新增高级版企业网上银行客户6 316户，计划完成率242.92%；2009年12月底电子银行与柜面交易之比达到54.7%，超过计划10.7个百分点。

【中间业务】2009年实现中间业务净收入20.99亿元，比上年增长27.83%，系统排名第八位。

【资产质量与风险控制】资产质量稳步提升，2009年共处置不良资产12.50亿元，实现现金回收9.32亿元，核销呆账资产2.10亿元。风险防控水平进一步提高，全年未发生重大案件和责任事故。

二、主要工作举措

【把握机遇抓营销，资产业务稳健发展】一是紧紧抓住省内大批建设项目启动和大型优质企业重组的契机，加大对铁路、钢铁、高速公路、电力等战略性客户的营销支持力度，以行业知名度高、综合贡献度高的中型客户和民营企业为突破点，成功营销了多个优质项目。同时，加大优质项目储备，为资产业务的可持续发展奠定了坚实基础。二是抓住政策机遇，推动“民本通达”，促进了教育、卫生、环保等民生领域贷款规模较快增长。三是加大对小企业的金融扶持力度，在提高定价能力的同时进行深度挖掘，确保了小企业业务的高质量发展及品牌优势的初步确立。四是通过科学营销、合理调控，实现个贷业务快速发展。

【突出重点抓基础，负债业务快速增长】紧抓存款基础地位不放松，通过清街扫巷、加强联动、提升服务等方式大力拓展个人高端客户，通过持续扩大客户群体、优化对公客户结构等措施确保对公存款稳增快增，通过推广“财政为民”、“军警卫民”等服务品牌促进机构客户资金体内循环，通过抢抓招商引资和境外投资项目存款有力地拉动了外汇存款的稳步回升。

【超前谋划抓重点，中间业务再创新高】一是积极调整优化业务结构，着力拓展银行卡等重点产品，从战略高度抓好代理基金、代理保险、黄金业务，巩固了系统领先位次；二是积极发展国内保理等优势产品，重点在造价咨询、人民币结算等短板产品上下工夫，努力拓展短期融资券、财务顾问、理财产品等投行业务，2009年实现投行业务收入5.69亿元；三是在持续提高电子银行直接业务创收能力的同时，强化销售渠道作用，努力挖掘电子银行高附加值的潜在效益；四是持续加大信用卡高盈利重点产品的营销力度；五是通过抓好“进口信用证+海外代付+远期售汇”等产品组合，延伸国际业务产品服务链条，增强中间业务收入创造能力。

2009年3月5日，由中国建设银行总行发起，河北省分行主办的中国建设银行创新融资方式产品讲座暨财务顾问签约仪式在邯郸市举行。

【强化结构调整和贷后管理，资产质量稳步提升】一是严格执行风险限额管理的有关规定，动态调整退出名单客户和压缩额度，对结构调整执行情况建立定期监测通报制度，进一步加大了问题客户退出力度；二是进一步完善了信贷退出激励约束机制，客户结构不断优化；三是进一步建立健全贷后管理体系，将贷后检查、风险分类、系统监控和贷后跟踪管理例会有机结合，有力地提高了发现问题的能力和贷后管理的水平；四是通过与二级分行签订资产质量目标责任书，并与绩效挂钩，推动了存量不良贷款收回和盘活工作的顺利开展，促进了资产质量的稳步提升。

【推进转型和体制机制建设，改革创新持续深化】一是进一步加大对检查发现问题的整改力度，固化一代转型成果；全面加快二代转型的推广，为200家理财中心全部配齐了专职客户经理，进一步加大了对高端客户的营销维护力度。二是全面总结对公业务转型推进中出现的新情况、新问题，以推行公、私业务分离为突破口，进一步理顺利益分配关系，大幅提升了对公业务的服务能力和专业专注水平。三是稳步推进深化前后台分离项目试点工作，为网点转型和业务发展提供了有力支持。四是继续推行和完善县域支行标杆管理，着手探索研究对城区支行实行标杆管理。五是推进实施产品经理制，持续加大新产品研发和推广力度，并购贷款、融资租赁、供应链融资等重点产品拓展取得了良好成效。

【不断完善内部控制机制，风险防控水平持续提高】一是认真贯彻落实建设银行总行“案件防控和整改方案”，组织开展了全省建设银行“整治屡查屡犯，防范案件风险”专项活动，重点对有章不循、违章操作、屡查屡犯行为进行了整治，从源头上消除了内部案件风险隐患。二是充分发挥会计检查督导中心作用，完善优化问题库管理系统，开展会计操作风险控制评价，加大了对会计主管的管理力度，切实提高了会计部位风险防范能力。三是组织开展涉及柜面业务、会计基础等的系列检查，进一步强化了有关规章制度的落实。四是通过改变稽核作业模式，增加操作风险“机控”范围等措施，进一步完善了操作风险控制体系。五是完善信息系统应急保障体系，有效地提升了IT规范化水平和风险防控能力。六是深入推进“平安”创建活动，确保了安全稳定的运营局面。

【进一步加强班子队伍建设，和谐发展氛围日渐浓厚】一是按照中央和建设银行总行党委统一部署和要求，认真组织开展深入学习实践科学发展观活动，在“以客户为中心”服务理念强化，以人为本的管理理念深化，各项体制机制建设，工作执行力提升等方面取得了显著成效。二是各级领导班子加强理论学习，深入基层调研，不断强化思想建设、组织建设、作风建设，战斗力、执行力和凝聚力进一步提高。三是按照德才兼备的原则，加强了对年轻干部的培养和选拔，各级领导班子结构明显优化。四是加强党风廉政建设，倡导廉洁文化，强化日常监督，各级领导干部遵纪守法和廉洁自律的自觉性不断提高。进一步规范了岗位职务管理，拓展了员工晋升空间。五是完成了主营业务岗位优秀劳务派遣制员工转制和原短期工纳入内部职工等体系工作，极大地调动了员工积极性。六是对员工的教育培训力度进一步加大，有效地提高了员工履岗适岗能力。七是认真落实离退休人员的“两个待遇”，切实做到“政治上尊重、生活上关心、文体上活跃、情感上抚慰”。八是对经济困难员工的持续救助力度进一步加大。

执笔：史庆辉

审稿：王　斌

山西省分行

山西省分行行长马卓

一、业务发展概况

2009年，山西省分行主要业务市场份额持续提升，多项业务取得突破性进展，经营业绩取得历史最好成绩，整体发展呈现持续、快速态势。

【经营效益】实现考核利润18.2亿元，同比增加2.5亿元，完成计划的102.16%；实现经济增加值8.6亿元，同比增加2.5亿元，完成计划的100.44%。账面利润居同业四行第二。

【资产质量】不良贷款额由2009年初的23.3亿元下降到14.72亿元，净下降8.59亿元，完成计划的512%；不良贷款率由年初的3.76%下降到1.91%，全年下降1.85个百分点，完成计划的259%。资产质量取得历史性突破。

【负债业务】全口径存款新增331亿元，完成计划的130%。全口径存款余额四行占比20.91%，较2008年提高0.99个百分点；新增占比26.59%，较2008年提高6个百分点。其中，一般性存款余额占比20.99%，较2008年提高0.78个百分点；新增占比25.78%，同比提高4.35个百分点。

【资产业务】各项贷款新增150亿元，同比多增82亿元，创历年来最高水平。其中，对公类贷款新增146亿元，同比多增77.6亿元；个人类贷款新增4.6亿元，同比多增4.7亿元。同业四行余额占比24.79%，新增占比21.79%，均居第二位。

【中间业务】中间业务收入6.27亿元，同比增加0.51亿元，完成总行计划的102%，四行占比25.06%，继续保持四行排名第二。

【房金业务】累计发放个人贷款15.1亿元，较2008年新增4.68亿元，新增四行占比第二。委托性住房金融市场领先优势进一步提升，住房存款较2008年新增27.3亿元，系统内排名第一；公积金个贷新增5.4亿元；存贷款余额、新增均居同业第一。

【国际业务】完成国际结算量17.9亿美元，完成计划的116%；同业占比提高7个百分点，同业四行中唯一保持正增长。实现国际结算收入2 870万元，同比增长78%，完成计划的123%。国际业务在逆市中实现稳步发展。

2009年12月26日，山西省分行副行长斛文锋出席晋煤集团财务有限公司揭牌仪式。

【机构业务】代理保险业务实现收入3 887万元，四行占比24%，同业位次从第四上升到第二；百易安交易资金托管业务实现收入1 105万元，突破千万元大关；“鑫存管”业务客户新增创历史最高水平，新增签约客户4.16万户，实现收入 398 万元。

【其他业务】电子银行客户新增 102 万户，同比增长 82%，创历史最好水平；企业、个人网上银行活跃客户新增分别完成任务的 135% 和 200%。投行业务财务顾问实现收入 8 238 万元，增幅为 45.8%。发行信托理财业务产品 15 笔 33 亿元，实现收入 2 774 万元，增幅为 179%，列标杆组第一。企业年金签约户数由上年的 2 户增加至 2009 年的 79 户，成功中标太原铁路局企业年金账户管理人和托管人。信用卡业务累计发卡 24.8 万张，同业排名第二；新增发卡 7.66 万张，同业排名第二；信用卡贷款新增贷款 1.03 亿元，同比增长 65.75%。

二、主要工作举措

【明确三年奋斗目标，引领全分行奋力拼搏】结合国家“保增长、扩内需”和山西省煤炭整合与加大基础设施建设的机遇，结合全分行员工渴望加快发展的迫切愿望，山西省分行明确提出存款、贷款、中间业务等主要业务指标以 2007 年年底为基数，三年实现翻番；同时确保实现不良贷款额、不良贷款率持续、逐年下降，力争“三年再造一个山西省分行”的奋斗目标。这一目标的确定，更进一步引导全分行解放思想，转变观念，强化责任意识和危机意识，树立积极发展思路，有效地推进全分行各项业务加快发展。2009 年，山西省分行多项主要业务指标达到或超过了“两提双降一持平”的工作目标，创造了快速发展的历史新高。

【抢抓市场发展机遇，加大营销工作力度，资产业务有效突破】提高营销层次，针对重点营销。与太原科技大学、山西省水利厅、吕梁市政府、晋城市政府等单位签署合作协议，开展业务座谈，树立形象、扩大影响，促进业务拓展。确立 145 个重点营销拓展项目，由行领导带队组成任务型团队分项目赴二级行加强督导与帮促，收效明显。充分利用信贷资源，向优质客户倾斜。成功营销并审批通过西山晋兴煤矿等 12 个省重点建设项目和以山西省水务投资公司为主的 4 个省重点水利项目；独家承办大秦铁路 35 亿元贷款业务，成功投放山西省交通厅 15 亿元贷款。在铁路项目方面，成功营销太原铁路局 11 万户职工企业年金业务；圆满完成中南部铁路通道和大西客运专线账户开立和项目评估等前期工作。在煤炭资源整合方面，向五大煤业集团新增投放贷款 43.8 亿元，为华润联盛、中煤金海洋、汾西瑞泰等新成立整合主体企业投放贷款 6.5 亿元，成功营销 17 户新成立主体企业开立基本结算账户。2009 年，山西省分行投向煤炭、交通、电力、钢铁、焦化、化工等六大行业贷款新增 135 亿元，占全部新增贷款的 90%，余额达到 552 亿元，占各项贷款余额的 72%。

2009 年 4 月 20 日，山西省分行与太原铁路局铁路龙卡签约仪式。

【发挥典型引领作用，加强客户基础培育，负债业务持续发展】个人存款方面，以零售网点转型的可持续性发展和创建全省红梅理财示范点为着力点，所有二级行以红梅理财中心为标杆进行选点，复制、推广“红梅理财中心”服务模式，在客户经理队伍建设和服务流程优化方面渗透、融铸红梅理财中心服务理念和精神，并以此推进全分行网点转型提质，促进网点综合实力整体提升，实现了个人存款持续快速增长。企业存款方面，针对客户基础薄弱的现状，开展以“抓源头、促发展”为主题的规模以上基本结算账户营销活动，一举扭转下滑局面，2009 年新增存款 50 万元及以上对公结算账户 3 470 户，完成计划的 106%，全面带动了企业存款的发展。同业存款方面，紧抓大型煤炭集团财务管理改革机遇，成功营销晋煤、阳煤、山西焦煤财务公司等大型煤炭集团，财务公司存款新增 30 亿元。同业存款余额四行占比 19.63%，较 2008 年提高 5.5 个百分点；新增占比 33.25%，较 2008 年提高 21.86 个百分点，由第四位上升至第二位。

【明确业务发展重点，有效拓展重点产品，中间业务稳步发展】个金条线积极开展以“一金九鼎，价值永恒”和“建设银行龙鼎金——大优惠迎国庆”为主题的专项营销活动，努力提高业务交易规模和市场占比。实现个人中间业务收入2.24亿元。对公条线中间业务收入3.66亿元，同比增加8 347万元，完成全年计划的103%，占到全分行中间业务收入的64.39%，同比提高10.13个百分点。国内保理业务开办行由2008年的1家增加到5家；国内信用证和银团贷款业务实现零的突破。

2009年12月29日，山西省分行与山西省水利厅等单位“政银合作协议”、“战略合作协议”签字仪式。

【转变业务运营机制，加大不良处置力度，资产质量实现突破】转变经营模式，全面推进资产保全集中经营改革。将500万元以上不良贷款、全部抵债资产、债转股资产以及太原城区公司类不良贷款全部集中经营，组建不良资产处置项目团队。省分行集中经营的不良资产达40亿元，集中经营比率达89%，有效促进不良贷款重点户、重大项目的处置。全年共处置1 000万元以上公司类不良贷款本金7.5亿元，占全部公司类不良贷款处置的89.06%。十大不良贷款余额比年初降低3.68亿元，十大关注类贷款余额比年初降低6.87亿元。成功处置余额最大的“东大”假个贷项目，个贷不良额由年初的3.46亿元下降至1.16亿元，减少了2.3亿元；不良率由年初的10.2%下降至3.01%，下降了7.18个百分点，“假个贷”处置基本清零。着力提升资产质量控制能力，加大考核激励力度，细化风险防控措施，有效遏制新暴露不良贷款。全年新暴露不良贷款1.7亿元，同比减少3.26亿元。2009年是建设银行股改上市以来，山西省分行不良贷款额和不良贷款率下降幅度最大的一年，也是历史上资产质量最好的一年。

【加强各项基础建设工作，全面夯实改革发展基础】加强竞争能力研究，提升核心竞争能力。以现有产品、价格和服务、业务流程、工作效率、激励约束等为重点，开展以“发现问题，分析问题，解决问题”为主要内容的竞争力研究。加强管理，完善激励，促进业务发展。通过建立太原地区对公对私两个业务条线的调度会制度、二级分支行主要业务经营情况按月发布上网、二级分支行绩效发放与业务指标完成进度挂钩等多项有效措施，进一步加强沟通，加大激励，为业务发展创造有利环境。严查细防、加强整改，夯实发展基础。从违规高发部位抓起，严格按照总行确定的监控检查范围和频率，组织开展基层机构内控管理合规建设系列活动，对基层机构和营业网点的检查覆盖面达到100%。从案件多发领域入手，积极配合总行巡视组工作，主动邀请山西省审计厅介入对信贷领域、柜面操作等关键岗位和环节的风险排查与审计，发现并及时采取措施查处相关风险事件。根据案件防控工作需要，制定《日常柜面业务操作禁止性规定》和《存款风险滚动式检查制度》等多项制度，提出25项禁止性要求，全面排查风险隐患和案件线索，完善内部控制体系建设。弘扬先进企业文化理念，营造向上进取氛围。结合阳泉分行组织机构改革试点工作和企业文化建设的成功案例，积极宣扬各类先进典型，向全辖推广、传播，突出抓好服务文化和合规文化建设，强化对建设银行事业价值理念的认知认同，并逐步渗透、融入到业务发展中去。高度重视信访工作，维护稳定发展大局。组织召开全分行首次信访工作会议，继续坚持实行领导包点包人措施，制订突发事件应急管理实施方案，顺利化解各类上访事件8起，平息和解决各类问题33件，实现了国庆60周年等大型政治活动期间的安全稳定。

执笔：赵建伟

审稿：宋海林

2009年9月27日，北京市分行举办“爱祖国、爱建行”迎国庆60周年诗歌朗诵汇报演出。

2009年11月19日，北京市分行以首席合作单位的形式，参与举办“北京米开朗基利国际钢琴音乐节”，并藉此开展客户答谢活动。钢琴艺术大师恩丽卡·切卡莱丽为建设银行客户签名留念。

2009年12月12日，北京市分行合唱团参加“2009百年爱心慈善演出”活动。

2009年2月18日，天津市分行与天津保税区投资控股有限公司（简称天保控股）银企合作协议签字仪式在保税区举行。

2009年1月18日，河北省分行廊坊三河支行召开个人高端客户联谊会。

2009年5月27日，河北省分行本部隆重举行“远离风险，合规操作”万名员工签名仪式，以进一步加强该行风险文化、合规文化、服务文化建设。图为该行员工在踊跃签名。

2009年4月24日，山西省分行开展“金融下乡”活动。

2009年7月2日，山西省分行举办“建设未来成长计划”座谈会。

2009年6月5日，在“送培训到基层”活动中，内蒙古自治区分行领导亲自给基层员工讲课。

2009年9月8日，内蒙古自治区分行离退休人员举行“老年节”活动。

2009年9月9日，辽宁省分行工会委员会主办了“庆祝新中国成立60周年、建设银行成立55周年书画摄影作品展”，向伟大祖国和建设银行的光辉华诞献上一份贺礼活动。图为行领导和职工在欣赏书画摄影作品。

2009年12月25日，辽宁省分行与中国医科大学附属第一医院银医合作启动仪式在友谊宾馆召开。图为“中国医大一院健康龙卡”揭幕仪式。

2009年9月29日，大连市分行庆祝新中国成立60周年暨建设银行成立55周年“辉煌”大型歌咏演唱会在大连人民文化俱乐部举行。

2009年12月12日，大连市分行第四届“建行杯”公司、机构、VIP客户羽毛球赛在大连市第六中学体育馆落下帷幕。

2009年6月25日，吉林省分行“创业杯”电子银行业务技能竞赛决赛。

2009年12月10日，吉林省分行与万达电影院联合举行电影卡——万达龙卡联名卡首发仪式。

2009年4月28日，黑龙江省分行与中国人民武装武警部队在哈尔滨举行建设银行武警公务卡揭幕启动仪式。

2009年6月16日，黑龙江省分行与俄罗斯钻石贸易银行在“哈洽会”上举行美元结算账户合作协议签字仪式。

2009年1月20日，上海市分行举办新春联欢会。

2009年8月3日，上海市分行举办网络银行业务合作协议签约仪式。

2009年9月13日，江苏省分行在南京文化艺术中心举行庆祝新中国成立60周年职工文艺晚会。

2009年6月5日，由苏州分行组办的“我的生活，我的路”中国建设银行钻石·白金信用卡高尔夫联谊赛2009年度首场比赛在苏州太湖高尔夫球场成功举办。本次比赛吸引了近120名苏州当地社会知名人士和各界精英，创下了有史以来参赛人数最多的纪录。

2009年9月20日，苏州分行隆重举行“歌唱祖国，爱我建行”庆祝新中国成立60周年文艺汇演活动。

2009年12月4日，安徽省分行推出的皖江城市带承接产业转移投资基金2009年揭牌仪式在合肥举行。该基金由建设银行所属的建银国际、马鞍山市政府和徽商基金等共同出资成立。

2009年1月，江西省分行与江西经济管理干部学院签订银校合作协议。

江西省分行2009年在南昌举办迎国庆60周年暨行庆55周年红歌会。

2009年1月19日，福建省分行行长陈轼一行走访福建省武警总队。

2009年11月17日 “善者建行　智者远航”——中国建设银行福建省分行“财智伴您行”资本论坛签约仪式。

2009年8月21日，厦门市分行举办小企业经营中心升格为小企业信贷部挂牌仪式。

2009年12月6日，厦门市分行举行了建设银行爱乐俱乐部成立庆典暨建设银行“爱乐之旅”音乐季首演。

2009年9月15日，山东省分行举办“诗意青春　和谐建行”青年员工诗歌朗诵大赛。

2009年12月8日，山东省分行与兖矿集团有限公司全面合作签约仪式在山东大厦隆重举行。

2009年2月14日，青岛市分行副行长郭中华带队，会计部、个人金融部、信用卡中心、电子银行部等部门领导和相关业务骨干在台东步行街进行人民币反假宣传。

2009年3月6日，为庆祝“三八”妇女节，青岛市分行举办了庆祝“三八”妇女节表彰会暨女员工厨艺大赛。

2009年5月4日，青岛市分行参加由中央金融团工委和青岛团市委主办，青岛市银监局团委承办的全市银行业“纪念‘五四’运动90周年合唱汇演”活动，活动在青岛市“五四”广场隆重举行。

2009年3月3日，为庆祝“三八”国际劳动妇女节，河南省分行工会举办了首届“巾帼杯”乒乓球团体赛。

2009年7月13日，河南省分行举行《员工手册》知识竞赛活动。

2009年6月30日下午，湖北省分行举办分行本部2009年“庆七一·迎国庆”歌咏比赛暨表彰大会。

2009年7月2日，由湖北省分行牵头的武汉万达新华西路万达广场项目银企合作及银团贷款协议签约仪式在武汉市建银大厦五楼多功能厅举行。

2009年4月30日，湖北省分行长江支行与力行街社区联合在支行门前开展了“婚育新风进万家　建行理财伴随她”宣传营销活动。

2009年10月17日，三峡分行在夷陵广场开展了反假币宣传活动，副行长罗泽民在现场为市民讲解识别假币相关知识。

2009年4月11日，总行董事刘向辉、王淑敏及董事会办公室、风险管理部、授信管理部、公司业务部相关人员一行到广东省分行、汕头市分行就信贷风险政策执行情况进行调研。

2009年4月14日，深圳市分行召开了深化前后台业务分离项目工作汇报会。

2009年11月14日，深圳市分行举行职工趣味运动会。

2009年5月13日，广西壮族自治区分行与广西区机电设备有限责任公司签署全面合作协议。

2009年9月12日，广西壮族自治区分行在参加广西银行业金融机构庆祝国庆六十周年歌咏比赛中获一等奖。

2009年6月24日，重庆市分行举办了一场别开生面的国画艺术鉴赏交流会，特邀四川美术学院、坦克库·重庆当代艺术中心学术专家刘媛为个人高端客户介绍了数十幅名家名作，就国画作品的收藏价值和鉴别知识作了重点介绍，引起客户极大的兴趣。

2009年6月26日，总行机构部、公关部联合组织的中央级媒体建行“民本通达”采访座谈会在重庆市召开，新华社、《金融时报》、《经济日报》、《21世纪经济报道》的4名中央级媒体记者及《重庆日报》、《重庆晨报》等当地媒体记者应邀出席了座谈会。

2009年10月23日至25日，2009年重庆第二届金融博览会在南坪国际会展中心隆重举行。重庆市副市长黄奇帆在开幕式上，转动船式造型的“善建者行号”主席台的船舵，宣布金博会正式开始。

2009年9月8日，贵州省分行参加“2009中国·贵阳避暑季”贵阳房地产交易展示会，积极推介建设银行各类特色产品及“一站式”服务等品牌服务。

2009年9月12日，贵州省分行举办庆祝新中国成立60周年文艺汇演。

2009年1月6日，云南省分行与龙润茶业集团、国投信托公司联合推出全球首款普洱茶信托理财产品。

2009年12月19日，云南省潞西市勐戛镇建行举行勐戛镇建行希望学校落成揭牌仪式。

2009年4月7日，建设银行与陕西省人民政府在西安市举行战略合作备忘录签约仪式。

2009年7月3日，青海省分行组织新行员开展户外拓展训练。

2009年7月21日，第八届环青海湖国际公路自行车赛“建设银行”赛段颁奖仪式上，青海省分行行长郭继庄为获奖选手颁奖。

2009年2月25日，宁夏回族自治区分行组织员工向当地群众宣传建设银行新业务。

2009年3月15日，宁夏回族自治区分行信用卡中心、银川凤凰南街支行、员工王文华和那文波均获“宁夏消费者满意服务明星团队、企业、明星”称号。

2009年12月11日，总行领导一行在新疆阿克苏分行调研。

哈尔滨培训中心一贯坚持业务培训和拓展训练相结合，努力提高学员综合素质。图为2009年7月8日的拓展训练课。

哈尔滨培训中心坚持以业务为导向，努力提高培训质量。2010年全年累计办班350个，培训学员23 606人，实现年培训工作量174 624人天。图为2009年5月11日开学的对公业务专题研究班开学典礼。

2009年5月25日，常州培训中心举办了总行个人存款与投资部组织的代理保险业务培训班开班仪式。

2009年5月5日至7日，在常州培训中心总行举办网点建设管理培训班，培训内容主要为与美国银行专家进行经验交流。

内蒙古自治区分行

内蒙古自治区分行行长黄先俊

一、业务发展概况

2009年，内蒙古自治区分行各项工作扎实推进，各项业务蓬勃发展，经营效益大幅提升，资产超千亿元、存款超千亿元、贷款超千亿元的“三个超千亿元”目标全部实现，经营管理取得了优异的业绩。

【资产负债业务】截至2009年底，资产总额达1 280.18亿元，比年初增加358.8亿元，增长38.94%；负债总额1 276.59亿元，比年初增加354.3亿元，增长38.42%。

【存款业务】截至2009年底，全口径存款余额达1 253.25亿元，比年初新增353.62亿元，增长39.31%。其中，企业存款余额669.26亿元，比年初新增216.45亿元，增长47.8%；个人存款余额529.14亿元，比年初新增123.54亿元，增长30.55%；同业存款余额54.48亿元，比年初新增13.62亿元，增长33.32%。

在地区同业四行中，建设银行全口径存款余额占比25.32%，比上年底提高了1.35个百分点；新增额占比29.59%，位居第一。其中，企业存款和个人存款余额占比分别为28.92%和21.89%，比年初分别提高了1.19个百分点和1.65个百分点；新增占比分别为31.78%和29.83%，均位居第一；同业存款余额占比27.23%，位居第二。

【贷款业务】截至2009年底，各类贷款余额达1 005.58亿元，比年初新增242.32亿元，增长31.75%。在地区同业四行中，贷款余额占比29.84%，继续保持第一，是自治区内唯一贷款超过千亿元的银行。

【信贷资产质量和风险控制】截至2009年底，不良贷款余额4.59亿元，较年初减少3.87亿元，不良贷款率0.46%，较年初下降0.65个百分点，比总行控制计划低0.65个百分点。

全年共处置不良贷款本金8.75亿元，完成总行计划的333.22%；处置不良贷款利息1.17亿元。实现不良资产现金回收7.13亿元，完成总行计划的646.72%。实现不良资产超值现金回收2.4亿元，完成总行计划的1 842.69%。

2009年初，内蒙古自治区分行与内蒙古农业大学在呼和浩特市签订全面业务合作协议。

【战略性业务】人民币对公结算账户新增5 398户，完成总行计划的283.21%；个人结算账户新增1 097 230户，完成总行计划的132.2%。高校及医院基本结算户新增4户，完成总行计划的133%。个人存款日均新增132.66亿元，完成总行计划的173.48%。AUM 20万元以上个人高端客户金融资产总量达到325亿元，较年初增长123亿元，占全部客户金融资产总量的53.9%，较年初提高了10.2个百分点。

个人网银活跃客户新增17万户，完成总行计划的125.91%；企业网银高级客户新增853户，完成总行计划的106.63%。电子银行交易量达2 256万笔，较上年增加968万笔，增幅为75.15%。

个人贷款新增36.14亿元，增长67.8%，完成总行计划的101.79%。委托性住房资金归集余额178.46亿元，新增45.24亿元，增长33.96%，完成总行计划的180.96%；新增额市场占比78%，余额市场占比76.93%。

2009年9月28日，内蒙古自治区分行与内蒙古自治区人民政府金融工作办公室在呼和浩特市签订《促进中小企业融资金融合作框架协议》。

信用卡客户净新增98 222户（含重点产品折算数），完成总行计划的109%，发卡存量达29.5万户。信用卡消费额43.6亿元，完成总行计划的174%，是上年的2.65倍，系统内排名第14位；账户活动率为57.68%，高于总行计划8.68个百分点，同比提升6.21个百分点。新增商户1 100户，存量商户数达2 606户，完成总行计划的275%。累计实现商户收单额111亿元，完成总行计划的111%，增长81%；新增分期商户15户；信用卡分期交易额1.56亿元，完成总行计划的130%。

中间业务收入。2009年实现中间业务净收入7.77亿元，同比增加2.31亿元，同比增速达42.33%，完成总行核定计划5.97亿元的130%。中间业务净收入占主营业务净收入比重为15.35%（总行口径），同比提升2.03个百分点。

【客户拓展】截至2009年底，全分行个人客户总数达到360.8万户，实际增加12.1万户。对公信贷客户391户，较年初增加60户；个人贷款客户74 254户，较年初增加15 344户。

电子银行客户达到131.05万户，较年初新增69.92万户，增长114.38%。其中网银盾客户净增15.3万户；短信客户净增36万户，是上年新增的6倍；网上商户新增50户。

【经营效益】2009年实现税前利润28.35亿元，完成总行计划的115.27%，同比增加8.53亿元，同比增长43.05%。实现账面利润27.82亿元，同比增加10.05亿元，同比增长56.52%；在系统内排名第15位，同比前移5个位次。实现拨备前利润31.85亿元，同比增加7.8亿元，同比增长32.43%，完成总行计划的110.26%；在地区同业四行中占比31.16%，排名第一。

2009年实现经济增加值14.32亿元，同比增加6亿元。经济资本回报率27.54%，比总行计划高3.03个百分点。成本收入比为36.21%，比总行控制计划低1.2个百分点。全口径存款付息率1.18%，同比降低0.54个百分点。净利息收益率3.66%，比总行计划高0.2个百分点。

二、主要工作举措

【紧抓机遇，积极审慎，贷款投放稳健理性】2009年，在信贷投放上做到“六个结合”：一是与投资拉动经济增长相结合，二是与消费拉动经济增长相结合，三是与增加就业、增加居民收入和改善民生相结合，四是与自治区优势产业相结合，五是与改善自治区发展的瓶颈相结合，六是与自治区产业结构调整相结合。2009年累计新发放贷款498.92亿元，当年纯新发放贷款492.92亿元。

【继续坚持存款立行，狠抓存款不放松，持续推进存款稳步增长】一是深入开展了旺季营销、夏季营销、产品销售扫零、达标越级、秋季增存等主题活动，做到了“时时有主题，月月无淡季”。二是开展了以“深化管理、精细经营、赢得客户”为主题，以“了解你的网点、了解你的产品、了解你的客户、了解你的流程”为主要措施的系列项目活动。三是把客户和结算账户拓展作为存款工作的重心，将客户增长和结算账户增长纳入二级分行 KPI 考核指标中，努力提升账户的活跃程度和客户的贡献度。四是加大了“民本通达”品牌业务推广力度。全区有 10 所全日制本科高校在建设银行开立基本结算账户，与内蒙古农业大学成功合作建设并启动了“校园一卡通”项目。1 家三级甲等医院与建设银行进行了全方位的合作。社保类客户开户新增 21 户，环保类客户新增 12 户。五是构建完善多维度考评激励体系，对重点网点进行专项激励，制定了《内蒙古区分行重点网点管理考核办法》。开展了“4 + 20”样板网点打造工程，持续巩固网点转型成果。六是加大了服务渠道建设，强化了联动营销。

【进一步完善激励约束机制，有效调动员工工作积极性】一是建立了以岗位为基础，全分行统一的薪酬分配机制。按照总行新的工资分配制度，完善了分配机制，明确了各层级、各条线的薪酬分配关系，理顺了产品买单与任务买单的激励与分配方式。重新规划了员工工资结构，并对薪点工资实行差别化管理，兼顾了保障与激励，提高了员工的收入预期。二是在高度重视物质激励的同时，改进了激励方式，拓展了激励手段。制定了《内蒙古区分行优秀员工激励暂行办法》《内蒙古区分行奖励工作管理暂行办法》《优秀基层机构主要负责人实施特别奖励的意见（试行)》。积极发挥目标激励、工作激励、荣誉激励、情感激励等精神激励的作用。

【加强全面成本管理，不断细化财务管理措施，进一步提高了财务资源配置效力】一是加强了成本管理的宣讲，增强了全员成本管理意识，营造了“人人节约、处处增效”的氛围；二是建立健全全面成本管理组织体系，形成成本管理整体联动机制。区分行调整充实了全面成本管理委员会，二级行成立了全面成本管理领导小组，在营业机构设了兼职成本管理员；三是强化成本责任主体，明确成本开支责任，落实了问责制；四是严格落实成本核算与分摊制度，提高成本信息的准确性和可用性；五是改进成本管理方法，加强成本定额和标准体系的建设，提高了预算执行的严肃性；六是推进主动负债管理，优化业务结构；七是加强信贷成本管理，及时进行风险预警和控制，降低风险成本；八是强化了业务管理费管控措施，制定了《内蒙古区分行业务管理费管控目标及措施指导意见》和《区分行本级2009 年成本控制措施》。

【强化基础管理和内部控制，不断提高案件防控能力】一是把2009 年确定为“强化基础管理年”，在全辖开展了以“强化基础管理，抓服务、讲合规、促发展”为主题的系列活动；二是规范了基础工作，制定了《内蒙古区分行工作规则》等基础管理制度；三是强化了问题整改工作，制定了《内蒙古区分行内外部审计和监管检查发现问题整改工作实施细则（试行)》和《内蒙古区分行内部检查发现问题整改办法》，对全分行内外部检查审计发现问题整改进行了规范，并对《案件防控及整改方案》各项措施的落实情况进行了重检和评估；四是进一步完善了安全营运和案件防控工作考核机制，加大了奖励和问责力度，扩大了考核范围；五是健全了案件查防工作联动机制，并建立了滚动排查机制，持续开展了案件风险排查工作；六是建立了合规教育长效机制，采取“每周一课”“每日合规一讲”“基层合规建设大讨论”等形式，强化对员工的合规教育。

2009 年 12 月 22 日上午，由内蒙古自治区分行支持的“校园一卡通”在内蒙古农业大学隆重举行启动仪式。图为内蒙古自治区副主席布小林、内蒙古自治区分行行长黄先俊和内蒙古农业大学校党委书记云荣布扎木苏一起启动水晶球。

【创新举措，不断完善全面风险管理工作机制】一是充分运用信贷政策重检工具，积极着手制定未来三年信贷结构调整指导意见，前瞻性地布局信贷业务，促进发展方式的转变；二是创新操作风险管理机制，整合监督检查力量，组建了独立的业务检查团队，制定了《内蒙古区分行柜面业务检查管理办法（试行）》《内蒙古区分行信贷业务操作检查办法》《内蒙古区分行业务检查操作规程》，加大了操作风险监控检查力度，并规范了检查和整改流程；三是建立了新的贷后管理架构，完善了贷后管理工作机制，制定了《内蒙古区分行对公信贷业务贷后管理办法（试行）》，延伸了资产保全部职能，由其牵头负责贷后管理工作，并将其更名为资产保全与贷后管理部，建立了贷后管理委员会制度和贷后管理会议制度；四是进一步完善了信贷授信审批管理，强化了风险缓释措施，规范了授信审批权限管理，改进了审批方式，统一了审批标准，不断提高了信贷审批集约化水平；五是建立了与业务发展相适应的市场风险管理架构，组建了市场风险监控组，加强了对市场风险研究分析和防范，积极推进市场风险管理；六是进一步完善了风险管理激励约束机制，规范管理行为，制定了《内蒙古分行2008年度二级分行风险管理评价考核方案》，客观地揭示各行信贷经营与风险管理中的突出问题，持续改进管理措施，并将考核结果作为转授权的重要依据。

【加强会计和营运管理，不断提高业务支持保障能力】一是加快了批量代收付业务和电子渠道跨行交易后台集中处理，有效地释放了营业网点营销服务能力；二是加强了已集中项目的后续管理，提升项目集中效能；三是加强了离行式自助设备集中维护和管理，建立了通报机制；四是加强了集中上门收款业务管理，统一了管理模式；五是深入开展会计基础等级管理工作，重新修订了会计基础等级管理办法，将原来的3个等级细化为三类6个等级；六是加强考核，修订了营运工作考评指标及评分标准，细化考评措施，加大考核力度；七是组建了营运风险管理专家团队，增强营运风险的识别和控制能力；八是加强对会计人员的考核和管理，对委派会计主管进行了聘任考核和轮岗，并对一线柜员实行按季考核。

【加强员工队伍建设，全面提高员工队伍素质】一是加强各级领导班子建设，优化了领导班子结构，加强了后备人才队伍建设，建立了后备人才档案和培养机制，完善了考核机制，加强对领导班子和领导人员的管理与监督、激励与约束；二是积极稳妥地推进用工制度改革，完善用工管理机制，积极盘活人员存量，优化员工队伍结构，提高员工队伍素质；三是进一步规范了劳动关系管理，防范用工风险；四是以业务发展、产品销售为导向，分层次开展全员培训，不断提高培训效能。全年共举办培训项目64项91期，培训26 420人次。规范了培训学员选拔，强化培训积分管理工作，开展了“送培训到基层”活动。

执笔：王　增　张剑飞　王志华　曾德鸿
审稿：肖　青

辽宁省分行

辽宁省分行行长李英俊

一、业务发展概况

2009年，辽宁省分行实现拨备前利润32.2亿元，比上年增长11%；税前利润24.8亿元，比上年增长5.1%；经济增加值11.7亿元，比上年增长8.5%。被客户评为“2009年度最佳服务银行”；在辽宁省银监局对大型商业行的监管评级中，连续三年居于首位，是辽宁地区唯一一家评级结果为二级的大型商业银行；被辽宁省委、省政府评为“行风建设优胜单位”，是辽宁省金融系统唯一获此殊荣的银行；荣获“全国企业文化建设先进单位”称号。

【公司业务】对公贷款余额896.3亿元，比年初新增214.1亿元，其中非贴现贷款余额772.2亿元，比年初新增133.6亿元；贴现余额124.1亿元，比年初增长80.5亿元。对公存款时点余额1 102.8亿元，比年初增加192.3亿元，其中一般性存款时点余额992.2亿元，比年初增加137.4亿元，完成总行计划的71.6%；同业存款时点余额110.6亿元，比年初增加55亿元，超过总行计划55.4亿元。对公存款日均余额1 110.2亿元，比年初增加247.6亿元，其中一般性存款日均余额1 007.7亿元，比年初增加213亿元；同业存款日均余额102.5亿元，比年初增加34.5亿元。A级及以上公司类客户非贴现贷款余额占比96.05%，比年初提高0.84个百分点，超过计划0.16个百分点。对公非贴现贷款利息收入43.4亿元，完成总行计划的104%。

【个人金融业务】个人存款时点新增228.98亿元，完成力争计划的95.14%，日均新增276.26亿元，完成计划的125.57%，居同业首位。个人客户及资产持续增长，特别是个人高端客户（AUM 300万元以上）月日均金融资产104亿元，比年初新增32亿元，完成计划的177%。基金累计销售额达到81.23亿元，利得盈、建设银行财富、国债、黄金等理财产品销售合计184.78亿元，实物黄金2009年全年累计销售533公斤，账户金全年累计交易金额21.90亿元。借记卡累计发卡1 083.18万张，当年新增186.38万张，完成全年计划的143.37%，同比多发30.75万张；消费交易额179.09亿元，同比提高52.56亿元，完成年度计划的162.81%。渠道建设投入高，网点购置项目40个（含2008年转入7个项目），网点装修改造项目129个（含上年转入21个），竣工122个项目（结转下年7个项目），自助银行318家，当年新增81家。

【房地产业务】个人贷款新增、个人住房贷款余额和新增均居同业首位。个人贷款余额251.3亿元，比年初增长40.9亿元，完成全年计划的127%。其中自营性个人住房贷款余额227.8亿元，2009年累计发放78亿元，余额比年初增长41.9亿元；个人消费贷款余额23.5亿元，2009年累计发放11亿元，余额比年初减少1亿元。重点发展个人住房贷款，新增占个人贷款新增的102%；个人住房贷款主要投向购买自住用房的客户，一手房贷款和二手房贷款合计新增41.7亿元，占全部个人住房贷款新增的99%。委托性住房资金存款余额163.8亿元，较年初增加

7.9 亿元；公积金个人住房贷款余额 197.5 亿元，比年初增加 55.6 亿元，新增合计 63.5 亿元，完成总行计划的 117%，存款余额、贷款余额保持同业第一。荣获总行“个人贷款业务发展贡献奖”；在总行开展的个贷资产质量提升竞赛活动中荣获“质量提升贡献奖”。

2009 年 1 月 23 日，辽宁省分行与沈阳市人民政府战略合作协议签字仪式在沈阳迎宾馆举行。

【中间业务】实现中间业务收入 10.5 亿元，比上年增长 23%，中间业务收入市场占比 34%，比上年提升 2.7 个百分点，继续保持同业第一，进一步扩大了与第二位工商银行的差距。人民币结算、银行卡、代理保险等保持地区市场占比第一，造价咨询业务、房改金融业务继续在地区保持绝对优势。

【国际业务】累计完成国际结算量 551 055 万美元，完成总行计划的 152.13%；累计完成结售汇量 346 794 万美元，完成总行计划的 180.71%。实现对公外汇中间业务收入 10 577 万元，连续两年突破亿元大关，市场份额进一步扩大。对公外汇存款实现正增长，2009 年底时点余额 25 459 万美元，比年初增长 10 391 万美元，增速 68.96%，成为总行系统内为数不多的几家外汇存款增长行之一。

【资产质量与风险控制】不良贷款额 26.2 亿元，比上年减少 0.76 亿元；不良贷款率 2.28%，比上年下降 0.74 个百分点，实现了双降，不良贷款额和不良贷款率均为四行最低。全年处置不良资产 17.44 亿元，实现超值现金回收 7.07 亿元。

二、主要工作举措

【准确把握发展节奏，竞争能力快速提升】抓住国家推出大规模经济刺激计划和辽宁沿海经济带上升为国家战略的有利时机，坚持对公业务唱主角，早布局、早投入，抓住了一批好项目、好客户。在贷款定价上，按照“三个三分之一”的要求，着力提高议价能力，提升资产收益水平，执行基准和上浮利率的贷款占比分别比上年提升了 19.8 个百分点和 3.9 个百分点。第二季度，根据内外部经营形势的变化，及时转变经营策略，从转变观念入手，推进小企业业务发展，完善了组织架构，对二级行实施转授权，减少了审批层级，为今后发展打下了基础。企业年金业务获得重大突破，成功中标沈阳铁路局企业年金业务，成为总行系统第一中标大单，为此张建国行长专门发来了贺电。个人业务通过抓转型、强服务，实现了经营业绩上台阶。截至 2009 年底，全省零售网点的一代转型工作基本完成，在总行组织的客户满意度调查中，客户满意度位列总行第三位，初步实现了由形似向神似的转变。在个人存款新增、个人住房贷款余额和新增继续保持同业第一的同时，个人理财产品销售跃居同业第一位。

2009 年 4 月 23 日，辽宁省分行与中航工业沈阳黎明航空发动机（集团）有限责任公司在沈阳黎明国际酒店举行战略合作协议签字仪式。

【推进两个捆绑机制，风险防控意识明显增强】在快速发展的同时，始终保持清醒头脑，坚守政策底线。严格执行了资产质量、案件防范两个捆绑机制，明确不良贷款增加的行，主管行长和风险主管分别承担六成和四成的责任，对上一年度案件防范工作好的单位进行了奖励兑现，做到奖罚分明。开展营业网点风险点突击检查，抽查营业网点 497 个，抽查面达到 96%，起到了防控和震慑作用，前中后台在风险防控、案件防范中的责任进一步得到明确和落实，责任意识进一步增强。

【推进组织架构调整，管理层次更加清晰】一是在组织架构上，将省分行部分组织机构确定为直属单位，加大省分行直接经营力度。二是对沈阳地区部分直属支行进行了整合，撤销了3个有管理职能的单点型支行，扩大城区支行的管理面。三是改进考评机制，在等级行评定上，增加当地市场份额维度的权重；在KPI指标考核上，强调客户基础、经营增长水平要与当地经济增长同步。四是建立分条线的、基于岗位的工资分配体系，加大了薪酬激励力度。五是推进集约化、专业化经营，将公司业务全面垂直集中到各二级分支行本部；在沈阳城区推进个贷集中经营。积极稳妥地推进了批量代收付业务等后台集中处理项目，减轻柜面业务压力，促进网点从交易型向营销型转变。六是加大对县支行的政策指导和资源配置力度，创新用工方式，对突出贡献的县支行行长加大激励，推进了县支行的快速发展。

【加强干部员工队伍建设，构建和谐建设银行成效显著】首先，将提升干部员工队伍素质作为增强分行核心竞争力和价值创造力、实现可持续发展的关键因素。通过考核把那些业务不精通、工作不扎实、学习不主动、管理不较真的领导干部从各级领导班子中调整出来；对那些长期不能改变落后面貌、业绩平庸、在干部群众中凝聚力差的领导班子进行了组织调整。其次，从鼓励全员钻研业务、提高技能入手，组织了本部副总经理以上人员个人业务“三带头”活动，为全分行全员钻研业务作出了表率。对业务不饱和、人浮于事的部分组织机构进行了“三定”，激发了员工的工作积极性。组织了全分行对公业务系统培训和多种形式的劳动竞赛，营造了讲学习、精业务的氛围。扎实做好维护稳定工作，最大限度地降低了群体上访等事件带来的负面影响，在政策许可的范围内尽可能帮助协解人员解决实际困难。全面开展增收节支，树立“过紧日子”的思想，提出“大力节约行政开支要从省行做起”，省行本级业务管理费同比下降超过25%。

执笔：关连山

审稿：陈宝东

大连市分行

大连市分行行长杨文升

一、业务发展概况

【经济效益】创历史最好水平。2009年实现拨备前利润14.6亿元；实现税前利润15.45亿元，同比增长64%；实现经济增加值8.3亿元，较上年同期增长127%；实现中间业务收入4.68亿元，占比及增速继续保持地区四行第二位。人民银行口径利润总额四行排名第二。

【资产负债】保持快速发展。截至2009年底，分行全口径存款余额985亿元，新增239亿元，增速达32.11%，余额位居四行首位；全口径存款日均余额888亿元，同比新增236亿元，增速为36.2%，余额也位居四行首位；各项贷款年底余额549亿元，比年初新增103亿元，增速达23.09%。

【资产质量】实现历史性突破。2009年清收处置不良贷款17.57亿元（其中，对公16.1亿元，对私1.46亿元），现金回收9.67亿元（含利息回收及已核销回收）；不良贷款余额10.2亿元，超额完成总行19.54亿元的年底控制计划，较年初下降10.9亿元，不良贷款率由年初的4.73%降至1.86%，较年初下降2.87个百分点。

2009年1月9日下午6时30分，大连市分行与大连市财政局在大连香格里拉酒店举行大连市重点项目战略合作签约仪式。

【战略性业务】增长势头良好。2009年个人业务筹集资金总量达到148亿元。

年底委托性住房贷款余额突破100亿元大关，达到104亿元，较年初增加28亿元。

全年累计完成国际结算量59亿美元，国际结算业务收入同比增幅80%，业务收益率在地区同业和总行7家同等级规模城市分行均居首位；国外保函全年累计实现5.6亿美元，市场占比61.41%，地区同业排名首位；代客衍生产品交易量6.12亿美元，总行系统排名第一；国际融资业务成功营销8 160万美元的船舶融资出口买贷项目，为建设银行系统首笔项目。

全年信用卡累计发卡26.6万张，本年净新增4.13万张，实现消费交易额25.46亿元，同比增长61.24%，账户活动率52.29%；按银联统计口径，累计发卡量、消费交易额、账户活动率和业务收入均居四行首位。

年底分行电子渠道与柜面交易量之比达100%，较年初提高31.65个百分点；手机银行高级客户新增7.14万户，为总行计划的203.89%；电子银行中间业务收入增速在总行7家同等级规模城市分行排名第一。

二、主要工作举措

【增强业务可持续发展能力】公司业务：抓住机遇，顺势而为。2009年初，抓住地方政府加大基础设施建设、积极启动内需的有利时机，最早与大连市政府签订了银政合作协议，加大了对重点优质项目的信贷投放，向大连市能源、公路、铁路、港口和城市基础设施等重点领域的12个重点项目提供了500亿元授信，全年为政府融资平台贷款余额107亿元。“八一工程”取得重大突破，全年存款新增超过40亿元，增幅位列总行首位。年中，辽宁沿海经济带发展规划上升为国家战略后，分行快速反应，研究制定发展策略和具体规划，积极争取总行支持，得到了信贷资源配置、项目准入、新产品试点等方面的政策倾斜，在地区同业中赢得了竞争先机；积极同北京行进行联动，加大对中央企业等集团企业总部的营销力度，与8个中央企业集团客户在大连投资的12个项目建立了合作关系，取得良好的联动营销效果。此外，深化结构调整，夯实发展基础，截至2009年底分行A级（含）以上对公客户非贴现贷款余额占比96.7%，较年初提高4.2个百分点，中长期贷款与短期贷款的余额比达到72:28，巩固了特色业务竞争优势。信贷结构调整指标——信贷退出计划完成率达到205%，在总行系统排在第一位；加强产品和服务创新，成功办理第一笔国内无追索权公开保理业务，实现供应链融资业务零的突破；省级财政授权累计支付额度突破20亿元，位列系统内同等城市行之首，填补了分行代理财政业务空白；自主设计发行了第一款股权投资类人民币理财产品，成为建设银行系统首只、国内银行业首创的基于IPO的理财产品；完成大连商品交易所出入金电子化系统项目；百易安交易资金托管业务首次拓展到资产拍卖领域；紧跟市场行情变化，及时推出了信保买断、融货通、港元汇贷盈等创新产品。

个人银行业务：加速推进网点转型。积极应对国家宏观调控和资本市场变化新形势，扎实推进个人高端客户关系管理项目和零售网点二代转型项目，固化一代转型效果。截至2009年底，分行个人VIP客户占比由转型前的1.34%上升到2.9%，AUM贡献度由转型前的27.36%上升到60.16%；个人存款时点余额394亿元，日均余额374亿元，增速均居同业首位；20万元以上中高端客户数达75 000余户，完成总行全年计划的

314%；借记卡新增42.40万张，连续三年新增保持地区四行第一；黄金业务高速增长，完成总行全年计划的121.51%，系统内标杆城市行排名第二；个人外汇买卖业务交易量2.6亿美元，系统内标杆城市行排名第一。此外，加快个贷中心建设，解决了开发区周边个贷业务集中经营的问题，截至2009年底全分行个人贷款业务余额为112.62亿元，较年初新增19.59亿元，完成全年新增计划的108.9%，创近几年来的最好水平；委托性住房金融存款及公积金个贷同业占比仍高居首位；加强信用卡业务与各业务条线联动营销力度，推出天途有线数字龙卡和天兴罗斯福龙卡，商户收单和分期付款业务收入和交易额同期均增长1.5倍，商场分期付款和汽车分期付款业务的交易额较上年均翻了3番。

中间业务：保持重点产品收入持续增长。全年实现银团贷款收入3 151万元，同比增速达116%，收入额持续稳定在总行系统第一梯队（前10名）；对公外汇中间业务收入同比增速高出系统平均9.14个百分点，在6家城市行中排名第二；企业年金业务实现零的突破；造价咨询业务继续快速发展，并大力推进了工程项目建设资金监管业务，全年累计实现造价咨询业务收入5 392万元，同比增长3 321万元；银行卡收单业务收入7 652万元，同比增长1 539万元，跃升地区同业第一位。

渠道建设：加快服务能力提高。电子银行业务以渠道引导迁移和目标营销为手段，建立了精细化占比和双向考评机制，“下基层、做引导”活动贯穿全年，有效地推动了电子银行业务高速度、高质量发展。自助渠道建设项目顺利完成。截至2009年底，分行在线运行的ATM、CRS累计实现存取款交易1 507万笔，同比增长29.69%，设备平均开机率为98.28%，系统内排名首位；电子渠道和自助渠道分流作用显著提高，电子、自助渠道交易量与分行总交易量之比达到65%；全年共购置网点13个，装修改造35个；形成以分行、开发区、星海湾三家财富管理中心为主，以理财中心、其他机构为辅，辐射全辖的个人高端客户专属服务网络。

【加大不良资产处理力度】一方面，多种手段加快处置存量。对所有不良资产项目，逐户研究，一户一策，并建立“双十大”问题贷款行领导月度分析和风险处置专家诊断制，及时调整确定盘活方案。同时，抓住经济回升有利时机，多策并举，综合运用现金回收、重组、核销等手段清收，集中力量加快处置。对已核销资产同步加强催收，提高价值创造能力。另一方面，从源头抓好新发放贷款质量。严格按总行要求，加强对信贷结构调整政策执行情况的持续跟踪监测，按旬发布行业限额预警信息，推动结构调整和限额管理政策贯彻落实，确定了信贷退出客户名单。年底，各项资产质量指标均超额完成总分行下达的全年计划目标。

【深化改革　健全机制】推进完成风险集中管理体制改革，组建了专业化的风险管理团队和平行作业团队，简化了平行作业流程环节，制定了重点行业平行作业指引；启动了公司业务改革，并稳步推进小企业和票据业务专业化建设；顺利完成资产保全业务经营管理体制改革，实现了不良资产分行统一经营和管理模式，组建了扁平化项目管理团队，实施了以业绩为导向的目标激励政策；平稳完成直管网点扁平化管理改革推进工作，成立了网点管理中心，并进一步强化分行配送中心职能作用；完善分行业绩考核体系，进一步健全了分行绩效考核机制，将考核内容细化至存款绩效、贷款绩效、中间业务绩效及分行战略产品绩效四大类，加强了激励约束机制对决策的传导作用；等级行考评以规模效益指标为主，兼顾质量效率与市场竞争；KPI考核取消计划完成率，强调各单位进步状况考评；对网点负责人侧重任期内考核。

【加强内控　深化合规经营】加大流程银行建设力度，在组织推动、实施能力等方面取得新的进步；推动合规经营长效机制建立，编写了《主要经营业务重点产品关键操作风险点违规处罚手册》（红线本）；加强风险内控检查，组织了政府融资平台客户授信审批与风险管理情况等近10项业务风险排查，开展了关键风险点检查，对全辖114个网点的关键风险点检查分工进行了明确，检查网点覆盖率达到100%；加大了对违规违纪的处罚力度，建立了纪检监察特派员队伍，启动了远程监控联网项目。

执笔：方宗翰　刘宏成

审稿：程超英

吉林省分行

吉林省分行行长王毅

一、业务发展概况

【经营效益和价值创造水平持续提高】实现拨备前考核利润15.32亿元，同比增长1.01亿元，完成总行计划的103.03%；实现经济增加值6.68亿元，同比增长1.46亿元，完成总行计划的114.81%，账面利润12.71亿元，建设银行系统排名第32位，居省内同业首位。

【经营规模稳定增长】全口径存款余额1 217.78亿元，新增384.96亿元，增长46.22%。其中，个人存款余额606.6亿元，新增112.75亿元，增长22.83%；企业存款余额524.46亿元，新增220.27亿元，增长72.41%；同业存款余额86.72亿元，新增51.93亿元，增长149.28%。全口径存款时点余额系统排名26位，前进1位；新增额排名18位，前进11位。

各项贷款余额653.19亿元，新增151.52亿元，增长30.2%。其中，对公非贴现贷款余额458.13亿元，增长27.99%；贴现贷款余额58.99亿元，增长4.49%；个人贷款余额136.07亿元，增长55.92%。

【经营结构进一步优化，可持续发展能力增强】截至2009年底，人民币对公结算账户42 964户，新增13 116户，比上年多增8 404户。个人AUM 50万元以上的客户18 273户，新增6 530户。个人网银活跃客户新增22.53万户，个人贷款合同金额5万元以上客户新增3.48万户，信用卡客户新增12.18万户。个人类贷款在各项贷款余额占比20.83%，比上年上升3.43个百分点；中小企业贷款在各项贷款余额占比3.57%，比上年上升0.6个百分点。

【中间业务保持稳定增长】实现中间业务净收入4.9亿元，同比增长2 072万元，增幅为4.42%，中间业务收入比工商银行少1.7亿元，列同业第二位。在现有22项主要中间业务产品中，收入增速高于全国建设银行平均水平的有13项。

【风险管控和不良压缩卓有成效，资产质量保持当地同业最优水平】非信贷不良资产总额1.14亿元，比年初下降0.03亿元；非信贷不良资产率0.19%，下降0.13个百分点。十二级分类不良贷款余额3.24亿元，比年初下降4.06亿元；不良贷款率0.5%，比年初下降0.95个百分点。不良贷款率系统内排名第6位，前进8位，资产质量处于省内银行最优水平。

2009年9—10月，吉林省分行在全省建行举办对公网点转型柜面营销先进事迹报告会。

二、主要工作举措

【加强管理体制改革】

1. 理顺机构管理层级，实行机构扁平化管理，将原来的三层架构压缩为二层架构。长春城区二层架构模式为省分行和对外营业机构，8 个二级分行所在地二层架构模式为二级分行和对外营业机构，县支行所在地二层架构模式为县支行和对外营业机构。

2009 年 9 月 22 日，吉林省分行与吉林大学举行全面合作框架协议签约仪式。

2. 调整机构职能，省分行和二级分行由过去的纯管理行改变为既管理又经营的实体行。省分行十大经营部门中，将资产保全部和投资银行部由经营条线的管理部门直接变为全省不良资产和投行业务的经营部门，向下不再延伸机构。其他经营部门设立长春地区经营中心，组建若干长春地区营销团队经营长春地区业务。省分行的经营条线既负责全省条线业务的管理也集中经营长春地区的资产业务。实现了集中营销、集中经营、风险集中管控的目标。

3. 对公信贷资产的经营重心上移，由一级分行和二级分行集中经营，实行“三级营销，二级经营”。对公负债（存款）业务的经营重心下沉，存款客户全部在支行层面经营，实行“三级营销，一级经营”。在业务整合过程中，采用了省分行和二级分行“不与支行争利”的原则，即无论是存款业务还是贷款业务，按照客户选择分别记入相应支行的账上，相应的业绩也体现在支行，确保不流失客户。

4. 专业专注，中后台业务集中管理。统一规划支行内设部门数量为三部，即客户服务部、营业部、综合部。省分行根据实际业务需要，本着专业专注，将支行的中后台营运保障功能向上级行集中，储蓄网点物品集中配送，党、政、工、纪检、安全保卫、离退休人员管理、人力资源管理等工作由上级行统一集中管理，对支行提供标准化服务，将支行从繁杂的事务中解脱出来专注于业务营销和市场拓展。

【在经营条线实行准事业部制，建立业绩驱动型绩效薪酬分配体系】

1. 经营条线的客户经理实行风险薪酬，由两部分构成，一部分是层级行发放的保障性薪酬，即薪点工资；另一部分是由省分行业务条线按业绩分配的绩效薪酬，即风险薪酬。

2. 分配机制上采取“效率优先，兼顾公平”。效率优先是指业绩多薪酬多；兼顾公平，是按照各地金融资源禀赋不同，同样业绩给予不同的绩效挂钩系数：长春地区为 1.0，二级分行所在地为 1.05，县支行为 1.1。由省分行业绩考核办统一考核，并直接分配绩效工资至每名客户经理名下，在全分行建立起业绩驱动型薪酬管理体系。为了有效激励资产业务客户经理和负债业务客户经理联动营销，建立了支行负债经营客户经理与省分行和二级分行资产经营客户经理业绩互换机制，对同一客户的服务双方各拿出 20% 的绩效进行利益互换，形成二者“一荣俱荣、一损俱损”的利益共同体关系。

【定编、定岗、定员、定责】为改变全分行前后台人员结构不合理的状况，对二级分行、省分行直管支行及县支行等所有对公营业机构进行了定编、定岗、定员、定责的工作。通过竞聘上岗等方式将中后台 415 人引导充实到一线业务岗位，加强了全分行营销力量。

执笔：袁　博　邹　昕

审稿：吕春光

黑龙江省分行

黑龙江省分行行长薛峰

一、业务发展概况

【经营效益】经营效益创历史新高。实现税前利润18.07亿元、净利润13.44亿元、经济增加值9.36亿元，同比分别增盈3.23亿元、2.23亿元和2.74亿元，均超额完成总行计划。

【资产负债】资产负债规模大幅增长。全口径存款本外币并账余额17 122 629万元，比年初新增3 185 065万元，增长率达22.85%。各项贷款时点余额645.32亿元，时点新增154.2亿元，增幅为31.4%，完成总行新增计划的106.34%，比2003年以来6年新增量之和还多近20亿元。

【中间业务】中间业务收入连续两年保持同业第一。实现中间业务收入83 223万元，实现营业收入432 160万元，比上年同期新增54 523万元。实现净收入8.4亿元，增幅为22.92%，完成总行计划的113.45%；系统内排名第18位，同比提升2个位次；在主营业务收入中占比达19.44%，同比提高1.34个百分点。

【战略性业务】发展势头喜人。信用卡发卡量和收入分别超额完成4.53万张和2 546万元。电子银行业务收入超额完成748万元。国际结算手续费收入2 352万元，同业四行占比第一位，营销了1.25亿美元的融资性保函和首笔“存汇通2号”新业务，代客衍生产品交易量和收入系统内排名分列第四位和第三位。投资银行业务的境外IPO、股权投资、短期融资券业务实现零的突破，新型财务顾问业务实现收入3 354.7万元，发行信托理财产品13.5亿元。小额农贷新产品累计投放14.36亿元。

【资产质量】不良贷款继续实现双降。不良贷款余额14.37亿元，同比下降8.32亿元，完成总行计划的540.91%；不良贷款率2.23%，同比下降2.39个百分点，比总行计划多下降1.48个百分点。不良贷款拨备覆盖率121.76%，同比提高15.31个百分点。

【市场竞争能力】市场竞争能力显著增强。经营效益、资产质量、中间业务收入、信用卡新增发卡量、基金和黄金业务收入、住房资金存款余额、小企业贷款及个人住房贷款余额和新增额、自助设备总量均居同业五大商业银行之首。各项贷款、一般性存款、企业存款余额和新增额以及个人存款新增额列同业五大商业银行第二位。各项贷款余额、新增额在同业五大商业银行市场占比同比分别提升6.96个和8.6个百分点。一般性存款余额、新增额在同业五大商业银行市场占比同比分别提升0.6个和1.06个百分点，其中个人存款增速列第一位，新增市场占比同比提升4.64个百分点，排名上升1个位次。

二、主要工作举措

【全力拓展市场】公司业务。抓住黑龙江省“保增长、惠民生”的政策机遇，坚持发挥传统优势和推进业务创新并举，信贷投放创历史之最。优质大项目营销取得重大突破，分别与黑龙江省工信委以及大庆、佳木斯、牡丹江市政府签署了总额600多亿元的战略合作协议。全年累计投放对公贷款349亿元，非贴现贷款纯新增投放271

亿元，余额新增 111 亿元；小企业贷款余额达 30.84 亿元，新增 18.14 亿元；个人贷款余额突破 130 亿元，其中个人住房贷款余额突破 110 亿元。贷款定价能力进一步提升，2009 年新发放对公贷款利率平均浮动比例及年度变化情况系统内排名分列第二位和第七位，在总行开展的公司类贷款定价奖励活动中分别荣获“综合管理奖”和“年度优秀奖”。

个人银行业务。业绩喜人。进一步强化个人银行业务的战略地位，个人存款余额市场占比在同业五大商业银行中独家实现正增长；个人中间业务收入计划完成率达 109.3%，系统内排名第二位，增速系统内排名第六位，较上年提升 25 个位次。全分行二级分支机构全部取得经办个人外汇业务的资格，个人结售汇业务收入跃居同业第二位。全分行 426 个零售网点已全部实现一代转型，当年完成转型 82 个。实现二代转型网点总量达 50 个，其中 35 个通过总行实地验收。10 个分支行建立了网管中心和配送中心。完成网点迁址、购置项目 28 个，网点装修改造项目竣工 56 个。新增自助设备 164 台，已安装运行的自助设备总量达 985 台。

国际业务。国际结算手续费收入 2 352 万元，同业四行占比第一位。营销了 1.25 亿美元的融资性保函和首笔“存汇通 2 号”新业务，在代客衍生产品交易量和收入系统内排名分列第四位和第三位。

投资银行业务。在同业中树立起强势品牌，境外 IPO、股权投资、短期融资券业务实现零的突破；新型财务顾问业务实现收入 3 354.7 万元，占全部财务顾问收入的 61.22%；发行信托理财产品 13.5 亿元，理财产品和债务融资业务收入系统内排名进入中游水平。

小额农贷业务。积极实践服务“三农”新领域，面向垦区创新推出了小额农贷新产品，累计投放 14.36 亿元，短时期内赢得了竞争优势，树立了建设银行支农金融产品的优质品牌。

【稳步推进客户战略】全分行加权公司机构类客户增长 6 092 户，完成总行计划的 229.57%，争得存款余额 1 000 万元以上的优质对公基本结算账户 46 户。已与 11 家俄罗斯银行建立了 34 个账户行关系，同比增加 4 个。全分行加权个人类客户增长 39.92 万户，完成总行计划的 125.91%。个人富裕客户、个人高端客户分别新增 3.31 万人和 711 人。信用卡客户新增 13.88 万户，收单商户新增 882 户。借记卡新增 139.23 万张。个人存款客户、个人网银活跃客户、个人贷款客户分别新增 10 万户、28.59 万户和 4.71 万户。“鑫存管”客户新增 3.32 万户。网银代发工资对公客户覆盖率达 26.44%，同比提升 14.36 个百分点。

2009 年 12 月 7 日，黑龙江省分行与哈尔滨医科大学附属第一医院在哈尔滨举行全面战略合作签约仪式。

【调整信贷结构，压缩不良资产】信贷结构持续向好。“保”的行业贷款新增占比 44.1%，不良率较年初下降 1.42 个百分点；“控、压”的行业贷款新增占比均呈下降趋势，不良率分别较年初下降 6.47 个和 5.57 个百分点。产能过剩、两高、节能减排相关行业贷款余额占比较年初下降 8.6 个百分点。A 级及以上客户非贴现贷款余额、新增额占比分别达 90.65% 和 94.09%。对公贷款主要分布在哈尔滨和大庆两个中心城市，余额和新增占比均超过 65%。基础设施领域非贴现贷款新增占比 30.8%，增幅为 20.3%。累计退出贷款 79 户、金额 10.2 亿元，完成总行计划的 133.7%，其中房地产类退出 2.76 亿元，完成总行计划的 110.4%。化解不良资产取得显著进展。把“降不良、防风险，全面提升资产质量”作为经营管理工作的重中之重，制订了具体的实施方案，对重点项目实施名单制管理，与相关分支行（部）一把手签订了责任状，并公开挂牌督办。深入实施“双十大”客户行级领导督导制度。全年累计处置各类不良资产 10.9 亿元，其中成功处置哈动股份 8 800 万元债转股，实现净收益近 1.7

亿元；处置不良贷款9.31亿元，完成总行计划的198%。签订责任状金额和项目清零目标完成率分别为123.27%和87.5%。

【稳步推进各项改革】推行了资产保全业务单元制改革，将哈尔滨地区工大集团等36户公司类不良贷款划转省分行直接经营。风险管理改革，完成了哈尔滨城区支行风险条线集中管理改革和哈尔滨城区单点型支行个人业务经营管理架构改革工作。成立了一级部建制的小企业金融服务部、工程造价咨询中心、票据贴现中心、客户问题解决中心，以及二级部建制的哈尔滨地区重要客户服务中心和“e路通”服务中心。完成了同城提入票据业务集中处理工作，并在系统内首创了“区域集中采集、全省集中处理”模式；批量代收代付系统成功推广上线。稳步推进了劳务派遣制人员择优录用劳动合同制员工工作。哈尔滨城区支行公务用车改革已开始启动。

【切实提高对客户的服务能力】整合客户服务管理职能，将分散在各部门的客户上访、内审外监、网点反映以及95533等渠道转交的客户投诉事件集中到客户问题解决中心统一协调管理，完善了服务质量管理及售后服务体系，建立了解决客户问题的快速处理机制，打造了具有较高层次的客户服务质量管理团队和解决客户诉求问题的专业化团队，初步构建了全分行客户服务质量管理长效机制。全年妥善处理服务及产品事件3 515件。在省内新闻媒体举办的评选中荣膺“2009年最具竞争力银行”和“2009年金融盛典最具影响力银行”称号。

执笔：王玉明

审稿：杨玉江　谷源明

上海市分行

上海市分行行长赵欢

一、业务发展概况

2009年，上海市分行实现拨备前利润99.36亿元，实现考核利润86.41亿元，再次实现人均利润超百万元。实现经济增加值46.69亿元。平均资产回报率（ROA）1.07%，成本收入比25.34%。考核利润和经济增加值在全分行系统列第二位。

【资产业务】截至2009年底，各项贷款余额2 705.45亿元，新增394.69亿元，增幅为17.08%，贷款收益水平同业领先。本外币对公贷款余额2 176.71亿元，新增353.66亿元，增幅为19.4%。其中，人民币非贴现对公贷款新增199.26亿元，增幅为10.95%；个人类贷款余额528.74亿元，新增41.04亿元，增幅为8.41%。

【负债业务】截至2009年底，全口径存款余额6 561.66亿元，新增1 469.58亿元，增幅为28.96%，增速同业第一，付息率四行最低。一般性存款余额5 057.21亿元，新增762.03亿元，增幅为17.74%。个人存款新增295.07亿元，增幅为17.95%，个人存款余额、新增额四行第二。同业存款新增707.55亿元，排名四行第一，市场份额比年初提高7.45个百分点。

【中间业务】实现中间业务净收入34.12亿元，同比增长17.69%，收入继续保持四行第二，同口径市场份额保持上升态势。对公条线中间业务收入市场第一。对私条线中间业务收入增速高于建设银行系统平均增速。中间业务收入占主营业务收入的比重达到22.64%，比上年提高2.4个百分点。中间业务收入结构进一步优化，贷记卡、代理保险、托管、国际结算、代销基金、债券承销、黄金等多项业务收入系统排名上升。

【资产质量】五级分类不良贷款余额33.15亿元，比上年下降0.35亿元；不良贷款率1.23%，比上年下降0.22个百分点。不良贷款持续“双降”。

2009年8月4日，上海市分行举办跨境贸易人民币结算业务银企合作备忘录签约仪式。

二、主要工作措施

【抓住机遇，大力开展重大项目营销】2009年，围绕国家“保增长、防风险、调结构”的政策目标和金融支持经济发展的要求，重点支持上海市重大基础设施项目、重点产业项目和产业升级项目、民生工程、有竞争优势的房地产企业，支持世博及配套建设项目的信贷需求，支持保障性住房项目建设，增加医疗卫生机构和教育单位贷款。落实中央“出手要快、出拳要重”的要求，从2009年初开始就加大储备项目的贷款投放进度，1月份分行贷款新增180亿元，为当地其他各大行新增总和。第一季度信贷投放占得先机，同业领先。发放了本市和建设银行系统首笔并购贷款，成功办理系统内第一笔BP项目应收账款保理业务。根据宏观调控政策要求和总行部署，从第二季度开始，在保持信贷均衡增长的同时，分行集中精力完善信贷结构。2009年从控制行业退出贷款52.71亿元，超额完成计划。

【推进业务转型，战略性业务取得新进展】组织开展了双百日专题营销活动，夯实客户结构，公司机构客户增长20.53%，个人客户增长27.68%。企业年金业务取得了突破性进展，成功争办年金客户52家。搭建“民本通达”金融服务平台，全日制高校、省级重点中学及二甲（含）以上医院基本结算户新增4户，取得16家市属高校统发工资业务，民生领域新增账户389个。大力推进“八一工程”，军队武警存款市场份额上升至26%，提高了10.24个百分点。上海期货交易所存款市场份额44%，位列第一。CTS客户新增9万户，市场排名第一。投资银行业务收入增长39%，债务融资工具业务实现超常规发展，全年承销158亿元，在上海市场排名第一。发行理财产品204.9亿元。财务顾问业务中新型财务顾问业务收入比重由上年的11%上升到75%。大力拓展个人高端客户，深化非金融服务内涵，财富管理与私人银行客户6 294户，增长44%，日均AUM总量达269亿元，净新增71亿元。全年净新增贷记卡客户31.4万户，贷记卡当年新发卡60.09万张，累计发卡达到191.4万张。完成国际结算量625.07亿美元，增幅四行第一。成功营销中国外汇交易中心清算业务，成效明显。跨境贸易人民币结算在全国领先。出口买方信贷业务实现零的突破。电子银行客户规模稳步增长，电子银行与柜面交易量之比达到139.24%，比年初上升57个百分点。网络银行业务实现了良好开局，“e贷通”发放贷款8 775万元。

2009年8月6日，上海市分行与上海市第十人民医院签署银医合作协议。

【加强渠道建设，提高服务质量】为增强个人中高端客户关系维护能力和网点零售产品销售能力，新充实个人客户经理170人，较年初增长185%。在实现全部网点一代转型的基础上，分行二代转型推广工作得到了总行的肯定，为全分行积累了经验。全分行累计开通运行ATM 880台，

CDS 602 台，建成开业附行式自助银行 202 家，离行式自助银行 18 家。2009 年是做好世博金融服务准备工作的关键之年，分行以“四个一流”和 2009 年内达到世博服务标准为目标，制定服务规范，加强员工培训，完善服务设施建设，窗口服务水平得到明显提升。在 2009 年上海银行同业窗口服务质量评比中，分行在 16 家主要银行排名中名列前茅。

【坚持稳健经营，努力保持稳定运行】分行稳步推行大中型客户平行作业和审批集约化管理，强化重大信贷风险事项的跟踪管理。面对出现大额不良贷款的不利局面，以处置重大不良贷款项目为抓手，开展不良贷款回收攻坚战，取得显著成效，全年处置不良贷款 24.31 亿元，完成计划的 226.1%。实现超值现金回收 10.8 亿元，完成计划的 495.3%。不断健全操作风险管理框架，加强重点领域管控，持续开展案件排查，实施了营业管理体制改革，增强了柜面交易和后台营运操作风险控制能力，有效地防范了操作和支付结算风险。全面开展案件风险排查，加强员工职业道德教育，强化对基层负责人的监督和管理，优化道德风险案件排查技术和方法，努力消除案件风险隐患。

【推进体制机制改革和创新】对浦东地区 6 家综合型支行进行了整合，建立了浦东地区条线经营责任体系，优化了分行在浦东地区的网点资源、人力资源和信贷资源配置，增强了整体竞争力，区域内多项业务市场份额和位次得到提升；继续推进专业化经营机构建设，成立了小企业金融服务部、网络银行部、总行票据业务分中心和个人贷款专营中心。新设立了产品创新与质量管理部，完善产品创新组织体系和一体化管理体系；深化风险条线集约化管理，继续推进专职贷款审批人集中管理，探索信贷集中审批，促进全分行风险偏好统一；完善考核激励和薪酬分配机制，细化经营单位关键业绩评价指标，对重点中间业务产品进行专项激励。增强条线经营管理和资源配置能力，强化了对公和零售条线的经营责任体系。探索在员工工资分配中引入分类预算、分类考核的分配模式。落实全面成本管理要求，采取了十大措施，逐步构建以责任制为特征的全面成本管理框架。

【加强企业文化建设，展现良好风貌】分行紧密围绕中心工作，创造性地开展工会和青年工作。发挥职工代表大会作用，认真落实代表提案，组织开展劳务合同工加入工会活动的相关工作，积极维护和谐劳动关系。组织职工开展劳动竞赛，创新分行文化团队活动，举办职工文化艺术节和书画摄影展。重视关心职工心理健康，认真实施“心得乐”员工成长辅助计划。以志愿服务为重点，加强青年员工爱行奉献素质教育，上海市分行团委志愿队获“上海市优秀青年志愿服务集体”称号。浦东分行荣获“中国建设银行学习型组织先进单位”，分行大客户五部荣获“中国建设银行学习型组织先进班组”，宝钢宝山支行郑威同志荣获“中国建设银行知识型先进员工”，东方路支行荣获“中国建设银行女职工文明示范岗”，分行营业部陈怡同志荣获“中国建设银行巾帼建功标兵”，浦东分行营业室主任吴时杰同志荣获“全国金融五一劳动奖章”荣誉称号，徐汇支行党委书记、行长徐弘同志荣获全国金融系统“职工之友”，徐汇支行姜一意同志荣获 2007—2008 年度上海市“三八红旗手”。

执笔：郑智巍

审稿：林顺辉

江苏省分行

江苏省分行行长张援朝

一、业务发展概况

2009年，实现拨备前利润96.4亿元，同比增加10.95亿元。各项贷款余额3 052亿元，新增698亿元，同比多增391亿元，位居同业第三位、系统第二位。全口径存款余额达4 986亿元，新增1 256亿元。一般性存款余额达4 771亿元，新增1 153亿元，同比多增388亿元；一般性存款余额位次比2008年前移一位，居同业第二位，余额四行占比24.82%，比2008年提升0.45个百分点。

【公司业务】公司贷款新增522亿元，比2008年翻了一番。大力拓展基础设施项目。抓住江苏经济率先复苏和沿海开发战略实施的良好机遇，积极营销基础设施项目和重点企业，全年新增基本建设贷款218.49亿元，占新增对公贷款的41.8%。签约各类银团33个，授信129亿元；营销沿海大开发项目131个，累计金额超过200亿元。大力拓展小企业业务。抓住国家支持小企业发展的政策机遇，大力推广镇江“信贷工厂”模式，小企业中心机制优势进一步发挥，非贴现贷款新增104.75亿元，居系统第二位，新增额是2008年的近3倍，余额达到246.92亿元。大力拓展民生领域。积极支持国家改善民生，推出“民本通达”系列产品金融服务方案。累计向民生领域投放贷款62亿元，增长36%；积极为各级社保部门提供各类服务，代理社保险种实现全覆盖，社保存款余额突破百亿元。

企业存款余额首次跃居同业首位，余额四行占比达到26.17%；新增715亿元，超过2007年、2008年两年新增总和。以“三户一网”（单位人民币基本存款账户、外汇账户、个人代发工资账户、资金结算网络）为重点，开展了形式多样的市场拓展，新增50万元以上单位人民币基本存款账户3 359户、外汇账户1 745户、个人代发工资账户24万多户，累计主办资金结算网络40多条。

【个人金融业务】个人存款新增438亿元，余额四行占比大幅提升0.62个百分点，达到23.41%；增长方式得到有效转变，连续12个月保持市场份额稳步提升；点均新增、增长速度、份额提升幅度均居同业首位。通过组织公私联动拓展、客户推荐客户、行长客户接待日等活动，个人高端客户群体迅速增加，AUM 300万元以上高端客户达5 197人，增长82.61%，其中1 000万元以上的私人银行客户达584个，高端客户金融资产突破200亿元。销售基金83.74亿元，手续费收入1.17元。个人黄金交易33.06吨，同比增长74.09%。自助业务加快发展，新增148台，总数达3 028台，自助设备账务性交易量比达到46.81%，较2008年提高3.54个百分点。支付电话终端52 782台，较年初增加41 612台，累计发生转账交易59万笔，交易金额191亿元，较年初增加182亿元，绑定账户存款达8.11亿元。

大力拓展个贷市场。抓住房地产市场回暖时机，支持消费特别是住房消费促进经济增长。个人贷款余额和个人住房贷款余额双双突破600亿元，其中，个人住房贷款新增170亿元，同比翻番，占个人贷款新增的96%，同比提高10.8个百分点。个人消费贷款余额82.6亿元，比年初新增6.2亿元。2009年新发放个人贷款16.4万笔、贷款金额396亿元，未产生不良贷款。

2009年4月18日，江苏省分行与中国移动通信集团江苏有限公司举办战略合作协议签约仪式。

【中间业务】中间业务收入连续两年居同业第一。实现中间业务毛收入37.54亿元，市场份额28.07%。在系统内保持较高的发展速度，同比增长37.2%，超过系统内平均水平13.33个百分点；占主营业务收入进一步提高，达24.31%，比2008年提高2.04个百分点，高于全国建设银行平均水平5.7个百分点。产品竞争力进一步提升。有10项产品的收入市场占比超过30%，有12项产品收入超过亿元，有8项产品收入位居同业第一，其中，银保业务收入连续两年位居四行第一。多项产品发展速度进一步加快，单位人民币结算、审价咨询、工程项目资金监管、银团贷款、百易安等15项产品收入比上年翻番。

【国际业务】完成国际结算量407.39亿美元，同比增长94.41亿美元，增幅为30.16%。国际结算量四行占比19.44%，较上年提升0.86个百分点，保持同业第二位次。完成对公结售汇108.16亿美元，同比下降38.83亿美元，降幅为26.41%。国外保函业务持续增长，余额同业第一，收入系统第一。余额27.13亿美元，较年初增长1.9亿美元，增幅为7.53%。实现国外保函业务收入6 130万元，同比增长2 756万元，增幅为81.68%。外汇存款余额11.08亿美元，较年初增长2.32亿美元，增幅为26.48%。外汇贷款余额9.87亿美元，较年初增长4.97亿美元，增幅为101.43%。

【资产质量与风险控制】不良贷款额和不良率实现双降，不良贷款额31.44亿元，比年初下降2.68亿元；不良贷款率1.03%，比年初下降0.42个百分点。累计处置和现金回收不良资产分别为13.1亿元和9.89亿元，现金回收比率达到75.5%，实现超值现金回收2.1亿元。

严格执行政策，加大结构调整力度。进一步完善平行作业、项目评估以及担保机构准入等机制，采取落实还款来源、提高抵押率等有效措施，努力前移风险控制关口。主动退出贷款41.66亿元，转出票据贴现185.73亿元。腾出的信贷资源投向符合我分行风险偏好的重点行业和优质客户。强化贷后管理工作，通过信贷政策重检、构建预警指标库、实行动态管理等手段，加强了对“一大一小”重点客户的管理，十大关注类贷款和十大不良贷款余额分别降低43.26%和15.68%，小企业不良实现双降。重点加强了对房地产行业的监控，加强资金支用监管，对公房地产贷款不良率仅为0.44%。

坚决遏制案件发生，连续两年实现全年无案件。将防诈骗、防挪用、防抢劫和加强内部管理工作贯穿全年始终，通过深化“强基工程”建设、稳步推进依法合规管理、积极配合内外部审计监管检查整改、广泛开展“强化会计基础管理、重塑银行‘三铁’形象”活动等方面的工作，有效地遏制了案件发生。

【其他业务】信用卡业务发展快速。累计发行信用卡177.2万张，较年初新增32.8万张。信用卡消费额221.0亿元，同比增长76.2%，省内同业第一。实现信用卡中间业务收入20 715.2万元，同比增长85.0%，省内同业第一。账户活动率52.13%，比2008年提高2.4个百分点。

电子银行交易总量达19 123.47万笔，同比增长150.66%，电子银行与柜面交易之比为57.93%，比2008年提升24.52个百分点。实现电子银行业务收入9 342.63万元，同比增长67.9%。全年人工接听电话227.51万通，接通率为83.47%。开展92个外呼项目，外呼客户10.47万人（次）。

二、主要工作举措

【促增长，大力支持江苏省经济企稳回升，

在促增长中求发展】认真贯彻落实国家扩内需保增长的各项决策部署，将促进经济增长和业务发展有机结合，发挥业务特色和优势，加大了信贷投放对经济发展的支持力度。全年根据上级行的政策要求，把握好节奏，上半年加快市场营销，贷款大幅增长；第二季度以后，根据总行“在同业中不争资产总量和贷款增量最大”的要求，控制总量，调整结构，做到了投放有序、控制有力、稳健发展。

【增份额，抓住危机中竞争格局大调整的机遇，在竞争中寻求新突破】突出中间业务和存款市场份额导向，树立“逆水行舟不进则退，顺水行舟慢进也是退”的观念，努力寻求更大的发展优势。如在2008年存款余额份额提高0.51个百分点的基础上，自加压力，确立份额再提高的奋斗目标。

【防风险，加强风险控制和案件防查，在强化管理中保持又好又快发展】在业务快速发展过程中，切实增强风险意识，强调前中后台加强协作，共同抓好风险控制和案件防查。通过开展“三防一加强”、会计“三铁”、风险排查、机关作风建设等活动，促进内部控制和基础管理水平的提高。

【上台阶，提高基础管理水平，在精细化专业化管理中增强可持续发展能力】在所有市分行成立了小企业中心；加强项目评估中心建设，行业团队增至13个；在沿江六市分行完成放款中心和票据中心合并组建工作，实现对城区放款业务的集中审查和贴现业务的集中办理；扩大营运后台集中处理业务范围；组建了网络银行专营机构；财富管理中心增至9家。积极组织实施新一轮大规模培训，共举办各类培训班1 940期，培训覆盖率100%，基本实现每名在岗员工当年脱产培训不少于2天、管理岗位员工参加培训不少于1次的目标。

执笔：肖志平

审稿：邵　斌

苏州分行

苏州分行行长岳鹰

一、业务发展概况

【资产负债】一般性存款余额达到1 391.35亿元，比年初新增279.17亿元，年底新增占比为21.36%（KPI口径），其中企业存款新增191亿元，储蓄存款新增88亿元。各项贷款余额达到1 137.71亿元，比年初新增229.33亿元；下半年，分行小企业业务发展迅猛，其中小企业非贴现贷款余额136亿元，当年新增47亿元，增幅达52.7%，提前4个月超额完成总行计划，完成率为188%，创历史新高，年底小企业客户数2 546户，比年初新增529户，完成率168%；个人住房贷款余额达到347.2亿元，比年初新增103.7亿元。

【经营效益】实现账面利润27.85亿元，同比增幅28.35%；实现拨备前利润32.91亿元，同比增幅10.47%，均超额完成总行计划。人均利润71.98万元，持续攀升。

【中间业务】实现中间业务收入11.9亿元，中间业务收入占主营业务收入比重达24.1%，同比提高6.34个百分点，中间业务收入总量增速达27.79%，高出全国分行平均水平10.59个百分点，其中公司（机构）业务增速57.14%、电子银行业务增速91.75%。

【战略业务】全年实现国际结算量352亿美元，信用卡累计发卡45.2万张，累计消费交易额42.5亿元；电子银行客户数260.27万户，与柜面交易量之比达到85.97%。

2009年3月11日，苏州市北环快速路西延伸工程（高新区段）项目银团贷款签约仪式在苏州市新城花园酒店隆重举行。中国建设银行苏州分行为银团贷款牵头行，参与行有中国农业银行、中国银行、华夏银行和江苏银行，银团贷款总金额14.18亿元，期限为10年。

【资产质量】分行不良贷款余额16.67亿元，不良贷款率1.47%，分别比年初下降了0.57亿元和0.43个百分点，其中小企业不良率0.78%，“速贷通”与“成长之路”不良率均为0.17%，资产质量继续保持优良。累计处置不良资产55 219万元，实现不良资产现金回收12 286万元。

二、主要工作举措

【统一价值理念，实施改革创新，强化基础管理】新一届分行领导班子提出业务要发展，必须统一全分行干部员工的价值观念，必须团结一心，共谋发展。在全分行倡导“老老实实做人，开动脑筋做事”的企业文化价值观和“在依法合规、有效控制风险的前提下，实现我分行业务持续、健康、快速发展”的业务发展价值观；在全分行倡导开放的胸怀、阳光的心态，倡导“超越自我，超越竞争对手”的企业精神，增强发展的责任感、危机感。

【加强各级班子建设和工作作风建设】坚决贯彻党委班子民主集中制原则，加强党委中心组学习；要求班子及成员保持冷静的头脑、清晰的思路，勇于批评与自我批评；班子及成员带头拓展市场，走访客户；巩固和深化分行领导与基层行挂钩联系制度，畅通政策意图的传导；在分行管理部门实施“全员客户经理制”，通过营销和经办客户，增强机关员工的服务意识与客户意识。

【调整组织架构与经营模式，增强市场冲击力】为提高市场响应能力，提升专业化、精细化管理水平，按照总行“五项改革”的要求，分行调整了原有的组织架构和经营模式：积极推进分行本部机构整合，共计减少四个管理部门；整合分行营业部，新设集团客户部，分别代表分行直接经营苏州城区大客户和城区以外的集团大客户，提升经营层级，增强对市场的冲击力，提高客户服务能力与风险控制水平；单列分行小企业经营中心，并升格为一级部门，同时成立城中支行、盛泽支行等中小企业特色支行，加大对中小企业的金融支持力度；划小经营单位，分设吴江支行、盛泽支行、张家港支行、张家港港城支行，提升经营管理的专业专注水平；成立公司业务、个人业务、结算业务三个相对独立的产品研发团队，增强产品与服务的研发及创新能力；积极推进前后台分离和后台集中化改革，成立吴江、张家港运营分中心，进一步提升后台集约化管理水平。

【不断优化激励约束机制，推进激励制度建设】分行出台了《苏州分行等级行评定办法》《苏州分行分支机构领导班子2009年关键业绩指标（KPI）考核办法》《苏州分行2009年度经营管理问责试行办法》等多个管理办法，内容涉及各级人员绩效考核及工资分配指导意见、先进典型的评选表彰、风险经理和对公客户经理的管理等。分行还实施了《苏州分行专业技术岗位、经办岗位职务聘任实施办法》和《苏州分行2009年支行部门负责人（团队负责人）、网点负责人及营业主管职等晋升方案》。

【“以客户为中心”，深化产品创新和流程优化工作】分行从客户需求出发，以产品创新和流程优化为目标，组建三个产品创新与流程优化团队，通过“一点”（以组织建设为基点）、“两面”（产品创新与流程优化）、“一平台”（贷后管理监测平台，通过检测发现问题与需求，深化产品创新和流程优化），将产品创新与流程优化工作落到实处。先后推出“现金通”、“互助通”等小企业信贷产品，“融信通”、“汇付盈3号”等国际业务产品，龙卡通“慧储蓄”、“稳盈”等个人业务产品，“一纸贷”、“智信贷款”等个人信贷产品。试点开展了核定库存类动产质押融资业务，完善了银行承兑汇票、资金证明、人民币通知存款业务操作流程，初步实现了从部门银行向流程银行的转变。

【大力支持地方基础设施建设，积极参与苏州市重点项目建设】根据总行和苏州市政府签署的《金融合作协议》，未来三年，建设银行将向苏州电力、交通、城建等行业和基础设施项目提供400亿元人民币的金融支持，向中小企业累计提供200亿元人民币的信贷支持。2009年，分行成功牵头发放了北环快速路西延伸工程项目银团贷款，苏州绕城高速项目后银团贷款等一大批重点项目贷款。作为苏州市政府贯彻落实国家“保增长、扩内需、调结构”经济政策的重点项目之一，分行率先发起组织，担当起项目牵头行、代理行的重责，组织苏州金融同业承办了总额14.18亿元的银团贷款。加大市政基础建设信贷投放力度，积极参与太仓港“港区启动区”项目，运河风光带旧城改造综合改造项目，苏虞张一级公路改造项目，平江新城清塘北路建设和新莲路基础设施建设，金阊新城道路建设项目，苏州工业园区唯亭镇阳澄湖西岸生态改造项目，昆山经济技术开发区四、五期基础设施工程项目，吴江城市南北快速干线项目建设，吴江汾湖开发区项目，太湖论坛等项目的建设。坚持将“服务民生”作为业务发展重点，在卫生行业、环保行业和教育行业累计发放贷款18.6亿元。与苏州大学、苏州职业大学、常熟理工学院、苏大附一院、苏州儿童医院、昆山宗仁卿纪念医院等一批关系民生的院校、医院建立了重点合作伙伴关系。紧紧抓住苏州中小企业快速发展的机遇，专业专注、不断创新，率先推出了小企业“信贷工厂”金融服务新模式，助推苏州中小企业发展，“民本通达”、“成长之路”、“速贷通”等金融新品为苏州经济发展提供了有力的资金保障。

【推进渠道建设、客户拓展和产品销售工作】根据苏州村镇比较富裕的情况，分行加强了渠道建设、客户拓展和产品销售的推进工作。以网点二代转型为抓手，完善财富中心、贵宾理财中心两级高端客户服务架构，坚定不移地发展中高端客户；针对“强县弱行”的现状，以市县两级城区为重点，调整了23个网点，初步完成全辖网点布局优化；通过适量招聘新员工、压缩中后台人员、业务外包等多种手段充实网点一线人员，基本消灭了“五人所”；创新产品，创新销售模式，为顶端客户设计定制产品；完成总行自助发卡机创新试点项目，提高了办卡效率；实施数据库精准营销，提高产品覆盖率。

【强化依法合规经营意识，确立长效风险管理机制】分行强化依法合规的经营理念，强调“管业务要管人，管人要管思想”，要求各部门、各支行既铁腕抓发展，又铁腕抓管理，既抓贷款投放，又抓风险控制；按照“严密的组织、严格的制度、严厉的问责”原则，出台“问责制”，强调各支行行长、网点负责人既是业务发展的第一责任人，也是风险控制的第一责任人，同时又是服务管理的第一责任人；通过操作风险管理“千人大会”、专案普查、案件教育等形式，强化制度执行、合规经营、风险防范等工作。

执笔：林　红
审稿：林忠治

浙江省分行

浙江省分行行长余静波

一、业务发展概况

2009年，浙江省分行日均一般性存款达到4 013亿元，日均新增935.6亿元，四行占比24.4%，高于余额占比0.5个百分点。贷款余额3 631.3亿元，继续保持系统第一，新增653.6亿元，控制在总行核定的规模内。拨备前利润和账面利润分别列系统第一和第二。中间业务收入36.2亿元，居系统第三、四行第二。不良贷款余额46.35亿元，比年初上升4.47亿元，不良贷款率1.28%，比年初下降0.13个百分点。

【公司业务】对公存款时点余额2 486亿元，比年初新增504.2亿元。对公存款日均余额为2 294.6亿元，四行占比为26.6%，日均新增508.2亿元，占比为27.9%。公司类贷款（含贴现）余额2 425.6亿元，比年初新增400.1亿元。对公不良贷款36.39亿元，比年初下降2.36亿元，对公不良贷款率1.46%，比年初下降0.42个百分点。

【个人金融业务】个人存款时点余额1 815.3亿元，比年初新增344.5亿元，新增占比22.04%，超余额占比0.37个百分点。个人消费贷款余额319.2亿元，新增24.7亿元，均居系统第一。

【房地产业务】个人住房贷款余额820.6亿元，比年初新增197.3亿元，发放399.86亿元，余额在系统及同业均排名第一。公积金个人住房贷款余额249.06亿元，新增49.27亿元，余额和新增四行占比均列第一。

【中间业务】全年实现中间业务毛收入总量36.17亿元，四行占比第二，同比增幅为3.95%，收入总量系统排名第三，中间业务占主营业务收入占比达到20.94%。

【国际业务】完成国际结算量276.15亿美元，四行占比20.02%，比年初提高1.76个百分点。实现外汇中间收入折人民币52 994.15万元，居系统第一。

【资产质量与风险控制】不良贷款余额46.35亿元，比年初上升4.47亿元，不良贷款率1.28%，比年初下降0.13个百分点。按总行名单口径，信贷退出额为60.45亿元，计划完成率达135.32%。

【其他业务】电子银行中间业务收入连续两年列四行第一；个人网银交易笔数、网上支付交易笔数等均居系统第一；并获得“电子银行综合竞争力先进分行奖”。信用卡当年净增客户居系统第三；汽车卡突破30万张，居系统第一；信用卡业务收入居系统第二。投资银行业务收入7.6亿元，居系统第二。

二、主要工作举措

【抓渠道建设，销售能力和服务质量明显提升】

1. 客户营销效果显著。大企业、大项目方面，与省科创基地、元立集团、横店集团、纳爱斯集团签订战略合作协议。成功中标娃哈哈集团金融理财服务项目。组建营销团队，在方家山核电工程、台州炼化一体化项目等客户营销中发挥主力军作用。全年新增总分行级重点客户 179 家；新争取 1 000 万美元以上外商投资企业 86 家。共支持省市重点基础设施项目 220 个，营销“三个千亿元”工程 43 个，重点项目贷款余额 341 亿元。中小企业方面，网络银行业务取得新突破，已经成为我分行的知名品牌。125 个支行开办该项业务，开办率达 92%，累计向 1 759 个客户发放贷款 42.9 亿元，存量客户 1 470 个，贷款余额 29 亿元。中小企业贷款风险基金模式、小额无抵押贷款、仓单质押贷款等新业务成功推广。全年新增小企业信贷户 1 516 家，增幅为 21%，优质小企业客户新增 2 068 家。

2. 渠道建设推向深入。完成网点改造装修 104 个，购置 25 个网点，20 个新设网点已有 9 个开业，5 个正在装修，4 个已完成选址。新投入 42 个离行式自助银行、67 处离行式 ATM，撤销 17 处低产 ATM。网点竞争力等级考核初见成效，点均个人存款单产 2.6 亿元，四行占比 22.9%，同比提升 0.16 个百分点。电子渠道建设进度加快，日均交易笔数从 2008 年的 35 万笔提升到 2009 年的 67 万笔，与柜面交易量之比达到 133%，列省区分行第一。同时，两支客户经理队伍、信用卡直销团队不断壮大。

3. 服务能力继续提升。一是审批效率继续提升。省分行本级完成一笔额度授信业务平均耗时 6.7 个工作日，比上年缩短 0.5 个工作日。全分行完成一笔单笔支用业务耗时 1.5 个工作日，比上年缩短 0.53 个工作日。二是科技支持能力进一步提升。打造“900”服务品牌，加强“天龙在线”品牌建设，建立面向全分行的 IT 服务平台，实现杭州城区支行非核心的 IT 技术支持服务社会化。

【抓改革创新，可持续发展能力进一步提升】

1. 经营管理机制不断优化。一是专业专注取得积极进展。全面推进个贷中心、小企业经营中心、财富中心、票据中心、理财中心等专业化经营机构建设。设立了 21 家“信贷工厂”模式的小企业经营中心。设立省分行二手房个人贷款中心。顺应战略转型需要，在省分行成立小企业金融服务部、财富管理与私人银行部。二是杭州辖区经营机制进一步理顺。以钱江支行机构调整为试点，探索城区机构整合的有效方式。对杭州城区支行本级营业机构职能重新定位、整合，稳步推进本级营业室升格，突出其营销功能。三是前后台分离和后台集中工作积极稳妥实施。完成杭州辖区同城票据提入业务集中、电子渠道业务后台集中处理、业务运行后台集中监控，以及现金集中配送体系建设等工作。

2009 年 6 月 4 日，中国建设银行行长张建国在杭州会晤阿里巴巴集团董事局主席马云。

2. 产品创新不断深化。一是紧跟客户需求，创新产品。积极探索金融服务新农村模式，在瑞安进行旧村改造项目贷款试点。在系统内首创企业债抵押资产监管、证证通、信用卡担保汽车分期和车位分期等多项业务。“金管家——南都产品链覆盖”试点项目取得实质性进展。并购业务、对公条线黄金业务、外部客户受托业务等多项业务实现了零的突破。“周周盈”、并购重组、银团贷款、搭桥贷款、保理等新兴业务取得了积极进展。尤其是“周周盈”产品，在较短的时间内，销售 47 亿元，基础资产余额 42.1 亿元，此项业务已经居系统前三位。二是紧跟业务需求，创新产品服务平台。历时一年时间，开发了区域产品特色系统（DSS），并基本完成了在全分行的推广工作。实现了“能自动的不手工，能集中的不分散，能共性的不个性，能达账的不挂账”及“统一接入、统一开发、统一处理、统一维护”的既定目标。

3. 机构管理工作取得新成效。义乌支行升格为二级分行。磐安支行升格为综合型支行，所有县域机构都成为具备综合性业务能力的支行。78 家分理处升格为网点型支行。苍南建信村镇银行开业后运行顺利，2009 年底存款余额 1.09 亿元，贷款余额 1.46 亿元，不良贷款率为零。武义、青田 2 家村镇银行筹办工作有序推进。

【抓风险控制，精细化管理水平有效提升】

1. 资产质量攻坚战取得积极成效。2009年7月以来，认真开展“强责任、增压力、控不良、保安全”专项活动，省分行领导班子整体推动，全分行上下做到思想认识到位、组织领导到位、目标控制到位、风险管理到位、大户攻坚到位，不良贷款新增势头得到遏制。2009年7月至12月处置不良贷款23亿元，占全年处置额的3/4；关注类贷款余额和占比分别比年初下降28亿元和1.64个百分点；良好拖欠贷款下降4.94亿元。

2. 信用风险管理有效强化。一是积极配合对公业务经营重心上移，小企业、对私业务销售下沉的经营管理体制改革，实施新的转授权管理。二是积极处置和化解重大风险事项。全年化解重大风险事项9.87亿元。三是全面推进平行作业，加强贷后平行作业的工作力度。全年完成客户评级4 024户，授信业务风险评价2 582笔，金额达3 642亿元；完成小企业平行作业2 038户，金额达424亿元；完成大额个贷平行作业3 732笔，金额达80亿元。四是加强贷后管理，累计走访对公信贷客户8 709户，涉及余额3 451亿元，覆盖面100%。五是处置不良贷款31亿元，完成计划的248%。不良资产现金回收29亿元，完成计划的260%。

3. 操作风险及市场风险管理进一步完善。一是纵深推进自评估工作。做好基层岗位自评估，完成7个总行级和26个自选产品自评估项目。二是继续构建基层机构操作风险监控网络。进一步加强操作风险监控员网络队伍管理，预警风险，消除隐患。三是组建7个任务型团队，全面开展操作风险检查，整改率为97.2%。四是强化市场风险管理，开展专项风险排查。在对分支行和省分行部门考核中，加大操作风险考核权重。建立安全运营应急预案库。

【抓队伍建设，员工素质全面提升】加大人力资源结构调整和培养力度。一是进一步优化人员配置。人员增量主要向高集约化地区及人员素质结构偏弱的地区倾斜，严格控制中后台人员增长。二是加大培训投入。全年投入培训费用4 978万元，增长54.7%；人均参训13.5天，增长17.4%，培训覆盖面达到100%。三是继续推进产品经理队伍建设。实施绩效考核目标责任制，以高等级产品经理为龙头，整体推动产品经理队伍的专业化建设。四是逐步建立分类岗位管理体系。出台对公、对私从业人员管理办法，明确公司、个人条线从业人员的履职条件。五是对杭州城区支行专职贷款审批人实行轮岗交流。经过几年努力，我分行培养并获得社会认证资格的理财师已经达到1 231名，人数在系统内居第二位。

执笔：翟双德

审稿：苏　克

宁波市分行

宁波市分行行长刘丽华

一、业务发展概况

截至2009年12月底，全口径存款时点余额941.5亿元，全年新增的228.2亿元，完成总行年度计划的218.7%；各项贷款余额839.3亿元，比年初新增165.8亿元；不良贷款额6.19亿元，不良贷款率为0.74%。全年实现拨备前利润23.95亿元，同比增幅为7%，创历年最好水平。在充分计提拨备的基础上，实现税前利润19.66亿元，同比增速为7.5%；经济增加值9.59亿元，成本收入比32.66%，净利息收益率3.19%，资产利润率1.69%，系统排名均列前茅。实现账面利润增长4.68%，增幅位居四行首位；利润总额排名四行第二，较上年上升一位。

【公司业务】宁波市分行积极贯彻落实总行各项政策，调整信贷结构，开展“旺季营销”、“三增一保”、“对标赶超”等主题活动，业务运营保持良好态势。企业存款新增首次突破百亿元并屡创历史新高。截至2009年底，全分行企业存款时点余额549.5亿元，比年初增加137亿元，总行综合经营计划完成率达183%。公司类人民币贷款有效投放，信贷结构进一步调整。截至年底，公司类人民币贷款余额605亿元，比年初新增106.4亿元。信贷退出计划执行良好，分行2008—2010年三年退出总计划完成率97.8%。“抓户工程”成效显著，公司机构类客户超计划增长。截至年底，全分行公司机构类客户较年初增长3 340户，完成总行下达全年KPI考核计划的432.6%。新增“百强”客户71户，“百强”客户在我分行开户率37.8%。小企业业务市场份额不断提升。全分行小企业客户共计910户，小企业客户信贷余额102.1亿元，比年初新增27.8亿元。在宁波市银行业金融机构小企业贷款年度考核中，我分行取得了四大国有银行第一名、同业第三名的好成绩。网络银行业务快速发展，在7家推广分行中计划完成率、放贷率均排名第一。

【个人金融服务】宁波市分行引入竞赛机制，持续开展个人重点产品PK赛等营销活动，稳步推进渠道建设，强化培训力度，打造一支高质量专业理财团队。2009年个人存款新增60亿元，四行排名第三位，基金代销收入比年初提高三位，增速系统排名第五位。全分行白金级、金级客户数增长率在系统内排名分别列第六位和第五位。全年城区直管网点个人存款新增近10亿元，全分行排名第一位；基金销售35 538万元，全分行排名第一位；保险销售4 387万元，全分行排名第三位。年内理财师已达到250名（其中CFP12名，AFP55名，CWM183名），基本实现行内每个网点有两名理财师的要求。

渠道建设稳步推进，网点转型初见成效。自助设备2009年保有量比上年增加123台，总量达到559台，增幅达到28.21%，有效实现业务分流。年内完成所有网点的一代转型工作，12家网点实施二代转型，网点竞争力得到有效提升。

【房地产金融业务】宁波市分行认真执行全分行的战略方针，拼抢市场，强化管理，个人住房贷款新增创历年新高，住房资金存款快速增长，获得总行“房金业务发展贡献奖”。截至2009年底，全分行个人住房贷款余额162.87亿元，比年初增加47.76亿元；全分行住房资金新增9.79亿元，完成总行计划9亿元的108.78%，其中住房资金存款35.56亿元，比年初新增1.58亿元；公积金个人住房贷款余额50.56亿元，比年初新增9.63亿元。

【中间业务】宁波市分行加快中间业务产品创新和重点产品推进力度，努力缩小与同业差距，市场份额进一步提高，中间业务收入稳居第二。全年实现中间业务毛收入7.74亿元，同比增速达29%。中间业务净收入7.48亿元，完成总行计划的113%。市场占比26.08%，以较大领先优势排名四行第二，实现分行既定的“保二争一”目标。中间业务收入占主营业务收入比重的20.8%，收入结构持续优化。

【国际业务】宁波市分行国际业务市场份额逆市提升，四行占比较年初提升0.64个百分点，大幅缩小与工商银行差距。全年累计完成国际结算业务89.3亿美元，新增外汇客户421家，融货通等新产品实现了零的突破，推出出口“一证通”、“汇贷盈”等新产品，首次与股份制银行合作办理代理开证业务，有效地提升了外汇业务市场竞争力。

【资产质量和风险控制】宁波市分行有效克服金融危机影响，成功实现不良贷款“双降”，资产质量跃居四行首位，连续7年位居系统前列，个人不良贷款率连续10年保持系统最低，巩固同业领先优势。年底不良贷款余额和不良贷款率分别较年初下降212万元和0.18个百分点，其中个人不良贷款率继续保持系统最低，获得“个人贷款资产质量风范奖”。全分行不良资产处置成效显著，共处置不良资产2.8亿元，完成年度计划的407%，居系统第二位。

内控管理上，认真落实总行、银监局等各类检查工作，深入推进问题整改和案件防控，全年共办理内审外查整改项目20个、涉及问题836个，问题整改率达97.42%；加大操作风险关键点控制，完成全辖集中监控系统建设，实现营业网点及重点部位24小时监控管理。

【其他业务】宁波市分行电子银行占比实现历史性突破，电子银行的主渠道作用凸显。2009年底电子银行占比达64.6%，比上年提升35.2个百分点，系统排名同比提升13位，位次提升幅度居系统首位。个人网银、手机银行、企业网银交易量的同比增速在系统内分别列第二位、第三位和第十一位。信用卡发卡迈上新台阶，全年净增客户9.3万户，实现消费额41.78亿元。投行业务超常规增长，移植推广全系列开放式理财产品，全年累计发行理财产品63亿元，完成总行计划的789%。造价咨询业务巩固市场领先优势，实现造价咨询类业务收入8 178万元，超额完成总行计划。

二、主要工作措施

【市场营销】宁波市分行积极开展高层营销，出台《分行机构条线应关注的业务领域和营销动态》《关于抢占机遇、全力推进政府与机构客户营销工作的通知》等指导性文件，夯实客户基础，拓展业务发展。与奉化、鄞州等5个县市区政府和东钱湖、梅山港开发区等4个管委会、宁波港集团和中国移动宁波分公司及12家担保公司签订《银企合作协议》；成功营销交通工程等7家公司的年金业务；牵头组建和参与文化广场、机场快速道、轨道交通等银团贷款项目10个；新准入均胜汽车电子、裕隆工贸等9家国内保理业务客户；成功营销解放军113医院基本账户，军队武警存款实现大幅增长，“八一工程”取得新进展；以重点项目的营销投放抢抓政策机遇，在市政府实施重大项目会战攻坚的政策背景下，确定一批重大项目目标客户，及时跟进营销、授信、评估等一系列金融服务，确保基础设施项目和重点客户信贷投放。2009年，重点项目和重点客户贷款新增83.8亿元，占全分行对公贷款新增比重达75%。

【改革发展】宁波市分行班子严格落实总行年初提出的五大改革要求，不断巩固深化改革成果。一是深入推进对公经营职能整合，在分行层面上，根据区域特色和支行实际，制订一行一策的公司业务改革整合方案。在支行层面上，设立大客户直接经营中心和产品中心，将大中型客户上移至支行本级直接经营。加快推广“信贷工厂”模式，实现城区小企业业务集中管理，成立网络银行二级部，奠定业务发展基础。二是启动人力资源统一集中管理改革，深化激励考核机制改革。整合城区综合型支行内设机构和岗位，提高经营管理集约化程度。实施城区直管网点统一绩效考核，促进竞争力提升。2009年底，城区直管网点储蓄存款成为个人银行业务发展的中坚力量。积极探索员工分类考核模式，对领导人员、营销人员以及柜面人员采取不同的考核方法，实现员工经营业绩的科学评价，促进了员工合理流动和机构优化。

【加快流程优化及创新步伐】宁波市分行将流程优化和创新工作作为提升专业化经营水平、落实精细化管理的重要措施，不断适应客户服务效率提升的要求。高度重视并大力推进流程优化工作。成立分行产品与质量管理部，加强产品与质量管理工作的决策、指导和落实，全年流程优化工作成效显著。“电子银行分流项目”通过总行评审并得到推广，推动电子银行交易占比快速上升；系统内首家实现住房公积金网上申报系统上线，目前已有近1 500家缴交单位开通公积金网上银行业务；电子化审批流程全面推行，信贷审批期限明显缩短，成为系统最早实施限时审批承诺的分行。持续创新营销服务模式。组建打破分支行、部门、产品界限的营销、产品、服务三大业务支撑团队，全年共组建68个重点客户“营销服务团队”、28个市级以上重点项目“任务型团队”，客户服务水平和支行响应度明显提升；首次成功募集并代理发行“宁波中小企业贷款集合资金信托计划”，尝试开展宁海、慈溪村镇银行组建，同业合作进一步深化；成功中标宁波地区五项财政代理业务招投标项目。加强产品创新运用。自主研发医院自助服务系统，并在宁波大学医学院附属医院成功运行，为健康龙卡功能开发及在全市医院推广使用打下良好基础。推出“双周盈”、“天天盈”等全系列开放式理财产品，累计募集资金达45.33亿元。银团贷款、搭桥贷款、并购贷款等新型产品推广应用成效明显，国内保理等供应链融资产品不断推进。小额贷款公司信贷业务系统开发完成并推广使用。

执笔：余荣灿

审稿：任国正

安徽省分行

安徽省分行行长白国祥

一、业务发展概况

2009年，安徽省分行认真贯彻总行年初工作会议精神，强化市场营销、加快产品创新、深化体制改革、严格风险内控，取得了显著成绩。连续4年被安徽省人民政府授予金融同业最高奖项——“最佳贡献奖”。截至2009年底，全口径存款余额为1 730.2亿元，较年初新增379.1亿元，其中，一般性存款余额为1 668.4亿元，新增344.6亿元，增幅为26.03%。各项贷款余额1 041亿元，新增305.5亿元，增幅为41.53%。实现税前利润25亿元，增长18.8%；拨备前利润29.93亿元，增幅为27.82%；经济增加值13.1亿元，增幅为25.41%。五级分类不良贷款额7.5亿元，不良贷款率为0.73%。

【公司业务】开展“争客户、抢市场、增份额、促发展”营销活动，成功营销吉阳核电、京福高铁、万达广场、奇瑞汽车、海螺水泥等一批有影响的优质客户，对公结算账户达7.1万个，共签订银企战略合作协议和各项重要协议达1 400亿元；先后与合肥、芜湖、铜陵等市政府签订银政合作协议达580亿元；牵头组建和参与内外部银团贷款5个；储备固定资产贷款项目328个，储备项目金额711亿元。实现对公存款新增212.86亿元，对公贷款新增194.39亿元，分别位居同业第一。

2009年5月19日，安徽省分行行长白国祥走访基层客户。

【个人金融业务】依托零售网点转型，充分利用自助渠道，持续开展各类营销竞赛活动，个人金融业务平稳健康发展。截至2009年底，个人存款余额和新增市场占比分别较年初提高0.75个和3个百分点，创历史同期最好水平，新增市场份额首次超过农业银行，居同业第二位，网均新增和发展速度均居四行首位；同时，积极发挥财富中心、理财中心、理财室等高端客户服务渠道作用，拥有中高端客户3.8万户，增长51.86%。累计发行借记卡679万张，新增146万张；累计销售基金、保险等产品112.3亿元；408个网点全部实现转型，自助设备开机率提高10.31个百分点，服务质量进一步提高。

【房地产业务】重点加强优质楼盘营销和楼盘按揭服务团队建设，开展与信用卡、电子银行等业务联动营销，提高产品覆盖率，加快个贷中心标准化、专业化、集约化经营建设，全面推行个人消费类贷款电子审批，持续改进优化个贷流程。截至2009年底，全分行个人贷款余额突破300亿元，成为系统内第12家个贷余额突破300亿元的一级分行。当年贷款新增超过110亿元，个人贷款不良率降至0.29%，住房资金归集和新增继续稳居同业第一。

【中间业务】继续推进中间业务标杆管理，建立发展中间业务风险保证金制度，加大对重点产品的激励力度。积极开展中间业务百日冲刺竞赛活动，加大考核通报力度，收入结构进一步优化。截至2009年底，中间业务收入占主营业务比16.1%，提高2.3个百分点；中间业务收入四行占比25.35%，比上年提高1.27个百分点，首次超越农业银行，位于同业第二位。有2家二级分行列当地四行首位，8家列当地同业第二。

【国际业务】加强直接营销，参与联动营销，加大考核权重，积极拓展客户，全年新增外汇对公客户132户，实现外汇全口径存款余额1.23亿美元，外汇贷款余额1.5亿美元。积极推广出口信贷业务、融货通、福费廷、国际保理等外汇产品，不断优化国际结算业务品种结构。累计完成国际结算量29.5亿美元，结售汇业务量15.76亿美元。

【投资银行业务】加强产品宣传，组建专业团队，实行项目团队奖励制度，发放了全省首单并购贷款，承销的皖能集团20亿元短期融资券是2009年安徽省企业发行的第一笔短期融资券业务，成功发行系统内首单中小企业集合理财产品，为合肥联合发电、淮化股份等企业发行16.7亿元理财产品，新型财务顾问业务取得全面进展。

【中小企业业务】率先在省分行单设一级部制部门，对滁州等13家二级分行设立一级部制的中小企业金融服务部。完成18家“信贷工厂”的组建，信贷工厂组建数量系统内位列第三；196个对公网点均开办了小企业业务。通过建立小企业特色专业支行，调整信贷审批权限，优化业务流程，加大产品宣传，不断打造小企业知名品牌。截至2009年底，小企业信贷户实现当年新增844户，系统排名第三；小企业非贴现贷款新增38.83亿元，系统排名第七。此外，以小企业创新产品试点行为平台，联贷联保、动产质押等七项小企业新产品取得零突破，其中小企业《动产质押优化创意方案》获总行产品方案创意一等奖。

【电子银行业务】以网上银行和短信通客户为营销重点，通过提高买单制标准，优化业务流程，完善服务功能，拓展渠道应用，组建服务团队，改善客户体验，实现电子银行业务快速发展。截至2009年底，企业网银活跃客户新增2 335户，个人网银活跃客户新增36.8万户，电子银行与柜面交易量之比达37.10%，比年初提高12.58个百分点。

二、主要工作举措

【深化体制改革，优化资源配置，强化内控管理，进一步提高风险防控能力】

1. 始终倡导发展与管理“两手抓”理念，注重业务发展与基础管理并重，稳步推进各项改革，严格内控管理，为业务健康发展强身健体。

2. 树立价值链管理理念，按照利润中心要求，不断做实中小企业、个贷、信用卡等中心专业化经营机构，不断完善专业化经营体制机制。在对公业务条线，不断完善“一部两团队三中心”制。

3. 适时调整信贷审批权限，推进压力测试，实施业务组合检查，扎实做好柜员、网点、金库等关键风险监控，积极开展岗位操作风险自我评估报告，不断完善改进岗位操作风险自我评估报告系统，风险管理的精细化水平逐步提升。

4. 改进财务资源配置方法，合理使用和压缩办公费用开支。重点保障网点、自助银行等生产性项目建设，全年生产性投入3.53亿元，占比88%。

5. 加大业务检查力度，完善“三位一体”的贷后管理模式，内控管理得到强化。继续推进IT集中管理，确保全年无重大信息安全责任事故发生。切实发挥法律工作的风险防控和价值创造作用，积极参与重大业务项目营销。通过开发建设问题库系统，严格外查内审违规问题整改，落实案件防控责任制，推行积分管理制度，提升物防技防水平，增强案件防范能力。保持了连续10年没有发生重大“四类”案件和责任事故。

【提升服务管理水平，大力进行产品创新，进一步增强可持续发展能力】

1. 坚持“四为”服务理念，持续优化柜面流程，提高服务效率、启动营运条线会计基础工作等级管理，为营业网点功能由交易核算型转变为营销服务型奠定基础。不断完善服务机制。通过压缩管理层级，实行专业化分工，提高效能建设，改造业务流程，加大中后台业务集中力度，释放机关人员，充实一线；定期组织机关部门和支行网点就服务效能进行双向测评打分。分别建立大、中、小型公司业务专门的服务机构和团队，加强个贷中心、理财中心、财富中心、信用卡中心、造价咨询中心、电话银行等专业机构团队建设。

2. 不断加强产品创新，成功发行全国系统内首单小企业集合理财产品。积极牵头设立皖江城市带承接产业转移投资基金。2009年被总行列为全国小企业产品创新试点行。自主研发的小企业组合贷款产品，荣获总行产品创意一等奖。

【大力加强行风建设，积极承担企业社会责任，努力提升建设银行服务新形象】倾听客户意见，持续改进服务。全分行持续深入开展各类专项“客户之声”以及“内部流程用户之声”调查，收集客户意见。大力推行“客户接待日”、“行长接待日”制度。2009年，安徽省分行所辖马鞍山市湖东路支行荣获全国银行业文明规范服务百佳示范单位。在安徽省政府2009年政风行风评议中，省分行综合服务质量受到高度评价。继续组织“贫困英模母亲资助”和“成长计划”的实施。2009年5月，被安徽省民政厅、慈善协会、红十字会联合授予“爱心慈善企业”荣誉称号。利用报纸、电视、广告等多种媒体，加大内外宣传，提升品牌形象，社会各界反响良好，建设银行服务美誉度大幅提升。此外，还积极争取和落实安徽繁昌建信村镇银行的设立，为支持安徽新农村建设注入了新的活力。

执笔：巫业玲　凌　云

审稿：白国祥

福建省分行

福建省分行行长陈轼

一、业务发展概况

截至 2009 年底，全分行全口径存款余额 2 208.08亿元，比年初新增 458 亿元。一般性存款余额 2 025.94 亿元，比年初新增 368.2 亿元，完成总行下达计划的 174.52%。一般性存款余额当地四行占比为 32.13%，同比提高 1.01 个百分点；新增额当地四行占比为 34.82%，居第一位。其中，储蓄存款新增 205.71 亿元，企业存款新增 162.46 亿元，分别完成总行下达计划的 182.94% 和 164.99%，当地四行占比均居首位。本外币各项贷款余额 1 584.43 亿元，比年初新增 302 亿元；余额当地四行占比为 29.54%，继续居首位。其中，个人贷款余额 550.32 亿元，比年初新增 114.1 亿元。2009 年，全辖实现账面利润 39.36 亿元，同比增加 3.43 亿元；实现税前利润 38.9 亿元，实现经济增加值 20.2 亿元，均超额完成总行下达计划。经济资本回报率为 28.73%；总资产净回报率为 1.38%；成本收入比（国内准则口径）为 30.59%，同比减少 0.6 个百分点，低于总行下达计划 0.97 个百分点；成本收入比（国际准则口径）为 37.51%，同比减少 1.4 个百分点，低于总行下达计划 1.09 个百分点。

【公司及机构业务】2009 年共储备公司类固定资产贷款项目 99 个、金额 1 255 亿元，较上年增加 613 亿元；累计为中海油海西宁德工业区等 55 个客户（项目）意向承诺贷款 927 亿元；新增时点存款 50 万元以上结算账户 453 户。加大房改金融业务系统升级维护力度。截至 2009 年底，全辖委托性住房资金存款（含委贷基金）余额 248.54 亿元，当年新增 30.32 亿元；个人住房公积金贷款余额 144.09 亿元，当年新增 38.28 亿元；住房维修资金存款余额 12.22 亿元，当年新增 8.2 亿元。“八一工程”得到进一步巩固，成功营销武警福建省边防总队海警一支队、海警三支队等 18 个账户，其中基本户 8 户。新增总行级重点军警客户 2 户。截至 2009 年底，市场占比为 30.1%，同比提高了 5.6 个百分点。

【个人金融业务】截至 2009 年底，全辖开通自助银行 480 家，当年新增 63 家；投入运行的自助设备 2 587 台，当年新增 357 台。自助设备与柜面交易量之比平均达 265.37%，比上年同期提高 101.87 个百分点。继续加大网点转型力度，严格转型监控和验收，确保转型质量和效果。截至 2009 年底，全省转型网点客户平均等候时间比转型前下降了 982 秒，客户等候时间小于 10 分钟的客户占比比转型前上升了 27.75 个百分点。高端客户签约数明显增加，客户 AUM 值稳步增长。截至 2009 年底，全分行 AUM 300 万元以上客户新增 1 536 户，客户资产新增 77.12 亿元。扩大发卡群体，改善用卡环境。截至 2009 年底，全分行借记卡发卡累计达 1 079.15 万张，当年消费交易额累计达 338.95 亿元，消费回佣收入 3 166 万元。信用卡净增客户 31 万户，累计发卡 125 万张；信用卡当年消费交易额累计达 258 亿元，账户活动率为 63.61%。积极营销，优化结构，稳健发展个人信贷业务。截至 2009 年底，个人住房贷款余额 456.7 亿元，比年初新增 96.2 亿元，余额和新增均保持同业首位；个人消费类贷款余额93.6亿元，比年初新增17.9亿元。

2009年6月9日，福建省分行与福清核电有限公司在福州举行企业年金业务合作签约仪式。

【中间业务】全年实现中间业务净收入17.55亿元，完成总行下达计划的125.36%，同比增收3.99亿元，增长29.41%。中间业务净收入占主营业务收入的比重为21.33%，同比提高3.42个百分点。中间业务当地四行占比为30.47%，居当地同业第一位。

【国际业务】2009年累计办理国际结算131亿美元，对公结算量首次超过中国银行居当地同业第一位；累计办理结售汇（含远期结售汇签约）86.87亿美元。截至2009年底，全分行本外币贸易融资余额（含表内贸易融资和海外代付）21.2亿元，较年初增加13.7亿元。规范收取贸易融资管理费用，全年实现外币融资业务收入2 280万元，同比增长1 887万元。

【资产质量】共处置各类不良资产5.22亿元。其中处置不良贷款5.18亿元，现金回收不良贷款4.37亿元，实现不良资产超值现金回收1.32亿元。不良贷款额16.62亿元，比年初增加1.37亿元；不良贷款率1.05%，比年初下降0.14个百分点，均控制在总行下达的计划之内。

【其他业务】截至2009年底，新增个人网银活跃客户98.92万户，新增企业高级网上银行2 128户，实现个人电子银行交易额1.19亿元，电子银行与柜面交易之比达到114%。当年实现投资银行业务收入2.84亿元，同比增长181.2%；全省AA级以上财务顾问签约客户达到333家，占AA级以上客户总数的41.89%；当年基于信贷类理财产品共发行30期，发行量达到14.07亿元；资本市场类理财产品发行量为4.57亿元；开放型资产组合理财产品发行量为25.55亿元；股权投资类理财产品发行量为3.9亿元。

二、主要工作举措

【做实营销服务，提升市场竞争实力】加强区域性政策研究和市场分析，积极为基层行营销工作创造有利条件。通过举办供应链融资产品推介会、企业年金产品推介会、总行级重点房地产开发企业全面战略合作签约仪式以及多场对公战略性客户重点金融产品推介会等大型活动，加强新产品的营销推介。组织开展黄金业务主题营销、“账户金交易大赛”、“牛年行大运，E路送好礼”、“惠民贺新春、安居创和谐”旺季营销活动等，促进个人金融重点产品销售。通过开展“妈祖卡百万行动计划”、借记卡消费积分换礼和自助设备使用有奖活动，加强钻石白金卡、汽车卡、公务卡等卡种营销，组织各种联名卡和特色卡的推广及管理工作，努力扩大发卡群体，改善用卡环境。

2009年12月18日，福建省分行与总行级重点房企全面战略合作签约仪式现场。

【加大创新力度，促进业务快速发展】在产品创新方面，灵活运用信贷品种置换，积极推出人民币对公账户收支控制与余额管理服务、加强工程项目建设资金监管、推广国内保理等新产品，积极研发基于应收账款类为基础资产的理财产品、上市公司股权类的理财产品和基础设施类理财产品，适时推出“星洲1号”等满足个人高端客户投资需求的“龙信通”信托理财产品，较好地满足客户的金融服务需求。大力推进“个人存款联名账户”，积极拓展“妈祖平安卡”、“联名卡”、“共管卡”等产品，进一步拓宽存款源头。在机制创新方面，开展对公业务经营职能整合试点工作，逐步将福州城区和宁德分行所在城区对公大中型信贷客户经营重心上移至二级分行本级及以上机构，加快“信贷工厂”业务模式小企业经营中心建设步伐、在建设银行系统首家推出中小企业贷款履约保证保险业务等手段，有力地提升了小企业金融服务水平。成立网点管理中心和物品配送中心，实现对网点人员的集中管理和常用物品的集中配送，有效整合资源。

【加强基础管理，健全内控体系】加大对基层行信用评级和授信申报的具体指导力度，优化信贷审批流程建设，认真执行对重点优质客户的差别化政策，积极支持前台部门的营销工作。坚持“区别对待”、“有保有压”的差别化原则，严格按照总行“进、保、控、压、退”的要求，加强信贷准入与审批管理，加大退出类客户贷款压缩回收力度。继续推行高风险领域重点监控措施，加强逾期及非应计贷款的监测，强化信用风险监测预警工作。加强会计内控建设，强化会计基础工作，实施操作风险动态管理，组织实施现场检查和屡查屡犯风险突出问题专项治理。继续完善全省金库集中作业，持续推进前后台业务分离。高度重视法律合规工作对业务发展的支持，以创建“平安建行”为主线，将创建活动与促进业务发展、社会治安综合治理、创建“平安福建”、金融机构安全评估、案件防控等五个方面工作有机结合，全面推进。开展“学条规、重操守、严规范”主题教育活动和现场法纪教育，实施屡查屡犯问题专项治理活动，持续完善内控考核管理办法，组织员工行为排查，深入开展案件风险自查及化解防范活动，全面加强案件防控工作。进一步完善积分管理条例，加大对条线、下级机构积分工作的检查和指导，努力推动积分工作的开展。加强党建工作和员工队伍建设，扎实推进企业文化建设，营造积极向上的企业文化氛围。

执笔：黄庆扬　杨达远　周林松

审稿：李文贤

厦门市分行

厦门市分行行长陈万铭

一、业务发展概况

2009 年，建设银行厦门市分行（以下简称厦门市分行）努力争创同业最佳品牌，深化改革举措，调整信贷结构，各项业务继续快速发展，盈利能力再创历史最好水平。税前利润实现 15.5 亿元，同比增长 16.3%，完成总行计划的 135%，位居厦门同业第一。存款、贷款和中间业务的市场占比有所提高，中间业务收入 5.57 亿元，同比增长 11%，四行占比 37.9%，位居厦门同业第一。全分行 34 项业务指标列当地同业第一，比上年又有增加，其中分行荣获总行 2009 年度“国际结算双超奖”一等奖。

【负债业务】全口径存款余额全市首家突破 800 亿元，达 882 亿元，全年新增 196 亿元，同比多增 140 亿元，增长率达 29%，创历史最好水平。一般性存款余额 816 亿元，比年初增长 155 亿元，余额、新增额四行占比分别达到 40% 和 38%。

【资产业务】各项贷款余额全市首家突破600亿元，达603亿元，年新增105亿元，余额和年新增均位居同业首位。其中自营性个人贷款余额达198亿元，新增40亿元，余额四行占比39%。

荣获厦门市“2008年度十佳行风政风建设先进单位”，企业的品牌形象进一步提升。

二、主要工作举措

【抱团取暖，与厦门企业共渡难关】2009年，全球经济危机给进出口依存度高达130%的厦门带来了强大的经济风暴，面对乏力的经济，厦门市分行提出与政府、企业“抱团取暖、共克时艰”。分行适时推出了施工企业合同融资及分离式保函等新产品，适时满足了厦门有关项目建设的需求。截至2009年11月底，基础设施项目贷款余额152.59亿元，比年初增加35.1亿元，贷款主要集中投向厦门市辖区投资的重点项目。针对厦门市打造18条百亿元产值产业链的目标，厦门分行主动进行资金对接，截至2009年11月底，市属十三大集团在建设银行的贷款余额较年初新增31.16亿元，位居厦门同业前列；举办“抱团取暖、共克时艰”——支持出口企业发展政策说明会，宣布了支持厦门外向型企业的八大举措，并且现场与来自厦门市6个区的6家企业分别签订了公开授信合作协议。

2009年，面临全球金融危机、面对厦门进出口业务持续低迷的不利形势，厦门市分行深入研究分析市场情况，积极面对同业竞争，通过产品创新和主动服务营销、加大国际业务拓展力度，外汇业务主要指标超过当地中行。国际结算折算客户数2 447户，计划完成率184.8%。四大行收付汇占比30.08%，首度超过厦门中行，位居四行首位；外汇业务中间业务收入完成1.31亿元，四行占比34%，超过当地中行、工行、农行；结售汇量完成57亿美元，全市占比第一。

从2009年3月始，持续在《厦门日报》推出“抱团取暖、共克时艰”“服务小企业、成就大事业”“建设海西、建设银行在行动”等专栏，每周一整版，在当地引起了较大反响。

【升级小企业信贷业务，拓宽小企业融资渠道】积极推进小企业专业化经营机制建设，组建小企业专业化经营机构，分行小企业经营中心升级为小企业信贷部，在小企业客户相对集中，发展潜力较大的湖里、江头、海沧、集美、杏林、同安、翔安、高科技、思明等9家支行设立小企业经营中心。根据厦门市产业规划和区域特点，牵头在象屿支行设立厦门市分行物流融资中心，创新物流融资产品，尝试专业化、特色经营，创办3个月，就新增贷款投放5亿多元，专业化经营探索取得初步成效。

加大政、银合作，帮助优质小企业发展。为帮助具有核心技术和竞争优势的小企业渡过难关，厦门市分行向厦门市市长建议设立出口外向型企业担保金和风险补偿金，市经发局、财政局、贸发局与厦门建设银行共同研究、制订《厦门市出口订单封闭贷款担保金管理办法》，并在建设银行开展业务试点。制定了《厦门市出口订单封闭贷款担保金管理办法》，并首先在建设银行开展业务试点。对有订单、有市场的出口企业，厦门市政府提供一定比例的担保金，作为建设银行向出口企业提供订单贷款的担保基金。

经努力，厦门市分行小企业业务投放和贷款余额在厦门金融同业名列第一，连续3年获得厦门市政府授予的小企业金融服务先进单位第一名。

2009年9月2日，厦门市分行与厦门市湖里区人民政府战略合作协议签约仪式在湖里区人民政府会议室顺利举行。

【省、厦门建设银行签合作协议，联手服务海西建设】2009年9月，借助海西发展的战略机遇，厦门市分行提出了“走出去”的战略思路以及“立足厦门，放眼海西，走向全国”的指导思想，及时掌握厦门市重点项目信息，并积极与福建省分行联动，参与海西重大项目的建设，如福清核电二期项目（40亿元）、上杭蛟城高速公路、厦漳大桥项目。住房金融业务条线紧紧抓住海西大发展的契机，加强本地房地产企业省内异地开发项目的跟踪，努力发展优质开发商省内异地项目开发贷款和按揭贷款，制定了异地房地产贷款管理办法并发放贷款。2009年10月21日，首笔漳州长泰“天颐桃源”项目的异地按揭贷款成功放款，成功开辟了新的个贷增长点。工程咨询业务紧跟厦门房地产开发企业，大举进军全国各地，上半年主要承揽了厦门住总集团的广西北海三期工程，以及宝龙集团在山东、江苏、安徽、河南等已开发和即将开发总计770万平方米的青岛的宝龙游乐园等多个外地项目。此外，针对国家财政部经常委托总行和中建投进行大型基础设施项目评审工作，通过紧密联系，积极跟踪，主动请战，上半年获得参与向莆高速铁路评审机会并创收手续费40万元。

【全口径个贷余额再上新台阶，全市首家突破200亿元大关】厦门市分行继2005年个贷余额当地同业首家超百亿元之后，4年时间再破200亿元大关，远领先于同业。一是产品和服务创新，增强了个贷持续发展的动力，如2009年推出能更换房贷借款人的“易名贷”；推出可以用足公积金贷款额度的“公积金置换贷款”；推出住房贷“定额法”还款方式等。二是通过梳理流程，提高效率增强个贷市场竞争力，如强化与厦门市住房置业担保有限公司业务合作深度，对双方业务流程交互整合创新，二手房贷款在提供担保的前提下实现交易收件收据放款，放款时间缩短为9个工作日，从而增强了二手房贷款市场竞争力。

【推进实施对公信贷经营管理职能整合优化】实施对公业务经营模式改革，建立“专业、集中、集约”的对公经营模式，凸显“专业、专注、专营”的理念。初步建立专业化的经营模式，对网点功能进行专业化定位，根据网点所处的区域特点、客户结构和未来发展趋势将我分行现有支行分为全功能支行、多功能支行和个人业务特色行三类。

【保需求，专题个人金融产品营销亮点纷呈】2009年，推出“乾元”资产组合型产品（7.4亿元）和以股权收益权为基础资产的“乾元一号”产品（7亿元）。适时扩大“乾元”、“聚财一号”、“大丰收”等理财产品，与外部合作联合开发创新产品有新突破，如与中国人寿推出具有“低保费、高保障”特点的“喜来保”保障计划、与厦门证券推出联名卡“厦证龙卡”等，从而较好地满足了不同客户的需求，刺激了市民的投资和消费。

积极营销促发展，提前启动第一季度旺季营销活动，充分利用元旦、春节、端午节、中秋节、国庆节、圣诞节等节日契机及消费旺季，开展信用卡刷卡营销活动，促进消费额增长。专题产品营销亮点纷呈，如开展黄金优惠活动并组织客户黄金公司“淘金之旅”；开展基金定投、CTS开户送好礼等优惠活动；开展个人结售汇业务“外币轻松换，喜做建行VIP”营销活动；开展汽车卡“六大权益”、巴黎春天卡“巴黎春天周年庆”、马拉松龙卡“五好”优惠活动等重点卡种营销活动；组织客户参加钻白卡高尔夫球联谊赛；联合苏宁、百安居、百脑汇、大润发等大型购物商场开展分期业务营销活动。

【创新和发展非金融服务，极大地促进了高端客户的维护和拓展】2009年，打造了“博士龙夏令营”、“建行爱乐俱乐部”等非金融服务模式，持续并优化新春客户答谢会、高端客户中秋搏饼联谊会等传统大型营销活动；继续举办“建行财智高端讲坛”系列活动（油画鉴赏和养生专题两场活动），创办“三八妇女节时尚沙龙”、“建设银行教育月”（两场“博士龙理财夏令营”、一场留学讲座、一场应考讲座）等活动，开启分类客户群体的定向营销，进一步提升了中高端客户对建行服务品牌的认可度。

【以市场营销为重点，加强国业资金品牌建设】外汇资金业务因“企”制宜，利用远期、期权、利率掉期、货币掉期等金融工具，创造出多种汇率避险方案，根据境内及境外NDF价格走势，并结合人民币汇率走势，积极与香港分行及建银亚洲磋商，适时推出四方（参与协议的境内相关公司、香港相关公司、厦门市分行、建银亚洲）协议项下对冲业务，得到市场好评，给厦门市分行累计带来超过30亿美元远期结售汇签约额，实现近5 000万元人民币中间业务收入，同时锁定了客户国际结算业务，获得了良好的综合效益。根据利率市场特点推出“汇利盈”产品，在短短两周时间内，厦门市分行吸收一年期存款4亿多元人民币，发放6 000万美元贷款。

【创新服务，有效提高客户满意率】2009年，厦门市分行分别从业务流程优化、网点服务入手深化服务意识。分行开展了“微笑工程”活动，帮助全分行员工提升主动服务、注重细节的服务意识；组织全分行员工开展“快乐工作 我来支招”金点子征集活动，参加人数近1 000人，使“快乐工作、主动服务”深入到员工的思想中。邀请厦门航空公司的培训师为全辖866名网点员工举办了微笑服务培训，总平均分8.14分，总参加率达到96.4%。东区支行和厦大支行被评为“2009年厦门市民最满意的十佳银行网点”。

执笔：梁小强

审稿：生柳荣

江西省分行

江西省分行行长段超良

一、业务发展概况

截至2009年底，全口径存款余额突破1 000亿元大关，达到1 263.89亿元，当年新增297.5亿元，增幅达30.78%，排四行第二。各项贷款余额705.97亿元，当年新增120.11亿元。经营效益平稳较快增长，实现税前利润16.77亿元，同比增长15.81%；实现经济增加值8.38亿元，同比增长32%。

【公司业务】企业存款余额602亿元，当年新增135.77亿元，新增占比26.18%，四行排名第一。贷款投放稳中求进，信贷结构持续优化，公司类贷款余额499.22亿元，当年新增68.51亿元；其中，小企业非贴现贷款余额33.46亿元，比年初新增13.77亿元，增长率69.93%，增速超过对公贷款3倍多；小企业非贴现贷款余额占比由年初的5.21%提高至7.75%，新增占比25.60%。

【个人金融业务】个人存款余额556.64亿元，当年新增109.04亿元，网均新增和增速排名四行第一。个人类贷款余额206.75亿元，当年新增51.6亿元，个贷增速达33.43%，高于全分行贷款平均增速12.93个百分点，占各项贷款的比重达到29.32%，比年初提高2.85个百分点。实现个人高端客户数量高速增长，个人富裕客户新增1.74万户，个人高端客户增长率69.22%，排全国建设银行第十位。

【中间业务】2009年，全分行实现中间业务毛收入7.56亿元，市场占比26.11%，四行排名第二，有4个二级分行在当地四行排第一。中间业务收入增幅27.72%，高于全国建设银行平均水平3.85个百分点；占主营业务收入比重的20.41%，高出全国建设银行平均水平1.8个百分点。

【国际业务】努力扩大在“三十大重点客户”的业务承办率，全年累计完成国际业务结算量38.13亿美元，四行占比28.96%，市场份额相当于工行、农行两行之和，市场排名第二。实现国际结算收入2 976万元，增幅96.44%，四行排名首次超过中行排名第一。

【资产质量和风险控制】组建经营团队，以现金回收为主线，突出“早”和“快”，实行

2009年2月26日，江西省分行行长段超良代表中国建设银行江西省分行慰问江西省军区官兵。

"一户一策"，不良资产处置取得实质性重大成效。2009年，全分行共处置各类不良资产14.6亿元，其中处置不良贷款13.15亿元；实现不良资产现金回收10.2亿元，其中回收不良贷款本息9.72亿元；不良贷款额、不良贷款率大幅下降，资产质量创历史最好水平，不良贷款额比年初下降9.46亿元，比年初降幅42.71%；不良贷款率1.80%，同比下降1.98个百分点。

【其他业务】投行业务收入2.03亿元，新增0.88亿元，IPO顾问业务收入排全国建设银行第六位，投行理财产品收入列中部地区分行第一。电子银行收入3 863万元，同比增幅82%，短信理财客户覆盖率排名全国建设银行第三位，柜面交易量之比52.58%，同比提高18.58个百分点。信用卡中间业务收入2 022万元，同比增幅达116%，增幅在全国建设银行排名第七位；贷记卡累计发卡25.4万张，新增发卡10.65万张，同比增幅达72.20%，其中白金卡新增在全国建设银行排名第四；借记卡发卡总量530万张，新增发卡133.68万张，增幅达33.74%，新增四行排名第二。

二、主要工作举措

【全面实施客户战略，推进客户规模和业务规模快速扩张】抓住客户这个核心，制订了客户战略实施规划，突出存款、贷款业务的基础地位，促进了客户群体和业务规模快速扩张。一是突出客户战略中的账户营销。对公客户以账户为本，积极探索对公账户营销有效的手段和方法，加强了账户营销考核激励，推动全分行抢抓机遇，抢抓优质客户的账户营销，对公结算账户比年初新增5 285户，完成总行计划的364.50%。二是加大对公优质客户和重点项目营销。组建任务型团队，建立垂直管理和专业化团队运作模式，成功获得了5个重点铁路项目、6个重大电力客户的结算账户。"八一工程"再次突破，获得了南昌陆军学院基本结算户。成功营销了高等院校、省级重点中学及二甲以上医院基本户15户，排全国建设银行第二位。与国开行、农发行及省内其他商业银行和外资银行签订了全面合作协议，CTS客户总数和手续费收入在省内同业均排第一。三是坚持存款的基础地位不动摇。开展了"抢客户、拼市场、争份额"存款营销竞赛活动，在存款新增连续4年创历史新高的基础上，存款余额历史性地突破1 000亿元大关。四是积极稳妥地加快贷款投放。在信贷投放上，切实落实"坚持政策标准，坚守风险底线"、"区别对待，有保有压"等原则，严格执行"进保控压退"五字方针。加快重点领域信贷投放，组织开展了对公贷款项目营销储备竞赛活动，加快有效信贷项目储备向实际投放转化，新增贷款重点投向交通、电力等重点行业以及教育、卫生等民生领域。落实总行退出计划，妥善从劣质客户中退出贷款20.40亿元，促进了信贷结构优化。

【深入实施业务转型，推进战略性业务保持超常规增长】一是锻造具有特色的投资银行业务品牌。依托总行支持，实施一级经营管理和一级半经营两种模式，强化直接经营，团队运作，强化高层营销，加快产品创新，推动了投行业务跨越式发展。2009年，投资银行业务迈上了2亿元的台阶，新型业务收入是上年的3倍，其中IPO再融资业务收入排名全国建设银行系统第六位，理财产品收入新增排名全国建设银行系统第五位、中部六省分行第一位。二是拓展国际业务市场份额。巩固国际结算业务市场，着力于提高国际结算业务收益率，加大了资源配置力度，制定了契合实际的产品营销策略，海外代付等厚利产品的推广营销力度不断加大，促进国际结算收入增长。与省内仅有的两家外资银行均建立了业务合作关系，吸收了渣打银行南昌分行外汇存款共计6 500万美元。三是提升中间业务的竞争力。开展了中间业务产品扫零行动，实施中间业务产品计划动态管理，完善考核激励办法，组织标杆竞赛，促进了中间业务快速发展。2009年，实现机构类财务顾问业务收入2 226万元，排全国建设银行第一位，实现机构管理顾问及代理国库业务收入均排全国建设银行第三位，代理财险手续费收入排全国建设银行第八位。企业年金业务率先在系统内上线铁路年金账管系统，托管资产新增、托管资产规模分别排名全国建设银行第三位和第五位，账管和托管业务市场份额超过50%，余额和新增均排四行第一。国内保理业务超常规增长，累计受让应收账款比上年增长12倍，累计发放国内保理预付款比上年增长14倍，实现利息收入比上年增长74倍，实现保理管理费收入比上年增长31倍。四是推进银行卡业务快速发展。组织开展了“信用卡营销示范网点竞赛”活动，发挥网点主渠道作用，组建了直销团队，突出了重点产品营销。五是保持电子银行业务高速增长。组织开展了“我学、我用、我营销”竞赛等多种主题营销活动，加强考核通报。有3个网点进入全国建设银行“351”劳动竞赛十强网点，是入围十强网点数量最多的一级分行。

【大力强化产品创新和服务创新，积极推进专业化经营】一是推进产品创新与科技创新。利用“百易安”产品对旅行社保证金进行托管，研发了首笔由总行领导签发的非上市公司股权收益权理财产品，发行了系统内首笔基础设施类理财产品、首笔有限公司股权收益权理财产品。创新推出了省内首张保险联名卡。完成了信息开发项目76个，其中总行项目15个，作为全国第一家试点分行，率先完成综合前端项目全省推广。成为全分行业务快速发展的重要推动力。二是提高专业化经营水平。深入推进一、二代网点转型，提高了市场营销与客户服务反应速度，网点销售量和客户满意度明显提升，在2008年下半年总行“神秘人”检查中，江西省分行汇总附加评价得分在全国建设银行排名第二。深入推进前台业务后台集中工作，完成了离行式自助设备外包试点工作，是系统内首家推行外包的分行。三是积极发展小企业业务。全部13家二级分行都成立了小企业专营机构，推行小企业“信贷工厂”服务模式，制定了小企业业务发展指导意见，优化了小企业业务流程，加大了激励力度。四是努力打造“惠民、安居”服务品牌。开展了“惠民安居、服务大众”主题营销活动，以个人住房贷款为龙头，全年新增个贷客户5.64万户，增速达137%。积极支持保障性住房建设，发放经济适用房贷款1.83亿元，保持同业绝对领先优势。住房金融业务继续保持市场领先。存贷款市场占比均稳居第一。五是成功组织了“建行金融产品”活动，在全省11个地市开展金融产品巡展。

2009年3月27日，江西省分行行长段超良出席南昌大学债务重组银团贷款项目签约仪式。

【狠抓内控管理，着力构建风险防范的长效机制】一是努力强化基础管理。强化会计等级管理，有10个营业机构被评为会计基础工作“一级单位”。积极践行“法律合规工作创造价值”的理念，法律合规工作对业务发展、风险防范的支持作用进一步加强。取得了12项知识产权证书，是全国两家被总行授予知识产权管理奖的分行之一。二是大力加强案件防控。深入贯彻落实总行案件防控及整改方案，开展了“风险与案件防控工作百日治理活动”，全面梳理和完善规章制度，进行业务风险和员工行为“双排查”，开展岗位交流和轮换，当年会计人员轮岗比例103%，信贷岗位人员轮岗比例30%。三是强化安全生产管理。落实安全生产责任，推行“一岗双责”责任制和“一票否决制”，强化对重点时段、重点部位、重点岗位、重点环节的安全管理，保障了全分行安全稳定运营。2009年，共抓获5名利用自助设备作案的犯罪嫌疑人，堵截利用自助设备犯罪事件100多起。四是深入开展“平安建行”创建活动。深化创建活动内涵，把创平情况纳入等级行考评和内控管理体系，形成了常态化管理机制。五是狠抓整改工作。积极探索把整改工作与建立长效的内控管理机制结合起来，一手抓问题的发现整改，一手抓问题的问责与预防。建立了整改工作考核机制和通报制度，落实整改双向责任制并做到举一反三，有效提高了综合整改率。2009年，全分行内部审计项目整改率97.96%，较上年提高2.36个百分点，外部监管检查项目整改率100%。六是积极开展机关效能年建设活动。建立完善了首问负责制、现时服务制等66项服务制度，各级机关的服务意识和效率进一步提升。在2008年省政府组织的效能建设考评中，我分行名列全省39家省直单位第四名，在全省金融单位中排名第一。

执笔：陶有珠　肖剑峰　单克强

审稿：隋　岩

山东省分行

山东省分行行长彭洪明

一、业务发展概况

2009年，全口径存款余额3 676.1亿元，新增906.1亿元，完成总行计划的247.1%，增幅为32.7%；各项贷款余额2 307.4亿元，新增465.3亿元，增幅为25.3%；实现中间业务收入22.3亿元，增幅为22.2%；不良贷款余额30.01亿元，比年初下降4.86亿元；不良贷款率1.3%，比年初下降0.59个百分点；拨备覆盖率198.2%，比年初提高51.3个百分点；实现拨备前利润69.6亿元，增幅为12.6%。

【公司业务】2009年，对公贷款新增359.9亿元，其中非贴现贷款新增384.6亿元，同比多增241.2亿元；对公存款新增520.4亿元，完成总行计划的260.1%；新开各类对公结算账户24 124户，年底基本结算账户占比达到48.1%，各类账户的户均存款余额较年初提高40万元；成功发放山东省金融系统第一笔并购贷款，为兖州煤业并购澳大利亚菲利克斯公司出具2亿美元融资性保函；全年银团贷款业务收入同比增加975万元；累计发放国内保理预付款42.38亿元，余额27.13亿元，实现国内保理管理费收入4 246.17万元，系统内排名第三位；在临沂分行成功试点动产质押贷款，截至2009年底，共有存量动产质押客户26户，信贷余额4亿元。

【个人金融业务】截至2009年底，个人存款新增296.4亿元，完成总行计划的189.2%；借记卡新增发卡442万张、信用卡新增客户30.2万户，分别完成总行计划的138%和104%，信用卡客户突破100万户；新增特约商户4 129户，完成总行计划的413%，商户总数突破1万户；累计销售基金101亿元，利得盈、建行财富50亿元，代理寿险26亿元，个人实物黄金和账户金交易量达到18 234千克，基金定投累计签约19万户。延伸服务网点进驻全运会媒体村，被全运会组委会评为“中华人民共和国第十一届运动会公益支持单位”。

持续创新，增强业务发展原动力。相继推出“水泊梁山”、“东阿阿胶”等29种龙卡联名卡；在全辖94个网点上线推广个人国际速汇系统，组织上线推广银保通系统，上线保险公司达13家；创新基金定投业务签约模式，利用移动POS签约基金定额定投项目已进入测试阶段；推广上线数字媒体播放系统，实现了对一线网点营销信息实时播放；加强 PBCS、CQSM 和营销服务系统的推广应用，推出银联电话 POS 业务。

【房地产业务】2009 年实现个人贷款新增 105.47 亿元，公积金贷款比年初新增 57.08 亿元，实现房改中间业务收入 5 353 万元，创历史新高。建立并完善项目房地产优质客户、项目储备库；积极推广创新产品，推出了房易安二手房资金交易监管办法，在淄博分行试点推出“存贷通”业务，实现了个贷客户的增值服务；成功与济南住房公积金管理中心签订了公积金联名卡合作协议，当年发卡 2 万余张。推进个贷中心建设，济南地区、菏泽、日照个人贷款中心和济南历城、滨州邹平前端专业经营中心在总行验收中基本达标。

【中间业务】实现中间业务净收入 22.29 亿元，同比增长 22.15%；在主营业务净收入中占比 19.57%，同比提高 2.18 个百分点；毛收入总量居四行当地同业第二位。启动保函、抵押物财险、企业短信签约等重点潜力产品的营销推动工作，开展重点产品“双提”活动和“扫零、增产”活动，截至 2009 年底，实现“扫零、增产”收入 19 610 万元，完成全年计划目标的 256%。

【国际业务】国际结算量达 223.5 亿美元，实现国际结算业务收入 17 996 万元，即期结售汇业务量达 75.97 亿美元；累计完成 NDF 组合交易 11.4 亿美元；实现外汇中间业务收入 38 188 万元，同比增速高于全国平均增速 10.48 个百分点；对公结售汇收入实现 16 001 万元；办理短期信保项下应收账款买断业务 274 笔，金额 3 959 万美元；全省 E－TRADE 签约客户累计达到 241 户；办理海外代付业务 605 笔，累计发生额 9.62 亿美元，实现海外代付项下收入 2 843 万元；证票通业务系统内排名第一，发生额 23.02 亿元，带来中间业务收入 2 148 万元；办理山东省第一笔“融税通”业务；针对出口企业的上下游供应商和分销商资信低、难以单独授信的情况，推出了“融链通”业务，有效地解决了上下游中小企业的融资问题。

【资产质量与风险控制】实施积极主动的风险管理，完善平行作业运作机制和流程，在加强信用风险管理的同时，强化操作风险、市场风险

2009 年 1 月 12 日，中国建设银行与山东省人民政府在济南市山东大厦签署战略合作备忘录。

及新产品、新业务的风险管理，全年新发放贷款不良率控制在 0.08%，比上年降低 0.1 个百分点。完善不良资产集中经营，实施重大不良贷款项目集体诊断制度，逐户确定处置方案。累计处置各类不良资产 15.5 亿元，完成计划的 143.3%；实现不良资产现金回收 11.8 亿元、超值现金回收 4.4 亿元、证券化受托资产现金回收 7 866 万元，分别完成总行计划的 221.8%、327%、138.2%。

二、主要工作举措

【强化市场竞争】坚持发展第一要务不放松，不看指标盯市场、不比扩张比后劲。对公业务方面，重点支持全省重点建设项目、省政府融资平台项目、城市基础设施行业和省支柱产业，积极支持济南市棚户区改造项目、小清河治理综合工程、济宁古运河整治等基础设施项目，牵头营销了多维化工、巨润建材、大唐鲁北发电等三个银团贷款。通过调整低产低效网点、培育旗舰网点、拓展代发工资业务、持续推动个人存款标杆管理、加大联动营销力度和强化客户拓展等措施，推动个人存款持续稳定增长。积极开展“标杆”竞赛、重点产品提升系统位次和市场占比“双提”活动，推动战略性业务实现快速发展。

【强化改革创新】一是完善管理体制。推进高端客户直接经营，省分行直接牵头经营的集团客户 60 个，成员单位达 211 户，贷款余额占全分行对公贷款总量的 31.3%；深化中小企业管理体制，2009 年底小企业贷款余额 142.2 亿元，当年

新增48亿元；调整电子银行组织架构，在二级分行设立电子银行业务中心，为加快电子银行业务发展奠定了体制基础。二是完善业务流程。启动柜面业务等4个流程优化项目，优化业务流程23个，开发优化系统6个，整合4种业务凭证，取消10种手工登记簿，全面推行限时审批承诺制度和授信业务电子化申报审批。三是完善产品创新机制。办理山东省内金融系统第一笔并购贷款业务，参与兖煤矿业海外并购银团贷款业务，企业年金托管资产新增16.7亿元，完成总行计划的297.5%；自主研发的“乾元通财”理财产品已形成“一周赢”“双周赢”“双月赢”三个系列，累计销售132.2亿元，余额48.6亿元。

【强化结构调整】一是优化信贷结构，制定对公业务三年总体规划和十一大重点行业三年发展规划，加快形成了城市基础设施行业、基础产业和支柱产业（含小企业）三足鼎立的发展格局。二是优化客户结构，成功营销17个中央财政科技重大专项资金特色专户和多个地市政府拉动内需资金专户，代理中央财政授权支付和地方非税业务金额达到330亿元，市场份额居同业第一；AUM 20万元以上个人高端客户数量新增5.5万户；AA级及以上客户贷款余额占比由年初的72.4%提高到78.1%。三是优化区域结构，坚持中心城市行加快发展，实施强县（市）支行和特色网点发展战略，全年中心城市行存款、贷款、中间业务、拨备前利润占比分别达到72%、69.9%、69.3%、71%。四是优化渠道结构，建成财富中心5家，理财中心64家，一、二代网点转型完成率达到112%，自助设备达到2 811台，电子银行渠道交易量与柜面交易量之比达到1.13:1。

【强化基础管理】以强化基础管理为保障，组织开展了“基础管理提升年”活动，围绕思想、制度、客户、发展、体制机制、人员、管理、工作八个方面狠抓基础管理，并把基础管理纳入条线绩效考核，管理水平持续提高。2009年底，内外审发现问题整改率达到99.5%，比上年提升3.3个百分点；稽核问题率0.35/万笔，降低0.7个万分点。加强合规管理，组织开展“高管谈合规”、“支行行长谈合规”、“合规文化宣讲报告会”等一系列主题教育活动，营造合规从高层做起、合规人人有责的氛围。深入开展“平安建行”创建，突出做好重点区域、部位、环节、机构和人员的安全防范，切实防范外部侵害，全年共防范ATM诈骗23起，票据诈骗10起，及时发现并制止伪造我分行印章案件5起。

【坚持以人为本】关心关爱员工，相继出台了《关于进一步加强员工思想政治工作的意见》和《关于进一步提升员工职业素养的指导意见》，形成了系统完整的员工工作体系；关注员工职业发展，选拔建立了24人的专业人才队伍，调整建立了120人的七职等管理人员后备库，将90名优秀短期合同制员工和29名转制的劳务用工纳入内部等级管理体系，使更多员工看到了努力方向；保障员工切身利益，探索实施节假日网点轮流营业制度，改善员工工作环境，降低员工劳动强度，持续改善员工收入待遇和福利体系，内（病）退员工生活待遇也得到提高。

执笔：刘太丽

审稿：楚孔用

青岛市分行

青岛市分行行长刘铁彦

一、业务发展概况

【负债业务】2009 年，本外币全口径存款时点余额 694. 32 亿元，比年初增加 158. 55 亿元，增速为 29. 59%。其中，对公存款余额 333. 80 亿元，比年初增加 89. 97 亿元，增速为 36. 90%；储蓄存款余额 294. 75 亿元，比年初增加 59. 68 亿元，增速为 25. 39%；同业存款余额 65. 78 亿元，比年初增加 8. 90 亿元，增幅为 15. 64%。

【资产业务】2009 年，各项贷款余额 508. 41 亿元，比年初增加 90. 18 亿元，增速达 21. 56%。其中，对公类贷款余额 349. 92 亿元，比年初增加 60. 01 亿元，增速达 20. 70%；个人贷款余额 158. 49 亿元，比年初增加 30. 17 亿元，增速达 23. 51%。

【经营效益】实现拨备前利润 14. 10 亿元，实现税前利润 12. 84 亿元，实现经济增加值 6. 61 亿元，实现中间业务收入 4. 91 亿元。

【资产质量与风险控制】五级分类口径不良贷款余额 10. 06 亿元，比年初下降 8. 28 亿元，不良贷款率为 1. 98%，比年初下降 2. 41%，实现不良资产现金回收 6. 58 亿元，实现不良资产超值现金回收 3. 37 亿元。

【国际业务】2009 年实现国际结算业务量 65. 56 亿美元，完成计划的 101. 8%；实现外汇中间业务收入 9 423 万元，年底贸易融资余额为 11 272万美元，比年初增加 8 746 万美元，增幅为 346%；通过境外分行累计办理 NDF 交易 3. 50 亿美元，NDF 交易收入建设银行系统排名第二，荣获建设银行总行最佳境内外汇业务联动奖。

【房地产信贷业务】2009 年，个人住房贷款余额 143. 81 亿元，新投放 61. 95 亿元，比年初增加 33. 13 亿元，个人消费贷款余额 14. 68 亿元，新投放 7. 25 亿元，比年初下降 2. 93 万元。个人住房贷款余额、市场占比、住房资金存款余额及住房公积金存、贷款余额和市场占比均居同业四行首位。

【信用卡业务】通过开展“百吨汽油空降岛城”等营销活动，信用卡发卡总量达到 31. 6 万张，新增客户 6. 2 万户，实现信用卡业务收入 4 569万元，同比增加 82%；实现信用卡中间业务收入 2 647 万元，同比增加 68%。新增客户、消费交易额、商户收单交易额等主要指标继续居当地同业首位。

【电子银行业务】通过开展“用建设银行网银盾、更多惊喜带回家”营销活动，全年新增企业网上银行高级客户 557 户，完成计划的 215%；新增网上银行个人客户 5 1507 户，完成计划的 128. 38%。新增短信业务签约客户 65 583 户，新增手机银行签约客户 26 276 户，实现电子银行直接业务收入 545 万元，同比增加 235 万元，渠道占比达 57. 4%，同比新增 19. 5 个百分点。

二、主要工作举措

【加强银政合作，拓展市场份额】与青岛市政府签订了支持城市建设发展的 30 亿元的《战略合作框架协议》，营销政府融资平台背景公司客户 42 户，贷款余额 71. 30 亿元，同比增加 24. 20

亿元；加大城市基础设施、节能减排等行业的营销力度，营销大唐电力、青岛地铁、青岛港口集团、青岛交通开发中心等重点客户，其中成功营销青岛地铁项目建设启动资金财政专用账户项目并获得副牵头行地位和70亿元银团贷款份额。

【转变发展方式、大力发展小企业业务】将小企业经营中心设置为一级部，推广“专业化、流程化”工作模式，对“速贷通”、“成长之路”产品进行重新梳理，同时，通过参加地方政府组织的“金融支持中小企业融资授信仪式”、“全市促进中小企业融资工作会议”等方式，向百余家客户推介了建设银行小企业业务。

【国际业务逆势中稳健发展】通过着力打造“融货通”、“融税通”、“融信通”三大产品品牌，抢占市场竞争的制高点，扩大了外汇业务品牌效应；加强境内外联动，研究设计了“中信保项下海外融资保+票据融资”方案，通过信保项下融资和海外融资保等产品的组合，最终成功营销了海尔集团2亿美元备用信用证业务，解决其海外应收账款融资难题并实现中间业务收入近700万元。

【机构业务扎实推进】成功营销海军驻胶州某重大军工项目基建项目和北海舰队战备工程办公室专项工程项目，军警客户总量新增45%，市场占比新增16%；启动针对教育、医疗、社保和环保四大民生领域的“民本通达”综合服务，积极推进中国海洋大学、青岛科技大学、山东科技大学等驻青高校的债务重组，共授信12.5亿元，实现银校双赢。

【狠抓旺季营销，抢占市场先机】按照年初确定的个人存款新增“保二争一”的目标，组织开展了主题鲜明、形式多样的节日营销和联动营销；抓住拆迁安置、CTS客户等源头资金，发挥专家团队专业优势，全面推广顾问式销售，个人存款实现稳定增长，日均存款新增48.70亿元，居同业四行首位。突出财富中心专业优势，积极拓展高端客户，为高端客户提供专属产品，在黄金、理财、个贷等方面提供差别化服务，组织开展“建行财富·蓝色经典”和“建行财富之夜——高端客户中秋答谢酒会”等联谊活动，提高高端客户忠诚度、贡献度。AUM 20万元以上客户新增13 321户，同比增加55.9%，其中钻石级客户新增了253户，增速达62%。

【积极拓展理财产品市场】会同山东省分行推出了“双周盈”、“双月盈”理财产品，填补了短期对公理财产品空白；适应市场需求，推出了分行首个面向个人客户销售的股权质押理财产品；同时，根据2009年市场波动的特点，将营销观念从“卖基金”转为“买卖基金”，实现基金销售中间业务收入4 250万元，居同业四行首位，全年理财产品实现中间业务收入1.36亿元，同比增长0.13亿元，增速达10.57%。

【实行不良贷款集中经营、处置效果显著】抓住重点，化解了涉及13家债权银行、26家企业，被总行认为是建设银行系统有史以来最复杂的重组项目之一青岛广源发系列不良贷款，消化不良贷款3.02亿元；通过重组、现金回收、以物抵债等手段，成功处置了青岛高合、天逸海湾项目、澳柯玛集团系列不良贷款，其中回收不良贷款2.5亿元，向上迁徙3亿元；处置了聚盛房地产项目等多项历史存量抵债不良资产，实现了不良资产历史遗留问题“清零”。截至2009年底，不良贷款余额10.06亿元，同比下降8.28亿元；累计处置各类不良资产8.60亿元，实现不良资产现金回收6.58亿元，实现不良资产超值现金回收3.37亿元，不良贷款率为1.98%，同比下降2.41%，是近几年来不良贷款处置最好、最快的一年。

【积极推进企业文化建设，提升服务满意度】组织科学发展观、社会主义荣辱观、建设银行发展愿景及文化要素等专题教育；组织开展“案件防控百日行动”活动；加强积分管理，提升员工合规经营意识。通过“员工接待日”、“服务满意度测评”等渠道，听取员工的意见和建议，接受员工的监督。启动新一轮大规模培训工作，共举办各类培训项目410个，1.87万人次参加了培训，员工队伍素质明显提高，保持了3个省级文明单位、3个总行级“青年文明号”和6个全国级“青年文明号”荣誉称号。

执笔：谭庆勋

审稿：张新华

河南省分行

河南省分行行长许会斌

一、业务发展概况

【发展综述】2009年，深入学习实践科学发展观，按照总行工作部署，结合分行实际，以专业化经营和服务为主线，着力打好“六个硬仗”，即支持“扩内需、保增长”的主攻仗、全面专业化经营的阵地仗、战略性业务发展的攻坚仗、区域发展的堡垒仗、基础管理夯实的翻身仗、实事大事的落实仗，实现“系统跨越、同业领先”的目标，各项业务取得了令人鼓舞的成绩。全面完成了总行KPI指标计划，7项主要指标再创历史新记录，6项主要指标赢得同业第一，6项主要指标系统内位次前移，在国家和省级有关单位组织的各类评比中荣获7个重要奖项。

【经营效益】实现经济增加值17.39亿元；实现账面利润30.93亿元，四行占比31%。

【各项存款】全口径存款余额达到2 485亿元，新增636.5亿元，位居同业第一；同比多增368亿元，比2009年初增加34.4%，高出全国建设银行平均增速5个百分点。

【各项贷款】贷款余额达到1 260亿元，新增301亿元，位居同业前列；比历史最高的2008年多增173亿元，比2009年初增加31%，高出全国建设银行平均增速4个百分点。

【战略性业务】中间业务创历史新高并继续领先同业，实现中间业务收入15.63亿元，比历史最高的2007年多增0.7亿元。信用卡净新增客户、账户活动率、消费交易额均创历年最高并领先同业。电子银行业务实现收入、客户新增均成倍增长并位居同业和系统前列。国际业务国际结算量和结售汇量均保持四行第二位。

【不良贷款】不良贷款额为11.21亿元，比2009年初下降4.09亿元；不良贷款率为0.89%，比2009年初下降0.71个百分点，资产质量同业最优。

【客户服务】2009年，先后荣获中国主流媒体理财联盟评选的“年度最佳省分行奖”，是省内同业唯一一家获此殊荣的分行；被《大河报》等主流媒体联盟评为“用户最满意银行”；在第四届河南财智榜上被评为“2008—2009年度河南最受尊敬的银行”；在中国《当代金融家》杂志举办的有200家省市分行参加的“首届中国银行业‘好分行’评选”中被评为“十佳好分行”称号；2009年在河南省企业家协会组织的评比中再次荣获“百强企业”称号；2009年连续第三年获省政府组织的政风行风评议“先进单位”称号；获河南省百家地税纳税大户“2009年度地税纳税十强”称号，是省内唯一获此殊荣的金融企业。

二、主要工作举措

【抓机遇、促发展】围绕中央“扩内需、保增长”决策出台和总行的一系列部署，迅速落实，深入开展与省市政府战略合作，促成总行与河南省人民政府战略合作备忘录的签署，签约意向性贷款2 500亿元；省分行先后与三门峡、郑州、洛阳、新乡等11个地市政府签订了全面战略合作协议，涉及重点项目及优质中小企业447个，意向性贷款2 258亿元。河南省分行的举措受到河南省委、省政府的高度赞扬和充分肯定，省委、省政府两次邀请我分行到“两会”和全省经济工作会上作专题发言，在金融系统是唯一一家；同时，河南省电视台还制作播出了我分行推进中小企业发展的专题片，为抢占市场先机创造了有利条件。

2009年4月7日，中国建设银行与河南省人民政府在郑州举行战略合作备忘录签约仪式。

【抓营销、促大户】把重点客户和重大项目营销作为各项工作的重中之重，精心谋划了第一季度旺季营销，取得了同业“七个第一”，并在总行评比中获旺季营销“综合贡献奖”一等奖。强力推动了“双高”客户和重大项目营销，梳理了188个“双高客户”和51个重大营销项目，实行“七制”管理，即“目标客户名单制、领导认养制、任务型团队制、联动营销制、一户一策制、目标问责制、过程合规制”，188个“双高客户”新增企业存款、实现中间业务收入均接近全分行的50%；51个重大项目贷款较年初新增86亿元，累计投放贷款119亿元。积极组织了系列专题营销，开展了“金融产品博览会”营销活动，策划举办了“善建者之歌——谭晶郑州独唱音乐会”，取得了良好反响。贴近客户提升服务水平，率先在同业中推出了郑州火车站贵宾服务，已接待1 737人次，机场贵宾通道接待高端客户4 208人次；省分行班子成员都积极参与“客户接待日”活动，全年共组织24期400余场次。

【抓战略、促转型】加强战略规划和推进，制定通过了《2009—2011年业务发展规划纲要》，成立战略转型推进办公室，加强对经营转型的协调推进；组织研究提升大中城市行竞争力，召开了完善两大事业部制运行机制研讨会、小企业业务发展专题会、企业年金推进讲座等。加强对县支行分类指导，召开了加快县支行发展工作会议，出台了《关于加快县（市）支行发展的十条意见》，修订完善了《县支行分类及考评办法》，组织开展了省分行部门对口县支行联系活动，取得了良好效果。加强小企业业务专业化经营力度。专门召开全省小企业金融业务推进会议，建立了“五专”服务体系，即专营的机构和人员、专注的业务领域、专属的金融产品、专业化的流程、专门的工作机制。全年“速贷通”累计投放11.5亿元，是上年的1.7倍；“成长之路”累计投放10.5亿元，是上年的7倍多。加强网点转型推进。全分行603家零售网点已全部实现一代转型，完成理财中心二代转型100个，设置有理财室的网点已达300个，开业的财富中心达到8家，在总行财富中心高端项目转型（三代转型）中获“推广优秀一级分行”称号。理财业务在系统和同业取得“双领先”。代理基金收入2.3亿元，同业排名第一位，系统内排名第二位；代理保险收入同业排名第一位，系统内排名第七位；代理黄金收入同业排名第一位，系统内排名第四位；保理业务收入系统内排名第五位；银团贷款收入系统内排名第五位。

【抓合规、促管理】2009年，认真组织做好审计检查配合和整改，2008年内部审计发现问题整改率达97.6%，较上年提高1个百分点；河南银监局检查发现问题整改率达到100%；对2009年内部审计发现问题整改率达99%；对审计署审计出的问题提前部署了整改，对自查自纠出来的少数员工利用信贷资金投向资本市场的有关责任人进行了问责处理。坚定不移抓好从严治行，全年四次召开从严治行万人电视电话会议，通报内、外部审计检查情况，以及基础管理、案件防控和风险规避方面的问题，安排部署整改工作；制定了《检查监督责任追究办法》，对检查监督不尽职等各种行为进行责任追究；完善集中采购制度，省分行本级共完成集中采购项目138个，资金节约率达15.5%，比上年提高8个百分点。深入推动合规文化建设，年初在郑州等7个地市相继举办了大型话剧《立秋》巡回演出；组织有关管理人员赴山西票号进行了合规管理学习；开展了“合规行动　从我做起　从现在做起　从领导做起”竞赛活动，以及“合规文化建设先进事迹报告会”。坚决有力抓好信贷结构调整，认真执行总行关于结构调整的各项要求，全分行共退出贷款31.95亿元，完成总行计划的120%；资产保全业务全面超额完成总行计划，累计处置各类不良资产7.33亿元，实现不良资产现金回收3.19亿元。提早认识到加强贷后管理的重要性，6月份专门召开全分行贷后管理视频会议，要求全分行强化“四个机制”，即风险揭示机制、问题贷款处理机制、重大风险事项快速反应机制、不良贷款风险化解机制。

【抓大事、促落实】对于事关全分行发展的重大问题和事项，都逐一进行专题研究，并逐项部署推进落实措施，年初确定的事关全分行长远发展和员工切身利益的八项大事实事，经过努力基本得到了实现。比如，制定并实施了《河南省分行2009—2011年业务发展规划纲要》；新综合业务楼建设经过上下左右反复沟通协调，已完成前期准备并开始动工；全年共投入3.8亿元用于网点购置及装修，其中1 020万元用于对121个网点门头型向改造，6 000万元用于对62个网点装修，1.26亿元用于购置10处自有营业用房；培训中心完成了变电设备、取暖及生活管网等部分基础设施的更新改造；深入推进职工之家建设，20个有条件的二级分行建立了职工之家活动场所；县支行和城区支行网点的建设也在因地制宜积极推进；以财富中心为龙头、理财中心为骨干、各网点理财室、VIP现金室为支撑的高端客户服务体系已初步建立；专业人才队伍建设实现突破，AFP、CFP专业人员本年度新增超过500人。

【抓队伍、促提升】加强领导干部作风建设，制定了《引咎辞职管理办法》；推进领导班子及其成员制度化考核，对4个二级分（支）行和4个省分行部门领导班子进行了调整交流。加强员工队伍建设，推进违规行为积分管理，将积分结果与员工绩效考核、评先、晋级挂钩。加大员工培训力度，全年共举办各类培训班710期，培训员工49 600人次，是近几年来对员工培训力度最大、培训覆盖面最多的一年。积极营造团结向上、和谐稳定的良好氛围，努力抓好信访维稳工作，全年未发生大的群体和突发事件；开展形式多样的创优评先活动，对2008年度10名突出贡献员工、10名优秀员工等进行了表彰。

执笔：孙俊岭

审稿：黄兴宏

湖北省分行

湖北省分行行长王江

一、业务发展概况

2009年，全分行（不含宜昌地区）有营业网点565个，在册从业人员12 617人。资产总额本外币2 494.95亿元。本外币全口径存款余额2 439.32亿元，当年新增497.26亿元。各项贷款余额达到1 168.36亿元，当年新增211.88亿元。实现中间业务收入13.44亿元，同比增加1.76亿元。实现账面利润30.53亿元，同比增盈4.07亿元。

【公司业务】截至2009年底，全分行企业存款余额达到1 002.68亿元，成功突破“千亿元大关”，新增197.59亿元，增速为24.54%，同比多增近100亿元；余额和新增双双居于全省四行同业第一。全分行公司类本外币贷款余额930.01亿元，较年初新增170.8亿元，增幅达到22.5%，同比多增52亿元，创历史新高；实现公司类贷款利息收入49.91亿元，占全分行贷款利息收入的82%。其中非贴现贷款余额867.34亿元，较年初新增161.3亿元；贴现余额62.67亿元，比年初新增9.5亿元。

2009年3月13日上午，中国建设银行与湖北省人民政府战略合作备忘录签约仪式在北京湖北大厦3楼东湖厅举行。未来三年内，中国建设银行将向湖北省交通、汽车、钢铁、水利、民生、“两型社会”项目、新能源项目和中小企业提供总额1 800亿元的信贷支持。

【个银业务】个人存款新增246亿元，系统排名第十位，当地四行占比32.08%，比上年同期提高2.87%，排名第一位；个人存款余额1 328亿元，系统排名第十一位，当地四行占比29.04%，比上年同期提高0.61%。个人贷款业务，截至2009年12月31日，全分行共发放个人贷款43 922笔，完成总行计划的142%。个人贷款余额为238.32亿元，较年初新增41.08亿元。其中发放个人住房贷款87.11亿元，比上年同期多增加34.63亿元。中高端客户年底达到12.4万户，比年初增加4.1万户，完成总行计划的195%。其中AUM 300万元以上顶端客户1 676户，较年初新增570户，完成计划的173.8%。

【中间业务】实现中间业务收入13.44亿元，同比增加1.76亿元，中间业务收入占比达到19.19%，比上年底提高0.93个百分点。截至2009年12月底，全省对公中间业务收入6.96亿元，比上年同期增加1.44亿元，同比增幅为26.1%，占全分行中间业务收入的51.56%，当地同业排名第一位。全省对私中间业务收入6.48亿元，较上年增加0.78亿元，同比增幅为13.7%，当地同业排名第二位。2009年外汇业务中间业务收入4 982万元，其中，国际结算收入1 234万元，境外保函业务收入526万元，较上年同期增长91.7%；外汇买卖收入706万元，较上年同期增长328.3%。实现造价咨询业务收入2.2亿元，居系统内第三位，同比增长1.31亿元；实现投行业务收入2.08亿元；海外保函业务收入526万元，同比增加251万元；信用卡累计发卡达到84.31万张，当年新增客户23.37万户，实现信用卡消费交易额86.07亿元；电子银行客户数新增246.34万户，实现电子银行收入4 560万元，电子银行与柜面交易量之比提高了16.32个百分点。

【资产质量】全分行不良贷款余额17.34亿元（审计前数据），比年初下降1 700万元，不良贷款率为1.48%，比年初下降0.35个百分点，均控制在总行年度计划以内。公司类和个人类不良贷款均实现了双降。

【经营效益】经营效益大幅提升。实现账面利润30.53亿元，同比增盈4.07亿元；实现经济增加值15.47亿元，同比增长2亿元。全年会议费下降了39.28%，业务用车费下降了16.94%，印刷费降低了10.21%，低值易耗品下降了14.10%。

二、主要工作举措

【强化基础管理】突出重点行业、重点客户、重点区域和重点业务环节的风险监控，细化十二级风险分类工作，定期组织召开资产质量分析会，强化风险计量，引导资源优化配置。同时，加强信用评级管理，公司类客户评级覆盖率保持较高水平。截至2009年底，对公评级覆盖率达到99.7%，比年初上升了2.26个百分点，超过全国建设银行平均水平。优化操作流程，深入推进项目评估和平行作业；规范管理机制，持续提升非信贷资产质量；提升精细化管理程度，动态实施信贷授权管理；积极推进操作风险和市场风险管理，全面风险管理水平进一步提高。2009年，特别加强了贷后管理，严格落实信贷业务“三查”制度，严防新增不良；在全分行开展了不良贷款“扫雷”活动，全年累计处置各类不良资产11.53亿元，处置不良贷款10.4亿元，回收现金7亿元，实现超值现金回收3.34亿元，有效地保证了利润增长。大力开展“平安年”创建活动，将案件防控工作纳入KPI考核；加强合规文化建设，开展了“防线联动，共创平安”以及“查违规、堵漏洞、防案件”大检查等一系列内控管理活动，基本实现了“三无两提高”的工作目标；严格落实轮岗、交流和强制休假制度，认真开展员工行为排查工作，自查和互查面达100%；加强内外部审计检查发现问题的整改，审计发现问题个数、问题金额整改率分别达到99.06%和99.45%；内部关键风险点监控发现问题整改率达到96.48%。全分行未发生安全责任事故以及影响安全稳定的重大事件。

【加快结构调整】严格落实总行2009年度结构调整相关政策，对全分行客户结构进行全面摸底分析，出台了结构调整意见，细化了每个行业的发展策略和准入退出标准。同时，出台了执行制造业、批发和零售业结构调整的具体意见，较好地指导了各行结构调整工作。明确相关部门职责，形成合力，确保结构调整工作落实到位。建立了双向调控的激励约束机制。2009年，在对信贷客户全面摸底的基础上实施信贷结构调整，严格落实“有保有压”、“有进有退”的信贷政策，高度重视已有不良贷款和出现“亚健康”企业的信贷退出工作，完成信贷客户退出275户，退出金额18.81亿元，完成总行退出计划的143.12%；全分行关注类贷款占比下降3.89个百分点；AA级以上客户贷款占比81.9%，比年初上升9.13个百分点。

【推进网点转型】深入推进网点转型，在完成全部556个网点一代转型工作的基础上，组织实施了37个理财中心二代VIP项目转型和3个财富管理中心高端客户关系管理项目转型工作。狠抓柜面优质服务，认真开展“神秘人”检查和客户接待日活动，在总行网点服务质量调查中位居全国第二位。2009年，加大了渠道建设力度，全分行装修网点127个，购置网点12个、各类自助设备394台；已建离行式自助银行45家，比年初增加16家；自助设备分流率达到50.7%，比年初提高了7.3个百分点；全分行取得理财师认证资格人员达到430名，经过总行专业培训的理财服务人员达到2 380名。深入推进标杆管理，开展了创建星级网点和星级柜员的“两个创建”活动。

2009年4月2日，湖北省分行与湖北省交通厅合作协议签字仪式在湖北省交通厅举行。

【突出市场营销】明确营销重点，做好总、分行级重点客户的甄选、认定、梳理工作。截至2009年底，有132家客户被认定为总行级重点客户，比2008年增加16户。抓好项目储备库建设，公司项目（客户）储备总量1 249亿元，其中固定资产贷款863亿元，流动资金贷款386亿元。铁路项目营销取得新突破，湖北移动开展合作新领域，巩固和加强与省交通厅的关系，签订总额为300亿元的银企合作协议；咸宁核电项目融资蓄势待发，正积极与湖北核电公司加强联系，培植客户关系；成功加入武汉地铁集团银团贷款，并取得较大份额。2009年，结合不同时期、不同市场特点，全年开展了不同重点、多种形式的主题营销活动。第一季度组织开展了以“贴近市场，关爱客户”为主线的“金牛迎春，创优争先”个人金融业务旺季营销活动，为全年业务发展奠定了坚实基础，在总行综合评比中以排名第五的成绩获得大奖“综合贡献奖”。为走出近年来第一季度硬、第二季度软的业务发展怪圈，组织开展了“抓客户、增存款”个人金融业务区域对手赛营销活动，在保住第一季度营销成果的基础上，业务发展取得重大突破，实现季度存款增长27.5亿元。为抓住暑期市场特点，第三季度组织开展了“牵手建行，轻松理财”暑期营销活动，在稳定存款市场的同时，促进了理财产品销售增长，揽括总行季度营销活动“综合贡献奖”、“精准营销组织奖”两项大奖。第四季度组织开展了“抓批量代发、拓客户资源”主题营销活动。同时，还组织了以基金、黄金、借记卡、个人外汇业务为主题的重点产品营销活动。通过开展系列营销活动，提升了个人金融业务产品市场份额，实现了产品销售和个人客户的快速增长。

【加强人才队伍建设】2009年，公开选拔业务核心人才256名；加大干部交流力度，各级行班子结构得到优化；拓宽人才成长通道，采取监管机构挂职锻炼、部门间轮岗交流、内审机构互派锻炼、基层挂职任职等多种形式，构建多渠道多层次的年轻人才培养机制；加大人才引进力度，择优录取127名应届毕业生，补充全日制本科学历劳务派遣人员114人，充实了网点和一线力量；深化人力资源管理改革，实施了省分行本部岗位分析与评价工作；加大培训力度，全年共举办各类培训151期，同比增加62期。

【加强企业文化建设】建设学习型组织，坚持调动系统内科研资源与调动社会科研资源相结合，坚持组织专班搞科研与组织业余搞科研相结合，坚持宏观投资金融理论研究与建设银行改革发展研究相结合，努力为全分行广大的政策研究爱好者贡献聪明才智提供广阔舞台。2009年组织的6个年度课题均已通过总行年度验收，在人民银行武汉分行金融学会评奖中分获科研著作一等奖与科研课题成果奖。在深入调研的基础上，做好行志、年鉴编写工作，全年完成几十万字行志资料的收集整理和近十万字行志文稿的撰写审定工作，并先后完成总行年鉴、湖北年鉴、湖北金融年鉴以及武汉年鉴的建设银行湖北省分行篇的撰写及上报工作。在重视基础文化工程建设的基础上，推行以人为本的和谐文化建设。建立健全关心关爱员工机制，推行“五必访”“六必贺”“困难职工数据库”等送温暖工程，继续开展“爱心一日捐”活动，关心困难员工生活。全年共慰问、帮扶员工1 636人次，救助金额达到463.2万元。2009年，全分行共有12个基层行获得省部级以上先进单位称号，79名员工受到地市级以上表彰。

执笔：胡和清

审稿：石章振

三峡分行

三峡分行行长林帆

一、业务发展概况

【财务效益依然可观】实现税后净利润33 136万元，实现经济增加值19 373万元，经济资本回报率为20.74%，成本收入比为41.66%。实现账面利润44 919万元，四行占比为42.6%，继续保持同业第一。

【资产规模快速扩张】各项贷款余额239亿元，新增55.6亿元，增幅为30%，完成总行计划的161%。其中，对公贷款首次突破200亿元，余额达200.5亿元，新增47.1亿元，增幅为31%；个人类贷款余额38.5亿元，新增8.5亿元，增幅为28%。贷款总量及新增四行占比分别为43.4%和41.2%，稳居首位。

【各项存款强劲增长】全口径存款余额264亿元，新增56.9亿元，增幅为27.5%。一般性存款余额244.6亿元，新增48.6亿元，增幅为25%，完成总行计划的205%。其中，储蓄存款实现了历史性突破，余额达到133.2亿元，新增27亿元，增幅为25%，新增四行占比达到42.75%，系统内排名第一；企业存款余额111.4亿元，新增21.6亿元，增幅为24%；一般性存款、企业存款、储蓄存款总量及新增均列四行第一。

【中间业务领跑同业】实现中间业务净收入16 325万元，比上年增长3 421万元，增幅为26.5%，完成总行计划的112%。中间业务净收入占主营业务净收入的比重为16.52%，比上年提高2.6个百分点，中间业务净收入总量四行占比为39.5%，保持同业第一。

【战略性业务后劲十足】电子银行客户新增209 925户，交易额新增177.4亿元；电子银行交易与柜面交易占比达46.23%，同比提高25.44个百分点，高出总行计划16.23个百分点。银行卡发卡新增5.79万张，其中借记卡净增3.68万张，信用卡净增2.11万张。借记卡新增发卡量、累计发卡量、信用卡新增发卡量在同业中排名第一，信用卡累计发卡量在同业中排名第二。银行卡消费交易额43.75亿元，完成全年计划的146%。商户净增1 437户，同比增长135.96%，银行卡中间业务收入首次突破3 000万元大关，同比增长35.89%，四行排名第一。实现国际结算业务50 324万美元，贸易项下国际结算量41 880万美元，结售汇39 538万美元，四行占比分别为39%、41%和38%。三项主要国际业务指标蝉联第一。机构业务成功营销建设银行系统首单"社保一卡通"业务，代理财政社保业务继续保持同业领先优势，代理保险业务收入达到1 244万元。实现资金结算业务收入1 180万元，区域四行比较，我分行单位人民币结算业务总量排第二位，新增和增幅排第一位。

【资产质量继续领先】不良资产余额为1.36亿元，不良资产率为0.35%，较年初下降0.19%。其中不良贷款余额1.05亿元，不良贷款率0.44%，较年初下降0.22%，优于总行下达的1.2%控制计划，在系统内排名第二位。

二、主要工作举措

【以实施战略创新为导向，发展路径科学宽广】一是全面实施客户战略，转变了经营着力点。加强了客户信息的分析和运用工作，充分发挥公私联动、本外币联动和专业化团队营销作用，实行多层次的梯级营销模式，不断提升综合营销能力，逐步夯实了赖以生存的客户基础。全年对公结算账户新增129户，AUM 20万元以上的个人客户新增4 274户。二是着力推进"双渠道"战略，抢占了发展制高点。积极推进二代网点转型工作，客户平均等候时间缩短到4.35分钟，PBCS系统网均销售量为全国建设银行网均水平的2.3倍，客户经理服务VIP客户的时间由转型前的47%上升到90.6%。在总行下半年组织的"神秘人"检查中，我分行由上年系统内排名第九位上升至第二位。网点建设加快推进，全年完成网点购置项目5个，网点自有率首次达到50%，整体装修改造9个网点，布放自助设备72台，新增自助银行11个。加强电子银行服务区建设，强化了客户体验应用，加强电子银行队伍建设和开展营销及知识竞赛，努力在全分行营造全员学习、使用、营销电子银行的良好氛围，促进了电子银行业务的快速发展。三是加快实施强县（市）发展战略，拓宽了业务增长点。重点加大了对县域行发展的各项支持力度，实施财务资源和人力资源的"双优先"。开展产品、培训、服务"三送"活动，有力地促进了县域支行业务的迅猛发展，使县域支行成为全分行业务发展的重要增长极。到2009年底，县区支行贷款余额达到70.23亿元，占四大商业银行县区贷款总量的56.46%，在8家县区支行中，有6家贷款份额居当地首位；县区支行一般性存款余额达到93亿元，一般性存款新增18亿元，同业占比分别为31%和33%，市场份额居同业第二位。在8家县区支行中，有3家一般性存款新增居当地之首。目前，县区行一般性存款总量、一般性存款新增、贷款总量、中间业务净收入分别占全分行的38.2%、37.3%、29.4%和30.5%，县域市场占比保持领先优势。

【以加快调整转型为重点，增长格局呈现多元化】一是抓住发展良机，加快优质贷款投放。抓住国家刺激经济增长的良好政策性机遇，牵头组建内部银团，发放长江三峡水利枢纽工程三期项目贷款19亿元。发放三峡开发总公司短期贷款40亿元、葛洲坝集团及股份公司贷款11亿元和清江公司贷款5亿元。加强信贷结构调整，投放行业相对集中于制造、电力、燃气、交通运输、仓储五大行业，面向A级及以上客户，公司类贷款结构进一步优化。全年小企业客户新增34户，投放小企业贷款3亿元，综合收益率为6.27%。二是转变增长方式，业务发展全面突破。强化公私联动和综合营销工作，积极探索零售业务批发化经营的新方式，促进了业务全面发展。发挥部门与支行的上下整体联动作用，成功营销了七县一区财政国债项目资金专户，机构业务工作取得新突破。投行业务也开始推出一些满足个人客户的产品。三是探索增收新路，营收渠道日益丰富。发挥资产负债业务的带动效应，重点拓展银行卡、电子银行、国际业务和投行业务等战略性业务，强化对公结算等基础性产品的营销，实现了中间业务收入快速增长，促进了全分行财务收入的多元化。21个重点产品中，收入在200万元以上的达到17个。

2009年7月9日至10日，建银国际与长电创新投资管理有限公司在宜昌市签订共同设立医疗保健股权投资公司合作协议。

【以深化改革创新为动力，经营效率明显提高】一是深化经营管理体制改革，着手理顺管理架构。在分行层面，先后设立了六大专业经营中心，实行专业专注经营，使得全分行初步形成“综合经营、单一经营和专业化经营并存”的全新业务经营架构。在分行本部，重点是建立和完善专业化营销服务团队和管理团队，专门设立了投资银行部，全力拓展投资银行业务；在2009年底成立了产品定价和产品创新委员会，做到产品推介、定价管理、综合服务方案、风险控制措施等系统性保障更加清晰有力。在基层机构，除了强化支行负责人、客服部门经理直接营销的重要作用外，积极探索建立支行营销服务团队或小组，推行客户经理AB角制，重点开拓小客户市场。二是大力开展产品创新和服务创新，着力满足客户需求。在产品创新方面，成功推出“乾图理财”、“利得盈”、“乾元—双周盈”等理财产品，有效满足了市场及客户需求。及时推出了大中型客户采矿权抵押授信、动产（钢材）质押授信、库存商品（摩托车）抵押办理银行承兑汇票等对公产品，以及小企业交易类应收账款质押授信业务和专业担保公司担保小企业信贷业务，进一步拓宽了业务范围。在服务创新方面，成立客户分类服务的专业化团队，为客户提供专业、专注服务。开展小企业客户部试点，积极探索建立批量经营的小企业客户服务模式。开展对公网点转型试点工作，为在全分行推广对公网点转型积累了经验。三是深入推进激励约束机制改革，着眼打造精英团队。2009年，分行把激励约束机制的完善创新当做促进全分行渡过难关、赢得发展的强大推动力，主要着眼点放在员工职业生涯发展和团队建设上。第一，推行了大范围的直管机构和分行部门管理人员公开竞聘机制，17名优秀年轻同志经过竞聘走上管理岗位，调整交流管理人员58人次，在分行本部竞聘产生69名团队负责人。聘任了58名支行内设部门负责人和专业技术职务199人，为员工职业生涯发展逐步打通了更为宽广、更加公正的晋升通道。第二，丰富了买单制的内容，试行了单项（户）预算制，重点改进了等级行评价考核和管理人员薪酬分配办法。第三，我们还创新培训手段，将培训作为一项重要的激励方式，大力开展员工培训。全年共举办境内外各类培训103期，5 841人次参加了培训，首次在新加坡与香港各举办一期管理人员培训班。

【以强化风险控制为前提，质量安全有效保证】深入开展了风险文化教育，强化了贷后管理工作。进一步优化基层机构关键风险点检查、操作风险损失事件报送等工作流程，开展了主要生产系统应急演练、操作风险与内部控制自评估、主要业务关键风险点排查等专项工作，加强合规综合整改，强化了操作风险控制。大力开展“讲合规、查隐患、堵漏洞、强基础”合规建设系列活动，强化教育，加强检查整改，增强全分行合规经营意识，强化了道德风险控制。比较平稳地实施了守押社会化改革，并启动了全分行网点远程集中监控工作。分行连续保持多年实现“三无”目标，资产质量继续在系统内和区域同业名列前茅，连续4年荣获湖北省金融系统“良好银行”称号，是区域内唯一一家获此殊荣的金融机构。

【以加强党建工作为后盾，企业活力进一步提升】将党建工作与学习实践科学发展观活动，以及“讲党性、重品行、作表率”活动和“四好班子”建设活动紧密结合起来。专门召开了党建工作会议，提出了党建工作“四强四优”的总体目标。强化对党员的教育管理，深入开展党风廉政建设，进一步提升了党员和党员领导干部的思想认识和模范带头作用。在全分行组织开展了“我为精品银行做什么”讨论活动，营造更加积极向上、和谐进取的良好企业文化氛围。充分发挥工会组织的桥梁纽带作用，广泛开展了“争先创优”等劳动竞赛活动、文体活动及困难职工慰问活动，举办了国庆60周年职工书画摄影作品展和文艺晚会，有效地起到了凝聚员工士气、激发工作热情的作用。大力倡导和推进员工“减压工程”，努力做到让全分行员工“快乐工作，健康生活”。分行已连续四届荣获省级“最佳文明单位”称号和宜昌市“文明系统”称号，2009年还获得湖北省企业文化先进单位等多个荣誉称号。

执笔：朱　俊

审稿：罗泽民

湖南省分行

湖南省分行行长龚蜀雄

一、业务发展概况

2009年，面对复杂的经济金融形势，湖南省分行继续坚持“以人为本、以德治行，构建和谐团队”的办行思路，通过抢抓机遇，发展资产负债业务；推进业务转型，增强发展后劲；加强精细管理，提升经营管理水平等举措，取得了优异的经营业绩，继续保持和巩固了当地同业领先地位。

【负债业务】全口径存款余额2 864.05亿元，比年初新增710.88亿元，增长率为33.02%，余额、新增额四行占比分别为35.71%和40.33%。其中，企业存款余额1 324.6亿元，新增369.3亿元；个人存款余额1 357.74亿元，新增244.15亿元；同业存款余额181.71亿元，新增97.43亿元。

【资产业务】各项贷款余额1 560.8亿元，比年初新增319.01亿元，增长率为25.69%，余额、新增额四行占比分别为35.65%和27.63%。其中，公司类贷款余额1 279.46亿元，新增261亿元，增长率为25.63%；个人类贷款余额281.34亿元，新增58.01亿元，增长率为25.98%。

【中间业务】实现中间业务收入18.41亿元，较上年增加4.39亿元，增长率为31.32%，余额四行占比35.92%。

【经营效益】实现拨备前账面利润56.52亿元，较上年增加10.51亿元，同比增幅为22.83%。剔除拨备后，实现利润45.6亿元，同比增加13.33亿元，增长率为41.31%。

【资产质量】不良贷款额降至24.25亿元，比年初减少5.05亿元，不良贷款率为1.55%，比年初下降0.81个百分点，连续4年保持了不良额和不良率的双降。

【战略业务】电子银行业务年收入达7 636.2万元。其中，个人网银客户新增157.1万户，企业网银客户新增2.22万户；手机银行客户数过百万人、交易额过百亿元。信用卡客户年内净新增35.03万户，累计发卡量达到93.44万张，信用卡消费交易额112亿元，同比增长137%，实现信用卡业务收入1.77亿元，同比增长126.7%。国际业务实现逆势增长。累计国际结算量36.17亿美元，同比增长7.06%，累计结售汇量17.75亿美元，实现外汇中间业务收入7 013万元，同比增长20.96%。投资银行业务创新取得重大突破。全年运用各种投行业务工具，为省内企业融资共计58.8亿元，较上年增加29.77亿元，增速达102%。作为全国建设银行创办的首家村镇银行——桃江建信村镇银行建设银行一周年，发展快速稳健，各项存款达2.23亿元，各项贷款达1.22亿元，实现净利润92万元，不良贷款全年保持为零。

二、主要工作举措

【抢抓机遇促发展，资产负债业务再上新台阶】通过开展两节营销、“抓户增存、清户挖潜”主题营销、“政府客户营销年”等竞赛活动，及时调整激励政策，一大批优质客户基本结算账户相继落户该行，50万元以上单位比年初新增659户，在系统内排名领先，企业存款保持稳健增长。个人存款通过加强客户维护，做大财富管理业务；加大产品营销力度，促进收入增长；积极推进网点二代转型，提高了网点营销服务能力；加强渠道建设，改善服务环境，实现了健康快速发展。2009年存款创历史最高水平。

调整贷款投向结构，不断优化信贷资源配置，抓住大企业和小企业两头，稳健发展贷款业务。各项贷款增幅同比提高了6.62个百分点，贷款投放量创历史新高。在公司类贷款上，与43家重点客户签署2 807亿元战略合作协议，加快项目储备向实际投放转化，重点投向了交通、电力、城建等行业。重点支持和服务教育、医疗、社保、环保等民生领域，四大领域贷款余额达到77.2亿元。加大了对小企业优质客户的贷款投放力度，较年初新增313户，增幅为36.18%；小企业贷款余额比年初新增29.69亿元，是上年的2.3倍。个人贷款加快了发展速度，同时适当调整结构，大力发展个人住房贷款，优先保障一、二手房贷款，适当控制了商业用房、助业、消费等个贷产品。

对公客户合作关系进一步深化。与湖南移动、湖南卫视、美国盖尔集团等签订战略合作协议；与通程集团、中国人寿湖南分公司合作推出名企联名卡；长沙公交IC卡系统顺利上线实施，“建行·公交联名金融IC卡”成功发行。中标为长沙市住房公积金金融服务受委托银行。“民本通达”业务全面推广实施，湖南师范大学、湖南省药监局等重点客户的基本账户转入我分行。扩大个人高中端客户群体数量，个人VIP客户达19.2万人，较年初新增7.14万人，增速为59.20%；提升高中端客户质量，高中端客户金融资产占比达44.54%。

【着力推进业务转型，发展后劲持续增强】设立了中间业务管理部，加强对产品的梳理和分析，采取有针对性的措施，促进以往较为落后的产品快速发展，实现了多项产品齐头并进。加大对重点产品的资源配置，推进标杆管理，强化考核激励。规范服务，挖潜收费，强化培训，中间业务呈现出良好发展态势。

电子银行业务：通过强化市场营销、改善客户结构、拓宽应用领域、加强服务创新，取得重要成果，稳居省内同业首位，在总行组织的“351”劳动竞赛活动中，综合得分系统内排名第一，网点达标率系统内排名第一。

信用卡业务：通过抓高端客户、抓高品质收单商户、抓网点持续营销、抓收益提升，实现了快速增长，在总行2010年信用卡工作会议上，湖南省分行获得5项奖励，是全分行系统获奖最多的分行。

国际业务：通过找准市场、调整结构，加强指导和调研，规范经营管理，在受全球金融危机影响，全省外贸进出口量急剧萎缩的情况下，实现了国际业务的逆势增长。

投资银行业务：注重投行业务创新，在实现企业债券主承销发行业务、基础设施项目股权融资、向客户的直接投资业务、为并购重组提供顾问服务、为村镇银行提供高收益理财、为省内企业提供 IPO 上市辅导及主承销业务等方面开创先例。

【加强精细化管理，经营水平全面提升】进一步加强风险管理，制订风险管理评价方案；借助授信业务风险监测系统；完成押品管理系统推广上线；开展多种形式的信贷大检查及专项大检查，发现问题，强化整改。

进一步完善财务管理，加强集中采购工作，制定新的采购办法，落实了总行“五严格五严禁”要求，厉行节约，从严审批，核算费用，改进本级预算管理，完善费用包干使用制度，细化费用项目管理，本级业务管理费增幅低于全分行平均水平。

进一步深化会计营运体制改革，持续推进前后台业务分离，提升运营效率，实现了批量代收代付业务及网银落地业务集中处理，加快了离行式自助设备的集中维护，实现了该行离行式自助设备集中加钞维护，做好了核心业务系统功能优化整合。

在信贷、财务会计营运条线全面开展了“零违规、零差错，从我做起”活动，完善制度，优化流程，控制风险。全分行平均稽核差错率控制在万分之零点一六，很多网点实现了零差错。全分行 10 个二级分支行的内部控制审计评价上升了一个档次。

紧紧围绕全分行中心工作，进一步加强行务运行、督察督办、信息调研、法律合规、信息技术管理、纪检监察、安全保卫，以及内、外部宣传报道、媒体危机公关、品牌建设等工作，提升支持保障能力和服务水平，促进了全分行各项业务健康快速发展。

【践行科学发展观，构建和谐成效显著】扎实推进深入学习实践科学发展观活动，组织召开了领导干部民主生活会，举办了形式多样、内容丰富的党委中心组学习，深入开展了“讲党性、重品行、作表率”活动，将党建工作落到实处。重点做好领导班子及成员的任期考察，对后备干部进行了考察和推荐，对相关部门和二级分支行的班子进行了调整、补充，对业绩突出、符合条件的 3 名基层支行负责人实行了高配，进一步激发了基层机构负责人的工作积极性，6 名正副总经理级干部退出管理岗位，巩固了干部年轻化建设的基础。组织员工招聘，录用大学毕业生，置换补充劳务用工，并将一部分优秀的劳务工转制为合同制员工，激发了广大员工的工作积极性，推进大规模、有特色的员工培训，进一步提升员工素质。完善了职代会制度，发挥员工当家做主的权利；策划和实施了“迎国庆 60 周年、行庆 55 周年”系列主题活动；组织召开了湖南省分行历史上首次历届行领导座谈会；加强后勤保障工作，积极开展节日慰问和困难救助；积极开展员工喜闻乐见的文体娱乐活动，丰富了员工的业余文化生活。

执笔：羊丽慧

审稿：陈二尧

广东省分行

广东省分行行长曾俭华

一、业务发展概况

全口径存款、一般性存款、个人存款、同业存款新增当地四行排名第一，全口径存款新增连续三年在同业中排名第一。在建设银行系统内，全口径存款、一般性存款、个人存款、企业存款新增额都居第一，前三项存款余额也居第一；各项贷款、公司类贷款、个人住房贷款新增都居系统内排名第一；中间业务收入继续保持系统第一，税前利润上升到系统第一。

许多战略性业务也居当地同业或建设银行系统第一，如企业网银活跃客户新增、个人网银活跃客户新增、网银盾个人客户新增、手机银行客户新增、电子银行业务收入5个指标均列系统内第一；信用卡累计发卡和新增客户、信用卡消费交易额和贷款余额、信用卡商户分期交易额都在系统内排名第一。

【存款】全口径存款余额达到8 040亿元，比年初新增1 913亿元，增幅为31.22%，超过2008年、2007年两年新增总额，比五年发展规划2009年全口径存款余额6 835亿元的计划目标多1 205亿元。其中企业存款比年初新增972亿元，增幅为36.23%，建设银行系统增幅第一；个人存款比年初新增498亿元，新增额和存款余额均在系统内排名第一。

【贷款】各项贷款余额3 093亿元，突破3 000亿元大关，比年初新增870亿元，增幅达39.14%，超过2008年、2007年、2006年三年新增总额，比五年发展规划2009年各项贷款余额2 468亿元的计划目标多了625亿元。其中公司类贷款比年初新增649亿元，个人类贷款比年初新增220亿元。

【经营效益】实现拨备前利润104.77亿元，历史性突破百亿元大关，比上年增加15.07亿元，增幅为16.8%；实现税前利润92.76亿元，同比增长10.09亿元，完成总行年度计划的106.09%；创造经济增加值52.33亿元，同比增长9.39亿元，完成总行年度计划的111.43%。实现中间业务净收入42.84亿元，增幅为21.7%。

【公司业务】企业存款余额3 654.44亿元，比年初新增971.83亿元，同比多增440.40亿元，当年新增系统内排名第一，新增额比2007年和2008年两年合计新增956亿元还多16亿元。对公贷款余额为2 309.36亿元，比年初新增649.23亿元，同比多增256.14亿元，当年新增系统第一。

【个人金融业务】个人存款余额达到3 590亿元，系统内排名第一；实现个人金融中间业务收入12.21亿元，系统内排名第一；6项重点产品收入（借记卡、基金、人民币结算、他行卡ATM收单、代发工资、保管箱）系统第一；中高端客户新增95 573人，高端客户、AUM新增数和余额均在系统第一。

【房地产业务】个人住房贷款余额782.97亿元，比年初新增220.36亿元，同比多增159.78亿元，实现个贷新增系统内排第二、住房贷款新增系统内排第一，分别比上年同期上升1位和4位。实现房金条线中间业务净收入17 824万元，同比增幅 19.78%，广东同业排名第一。住房资金归集新增 76.35 亿元、公积金贷款新增 68.82 亿元，广东同业排名均第一。

【中间业务】实现中间业务净收入 42.84 亿元，同比增加 7.64 亿元，增幅为 21.7%。个人金融中间业务收入、房地产中间业务收入、电子银行中间业务收入新增额均居建设银行系统或广东同业第一位。其中电子银行中间业务收入在当地四大行中占比达到 46%。人民币公司机构类结算账户加权新增 25 476 户，基本结算账户首次超 10 万户达到 10.26 万户。

【国际业务】国际结算累计实现 513 亿美元，同比增幅和市场占比新增幅度均居广东同业首位；对公外汇中间收入累计 4.28 亿元，建设银行系统跃居第二。全口径外汇存款新增 10.82 亿美元，广东同业排名第一。创新“付汇盈系列产品”，累计完成业务量 8.21 亿美元，实现收入约 6 800 万元；人民币跨境业务量 3.7 亿元，广东同业第一，市场占比 53.6%。

【资产质量与风险控制】2009 年底不良贷款余额为 42.63 亿元，比年初减少了 16.14 亿元；不良率为 1.38%，比年初下降了 1.26 个百分点，比 2007 年 7 月下降了 3.23 个百分点，提前实现了五年发展规划 2010 年控制在 1.5% 以内的目标。处置不良资产 39.48 亿元，其中，不良资产现金回收 22.76 亿元，不良资产超值现金回收 10.59 亿元，拨备回拨金额 12.82 亿元。

二、主要工作举措

2009 年，我分行实现了存款、贷款、中间业务等 30 多项主要经营指标在建设银行系统和当地同业中名列前茅，同时荣获省市政府部门和建设银行总行各种奖励荣誉 30 多项。成绩取得源于以下举措，主要是心中装有“第一”，敢于“五争”，奋力“五上”，从而开创了“五新高”局面。

【争开源，上节流，经营效益创上新高效】

1. 转变观念，突出效益。不断强化以效益为中心的经营理念，努力转变业务发展方式，提高各项业务的盈利水平，把实现效益增长摆在首位，在考核导向上，在资源配置上，突出利润目标和价值创造力。

2. 千方百计拓宽收入来源，提高盈利能力。把发展中间业务作为增加效益的重点来抓，通过抓重点产品、产品覆盖率、销售渠道、产品创新、营销推动、考核激励等，全力推动中间业务发展。在发展资产负债业务过程中，既注重规模的扩大，努力做大向规模要效益；更注重效益的创造，努力做强提高盈利能力。既不断提高议价能力，提高贷款利率水平和综合收益率；更狠抓低成本的负债业务，优化负债结构。

2009 年 4 月 9 日，中国建设银行行长张建国出席在广州召开的中小企业客户座谈会，并与受邀中小企业代表进行座谈交流。

3. 推进全面成本管理，提高资源配置效率。一是加强宣传引导，积极营造主动关心成本控制的氛围；二是制订厉行节约实施方案，大力推进成本控制；三是优化费用结构，严控开支标准，提高投入产出效率；四是大力压缩耗用性和行政性费用，加大业务拓展费用投入。全年全分行耗用性和行政性费用同比减少 6 937 万元，减幅达 27.58%，而全分行业务拓展费用同比增加 5 013 万元，增幅达 15%。

4. 向不良资产处置回收要效益。一是紧扣“快收、多收、巧收”的不良贷款处置策略，通过召开不良资产片区推进会、诊断会，积极寻找处置机遇，深入挖掘资产潜在价值；二是多种处置措施灵活运用与组合，包括以诉促谈、引入战略投资者、推动法院加大执行力度和执行款分配、减免表外利息等手段现金回收不良贷款；三是充分发动市场，精准营销，有效处置抵押物或抵债资产。全年压缩超亿元的项目 5 户，压缩额合计 9.65 亿元。

【争市场，上服务，营销服务跨上新高度】

1. 多策并举，全面营销对公业务。一是把单纯的客户拓展扩展为“增收入、增客户，争授信、争结算”，并将“双增双争”作为广东省分行对公业务长期发展经营战略全面推进实施；二是开展了108场形式多样的客户推介活动，与一大批重点客户建立了战略合作关系；三是加强与境外机构联动，合计利用外汇资金办理业务15.92亿美元；四是针对重点营销项目组建任务型团队230个，任务型团队针对重点项目完成客户评级114户、项目评估85个、授信项目85个，完成贷款投放项目62个、贷款投放金额达517.9亿元；五是加重机构业务营销力度，“八一工程”取得重大突破，“民本通达”品牌推广成效显著，代理保险业务收入在系统内实现三连冠。

2. 精耕细作，做深做实个人业务营销工作。一是继续推进和深化中高端客户关系管理；二是以“理财大比拼”为主线，组织了系列主题促销活动，有力地促进了理财产品销售；三是依托营销服务系统，积极开展精准营销。广东省分行先后下发了6批次包括货币基金、到期理财产品等营销数据，指导分支行开展精准营销；推广个人金融产品营销服务系统PPSS系统，依托系统积极开展精准营销，取得了良好效果。

2009年4月9日，中国建设银行与中国南方航空集团公司强强携手，在广州签署银企战略合作协议。

3. 狠抓服务质量，提高服务水平。一是机关为基层服务、中后台为前台服务、全分行为客户服务的意识大大增强。二是行内每季度开展网点服务专项检查，行外聘请专门的公司开展神秘人检查。三是全分行服务质量持续改善，全年95533累计受理客户投诉608笔，比上年减少1 696笔，降幅达73.5%；受理客户表扬656笔，比上年增加64笔，增幅达10.8%。

【争创新，上调整，发展动力跃上新高峰】

1. 以“健全创新组织机构与网点转型、健全创新经营管理机制、健全创新业务流程、健全创新工具”为抓手，大力推进创新工作。一是设立了铁路、电力、空港三大专业化经营中心，分别依托三个行业集团客户实行集中的专业化经营；设立广州市中小企业经营中心和广州市外汇业务经营中心，实行客户分类专业化经营管理。二是两批100家二代转型网点成功通过总行验收；全面实施了对公业务条线渠道建设的“伸升战略”，较好地提升了对公网点的对公服务和产品销售能力。三是全年完成创新项目347个，其中产品创新145个，管理、服务、流程创新202个，先后推出了“乾元理财”、“股权通”、“付汇盈系列”、“速保通”、“六祖祈福龙卡”等一批具有较大市场影响的产品，创新实现综合收益16.42亿元。

2. 积极推动业务转型和结构调整，优化了业务结构。一是大力发展中间业务，中间业务毛收入占主营业务收入比例达24.54%，同比上升1.33个百分点。二是大力发展小企业业务，累计投放小企业贷款190.20亿元，贷款余额（含贴现）184.07亿元，信贷客户2 906户，分别比年初新增89.7亿元和997户。三是投资银行业务快速发展，全年实现投行业务收入77 508万元，增幅达144%。四是国际业务克服了金融危机带来的困难，完成国际结算量513亿美元，同比增长5%。五是信贷结构调整取得新进展，非贴现贷款户比年初增加1 002户。

【争管理，上内控，风险防治升上新高位】

1. 大力加强信用风险管理。组织开展“信贷管理年”工作，全面推进信贷管理工作的规范化和精细化；组建贷后管理团队，建立信贷管理的长效机制，大力加强贷后管理。全分行不良贷款率比年初下降了1.26个百分点，比同期下降了37.9%。

2. 加强案件防控工作。深入开展第六个“安全年”、总行案件防控及整改以及广东银监局案件风险排查专项活动，稳步推进“纵向到底、横向到边”的案件防控联防体系建设，共成功堵截各类案件81件，堵截涉案金额750万元。

3. 加强操作风险管理，提高内控水平。一是建立非现场会计检查制度，实施风险预警监测；二是开展二级分支行内控联动评价工作。全分行100%的会计机构达到规范化标准，会计稽核差错率由年初万分之零点七三降为万分之零点四四。

4. 强化整改。配合总行广州审计分部完成15个审计项目；配合广东银监局完成7个项目检查。加大对内部审计和外部监管发现问题的追踪整改力度，加大对屡查屡犯问题的整治力度；对报送整改问题个数整改率均在97%以上。

【争上进，上素质，队伍建设再上新高地】

1. 加大领导人员调整交流力度。全年共对158名助理及以上领导人员和四级专业技术职务人员进行了调整，其中提拔任职66人，交流任职81人，由四级专业技术岗位转为管理岗位7人；干部提拔采用了公推、公选的方式。

2. 健全干部中长期评价机制和责任追究机制。建立二级分支行领导班子KPI考核和领导成员履职情况考核两套考核体系，实现领导成员"一人一表"考核；进一步完善问责办法，使干部能上能下逐步成为一种常态。

3. 突出重点，全面实施新一轮大规模员工教育培训。全年全分行各级机构共实施培训项目1 806期次（1天以上），培训经营管理人员8 461人次、专业技术人员46 104人次、普通员工57 273人次。

4. 加强企业文化建设和作风建设。抓好典型引领，树立学习榜样；组织开展"服务基层，排忧解难"专项活动；组织形式多样的劳动竞赛活动和员工喜闻乐见的文体活动；组织开展了"关爱员工，从心开始"主题活动。

执笔：何五星　石满林

审稿：李锦海

深圳市分行

深圳市分行行长田惠宇

一、业务发展概况

2009年，是深圳市分行面对复杂多变的外部形势，落实科学发展观，全面推进战略转型的第二年。全年实现拨备前考核利润66.84亿元，比2008年增长0.94亿元，居深圳同业第一；实现经济增加值33.26亿元，比2008年增长2.37亿元。

【资产业务】截至2009年底，各项贷款余额1 980.82亿元，比年初增加533.34亿元。其中个人贷款685亿元，比年初新增204亿元，余额居全市同业第二。对公贷款余额1 295.76亿元，比年初新增328.4亿元，余额居深圳同业第二。不良贷款率为1.21%，比2008年下降0.69个百分点。其中个人贷款不良率为0.49%，比2008年下降0.09个百分点。

【负债业务】截至2009年底，全口径存款3 292亿元，比2008年增长1 293亿元。其中企业存款余额1 792亿元，比年初增长737亿元。余额和新增均居同业第一。个人储蓄存款689.5亿元，比2008年增加79.5亿元。全年销售理财产品165亿元。储蓄存款加理财产品余额新增居同业第一。

【中间业务】截至2009年底，中间业务收入26.86亿元，比2008年增长6.34亿元，稳居深圳同业第一，当地四大行占比为37%，比2008年上升4

个百分点。在全国建设银行系统内排名第五，比2008年上升一位。中间业务净收入占主营业务收入比重为28%，比2008年上升7个百分点，该指标在全国建设银行系统内排名第一。“百易安”、保函业务、理财产品业务收入列全国建设银行系统第一。

2009年3月10日，深圳市分行与宝安区人民政府全面金融合作协议签约仪式暨首推村镇业务新闻发布会在宝安区人民政府举行。

【国际业务】2009年分行国际业务再上新台阶。全年国际结算量达到632亿美元，比2008年增长151亿美元，全国建设银行系统排名由第三位上升到第一位。当地四大行中唯一实现正增长，深圳同业四大国有商业银行市场占比由23%上升到31%。

二、主要工作举措

【深化对公业务专业化改革】通过完善直营客户激励机制，强化直营部门对网点客户拓展的支持，调动和发挥直营部门营销“突击队”作用。通过建立对公客户高管信息库，推行客户访谈纪要管理，发送VIP客户节日贺卡和生日短信，规范客户关系管理，改善客户服务体验。2009年分行直营机构EVA在对公条线占比48%，中间业务收入占全部收入比重达29%，比2008年上升5个百分点。

【重塑个人业务组织体系】把客户分层服务策略实施、业务组织改进、分区布局优化、贵宾服务提升、岗位体系完善、系统支撑建设、队伍管理强化以及总行转型一代固化和转型二代推广等纳入整体工作框架，推进个人业务组织化体系重塑。经过一年的努力，零售业务的营销、服务、流程、考核、支撑体系初步成型，为支行定位向零售网点全面转型，为分行实施专业化、扁平化的管理创造了基础条件。

【推动创新业务的发展】2009年办理全国建设银行系统首笔内跨境贸易人民币结算、出口买方信贷、香港信用证转开和NRA账户贸易融资业务，创新推出“汇财盈”、“即期结汇宝”、“应收账款买断项下利率掉期”等22项新产品。其中，组合理财类产品作为重大创新产品，在深圳同业和全国建设银行系统内起到了标杆作用。全年投资银行、工程项目资金监管、资金业务、国际融资、定向保理等新兴业务创造中间业务收入超过6亿元。其中，投资银行业务收入达到4.8亿元，是2008年的4.3倍。

【分行在全国首家设立村镇银行业务部】由于历史的原因，深圳关外以非完全产权物业为基础的村镇集体租赁经济十分发达，实际授信风险相对较低，但受抵押物形式风险和统一授信政策制约，过去难以介入。借十七届三中全会的东风，2009年分行在全国首家设立村镇银行业务部，探索城市村镇授信业务专业化经营，打破了农村商业银行对村镇授信业务的垄断格局。截至2009年底，营销村镇业务授信客户32户，投放贷款12.5亿元，发放原村民非商品房配售贷款5 779万元，实现中间业务收入2 668万元。

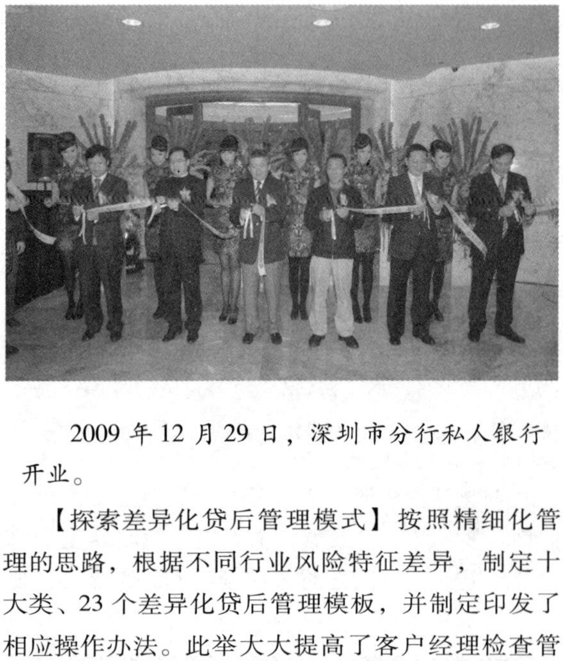

2009年12月29日，深圳市分行私人银行开业。

【探索差异化贷后管理模式】按照精细化管理的思路，根据不同行业风险特征差异，制定十大类、23个差异化贷后管理模板，并制定印发了相应操作办法。此举大大提高了客户经理检查管理的针对性、精准性和有效性，有助于监测和识别各种预警信号，防控和化解风险，使分行贷后管理水平跃上一个新台阶。

【建设专业化运营支撑系统】针对占用网点一线时间最多、制约网点转型和专业化经营的部分瓶颈，2009 年分行推动总行前后台分离项目在深圳试点。独立开发身份证核查复印系统、反洗钱自动登记系统和电话委托代理交易功能。独立开发信息支持平台，具备客户识别、客户经理工作提示、客户拜访记录、客户销售台账、客户统一视图、理财卡收费、营销短信发送和绩效考核等系列支持服务功能，为解放前台生产力发挥了巨大作用。

执笔：单清勇

审稿：汪 涛

广西壮族自治区分行

广西壮族自治区分行行长袁明

一、业务发展概况

【经营效益】考核利润首次突破 20 亿元，达到 21.5 亿元，增幅为 12.8%，实现经济增加值 11 亿元，增幅为 15.4%，分别完成总行计划的 116% 和 113.7%；费用利润率 129.8%，同比提高 8.06 个百分点；成本收入比 31.7%，同比下降 1.99 个百分点；成本收入比、员工效率、资产利润率、净利息收入率进入建设银行系统中上游位置。

【存款业务】各项存款余额 1 349 亿元，新增额首次突破 300 亿元，达到 315 亿元，增幅为 30%；储蓄存款余额 595 亿元，新增 100 亿元，增幅为 20%；对公存款余额 754 亿元，新增 215 亿元，增幅为 40%。

【贷款业务】各项贷款余额 886 亿元，新增额首次突破 200 亿元，达到 245 亿元，增幅为 38%，其中县支行增幅为 43.7%；公司类贷款余额 631 亿元，新增 170 亿元，增幅为 37%，在建设银行系统内排名第 4 位；个人类贷款余额 255 亿元，新增 75 亿元，增幅为 42%。贷款利息收入 44.9 亿元，同比增加 1.8 亿元，增幅为 4.17%。

【中间业务】中间业务净收入首次突破 6 亿元，达到 6.2 亿元，增幅为 33%，比全国建设银行平均增速高 9 个百分点；中标南宁铁路局账户管理人和托管人资格，企业年金当地市场份额四行第一；“百易安”、贷记卡、短信银行、造价咨询、财务顾问和保函业务实现收入增幅快速提高；电子银行客户数量同比增长 61.8%。

【资产质量】全年共处置压缩各类不良资产 3.97 亿元，实现不良资产本息现金回收 3.05 亿元，实现不良资产超值现金回收 1.8 亿元，分别完成总行计划的 195%、284% 和 788%。年底不良贷款额 6.19 亿元，同比减少 1.22 亿元；不良贷款率 0.7%，同比下降 0.46 个百分点，在建设银行系统内排名第 7 位。

二、主要工作举措

【对公存款方面，突出重点，调整结构】以账户营销和升级为重点，进一步扩大客户群体，优化账户结构。全年新增规模以上账户 502 户，其中基本结算户 259 户。加大对重点客户和重大项目的营销力度，拓展了广西钢铁集团、金川集团、广西旅游投资集团等重点客户以及大藤峡水利枢纽、西江黄金水道、湘桂铁路扩能、沿海铁路扩能等重大项目的基本结算户。成功中标南宁铁路局账户管理人和托管人资格，成为全国中标路局年金业务的8家分行之一。加大社保代理项目拓展力度，取得北海、百色、来宾、贵港等地市的城镇居民医保扩面项目独家代理权，柳州、北海城镇居民养老项目代理权也落户我分行。

2009年1月17日，广西壮族自治区分行与防城港市政府签订银政合作协议。

【储蓄存款方面，实行差别化、立体式营销】结合不同时期的市场热点开展各种个人业务主题营销活动，围绕存款、银行卡、个人理财等重点产品，注重交叉销售和关系营销，加大宣传力度，有效抢占营销主动。处理好筹资增存与理财产品销售间的关系，抓住客户投资心理调整的契机，大力营销各种低风险、高流动性的理财产品，打造储蓄存款的“蓄水池”。认真研究高端客户的服务需求，充分发挥财富管理中心的作用，积极为高端客户提供差别化、个性化和增值服务，提升高端客户的贡献度。

【加大信贷结构调整力度】贷款投放继续向重点行业、重点区域、重点客户、重点产品和优质中小客户倾斜。全年累计向交通、电力、有色金属等十大重点行业投放贷款327亿元，占投放总量的88.9%；累计向A级和A级以上客户投放各类贷款355亿元，占投放总量的96.5%；大力支持地方基础设施建设，累计投放政府融资平台贷款97亿元；积极支持涉农行业，投放制糖贷款35亿元；累计投放“民本通达”贷款20亿元，教育卫生行业贷款余额、新增额居同业首位；坚决退出不符合总行行业风险偏好的客户，全年共完成总行调控行业退出计划5.58亿元，完成率达110.6%。

【大力发展银团贷款业务】成功签约上汽通用五菱30亿元循环额度银团贷款和广西防城港核电站一期工程项目贷款包销项目，进一步确立建设银行的主办行地位，为未来分散贷款风险、调整信贷结构、增加中间业务收入提供了新的途径。

加强贷款计划管理。早安排，早布置，早储备，早投放，抓好关键时点的贷款投放；严格执行总行调控要求，讲政治、讲大局、讲纪律、令行禁止，贷款收放自如，增速平稳有序。

积极发展自偿性强、周转快、收益高的贸易融资业务。累计办理表内外贸易融资6.7亿美元，较好地带动了外汇中间业务的发展。

【大力发展个人信贷业务】全年累计投放个人贷款108亿元，新增75亿元，创历史新高；个贷余额突破250亿元，业务规模迈上新台阶。

【大力发展中间业务】加强中间业务的理念传导和组织领导，在区分行资产负债管理委员会下设立专门的中间业务发展委员会，统筹中间业务发展全局，承担中间业务发展规划制定、实施、牵动、推进和改变格局的重任，克服过去中间业务由单一部门组织管理的片面性和局限性，进一步建立健全了中间业务发展的整体推动、条线联动的经营管理机制。

加大中间业务的激励约束力度，进一步建立健全高管、部门、分行、网点等各层级、各群体对中间业务发展的目标责任，将中间业务纳入KPI、等级行、等级网点和高管薪酬等考评评价体系，并加大了中间业务指标在各考核评价体系中的权重，提高指标敏感性，确保中间业务考核评价政策的有效传导和落实。持续完善“买单制”，加大对一线产品销售人员的直接考核力度，进一步增强了前台人员营销产品的积极性。积极探索联动营销的考核机制和利益分成机制，对部分中间业务产品实施双边记账和按比例分成，并对超计划的部门和网点给予专项奖励。

以资产业务为基础和依托，加强联动营销和捆绑销售，促进财务顾问、造价咨询、“百易安”等信贷关联业务以及公务卡、联名卡等批量产品实现超常规发展。

2009年6月30日，广西壮族自治区分行与广西财经学院在南宁市签订战略合作框架协议。

【坚持产品创新】制定企业年金、财务顾问、IPO等重点产品发展规划，积极推广外汇业务新产品，成功营销广西农垦糖业集团股份有限公司并购财务顾问业务，“海外融资保”业务实现零突破。建立定期分析与通报制度，通过与系统内的比较分析找差距、学经验，与同业比较分析找短板、挖潜力，做到知己知彼。

【夯实管理基础】着力打造“务实、高效、严谨、规范”的办公文化，提高工作效率；优化完善工资、费用、等级行、KPI等资源配置和绩效考评机制，推动经营战略导向的实施；全面推进成本管理和财务资源结构调整，提高财务资源的产出效率；实施集中采购项目141个，采购金额比预算节约1 808万元，节约率达到16%，同比提高5个百分点；建立操作风险报告信息反馈机制，加强现场检查和非现场核查，柜面未发生案件和重大违规事件；规范新发放贷款操作流程，提高贷中平行作业质量，完善贷后管理机制；成功研发公积金联名卡、医保联名卡、公务卡和财政集中支付系统；积极开展“依法合规　防范风险”专题教育活动；认真做好群体性上访的预防处置工作，积极给予协解人员关爱救助；扎实推进案件防控和专项治理工作，全年无重大案件和责任事故发生。

【深化渠道建设和转型工作】全年共购置网点25个，网点自有率达40%，比上年提高7个百分点；装修网点65个，全分行86%的网点实现“蓝色银行”改造；新增125台自助设备和3个自助银亭，自助设备账务性交易替代率达到134%；完成68个网点的二代转型和3个财富管理中心的高端项目推广，网点差别化服务能力和市场竞争力显著增强；实现全部网点电视机联网，构建了统一的对外宣传、信息传导和培训平台；开展网点人员标准化配置试点工作，网点岗位架构责任体系进一步明晰；横向整合24个对公业务网点；顺利推进南宁城区守押社会化改革；完成南宁转型调整的二次优化；完成分行本级部门的职能优化整合。

【提高服务质量】建立服务工作检查与考评机制，强化服务监督，服务质量在建设银行系统内排名第12位，同比提升21位；开展“客户接待日”活动，解决客户诉求300多条；实施三大类共17项柜面日终操作流程优化，83%的营业网点实现了下午六点半前下班；优化前台系统交易授权权限，实现批量代收付、自助设备维护、司法查询等64项事务性工作的后台集中；优化反洗钱监测系统，减轻前台员工压力；实行“全天候”审批和电子化审批，建立审批绿色通道，保持待审项目的“零库存”，为信贷营销提供保障。

加强队伍和企业文化建设。探索专业技术人才选拔培养新模式，开辟享受总经理助理级待遇的专业技术岗位职务，拓宽员工晋升渠道；完善双向挂职锻炼，为优秀年轻干部拓宽视野、积累经验搭建平台；加大对基层机构的激励力度，提高营业网点的职级待遇，引导优秀年轻干部走向基层；制定《广西分行教育培训三年规划》，培训资源继续向经营条线和基层机构倾斜，提升员工队伍综合素质；严把新员工招聘标准，着力引进高素质人才，充实前台；将企业文化建设与市场营销拓展相结合，深入开展文明行业创建活动，被评为“自治区文明行业”，树立了良好的企业形象。

执笔：杨　茜

审稿：梁建林

海南省分行

海南省分行行长梁福成

2009年，海南省分行各项工作取得较好成效，按综合经营计划口径，全年实现税前利润4.24亿元、净利润3.14亿元，分别完成总行计划的110.82%、108.77%；实现经济增加值2.12亿元，完成总行计划的114.52%；全分行各类贷款余额178.22亿元，当年增加24.76亿元；全分行全口径存款余额514.05亿元，当年新增155.43亿元，增长43.34%，完成总行计划的381.97%。

一、业务发展概况

【公司业务】截至2009年底，公司类贷款余额127.37亿元，当年新增11.93亿元；企业存款余额345.18亿元，当年新增119.44亿元，完成总行计划的470.5%。全年共发放公司类非贴现贷款84.49亿元，重点行业贷款余额在非贴现公司类贷款中的占比由年初的78.29%提升到80.1%。注重产品、服务创新和推广，国内信用证业务、银团贷款中间业务和动产质押承兑汇票业务等多项业务实现零的突破。企业年金业务取得跨越式发展，成功中标海南核电有限公司企业年金受托和账管业务。加快发展小企业业务，积极推广“速贷通”、“成长之路”等产品。严格执行行业退出计划，坚持“有所为，有所不为”，逐行业、逐客户确定退出客户名单，全年共退出或压缩三亚珠江温泉、海南创新书店等19户贷款客户金额23 515万元。

【个人金融业务】截至2009年底，个人类贷款余额50.85亿元，当年新增12.83亿元。个人存款余额157.5亿元，当年新增29.71亿元，完成总行计划的197.97%，新增额创历史最佳水平。加大中高端客户拓展力度，到11月底，个人中高端客户22 981户，比年初新增6 467户，完成总行综合经营计划的150.12%。其中个人金融资产300万元以上客户金融资产新增51 752万元，完成总行KPI计划的162.93%。

稳步推进网点转型二代工作。正式启动第二批9个理财中心的二代转型工作并顺利通过了总行验收；制定下发《深化零售网点转型试点实施方案》，巩固一代零售网点转型效果，客户等候时间明显缩短，满意度进一步提升。

加强电子渠道建设，加大离行式自助银行建设力度。全年新设ATM 22台、新增POS机989台。全分行自助设备交易量1 096.13万笔，实现ATM手续费收入1 393万元。到2009年12月底，电子银行客户数达27.8万户，比上年同期增长34.1%。实现电子银行交易额980.8亿元，比上年同期增长74.6%。电子银行交易量686.3万笔，同比增长75.7%。电子银行与柜面交易量之比达到44.3%，完成总行计划的130.3%，比年初提高18个百分点。

【机构业务】深入推进“八一工程”，加大军队武警客户的营销力度，文昌卫星发射中心国防总建设单位、总指挥部相继在我分行开设资金结算账户，中国人民解放军总医院海南分院工程建设指挥部结算账户成功落户我分行，武警海南省总队的资金结算代收代付系统顺利开通。全面推进民生领域金融服务营销并取得新突破，成功发放海口市人民医院2 000万元流动资金贷款，吸收海口市国土资源局和土地储备中心等客户存款

6亿元，省本级社保专户全部落户我分行。

【国际业务】调整优化产品和客户结构，加快产品创新推广步伐，大力营销外债风险管理、远期结售汇、外汇保函、海外代付等盈利性和业务推动性强的新产品，以产品组合带动业务多元化发展。全年共完成国际结算业务量5.5亿美元，结售汇业务量2.6亿美元。实现国际结算收入913万元，完成总行计划的175%，同比增长1.7倍，四行占比达到41.1%，排名居当地同业第一。实现国外保函业务收入509万元，同比增长41%，完成总行计划的169%，四行占比达到32.2%，居四行第二。

【房地产业务】密切关注海南房地产发展情况和新规划楼盘报建信息，明确目标，及时跟进，不断扩大市场份额。截至2009年12月底，房地产行业贷款余额14.05亿元，当年发放9.14亿元，个人住房贷款余额487 654万元，比年初新增124 108万元，完成总行计划的295.5%；住房公积金存贷款、委托性房改金融业务继续保持同业绝对领先优势；委托性住房存款余额26.22亿元，比年初新增4.44亿元，完成总行计划的120.75%，其中，住房公积金存款余额18.33亿元，比年初新增3.75亿元，同业占比46.54%，继续保持同业第一。

【中间业务】加快中间业务产品创新和重点产品推进力度，努力缩小与同业差距，市场份额进一步提高。全年实现中间业务收入1.48亿元，同比增长3 930万元，完成总行计划的112.23%。中间业务收入在当地同业市场占比19.73%，比上年增加1.54个百分点。

【资产质量】加大不良贷款集中经营力度，实现不良贷款额率双降。全面推进资产保全业务单元制改革，实现对公不良资产项目的全面直接经营。组织重大不良贷款项目处置团队，综合运用依法催收、减免息、重组与和解等手段，提高不良贷款处置效益和效率。截至12月底，不良资产处置额达48 765万元、不良贷款处置额7 964万元、不良资产现金回收33 139万元、不良资产超值现金回收28 854万元，分别完成总行计划的101.26%、106.9%、109.91%和107.26%。按五级分类口径，本外币不良贷款余额4.26亿元，比年初下降0.53亿元。不良贷款率2.4%，比年初减少0.73个百分点。

【其他业务】信用卡业务发展势头良好。发挥信用卡任务型营销团队作用，实行“营销—推广—反馈—回访—二次营销”模式，组织开展铁路龙卡上门营销、大润发驻点营销等活动，加大优质商户和分期商户拓展力度，全年共新增商户670家，信用卡实际净新增17 329张，贷记卡卡均消费额21 595元，全国建设银行排名第一；贷记卡账户活动率达66.79%，比全国建设银行系统平均水平高12.04个百分点，系统排名第一。

造价咨询业务取得较好成绩。充分利用分行品牌和资源优势，加强联动营销，逐步形成造价咨询业务依托、服务和支持资产负债业务的新局面。全年累计完成业务工作量52.01亿元，实现业务收入1 163.99万元，同比增长166.02万元，完成总行下达收入计划的413.5%，创近年来最好水平。

二、主要工作举措

【加大市场营销力度，促进业务快速发展】一是加强重大项目和重要客户营销工作，重点做好雅居乐地产、东环铁路、昌江核电等大型项目和海航集团直接融资资金和政府机构建设资金等重要客户的营销工作，全力提升资产负债业务同业占比。二是加强信贷结构调整，加大优质对公客户营销力度，认真贯彻执行总行信贷调控政策和统一风险偏好，重点营销电力、石化、交通运输、基础设施等重点行业、项目，不断扩大优质客户贷款份额。三是积极拼抢个贷市场，组织开展“惠民安居乐万家、创优服务抢市场”住房金融与个人信贷业务旺季营销活动，组建专门的楼盘营销团队和按揭服务团队，加强房贷产品上下游联动、捆绑式营销，促进房地产开发贷款业务和个人贷款业务协调发展。四是积极争夺个人中高端客户。通过开展推广健康关爱服务、高尔夫增值服务、客户联谊会、“个人高端客户经理贡献奖”等一系列营销活动，夯实中高端客户基础。五是加强高层营销和沟通，切实做好客户关系维护工作，防止客户向外迁移。

【完善绩效考评体系，强化成本收益管理】修订完善《等级行评定办法》、《KPI考核办法》，制定下发《提升存款及中间业务收入市场占比奖惩办法》、《促进客户基础增长及存款新增专项费用分配方案》，进一步强化绩效评价对各项业务的激励约束作用，优化配置各项财务资源，资源尽可能向一线、基层倾斜，支持和促进业务发展。深入推进全面成本管理，加强投入产出分析，强化集中采购管理，提高资源使用效率。强化利率、价格及资金的指导能力，制定服务价格超授权申报审批优化操作流程，及时传导总分行存贷款价格变化相关政策，提高全分行资金运营效益。

【加强内部基础管理，增强风险防范能力】一是加强会计、营运及金库管理。强化对账工作，防范账户风险；全面实现全辖账户集中管理；完成同城票据交换系统及中央银行会计核算电子对账系统上线工作；规范同城外汇清算业务，规范金库作业和集中配送管理；强化自助设备集中维护。二是规范法律合规管理。在全分行开展“讲合规、化风险、促发展”活动；加强法律纠纷管理；积极推进反洗钱工作；认真做好非诉管理、法律性文件审查、法律咨询及协助执行工作，为全分行各项业务发展提供法律保障。三是加大纪检监察工作力度。深化员工行为动态管理，组织开展巡视试点工作，强化对分支机构领导班子及其成员的监督。四是加强安全监督管理。认真做好安全稳定工作，严格实行24小时行政值班制度；顺利完成远程监控联网报警项目建设工作，加强案件防控，继续保持13年零发案的良好态势。五是强化基础设施建设。加强档案基础管理，完成省行视频会议室改造和分支行视频会议系统推广工作。六是高度重视维稳工作。注意加强与地方政府主管部门、公安机关和政法委的沟通、联系和配合，有效维护一方稳定。

【加强领导班子和员工队伍建设，强化人力资源管理】一是加强各级领导班子建设，加强领导人员的监督管理，完善领导人员考核测评工具，将总行领导力素质模型建设成果引入2009年度领导人员年度考核方案；认真查找和分析年度考核得分靠后的领导班子和领导人员的原因，制定改进措施，不断提高分支机构的竞争力。二是加强培训工作统筹管理，改进教学质量评估方式，提高培训工作实效。分层次、分类别、有针对性地开展全员培训，进一步提高领导人员的履职能力和员工的履岗能力。省行本级全年共实施培训项目155个，参训人数达13 668人次。

执笔：王文生　赵正文

审核：赵永林

四川省分行

四川省分行行长曾益

一、业务发展概况

全口径存款余额4 013.14亿元，首次突破4 000亿元大关，较年初新增914.67亿元；一般性存款余额3 807.18亿元，较年初新增860.99亿元，新增额居同业第一位；各项贷款余额1 765.49亿元，较2009年初新增402.08亿元；实现中间业务收入16.9亿元，继续保持同业第一位，在主营业务收入中占比16.2%，提升了0.7个百分点；实现考核利润54.9亿元，增速为25%；实现经济增加值31.2亿元，增速为34%；实现拨备前利润60.9亿元，增速为20%。2009年在总行等级行评定中名列第六位。

【公司机构业务】存款余额2 125.31亿元，较年初新增590.47亿元，余额和新增额均居同业第一位；贷款余额 1 361.8 亿元，较年初新增 274.99 亿元。

【个人金融业务】存款余额 1 681.87 亿元，较年初新增 270.52 亿元；贷款余额 403.69 亿元，较年初新增 127.09 亿元。

【房地产业务】房地产开发贷款余额 65.44 亿元，较年初新增 2.18 亿元；个人住房贷款余额 402.5 亿元，较年初新增 127 亿元。

【中间业务】实现中间业务收入 16.9 亿元。其中，对公类中间业务净收入 7.4 亿元，同比增长 1.8 亿元，增速为 30.9%；个人类中间业务净收入 9.4 亿元，同比增长 1.6 亿元，增速为 20.5%。

【国际业务】全口径外汇存款余额 3.8 亿美元，较年初新增 0.6 亿美元，增速 18.6%，其中，企业存款 3 亿美元，超过中国银行居四行第一位，四行占比 40.4%；外汇贷款余额 4.7 亿美元，较年初新增 0.68 亿美元；实现国际结算量 57.3 亿美元，结算收入 6 081 万元，同比分别增长 10.9% 和 77.3%。

【资产质量与风险控制】五级分类不良贷款余额 30.5 亿元，不良率 1.72%，分别较年初减少 40.2 亿元和 3.46 个百分点；剔除地震影响，不良贷款余额 13.7 亿元，不良率 0.77%，分别较年初减少 9.2 亿元和 0.9 个百分点。

二、主要工作举措及成效

【不断夯实客户基础，持续优化信贷结构】一是坚持筑牢客户基础，保持了存款持续、快速增长。新开立单位人民币结算账户 1.55 万户，带来新增存款 316.14 亿元，占企业存款新增总额的 53.57%。新拓展了财政社保等一批具有良好发展前景的重要客户，乐山、眉山、内江、自贡等分行社保业务实现了零的突破，与省内 10 所高校签订了战略合作协议，有效推进了与华西医院、省人民医院等医院的全面合作，成功拓展了成都军区司令部和联勤部下属单位专用账户、省消防总队灾后重建专户、省警卫局基建专户、95955 部队资金结算中心基本户等关键账户。加强上下联动，资金体内循环效果初步显现，承接中央养老补助资金和省交通厅下划资金市场占比分别达到了 54% 和 40%，分别较年初提高 21 个和 15 个百分点。大力抢抓灾后重建资金，成立了青川、汉源支行，前移营销阵地，与 19 个援建省市的 26 家兄弟分行建立了联系机制，开立援建账户 200 多个，结算量超 100 亿元，新增存款 12 亿元。加快拓展个人客户市场，充分发挥网点营销的主阵地优势，开展了覆盖全辖、贯穿全年的系列营销活动。整合电子交易渠道，依托特色龙卡、结算通、固网支付等新产品，改善服务质量，进一步提升了客户满意度和忠诚度。着力深化“以高端客户为中心、向高端客户要效益”的经营策略，促进了个人客户群体结构优化，大众富裕客户、富裕客户和高端客户数量达 140.34 万人，占比为 13.84%，客户数量和数量占比分别较年初提高 14.76 万人和 2.07 个百分点。

二是把握信贷投放重点，优化资产结构。贷款主要投向铁路、公路、机场、水电和城建等重大基础设施建设，促进灾区经济恢复带动效应明显的重点项目和民生领域，上述领域贷款新增 178 亿元，新增占比为 70%。成功取得了二滩公司官地和桐子林项目等一批重点项目的银团贷款牵头行或主办行资格，在独家承贷达成铁路扩能项目的基础上，又成功取得了贵阳枢纽扩能、六盘水—沾益增建二线的独家承贷资格，同时与东电、中水等战略性重点客户的合作也获得了实质性进展。在加大传统信贷投入的同时，创新推出了股权融资型、应收账款型等新型理财产品，合理运用搭桥贷款、并购贷款，满足了市场多元化融资需求，强化了建设银行富于创新的社会形象。严控“两高一资”和产能过剩行业以及政府性融资平台贷款，主动压缩退出贷款 41.25 亿元。

【加快业务转型步伐，频现战略业务亮点】着眼于夯实可持续发展基础，全力以赴做强战略性业务。一是中间业务发展迈上新台阶。完善并适时调整中间业务考核政策，加大对业务黏性强、联动效应明显产品的激励力度。经过不懈努力，CTS、代销基金、对公国际结算和代收代付等 4 项产品收入同业排名第一，造价咨询、电子银行和百易安等 3 项产品增速超过了 100%，银行卡、代理保险等 11 项产品收入超过 5 000 万元。二是小企业业务发展机制得到优化。按照事业部制的基本架构，省分行专设了小企业客户部，先期组建了德阳、攀枝花等 8 个小企业专营中心，初步优化了业务流程和考核机制，小企业客户贷款余额为35.7亿元，不良率为1.66%。三是个人住房贷款业务持续推进。个人住房贷款余额402.5亿元，较年初新增127.2亿元，新增额居系统内第五位、同业第二位。下工夫保障收益水平，调整利率的存量贷款占比仅为18%。四是国际业务保持稳健发展。在全国进出口业务大幅下滑的严峻形势下，结合四川省出口产品结构特征及外经贸企业现状，全面深化与四川省商务厅、中信保的合作关系，重点支持了省纺织品进出口等专业外贸公司、成发航空等工贸一体化企业和中国成达等对外承包工程企业，外汇贷款较年初增长6 845万美元，对公国际结算收入和外汇业务利润首次跃居同业第一。五是电子银行业务发展迅速。创新推出了网银定向保理、法人账户透支、“银税通”、小额支付等新产品和功能，积极满足重点客户的个性化需求。为四川电信量身定制了“银企通”产品，为四川省煤田地质局等提供资金管理平台实现了集中管理。新增个人短信银行客户136万户，系统内排名第四位，电子银行与柜面交易量之比达67.57%，提高28.62个百分点，实现电子银行收入7 400万元，增长115.6%。六是信用卡业务形势喜人。组建了渠道管理、商户发展、客户服务团队，加强流程建设，强化系统指导和服务能力，对目标客户适时跨部门联动营销，持续优化用卡环境，重点推进发卡、商户收单和分期业务，实现了信用卡业务的快速发展，当前新增发卡量和卡均消费额均居省内同业首位，累计发卡94.8万张，在系统内重点分行中排名第一，实现收入1.36亿元，增速为89%。七是企业年金业务取得突破。成功中标成都铁路局账户管理和托管资格以及东电集团托管资格，受托资产新增9 961万元，账管个人账户新增12.5万户，托管规模22.2亿元，均位居系统内第三位，账管和托管业务则均居同业首位。

【不断优化管理机制，提升集约经营水平】一是继续完善组织构架。省分行形成了公司、集团、机构、国企、小企业、评估评价的专业化经营管理模式，提升了市场拓展和客户服务能力；整合法律合规职能，理顺审计整改机制；完善自助设备管理机制，强化统一管理。二是进一步提升激励约束效力。完善KPI考核体系，强化系统内占比、发展速度和市场份额等动态指标考核，鼓励各行面向市场比同业、比增速，同时，加大了对省分行经营部门的考核力度；资源配置主要保障重点业务和战略转型需要，对“金保”工程、“211”高校、重点医院、信用卡等安排了专项营销费用，业务发展导向更加清晰。三是持续优化业务流程。加快推进零售网点转型，提高客户体验一致性，完善分层营销体系和理财服务渠道建设，增强了对中高端客户的渗透力，二代网点转型覆盖面达48%，第四季度高端客户满意度评分为91.7分，较上半年提高2.52分；深化后台业务集中改革，实现成都地区30个支行、66个网点的票据提入集中后台处理，推广批量代收付系统，完成对公网银跨行交易后台集中处理，同时优化了流程，降低了作业成本，三项集中工程共释放前台人力103人，集约经营水平领先于同等规模的一级分行。四是不断加强全面成本管理意识。加强资产负债主动管理，贷款收益率达5.66%，高于系统平均水平0.23个百分点，存款活期占比65.4%，高于系统平均水平5.22个百分点。全面推行新集采制度，费用节约率为11.5%。

【稳步提升风险管理，保持资产质量优良】加大重点贷款监控力度，创新推出了重点行业信用风险监测指标体系，提高了风险管理的主动性和前瞻性，资产质量中的潜在风险得到了化解，关注类贷款余额较年初减少50.52亿元，占比下降5.89个百分点。积极构建贷后管理长效机制，制定了贷后跟踪管理例会制度，细化了贷后平行作业职责和流程，推动了贷后管理由单个客户经理负责向全员参与的转变，提高了贷后管理的操作性和实效性。加大不良资产清收处置力度，累计处置不良贷款46.66亿元，较上年多处置29.21亿元，创历史最好水平。特别是直面地震灾害带来的巨大资产质量压力，密切跟踪受灾客户恢复重建情况，按照“退出与扶持”相结合的原则，“一户一策”拟订信贷经营方案，共化解地震不良贷款15户，共32.75亿元。

【强化合规意识，提升内控基础】痛定思痛，深刻汲取陈案教训，由个金、会计、营管、监察等条线的28名业务骨干组成案件剖析工作组，对案发行开展了为期6周的现场督导检查，全面查找薄弱环节，系统梳理流程，完善案防体系。针对典型样本分析揭示的突出问题，组织各条线开展了全面检查，建立了涵盖五大条线34个量化指标的关键操作风险指标体系，前移风险控制关口，提高事前预警能力。综合运用风险稽核差异化管理、动态监测系统等方式，努力防范操作风险，堵截潜在资金损失397笔、金额1.06亿元。加大内外部审计检查发现问题的整改力度，探索合规工作“检查—整改—提高”机制，不断提升整改质量和效果，整改完成率达到99%，较年初提高5.7个百分点。强化财务规范性管理，开展税务自查和专项检查，坚决杜绝“小金库”现象。加强机构和员工违规积分管理，查处违纪违规行为，2008年共51人受到纪律处分，其中开除8人，记大过14人，记过10人，责任追究处级干部4人、科级干部24人。

【作风转变效果初显，扎实推进队伍建设】省分行班子成员主动上门营销重点客户，掌握市场和基层的第一手资料，加强对基层行的业务指导和定点帮扶。分行在遂宁、乐山、内江三行开展的个人业务竞争力提升项目成效显著，三行销售型产品指标跃居同业第一。全面推行授信业务电子化审批，精简申报要件，在确保审批质量的前提下，提高了审批效率，省分行本级公司类贷款审批受理量较上年上升59%，但审批全流程平均用时仅上升29%；个人类贷款审批受理量较上年上升164%，审批全流程平均用时却大幅下降61%。优化财务集中支付服务流程，提高经费报销资金支付进度，当日和次日支付比例分别达到51%和41%，均高于全国平均水平。开展了“比服务、促效率、创佳绩”优质服务竞赛活动，加强网点服务效率监控，加大客户投诉考核，网点服务质量平均得分从2008年的88分上升至90.19分。

执笔：陈焕昕　谭永相

审稿：万　鸿

重庆市分行

重庆市分行行长黄叔平

一、业务发展概况

【经营效益】实现税前利润27.61亿元，经济增加值15.32亿元，分别同比增加4.41亿元、3.82亿元。经济资本回报率为34.6%，净资产收益率为1.52%，成本收入比为33.30%，存贷利差为4.14%。

【负债业务】全口径存款余额1 524.87亿元，新增418.12亿元，其中一般性存款余额1 452.56亿元，新增394.54亿元。储蓄存款余额629.23亿元，新增147.68亿元；企业存款余额823.33亿元，新增246.85亿元；同业存款余额72.31亿元，新增23.5亿元。

【资产业务】各项贷款余额1 104.17亿元，新增283.12亿元。其中个人类贷款新增83.29亿元，人民币公司类贷款新增193.67亿元，直接累计办理量110.56亿元。

【战略性业务】中间业务收入9.21亿元，同比增长43%，在主营业务收入中的占比较上年上升了1.9个百分点。中间业务收入保持同业第一，增速在系统内居第三位。信用卡客户净增10.2万户，消费额增长70%；企业网银客户新增2 015

户，个人网银新增19万户，ATM总量832台，电子银行与柜面交易量之比提高26个百分点。国际结算量31.5亿美元，跃升为同业第一。

2009年4月9日，重庆市分行与三峡重庆库区各区县政府举行了三峡重庆库区核心区域银政战略合作备忘录签字仪式。

【国际业务】外汇企业存款余额2.21亿美元，新增0.61亿美元；外汇同业存款余额0.46亿美元，新增0.43亿美元，增长近14倍；外汇贷款余额1.95亿美元，新增0.90亿美元；全年国际结算量31.53亿美元；结汇售汇18.27亿美元；实现外汇中间业务收入0.43亿元，同比增速为51%。营销外商投资资本金5.5亿美元，占全市实际利用外资的22%；资本项下结算同业占比超过30%，保持全市第一位。

【资产质量】不良资产额6.41亿元，不良资产率为0.41%，较2009年初分别下降3.85亿元和0.5个百分点。其中不良贷款余额5.36亿元、不良贷款率为0.49%，较2009年初分别下降3.8亿元和0.63个百分点。计提贷款损失准备5.98亿元，拨备覆盖率达到398%。

二、主要工作举措

【把握发展良机，重点抓好资金来源和账户营销，促进负债业务快速发展】重庆市分行抓住国家实施宽松货币政策和重庆区域经济快速发展机遇，全力营销负债业务，取得显著成效，一般性存款新增394.54亿元，同比增速达75.80%。一是对公负债方面。抓好存款资金源头，成功营销地产集团企业债、重钢融资租赁和建峰增发等重大资金，承接国债、财政现金管理、移民等大额资金超过100亿元；住房资金存款新增11亿元，居系统第五位；贷款客户存贷比从年初的22.5%提高到27.6%。截至2009年底，企业存款新增247亿元，余额保持同业第一。同时，建设银行总行与重庆市人民政府、重庆市分行与10个三峡库区当地政府和一批重要客户签署了战略合作协议，为持续发展打下了坚实基础。二是对私负债方面。抓好代发工资、拆迁补偿、个体经营户等资金来源，储蓄存款新增148亿元，跃升为同业第一；加强对证券公司和第三方存管资金的营销，同业存款新增24亿元，增幅达48%。三是深入推进账户营销活动，努力提高客户数量。单位结算账户新增8 942户，其中基本户净新增5 046户，计划完成率为151%，惠普、富士康等重大客户成功落户；积极拓展个人中高端客户，个人金融资产（AUM）20万元以上客户新增1.8万户，同比增长48%，金融资产增长91亿元，完成计划的140%。四是公私业务联动效果明显。普通住房开发贷款与个人住房贷款联动比例为1：1.61，比上年的1：1.51有所提升；对公贷款客户代发工资户数上升到392户，新增88户。

2009年4月10日，重庆市分行与重庆市人力资源和社会保障局在金源大饭店举行了重庆市分行支持返乡农民工创业就业签字仪式，积极贯彻落实国务院推进重庆市统筹城乡改革和发展的若干意见，积极支持返乡农民工创业就业。重庆市人民政府马正其副市长出席了签约仪式。

【把握政策和市场变化，及时有序调整贷款投放节奏，持续优化信贷结构】重庆市分行积极探索，把握政策和市场变化，及时调整和控制信贷节奏，把支持地方经济建设与发展银行业务紧密结合起来。年初抓住中央扩大投资的政策机遇，快速抢占优质项目市场；4月后面对市场份额下降情况，迅速转变经营策略，加大营销力度；10月后按总行政策要求，实现均衡有序投放。在信贷投向上，一是公司条线大力拓展优质项目市场，加大对基础设施和优质制造业、房地产业龙头企业投入，推广“民本通达”服务品牌，在医疗、教育等民生领域投放贷款23亿元，增幅超过100%。二是大力发展小企业业务，小企业非贴现贷款客户数翻了一番，贷款新增16亿元，居建设银行系统内西部地区行第一位。三是个人贷款积极应对“七折房贷”政策的影响，大力营销优质楼盘，稳妥发展消费贷款，个人贷款新增83亿元，余额达到304亿元，保持市场领先。四是坚持“有进有退、有保有压”的信贷结构调整政策，信贷结构得到持续优化。年底公司类客户中A级及以上客户贷款余额占比为98.19%，比年初提高2.16个百分点，其中AA级及以上贷款占比85.3%，比年初提高8.6个百分点；“进、保”类行业贷款占比较年初上升8.1个百分点，“控、压、退”类行业贷款占比下降1.8个百分点；从58个退出类客户退出贷款25亿元，完成退出计划的154%。

【把握发展重点，创新突破和传统挖潜并重，战略性业务快速发展】重庆市分行统筹兼顾当前经营和长远发展，转变发展方式，坚持中间业务重点产品发展策略，加大组织推动、条线联动和考核激励力度，2009年中间业务收入保持同业第一，增速在建设银行系统内居第三位。融资租赁、内保外贷、开放型组合理财产品、国内信用证、并购贷款和资本市场财务顾问取得突破，合计实现中间业务收入0.70亿元，占对公中间收入的13.6%；银团贷款中间业务收入0.17亿元，同比增长285%；推出电话支付、“一对多”专户理财等新兴业务，理财产品共销售99亿元；传统业务中，审价咨询、财务顾问、银行卡和代理保险等四项业务的单项收入突破亿元，“百易安”收入增长近5倍，单位结算收入实现翻番。

其他战略性业务发展良好。信用卡业务深入开展渠道营销和精准营销，加强客户经营，拓展收单商户，信用卡客户净增10.2万户，消费额增长了70%；电子银行业务建立专业服务团队，实施“351”和“112”竞赛活动，企业网银客户新增2 015户，个人网银新增19万户，电子银行与柜面交易量之比提高26个百分点；小企业非贴现贷款客户达到672户，增加324户，增速为107%，保持西部行第一位；国际业务积极发展贸易融资业务，完成国际结算量31.5亿美元，跃升为同业第一。网点建设取得新进展，基本完成零售网点一代转型，在19个网点实施了二代转型，并通过演练比赛等不断固化转型效果。

2009年5月19日，重庆市银团贷款项目合作签约仪式在南坪国际会展中心举行，重庆市分行作为银团贷款牵头行，分别与重庆万盛煤化有限责任公司等企业签订了合作协议，涉及金额30.85亿元。

【继续加强风险内控管理，坚持风险控制与业务发展相统一】重庆市分行坚持积极审慎的经营方针，面对2009年复杂的内外部经营环境和信贷投放规模超常规增长的特殊情况，高度重视风险管理工作，严守风险底线。一是强化风险监测、预警和提示，把好客户准入和信贷审批两道关口，完善授信和评级等制度流程，推进全面风险管理，促进资产质量持续改善，信贷结构持续优化。二是完善平行作业机制，提高平行作业的质量和效率，缩短流程、提高效率，充分发挥风险经理在监测、分类等过程管理中的作用，协调促进风险条线对经营条线的理解支持和高效联动，努力满足优质客户需求，全力支持信贷业务快速发展。三是推进资产保全集中经营，强化对问题贷款的提前介入，共处置不良贷款6.3亿元，资产质量和风险管理指标全面完成建设银行总行任务。四是积极开展“案件防控攻坚年”活动，落实案防责任制，加强反腐倡廉建设，做好员工行为排查和案件风险排查，实施顶岗检查、会计巡查和营运安全大检查等，落实信访维稳要求，确保全分行安全稳定运行。五是配合监管部门和审计部门开展多项检查，重视审计和检查中发现问题的整改落实，加大对违规人员的教育惩戒力度，切实提高整改效率和质量，对899个问题进行了整改，总体整改率为97.7%。2009年，总行对重庆分行总体风险管理水平评价为A级，在38家一级分行中排名第二位，总行审计评级为二级一档。

【持续推进体制机制改革，增强价值创造和竞争能力】重庆市分行持续推进体制机制改革，为下一步快速协调发展、提升价值创造及竞争能力奠定坚实基础。一是成立了对公、对私业务条线委员会和投行业务委员会，单设投资银行部、法律合规部，实现渝中、中山路两个支行业务整合。二是分行设立小企业贷款审批中心，在13个支行设立小企业客户部，初步形成小企业业务专营体系。三是推进前后台分离改革，上收票据交换集中提入业务，实施档案集中管理。

【坚持"以人为本"，加强班子、员工队伍和企业文化建设】重庆市分行认真落实科学发展观，紧紧抓住人这个最积极最活跃的因素，凝聚人心，为圆满完成全年任务而努力。一是加强班子建设。实施分支行班子和领导人员满意度测评，对部分有问题的管理人员进行了诫勉谈话或组织调整，为15个县级支行配备了风险经理，建立了覆盖所有分支行的纪检监察特派员队伍。二是凝聚人心，确保员工队伍的稳定。大力开展员工教育培训，参训达8 600余人次；新聘专业人员156名，其中客户经理、产品经理、风险经理占87%；完善员工薪酬福利，设置岗位工资，向分支行下拨了员工体检费，统一为全分行员工购买了意外伤害险；做好特困员工帮扶和老干部服务工作，协助协解人员做好社会保障衔接。三是加强企业文化建设，打造建设银行服务品牌，举办国庆60周年系列庆祝活动，外树形象，内聚人气，全分行始终保持风正、心齐、劲足的良好局面。

执笔：沈　凌

审稿：宁新民

贵州省分行

贵州省分行行长吴民豪

一、业务发展概况

2009年，全分行一般性存款新增、各项贷款新增、对公和个人贷款全年发放数、税前利润、中间业务收入及经济增加值等指标均创历史新高，一般性存款新增、对公存款余额及新增、一般性存款、对公存款和个人存款网均、人均新增等指标均排名四行首位。2009年，贵州省分行在全国一级分行KPI指标综合考核中排名第九位。

截至2009年底，全分行全口径存款余额976.76亿元，新增185.42亿元，增幅为23.43%，新增额四行排名首位，四行占比高出第二名9.43个百分点；一般性存款余额958.27亿元，新增180.37亿元，增幅为23.19%，新增额四行占比高出第二名10.84个百分点。其中，对公存款余额581.10亿元，四行排名较年初上升一位，居首位；对公存款增幅为25.05%，新增额四行占比为40.52%，高出第二名19.84个百分点，余额四行占比较年初提高1.38个百分点；个人存款增幅为20.43%，新增额四行排名第二，余额四行占比较年初提高0.66个百分点。

各项贷款余额643.48亿元，新增124.77亿元，增幅为24.05%，新增四行排名第二，贷款余额四行排名较年初上升一位，居第二位；对公非贴现贷款余额535.79亿元，四行排名较年初上升一位，居第二位；个人贷款余额100.22亿元，首次突破百亿元大关。

经营效益同比大幅增长。2009年，全分行实现考核税前利润16.17亿元，完成计划的112.41%，同比增幅为21%；实现经济增加值8.49亿元，计划完成率117.82%，同比增幅为40.43%。资产利润率、员工效益、净利息收益率在系统内分别排名第16位、第22位及第7位。

资产质量明显提升。截至2009年底，全分行不良贷款余额8.89亿元，较年初下降3.88亿元；不良贷款率1.38%，比年初下降1.08个百分点，不良贷款率低于全国建设银行不良率平均水平，不良贷款额和不良贷款率实现双降。

【公司业务】贵州省分行积极完善营销体系，迅速建立对公客户及项目营销快速反应机制，成功争取到国家“7918”高速公路网贵州境内三个公路项目共计135亿元银团贷款牵头行资格；与六盘水市、毕节地区和安顺市政府签订了全面合作框架协议；与省内交通、通信、能源等行业重点客户签订了全面合作协议，深化业务合作领域；取得了贵广铁路、贵阳轻轨等重大账户营销胜利。在贵州省十大经济事件中，黔中水利枢纽工程、全省7小时快铁交通圈建设、贵阳环城高速公路建成、环城快速铁路、首钢盘县400万吨煤钢电一体化项目和贵阳特殊钢新材料循环经济工业项目等重大事件，贵州省分行均深度介入并提供有力的金融支持。

在加大信贷投放力度的同时，贵州省分行进一步推进结构调整工作。客户结构调整方面，全年A级及以上客户纯新发放非贴现贷款233.24亿元，占纯新发放总额的99.10%，A级及以上公司类客户非贴现贷款余额占比为96.44%，较年初上升2.26个百分点；信贷产品结构调整方面，基本建设贷款等传统优势产品占比继续上升，保理等供应链融资产品逐步发展。年底全分行固定资产贷款余额369.21亿元，占全部对公类贷款余额的63.55%，较年初提高1.12个百分点；行业结构调整方面，信贷资源继续投向重点优质行业和优质项目。年底全分行交通、电力、制造和煤炭四个行业的贷款余额合计达419.57亿元，占全分行对公贷款余额的77.23%。同时，严格执行总行调控计划，全年非不良贷款退出计划完成率为123.4%。

2009年1月10日，贵州省分行与六盘水市人民政府签订合作框架协议。

【个人金融业务】贵州省分行个人金融业务持续转变观念，加强营销组织推动，全年实现个人募集资金166亿元，较上年增长32.80%，募集资金总量、增量和增速均创历史最好水平，其中“利得盈”和“大丰收”理财产品分别销售55.97亿元和4.19亿元，销售量系统分别排名第六位和第五位；代理保险四行占比40%，继续位居市场首位。

【房地产业务】全年个人住房贷款新增19.93亿元，超额完成全年新增计划，全年发放和余额新增双双创出历史新高；实现个人住房公积金贷款新增25.56亿元，完成全年计划的213.01%；住房公积金中间业务收入实现3 103万元，完成全年计划的165.06%，增幅系统排名首位。

【中间业务】全年实现中间业务毛收入53 701.24万元，同比增速为31.11%，比全国平均增速高7.24个百分点，同比增速在全国38家分行中排第12位；实现考核口径中间业务净收入52 461.91万元；中间业务净收入占主营业务收入16.14%，比年初上升1.72个百分点。

【国际业务】国际业务以巩固和提高外汇业务市场占比为工作目标和重心，进一步推动本外币一体化营销。全年资本项下结售汇量四行排名首位；实现外汇中间业务收入1 632.89万元，四行排名第二，结算业务平均费率为0.74%，高于系统平均水平0.29个百分点。

2009年4月17日，贵州省分行与成都铁路局签订建设资金监管协议。

【其他业务】

——信用卡业务全年净增信用卡客户51 582户，系统内排名第14位；实现信用卡消费额13.80亿元，增幅为131.07%，系统内排名第8位；账户活动率58.99%，较系统平均水平高4.24个百分点；不良率1.28%，较系统平均水平低0.56个百分点，列省内同业首位。

——电子银行业务积极开展个人电子银行"351"和企业电子银行"1121"劳动竞赛活动，推广"到各行去、到网点去、到客户中间去"的营销培训模式。全分行柜面替代率实现40.31%，完成全年计划的134%；短信银行个人客户新增42万户，同比增幅为13.3%；实现中间业务收入2 096万元，完成全年计划的121%。

——造价咨询业务逐步完善二级分行、行政县支行服务网络覆盖机制，全年共实现造价咨询收入2 183万元，增幅为336.6%。

——企业年金业务向纵深推进。全年共新增企业年金客户12个；已签约、管理年金受托资产4.58亿元，比年初新增1.50亿元，居当地同业首位；签约、管理企业年金个人账户23 709户，较上年新增7 000户，托管资金管理规模3.13亿元，较上年新增1.60亿元，完成全年计划的1 595.1%，账户管理规模及托管资金规模均居当地同业第二。

——投资银行业务实现新突破。全年累计发行"利得盈"及建设银行财富产品共计14.3亿元；成功发放省内首笔并购贷款；银团贷款业务再创新高，实现银团贷款业务收入超过5 000万元；并购、债务重组、资产重组、税务策划及项目融资等新型财务顾问业务陆续开展，促进了财务顾问业务多元化，提升了金融服务能力。

二、主要工作举措

【深化专业化建设和网点转型】第一，加大专业化建设力度。进一步实施公司机构业务的集中整合上移，贵阳市城区支行发挥服务重点行业和重点业务的专业化经营职能，逐步形成铁路、能源、公路、住房金融、政府客户等专业化经营中心；新成立小企业金融服务中心，逐步建成覆盖全省的小企业服务网络，搭建小企业业务批量化处理和流程化控制工作环境；调整充实造价咨询中心，牵头营销、管理全分行造价咨询业务，进一步巩固造价咨询业务优势。第二，网点转型成效显著。完成全省所有网点一代转型及财富管理中心、理财中心转型工作，在总行组织的一代转型验收中名列前茅；逐步推进二代转型项目，人均每周销售量提升386%；第三，稳步推进组织机构调整。对贵阳市网点进行进一步整合，增强贵阳市城区行的整体竞争力；同时，全面启动对公营业网点转型工作，积极推进对公营业网点由交易核算主导向营销服务主导转变。第四，着力提升客户服务水平。贵州省分行在总行下半年全分行营业网点服务质量调查中，基本指标排名居系统第二位，继续领先同业。

【推进全分行协调发展】一方面进一步深化中心城市行龙头作用。2009年，贵阳中心城市行在系统100中心城市行排名再创新高，居第13位；在中心城市行外部环境与内部经营管理排名中，贵阳中心城市行偏离度为50，居100中心城市行第3位。另一方面，贵州省分行进一步明确各二级分行和行政县支行发展定位，切实引导行政县支行发展低成本负债及中间业务，同业竞争力得到有效提升。行政县支行全年共计实现中间业务收入9 389.36万元，同比增长3 273.79万元，增幅为53.55%，高于全省平均增幅22.42个百分点。

【全面实施客户战略】第一，在客户战略实施过程中，贵州省分行以基本结算户为突破口，切实做好铁路、公路、城市基础设施建设项目及施工企业等客户的系统营销工作。第二，深化"零余额账户营销攻坚"工作，全年财政性账户新增201户，零余额账户新增242户。新开各类社保账户23户，全年社保存款同业市场占比为43%，居首位。第三，积极拓展优质中小企业客户。全年新增小企业基本结算户397户。第四，个人客户深化“三级联动营销体系”，优质客户数量和金融资产量稳步提升。全年累计发行龙卡通73.8万张，实现刷卡消费额64亿元，分别增长28%和82%，高端、富裕客户数量较年初增长17 504名。

【持续夯实基础管理】一是加强合规文化建设。全年持续深入开展“风险防范人人有责、合规操作从我做起”教育实践活动。二是加大案件防控力度。坚定不移地按照“三个必须”，即“必须用最大的精力、必须用最硬的措施、必须用最实的作风”抓好案件防控及整改工作，认真制订全年案件防控方案，扎实推动案件防控及整改验收工作，进一步强化案防工作可操作性。三是持续加大整改和专项治理力度，明确“落实整改是重点，提高认识是关键”的要求，持续跟踪整改结果。全年银监局新发放贷款检查整改率为100%，内部审计发现问题整改率为93.21%。四是进一步提升中后台管理集约化水平。推进全分行账户集中管理工作，完成除贵阳市外的全辖账户集中管理；实现电子渠道落地业务、批量代收付业务后台集中；同时，实现对贵阳市网点选址、购置、装修及配送现金、重控等工作的集中管理；建立内部呼叫中心，提高对网点员工的服务和支持力度；建立中心城市集中统一管理、行政县支行“虚拟集中，统一管理”的自助设备专业化管理体系，基本实现自助设备布局选址专业化、自助设备建设专业化、自助设备营运专业化及自助设备维护专业化。

执笔：罗小英　杨军华

审稿：蒋晓树

云南省分行

云南省分行行长潘念宁

一、业务发展概况

2009年，云南省分行年底本外币全口径存款余额1 577.35亿元，新增280.47亿元，增幅为21.63%，四行占比为22.43%，系统排名第25位。各项贷款余额1 022.71亿元，新增170.86亿元，增幅为20.06%，四行占比为18.91%，系统排名第22位。完成中间业务收入7.43亿元，四行占比为27.02%，同比提升1.37个百分点。实现拨备前利润29.7亿元，同比增加1.2亿元，增幅为4.02%。

【对公业务】对公存款余额897.07亿元，新增157.07亿元，增幅为21.23%，四行占比为20.51%，系统排名第22位；对公贷款余额776.28亿元，新增112.36亿元，增幅为16.91%，四行占比为15.68%，系统排名第24位。实现对公非贴贷款利息收入53.82亿元，同比增加10.24亿元，增幅为23.49%。

【个人业务】储蓄存款余额645.34亿元，新增109.69亿元，增幅为20.48%，四行占比为25.89%，系统排名第22位。个人贷款余额246.43亿元，新增58.51亿元创历史新高，同业排名第二位，系统排名第15位。其中个人住房贷款余额221.29亿元，新增62.81亿元，均排名同业第一位。

2009年7月2日，云南省分行与云南省财政厅签署境外筹资转贷业务协议。

【中间业务】全年实现中间业务收入7.43亿元，同比增长28.09%。其中，代销基金、代理保险、保函、托管业务、房改金融业务、代理资金清算等产品收入市场排名第一；代理证券公司专项服务收入和代理期货结算业务收入位居全国建设银行系统第一。

【资产质量和风险控制】累计处置不良资产7.41亿元。五级分类不良贷款余额13.31亿元，比年初减少4.1亿元；不良率1.31%，比年初下降0.75个百分点。

【其他业务】新增外汇业务客户119户；外汇存款增长1 119万美元。信用卡净增客户8万户，实现消费交易额31.93亿元；电子自助渠道交易占比为56.32%，增长27.4%。

二、主要工作举措

【抓机遇，调结构，资产业务快速发展】一是对公贷款投放“快、准、实”。“快”即迅速贯彻国家“扩内需促增长”政策，针对市场变化，及时调整定位，加大贷款投放力度，有效支持地方经济建设，全年共支持国家4万亿元投资项目22个，实现投放75.9亿元。“准”即准确理解总行政策，牢抓贷款质量不放松，并在年底将贷款新增严格控制在总行计划以内。同时加大对新能源、旅游、航空等地方鼓励行业的支持力度，成功营销云南省水务投200亿元银团贷款、昆明市交投100亿元银团贷款、云南省交通厅统贷统还公路等一批重大优质项目。“实”就是做好客户服务，做实项目储备，2009年底项目储备金额1 035.7亿元，同比增加600亿元，为持续发展奠定坚实基础。二是个贷业务重营销，市场竞争力有效提升。以房地产市场复苏为契机，按照统筹兼顾、有保有压的原则，重点投向国计民生领域，主要支持百姓购买自住住房的个人住房贷款需求，二手房贷款保持快速增长，个人住房贷款余额和新增占比排名四行第一。选择优质客户、重点客户，积极、谨慎、稳步发展个人消费贷款、个人经营贷款。持续推进个贷业务“三位一体”建设，积极调整经营策略。三是不断调整优化信贷结构。积极跟进总行对行业风险限额管理、项目核准和客户名单制管理等制度要求，把有限的信贷资源配置到国家重点投资、资本回报率高的领域；完善信贷结构调整考核政策，加大对“两高一剩”、高风险低收益的行业和客户的退出力度。全分行AA级（含）以上客户非贴现贷款余额较年初增加108.3亿元，占比为77.4%；退出贷款11.1亿元，完成总行下达计划的112.7%。

【抓考核，促服务，负债业务亮点纷呈】一是突出市场表现，强化对公存款基础地位。适时调整激励政策，在企业存款时点考核中引入市场占比调节系数。实施企业存款“争先创优”营销活动，引导全分行加大对优质客户及其上下游客户的营销力度，挖掘存量账户的潜在价值。加强对企业存款运行情况的监控、分析和通报，增强企业存款的稳定性。巩固机构业务优势，拓展同业合作新领域，高度重视财政、社保、军队武警、事业法人等源头性强、成长性好的客户，通过“社保营销年”等活动做好不同类型客户资金的主动负债管理。二是个人募集资金总量同业领先。围绕市场目标，制定落实工作措施，持续加大基础客户群体拓展力度，发展优质客户群体。以“红运新春，五牛奔福”“四宝齐聚，赢在建行”“百日标兵网点竞赛”等活动为载体，全面推进联动营销、交叉营销和产品组合营销，从源头上抓资金、抓客户，持续提升全分行营业网点的市场竞争力，实现个人存款、基金和理财产品的协调发展。全年个人存款新增突破100亿元，余额突破600亿元。募集资金总量252.23亿元，完成计划的144.13%。三是网点转型成效显著，高端客户数量和贡献度不断提升。全年完成302个网点一代转型推广；完成60个理财中心二代转型；

建立并推广网点转型配套服务保障机制，理财中心周均销售量比转型前提高246.15%。全分行个人高端客户差别化渠道服务能力逐渐增强，个人VIP客户较年初新增2.26万户；日均AUM数值较年初新增109.87亿元。

【多管齐下，重点突出，中间业务取得新突破】一是上下联动，传统产品优势巩固。重点依托贷款资源，交叉联动营销，大力拓展财务顾问、资金监管等10项重点产品。全年实现财务顾问业务收入7 100万元，增幅为44.74%；工程资金监管业务收入3 180万元，增幅为1 538.03%；国内保理业务收入363万元，较上年增长15倍。代理保险手续费收入4 924万元，系统排名第17位，同业排名第一；CTS手续费收入229.64万元，系统排列首位。二是开拓创新，新兴产品快速发展。面对金融危机影响，积极拓展外汇资本项下业务，边贸业务市场占比23.83%，同业排名第二。加强银信合作，成功向云南省旅游投资有限公司发放全省第一笔并购贷款；在中期票据、短期融资券和股权投资类理财产品发行上取得突破；开创红酒、普洱茶信托另类理财产品先河，成功获取红塔集团企业年金基金受托人资格和国投曲靖发电的账户管理人资格。挖掘经营潜能，代理招商银行昆明分行、华夏银行昆明分行尾箱寄存及现金调缴业务。三是电子自助渠道运用显成效。将电子自助渠道交易占比引入KPI考核，设置敏感系数，强化电子自助渠道与物理渠道协同发展。电话支付业务、“移动签约POS”取得阶段性效果，有效延伸营销服务范围。新购置ATM 100台、CRS 32台、自助发卡设备5台，全年共实现各类自助交易6 847万笔，同比增长32%。

【基础管理和风险防控取得新进展】一是夯实信贷基础管理。建立“经营部门牵头组织、风险部门监督配合”的贷中、贷后责任体系，增设信贷管理岗。通过信贷基础管理例会、突击检查等方式，促进信贷基础管理工作向常态化、制度化、精细化方向发展。二是加强排查预警，严防操作风险。深化贷款分类工作，提高信贷资产质量的真实性；加强风险预警监测，及时处理风险事项；加强个人类贷款抵押登记情况和“疑似假个贷”的清理核查；优化授信业务押品管理，用好CEWM系统等贷后管理工具，不断提高岗位操作风险报告质量。三是加强案件防控，强化合规意识。积极规划落实惩防体系，发挥案件防控协调联动机制，推进重点联系行工作，深入开展稽查督导、员工行为排查和案件风险点排查。强化基层机构内控管理工作的考核评价，保持案件防控高压态势。切实加强安全生产监督和突发事件应急管理，有力落实维稳工作制度，确保各项工作正常有序开展。

2009年9月17日，云南省分行与缅甸经济银行正式建立合作关系。

【推进专业化和前后台分离改革】一是整合对公经营职能。实施昆明地区集团客户及重要客户进一步集中管理改革，强化省分行直接经营团队，提升对大中型客户营销服务水平。成立昆明地区小企业中心，实行昆明地区小企业客户筛选、资料组织和贷后非现场管理等专业化改革。做实公司及机构管理委员会，成立公机委办公室，履行对公条线统一管理职责。二是继续深化会计营运体制改革。重点推进人民币对公存款账户集中管理、集中对账管理、票据交换、批量代收代付业务、内部账户管理、对公业务横向整合和贷款集中工作涉及的制度调整和系统改造工作，切实提高后台管理能力。扩大集中业务的处理范围，实现银行卡实物集中配送、财政授权支付业务集中、电子渠道落地业务后台集中、实物黄金试点配送等工作，业务覆盖面进一步延伸。三是稳步实施昆明地区风险条线配套改革。组织实施集中经营集团客户贷前、贷中、贷后平行作业；向小企业中心、个贷中心派驻风险管理团队。进一步完善风险管理评价实施办法和风险主管年度业绩考核办法，促进风险管理水平不断提升。

【党的建设和企业文化呈现新局面】一是加

强党的基层组织建设。有效整改科学发展观学习实践活动中提出的主要问题，开展“讲党性、重品行、作表率”深化拓展活动。建立二级分（支）行领导班子巡视制度，先后组织对曲靖、昭通、文山、临沧四行进行全面巡视。建立二级分（支）行领导班子定期汇报制度、省分行领导班子成员工作联系点制度，加大对基层的指导帮扶力度。二是加强企业文化建设，营造良好氛围。围绕“抓服务、讲合规、促发展”和“关爱员工”两条主线加强企业文化建设，加强员工凝聚力和向心力。积极履行社会责任，承担对口扶贫区域工作，组织“资助成长计划学生迈向大学校园活动”活动和“英模母亲”慰问活动。被省政府评为“云南省2008年度兴边富民工程先进单位”。在省银行业协会组织的“2009云南金融百姓口碑榜”评选活动中荣获“昆滇百姓好口碑大奖”。

执笔：杨　苻

审稿：何　跃

西藏自治区分行

西藏自治区分行行长颜克忠

一、业务发展概况

2009年底，全分行一般性存款余额272.74亿元，比年初新增50.95亿元。其中，企业存款余额217.62亿元，比年初增加39.58亿元，个人存款余额55.12亿元。各项贷款余额87.52亿元，比年初增加1.12亿元。其中，对公贷款余额73.17亿元，比年初增加1.5亿元，个人贷款余额14.35亿元，比年初减少0.38亿元。不良贷款余额2.56亿元，比年初减少6 458万元。五级分类不良贷款率2.92%，比年初下降0.79个百分点。实现中间业务净收入2 786万元，比上年增长341万元，增幅为13.92%。实现拨备前利润3.47亿元，比上年同期增长3 996万元，完成全年计划的94.47%。

二、主要工作举措

【工作务实创新，业务拓展扎实有序】公司业务条线。居于业务主导地位的公司业务条线加快转型，适应市场和客户需要，率先推进内部组织机构改革，优化业务流程，加大信贷结构调整，资产质量稳步提升，经营效益和价值创造能力持续增强。根据总行对公条线战略转型的总体要求，对公司业务部内设机构、制度体系、业务流程等进行了再造。结合西藏经济发展特点，设置了水电、交通、矿产、能源、政府机构等五大业务经营部门，负责相关行业的营销组织和重点客户直接经营。联动营销，完成对西藏电力有限公司、联通西藏分公司、西藏烟草等重要客户营销服务方案的制订，与分支行协同作战，不断提升营销效果。与西藏大学签订了银校全面合作协议，与西藏电力有限公司完成了“银电联网项目”启动，并争取到该公司企业年金业务，实现了分行企业年金业务零的突破。与华能澜沧江上游水电有限公司、葛洲坝股份公司、旁多水利枢纽管理局、西藏航空公司等客户新建了合作关系，巩固了区市两级财政、自治区社保厅、联通西藏分公司、武警边防西藏总队等重点客户。按照“进、保、控、压、退”的信贷结构调整方案，坚持“区别对待，有保有压”，优先满足有质量的、真实的信贷需求，确保重点客户和项目投放。

个人业务条线。合理配置资源，充分调动员工积极性和创造性，加大营销力度，紧紧依靠网点二代转型提升销售能力和个人业务贡献度，取得了较好的经营成果。深入开展了旺季营销、夏季营销、产品销售扫零、达标越级、“两金一汇”、客户推荐客户、秋季增存等主题活动，做到了“时时有主题，月月无淡季”；落实经营客户战略，从围绕经营客户的基础性工作入手，持续巩固网点转型成果，梳理整合中高端客户服务标准，深入开展了 VIP 客户服务集中整治活动；强化了联动营销、交叉营销，公务卡等产品强势推出；加强了发卡主渠道网点建设，努力提高网点发卡营销能力；大力开展信用卡分期付款业务，汽车、家装、邮购、商场等信用卡分期业务快速增长，保持并扩大区内同业优势。个人金融业务快速推进，多项业务指标创历史新高，竞争力显著增强。

【完善激励考核政策，优化财务资源配置】全分行以强化基础管理和全面成本管理为重心，充分发挥综合经营计划政策工具的导向作用，组织完善和落实激励考核政策，统筹安排各项财务资源，全面落实财务规范性管理，为全分行业务发展提供了有力支持。一是按照“统一管理、确定基数、增量挂钩、突出重点、有效激励”的财务资源分配原则，对全分行战略性业务和具有长期效益性业务给予重点支持，充分发挥财务资源的政策导向和激励约束作用。二是高度重视全面成本管理工作，改进了全面成本管理的观念和管理行为。三是在全分行开展了中间业务标杆管理活动，加大对中间业务产品的考核激励力度，扩大中间业务买单产品范围，逐步实现全额买单。四是按照总行的要求实施新的集中采购制度，规范集中采购流程管理，建立以专业、高效、自律、服务为主题的采购文化，充分发挥采购工作节约成本、支持服务和价值创造功能。

【强化风险管理，提高信贷资产质量】全分行风险条线审慎应对经济波动带来的严峻挑战，实施积极主动的风险管理。按照“先评级、后授信、再使用”的要求对公司类客户严格授信审批，并全面推行了授信业务电子化申报和审批，进一步规范了信贷审批操作流程，加强了对客户的统一授信管理，受理审批全流程平均用时明显缩短，提高了审批质量。在全分行组织实施了个人类贷款大检查和信贷资产质量大检查。掌握了全分行信贷资产质量和授信业务风险管理情况，了解了存量贷款的风险状况、信贷结构调整政策的执行情况和相关政策的实施效果，提出了加强风险管理的针对性措施，为防范系统性风险，促进信贷结构调整和业务转型战略目标的顺利实现奠定了基础。通过及时整改和完善制度，信贷业务特别是个贷业务合规经营意识显著增强，为健康有序发展奠定了基础。继续推进资产保全业务单元制改革，加大集中经营力度，加快清收处置不良资产。各种处置手段并举，年内成功处置了困扰全分行多年的中安达紫岳文涛不良贷款 6 000 余万元。

【做好后台服务保障，促进业务发展】努力提升科技保障服务能力，圆满完成惠民卡系统、银电联网系统等 27 个总行推广项目和分行特色项目的开发和推广，确保了重要网络和信息系统的安全、持续、稳定运行，为业务发展提供了强有力的技术支持。按照《西藏分行业务处理前后台分离未集中事项实施方案》，制定相应的管理办法。完成损益类账务核算、减值准备计提核算和拉萨辖区附行式 ATM 等 58 项业务的后台集中，基本完成总行确定的前后台业务分离，后台集中处理业务工作。同时对分散于营运、会计、个金等条线的柜面业务监控检查资源进行了集中整合，开展会计检查、深度稽核等工作，新的柜面业务操作风险管理机制基本达到了检查与辅导相结合，初步实现了柜面业务检查的独立化、考核的综合化和沟通的制度化，统一了检查标准，提高了检查效率，有效遏制了操作风险事件和案件的发生。

【开展“基础管理年”活动，合规经营深入人心】区分行把 2009 年确定为“基础管理年”，在全辖各级机构开展了以“讲合规、严管理、防风险、促发展”为主题的系列活动。按照分行新一届党委提出的“走正道、守规矩”的要求，各部门、各行以基础管理和风险防范为重点，以思想教育、问题整改为手段，从基础建设、合规经营、按章操作入手，建立健全风险防范长效机制。

全分行共梳理各项规章制度1 100多个，修改补充制度230多个，新建制度760个。加大责任认定和追究，对违规贷款相关责任人给予了撤职、记过、警告、通报批评、积分处罚及其他处理等达93人次。通过“基础管理年”活动的有效开展，全员的合规经营、遵章守纪意识得到明显增强；各行内控管理制度得到进一步完善；有章不循、违章操作现象大多得到切实纠正；案件防控工作措施得以落实，全分行的基础管理水平有了明显提高，保障和促进了各项业务又好又快地发展。

【抓好教育培训，提升队伍整体素质】一是加大员工培训力度。围绕业务发展战略、业务开拓和产品销售，对员工实施全覆盖、多手段和高质量的培训。年初以来，全分行共完成培训34期，培训2 362人次，选派管理人员和业务骨干参加区外培训593人次。二是认真开展党风廉政建设。积极组织领导干部和党员员工学习贯彻落实贺国强同志的重要讲话、总行纪检监察工作会议精神，总行党委制定的《廉洁自律六项要求》和廉洁合规从业八项要求等，把党风廉政建设工作融入全分行中心工作当中，进一步规范领导人员权力运行，从源头上防治腐败，加强领导干部作风建设，为全面推进和谐建设银行建设，实现业务和效益又好又快发展提供了有效保障。三是开展丰富多彩的专题活动。为迎接新中国成立60华诞，组织员工开展唱爱国歌曲，“我爱我的祖国”演讲比赛，“反对分裂、维护稳定、促进发展”主题教育和社会主义核心价值体系教育等活动，进一步激发了广大员工的爱国热情，坚定了理想信念，增强了工作责任感和事业心。

【维护和谐稳定，保障安全营运】严格落实案件防范工作责任制，把内控管理和防范案件工作放在突出位置，一手抓内控管理和案件防范，一手抓业务经营，加大力度，强化措施，实现了无案件和重大责任事故的目标。正确处理稳定、改革和发展的关系，把构建和谐、维护稳定作为一项重要工作抓紧抓好。加大了信访核查和督办力度；继续坚持和完善各行一把手负总责，分管领导具体抓，其他领导协调抓，一级抓一级、层层抓落实的工作机制；深入开展矛盾纠纷排查工作，稳定人员的思想，从机制、制度、源头上解决问题。通过扎实的工作，继续保持零上访事件，安全保卫和维稳工作得到总行和自治区综治委的肯定。

【加强企业文化建设，促进和谐发展】一是抓好各项创建工作，树立良好行业形象。扎实开展文明单位、文明示范窗口的创建活动，丰富载体，注重实效，引导员工积极参与。开展了“全国文明服务”城市活动、“建行金点子献计策”活动、文明示范岗位创建、优秀职工之家创建和青年文明号单位创建等，进一步激发员工的工作热情，营造学赶先进、争创一流的浓厚氛围，进一步培育员工爱行、爱岗、奋发有为的荣誉感，增强全分行的凝聚力和战斗力。二是关爱员工，构建和谐建行。开展“关爱员工，从心开始”活动。为员工注射甲流疫苗，新食堂已投入使用，员工培训中心正在紧锣密鼓地筹建，职工周转房太阳能安装已近尾声等。开展了节前送温暖活动，慰问困难职工20人。这些措施得到了员工的认可，极大地调动了员工的工作积极性和创造性，和谐氛围更加浓厚。三是关心弱势群体，积极承担社会责任。继续做好建设银行设立资助的“情系西藏”项目、“成长计划”项目和“英模母亲”项目相关工作，2009年新启动建设银行少数民族大学生成才计划奖（助）学金项目，资助西藏高校贫困大学生和贫困高中生顺利完成学业。积极开展开发性扶贫工作。通过捐款捐物，为尼木县帕古乡订阅报刊，走访慰问贫困户，资助开发项目建设，加快了人民脱贫奔小康步伐。

执笔：周荣富

审稿：次仁顿珠

陕西省分行

陕西省分行行长崔滨洲

一、业务发展概况

2009 年，陕西省分行实现考核利润 28.02 亿元，比上年增长 20.3%。不良贷款额 8.97 亿元，较年初减少 3.73 亿元；不良贷款率 0.91%，较年初下降 0.89 个百分点；不良贷款额、不良贷款率均为当地四大行最低。拨备覆盖率达到 253.12%，比上年提高 92.92 个百分点。成本收入比 38.90%，同比下降 3.19 个百分点。

【资产业务】抓住国家扩大内需和总行信贷政策导向，充分发挥项目储备充裕的优势，强化高层营销，在事关全省经济发展的交通、能源等重大项目上抢得了先机，实现了资产业务超常增长。各项贷款新增 275.81 亿元，比前两年新增总和还要多出 67.95 亿元，四行新增占比 32.96%，居同业第一位；四行余额占比 30.72%，较年初提升 0.79 个百分点。85% 以上的新增贷款投向了能源、装备制造、基础设施等优势项目。

【负债业务】坚持存款立行，广泛开展争先创优对手赛、旺季营销竞赛等专题营销等活动，全面落实买单制激励，极大地调动了广大员工的积极性，实现了负债业务跨越式增长。个人存款新增 220 亿元，同比新增 47 亿元，完成总计划的 259%，创历史最好水平。全国建设银行系统内余额排名第 14 位，新增排名第 13 位，增速排名第三位。对公存款余额突破 1 000 亿元，时点新增 281.7 亿元，计划完成率为 230.74%，同比多增 105.7 亿元，全国建设银行系统排名第 11 位。全年全口径存款新增 529.94 亿元，一般性存款新增 496.22 亿元。一般性存款、企业存款、个人存款、同业存款新增全部居同业第一位。

【房地产金融业务】把握政策节奏，进一步提升了住房金融与个人信贷业务的竞争优势。房地产开发类贷款实现投放 53.96 亿元，回收 46.67 亿元，综合收益率达 7.31%，不良率 0.51%，低于全国平均水平 1.53 个百分点，新发放贷款不良率连续 5 年为零。个人贷款发展取得历史性突破，当年新增 82.51 亿元，余额突破 200 亿元大关，较上午多新增 53.63 亿元，增幅居全国建设银行系统第二位，实现了余额、新增、质量、投放量四个同业第一。房改金融业务继续保持市场领先地位，公积金个贷新增 7.26 亿元，余额达到 40 亿元，公积金归集量连续 3 年超过 30 亿元，双双居同业第一。

【中间业务】深入开展结算、电子银行、信用卡等中间业务“扫零增产”等活动，努力提升产品覆盖面，中间业务持续健康发展。实现中间业务净收入 8.26 亿元，同比多增 1.63 亿元，增幅为 24.51%，高于全国平均增速；中间业务收入位居四行第二，市场占比 31.11%，较上年底提高 0.6 个百分点。累计完成国际结算量 27.1 万美元，四行占比达32%。信用卡新增发卡 8.63 万张，新增发卡同业排名第一。电话银行活跃客户新增 442 601 户，计划完成率为 219%。全年实现投资银行业务收入 1 亿多元，企业年金存量业务受托资产金额达20 127万元，账户管理数 11 663 个，新增外部企业年金客户 4 个，实现企业年金“养颐乐 1 号”、“养颐人生”集合计划零的突破。

【其他业务】深入开展“对公账户营销专项竞赛”、“代发工资账户营销竞赛”等活动，通过加强考核、经验交流、流程优化、情况通报、产品支持等多种手段，推动账户客户营销取得佳绩。全年新开立结算账户7 940户，其中基本户4 020户。50万元以上结算账户新增1 208户，超额完成总行KPI计划，2009年新开账户的年底存款余额为176.4亿元。代发工资个人客户新增15.4万户，银行卡发卡149万张。顶端客户达1 928人，较年初新增789人，完成总行计划的268%，人均金融资产达446万元，系统内排名第四位，AUM 1 000万元以上客户人均1 348万元，系统排名第八位。

二、主要工作举措

【加快业务转型与结构调整】

1. 加快个人金融业务转型，服务水平和效率得到有效改善。当年累计投入4.45亿元，完成网点装修、改造81个，网点购置26个，新增各类自助设备287台。全年网点一代转型56个，累计达到369个，占网点总数的100%，网点二代转型50个。网点存款单产5.95亿元，遥遥领先于当地工商银行、农业银行和中国银行。

2. 积极探索民生领域和小企业服务，“速贷通”、“成长之路”品牌得到迅速推广。依托西安小企业经营中心，在宝鸡、榆林等6个重点地区成立经营机构，实施了专业化、流程化作业，小企业经营快速起步。累计投放小企业贷款11.92亿元，是上年投放额的5倍多。个人贷款中心专业化建设深入推进，3家个人贷款中心实现了门面化、视觉化、功能化，产能带动效果显著。积极申请成立村镇银行并获得总行审批。

3. 积极谋划、大力推进“民本通达”综合试点工作，实现了经济效益和社会效益的双赢。与全省教育客户签订各类合作协议73份，新增账户75户、代发工资户37户；成功中标省级财政唯一的资金集散账户，并先后取得了“两权价款”、困难寄生补助、校舍维修补助、农村义教取暖费、家电下乡补助等6项资金支付业务，新增财政零余额账户190户，财政社保客户存款新增98.5亿元。

4. 积极推进对公网点转型工作。主要采取了将对公日常产品营销和中小账户营销维护与会计人员绩效挂钩，在会计前台全面推广买单制等措施并取得了较好效果。会计人员营销的新增结算账户占到新增账户的50%以上。营销企业存款45亿元，个人存款9.16亿元，银行卡4.98万张，基金、保险、“利得盈”等理财产品9亿多元。对公网点转型促使会计前台人员的销售服务技能和主动适应市场竞争能力与往年相比有了明显提升。

【强化风险管理】

1. 严格案件防控和操作风险管理。深入开展案件防控“四无三加强两杜绝”效能监察活动；以月为周期，对全分行检查员与稽核员每期进行10%～20%交流；坚持定期对网点操作风险控制能力开展综合评价通报，柜面业务操作差错率继续保持良好的控制水平，全年平均操作差错率为0.32‰，差错控制水平在全国建设银行系统排名第一。进一步完善内控监督长效机制，开展员工行为排查、网点现金尾箱管理突击检查、案件及商业贿赂“双治理”、银企对账等专项活动，严格执行了违规积分和问责制度。

2. 持续加强信贷风险管理。细化落实了贷款三查制度，制定了平行作业实施细则，完善申报方案集体会诊制度，当年纯新发放贷款不良率等资产质量KPI指标全部控制在总行计划范围之内。全面推进信贷资产十二级分类工作，努力提升全分行风险分类工作的精细化管理水平。全年“保、控、压、退”类贷款占比分别为80.68%、8.81%、3.37%、0.36%，共退出贷款11.34亿元，完成年初计划目标，执行良好。

3. 严格依法，合规经营。建立激励约束机制，将合规考核作为等级行评定一项重要考核内容；设立内外部审计监管检查问题数据库，及时评估各业务条线和分支行的整改落实情况；全程跟踪23个内部审计检查、银监会5项检查等重点项目，内部审计项目整改率达95.58%，外部监管检查项目整改率达99%；积极履行反洗钱义务，健全和完善了反洗钱机制。

【积极稳妥地推动内部改革】

1. 全面推进了资产保全事业部改革。按照“事权集中、档案移交、账务划转”的原则，将全省资产保全业务整体移交保全事业部经营，保全经营职责由消化存量不良转向兼顾化解潜在风险资产。全年处置不良资产3.38亿元、不良资产现金回收2.72亿元、超值现金回收1.98亿元，分别完成全年计划的140.83%、197.5%和439.47%。债转股、抵债资产处置、现金回收计划完成率分列全国建设银行系统第三位、第八位和第六位。

2. 稳步推进西安地区对公信贷经营体制改革。在西安城区支行率先实行了准事业部改革，设立对公业务区域经营中心，上收单点型支行、分理处的对公经营职能，设立了西安大客户经营中心，对西安地区的战略客户实行集中管理、直接经营；成立了西安对公客户放款及贷后管理中心，实施对直接经营客户信贷业务的集中核算和西安地区所有对公客户信贷法律文件和抵质押物的集中管理，形成省行在西安地区的两级经营格局。

【加强队伍建设】

1. 做好后备干部队伍建设，全方位的后备干部管理体系粗具规模。2009年全分行共确定总经理级后备管理人才20名、副总经理级后备管理人才42名，领导干部后备队伍素质优良、数量充足、结构合理。

2. 积极优化领导班子建设。按照“能位相称，适人适位”的原则，积极开展领导人员岗位职务序列交流、异地交流、上下交流。调整优化了18个二级分支行领导班子、14个本部部门负责人，提拔交流人员58人次。按照“德才兼备、以德为先”的标准，公开提拔干部21名，员工满意和基本满意率达到97.76%。

3. 加强培训和专业化队伍建设。组织培训1 286期，参加培训46 372人次。评聘了164名专业技术岗位职务员工，专业技术岗位职务人员占在岗员工的比重达到24.15%，较上年提高了1.34个百分点。

执笔：薛峰光　侯　鉴

审稿：高育昌

甘肃省分行

甘肃省分行行长康义

一、业务发展概况

2009年，甘肃省分行实现税前利润12.8亿元，完成总行计划的117%；实现经济增加值6.52亿元，完成总行计划的126%；贷款收益率5.64%，高于当地同业0.61个百分点；存款付息率1.49%，低于当地同业0.11个百分点；拨备覆盖率202%，比上年增加65个百分点。

【公司业务】公司客户贷款余额346.5亿元，比年初新增69.8亿元，占对公贷款新增额的116.10%；公司客户存款余额为224.03亿元，比年初增长65.23亿元，增幅达41.08%，完成公司存款新增计划的354.51%，占对公存款新增额的52.10%；票据贴现余额比年初新增6.02亿元。

【个人金融业务】个人本外币存款余额达到479.25亿元，较年初增加96.17亿元，完成新增计划86亿元的111.83%，增长速度为25.10%，个人存款新增创历年最好水平。20万元以上中高端客户比年初新增25 709户，完成总行计划的224.16%，达到68 472户，是2008年新增的1.45

倍。全年装修网点45个，共有自助设备626台运行。自助业务账务性交易替代率全国排名第10位，台均收入全国排名第13位，超过全国平均水平。

【房地产业务】个人贷款余额和新增均保持同业第一；业务发展与风险控制并重推进，个贷不良实现双降；房改金融业务市场份额排首位，全面完成住房资金归集及中间业务收入计划。累计发放个人贷款197 992万元，同比增加66 056万元，增幅为50.1%；个贷余额362 129万元，同比增长41 783万元。个贷发放、新增再创历史新高。

【中间业务收入】实现净收入43 122万元，同比增加8 097万元，同比增速为23.12%，计划完成率为102%，超额完成了总行计划，四行占比29.89%，同比提升2.36个百分点。系统内排名第33位，与上年同期持平，主营业务收入占比16.37%，同比提高4.09个百分点。

【国际业务】累计完成国际结算量10.99亿美元，四行占比21.33%，同比提高了1.34个百分点，继续保持四行第二的位置，实现国际结算业务收入772.73万元人民币。累计完成结售汇5.63亿美元，实现结售汇业务收入600.06万元人民币。

【资产质量与风险控制】不良贷款额6.8亿元，比年初减少3.15亿元；不良贷款率1.4%，比年初下降了1.08个百分点。累计处置不良资产74 087万元，其中表内不良资产59 563万元，现金回收不良资产53 033万元，超值现金回收25 133万元。

二、主要工作举措

【坚持抓账户、抓项目】一是采取得力措施，推进抓账户、抓项目工作，2009年后三个季度，其中7个月账户增幅和新开户数保持四行第一，为存贷款增长和项目营销奠定了坚实基础。二是对重点行业、重大项目营销取得进展。三是从源头入手抓项目，夯实客户基础，做好项目储备。四是加强对公团队建设。出台了一系列推进团队建设的规章制度，开发了“客户营销辅助系统”，将二级分支行对公团队及全分行20万元以上的存款客户和所有信贷客户录入到此系统，明确团队和客户经理维护和营销的目标任务，提高了客户维护和营销水平，促进团队建设更加科学化和精细化。五是“民本通达”“八一工程”稳步推进。

【大力发展转型业务】一是狠抓中间业务，确保如期完成总行下达的中间业务收入计划。二是努力拓展投行业务。成功营销甘肃省政府融资平台100亿元中期票据承销项目，已经实现承销费收入1 810万元，在甘肃同业引起较大反响。三是大力拓展年金业务。在7家银行竞争当中，成功中标读者集团年金受托+账管业务，为建设银行赢得了声誉。四是重视小企业业务。在天水、酒泉、白银成立了小企业经营中心，组建了中小企业“信贷工厂”。五是国际业务取得进展。成功营销灾后重建2亿美元世行优惠紧急贷款，为近年来甘肃省金额最大的一笔世行贷款；成功营销8个利用外国政府贷款项目，市场占比达80%以上。六是电子银行、银行卡、保理等转型业务快速发展。七是根据客户需求量身定做现金管理方案。成功为三个重点客户组建了资金结算网络，尤其是中铁二十一局属于跨区域资金结算网络，涉及全国17个省的近100个账户。

【积极推进信贷结构调整】一是调整信贷行业结构。重点优质行业客户占据全分行信贷业务的主导，审批的信贷业务主要集中于“两基一柱”大行业大企业。二是调整信贷客户结构。三是调整信贷区域结构。四是加大信贷退出力度，确保有限的新增信贷资源投向重点优质客户和项目。

【切实加强内控内管】一是培育依法合规文化。深入开展了“每周一小时谈合规”活动，组织员工认真学习规章制度，查找薄弱环节，研究对策措施，提高员工合规经营、按章办事的意识。二是把好贷款审批关，把控制风险放在第一位，全年审批新增贷款无不良产生。三是加强基层机构操作风险管控。组织完成对总行确定的12个关键风险点的监控检查，使基层机构发现问题数和发现问题比率呈下降趋势，有效防止基层机构产生的操作风险和案件。同时，在二级分支行配备一名专职负责内控及整改工作的管理岗位人员，并在网点配备了34名专职纪检监察特派员，进一步提升了基层机构风险防控能力。四是认真组织排查工作，及时消除风险隐患。组织开展了四次员工行为及业务风险点排查，对排查出的355名思想不稳定及有异常行为的员工组织谈心，加大教育及管理力度，及时排除了风险隐患；对排查出的账户管理等五个方面246个业务风险点，制定了相应的防范措施，并督促现场进行了整改。五是下力气狠抓内控整改工作。内部审计发现问题整改率达93.26%，追踪审计项目整改率达100%。六是开展创建“平安建行”活动，确保安全生产。七是加强维稳工作。综合运用法律、行政、经济、思想政治等措施，及时解决重大矛盾纠纷和突出问题，为业务发展创造良好环境。八是严肃问责，切实加大违规行为惩处力度。

【积极稳妥实施改革】一是建立健全内部组织机构。将省分行法律事务部与合规部进行整合，设立了法律合规部。二是改革工资考核分配方式。增加员工岗位工资考核部分，体现了对员工岗位价值、工作能力和履岗表现的考核。三是创新管理方式。建立了风险经理管户制度，风险经理对信贷客户实施连续的、不间断的、全流程的风险监管，进一步提升了对信贷项目的风险管理能力。四是改进和优化业务流程，提高工作效率。对公授信业务实现了电子化申报审批，在控制风险的前提下，建立个贷业务和楼盘准入审批“绿色通道”，推进个贷电子化审批覆盖面。五是高质量地完成了零售网点业绩评价管理系统的上线推广及对公客户关系管理系统的推广运用，全分行基础管理更加精细化、专业化、科学化。

【加强党的建设、班子建设和员工队伍建设】党的建设方面，完成了学习实践科学发展观活动，对于查找出的影响和制约全分行科学发展的255个问题，全部进行了整改；坚持中心组学习制度，认真学习党的十七届四中全会精神及国家的方针政策，通过外请专家、学者授课等方式，提升了中心组学习的效果；各级党组织开展了领导干部讲党课、邀请专家学者专题讲座、党员体验做一天大堂经理等活动，教育引导广大党员更好地发挥先锋模范作用。班子建设方面，加强了二级分支行领导班子建设，对27名德才兼备的干部进行了交流调整；将16名年轻干部充实到二级分支行和省分行部门领导班子中，为领导干部队伍注入了新的活力；开展廉洁从业和党纪法规教育，加强领导人员监督，确保各级领导人员廉洁从业、依法从政。员工队伍建设方面，一是加强培训，持续提升全分行员工素质和能力。省分行举办培训项目49个61期，培训人员4 520人次，各二级分支行组织举办403期，培训人员13 700余人次。二是在企业网开辟了“员工心声”专栏，建立了与员工之间有效的沟通渠道。三是8次组织风采展示演讲活动，参加人数超过1万人次。四是用组织的关怀温暖需要救助的员工。2009年，省分行权限内救助困难员工和特困员工263人，发放救助金76.09万元。五是关爱基层员工，为199个营业网点配备了空调，为660名专、兼职大堂经理配备了保暖用品。六是认真落实好离退休人员政治、生活待遇，让建设银行的改革成果惠及到每一位离退休人员。

【不断提升网点服务质量】一是加强渠道建设。自助业务全国综合排名第15位，较年初提高3个位次。台均交易量、台均收入、账务性交易替代率均超过全国建设银行平均水平。二是强化对中高端客户的服务工作。不断加强客户经理队伍建设，已经为网点配备397名个人客户经理，建立起了一支专职化个人客户经理队伍。同时，采取向高端客户赠阅《读者》杂志，多次举办高端客户联谊会、高端客户理财沙龙活动等措施，较好地满足了高端客户的理财需求，提高了高端客户忠诚度。三是固化一代转型。组织开展“转型服务回头做”“揭摆问题和服务细节回头做”“重点环节回头做”等“三回头”工作，进一步提高网点员工对零售网点转型及服务重要性的认识。对总行神秘人检查、银行业协会现场检查、省分行现场和非现场检查及二级行自查等各类检查中查出的问题逐项逐岗整改。在规范化服务上，从网点硬件环境、人员着装统一、大堂经理迎来送往、高低柜员双手接递等四个环节入手，着力固化员工行为、语言、服务模式，确保对客户服务的规范性、一致性。四是认真落实客户接待日制度。开展了12次客户接待日活动，多角度倾听客户声音，对于收集到的意见建议，明确责任部门和责任人，积极整改，解决率达到百分之百。

执笔：赵　涛　闫学诗

审稿：王文永

青海省分行

青海省分行行长郭继庄

2009年，青海省分行实现税前利润5.71亿元，较上年增加5 773万元；实现经济增加值2.67亿元，较上年增加5 123万元；成本收入比为43.84%，较上年底下降2.53个百分点。

全口径存款余额467.74亿元，较年初新增98.75亿元，增幅达26.76%。其中，一般性存款余额为463.66亿元，新增96.7亿元，余额和新增额四行占比分别为36.57%和38.03%。对公存款时点余额290.25亿元，较年初新增65.47亿元，余额和新增额四行占比分别为39.9%和41.08%；个人存款余额173.41亿元，较年初新增31.23亿元，余额和新增额四行占比分别为32.1%和32.9%。一般性存款、对公存款、个人存款余额和新增额6项指标均居省内同业第一。

各项贷款余额256.15亿元，四行占比34.98%，继续稳居第一；新增贷款62.96亿元，增幅达32.6%，同比多增18.12亿元，为历年之最。其中非贴现公司类贷款242.23亿元，较年初新增59.27亿元；个人类贷款13.93亿元，新增3.69亿元。不良贷款额2.29亿元，比年初下降2 458万元；不良贷款率为0.9%，比年初下降0.42个百分点，不良贷款实现双降。

实现中间业务净收入1.54亿元，市场占比为37.08%，超出第二位的工行10.78个百分点、4 475万元，再创历史新高并稳居同业首位。

一、业务发展概况

【公司业务】以落实柴达木循环经济和西宁经济技术开发区战略合作协议为重点，狠抓铁路、电力、能源、电信等重点客户和盐化工、有色、交通、城市基础设施等优势行业，大力营销兰新铁路、黄河积石峡电站等重大基础设施项目，重点支持了黄河公司、桥头铝电、鑫恒碳素、昆仑碱业等优质客户，全年新增公司类贷款52.9亿元。积极发展路拓公司、恒力石化等具有资源优势的小企业客户，全年特色行业和优质小企业客户贷款新增占全部小企业客户贷款新增额的60%以上。紧紧围绕集团客户和大型优质企业产业链上下游，努力拓展优质客户群体，新增基本结算户413户，存款新增22.3亿元。稳步开展企业年金业务，受托管理资产规模达6 733万元。

2009年3月22日，青海省分行与青藏铁路公司举行铁路龙卡首发仪式。

【机构业务】牢牢抓住财政资金源头，13个辖属行取得了当地代理财政业务资格，成功营销了中央代地方发债资金和铁路补偿资金的代理结算业务、西宁市灵活就业人员养老金征收业务，机构类存款新增 39.62 亿元。以教育、卫生、政府融资平台为突破口，加快发展机构类信贷业务，新增贷款 7.47 亿元。大力推广“民本通达”金融服务方案，发行“校园卡”11 691 张，被省政府确定为筹备“三江源环境保护建设基金”成员单位中的唯一一家商业银行。积极营销投行业务，新增财务顾问客户 45 户；成功营销我省首笔外资股权交易资金托管业务，“百易安”、委托贷款业务均实现新突破。

【个金业务】狠抓代发工资、土地征用、证券资金回笼等源头资金，个人存款继续保持同业优势地位。发挥网点、团队、个人客户经理营销的主渠道作用，理财产品销售稳步增长，黄金交易量大幅提升。银行卡业务快速增长，与 101 个中央和省、市级财政预算单位签订了公务卡发卡合作协议，公务卡业务市场占比达 50% 以上；信用卡消费交易额同业占比达 55.5%，成功发行“铁路龙卡”、“王府井龙卡”，并在当地同业首家办理信用卡汽车分期付款业务。加强渠道基础建设，新建理财中心 12 个。建立财富中心与网点客户经理“双客户经理制”的高端客户维护模式，超额完成总行高端客户新增计划。电子银行业务以提升渠道交易占比为核心，以发展网上银行、短信通业务为重点，强化渠道迁移，电子银行与柜面交易量之比为 37.78%，较年初提升 27.84 个百分点，增速居系统内首位。

【房金业务】积极应对房地产政策调控和楼市变化，重点支持借款人购买自住房的贷款需求，全年新增按揭楼盘项目 86 个，自营性个人住房贷款新增 3.19 亿元。深化与各级住房资金管理部门的战略合作关系，分别与西宁市住房公积金管理中心和住房置换担保公司签订了个人组合贷款、二手房贷款业务合作协议，公积金贷款新增 2.54 亿元。稳健发展个人消费类经营类贷款业务，贷款新增 4 917 万元，创历史最好水平。

【国际业务】高度关注外部经济金融环境变化，加强本外币一体化联动营销，大力发展国际结算和贸易融资业务，努力增加贸易融资授信客户。全年实现国际结算量 2.22 亿美元、结售汇总量 2.27 亿美元，累计投放外汇贷款 3 263 万美元。

【中间业务】加大考核激励力度，不断完善、优化计件考核办法，成熟产品市场优势进一步巩固，咨询业务、收单业务、见证保证业务、借记卡业务、代理证券业务收入均超千万元；电子银行业务、理财业务、外币结算业务、代理资金清算业务发展迅速，银行保险业务收入连续两年保持同业第一。充分发挥资产业务优势，带动结算、担保、审价、代理等中间业务的快速增长，工程项目建设资金监管、“龙信通”、国内保理业务均实现零的突破。造价咨询类业务收入增速达 379.42%，系统内排名第二位。

2009 年 8 月 6 日，青海省分行与民生银行北京分行在西宁市举行业务合作对接会。

二、主要工作举措

【优化资源配置，加强成本管理，价值创造能力不断增强】以结构调整为重点，以推进业务拓展为目标，突出客户发展的战略导向，进一步优化资源配置，压缩一般行政费用，调增基本业务费用预算额，加大对营业网点购置、装修改造等生产性基础设施及业务经营的投入，促进了重点业务和战略性业务的快速发展。继续完善绩效考核分配体系，对等级行评定办法和 KPI 考核办法进行了局部优化调整，进一步完善计件买单制，绩效考核的合理性和有效性不断提高，对业务发展的导向作用明显增强。强化费用预算管理，加大集中采购力度，规范经费管理流程，成本管理精细化水平有了一定提高，全年节约财务资源 833 万元。

【深化结构调整，强化风险监测，资产质量持续向好】强化政策传导，把握信贷投向，积极做好重点行业、重点客户、优质客户和小企业客户的信贷投放工作，A 级（含）以上对公客户非贴现贷款余额占比达93%。严格实施行业限额管理和名单制管理，狠抓信贷结构调整，压缩退出贷款2.83亿元，对19家客户实现了全额退出。密切关注宏观经济变化和政策调整，深入分析金融危机和经济波动对青海行业、企业的影响，严格把握客户和项目准入标准，建立跟踪管理例会制度，深入推行平行作业管理，强化贷款全程监控，有效防范信贷风险。全面实施不良资产集中经营，实行不良资产项目经营责任制，引进重大不良项目专家诊断机制，不断加大不良贷款处置力度，共处置、盘活各类不良资产1.27亿元，完成总行计划的242.07%。

【强化内控管理，加大落实整改力度，合规经营水平有效提升】巩固"基础管理年"活动成果，切实加强风险排查和整改工作，加大效能监察和问责力度，内外部审计综合整改率达到94%。加大会计检查监督力度，强化业务稽核监督和对账管理，持续推进特色业务系统的优化工作，会计、营运与IT综合支持能力稳步提高。切实加强安全保卫工作，投资建成远程监控中心，强化自助设备案件防控，成功堵截各类案件16起，全年未发生安全责任事故和"四类"案件。加强信访和维稳工作，切实做好国庆60周年等敏感节点的安全保卫工作，有效防范了群体性事件的发生。加强诉讼案件管理，做好法律维权工作，法律服务保障作用日益增强。

【扎实推进改革，提升服务质量，着力打造核心竞争实力】推进对公信贷经营职能整合，完善小企业中心、企业年金中心、票据中心机制建设，逐步构建新型公司业务运行机制。在西宁城区率先推动个人业务专业化经营改革，将西宁城区的21个单一储蓄所划归虎台支行集中专营管理；在辖属行建立了网点管理中心及物品配送中心，切实提高网点营销效率。优化业务流程，将4个辖属行的制卡业务上收至省分行，成立制卡中心，有效提高了现有设备的利用率。积极推进配送体系建设，实施西宁城区离行式自助设备集中管理和现金集中配送工作，有效降低了营运成本。深入推进零售网点转型，加强对已转型网点的持续监测评级工作，有效巩固和提升了网点转型效果。加强柜面服务管理，积极组织神秘人检查，利用远程监控中心强化服务监督，促进了服务质量的提升。在2009年青海省政风行风评比中，青海省分行在服务行业中排名第二，在金融行业中排名第一。

【持续开展学习实践科学发展观活动，加强领导班子和队伍建设，努力提升企业形象】扎实开展"讲党性、重品行、作表率"深化拓展活动，深入推进惩治和预防腐败体系建设，各级党组织的战斗堡垒作用得到进一步增强。选拔任命了5名总经理级干部，并对39名各级领导干部进行了岗位交流。继续组织实施优秀大学生挂职锻炼和专业技术职务竞聘工作，面向社会公开招聘了63名优秀专业人才和应届大学毕业生，人力资源结构持续优化。实施优秀劳务派遣工择优转制工作，用工体系不断完善。加大培训力度，员工队伍整体素质进一步提高。全面落实离退休人员的政治、生活待遇，不断提高离退休人员管理与服务水平。积极开展文明单位、青年文明号等创建活动，省分行连续5年荣获"青海企业50强"称号，省分行营业部作为青海省唯一一家金融机构被评为中国银行业文明规范服务"百佳示范单位"。切实做好对口帮扶扶贫工作，组织开展"送金融知识下乡"活动，积极承包西宁南北山绿化指挥部划定的荒山绿化工作，以实际行动履行企业公民责任。大力推进形象品牌和服务品牌建设，将第八届"环湖赛"青海湖至鸟岛赛段冠名为"建设银行赛段"，树立了良好的品牌形象和企业形象。

执笔：王小娟　徐俐霞
审稿：郭继庄

宁夏回族自治区分行

宁夏回族自治区分行行长李秀昆

一、业务发展概况

【资产业务】2009年各项贷款余额344.91亿元，比年初新增99.08亿元，贷款余额和新增额均居当地同业第一。其中，对公贷款310.99亿元，比年初新增87.03亿元；个人类贷款33.92亿元，比年初新增12.05亿元。

【负债业务】全口径存款439.73亿元，比年初新增107.06亿元，完成总行计划的214.50%。一般性存款407.94亿元，比年初新增108.45亿元，完成总行计划的236.23%。其中，企业存款236.19亿元，比年初新增65.52亿元，完成总行计划的187.73%；储蓄存款171.75亿元，比年初新增42.93亿元，完成总行计划的389.99%；全口径存款、一般性存款、企业存款、储蓄存款余额和新增额等8项指标均居当地四家国有商业银行第一。一般性存款新增额、对公存款余额和新增额等3项指标四行占比均居全国建设银行系统第一。

【经营效益】实现拨备前利润97 847万元，居当地同业首位，较上年增长22.23%，当地四行占比40.12%。实现经济增加值34 047万元，同比增加8 748万元，增幅达34.58%，完成总行计划的104.97%。全分行经济资本回报率22.13%，完成总行计划的100.95%；成本收入比38.55%，完成总行计划的97.91%。贷款收益率6.34%，在全国建设银行系统排名第一。

【中间业务】实现中间业务净收入2.73亿元，完成总行计划的118.01%。同比增长8 104.45万元，增幅为42.28%。中间业务收入占主营业务收入之比17.03%，在全国建设银行系统排名比上年上升了9位。中间业务收入在当地四家国有商业银行占比达41.45%，同业第一，全国建设银行系统排名第一。

【资产质量】不良贷款额1.29亿元，较年初下降2.23亿元，降幅为63%；不良贷款率0.38%，较年初下降1.05个百分点，降幅为73%。其中，不良贷款率低于全国平均水平0.94个百分点，资产质量居全国建设银行和宁夏当地四行首位。

【国际业务】完成国际结算量50 971万美元，分别完成总分行计划的156.84%和127.1%，同比增加10 755万美元。国际结算量四行占比30.26%，比上年提升7.14个百分点；同业排名继续保持第二。

2009年4月9日，宁夏回族自治区分行与银川市人民政府在银川签订政银合作协议。

【安全运营】连续64个月未发生案件和重大责任事故，为业务又好又快发展提供了坚实保障。

二、主要工作举措

【举全分行之力狠抓存款，夯实业务发展基础】一是先后开展了“金牛贺新春，建行礼连连”旺季营销，“大干60天，目标全面收官，业务发展提速”和“冲刺二类行”等主题营销活动，把存款任务落实到网点、客户经理和项目上。二是及时调整营销策略和营销方向，狠抓机构类企业和骨干项目。三是大力营销新客户，积极培育新的存款增长点。四是持续开展“认识你的客户”活动，细分市场和客户，充分利用OCRM、ACRM系统的客户信息资源，加强存量客户的维护，挖掘个人客户潜力。五是加强贷款账户管理，建立贷款账户支用分层签字制度，实行资金内部循环。

【拼抢优质项目，加快信贷投放】一是在全分行建立项目营销的激励约束机制，严格做到项目目标、开户、营销团队、工作措施、项目责任“五个落实”。二是突出一个“快”字，项目前期抢先介入、项目争夺上抢先一步、项目审批上抢先完成，全力支持重点优质项目营销。三是建立与发改委、经贸委等政府职能部门的沟通渠道，密切关注建设项目进展情况。四是与11个市、县政府签订银政合作协议，全面深化合作关系。

2009年4月28日，宁夏回族自治区分行与宁夏大学签订战略合作协议。

【多策并举，拓展中间业务】一是建立科学有效的激励机制，将总分行重点激励的产品纳入绩效考评系统买单激励，充分调动员工的营销积极性。二是调整外汇经营重心，加大对进口企业营销力度。三是快速发展电子银行业务。以总行开展的“建行网银盾，安全守护神”等竞赛活动为契机，电子银行交易量、交易额同比实现翻番。四是平稳发展信用卡业务。明确核心业务指标翻番增长的目标，制定营销指引，完善产品功能。五是大力发展新兴类产品。成功为国电宁夏太阳能有限公司组建银团贷款，为中国人民武装警察部队宁夏总队医院办理“百易安”资金托管业务。六是积极发展贴现业务，增加利息收入。分行票据中心挂牌成立后，建立了全分行性的纵横联动营销体系。

【赶超标杆，不良贷款率压缩至全国最低水平】一是严格信贷准入和审批标准，切实防范新发放贷款风险。贷款投向上，有保有压、扶优限劣，对高能耗、高污染、产能严重过剩的产业和企业大力调整，确保行业政策调整到位；对优质项目优先审批，对退出类客户严禁新的投放，对于控制和压缩类行业的客户严把审批标准、严肃贷款条件、严格审批程序。二是有进有退，积极调整信贷结构。全分行AA级以上客户贷款余额占比近80%；退出贷款10.79亿元，完成总行下达退出计划的108.99%；A级（含）以上非贴现客户贷款占比达到98%。三是加强贷后管理，健全风险预警机制，防止贷款质量下迁。抓住客户资金流向等关键风险点进行有效控制；加大贷后检查力度，消除可能存在的风险隐患；加强风险预警、监测力度，持续跟踪、实时监测、及时预警；建立动态观察名单，及时发出风险预警。四是多管齐下，打赢不良贷款压缩攻坚战。把重大项目作为攻坚重点，组织对老大难项目进行专家会诊，采取依法诉讼、以物抵债等手段，加强跟踪督导。对百万元以下的“芝麻户”坚决实施以逐步清收为主的退出策略，促使一批久拖不决的项目实现现金回收。

【持续推进改革创新】一是在全国建设银行首家实现了经费共享中心由“小集中”向“大集中”的转型。把下辖的8个直管行、2个事业部及区分行本部的10个机构所有经费和资产业务全部集中到“宁夏分行经费共享中心”，实现全辖机构经费、资产的集中核算与集中支付。二是进一步完善事业部体制和机制。完善专业专注的管理机制，组成任务团队，促进上下联动向纵深发展。三是深入推进会计营运管理体制改革。全面完成60项前后台业务分离任务；开通“777”营运服务支持热线，成为全国系统第一家跨中心、跨部门的网点服务热线；完成金库配送流程优化项目，金库配送效率和服务满意度进一步提高。

【夯实管理基础，全面提升内控水平】

——加强操作风险管理，有效推动内控体系建设。一是组织开展自评估，不断完善业务应急预案，有效推动内控体系建设。二是组织各行、部落实12个关键风险点监控检查，切实防范因“管理疲劳”产生的操作风险和案件。三是开展营业网点及营运后台操作风险专项检查。四是开展现金管理突击检查，盘点制度执行情况。

——主动深入地开展整改工作。一是加强与监管部门、内部审计部门的沟通联系和指导。二是积极探索有效的整改机制和模式，主动落实整改核查工作。三是通过整改信息系统促使相关行部完成问题整改。

——强化案件防控工作。一是层层签订党风廉政建设和查访案件责任书，全面落实党风廉政建设责任制。二是深入开展六类案件风险排查和全分行范围的员工行为排查，推进轻微违规积分管理，消除积分管理空白点。三是以创建“平安建行”活动为主线，将零案件和零事故目标纳入全分行“标杆管理”的考核内容之一，与业务工作同部署、同检查、同落实、同考核。四是全分行82个营业网点的安防设施全部通过公安部门验收，100%达标。五是建成全区远程监控中心，实现了银川地区43个网点、1座金库和吴忠等3个分行支行远程监控报警联网，全分行安全防护等级提升到一个新的管理水平。

【努力改善服务质量，大力提升服务水平】一是加快设施更新速度。全年新装修改造网点23个，新设网点4个，完成10个网点的转型，自助设备达250台，自助设备与网点数量之比为3.1:1，居宁夏金融机构第一，高于全国建设银行平均水平。二是持续提升服务水平。开展“真情为客户，回报在建行”活动，提升全分行员工对“时时讲服务，人人为客户”的宁夏建设银行服务品牌的再认识。聘请外部咨询公司定期对全分行网点服务质量进行调查评价和通报。从细、从实、从严对营业网点进行全方位、规范化的服务检查，优化业务流程和资源配置，释放网点服务能力。在总行上半年全分行营业网点服务质量调查中，基本评价在全分行排名跃升至第九位。2009年荣获“宁夏消费者满意的服务明星单位”和自治区“创优质产品、创优质服务”十佳企业等称号。

执笔：张万文　张尊浩
审稿：刘海涛

新疆维吾尔自治区分行

新疆维吾尔自治区分行行长张涛

一、业务发展概况

2009年，新疆区分行实现税前利润12.6亿元，完成总行计划的140%；实现账面利润12.44亿元，占当地五家主要商业银行利润总额的30.66%，排名第一位；实现经济增加值5.98亿元，同比增加0.9亿元，增幅为17.84%，完成总行计划的168.75%；总资产净回报率、经济资本回报率分别为0.91%和25.88%，全分行经营集约度有所优化。

全口径存款余额1 033.63亿元，当年新增206亿元，其中，一般性存款余额突破900亿元，达到989.92亿元，新增189.37亿元，完成总行计划的176.34%，余额、新增占比同业排名分别为第一和第二。各项贷款余额达499.6亿元，当年新增112.5亿元，同比增幅为29.06%，创近3年最高水平。其中，公司和个人类贷款新增分别为91.5亿元和20.9亿元，新增均居同业第一。

不良贷款额9.6亿元，比年初减少3.5亿元，完成总行计划的142.06%；不良贷款率为1.92%，比年初下降1.47个百分点，资产质量连续5年实现了双降，并实现历史新低。全年共处置各类不良资产4.99亿元，完成总行计划的152.98%，其中处置不良贷款4.07亿元，实现现金回收5.42亿元。

【公司业务】客户和产品结构不断向好，信贷结构继续优化。全分行人民币对公结算账户当年新增2 421户，同业排名第二，其中基本户新增1 353户；全分行A级（含）以上客户非贴现贷款占比96.42%，比年初提高2.19个百分点；小企业信贷客户数379户，新增124户，完成总行计划的496%，小企业贷款新增10.03亿元，完成总行计划的246%。严格执行总行“保、控、压、退”政策，取得明显成效，实现信贷退出8.3亿元，计划完成率为125%；房地产开发类贷款得到有效控制，当年负增长0.7亿元，增速低于公司类贷款增速33个百分点。投行业务实现新的突破，连续成功发行3笔“利得盈”，共募集资金4.1亿元，实现收入236万元。企业年金业务营销成果显著，已签约企业年金客户9户，实现企业年金运营客户4户，并中标当地最大一笔企业年金业务——乌鲁木齐铁路局客户。新增两家总行级“八一工程”重点客户。

【个人金融业务】个人银行成效显著，实现了跨越式发展。个人存款大幅增长，新增额创历史新高。个人存款余额425.11亿元，新增96.19亿元，完成总行计划的105.6%，新增额保持同业排名第二。高端客户继续保持快速增长。高端客户722户，增长近1倍，增长率在全国系统排名第二；私人银行客户35户，增长1倍多，完成总行计划的400%；电子银行客户数80万户，新增28.5万户，增长55%。个人类贷款余额约占全分行贷款总额的15.15%，较年初提高1.03个百分点，主要投向住房按揭贷款和涉农贷款户。双币种信用卡累计发卡量20.18万张，年新增5.27万张，计划完成率为106%；特约商户年新增1 081家，计划完成率为135%；信用卡购物消费额14.91亿元，完成总行计划的149%。黄金销售实现在系统内排名第二；电子银行与柜面交易之比达69%，电子渠道已经成为客户服务的重要手段。

2009年12月10日，董事长郭树清一行会见新疆维吾尔自治区党委书记王乐泉、新疆维吾尔自治区人民政府及新疆生产建设兵团等领导。

【国际业务】通过重点拓展海外代付、进口开证等高收益产品，不仅彻底改变了以往仅靠旅购现钞增速迅猛、产品较单一的状况，还有效促进了国际结算业务发展。国际结算业务逆市增长，增速达210%，增速高于总行47个百分点，达到54%。国际结算量累计完成25.45亿美元，当地同业市场占比排名第一。

【中间业务】中间业务经营整体水平提升。实现中间业务净收入5.7亿元人民币，在当地同业排名第一。收入超过千万元的产品14项，较上年增加2项，其中，造价咨询业务快速发展，增速为210%，系统内排名第七位；理财产品、国内保理、银团贷款3项新兴类业务收益成倍增加；单位人民币结算、代收代付等基础业务与工行差距缩小；二级分行中间业务同业市场占比排名第一、第二的行有11家，较上年增加4家。

二、主要工作举措

【全力做好维稳安全，确保全分行安全运营】“7·5”事件发生后，新疆区分行迅速启动处置突发事件应急预案，在总行党委的直接指导和大力支持下有效开展应急处置工作。一方面，针对形势变化迅速调整应对措施，加强全辖的防卫力量和技防设施，做到应急处置冷静果断、积极稳妥，确保了员工生命和银行财产安全；另一方面，在全分行开展一系列思想教育工作，并组织工作组深入基层网点与干部员工面对面座谈沟通，及时解决干部员工思想稳定中的突出问题。同时，还积极开展了非常时期的各项应急金融服务，较好地发挥了国有大型商业银行在维护社会稳定方面的作用。

【强抓市场发展先机，做强做优资产业务】一方面，持续加大贷款营销工作，强化项目储备管理，合理把握投放节奏。一是加快优质项目储备，提高储备项目的商业转化率；二是密切关注国家产业发展政策的变化，结合新疆经济资源特点，主抓了重点项目和优质客户的营销推进工作；三是在继续巩固建设银行在基础设施建设领域的品牌服务优势的同时，加强了对疆内水利、交通、电力等基础设施建设项目的跟踪营销，并积极探索民生领域教育、卫生、环保等行业的金融服务，加大了对教育名校、三甲医院等龙头骨干机构的综合营销；四是加大对兵团农业基础设施、“三农”上下游产业链及团场小城镇建设和小额农户贷款的信贷支持力度；五是落实营销工作目标责任，采取多种有效的营效方式，提高综合营销能力。另一方面，继续推进结构调整，坚持有保有压，确保各项业务可持续发展。在行业结构上，结合新疆经济资源特点，突出自身优势，重点抓好基础设施建设、城建、资源性行业和大型装备制造业的新建项目和重点工程；在客户结构上，坚持大中小并举，加大重点优质客户营销力度；在产品结构上，把握国家政策导向，继续提高基本建设贷款和中长期贷款占比。同时，严格执行信贷结构调整政策和“保、控、压、退”的具体要求，做到有保有压，促进业务可持续发展。

【积极拓宽融资渠道，努力提高市场份额】一是在源头上，下大力气狠抓对公账户营销和代发工资、银行卡等源头性产品。二是在客户上，重点围绕国家十项措施和4万亿元投资项目和行业抓好集团客户、重点客户和机构类客户资金的挖掘，推进“八一工程”，积极营销三甲医院和重点学校，同时做好中小企业的新开户工作。个人客户方面，以高端客户为目标，积极建立分层次、差别化客户服务营销体系，提高中高端客户占比和贡献度。三是在方式上，通过改进激励机制、改善产品功能与服务水平、明确客户经理的工作目标来增加对公基本结算户和个人高端客户和高端客户，优化存款结构。四是在区域上，对中心城市和经济相对发达地区继续狠抓存款，力争市场占比领先；对经济相对发达地区而存款市场占比落后的分行，则采取尽快提高当地同业位次和市场份额等策略。五是注重筹资成本，大力吸收低成本存款，杜绝高息揽储。

【推进中间业务发展，增强持续发展能力】一是继续加大客户拓展力度，不断夯实产品基础，加快新产品研究应用。在传统产品方面，加强对人民币结算、借记卡、收单等受经济波动影响较小的产品营销，加快提升传统基础性产品在同业竞争中的市场份额。同时，加大对公账户营销力度，提高账户收益。在对私方面，在加快拓展基础客户数量和加大重点客户营销的同时，及时把握市场变化，为客户提供适销对路的理财产品。在新产品方面，大力发展造价咨询、工程类保函、财务顾问、“百易安”、承诺、代理财险、融资租赁、保理、银团贷款等公司类中间业务。二是进一步突出区分行业务条线的牵头营销和上下级行之间的联动营销，加大客户拓展力度。三是坚持科学合理配置资源，有效发挥了资源配置的激励推动作用。

【坚持不懈抓好双降，确保资产质量向好】一是做好客户选择工作，坚守风险底线，严格审批程序和授权管理，确保新发放贷款质量。二是加强贷后管理。充分运用对公预警客户跟踪管理系统，严控不良贷款新暴露。三是深入分析金融危机的影响，将受影响较大的行业、客户和产品作为贷后管理的重点，全面开展风险排查。对于潜在风险已经暴露的客户，研究制定风险应对预案，缩小或关闭风险敞口，有效化解风险。四是加大不良资产的盘活处置力度，推进对重点区域、重点客户的攻坚。在用好用足相关不良资产处置政策的同时，创新处置手段，提高不良资产处置的效率和效益。

【推进体制机制改革，加快战略转型步伐】一是积极推行专业化经营，加快战略转型步伐。在客户营销服务体系建设方面，组建了区分行公司与机构、个人业务两个条线委员会；完成了资产保全单元制改革；成立了信用卡、小企业、票据保函和造价咨询等专业经营中心，在实施专业化经营方面取得了阶段性成效。二是在管理机制改革方面，整合了区分行和营业部两级营运管理部，深化了信息技术集中管理体制改革，集约化运营取得了持续的进展。三是在组织机构改革方面，顺利实施了13个二级分行公司、个人事业部制改革，不仅压缩了中后台部门和人员数量，将部分中后台管理职能上移区分行，还进一步充实了前台业务人员。四是在改进和完善激励约束机制方面，努力提高成本投入产出效率，并大力提倡成本控制和节约。一方面，对公司和个人条线的考核采取统一计划目标和考核政策；另一方面，对公司和个人条线的资源配置采取集中配置模式，有效促进了公私联动营销的经营效力，全面推动了各项业务持续快速增长。

执笔：孔建新

审稿：张春生

哈尔滨培训中心

哈尔滨培训中心主任吕春光

2009年，哈尔滨培训中心以总行《关于在全分行实施新一轮大规模员工教育培训的意见》为方向，以努力满足全分行战略转型和业务发展对员工的培训需求为目标，创新谋发展，苦干求实效，培训工作取得了突破。累计办班350个，培训学员23 606人，实现培训工作量174 624人/天，培训办班量、人数、工作量分别较上年增长了24%、15%和6%，超额完成了培训工作任务。

【转变观念、明确目标，适应新一轮大规模员工教育培训新形势】一是组织学习总行有关文件精神，积极引导员工加强对培训工作重要性的认识，增强责任感和使命感，提高做好本职工作的积极性和主动性。二是提出培训中心的发展定位要与建设银行国际大银行的地位相适应、相匹配，建成先进的培训基地，在全分行培训工作中发挥示范作用。三是推进培训品牌建设，在培训品种、培训质量、培训标准化建设方面符合建设银行业务发展对培训工作的要求，积极打造精品培训项目和精品培训课程，同时积极抓好服务品牌建设，在培训管理和保障方面努力实现专业化、规范化和标准化。

【抓好能力建设，提高培训质量】把加强培训项目和培训课程研发作为提高培训质量的关键，进一步做好提高培训师队伍综合素质工作，切实加强培训核心能力建设。第一，抓好培训项目研发和培训课程建设。根据全行业务发展重点和培训需求，加大研发力度，增强培训项目的针对性和实效性，确定立项了11个研发培训项目，已经有7个培训项目通过了结项评审并已经应用于培训实践。在课程建设方面，通过对项目内的课程开发和独立性的课程开发管理进行有效规范，以及推进培训课程标准化建设，确保了每门课程能够适应实际业务发展。全年共开发了66门新课程，丰富了培训内容。第二，进一步加强培训师队伍建设。充分发挥培训师在培训工作中的主导作用，科学规划并及时调整培训师职业生涯发展目标，明确业务发展方向，同时通过建立实习基地、组织参加总行培训项目开发、赴境内外培训学习、到高校进修提高、鼓励攻读硕士或博士学位等措施，调动了培训师的积极性，促进了综合素质的提高。第三，强化培训管理，改进培训方式。根据成人教育的特点，积极采用专题讲座、行动学习法、案例教学、主题讨论、情景模拟、角色扮演、体验式培训、研究式学习、互动教学和模拟演练等先进培训方式。同时，改进和完善了培训教学评估体系，实行培训项目经理负责制，强化培训管理，确保了培训质量的提高。第四，加强培训项目推广，努力扩大培训规模。在确保完成总行培训计划的基础上，主动开拓分行培训市场，有效发挥培训工作面向分行、服务基层的作用。通过面向分行发送《培训项目推介》、《培训课程介绍》、《培训简报》和《培训情况通报》等形式，加大了培训项目的宣传推介力度。同时，针对有关分行业务繁忙，员工无法离岗培训的实际，深入各分行现场开展培训，培训规模占全年总量的47%。

【加强机制建设，夯实管理基础】第一，进一步完善制度流程，强化内部管理。把制度流程建设作为强化管理的基础，制定和修订了9项制度与流程，使培训中心层面的制度和流程达到101项，基本覆盖到每个工作环节。在此基础上，强化对制度和流程的落实与执行，严格按照制度和流程的规定落实培训理念、处理各项业务，实现了依靠制度“管人、管事、管物”，促进提高规范管理和科学管理的水平。同时，加强成本核算，实行科学管理，进一步完善了集中采购监督机制，把有限的财力用于提高核心竞争力和改善培训环境上。注重强化安全管理，全年实现食品卫生、车辆运输、水电管理及安全保卫无事故。第二，完善部门工作考核办法，推行任务指标管理。进一步完善对部门工作实行量化考核的指标，对培训教学、培训管理和后勤服务6个部门实行定量考核，对5个综合职能部门实行定性考核为主、定量考核为辅，并将年度考核结果与绩效工资分配挂钩，充分调动了部门和员工的积极性，有力地推动了各项工作的开展。第三，深化薪酬分配改革，充分发挥薪酬调节杠杆作用。运用工作量、贡献度以及价值创造力等指标，对部门进行前中后台的定位，积极向前台部门和员工倾斜，打破了平均主义大锅饭，比较充分地体现了效率优先的原则和工作绩效的差异，较好地调动了员工的积极性。第四，强化员工培训管理，不断提高员工素质。加大了对员工培训工作的统筹力度，积极发挥培训职能部门和员工自身的积极性，通过采取集中管理与部门管理相结合的方式，不同岗位员工的培训需求都得到了满足。

2009年8月2日，董事长郭树清在哈尔滨培训中心调研、检查、指导工作。

【倡导培训理念，提升保障水平】第一，采取措施，深入落实“以学员为中心”的培训理念。积极开展服务文化建设，通过实施季度和年度考核，建立了服务文化建设工作长效机制。以活动为载体，组织开展了以“抓细节、提质量”为主题的百日创优服务活动，积极挖掘和宣传先进服务典型。从管理岗位抓起，从后台部门抓起，以服务前台、服务基层为重点，改善对内对外服务，把“以学员为中心”的培训理念深入到员工的心中，变为员工的自觉行动。第二，着力推进“精细化管理、高品质服务”的管理服务理念，教育和帮助员工增强主动服务和热情服务的意识，拓展服务领域、改进服务方法、提高服务技能。第三，更新培训设施设备，不断提升培训保障水平。在1号学员公寓和3号学员公寓安装了电梯，对综合楼的阶梯教室、培训楼、综合食堂、办公楼以及园区等设施进行了改造。继续坚持将资源向培训一线倾斜的政策，更新了信息技术培训室的部分计算机设备，逐步更新管理岗位、培训师及经办岗位的办公设备。不仅改善了学员培训的基础设施，而且为扩大培训规模和提高培训质量提供了有力的保障。

【加强党建工作，营造良好氛围】第一，加强领导班子和基层组织建设，切实抓好党建工作。认真开展深入学习实践科学发展观活动，积极推进“四好”领导班子创建工作，不断提高党委的执政能力。认真贯彻民主集中制原则，坚持民主生活会制度和党委中心组学习制度。坚持开展“创先争优”活动，营造学习先进、积极向上的正风正气。第二，认真落实党风廉政建设责任制和廉洁从业规定，坚持按照党风廉政建设和廉洁从业工作制度开展工作，推进反腐倡廉建设各项措施的有效落实。第三，深入做好关爱员工工作，营造良好氛围。从政治和生活两方面入手，认真做好老干部工作，坚持做到政治上关怀，生活上关心，用心管理，用情服务。同时，有针对性地加强思想政治工作，注重关心员工的工作和生活，及时疏导员工的思想和心理，积极开展丰富多彩的文体活动，充分激发和调动了员工的积极性和主动性，增强了员工的凝聚力，营造了和谐向上的良好氛围，为培训中心的改革发展提供了动力。

执笔：张学智

审稿：李　文

常州培训中心

常州培训中心主任江炳钰

一、培训工作概况

2009年常州培训中心根据总行实施新一轮大规模员工教育培训有关要求，坚持科学发展的思路，把持续提升培训规模与质量作为工作重点，努力为全分行提供优质的专业化培训服务。全年完成现场培训168 754人天，完成远程培训1 174 884小时（79 607人次），为全分行提供岗位资格考试考务工作42 036人次，零售业务五岗位资格远程考试考务工作120 991人次，为分行组织人才素质测评1 954人次。

【现场培训】在满足总行计划内班和计划外班的前提下，充分挖掘中心各项资源，科学、合理安排各类培训班，进一步提高培训能力。2009年共完成现场培训168 754人天，其中在中心举办培训班273期，156 595人天；为无锡疗养院提供上门培训98期，12 159人天。为了促进中心培训工作更加专业化、规范化、精细化，中心进一步加强与培训需求单位之间的联系和沟通交流，掌握培训需求，提高培训针对性。同时积极倡导并不断深化“以学员为中心”的工作理念，在培训实施过程中关注培训教学组织的每一个细节，加强“培训经理制”制度的建设，培训教学组织满意度逐年提高，2009年达到99.65%，比2008年提高0.11个百分点。

【项目开发】坚持“以行内需求为导向”的理念，加快推进项目研发进程。2009年新开发项目12个，新增课程22门。

积极参与总行业务部门的理财师案例培训课件及题库项目、集团客户经理培训项目、机构业务客户经理能力提升培训项目、个人信贷业务专职贷款审批人培训教材、电子银行业务培训项目、产品经理素质模型建设专项工作等项目开发，同时还启动小企业培训、柜员主管培训项目标杆管理培训、个人素质增值培训项目等自主新项目的开发。

另外，继续加深行校合作深度，推动培训咨询工作的深入。2009年先后赴新疆分行、河北分行调研学习网点考核机制、对公业务转型和对公网点转型等内容，扩大了与各级分行合作的力度和范围，不仅推进了合作分行的业务发展，也为培训师提升业务能力提供了一个有效平台。

2009年3月25日，常州培训中心召开第二届职工代表大会第三次会议。

【远程培训】一是进一步规范项目开发流程，加深与总分行的合作，推动远程培训产品开发。通过自主合作等形式展开了审计部远程培训、DCCTS3.0及零售五岗位远程考试系统项目开发优化、上海分行柜员资格远程考试系统、总行科技部远程培训项目、湖州分行柜员培训、大连分行柜面业务流程远程培训、总行产品与质量管理部“绿带”远程培训等项目的开发，参与总行远程培训平台的需求分析、产品测试和四家分行的试点推广工作。二是多路径推广远程培训，积极扩展远程培训规模，为全分行员工提供在线学习、同步课堂和在线考试等多样化的学习方式和途径，提高培训的覆盖面和资源利用率。首先，为了取得更好的培训成效，2009 年对远程培训系统进行升级改版，以“网上学院”新模式有效推动了相关项目的实施。其次，大力推动远程培训在全行的应用，加大在各分行推广的力度，取得突出成效。2009 年中心远程培训量实现了超常规增长，全年培训人数为 79 607 人，学员累计在线学习时间达 1 174 884 小时。

2009 年 11 月 19 日，中央财经大学 2008 级金融法硕班成果汇报暨金融危机与商业银行制度建设学术研讨会在常州培训中心举行。

【党校分校】2009 年党校常州分校承办了 2 期党校主体班，7 期青年管理人员培训班，10 期基层党建实务培训班。党校主体班在教学的组织和管理方面采取多种措施，如聘请中央党校教授来校面授，组建课题组，做好课题论文，改进研讨形式，提高学员论坛的质量，开展以党课为主要内容的各类活动，包括邀请百名“感动中国”人物、十七大代表张云泉上党课，邀请山西分行王红梅同志开展“红梅花开香万里”交流活动等，激发学员学习的积极性和自觉性，提高办学效果。青年管理人员培训班注重细节管理，突破培训的常规管理模式，创树培训品牌。通过创新入学教育模式，引入研究式学习的培训新理念，组织学员开展以爱国主义教育为主题的教学参观活动等形式，提高学员参与度，提高学员综合素养。

按照总行的要求，组织了全行基层党建实务培训项目的开发、调研等相关工作。这一项目 2009 年 9 月开始启动，分校在设计课程、开发课程内容时，注意和建设银行的党务实际紧密地联系；教学实施中高度重视培训形式的设计，采用课堂教学与体验式培训相结合，现场教学与录像相结合，穿插情景模拟、展板交流等教学形式，加大互动教学的力度，学员认可度较高。

【考试与测评工作】考试考务方面，努力为全分行客户提供优质考务服务。一是完成 2009 年度公司业务、专职贷款审批人等 13 个岗位 20 个科目、42 036 人次参考的全行岗位资格考试考务工作；另外 2009 年零售业务五岗位资格考试通过远程考试方式进行，完成全行 120 991 人次的考试考务工作。二是受总分行委托，承接总分行各级各类考试命题组卷 199 套和 336 道答辩试题的命题工作。全年共计为 43 家分支机构提供了考试考务服务，委托单位覆盖了总行有关部门及 24 家一级分行。三是一丝不苟、精心组织，严谨规范、责任明确，制定了命题保密流程和值班制度，确保考试考务的各个环节安全保密、优质高效。

素质测评方面，影响力不断扩大。2009 年，为总行金融市场部，广西、湖北、广东、浙江、宁波等分行和江苏、山东等 7 家二级分行开展的测评活动共 28 期。其中现场测评 19 期，远程登录常培人才测评系统进行网络测评 9 期，测评人次达 1 954 人次。一是在测评规模增长的基础上，类型也呈多样化：有分行大学生招聘测评、职业倾向测评、管理岗位干部选拔与晋升测评、分行管理团队建设测评、自我认知与发展测评等。二是向管理咨询延伸。在管理团队建设测评中，针对分行的实际情况，提出参考建议，得到了分行的肯定。三是测评产品及手段不断创新。针对测评需求，借助总行与美国银行合作开发的中高级领导力模型，积极与外部咨询公司合作，初步建立起二级分行行级管理人员的领导力测评模型，完成常培人才测评系统的二期优化工作。

二、主要工作举措

【加强项目实施的研究创新，提升培训质量】一是在所有培训项目的实施中推行了项目的实施策划流程，围绕训前、训中、训后三个阶段，就各项培训活动进行了明确，精心策划设计项目实施方案，并落实到责任人，确保了实施项目的培训质量和效果。二是完善和丰富了各种教学活动的组织管理，并通过与受训学员沟通、组织回访、座谈、调查问卷、评估系统等多种方式和渠道对教学组织、培训管理进行多个维度的培训评估，全面提升培训课程内容的针对性和实用性，确保培训项目实施的不断完善和精细。三是进一步加强培训教学方式和方法的研究实践。2009 年成功创新应用了“对话访谈”和“主题论坛”培训形式，加深了学员之间的交流，促进了经验的分享，保证了培训成果的转化，有效地提高了学员的学习积极性，受到学员好评。2009 年中心培训师授课满意度达到 97.56%，比 2008 年提高了 0.54 个百分点。

【加强队伍建设，充分发挥合力作用】积极倡导以人为本，从员工发展和中心发展双赢、共进的角度关心员工、培养员工、提升员工。首先，继续深化人事与激励约束机制改革，坚持正确的用人导向，按照德才兼备、注重实绩、群众公认原则选拔干部。组织实施全员竞争上岗，进一步优化人力资源配置，凝聚员工力量，发挥整体合力作用。其次，完善专业技术人才管理办法，建立有利于优秀人才脱颖而出的选人用人机制，进一步拓宽优秀员工的发展空间和晋升通道，加快业务核心人才队伍和人才梯队建设。最后，积极引导员工学习新知识，接受新理念。通过学习培训、调研实习、交流研讨、竞赛评比等多项举措，全方位加强队伍建设。

【完善机制体制，加强执行力】一方面构建沟通协调机制，奠定管理基础。一是积极推行中心事务公开制度，充分发挥员工的民主参与和民主监督作用，2009 年成立了财务管理委员会，成员由中心领导、相关部门代表和公选的员工代表组成，所有财务支出由委员会讨论通过后执行，做到了完全公开。二是通过沟通制度、汇报制度、会议制度等，形成中心领导间、中心领导与中层干部间、部门领导和部门员工间的协作机制和议事规则，促进相互沟通了解，在全中心范围内建立起常态化的沟通机制和畅通的沟通渠道，为创建良好的工作机制奠定了基础。另一方面建立健全各类制度，提高管理水平。制定下发了一系列规章制度，不断完善工作机制，用制度促进各项工作的发展，用制度来保证精细化管理的落实。在抓好制度落实的基础上，重视制度的效果分析。根据实际情况，对集中采购办法等制度及时调整和修订，提高执行力，让制度真正发挥作用，收到成效。

执笔：杨雅君

审稿：龚保洁

CHINA 中国建设银行年鉴 2010
CONSTRUCTION BANK ALMANAC

第五部分　综合统计

中国建设银行股份有限公司资产负债表

（2009 年 12 月 31 日）　　　　（单位：人民币百万元）

	附注	本集团		本行	
		2009 年	2008 年	2009 年	2008 年
资产					
现金及存放中央银行款项	6	1 458 648	1 247 450	1 455 370	1 247 053
存放同业款项	7	101 163	33 096	100 679	28 425
贵金属		9 229	5 160	9 229	5 160
拆出资金	8	22 217	16 836	23 143	28 426
交易性金融资产	9	18 871	50 309	10 251	44 491
衍生金融资产	10	9 456	21 299	7 730	20 335
买入返售金融资产	11	589 606	208 548	588 706	208 548
应收利息	12	40 345	38 317	40 129	38 297
客户贷款和垫款	13	4 692 947	3 683 575	4 626 024	3 639 940
可供出售金融资产	14	651 480	550 838	649 979	551 156
持有至到期投资	15	1 408 873	1 041 783	1 408 465	1 041 783
应收款项债券投资	16	499 575	551 818	499 575	551 818
对子公司的投资	17	—	—	8 816	4 670
对联营和合营企业的投资	18	1 791	1 728	—	—
固定资产	19	74 693	63 957	74 098	63 723
土地使用权	20	17 122	17 295	17 062	17 229
无形资产	21	1 270	1 253	1 242	1 233
商誉	22	1 590	1 527	—	—
递延所得税资产	23	10 790	7 855	11 323	8 059
其他资产	24	13 689	12 808	33 310	26 222
资产总计		9 623 355	7 555 452	9 565 131	7 526 568
负债					
向中央银行借款		6	6	6	6
同业及其他金融机构存放款项	27	774 785	447 464	776 582	448 461
拆入资金	28	38 120	43 108	31 968	53 191
交易性金融负债	29	7 992	3 975	7 992	3 975
衍生金融负债	10	8 575	18 565	7 894	18 103
卖出回购金融资产	30	—	864	2 625	864
客户存款	31	8 001 323	6 375 915	7 955 240	6 342 985
应付职工薪酬	32	27 425	25 153	26 708	24 807
应交税费	33	25 840	35 538	25 549	35 310
应付利息	34	59 487	59 695	59 442	59 652
预计负债	35	1 344	1 806	1 344	1 806
已发行债务证券	36	98 644	53 810	98 383	52 531
递延所得税负债	23	216	5	22	—
其他负债	37	20 578	21 986	20 057	21 321
负债合计		9 064 335	7 087 890	9 013 812	7 063 012
股东权益					
股本	38	233 689	233 689	233 689	233 689
资本公积	39	90 266	90 241	90 266	90 241
投资重估储备	40	13 163	11 156	13 213	11 138
盈余公积	41	37 421	26 922	37 421	26 922
一般风险准备	42	46 806	46 628	46 209	46 200
未分配利润	43	136 112	59 593	130 785	55 867
外币报表折算差额		(1 982)	(2 263)	(264)	(501)
归属于本行股东权益合计		555 475	465 966	551 319	463 556
少数股东权益		3 545	1 596	—	—
股东权益合计		559 020	467 562	551 319	463 556
负债和股东权益总计		9 623 355	7 555 452	9 565 131	7 526 568

中国建设银行股份有限公司利润表

（2009 年 12 月） （单位：人民币百万元）

	附注	本集团		本行	
		2009 年	2008 年	2009 年	2008 年
一、营业收入		267 184	267 507	262 654	263 813
利息净收入	44	211 885	224 920	210 318	223 841
利息收入		339 463	356 500	337 741	355 438
利息支出		（127 578）	（131 580）	（127 423）	（131 597）
手续费及佣金净收入	45	48 059	38 446	47 413	37 841
手续费及佣金收入		49 839	40 056	49 080	39 386
手续费及佣金支出		（1 780）	（1 610）	（1 667）	（1 545）
投资收益/（损失）	46	5 897	（850）	4 993	（875）
其中：对联营和合营企业的投资收益		17	16	—	—
公允价值变动收益/（损失）	47	924	1 977	（185）	1 047
汇兑损益		（250）	2 642	（478）	1 631
其他业务收入	48	669	372	593	328
二、营业支出		（129 582）	（148 900）	（127 319）	（147 441）
营业税金及附加		（15 972）	（15 793）	（15 923）	（15 767）
业务及管理费	49	（87 900）	（82 162）	（85 870）	（80 819）
资产减值损失	50	（25 460）	（50 829）	（25 263）	（50 739）
其他业务成本		（250）	（116）	（263）	（116）
三、营业利润		137 602	118 607	135 335	116 372
加：营业外收入	51	2 371	2 421	1 889	2 395
减：营业外支出	52	（1 248）	（1 287）	（1 246）	（1 285）
四、利润总额		138 725	119 741	135 978	117 482
减：所得税费用	53	（31 889）	（27 099）	（30 992）	（26 715）
五、净利润		106 836	92 642	104 986	90 767
归属于本行股东的净利润		106 756	92 599		
少数股东损益		80	43		
六、基本和稀释每股收益（人民币元）		0.46	0.40		
七、其他综合收益	54	2 322	（6 599）	2 337	（5 715）
八、综合收益总额		109 158	86 043	107 323	85 052
归属于本行股东的综合收益		109 069	86 002		
归属于少数股东的综合收益		89	41		

中国建设银行股份有限公司现金流量表

（2009 年 12 月）　　　　（单位：人民币百万元）

		本集团		本行	
		2009 年	2008 年	2009 年	2008 年
一、经营活动现金流量					
客户存款和同业及其他金融机构存放款项净增加额		1 948 273	989 418	1 940 153	981 691
拆入资金净增加额		—	15 084	—	10 019
卖出回购金融资产净增加额		—	—	1 761	—
已发行存款证净增加额		4 107	2 435	5 886	1 882
拆出资金净减少额		—	7 770	6 287	6 726
收取的利息、手续费及佣金的现金		378 169	324 191	375 876	322 484
交易性金融资产的净减少额		33 299	—	34 105	—
交易性金融负债的净增加额		4 017	—	4 017	—
收到的其他与经营活动有关的现金		3 102	28 959	3 354	26 266
经营活动现金流入小计		2 370 967	1 367 857	2 371 439	1 349 068
客户贷款和垫款净增加额		(1 030 197)	(551 987)	(1 010 637)	(536 906)
存放中央银行和同业款项净增加额		(258 955)	(198 447)	(260 370)	(197 723)
拆出资金净增加额		(1 243)	—	—	—
买入返售金融资产净增加额		(381 058)	(71 322)	(380 158)	(71 322)
拆入资金净减少额		(6 947)	—	(21 248)	—
卖出回购金融资产净减少额		(864)	(107 171)	—	(107 171)
支付的利息、手续费及佣金的现金		(127 548)	(110 305)	(127 250)	(110 274)
支付给职工以及为职工支付的现金		(49 212)	(44 895)	(48 335)	(44 195)
支付的各项税费		(61 897)	(48 477)	(61 409)	(48 178)
交易性金融资产的净增加额		—	(18 646)	—	(18 968)
交易性金融负债的净减少额		—	(6 834)	—	(6 834)
支付的其他与经营活动有关的现金		(29 467)	(29 127)	(34 861)	(28 848)
经营活动现金流出小计		(1 947 388)	(1 187 211)	(1 944 268)	(1 170 419)
经营活动产生的现金流量净额	55（1）	423 579	180 646	427 171	178 649
二、投资活动现金流量：					
收回投资收到的现金		1 168 724	968 424	1 166 201	965 592
收取的现金股利		106	150	105	172
处置固定资产和其他长期资产收回的现金净额		727	655	483	563
取得子公司收到的现金	55（4）	3 862	24	—	—
少数股东对子公司增资收到的现金	55（6）	—	212	—	—
出售子公司股权收到的现金	55（7）	100	38	—	—
投资活动现金流入小计		1 173 519	969 503	1 166 789	966 327
投资支付的现金		(1 568 911)	(912 363)	(1 565 573)	(912 007)
购建固定资产和其他长期资产支付的现金		(22 045)	(17 699)	(21 417)	(17 490)
取得子公司、联营和合营企业支付的现金	55（5）	(54)	(682)	(4 146)	(26)
对子公司增资支付的现金	55（6）	—	—	—	(638)
投资活动现金流出小计		(1 591 010)	(930 744)	(1 591 136)	(930 161)
投资活动（所用）/产生的现金流量净额		(417 491)	38 759	(424 347)	36 166
三、筹资活动现金流量：					
发行债券收到的现金		79 880	2 852	79 880	2 982
筹资活动现金流入小计		79 880	2 852	79 880	2 982
分配股利支付的现金		(19 576)	(40 960)	(19 558)	(40 937)
偿付已发行债券利息支付的现金		(1 972)	(2 005)	(1 972)	(2 005)
偿还债务支付的现金		(40 000)	—	(40 000)	—
筹资活动现金流出小计		(61 548)	(42 965)	(61 530)	(42 942)
筹资活动产生/（所用）的现金流量净额		18 332	(40 113)	18 350	(39 960)
四、汇率变动对现金及现金等价物的影响		18	(3 989)	21	(3 164)
五、现金及现金等价物净增加额	55（2）	24 438	175 303	21 195	171 691
加：年初现金及现金等价物余额		355 811	180 508	354 393	182 702
六、年底现金及现金等价物余额	55（3）	380 249	355 811	375 588	354 393

中国建设银行存、贷款主要指标统计表（人民币）

（2009年12月）　　（单位：人民币亿元）

项　　目	本期余额	比年初新增		比2008年同期新增（±）
		2009年	2008年	
全口径存款	**84 607.67**	**19 018.94**	**9 330.69**	**9 688.25**
一、一般性存款	77 313.38	15 976.05	10 192.74	5 783.31
1. 对公存款	41 748.57	9 520.20	3 944.77	5 575.43
活期存款	28 815.76	7 099.79	1 255.30	5 844.49
定期存款	12 932.80	2 420.41	2 689.47	−269.06
2. 个人存款	35 564.81	6 455.85	6 247.97	207.88
活期存款	14 250.79	3 081.41	1 393.48	1 687.93
定期存款	21 314.02	3 374.44	4 854.49	−1 480.05
二、同业存款	7 294.29	3 042.89	−862.05	3 904.94
各项贷款	**45 277.70**	**9 447.24**	**5 085.35**	**4 361.89**
一、对公贷款	34 411.35	6 787.50	4 104.88	2 682.62
其中：贴现贷款	2 295.45	649.92	602.11	47.81
二、个人类贷款	10 866.35	2 659.74	980.47	1 679.27
其中：个人住房贷款	9 341.36	2 471.28	756.59	1 714.69

注：1. 个人类贷款包括个人住房贷款、个人消费类贷款和信用卡透支，不含“个人买方信贷”。
2. 个人住房贷款中含个人商业用房贷款。

中国建设银行存、贷款主要指标统计表（外币）

（2009年12月）　　（单位：亿美元）

项　　目	本期余额	比年初新增		比2008年同期新增（±）
		2009年	2008年	
全口径存款	**212.92**	**52.59**	**21.92**	**30.67**
一、一般性存款	152.11	19.93	3.30	16.63
1. 对公存款	115.72	19.88	6.35	13.53
活期存款	80.07	22.32	−6.96	29.28
定期存款	35.65	−2.44	13.31	−15.75
2. 个人存款	36.39	0.05	−3.05	3.10
活期存款	11.64	−0.69	−2.72	2.03
定期存款	24.75	0.74	−0.33	1.07
二、同业存款	60.81	32.66	18.62	14.04
各项贷款	**184.47**	**53.89**	**−4.19**	**58.08**
一、短期贷款	41.74	22.64	−14.42	37.06
二、中长期贷款	72.25	3.93	5.92	−1.99
三、进出口贸易融资	49.37	28.71	3.46	25.25
四、境外筹资转贷款	19.81	−0.35	−1.11	0.76
五、各项垫款	1.30	−1.04	1.96	−3.00

中国建设银行个人贷款主要指标统计表（本外币）

（2009年12月）　　（单位：人民币亿元）

项　目	本期余额	比年初新增		比2008年同期新增（±）
		2009年	2008年	
个人贷款合计	**10 870.67**	**2 658.44**	**974.61**	**1 683.83**
1. 个人消费贷款	765.54	36.24	80.24	-44.00
2. 个人助学贷款	9.16	-2.33	-2.69	0.36
3. 个人住房贷款	8 691.72	2 438.20	721.17	1 717.03
4. 个人商业用房贷款	650.32	32.91	35.20	-2.29
5. 个人买方信贷	0.96	-2.41	-4.89	2.48
6. 个人质押贷款	20.92	0.58	3.67	-3.09
7. 个人其他贷款	0.17	-0.16	-0.14	-0.02
8. 下岗失业人员小额担保贷款	0.16	0.08	-0.11	0.19
9. 个人助业贷款	368.70	21.35	15.04	6.31
10. 个人信用卡透支	363.02	133.98	127.12	6.86

中国建设银行各分行存款主要指标统计表（本外币）

（2009年12月）　　（单位：人民币亿元）

地区	各项存款		其中：对公存款		其中：储蓄存款	
	本期余额	比年初新增	本期余额	比年初新增	本期余额	比年初新增
全国总计	78 351.82	16 112.74	42 538.59	9 656.35	35 813.22	6 456.39
总行本级	508.93	-39.43	373.42	-40.35	135.51	0.92
长三角	16 397.52	3 240.19	9 582.00	2 014.81	6 815.52	1 225.38
上海	5 057.21	762.03	3 118.35	466.96	1 938.86	295.07
江苏	4 771.19	1 153.26	2 555.77	715.19	2 215.42	438.07
浙江	4 301.31	848.72	2 485.98	504.18	1 815.33	344.54
宁波	876.46	197.00	549.48	136.99	326.98	60.01
苏州	1 391.35	279.17	872.42	191.48	518.93	87.69
珠三角	12 537.85	2 809.12	6 678.97	1 963.58	5 858.88	845.54
广东	7 244.38	1 469.45	3 654.44	971.83	3 589.94	497.62
深圳	2 481.65	816.63	1 792.13	737.09	689.51	79.53
福建	2 025.94	368.20	808.97	163.34	1 216.97	204.86

续表

地区	各项存款		其中：对公存款		其中：储蓄存款	
	本期余额	比年初新增	本期余额	比年初新增	本期余额	比年初新增
厦门	785.88	154.84	423.42	91.32	362.46	63.52
环渤海	14 891.73	2 762.76	8 355.96	1 432.03	6 535.77	1 330.73
北京	5 983.75	739.81	3 880.14	316.83	2 103.61	422.99
山东	3 495.28	816.72	1 902.74	520.36	1 592.53	296.36
天津	1 488.95	408.27	914.64	255.57	574.31	152.69
河北	3 295.20	648.31	1 324.63	249.30	1 970.57	399.01
青岛	628.55	149.65	333.80	89.97	294.75	59.68
中部	13 916.15	2 987.25	6 699.78	1 691.86	7 216.37	1 295.39
山西	1 661.54	286.36	768.17	142.34	893.37	144.01
广西	1 307.64	300.37	713.05	200.22	594.59	100.15
湖北	2 331.32	443.84	1 002.68	197.59	1 328.64	246.25
河南	2 358.93	556.08	978.15	292.70	1 380.78	263.38
湖南	2 682.34	613.45	1 324.60	369.30	1 357.74	244.15
江西	1 158.64	244.81	602.00	135.77	556.64	109.04
海南	502.69	149.15	345.18	119.44	157.50	29.71
安徽	1 668.44	344.58	854.56	212.86	813.88	131.72
三峡	244.61	48.60	111.38	21.63	133.23	26.98
西部	14 125.63	3 158.30	8 046.79	1 969.14	6 078.84	1 189.17
四川	3 807.18	860.99	2 125.31	590.47	1 681.87	270.52
重庆	1 452.56	394.54	823.33	246.85	629.23	147.68
贵州	958.27	180.37	581.10	116.40	377.17	63.97
云南	1 542.48	266.82	897.06	157.34	645.42	109.48
西藏	272.74	50.95	217.62	39.58	55.12	11.38
内蒙古	1 198.78	340.01	669.26	216.45	529.52	123.56
陕西	1 982.65	496.22	1 071.67	276.34	910.98	219.88
甘肃	1 049.46	173.88	570.21	77.70	479.25	96.18
青海	463.66	96.70	290.25	65.47	173.41	31.23
宁夏	407.94	108.45	236.19	65.52	171.75	42.93
新疆	989.92	189.37	564.80	117.01	425.11	72.36
东北	5 974.01	1 194.55	2 801.68	625.29	3 172.33	569.26
辽宁	2 267.59	366.34	992.23	137.35	1 275.36	228.99
吉林	1 131.07	333.02	524.46	220.27	606.60	112.76
黑龙江	1 644.80	287.97	748.54	129.22	896.26	158.75
大连	930.56	207.21	536.45	138.45	394.11	68.76

中国建设银行各分行贷款主要指标统计表（本外币）

（2009年12月）（单位：人民币亿元）

地区	各项贷款		其中：对公贷款		其中：个人贷款	
	本期余额	比年初新增	本期余额	比年初新增	本期余额	比年初新增
全国总计	46 537.04	9 815.74	35 666.16	7 155.02	10 870.88	2 660.72
总行本级	417.00	26.73	53.68	-107.36	363.32	134.09
长三角	11 365.58	2 141.89	8 425.00	1 550.76	2 940.58	591.13
上海	2 705.45	394.70	2 176.71	353.71	528.74	40.99
江苏	3 051.80	698.43	2 362.94	522.47	688.86	175.96
浙江	3 631.32	653.62	2 491.39	431.63	1 139.93	221.99
宁波	839.30	165.83	623.29	112.41	216.01	53.42
苏州	1 137.71	229.31	770.67	130.54	367.04	98.77
珠三角	7 261.00	1 809.61	5 044.77	1 230.67	2 216.23	578.94
广东	3 092.58	869.56	2 309.36	649.24	783.22	220.32
深圳	1 980.82	533.35	1 295.80	328.53	685.02	204.82
福建	1 584.43	301.99	1 034.12	187.91	550.31	114.08
厦门	603.17	104.71	405.49	64.99	197.68	39.72
环渤海	8 494.04	1 584.99	6 970.91	1 263.83	1 523.13	321.16
北京	2 723.00	317.29	2 276.90	262.29	446.10	55.00
山东	2 307.38	465.32	1 817.15	359.83	490.23	105.49
天津	1 263.80	329.23	1 134.87	292.39	128.93	36.84
河北	1 691.45	382.94	1 392.09	289.30	299.36	93.64
青岛	508.41	90.21	349.90	60.02	158.51	30.19
中部	7 809.27	1 732.05	6 137.00	1 293.12	1 672.27	438.93
山西	770.14	150.23	731.39	145.59	38.75	4.64
广西	886.24	244.78	630.93	169.90	255.31	74.88
湖北	1 168.36	211.88	930.04	170.82	238.32	41.06
河南	1 260.32	301.16	1 007.85	224.22	252.47	76.94
湖南	1 560.80	319.01	1 279.46	261.00	281.34	58.01
江西	705.97	120.10	499.22	68.50	206.75	51.60
海南	176.99	24.27	127.37	11.93	49.62	12.34

续表

地区	各项贷款		其中：对公贷款		其中：个人贷款	
	本期余额	比年初新增	本期余额	比年初新增	本期余额	比年初新增
安徽	1 041.03	305.03	729.83	194.03	311.20	111.00
三峡	239.42	55.59	200.91	47.13	38.51	8.46
西部	8 194.69	1 856.41	6 669.22	1 406.78	1 525.47	449.63
四川	1 765.49	402.08	1 361.80	274.99	403.69	127.09
重庆	1 104.17	283.12	799.99	199.82	304.18	83.30
贵州	643.48	124.77	543.26	108.21	100.22	16.56
云南	1 022.71	170.86	776.28	112.35	246.43	58.51
西藏	87.52	1.13	73.18	1.51	14.34	-0.38
内蒙古	1 005.58	242.32	916.14	206.19	89.44	36.13
陕西	983.20	275.81	775.76	193.30	207.44	82.51
甘肃	481.89	81.80	445.68	72.61	36.21	9.19
青海	256.15	62.96	242.22	59.27	13.93	3.69
宁夏	344.90	99.07	310.98	87.02	33.92	12.05
新疆	499.60	112.49	423.93	91.51	75.67	20.98
东北	2 995.21	663.46	2 365.75	517.14	629.46	146.32
辽宁	1 147.60	255.07	896.25	214.16	251.35	40.91
吉林	653.20	151.54	517.14	102.74	136.06	48.80
黑龙江	645.32	154.20	515.89	117.18	129.43	37.02
大连	549.09	102.65	436.47	83.06	112.62	19.59

注：个人贷款中含单位信用卡透支，不含个人买方信贷。

中国建设银行各分行国际结算业务量情况统计表

（2009 年 12 月）

地区	进口业务		出口业务		边贸业务		收入
	笔数（笔）	金额（万美元）	笔数（笔）	金额（万美元）	笔数（笔）	金额（万美元）	（人民币万元）
全国总计	**771 147**	**22 280 966**	**2 064 432**	**23 855 659**	**24 121**	**373 080**	**208 679**
总行本级	890	127 373	4 270	28 057	0	0	1 548
长三角	362 783	8 052 764	947 933	9 445 420	0	0	73 803
上海	142 644	3 367 830	203 099	2 882 916	0	0	18 554
江苏	49 719	1 779 273	131 032	2 294 671	0	0	13 698
浙江	56 047	868 594	454 257	1 892 885	0	0	25 997
宁波	12 106	434 535	67 601	458 287	0	0	6 450
苏州	102 267	1 602 532	91 944	1 916 660	0	0	9 104
珠三角	178 341	6 365 875	675 754	7 317 198	0	0	40 802
广东	75 639	2 137 053	235 918	2 995 085	0	0	14 796
深圳	59 215	3 430 175	132 867	2 892 139	0	0	15 596
福建	17 812	491 613	208 698	814 348	0	0	6 645
厦门	25 675	307 033	98 271	615 626	0	0	3 765
环渤海	123 560	4 602 916	239 505	4 396 722	0	0	45 229
北京	63 593	2 214 948	60 478	2 194 169	0	0	9 744
山东	24 989	1 022 829	105 289	1 212 141	0	0	17 996
天津	12 803	566 883	11 356	259 814	0	0	2 925
河北	8 526	472 092	34 075	401 109	0	0	9 812
青岛	13 649	326 165	28 307	329 489	0	0	4 752
中部	35 462	1 177 319	87 912	1 088 563	5 819	86 381	18 526
山西	951	131 270	2 836	47 752	0	0	2 870
广西	2 152	98 739	6 606	94 147	5 819	86 381	1 616
湖北	6 235	192 529	12 048	193 653	0	0	1 234
河南	7 934	174 283	26 101	190 158	0	0	2 366
湖南	8 127	178 136	11 285	183 613	0	0	4 272
江西	3 328	189 586	11 686	191 717	0	0	2 963
海南	1 984	35 982	3 055	19 006	0	0	913
安徽	4 046	162 527	10 632	132 459	0	0	2 049
三峡	705	14 267	3 663	36 057	0	0	243
西部	36 312	988 176	49 427	884 601	9 571	155 966	16 606
四川	15 296	256 071	15 203	316 501	0	0	6 091
重庆	6 451	181 648	7 017	133 692	0	0	1 668
贵州	976	31 052	1 866	43 428	0	0	545
云南	1 513	33 147	4 694	54 380	3 395	19 776	557
西藏	0	0	150	3 463	0	0	0
内蒙古	3 293	89 168	2 134	62 581	1 200	22 685	1 036
陕西	4 853	142 177	9 638	129 181	0	0	2 506
甘肃	536	89 373	691	20 521	0	0	773
青海	254	20 462	248	1 730	0	0	347
宁夏	303	32 218	1 704	18 753	0	0	348
新疆	2 837	112 859	6 082	100 371	4 976	113 505	2 736
东北	33 799	966 543	59 631	695 098	8 731	130 733	12 165
辽宁	11 125	267 084	19 157	251 046	2 629	32 925	4 028
吉林	6 001	317 062	14 238	95 796	44	347	1 211
黑龙江	3 000	104 446	6 286	39 539	6 058	97 461	2 352
大连	13 673	277 951	19 950	308 717	0	0	4 574

中国建设银行各分行中间业务收入情况统计表（本外币、境内）

（2009年12月）

行别	中间业务毛收入（万元）	其中：手续费及佣金毛收入（万元）	手续费及佣金支出（万元）	中间业务净收入（万元）	其中：手续费及佣金净收入（万元）	同比增速（毛收入）（%）
全国总计	**5 045 764.18**	**4 960 431.15**	**175 129.28**	**4 870 634.90**	**4 785 301.87**	**23.83**
总行本级	187 757.42	337 850.83	22 985.99	164 771.43	314 864.84	4.20
长三角	1 286 903.39	1 226 088.11	27 815.20	1 259 088.19	1 198 272.91	20.82
上海	353 609.81	335 387.10	10 813.85	342 795.96	324 573.25	17.58
江苏	375 347.48	358 588.84	5 221.37	370 126.11	353 367.47	37.18
浙江	361 557.29	342 266.80	6 716.25	354 841.04	335 550.55	4.00
宁波	77 407.78	74 877.44	2 321.11	75 086.67	72 556.33	29.71
苏州	118 981.03	114 967.93	2 742.62	116 238.41	112 225.31	42.65
珠三角	950 163.92	883 806.60	32 333.97	917 829.95	851 472.63	32.03
广东	444 921.67	417 259.70	14 590.33	430 331.34	402 669.37	26.08
深圳	268 490.66	249 339.62	11 016.37	257 474.29	238 323.25	43.95
福建	181 079.37	168 756.68	4 520.05	176 559.32	164 236.63	39.07
厦门	55 672.21	48 450.60	2 207.22	53 464.99	46 243.38	11.21
环渤海	825 597.23	780 399.06	44 383.68	781 213.55	736 015.38	21.34
北京	252 236.25	236 925.85	31 958.77	220 277.48	204 967.08	16.55
山东	229 945.90	213 211.02	6 125.54	223 820.36	207 085.48	22.26
天津	80 885.58	77 537.15	1 314.80	79 570.78	76 222.35	30.41
河北	213 466.20	206 246.44	3 730.56	209 735.64	202 515.88	27.97
青岛	49 063.30	46 478.60	1 254.01	47 809.29	45 224.59	4.22
中部	798 006.74	774 211.41	22 993.59	775 013.15	751 217.82	27.58
山西	62 733.02	61 073.67	1 230.38	61 502.64	59 843.29	20.18
广西	64 372.50	62 470.80	1 990.79	62 381.71	60 480.01	32.59
湖北	134 371.38	130 447.42	4 154.04	130 217.34	126 293.38	19.01
河南	159 547.68	154 018.20	2 959.09	156 588.59	151 059.11	25.11
湖南	184 095.69	178 157.14	7 741.51	176 354.18	170 415.63	32.14
江西	75 623.23	74 163.02	2 203.10	73 420.13	71 959.92	27.71
海南	15 535.63	14 665.70	681.38	14 854.25	13 984.32	34.79
安徽	85 039.06	82 805.04	1 725.59	83 313.47	81 079.45	39.34
三峡	16 688.56	16 410.42	307.71	16 380.85	16 102.71	26.35
西部	706 411.23	681 245.93	17 399.40	689 011.83	663 846.53	27.13
四川	173 064.89	165 373.56	3 993.54	169 071.35	161 380.02	25.26
重庆	92 102.71	89 654.70	2 606.63	89 496.08	87 048.07	37.97
贵州	53 695.38	52 086.63	1 099.33	52 596.05	50 987.30	31.10
云南	74 263.24	72 159.59	2 808.94	71 454.30	69 350.65	28.07
西藏	3 070.26	2 988.69	207.25	2 863.01	2 781.44	16.81
内蒙古	79 136.11	75 232.22	1 161.12	77 974.99	74 071.10	42.71
陕西	84 601.55	82 277.67	2 104.61	82 496.94	80 173.06	23.82
甘肃	44 375.91	43 299.30	1 124.10	43 251.81	42 175.20	23.68
青海	15 640.57	15 138.46	462.90	15 177.67	14 675.56	21.29
宁夏	27 949.74	27 246.11	489.06	27 460.68	26 757.05	42.83
新疆	58 510.88	55 789.00	1 341.92	57 168.96	54 447.08	2.57
东北	290 924.25	276 829.15	7 217.40	283 706.85	269 611.75	17.25
辽宁	108 096.92	103 841.05	3 183.91	104 913.01	100 657.14	24.80
吉林	50 177.94	47 007.20	922.55	49 255.39	46 084.65	5.09
黑龙江	85 883.23	83 357.63	1 560.43	84 322.80	81 797.20	22.81
大连	46 766.17	42 623.27	1 550.51	45 215.66	41 072.76	6.71

中国建设银行各分行借记卡主要指标统计表（本外币）

（2009 年 12 月）　　（单位为折合人民币数）

地区	发卡总量（万张）	存款余额		交易总额		特约商户（家）	购物消费额（万元）
		余额（万元）	卡均（元）	余额（万元）	卡均（元）		
全国总计	**25 211**	**112 187 279**	**4 450**	**1 368 666 222**	**54 289**	**175 389**	**79 066 328**
长三角	4 311	20 841 678	4 835	278 463 460	64 596	34 351	18 873 429
上海	902	6 662 927	7 386	59 059 196	65 467	12 869	5 100 673
江苏	1 256	4 380 906	3 487	53 479 709	42 572	8 473	3 362 918
浙江	1 357	6 862 632	5 059	125 651 236	92 619	10 054	8 394 798
宁波	251	1 072 197	4 273	14 592 400	58 152	1 478	756 161
苏州	545	1 863 016	3 419	25 680 918	47 130	1 477	1 258 879
珠三角	4 161	22 348 214	5 370	281 168 814	67 566	35 667	11 580 414
广东	2 221	9 875 082	4 446	77 316 543	34 806	25 818	5 459 322
深圳	578	3 504 557	6 068	41 545 432	71 936	2 945	1 840 529
福建	1 080	6 706 426	6 209	126 538 299	117 159	6 904	3 279 292
厦门	282	2 262 149	8 009	35 768 540	126 632	0	1 001 273
环渤海	4 244	15 885 861	3 743	192 552 221	45 375	34 887	13 637 997
北京	930	5 633 630	6 057	52 299 243	56 230	14 631	4 563 085
山东	1 357	3 296 823	2 430	47 160 673	34 756	10 842	3 023 575
天津	520	978 463	1 880	12 499 332	24 019	586	1 288 801
河北	1 158	5 459 735	4 717	74 145 858	64 053	7 327	4 238 987
青岛	279	517 210	1 856	6 447 114	23 140	1 501	523 549
中部	5 833	21 317 729	3 655	269 404 024	46 190	29 087	15 854 762
山西	337	1 764 268	5 230	18 325 208	54 319	1 041	897 780
广西	663	1 792 871	2 704	24 264 183	36 596	1 910	1 183 538
湖北	967	4 395 770	4 544	47 407 147	49 001	2 670	2 945 565
河南	1 419	5 295 838	3 733	66 709 366	47 028	4 365	4 280 796
湖南	1 198	4 063 888	3 391	58 187 655	48 560	4 356	3 412 190
江西	530	1 571 323	2 965	22 179 226	41 850	5 214	1 084 814
海南	90	476 984	5 283	5 272 338	58 392	2 086	408 720
安徽	492	1 546 951	3 144	21 439 547	43 573	4 311	1 320 707
三峡	136	409 836	3 022	5 619 354	41 435	3 134	320 652
西部	4 641	24 110 580	5 195	249 217 557	53 694	33 867	13 888 979
四川	1 328	8 482 428	6 386	75 651 823	56 957	7 066	4 889 622
重庆	429	2 853 459	6 649	29 674 157	69 150	0	1 460 468
贵州	321	1 385 805	4 314	14 818 725	46 129	1 822	730 297
云南	468	2 578 387	5 504	29 250 125	62 435	5 381	1 764 236
西藏	32	228 277	7 148	2 366 937	74 118	622	76 038
内蒙古	443	1 772 690	4 004	26 616 951	60 114	2 606	1 105 026
陕西	677	2 826 269	4 174	25 561 926	37 753	3 601	1 912 421
甘肃	371	1 507 236	4 062	15 144 993	40 813	4 798	669 494
青海	86	490 821	5 686	5 399 847	62 550	681	223 083
宁夏	120	549 155	4 563	7 006 840	58 226	2 045	283 328
新疆	365	1 436 053	3 936	17 725 233	48 585	5 245	774 965
东北	2 021	7 683 216	3 802	97 860 147	48 424	7 530	5 230 747
辽宁	790	3 298 649	4 174	39 202 551	49 611	880	1 972 175
吉林	474	1 545 623	3 260	22 597 080	47 661	2 429	948 403
黑龙江	545	1 726 392. 41	3 170. 34	24 342 612. 87	44 702. 71	3 576	1 420 032. 46
大连	212	1 112 551. 94	5 247. 30	11 717 902. 96	55 266. 97	645	890 136. 53

中国建设银行各分行双币种信用卡主要指标统计表（本外币）

（2009 年 12 月）　　　　（单位为折合人民币数）

地区	客户数		消费交易额		账户活动率		贷款余额		贷款不良率	业务收入（万元）
	本年净增（户）	计划完成率（%）	本年新增（万元）	计划完成率（%）	账户活动率（%）	计划完成率（%）	本期余额（万元）	计划完成率（%）	迟缴 90 天以上占比（%）	
全国总计	**6 048 946**	**100.82**	**29 277 975**	**133.08**	**54.75**	**109.50**	**3 633 165.28**	**89.39**	**1.66**	**391 816**
长三角	1 285 945	102.06	8 076 627	123.12	55.29	110.58	978 985.30	65.66	1.71	114 576
上海	315 034.5	105.01	2 591 245	107.52	56.24	112.48	322 474.05	71.61	1.13	35 072
江苏	409 839.5	102.46	2 209 876	129.23	52.13	104.26	248 084.97	71.93	1.81	30 647
浙江	392 311	100.59	2 432 558	137.43	58.40	116.80	297 481.82	49.69	1.90	34 565
宁波	93 010.5	103.35	417 832	154.75	58.11	116.21	58 005.55	119.01	2.23	6 419
苏州	75 749.5	94.69	425 116	106.28	51.48	102.96	52 938.91	69.81	3.15	7 873
珠三角	1 145 730	105.11	7 539 415	129.10	56.06	112.12	992 542.59	87.24	1.89	106 710
广东	553 141.5	110.63	2 860 053	132.41	55.14	110.28	368 609.23	119.20	1.78	48 675
深圳	233 346	101.45	1 702 677	135.13	50.17	100.33	274 901.26	77.17	3.02	31 127
福建	308 814	102.94	2 579 749	122.26	63.61	127.22	299 904.62	67.59	1.10	22 363
厦门	50 428.5	84.05	396 937	128.04	60.11	120.22	49 127.49	72.69	1.24	4 545
环渤海	850 861.5	96.69	4 999 387	131.22	51.37	102.75	565 657.87	73.80	1.67	58 638
北京	176 054.5	88.03	1 568 485	120.65	47.42	94.84	183 096.21	58.29	1.38	22 357
山东	301 627.5	104.01	1 817 286	138.72	55.30	110.60	204 220.45	80.67	1.83	17 182
天津	137 776.5	105.98	412 789	117.94	41.92	83.85	46 118.72	57.69	1.94	5 937
河北	173 177.5	86.59	841 513	150.27	62.05	124.10	91 543.90	114.78	1.42	8 922
青岛	62 225.5	103.71	359 314	123.90	48.31	96.61	40 678.60	59.49	2.42	4 241
中部	1 370 593	117.14	4 488 985	154.26	54.09	108.19	566 774.74	128.64	1.55	52 545
山西	83 219	104.02	168 310	153.01	50.60	101.19	20 422.54	146.68	1.60	2 103
广西	97 474	121.84	272 842	160.50	63.20	126.39	38 256.13	155.89	1.49	3 860
湖北	233 520	101.53	860 686	141.10	51.74	103.48	102 944.98	126.40	1.60	9 669
河南	308 832	128.68	1 245 304	183.13	58.66	117.32	145 431.82	182.83	1.10	10 728
湖南	350 289.5	120.79	1 121 185	153.59	50.42	100.84	168 071.96	93.35	1.75	17 022
江西	80 991	101.24	202 215	134.81	52.00	104.01	21 858.50	112.25	3.69	2 472
海南	18 119.5	90.60	120 660	109.69	66.79	133.58	12 264.53	97.08	1.38	1 623
安徽	177 045.5	136.19	381 523	152.61	54.61	109.22	43 337.63	148.48	1.25	4 118
三峡	21 102	105.51	116 261	116.26	54.76	109.51	14 186.63	100.91	1.17	951
西部	916 834	111.81	2 849 663	143.20	57.75	115.49	372 260.55	135.54	0.87	40 123
四川	352 211.5	140.88	955 590	138.49	59.30	118.59	121 085.86	168.36	0.77	11 794
重庆	102 413.5	102.41	284 174	123.55	48.22	96.43	40 298.03	81.99	1.38	5 380
贵州	51 584.5	103.17	138 077	153.42	58.99	117.97	19 082.57	124.32	1.05	2 593
云南	80 079	100.10	319 328	133.05	61.91	123.82	38 290.58	110.06	0.64	4 471
西藏	4 456.5	89.13	12 690	126.90	56.52	113.03	1 777.23	123.31	1.30	266
内蒙古	92 095	102.33	435 944	174.38	57.68	115.37	68 664.53	177.55	0.54	6 237
陕西	86 093.5	107.62	247 347	137.42	56.61	113.22	28 909.95	100.70	1.19	3 216
甘肃	55 774	79.68	136 058	123.69	60.03	120.07	17 484.12	96.91	1.31	1 985
青海	18 601.5	124.01	58 875	196.25	59.39	118.78	4 804.24	244.97	0.73	595
宁夏	20 768.5	69.23	112 409	172.94	65.80	131.61	13 832.98	80.71	1.59	1 532
新疆	52 756.5	105.51	149 172	157.02	58.14	116.29	18 030.46	192.00	0.51	2 054
东北	478 983	106.44	1 323 897	148.75	53.53	107.06	156 944.23	104.27	2.09	19 223
辽宁	149 253	106.61	362 785	151.16	54.13	108.26	42 932.26	129.45	2.11	4 748
吉林	150 572	136.88	333 285	175.41	55.01	110.01	40 224.94	139.77	1.94	5 558
黑龙江	138 801.5	99.14	373 186	162.25	52.48	104.96	42 493.69	80.19	2.36	5 283
大连	40 356.5	67.26	254 640	110.71	52.29	104.59	31 293.35	72.09	1.90	3 634

注：1. 本年净增客户数包含重点产品卡量。

2. 业务收入包括双币种信用卡透支利息收入和中间业务收入。

3. 分行业务收入中包括体现在分行的消费回佣收入。

中国建设银行各分行准贷记卡主要指标统计表（本外币）

（2009年12月）　　　　（单位为折合人民币数）

地区	发卡总量（张）	消费额（万元）	存款余额（万元）	透支余额（万元）	贷款不良率（迟缴60天以上）（%）
全国总计	**1 348 194**	**1 363 188**	**1 257 681**	**8 579**	**62.63**
长三角	884 776	880 874	732 330	1 772	32.14
上海	140 640	226 865	237 656	943	31.11
江苏	610 112	447 934	324 313	212	36.76
浙江	91 431	143 117	117 045	533	30.47
宁波	13 109	26 265	19 925	56	41.08
苏州	29 484	36 694	33 391	28	45.47
珠三角	106 326	157 680	178 125	2 696	51.87
广东	92 174	144 390	157 493	2 489	51.20
深圳	1 120	1 241	1 696	150	75.44
福建	3 228	1 688	2 430	45	20.68
厦门	9 804	10 360	16 506	12	13.20
环渤海	147 829	148 798	122 473	1 315	90.72
北京	30 255	111 894	75 886	132	40.51
山东	105 611	14 307	16 584	303	92.27
天津	2 939	3 483	5 622	4	85.06
河北	8 095	18 398	23 036	33	46.92
青岛	929	716	1345	842	99.81
中部	81 392	84 924	69 222	2 140	88.28
山西	4 065	51 674	7 265	1 335	99.61
广西	12 839	10 280	12 483	269	69.85
湖北	10 911	10 391	29 368	227	47.60
河南	2 427	1 925	2 349	213	99.10
湖南	2 372	2 000	2 544	20	90.65
江西	21 985	2 361	3 850	26	53.84
海南	21 741	2 990	2 095	3	1.25
安徽	4 307	2 709	4 118	19	33.99
三峡	745	593	5 149	28	47.20
西部	70 118	46 518	88 927	203	36.25
四川	12 742	9 073	16 484	1	62.63
重庆	1 432	1 602	3 454	79	42.91
贵州	352	42	237	0	87.78
云南	8 806	12 837	10 684	3	96.60
西藏	317	386	1 348	0	44.64
内蒙古	32 072	13 208	35 133	90	22.23
陕西	3 291	958	3 595	1	99.77
甘肃	4 020	1 470	5 170	11	64.16
青海	3 620	4 271	5 183	7	44.97
宁夏	926	584	2 918	6	69.64
新疆	2 540	2 088	4 721	6	23.87
东北	57 753	44 395	66 604	454	55.03
辽宁	1 805	1 600	3 482	170	95.78
吉林	41 471	25 445	35 223	221	29.46
黑龙江	11 945	13 500	23 512	61	34.18
大连	2 532	3 850	4 387	3	54.47

中国建设银行各分行电子银行业务主要指标表（本外币）

（2009 年 12 月）

地区	客户数		交易额		交易量		人工服务量	
	期末数（万户）	比年初新增（万户）	期末数（亿元）	比上季新增（亿元）	期末数（亿元）	比上季新增（亿元）	期末数（万笔）	比上季新增（万笔）
总计	**17 354. 06**	**6 173. 78**	**802 708. 48**	**141 367. 99**	**422 915. 01**	**136 306. 68**	**9 470. 52**	**2 488. 96**
其他	0. 02	0. 00	7 746. 55	2 952. 69	847. 84	257. 50		
总行本级	0. 01	0. 00	2 599. 98	941. 35	199. 56	61. 87		
总行短信平台	2 423. 64	293. 31	0. 00	0. 00	51 824. 41	22 371. 22		
长三角	2 601. 13	1 038. 53	217 420. 20	82 463. 08	86 432. 52	26 663. 78	1 485. 33	393. 68
上海	622. 24	198. 34	160 121. 39	61 923. 74	19 436. 37	5 439. 25	578. 51	157. 36
江苏	740. 50	314. 00	20 626. 39	7 596. 04	19 363. 50	5 652. 85	316. 70	87. 36
浙江	797. 99	341. 52	28 063. 06	10 095. 47	36 704. 95	12 583. 53	325. 29	85. 67
宁波	180. 13	84. 04	4 053. 48	1 290. 66	4 974. 36	1 582. 04	91. 21	25. 88
苏州	260. 27	100. 64	4 555. 89	1 557. 17	5 953. 34	1 406. 12	173. 62	37. 41
珠三角	3 100. 45	1 204. 06	338 008. 87	167 994. 30	98 531. 97	29 435. 95	2 239. 79	589. 99
广东	1 678. 85	642. 53	30 436. 34	10 674. 01	45 840. 57	13 232. 30	1 327. 79	355. 55
深圳	383. 00	160. 72	286 849. 51	149 576. 65	14 301. 45	4 773. 55	332. 90	85. 06
福建	839. 39	334. 24	15 789. 85	6 046. 68	28 758. 40	8 515. 64	462. 60	122. 08
厦门	199. 21	66. 57	4 933. 17	1 696. 97	9 631. 54	2 914. 46	116. 50	27. 30
环渤海	2 339. 73	830. 96	111 157. 64	37 197. 19	44 833. 32	13 815. 56	1 689. 32	434. 72
北京	593. 71	172. 85	79 513. 79	27 271. 93	15 952. 70	4 946. 70	586. 21	147. 06
山东	842. 65	342. 02	14 557. 21	4 646. 55	16 939. 45	5 242. 45	407. 87	104. 81
天津	165. 86	73. 59	6 650. 96	2 102. 66	2 470. 93	729. 45	207. 20	58. 63
河北	657. 93	217. 24	7 987. 67	2 415. 34	7 506. 73	2 317. 34	451. 18	115. 40
青岛	79. 57	25. 26	2 448. 01	760. 72	1 963. 51	579. 61	36. 87	8. 82
中部	3 384. 48	1 499. 20	55 639. 44	-174 326. 18	62 216. 92	19 688. 24	1 357. 25	371. 51
山西	225. 79	101. 81	4 398. 15	1 495. 91	2 607. 58	780. 25	159. 85	39. 87
广西	178. 76	66. 87	5 203. 79	-190 463. 96	3 704. 61	1 103. 02	136. 79	35. 11
湖北	473. 13	274. 91	8 399. 69	2 578. 94	8 387. 63	2 689. 41	300. 91	102. 74
河南	852. 63	308. 76	11 461. 19	3 305. 76	16 146. 62	4 614. 17	203. 06	51. 07
湖南	1 008. 31	464. 62	13 623. 69	4 607. 90	15 478. 27	5 571. 19	226. 01	55. 76
江西	308. 37	120. 56	5 336. 42	1 629. 40	8 732. 96	2 632. 21	119. 79	31. 83
海南	27. 84	7. 61	984. 42	390. 33	918. 22	288. 26	35. 28	9. 73
安徽	244. 48	112. 23	4 509. 86	1 447. 71	4 093. 25	1 179. 49	154. 41	38. 60
三峡	65. 17	41. 83	1 722. 23	681. 83	2 147. 79	830. 24	21. 15	6. 80
西部	2 472. 84	895. 00	48 724. 22	17 005. 46	54 499. 77	16 542. 52	1 847. 62	485. 46
四川	703. 72	272. 21	13 371. 34	4 282. 70	18 158. 68	5 557. 37	576. 99	151. 91
重庆	300. 77	89. 71	3 629. 05	1 295. 56	6 611. 06	1 856. 82	196. 59	46. 69
贵州	189. 19	70. 61	2 270. 00	805. 56	5 158. 45	1 611. 82	100. 78	24. 00
云南	171. 13	60. 28	4 141. 43	1 321. 67	5 103. 86	1 512. 95	116. 65	30. 35
西藏	11. 74	8. 40	141. 37	49. 52	212. 43	72. 13	13. 82	3. 81
内蒙古	131. 05	69. 92	6 315. 69	2 026. 66	2 312. 65	729. 49	134. 61	38. 41
陕西	397. 35	132. 26	8 081. 49	2 661. 19	6 806. 34	2 226. 62	302. 09	83. 71
甘肃	218. 19	104. 11	1 101. 23	385. 36	1 895. 69	579. 47	109. 64	30. 05
青海	41. 83	20. 02	1 986. 53	647. 25	934. 32	295. 98	41. 07	11. 70
宁夏	59. 74	30. 29	1 072. 07	298. 99	1 302. 44	485. 41	45. 10	12. 87
新疆	248. 15	37. 20	6 614. 04	3 230. 99	6 003. 84	1 614. 46	210. 29	51. 96
东北	1 031. 76	412. 73	21 411. 57	7 140. 11	23 528. 70	7 470. 06	851. 21	213. 60
辽宁	450. 43	198. 95	7 998. 62	2 486. 53	9 897. 67	3 196. 16	430. 51	99. 00
吉林	212. 57	85. 97	5 855. 70	2 005. 96	4 759. 96	1 462. 59	171. 05	44. 86
黑龙江	230. 65	87. 34	5 001. 48	1 696. 93	5 186. 75	1 740. 83	169. 55	44. 69
大连	138. 12	40. 47	2 555. 77	950. 69	3 684. 32	1 070. 47	80. 10	25. 05

注：1. 电子银行交易额含个人网上银行、企业网上银行、call center、重要客户服务系统、手机银行、短信银行、分行企业银行和家居银行。

2. 其他指不能拆分到各分行的数据。

3. 从 2009 年 9 月开始网上银行提供涉及越南盾的服务，其中广西、云南分行先期推出。按照统计规则，系统按越南盾统计，未对其进行折算，本期对交易额进行本外币合并计算。

中国建设银行100个中心城市行各项存款综合排名表（本外币）

（2009年12月）　　　　（单位：亿元）

名次	地区	各项存款		其中：对公存款		其中：储蓄存款	
		本期余额	比年初新增	本期余额	比年初新增	本期余额	比年初新增
1	北京	5 983.75	739.81	3 880.14	316.82	2 103.61	422.99
2	上海	5 057.21	762.03	3 118.34	466.94	1 938.86	295.08
3	广州	2 875.80	619.97	1 603.37	434.18	1 272.43	185.79
4	深圳	2 481.65	816.63	1 792.14	737.10	689.51	79.53
5	成都	2 248.21	511.26	1 369.95	363.37	878.26	147.89
6	天津	1 488.95	408.27	914.64	255.57	574.31	152.70
7	重庆	1 452.56	394.54	823.33	246.85	629.23	147.69
8	苏州	1 391.35	279.17	872.42	191.49	518.93	87.68
9	杭州	1 289.69	249.19	840.06	164.44	449.63	84.75
10	武汉	1 150.90	241.43	542.88	126.95	608.02	114.48
11	西安	1 150.62	282.45	634.02	162.46	516.60	119.99
12	长沙	1 082.10	278.11	700.82	207.07	381.28	71.04
13	沈阳	1 070.29	166.40	554.45	71.48	515.84	94.92
14	南京	967.91	137.93	581.72	70.87	386.19	67.06
15	大连	930.56	207.21	536.45	138.45	394.11	68.76
16	宁波	876.46	197.00	549.46	136.97	327.00	60.03
17	无锡	824.56	220.83	445.67	150.53	378.89	70.30
18	济南	786.57	129.47	469.79	74.93	316.78	54.54
19	厦门	785.88	154.84	423.42	91.32	362.46	63.52
20	佛山	738.71	185.95	392.97	145.93	345.74	40.02
21	福州	738.38	124.23	302.08	54.13	436.30	70.10
22	温州	724.80	147.26	329.87	68.65	394.93	78.61
23	石家庄	724.07	94.46	386.61	30.52	337.46	63.94
24	昆明	710.54	98.00	395.13	43.39	315.41	54.61
25	郑州	692.44	167.44	348.90	108.52	343.54	58.92
26	哈尔滨	691.67	114.14	360.33	45.47	331.34	68.67
27	常州	674.36	171.69	332.24	103.82	342.12	67.87
28	东莞	636.49	69.80	228.00	30.96	408.49	38.84
29	青岛	628.55	149.65	333.80	89.97	294.75	59.68
30	长春	594.36	202.74	302.34	149.11	292.02	53.63
31	唐山	590.16	90.73	224.27	24.74	365.89	65.99
32	南通	585.23	165.09	265.09	96.44	320.14	68.65
33	泉州	559.57	92.36	187.27	33.41	372.30	58.95
34	南宁	544.38	113.53	329.84	74.81	214.54	38.72
35	兰州	511.02	92.93	304.66	53.28	206.36	39.65
36	贵阳	505.91	117.96	336.40	84.27	169.51	33.69
37	乌鲁木齐	499.05	87.86	276.34	51.08	222.71	36.78
38	太原	488.42	82.02	242.06	41.56	246.36	40.46
39	金华	471.22	109.80	240.53	59.11	230.69	50.69
40	南昌	454.93	70.43	263.54	39.48	191.39	30.95
41	绍兴	438.99	74.37	281.73	49.52	157.26	24.85
42	嘉兴	410.38	94.66	234.60	62.79	175.78	31.87
43	惠州	408.45	102.85	232.85	80.04	175.60	22.81
44	中山	395.15	73.75	198.13	40.94	197.02	32.81
45	合肥	356.26	79.90	196.64	52.38	159.62	27.52
46	扬州	338.74	95.46	177.86	60.72	160.88	34.74
47	邯郸	332.53	61.49	109.00	18.54	223.53	42.95
48	西宁	332.33	52.31	226.51	54.60	105.82	-2.29

续表

名次	地区	各项存款		其中：对公存款		其中：储蓄存款	
		本期余额	比年初新增	本期余额	比年初新增	本期余额	比年初新增
49	珠海	325.96	77.42	179.87	56.23	146.09	21.19
50	烟台	320.55	89.78	182.63	56.38	137.92	33.40
51	泰州	316.52	81.28	162.85	49.59	153.67	31.69
52	江门	311.71	58.71	133.01	33.51	178.70	25.20
53	济宁	300.58	89.44	167.82	61.18	132.76	28.26
54	潍坊	295.11	84.75	145.83	54.29	149.28	30.46
55	海口	290.77	68.76	193.42	54.96	97.35	13.80
56	呼和浩特	279.33	67.80	154.53	37.05	124.80	30.75
57	镇江	279.18	88.58	151.67	58.84	127.51	29.74
58	台州	278.48	21.46	152.35	10.85	126.13	10.61
59	淄博	271.80	53.72	136.23	33.14	135.57	20.58
60	大庆	270.34	34.19	118.09	10.83	152.25	23.36
61	徐州	265.90	58.54	133.06	34.29	132.84	24.25
62	洛阳	258.68	42.75	93.81	14.78	164.87	27.97
63	襄樊	251.14	48.54	95.77	21.23	155.37	27.31
64	汕头	250.73	40.93	93.63	18.81	157.10	22.12
65	银川	247.32	56.70	144.92	32.86	102.40	23.84
66	鞍山	246.82	44.72	82.32	17.96	164.50	26.76
67	三峡	244.61	48.60	111.38	21.67	133.23	26.93
68	廊坊	234.13	68.09	95.60	36.87	138.53	31.22
69	鄂尔多斯	232.00	88.30	156.65	68.85	75.35	19.45
70	包头	229.11	62.93	124.27	43.40	104.84	19.53
71	东营	212.20	41.15	111.24	26.74	100.96	14.41
72	盐城	207.53	53.97	115.11	34.89	92.42	19.08
73	拉萨	205.71	37.23	164.81	28.66	40.90	8.57
74	邢台	204.78	42.85	71.32	16.38	133.46	26.47
75	湛江	202.42	24.18	98.21	7.37	104.21	16.81
76	湖州	200.63	56.48	110.29	33.69	90.34	22.79
77	舟山	195.27	36.84	135.34	25.60	59.93	11.24
78	衡阳	193.12	39.69	74.69	16.40	118.43	23.29
79	郴州	186.69	29.12	72.84	13.50	113.85	15.62
80	秦皇岛	184.43	44.33	81.46	19.14	102.97	25.19
81	柳州	174.67	41.15	88.53	28.25	86.14	12.90
82	株洲	173.57	34.49	64.42	15.14	109.15	19.35
83	晋城	172.21	27.85	96.83	15.56	75.38	12.29
84	漳州	159.60	28.68	64.20	14.96	95.40	13.72
85	临沂	158.60	41.06	81.90	26.04	76.70	15.02
86	丽水	158.00	27.33	76.30	9.17	81.70	18.16
87	莆田	151.93	33.94	46.25	13.77	105.68	20.17
88	南阳	144.93	38.44	65.35	22.12	79.58	16.32
89	威海	143.25	38.36	77.40	24.03	65.85	14.33
90	平顶山	142.36	31.54	59.41	12.93	82.95	18.61
91	衢州	133.37	30.87	84.47	19.90	48.90	10.97
92	马鞍山	129.64	21.96	59.68	11.27	69.96	10.69
93	常德	128.33	40.53	52.47	25.20	75.86	15.33
94	三明	114.80	23.35	58.46	13.50	56.34	9.85
95	淮南	108.35	17.94	42.69	8.88	65.66	9.06
96	芜湖	102.30	14.87	51.44	7.25	50.86	7.62
97	黄石	101.51	22.38	45.43	10.64	56.08	11.74
98	宁德	92.68	22.04	50.52	13.07	42.16	8.97
99	龙岩	92.67	18.73	44.25	6.07	48.42	12.66
100	铜陵	54.20	7.73	24.80	3.73	29.40	4.00

中国建设银行100个中心城市行各项贷款综合排名表（本外币）

（2009年12月）　　　　（单位：亿元）

名次	地区	各项贷款		其中：对公贷款		其中：个人贷款	
		本期余额	比年初新增	本期余额	比年初新增	本期余额	比年初新增
1	北京	2 723.00	317.29	2 276.90	262.29	446.10	55.00
2	上海	2 705.45	394.70	2 176.71	353.71	528.74	40.99
3	深圳	1 980.82	533.35	1 295.80	328.53	685.02	204.82
4	成都	1 396.56	289.45	1 078.00	194.25	318.56	95.20
5	天津	1 263.80	329.23	1 134.87	292.39	128.93	36.84
6	广州	1 241.01	298.81	1 006.13	251.02	234.88	47.79
7	杭州	1 152.85	199.62	791.41	106.14	361.44	93.48
8	苏州	1 137.71	229.31	770.67	130.54	367.04	98.77
9	重庆	1 104.17	283.12	799.99	199.82	304.18	83.30
10	宁波	839.30	165.83	623.29	112.41	216.01	53.42
11	长沙	787.47	173.28	663.37	146.87	124.10	26.41
12	武汉	691.67	106.10	537.52	90.85	154.15	15.25
13	西安	673.89	175.82	516.65	113.06	157.24	62.76
14	南京	625.29	56.94	523.02	48.60	102.27	8.34
15	厦门	603.17	104.71	405.49	64.99	197.68	39.72
16	沈阳	562.52	98.23	387.53	77.44	174.99	20.79
17	昆明	560.88	94.18	418.56	62.76	142.32	31.42
18	无锡	557.66	154.92	453.44	123.71	104.22	31.21
19	大连	549.09	102.65	436.47	83.06	112.62	19.59
20	福州	548.80	103.13	324.39	60.05	224.41	43.08
21	温州	539.63	96.10	330.42	67.71	209.21	28.39
22	青岛	508.41	90.21	349.90	60.02	158.51	30.19
23	济南	475.30	82.33	414.56	71.56	60.74	10.77
24	南宁	451.00	110.40	309.30	68.97	141.70	41.43
25	郑州	433.17	101.13	313.98	69.71	119.19	31.42
26	贵阳	430.70	87.10	375.55	71.33	55.15	15.77
27	常州	425.80	93.96	322.64	67.40	103.16	26.56
28	长春	405.54	92.22	322.14	58.64	83.40	33.58
29	金华	393.82	73.21	267.62	58.62	126.20	14.59
30	泉州	392.24	61.80	304.52	46.23	87.72	15.57
31	佛山	378.28	132.75	306.73	111.91	71.55	20.84
32	唐山	377.43	71.91	349.51	67.99	27.92	3.92
33	哈尔滨	365.71	65.71	292.30	48.00	73.41	17.71
34	嘉兴	357.50	75.62	264.30	53.31	93.20	22.31
35	合肥	357.38	91.61	211.18	41.83	146.20	49.78
36	南通	351.82	84.93	275.42	68.42	76.40	16.51
37	绍兴	329.24	48.82	244.90	37.49	84.34	11.33
38	鄂尔多斯	314.81	138.83	286.71	128.34	28.10	10.49
39	南昌	304.19	24.69	215.87	12.58	88.32	12.11
40	太原	302.46	54.84	290.44	57.46	12.02	-2.62
41	石家庄	298.77	48.27	242.33	32.03	56.44	16.24
42	乌鲁木齐	267.66	52.77	225.94	41.40	41.72	11.37
43	台州	260.43	37.90	181.52	21.01	78.91	16.89
44	东莞	260.00	70.25	164.40	45.94	95.60	24.31
45	兰州	251.07	35.07	236.00	32.88	15.07	2.19
46	惠州	248.16	78.85	178.82	55.02	69.34	23.83
47	三峡	239.42	55.59	200.91	47.13	38.51	8.46
48	西宁	215.10	54.11	201.98	50.77	13.12	3.34

续表

名次	地区	各项贷款		其中：对公贷款		其中：个人贷款	
		本期余额	比年初新增	本期余额	比年初新增	本期余额	比年初新增
49	镇江	212.32	61.68	172.22	51.74	40.10	9.94
50	潍坊	210.80	65.63	150.16	45.56	60.64	20.07
51	烟台	202.06	58.68	158.14	45.22	43.92	13.46
52	泰州	196.12	56.08	148.89	41.81	47.23	14.27
53	邯郸	186.42	32.58	171.36	29.25	15.06	3.33
54	银川	185.37	41.49	170.88	36.70	14.49	4.79
55	中山	184.43	64.13	98.55	34.01	85.88	30.12
56	淄博	183.03	32.49	135.00	22.29	48.03	10.20
57	呼和浩特	182.13	9.51	160.40	2.58	21.73	6.93
58	湖州	176.63	38.97	112.94	21.84	63.69	17.13
59	扬州	165.90	35.30	119.55	22.85	46.35	12.45
60	舟山	163.95	27.64	128.85	21.19	35.10	6.45
61	济宁	155.67	41.21	122.53	40.15	33.14	1.06
62	廊坊	146.54	39.48	74.42	11.36	72.12	28.12
63	丽水	144.96	33.22	87.94	29.93	57.02	3.29
64	盐城	142.50	39.99	108.54	28.82	33.96	11.17
65	徐州	140.78	46.50	98.33	30.07	42.45	16.43
66	秦皇岛	136.78	45.52	112.15	38.65	24.63	6.87
67	东营	135.78	32.42	120.60	28.21	15.18	4.21
68	海口	135.33	33.73	99.43	26.50	35.90	7.23
69	洛阳	127.55	34.44	97.59	28.10	29.96	6.34
70	威海	126.84	21.12	63.87	15.65	62.97	5.47
71	漳州	126.50	20.56	79.01	11.71	47.49	8.85
72	柳州	124.75	42.11	91.11	34.01	33.64	8.10
73	包头	124.31	31.69	107.16	22.42	17.15	9.27
74	临沂	123.30	4.32	90.05	-0.71	33.25	5.03
75	宁德	120.18	23.08	69.87	11.07	50.31	12.01
76	三明	116.41	24.92	82.08	16.22	34.33	8.70
77	江门	110.89	26.58	76.14	19.25	34.75	7.33
78	衢州	110.18	20.79	79.38	12.66	30.80	8.13
79	邢台	109.71	34.12	97.31	30.89	12.40	3.23
80	珠海	109.24	25.80	44.64	8.86	64.60	16.94
81	芜湖	101.39	47.05	82.29	42.38	19.10	4.67
82	襄樊	93.51	18.98	63.36	11.47	30.15	7.51
83	平顶山	91.23	18.23	85.17	16.22	6.06	2.01
84	莆田	90.20	18.65	56.72	11.35	33.48	7.30
85	龙岩	88.63	30.43	53.30	19.87	35.33	10.56
86	株洲	81.81	13.62	48.80	10.51	33.01	3.11
87	汕头	79.15	13.75	65.55	10.35	13.60	3.40
88	淮南	75.16	15.75	68.19	11.75	6.97	4.00
89	南阳	72.80	17.43	62.22	12.85	10.58	4.58
90	衡阳	70.31	15.18	55.11	9.46	15.20	5.72
91	郴州	69.08	23.52	56.38	21.42	12.70	2.10
92	鞍山	67.92	5.42	57.72	1.75	10.20	3.67
93	拉萨	67.66	1.70	59.51	1.75	8.15	-0.05
94	马鞍山	65.65	12.30	55.04	9.07	10.61	3.23
95	湛江	61.10	-3.83	52.46	-6.08	8.64	2.25
96	晋城	59.81	7.50	57.81	6.77	2.00	0.73
97	常德	58.23	15.25	45.41	11.90	12.82	3.35
98	黄石	57.18	22.08	47.28	19.71	9.90	2.37
99	铜陵	57.01	12.61	50.91	10.73	6.10	1.88
100	大庆	50.10	25.39	47.69	24.41	2.41	0.98

中国建设银行各项存款市场占比表（本外币、分地区）

（2009 年 12 月）

地区	一般性存款				其中：对公存款				其中：个人存款			
	余额（亿元）	占比（%）	比年初新增（亿元）	占比（%）	余额（亿元）	占比（%）	比年初新增（亿元）	占比（%）	余额（亿元）	占比（%）	比年初新增（亿元）	占比（%）
全国总计	**79 360.83**	**25.74**	**16 033.87**	**26.14**	**43 549.29**	**28.04**	**9 566.09**	**25.78**	**35 811.55**	**23.40**	**6 467.79**	**26.68**
总行本级	508.94	10.15	-39.56	-4.45	373.43	12.29	-40.48	25.98	135.51	6.85	0.92	0.09
长三角	16 507.58	24.57	3 239.71	24.28	9 692.49	26.69	2 010.43	24.38	6 815.09	22.08	1 229.28	24.10
上海	5 057.23	25.56	761.86	26.96	3 118.47	28.73	463.74	28.91	1 938.76	21.72	298.12	24.39
江苏	4 791.20	24.82	1 133.05	25.65	2 576.06	26.17	694.53	25.25	2 215.14	23.41	438.52	26.31
浙江	4 351.33	24.27	848.62	22.12	2 536.03	26.56	504.09	22.17	1 815.29	21.66	344.52	22.05
宁波	896.46	25.23	197.00	24.38	569.49	27.49	136.99	24.13	326.98	22.07	60.02	24.97
苏州	1 411.36	21.36	299.18	20.54	892.44	22.35	211.08	20.13	518.92	19.84	88.10	21.59
珠三角	12 754.89	27.76	2 808.79	33.57	6 896.36	31.84	1 961.13	35.86	5 858.53	24.11	847.66	29.25
广东	7 344.41	25.44	1 469.18	29.83	3 754.72	30.09	970.58	31.12	3 589.69	21.90	498.60	27.60
深圳	2 531.65	29.35	816.63	41.21	1 842.19	33.60	736.80	45.28	689.46	21.94	79.83	22.52
福建	2 062.94	32.13	368.17	34.82	846.02	33.67	162.46	34.45	1 216.92	31.14	205.71	35.12
厦门	815.89	40.00	154.81	38.39	453.43	38.28	91.29	36.24	362.46	42.37	63.52	41.99
环渤海	15 278.66	22.75	2 685.17	18.76	8 743.15	23.14	1 351.94	14.52	6 535.51	22.25	1 333.23	26.67
北京	6 190.68	20.73	662.34	11.35	4 087.18	20.37	237.48	5.66	2 103.50	21.47	424.86	25.95
山东	3 495.28	24.09	816.69	24.07	1 902.84	25.55	519.99	24.15	1 592.44	22.55	296.70	23.92
天津	1 588.95	23.13	408.23	21.71	1 014.65	26.69	255.32	19.64	574.30	18.72	152.91	26.33
河北	3 345.20	25.75	648.28	25.74	1 374.66	27.24	249.27	20.46	1 970.54	24.80	399.01	30.67
青岛	658.55	22.52	149.63	21.98	363.82	25.64	89.88	20.35	294.73	19.58	59.75	24.98
中部	13 971.15	26.95	2 987.15	30.33	6 755.05	29.83	1 691.01	31.05	7 216.10	24.72	1 296.14	29.43
山西	1 661.54	20.99	286.35	25.77	768.18	21.63	142.33	23.67	893.36	20.47	144.02	28.24
广西	1 317.64	24.69	300.36	26.13	723.08	27.97	200.20	27.38	594.56	21.61	100.16	23.94
湖北	2 331.32	29.87	443.82	29.62	1 002.70	31.03	197.57	27.03	1 328.62	29.04	246.25	32.08
河南	2 358.93	26.42	556.06	31.97	978.19	29.21	292.32	33.48	1 380.74	24.75	263.74	30.45
湖南	2 702.34	35.75	613.44	41.09	1 344.68	42.00	369.06	45.55	1 357.66	31.15	244.38	35.80
江西	1 183.64	24.47	244.80	25.09	627.04	28.87	135.71	26.18	556.60	20.88	109.09	23.86
海南	502.69	23.62	149.15	26.78	345.23	27.62	119.42	28.80	157.46	17.92	29.73	20.91
安徽	1 668.44	25.04	344.56	28.70	854.57	28.34	212.77	30.21	813.87	22.31	131.79	26.56
三峡	244.61	36.92	48.61	39.15	111.38	38.34	21.63	35.43	133.23	35.80	26.98	42.75
西部	14 365.57	28.54	3 158.13	30.36	8 286.97	32.07	1 967.53	30.97	6 078.60	24.81	1 190.60	29.41
四川	3 837.18	29.21	860.95	29.64	2 155.36	33.14	589.67	30.94	1 681.82	25.36	271.28	27.17
重庆	1 482.56	29.22	394.52	30.02	853.34	32.76	246.59	28.90	629.22	25.47	147.93	32.08
贵州	958.27	30.17	180.37	35.98	581.10	33.60	116.09	40.46	377.17	26.07	64.28	29.99
云南	1 542.41	26.21	266.74	22.46	897.07	27.93	157.33	20.61	645.34	24.15	109.41	25.77
西藏	272.74	30.56	50.96	31.75	217.63	31.51	39.58	32.41	55.11	27.32	11.38	29.65
内蒙古	1 198.78	25.24	340.01	30.98	669.29	28.91	216.48	31.73	529.49	21.75	123.53	29.75
陕西	2 132.65	29.14	496.19	34.78	1 221.68	33.88	276.10	37.20	910.97	24.54	220.09	32.14
甘肃	1 049.46	30.20	173.87	31.04	570.23	34.29	77.69	29.19	479.23	26.44	96.18	32.71
青海	463.66	36.57	96.70	38.03	290.25	39.90	65.47	41.08	173.41	32.10	31.23	32.90
宁夏	437.94	39.53	108.45	43.27	266.20	46.90	65.52	47.37	171.74	31.79	42.93	38.22
新疆	989.92	23.25	189.37	25.42	564.82	25.41	117.01	26.95	425.10	20.88	72.36	23.28
东北	5 974.02	28.66	1 194.48	30.98	2 801.82	34.91	624.51	29.60	3 172.20	24.75	569.97	32.63
辽宁	2 267.59	31.62	366.29	33.37	992.31	40.33	137.21	27.24	1 275.28	27.07	229.08	38.58
吉林	1 131.07	26.22	333.02	32.25	524.48	30.41	220.11	33.87	606.59	23.43	112.91	29.50
黑龙江	1 644.80	26.63	287.96	28.71	748.56	32.30	128.94	26.05	896.24	23.23	159.02	31.31
大连	930.56	29.25	207.21	28.66	536.47	35.20	138.25	30.01	394.09	23.77	68.96	26.29

注：本表数据来源于中国人民银行信贷收支月报，与中国建设银行口径差异为该表含“邮政储蓄银行存款”。

中国建设银行各项贷款市场占比表（本外币、分地区）

（2009年12月）

地区	各项贷款				其中：对公贷款				其中：个人贷款			
	余额（亿元）	占比（%）	比年初新增（亿元）	占比（%）	余额（亿元）	占比（%）	比年初新增（亿元）	占比（%）	余额（亿元）	占比（%）	比年初新增（亿元）	占比（%）
全国总计	**46 537.25**	**25.29**	**9 814.41**	**21.29**	**35 669.94**	**24.83**	**7 157.07**	**21.42**	**10 867.31**	**26.92**	**2 657.34**	**20.95**
总行本级	417.00	12.15	26.68	-4.93	57.54	12.29	-106.24	10.90	359.46	39.93	132.92	30.69
长三角	11 365.64	23.74	2 141.55	19.38	8 425.32	26.69	1 550.17	20.61	2 940.32	24.48	591.38	16.76
上海	2 705.47	24.20	394.51	19.37	2 177.40	28.73	353.29	22.13	528.07	23.24	41.22	9.36
江苏	3 051.82	24.12	698.32	21.57	2 362.94	26.17	522.35	23.80	688.88	23.80	175.97	16.88
浙江	3 631.33	23.88	653.55	18.31	2 491.33	26.56	431.89	18.96	1 140.00	25.16	221.66	17.15
宁波	839.30	23.57	165.83	19.54	622.97	27.49	112.09	20.36	216.33	26.66	53.74	18.01
苏州	1 137.72	21.59	229.34	16.90	770.68	22.35	130.56	14.45	367.04	24.44	98.78	21.77
珠三角	7 261.06	24.12	1 809.33	21.49	5 044.81	31.84	1 230.33	21.88	2 216.25	25.97	579.00	20.71
广东	3 092.63	19.62	869.34	19.09	2 309.41	30.09	649.00	20.07	783.22	19.55	220.34	16.70
深圳	1 980.82	27.73	533.35	24.37	1 295.78	33.60	328.49	23.42	685.04	29.14	204.86	26.07
福建	1 584.44	29.54	301.95	23.10	1 034.12	33.67	187.86	25.62	550.32	32.95	114.09	19.89
厦门	603.17	32.85	104.69	28.36	405.49	38.28	64.97	25.77	197.68	39.11	39.72	33.94
环渤海	8 494.33	24.86	1 584.81	17.02	6 970.86	23.14	1 263.79	16.58	1 523.47	25.44	321.02	18.98
北京	2 723.32	28.90	317.31	14.38	2 276.93	20.37	262.40	13.13	446.39	30.36	54.91	26.28
山东	2 307.39	21.36	465.25	16.03	1 817.10	25.55	359.81	16.47	490.29	23.06	105.44	14.68
天津	1 263.76	25.30	329.15	20.49	1 134.83	26.69	292.30	20.11	128.93	22.76	36.85	24.11
河北	1 691.45	25.13	382.93	19.20	1 392.09	27.24	289.29	18.90	299.36	22.69	93.64	20.19
青岛	508.41	22.96	90.17	14.98	349.92	25.64	60.00	13.22	158.49	31.23	30.17	20.40
中部	7 809.27	27.52	1 732.38	24.19	6 136.44	29.83	1 295.22	25.71	1 672.83	28.02	437.16	20.56
山西	770.14	24.79	150.19	21.79	731.38	21.63	145.54	21.55	38.76	28.22	4.65	33.54
广西	886.24	23.57	244.78	24.18	630.93	27.97	169.85	26.43	255.31	23.26	74.93	20.26
湖北	1 168.36	28.64	211.86	19.62	930.02	31.03	170.77	21.53	238.34	28.13	41.09	14.35
河南	1 260.32	26.90	301.15	26.87	1 007.50	29.21	225.46	28.12	252.82	31.68	75.69	23.74
湖南	1 560.80	35.65	319.00	27.63	1 279.46	42.00	260.99	29.70	281.34	33.39	58.01	21.04
江西	705.97	23.47	120.10	14.52	499.15	28.87	68.88	14.90	206.82	23.11	51.22	14.04
海南	176.99	23.81	24.27	14.42	127.37	27.62	11.93	9.15	49.62	35.75	12.34	32.48
安徽	1 041.03	25.69	305.45	31.29	729.74	28.34	194.69	35.95	311.29	27.39	110.76	25.48
三峡	239.42	42.83	55.58	41.34	200.90	38.34	47.12	42.48	38.52	49.62	8.46	35.94
西部	8 194.71	27.67	1 856.32	23.47	6 669.20	32.07	1 406.73	23.05	1 525.51	28.12	449.59	24.90
四川	1 765.50	24.23	402.04	19.37	1 361.81	33.14	274.96	18.14	403.69	25.76	127.08	22.71
重庆	1 104.17	28.05	283.11	22.53	799.99	32.76	199.81	20.91	304.18	33.51	83.30	27.70
贵州	643.48	25.55	124.77	23.68	543.26	33.60	108.21	28.03	100.22	24.08	16.56	11.76
云南	1 022.71	24.89	170.86	18.53	776.26	27.93	112.35	16.02	246.45	30.78	58.51	26.51
西藏	87.52	35.95	1.13	3.49	73.18	31.51	1.50	8.55	14.34	15.36	-0.37	-2.49
内蒙古	1 005.58	29.84	242.30	24.88	916.13	28.91	206.16	25.25	89.45	22.40	36.14	22.97
陕西	983.20	30.72	275.79	32.96	775.76	33.88	193.29	30.00	207.44	34.99	82.50	42.86
甘肃	481.89	30.03	81.80	22.33	445.66	34.29	72.65	23.39	36.23	21.70	9.15	16.41
青海	256.15	34.98	62.95	29.03	242.22	39.90	59.26	28.82	13.93	38.01	3.69	33.05
宁夏	344.91	35.55	99.08	33.90	310.99	46.90	87.03	38.16	33.92	24.78	12.05	18.78
新疆	499.60	30.35	112.49	27.44	423.93	25.41	91.50	28.45	75.67	24.61	20.99	23.76
东北	2 995.22	28.57	663.34	23.82	2 365.75	34.91	517.01	23.13	629.47	35.34	146.33	26.66
辽宁	1 147.62	29.22	255.00	26.49	896.27	40.33	214.09	24.55	251.35	48.09	40.91	45.16
吉林	653.19	28.81	151.50	22.97	517.12	30.41	102.69	20.75	136.07	31.56	48.81	29.65
黑龙江	645.32	28.68	154.19	26.09	515.89	32.30	117.17	28.43	129.43	31.48	37.02	20.70
大连	549.09	26.94	102.65	17.96	436.47	35.20	83.06	18.19	112.62	27.06	19.59	17.05

注：本表数据来源于中国人民银行信贷收支月报，个人贷款中含“个人买方信贷”，不含“外币个人贷款”。

CHINA 中国建设银行年鉴 2010
CONSTRUCTION BANK ALMANAC

第六部分　专题与调查研究

一、调查研究

建设银行股权投资管理调研报告

调研组

一、建设银行股权投资现状

截至2009年6月底，我行股权投资总计432.67亿元，占我行总资产的0.47%，占股东权益的8.57%。投资涵盖商业银行、投资银行、信托、融资租赁、基金管理、村镇银行等领域。

上述股权投资可分为三大类：一是真正意义上的股权投资，共计292.62亿元，低于中国银行（账面价值695.95亿元）、工商银行（账面价值487.42亿元）和招商银行（账面价值约为330亿元）；二是债转股及抵债资产项下的股权投资，共计139.8亿元；三是因历史原因未在账内核算的股权投资，共计2 523万元。

（一）真正意义上的股权投资

1. 从股权比例情况看，全资子公司4家：分别是建银国际（6.01亿美元）、建行亚洲（20.45亿美元）、新建发有限公司（3.82亿港元）、建行伦敦（1亿美元），投资金额折合人民币共计190.97亿元。

控股公司7家：华立达有限公司（投资18.36亿港元，股权占比50%）、建信基金管理有限责任公司（投资1.3亿元，股权占比65%）、中德住房储蓄银行有限责任公司（投资7.51亿元，股权占比75.1%）、建信金融租赁股份有限公司（投资33.795亿元，股权占比75.1%），建信信托有限公司（投资34.09亿元，股权占比67%），湖南桃江村镇银行（投资0.255亿元，股权占比51%），以及浙江苍南建信村镇银行（投资0.525亿元，股权占比35%，建行为实际控制人），投资金额折合人民币共计93.66亿元（见表1）。

表1　建设银行主要控股子公司经营情况　单位：万元

	成立时间	资产（2008年）	负债（2008年）	盈利（亏损）			股本回报率（%）		资产回报率（%）
				2006年	2007年	2008年	2007年	2008年	2008年
中德银行	2004年	198 191	101 070	－1 127	2.4	27.14	－1.64	0.05	0.01
建信基金	2005年	49 478	7 178	1 318	23 276	5 531	74.50	12.87	11.18

续表

	成立时间	资产（2008年）	负债（2008年）	盈利（亏损）			股本回报率（%）		资产回报率（%）
				2006年	2007年	2008年	2007年	2008年	2008年
建信租赁	2007年	489 041	27 728	—	735	10 578	0.16	2.32	2.16
浙江仓南建信银行	2009年	—	—	—	—	—	—	—	—
湖南桃江村镇银行	2008年	7 388	2 412	—	—	-24.1	—	-0.48	-0.33
建行亚洲	2006年	6 870 838	5 982 958	—	60 357	28 250	7.23	3.21	0.34
建银国际	2003年	118.69	53.8	16 800	64 043	80 669	54	23	9.97
新建发	1964年	52 945	—	3 451	1 538	822	—	—	—
华立达	1993年	13 315	24 468	—	1 426	2 546	—	—	—

注：建设银行主要控股子公司平均股本回报率为6.03%。

参股公司7家：分别为中国银联股份有限公司（投资2.15亿元，股权占比4.85%）、中信银行股份有限公司（投资4.71亿港元，股权占比0.43%）、广东发展银行（投资0.4856亿元，股权占比0.11%）、岳阳市商业银行（投资0.035亿元，股权占比1.59%）、深圳发展银行（投资0.4657亿元，股权占比0.37%）、恒丰银行（投资0.07亿元，股权占比2.69%）、VISA国际组织投资（0.09亿美元，股权占比0.02%）。投资金额折合人民币合计为7.98亿元。

2. 从纳入并表管理情况看，纳入我行集团并表管理的子公司有：建银国际、建行亚洲、新建发、华立达、建行伦敦、建信基金、中德住房储蓄银行、建信金融租赁、建信信托、湖南桃江村镇银行及浙江苍南建信村镇银行，投资金额合计269.88亿元。

3. 从境内外投资情况看，境内主要投资12家公司，投资金额84.85亿元人民币。境内控股公司：建信基金管理有限责任公司、中德住房储蓄银行有限责任公司、建信金融租赁股份有限公司、建信信托有限公司、湖南桃江村镇银行、浙江苍南建信村镇银行。境内参股公司：中国银联股份有限公司、中信银行股份有限公司、广东发展银行、岳阳市商业银行、深圳发展银行、恒丰银行。

在海外，我行在香港和伦敦设立5家公司，投资金额共计207.03亿元人民币，分别是建行亚洲、建银国际、新建发有限公司、华立达有限公司（地产控股公司）、建行伦敦。其中，建行亚洲拥有昆士兰保险25.5%股权，独资拥有建行（代理人）有限公司、建行（澳门）和建行证券有限公司。建银国际为业务需要，在中国香港、开曼、南非和中国内地设立了一系列资产管理、证券、融资等子公司。另外，VISA国际组织上市后，按照会员贡献度，向我行赠送股份14.93万股，约0.61亿元人民币。

4. 从投资主体情况看，上述境内外投资中，分行投资4家公司，投资金额合计约1.07亿元，分别为广东省分行对广东发展银行投资4 856万元、湖南省分行对岳阳市商业银行投资350万元、深圳市分行对深圳发展银行投资4 657万元，山东省分行对恒丰银行投资700万元。其余投资主体均为总行。

（二）债转股及抵债资产项下股权投资

据统计，截至2009年6月底，因债转股及抵债资产取得的股权144项，合计金额139.8亿元。其中，债转股122项，合计金额133.6亿元，抵债资产22项，合计金额6.2亿元。

（三）分行因历史原因未在账内核算的股权投资

据统计，此类投资11项，金额2 523万元。其中，分行认为权属为建行的资产7项，合计金额1 095万元；权属为工会的资产3项，合计金额428万元；权属复杂且涉讼的资产1项，金额1 000万元。

二、建设银行股权投资管理现状

（一）基本管理情况

1. 投资战略与决策。我行境内外股权投资战略尚未明确及整合。投资战略方面，我行制定了《中国建设银行海外投资并购战略纲要》（草案），并于2008年8月22日向董事会战略委员会进行了汇报。股权投资部制定了股权投资内部操作规程，建立了投资项目库，并按照一般关注、重点跟踪和实施推进三类进行差别化管理。

另外，有关我行股权投资的相关战略还散见于《业务发展战略纲要》、《海外发展战略纲要》、《2008—2010年业务发展规划》等一系列决议中，其中提出了积极稳妥推进综合化经营，向多功能银行转变的业务转型目标，以及实施海外战略并购、推进境内股权投资的策略。董事会曾于2008年4月决定成立海外并购投资决策小组，授权该小组审批特定海外投资项目，期限一年，现该小组授权期限已满，小组已停止工作。此外，董事会定期或不定期地听取对境内外潜在并购对象跟踪研究汇报，对潜在并购对象进行深入分析。

2. 制度安排。2008年2月，总行出台了《中国建设银行子公司管理暂行办法》（以下简称《办法》），是我行子公司管理的基本制度，对子公司的设立和退出、子公司管理方式和内容，以及总行各相关部门对子公司的管理职责，均进行了明确规定。《中国建设银行财务管理办法》（2008年初修订）对涉及子公司管理的财务事项进行了规范；《中国建设银行长期股权投资减值准备管理办法（试行）》对我行股权投资计提减值准备的判定依据、计提方法、管理程序和工作时限等作出了规定。

3. 管理方式。总行主要通过两个层次对子公司进行管理：一是向子公司派出董事、监事和高级管理人员，主导子公司的决策、监督和经营管理，对子公司实施管控。村镇银行由所在地省级分行派人参与管理。二是在股权投资部成立前，设立股权投资管理小组并指定股权投资协调管理部门，由股权投资协调管理部门会同小组成员部门，根据高级管理层的授权对子公司进行管理，行使股东权利。

4. 管理内容。总行主要对子公司总体经营和宏观层面的重大事项，如章程修订、发展战略、预算决算、利润分配方案、派出人员、绩效考核、薪酬方案、合法合规、风险控制、关联交易、重大投资、重大授权、审计、并表、信息报告等进行管理，对子公司的具体经营决策，总行不加以干涉，由子公司董事会和高管层负责。

5. 管理机构。具体管理涉及总行十几个部门，目前，业务主协调部门有两个，原则上说，国际业务部管海外，股权投资部管境内（上市的债转股资产归投资银行部管理），但有些分工尚欠明确。

（二）建设银行股权投资及管理特点

1. 投资起步较晚，规模较小。我行主要股权投资发生在最近5~6年。截至2009年6月底，不计债转股资产，我行股权投资占总资产0.32%，占股东权益5.8%，如将债转股资产计算在内，也只占总资产0.47%，占股东权益8.57%。

2. 投资回报不理想。2008年底，我行主要控股子公司平均股本回报率为6.03%。子公司业务拓展和市场份额未达到预期目标，对我行主体客户的服务和贡献度不够，市场影响力亟待提升，未充分发挥我行的资源优势和协同效应。

3. 管理尚处于起步和探索阶段。2008年出台《子公司管理暂行办法》，2009年5月设立股权投资部，均是完善股权投资管理的重大举措，股权投资部成立后做了大量工作。但总体说来，我行对股权投资进行系统管理才刚刚开始，一切都在探索完善中。

三、建设银行股权投资管理中存在的问题

（一）投资战略指导性、操作性不强

股权投资部成立之前，我行董事会并未制定专门的股权投资战略，我行《业务发展战略纲要》、《中国建设银行海外投资并购战略纲要（草案）》（未经董事会审议）等文件中虽有涉及，但所提出的诸如以商业银行业务为依托，采取合资或收购的方式，成立若干子公司经营投资银行、资产管理、信托、保险、基金、租赁和汽车金融等业务的战略，过于笼统，方向不够明确，可操作性不强，没有制定具体的策略、实施思路，没有提出明确的投资目标和相关保障措施，制约股权投资的效率。对高级管理层制定实施的有关股权投资战略、制度、办法也未组织系统评估或审批。股权投资部成立后，虽制定了海外投资并购

战略纲要，建立了投资项目库，但在实际投资机会的把握和项目的选择方面，往往是因外部政策要求或其他方面向我行提出合作要求，有时是通过我行高层在对外交往中获取信息后开展，对项目的主动选择、主动筹划和筛选存在明显不足。

（二）现行股权投资管理制度不能满足管理的需要

一是2008年出台的《子公司管理暂行办法》对子公司实行一视同仁式的管理，不能满足对不同类型子公司的差别化管理。

二是子公司向总行的信息报告制度需要规范和完善。股权投资部成立之前，境外子公司参照《关于海外机构对总行请示报告程序有关事项的通知》，向总行报告有关信息，但该通知适用对象是海外分行。海外子公司向总行的信息报告制度尚未制定。2009年9月，总行颁发了《关于进一步完善境内子公司信息报告与沟通机制的通知》，规范了境内子公司信息报告与沟通机制。

三是对子公司的风险管理模式尚需明确。有四种模式可供选择：（1）总行风险管理部门通过派出董事实施管理，（2）总行风险管理部门通过股权投资管理部门对子公司进行风险管理，（3）子公司风险管理部门直接向总行风险管理部门报告，（4）股权投资管理部门直接对子公司实施风险管理。我行需要明确采用哪种模式落实风险管理要求。目前，风险管理部正在制定《子公司风险管理办法》。

四是目前尚未对子公司经营管理权限体系进行统一安排。在银行业务作为我行主要业务的状况下，授权管理的范围几乎不涉及以非银行业务为主的子公司。目前除伦敦子银行外，总行未对其他子公司制作授权书。同时，我行对子公司的股权控制程度差异较大，目前《子公司管理办法》中关于授权的规定未涉及非控股的子公司，需进一步研究。此外，个别子公司对外投资权限超出了总行董事会对行长的对外股权投资2亿元人民币授权额，应引起关注。

（三）子公司法人治理需要完善

我行大部分子公司按照法律法规规定，建立了以股东大会、董事会、监事会和高级管理层为主体的法人治理结构，制定工作细则，依法合规运作。但个别子公司法人治理仍需完善。中德住房储蓄银行设立了董事会，董事会成员中没有独立董事。董事会组成中，建行派出董事4名，德方派出董事3名。但根据该行章程规定，有关年度预算、利润分配方案及决算的批准，银行行长、副行长及其他管理人员的任免等事项必须由董事会会议上至少5名董事投票赞成才可通过，如果双方对某项议题存有争议，董事会决议可能难以形成；中德住房储蓄银行尚未设立监事会，中国银行业监督管理委员会天津监管局已要求设立监事会，以进一步完善法人治理结构。

总行派出子公司董事、监事和高管人员机制也有待完善：一是向子公司派出董事、监事是否经由集团董事会批准，需要明确；二是依据有关法律法规，总行向子公司派出了部分兼职董事和监事，其中多数为总行部门或分行的负责人，目前总行尚未制定相应的制度，对兼职人员履职提出要求，也没有制定有针对性的监督考核和必要的激励机制，对派出董事、监事的履职培训也明显不够。兼职董事一般在会议前较短时间才获得相关资料，决策所需的经营管理信息未见有相应的办法予以落实和保障，不利于兼职董事对决策事项的深入了解，客观上会影响董事会决策水平的提高；三是子公司的董事会成员数量和构成没有分类规范，尤其是全资子公司如何提高总行政策的执行力，以及董事会的运作效率，并降低管理成本问题值得研究。

（四）股权管理力量亟待加强

一是股权投资管理人员不足。股权投资部成立后，现有管理人员仍然不足，其他部门也不同程度地存在股权投资管理力量不足问题。目前尤其缺乏相应的人力、物力保障在风险管理层面对子公司实施并表管理。对包括子公司在内的银行集团的全面风险实施管理是一项长期、复杂的工作，需要配置相应的风险管理人员、IT系统等资源，近期印发的《风险管理部主要职责及内设机构》中未涉及子公司管理的相关职责，也没有专门的团队，现有人力、物力很难为子公司在风险管理层面实施并表管理提供保证。

二是总行派出参与子公司经营管理的人员力量也严重不足。截至目前，总行对子公司派出了一些专职管理人员（其中总行部门总经理级和副总经理级管理人员十余人），但仍不足，如总行对建行亚洲只派出2名管理人员。此外，对派出人员的管理也亟需跟进，目前，如派出人员标准、选派程序、归属、职业生涯规划等均缺乏统一的规范。

（五）子公司的激励约束机制需要完善

一是目前对子公司的业绩还没有考核办法，对部分子公司虽进行了考核，但要求各不相同，流程也欠规范，对个别子公司（建行亚洲）尚未实行考核。二是尚未建立董事、监事、高管层的考核制度和办法，以及薪酬政策和分配办法，以激励子公司积极开拓业务，有效控制风险。三是子公司的薪酬结构不尽合理，有的基本工资占比偏高，有的薪酬水平与市场同业相差较大，普遍都没有实行长期激励计划。

（六）一些历史遗留问题需要统筹解决

一是债转股问题。因政策性债转股形成的股权投资，监管部门明确要求我行在2008年4月前处理完毕。我行已向银监会申请延期处置，但未获回复。少数分行没有定期对债转股企业调研，及时掌握企业经营动态，处置债转股积极性有待提高。

二是分行投资问题。第一，分行出资并可按规定科目核算的4个项目，不符合一级法人管理原则。第二，因历史原因形成的分行股权投资，大多时间较久，有些企业已资不抵债，我行投资回报率低，部分投资权属不清或法律手续存在瑕疵，投资回报未得到有效落实。

三是合资公司签订的不平等协议亟待解决。例如，我行虽占中德银行75.1%的股份，但根据章程规定，德方对重大决策有否决权，致使许多议题难以达成决议，从而影响业务发展。再如，这次调研发现，建信租赁公司的合资协议也存在类似“不平等协议”，协议规定，建信租赁公司所做租赁业务均需建行担保，明显有违投资双方风险共担原则。在董事们的敦促下，目前此问题已得到纠正。

四、加强和完善股权投资管理的建议

（一）必须尽快制定股权投资战略

建议在认真分析国内外经济金融形势、总结国内外银行股权投资经验教训的基础上，结合我行实际，尽快制定我行股权投资战略。可对《中国建设银行海外投资并购战略纲要》进行扩充和完善，形成《中国建设银行境内外投资并购战略纲要》，正式提交董事会或相关委员会审议通过，作为今后股权投资工作指南。明确我行今后一个时期股权投资的方向、重点、目标、决策机制和风险管理机制，以及保障措施等，以使今后我行股权投资走上规范、有序、健康发展的轨道。在此前提下，股权投资管理部门应进一步加强对境内外股权投资策略、潜在对象等的研究。要制定合资协议规范，从源头上杜绝“不平等协议”的发生。同时，认真研究金融危机后的新形势，坚持审慎稳妥原则，把工作重点放在对潜在投资对象和投资领域的研究上，以增强未来投资决策的主动性。

清晰界定董事会和高管层对境内外股权投资职责，加强报审、评估（投资前和投资后评估）等程序建设。推进子公司设立流程的标准化和设立要件的标准化管理，建立目标搜索—跟踪监测—调查分析—综合论证—决策，并购后整合—改进提升—投资后评估，持续经营发展—公司治理—风险控制—合并报表—预算控制—利润分配等标准流程。

（二）按照分类管理原则，尽快建立健全股权投资管理制度

我行子公司已覆盖商业银行、投资银行、信托、融资租赁、基金管理、村镇银行等，今后还可能扩展到其他领域，各子公司所处的行业不同、业务类型不同、股东结构不同、公司治理不同、历史不同、地域不同，公司情况有很大差异，具有不同的市场特性和管理规律。因此，建议从总行和子公司的公司治理制度与机制双向入手，建立健全境内外股权投资管理制度，对应修订总行和子公司章程，对《子公司管理暂行办法》进行修订。在管理范围上，可将“子公司”扩大到“股权投资”；在定位上，暂行办法只对共性问题作原则性规定，在此基础上，针对不同行业的特点，根据分类管理的要求，出台相应的管理细则，实行差别化管理，以提高管理的科学性和有效性。同时，建立母公司与子公司关联交易管理办法、子公司经营目标考核体系以及配套的薪酬分配制度，与新的《股权投资管理办法》一并提交董事会审议批准后实施。

（三）坚持把全资和控股子公司作为管理重点

全资子公司和控股公司是我行的战略投资，也是我行股权投资管理的重点，在管理资源上要向这方面倾斜。管理目标是通过战略性安排，既实现子公司价值的提升，又带来建设银行整体效益的增长。加大对子公司尤其是全资和控股子公司的监控力，坚持实行子公司高管人员市场化筛选机制和奖惩制度。对于并购形成的全资子公司，可考虑研究借鉴美国银行经验，由总行派出主要高管，更新高管层和董事会，以保证总行企业文化快速切换并缩短整合进程。

我行持有的非战略性股权投资，大部分是由于历史原因形成的，持股比例均较小，对企业基本无控制力，无关我行战略，但日常却牵扯我们不少人力。对于此类股权投资项目，除少数政策规定必须持有或确有投资价值外，其他的应尽早下决心，择机退出。

（四）明确各子公司的主管部门，建立内部协调机制

由于股权投资管理涉及十几个总行部门，政策协调和信息共享至关重要。因此，为了便于对子公司的日常管理，保持政策一致和信息畅通，建议总行建立归口管理基础上的内部协调机制，明确各子公司的主管部门，同时强调各相关部门分工明确，各司其职，相互沟通，相互配合，从制度上保证所有子公司都纳入总行的监管范围。协调机制可包括各管理部门之间的协调配合机制、子公司向总行日常信息报告机制、总行与派出人员之间的双向沟通机制、派出人员的请示报告机制和信息共享机制等。

（五）进一步完善和健全子公司法人治理

总行应在进一步完善和健全子公司法人治理上下工夫。一是督促个别子公司尽快健全“三会一层”的治理机构，并制定相应的工作细则；二是根据子公司资产规模，研究确定合理的董事会成员数量和结构，保证子公司董事会既能高效运作，又具有较强的战略执行力和内部监督制衡力；三是研究对子公司派出董事、监事和高管人员任免是否归属总行董事会，以及派出人员的授权，研究评估子公司经营管理权限体系，超权限审批程序，确保子公司在权限范围内经营，以及集团并表风险管理最终责任落实；四是总行有关部门应认真研究国内外监管要求，抓紧制定派出董事、监事和高级管理人员的相关管理制度，以及相应的考核体系，探索长期激励机制，发挥派出股权董事、监事在子公司两会中的决策引导作用和履职监督作用；五是加强对派出子公司董事、监事履职培训，使派出董事、监事合规履职，科学高效决策。

（六）推动尽快解决部分历史遗留问题

第一，我行持有的政策性债转股资产属阶段性持股，按照银监会要求须尽快处置退出。建议总行对商业银行业务、综合化经营平台外的其他业务进行清理，择机处置债转股资产和分行历史遗留下来的投资。第二，积极与中德住房等合资公司外方股东高层沟通，在尊重对方前提下，共同商讨业务开展和法人治理中所存在问题的解决办法。第三，分行出资并可按规定科目核算的4个项目，或划归总行，或择机出售。第四，部分行因历史原因未在账内核算的股权投资金额虽小，但情况复杂，建议由股权投资部牵头，组织专题研究，提出解决方案。

（七）在依法合规的前提下支持子公司发展

我行全资和控股子公司已达7家。我们认为，支持子公司发展，与其划一块利润，替它承担一部分风险，不如给它一个好的治理结构和内控机制；与其包办代替，不如放手让它在市场竞争中去增长本事。为此，要正确处理好集团战略与子公司战略的关系，正确处理好股东管理与子公司内部治理的关系，正确处理好关联交易管理与支持子公司业务发展的关系，正确处理好激励与约束的关系。坚持管理有制度、有规范，经营讲法律、讲原则，严格遵守关联交易和并表管理有关规定。在此前提下，通过综合化战略，培育我行新的利润增长点，利用集团的渠道优势，通过交叉销售，带来整体协同效应，以实现集团利益最大化。同时，切实解决子公司面临的实际问题，如研究解决建行系统内调入子公司员工的身份问题，加大总行对子公司信息技术支持力度问题，研究将子公司培训纳入集团培训计划等。

调研组成员：

董　　事　王　勇（专题调研负责人）
王永刚　王淑敏　刘向辉
张向东　李晓玲

董事会办公室　李洪斌
人力资源部　崔志刚
财务会计部　李　扬
风险管理部　李志强
国际业务部　庄雅茹
股权投资与战略合作部　张　彤

董事、监事赴美国考察报告

调研组

2009年6月1日至7日，部分董事、监事及有关人员赴美国考察，分别访问了美国银行、瑞士信贷和摩根士丹利三家金融机构，并实地考察了美国银行创新实验室、新型网点和呼叫中心。有关考察情况如下。

一、美国经济和有关金融机构概况

自金融危机爆发以来，为尽快摆脱经济衰退，美国政府实施了巨额财政刺激方案和宽松货币政策，近期美国一些经济指标开始出现回暖迹象，但作为美国制造业象征的通用汽车6月1日宣布破产保护，5月美国失业率由4月的8.9%升至9.4%，显示了美国经济仍处于困难阶段。美国银行、瑞信投资银行和摩根士丹利北美银行的有关人士普遍认为，当前美国经济已接近或处于底部，虽然经济最困难阶段已经过去，但经济复苏过程将十分缓慢。失业率指标表现滞后，可能会进一步上升。国际货币基金组织（IMF）预测，2009年美国经济增长率为－2.8%，摩根士丹利预测为－3.1%。

金融危机对包括美国银行、瑞士信贷和摩根士丹利在内的美国金融机构均造成不同程度的影响。美国银行2008年第四季度亏损17.9亿美元，是该行自1991年以来首次季度报亏；2009年第一季度有所好转，实现净利润42.4亿美元，远高于上年同期12.1亿美元盈利水平。近期股价回升，全球银行市值排名回移。瑞士信贷2008年亏损额高达82亿瑞士法郎，创历史最高纪录，2009年第一季度盈利17.2亿美元。受部分长期债务信贷息差收窄和房地产投资亏损影响，摩根士丹利2009年第一季度净亏损1.77亿美元。

前不久公布的美国银行业压力测试结果显示，接受测试的19家大银行中有10家需要募集总额高达746亿美元的资金。其中美国银行需筹资339亿美元，摩根士丹利需筹资18亿美元。无论是总资金缺口，还是需要补充新资本的银行数，均好于市场预期。目前，摩根士丹利计划通过发行新股筹措68亿美元；美国银行已通过新股筹资135亿美元，并正在组织出售部分非核心资产来募集更多的资金。

二、关于综合化经营

在此次金融危机中，美国不少银行损失严重，有的已经破产或并购。考察中了解到，一些金融机构已在反思自身经营模式和发展战略，并对自身业务结构作出了适时调整。

美国银行首席执行官刘易斯表示，金融危机之后，美国金融业将加速形成“杠铃形”，一头是少量的大型的多元化全球化金融机构，另一头是数千家小型社区银行。过去一年，美国银行实施了两项重大并购，一是收购Countrywide，使美国银行获得业内最好的按揭业务技术平台；二是收购美林，美林的财富管理业务是全世界最好的，其生产能力和行业领先实践与美国银行的传统银行业务和分销网络相结合，将使美国银行成为市场上的强大竞争者。目前，美国银行的综合业务服务涵盖福布斯美国500强99%的企业和全球500强83%的企业，可以向客户提供存贷款、现金管理、集团财务、财富管理、债务和权益资本融资、并购咨询服务、风险管理产品以及证券销售和交易等。刘易斯认为，美国银行多元化业务模式应当是金融业的典范，并确信其全能银行模式将会进一步发展，并且仍将是美国银行所追求的战略目标。

摩根士丹利负责战略规划的专家认为，关于银行经营模式一直都在争论。现在看来，纯投资银行模式是不成功的，华尔街五大投资银行都遭受重创；专注于传统商业银行业务的金融机构，有成功的，也是可行的，如西班牙桑坦德银行，在这次危机中损失较少；传统商业银行兼营投资银行业务的机构，比较成功的只有摩根大通等少数银行，不成功的则有很多，如汇丰银行、巴黎银行、花旗银行等。摩根士丹利在危机后转型为银行控股公司，在继续做强传统投资银行业务的同时，开始经营商业银行业务，在产品选择上逐步把业务资源集中到一些风险调整回报率较高的产品上来，淘汰高杠杆比率的产品，未来的杠杆比率将不超过20倍。此外，摩根士丹利还看好小企业业务和财富管理业务的巨大市场潜力，并已加强对该领域的研究，聘请美林银行管理团队来专门管理。瑞士信贷在2008年底也撤掉了一些风险较大的业务，改善了集团的资金状况和业务基础。

可以看出，这次金融危机使这些金融机构目前更加注重风险防控能力的提升，更加注重对业务的有机整合和有效管控，更加注重突出主业和优势。结合我国当前的经济形势和我行自身经营状况，我们建议，一是要积极稳妥地推进综合经营。关键在于慎重选择并购对象，恰当把握进入时机，高度重视资源整合，切实防范经营风险，保持各项业务持续健康快速发展。二是要按照既定战略继续加大业务结构调整力度，抓住有利时机，积极发展零售业务和中间业务，加快电子银行、网上银行等渠道建设。

三、关于战略风险管理

考察中了解到，美国银行的风险管理框架主要由“三道防线”组成，这与我行的风险管理架构基本一致。值得一提的是，他们高度重视战略风险管理。美国银行的战略风险管理由财务委员会负责，委员会成员由首席执行官、风险总监、财务总监、投资总监等组成，主要通过规划流程将战略、目标、策略和整个企业的资源配置协调一致。首先，银行制订总体规划要紧密结合战略风险评估，确立公司的战略方向。然后，规划通过业务条线逐级展开，业务条线规划必须符合银行的战略方向，还要确认各层级发展策略和指标都围绕实现银行的目标和发展规划。作为规划流程的一部分，各业务条线必须持续评估市场和经营环境变化的影响以及实现计划的各种风险。银行审计部门要监督、审查和评估各项规划和计算过程。管理战略风险的关键工具之一是经济资本配置。通过经济资本配置可以有效控制各业务条线的风险承受能力。审批业务规划要包括审批经济资本配置，通过财务报告和风险报告对经济资本的使用进行监督。业务条线经济资本配置要纳入银行的经营计划，由董事会每年进行审批。

目前我行虽然也比较重视战略规划和实施，但缺乏对战略风险的持续评估，战略风险管理尚未纳入议事日程。建议充分发挥董事会的作用，借鉴美国银行好的做法，明确战略风险管理机构、职责和流程，高度重视全行战略风险的控制，进一步加强战略规划及其风险管理，对发展战略进行适时评估和调整，并与各业务条线的发展战略紧密结合。

四、关于小企业银行业务

美国银行小企业业务隶属于全球个人及小企业银行业务单元，服务对象为年销售额在250万美元以下的小企业。美国银行极为重视对小企业业务的细分，对不同规模的小企业使用银行产品和服务的不同情况进行统计分析（见表1），据此制定相应的产品和服务策略。

表1 小企业客户对银行产品使用情况明细表

单位：%

产品	5万～10万美元	10万～25万美元	25万～100万美元	100万～250万美元
企业支票	75	85	89	90
货币市场存款	0	16	23	36
公司卡	46	56	64	71
信用保证额度	0	10	14	19
定期贷款	0	7	11	17
现金管理	26	31	39	52
贸易服务	36	43	51	55
代发工资	0	75	91	98

近年来，美国的小企业呈现新的需求趋势：一是业务付款从现金和支票付款向信用卡、借记卡和手机银行转变；二是“移动”微型企业数量大量增加，如庭院设计师、家庭修理工、水管工

等，需要更快捷的支付清算方式，如便携式移动刷卡设备，使他们无论在哪里都能接受信用卡和借记卡付款；三是银行通过在线社区收集小企业需求，为企业联络、销售和交易提供平台；四是通过互联网和呼叫中心向小企业提供传统商业银行服务，如向牙医、内科医生和兽医等专业人士提供开办扩大诊所、购置设备和物业的融资。美国银行根据这些新需求，积极探索发展新的银行产品和服务方式。

目前，建设银行已经把发展小企业金融服务提升到战略高度，但小企业业务部成立时间不长，建议借鉴美国银行和其他国外金融机构在中小企业方面的经验，结合我国中小企业的特点和需求趋势，加快对中小企业的产品、服务和制度创新，打造具有建设银行特色的中小企业金融服务平台，不断提升对中小企业客户群体的综合服务能力和风险管理水平。

五、关于创新实验室和新型网点

我们在考察位于夏洛特的美国银行创新实验室和由创新产品配置的新型网点时，有关人员详细介绍了其产品创新的理念以及研发出的部分产品和设备。例如，在新型网点客户休息区，茶几台面是微软公司专门为该行设计的平面触摸显示屏，客户可以通过手指触摸进行操作，了解银行的服务和产品，进行业务查询，还设置专门的自助服务区方便客户自行操作，进行业务处理和交易。许多客户甚至专门来此进行体验。据介绍，未来这类网点主要通过电子显示屏、各种标识引导客户，很多业务可由客户自行操作，基本不再需要大堂经理。新型网点还配有新颖的移动式产品调查和服务评价系统，客户可以在短暂的等候时间对银行产品和服务作出评价，银行也可据此收集和统计客户和产品的反馈信息。这种新型网点在全美已经部署了三个，目前尚处于试验阶段。又如远程电话视频系统，通过这个系统，客户可以在任何网点与远端的银行理财专家进行实时交流，展示图片和文件，少量理财专家团队即可以为全国各地的客户提供专业理财服务。美国银行的呼叫中心功能比较全面，不仅可以答疑解惑，还可直接查阅客户账户和信用状况，为个人和小企业客户提供开户、授信、小额信贷和营销等多项服务。

在当前金融危机的大环境下，金融服务业面临前所未有的困难，美国银行并未停止或削弱产品和服务的创新步伐，而是着眼未来，积极加大投入，通过创新实验室，研究开发新产品和新服务方式，对网点进行创新改造，对创新成果进行实践检验。也许有些创新成果暂时无法大量投入使用，但充分显示了美国银行创新理念的连贯性和对未来市场判断的超前性。

美国银行的创新实验室使我们很有感触、很受启发。建设银行规模已在全球金融业处于领先地位，但我们的传统创新模式仍存在一些突出问题，首先，创新团队管理架构松散，主要依赖业务条线内部各自创新，缺乏条线间的协同效应。其次，多种创新方式，如一些好的创新思路、市场反馈及实验纠错等，缺乏一种推进机制来实现，对创新结果不能进行系统有效的验证和纠错。通过创新实验室或许有利于较好地解决这些问题。我们建议，第一，要学习借鉴国外先进经验，更要进一步增强创新意识和创新理念，在产品、服务和管理方面都要勇于开拓，善于创新，不能总是跟在别人后面。第二，投入一定的人、财、物资源，建立内部“创新平台”，探索建立试验性创新型网点，这不但可以将各种创意变成产品，投入市场检验，而且可以吸引新老客户到新型网点办理业务，率先体验新科技新理念带来的新鲜感，还有利于提升建行产品和服务的品牌效应及市场形象。第三，建立完善建设银行业务创新系统，加大业务创新投入，重视创新人才队伍建设，逐步形成具备我行特点的一整套创新模式。

调研组成员：

董　事　会　刘向辉　李晓玲

监　事　会　刘　进

董事会办公室　王　鹤　刘　健

关于黑龙江省、吉林省分行信贷情况调研报告

调研组

2009年10月13日至21日，我行部分董事和总行相关部门人员赴黑龙江省、吉林省分行，就信贷投放、结构调整、风险管理等情况进行了专题调研。有关情况如下。

一、两省经济信贷基本情况

黑龙江、吉林两省外向型经济比重低，受金融危机冲击相对较小，经济回升好于预期，GDP增速超过全国平均水平。

1. 主要经济指标。2009年前三个季度，黑龙江省实现GDP 4 955亿元，完成地方财政收入611.5亿元，分别比上年同期增长9.8%和5.5%，GDP增速超全国平均水平2.1个百分点。吉林省GDP连续5年保持12%以上的增长速度，2006年、2007年、2008年增速超过15%，连续3年居全国前3位，2009年前三个季度实现GDP 4 347亿元，比上年同期增长12.1%，增幅超全国平均水平4.4个百分点，地方财政收入增长13.2%。

2. 信贷总量。9月底，黑龙江省金融机构本外币贷款余额6 059亿元，比年初增加1 540亿元，增长34%。吉林省金融机构本外币贷款余额6 190亿元，比年初增加1 293亿元，增长26.5%。

二、分行信贷投放情况及特点

1. 贷款投放力度大，新增及增速同业排名居前。截至9月底，黑龙江省分行各项贷款余额629亿元，比年初新增138亿元，增长28.1%，2009年前9个月非贴现贷款新增超过近3年新增的总和，8月底的同业排名显示，贷款余额居同业第二位，新增额居同业首位。9月底，吉林省分行各项贷款余额625亿元，比年初新增124亿元，增长24.7%，贷款余额和新增额均居同业第二位。

2. 对公贷款主要投向基础设施行业和省内支柱产业。前三个季度，黑龙江省分行新增较多的五大行业依次为：制造业（22.55%），交通运输、仓储和邮政业（20.17%），电力、燃气及水的生产和供应业（15.80%），房地产业（14.32%），公共管理和社会组织（9.11%），五大行业新增占比为82%。吉林省分行新增贷款主要投向了交通、电力、煤炭、有色金属、“三农”等产业，其中向省交通运输厅等道路运输行业投放73亿元，占比26.44%；向大唐吉林发电、吉林电力等电力行业投放59.5亿元，占比21.55%。

3. 小企业贷款、小额农户贷款等战略性业务发展较快。吉林省分行加大对小企业的支持力度，前三个季度投放非贴现贷款15.12亿元，新增5.62亿元，增幅达88.9%。黑龙江省分行个人类贷款新增34.91亿元，增长37.78%，其中小额农户贷款累计投放14.36亿元。

4. 不良贷款实现“双降”，资产质量向好。截至9月底，黑龙江省分行不良贷款余额17.91亿元，比年初减少4.77亿元；不良贷款率2.85%，比年初下降1.77个百分点。吉林省分行不良贷款余额4.47亿元，比年初减少2.86亿元；不良贷款率0.71%，比年初下降0.74个百分点，不良贷款率远低于全行和同业平均水平。

三、当前信贷面临的主要问题和困难

1. AAA级优质客户，特别是战略型大客户的市场份额下降问题较为突出。截至9月底，黑龙江省分行AAA级客户贷款余额较年初下降8.5亿元，降幅10%；吉林省分行AAA级客户贷款余额较年初下降15.9亿元，降幅25%。造成AAA级客户贷款市场份额下降的原因，一是优质企业融

资渠道增多，信贷融资需求下降。以一汽集团为例，2006年、2007年、2008年底，该集团在各家金融机构贷款余额分别为48.97亿元、35.98亿元和16.12亿元，呈逐年下降趋势。2009年一汽集团发行100亿元的中期票据，加上汽车市场良好的销售表现，集团资金充裕，已基本还清各家银行的贷款，目前在我行贷款仅为1.5亿元。二是各家银行对优质客户抢夺激烈，我行在产品创新、服务创新方面缺乏竞争优势。早在2000年我行就率先为一汽集团开通汽车销售金融服务网络，高峰时期网络经销商达600多家，但近年来中信、民生等中小银行逐步介入，短短两三年便抢占较大的市场份额。与这些银行相比，它们的网络设计更先进、审批效率更高、收费政策更为灵活。中信银行仅2008年就为一汽大众经销商开票163亿元，在各家银行中的占比达到了35%。

我们觉得一汽的案例很有代表性，面对优质客户融资需求下降、综合收益水平降低的现实情况，如何通过推进业务和服务转型，改进业务流程，探索新的业务合作和服务模式，进一步提高市场竞争力成为摆在我们面前的重要课题。

2. 当地支柱型行业和优势行业缺乏必要的信贷政策支持。黑龙江省和吉林省都是我国重要的商品粮生产基地，食品加工业、涉农行业是该地区的支柱产业，一些“三农”领域，如大豆加工业、乳业、高科技生物工程等，具有良好的发展前景和旺盛的市场需求，其中不乏一些好的企业。而目前我行对不同行业、不同区域以及大、中、小城市的市场和客户还缺乏必要的研究细分，差别化管理水平还不高，如总行信贷政策对食品加工业列为限制投入行业，未充分考虑不同区域的特点；涉农贷款的风险管理还沿用工商企业的评价方法等，这样必然会丧失一些好的市场机遇。

3. 信贷客户结构调整任务依然艰巨。9月底，黑龙江省分行AA级客户贷款新增占比较全行平均水平低15.3个百分点，A级和未评级客户新增占比分别比全行平均水平高23.2个和10个百分点；9月底退出计划压缩金额4.93亿元，占总行下达退出计划的64%，低于全行89%的整体水平；吉林省分行A级和未评级客户信贷新增占比分别比全行平均水平高24个和1.5个百分点，结构调整任务仍然艰巨。

4. 同业竞争进一步加剧，风险与收益平衡难度加大。2009年以来，由于信贷资金宽松，当地同业在贷款投放中降低风险底线、打价格战的情况十分普遍。吉林省内几家国有银行和中小股份制银行大力抢夺电力等行业客户，采用“以量补价”、以局部让步换取总体收益，甚至不正当竞争等策略，将我行客户的高利率存量贷款置换出来，这些客户流失后，再次争取的难度很大。面对这样的市场竞争，坚持固有的营销策略已难以适应，需要我行根据自身的风险偏好和风险容忍度，对产品组合、价格组合、风险组合和综合收益进行整体考量，制定有竞争力的营销策略。

5. 基层对信贷程序长、审批环节多、效率低反映强烈。

分行反映目前我行受理信贷业务，存在客户准入、产品准入、审批准入和发放审批等多重程序，涉及不同部门，有的还同时涉及总行、省行和二级分行不同层级，一笔贷款从受理、审批到发放，一般需要3个月甚至更长时间，信贷流程有待进一步优化。

四、有关建议

1. 加强对优质大企业的项目储备和总分行联动营销。

黑龙江省、吉林省分行反映，下一步两省铁路项目较多，由于铁路项目融资主要取决于铁道部的安排，分行能否争办成功，除了分行自身努力外，总行的营销支持尤显重要。类似的还有吉林的核电项目，以及五大电力集团、中石油等企业在两省的项目。建议总行进一步加大对跨区域或大企业集团投资项目的牵头营销力度，加强对分行的营销支持和联动营销，为分行争取优质客户、优质项目创造条件。

2. 进一步加大公司业务转型力度，在维护好大客户的同时发掘新的客户资源。调研组认为，针对当前大客户融资需求下降、议价能力增强、利差水平逐步收窄的大趋势下，我行要加快推进公司业务转型，优化收入结构和产品结构，大力发展与资产业务相关的造价咨询、担保承诺、保理、理财产品和财务顾问等中间业务收入。在维护好原有大客户的同时，密切关注各地区新的经济增长点，特别是在有产业区域优势的地区，发掘一批具备发展潜力的新的客户资源。对于小企业贷款、小额农户贷款等边际收益高的业务，要在风险可控的前提下加大投入。

对于AAA级优质大客户，如一汽集团市场份额下降的问题，有关部门要高度重视，必要时组织专题调研，在细分客户的基础上，提出相应的更灵活的金融服务方案。

3. 完善贷前管理，加强贷后管理，并积极探索一些好的做法。当前我行对于大项目、大企业的贷前管理已积累了较多经验，但对于一些新兴业务，如小企业贷款、小额贷款的贷前审批、风险识别和计量等还需不断总结实践经验，逐步完善。随着贷款的超常规增长，贷后管理的压力愈来愈大，大量的基础性工作需要去落实，建议加强贷后管理力度，根据贷后资产和抵押品的不同阶段和形态，进一步调整明确具体的管理部门和职责，积极探索有效的管理方法。

分行在实践中也总结了一些好的做法，如吉林省分行提出根据自身不良贷款数量较少的实际情况，资产保全部关口前移，职责扩展，将抵押品管理和一部分关注类贷款纳入部门管理职责之中；黑龙江省分行为加强信贷业务合规风险控制，抽调业务骨干，成立专门的信贷巡检队伍，通过现场检查，监测、判断辖内机构信贷业务各环节的尽责情况，监督内外部监管、审计部门整改意见的落实，取得了较好效果。

4. 完善考核体系，使得考核导向更为科学、合理。针对当前分行依靠拼抢贷款创收益、挣绩效的情况，建议总行对现有贷款考评制度作进一步调整和完善，引导分行能够根据所在区域的特点和优势，发展自身优势业务，实现资源优化配置，避免盲目追求信贷比。

对于不良贷款双降的考核问题，有分行提出目前不良贷款额和不良率已经很低，如果再要求双降，工作难度会很大，也不符合商业银行的发展规律。调研组认为，目前监管部门已经不再提双降要求，建议我行在进一步调查研究基础上，对不良贷款考核指标和方法进行必要调整，使得考核既有利于促进分行审慎经营、控制风险，同时又能够使分行实事求是，客观充分地暴露不良资产，提足拨备，做实利润。

5. 密切关注和研究宏观经济和行业变化，审慎安排明年的信贷计划。黑龙江省分行反映，当前分行已营销哈尔滨市地铁项目、哈大齐城际铁路、哈牡城际铁路等重大项目，储备贷款额近350亿元，吉林省分行也预计明年新增贷款需求281亿元，两家分行均希望总行在核定明年信贷计划时给予倾斜。但应该看到，虽然经济出现了回暖和复苏，但未来宏观经济形势依然具有很大的不确定性，建议有关部门密切关注宏观经济走势，加大对宏观政策和行业变化的研究，统筹兼顾，审慎安排2010年信贷计划。

调研组成员：
董　事　会　刘向辉　王淑敏
授信管理部　曹　众
公司业务部　田建明
董事会办公室　刘　健

关于湖南省、广东省分行和深圳市分行信贷风险政策执行情况调研报告

调研组

2009年4月7日至14日，我行部分董事及相关部门人员赴湖南省、广东省分行和深圳市分行就信贷风险政策执行情况进行了专题调研。有关情况如下。

一、信贷投放及资产质量总体情况

2008年第四季度以来，湖南省、广东省分行和深圳市分行认真贯彻落实国家宏观政策要求及总行信贷政策，因地制宜，抢抓中央和地方扩大内需、提振经济的业务发展机遇，增加贷款投放，主要投向总行重点支持类客户，贷款结构和资产质量总体向好。

截至3月底，湖南省分行各项贷款余额1 492.36亿元，较年初新增250.57亿元，增长20.2%，新增额居全行第七位，居当地四大行首位；深圳市分行各项贷款余额1 687.51亿元，较年初新增240亿元，增长16.6%，新增额居全行第八位，居当地四大行首位；广东省分行各项贷款余额2 697亿元，较年初新增473.88亿元，增长21.3%，新增额居全行第二位，但在当地四大行中排名居后。

三家分行的资产质量总体向好。截至3月底，湖南省分行不良贷款额29.9亿元，较年初上升0.6亿元；不良贷款率2%，较年初下降0.36个百分点。深圳市分行不良贷款额23.44亿元，较年初下降4.05亿元；不良贷款率1.39%，较年初下降0.51个百分点。广东省分行不良贷款额54亿元，较年初下降4.76亿元；不良贷款率2%，较年初下降0.64个百分点。

（一）抢抓机遇，积极营销，扩大贷款投放规模

2008年第四季度以来，国家启动4万亿元投资计划，陆续出台扩大内需、促进经济增长举措的经济政策。湖南、广东和深圳抓住机遇，加大营销力度，拼抢优质客户，扩大公司类贷款投放，重点支持基础设施建设项目和当地龙头企业。2009年第一季度，湖南省分行公司类贷款新增234亿元，其中公路行业13.84%、钢铁行业10.23%、城建行业8.74%。深圳市分行第一季度公司类贷款新增208亿元，其中房地产业31.52%、基础设施相关行业25.29%、制造业18.94%。广东省分行第一季度公司类贷款投放597亿元，其中交通行业占17.44%，城建行业占11.45%，制造业占7.29%。

（二）坚持有保有压、有进有退，推进信贷结构调整

2009年第一季度新增贷款投放中，湖南省分行和深圳市分行AA级及以上公司类非贴现贷款分别新增211.41亿元和304.87亿元，新增占比分别为106.55%和84.60%，高于全行平均20多个百分点。广东省分行AA级（含）以上客户非贴现贷款余额占比达到77%，较年初提高3.44个百分点，客户结构得到优化。

2008年，湖南省、广东省分行和深圳市分行分别退出高污染、高耗能和产能过剩行业贷款23.16亿元、31.82亿元和18.45亿元，均超额完成总行退出计划，有效防范了信贷风险。

（三）支持居民住房信贷需求，巩固个人房贷传统优势

2008年第四季度至2009年第一季度，湖南省、广东省分行和深圳市分行个人贷款分别新增24.28亿元、57.89亿元、50.99亿元，增速分别为11.28%、10.52%、11.06%，均高于全行平均水平。其中个人住房贷款分别新增22.57亿元、52.83亿元和35.29亿元，分别占个人贷款新增的92.94%、91.26%和69.22%。

二、面临的主要问题

（一）流动资金贷款投放和票据贴现占比偏高，基础设施相关行业贷款投放力度有待加强

从2009年第一季度新增贷款产品投向情况看，湖南省分行公司类新增贷款中流动资金贷款占51.64%、票据贴现占15.37%；深圳市分行流动资金贷款占52.14%、票据贴现占18.94%，占比偏高。2008年第四季度至2009年第一季度，两家分行流动资金贷款和票据贴现合计新增占比均高于50%，超过全行平均水平，且主要集中在发展稳定性差的制造业和产能过剩的钢铁行业，信贷投放的客户也主要是投向AA级以下客户，这有违我行3月刚刚制定下发的“控制和压缩AA级（含）以下大中型公司客户和小企业客户的一般流动资金贷款”政策。2009年第一季度，湖南省分行和深圳市分行公司类非贴现贷款中基础设施相关行业新增占比分别为37.42%和4.89%，比全行平均水平（54.98%）分别低17.56个和50.09个百分点，投放力度有待加强。

（二）行业信贷区域集中度风险不容忽视

近年来，总行对制造业实行规模控制、结构调整的信贷政策，对房地产业实行规模控制的政策。在2009年第一季度的非贴现公司类新增贷款中，深圳市分行房地产业贷款余额近380亿元，接近2008年深圳市全社会房地产投资总额440亿元；房地产业贷款余额新增50亿元，占全行新增近四分之一，这虽然与深圳集中了一批房地产开发公司总部有关，但信贷投放的行业集中度风险不断增高趋势，仍然需要给予重视。湖南省分行以钢铁、有色金属和工程机械制造为主的制造业新增38亿元，占比23.92%，占比也明显偏高。

（三）借新还旧和展期贷款风险有所提高

2008年10月至2009年第一季度末，湖南省分行和深圳市分行展期贷款额分别为9.4亿元和3.24亿元；借新还旧14亿元和19亿元，两项合计分别占贷款发放额的5%和4%左右，比重较高。深圳市分行展期的客户都是BBB级及以下的客户，属于应该退出的客户。截至3月底，广东省分行借新还旧和展期类贷款余额合计181.54亿元，占全部贷款余额的6.4%，借新还旧贷款平均不良率9.9%，展期贷款不良率25.84%。此类贷款风险有所提高，需高度关注。

（四）区域特色产业的信贷资产质量需进一步关注

近几年，全行业务区域性分布较为鲜明，对区域内特色产业的信贷支持取得了长足的进步。但受本轮经济下滑的冲击，某些产能过剩行业、对外依存度过高行业发展面临着前所未有的压力，某些行业信贷资产不良率较高，应引起足够的关注。如深圳市分行的特色产业主要为黄金珠宝、纺织鞋帽、家具家私等，然而截至第一季度末，深圳市分行纺织服装、鞋、帽制造业，家具制造业，皮革、塑料制品业等行业不良率均超过10%，这表明在发展区域特色行业的过程中特别需要明确风险界线，抓重点优质客户和项目，切实防范风险。总行有关部门需要对此加强监控。

三、分行一些好的做法和经验

（一）贷后管理团队化

贷后管理一直是我行信贷管理的薄弱环节，在当前大规模信贷投放的情况下，加强贷后管理尤为迫切。最近深圳市分行出台了《关于进一步强化贷后管理工作的实施意见》及配套办法，结合分行业务特点组建了10个贷后管理专业团队，针对传统制造业、电力行业、施工企业、小企业、房地产开发贷款、固定资产贷款和贸易融资等不同的行业、产品，制定差别化的贷后管理模板，对重点风险项目和事项提前介入，强化风险项目的管理和回收力度，效果明显。

（二）中小企业金融服务的“四不八看”

小企业业务作为我行的一项战略性业务，各分行都在积极探索、稳步推进。湖南省分行把对中小企业金融服务作为网点转型后的业务发展突破口和重心，推进中小企业业务的发展。衡阳市分行在发展中小企业贷款业务中，结合实践经验，总结提出了“四不八看”的业务标准和工作方法，即企业主“四不”——不赌博、不吸毒、不离婚或包养情妇、不涉黑；“八看”——审查贷款企业看人品、看管理、看产品、看市场、看效益、看诚信、看环保、看押品，效果良好，受到当地银监部门的充分肯定。

（三）防止假个贷的“四个基本点”

在当前宏观经济下行、房地产开发商资金普遍紧张的情况下，广东省分行在个人住房贷款方面抓住“四个基本点”，严把风险管理关，即严格执行楼盘准入和楼盘主责任人制度、确保面谈面签、落实抵押登记和严格执行预收款监控制度，切实遏制“假个贷”卷土重来。

四、有关建议

（一）进一步加强对分行信贷政策执行的指导，切实解决政策执行中的问题

3月初，总行提出了《2009年信贷政策与结构调整的若干意见》（37号文），明确了“进、保、控、压、退”的政策措施，分行同志认为非常及时，同时也提出了一些执行中的问题，如实际工作中经常出现某个客户在行业政策、客户政策和产品政策几个维度互相交叉的情况，建议总行就哪个维度优先执行给予更明确的指引。调研中了解到，分行在对某些客户执行信贷退出政策的同时顾虑重重，恐怕“一退就死”，失去客户和市场，建议总行针对不同的区域、产品和客户制定差别化的退出政策，使分行有效甄别退出客户，避免优质客户的流失。

（二）加强对信贷创新产品的跟踪研究，建立产品完善机制

目前，我行创新推出了许多全国性和区域特色的信贷产品，但由于不同地区经济环境差异较大，一些地区推出的创新产品市场适应度差，不良率有增高趋势。建议总行建立产品完善机制，根据不同的市场状况和区域特点，对信贷产品的行业准入、办理程序和担保措施等制定差别化的政策，有效防范信贷风险。

（三）加强个贷业务的政策研究，增强个贷业务市场竞争力

湖南省分行2009年计划在经济发达的县域地区大力发展个人助业贷款，增强县支行的竞争实力，但总行下达的29.5亿元个人贷款新增规模难以满足业务需要，建议总行给予一定资源倾斜。广东省分行反映，我行个人助业贷款仅接受借款人及配偶、直系亲属、所经营企业的关系人及企业名下抵押物，抵押物范围限定为住房、商铺及别墅等少数房屋类型，且抵押率较低，当地同业担保和抵押等方面的政策则比较灵活和优惠，使得我行产品缺乏竞争力，需要根据实际情况适当调整。广东省分行还建议总行借鉴美国银行的做法，将大额个人贷款客户（如贷款金额在50万元以内的）纳入个人高端客户管理，以加强个人客户关系管理和交叉营销，提升客户的综合贡献度。上述建议请总行有关部门研究，在风险可控的前提下增强我行个人贷款产品的市场竞争能力，促进业务健康发展。

（四）进一步加大对中小企业的支持力度

衡阳市分行反映，近几年我行对民营中小企业发放的“成长之路”、“速贷通”贷款陆续到期，按照现行政策，这些贷款原则上到期必须收回，对一些生产经营正常、资金回笼与贷款期限不匹配的中小企业运营造成了一定影响，建议总行加大对这些企业的信贷支持力度，如允许在严控风险的前提下，对一些符合条件的中小企业采取借新还旧等措施。东莞市分行反映目前我行对小企业规模性质认定有效期限为两年，在此期间如小企业实际已达到大中型企业规模，但受两年调整期的限制，不能按大中型企业开展相关信贷业务，建议总行在小企业客户规模认定调整机制上给予一定的灵活性。

调研组成员：
董事会　刘向辉　王淑敏
授信管理部　张山林　臧慧业
风险管理部　何　祎
公司业务部　丁爽爽
董事会办公室　刘　健

关于江苏省、山东省分行信贷投放情况调研报告

调研组

2009年3月16日至21日，我行部分董事及总行有关部门人员赴江苏省、山东省分行就信贷投放及信贷结构调整情况进行了调研。有关情况如下。

一、2008年第四季度以来新增贷款情况

江苏省、山东省分行认真贯彻落实国家宏观调控要求及总行信贷政策，积极跟进中央和地方提振经济的措施，增加贷款投放，主要投向总行重点支持类客户，贷款结构总体是好的。

截至2009年2月底，江苏省、山东省分行全部贷款余额分别为2 737亿元、2 095亿元，比2008年9月底分别增加467亿元、392亿元，增幅分别为20.6%、23%，均高于全行平均增幅

(15.3%)。其中，2009年前2个月，江苏、山东省分行贷款余额分别增加384亿元、253亿元，贷款增加额分别在全行系统排名第一位和第二位，在当地工商银行、农业银行、中国银行、建设银行四行中均排名第三位。

（一）加大宏观政策受益行业、抗周期性强行业、我行熟悉和具备优势行业投放力度，重点支持基础设施建设项目

2009年前2个月，在江苏省、山东省分行公司类非贴现贷款中，按照总行《2009年信贷政策与结构调整若干意见》（建总发［2009］37号）要求“加大投入、保证增长”行业分别新增171亿元和96亿元，新增占比分别为72.1%和50.5%，贷款增幅分别为18.1%和16.4%，分别比辖内全部公司类非贴现贷款平均增幅高4.4个和1.4个百分点。其中，江苏、山东省分行基础设施类行业非贴现贷款分别新增156亿元和72亿元，新增占比分别为66%和38%，贷款增幅分别为21.4%和18.4%，分别比辖内全部公司类非贴现贷款平均增幅高7.7个和3.4个百分点。

（二）积极推进信贷结构调整，加大对优质客户信贷支持力度，加快压缩回收退出客户存量贷款

截至2009年2月底，江苏、山东省分行AA级及以上公司客户非贴现贷款分别比2008年9月底增加183亿元和198亿元，分别占分行全部非贴现公司类贷款新增额的70.1%和73.7%。

截至2008年底，江苏、山东省分行退出贷款客户贷款余额分别比年初减少41亿元、42亿元，退出计划完成率分别为115%、106%。

（三）加强对“涉农”客户和小企业信贷支持力度

截至2008年底，江苏、山东省分行涉农贷款分别比年初增加129亿元和66亿元，增幅分别为20%和14%，其中江苏省分行涉农贷款增幅比分行同期全部贷款平均增幅高近5个百分点，山东省分行涉农贷款增幅略低于分行同期全部贷款平均增幅。

江苏、山东省分行认真贯彻国家支持小企业发展的政策要求，按照总行统一部署，普遍成立小企业经营中心。2009年前2个月，江苏、山东省分行小企业贷款分别增加38.6亿元和19.4亿元，增幅分别为18.5%和15.2%，分别高于同期分行全部贷款平均增幅2.2个和1.5个百分点。江苏省分行组织镇江分行“信贷工厂”试点，对小企业信贷业务实施标准化、流程化、专业化运作，取得积极成果，江苏省分行拟2009年全面推开。

（四）2008年第四季度贷款增长以满足企业合理流动资金需求为主，2009年前2个月基础设施项目固定资产贷款增长较快

按产品统计，2008年第四季度，江苏、山东省分行流动资金贷款和票据融资合计新增分别为54.1亿元和96.4亿元，新增占比分别为78.5%和72.7%，贷款增幅分别为5.8%和13.1%，均高于同期辖内全部公司类贷款平均增幅。

2009年前2个月，江苏、山东省分行固定资产贷款新增分别为156亿元和108亿元，新增占比分别为43.5%和44.1%，贷款增幅分别为18.5%和18.7%，山东省分行固定资产贷款增幅已高于同期辖内全部公司类贷款平均增幅(16.8%)，江苏省分行固定资产贷款增幅仍略低于同期辖内全部公司类贷款平均增幅（19.5%），主要是受利率下行预期及项目尚未进入实质性建设阶段等因素影响，部分企业在年初倾向选择票据等短期融资工具。

（五）大力支持居民住房信贷需求，保持个人贷款平稳增长

与上年9月底相比，2009年2月底江苏、山东省分行个人住房贷款分别新增33亿元和15亿元，新增占比分别为83.5%和106.1%，贷款增幅分别为9.8%和6.6%，均高于全行个人住房贷款平均增幅（5.1%），有力地支持了居民购房资金需求。

二、面临的主要问题和困难

（一）贷款投放有效需求在2009年下半年可能出现不足

在国家宏观政策的引导下，2008年10月以来，尤其是2009年前2个月，各家商业银行贷款投放突然提速，符合银行准入条件的客户和项目储备快速消耗，加之当前经济形势下，企业投资意愿下降，江苏省分行认为建设项目需求将在2009年上半年得到有效满足，但下半年拓展新的贷款增长点难度较大。

（二）以政府财力为支撑的基础设施建设项目贷款可能存在一定的风险隐患

由于经济增速放缓，中央及地方财政收入普遍下降，同时，陆续出台的刺激经济措施带来财政支出增加较多，政府的资金链条趋紧，给以政府财力为支撑的基础设施建设项目贷款带来一定的风险隐患。此外，由于制造业普遍存在产能过剩、房地产市场低迷，各家商业银行对基础设施建设项目竞争非常激烈，纷纷给予大额授信以及优惠的授信条件，给各家银行带来潜在风险隐患。

（三）总行统一信贷政策和风险偏好在分行执行过程中存在一定程度的偏差

近年来，总行对制造业实施规模控制、结构调整的信贷政策，贷款占比不断下降。由于制造业是山东省经济的发展重点，因此山东省分行制造业贷款新增较多，至2009年2月底，山东省分行制造业非贴现贷款比年初增加86.9亿元，新增占比45.7%，增幅16.9%，新增占比及增幅均高于全行平均水平的一倍，虽然新增贷款主要投向重点支持类客户，但仍有相当比例的贷款投向A级及以下客户，需要引起高度关注。

（四）不良贷款反弹压力较大，对信贷风险管理提出了更高的要求

由于经济增幅放缓带来的市场需求下滑、产能过剩矛盾加剧等问题依然严峻，部分行业面临全行业性的困难，对部分目前生产经营正常企业的实质性不利影响有可能进一步显露，甚至会因为突发性风险事件而出现资金链断裂，不良贷款反弹压力有所增加，对我行信贷风险管理提出了更高的要求。此外，在客户调查评价、授信申报审批、贷款发放和贷后监管等方面存在的薄弱环节也值得高度关注。

三、有关建议

（一）加强信贷投放结构监控，切实防范新发放贷款风险

在目前复杂的国际、国内经济金融形势下，总行应加强对信贷投放结构（包括产业、客户、产品和区域结构）的监控，督促全行严格执行总行有关文件规定，严格客户选择、坚守风险底线、严把审批标准，确保新增贷款主要投向我行重点支持的优质客户，严禁向国家产业政策中明确列入淘汰落后生产工艺和装备目录的项目新增贷款，严禁对自有资本金未能按要求足额到位的项目新增贷款，严禁对不良贷款客户新增贷款。同时，建议总行有关部门进一步做好信贷政策执行情况的监测分析，继续推进信贷结构调整，切实防范新发放贷款风险。

（二）及时总结交流信贷风险管理实践中的新鲜经验

为推进结构调整和加强贷后管理，江苏省分行创新实施了信贷政策重检。一是依据经济形势及政策变化，对辖内信贷政策的适宜性和有效性适时评估、及时调整；二是依据客户偿债能力变化，按年对全辖所有对公客户信贷政策实施重检（对出现重大变化的客户适时重检），将客户分为全面拓展型、适度发展型、存量维持型、总量压缩型和淘汰清收型等五种类型，作为信贷管理的重要参考，统一了上下级行、前中后台的风险偏好。建议有关部门认真总结各分行的好经验，加以推广。

（三）加强小企业信贷业务规划指导，促进小企业信贷业务健康发展

积极发展小企业业务，既有重大社会经济意义，也是我行培育新的业务和利润增长点的战略选择。但一些分行在发展小企业业务中仍然心存疑虑，对客户和行业选择把握不准。建议总行督促各级分行尽快建立健全专门机构，充实培训业务人员，实现小企业业务分账管理、独立核算，进一步研究明确小企业业务的市场和客户定位，规范、细化信贷结构调整及风险管理要求，加强对分行的业务指导，促进小企业业务健康有序发展。

调研组成员：
董事会　刘向辉
公司业务部　刘守平
授信管理部　崔青云
风险管理部　单　亮
董事会办公室　王光远

关于宁夏回族自治区分行信贷风险政策执行情况调研报告

调研组

2009年7月15日至18日，我行部分董事和相关部门人员赴宁夏回族自治区分行，就信贷风险政策执行情况进行了专题调研。有关情况如下。

一、信贷投放及结构调整的总体情况

2008年第四季度以来，宁夏回族自治区分行抓住机遇，加强经营，贷款结构和资产质量总体向好。6月底，宁夏回族自治区分行各项贷款余额314亿元，较年初新增68亿元，新增额居当地同业首位，同业占比较上年底提升0.58个百分点；分行不良贷款余额2.47亿元，比年初减少9 121万元；不良贷款率为0.79%，比年初下降0.59个百分点。

（一）信贷投放创历史新高，适度控制投放节奏

2009年，宁夏回族自治区分行借保增长之力，抓营销，抢项目，“好中选优”，成功营销了太中银铁路有限公司、中电投青铜峡能源铝业集团、国电宁夏太阳能有限公司等一批重点优质企业；机构业务围绕基础设施和国计民生的热点，成功营销了宁夏大学、自治区人民医院、宁夏出版集团等项目。公司类贷款比年初新增63亿元，是上年同期贷款新增额的2.54倍，创历史同期最高水平。同时按照总行要求对信贷规模进行适度控制，在信贷投放过程中分行根据财务状况、经营动态、利润贡献度、发展潜力等因素对客户进行排序，择优放贷。在规模趋紧时，做到动态置换或产品替代，有效维护客户关系。

（二）产品结构和行业结构进一步优化

分行充分发挥固定资产贷款项目经营竞争优势，贷款产品结构和行业结构得到进一步优化。2009年6月底，固定资产贷款占公司类贷款余额（含贴现，下同）比重为56%，占公司类贷款新增的58.54%，其中基本建设贷款占贷款新增的58.48%，主要投放于铁路、电力等行业；房地产开发贷款仅占贷款新增的0.65%。流动资金贷款占对公贷款增量的29.98%。贴现余额占对公贷款增量的3.68%。

上半年，新增贷款向总行信贷政策中“加大投入、保证增长行业”投放48.1亿元，占新增贷款总额的75.86%；“审慎投入、控制增量行业”投放11.05亿元，占新增贷款总额的17.43%；“压缩规模、限制投入的行业”投放4.06亿元，占新增贷款总额的6.41%；“37号文调控行业以外行业”投放0.19亿元，占新增贷款总额的0.29%。新增贷款主要投向自治区重点支持的电力、煤炭、有色金属、铁路、化学原料及化学制品制造（煤化工）、公共设施管理等行业，截至6月底，上述六个行业信贷余额159.69亿元，占信贷资产总额的57%，比年初提高3.68个百分点。

同时，分行结合现有行业分布和资产质量情况，对“控、压、退”行业的贷款及分行453个客户进行逐一梳理分类排队，截至6月底，已退出贷款81.1亿元，完成年度退出计划的97.08%。

（三）小企业信贷支持力度进一步加强

截至6月底，中小企业信贷余额34.44亿元，在全部公司类信贷余额中的占比为10.68%；比年初新增13.01亿元，新增占比较年初提高了1.98个百分点。不良贷款额0.46亿元，较年初减少0.43亿元；不良率2.02%，比年初下降3.7个百分点。

宁夏回族自治区分行还结合当地实际，通过与小额贷款公司的业务合作，支持小企业和“三农”客户，截至6月底，已审批通过5户，贷款

金额6 650万元，初步积累了一些经验。

二、面临的主要问题

（一）受制于国家宏观调控政策和总行信贷结构调整政策，分行区域经济优势难以充分发挥

宁夏回族自治区属于欠发达的少数民族地区，但煤炭、电力资源丰富，具备发展高载能工业的优势，如铁合金、电石、金属镁等行业，部分企业装备水平较高，有些企业实行循环经济，废气发电、废渣综合利用，并获得了财政扶持，在全国处于领先和龙头地位。但这些行业多为总行信贷调整的重点，或是风险限额预警较高的行业，分行的信贷投放受到较大制约。虽然总行在客户准入方面设计了特殊通道，但分行认为，对于西部欠发达地区的客户通过特殊通道的难度很大，当地一些经营状况良好、资信水平较高的企业，因行业等原因未列入总行重点客户名单，甚至在总行统一标准衡量下，难以列入支持类名单。

调研中分行反映部分行业的信贷政策多年未进行调整，例如，对铁合金、电石等行业从2002年以来就基本禁止新增贷款，目前已达7年之久。这7年中这些行业无论从工艺技术、节能环保、企业规模，还是市场状况等方面均发生较大变化，行业中也确有一些符合国家产业政策、技术先进、环保合格、竞争优势突出的好客户，难免错失业务发展时机。如稀土镍铁作为一种新型的铁合金，不是国家控制的产能过剩的传统铁合金，在炼钢过程中添加该产品后能生产新型的彩钢产品，属于填补空白的产品，但因其行业分类，与现行信贷政策有冲突。

（二）制造业、房地产业客户结构需进一步优化

截至6月底，宁夏回族自治区分行制造业贷款额172亿元，占全部公司类贷款的36%，是该行贷款的重点投向行业；制造业BBB级以下客户16户，占制造业客户总数的9.3%，不良贷款额4 000万元，占制造业不良贷款总额近50%，比例偏高。房地产贷款客户中，A级及以下客户数和贷款额在房地产客户中占比分别为46.15%和23.33%，占比相对较大；拥有房地产开发资质一级的客户占比为19.35%，二级和三级客户占比66.67%，四级的客户占比为13.98%。制造业和房地产业客户结构需进一步优化。

（三）潜在风险客户对资产质量的下迁压力较大

受金融危机影响，分行目前有5个贷款户由于经营困难、亏损等原因被列为重点观察客户，贷款总额2.17亿元；2个贷款户由于收入大幅下滑，利润明显减少，被列入重点关注客户，贷款总额7.9亿元，上述客户贷款金额较大，潜在风险因素一旦暴露，将对分行资产质量产生巨大影响。

三、分行一些好的做法和经验

（一）建立团队化营销模式，客户营销水平大幅提高

宁夏回族自治区分行2007年6月进行了事业部改革，对信贷流程进行了再造，简化了层层审批核准程序，提高了效率。同时，创新营销手段，以团队作为主要营销模式，在事业部内部成立了9个直营团队，事业部按照团队分解负债和战略性业务任务，配置相应财务资源，充分调动团队每个员工的积极性，并对客户进行名单制管理，实行一户一策，提高了营销和维护的成功率，保证了公司业务在同业中的竞争优势。

（二）采取有效措施促使信贷结构调整和优化

宁夏回族自治区分行在对所有公司类客户逐一甄别和分类梳理的基础上，对退出类客户实行名单制管理，制订了分年还款计划和退出时间表，并将结构调整成果与行（部）领导班子年薪挂钩、按月考核通报，结构调整成效显著。

（三）创新担保方式，拓宽小企业融资渠道

宁夏回族自治区分行结合当地经济特点，针对中小企业授信需求及风险特征，推出“1+N+1”担保方式，有效分散或转移贷款风险。如对建材市场钢材商户办理的承兑汇票业务，采取“四户联保+保证金+市场业主提供保证”的担保模式；对同心县羊绒商户贷款采取“基金管理中心保证+五户联保+有效资产抵押+县人民政府承诺的公、检、法清欠小组司法追偿”的担保模式等，取得较好效果。

四、有关建议

一是建议总行在制定客户准入、结构调整、

行业限额等信贷政策时，考虑区域经济特点和我国国内行业梯度转移的现状，对西部地区具有区域优势的行业客户实行差别化政策，避免当地优质客户的流失。对一些当地优质客户的准入虽然有特批通道，但有关文件未明确审批部门，分行感到难以操作。建议有关方面尽快研究解决。

二是建议总行对行业风险限额的控制方式进行调整。分行反映，固定资产贷款项目从营销到贷款发放至少需要2～3个月，一些项目已完成审批，作出承诺，但到贷款投放时因红色预警不能及时发放贷款，不仅对项目建设进度产生不利影响，而且影响银企关系，给客户维护带来难度。建议总行调整行业风险限额预警的控制措施，提前考虑已审批通过的贷款数量，对审批通过、进入发放阶段的固定资产贷款项目解除风险限额预警限制。

三是建议加强对中小企业行业系统性风险的关注和研究。调研中了解到，一些地区优质中小企业客户的行业集中度较高，虽然采取一些措施降低个体风险，但行业系统风险却无法规避，建议总行加强对中小企业行业风险的研究和分析，增强对分行的业务指导，促进中小企业信贷业务健康持续发展。

调研组成员：
董　事　会　刘向辉　王淑敏
授信管理部　赵海涛
公司业务部　孙兆东
风险管理部　王　欣
董事会办公室　刘　健

关于建设银行资产保全工作现状的分析与建议

调研组

2009年3月至12月，我行部分董事和相关部门组成专题调研小组，先后赴江西、河南、山东、湖北、湖南、云南、陕西等省分行，对资产保全工作的现状、存在问题及对策建议等进行了调研。有关情况如下。

一、资产保全工作面临的新形势

2009年前11个月，我行新增信贷投放达到9 450.36亿元，增幅快于上年同期13.85个百分点。从历史经验看，贷款投放增速较快对于资产质量的影响将在1～2年后逐渐显现，客观上对提升资产质量形成较大压力，也给资产保全工作带来更大挑战。

（一）受国内外经济环境影响，不良贷款反弹压力较大

1. 关注类三级贷款①余额上升，质量下迁压力大。11月底，我行不良贷款额和不良率实现了双降，但资产质量仍然面临较大压力。截至11月底，全行关注类贷款1 560.31亿元，其中，关注类三级贷款205.56亿元，较年初增加1.33亿元。值得关注的是，个人类关注三级贷款较年初增加了7.78亿元，潜在风险较大。随着时间的推移和市场的变化，这些贷款随时可能转化为不良贷款，贷款质量下迁压力加大。

2. 部分区域不良贷款上升明显。截至11月底，绝大部分分行不良贷款双降，但部分区域不

① 根据《中国建设银行信贷资产风险十二级分类管理办法》，我行信贷资产分为五类十二级，包括：正常一级、正常二级、正常三级、正常四级、关注一级、关注二级、关注三级、次级一级、次级二级、可疑一级、可疑二级、损失级。

良贷款额增加较多，主要集中在外向型经济较为发达的地区。如长三角地区不良贷款额比年初增加18.42亿元；38个一级分行中，8个分行不良贷款额有所反弹，不良贷款上升较多的有浙江、上海、辽宁等省分行。

3. 部分行业贷款风险逐步显现。截至2009年11月，境内分行新形成不良贷款和不良贷款生成率分别为196.38亿元和0.53%。剔除地震因素，2009年1—11月新形成不良贷款191.54亿元，同比持平。新形成不良贷款主要集中在制造业和批发零售业。其中，制造业新形成不良贷款73亿元，同比增加17.75亿元，主要集中在通信设备、非金属、金属矿物制品、纺织化纤等受国际经济波动影响较大的行业；批发和零售业新形成不良贷款24.36亿元，同比增加8.76亿元。

4. 保持资产质量同业领先压力非常大。据了解，2009年9月底工商银行、中国银行不良贷款率分别为1.68%和1.6%，较年初分别降低了0.61个和1.05个百分点，而同期我行不良贷款率较年初降低0.69个百分点。同业资产质量水平向我行迫近，我行保持资产质量同业领先压力非常大。

（二）新的政策环境下，不良贷款处置挑战与机遇并存

1. 新实行的"费改税"政策对二级公路不良贷款处置产生不利影响。为配套成品油价税费改革，国家自2009年1月1日起逐步取消政府还贷二级公路收费。据统计，截至2009年9月底，有74.76亿元二级公路贷款在取消收费后，存在一定的风险隐患。受政策调整影响，我行二级公路贷款项目以收费权质押的质权消失，贷款约定的第一还款来源落空，加之部分中央的补助资金还没有核实到位或到位时间和还款期限不匹配，福建、云南、四川、辽宁、浙江等二级公路不良贷款余额较大的省分行，处置工作面临着不确定性。陕西省分行预计2010年还将新产生二级公路不良贷款3.52亿元，处置难度较大。

2. 适度宽松的货币政策拓宽了企业重组渠道和还款来源。一是鼓励对符合条件且经营暂时困难的企业给予信贷支持。国家监管部门鼓励银行业金融机构在风险可控前提下，对基本面和信用记录较好、有竞争力、有市场、有订单但暂时出现经营或财务困难的企业给予信贷支持，为我行充分利用重组手段盘活处置不良贷款创造了条件。二是允许发放搭桥贷款和并购贷款。根据规定，允许银行业金融机构在一定额度内向非生产性项目发起人和股东发放搭桥贷款，允许发放并购贷款，客观上拓宽了企业融资渠道及还款资金来源。

3. 不良贷款处置相关监管政策审慎而积极。一方面，银监会在2009年初暂不允许商业银行开展不良资产证券化业务；财政部不良资产批量处置办法尚未出台，我行不良贷款打包处置还存在一定的政策障碍。另一方面，监管部门近期出台的若干政策拓宽了商业银行不良贷款处置的市场化手段。例如，财政部允许银行对东北装备制造业不良贷款、地震灾区贷款、中小企业和涉农不良贷款等，采用本金打折方式处置；银监会颁布的《商业银行并购贷款风险管理指引》规定，当并购贷款出现不良时，银行可以采取依法接管企业经营权的方式来保全资产，为创新资产处置手段提供了操作依据。

二、建设银行资产保全工作进展情况及存在问题

（一）工作进展情况

一是资产保全工作体制和机制相对高效。近几年，资产保全系统认真贯彻全行扁平化管理的要求，以不良资产集中经营为主线，在业务单元制改革中逐步提升经营层级，提高各一级分行集中经营的能力和水平，注重专业化队伍建设和资源整合；同时，重点联系行制度、专家诊断机制、大项目直接经营机制等日趋完善，逐步走上规范化、制度化轨道，不良资产处置专业化水平明显提升。

二是不良资产处置手段和技术日趋成熟。从灵活运用催收、重组、核销等常规手段拓展到债权转让、打包出售等新型市场化手段，综合运用各种处置手段的能力进一步增强。2008年1月，资产保全系统成功发行国内商业银行首单重整资产证券化项目，一次性处置公司类不良贷款84.52亿元，获取发行净收入20.26亿元，实现了市场化创新处置不良贷款的重大突破。至2009年9月该项目提前终止，通过履行资产服务商职责累计现金回收信托资产30.44亿元，回收率达

49.5%，远超预期。优先级证券本息全部兑付完毕，优先级投资者实现了6.08%的较高年化投资收益率，剩余信托财产依约返还次级投资者。我行累计获得基本服务费、超额奖励服务费和处置费用2.26亿元。该项目的圆满成功，标志着建设银行不良资产的经营能力和处置手段已提升至国际化水平。

三是资产保全业务规范化、标准化水平显著提升。资产保全业务管理系统（SARM）的成功上线和不断优化，使保全业务处理步入流程化和标准化时代，数据采集有标准化的格式，不良贷款接收、方案制订、申报和审批有标准化的流程，为项目公开化、标准化、程序化和业务精细化管理提供了有力支撑，在防范操作风险、强化基础管理等方面发挥了重要作用。

四是不良资产处置效率和效益不断提高。2005—2008年，在二级分行资产保全机构由291个精简到67个，专职资产保全人员由2 156人精减到1 147人的情况下，不良资产人均处置额由2 180万元提高到4 141万元，人均处置额几乎翻了一番。4年间，资产保全系统累计处置不良资产2 029亿元，其中，累计处置不良贷款1 521亿元，年均不良贷款处置比率达到了40%，2008年更高达49%，对持续实现不良贷款“双降”目标起到了关键作用。累计现金回收不良资产1 283亿元，累计实现不良资产超值现金回收302亿元，相当于实现了等额利润。

2009年，资产保全系统坚持贯彻落实总行党委、董事会的战略意图，积极应对形势变化，调整工作节奏，于9月底提前完成全年280亿元不良贷款处置考核计划，至11月底处置不良贷款327亿元，高于全年新增额131亿元，实现了不良贷款“暴露多少、处置多少”的工作目标。

（二）工作中存在的主要问题

1. 内部方面。

（1）关于管理体制机制的完善问题。一是有待于研究建立差别化的资产保全业务授权体系，为进一步提高处置效率创造条件。二是跨区域公司类不良贷款联动处置机制仍需进一步完善，建立更加科学合理的一级分行利益补偿机制。三是已核销呆账资产处置费用的账务处理模式需要进一步研究。当前，部分已核销呆账项目往往由于实际处置费用过高而难以回收，一定程度上影响了我行经营效益的最大化。

（2）关于考核激励政策的优化问题。一是一级分行KPI指标体系有待于进一步调整优化。根据《2008年中国建设银行一级分行KPI考核办法》，总行对资产质量的KPI考核仅设置“不良贷款率”单一指标。分行反映，这一指标既可以通过压缩不良贷款来实现，也可以通过增加信贷投入来实现，不利于引导分行加快处置不良贷款。二是不良资产超计划处置部分难以兑现激励费用。由于不良贷款处置工作存在较大的不确定性，年初列入处置计划的项目不一定处置，未列入计划的项目可能得到处置。还有一些分行为了控制资产质量，在总行计划的基础上自我加压，超计划处置不良资产。在费用配置封顶原则的影响下，超计划处置部分难以兑现激励费用，在一定程度上影响了分行超额处置的积极性。

（3）关于资产保全专业化队伍建设问题。一是资产保全专业技术岗位序列尚未单列。风险经理序列（资产保全方向）专业题库于2007年上半年正式建立，但由于没有单独设置资产保全专业技术职务序列，保全人员只有申报风险或客户经理序列，且有的行执行不到位，致使资产保全条线专业人员聘用力度不大。二是条线培训力度仍需进一步加大，充实条线人员在财务、法律、谈判、投资银行等各方面的专业知识。三是尚未建立一支专职资产保全审批人队伍。目前，总分行资产保全审批人基本上由保全高级副经理级以上人员兼职担任。为提高审批的专业性和独立性，亟需建立一支专职的资产保全审批人队伍。

2. 外部政策。一是不良贷款不能本金打折处置。目前银行对符合一定条件的公司类不良贷款可以实施减免表外利息的处置方式，但却无权豁免贷款本金（除前面提到的对东北装备制造业不良贷款、地震灾区贷款、中小企业和涉农不良贷款可采用本金打折方式处置）；对个人类不良贷款尚不能实施减免表外利息的处置方式。二是不良贷款市场化转让限制较严。一方面，现行政策不支持商业银行对不良贷款按市场价值单个或打包进行转让；另一方面，银行信贷资产转让受让方只能是有贷款资格的金融机构。三是抵债资产处置税费过高。目前抵债资产收取、保管、处置诸环节需缴纳的税费多达二十余种，成本较高，不利于不良资产的处置。四是现行制度规定中损失类贷款和呆账贷款认定标准不一，导致部分损失类贷款无法使用计提准备及时核销。

三、加强建设银行资产保全工作的建议

（一）继续加强资产保全管理体制建设

以促进资产保全业务的长效运营为目标，持续推动三个方面的体制建设：一是建议在进一步推进不良资产集中经营的基础上，积极和行内相关部门协调，探索实现资产保全条线的成本计量和独立核算，为事业部制改革奠定基础。二是建议深入贯彻总行2010年“贷后管理年”工作部署，延伸资产保全职能，细化保全部门管理处置关注类三级贷款及介入新增贷款押品准入审核的具体工作流程。三是建议进一步调整资产保全审批体制，探索构建资产保全业务的差别化授权体系，逐步实施资产保全业务的差别化授权和动态管理。

（二）进一步理顺资产保全相关经营机制

一是建议继续研究不良贷款处置激励机制，形成以促进不良贷款处置、提高处置效率为导向的费用配置机制，充分调动全行超计划处置不良贷款的积极性。二是建议进一步完善跨区域公司类不良贷款联动处置机制，总行牵头建立科学合理的分行间利益补偿机制，充分借助我行的整体客户资源及处置手段，形成全行联动的催收处置机制。三是建议研究已核销呆账资产处置费用列支的账务处理方式，以充分调动分行回收已核销呆账的积极性。

（三）不断探索不良贷款的处置创新

一是继续探索不良贷款打包转让方式。尝试以中小企业和涉农不良贷款为标的的打包转让业务，以适应政策要求，争取获得监管部门的批准。二是研究运用依法接管企业经营权的方式保全资产。三是加强与建银国际、建信租赁、建信信托的合作，运用投资银行、信托及融资租赁手段，拓宽不良贷款处置途径。

（四）加强资产保全队伍的专业化建设

一是建议单独设置资产保全条线专业技术职务序列，加大资产保全条线员工专业技术职务的评聘力度，拓宽员工晋升通道，加快建立一支具备金融、法律、财务、投资银行等复合技能的专业化队伍。二是建议加大资产保全条线员工的培训频率和力度，实行专业培训、跟岗培训等。三是建议实行资产保全专职审批人制度，在总行和一级分行设立资产保全专职审批人，专门从事资产保全审批工作。

（五）继续向监管部门争取有利于不良贷款处置的相关政策，力争在处置政策上取得进一步突破

建议我行联合其他三大商业银行，继续向监管部门争取不良贷款处置的有利政策：一是在严格设置适用条件与标准、有效控制风险的前提下，允许商业银行根据借款人的实际偿还能力，采取减免本金的方式处置不良贷款。二是比照国际惯例允许商业银行对不良资产实施市场化转让，包括开展重整资产证券化业务，以实现不良资产的快速处置。三是鉴于商业银行收取抵债资产是不良贷款回收的中间过程，保管及处置非盈利行为，争取明确免除相关税费，避免重复纳税①。四是将银行呆账贷款认定条件与贷款风险分类标准统一，以利于银行及时运用计提的准备金核销不良贷款。

调研组成员：

董　事　张向东　王永刚　李晓玲

成　员　张进国　马　奎　陈　蕾　王　鹤

　　　　张立亚　杨卫国　杨　洁　唐　俊

① 具体包括：(1) 收取环节缴纳的契税、印花税等，过户及登记费用、规划设计费、交易手续费等费用；(2) 保管期间发生的房产税、城镇土地使用税、车船使用税等税负；(3) 处置环节缴纳的营业税及附加、企业所得税、城市维护建设税、土地增值税、印花税、教育费附加等，以及土地收益金、交易手续费等相关费用。

关于建设银行表外业务有关情况的调研报告

调研组

近年来，我行表外业务发展迅速，总量规模较大，创新产品不断出现，对我行的风险管理、财务报告、信息披露等形成了重要影响。有鉴于此，监事会近期组织了对我行表外业务相关风险管理、会计管理与内部控制等情况的调研，调阅分析了有关规章制度、文件签报、经营管理数据、内外部审计检查报告等资料，与总行有关部门进行了访谈沟通，并到天津市分行现场调研。有关情况如下。

一、建设银行表外业务的概况

商业银行表外业务一般是指商业银行从事的按通行的会计准则不列入资产负债表内、不影响资产负债总额，但能影响银行当期损益、改变银行资产报酬率的经营活动。但由于在实际经营管理活动中，情况复杂、千变万化，所以无论是国内外监管和会计准则规定，还是银行同业实践，对商业银行表外业务具体涉及的品种、口径等还没有统一的规范，我行内部也没有统一的规定。基于目前我行相关表外业务品种的规模及其对风险管理、财务报告、信息披露等影响的重要程度，本次调研我们重点分析研究了银行承兑汇票、信用证、海外代付、保函、贷款承诺①等传统型表外业务，以及金融衍生产品、以信贷资产为基础资产的理财产品（以下简称信贷类理财产品）②等新兴表外业务。

（一）业务发展情况

我行表外业务近年来发展迅速。2004年底，本报告口径的表外业务余额为4 866.42亿元，约相当于同期表内资产总额的12.45%。截至2009年11月底，余额达到21 385.01亿元，约相当于同期表内资产总额的22.72%，上升了10.27个百分点，累计增长了3.39倍，年均增速达到67.89%。2009年前11个月新增2 450.51亿元，增速为12.94%。

表外业务各类品种的发展有较大差异。2004年至2009年11月底，保函、金融衍生产品业务余额分别增长4.66倍、4.48倍，年均增速为93.30%、89.69%；银行承兑汇票、信用证、贷款承诺业务余额分别增长2.05倍、1.84倍、2.77倍，年均增速为41.06%、36.76%、55.30%。2009年前11个月，海外代付业务增速为145.07%（2008年仅为28.32%）；银行承兑汇票、信用证、贷款承诺业务增速分别为57.01%、47.19%、32.13%（2008年为53.30%、－13.43%、41.20%），超过表内资产25.2%和贷款25.96%的增速；保函业务受到银监会政策影响增长乏力③；金融衍生产品业务受国际金融危机影响负增长32.44%（2008年为158.75%），信贷类理财产品整体微降0.89%（2008年为178.23%），其中，2009年新开展的

① 目前我行对贷款承诺业务存在两个口径。一是信息统计和定期报告披露口径，包括：（1）已签订贷款合同但尚未向客户发放贷款的余额；（2）信用卡未用额度；（3）循环信用额度及法人账户透支额度未用部分；（4）个人消费额度贷款未用部分。二是业务经营口径，包括贷款承诺书、信贷证明书、分期放款计划。除非特指，本报告中的贷款承诺业务一般指上述第一种口径。

② 包括信托贷款类和组合类，后者包括分行滚动组合类开放式产品和大丰收产品，其基础资产池中平均60%到70%为信贷资产。

③ 2007年10月，银监会下发《关于有效防范企业债担保风险的意见》，要求银行停止对企业债券、公司债券、信托计划等的担保，相应影响了我行融资性保函业务的发展。

分行滚动组合类产品余额达到708亿元，占63.67%，保本型产品受银监会政策影响①比年初减少了539亿元。

2009年前11个月，本报告口径的表外业务实现收入53.61亿元，其中，信贷类理财产品、银行承兑汇票、保函贡献较大，分别实现收入14.34亿元、12.94亿元、11.78亿元，同比增长50.42%、24.34%、28.32%；贷款承诺和金融衍生产品业务收入分别下降了66.99%②、85.52%。

表1　　表外业务基本情况表（截至2009年11月30日）　　单位：亿元

	业务余额				垫款余额				
	余额	余额占比（%）	比年初	增长率（%）	余额	比年初	垫款占比（%）	增长率（%）	垫款率（%）
合计	21 385.01	100.00	2 450.49	12.94	34.02	8.68	100.00	35.32	0.16
银行承兑汇票	3 445.82	16.11	1 251.13	57.01	19.31	7.79	56.76	67.62	0.56
信用证	989.44	4.63	317.2	47.19	7.05	−2.48	20.72	−26.02	0.71
海外代付	334.99	1.57	198.3	145.07	1.68	0.64	4.94	61.54	0.50
保函	5 661.13	26.47	247.37	4.57	3.36	3.26	9.88	3 260	0.06
贷款承诺	7 150.56	33.44	1 738.78	32.13	0	0	0	0	0.00
金融衍生产品	2 691.07	12.58	−1 292.29	−32.44	2.62	−0.33	7.70	−11.19	0.10
信贷类理财产品	1 112	5.20	−10	−0.89	0	0	0	0	0.00

注：1. 本表数据中，垫款数据来自风险管理部，信贷类理财产品数据来自投行部，其他数据来自信息中心。

2. 本表贷款承诺包括：（1）已签订贷款合同但尚未向客户发放贷款的余额；（2）信用卡未用额度；（3）循环信用额度及法人账户透支额度未用部分；（4）个人消费额度贷款未用部分。与定期财务报告披露口径一致。

3. 表中业务余额和垫款余额占比数仅是本报告口径的情况。

表2　　表外业务2004年至2009年11月增长情况表　　单位：亿元

	2009年11月底	2008年底	2007年底	2004年底	2009年11月底比2004年底增幅（%）	年均增速（%）
合计	21 385.01	18 934.5	11 767.4	4 866.42	339.44	67.89
银行承兑汇票	3 445.82	2 194.69	1 431.66	1 128.68	205.30	41.06
信用证	989.44	672.23	776.49	348.62	183.82	36.76
海外代付	334.99	136.69	106.52			
保函	5 661.13	5 413.75	3 677.4	999.33	466.49	93.30
贷款承诺	7 150.56	5 411.78	3 832.61	1 899.12	276.52	55.30
金融衍生产品	2 691.07	3 983.36	1 539.45	490.67	448.45	89.69
信贷类理财产品	1 122	1 122	403.27			

注：本表数据来自信息中心统计报告、年报、投资银行部报告等。

① 2008年5月开始，我行根据银监会的要求停办了对各类理财产品的担保业务，存量余额随产品到期逐步减少。

② 贷款承诺业务收入大幅下降的原因主要是根据银监会的要求，从2008年9月开始，承诺费要部分计入利息收入。

表3　　2009年前11个月表外业务收入情况表　　单位：亿元

	2009年1—11月	占比（%）	同比增长	同比增长率（%）
合计	53.61	100.00	-0.79	-1.45
银行承兑汇票	12.94	24.14	2.53	24.34
信用证	8.85	16.51	0.94	11.88
海外代付	2.21	4.12	-0.36	-14.01
保函	11.78	21.97	2.6	28.32
贷款承诺	2.4	4.48	-4.87	-66.99
金融衍生产品	1.09	2.03	-6.44	-85.52
信贷类理财产品	14.34	26.75	4.81	50.42

注：本表数据来自相关部门。其中银行承兑汇票业务收入包括手续费和承诺费收入。

（二）风险管理主要情况

我行董事会对表外业务的风险管理持续关注。2008年4月，审议通过了全行风险偏好陈述书。风险管理委员会定期听取包括表外业务风险在内的全面风险管理情况报告，并针对表外业务规模快速增长和信用风险增加的情况，提出了加强对表外业务贸易背景及业务需求真实性的审查、加强对担保条件的审查、强化后续管理等建议；在2009年第一次和第二次会议上还分别听取了关于理财业务开展及风险管理情况、表外业务风险管理情况的专题汇报。

高级管理层不断加强表外业务的风险管理。初步搭建起由风险管理部门设立风险政策底线、授信管理部门进行相关授信审批管理和日常风险监控分析、业务归口管理部门制定相关业务和客户管理的制度办法、直接经营部门和分行在风险政策底线及相关制度办法范围内经营发展业务的风险管理架构。金融危机爆发后，风险管理部门陆续出台了表外业务信用风险政策底线和理财产品、票据业务、代客衍生产品等业务的风险政策底线。授信管理部门加强了对传统型表外业务的信用审批和风险监控，并按月报告监测情况。投资银行部加强了信贷类理财产品的信用风险管理和日常风险管理制度建设，并按月、按季度分析、报告。公司业务部、国际业务部、金融市场部等部门也分别制定了相关业务的管理办法和风险防范规定，下发了多个管理通知，加强了对业务的监控分析。

对表外业务的总量管理也在逐步加强，2009年总行对表外业务相关收入及银行承兑汇票、信用证、保函、理财产品等的业务量制定了计划目标，2010年的综合经营计划又进一步对表外业务的加权风险资产新增下达了指令性计划。

（三）相关会计管理与内部控制情况

按照国内、国际会计准则和监管规定的要求，表外业务相关收入、垫款、预计负债等需要在表内确认、核算和披露；银行承兑汇票、贷款承诺、保函、信用证、金融衍生产品、理财产品等业务余额需要在年度报告中披露；表外业务会计信息质量对于年度报告的真实性、公允性、完整性具有直接、重要的影响。一直以来，总行有关部门重视表外业务相关会计管理与内部控制工作，不断加强制度建设。会计核算制度已基本覆盖各项表外业务；近期针对传统表外业务形成的预计负债修订完善了《预计负债管理办法》；制定了表外业务登记与业务台账定期对账的内部控制规定；推进CCBS、CLPM、NTFS、CBD等系统建设，加强了对表外业务的自动核算功能；2009年11月开展了对部分表外业务的会计检查；目前正在根据财政部等五部委的要求编制相关内部控制手册；等等。

二、表外业务风险管理中值得关注的几个方面

表外业务涉及风险因素多，相对复杂，不仅存在信用、操作和市场风险，还涉及流动性、法律、声誉等其他风险。要确保业务健康、有序地发展，相应的风险管理必须能够跟进和匹配。我们认为，以下几个方面还需进一步关注。

（一）风险的集中统一管理

一是风险管理职责还有分散。如部分业务品

种的风险管理仍主要由业务部门进行；授信管理部门的风险监控仅限于传统型表外业务，尚未覆盖到金融衍生产品、信贷类理财产品等新兴业务；投资银行部门信贷类理财产品管理团队既负责产品的研发，也负责相关的审批、风险管理等，还没有实现前中后台的有效分离。发行信贷类理财产品的客户在我行一般也同时有贷款业务，有关部门认为，对其的贷前、贷中、贷后管理，应考虑充分利用我行现有信贷业务监控管理的系统优势，但目前相关工作机制还不明确，信息系统也还没有很好地融合。

二是缺乏对表外业务风险自动统一监控的信息平台。业务信息数据还分散在多个部门、多个系统，部分数据还依赖手工台账，且数据口径不一，存在较大差异，辨析困难，影响了风险监控的及时性、一致性、有效性。例如，CMIS Ⅱ系统中保函、海外代付以及金融市场部统计的代客衍生品交易的垫款余额分别是3.36亿元、1.68亿元、2.62亿元，但由于ERPF系统中没有相应的明细科目设置，以致信息中心报告为零。再如，ERPF系统的贷款承诺数据口径与财务报告附注中披露的口径也不一致，前者包括贷款承诺书、信贷证明书、分期放款计划；后者包括已签订合同但尚未发放的贷款余额、信用卡未用额度、循环信用额度及法人账户透支额度未用部分、个人消费额度贷款未用部分等。截至2009年11月底，按前者口径余额是1 014.32亿元；按后者口径余额则为7 150.56亿元。

三是集中、协调机制有待加强。有关部门反映，由于我行还没有明确对表外业务的统筹规划和牵头管理部门，使得有关业务的规划、发展定位等缺乏统一指导，相关的总量管理也处于探索、改进过程中；产品的设计、研发、审查、后续管理等相对分散，部分同类产品在多个部门都有开发，相互之间协调也不够；业务部门与风险部门间协调联动、信息共享等的机制和平台还不完善；对海外分行、子公司的表外业务风险的统一管理还有待落实，等等。

（二）垫款增长问题

截至2009年11月底，我行本报告口径的表外业务垫款余额为34.02亿元，垫款率（垫款余额/业务余额）约为0.16%，虽然总体信用风险水平较低，但增长较快，与2009年初相比，2009年11月底余额增加了8.88亿元，增幅达35.32%；其中28.92亿元已为不良，占到85.01%，已计提减值损失准备17.85亿元，占垫款余额的52.47%。

垫款主要集中于银行承兑汇票和信用证业务，分别占56.76%、20.72%。其中，银行承兑汇票的垫款近两年均为正增长，2009年前11个月增幅为67.62%，垫款率为0.56%，超过2008年19.75%的增幅。2009年前11个月信用证业务垫款率为0.71%，相对较高。海外代付、保函、代客衍生品交易曾被认为是低风险业务，但受金融危机影响，2008年下半年以来垫款出现较快上升。如代客衍生产品交易业务垫款余额曾达到5.88亿元，经努力清收，到2009年11月底垫款余额降至2.62亿元。我行保函业务多年未发生垫款，危机以后，浙江省分行出现了信托理财产品项下的借款保证垫款1.96亿元。

表外业务发生垫款，有外部经济环境的原因，也与我行自身风险控制方面的漏洞和不足有关。如个别基层机构向客户提供的表外业务产品期限超出了客户实际的资金流转周期，导致资金被挪用；有的为非营利性机构办理衍生产品业务，以致损失发生时客户无法承担、我行被迫垫款，等等。调研中我们还了解到，用新发放贷款冲抵垫款的情况较多，这种做法只是延缓了信用风险的暴露，潜在信用风险仍在积累。表外业务垫款问题已引起管理层的重视，2009年9月，总行召开了专题会议，提出了一系列工作要求，特别是明确原则上不得通过给客户发放新贷款来承接垫款。

（三）操作风险管控问题

与表内信贷业务相比，表外业务信用风险相对较低，但操作风险相对较高。如银行承兑汇票业务，虚构贸易背景、用贷款资金或贴现资金作保证金滚动签发汇票并连续贴现、保证金管理不规范和收取不足等问题时有发生，2006年、2008年的内部审计都有发现，2009年8月的审计检查，再次发现3 578笔、314.09亿元的票据业务存在类似问题。保函业务，通过违规修改客户规模、以小企业产品流程来办理大中型客户的保函业务、未经审批修改保函、使用非标准格式文本、保函正副本间主要约定不一致等问题也存在。信用证和海外代付业务，对贸易背景真实性审核不严，出于营销客户目的而违规操作，不落实审批条件开立信用证，或者开证后放单、付款、承兑等业务环节操作不规范，或者未将海外代付纳入授信额度管理等问题也不少。另外，在制度执行方面，一些已被总行禁止的做法，个别基层机构依然进行操作，应引起高度关注。

（四）表外业务总量、结构、收益与风险的平衡把握

表外业务的发展，促进了我行中间业务收入的增长，有利于满足客户多元化的金融需求，增强了我行的客户服务能力，也在一定程度上缓解了信贷规模的压力。但需要关注如何使表外业务在总量、品种结构上更加合理，在收益与风险的平衡上把控更好。从收益上看，2009 年前 11 个月，我行表外业务实现收入 53.61 亿元，相当于其业务余额的 0.25%，而新增垫款却达到 8.88 亿元，占到收入的 16.56%。从对资本占用影响情况看，表外资产中高风险权重的业务相对较高，初步估算，低风险权重和不占用资本的只有 20% ~25%。2009 年 9 月底，全行表外加权风险资产达到 8 154 亿元，占到总加权风险资产的 16.76%，影响资本充足率约 2.35 个百分点；2005—2008 年，表外加权风险资产占总加权风险资产的比例分别为 9.56%、10%、13.33% 和 16.29%，呈逐年上升态势。

不同业务品种的收益与风险情况也有差异。受一些金融服务收费价格政策管制、同业竞争、维护客户关系等因素的影响，部分表外业务的收费较低，有的收益已较难覆盖所承担的风险和成本。如银行承兑汇票，按票面金额 0.5‰收取手续费，按扣除保证金后风险敞口部分的 2.5% 收取承诺费，且承诺费可减免，但其需要占用经济资本，发生垫款时还要提取拨备。就资本占用而言，在计算加权风险资产时，银行承兑汇票、融资性保函、一年以上的贷款承诺等都是 100% 的风险权重，与企业贷款一样，但其利润贡献却低于企业贷款。融资性保函综合收益率只有 1.5% 左右，远低于我行的净利息收益率，分行开展这类业务主要是为了吸引和留住客户并与表内业务进行组合销售。

近期，我行加强了对表外业务发展与风险控制的研究，2010 年综合经营计划中首次明确表外业务加权风险资产总量增长的指令性计划，并从降低资本占用的角度对部分表外业务的发展提出了指导意见，如对银行承兑汇票业务要求原则上除重要客户外不对外开具没有担保品的承兑汇票、对贷款承诺业务建议减少对一般客户的公开额度授信、降低对非活跃信用卡的授信额度，等等。

表 4　　部分表外业务收益与风险情况表　　单位：%

	业务余额占比	收入占比	收入/业务余额	加权风险资产占比	垫款占比	垫款率
银行承兑汇票	16.11	24.14	0.38	18.91	56.76	0.56
信贷类理财产品	5.20	26.75	1.29	0.00	0.00	0.00
贷款承诺	33.44	4.48	0.03	37.00	0.00	0.00
金融衍生产品	12.58	2.03	0.04	1.00	7.70	0.10

（五）基础管理方面

1. 信息系统。一是如前所述，缺乏对表外业务风险自动统一监控的信息平台。二是有的信息系统还有缺陷和不足，不利于风险管控。例如，CLPM 系统中已建立了专门的模块用于对贷款减值损失的测试，但表外业务的预计负债还未被纳入其中，押品管理系统还未与 CLPM 系统对接，不利于表外业务预计负债的准确测算；CMIS Ⅱ 系统缺少备用信用证产品核算项目，且该系统对表外业务余额与总账数据是否一致缺乏有效控制；CCBS 系统存在部分承兑汇票到期不能及时扣款的问题；NTFS 系统不能自动提示进口信用证和进口托收到期付款，不能对出口信用证承兑到期索汇催收进行提示，容易出现过期付款。三是对新兴表外业务的信息系统支持还有不足。例如，金融衍生产品，在前台交易层面，仅远期、掉期等相对简单的外汇交易能通过 CCBS、AD 等交易系统进行交易，其他复杂类型的衍生产品交易仍然采用手工方式，对交易细节还需要利用手工台账进行记录，在分行层面也没有开发交易的后续管理系统，对客户的额度监控等重要风险控制举措仍需要以台账方式手工操作，总行的限额管理也不能通过系统实现自动实时控制；理财业务方面，目前信息统计仍依赖各分行上报数据，理财产品综合支持系统还不够稳定，出现过交易中断、系统差错、应急处理不及时等问题，影响客户交易。

2. 准入、授信、审批。业务准入方面，存在制度执行不到位或变相降低门槛的情况。例如，信贷类理财业务的客户准入条件是“AA”级，但分行在开展业务中，有的客户信用评级未达到AA级或评级已失效，有的信用评级报告对重要的风险事项揭示不足，甚至利用“AA”级无须报总行审批，人为操作使客户达到业务办理条件等。有的分行未严格甄别客户购买理财产品的资金来源，以致军队预算资金、财政专项资金、住房公积金、上市公司募集资金、信贷资金等不符合国家有关政策和监管规定的资金流入我行，可能使我行面临监管风险和连带责任风险。

授信管理方面，总行规定“对同一客户的所有币种、所有形式的表内外授信业务均应统一纳入额度授信范畴”，但据风险管理部统计，我行代客衍生产品交易中占用授信额度的笔数仅占16%，提供担保的笔数仅占8%。总行要求对进入理财产品基础资产池的贷款应保留授信额度，但实际执行情况不一，有的分行明确要求要扣除相应授信额度，而有的分行则未保留授信额度。另外，有关部门反映，按照额度授信管理办法，表外业务以相应信用风险转换系数来扣减额度，但部分表外业务的风险敞口可能与所扣减的额度并不匹配，如1年以内的预收（付）款退款保证按30%计算占用额度，但该产品出现违约时需全额垫款。

审批方面，传统型表外业务已基本纳入CLPM系统管理，执行“先评级、后授信、再单笔”的办理流程，支用审批管理主要通过信贷授权和控制审批层级来实现，但金融衍生产品和信贷类理财产品尚未被纳入上述系统和流程进行管理，且总行对各类表外业务的审批支用要求也不一。如信贷类理财产品，总行要求由一级分行风险总监审核，信用证则一般是由审批人单签或双签。由于传统型表外业务审批程序相对简便，因此，个别分支机构在没有真实需求背景的情况下为客户选择信用证融资方式，以代替需采用会议审批的流动资金贷款。

3. 业务后续管理。有的表外业务后续管理不到位。如在信贷类理财业务中，对信托贷款按规定应比照我行自营贷款进行贷后管理，但实际执行中存在未按要求进行风险模拟分类、对贷款资金用途监控不到位、对信托贷款未按合同约定单独设账、专户管理，以及偿还理财产品的资金来源不合规等问题。再如，金融衍生品业务，由于缺乏交易后续管理系统，无法将交易数据信息、市场数据信息、交易的市场估值、交易担保、客户资金交易额度等重要管理参数集成于统一的信息平台，使得交易担保追加提示、敞口计算、客户额度监控、交易违约提示、交易垫款管理等后续风险管理工作缺乏系统支持和信息基础。对承兑汇票开票、贴现后相关资金流向的监控也存在不足，使得贴现资金流回出票人，增加了潜在风险，黑龙江省分行营业部于2008年12月10日为客户办理贴现，次日该贴现款项就回到了出票人账户。

4. 一些潜在和新兴的风险需要加强研究和防范。目前，表外业务风险管理侧重于信用风险和操作风险，对市场风险、流动性风险、声誉风险、法律风险等还较少涉及，有必要强化全面风险管理工作。

市场风险方面，金融衍生产品面临的市场风险全面而复杂，同时，杠杆交易还能够成倍地放大风险，我行对这部分产品的市场风险管控力量还不足，包括技术手段、信息系统支持等方面均有较大欠缺。对一些结构性的复杂的衍生产品，我行对交易敞口的管理还不够精细、敞口的确定缺乏定量依据，由于不具备自主定价权和交易系统相对滞后，一旦发生亏损，不利于及时平盘止损。此次金融危机中，我行代客QUANTO业务最高时就为客户垫付利息近6亿元。此外，在一些代客理财产品的研发过程中，相关部门缺少对产品在设计、销售、售后等环节可能面临市场风险的评估与评价。传统型表外业务也会面临市场风险，2008年下半年以来，票据贴现利率下降幅度超过了存款利率，特别是2009年上半年开始低于

6个月定期存款利率，加上相关业务审批、审核上较为宽松，为少数客户通过滚动开立银行承兑汇票进行套利提供了便利；境外保函、进口开证和海外代付受汇率影响较大，汇率的变动会导致远期付款外汇金额和保证金比例发生变化等。上述情况需要研究有效的风险防控手段加以应对。

流动性风险方面，我行贷款承诺增长较快，2009年11月底较年初增长了32.13%，可能在未来对我行的流动性、贷款规模等形成一定的压力。开放式理财产品定期开放，客户按日、按周、按月、按季度等行使赎回权，其基础资产池中约60%～70%为流动性较弱的信贷资产，在遇到客户大规模集中赎回的情况下，可能会由于信贷资产变现能力不足导致我行垫款。

其他潜在风险，如声誉风险，尤其理财产品业务，可能因为在产品设计、销售中存在的一些问题，而引发客户的争议和投诉，进而影响银行声誉。目前，我行信贷类理财产品尚未发生实际问题，但在其他理财产品中已经发生过投诉事件。法律风险，主要是由于某些理财产品的法律结构比较复杂，相关法律关系、法律行为的界定在司法实践中争议较大、掌握标准不一，且裁判机关出于保护弱势群体、维护稳定等考虑，往往会判决银行败诉，对客户进行赔偿。政策风险，如最近银监会发布的《进一步规范银信合作有关事项的通知》，对我行现行的信贷类理财产品的发展带来一定的冲击。

三、表外业务会计管理和内部控制工作中值得关注的几个方面

（一）对部分制度的执行需要加强

一是在登记、核算方面，如2008年内部审计发现12家分行不同程度存在表外核算不准确的问题，其中湖南省分行有9 049万元的保函未纳入表外核算、6 938万元的保函未销记表外账。2009年发现有7家分行425笔、124亿元远期外汇买卖，4家分行26笔、3亿元远期结售汇，5家分行36笔、49亿元其他衍生产品未登记表外账；银监会2008年现场检查也发现有122.78亿元代客远期利率协议未进行表外登记核算；个别分行未将进口信用证垫款、银行承兑汇票垫款转入不良贷款核算等。

二是在定期对账方面，还存在一些执行不到位的情况，使得业务部门登记台账、CMISⅡ系统、ERPF系统表外账之间经常出现不一致的情况，且未能及时发现。如外部审计师反映，在审计、审阅定期财务报告时，一般还需要通过核对业务登记台账信息来确定对外信息披露的数据。财务会计部在2009年11月的检查中发现了27亿元的信贷类理财产品业务的表外登记不及时或漏记，2 000万元承兑汇票本金及1万元手续费重复核算，分析原因主要是业务部门和会计部门之间未严格执行定期对账制度，以致上述核算问题没有及时被发现。

三是在确认预计负债方面，如银行承兑汇票、信用证、保函等业务可能会引发代偿，为确保会计信息质量，需要及时、准确地确认预计负债，但审计检查也发现部分分行的相关复核、执行工作还不到位，致使应当计提的预计负债没有及时在表内确认。

（二）部分制度、系统还需完善

一是相关系统还不能完全实现系统自动记账，部分信息还需手工录入，系统之间也并非高度自动化联动，导致部分表外会计信息的不准确。如目前CMIS、CCBS、ERPF系统之间就存在部分数据不一致的情况；个别业务人员因怕占用授信额度而不将业务录入CMIS、CLPM系统，也未通知会计核算部门，导致相应的表外账漏记。

二是有的系统在科目设置方面还不够细化。如由于OPICS系统原因，部分代客衍生产品的表外账还在自营科目中核算，并使用企业活期存款账户作为保证金账户。由于相关系统中垫款科目不够细化的原因，使得部分表外业务发生的垫款在系统中不能对应到相应产品，各系统生成的垫款数据存在较大差异。

（三）部分表外业务的核算存在争议，需要研究解决

开放式理财产品是2009年开展起来的新业务，此类产品是否出表核算存在争议。截至2009年11月底，我行开放式理财产品已累计募集5 153亿元，余额708亿元，占信贷类理财产品余额的63.67%，占全部理财产品余额的49.06%，目前基本是在表外核算。外部审计师认为，由于缺乏对开放日赎回金额的限制条款，存在提供流

动性支持的可能，银行保留的收益过高，基础资产管理方式不规范等原因，可能导致理财产品相关基础资产的风险没有转移出我行，不符合出表的条件，建议加强运用职业判断，辨析产品合同条款的差异，对每一类产品进行风险和报酬的详细分析，形成完善的风险控制流程，以确保采用正确的会计处理。调研中部门也反映，现有会计准则等的规定相对模糊，对于如何执行，各方看法有分歧，也在一定程度上存在着理财产品的会计核算办法跟不上产品创新的问题。目前，有关部门正积极研究通过设立大额止付条款（即当净赎回超过资产池中流动性资产总额时停止赎回）等方式来避免流动性风险，强化其出表核算的基础。

四、意见建议

随着我行表外业务的快速发展和总量规模的增加，其对全行风险管理、财务报告、信息披露等的影响必然会越来越大。监事会应持续予以关注，建议在下一步监督工作中继续有侧重点地进一步了解和监督，同时，建议加强对董事会、高级管理层履行相关职责的监督，以推动全行表外业务的持续健康发展。

1. 进一步加强对表外业务的全面风险管理，加大集中统一管理力度。进一步理顺部门、分行的风险管理职责边界，加强前中后台间的有效分离与制衡，落实牵头管理责任，加强业务后续管理工作，增强信息系统对风险管理的支持力度。

2. 持续加强表外业务相关会计管理和内部控制建设，不断提高表外业务核算的科学性、准确性。

3. 采取有效措施切实提高制度执行力，加强监督检查，努力解决屡查屡犯问题，夯实各项基础管理工作。

调研组成员：
监　　事　刘　进　金磐石　程美芬　孙志新
工作人员　陆　洋　曹建勇　李　玮
　　　　　郝　薇　孙　强　林　萍　陈　军

信贷投放调研分析报告

调研组

2009年，监事会持续对信贷投放与管理情况给予了关注，组织开展了一些实地调研和非现场分析。在调研过程中，与总行部分业务部门进行了沟通、交流，赴黑龙江省分行、河北省分行、山东省分行、青岛市分行等分行进行了座谈走访。主要情况如下。

一、信贷投放主要情况

2009年以来，全国各金融机构贷款余额快速增长。截至2009年11月底，金融机构本外币各项贷款余额为42.16① 万亿元，同比增长34.74%；较年初新增10.12万亿元，同比多增5.86万亿元。我行信贷业务也快速发展，总体上有以下几个主要特点。

（一）总量创历史新高

截至2009年11月底，我行本外币各项贷款余额46 172亿元，新增9 450.5亿元，是上年同期的2.5倍；贷款增速25.74%，是上年同期的2.2倍（见表1）。

① 金融机构数据来源于人民银行。本报告除特别说明外，数据均来源于CMIS II系统。

表 1 2003—2009 年我行 1—11 月及全年本外币各项贷款新增情况表

报告期（年）	贷款新增额（亿元）		贷款增速（%）	
	1—11 月	全年	1—11 月	全年
2003	3 419. 82	3 357. 91	19. 46	19. 11
2004	1 908. 71	2 309. 50	9. 12	11. 04
2005	2 337. 72	2 301. 62	10. 64	10. 48
2006	3 778. 67	3 778. 64	15. 57	15. 57
2007	3 749. 18	3 686. 81	13. 37	13. 15
2008	3 771. 31	4 991. 88	11. 89	15. 73
2009	9 450. 48	—	25. 74	—

注：2004 年贷款新增数据将当年剥离数据进行了还原。

（二）节奏把控相对合理有序

2009 年，我行贷款新增呈现先快后慢的走势，前 2 个月新增贷款居同业首位，3 月以后投放节奏明显放缓，前 11 个月贷款新增额在四大国有控股商业银行中居第四位，增速分别低于同业及四行平均水平 5. 85 个和 6. 92 个百分点。总体来看，一方面配合了“保增长、扩内需、调结构”相关政策措施的落实，同时，根据监管要求和自身对风险的判断，合理调控总量和节奏，投放总量和速度较同业平稳（见表 2）。

表 2 2009 年 1—11 月我行本外币各项贷款新增及四行排名

报告期	贷款当月新增额（亿元）	当月新增四行排名	累计新增四行排名
2009 年 1 月	2 552. 78	1	1
2009 年 2 月	1 031. 06	3	1
2009 年 3 月	1 756. 76	4	4
2009 年 4 月	696. 18	2	3
2009 年 5 月	427. 02	4	4
2009 年 6 月	816. 57	3	4
2009 年 7 月	571. 55	2	4
2009 年 8 月	350. 35	3	4
2009 年 9 月	452. 56	2	4
2009 年 10 月	400. 61	2	4
2009 年 11 月	393. 38	3	4

注：同业数据来源于人民银行。

（三）投向以拉动内需相关行业为主

2009 年前 11 个月，全行公司类贷款余额新增 6 966 亿元，投向以与拉动内需和改善民生的基础设施建设密切相关的租赁和商务服务业，制造业，交通运输、仓储和邮政业以及水利、环境和公共设施管理业四个大行业为主，四个行业贷款新增额占全部公司类贷款新增额的 67. 74%。在上述行业中，我行对制造业贷款进行了投放控制，由此制造业贷款占比下降；其他三个行业贷款增长均不同程度地与政府融资平台贷款有关。初步统计，我行政府融资平台贷款的 91. 4% 分布在这三个行业，其中租赁和商务服务业占 46%，水利、环境和公共设施管理业占37.6%，交通运输、仓储和邮政业占7.82%。截至11月底，我行政府融资平台客户贷款余额5 196.79①亿元，占全部公司类贷款的14.65%，占比较年初上升4.33个百分点；前11个月贷款新增2 254.3亿元，占全部公司类贷款新增额的32.36%；贷款增幅76.61%，是公司类贷款平均增幅的3倍。

房地产业、建筑业贷款增速则大大低于公司类贷款平均增速，贷款余额占比持续下降。截至11月底，房地产业、建筑业贷款增速分别为5.57%和3.59%，低于公司类贷款平均水平18.87个和20.85个百分点，余额占比较年初分别下降1.75个和0.7个百分点。

小企业客户按照内部管理口径，9月底已达48 596户，比年初新增8 868户，增幅22.3%。小企业贷款余额2 531.2亿元，比年初新增673.9亿元，增幅36.3%，高于上年同期17.4个百分点，高于对公贷款增幅13.3个百分点。小企业非贴现贷款余额2 197.8亿元，比年初新增570.0亿元，完成全年650亿元新增计划的87.7%（见表3和表4）。

表3　　2009年前11个月公司类新增贷款行业分布情况

行业门类	2008年底		2009年前11个月贷款余额新增	
	余额（亿元）	占比（%）	余额（%）	占比（亿元）
合计	28 508	100	6 966	100
租赁和商务服务业	1 372	4.81	1 548	22.23
制造业	7 256	25.45	1 540	22.10
交通运输、仓储和邮政业	4 308	15.11	889	12.77
水利、环境和公共设施管理业	1 334	4.68	741	10.64
批发和零售业	1 333	4.68	607	8.71
电力、燃气及水的生产和供应业	4 583	16.08	376	5.40
房地产业	3 296	11.56	184	2.64
采矿业	971	3.41	166	2.39
金融业	527	1.85	114	1.63
建筑业	1 207	4.23	43	0.62
其他行业	2 320	8.14	758	10.88

表4　　2009年11月底政府融资平台贷款行业分布情况

行业	余额（亿元）	占比（%）	对应行业类别	所属行业门类
投资与资产管理	2 390.55	46.00	国标行业小类	租赁和商务服务业
热力生产和供应	77.95	1.50	国标行业中类	电力、燃气及水的生产和供应业
城市公共交通业	406.29	7.82	国标行业大类	交通运输、仓储和邮政业
公共设施管理业	1 871.21	36.00	国标行业大类	水利、环境和公共设施管理业
燃气生产、供应业	82.56	1.59	国标行业大类	电力、燃气及水的生产和供应业
环境管理业	82.51	1.59	国标行业大类	水利、环境和公共设施管理业
水生产和供应业	285.72	5.50	国标行业大类	电力、燃气及水的生产和供应业
合计	5 196.79	100	—	—

① 本统计口径包括城市公共交通业、公共设施管理业、环境管理业、燃气生产和供应业、水的生产和供应业、热力生产和供应、投资与管理共七个行业。

（四）风险防控措施比较主动

在服务大局、支持经济发展的同时，我行重视风险防范，采取了一系列积极的措施。例如，持续推进信贷结构调整、强化重点领域的风险管理等。3月，总行下发了《2009年信贷政策与结构调整若干意见》，针对制造业、批发和零售业、交通运输业等重点行业，年中陆续出台细化了信贷结构调整政策；9月，对钢铁、水泥、平板玻璃、煤化工等行业重检了审批指引，全面推进多晶硅、风电设备等六个产能过剩行业的名单制管理；12月发文要求对政府融资平台客户实行名单制管理；加强审批授权管理和授信监控，从8月起收紧了对政府融资平台客户的新增授信，上收授信和贷款发放的核准权，对光伏发电相关产品、风电设备制造企业发布了风险提示；同时，审慎控制制造业、房地产业信贷投放，加快风险较高客户存量贷款的压缩退出进度，年初安排退出计划450亿元，6月又进一步调增至621亿元，截至10月底，全行退出类客户贷款压缩603亿元，退出计划完成率97%。总体来看，全行资产质量继续向好，风险状况保持稳定。

二、需要关注的几个方面

（一）信贷资产组合结构

1. 对盈利影响。信贷资产品种、客户、区域结构等组合状况，不仅影响着资产质量、盈利水平和资本占用，更是关系到银行可持续发展的核心问题之一。从客户结构看，我行公司客户贷款中，大型、特大型客户贷款占比达到75%左右，这类客户议价能力相对较强。据总行有关部门统计，在2009年前9个月新发放的公司类贷款中，特大型企业贷款利率平均下浮6.88%，大型企业平均下浮3.35%，中型企业平均上浮0.02%，小型企业平均上浮6.31%。总体贷款加权浮动比例为-2.67%，同比下降2.64个百分点。虽然我行依靠中长期贷款占比高的优势，在同业保持了较高的基础利率水平，但由于下浮利率占比较高、下浮幅度较大、贷款期限延长带来的“边际利差”正逐年缩小，净利差优势也同步趋小。2006年，我行的净利息收益率（NIM）领先工商银行0.38个百分点，2008年以来，我行的利差优势有所缩窄，至2009年6月，差距缩小到0.21个百分点（见表5和表6）。

表5　2009年前9个月建设银行非贴现公司类贷款利率与工商银行比较　单位：%

金融机构	利率水平	上下浮比例分布			企业规模分布		
		下浮	基准	上浮	大型	中型	小型
工商银行	5.23	40.13	39.56	20.13	37.42	49.95	12.63
建设银行	5.28	47.74	35.97	16.29	74.12	16.01	9.87

资料来源：2009年第三季度经营形势分析材料。

表6　建设银行与工商银行NIM的比较　单位：%

金融机构	2006年	2007年	2008年	2009年6月
建设银行	2.79	3.18	3.24	2.46
工商银行	2.41	2.80	2.95%	2.25
比较	0.38	0.38	0.29	0.21

资料来源：工商银行、建设银行定期报告。

2. 对资本影响。表内外风险权重较高业务的快速增长，对资本充足率管理构成持续压力。随着业务快速发展，我行资本充足率呈逐年下降的趋势。根据资本充足率有关管理办法，表内不同资产风险权重计算比例有所不同，例如，大部分贷款业务的风险权重为100%，对我国中央政府投资的公用企业的贷款、个人住房抵押贷款的风险权重则为50%，银行承兑汇票贴现的风险权重为20%。另外，符合监管要求的担保品，如现金、国债、中央银行票据、商业银行票据等，计算过程中可按不同比例扣减加权风险资产。现阶段，我行资产中贷款业务比重仍比较大，初步测算，贷款资产中，风险权重100%的贷款占到70%以上，且这些贷款中约76%为担保贷款。据资产负债管理部分析资料，截至6月底，我行担保贷款中符合监管要求可按不同比例扣减加权风险资产的担保品比率只有3%。2005年以来，全行加权风险资产基本与贷款保持了同步的增长速度，2006年、2007年两年甚至超过了贷款增速。

表外资产组合状况对资本占用也有影响。如融资性保函、远期票据承兑的信用转换系数为100%，非融资性保函为50%，有优先索偿权的装运货物作抵押的跟单信用证为20%，期限在1年以内或可随时无条件撤销的承诺为零。9月底，我行表外加权风险资产8 154亿元，占总加权风险资产的16.76%，影响资本充足率2.35个百分点。2005—2008年，表外加权风险资产占总加权风险资产的比例分别为9.56%、10%、13.33%和16.29%，逐年上升。初步测算，主要表外资产中（不含汇率、利率及其他衍生产品合约风险资产），高风险权重的占17.45%，中等（50%）风险权重的占57.88%，低风险权重和不占用资本的只占24.68%。

2005年以来，除2005年发行H股和2007年发行A股两次大规模融资补充资本金外，其他年份加权风险资产的增幅均高于年度资本净额的增幅。在资本监管约束日趋严格和资本市场融资不易的情况下，进一步优化表内外资产组合，合理配置资源，尽快走向较低资本消耗、较高效益发展的路子，是需要重视并研究解决的问题（见表7）。

表7　　2005年至2009年6月资本充足率情况表

		2005年	2006年	2007年	2008年	2009年6月
资本净额	余额（亿元）	3 472.44	3 743.95	4 631.82	5 104.16	5 854.90
	增幅（%）	35.65	7.82	23.71	10.20	14.71
加权风险资产	余额（亿元）	25 589.56	30 910.89	36 831.23	41 964.93	48 893.13
	增幅（%）	12.86	20.79	19.15	13.94	16.51
资本充足率（%）		13.57	12.11	12.58	12.16	11.97

资料来源：定期报告，其中加权风险资产包含12.5倍的市场风险资本。

（二）信贷结构调整

我行近年来着力推进信贷结构调整，通过建立完善准入退出标准、明确重点行业的政策底线、推进名单制管理、实行行业风险限额等，逐步建立了多种政策工具相结合的信贷结构调整政策体系，取得了较好成效。但从长远看，结构调整任务依然十分繁重。

1. 从整体看，传统倚重公司业务和大客户为主的结构尚未实质性改变。截至11月底，公司类贷款占比76.83%，个人类贷款占比23.17%，占比结构与年初相比无大的变化。从客户结构看，以大中型企业为主，其中大型企业贷款余额占比76.29%，较年初上升1.06个百分点，中型企业占比16.03%，小型企业占比为7.68%。从行业结构看，居前四位的行业贷款余额合计22 432亿元，占公司类贷款比重虽较年初下降4.96个百分点，但仍达63.24%，行业集中度仍相对较高。从期限结构看，5年期以上贷款增幅较明显，5～8年期限的贷款增幅为38.55%，8～10年期限的贷款增幅为42.48%。中长期贷款占全部对公贷款比重上升快，11月底比重达到66.95%，比年初上升了2.73个百分点，比2003年底上升了19个百分点（见图1）。

2. 部分产能过剩和重复建设行业贷款仍增长较快。尽管对投放进行了控制，但上半年我行制造业贷款的增幅高出工行9.35个百分点。截至9月底，水泥、多晶硅、风电设备贷款增幅分别高达32%、108%和233%，远高于同期公司类贷款24.4%的增幅。同期全行公司类贷款新形成的140.71亿元不良贷款中，制造业有71.37亿元，占50.72%（见表8）。

3. 结构调整进展不均衡，退出贷款客户压缩进度行际差异较大。截至9月底，23个分行退出计划完成率低于全行平均水平（89.92%），其中12个分行退出计划完成率低于75%。一些分行还违反规定向“控”、“压”类行业中拟实施战略退出客户发放贷款，在行业贷款限额出现红色、橙色预警信号期间，个别行未经核准发放贷款。

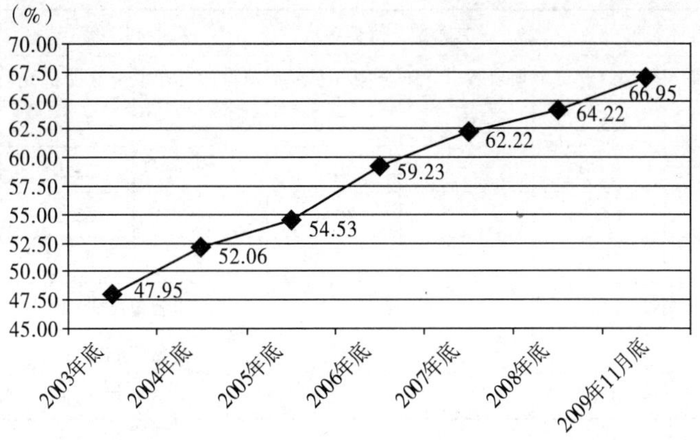

图 1　中长期贷款占全部对公贷款比重

表 8　2009 年 9 月底产能过剩和重复建设行业非贴现贷款情况表

行业	贷款余额（亿元）		比年初增速（%）
	9 月底	比 6 月底	
全部公司类贷款	32 714. 06	719. 56	21. 79%
六行业小计	1 629. 80	27. 02	18. 94
钢铁	1 020. 55	－22. 93	8. 55
水泥制造	290. 64	24. 22	32. 23
平板玻璃制造	47. 78	0. 29	23. 03
煤化工	214. 97	25. 27	45. 00
多晶硅	35. 40	－1. 19	107. 70
风电设备	20. 47	1. 35	233. 05

资料来源：2009 年第三季度经营形势分析材料。

（三）风险防范与化解

针对信贷业务的快速发展，我行在强化业务管理和风险防范等方面，采取了一系列积极措施，但在当前复杂多变的经济金融形势下，外部环境存在较多的不确定性，行业变动因素、政策风险等都较大，经济刺激计划下贷款过快增长本身可能也积聚了更多的风险，因此，防范和化解风险的难度比以往更大。

1. 政府融资平台贷款潜在风险较为突出。这些潜在风险既有来自于其实物注资、自有资金不足、担保效力不足、过度举债等方面，实质上将地方财政风险与银行风险紧密地捆绑在一起；又有来自于银行对这些贷款的管理难以及时获取各类信息，主动监控的难度较大，有效控制这类贷款的风险还缺少相应的经验等原因。据调查，我行政府融资平台贷款项目中，有相当部分自身并不产生现金流，属于公益性或半公益性，完全依赖财政还款。据公司部统计，截至 9 月底，财政层级在地市级及以下、完全依靠本级财政收入还款、且财政实力不足（财政资金自给率低于 40%）或过度负债（财政本级收入负债率高于 150%）的贷款也占相当比重，内部审计抽查也发现部分融资平台贷款存在上述问题。

2. 一些产能过剩和重复行业贷款风险隐患较大。在 2009 年适度宽松货币政策的背景下，一些产能过剩行业的贷款也呈现增长的态势，有的甚至超过了公司类贷款的平均增速。9 月，我行专门下发文件要求全行加强钢铁、水泥、平板玻璃、煤化工、多晶硅、风电设备等六个产能过剩和重复建设行业的授信风险管理。截至 9 月底，上述产能过剩行业第三季度贷款增速有所放缓，但与年初相比，除钢铁行业外，其余五个行业贷款增幅均高于公司类贷款的平均水平。从审批情况看，截至 10 月底，我行对六个产能过剩行业已审批未提款固贷项目 42 个，金额 203 亿元，其中实行名单制管理的一般支持类客户贷款还有 76 亿元（见表 9）。

表 9　　2009 年 10 月底产能过剩行业已审批未提款固贷项目情况

行业	总体情况		其中优先支持类客户		一般支持类客户		其他	
	项目数（个）	金额（亿元）	项目数（个）	金额（亿元）	项目数（个）	金额（亿元）	项目数（个）	金额（亿元）
合计	42	203.45	19	117.00	19	75.84	1	9.24
其中：钢铁	11	80.00	5	56.05	6	23.95	—	—
水泥	22	64.73	12	30.15	9	25.34	1	9.24
煤化工	6	57.35	2	30.80	4	26.55	—	—
平板玻璃	2	1.36	非名单制管理					
多晶硅	1	0.01	非名单制管理					
风电设备	0	0	非名单制管理					

资料来源：授信管理部。

3. 要密切关注房地产贷款。我行近年来对房地产行业的信贷投放比较谨慎，在信贷核准、审批、管理等方面均有明确的制度，2009 年 3 月在调整分行审批授权时仍保留了房地产行业信贷审批中的限制性规定。房地产贷款业务有较高的综合效应，分行的投放热情一直比较高，第一季度超计划投放现象突出，个别分行甚至新增超计划 10 倍。需要关注的是，有几家分行房地产贷款集中度已经很高，如厦门、深圳、福建、青岛分行公司类房地产贷款与个人住房贷款的余额合计占全部贷款比重在 40% 以上，厦门市分行占比达到了 46.93%。同时，我行公司类房地产贷款的客户又相对分散，目前共有 3 352 户，其中贷款余额在 5 000 万元（含）以下的客户就有 1 751 户，占 52%。房地产行业受国家宏观调控政策影响大，2009 年有关部门颁布的房地产项目资本金门槛的降低实际上扩大了房地产企业融资的杠杆效应，房地产企业的风险将更多由银行承担。近期，部分城市房价暴涨引起国务院重视，已经连续对房地产领域出台调控政策，如个人住房转让营业税征免时限由 2 年恢复到 5 年，土地出让金首付比例提高到 50%。房地产贷款业务的下一步发展需要更加谨慎地谋划。2009 年前三个季度，我行房地产公司类贷款新形成不良 18.49 亿元，居行业第二位，占全部公司类新形成不良贷款的 12.71%，高于房地产贷款余额占比近 3 个百分点。

4. 快速增长下贷款合规性风险问题。银监会、审计署对新发放贷款的检查均反映我行信贷管理中存在一些合规性问题。从 2009 年内部审计部门对全行信贷业务的抽查情况看，这类问题仍然不少。例如，发现贷款项目资本金不到位或未足额到位、贷款项目缺少行政审批要件等贷款发放合规性问题涉及金额 937 亿元，占抽查金额的 6.5%；贷款三查问题涉及金额 1 272 亿元，占 8.8%；贷款资金脱离我行监控涉及金额 1 321 亿元，占 9.2%；企业改变贷款资金用途涉及金额 1 439亿元，占 10%。

（四）基础管理

在信贷业务快速增长的同时，我行对信贷管理政策和工具进行了补充和完善，包括计划指导、绩效考核、结构调整等多个方面，相应出台和修订了一系列制度文件和办法以指导业务的发展。但目前来看基础管理工作仍面临诸多压力，例如，基层分支机构在信贷规模急速增长而客户经理等信贷管理人员没有明显增长的情况下，人均管理的贷款余额及客户数大幅提高，分行普遍反映，随着信贷规模的扩张，审批、风险、公司业务等条线工作负荷增大，员工压力较大。有的行反映，一级分行专业评估人员较少，目前对项目的评估主要侧重于对现有资料的分析与研究，对市场的深入调研做得很不够。又如，尽管我行反复强调贷后管理的重要性，但由于多方面原因，各级分支机构的主要精力依然还是放在信贷投放上，普遍存在贷后工作精力投入少，主动的贷后管理更不够，很少能够通过贷后管理来做到适时进入，及时退出，精细化管理有待加强。

（五）部门指导

近年来，宏观政策不断调整变化，近期，产业振兴规划、推进经济发展方式转变、治理产能过剩等政策和实施细则陆续出台。如何合理安排资源布局，并妥善处理好各种关系，考验着银行的决策与管理水平。例如，对行业集中度的把握，对属于产能过剩行业中一些企业贷款的审查、审批，对政府融资平台贷款的投入等，对决策和管理部门都提出了更高的要求。一些分行反映，2009年信贷政策变化较快，如3月下发的《2009年信贷政策与结构调整若干意见》（建总发［2009］37号）规定化学原料及化学制品制造业属于审慎投入、控制增量类，但6月下发的《制造业信贷结构调整指导意见》（建总函［2009］352号）规定该行业部分子行业中的优质客户和项目属于鼓励进入类。也有反映，2009年以来总行多个部门均下发过有关房地产贷款的制度文件，关于核准的主体几经变更，政策制度衔接不够顺畅。还有政策协调性不够，或者过于僵硬难以达到预期的效应，削弱了政策的合力等情况。对于结构调整，有的反映政策制定过于简单化，差异化安排不够。在指导分行工作方面，有的反映总行笼统地提出原则要求多，具体可行的办法和措施少；一些工作前瞻性不足，如上半年信贷规模较为宽松，下半年相对紧张，规模不够用的问题突出，增大了客户关系维护与处理的难度。总行通过关闭系统的方式控制贷款发放，在一定程度上影响了分行业务开展及客户关系的维护。

三、几点建议

一是建议监事会密切关注全行贯彻执行国家宏观调控政策和产业政策、信贷业务的经营发展和风险防范等情况，继续加强监督检查，2010年可考虑有重点地进行一些方面的深入调研与检查，对监督检查发现的主要事项及问题，及时进行提示和建议，以促进我行经营的可持续和稳健发展。

二是建议董事会继续加强业务发展战略研究和战略指导，提出更为明确合理的战略导向和价值取向，统筹考虑全行持续发展需要、风险管理水平、资本可承受能力等因素，确立合理的信贷发展目标，督促指导经营管理层从长远发展角度，合理安排资源布局，进一步提高资源优化配置效率。

三是建议管理层将结构调整放在更重要的位置，进一步推进业务品种、结构的调整。加大信贷管理力度，坚定实行风险限额管理等有效手段，从行业、区域、客户、产品等不同维度研究设定合理的总量控制。加大对已发放贷款的风险排查力度，进一步分析梳理可能存在的一些漏洞和问题，全面深入了解真实的风险状况，有针对性地进行管理。关注中央调整经济结构可能给行业、客户和项目带来的新的风险，确保贷款大投放后的资产安全。

调研组成员：
监　　事　刘　进　金磐石　帅晋昆
监办人员　车新亭　薄银根　邓智琦
　　　　　陈亚楠　孙　强

对本币资金业务风险管理情况的非现场分析报告

调研组

根据监事会工作安排，监事会办公室近期组织了对我行本币资金业务风险管理情况的非现场分析工作，调阅分析了相关规章制度、文件签报、经营管理数据、内外部审计检查报告等。有关情况如下。

一、业务概况

（一）总体情况

我行本币资金业务可划分为自营投资和代客交易两大类。其中，自营投资主要涉及货币市场交易、债券投资、自营贵金属交易等，代客交易主要包括代客衍生品交易（代理国内客户进行国际市场衍生品交易并以人民币与其结算）、代理债券结算、代理黄金交易等。

本币债券投资是本币资金业务的主体，2007年以来，增长较快、占总资产比例较大。截至2008年底，本币债券投资余额（包括一般债券投资、买入返售证券、保本型利得盈债券投资）为22 705.92亿元，占总资产的30.17%，比2007年底增加2 506亿元，增幅12.41%。截至2009年4月底，本币债券投资余额28 803.95亿元，比2008年底新增6 098.03亿元，增幅26.86%，占总资产的比例提高2.71个百分点至32.88%，主要是买入返售债券大幅增加。

其他本币资金业务规模不大。截至2009年4月底，货币市场交易中的信用净拆出余额为33.9亿元，自营贵金属交易中个人账户金交易名义敞口为－3 487.58千克，实物黄金交易名义敞口为3 486.64千克，代客衍生品交易余额491.21亿元，代理债券结算交易21.53亿元，代理黄金交易1 461.2千克等。

（二）本币债券投资组合情况

本币债券投资对象日趋多元化，按照发行体可分为国债、中央银行票据、政策性金融债、一般金融债、次级债、短期融资券、中期票据、企业债等，其中与2007年相比，中期票据、地方政府债券都是新增品种。近年来，组合构成变化有三个特点，一是中央银行票据、国债、政策性金融债占比下降，截至2009年4月底，央行票据、政策性金融债、国债（包括由财政部担保的地方政府债）分别占本币债券投资余额的26.91%、12.46%、15.12%，合计54.49%，比2008年底占比下降14.81个百分点。二是买入返售证券（主要是中央银行票据）大幅增长，截至2009年4月底，余额达到8 356.59亿元，比2008年底增加了6 332.97亿元，增幅312.95%。三是信用类债券（包括一般金融债券和次级债券、企业债券）投资余额增速较快。截至2009年4月底，信用类债券余额943.11亿元，比2008年底增长272.44亿元，增幅为40.62%，其中，企业债券（包括短期融资券、中期票据、企业债等）增幅达到96.47%。

（三）收益与风险情况

2009年1月至4月，本币资金业务实现收入239.07亿元，占全行营业收入的28.33%。其中，金融市场部直接经营的债券投资年化收益率为3.65%。2008年，本币资金业务实现收入726.42亿元，占全行营业收入的27.54%，金融市场部直接经营的债券投资年化收益率为3.84%。

截至2009年3月底，本币资金业务相关减值损失准备保有额5.1亿元。其中，债券投资减值损失准备3.11亿元，比2008年底增加0.03亿元，减值损失率0.01%。代客衍生品交易垫款坏账准备余额1.99亿元，比年初增加0.41亿元。

二、风险管理概况

（一）总体情况

董事会、高级管理层对本币资金业务的风险管理高度重视，特别是在金融危机爆发以来，加大力度，积极推进，相关风险管理和内部控制进一步完善、有效。董事会明确了全行市场风险偏好和主要市场风险管理政策，按季度听取相关风险管理情况汇报，关注和指导风险管理体制改革的推进。高级管理层初步建立起本币资金业务前台、中台、后台分离的运营架构，强化对重大经营管理事项的决策，定期评估全面风险管理情况。2008年5月，专门在风险管理部下设市场风险管理部，加强了市场风险管理的独立性，相关制度建设、限额管理、风险监控、拨备计提等稳步推进，融入业务流程，并着手推动一级分行建立与其所辖业务相匹配的市场风险管理架构。总行相关业务主管部门也在不断改进、完善相关制度流程和内部控制。

（二）相关经营管理组织架构与运作情况

根据我行章程，董事会负责决定风险管理政策和内部控制政策，监督其执行情况，对银行的风险状况进行定期评估，对管理层进行相关授权。2005年6月起，董事会风险管理委员会开始按季听取全面风险管理情况汇报；2008年4月，董事会通过了我行风险偏好陈述书；2008 年 5 月，董事会通过了市场风险管理政策；2008 年 5 月至 9 月，董事会风险管理委员会主席带队对我行市场风险管理进行了专题调研。

高级管理层在授权范围内直接决策、实施相关经营管理。从实际运作看，高级管理层下设的投资与理财业务委员会负责本币资金业务重大经营管理决策，包括审议本币投资策略和投资指引、规章制度、发展规划以及审批新产品等。

从部门分工看，基本形成了“风险管理部订规则、资产负债管理部管战略、金融市场部在边界内开展业务”的格局，和前台、中台、后台相分离、制衡的架构。金融市场部是主要的业务经营部门，直接经营全行大部分自营投资和代客交易，负责第一线的风险管理。资产负债管理部负责流动性管理、指导流动性组合操作，负责债券投资资金成本和经济资本管理，以及一些特殊债券的日常管理。风险管理部（含市场风险管理部）是主要的风险管理部门，包括相关市场风险、信用风险及操作风险等的管理，以及风险的监测、评估和分析。财务会计部牵头制订相关经营计划、考核方案等。营运管理部负责交易确认、资金清算、会计核算、债券结算和托管等。授信管理部负责相关授信管理和信用评估。客户经营部门、分行参与协作代客交易、信用类债券的发行承销等，并协助管理和负责承担信用风险。审计部组织相关审计检查。

总体来看，依托我行公司治理和管理体制，搭建起了职责相对清晰、分工协作、流程运作、分离制衡的本币资金业务经营管理架构，内部控制整体上有效，相关风险监控、报告、监督检查等基本能落到实处。

三、需要关注的几个方面

（一）债券投资规模增长加速，尤其是信用类债券投资高速增长，组合调整压力加大

2008 年以来，我行流动性持续宽裕，资金运用压力持续加大。如截至 2009 年 3 月 22 日，总行日终超额备付金 4 014 亿元，备付率 7.29%，大大高于正常备付水平，并超过了工行。由此，我行债券投资规模增长较快，如 2009 年前 4 个月，本币债券投资新增 6 098.03 亿元，完成了全年债券新增计划 7 324 亿元的 83.26%。

国内债券市场格局变化也较大，中央银行票据发行量大为减少，企业债、中期票据、地方政府债券等发行量增长较快，由此导致我行债券投资组合调整压力加大，投资格局渐趋多元化。中央银行票据、国债和政策性金融债占比下降，信用类债券投资加速上升。截至 2009 年 4 月底，中央银行票据、国债、政策性金融债投资占比比 2008 年底下降了 14.81 个百分点，而信用类债券投资比 2008 年底增长 40.62%，其中，企业债券增幅高达 96.47%，居于首位。预计到 2009 年底，信用类债券占比将继续提高至 8% 左右，年底余额将达到 2 400 亿元左右。

（二）风险形成因素日趋复杂，风险管理难度将加大

本币资金业务风险形成因素非常复杂，利率、汇率、贵金属价格、行业企业情况、宏观经济政策、国内国际经济金融走势和市场变化等都会从不同方面对不同业务产生影响和作用，且这些风险因素之间也会关联、衍生，对风险的识别、计量、监测、控制的难度和技术要求都越来越高。特别是方兴未艾的各类企业债券、代客业务、地方政府债券等的风险因素更加复杂，且由于发展历史较短，风险特征还未充分显现。

比如，企业类债券兼具利率风险、信用风险、流动性风险等特征，其本息回收和市场价值显著受到发行企业经营和财务状况的影响；不同的企业债券所具有的风险特征也各不相同，如中期票据期限较长、利率风险相对短期债券较高；地方城投类公司发行的企业债券具有特殊性，因其行政色彩较为浓厚，公司治理、业务经营受行政干预影响大，市场化运作相对不足，以致债券最终偿付的稳定性、安全性以及债券的流动性可能会受到更多不确定因素的影响；新兴的地方政府债券，虽目前由财政部担保，信用与国债类似，但从国际经验看，未来终将回归由地方政府承担最终发行和偿付责任，信用风险将提高。我行本币代客业务已经发生垫款，主要是代客人民币债务管理类挂钩美元、欧元掉期利率衍生产品，该类产品风险传导链长，风险因素更为复杂，市场价格的剧烈变动容易连带引发客户信用风险，我行如果风险提示不到位，担保设置不足，客户授信额度不能覆盖，或出于维护客户关系考虑等，都可能导致风险责任由我行承担，发生垫款。

（三）一些潜在风险需要高度关注

近年来，国内、国际同业发生了一些风险事件，如香港雷曼迷你债、工行纸黄金交易错报牌价、工行承销的福禧债券出现风险等，给相关银行带来风险损失和声誉损失。我行在本币资金业务中也陆续遇到一些新的情况，比如，对部分债券的投资存在特殊情况，有的企业债券是由分行提出需求并承担信用风险、总行代为认购，有的债券因余额包销等被动持有、超出规定限额。在以人民币结算的代理国内客户衍生品交易中也发生了一些风险。另外，部分政策性银行已经或即将进行股份制改革、转向商业化运营，相关信用风险特征将发生明显改变等。即伴随市场快速变化、业务快速发展，一些潜在风险都在不断形成、积累，需要我们高度关注，充分吸取经验教训，未雨绸缪，防患于未然。

（四）决策管理体制需要进一步完善

实际运作中，管理层的投资理财委员会负责了包括年度投资指引、新产品审批等，但截至目前还没有关于投资理财委员会职责、议事规则等的明确制度规定或相关经营授权（目前对行长、副行长、主管部门负责人有明确授权）。另外，目前投资理财委员会下设了理财产品专家审批小组和理财产品销售协调小组，但是对本币资金业务包括新产品投资审批没有成立专门小组。

其他如金融市场部既进行本币自营资金业务也进行本币代客资金业务，从风险防范角度考虑应更加严格区分为好、避免出现交叉混营。我们在收集本币资金业务相关数据过程中，发现存在多种口径，难以清晰区分。对债券投资的信用风险管理，多个部门、分行都有参与和负有相关责任，需要进一步统一协调等。

（五）风险管理需要进一步加强

一是信用类债券的信用风险管理还不能满足业务高速发展的需要。比如，现有的对公信贷业务流程管理系统（CLPM）没有考虑资金业务。本币债券投资与一般的信贷审批有较大不同，比如交易时机把握要求高，价格波动受利率、汇率、发行体信用等多种复杂因素影响，还有投资组合配置问题等，需要专业化审批，不宜混同操作。对债项的评级还没有内部评级，另鉴于债券业务的特殊性，也可以考虑制定有关债券的内部评级的标准和办法。目前债券投资交易前台对债券发行体经营情况变化等信息的掌握相对滞后，需要尽快从制度层面明确对债券发行体信用风险监测分析的机制。此外，在信用类债券投资余额高速增长的情况下，截至目前还没有出台对信用类债券的业务管理办法。

二是人员配备不足，系统支持力度不够。目前，总行金融市场部专职从事本币资金业务的交易人员 14 人，从事资金交易研究支持的人员 5 人。市场风险管理部专职从事本币资金业务日常风险分析监控和报告的仅有 2 人。信息系统对日常风险监控与管理的支持力度也不足，并可能加大操作风险，如目前市场风险日常监控所需部分数据和业务指标还需要手工整理汇总，可能影响指标计算的准确性和日常监控预警功能发挥，管理债券投资额度的彭博系统不能分别设置集团公司和控股公司的授信额度，前台业务交易系统与 CLPM 系统没有实现对接，需要手工调整额度，与债券交易的时效性要求不相适应等。

三是研究和估值等专业能力还比较薄弱。目前我行研究力量还比较分散，人员不足，对新型复杂业务有针对性的研究和风险提示还不够及时准确。在估值方面，对市场报价的依赖程度比较高，对复杂衍生类产品的估值能力不足，相关技术手段还有待完善。

四是审计检查频率较低。总行审计部在 2009 年 6 月组织对本币资金业务的审计，此前未对本币资金业务组织过专项审计。市场风险管理部自 2008 年 7 月成立以来于 2009 年 5 月组织了第一次专项现场检查。近年来，对于本币资金业务的风险情况，主要依靠相关职责部门的非现场分析监测来完成，专项审计检查频率偏低，不利于及时发现和改进风险管理问题和隐患。

四、建议

目前，董事会、管理层正从制度建设、流程梳理、风险内控等方面着手推进相关工作。建议监事会关注以下四方面工作进展情况，适时以适当方式向董事会、管理层提供建议。

一是进一步规范本币资金业务决策工作程序，

明确投资理财委员会的职责授权和议事规则，加强对重大投资经营事项的审批决策，提高投资指引及相关投资策略调整的科学性、及时性、有效性，加强对投资策略执行情况的监测与报告，加强相关评估、考核工作。

二是加强信用类债券信用风险管理，可以考虑明确金融市场部对所投资债券信用风险的管理职责，设立专门的信用类债券审批与管理团队，完善相关审批机制和风险监测分析机制。

三是加强主管部门的领导力量和相关团队建设，尽快提升本币资金业务研究分析、估值等专业能力，提高信息系统对风险监控管理的支持力度。

四是关注潜在风险防范工作，加强风险监测、分析和报告工作，提高审计检查频率，不断强化内部控制。

调研组成员：
监　　事　刘　进
监办人员　陆　洋　李　玮
　　　　　王洪信　毛　可　郝　薇

深化前后台业务分离项目调研报告

总行营运管理部

为支持深化前后台业务分离项目建设，总行对分行柜面业务现状、客户体验、业务凭证、业务量、业务处理时间五个方面进行了专门调研，基本情况如下。

一、柜面业务现状

（一）退票

1. 目前对公业务退票原因约35种。

2. 对公结算业务的退票方式与受理方式有关：柜面办理的现场退回或电话联系客户领取退票（前后台分离方式、交换提出的退票情况下），邮寄方式产生的退票（如委托收款）、邮寄退回，票据交换提入的退票原路退回。

3. 实施了票据交换集中提出的分行，都是由后台将退票返回前台，由前台联系客户领取退票。

4. 退票率：退票业务占全部对公结算业务量1%（含）以下的分行有19个；1%～5%的分行有16个；5%以上的分行有3个。

从退票原因方面看，上报数据的12个分行中，有11个分行主要是票据审核不通过（不含印鉴不符）。

5. 已经实现票据交换集中提入的分行退票率在2%～6%。从退票原因看，退票也主要产生于审票环节，其中大小写不规范、账号户名不符、背书不规范是主要原因，此外验印不通过也是一个重要原因。

（二）验印

1. 根据各个分行反馈情况，电子印鉴卡建库质量良好的分行24个，占比63.1%；建库质量基本通过的分行4个，占比10.5%；正在建模以及建模完毕未投入使用的分行5个，占比13.2%；建库质量不高的分行5个，占比13.2%。

2. 有26个分行柜面受理的业务未使用电子验印系统；除河北40%、深圳50%、北京50%、黑龙江50%外，其余8个分行柜面业务电子验印系统自动验印通过率在75%（不含人工校准通过部分）以上。

票据集中提回业务系统自动验印通过率各行差异较大，从20%～90%不等，与系统设置的精度、客户加盖印章的清晰度、建库质量等均有关系。

3. 验印不通过时，集中情况下一般由集中点先与网点联系，由前台网点与客户取得联系。如为重点客户，部分分行是由网点人员带领客户到后台进行改正；在非集中情况下，网点直接告知客户或者电话联系，后续处理根据具体情况退票或补盖印鉴或更新印鉴库等。

各行不存在将退票放回单箱留行待取的情况。

（三）收费

1. 前台对公业务中以现金方式收取的费用有26种，涉及九大类业务的有11种。

2. 在对公收费业务中，转账收费比例在70%以下的分行有2个；70%（含）~80%的分行有3个；80%（含）~90%的分行有3个；90%（含）以上的分行有30个。

3. 目前各项收费基本均可系统自动计算。对公业务收费的减免均需通过审批，总体来看，绝大部分分行对公账户维护费和不动户维护费、小额账户管理费的减免是通过在CCBS系统的参数管理来实现的，其他收费的减免则通过人工计算来实现。减免收费除河北、广西、吉林省分行以现金收取方式为主外，其他分行均以转账收取方式为主。

4. 各行均不存在同一笔收费需要在不同客户之间分拆的情况；但存在客户与银行之间、银行与银行之间分拆的情况：支票直通车（系统计费、业务量小）、银团贷款（手工计费）、代理国税（系统计费、电子直联方式）、同城特约委托收款（手工计费）。

（四）账户管理

1. 在实行账户集中审批管理中，未建立例外处理机制的有19个分行。

其余分行已建立了例外处理机制，对存在缺陷的账户资料由相关业务管理部门或行领导审批，并建立跟踪机制，限期补充完善账户资料。

2. 身份证核查通过率80%以下的分行有1个；80%（含）~90%的分行有8个；90%（含）以上的分行有29个。

（五）特色业务

目前分行特色业务或系统有：同城他行转账业务处理系统（部分分行）、提回票据影像处理系统、结算中心业务、分行非标准重空单证的调拨、票据协防、对公大额取现优惠系统、柜组信息处理（厦门）、集中汇划落地清分、代收付类（主要是实时）、分行理财系统、住房类业务、高速公路非接触式IC卡收费资金划转业务、国库资金清算、国地税业务、代理财政非税收入、POS机清算、签约信息维护、小额定期借记业务（北京、四川）、中间业务收入递延处理等。

（六）窗口设置

1. 全行对公窗口数共计22 623个。

2. 22个分行不存在现金收付环节与账务处理环节分开网点；16个分行存在高低柜分开处理账务和现金收付业务现象。

二、客户体验情况

为准确把握客户柜面业务办理需求，本次对深圳、河北、北京、四川、浙江、湖北6个分行九类业务共计1 327个客户样本进行了调研。

（一）客户何时离开银行柜台（立等与非立等）

1. 总体情况：35%的客户选择在提交业务，并得到银行柜员确认凭证要素无误的信息之后离开柜台（立等方式一）；58%的客户则在等待银行柜员账务处理完毕，获取最终交易结果之后离开柜台（立等方式二）；仅有7%的客户选择在提交凭证后离开（非立等）。

这一情况说明，93%客户目前办理九大类业务时采取的是立等的方式。

2. 业务维度（见图1）。现金支票和银行汇本票签发为纯立等业务；汇兑业务中，立等业务占比较其他六项业务稍高。

3. 分行维度（见图2）。九大类业务中的立等业务占比：河北91%、深圳86%、北京92%、浙江96%、湖北96%、四川95%。

（二）客户是否愿意延后获取交易回单

1. 总体情况：78.5%的客户（其中7%属于现有非立等业务客户，71.5%属于现有立等业务客户转换）表示愿意接受新的非立等业务处理方式：在客户提交业务并获得受理回执后即离开，而不需要在柜台等候；业务办理完成后，客户通过回单箱短信或网上银行等渠道获得确认通知；同时，在特殊情况下客户需要即时取得回单时，我行仍能够保障即时提供回单。约8%的客户表示不愿意接受非立等方式，约13.5%的客户表示不确定。

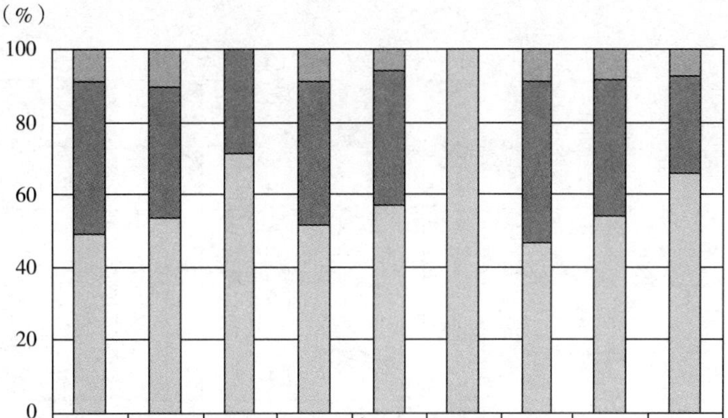

	转账支票（收款人）	转账支票（付款人）	现金支票	支票托收	汇兑	银行汇票/本票签发	银行汇票/本票解付	委托收款	开户、账户维护
非立等：提交业务凭证之后（样本数）	14	25	0	9	11	0	7	10	11
立等方式二：等待柜员确认凭证要素无误（样本数）	65	88	55	40	68	0	35	44	39
立等方式一：等待获取最终交易结果（样本数）	76	130	137	52	106	107	37	64	97

图1　立等与非立等方式占比——业务维度

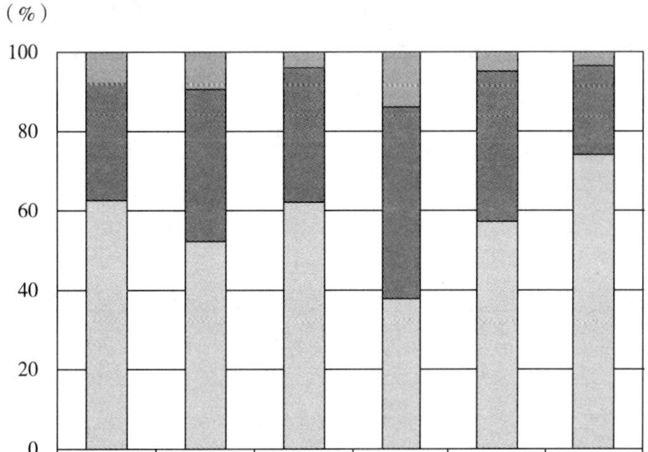

	北京	河北	湖北	深圳	四川	浙江
非立等：提交业务凭证之后（样本数）	13	26	7	31	11	10
立等方式二：等待柜员确认凭证要素无误（样本数）	49	108	58	106	81	60
立等方式一：等待获取最终交易结果（样本数）	104	147	108	83	124	200

图2　立等与非立等方式占比——分行维度

2. 业务维度（见图3）。委托收款业务83.9%的客户和开户及账户维护业务82.31%的客户都愿意接受非立等方式，较其他七种方式稍高。

3. 分行维度（见图4）。愿意接受非立等方式的客户：河北69%、深圳81%、北京66%、湖北77%、四川84%、浙江91%。

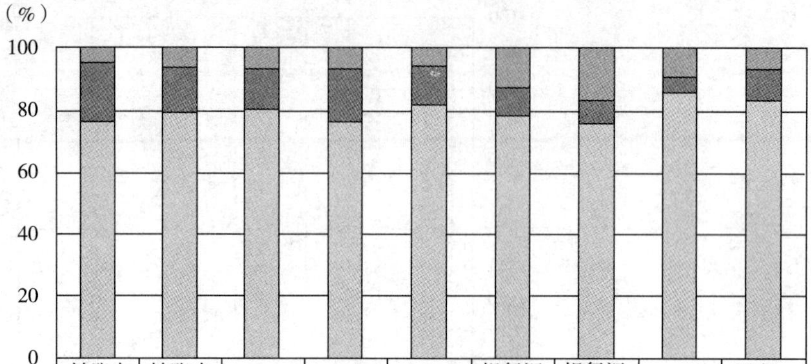

	转账支票（收款人）	转账支票（付款人）	现金支票	支票托收	汇兑	银行汇票/本票签发	银行汇票/本票解付	委托收款	开户、账户维护
③不愿意样本数	8	16	13	7	11	13	13	11	10
②不确定样本数	29	34	23	17	23	9	6	6	15
①愿意样本数	118	191	147	77	151	78	59	99	121

图3　客户延后获取回单意愿情况——业务维度

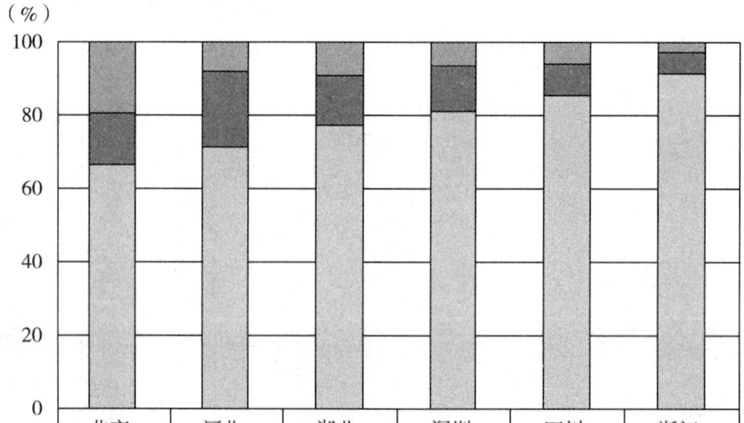

	北京	河北	湖北	深圳	四川	浙江
③不愿意样本数	32	22	16	14	13	8
②不确定样本数	23	55	23	27	18	16
①愿意样本数	109	193	133	178	182	246

图4　客户延后获取回单意愿情况——分行维度

（三）客户获得回单方式

总体情况：60%的客户选择了回单箱获取回单，42%选择留行待取，网上银行、短信通知方式分别为21%和25%，这四种方式客户普遍比较接受。

（四）客户办理业务时最关心的因素

1. 总体情况：客户在办理九大类业务时，对排队等候时间、业务办理简便性、资金到账时间三个方面关注程度较高，约86%的受访客户将这三项列为首要关注因素。

2. 分行维度：深圳市分行客户对排队等候时间、业务办理简便性、资金到账时间三个因素的关注均比较高；河北省分行、北京市分行客户对排队等候时间和资金到账时间关注程度比较高；湖北、浙江省分行客户更关心排队等候时间；四川省分行客户更关心业务处理简便性。

（五）客户对业务办理前的等待时间

1. 总体情况：客户排队等候时间可分为四个时间段，在办理对公柜面结算业务时，87%的客户排队等候时间在15分钟以内（见图5）。

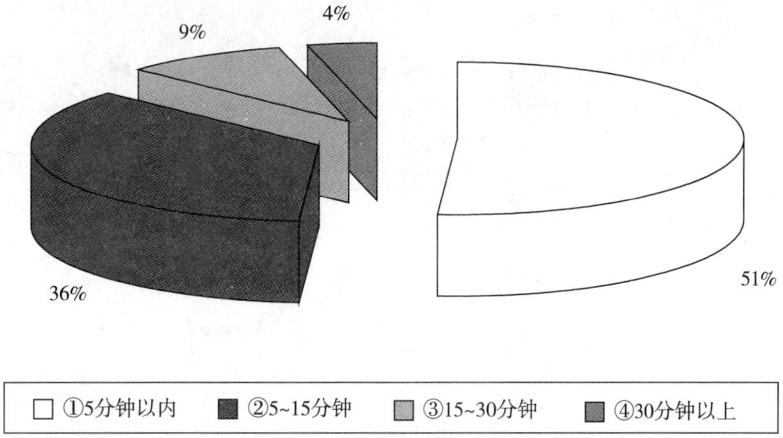

图5 客户排队等候时间占比总体情况

2. 业务维度（见图6）。客户办理银行汇票/本票解付、转账支票（付款人）、汇兑三类业务时，排队等候时间较短；办理开户和账户维护业务时，排队等候时间较长。

3. 分行维度：排队等候时间在15分钟内的客户占比，河北83%、深圳81%、北京91.6%、浙江91%、湖北92%、四川87%（见图7）。

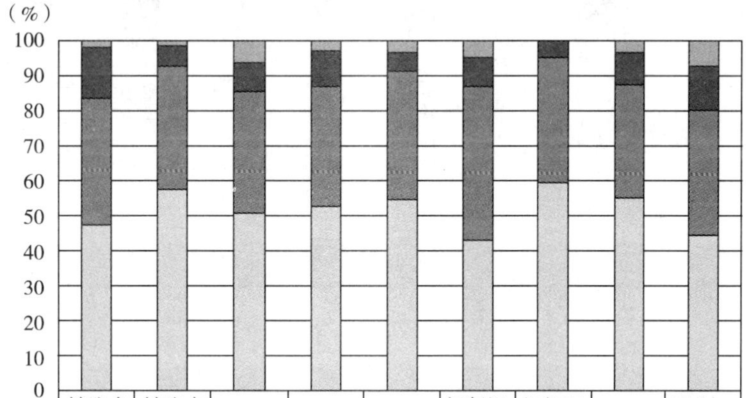

	转账支票（收款人）	转账支票（付款人）	现金支票	支票托收	汇兑	银行汇票/本票签发	银行汇票/本票解付	委托收款	开户、账户维护
④30分钟以上样本数	3	4	12	3	6	5	—	4	11
③15~30分钟样本数	22	14	16	10	10	9	4	11	18
②5~15分钟样本数	56	85	66	35	68	47	28	38	53
①5分钟以内样本数	73	138	97	53	101	46	47	65	65

图6 客户排队等候时间占比——业务维度

（六）客户对目前办理业务前等候时间的满意程度

1. 总体情况：50%的客户对办理业务前排队等候时间的评分为5分，17%的客户评分为4分，28%的客户评分为3分，3%的客户评分为2分，2%的客户评分为1分。

这说明客户对在我行办理业务前的排队等候时间还是比较满意的。但是，客户评分为3分通常表明客户采取的是摇摆态度，最终作出了折中的选择。

2. 业务维度。办理转账支票（付款人）业务的客户对排队等候时间相对比较满意。办理转账支票（收款人）业务的客户对排队等候时间满意度相对较低，办理转账支票（收款人）和支票托收业务的客户持折中态度的较多（见图8）。

3. 分行维度（见图9）。

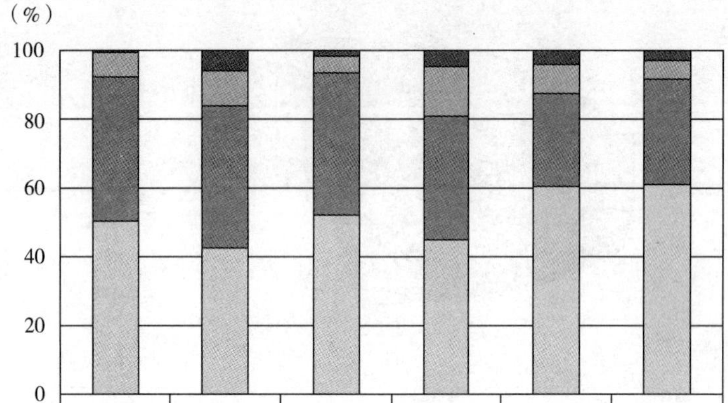

	北京	河北	湖北	深圳	四川	浙江
■ ④30分钟以上样本数	1	17	3	10	9	8
■ ③15~30分钟样本数	12	29	8	32	18	15
■ ②5~15分钟样本数	69	115	70	79	58	82
□ ①5分钟以内样本数	83	120	89	99	131	163

图7　客户排队等候时间占比——分行维度

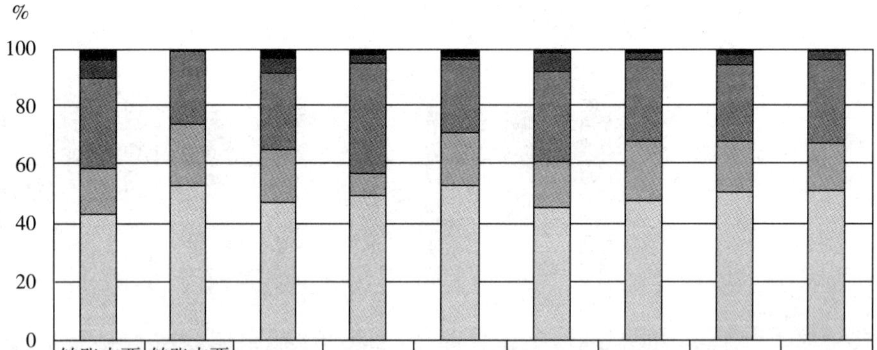

	转账支票（收款人）	转账支票（付款人）	现金支票	支票托收	汇兑	银行汇票/本票签发	银行汇票/本票解付	委托收款	开户、账户维护
■ 1分样本数	5	0	6	2	4	1	1	2	1
■ 2分样本数	10	2	10	3	2	7	2	4	4
■ 3分样本数	48	60	50	38	47	33	22	31	42
■ 4分样本数	25	52	35	8	34	17	16	21	24
□ 5分样本数	67	129	91	50	98	49	38	60	76

图8　排队等候时间评分情况——业务维度

（七）业务办理时间

1. 总体情况：41%的客户业务办理时间（从客户到柜台开始办理该业务，到办理完毕后离开柜台的时间）在5分钟以内，44%的客户业务办理时间在5～15分钟；11%的客户业务办理时间在15～30分钟；4%的客户业务办理时间在30分钟以上。

2. 业务维度（见图10）。可见客户办理开户和账户维护业务费时较长。

3. 分行维度。等候时间在15分钟以内的客户：河北83%、深圳83%、北京74%、湖北93%、四川83%、浙江87%（见图11）。

（八）客户对目前业务办理效率的满意度

六个分行96%的客户对业务处理时间表示基本满意（3分以上），其中3分的为24%，4分的为23%，5分的为49%；此外，评分为2分的为3%，1分的为1%。

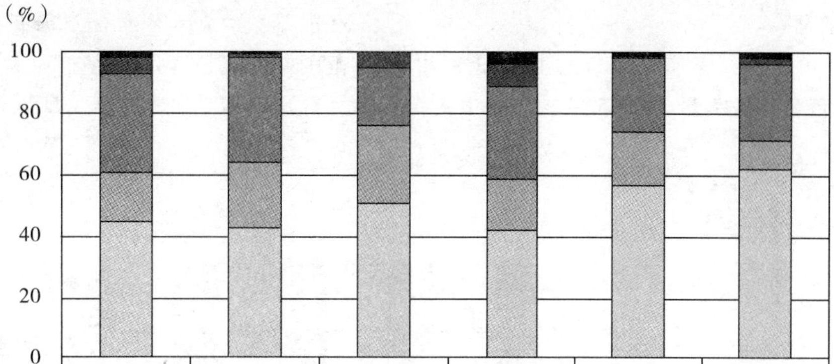

	北京	河北	湖北	深圳	四川	浙江
■ 1分样本数	3	1	0	9	3	6
■ 2分样本数	9	4	9	16	2	4
■ 3分样本数	54	97	33	67	52	68
■ 4分样本数	27	60	44	37	38	26
□ 5分样本数	73	119	87	91	122	166

图 9　排队等候时间的评分情况——分行维度

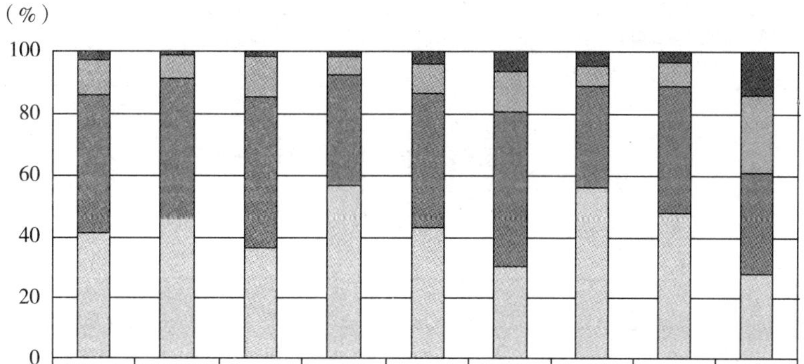

	转账支票（收款人）	转账支票（付款人）	现金支票	支票托收	汇兑	银行汇票/本票签发	银行汇票/本票解付	委托收款	开户、账户维护
■ ④30分钟以上样本数	5	3	3	2	8	7	4	4	21
■ ③15~30分钟样本数	17	19	26	6	17	14	5	9	37
■ ②5~15分钟样本数	69	109	93	36	81	54	26	49	48
□ ①5分钟以内样本数	63	109	69	57	78	32	44	55	40

图 10　业务办理时间——业务维度

三、业务凭证的调研结果

结合试点分行业务现状，通过调取稽核系统凭证模板或从人行、营业网点直接提取等方式提取凭证影像式样，我们补充完善了特色业务凭证种类和样式。并对原统计的凭证进行了细分，区分通用和地方使用，将收集的凭证划分为公用类凭证（共计 30 类）、地方特色类凭证（共计 11 类）。有些凭证虽然河北、深圳及全国各地凭证格式略有差别，但基本要素基本一致，也将其归为公用类凭证，如退票理由书、理财卡申请表等。财税类凭证因全国各地差异较大，种类明细众多，因此只按照大类进行区分，并放在地方特色类凭证中，并尽可能多收集凭证样式。

四、业务量的调研结果

河北省分行石家庄地区和深圳市分行九大类业务的日均业务量情况如图 12 所示，由于调研时间和资源的限制，依据的是3月底5天的数据，数据带有偶然性。

从图12可见，石家庄地区日均业务量5 997笔，深圳分行日均业务量10 825笔。业务量占前三位业务的为支票提示付款、票据交换提出业务和汇兑。个人开户及信息维护业务统计的是需求范围内的开折和定期存单业务，河北强制要求个人开户开卡尽量不开折，所以业务量很小。

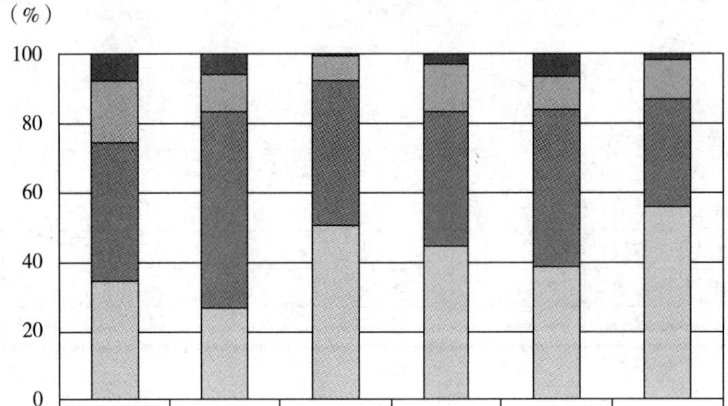

	北京	河北	湖北	深圳	四川	浙江
④30分钟以上样本数	13	17	1	7	14	5
③15~30分钟样本数	29	29	12	29	21	30
②5~15分钟样本数	67	159	73	85	97	84
①5分钟以内样本数	56	74	87	97	83	150

图11　业务办理时间——分行维度

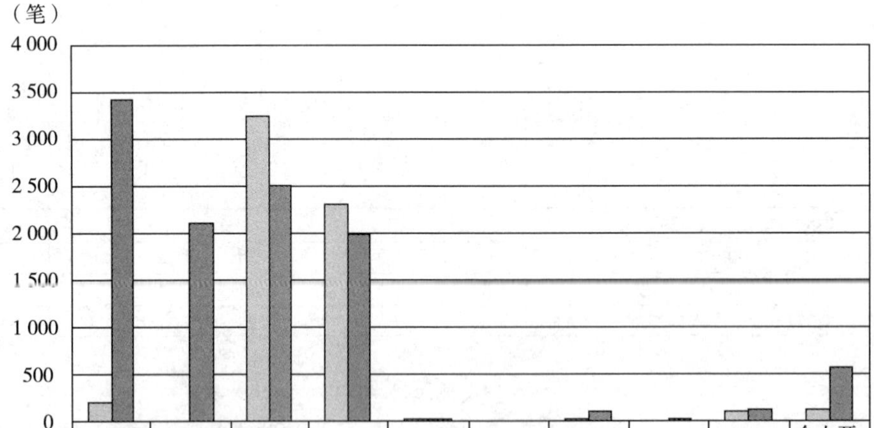

	支票提示付款	新同城	票据交换提出	汇兑	银行汇票	银行本票	委托收款	托收承付	对公开户及账户维护	个人开户/维护（exp.理财卡）
石家庄地区日均业务量	200	—	3 250	2 300	12	—	25	—	90	120
深圳市分行日均业务量	3 430	2 100	2 500	2 000	11	—	95	10	111	568

图12　试点行日均业务量情况

试点分行银行汇（本）票业务、委托收款和托收承付情况如下。

（一）银行汇票业务

石家庄地区：

1. 总体情况。石家庄共有对公机构 44 个，其中汇票机构 39 个，存在代理签发银行汇票业务，主要为代理无汇票签发权限的建行机构，业务量很小，每年不超过 10 笔业务。

2. 2009 年第一季度业务量。签发：318 笔，金额：146 961 310. 17 元（25 个机构有发生）；解付：279 笔，金额：148 136 066. 83 元。

深圳市分行：

1. 总体情况。深圳分行 99 个网点均为汇票机构，没有代理签发银行汇票的业务。

2. 2009 年第一季度业务量。签发：154 笔，金额：36 087 856. 68 元（38 个机构有发生）；解付：193 笔，金额：89 961 305. 11 元（仅营业部和核算中心有发生）。

（二）委托收款、托收承付业务

石家庄地区：

1. 总体情况。2009 年第一季度，在石家庄地区的 44 个对公机构中，有 22 个机构发生了委托收款发出业务（不包括同城特约委托收款），涉及客户 120 个，总业务量为 1 249 笔。

2. 具体情况。

（1）栾城支行共发出委托收款 425 笔，占石家庄地区总业务量的 34%，主要是其重点客户提交银行承兑汇票办理的委托收款业务，共 387 笔，占该支行该类业务的 91%。

（2）省分行直属营业部因直接受理贴现中心提交的本行作为收款人的银行承兑汇票、商业承兑汇票委托收款业务，业务量也较大，共发出委托收款 417 笔，占总业务量的 33%。

（3）除以上两个机构的两个客户以外，其余机构客户发生的委托收款业务量都不大，发生笔数超过 10 笔的客户仅 10 个，比较分散。

深圳市分行：

1. 总体情况。2009 年第一季度，深圳市分行的 99 个机构中，有 56 个发生了委托收款业务，无同城特约委托收款业务，总业务量为 4 684 笔；有 3 个机构发生了托收承付业务，总业务量为 572 笔。

2. 具体情况。

（1）分行营业部受理贴现中心提交的本行作为收款人的银行承兑汇票、商业承兑汇票委托收款发出业务共 3 449 笔，占深圳市分行该类业务总量的 74%。田背支行共发出托收承付 558 笔，占深圳市分行该类业务总量的 98%。

（2）除此以外的业务主要集中在沙井支行（197 笔）、华侨城支行（151 笔）、福田保税区支行（144 笔）等少数几个网点，而且这些网点该类业务的客户也相对集中。

五、业务处理时间的调研结果

1. 深圳分行对中心区、福田、城建、城东、蛇口、黄贝岭等 6 个支行 4 月 9 日、10 日、13 日 3 天支票提示付款、汇兑、票据交换提出、对公开销户及维护四大类业务，共 242 个样本进行了业务处理时间（即不含客户等候时间以外的其他环节处理时间）测量，其中有效样本 236 个（见表 1）。

表 1　　深圳市分行业务处理时间表

业务种类		样本	平均值（秒）	标准差	最小值（秒）	最大值（秒）
支票提示付款		101	326. 4	273	70. 6	1 565
汇兑		55	304. 9	181. 3	124. 5	891
票据交换提出		49	214	374. 8	39	1 983
开销户及维护	开户	16	1 095	805	173	2 906
	销户	12	1 130	763	512	3 300
	账户维护	3	1 496	290	1 230	1 805

2. 4 月 8 日至 10 日河北省分行对石家庄西大街支行、保定东风中路支行、邢台新兴东大街支行等 6 个支行进行了业务处理时间测量。共测试各类业务 316 笔，其中支票提示付款业务 65 笔、

汇兑业务 60 笔、银行汇票签发/解付业务 60 笔、票据交换提出业务 70 笔、对公开销户及信息维护 61 笔（见表 2）。

表 2　　河北省分行业务处理时间表

		样本数	平均值	标准差	最小值	最大值
支票提示付款		65	414.9	419.8	60	1 966
汇兑		60	570.3	378.8	101	1 697
票据交换提出		60	170.8	209.5	34	1 265
银行汇票签发/解付		60	636.3	494.1	137	2 896
对公开销户及维护	开户	29	2 426	1 608	741	7 380
	销户	12	2 642	1 389	337	4 348
	信息维护	20	350.4	53.1	281	509

从以上两表中的数据可以看出，不同网点、不同柜员各类业务处理时间波动幅度（参见标准差值）很大，差异显著。业务处理环节中客户等候时间较长，波动幅度较大。

通过分析，波动幅度大与不同网点的流程差异有关、与业务量有关，同时与柜员数量、柜员操作水平差异也有关系，可以通过统一设计操作流程、统一操作标准来减少。

六、对相关问题的建议

（一）关于如何解决中小客户对业务处理时效性的要求

通过调研，我们知道 78.5% 的客户愿意接受非立等方式。

同时，我们了解到立等与非立等业务的划分与业务品种关系不大，而主要与客户有关：与我行关系良好的大客户和优质客户更容易接受前后台分离这种模式，但是中小客户以及确实由于发货原因需要立等处理业务的情况比较多，需要立即取得业务处理回单。

系统的设计要能最大限度地保证一级分行（区域范围内）同一时点上传的立等业务能及时被处理，初步考虑有两种方法：

1. 预冻结机制。但需要确认预冻结机制下，验印是放前台还是放后台。

放前台对时效性有保证，放后台能减轻前台人员工作量，各有利弊，需进一步研究。

2. 后台优先级处理和任务调度要充分考虑同一时点不同网点上传的业务。确保排在最后的一笔业务处理时间不长于现在。

此外，应考虑运用二维码等先进技术手段，解决版面识别问题，简化业务流程，并减少人工操作。

（二）关于退票和验印

1. 项目在设计开发当中对分行反馈的 35 种退票原因（不限于）应逐项分析，能系统检核的应尽量做到系统检核。

2. 电子验印后台模式。各行退票比例基本在可控范围内（<5%），由于印鉴不符退票的比率更低一些（基本<1%）。电子验印放后台，可以减轻前台人员系统自动验印不通过后台人工验印的工作量（10%～60%）（假定前后台对实际应退票的业务判断一致）。印鉴是否通过由后台统一把握也有利于验印的标准化操作。同时，对于后台无法确认印鉴是否正确的票据仍退前台，由前台根据实物票据或与客户沟通后确认印鉴是否通过，是否退票。

为避免出现本来不应退前台再次确认的票据印鉴由前后台分别进行审核，一要从源头入手，从客户抓起。在系统上线的时候要确保建库质量，对如何建库总行应进行指导，对建库质量由分行进行监督检查。对客户印鉴变更、磨损的情况，要求客户及时更新印鉴。同时对客户如何加盖印鉴和填写票据要进行详细耐心的指导。二要严把前台网点票据初审关，同时按规范进行凭证扫描，避免印鉴图像变形，尽量使后台退票率降到最低，减少后续再次与客户交互的麻烦。

（三）印鉴库的建立策略

应研究适用后台集中处理模式的电子印鉴库建库模式，是否采取分散建模（建议城市分行集中建模，省级分行以二级分行为单位集中建模），集中管理的模式，以达到印鉴库共享，任务调度灵活的目标。为方便前台核对印鉴，实物印鉴保管建议统一在前台。

此外，需要技术上研究电子印鉴库调用效率因素后，研究电子印鉴库是部署在一级分行还是二级分行。

（四）严格界定前台对票据审核的责任和内容

从退票的情况来看，无论是柜面受理票据还是交换集中提入票据，因票面审核各样要素不符产生的退票占了绝大部分，因此，必须明确前台柜员对票据的审核职责，才能确保平台运转效率和客户体验不会因此受到影响。

（五）合理设计后台集中处理方式

银行汇（本）票签发业务和委托收款、托收承付日均业务量很小（合计在100以下），且由于业务环节比较多，操作复杂，加上发生此类业务的网点和客户十分集中，因此建议采取专业化方式进行集中处理。

（六）关于特色业务

前五种特色业务（同城他行转账业务处理系统、提回票据影像处理系统、结算中心业务、分行非标准重空单证的调拨、票据协防）或多或少与九大类业务有关，可具体分析后进行取舍或进行接口设计。

后几种特色业务由于不涉及客户或不涉及九大类业务（对公大额取现优惠系统、柜组信息处理、集中汇划落地清分、中间业务收入递延处理）；或由于系统与外部单位直联（实时代收付类、国库资金清算、国地税业务、代理财政非税收入）总行统一实施难度大；或是纯电子信息（小额定期借记业务、高速公路非接触式IC卡收费资金划转业务、POS机清算）；或以后建议其他部门考虑（分行理财系统、住房类业务、签约信息维护），可暂不予考虑。

（七）完善账户管理

完善账户管理和账户的查询、统计、监测等辅助功能。对例外处理建议总行建立统一的审批制度，规范例外事项的范围、审批权限、处理流程。

从兰州电力支行现金投放情况看提高资金沉淀率的途径

甘肃省分行电子银行部

现金投放是银行为客户提供金融服务的最基本的体现方式，随着社会经济的发展，尽管金融服务领域的电子渠道业务发展迅速，但现金投放量还是呈逐年增长之势。针对客户特点提供丰富的金融产品，有效控制现金投放，不仅能提高银行资金使用效率，还可降低运营成本和经营风险，因此，加强现金投放管理是银行经营管理中必须长期坚持和重视的工作。如何才能减少现金投放量，实现效益最大化，是我们兰州电力支行近两年来一直在不断探索和努力解决的问题。现对现金投放工作进行分析总结，以便对我们的经营管理工作有所帮助。

一、现金净投放基本情况

兰州电力支行现有网点11个，分布在兰州城区内的七里河区、安宁区、西固区、城关区四个区域。受网点分布面广、客户结构特殊及传统结算意识等因素影响，该行现金投放量在省分行范围内排名一直靠前。截至2009年9月25日，该行累计投放现金159 329万元，累计回笼现金106 812万元，现金净流出67 600万元，总体呈现净投放趋势。现金支出较上年同期减少5 655万元，现金收入较上年同期增加11 012万元，现金净投放较上年同期减少30 170万元。

从该行辖属11个网点的现金收支情况看，全行现金投放行9家，现金净投放金额为86 824万元，其中嘉峪关路支行、七里河支行、合水路支行现金净投放居前列，净投放金额合计63 735万元，占全行总投放的73.4%。回笼行两家，回笼金额为26 452万元，占全行流入现金总额的37%。

从区域分布情况来看，七里河区的5个网点（光明支行、七里河支行、支行营业室、敦煌路支行、西津西路支行）全部为净投放网点，西固区的1个网点（合水路支行）为净投放网点，城关区的3个网点中有两个（中山林支行、嘉峪关路支行）为净投放网点，1个（兰园支行）为净回笼网点，安宁区的2个网点中安宁支行为净投放网点，黄河支行为净回笼网点。现金净增减轧抵后，全行呈现金净投放趋势。截至9月底，兰州电力支行现金净投放量占全省分行现金净投放量的9.89%（见表1）。

表1　兰州电力支行2009年1月至9月净投放统计

行名	净投放（万元）	占比（%）
嘉峪关路支行	34 939	40.24
七里河支行	17 158	19.76
合水路支行	11 638	13.40
光明支行	8 070	9.30
西津西路支行	4 931	5.68
安宁支行	4 830	5.56
敦煌路支行	3 160	3.64
支行营业室	1 260	1.45
中山林支行	838	0.97

二、现金净投放形成的原因及特点

（一）储蓄存款现金支出是现金流出的主要去向

随着个人负债业务的不断发展，客户群体的不断壮大，通兑业务的不断增加，储蓄存款现金支取呈上升趋势，储蓄存款现金支取约占全行现金总支出的80%左右。

（二）现金自助设备的大量普及使用增加了现金投放量

该行现有自动取款机和存取款一体机27台。截至8月底，通过现金自助设备累计取现额高达16 000万元，存现额为3 780万元，在一定程度上加大了现金投放。

（三）客户结构及提现性质助长了现金投放

该行现金净投放在4 000万元以上的6个网点投放量大的原因均与客户结构有关。

1. 嘉峪关路支行是该行现金投放量最大的网点，净投放占比为40.24%。嘉峪关路支行紧邻东部市场，市场内最大的几家物流公司如兰州安达货运公司、兰州天地货运公司、兰州顺达货运公司及兰州国祥俊货运公司均在该行开户。货运公司代收货款资金到账后大量取现，使得嘉峪关路支行日均从省分行中心金库提库180万元用于对外支付现金，以满足以上客户提现需求，截至8月底，四家公司已分别提现3.50亿元、1.40亿元、1.40亿元、0.9亿元。

2. 从该行前三个季度现金支取排名前10位的对公客户性质来看，多为建筑安装企业、基础设施建设单位、大中专院校等。单位基础建设、各类工程项目较多，这些项目投资额大、期限长，与基建项目相关资金，如征地费、拆迁补偿费、民工工资、生活费、工程沙石料等支出，因直接面向各类人群，使用转账结算有诸多不便因素，大多需以现金支付，也成为现金投放的重要组成部分。

（四）支付结算工具及其收费不具有市场竞争力

目前，农业银行省内、省外汇款费用20元封顶，工商银行省内汇款业务目前免费，交通银行则由收款方承担汇款费用，在同样条件下，由于客户需支付较其他银行高的汇款费用，部分客户提取大额现金到他行汇款，也在一定程度上造成了建设银行现金投放量的增大。

三、现金管理中存在的问题

1. 对“以客户为中心”的经营理念理解不够，在现金管理上存在被动思想，一味地满足客户提出的各种需求，被动地接受客户的现金需求。

2. 对非现金结算的产品推广营销不够，可能转为非现金结算的现金支取没有营销为产品。

3. 对本网点大额现金支取的单位现金需求分析不够，没有做好后续跟踪和分析工作。

4. 网点在压缩库存的措施上只简单地注重压缩现金库存，而忽视对整个现金流转过程的科学管理，现金管理的科学水平不高。

5. 人民银行近年来出台了个人支付结算服务方面的相关制度，但《现金管理暂行条例》（1988 年 8 月 16 日经国务院第十八次常务会议通过，于 1988 年 9 月 8 日中华人民共和国国务院令第 12 号发布，自 1988 年 10 月 1 日起施行）已不适应目前的业务需要，但必须遵守执行，在政策层面增加了现金管理的难度。

四、有效利用电子渠道业务提高资金沉淀率

早在 2008 年之前，该行辖属嘉峪关路支行不仅现金投放量大，而且负债资金不沉淀，存款业务持续负增长，建设银行在东部市场的代收货款业务流程中扮演的是货运公司出纳的角色，货款大宗转账进入大宗现金提出，大笔资金通过建设银行结算但留不住，产生不了与工作强度相匹配的效益。2008 年初，经过认真分析，认为这么好的资金流应该紧紧抓住，不仅要留住资金，还要挣到中间业务收入。经过调查分析，嘉峪关路支行从四家大的货运公司入手，为他们分别安装了省分行系统内首部财务 POS 机，货款不仅要通过建设银行财务 POS 机划转至各商户，还要求各商户必须办理建设银行银行卡，并为所有银行卡开通电话银行与短信银行。货款到账后少量取现，现金投放量减小，部分资金沉淀，货款资金在建设银行内开始了有效循环，并带动了各项业务的发展。2008 年共发卡近 6 000 余张，负债增长 6 230 万元。实现中间业务收入 45.4 万元，其中借记卡业务收入 11.2 万元、个人电子银行业务收入 6.1 万元、收单业务收入 26.1 万元、财务 POS 机租用收入 5.8 万元。同时，在货运企业客户和东部市场个体商户新增的前提下，截至 2009 年 9 月底，嘉峪关路支行现金净投放较上年同期减少了 3 620 万元。

进入 2009 年，各家商业银行加大了对东部物流市场的竞争，为了拓展新的客户资源，保全已经取得的市场份额，嘉峪关路支行不断营销货运企业客户，目前正在为三家货运企业办理财务 POS 机申报手续；同时，针对不同的货运企业所服务的商户特点，与兰州天地物流货运公司联手推出了“天地物流龙卡”，兰州天地物流货运公司服务的商户分布在东部市场、糖酒市场、兰州龙马灯市，截至 9 月底，共为这些商户发卡 1 780 张，将建设银行的财务 POS 机业务延伸至兰州市区的各个角落。在发卡的基础上，全部开通电话银行与短信银行，部分开通手机银行及网上银行，较大程度稳定了建设银行的市场份额，同时为在省分行开展的“3·15”活动中连续 4 个月达标奠定了很好的基础。

西北物资市场与该行西津西路支行相邻，部分商户在此开立个人结算账户。这些商户以经营钢材生意为主，受建设银行汇兑费率高于农业银行等因素影响，商户货款往来均通过农行划转。货款到账后，商户从建设银行提取大额现金，到农业银行办理汇款业务。不仅增加了柜员的劳动强度而且不产生任何经济效益。2008 年累计现金净投放 14 945 万元。针对这些商户的特点，该行加大了网上银行业务营销力度，先后为现金支出量较大的商户开通了网上银行，有效地降低了网点现金投放。截至 2009 年 9 月底，西津西路支行现金净投放 4 931 万元，较上年同期减少了 6 430 万元。

嘉峪关路支行为货运公司办理财务 POS 机的先进经验和实际效益，有效地带动了建设银行的其他网点，大家都在积极想办法利用其他支付工具为客户办理结算业务，减少现金投放。七里河支行成功营销了糖酒市场部分商户，“孔德”是糖酒市场较大的上游企业，日提现量在 120 万～150 万元，目前七里河支行正在为其办理财务 POS 机申报手续，届时，将新增银行卡客户 90 多户；光明支行在获悉其重点客户——甘肃送变电公司要为职工发放医药费的信息后，积极向客户推荐转账方式，全体员工加班加点，一天开出 3 000多个定期一本通，沉淀资金 600 多万元；中国石油集团西部管道有限责任公司甘肃输油管理处在兰园支行开户，每日支付给下属分公司员工的劳务费、差旅费、生活补助等多达 50 多万元，在兰园支行的大力营销下，该单位成功开通了网上银行业务，现在该单位所有支付给个人的费用，均通过网银办理。

五、今后工作建议

1. 要加大 POS 机、信用卡等设备、交易介质

的推广使用，提供便利的转账交易。由于受传统现金支取结算便利等因素的影响，现金结算仍然是客户的首选，非现金支付工具的普及应用还存在许多空间。要以产品创新流程推广为契机，进一步转变业务发展方式，抓结算账户新增和重点产品营销，加大龙卡通、结算通、贷记卡的发卡力度，实现结算资金系统内循环，形成资金沉淀，促进存款业务快速发展。

2. 通过不断营销货运企业账户并为其开通网上银行和手机银行，利用网银和手机银行汇费低的优势，扩大非现金交易量的方式，引导客户使用非现金交易渠道结算，努力实现现金投放缩减的目的。

3. 目前建设银行使用的财务 POS 机版本为分行版本，根据甘肃省分行的要求，2009 年 10 月底前要全部使用总行版本。总行版本要求一机一卡，适用于单笔操作，而财务 POS 机为一卡多机的批量操作模式。改用总行版本后，操作非常烦琐，且由于卡多了，保管人也多了，客户对资金安全也比较担忧。建议分行研发针对物流行业的结算平台，实现批量处理物流公司与其下游商户之间的资金往来，从而弥补建设银行汇兑费率具有的竞争力的不足这一缺点。

4. 进一步对建设银行现金管理中存在的问题进行分析，有针对性地加强现金管理，提高现金管理水平。

关于临夏分行开展民族特色金融服务的调研报告

甘肃省分行个人金融部

一、穆斯林的理财原则

临夏回族自治州总面积 8 169 平方公里，人口 197 万人。临夏回族自治州现辖 7 县 1 市。临夏是一个多民族聚居的地方，有回族、东乡族、保安族、撒拉族等穆斯林 109 万人，占全州总人口的 56.2%。回族是临夏穆斯林中人口最多的一个群体，现有 62.7 万人。遍布全境的伊斯兰特色建筑是临夏穆斯林风情的一个重要体现。临夏现有清真寺 2 614 座，拱北 143 座。

穆斯林信仰真主。在理财上有自己独到的思维方式和原则。按照伊斯兰教法的规定，穆斯林禁止从事与高利贷或利息相关的活动，因而大部分穆斯林对银行总是采取回避的态度。但是，广大穆斯林和其他人一样需要银行业提供的各种服务，如商业投资、贷款买房子以及必要的存款等。而且伊斯兰教也鼓励人们进行投资而不是将钱闲置，从投资中获益也是允许的。按照教法中的规定，任何穆斯林在借贷时均不得收取“里巴”。在“里巴”的内涵上，穆斯林经济学家已达成一致：“里巴”不仅包含高利贷，也包含利息，即任何固定的或预先商定的存款利息或借贷利息支付。

1. 禁止任何超出本金实际数目的预定付款。伊斯兰教只允许一种借贷，即不收取任何利息或附加金额的借贷。任何与借贷相关的或不直接相关的受益都是禁止的。

2. 贷方必须与借方在其借款所从事的事业中共同分担事业的成败。伊斯兰教教义鼓励穆斯林投资，在商业运作中成为共用利润和共担风险的合作者，伊斯兰教教义鼓励投资的目的是使整个社会受益。伊斯兰教教义不提倡银行存款这种无风险的资产增长方式，因而在伊斯兰教社会里，人们要么投资经历风险，要么就将钱闲置，直至通货膨胀带来贬值。伊斯兰教鼓励高风险、高回报的投资，这种高风险投资可以刺激经济发展，使投资者背水一战，也使企业家全力以赴。

3. 从钱中生钱是不可接受的。穆斯林认为钱是商品交换的中介，是衡量商品价值的尺度，因而不允许通过存入银行或借贷获得固定利息付款的方式来生钱。另外，伊斯兰教鼓励人们用钱消费，而不是一味地存钱。钱在伊斯兰教中代表购买能力，这是钱的唯一用途，因而钱的这种购买能力不能在没有任何商业活动或消费活动的情况下用于生成更多的购买能力。

4. 不确定性、冒险或投机也是被禁止的。在此原则下，任何贸易都不得介入到不确定性、冒险和投机中去。签订贸易协作合同的团体应对贸易中的价格标准作充分的了解；而且，这种团体不可以预先确定一个既定利润，因为这也属于“不确定性盈利”的范畴。

5. 投资只能用于支援不为伊斯兰教所禁止的产业。例如，伊斯兰银行不能资助酒类贸易；其固定资产投资不可用于建造赌博娱乐场；银行不可借钱给其他银行而从中牟利等。

二、当地市场经济环境的分析

1. “朝觐”需要提供一揽子金融服务。根据伊斯兰教信仰，每个具有条件的穆斯林应该到沙特阿拉伯麦加“朝天房”，这是履行宗教义务，也就是到麦加“朝觐”。每年，中国自费赴沙特阿拉伯正式朝觐的人数约为1万多人。另外，中国伊协增派为中国朝觐穆斯林提供翻译、医疗保健，安排住宿、交通等方面的服务的近300人的工作团成员。在中国每年去沙特阿拉伯朝觐的人员中，还没有一家金融机构为这个群体提供专项金融服务，而这个群体，是中国穆斯林中经济条件较好、急需金融服务的一个群体；每个朝觐人员每次朝觐费用为4万元人民币左右，同时，在朝觐期间还需要5 000美元左右外汇用于境外日常消费。而临夏回族自治州有回族、东乡族、保安族、撒拉族等穆斯林109万多人，占全州总人口的56.2%。每年甘肃省的朝觐人数接近2 000人，临夏回族自治州的朝觐人数近1 500人，费用总额约为8 000万元和6 000万元，个人持有外汇约为1 000万美元和750万美元，因此，为朝觐人员提供金融服务具有较大的市场潜力。同时，从全国范围来看，如果中国建设银行独家代理为中国穆斯林朝觐人员提供一揽子金融服务，不仅是扩大本币外币业务的一个渠道，有利于进一步拓展国内2 000多万人的穆斯林客户群体，也是促进民族团结进步的重要举措。

2. 经营生产民族特色产品的中小企业需要信贷支持。在临夏围绕穆斯林的特色清真食品和民族特需用品产业发展迅速，目前从事清真食品经营生产的中小企业共有450多家，从业人员达1万多人。其中年产值在1 000万元以上的企业有20多家，500万元以上的企业有8家，100万元以上的企业有23家，这些企业生产的部分肉制品出口到中东阿拉伯国家。从事民族特需用品生产的优质中小企业有14家，生产的毛毯、地毯远销美国、德国、日本、意大利、土耳其、伊朗、卡塔尔等国，年创汇200多万美元。为此为这些企业提供信贷支持、结算、特色金融服务的市场潜力巨大。

3. 个体私营经营户结算需求量大。穆斯林是经商的天才，临夏有近40万人在外经商，临夏有109万名穆斯林群众，由于缺少民族特色服务，大部分交易都用现金交易，每年的结算量为20亿元，结算市场潜力比较大。

4. 宗教场所的金融服务需求潜力大。临夏全州有清真寺、拱北2 757座。据了解，规模小的寺每年用于基本建设和维修改造的资金和收到的捐助款50多万元，规模较大的寺、拱北每年用于基本建设和维修改造的资金和收到的捐助款300多万元。仅临夏市就有清真寺、拱北122座，拥有的资金上千万元。

三、发展民族特色金融服务的设想

建设银行在临夏地区发展民族特色金融服务就是要坚持“以市场为导向、以客户为中心”的经营理念，创新思维方式、市场营销、金融产品、人员配备、考核激励，打造新的强有力的市场支撑点，探索一条既适应临夏地区特殊的经济发展趋势，又与自身经营管理现状相适应的特色经营道路，使之成为增强市场核心竞争能力和实现可持续发展的坚实基础。

（一）发展民族特色服务的市场定位

临夏回族自治州地处民族地区，服务区域是一典型的农业大区、工业小区、财政穷区。由于所处地理环境、经济环境和自身经营困难的特殊性决定了开展特色经营的必然性。按照伊斯兰教教义和效益原则，我们初步确立了服务民族企业、穆斯林朝觐人员、穆斯林群众及个体经营户、宗教场所的市场战略定位。

（二）特色服务的具体设想

1. 开发穆斯林专属银行介质——开发针对全国穆斯林客户群体发行的银行卡。名称定为“新月卡”，“新月卡”是以建设银行龙卡系列卡为基础的银联卡。相应的发卡条件按《中国建设银行个人VIP客户服务管理办法》（建总发［2004］229号文）及理财卡业务相关管理制度执行。“新月卡”借记卡除具有建设银行贷记卡、理财卡和储蓄卡相应的产品功能和增值服务，为卡内存款提供集合理财服务，存款利息作特定处理。

2. 为穆斯林朝觐人员提供随团服务。穆斯林朝觐人员在朝觐期间全部使用现钞，为此根据穆斯林客户群体的服务需求，在符合金融法规的前提下，一是为临夏穆斯林朝觐人员提供特色金融服务，引导朝觐人员在麦加朝觐期间使用建设银行借记卡，提高银行卡交易量。二是在有经营资格的营业柜台设立外汇专柜，为广大穆斯林朝觐人员提供换汇、换钞“绿色通道”。三是提供随团服务。派1人引导朝觐人员在朝觐期间尽可能使用电子渠道、自助设备或在POS机上进行刷卡消费。

3. 分析民族特色企业客户的业务需求，积极拓展小企业的服务内涵，通过提供财务顾问等形式培育一批优质中小企业，依托“速贷通”和“成长之路”业务，给优质中小企业提供信贷类、非信贷产品，挖掘客户价值，提高客户对我行的综合贡献度。尤其是按照穆斯林业主的理财和投资理念，专门设计“新月”理财产品，积极扶持民族特色产业。为做好服务工作，在临夏分行请求设立民族特色小企业服务中心。

4. 强化营业网点的民族特色服务。为增加归属感和认同感，满足临夏市乃至周边广大穆斯林金融服务需求，扩大建设银行业务范围和社会知名度，应有一个具有民族特色的金融服务网点。网点外观设计方面，在坚持建设银行网点统一设计模式的前提下，金融服务网点的外观设计要突出民族特色，尽量增加一些伊斯兰教文化元素，在室内装修过程中特别突出民族特色，配备一定比例的少数民族员工，为客户提供快捷、高效、优质的金融服务。

三、工作研究

关于贷后管理的几点思考

朱小黄

近年来，全行信贷管理体制、机制和制度流程不断完善，特别在贷前调查、授信评价、风险安排、信贷审批等方面取得长足进步，但是贷后管理始终是一个薄弱环节。从长远看，贷后管理的短板如果不解决，必将制约银行核心竞争力的提升。如果说20世纪90年代的审贷分离以及前几年开始实施的风险垂直管理和平行作业，是信贷管理体制性变革的两个重要里程碑，那么贷后管理将可能成为新一轮信贷体制变革的切入点。

一、贷后管理的差距及症结所在

贷后管理一直是国内商业银行的软肋。在商业银行信贷业务发展历程中，重贷轻管是长期存在的普遍现象。从外部大环境来看，改革开放以来中国经济实现了持续快速增长，而经济高速发展对信贷资金需求的牵引，为银行信贷的外延增长提供了充分的空间。加之利差保护等因素，贷款外延增长带来的规模效益成为银行利润增长的主要驱动因素。从银行内部管理来看，由于信贷投放决定市场地位、决定经济效益，因此各级分支机构的主要精力自然也是放在信贷投放上面。

但是，随着信贷供求格局逐渐趋于平衡、市场竞争日益激烈、利差收窄、经济波动等市场不确定性加大，依赖外延增长显然是不可持续的，必须要尽快转向内涵发展模式。借用老百姓的说法，不能“靠天吃饭、广种薄收”，必须要“精耕细作”。要做到“精耕细作”，就必须从过去以投放为中心转向全流程的精益管理。而在整个信贷流程中，贷后管理是持续时间最长、内在不确性最多、最容易出问题的环节，也恰恰是长期以来被忽视的薄弱环节。总行曾经做过调查，在2006—2008年全行对公信贷业务的损失事件中，贷后管理环节的损失事件笔数分别占到84%、60%、66%，损失金额分别占到62%、50%、84%。

近年来全行上下对贷后环节存在的问题做过很多梳理，内外部检查和审计报告中也屡有涉及。虽然问题表现形态各异，但是症结主要在于没有处理好以下几个关系。

（一）存量和增量的关系

目前全行贷款余额有4万多亿元。近年来贷款存量和增量的比例大致是10∶1到10∶2。但是，信贷管理关注点和精力主要还是放在1/10或2/10的增量上面，另外9/10或8/10的存量部分长期被忽视。存量和增量的关系没有处理好，直接导致管理资源配置的偏颇，以及信贷价值取向的模糊。

从银行信贷的价值实现过程来看，完成信贷

投放只是第一步，整个信贷流程还没有结束，而信贷价值实现的过程才刚刚开始，银行收益是在贷款进入存量后分阶段实现的。银行信贷的本质是让渡资金使用权、承担风险来获取相应的收益，要做到安全回收本息、落实贷款审批发放时确定的风险安排方案，必须对存量贷款进行主动、持续的管理。在实务中，因贷后疏于管理导致贷款质量下迁到关注类或以下等级，计提减值后这笔贷款就是亏损的。如果说贷款发放前的授信方案安排体现的是对风险的预测和计算能力，那么贷后的管理过程则体现了信贷的执行力。

就企业而言，从获取银行信贷资金到企业经营价值的实现，同样需要很长时间。一个项目从组织实施到技术建成，进而到经济价值的实现，有个很长的过程，其间面临诸多不确定因素。这个过程与银行利益攸关，一旦项目无法实现技术建成，或者技术建成后无法实现预期经济目标，即经济建成，那么可能影响到贷款本息的正常回收。因此，贷后管理实际上是一个与客户的密切交互过程，涉及经济、法律、行政、公共关系等方方面面。银行通过主动的沟通、协助和监督，掌握信息、解决问题、主张权利，在促进企业价值实现的过程中，维护银行自身权益，实现信贷价值——这是贷后管理的本质所在。

（二）观念认识和管理体制的关系

贷后管理长期薄弱，固然有观念和认识方面的问题，但是笔者认为根源不在于观念和认识，而在于体制。转变观念和认识很重要，但是如果仅仅强调观念认识，而不从改变管理体制上下工夫，是不可能达到治本的效果的。实际上从银行商业化改革以来，在贷后管理方面从来没有从观念上放弃过，无论是监管部门还是银行管理层，对贷款“三查”一直是反复强调，在贷前、贷中、贷后三个方面并无“厚此薄彼”的说法。之所以在信贷实务和具体业务流程中没有树立起这个观念，主要是体制安排出现偏差。不改变体制安排，转变观念和认识就无从谈起。

体制上的问题主要集中在市场营销和贷后管理的职能安排方面。具体地说，贷款市场营销和贷后管理是不同性质、不相容的职责，从管理本质上是要求分离和约束的。由一个客户经理完成市场营销到贷后管理整个流程，表面上看是提高了效率（实际上并不尽然），但客观上加剧了信息不对称，很容易诱发道德风险，如掩盖问题、粉饰太平等。从另一个角度来看，客户经理千辛万苦营销来一个客户或业务，倾注了大量心血，而一旦在贷后发现潜在风险隐患，客户经理往往很难摆脱个人感情因素作出冷静、理性的判断，具体地说，往往宁愿从好的方面去考虑（这也是人性固有的弱点），最终可能错过果断处理问题的最佳时机。这个现象在西方先进银行也不乏存在（特别在这次金融风暴中），值得我们从体制设计的内在逻辑上进行反思。只有将观念与体制内在逻辑统一起来，观念才能真正落到实处。

（三）贷款生命周期和企业生命周期的关系

银行信贷不能伴随着一个企业的兴衰史。在市场经济环境下，企业的生生息息是常态。据相关统计数据，2008 年全国新登记企业约 129 万户，同期退出（倒闭或注销）的企业大约 121 万户，这本身是一个吐故纳新的动态过程。因此，银行在与企业建立信贷关系以后，不是一劳永逸，还需要动态管理。具体地说，贷款生命周期必须与企业生命周期相匹配，信贷进入和退出必须与企业现金流相匹配。

这方面过去有不少教训。由于缺乏主动的贷后管理来合理把握住贷款生命周期，银行信贷基本上是伴随企业生命周期“随波逐流”，没有做到适时进入、及时退出。企业经营好的时候欣喜若狂，不好的时候手足无措，企业脱离困境的时候如释重负，贷款核销的时候怨天尤人。一些客户经理对存量贷款的管理主要是看客户财务报表，实际上财务指标恶化通常滞后于企业经营状况下滑。这种事后、被动的管理方式导致贷款生命周期和企业生命周期脱节，是贷后管理中长期存在的痼疾，必须下大力气加以根治。

（四）市场拓展和资源整合的关系

传统的信贷管理总体上是围绕市场拓展来配置人、财、物资源的，简单地讲就是谁营销来的归谁管。这种管理模式相对简单，只要管好自己的“一亩三分地”就行，在特定的历史阶段是合理的、有效的，有利于抢市场、抓业务，调动客户经理的积极性。但是，随着客户数量、信贷规模的快速增长，这种基于市场营销单一维度的线性配置资源方式，已经无法适应专业化、精细化管理的要求。一个客户/项目一条线，汇集起来就是成千上万根线，千头万绪，很难做到贷后的有效管理，可以说既不合理，也不经济。因此，在继续大力鼓励市场拓展的同时，亟需进行资源整合，依托业务流程和IT系统实现岗位职能的优化配置，将性质相同的职能集中起来，进行“合并同类项”，通过贷后的集约化管理、专业化分工来提升信贷业务的质量和效益。

应该说，近年来随着对公信贷业务经营重心的上移，城市行集中管理的推进，以及信贷流程的优化、IT系统（包括生产系统和管理系统）的完善、风险管理技术工具的研发等，实现贷后管理资源整合的条件已经成熟。信贷市场营销和贷后管理的职能分离，不仅不会影响市场拓展，而且有助于提高效率、解放生产力，更好地支持和促进市场拓展。

（五）信贷业务和综合服务的关系

随着客户金融需求的多元化，对授信客户的管理要逐渐从信贷关系转向综合服务关系。在西方很多先进银行的经营实践中，对某些客户的信贷业务甚至仅仅是维系客户关系的一个纽带，银行主要利润来源则是该客户的其他高附加值业务。可以说，提升客户关系管理的专业化水平、挖掘客户的潜在金融需求，是现代银行客户服务能力和综合竞争力的重要内容。

近年来，我们在存量信贷客户的交叉营销方面做了很多探索，成效非常显著，提升了客户对银行利润的综合贡献度。但是与国际先进银行相比，差距还比较大，客户关系管理的专业化水平还比较低。应该说，如果缺乏专门的岗位和人员专注于客户关系管理，专业性必然是无从谈起。因此，从管理体制上实现市场营销和贷后管理的分离，既是信贷管理的要求，也是为推进现代银行客户关系管理作必要的组织准备。信贷管理与客户关系管理必须从流程上有机结合起来，贷后管理本身就是客户关系管理的一个重要范畴。

二、强化贷后管理的几个着力点

如何针对性地强化贷后管理，补齐短板，需要从管理体制改革入手，在制度、流程、技术工具等方面进行优化。这是一项系统工程。总行已经决定，从年底开始到2010年花一年左右的时间在全行开展“加强贷后管理，促进结构调整”为主题的管理年活动，具体方案近期将会出台。笔者认为，当务之急是做好以下几个方面的工作。

（一）下决心推进贷后管理职责分离

在大中型客户信贷业务领域，要从原先的客户经理中细分出市场经理和客户经理，实现岗位分离和工作流程区分。市场经理专注于新客户的信贷业务市场营销，客户经理则专注于存量客户的关系维护，贷后管理是其中一项重要职责。这种分离不是简单地找一拨人把贷后的案头工作管起来，更不是搞“人盯人”，而是基于流程和操作的岗位划分来实现有效制衡，基于集约化、专业化的管理来实现效益最大化。

实现岗位分离后的客户经理，是名副其实的客户关系管理专职人员，专注于以客户为中心开展综合化的管理和服务，维护和深化银企关系。当然，由于现阶段贷款仍是银行的主要资产，贷后管理还是客户经理工作的重点。客户经理要通过对存量客户的持续跟踪，全面了解企业的经营和财务状况，开展风险监测预警，完善应对方案，及时主张权利，做好收贷、收息以及档案管理等工作。

市场经理通过营销争取来的客户，评级、授信及贷款支用审批完成后，后续工作统一移交给客户经理。不能认为哪个客户经理或者哪个部门争取来的客户就是谁的客户，要打破过去的旧观念。市场经理摆脱了贷后管理日常事务，可以集中精力放在新客户的信贷营销上面，因此虽然从表面上看市场营销人员数量有所减少，但是经过专业化分工，用于市场营销的时间和工作效率将会明显提高。

需要指出的是，对于小企业信贷业务、个贷业务，贷后管理职责分离主要通过小企业中心、小企业信贷工厂、个贷中心的专业化、流程化管理，与网点和前台营销相对分离的模式来实现，近年来通过流程再造（包括与美国银行的战略合作项目），目前流程架构基本可以满足要求，因此下一步贷后管理职责分离的重点是针对大中型客户。

（二）完善信贷退出机制

在贷后岗位分离、专业化管理的基础上，要尽快做实信贷退出机制。需要明确的是，实施信贷退出的主要对象不是不良贷款客户，而是那些眼前还没有出现问题、还能还本付息，但是预判前景不乐观的客户。从过去很多案例来看，真正等到贷款进入不良以后再着手处理往往为时已晚，想整体退也退不出来，而不良资产的处置回收，往往会带来损失。

建立退出机制的关键是强化对正常、关注类客户的早期风险预警，做到早发现风险信号、早作出分析决策、早采取果断行动。这方面我们已经有不少制度和工具，例如，各级行基本都建立了贷后跟踪管理例会制度，要充分发挥例会的风险分析和决策职能。有风险预警就要有相应的应对方案，行动越早，回旋空间越大，采取的措施效果越好。又如，我们根据贷款十二级分类制度将关注类贷款细分为三级，对“关注三级”的贷款，贷后管理的重点除了跟踪研判风险变化趋势，同时还要开始着手处置方案的落实准备，部分贷款可以实施压缩总量或者提前退出。

当前，我国的宏观经济政策重点从保增长逐渐转向调整产业结构、转变经济发展方式上来。最近一段时间以来，产业振兴规划实施细则陆续出台，治理产能过剩、推进节能减排、发展低碳经济步伐加快。在这个大背景下，加大力度、加快进度从那些前景不看好的领域主动退出，将成为下一步全行信贷结构调整的重点。建立主动的退出机制，不仅有助于事前防控风险，也有助于腾出信贷规模运用到更具价值创造力的领域。

（三）依托预警客户跟踪系统实现问题客户常态化管理

对公预警客户跟踪管理系统（CEWM）是我行自主开发的贷后管理基础平台。基于这个平台总行制定下发了配套的操作规程，提供了一套贷后风险管理的流程和工具，明确了风险信号的发现、决策、行动等贷后管理机制。CEWM在全行上线以来，运行效果良好，促进了贷后管理的专业化、精细化水平的提升。但是，在日常监测中也发现一些分支机构没有充分把系统运用起来、该进入跟踪管理系统的客户没有及时纳入、该录入的信息没有完整录入等。这其中既有认识问题，也有人手紧张等客观原因。

从2010年开始，应当在全行范围将CEWM更好地运用起来。对于已经出现问题或存在不良苗头的客户（包括所有关注类信贷客户、尚未移交保全部门的不良信贷客户等）、根据信贷结构调整政策纳入退出计划的客户，以及制度规定的其他存在潜在风险的客户，都要统一录入到CEWM中，实现常态化管理。客户经理要针对预警信号调查了解情况，研究提出解决方案并录入系统；风险经理要认真分析识别预警信息，及时发出风险预警提示；经营部门和风险部门负责人、信贷主管行长和风险条线负责人等在获得预警信号后，要在第一时间组织开展调查核实，安排和落实风险应对方案。

在系统运用方面，当然也需要加强培训，规范操作，提升风险识别能力。从2010年开始总行将加强对贷后管理的考核，并将其纳入KPI指标。在贷后管理的分项指标中，按照规定应该进入CEWM但是没有进入的，将直接影响该项考核得分。希望借助考核，能起到一个促进作用。

（四）梳理流程，落实贷后管理各环节“规定动作”

根据客户经理新的职能定位，需要系统梳理贷后管理流程，清晰界定岗位职责以及各流程环节的“规定动作”，细化贷后风险监测、信贷资产检查、押品管理（包括审查、评估、登记、监控、处置等）、客户维护和服务、本息回收、档案管理等各环节操作要求。同时，进一步完善贷后风险经理平行作业操作规程，健全与客户经理协同互补、制衡约束的作业机制。

贷后关键风险点的排查和管控也是贷后管理的重要辅助工具。各级机构应认真做好贷后操作风险自评估，并在管理中运用好自评估结果，针对本辖操作风险损失事件分布特征，确定贷后关键风险点控制要求和针对性措施，重点加强对风险高发部位持续有效的监督、整改和问责，确保各项“规定动作”要求的落实。

（五）资产保全工作向两头延伸

资产保全工作不是仅限于不良资产，管理外延应逐渐扩展到各类问题贷款。要充分发挥资产保全部门的专业特长和专家资源优势，逐步实现向两头延伸。

一是向前端延伸。对于十二级分类进入“关注三级”的公司类贷款，从历史统计数据来看向下迁徙的概率很大，这部分贷款可以提前划归保全部门统一集中管理，从源头上做到提前介入，事前就做好保全方案的安排和准备，争取主动。对于其他类别的关注类贷款，客户经理基于风险判断认为有必要，也可以请保全部门提前介入，共同研究制定风险处置方案。通过资产保全工作向前端延伸，真正做到关注“关注类”贷款。

二是向后端延伸。切实做好对已核销贷款的债权追索，这也是贷后管理的重要内容。传统的贷款核销基本上是计划经济下财政管理的概念，名义上是“账销案存”，实际上是“账销债了”，因此商业银行对已核销贷款往往不太重视，甚至贷款档案资料都没有很好保存。近年来，随着核销自主权逐步下放给银行，核销逐渐回归银行内部账务处理的本来面目，相应核销后的管理也要进一步规范和强化。对于已核销的贷款，应做好相关合同、凭证、法律性文件以及档案资料的保存，也要密切关注借款人、保证人的状况，一旦发现有实际财产可供执行，必须积极追索，包括向人民法院再次申请强制执行。另外，对于部分已实施证券化的不良贷款，也要做到尽职管理，加大回收力度，实现超额回收也可以大大增加我们的收益。

三、需要关注的几个问题

上面谈到的贷后管理职责分离模式，与国外银行的做法有所不同，主要原因是中国商业银行的发展路径与国外情况不一样，因此不能简单照搬国外银行做法。在实践中要做好前述管理机制、流程、制度的转换，还有很多具体问题需要研究解决。笔者认为，当前要重点关注以下方面。

（一）加快实现大中型客户经营重心上移

这是现代银行信贷管理的大趋势，也是实现贷后管理职责分离和资源整合的基本条件。低层级、分散化的传统公司业务运营模式，既不利于市场营销，也不利于集约化、专业化的贷后管理，更谈不上对客户的综合化服务。因此，在这方面进展落后的分行还需要加快步伐，否则可能难以适应新的贷后管理模式的要求。

（二）厘清职责边界

前面谈到，市场经理专注于新客户的信贷业务营销，贷款发放后则移交客户经理统一管理；客户经理专注于存量客户的关系维护，同时也承担交叉营销的职责。这是总的职责划分原则。但是具体到实际业务中，还有很多操作层面的问题需要作出清晰界定，避免推诿或越界。例如，对于存量客户授信额度范围内的业务，由客户经理负责；但是对于存量客户新的授信需求，则需要由市场经理作出贷款评价，以体现岗位制衡。还有一些贷款持续性条件的落实可能跨越贷前、贷中、贷后各个环节，也都需要在严格岗位分工和制衡的基础上，根据便于管理的原则合理界定职责边界，确保信贷流程各环节的无缝衔接。

（三）合理确定考核标准，优化资源配置

市场经理主要职责是发展新客户、营销新贷款，因此业绩考核主要以营销成果、新增贷款等指标为主；客户经理的职责是存量客户维护和新需求的挖掘，因此业绩考核主要以存量贷款质量、客户综合贡献等指标为主。在人力资源配置方面，应尽可能将有市场开拓能力的员工放到市场经理的岗位上，将那些精通财务、有较好分析能力和管理经验的员工放到客户经理的岗位上。在财务资源配置方面，根据不同的工作性质和职责，对市场部门（市场经理）的弹性空间要大一些，对客户关系管理部门（客户经理）的弹性空间相应可以小一些。

（四）可能出现的一些认识偏差

一是贷款管理职责分离的目的，是从流程上实质性地解决有效制约和资源整合的问题，而不是搞形式上的分离，更不搞“人盯人”，在现有流程上再加一把锁。二是贷后管理职责分离的重点是在经营操作层面，而不是像一些同志理解在管理层面（因此主体不在总行和一级分行的管理部门），主要解决的是信贷经营流程中“贷管分离”的问题。三是总行明确贷后管理“规定动作”，同时也允许各分行结合自身实际情况采取合理的流程安排以及机构/岗位设置方案，但是不宜违背总行确定的基本原则和整体框架。

贷后管理能力在某种意义上决定中国商业银行发展的未来。提高贷后管理水平与商业银行精益管理的方向是一致的，是信贷业务走向专业化、精益化的必由之路，也是将来银行核心竞争力的基础。在新的竞争格局下，谁醒得快、抓得早，谁就能够赢得主动，赢得光明的未来。

对建设银行服务于上海“两个中心”建设的若干建议

总行研究部　郭世坤　刘都生　许秋起

2009年4月，国务院通过《关于推进上海加快发展现代服务业和先进制造业建设国际金融中心和国际航运中心的意见》（以下简称《意见》），随后，上海市政府又发布了贯彻国务院意见的实施意见。充分认识上海“两个中心”建设可能带来的变革，挖掘可能为金融业快速发展带来的商机，对于建设银行科学把握在上海“两个中心”建设中的战略定位，实施可行举措，提升自身竞争力，无疑具有重大意义。为此，我们特提出以下建议。

一、抓住“两个中心”建设带来的重大商机，建立总行级战略性工作机构，加强对相关政策及业务的研究与部署

在《意见》出台之后，由国家发展改革委牵头、各有关部委参加的中央一级协调机构迅速组建，上海市政府也成立了专门的组织机构具体负责“两个中心”的规划实施和指导。各家金融机构纷纷主动出击，积极争抢上海“两个中心”建设潜在的巨大金融商机。

考虑到上海“两个中心”建设的深远影响及同业竞争态势，建设银行在参与上海“两个中心”建设中可能会涉及的体制、资源、流程和机构等各方面的协调甚至变革等问题，我们建议尽快建立由行领导牵头的建设银行服务于上海“两个中心”建设战略性工作机构，其主要任务：一是系统深入地研究上海“两个中心”建设现实和潜在的金融商机，分析国家出台的各项政策带来的变化及影响，提出建设银行应对策略及措施，做到超前预判，适时跟进。二是及时协调总行各部门及总分行的联动，在总行层面就建设银行服务于上海“两个中心”建设的体制、机制、战略目标进行规划和明确，并对于具体的业务拓展商机和应对措施，及时分解落实到各职能业务部门。

二、抓住上海金融市场体系建设带来的重大商机，尽快在上海设立资金交易与票据中心，积极拓展资金及票据业务

从国际金融中心金融市场体系标准审视，上海金融市场体系在规模总量、市场发展均衡度方面，将进一步得到完善。上海不断拓展的金融市场广度和深度，意味着上海未来将成为人民币、各种票据的计价、交易、结算的中心。上海市政府提出的具体措施第一条就是，发挥商业银行票据中心在上海比较集中的优势，扩大票据业务规模，争取把上海建成全国票据集中交换的中心。

上海目前已经有6家商业银行票据或资金运营中心。四大国有控股商业银行中，工商银行、农业银行、中国银行均在上海建立了总行级的票据或资金中心。

随着上海“两个中心”的建设，上海成为人民币交易中心是必然趋势。建设银行应考虑将总行部分资金业务集中到上海，研究在上海设立本外币一体化的金融市场机构。将人民币债券交易账户（总行保留债券投资账户）、部分外汇代客交易与人民币衍生产品和代客理财（财富管理）业务集中或者分流到上海。并加快在上海设立票据中心的工作。

三、抓住上海金融机构体系建设的重大商机，积极参与产业投资基金业务，搞好综合化经营试点

从国际金融中心金融机构体系标准来看，在上海金融结构体系中，将进一步发展目前尚是其

短板的增进市场功能的金融机构。将把符合条件的金融企业开展综合经营试点，作为加强上海金融机构和业务体系建设的一项重要内容，不断加大对并购重组业务的支持力度。

近期，作为完善市场功能的重要举措，上海市明确表态，将尽快完成上海金融发展投资基金募集工作，开展境外股权投资管理企业在上海设立分支机构试点，鼓励境外投资者参与境内股权投资基金，并加大对各类股权投资企业的支持力度。这对于商业银行牵头设立产业基金和实现企业的多元化融资，无疑是一个很好的契机。目前，浦发银行已与有关方面合作，积极推进筹建上海航运产业基金。

为此，我们建议，在充分考虑自身情况、透彻理解国家关于上海金融机构综合化经营的相关政策、密切跟踪同业态势的前提下，与上海市政府广泛磋商，签订服务上海“两个中心”建设战略协议，争取成为第一批综合经营试点单位；积极申请开展综合经营的重要业务牌照和拓展经营领域。如全力争取开展房地产信托投资基金上市试点，加强与在沪证券公司、信托公司在并购贷款融资方面的业务合作，加快产业基金金融产品创新的步伐，适度增设股权投资基金分支机构，高效甄选股权投资企业，扩大在上海地区的产业投资基金业务规模。同时，积极研究综合经营试点过程中风险化解的相关制度安排等。

四、抓住上海金融产品创新与业务体系建设的重大商机，以金融创新为主导，加速建设银行经营模式战略转型

制定并完善金融创新的政策，形成以市场需求为导向、金融市场和金融企业为主体的金融创新机制，是形成比较发达的多功能、多层次金融市场体系的根本保证。

在上海“两个中心”建设中，必将大力发展企业（公司）债券、资产支持债券，开展项目收益债券试点，研究发展外币债券等其他债券品种；促进债券一级、二级市场建设及其协调发展；加快银行间债券市场和交易所债券市场互联互通，推进上市商业银行进入交易所债券市场试点。大力支持商业银行开展并购贷款业务。支持商业银行在上海扩大并购贷款规模，增加参与并购贷款业务的银行数量，为企业境内外并购重组活动提供有效的资金支持。鼓励商业银行加强与在沪证券公司、信托公司在并购贷款融资方面的业务合作，支持在沪证券公司、信托公司参与上海重大并购项目。

鉴于金融业的竞争力最终要体现在产品和服务上，目前各大银行都加大了对上海地区新产品的创新支持。例如，工商银行上海分行对创新理财产品发行的审批权限下放；交通银行、浦发银行积极准备跨境贸易结算试点；各家银行纷纷争取离岸金融牌照等。

近年来，建设银行紧紧把转变业务经营模式作为一项艰巨的战略任务，以提升核心竞争能力。建设银行应借力上海加快金融业务、产品创新体系发展之机，以金融创新为主导，加快经营模式战略转型。

第一，全力做好债券市场大发展的业务开展与创新工作，力争 REITS 产品开发成功。第二，积极稳妥做好并购重组业务。第三，依靠提高产品创新能力，加强私人银行业务。在未来一段时间内，上海将成为机构及个人的财富管理中心，更多的商业银行私人银行业务部门也将会陆续落户上海，提供资金和交易、风险管理的多样性与便利性产品。建设银行应把握上海以及世界范围内私人银行业务的差异化发展趋势，组织力量切实提高产品创新水平。第四，顺应人民币国际化大势，抓住国际货币互换协议签订、周边贸易人民币需求扩大良机，组织力量详细调查国际贸易融资人民币需求情况，适时推出该领域金融创新规划与方案。

五、抓住上海扩大金融对外开放的有利时机，紧密跟踪开放最新动态，积极准备拓展涉外及新型金融业务

目前，逐步扩大境外机构参与上海金融市场的比例与规模等方面已提上议事日程，比如，研究制定境外人民币资金投资境内金融市场的方案；扩大 QFII 投资上海证券市场规模的方案；在上海期货市场建立 QFII 制度并开展试点工作；扩大国际开发机构、境外企业、在沪外资法人银行等参与我国债市、股市的规模，加强沪、港金融合作与联动发展，放宽在上海的合资证券公司、合资

基金公司开放范围，等等。

随着上海国际金融中心建设步伐加快，开放试点工作逐步展开，金融开放具体措施、相关制度不断出台与完善，商业银行将在国际国内资金结算、资金收益类金融产品设计、投资银行及资产托管业务、债券股票承销、海外机构的财务顾问、红筹公司客户选择等诸多领域有着重要金融商机。建议紧密跟踪上海金融开放最新动态，挖掘扩大开放重要商机，积极准备拓展涉外及相关业务，力争走在同业前列。

六、抓住上海完善金融服务体系、集疏运体系的重要商机，在上海设立人民币国际清算中心并把握上海“两个中心”硬件建设中的业务机会

上海“两个中心”建设将进一步推进和完善现代化金融支持体系、金融集聚区的规划和建设。需要进一步优化通信信息服务及港口航运的集疏运体系，以缩小与世界著名金融及航运中心的差距。

就上海金融支持系统建设来看，创造条件适时开展人民币国际贸易结算试点，充分发挥上海金融市场在人民币支付清算和市场交易方面的作用，对提高人民币的国际地位、增强抵御国际金融危机的能力，具有重大意义。上海一旦成为人民币跨境贸易清算中心，成为外资银行的结算代理行和开户行，在开立人民币信用证、利用人民币提供买方信贷、利用人民币发放国际商业贷款，来满足相关的贸易融资需求等方面，商业银行将获得大量相关的人民币清算、交易和信贷业务机会。

从全球银行业的实践来看，清算户集中是大势所趋。配合上海“两个中心”建设，上海正在全力打造人民币清算中心。建议建设银行在上海设立人民币国际清算中心，并对人民币国际结算业务实行统一营销和集中管理。

从上海“两个中心”自身硬件建设来看，国家将进一步优化洋山港集疏运体系，加快陆家嘴金融城东扩进程。今后几年，洋山港集疏运体系建设将重点放在加快洋山深水港区基础设施建设、上海等长三角地区内河疏浚、上海芦潮港集装箱中心站及其与洋山港铁路通道建设等方面。建议建设银行积极跟进上海“两个中心”硬件建设规划进程，全面了解国家重点建设项目的商机，及时抓住上海“两个中心”建设基础设施投资先行起步的难得历史机遇，进一步发挥建设银行的传统业务优势，积极扩大在上海“两个中心”自身硬件建设中的业务机会。

七、抓住国际航运中心建设的历史机遇，快速建立为航运业及相关产业提供金融服务的新平台

推动上海国际航运中心的建设，必将完善现代航运发展配套支持政策，加快发展航运金融服务，包括利用多种航运融资方式，为航运服务业和航运制造业提供融资服务，引导金融机构加大对造船和航运等企业的信贷支持，大力开展船舶抵押贷款、船舶抵押贷款信托、船舶融资及经营性租赁、船舶融资租赁信托、船舶售后回租、船舶出口信贷等融资金融服务。同时，推动离岸金融业务的发展，允许企业开设离岸账户，为其境外业务提供资金结算便利。

上海国际航运中心建设，将加速改变我国航运金融发展一直远远落后于其他金融业务的状况，全面提升我国金融机构在航运金融服务、国际网络、国际资源配置等方面的能力。目前，工商银行已经决定总行和分行联动，成立专门的航运金融团队来开发航运金融业务；交通银行也要成立专门航运金融部，以加强对船舶融资、船舶交易的金融服务。

在国家推出多项优惠政策基础上，上海市进一步明确：给予先行试点从事国际航运船舶融资租赁业务的融资租赁公司（金融租赁公司）税收优惠政策；积极探索建立国际航运发展综合试验区，推进注册在洋山保税港区等特殊监管区域内的企业开设离岸账户试点，同时进行离岸金融试点。可以预见，上海航运中心建设并随着人民币跨境清算推进及资本项目逐步开放，必将在更大的范围内形成一个巨大的人民币离岸市场，这无疑将形成我国商业银行新的利润增长点。

我国的离岸金融业务发展较为迟缓，目前全国仅有 4 家商业银行取得了离岸金融的牌照，分别是交通银行、浦发银行、招商银行和深圳发展银行。随着上海“两个中心”建设并着眼于未来

战略布局的考虑，各家银行已经在争取离岸金融业务牌照上展开了激烈竞争。

建设银行应组建专门团队，研究制定与上海航运中心建设相关的金融服务、产品创新、体制机制建设等的规划、策略、目标及实施方案，特别是应加大离岸金融业务前期的相关研究及方案制订工作。及时与有关方面沟通，取得中央监管部门和上海市政府的积极支持，争取早日获得离岸金融业务牌照。同时，需要加强建设银行长三角地区各分行之间的协调与联动，整合长三角港口资源配置，并根据集疏运体系结构调整来完善建设银行上海航运中心金融服务布局，为航运和港口相关产业提供全方位航运金融服务。

八、抓住上海“两个中心”建设中优化金融发展环境的良好机遇，加强专业金融人才队伍建设

上海“两个中心”建设，一方面必将带动金融机构和人才的集聚化和金融服务的国际标准化，另一方面也必将带动对于专业金融人才需求的进一步扩大。为建立健全有利于人才集聚的机制，研究制定吸引各类高层次人才的配套措施，使上海成为国际化高端人才的集聚之地，上海市正在积极研究制定关于吸引高层次金融人才的政策措施和实施金融人才激励计划，并统筹利用各种资源，鼓励和支持各有关方面加大对金融人才教育培训力度，这将为商业银行培养、集聚和储备专业金融人才提供新契机。

在上海“两个中心”建设中，金融专业人才的建设将突出体现在从事金融工程、产品开发、风险控制等领域的行业领军人才；注册金融策划师、注册财务策划师、特许财富管理师、项目数据分析师等拥有专业证书的高级金融人才、中高层金融管理人才以及高级专业金融人才；兼具金融、法律、外语、产业等方面知识，又能掌握金融服务国际运作惯例的人才；金融业综合经营高级人才。

建设银行需要吸引、培训和聚集大批的金融服务意识高、业务创新能力强的各类高素质金融专业人才，应积极作出筹划，以适应服务于国际金融中心和航运中心建设发展为契机，提升建设银行人才队伍的整体水平。

如何认识和把握民生领域的巨大商机

总行机构业务部　刘仁刚

一、如何理解当前形势下强调民生的意义

自从4万亿元经济刺激计划出台以来，有关部门具体介绍了4万亿元的主要去向：民生工程、“三农”、基础设施建设等。从中我们大致可以看出政府的基本思路，那就是把追求长期目标与解决眼前困难相结合，把扩大内需与改善民生相结合。“保八”是目标，保民生是基础。因此，在4万亿元中，除了基建投资占1.5万亿元之外，大部分资金将投在民生建设上。

将“保增长”和“重民生”挂钩、“扩内需”和“促发展”结合，不是简单的政策调整，其本质上是实现经济增长方式根本性转变、真正落实科学发展的重要举措。多年来，我们的经济发展更多地体现在投资拉动为主、工业建设与基础设施项目为主、强调外向型经济特征为主，而这些经济运行轨迹是与不同时期生产力发展水平和主要矛盾相吻合的。经过30年的改革开放，中国的经济实力不断增强，其表现已经不是简单GDP的增加和外汇储备的增多，而是呈现出了大量与民生有关的市场需求，呈现出现代服务业迅速崛起的发展态势，呈现出极具穿透力的国内消费力量。按照国际经验和经济学理论，当人均GDP达到

3 000美元时，这个国家的经济发展模式将出现拐点，现代服务业将成为主要支撑力量。在这个时期，服务业本身也从批发、零售、仓储、运输转向医疗、教育、金融、地产等现代服务业。2008年我国人均 GDP 已经达到 3 267 美元，我们已经走到了社会转型的重要关口。现代服务业是民生领域发展状况的真实体现，也是当前发展民生的重要领域。从这个角度看，将民生领域摆在首位绝不是应对危机的一时举措，它本质上是我国经济经过多年高速增长的积累以及自身结构调整的客观需要，是国家促进结构调整和社会进步、实现经济增长方式转变、落实科学发展观的现实选择。民生领域已经成为国家政策支持、产业特征明显、业务种类繁多、发展潜力巨大、蕴藏无限商机的新兴市场，也必将成为今后银行业重要、长久的竞争领域。

二、我国民生领域的发展空间和潜力

应该看到，目前我国民生领域与国际平均水平差距十分明显。例如，教育领域，我国财政性教育经费所占 GDP 的比例始终徘徊在 3% 左右，而世界平均水平约为 7%，发达国家甚至达到 9%。又如，医疗卫生领域，2007 年我国医疗卫生费用支出占 GDP 的比重仅为 5.4%，而美国高达 14.1%。从卫生资源看，我国每千人拥有 1.7 位医师，2.4 张医院病床；美国是 2.7 位医师，3.6 张医院病床；日本是 1.9 位医师，16.5 张医院病床；巴西是 1.3 位医师，3.1 张医院病床。从人均医疗卫生费用看，我国是 49 美元，美国是 4 887美元，日本是 2 627 美元，巴西是 222 美元。此外，尽管近年来我国社保支出日益加大，每年增速均在 20%，社会保障支出占 GDP 的比重也日益加大，但是与发达国家相比，还有很大的差距。

在环保领域，我国的投入呈加速发展趋势，“六五”期间环保投资 170 亿元，“十五”期间达到 8 390 亿元，占同期 GDP 的 1.19%。为实现“十一五”环境保护目标，全国“十一五”期间环保投资将达到 15 300 亿元（约占同期国内生产总值的 1.35%）。但从国际上看，我国的环保投资仍然较少。因此，尽快缩小差距，尽早实现人与资源、人与环境、人与社会的和谐发展，全面建设小康社会就成为当务之急。

三、民生领域金融服务现状剖析

从目前各家主要商业银行的客户结构、业务结构、收益结构看，存在着政策因素掩饰了盈利能力、垄断因素掩饰了竞争能力、市场因素掩饰了创新能力、改革因素掩饰了应变能力的状况。多年来，各家银行专业分工形成的客户基础、经营特点、风险偏好、价值取向已经形成了企业文化，即使提出业务转型也缺乏系统性思考和根本性变革。对服务业、对民生领域普遍存在着“看不见”、“看不清”、“看不准”、“看不起”的现象。因此，目前国内各家银行对民生领域的服务还处于同一起跑线上，涉及普遍不足，有些银行尽管有所动作，但基本上还是简单的产品提供，还是一般的营销服务，缺乏较为系统的政策研究和市场趋势分析，没有形成针对性、超前性强的金融服务系列设计，没有形成大的概念和内涵。因此，不仅实际效果和社会影响远没有实现，商业银行应有的功能展现和社会作用也受到局限。

民生领域对于商业银行来说，蕴藏着巨大的商业机会。我们目前最为缺乏的是如何认识、理解、组合和把握，我们最为紧迫的是要紧紧抓住这次拉动内需的机会，将一个时段性的机会作为一个战略性机遇；将一次业务机会作为一次战略定位、战略调整和战略选择。商业银行在民生领域的服务差距不是资金实力和产品创新能力，不是资源也不是科技，而是经营理念、经营思路、市场感悟、策略调整和机会把握，而这些最终体现在我们的金融服务能力上。金融服务能力既是衡量银行市场敏感性和社会责任的标尺，也是衡量其商机把握能力和市场应对能力的标志，同时更是检验商业化改革和业务转型是否成功的重要尺度。

长期以来，由于诸多原因，我们的客户群体和经营特征似乎已经成为习以为常、见怪不怪的经营基础。“一提到经济就想到工业，一提到客户就想到项目，一提到产品就想到贷款”，忽视了两个决定持续竞争力的重要前提：一是根据市场变化和趋势分析，前瞻性地捕捉那些我们较为陌生，但又极具发展潜力的新兴市场。二是从政策变化中寻找商机。国务院在 2007 年 7 月下发了《关于加快发展服务业的若干意见》，目前人民银行、银监会也先后提出商业银行要加强对服务业、环保业以及文化创意等领域金融服务的要求，这些都是强烈的市场政策信号。“国十条”和“金融三十条”中对民生领域的政策描述是花费了较大笔墨的，从具体投入数量看也占了相当大的比重。但银行在民生领域究竟具有哪些商业机会，如何在国家政策、市场需求和银行策略方面有机把握，我们的思考还很不够，认识也相对肤浅。对现代服务业、民生领域将成为今后各家商业银行重点竞争的主战场的理解也很有限，对已经出现的金融需求和商业机会我们的反应还不够迅速、应对措施还不够系统、思想认识也不够深刻。

四、如何抓住民生领域的机遇做大做强机构业务

机构客户所包括的政府事业法人和金融机构类客户，都属服务业范畴，且与民生领域紧密相关。在机构业务部分管的资产业务中，有97%直接投向教育、卫生等民生领域；负债业务中74%直接来自于社保、财政、保险、军队等民生领域；中间业务中83%直接服务于民生领域。可见，机构业务与民生领域依存度极高。民生领域关联着服务业，服务业关联着机构业务，机构业务又关联着我行对公业务转型。因此，将服务民生作为我们今后开展业务的新增点、转折点和切入点都是十分必要的。

（一）认知准备

及时了解政策、理解政策。抓住了政策，就抓住了市场；抓住了政策的变化，就抓住了市场的变化；抓住了政策的上游，就抓住了市场的先机。

科学地看待市场、看待发展。统一思想、提高认识，在对新兴市场的认识和商机的把握上要与时俱进，不可经验主义，不可观念守旧、简单应付、以不变应万变。看市场要看趋势，看客户要看成长性，看需求要看变化，看水平要看竞争力。

做业务必须抓主线、必须有概念、必须讲策略。现在抓民生领域，不是去寻找一个全新的客户群体，也不是去建立一个孤立的业务体系，而是将目前我们手上已经做的或将要做的零零散散的业务整合起来、串起来，然后再与国家政策去衔接，找到发展方向；与客户需求去衔接，找到发展路径；与同业先进水平去比较，找到差距；与市场原则去衔接，找到发展方法。我们可以考虑把民生相关的业务和产品进行整合，打造服务品牌，从而形成合力和有效的竞争力。

要走出几个认识上的误区。要走出以下误区：民生领域只是依靠国家财政扶持的，商业银行作为不大；民生领域不同于一个具体工程和项目，金融服务无从入手；或者把民生领域简单地按照行业归类。事实上，民生的概念是广义的，是相互关联的，即使是交通、能源、通信、原材料也与十几年前的性质有着很大的不同，它们都与民生相关，都与环境保护和生态建设有关，都与社会进步代表的方向有关，也都与银行各个业务条线的经营目标有关。因此，我们要把握时机，要抓有效市场，要形成比较优势。

（二）策略准备

要从产业链和价值链的角度出发，抓关键环节和有效市场。民生领域服务于整个社会，因而关联性强、产业链长，商业银行对其商机的把握要从整个产业链条中考虑其商业价值和利润贡献，要寻找其中与我行自身发展匹配的、附加值高的有效市场，而不是一揽子拿下。例如，对教育、医疗等行业，要从政府职能转变和政策制定的源头把握；对于教育中的重点高中，我们就不能简单地按照等级来分类；对于会展业，要抓住它对当地经济的辐射和拉动；对社保、保险等行业，要从政策制定和市场发展中寻找机会。

要学会“搭平台”。平台越搭越大，机会越搭越多。不仅组织架构上要搭团队，市场政策分析还要搭智力，金融需求细分还要搭互补和共享，产品还要搭组合。比如，我们可否在对公部门之间搭起若干业务平台，使各个部门既是牵引自身业务发展的车头，也是承载其他部门产品的车厢。比如，我们可否在对公对私部门之间搭起业务平台，使各个部门都成为肥水不外流的守护神。比如，我们可否在前台和后台部门之间搭起业务平台，使市场的信息和政策的原则能够在最短的时间里作出最科学合理的决策。又比如，我们能否与外部合作伙伴也搭起业务平台，从低层次、简单、被动的代理关系发展为真正意义上优势互补、稳定双赢的合作关系等。作为一级分行，重要的

作用不是制定战略，而是在总行战略指导下研究出符合地域特点的比较优势和应采取的策略；要研究出实现控制成本、化解风险和持续收益所必需的组织保障、资源保障和考核激励保障。

要将“从上往下做”和“从下往上做”相结合，将“从里往外做”和“从外往里做”相结合。民生领域涉及国计民生，政策性很强。有些政策具有刚性或强制性，同时市场化因素处于渐变或隔离状态，因此，从总部和政策上游下手形成业务链条是投入少、见效快的有效路径，但是并不是说所有民生领域的业务都要由上面做起，有些完全可以从下面开始做。比如，在拉动内需促进发展中，各地政府的投融资平台项目，其项目、条件、力度和时间安排都有差异，分行是最有发言权的。又比如，有些属于环境保护、新闻传媒、文化旅游、社会保障、基础教育、基础医疗、社区服务、市场中介、广义涉农、水利建设等项目大多属于地方性建设项目，一方面由地方财政作为重要保证手段；另一方面通过地方政府发布规划和要求，所以，要按照总行战略方向，结合本地区实际机会，由下往上做。不管是由上往下做，还是由下往上做，都要求我们做准、做早、做实、做透。

要注意市场的前瞻性研究。市场的前期研究、分析、应对、创新这些工作做好了，就会收到事半功倍的效果。我们以往更多的问题是，由于市场前期研究不深不细，对客户金融需求的变化反应滞后，营销目的过于单一，营销手段过于传统，不注重客户长期维护和深入拓展，因此不仅缺乏概念，也缺乏深度，同时还经常出现客户流失，有的还可能造成经营风险，反过来又形成了我们认识上的偏颇，造成恶性循环。

要认真学习国家政策文件，找准方向和目标，建立和完善实现目标所必需的管理体系。要认真领会业务转型的实质，学会“在宏观中找变化，在中观中找位置，在微观中找商机”的经营理念和业务习惯。要学会找到本地区的比较优势和后发优势，运用好原有的客户基础，在“深”字和“变”字上下工夫。要充分总结经验，运用成功案例，放大经营效果和业务收益。要看准方向和目标，建立和完善实现目标所必需的管理体系，要真正实现部门银行向流程银行的转变。要在风险识别和有效防范上下工夫。在当前国家投资拉动经济的环境下，我们要在多和准、快和好之间找到平衡。

个人住房反向抵押贷款产品设计研究

总行住房金融与个人信贷部　杨绍萍　赵晓英　李向峰　刘　颢

个人住房反向抵押贷款是指老年人以拥有产权的住房作抵押，向银行或其他金融机构借款消费，同时老人仍然保留房屋居住权的一种贷款产品（Reverse Annuity Mortgage、Reverse Mortgage，在香港称为“逆按揭”）。随着社会经济的发展，住房反向抵押贷款在部分老龄化突出的发达国家逐渐兴起，有效解决了拥有住房但是缺乏现金人群的养老问题。

自1999年开始，我国已逐步进入老龄化社会，人口老龄化问题日益突出。但是由于养老保障制度在老年人中的覆盖程度较低，养老资金缺口巨大。1998年住房改革以来，城镇居民的住房自有化率显著提高。据统计，城市里80%以上的老年人拥有自己的住房，住房成为老年人资产的主要组成部分。而适时开办住房反向抵押贷款，可以有效释放老年人的房产价值，使其转化为养老金的重要来源，改善老年人的生活，减少政府社会保障的负担，具有很强的社会意义。为此，本文在借鉴欧美等国的相关经验的基础上，对住房反向抵押贷款相关问题进行探讨。

一、住房反向抵押贷款的构成要素

（一）贷款对象

住房反向抵押贷款对贷款申请人的年龄有特殊的要求，一般条件为拥有房屋产权、年龄达到最低要求的老年人。各国对最低年龄的具体要求有所不同：美国、加拿大要求借款人年龄为62岁以上，澳大利亚为65岁以上，新加坡要求60岁以上。

（二）贷款期限

大多数住房反向抵押贷款没有固定的贷款期限，当借款人死亡、出售房屋或搬离时清偿，即贷款期限从合同签订之日起至借款人永久离开房屋之日。

小部分贷款是有固定期限的贷款，如十年期，到期后借款人可出售贷款或用其他资产还贷。但是，这种固定期限的住房反向抵押贷款因为没有考虑贷款到期以后的情况，借款人担心到期若无法偿还贷款，将面临无家可归的窘境，所以市场一直比较小。采取固定期限的贷款方式也可考虑引入寿险公司，让借款人利用贷款购买递延年金，贷款期结束之后由寿险公司按月发放与贷款金额相同的年金。这样既可以锁定银行风险，又解除了借款人的后顾之忧。即便这样，贷款的偿还还是需要等到房产处置以后，即期限不定。

（三）贷款支用及偿还

住房反向抵押贷款对用途基本无限制，借款人可将贷款用于日常消费、医疗、度假等，支用方式可以采用按月支付、信用额度支付、一次性总支付等形式。

1. 一次性总支付。一次性总支付是指借款人在住房反向抵押贷款合同签署生效后，把全部贷款一次性提取完。一次性支付也可以与年金保险结合起来使用，如美国私营机构提供的“财务自由计划”和加拿大最常见的“反向年金抵押贷款”。[①] 一次性支付的款项被用来购买保险公司的年金保险，然后由所购买的年金保险定期提供固定的付款额，直到老人去世为止，即使老人搬出或者出售房屋后也可定期收到款项。

2. 信用额度支付。信用额度支付指在借贷双方约定的最高贷款额度范围内，允许借款人自由选择贷款支付时间和支付方式。这种方式最大程度地赋予了借款人灵活性，借款人可以自己掌握借款的数量和时机，而且利息只根据实际借款额计提，可以使利息费用最小化，适合于那些现金需求并不确定，只有在需要时才借款的老人。

3. 按月支付。按月支付是指贷款人每月支付给借款人一定的现金。按月支付可分为限期支付和终身支付。限期支付指贷款人在一定时期内按月分期支付给借款人，期限通常为5～10年，借款人可以自己选择。在固定期限的期末，贷款期满，停止款项发放，但利息继续产生，直至借款人死亡，才可以出售房产以偿还贷款；终身支付指贷款人要一直按月对借款人支付款项，直至出售房产以偿还贷款。各国的发放方式有所不同，加拿大等国还根据借款人的特点与要求以递增或递减年金的形式发放贷款。

在还款方式方面，一般情况下，住房反向抵押贷款的借款人不用偿还贷款本息，待借款人去世后，由银行用处置房产的变价所得一次性还款，如果房屋处置所得扣除交易费用、偿还贷款本息以后还有剩余的，剩余部分将返还给借款人的继承人。

（四）贷款额度及费用

住房反向抵押贷款的贷款额度通常被限定在房屋价值的50%以下。确定贷款额度需要综合考虑下列因素：房屋的评估价值、借款人的年龄、配偶、利率水平等。借款人年龄越大。贷款金额越大。例如，美国联邦住房管理局规定，10万美元的房产价值，美国65岁的老人去申请能获得住房价值22%的贷款额度，75岁的人能借到41%，而85岁的人则能借到58%。[②] 房产价值越高，贷款金额越大；夫妻两人比单身者可贷额度低，因为两人组合预期寿命大于单身者；贷款金额大小也受利率高低的影响，它们之间是反向关系。

在美国和英国，部分反向抵押贷款的贷款额度可以随房价的变动而调整。美国的住房保有人

① 肖隽子：《住房反向抵押贷款风险研究》，华中科技大学硕士毕业论文，2006。

② 胡斌：《反抵押贷款与房地产价格波动风险》，浙江大学硕士学位论文，2003。

计划、英国的共享升值的反向抵押贷款，均规定借款人和贷款人共享房地产升值收益，但不分担房地产贬值的损失。借款人以无息或者低利率获得无还款期限的贷款，代价是贷款人共享住房销售时的升值部分。若住房贬值，借款人就收不到预想的升值部分的现金，但也无须分担贬值带来的损失。共享升值的住房反向抵押贷款突破了贷款额度的限制，较为灵活，但是在住房市场大幅波动时，会给借款人和银行带来巨大损失。

国外银行的住房反向抵押贷款除收取贷款利息以外，还收取一定的贷款费用，主要有：保险费，包括对房屋财产保险及对贷款偿还的综合性保险；评估费，估值人根据房屋的条件及市场行情确定房产市场价值时所收取的费用；其他服务费，主要包括编印账单、寄送账户信息等，金额较小。

（五）其他方面

1. 对贷款人的保护。（1）优先受偿权。住房反向抵押贷款的贷款人一般要求成为抵押房产的“第一债权人”，即相对其他债权人，拥有对该房屋的优先受偿权。如果借款人在申请住房反向抵押贷款前已经对住房设定了抵押，必须将欠款还清或将第一笔提取的现金用于偿还欠款。（2）贷款的提前终止。如果房主没有交纳物业税或没有很好地维护房屋，或者未经许可将房屋租借给他人，即使合约没有到期，也必须立即偿还贷款。

2. 对借款人的保护。（1）无追索权保护：借款人的实际生存年限超过了合同预期寿命年限，或出现贷款额度超过房屋市场价值的情况时，导致所出售抵押房产得到的资金不足以弥补贷款本金及利息时，贷款人也不能要求抵押人以其他资产来抵偿贷款，更无权就超过部分向借款人的其他继承人追偿。也就是说，贷款终止时的偿还额度以当时房屋的价值为上限。（2）抵押权的赎回：大部分住房反向抵押贷款是可赎回的贷款，贷款合同签署生效后，借款人可以随时偿还贷款本息，赎回住房抵押权，从而结束贷款，大多数借款人在赎回抵押权时不需交纳任何费用。

综合起来看，住房反向抵押贷款与普通的住房抵押贷款有很大差异。

表1　住房反向抵押贷款和一般住房抵押贷款对比表

项目	住房抵押贷款	住房反向抵押贷款
贷款人	商业银行	商业银行或保险公司
借款人	60岁以下中青年	60岁以上老年人
抵押物	新购住房或二手房	旧房
住房状况	居住前期、中期	居住后期
贷款目的	居住	养老
贷款发放方式	一次性发放	分期发放
贷款归还方式	分期归还	到期一次性归还
还贷手段	现金	房产或现金
贷款期限	定期	定期或不定期

二、住房反向抵押贷款参与机构与运行机制

我们将借款人的年龄划分为65岁到75岁和75岁以上两个阶段，第一个阶段，可以视做银行发放一笔十年期的贷款；第二个阶段，可以视做保险公司办理了一笔递延年金的养老保险和一笔意外险；可能发生在两阶段的房产处置都交由当地住房置业担保公司处理。整个产品运行过程的基本原则是永续支付、用款不中断、三方合作、风险要分开。

（一）锁定贷款风险

借款人必须年满65周岁；在贷款期限方面，将贷款发放期固定为10年。贷款10年到期时本息合计不得超过房产价值的50%；借款人在贷款合同签订前应就房产最终处置作出声明与安排。

卫生部2008年初公布了2003—2007年中国卫生发展情况简报，我国居民期望寿命为73.0岁，在大城市，人均寿命会相应延长。因此，将贷款期限限定在借款人75岁的风险较小。

（二）明确保险责任

首先，商业银行应要求借款人购买房屋财产保险，以避免房屋毁损带来的损失；其次，要求借款人购买住房反向抵押贷款寿险。借款人在借款开始之日就向寿险公司购买一份递延人寿年金，银行贷款在10年固定期限到期、停止“月付”放款以后，人寿年金按银行“月付”相同金额开始付款，直至借款人去世。以上保险费都可以事前约定从贷款中支用。

（三）引入专业房产处置

在放款阶段，银行可委托住房置业担保公司每年对房产重估一次，以控制房产价值变动风险；在回收贷款阶段，银行可将房产处置外包给当地住房置业担保公司，以体现公正、客观，提高效率。

综上所述，现阶段我国银行可采取的专业房产处置基本框架如图1所示。

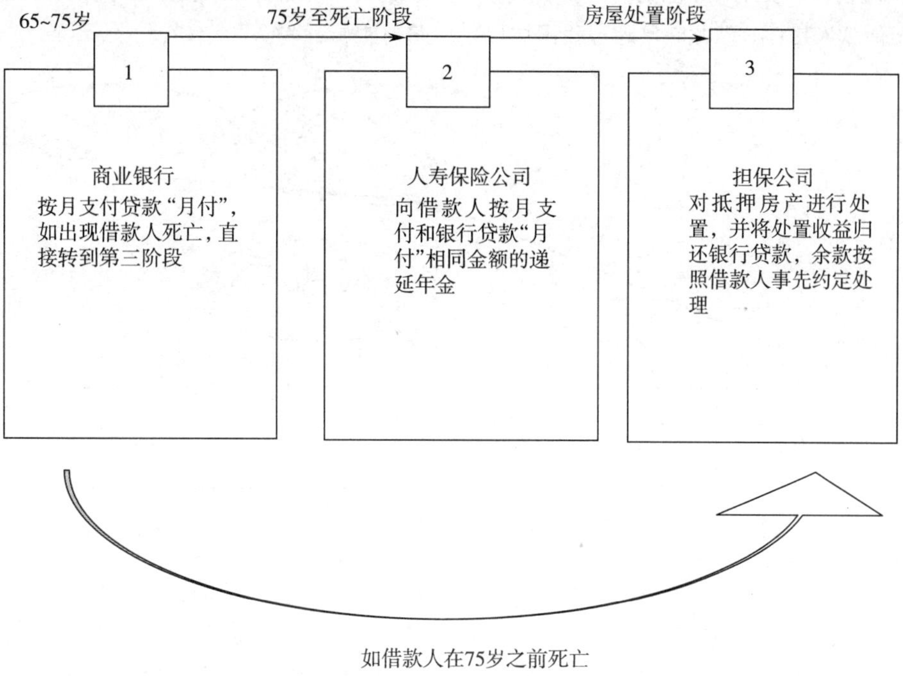

图1 现阶段我国银行可采取的专业房产处置基本框架图

（四）测算示例

一名65岁借款人申请住房反向抵押贷款，愿以自有房产抵押，希望终身每月得到养老金3 000元。假定房产价值不变，银行要求的贷款房价比（LTV）小于等于50%；2009年银行最优惠住房抵押贷款利率为4.158%，并保持不变；保险公司养老保险预定利率为4%（平安保险现行预定利率）。要求测算老人拥有的房产价值必须达到多少？

1. 借款人65～75岁阶段，商业银行测算如下：每月付给借款人贷款3 000元、10年期，按照最优惠房贷利率4.158%计算。借款人75岁贷款到期时的终值为

（1）贷款月付终值FV(Rate，Nper，Pmt) = FV(0.3465%，120，3 000) =445 449.21元。

（2）假设，借款人在65岁申请贷款时，就同意从贷款中一次性支付5万元递延年金保险费给保险公司并附加人身意外险，则75岁时贷款到期时保险费贷款的终值为 $(1+4.158\%)^{10}\times 50\,000$ =75 144.35元。

（3）将"月付"贷款和保险费贷款到期值相加：

贷款终值合计 = 贷款月付终值 + 保险费贷款终值 =445 449.21 +75 144.35 =520 593.56元。

如要求75岁时贷款房价比（LTV）小于等于50%，则需要借款人提供评估价在104万元以上的房产。

2. 借款人65～75岁阶段，寿险公司测算如下：按照上述假设，借款人在65岁时，保险公司已经收到一笔5万元的递延年金保险费。则到借款人75岁时，养老金保险账户价值为 $(1+4\%)^{10}\times 50\,000$ =74 012.21元。

3. 借款人在75岁以后，每月仍要继续领取养老金3 000元，此时由保险公司从借款人65岁已经投保的5万元养老保险金中支付，开始支付之日是75岁的第一个月，此时养老金保险账户价值为74 012.21元，支付3 000元以后，余款为

71 012.21元，继续按照每月复利计息，第二个月支付前保险账户价值为71 248.92元，依此类推，在支付借款人25个月以后保险账户价值为2 094.68元，不足以支付下一个月。即在借款人77岁以后，保险公司需要用该产品的其他账户盈利来支付，直至借款人死亡。但此时已超过我国居民期望寿命73岁4年，需要支付的可能性很低。

假设借款人在78岁时即贷款期满三年后死亡，则未偿付的银行贷款还将继续产生利息，每年利息为520 593.56×［(1+4.158%)^{3}-1］=67 676.42元，可由保险公司按照保险人身故保险赔付银行。

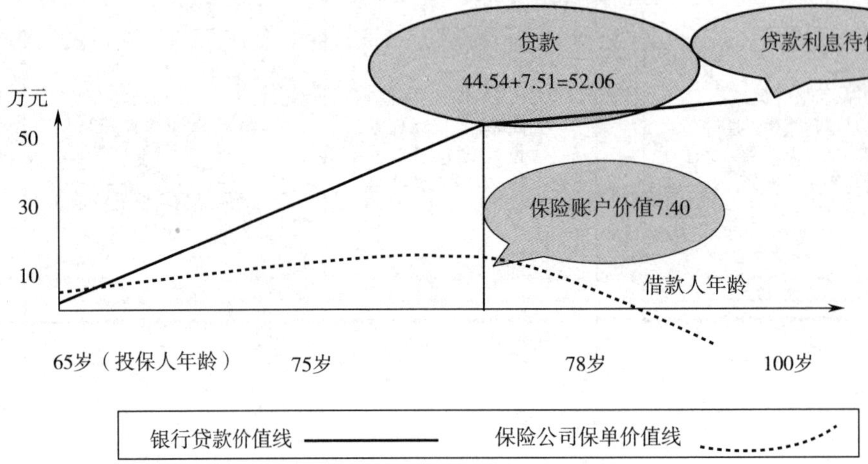

再从各参与机构的角度来分析：

商业银行：期初发放一笔5万元保险费贷款，以后每月发放贷款3 000元、10年期、采用固定利率、等额放款、一次性还款。如借款人在贷款未到期前去世，担保公司处置房产后，贷款提前偿还；如借款人在贷款到期后去世，保险公司将承担75岁至身故的贷款利息，以保证房产处置需要归还的贷款本息将保持在房产价值的50%不再递增，待担保公司处置房产后偿还银行10年贷款的本息。

保险公司：在银行贷款开始发放时，就获得一笔5万元递延年金保费收入，如借款人在贷款未到期前去世，保险金按账户价值赔付借款人指定受益人；如借款人在贷款到期后去世，则用保险金按月支付借款人75岁以后的养老金，并支付给银行借款人75岁至贷款全部清偿时的利息，即相当于保险金账户支付投保人身故保险金。

置业担保公司：在65岁贷款开始发放时，一次性收取评估费及处置费或实际发生时按年收取，可以由借款人贷款支付。在借款人生存期，每年对房产价值重估一次，借款人去世后，负责处置房产，并按照约定将房产处置收入分别支付给银行、指定房产受益人。

可以看出，在这种模式下，各参与机构能够正常运行，并有一定的盈利空间。

三、住房反向抵押贷款的风险管理

与一般贷款相比，反向抵押贷款的基础不是基于借款人的信用，而是唯一依赖于抵押品的价值评估，因此贷款面临的主要风险不是信用风险而是房产价值和利率变化的市场风险。

表2　住房反向抵押贷款风险种类列表

风险种类	承担者	风险控制措施
房价下降风险	银行	控制贷款房价比（LTV）
利率风险	银行	产品定价
长寿风险	寿险公司	保险精算
法律风险	置业担保公司	和客户事前约定
财产风险	财产保险公司	保险精算

（一）房价波动的风险

美国等国家通过抵押贷款证券化等方式来规避或者转移住房反向抵押贷款的风险，但我国证券市场功能不完善，银行资产证券化业务刚刚起步，其分散风险的功能尚未得到充分发挥。因此，在我国开展住房反向抵押贷款，可采取较为传统的方式规避风险。

1. 制定合适的贷款房价比例。除了在出售房地产的时候把握市场时机，更重要的是在事前控制定期发放的贷款额，使最终累计的贷款本金及利息额控制在到期时的房地产价值之内。根据欧美等国的经验，将贷款额度控制在房价的30%～50%，在这个区间内根据借款人的实际情况进行调整，是一个比较可行的办法。

2. 定期对房屋进行评估。银行可委托住房置业担保公司每年对房产重估一次。定期的评估，不但可以避免借款人因疏于维护而造成的房屋本身的折旧加快，还可以将贷款额度的调整与房价的涨跌相挂钩。贷款人可以要求借款人购买财产险等险种，还要定期维护、修缮房屋，将房屋本身的功能性折旧降到最小。

（二）利率风险

对于固定利率的住房反向抵押贷款，在利率上涨时，贷款人无法获得较高利率的利息收入，同时需要支付较高利率的资金成本，从而会带来一定的损失。对于采取浮动利率的住房反向抵押贷款，利率上涨时，贷款虽然可以按照较高的利率计息，但是贷款人可能面临另外一种风险，即贷款本息余额大于未来住房销售收入的可能性增大了，从而增加的利息收入可能未必实现。因此，不管实行固定利率还是浮动利率，银行都面临着利率风险，而借款人可以随时赎回抵押权这种隐含的看跌期权使风险进一步加剧。

因此，度量住房反向抵押贷款经营所实际获得的利差收入，必须扣除期权成本，将无风险收益率加上期权调整利差作为住房反向抵押贷款的贴现率，对预期未来现金流进行贴现，所得出的住房反向抵押贷款总额的理论价值才等于实际市场价值。

住房反向抵押贷款一般采用浮动利率计息。在利率调整方式方面，由于住房反向抵押贷款风险较大，不宜采取按月调整的方式，采取按年调整的方式较为妥当。值得注意的是，采用浮动利率计息，可有效克服固定利率计息的风险，但不能规避利率上升导致贷款本息额超过房价的风险。

（三）长寿风险

长寿风险指因借款人的实际寿命比预期寿命长，而给反向抵押贷款人带来的风险。住房反向抵押贷款的到期可以分为三种情况：借款人自然死亡、借款人永久搬离、抵押房屋出售。其中后两种情况不存在预期寿命的风险，预期寿命风险对第一种情况有较大影响，特别是在住房反向抵押贷款的支付是以终生按期支付时，贷款人面临着借款人的寿命大于预期寿命，从而导致贷款数额高于房产价值的风险。

长寿风险虽然不可能完全消除，但却是一种可以分散化的风险，可以引入人寿保险公司对寿命进行测算。拥有专业精算队伍的寿险公司，在对购买保险人的寿命进行预期和产品定价等方面有着无可比拟的优势。因此，在产品设计中，要求借款人购买住房反向抵押贷款寿险，在银行借款到期之后由保险公司发放年金，从而将风险分担。

（四）法律政策风险

1. 土地使用权到期问题。就开展住房反向抵押贷款而言，最终在处置房产时，可能会存在一些法律障碍。我国城市土地使用权归国家所有，而以出让方式取得的土地使用权是有年限的，其中，居住用地的使用年限为70年。《城市房地产管理法》只对土地使用权的续期或收回作出了规定，而回避了地上建筑物、附着物的处理以及续租如何支付土地出让金的问题。

2. 由土地使用权衍生的其他矛盾。我国《土地登记规则》规定："抵押期限超过土地使用权出让年限的，土地管理部门不予受理土地登记申请。"一旦住房抵押贷款的期限超过了土地使用年限，房产将不能设定抵押，贷款也无法运行。

经济适用房、已购公有住房的土地使用权来源属于行政划拨方式，按照《城市房地产管理法》的有关规定，没有明确的土地使用年限，只有在这些住房上市交易时，卖方缴纳土地出让金后，产权证才注明土地使用年限，而且交易所在年份是土地使用年限的起始年份。这种情况将给房产评估工作带来困难。

另外，当发生拆迁时，反向抵押贷款机构可能面临补偿不足以弥补贷款本息的风险。如果是选择利用新的住房作为反向抵押贷款担保物，则新住房的预期升值有很大不确定性，有可能低于原先住房的预期升值。

针对上述风险，银行一方面可采取和客户事先约定贷款期限的方式来防范，如可在借款合同中要求借款人在土地使用权到期前必须办理续期手续，与居住在经济适用房中的借款人约定从入住之日起计算使用年限，在合同中按照正常的折旧率约定一个还款金额以覆盖有可能产生的拆迁补偿价格过低的风险等；另一方面，银行应加强与置业担保公司的合作，在回收贷款阶段，可将房产处置外包给当地的住房置业担保公司，使一部分风险由担保公司承担。

综观发达国家住房反向抵押贷款的发展历程，一些国家都不同程度地进行了扶植。建议我国有关部门将住房反向抵押贷款作为完善社会保障体制的一个重要手段，及时研究采取相关的配套和促进措施，充分发挥商业银行在住房金融领域积累的丰富经验，在取得试点经验的基础上尽快推广。同时，由于这项业务的特殊性，更需要政府机构积极干预，给予放开限制、减免税费、担保支持等优惠措施，为其健康发展创造良好环境。

中国银行业在新一轮经济增长中的角色定位

总行风险管理部　刘桂峰

在国际金融危机蔓延的大背景下为了保持中国经济的持续稳定增长，中央经济工作会议出台了“保增长、扩内需、调结构”的政策措施，这是新形势下经济增长的又一次跨越。说跨越，是因为我国的经济必须在这轮增长中摒弃以规模、产值“论英雄”的模式，实现增长模式的转换，实现产业结构的升级，实现可持续的、科学的发展。要达成这一目标，不仅需要政府部门的努力，需要民间投资的踊跃，更需要银行业的有效作为。银行注定要发挥其现代经济的“中枢”作用，因此必须找准自己的角色和定位。

一、新一轮经济增长中增长模式转换的坚定执行者

这次引发国际金融危机的一个重要原因是美国经济结构的严重失衡，其更深层次的原因是美国利用了其“金融霸权”地位（美元的“世界货币”地位、美国在国际金融组织中“话语权”及“规则制定权”的主导地位等）过度消费甚至奢侈性消费全球的廉价资源，造成全球经济结构的总体失衡。这种消费模式注定是畸形的，是难以持续的。因此，走出这轮“世纪性大危机”并使其不再“复发”的根本性措施不仅仅在于重构国际金融体系“游戏规则”，更要使以美国为代表的“过度消费模式”终结，代之以“理性、健康和可持续”的消费模式。这必然带来包括美国乃至全球经济增长模式的新一轮调整。

与其他发展中国家一样，中国在这轮调整中不仅要调整其贸易出口的结构，更要调整其国内的产业结构，并在这轮调整中着力实现产业结构的升级，为未来的持续稳定增长奠定坚实基础。这无疑对中国的政府、中国的实业界、中国的金融界既提供了机遇，更提出了挑战。事实上，早在这场危机爆发前，中国政府就开始了推动经济结构调整、增长模式转换的进程，这场危机不应也不能成为我国的经济增长重归“高增长、高耗能”旧有模式的理由，而应以新一轮的大规模投入带动经济快速增长的同时，实现经济结构的动态调整和产业升级。这就要求政府把握大势，做好短期内“保增长”和长期可持续增长的战略衔接，做好当下的考虑与日后设计的有效衔接，确保今日的投入不会成为明日的“负担”，同时能为日后的持续增长提供有效的支撑。这不仅成为考验政府官员和企业领导人智慧和能力的重要标准，也成为检验新一轮经济增长质量和效率的标准，更是关系到中国经济在这一轮调整中能否利

用增量的投入带动存量的重组实现产业结构的优化，进而为下一轮增长打好根基的问题。如果错失了机遇，迈不上台阶，就会丧失今后一个时期持续快速增长的可能性。

中国银行业作为特殊的企业部门，应清晰地认识到自己的职能定位，利用自己资源配置的强大优势，做经济增长模式转换的坚定支持者。一要敦促政府部门在安排项目时，一定要选择对现在和未来增长具有支撑作用并符合节能环保原则的项目，切不可只在拉动 GDP 增长但继续固化现有结构并为将来带来更大调整难度和成本的项目上"做文章"。在这里，银行是具有相当"话语权"和"决策权"的。因为地方政府的财力有限，其安排的项目大多靠银行贷款推动，从目前政府部门组建的诸多融资平台看，无不是以银行贷款为主要对象的。银行不论是从推动增长模式转换角度，还是从自身贷款安全角度，都要选择对未来增长有效并有利于节能减排的项目，并敦促政府部门达成共识。这里的一个前提是银行之间要有共识和合作，切不可为"争抢"业务而自降标准。二要支持集约经营。尤其对资源类产业，要支持集中开发，规模经营。对现有企业，则要支持拥有现代生产能力的大型企业兼并单位耗能成本高、污染大的中小企业，降低能耗，提高效率。三要扶持有成长能力的中小企业和农户，促其不断发展壮大和做成有竞争力的产品，逐步在各自领域立稳脚跟并具可持续发展能力。四要注重自身风险管理能力的不断提升，并不断推出风险管理产品切实帮助客户提升风险管理水平。

二、新一轮经济增长中产业升级的促成者

新一轮经济增长中需要完成产业升级，这是摆脱旧有模式，实现健康、持续增长的关键所在。这种升级不仅指先进的制造业代替落后的制造业，还包括大的产业结构中新兴服务业的崛起、产业结构的梯度转移以及以规模经营替代"散、乱"的分散经营，等等。在这里，银行承担有非常重大的责任，同时也有充分的施展空间。

（一）支持制造业的升级换代

作为制造生产资料的"母机"，一国制造业的水平往往代表其生产力的先进程度。我国虽然是制造业大国，但其技术能力和创新能力与强国还有很大差距，这又影响整体生产能力及生产效率的提高。一些老工业基地，包括近几年发展较快的东部沿海地区，由于核心技术的研发及资金配套能力跟不上，制造业的技术进步很慢，远远落后于经济快速发展对其的需要。要推动新一轮经济增长，制造业升级换代必须先行，这不仅需要政府部门制订明晰的产业规划，还需要银行给予较大力度资金的支持或融资的安排。如这次出台的"十大产业振兴规划"中，汽车、船舶、装备制造、电子信息等就属于制造业中亟需支持的产业。银行应支持其引进先进技术并消化吸收再创新，尤其要重点支持自行研发核心技术，如汽车工业的混合动力技术等，以在新一轮的能源技术革新方面走在前面。同时做好承接发达国家制造业技术转移的工作。要着力支持精品钢材、石油化工等基础制造业，着力支持航空航天、生物医药、新能源、新材料等新兴制造业和战略产业，以不断提升制造业的技术支撑力和核心竞争力。在区域上，应重点支持沿海发达地区以及东北有雄厚根基的老工业基地，并以其带动整个制造业的升级换代。在具体产品及项目上，应重点支持以先进技术代替落后的、资源耗费大和使用成本高的产品及项目。

（二）支持资源类产业并购重组

笔者始终认为，作为稀缺的、不可再生的且存量以令人难以置信的速度快速减少的资源类产业，其开发必须由政府调动大额的资金来推动，或者在政府的严格监管下由集合的民间资本推动，形成规模经营，那种"分散经营、遍地开花"的经营模式造成的浪费、不安全及管理混乱的做法必须被彻底摒弃。这在中国人均资源占有量小、碳排放回旋余地小、现实发展与未来增长衔接压力更大的大背景下尤其如此，同时政府主导经济的体制模式也有利于政府在这一领域充分发挥作用。这一行业不存在饱受诟议的所谓"官进民退"的问题，也不存在充分竞争的问题，而应当选择垄断经营或规模经营的模式。在这一方面，一些明智的地方政府已在抓紧行动。如内蒙古自治区政府已明确 2009 年不再新批煤炭建设项目，重点推进已核准和在建项目，加快煤炭行业的整合和技改工作进度，全年关闭年产量 30 万吨以下

的小煤矿至少30个，淘汰落后产能478万吨，同时着重推进大型现代化煤炭基地建设，以进一步提升煤炭产业发展水平。因此，银行应大力支持诸如上述资源大省的煤炭行业并购重组、上大压小，重点支持大型的露天开采或坑口电站。贵重金属，如铜、铝、铅、锌及稀土资源等的开采也必须由政府主导的大型企业集团进行，这些集团进而并购那些小矿山等企业，通过提高行业集中度来提升企业的市场竞争力，还可支持有实力的企业到海外进行资源性投资。这有利于降低浅层次开发造成的浪费、回填或复耕不足造成的生态破坏，有利于解决上述"低成本"开发推动的恶性价格竞争造成的资源性产品价格信号的失真，进而导致过度开采等问题，有利于延长资源使用的界限，提升资源的利用效率，同时提高了生产过程中的安全性。

（三）支持产能过剩和潜在过剩行业的"上大压小"或技术革新

我国钢铁行业的产能已严重过剩。产业振兴的根本出路在于以技术革新带动产业的整合，推动行业内的"龙头"企业并购中小企业，淘汰落后设备及产能，在并购中走出一条"产—供—销"一体化、上下游价值链密切衔接、单位能耗大幅度下降、生产效率大幅度提高的集约化经营路子来，使其成为具有核心竞争力、跻身于国际一流的大型钢铁集团。银行应积极支持这一行业的并购重组，通过"并购贷款"或"搭桥贷款"对先进生产能力的形成和具有国际竞争能力的集团提供有力支撑。电力行业同样存在一些资源过度开发和产能潜在过剩问题。从黄河流域已建成的水电站看，上游星罗棋布，密集排列，导致中下游河流水量严重不足甚至出现断流的现象就一点也不奇怪了。应从我国水资源的承载能力和生态状况，通盘考虑现有水电资源的整合及长远可持续发展问题。火电资源则要加快对现有企业的整合，加快单位能耗高、运输成本高等达不到规模效应火电企业的淘汰力度，加快"煤电一体化"大型电力集团的建设，着力降低能耗，降低成本，降低事故率，全面提升电源生产企业的生产力和竞争力。同样，其他产能过剩或潜在过剩的行业，如电解铝、水泥等行业也要沿循此思路作相应整合。银行要积极为其筹措资金，提供贷款，并大胆进行金融产品和金融服务的创新，以推动这一进程的快速实现。

（四）大力支持新能源的开发

在探析这次国际金融危机的成因及抗击其带来的萧条和通货紧缩的过程中，很多业界人士指出它实质上是一种能源和生态的危机，进而提出要重点发挥能源政策的作用。在不久前刚刚结束的"2009中国国际节能减排与新能源投资论坛"上，赛迪顾问公司指出新能源产业将成为全球经济增长的一个新引擎。国际投资大家乔治·索罗斯（George Soros）2009年2月为英国《金融时报》撰稿中也指出，替代能源和有利于节能的发展可以充当新的发动机。有一组数据可以从另一角度提供佐证：据权威机构预测，到2020年全球能源需求将比1995年增长一倍。若这些能源全部使用化石燃料如煤、石油、天然气，届时世界范围内已难以找到能满足100亿人口能源需求的煤矿和油田。也不难想见，由于资源的稀缺和不可再生性，这次危机过后原材料及能源价格还会有一个新的提升，这对于以化石燃料作为经济"血液"的大量发展中国家，尤其对中国来讲是一个严峻的挑战，加快发展可再生能源就成为必然选择。在新一轮大规模投入中，中国银行业应把支持新能源纳入自己的业务战略，制定清晰的信贷政策，加大信贷投入，加大对企业技术进步的支持力度，倾力支持风电、核电、太阳能、生物质能发电等可再生能源的开发建设，尤其支持其核心技术和研发能力的建设，争取在两三年内上一个新台阶。同时也使新能源贷款在自己的资产结构中占有一席之地，在推进产业结构的良性调整和可持续性产业体系形成的同时改善自己的信贷结构。

三、小企业和"新农村"建设的支持者

在新一轮大规模投入中，小企业和"新农村"建设也必须列入银行业，尤其大型银行的战略视野。这不仅为当下"扩内需"所必需，同时也是未来支撑经济持续稳定增长的必由之路。

（一）小企业的投入要闯出一条新路子来

大银行做小企业不仅仅在于履行社会责任，而要当做事业、有潜力的业务来做，并循着专业、专注的路子去做，做出自身的特色来。这不仅要

有专门的战略、专门的机构和队伍、专门的考核机制，更重要的是要有一套有别于大企业的有效识别、计量、缓释和控制风险的管理工具，来支撑对有潜力客户的识别、风险定价及组合管理，确保该类客户群体的加入带来好的“边际收益”。

与小银行相比，大银行做小企业同样有自身的优势。这不仅因为大银行有着众多的机构网点进而有着广泛的业务“触角”，也不仅因为大银行有着雄厚的大客户基础因而善于识别其供需链条中的优质小客户，更重要的是大银行有着风险管理的优势，能够为小企业群体的发展提供有效的支撑。其实说到底，小企业之所以难以得到银行的“青睐”，除了前者自身的问题之外，最主要的是银行缺乏对该类企业的风险计量、风险定价及综合把握能力。大银行在近几年推进《巴塞尔新资本协议》的进程中，大都开发了自己的评级模型，其中不同于大企业特点的小企业模型也得到了开发应用，从而为下一轮小企业贷款的发展奠定了一个好的基础。建设银行的小企业评级模型已于上年开发出来并开始在一些分行试运行，预计下半年即可在全行推广应用，连同已经实施的小企业“信贷工厂”流水线作业一道，可为各类小企业客户风险的识别、计量及定价提供强有力的支撑，这无疑对于统一全行上下的风险偏好、信贷标准，控制流程中的操作风险大有裨益，也为小企业业务的健康有序发展奠定了良好基础。因此，大银行要充分发挥自己的优势，振奋自己的信心，把小企业贷款真正当做“事业”、当做自身可持续增长能力的培育，扎扎实实地做好。要进行明确的市场细分，重点拓展大企业的上下游企业（尤其为装备制造、能源化工等大型企业提供配套的小企业）、大型卖场的供货商等有潜力和较好成长性的小企业，悉心培育使之快速发展，在培育其忠诚度的同时增进银行的后续发展能力。要抓住中小创业板上市的机遇，识别并推进表现卓越并有较强后劲的中小企业进入资本市场，为其提供良好的融资及其他服务。

（二）银行对新农村建设的支持必须有新思路

除农业银行之外，其他国有控股的大银行的业务均在城市，“支农”不是其强项，但这不足以成为其不把业务触角伸向农村的理由，也不足以只是把该业务当做履行社会责任来做，而同样要把支持新农村建设当做重要的事业来做，但要用新的思路去做。其一，要形成合理的布局。“农”字头银行应成为新农村建设的“金融主力军”。这不仅仅因为它们有着众多的农村网点和机构，因而有着更多的业务“触角”，更因为它们有着这方面的人才和“人脉”，熟悉这块市场和这批客户。因此，无论是已改制并成立“三农”专营机构的农业银行，还是农村政策性银行，以及星罗棋布的农信社，应抓紧完成机构的整合，国家应给予其政策扶持，鼓励其相互参股或并购，逐步完善其公司治理，尤其农信社要在这轮改革中着力改变股权结构极其分散、内部治理结构无效的状况，积极引进包括一些银行类机构、当地骨干企业及农业龙头企业等各类投资者，着力建立现代企业制度，形成服务于“三农”的有效支撑。其他大型银行也应通过参股或并购的方式，积极参与农村金融体制改革，并逐步形成自己的村镇银行体系。最终形成“农”字头金融机构为主体、其他银行的村镇金融服务机构配合的格局，促成合理竞争、不断改进服务能力的局面。其二，要采用有效的公司治理模式。村镇银行的组织形式可采取将其经营风险同母公司有效隔离的方式，即“子银行”模式。可在保持控股的前提下，适度引进一些农村专业合作组织和农村致富带头人等入股，以发挥其专业支持或地缘优势。同时，母银行要运用其强大的风险管理能力，为其村镇子行提供风险技术、风险工具等支持。其三，要探索有效的经营方式。村镇银行的经营一定要贴近农户，贴近农村政权。可利用上述专业组织及村干部对当地企业、农户熟悉的优势，筛选有效客户，并积极探索抵押、担保的新思路、新措施。其四，要有独特的风险管理模式。如贷款的审批一定要贴近市场，拨备的提取可采取分组、分类的组合方式，且一定遵循审慎原则。同时，国家要给予呆坏账核销的特殊政策。

四、有效平衡风险与收益的理性经营者

在新一轮大规模投入中，银行必须有自己清晰的风险偏好、风险政策、风险底线，并有效运用经济资本、风险限额等工具，运用风险计量等手段，有效平衡经营中的风险与收益，保证不

"头脑发热"，不"比拼规模"，不"制造"不良资产，不酿成系统性风险。

（一）坚持审慎的风险偏好

这次国际金融危机给出的一个教训是，商业银行也好，投资银行也罢，即使非金融企业，在经营中都必须坚持审慎、有度的经营原则，图一时之利或不切实际的高额回报会带来"元气大伤"，甚至"灭顶之灾"。在目前国际、国内经济金融复杂多变的情势下，银行既要审时度势，积极把握各种机遇，又要充分评估各类风险因素，包括国际局势、国内政策措施、企业经营状况、自身管理能力等，在充分考虑其相关性，并审慎把握的基础上，制定自己在一定时期的利润目标，以及为实现这一目标所必须承担的业务规模，以及为承担这一规模必须承担的风险。银行一定要有足够的能力来承担这些风险，并有足量的措施及其安排。

（二）风险政策必须明确具体

在统一的风险偏好下，政策即为传导工具。在新一轮大规模投入中，银行的信贷政策必须明确具体。如在行业、区域、客户及产品方面，银行必须明确鼓励什么，限制什么，并制定明确的准入、退出标准。对于代表产业发展方向、引领产业升级、推进增长模式转换的行业及项目，如前所提到的制造业升级换代、资源类行业的并购重组、产能过剩行业的上大压小、新能源的开发建造等均应在信贷政策中予以体现，并配套以激励措施。为有效解决小企业"贷款难"的问题，信贷政策中必须有单独的小企业政策及相应的激励措施，鼓励在有效控制风险的前提下有力推动这一战略性业务。同时，信贷政策中应明确限制那些"高耗能、高污染"的行业及项目，明确限制一些地方政府为追逐GDP增长重复投入的基础原材料或基础设施的项目，或者为单纯"保增长"而应关停的资源型或污染型企业或项目。总之，风险政策要明确具体，风险底线要清晰明白，并要有具体指标作为支撑。

（三）风险工具必须坚实有力

经济资本、风险限额等工具运用一定要体现政策导向，体现银行的行业政策、区域战略及客户导向。当下应通过上述两大工具的运用重点防范监管部门重点提示的贷款风险过度集中于某些领域的问题。隐蔽形式下"无本贷款"的风险更要警惕。银行应着手对前几个月大规模投放的贷款进行重检，对于有瑕疵或隐患的贷款及早采取措施。银行还应能正确运用风险定价手段，有效识别潜力客户，通过定价使收益能够有效覆盖成本，并鼓励发展有潜力和后续能力的客户。同时，银行还要善于运用操作风险管理工具，有效识别并管理经济下行周期中常见、目前已明显增多的外部欺诈、内部欺诈及内外勾结共同骗取银行资金的问题。总之，银行要善于识别新形势下的各类风险，尤其信用风险和操作风险的新形式、新特点，不断研发并创新风险管理工具，以有效支撑各类业务的健康发展。

（四）风险管理必须延伸到客户

这次金融危机给出的又一个教训是，银行必须善待自己的客户，通过蒙骗或坑害客户或交易对手而从中获利的行为必不久远，或干脆落个"搬起石头砸自己的脚"的恶果。善待客户的一个有效做法是为客户提供风险管理的工具，帮助其识别并管理自身的风险。其实，这更是银行风险管理能力提升的重要表现，因为客户的风险控制住了，银行的风险隐患自然也就消除了。如目前我国金融市场上流行的一些衍生产品工具，客户只想稳赚不赔，真的赔了也不想增加保证金而是让银行垫付，理由是银行向其推荐且没有充分揭示风险，其间银行的被动及窘境可见一斑。因此，银行创新并向客户推荐的产品必须是风险能够识别并能够控制的，必须是明确交代给客户并能够把管理风险的方法传授给客户的，唯此才配赢得客户的信任，使客户获利的同时实现自己的收入。因此，银行要真正把客户当做自己的"衣食父母"，培育其风险意识，为其创造有效的风险管理工具，帮助其不断提升风险管理水平，从而实现双方的"共赢"。

中国的低碳之路、产业升级与信贷政策

总行风险管理部 刘桂峰

低碳经济是指以低耗、低排放为特点的经济模式。作为发展中大国，中国必须在经济总量快速增长的进程中走“低碳”之路，抓住机遇尽快实现新一轮的产业升级，使科学发展的理念和行动真正体现在推动建立可持续发展的产业模式上。这一进程往往伴随着政府的政策导向，也伴随着银行信贷资源配置政策的推动和实施。作为金融企业，必须通过信贷政策的主动调整实现行业选择和客户群体的选择，建立可持续盈利的信贷结构。

一、走低碳之路，建立可持续的产业模式已成国际主流

近年来，越来越多的极端气候、地质灾害等对人类工业文明成果的破坏性冲击和对人类生命财产的危害，已使越来越多的人，尤其是科学家、头脑清醒的政治家等意识到必须抓紧行动，达成共识，以可持续的发展模式替代高耗能、高污染模式，以可再生能源替代过分依赖化石原料的模式，走低碳发展之路，给地球以休养生息的机会，给子孙后代绵延生息的足够空间和时间。尽管目前发达国家和发展中国家之间还未就技术和资金转让问题最终达成一致性意见，但有一点是不言自明的：那就是发达国家必须为其工业革命以来文明成就背后的碳排放对大气的污染和生态的破坏负起责任来，以其工业化带来的雄厚基础和先进技术在实现自身低碳发展的同时，为发展中国家以及较贫穷的国家提供资金或技术的支持，以达成人类社会共同减少碳排放的目标，这是它们必须承担起的责任，若再推诿必将成为历史的罪人。发展中国家也绝不可以“抢时间”为由继续推行“高耗能、高污染”的粗放模式，或被动坐等发达国家的援助，而要通过自身努力并借鉴发达国家的经验及技术积极实现节能减排，实现产业升级，实现建立在可持续产业模式基础上的“绿色”增长。

要走“低碳”发展之路，产业结构调整是关键，也就是说必须从技术革新的角度促进产业升级。这里指的升级不是说大家一窝蜂全去搞第三产业，也不是说都去搞清洁能源，而是在积极推动清洁能源快速健康发展的同时，推动传统产业领域的技术革命，使之尽可能减少消耗，减少排放，提高效率，进而达到自我良性循环。这是因为人类文明的进程中，有些传统工业是不可替代的，如钢铁工业、一些化学合成工业，这些都是现代工业及现代生活须臾不可离开的。唯一的出路在于尽可能推动该领域的技术创新，推动规模经营，使其生产过程中的废弃物得以充分利用，使其产生的碳排放降到最低。如果各产业领域，尤其是传统工业领域实现了真正意义的节能减排，也就实现了标志性意义的产业升级，由此而推动的产业发展、经济增长才是健康的、可持续的。

欧盟作为“绿色经济”的倡导者，近些年在这方面一直走在前列。美国在前几年饱受退出《京都议定书》框架条约指责后，在新一届领导人的倡导下也在推进绿色概念。中国的科学发展观已提出几年，并已付诸行动，明确将减排目标列入“十一五”规划，并制订了务实的“国家应对气候变化方案”。相信各国的努力，尤其是大国之间的联手行动，会同2008年以来各国政府联合一致采取措施应对国际金融危机取得显著成效一样，应对全球的气候危机、生态危机也定能取得实质性突破。

二、建立以低碳增长为导向的产业政策体系已成当务之急

要实现真正的低碳增长，以此为导向的产业政策必须明确具体。近年来，我国陆续出台的产业调整和振兴规划已提出了控制总量、淘汰落后、兼并重组、技术改造、自主创新等一系列政策措施，体现了保护资源、有效开发及规模经营等理念，近期密集出台的一系列引导产业健康发展的《若干意见》，更是从抓住历史机遇推进产业结构调整角度提出了明确要求。为使产业导向真正发挥引导资源的合理配置及存量结构调整的作用，有必要进一步从政策层面把产业划分为不同类别，针对性采取相应措施。

一是从稀缺和不可再生角度，把化石资源列为战略性资源，只能有计划、有保护、有限度地加以开采，而且只能规模经营。煤炭类、金属类矿藏和石油、天然气类资源，是地球数亿年沧桑变化积淀下来的宝贵财富，必须精打细算，细水长流，切不可无度开采，快速消耗，也不可为赚取外汇而大量出口。近期出台的稀土限量开采和出口的政策，表明我们国家已把该类稀缺而珍贵资源的开采使用纳入国家战略，这是一个非常可喜的信号。我们必须善于从整体上布局上述战略资源，制订近期与长远相接的规划，并不断研发能使之延长生命周期的新技术和新方法。要设置严格的准入门槛和审批程序，并附之政策配套。要设置规模经营的指标，坚决取缔小规模的滥采滥挖、破坏资源的行为。对于存量部分，也应本着这一原则进行有效整合，坚决取缔小煤窑、小矿山；取缔这些安全无保障、开采浅层挖、排量不达标的“小字号”。在这一行业里，不存在“国退民进”的问题，也不存在规模歧视的问题，而是必须要达到规模经营，以达到合理利用资源和可持续发展的目标。

二是从长远可持续角度，鼓励清洁能源、可再生资源的开发利用，建立科学发展的新能源政策体系。近年来，风能、太阳能、核能等清洁能源的开发利用得到了一定发展，但由于种种原因，以及整体规划能力没能跟上，有的产能已出现结构性过剩，有的则出现了过度开发（如有些水电站），有的在开发过程中则导致了新的、更严重的污染。有资料表明，在新一轮大规模投放中，重复建设问题仍很突出，不仅钢铁、水泥等产能过剩的传统产业仍在盲目扩张，风电等新兴产业也出现了重复建设倾向，风电设备制造已出现产能过剩；太阳能产业的多晶硅生产供大于求趋势明显，且因不掌握核心技术和关键设备易造成新的高耗能和高污染；水电资源的开发也亟须进一步规划，遏制过度和无序开发的现象；核电的开发利用也要进一步关注后续的安全如核废料的封存及无毒化处理等问题。因此，新能源的开发利用一定要有科学的定位和正确的思路。要注重研发能力的培育，在这方面一定要有足量的资金投入，要掌握核心的技术和关键设备制作，并能不断地创新以占据这一领域的技术高地。要注重规模效应，要制定明确的规模和技术标准，使这一领域企业及项目单元的加入一开始就保持较高的起点，防止搞得过多过滥而再去不计成本地兼并重组。要有明确的政策引导，对于现阶段远高出传统能源成本的如风电、光伏发电等要有明确的保护性并网电价政策，使该类企业达到规模经营前能够获取一定的利润并实现自身的积累。同时，积极鼓励电网工程的配套建设，改变因电网建设落后而使建成的风电场不能满负荷发电的问题。对于风电装备产能和多晶硅产能过剩的问题，解决的唯一出路在于提高标准，包括国家应明确出台规模和技术层面的标准，促使该领域在技术进步中实现优胜劣汰。

三是从节能、减排、环保的大产业布局出发，积极引导“双高”产业的兼并重组和梯度转移。钢铁、化工等传统产业，虽对能源、资源的依赖程度高、消耗力度大，并容易产生大量的污染源，但如前所述现代经济及人类生活却须臾不可离开。走出这一“怪圈”的唯一出路在于通过技术革新促进产品单位能耗的降低，并通过废水、废气、废渣的回收利用使碳排放量降到最低，同时通过区域间的梯度转移实现整体结构的升级。这就需要在这些产业部门，尤其是产能过剩和潜在过剩部门推进以技术革新为主导的兼并重组或“上大压小”、“以新代旧”，以先进的产能替代落后的产能，以规模经营替代“小产能、大污染”模式，使这一类产业部门经过新一轮重组后主干部分均达到规模经营，一些耗能和污染程度较低的

专业化配套则可由小企业充分竞争，但必须达到最低环保要求。区域间的梯度转移在强调合理布局生产力的同时，必须把环保因素放在首要位置，既要考虑环境的可容纳量，更要考虑当地的生态平衡和人文要素及物种多样性保护的要求，产业的梯度转移只能使这些区域的经济、生态与人文实现更高层次的和谐和良性循环，绝不能重蹈以“高污染、高耗能”和“满目疮痍”的生态人文为代价的所谓转移。这种转移要以资金和技术转让作为先导，发达地区要勇于承担起自己的那份责任，在向中西部地区转移低端、传统产业的同时给予资金或技术方面的支持。这方面国家应出台相应的政策，引导并敦促这一转移真正成为能够支撑可持续发展的战略性安排。

四是从科学发展的角度出发，推动循环经济和可再生能源的发展利用。科学发展的出发点，是实现人与自然、人与社会的共同和谐发展，使经济的增长和社会的进步、生态的繁衍处于良性互动状态。因此，需要在建立绿色产业链上面先寻找一个切入点，在此基础上持续推进。以建筑节能为例，这是实施绿色产业战略最广阔和最具潜力的一个市场。可以设想，若全球尤其是中国的办公大楼和居民楼均铺设上了晶硅或非晶硅太阳能光电幕墙，以及在楼房用气、用水等方面配置好循环装置，能节约多少以煤、气为燃料的电源，能减少多少碳排放，能保护多少个附着于上述资源的人文生态遗址啊！水、气的综合利用又能节省多少地下水、气的抽取和资源的流失啊！因此，应抓紧着手行动。国家应出台明确的政策，制定明确的标准，规定新的建筑物必须遵循新的标准，必须采用新的节能材料。策略上，可先从大的、综合性的城市开始推起，逐步向其他二线、三线城市推进；先从综合办公楼开始，逐步向居民楼推进。同时，有计划、分步骤地对原有建筑物实施改造。

五是从激发企业节能减排的热情和主动性角度出发，尽快建立“碳交易”机制。要使耗能高、污染大的企业真正具有生存发展的危机感，并通过技术革新或资产重组减少资源的消耗和碳排放，同时使非“双高”行业的企业也有不断革新技术以提高生产效率的能力和动力，国家应推动从政策到标准、从工具到场所、从一级市场到二级市场等方面尽快出台明晰的碳交易政策，制定明确的交易规则，合理配置碳交易指标，扶持和培育碳交易主体，并注重与国际规则接轨。近期可继续在一些大江大河、大库区等重点流域推进排污权有偿使用和交易试点，并不断扩大范围。唯此才能从内在动力角度真正使节能减排转化为企业内生性行为。

六是从规范人的行为角度出发，使节能减排成为全民的自觉行为。要真正实现绿色生活和绿色发展，大众必须确立绿色理念并自觉践行之。长期以来，我国不少人在资源使用上养成了“大手大脚”的不良习惯：用水时把水龙头开到最大，下班离开办公室没有随手关灯的习惯，出门旅行不自带牙具或拖鞋而使用一次性物品，请客吃饭时习惯于点的菜量太多以至于造成浪费，等等。解决这一问题的思路，不仅仅在于加强节能减排意识的教育，从观念及道义上加以引导，更要制定一些法律或法规，强制性地加以约束。如大幅度提高城市用水水价，同时强力推进梯度累进水价。对于所有办公楼、大型娱乐设施、大型商场、城市公共照明设施等，强力推行节能灯具。宾馆不得再提供一次性拖鞋或一次性的塑装洗浴液。饭店不得向就餐者推荐或提供超量的饭菜，对于恣意超量点菜造成浪费者给予数倍罚款。同时，向大排量汽车征收污染税，大幅度提高停车收费标准等。通过强制性措施，逐步纠正上述不良行为，使人们逐步养成节约、节能的好习惯。

三、银行信贷政策需作出快速反应与调整

银行作为现代经济的核心，在支持产业结构调整与升级中承担着重要职责与使命。同时，银行作为金融企业，也应在这次产业大布局中抓住战机，培育自身新的增长点。

（一）抓紧制定绿色信贷政策

近几年，国内大中型商业银行均打出了“绿色信贷”的品牌，但用于宣传的较多，真正落到实处并实实在在干起来的较少。银行要真的在这次产业迁徙和升级中发挥作用，占领新一轮增长的制高点，必须制定实实在在的绿色信贷政策。

1. 尽快推出新能源信贷政策。根据胡锦涛总书记前不久在联合国关于气候问题的积极表态，

我国未来一个时期在清洁能源方面还会有大的发展和新举措，银行业要积极行动，抓住这一机遇，在推动国家新能源战略实施的同时，培育自身有潜力、有后劲的新客户群体。如在风电领域，银行要优先支持风力资源充沛、电源建设与电网设施能够配套、政府的上网标杆电价比较有利且补贴力度较大的风电基地，重点支持大型集团主导的风电设备制造企业的技术引进及技术革新，推动其尽快上台阶。对于配套电网不完善、规模小且技术一般的风电机组整机制造企业则要审慎进入。水电的选址一定要审慎评估，不仅要关注其蓄水和调洪能力，还要关注其生态、文化遗产和移民等问题，对于分布密集、调节性能差、流域污染大并易造成多数河流出现断流、白化的小型水电站，要坚决杜绝贷款。太阳能开发和利用要积极跟进，这是在资源日益枯竭状态下取之不尽的源泉，绝不可因眼前出现的问题而停滞对其的支持，而有必要对其进行细分，择优扶持，同时支持其业内的兼并重组，支持有实力的企业抓紧引进并研发核心及尖端技术，但要坚决杜绝对在能源短缺、电价较高的地区新建多晶硅项目的贷款，坚决杜绝对缺乏配套综合利用、环保不达标的多晶硅项目的贷款。对于垃圾发电等生物质能源，尤其要关注政府对其的支持力度及周围社区居民的反映。总之，该类政策的着力点不仅要放在对项目或企业所在区域、行业、技术进步度及自身财务效益的考量上，更应把政府政策支持力度、社会生态及环保因素考虑进去。

2. 持续完善“双高”行业信贷政策。有资料显示，我国每单位 GDP 的能耗是日本的 9 倍，是美国的 3 倍。我国工业能耗占全国总能耗的比重达 70% 以上，而美国不到 20%，日本则不到 30%。差距大说明潜力也大。银行信贷政策的着力点，应放在支持这些行业以先进的技术替代落后的技术，以整合的产供销产业链替代无序竞争的散乱差，以废水、废气、废渣的综合循环利用以替代小规模、大排放或“偷排放”上。信贷投放的重点，应该是业内整合的“上大压小”、技术设备的“以新换旧”，推动规模经营，推动技术升级，由此推动该类产品单位能耗的不断降低和碳排放量的不断减少。

3. 抓紧制定资源类行业信贷政策。鉴于某些资源不可再生和日趋减少的特点，银行信贷政策的重点应放在推动深度开发和综合性经营上，亦即放在推动规模经营和业内重整上。如对煤炭行业，银行应优先支持千万吨级以上、露天开采、技术一流的项目，或者积极推动大煤矿兼并小煤矿，重新整合资源，深度开发，实现产供销一体化，尽量减少浅层挖掘带来的资源浪费及生态破坏，减少环保投入不足带来的重度污染，减少因安全投入不到位带来的矿难等问题。对矿山开采类的支持也是同样道理。对于开挖出来之后的加工或其他环节，银行可适量支持一些为之配套的中小企业，但这些领域的支持主体必须是规模以上的大企业、大项目。

4. 研究推进建筑节能信贷政策。银行应积极为建筑节能的项目融通资金，这是从源头上支持节能减排的重要举措。尤其在人口多、环境压力大的一线城市，银行应配合政府的规划及政策引导，积极支持新上项目对新材料、新灯具、新设施的综合运用，大力减少对传统能源的依赖，以最大限度地减少碳排放。同时积极跟进对原有建筑物的节能改造，并尝试接受节能效能发挥后资金的回流来偿还贷款。大银行可考虑设立专项的“低碳基金”，专门支持致力于降低碳排放和提高能效的公司或项目，以有效提升建筑节能领域的质量和效率。

5. 探索制定碳交易信贷政策。这是一个未来极具潜力的市场，银行在这里有广阔的施展空间。目前，国际碳交易市场仍处在发展初期，但许多主流银行积极介入该市场，并逐渐成为国际碳交易市场的重要参与者。我国银行业尤其是大银行应运用自身强大的资金实力和资源配置的功能，积极参与这一市场，并积极开展与碳排放权交易相关的服务创新，着手构建与交易相关的结算、清算以及其他金融交易（如碳信用的出借、回购等）的平台，为未来大规模的交易提供“碳银行”服务做足准备。同时，积极推动开展排污权有偿使用和交易，积极培育交易的主体，积极推动全国碳交易市场的形成和壮大。

6. 主动制定自身减排政策。作为金融企业，银行更应在节能减排方面走在前面。首先，银行应以其资金和技术密集的优势，大力推进办公自动化及办公设备的综合利用，减少纸张等办公用品的消耗。其次，银行应以其雄厚的资金实力，率先在自己的办公大楼和营业场所推行节能灯具、节能洁具、节能办公用具、节能建筑材料的置换，以最大限度地减少能源消耗。最后，银行的职员作为拥有较高文化素质的群体，应以身作则，做节能减排的典范，在出行、出差及工作生活中，注重少用一次性物品，注重节水节电，并注重用自身行为带动他人，共同为节能减排作出贡献。

（二）把政策要求融入信贷流程

上述绿色信贷政策组合应体现在银行的整个信贷流程中并被严格执行。客户部门在进行市场营销时，应根据上述政策制定相应的“绿色”准入退出标准，并根据需要实施名单制管理。尤其对于新能源领域，要及时跟进其市场变化和技术进步的情况，重检客户的分类及门槛。对于有可能会对周边环境、居民生活及文化遗产等带来不利影响的项目，一定要与项目业主或客户进行充分沟通，要求其进行土地规划、产业规划、社会生态等方面的环评，必要时要聘请专家对环评文件及结果进行审核论证，以避免由此引发的社会环境风险。在此阶段，平行作业的风险经理应关注上述风险部位和环节，并进行必要的提示和揭示。在信贷审批阶段，审批人员要对上述风险点进行独立的分析与判断，对于需要进一步完善的措施要提出明确要求。贷后管理阶段更要及时跟踪上述部位的情况，并把其列入重点检查的内容，及时提示并敦促客户经理多关注并与客户及时沟通，有效防范并及时解决相应问题。银行的审计部门也要对程序执行的有效性进行评估并提出改进措施。同时，政策执行情况还应纳入银行定期发布的《企业社会责任报告》，向社会及公众负责任地进行披露，接受监督。

（三）开发并运用相应的管理工具

首先，绿色信贷的政策要求要能及时融入客户评级或项目评级系统。尤其是涉及环境或社会生态方面的项目，对环境因素要设置相应参数，并根据需要动态更新。其次，要融入对公客户信贷流程的系统。对绿色客户或项目要设置专门标识，尤其对于符合赤道原则标准的项目，要走专门的通道，以便进行社会环境方面要素的审核，有效防范该方面的风险。最后，开发相应的分析软件，跟踪评估绿色项目实施效果，验证绿色信贷政策的有效性，为政策重检和更新提供依据。

（四）加强分析研究

银行的信贷政策应及时跟进国家产业政策并进行更新与调整，因此必须加强前瞻性分析与研究。由于中国已深度加入国际分工，应对全球化背景下国际产业布局的大势、低碳经济的前景以及对国内经济的影响进行预测及把握。要对国内产业升级及区域间的迁徙情况进行深度分析研究，观察进一步调整的趋势，以积极主动地加以跟进。要善于捕捉变化中的商机，主动抓住结构调整中的机遇，在促进经济健康持续发展的同时，实现自身业务又好又快地增长。

对当前宏观经济形势的基本判断

总行研究部　周小知

一、对国际经济形势的判断

全球经济在低迷和衰退中苦苦撑过了 10 个月，在各国政府的协同努力下，主要经济指标止跌企稳，股市、房市出现缓慢回升。但失业率居高不下，企业效益没有出现根本好转，经济发展存在诸多不确定性。

（一）全球性金融危机已经过去，第二波金融危机来临可能性很小

金融危机的主要表象是股市、房市价格暴跌，银行大量倒闭，信贷紧缩、大多数金融交易处于萎缩或停滞状态，民众丧失信心。2008 年 9 月，雷曼兄弟的破产引发了全球性的金融恐慌，在半年的时间里，中国、美国、日本以及欧洲等世界大多数国家的股票指数都暴跌了50%～60%。花旗银行股票从60美元跌到0.97美元，雷曼兄弟股票从63美元跌到3美分，全球股票市值蒸发了几十万亿美元，金融机构损失达2万～3万亿美元。国际能源价格指数从462点跌到165点，房屋价格下跌了20%。2010年4月后，世界经济冒出了止跌回升的“嫩芽”，全球性金融危机基本过去。主要表现在金融市场回暖，如股市、房市价格止跌回升，美国、欧洲房屋价格环比上升，投资者信心有所恢复，恐慌情绪明显减弱，市场信心有所增强。尽管世界银行、高盛集团和日本的经济学家提出了世界面临第二波金融危机的思想，但从全球看，北美景气回升，西欧经济平稳，亚洲经济复苏、独联体预期向好，全球大部分股票指数都上升了30%以上，金融机构亏损明显减少，市场交易逐步恢复。虽然中东欧国家情况比较糟，但世界经济的向好对中东欧国家提升了信心，国际货币基金组织也在持续向中东各国提供紧急贷款，中东欧国家对世界的影响力相当有限，因此，总的来看，全球性的金融危机已经过去，第二波金融危机爆发的可能性很小。

（二）世界经济衰退还未结束，L形发展趋势不可避免

尽管全球性金融危机已经过去，不少经济指标止跌回稳，有些地方已冒出复苏的“嫩芽”，但这并不意味着经济衰退已经结束。经济衰退主要指经济持续负增长或低迷不振，失业率居高不下、消费萎缩。当前世界经济存在的主要问题包括以下几个方面。

一是消费需求不足。这是世界各国面临的共同问题，也是最严重、短期内无法解决的问题。在经济低迷时期，由于需求（消费）不足导致供给（生产）明显过剩，需求就是决定经济发展的决定性力量。目前，全球3/4的人在缩减消费开支。一向主张消费的美国人也改变了生活方式，紧缩开支、节约消费，压缩需求，提高储蓄率，直接导致零售业务下降，企业订单很少，经济增长动力不足。

二是资金和信贷紧缩。在经济深度衰退和企业效益全面下滑的背景下，发达国家大多数商业银行都拧紧了信贷“龙头”。美国中小企业认为当前贷款条件是30年来最苛刻的时期。美国、欧洲、日本等国家中小企业贷款、居民消费信贷和住房抵押贷款持续下降。如果经济的基本面没有明显改善，预计短期内资金和信贷情况也不会有改观。

三是贸易保护主义重新抬头。随着各国经济刺激力度的加大，自由贸易规则遭到前所未有的挑战，有可能把回暖的经济“消灭”在萌芽之中。美国在刺激计划中列入“购买美国货”条款，印度大幅度提高钢铁和大豆的进口关税，俄罗斯大幅度提高进口汽车关税，印度尼西亚实行进口许可证制度，厄瓜多尔把进口关税提高到85.5%等，在经济全球化日益加深的今天，世界贸易的发展是推动世界经济增长的重要力量。2008年世界进出口贸易总额为325 420美元，占世界GDP总额606 898亿美元的54%。世界银行行长佐利克最近说，“我特别担心的是日益加剧的保护主义危险，它会像20世纪30年代一样加大世界经济复苏难度”。在全球范围内需求出现大幅度下滑的时候，日益加剧的贸易保护主义会关闭经济增长的潜在引擎，使世界经济复苏之路更加曲折和漫长。

四是经济刺激“出工不出力”。经济刺激计划是各国政府应对经济金融危机、抵御经济下滑，促进经济增长而制定的临时性、短期的、扩张性的政策措施。由于各国受金融危机的影响程度不一样，对刺激计划的认识不一样，经济刺激中的“出工不出力”现象明显存在。中国、美国和日本刺激力度要大一些，其他国家的刺激计划力度都不大，如印度尼西亚通过税收减免方式投放约70亿美元，新加坡约15亿美元，马来西亚47亿美元，越南10亿美元，菲律宾68亿美元等。欧洲一直信奉经济的“自动稳定机制”，其各国经济刺激的速度和力度都不及美国、日本。欧盟成员国刺激计划的总额约2 000亿欧元，其中德国500亿欧元，英国200亿英镑，都不到GDP的2%。刺激措施主要是减税、对弱势群体的补贴等方面。德国总理默克尔因刺激计划“行动不力”遭到美国经济学家的批评，说默克尔“不懂基本的经济常识，也不懂施行全球经济刺激计划的紧迫性”。经济全球化要求各国采取一致政策共同抵御经济衰退，澳大利亚总理陆克文认为，重摆经济增长的宴席需要各国政府之间进行前所未有的合作，如若不成，后果非常严重。一些国家在经济刺激计划中的“出工不出力”，实际上是一种“搭便车”行为，对全球经济复苏不利。

五是主要经济体复苏仍需要较长时间。美国、日本和欧盟三大经济体占世界 GDP 的 65%，美国、日本、欧盟三大经济体的复苏是世界经济复的基本前提。但从目前看，美国经济已陷入了深度衰退，GDP（环比折年率）连续三个季度负增长，失业率居高不下。日本和欧盟是外向型经济，对出口的依赖程度很强，世界经济的衰退对它们的影响比美国还大。日本和欧元区经济都连续四个季度负增长，降幅创下了近 60 年来降幅最大的纪录。总体来看，美国金融中介功能受到致命打击，资金难以顺畅地流向企业，市场活力和经济增长潜力大大下降；日本对美国经济的依赖性较强，外需萎缩将导致日本经济长期低迷；欧洲经济在受重创之下又不愿意政府过多干预，刺激计划苍白无力，依靠市场的自身修复需要较长时间。很多人把目光投向中国，希望中国的稳定快速发展把世界经济带出衰退的泥坑，事实上，中国经济占世界经济总量大约仅为 7%，单靠中国也很难带动世界走出衰退。

二、对我国经济形势的判断

从第二季度主要经济指标看，我国国民经济回升势头在增强，积极因素在增多，总体形势企稳向好，但回升基础不牢固、回升格局不平衡，回升过程还存在诸多不确定因素。总体来说，我国经济已止跌企稳，但复苏之路仍很漫长。

（一）宏观经济已基本实现了止跌企稳

2008 年下半年，在国际金融危机袭击和我国经济周期性调整的双重影响下，我国经济增长也出现了急剧下滑的局面。国民经济主要指标出现了前所未有的大幅度下跌，尽管 GDP 没有出现负增长，但从 2007 年第三季度的 13.4% 下跌到 2009 年第一季度的 6.1%。下降幅度居世界前列。在中央“保增长、扩内需”的一系列政策措施下，宏观经济基本实现了止跌企稳。具体表现为：一是经济出现了止跌回升的积极信号。（1）经济下跌动力减弱，主要经济指标环比明显上升。如 GDP 2008 年第四季度环比增长 0.1%，第一季度环比增长 1.5%，第二季度环比增长大约 4%，回升趋势非常明显。工业、消费、居民消费价格指数、工业品出厂价格指数、财政收入和企业利润等环比都呈现明显上升趋势。（2）重要能源和原材料需求回暖。6 月发电量和用电量双双扭转了连续 6 个月的负增长局面，成品油、焦炭、粗钢、钢材、水泥等产量都出现了稳定回升。（3）新开工项目超常增长。2009 年前 5 个月新开工项目达 12.4 万个，同比增加近 4 万个。（4）房地产的不利影响已基本释放。房屋交易量持续扩大，价格稳步回升。（5）去库存化明显，经过多半年的消化，产品库存明显减少，经济增长动力明显增强。二是市场信心得到了较好恢复。随着各项刺激政策的逐步落实，投资信贷出现超常规增长，上半年本外币信贷增长 7.7 万亿元，城镇固定资产投资 7.8 万元，信贷与投资几乎为 1:1，这是史无前例的现象。由于货币供应量的大幅度增长，流动性过度宽松，房地产市场出现明显的阶段性回暖，交易大幅度增加，价格逐步回升，同时，股票市场出现大幅度回升，深圳指数 2009 年上涨了 100%，是目前世界上涨幅度最大的股票市场，企业家信心指数、居民消费指数、住房景气指数都出现了回暖的趋势。

（二）真正走向复苏还需较长时间

我国经济的自主增长机制还没有修复，上半年经济虽然出现了恢复性上涨，各项指标也在好转，但增长动力源泉不是市场自主增长，而是国家强大的经济刺激政策推动的。如在新开工项目中，大部分是中央项目；在固定投资资金来源中中央预算和银行贷款出现了爆发性增长；从投资区域看，经济活跃、市场发育、活力充足的地区如东部沿海地区投资增长不多，中西部地区由于大量的基础设施建设投资增长较快。我国经济增长的原动力主要是工业、房地产业、中小企业和民营企业。而工业投资、房地产投资、中小企业投资、民间投资等恰恰不足，经济增长的原动力不足，这种靠政策拉动的增长是强心剂，只起一时的作用，不可能保持持续的增长。随着政策效应的减弱，周期性调整仍将延续一定的时间。同时，外需不足也严重制约了中国经济的正常增长。

（三）我国下一步宏观政策取向

对于下一步宏观政策取向，社会上出现了不同的看法，有人认为过度宽松的货币政策和过量的信贷增长会使资产价格出现泡沫，也会导致未来的通货膨胀，不利于经济的持续稳定增长，因此要求宏观政策要适时调整。也有人认为，经济刺激政策是“药引子”，是“发动机”，当经济出现止跌回升后，市场动力应起主导作用。一般而言，在已确认本国经济连续3个月回升之后，其经济刺激政策就可以逐步减轻，而减轻的过程就是逐步退出的过程，可以称之为“淡出”。在判明经济已连续6个月回升之后，刺激经济政策就可以“全身而退”。从上半年的情况，我们还不能盲目乐观，更不能说已进入上升通道，充其量只能是处在企稳回升的关键期。既然是关键期，也就是说，是行进到了十字路口，唯有把握准了方向，才可以继续前行；若把握不准，有可能会再次后退。因此，下半年货币政策操作方向以及方式可能有所改变，但适度宽松的货币政策不会掉头或转向。如银行信贷等间接融资规模会减少，债券、股票等直接融资规模会增加；信贷规模控制手段不会重新启用，但公开市场操作、定向票据等手段会多用；信贷总量不会控制，但信贷的结构和流向会控制更严。总之，适度宽松的货币政策是不会动摇的，但财政政策的力度可能会减弱。

最近，保罗·克鲁格曼在《纽约时报》发表了一篇《坚持到底》的文章认为，尽管危机缓和，要求奥巴马政策停止救市的呼声很高，但美国现在就放弃救市政策为时尚早。他举了两个例子，一是1937年“罗斯福新政”后，美国经济有所好转，但仍未断根，此时美联储收紧了货币政策，决策者也开始担心通货膨胀，结果经济再次衰退，直到第二次世界大战期间才全面恢复。二是20世纪90年代日本经济衰退，通过采取一系列措施，1996年已局部复苏，经济增长近3%，但决策者就此转向增加税收、削减开支，结果日本再度陷入衰退。他强调，当前失业率居高不下，经济刺激政策决不能放松，当经济体深陷流动性陷阱时，高能货币（流通货币和银行存款准备金总和）供应量的增加并不会引发通货膨胀，从1929—1939年，美国的高能货币供应量增加了1倍，物价却下降了19%；从1997—2003年日本的高能货币增加了85%，通货紧缩则继续与之齐头并进。因此，在经济增长还没有足够的动力的情况下，刺激政策不能完全退出。

三、商业银行如何应对

面对复杂多变的形势，在宽松的货币政策和市场的巨大需求背景下，商业银行如何把握机遇、权衡轻重、相机决策是当前面临的重大问题。

（一）既要抓西瓜，又要捡芝麻

2008年以来，全球形势急转直下，发达国家绝大多数商业银行因规避风险而紧缩了信贷规模，有的基本上不放款了，同时全力清查存量资产，尽量减少有毒资产的扩散和蔓延。中国恰恰相反，在政府抛出4万亿元投资规划后，商业银行几乎把所有的精力都放在上规模、抢市场、夺项目上，发展是硬道理，机不再来，时不我待。百年不遇的灾难变成了百年不遇的机会。2009年上半年，我国商业银行发放本外币贷款高达7.7万亿元，与2000—2004年四年发放的贷款相当，半年干了四年的活，贷款的超速增长很难保证贷款的质量和效益。6月底，我国金融机构信贷余额近40万亿元，除了新增7万多亿元外，还有30多万亿元存量贷款。经济衰退对商业银行的影响主要体现在存量贷款上，增量贷款的影响有些滞后。存量贷款是商业银行的命根子，中小企业的破产、大企业效益下降、财政收入减少、房地产市场的滞销、经济活动减弱等，都会对经济主体形成压力。任何一次经济周期的波动都会给银行经营带来冲击，危机对不同行业、区域、客户和产品影响不一样，商业银行要认真研究、强化贷后管理、把握趋势、有进有退、有保有压，采取多种措施化危为机，防患于未然，绝不要捡了芝麻，丢了西瓜。

（二）要比较不要攀比

在中国文化中，面子比什么都重要，有时重于生命。比较、竞赛是一种常用的激励方法。科学的激励制度包含一种竞争精神，它的运行能够创造出一种良性的竞争环境，进而形成良性的竞争机制。在具有竞争性的环境中，组织成员就会收到环境的压力，这种压力将转变为员工努力工作的动力。正如麦格雷戈（Douglas M. Mc Gregor）

所说：“个人与个人之间的竞争，才是激励的主要来源之一。”在这里，员工工作的动力和积极性成了激励工作的间接结果。但如果比较超出了限度就是攀比，攀比就是不计成本、不管效益、不顾条件、不择手段赶超对手。在上半年的信贷“井喷”中，尽管原因很多，从行为角度分析，贷款规模的市场占比的互相攀比、互相竞赛是其中的一个十分重要的原因。浙江省银监局在调查信贷猛增的原因时发现，信贷业务市场份额攀比酿成的信贷扩张竞赛是信贷井喷最直接最重要的原因。中国商业银行贷款数据“冲时点”现象就是互相攀比的真实写照。当前，我国的工作总结和考核排名基本上是按季度进行的，季度末的冲刺完全是一个“面子工程”。据调查，商业银行分支机构这种“冲时点”行为主要是外部环境压力造成的。一是上级行的压力，如总行对分支机构在当地季度末市场份额进行考核，市场份额指标不是绝对指标而是相对指标，不是跟自己比，而是跟别人比，占比低的商业银行分支机构要提高市场份额，“冲时点”尽管不是真实的反映，但却是缩小差距的最有效办法，也最容易等到政府、客户的配合。二是地方政府的压力，在“保增长、扩需求”的大背景下，为加强信贷资金对发展地方经济的支持力度，地方政府也制定了商业银行对地方经济发展的支持的考核措施，如贷款增量与财政性存款挂钩，不少地方还按季度对商业银行新增贷款进行排名公示。在这种环境中，商业银行分支机构往往不专注发展自己的优势业务，而是左顾右盼，相互攀比，不患寡而患占比落后。

（三）把产品和服务放在第一位

商业银行在不同的发展阶段有不同的发展战略，当前，存款、贷款、非利差收入、业务市场占比、利润、经济增加值、效益和市场价值等指标几乎成了大多数商业银行追求的主要目标。各种考核、评价和激励都与这些指标挂钩，它们决定了商业银行的行为取向。事实上，现代商业银行是为客户提供产品和服务的金融百货超市，产品和服务决定了商业银行的经营效益、竞争能力和发展前景。目前我国百货超市很多，沃尔玛、家乐福由于品种多、价格低、服务好，几乎垄断了城市的零售消费品的交易。商业银行也一样，如果在金融超市中没有有竞争力的产品和服务，或者产品和服务不符合客户需求，这样的超市终究会丢失市场、丢掉客户的。丰田汽车公司总裁丰田章南一直强调“要把最受欢迎的产品和服务放在第一位，而不是把销售额和利润放在第一位”。长期以来，我国商业银行在业务发展中“垒大户”现象严重，热衷于做“大买卖”，不愿精耕细作，不想费力劳神为客户设计综合方案，客户的多元化需求难以得到满足。事实上，产品和服务满足客户需求是基本要求，引导客户需求才是高手之道。当前大多数商业银行都在千方百计开拓新客户，而实际存量客户的金融服务需求还远没有得到满足。

（四）效益比规模更重要

对于国有大型商业银行来说，盲目扩张和粗放经营的时期已经过去，从本质上说，效益是企业追求的最终目标，规模是提高效益的手段，效益比规模更重要。但是，事实上，2009 年上半年许多大型商业银行都是打规模仗，如有的国有商业银行新增贷款近万亿元，比上年全年翻了好几番，但效益却是负增长。贷款供给大幅度增长，导致价格（贷款利率）急剧下跌，2009 年 6 月与上年同期比，我国金融机构利率上浮的贷款占比下降了近 10 个百分点，利率下浮的贷款利率上升了近 10 个百分点，贷款加权平均利率下降 120 个基点以上。净利息收益率的大幅度下降，抵消了规模增加对效益的影响，实际上大多数商业银行都是增产不增收，赔本赚吆喝。因此，商业银行要切实转变经营模式和增长方式，不要广种薄收，要精耕细作；不仅要重视规模，更要重视效益。

建立客户救助机制专题研究报告

总行风险管理部 卢 娜 徐 霞

一、对客户救助机制的理解

一般来讲，客户救助机制是指银行对于出现暂时性经营困难但生产经营仍有可能恢复正常的企业或者濒临破产但仍有重整价值的企业实施包括减免息、变更债务主体、调整借款期限以及破产重整、法院外重组等多种救助手段，帮助企业恢复生产经营能力和债务偿还能力，同时保全银行债权人利益，实现银行、客户和社会等多方利益共赢的制度安排。因此，客户救助机制是针对救助各方现存利益的共同实现机制，必须要通过规范化的运作来达到救助各方的利益均衡。

针对客户不同程度的经营困难，客户救助的手段和措施也有所差别，但实施客户救助的一个根本前提是客户持续经营价值大于其清算价值，从而通过救助可以恢复持续经营能力，进而保全债权人利益，实现多方利益共赢。相反，如果客户持续经营价值小于其清算价值，实施救助就没有价值可言了，需通过破产清算来获得相关赔偿。2008 年，国务院办公厅颁布的《关于当前金融促进经济发展的若干意见》中关于“鼓励银行业金融机构在风险可控前提下，对基本面比较好、信用记录较好、有竞争力、有市场、有订单但暂时出现经营或财务困难的企业给予信贷支持”的提法以及银监会下发《关于当前调整部分信贷监管政策促进经济稳健发展的通知》中贷款重组的条件均体现了这一要求。

二、银行在实施客户救助方面的主要方法

（一）建设银行采取的主要方法

建设银行在资产保全工作中，对于有重组希望的客户，在认真分析客户生产经营、财务状况及面临问题的基础上，有针对性地采取救助措施，通过保存债务企业的营运价值，提升其债务偿还能力，实现银企共赢。

1. 运用减免利息、调整借款期限、借新还旧等多种客户救助手段帮助企业提升还款能力。一是通过减免利息等方式，减轻企业财务负担，鼓励企业积极还款。例如，2007 年资本市场空前活跃，在江西水泥出售解禁股票后，我行适时提出减免利息清收不良贷款方案，在银监局现场检查和我行催收的双重压力下，最终与企业达成协议，我行减免其部分表外欠息，企业归还我行全部贷款 1.62 亿元。二是通过调整借款期限，满足企业合理信贷需求，保证企业正常经营。对于由于受国家经济、金融、财政、信贷政策影响或因灾害、意外事故无法按期偿还贷款的，或者原定贷款期限不适合的，适当予以展期。三是对于借款人生产经营基本正常，但无法足额偿还贷款本息的，在偿还部分利息或全部利息的情况下，积极办理借新还旧。这些措施使企业逐步恢复正常经营，提升还款能力，避免了因简单逼债导致企业停产等一系列不良后果，又有效保全了银行信贷资产，促进了全行资产质量稳步改善。

2. 采用破产重整、债权人委员会等法院内重组和法院外重组相结合的方式化解风险，实现多方利益共赢。新《破产法》实施后，我行充分利用破产重整这一法院内重组方式，在法院的主持下，作为债权人先后参与了宝硕股份、沧州化工、朝华科技、九发股份等多家上市公司的重整，取得了较好的工作成效。在积极化解苏州“科弘系”重大信用风险的过程中，我行及时采取扣划保证金、控制预付款等手段减少损失，信贷资金余额由 9.25 亿元减少到 7.17 亿元。同时，积极与政府、法院和监管部门沟通，通过大量细致艰

苦的工作，目前处置工作已经取得了阶段性成果。企业顺利进入司法重整程序，司法重整管理人已接管企业；企业高管层陆续返回处理事务，部分生产线已恢复正常生产；战略投资者引入工作正稳步推进；咨询顾问中介机构也已进入现场开展工作，“科弘系”风险已得到有效控制，银行债权也基本得到了保障。

针对部分集团客户危机的暴露，为防止企业倒闭对债权人利益及社会秩序的影响，我行还积极利用法院外重组方式之一——成立债权人委员会，在政府的协调下，对陷入危机的企业进行市场化重组，先后参加了新疆啤酒花、德隆系、三九、聚友、华源、东盛等集团企业的债务重组工作。目前新疆啤酒花、德隆系下属上市公司、三九集团的重组工作已基本完成，银行债权也得到了较好的保全，实现了多方利益共赢。

3. 通过多种渠道补充企业资本金，增加企业流动性，提高企业的抗风险和持续经营能力。一是帮助企业积极引入战略投资者，补充企业资本金，通过注入“新鲜血液”，使其逐步恢复正常经营。2007 年，因母公司台湾雅新实业发生财务报告重大差错，股价大幅下跌，雅新苏州公司出现重大风险。经过当地政府、银行监管部门和各债权银行的共同努力，顺利引进战略投资者，对企业进行司法重整，雅新苏州两家公司恢复生产，银行债权也得到保全。二是通过债转股，变商业银行债务为企业股权，减轻企业财务负担，增加企业资本金，银行也可以盘活不良资产。例如，在国有特大型企业邯矿集团债转股的案例中，2003 年，我行将 2 541 万元不良资产以债转股形式入股该公司。2007 年，针对煤炭行业效益提高，公司经营形势好转的有利时机，我行制订了利用债转股回购处置不良的方案，并及时为企业提供企业并购重组等咨询建议，最终实现现金回收不良资产 1 780 万元并取得财务顾问收入 127 万元，提高了资产保全业务的价值创造能力，不良资产得到有效盘活。

（二）国内同业在客户救助方面的做法

在客户救助方面，除上述提到的减免息、债转股、变更贷款期限、发放盘活贷款等形式外，国内同业还探索出了其他一些做法。一是开展复活工程。如农业银行河南省分行，发挥桥梁作用，采用牵线搭桥为经营不善借款企业寻找合作伙伴，结成利益共同体，并适当给予信贷支持，使企业生产经营步入正轨，实现企业和银行双赢。采取多方联合、让利企业等形式，为陷入困境企业创造恢复和发展的宽松环境，如与财政、税务、电力等部门协调，通过减税、免去部分行政性费用、降低电价等形式，帮助企业渡过难关。二是组成债务重组银团，共同制订债务重组协议。在申达集团企业债务重组过程中，经过江苏省政府金融办、江苏省银监局的大力协调，由农业银行江苏省分行任主牵头行，建设银行江苏省分行任副牵头行，组建了申达集团企业债务重组银团，制定了债务重组协议。各银团代理行认真履行代理行的职责，成立了专项工作组，在银团协议的基础上制定了详细的监管细则，督促企业做好每季度的利息备付，保证各银行按季收息，认真做好企业经营分析并及时通报银团各代理行，最大限度地维护了银团整体利益。三是通过与协会组织联系，解决企业融资困难，如兴业银行在新增专项资金，帮助中小企业融资的过程中，与各商会、协会联系，通过他们组织中小企业采取联保、互保等方式，解决信贷融资。四是实施对小企业的救助计划，实现银企共赢。如临沂市商业银行实施中小企业救助计划，对资金紧张但符合国家产业政策、市场前景良好的部分中小企业逾期贷款客户采取增加流动资金、减免罚息、降低利率等救助措施，实现银行和中小企业的合作共赢。

（三）国外银行在客户救助方面的做法

国外银行在客户救助方面，总体上采取法院内重组和法院外重组两种方法。

1. 法院内重组制度。目前，世界上众多国家都颁布了新破产法，建立了比较完善的破产保护机制。除了确需破产清算的企业之外，对于有重组价值的企业，各国都把不良资产处置与企业重组相结合，通过对企业经营的调整，使其逐步走向复苏，实现银企利益共赢。以美国为例，破产保护已经成为救助企业的一项重要举措。负债企业如果希望继续运营，避免对其资产进行清算偿还债务，可以申请破产保护，一旦获得批准，法院将下令暂时中止债权人针对债务人的债权主张。给企业一个喘息的时间，企业可以保有其资产并继续运营，同时着力解决困难，通过对债权、债务结构进行重组，摆脱资不抵债状况并恢复实力，使债权人的债权能够得到更好保障。如美国大陆航空公司曾于1983年和1990年经历过两次破产保护，重组之后实力和效率上都大大得到加强，成为2001年两家最盈利的美国航空公司之一。2008年由于金融危机影响，美国先后有包括“电路城”以及“论坛报业集团”在内的众多企业申请破产保护，很大程度上缓解了因企业大规模破产引发的灾难性后果。日本在1952年也颁布了《公司更生法》。在处置不良资产时，对有可能重建的企业，一般都根据《公司更生法》帮助企业制订重振计划，恢复企业的还款能力。

2. 法院外重组制度。除法院内的重组外，许多国家和地方开始在法院之外创设一种债务化解方式。如波兰，20世纪80年代后，波兰在经济转轨的大环境下，其金融体制也进行相应的改革。但是，由于集权的过度放松与传统经营机制的持续作用，造成银行在90年代初资产负债状况加速恶化，金融体系迅速陷入混乱状态。这种情况下，政府及时采取措施推进银行和企业改革，实施“重组计划”，通过主导调解协议、司法程序、清偿、出售、债转股、债务偿还等多种途径解决不良资产。其中“银行庭外调解协议”是“重组计划”中最重要的组成部分，也是波兰处置银行不良资产制度创新和成功性经验。该协议采取摒弃复杂的法庭判决方式，通过灵活的庭外调解途径，由被授权银行主导解决陷入困境的企业的财务问题，采用不同方式对企业实行有条件的资本结构调整，债权人和债务人之间的矛盾得以简化解决，也避免了以法律解决债务问题时可能发生的种种困难。1997年到1998年亚洲金融危机爆发后，为挽救陷入财务困境的企业，东南亚国家借鉴西方国家经验，逐步形成在政府的协调下，由企业各债权方之间达成企业重组协议的法院外重组机制，在拯救财务困境企业方面发挥了重要作用。如韩国颁布了《公司重组促进法》。

在客户救助方面，国外政府和银行也有其他一些常规的救助措施来帮助客户缓解经营或财务困难。例如，在2007年美国次贷危机中，美国政府提出次级房贷解困计划。该计划的主要内容包括：一是冻结可调整利率抵押贷款（ARM）利率，规定把2005年1月至2007年7月发放的将于2008年1月至2010年7月进行利率重置的可调整利率抵押贷款利率冻结5年。二是协助面临还款困境的房贷者再度申请浮动利率贷款，避免偿还更高额的欠款。另外，美国政府和六大房贷商还推出“救生索”计划。按照这一计划，拖欠房贷逾期90天或以上的房主可以和房贷商联系，符合一定条件的房主将获得30天的缓冲期，其房子可以暂时中止拍卖，并制订房主更易负担的还款方案。

三、中国银行业在建立客户救助机制方面存在的主要问题

相比较而言，国外银行拥有比较完善的法律环境，市场条件也比较完备，尽管目前国内银行风险处置方法日渐丰富，在客户救助方面探索出了一些经验，也有一些成功的做法，但总的来看，仍存在以下几个主要问题。

（一）缺乏一套规范的适合中国国情的客户救助机制

目前，在实践工作中更多的是针对个案，由政府、监管机构或行业协会建立一个共同维护债权、实施客户救助的组织来进行，运作不十分规范，在确定客户救助标准、组建救助组织和运作流程、救助协议设计和落实、监督等方面缺乏认真科学的考虑，使得银行在这方面无法形成合力，救助的效果也受到影响。

（二）现行的政策法律缺乏对债权人的有效保护，对商业银行经营自主权限制严格

1. 运用法院内重组——破产重整制度，缺乏有效的债权人利益保护机制。新《破产法》实施后，采用破产重整制度拯救企业成为众多债务人和地方政府的首选，但由于缺乏有效的债权人利益保护机制，重整制度成为不少地方政府和企业逃避银行债务的合法方式，给银行保全债权带来了不利影响。主要表现在：一是按照《破产法》的规定，重整计划草案由管理人和债务人制定，债权人无权参与重整计划草案的制定，而重整计划草案涉及对债权的调整事项，作为利益关系最大的债权人难以通过参与制订重整计划来维护自己的权益。二是在上市公司破产重整过程中，为了照顾中小股东的利益，在设计重整计划草案时，往往对债权进行大幅度的调减，而股东权益往往

不进行调减或仅折让很小的比例，不符合债权优先于股权受偿的原则。三是新《破产法》中赋予法院对表决未通过重整计划草案的强制裁定通过权，而未赋予债权人相应的救济权，使债权人缺乏有效途径维护自身权益。这些在一定程度上影响了银行作为债权人参与企业救助的积极性。四是重整计划是由债务人执行，由管理人进行监督，银行作为最重要的债权人，没有任何对债务人执行重整计划进行监督的权利和手段，这对银行债权利益的保护也十分不利。

2. 运用法院外重组——债权人委员会方式进行重组，缺乏统一法律规范。一是此类重组缺乏统一的法律规范及明晰的运作规则，对债权人如何介入重组，重组的条件、期限、程序等缺乏明确规定。二是由于法律未赋予债权人参与企业治理及对债务企业资产接管和控制的权利，债权人难以真正介入和参与企业重组的实质程序，难以有效发挥债权人对企业重组的主导和监控作用，难以实现对债权人利益的有效保护。三是债权人委员会的地位不明确。债权人委员会的运作一般以签署的《债权人协议》为依据，但该协议对未参加的成员无强制力，即使对签署协议的债权人也缺乏相应的强制执行效力，难以有效阻止单个债权人的单独追偿行为，使企业重组往往陷入无休止的内部争论中而影响重组工作的开展。

3. 商业在不良资产处置中缺乏投资权利。我国《商业银行法》规定，商业银行在中华人民共和国境内不得从事信托投资和股票业务，不得投资于非自用不动产。商业银行在中华人民共和国境内不得向非银行金融机构和企业投资。这些规定实际上限制了商业银行作为市场主体利用资本工具和资本市场，通过信托、持有股权等形式进行企业重组。

（三）银行同业间在客户出现风险或损失之前的信息共享、预警跟踪管理不够

客户救助机制是在客户经营已经出现重大问题，影响到银行债权安全的情况下建立的，从客户经营的持续性上讲，在早期就应积极组织债权银行跟踪管理，加强预警监测。目前这个环节的工作做得还不够，债权银行间没有完善的定期沟通协商机制，对各自贷款情况及形态变化不能充分了解，使得在风险和损失形成之前的信息不对称比较严重，影响了客户救助和风险防范的及时性和有效性。

四、中国银行业建立客户救助机制的有关政策建议

（一）监管部门

1. 研究推动建立符合实际的客户救助机制。在运用贷款俱乐部化解华盛江泉集团风险等案例中可以看到，在现行的法律政策和制度框架下，客户救助很大程度上需要监管部门牵头，与政府有关部门、各债权银行以及债务人等充分协调，确定客户救助计划和相关债务重组协议，并监督各债权银行和企业严格遵守，统一行动，形成约束，确保客户救助各项措施落实到位。因此，建议监管机构积极推动研究建立完善的客户救助机制，牵头制定相关管理制度或指引，包括客户救助标准、工作流程、定期沟通、风险预警机制和监督机制等。同时，监管机构也可以充分发挥银行业协会的沟通协调作用，在处理重大风险事件时，银行业协会牵头组织成立协调小组，各债权行作为协调小组成员加强联动，通过通报和信息共享等，保证各行行动的一致性，实现维护银行债权的共同利益。

2. 进一步完善银团贷款管理办法。对大的集团客户的风险防范应该通过组建银团贷款来进行，以保证客户的风险防范、化解和处置工作的连续性。考虑到不同级别的银行分支机构组建银团贷款的标准不同，建议银监会统一制定银团贷款管理制度，分级设定银团贷款标准，明确企业贷款额度超过相应的贷款标准时，必须组建银团贷款，在有效分散风险的同时，也可以避免各商业银行贷前的恶性竞争和由此埋下的风险隐患。

3. 建立区域信用环境评价标准体系。建议人民银行尽快建立区域信用环境评价标准体系，针对不同信用环境地区给予差别化政策，如对于信用环境较差的地区适当提高信贷标准，在风险定价、风险缓释等方面进一步提高门槛。

（二）政府方面

充分发挥政府主导作用，与监管部门协同努力，建立良好的金融生态环，对于实施科学有效的客户救助十分关键。

一是综合运用行政、经济手段，促进企业健

康发展，并综合考虑企业、银行利益，切实解决企业、银行业发展中面临的困难和问题。二是推进建立良好的金融生态环境。建议政府组织协调多个领域，特别是在目前整体经济下行，企业逃废债情况有所抬头的情况下，组织不同部门共同参与、相互配合，建立良好的信用维护机制，制止逃废金融债务行为的发生，支持银行处理不良资产和化解金融风险工作。为金融业的发展创造良好的外部环境。三是高度关注当地企业运行情况，及时排查和发现行业或区域龙头企业可能发生资金链断裂等苗头性、趋势性问题。加强信息交流和沟通，为银行和企业搭建良好的信息沟通平台，做好风险提示和预警。

（三）政策法律方面

在中国现阶段的救助制度设计中，政策法律方面应明确作为债权人的银行拥有核心的救助控制权，并以此为基础进行救助制度设计，进一步强化对债权人利益的保护机制，一方面努力减少企业救助的成本与制度障碍，另一方面通过救助程序中控制权的有效配置，实现救助制度拯救企业、恢复企业生机的目的与功能。

1. 给予债权人利益保护方面政策法律上的支持。一是建议监管部门或银行业协会尽快研究建立债权人委员会重组机制，规范并加强对债权人委员会的指导和协调，以保证债权人委员会的高效运作。二是在相关法律制定上，明确债权人参与公司治理的法律地位，赋予债权人参与公司治理的权利，如通过法律规定赋予占企业债权一定比例的债权人进入债务企业董事会，向债务企业派出债权人董事的权利，对可能损害其利益的董事会决议可享有表决权，使债权人从“外部人”地位转为“内部人”地位，变被动参与为主动监督，变债权人的事后监督为事前和事中监督。三是在破产重整中充分考虑债权人利益，建议立法赋予银行债权人拟定、提出重整计划的权利，全过程监督重整实施的权利等，同时建议监管部门或银行业协会牵头组织各金融机构研究新《破产法》实施后对银行权益的影响，提出解决建议，协调最高法院在制定司法解释时予以吸收，为维护银行权益提供司法保障。

2. 在不良资产处置中，赋予商业银行投资权利，鼓励创新处置手段。鼓励商业银行作为市场主体，利用资本工具和资本市场、信托、阶段性持有股权等金融创新方法进行企业重组。同时，鼓励商业银行创新不良贷款压缩手段，如积极运用不良贷款的打包出售、证券化等方式处置不良贷款，并在银行拨备充足的情况下适度扩大其不良贷款核销自主权。

（四）银行方面

1. 用好现有客户救助手段，增强客户救助效果。一是继续通过减免息、债务重组方式，在坚持风险可控的前提下，银企双方友好协商共同推进贷款重组。抓住企业有效资产加大不良贷款回收，对于有重组希望的客户，在对客户生产经营、财务状况及面临的问题充分分析的基础上，通过减免利息、重组等方式，保证企业正常运营，提升偿债能力，实现多方共赢。二是协助企业开辟市场，获得银企共赢。银行可利用自身分支机构众多，信息渠道广泛等优势，为企业提供有用信息开辟市场，帮助其制定科学营销策略，推动企业健康发展。

2. 加强贷后管理和预警跟踪，在客户救助方面争取主动。一是利用贷后管理手段及时跟踪客户经营状况和风险变化，深入了解客户出现风险和损失的原因，科学评估其恢复经营能力，在客户救助方面争取主动。二是主动加强与其他同业的沟通，加大客户走访力度，充分了解客户经营及负债等情况，了解其信贷资金使用情况，减少信息不对称。三是对于贷款期限、金额以及还款方式与企业实际经营情况是否匹配进行排查，对于有错配情况的，及时利用借新还旧、展期、追加贷款或者控制资金进入等方式，在有效控制贷款风险的前提下，切实满足企业正常生产经营需要，防患于未然。

渠道互动的紧迫性与推进策略

总行研究部与电子银行部联合课题组

渠道是现代商业银行重要的基础设施和战略性资源，也是核心竞争力的重要体现。长期以来建设银行主要依靠物理网点渠道营销客户、拓展市场、发展业务。随着信息技术和网络经济发展，近些年我行电子银行渠道取得了长足进步，发展速度日新月异。物理网点渠道和电子银行渠道共同构成了建设银行发展业务、服务客户的渠道网络。两个渠道各具特色、各有优势，但如何构建优势互补、协调互动的服务网络，充分发挥渠道的最大效率和价值，已经成为亟需研究解决的重要课题。

一、建设银行渠道互动的尝试及探索

为了促进渠道互动，充分发挥渠道整合及相互配合的作用，近年来总行和部分分行也进行了一些尝试及探索。

第一，在制度规范方面落实渠道协调互动。2009 年总行正式下发《关于在物理网点渠道和电子银行渠道同步部署产品及开展服务的通知》（建总发［2009］152 号），要求全行加快在物理网点渠道和电子银行渠道同步部署产品及开展服务，对全行产品研发、业务推动、市场营销和客户服务工作提出了指导意见。但由于该项要求尚未嵌入到相关的制度和流程当中，其发挥的作用还十分有限。

第二，以流程优化促进渠道互动与整合。实现了储蓄账户开户、龙卡通开户、电子银行签约、开通证券交易等四大类业务申请表的四表合一，提高了柜面服务效率。同时，实现了客户在柜台设置网上银行、手机银行、电话银行、家居银行初始登录密码的“四密合一”，龙卡通、活期一本通等账户开户与电子银行签约流程的联动，以及转账汇款与电子银行签约流程的联动等。这些改进措施通过对流程和系统的优化，为渠道互动整合提供了一定的基础条件。

第三，开发分行特色系统，整合渠道信息。部分分行开发出了一些特色系统，在业务经营中发挥了良好的渠道协调作用。其中，广东省分行的“大堂营销易”系统将原本分散在各个渠道的客户信息加以集中，实现客户进网点刷卡取号时，系统自动将客户信息发送到大堂经理或网点负责人的手机（电脑）上，使营销人员在第一时间了解客户的基本信息及各渠道产品的使用情况，从而能在客户等候办理业务时进行有效的引导和营销，提高了产品营销成功率。

第四，集中渠道管理职能，推进网点转型，形成渠道合力。部分分行对组织机构进行了调整，尽可能地集中渠道管理职能，有效减少了渠道在管理上的割裂。按照统一的服务管理及有利的服务流程，规划网点的内部空间，在关键位置预留出自助银行和电子银行体验区的空间，以更好地促进电子银行渠道的发展。

第五，优化激励考核机制，助推渠道交易分流。为了促进自助及电子渠道的发展，多家分行对激励考核机制进行了适当的调整。例如，在综合经营计划中将电子银行交易占比作为网点负责人的年度 KPI 指标，将电子银行业务量以一定的比例返还到柜员的业务量中，以及将电子银行交易占比指标作为网点柜员增量工资的调节系数等。

二、建设银行在渠道协调互动中亟待解决的问题

虽然近些年建设银行在渠道互动方面取得了一些进展，但存在的问题仍很突出，并已经成为

我行提高服务水平、提升客户体验的一大瓶颈。

1. 重物理网点渠道、轻电子银行渠道的状况及认识仍严重存在。目前，物理网点渠道仍然是建设银行的经营重心，各项机制、组织结构、产品研发及流程设定都以物理网点渠道为根本出发点。全行对电子银行渠道的地位和作用认识还处在逐步深入的过程，电子银行渠道应用不充分、与物理网点渠道协同互动不足等问题还比较突出，影响客户对建设银行全方位、一致性服务的要求，影响客户体验和市场竞争力。一些产品虽然部署在电子银行渠道，但业务流程仍沿袭过去物理网点渠道的流程，使得流程复杂，系统不稳定，客户使用起来很不方便；大量产品包括我行自己的热销理财产品，长时间无法在电子银行渠道部署，造成电子银行很多重要产品和功能缺失，影响了市场竞争力。全行还有不少非现金类产品没有在电子银行渠道上实现，相关部门推出新产品的时候，容易忽略电子银行渠道，不能做到物理网点和电子银行渠道的同步部署。

2. 现有考核激励机制难以激发各渠道协调互动积极性。由于目前未能对在电子银行渠道分销产品创造的收入和办理的业务量实行业务部门和电子银行部门双线统计、双线考核，业务部门和电子银行部门的协调和联动根本动力不足，电子银行在降低运营成本、渠道承载等方面形成的间接效益亦未得到充分的体现。由于考核激励政策不到位，造成柜员引导柜面业务向电子银行渠道迁移的积极性无法调动。尤其是电子渠道代销基金、代理保险、账户金、外汇买卖等业务，详细的业务数据不能充分分解到网点，柜员无法得到高于柜面激励标准的“买单奖励”，也就无法促进电子银行业务更广泛更深入发展。

3. 客户及交易等信息难以在各渠道间共享。客户及交易等信息在各渠道间实现共享，是渠道互动协调的前提，也是建设银行作为一个整体形象面对客户的必然要求，但我行目前还未能完全做到。例如，部分分行的柜面渠道与电子渠道客户识别不一致，造成电子渠道无法为 VIP 客户提供柜面服务所能够提供的价格优惠，出现 VIP 客户柜面服务与电子银行服务价格倒挂的现象，给 VIP 客户带来了较差的体验。部分分行金卡以上客户在柜面同城私转公交易，免收手续费，但在网银同城私转公交易则要按交易金额的 0.25% 收取手续费。又如，客户来到我行营业网点办理业务时，网点人员无法在第一时间掌握客户使用我行产品的基本情况（包括该客户已开通了哪些银行产品，还有哪些银行产品未开通），从而无法有针对性地进行引导和营销，无法提供差别化服务，提升客户满意度。

4. 各渠道间未能统一合理配置资源。长期以来，我行在物理网点规划、选址、租赁、建设、改造、管理等方面投入了大量资源，取得了显著效果。但与此同时，在电子银行渠道的资源投入，如产品研发费用、风险赔付金、营销费用、后台中心建设、灾备系统建设、设备扩容等基础性投入方面显得不足。

三、实施渠道互动的必要性及国际经验

根据国际咨询机构分析，网上银行、网点（包括客户经理）、ATM 及自助设备和呼叫中心（即电话银行）在一般产品销售、复杂产品销售、产品服务、咨询、交易等方面具有各自的优势与劣势（见表 1）。商业银行只有建立起具有竞争优势的渠道互动策略，使各个渠道有序分工协作、优势互补，才能实现渠道效率最大化和服务最优化。

表 1　银行各渠道服务特性分析

	一般产品销售	复杂产品销售	产品服务推介与营销	咨询	服务效率	交易
物理网点	中	强	中	强	中	弱
网上银行	强	中	强	弱	中	强
电话银行	中	中	弱	中	强	中
自助银行	弱	弱	弱	弱	弱	强

注：该结论根据国外市场调研数据得出，部分渠道特点与国内情况有一定差异。

资料来源：Datamonitor 公司。

由于国内银行目前还处于渠道互动整合的起步阶段，成熟的经验较少。从国外先进银行的渠道互动与整合经验来看，商业银行实施渠道互动并没有既定的模式。各家银行都是紧密结合自身的组织架构及业务经营具体情况，采取不同的方式和步骤进行渠道互动，但在渠道互动和整合过程中都遵循着一些基本原则。

1. 以客户体验为根本出发点进行渠道整合。树立以客户为中心的经营理念，不断改善客户体验、整合经营渠道、优化服务流程、提升客户服务水平，已成为国际先进银行的广泛共识。国际先进银行多渠道整合与协同，都始于客户体验，最终体现为客户满意度和忠诚度提升。为了确保客户体验和“以客户为中心”的基本原则不单纯停留在形式上，各家银行都在客户和自身渠道两个层面做实分析、研究等基础工作。在客户方面，国际先进银行在渠道整合协同项目的前期、中期、后期进行深入、细致的客户调查和评估，以客户偏好为依据制定渠道战略。例如，汇丰银行在客户分类的基础上，调查得出不同群体、不同类型客户的渠道使用倾向和态度，根据调查结果将不同的客户在渠道上进行有效的定位，进而确定自身的渠道互动策略。在渠道方面，银行需要明确各渠道的服务特性和用途，确保以合适的渠道将合适的产品和服务提供给合适的客户。例如，美国银行就借助多渠道业务模型定义出各渠道的主要服务特性，以提高各渠道的使用效率。

2. 改善组织结构和业务流程，以促进渠道互动。国外先进银行多渠道业务管理架构主要分为两类。一是将产品和渠道相关团队组成一个矩阵式组织，将团队和需求进行整合，协调跨部门的渠道需求并进行统一管理。该模式有效发挥作用的前提是制定出能够有效激发各个团队的激励考核机制，并建立起清晰的报告体系。此类模式以英国的劳埃德银行（Lloyds TSB）为代表。二是将业务端所有参与渠道管理的团队加以整合，设立专门的渠道管理部门或渠道管理委员会，从产品设计、市场营销和客户体验等方面实行多渠道的统一管理。该模式要求银行建立全新的组织架构，并需要有效协调渠道管理部门（委员会）与IT等相关支持部门。这也是当前很多国际领先银行所实行的模式。

3. 将渠道整合作为长期战略项目，分阶段逐步实施。国际先进银行认为渠道整合不仅仅是简单的技术项目，而是从实质上重塑银行和客户关系的“革命”性演变。因此，一些国外商业银行对渠道整合工作进行长期的战略布署，分阶段制订计划与目标并分步实施。如法国巴黎银行（BNP PARIBAS）针对多渠道零售银行业务整合制定了五年规划，分三步完成。第一步发展各项目的新技术，重新定义包括多媒体平台在内的所有的工作站和装置；第二步重点实施和强化客户关系管理概念，重新打造所有的数据库，收集多渠道的相关战略信息，利用多种技术手段和多媒体方式，尽力提高每个客户为银行带来的收益；第三步为多渠道整合的关键阶段，重点是重新设计、打造银行的业务流程，充分利用新技术和新方案，提升多渠道整合。

4. 以完善的成本收益分摊和利益分享机制，保障渠道协调互动。商业银行渠道管理涉及的部门较多，合理的成本分摊和利益分享机制是确保不同部门相互配合和协调的基础。很多国际先进银行都已经实现了成本收益的精确计量，各类产品的成本和收益可以分摊到各个相关部门，并以此为依据进行部门的绩效考核和利益分享。有了科学合理的考核与激励机制，不同部门的协调和合作积极性能够被充分激发，商业银行即使不专门实施渠道整合，各渠道间的协调互动也自然水到渠成。

四、对建设银行强化渠道互动的建议

1. 树立科学的渠道发展观念，明确并落实渠道战略和渠道互动实施策略。2008 年发布的《中国建设银行业务发展战略纲要》明确提出，渠道建设是我行硬实力建设的重要内容之一。为了确保战略纲要的有效落实，需要制订具体的实施策略，并尽可能提出明确的阶段性目标及时间表，将渠道互动真正提上日程。一是要积极转变认识，树立科学的渠道发展观念，深入理解渠道互动对建设银行的重要意义。二是要明确渠道是全行的公共资源，要避免各个渠道管理部门将其“私有化”，在渠道建设和使用方面忽视其他部门的需求。三是要根据各渠道所适用的客户范围及产品类型，明确不同渠道的功能分工，形成最优配合方案。通过客户信息及客户之声的采集、分析和研究，实施客户细分，获取不同客户群体的需求及偏好等信息，真正实现以合适的渠道将产品和服务提供给合适的客户。四是分析不同渠道提供产品及服务的成本收益（直接、间接）情况，以此为依据借助差别定价等手段，引导并培养客户的渠道使用习惯，最终提高建设银行的综合经营效益。

2. 在总行层面设立渠道管理委员会，建立有效的渠道管理体制。渠道管理委员会成员部门包括电子银行部、个人存款与投资部、财富管理与私人银行部、住房金融与个人信贷部、信用卡中心、投资银行部、公司业务部、机构业务部、资金结算部和信息技术管理部等相关部门。为了避免渠道管理委员会流于形式，还需要建立起一系列相应的体制和机制，来确保渠道管理委员会在渠道协调互动中真正发挥切实有效的作用。例如，各委员部门应明确各自的职责分工，实行定期的会议及经验交流制度，建立议事及协调规程，还应当建立起各委员部门的权责共担机制，信息共享机制，以及产品研发和营销联合部署机制等。

3. 从体制和流程方面强化产品研发和营销的多渠道统一部署。目前，建设银行的产品研发及营销模式仍为部门推动型，由各部门提出各自的产品需求，交由信息技术部门开发完成后向客户提供。还未能从体制和工作流程上，确保产品研发和营销在物理网点渠道和电子银行渠道统一部署。为此，需要建立起各相关渠道管理部门在产品研发及营销推广过程中的会商机制，以便从流程和体制上确保产品研发和营销推广的多渠道同步部署。

4. 完善考核方法和激励机制，有效促进渠道互动。尽快对在电子银行渠道分销产品创造的收入和办理的业务量，在业务部门和电子银行部门双线统计、双线考核，并积极采取有效措施，大力提高电子银行产品的应用率，推动各业务部门、各条线将电子银行渠道视为本身的资源，充分运用电子银行渠道分销产品，开拓市场及业务。为有效促进渠道互动，需进一步加大激励措施，尽可能地将“买单奖励”落实到网点和客户经理头上，充分调动全行员工发展电子银行业务的积极性，鼓励更多产品销售通过低成本的电子银行渠道来实现。

5. 信息技术平台的建立与完善。渠道互动对我行的信息技术平台系统及数据支持提出了更高的要求。信息系统有效支持客户数据和信息的采集和分析，是进行科学的客户细分及客户渠道使用偏好分析的基础。跨渠道的客户及交易信息共享，也需要各个相关系统之间实现无缝链接，以确保数据信息在各渠道得到有效运用。此外，跨渠道交叉营销考核激励机制的完善与落实也需要借助信息技术平台支撑。相关系统应该能对各层级分支机构物理网点、客户经理、自助渠道和电子渠道的产品、服务销售及收益情况，进行分类和统计，并尽可能落实到营销人员，以便在考核激励过程中实现合理的利益分配。

6. 鼓励分行结合自身情况选用不同的渠道管理模式。经过各家分行的探索与实践，目前已经形成了一些能够有效提升渠道互动协调成效的渠道管理模式，其中最具有代表性的有渠道管理委员会模式、“大电子”管理模式及“大渠道”管理模式。各家分行可以充分借鉴先进分行的相关经验，推广适合自身情况的渠道管理模式。

全面实现财政资金体内循环路径与策略研究

总行机构业务部　魏　强　樊　帆　苏　旭　乔华炜等

2009 年，我国受到了全球经济动荡的剧烈冲击。为积极有效应对严峻形势，我国政府不仅采取了一系列宽松的货币政策，更是推出了以“国十条”为主导的积极财政政策，旨在通过刺激国内市场需求，提振国民经济。此次积极财政政策具有以下特点：一是扩大投资政策与减税政策并举，投资规模空前；二是注重调整投资结构，短期措施与长期效应并举，为长远发展奠定基础；三是资金的投放更为侧重文化教育、医疗卫生、社会保障、环境保护等民生领域；四是由于以财政政策为主导，财政部门参与资金管理与配置的力度进一步加强。

由此可以看出，在2009—2010年甚至更长的一段时期内，财政资金将在社会资源配置领域发挥着更为重要的作用，为此，如何加强财政资金体内循环的力度，则成为了我们亟待解决的问题。

一、实现财政资金体内循环的有利条件和不利因素

（一）实现财政资金体内循环的有利条件

1. 上游客户资源充沛。财政资金上游客户主要指政府机构类客户。近三年，总行通过实施机构业务“五大战役”，一大批具有政策主导性、战略性的财政、社保、军队、武警、事业法人等机构客户与我行建立了全面合作关系，合作的深度、广度持续提升。同时，我行积极配合、参与财政国库管理体制的改革，各级行取得了一系列财政业务代理资格，开立中央财政零余额账户5 853户，开立地方财政零余额账户29 575户，仅2008年全行办理中央、地方财政授权支付资金分别高达2 212.38亿元、3 543.44亿元。

巨额的财政资金通过政府机构类客户的各类存款账户、零余额账户等流转到中下游客户账户，不仅为实现财政资金体内循环提供了充足的资金来源，也为我行实现财政资金体内循环打下了坚实的客户基础。以中央财政授权支付业务为例，2008年我行办理中央财政授权支付财政资金2 212.38亿元，其中608.84亿元在我行体内流转，占比为27.52%，如图1所示：

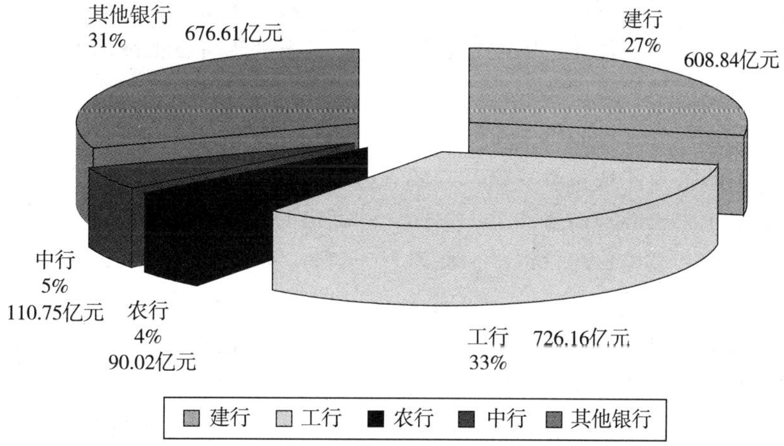

图1　2008年代理中央财政授权支付业务资金流向图

2. 产品种类齐备，适用性较好。目前，我行基本具备满足财政等政府机构类客户需求的各类产品，除活期、定期、结构性存款等传统的负债类产品外，我行紧密跟进市场变化及客户需求，积极参与国库现金管理改革试点的创新性负债业务，增强我行对财政资金的市场竞争力。此外，我行十分重视各类财政代理类业务，提供了种类齐全、适应性较好的各类财政代理类产品，满足了财政客户的业务需求。

3. 财政性存款形成一定规模基础。

（1）财政性存款总量

2008年底，全行财政性存款7 235.37亿元，占一般性对公存款的比例基本保持在22%以上。按人民银行资产负债月报表统计口径，建行财政性存款市场份额为28.88%，工行为33.64%，农行为15.33%，建行位居第二，比工行低4.76个百分点，比第三位农行高13.55个百分点。

（2）100大对公存款客户中政府客户占比

截至2008年12月底，我行100大对公存款客户中政府机构类客户占37家，存款余额2 352.08亿元，占100大对公存款客户余额的39.62%。其中，100大对公存款客户中仅各级财政部门客户就有31家，财政部门客户的存款余额达2 013.97亿元，占100大对公存款客户余额的33.71%。

（3）财政性存款结构

我行财政性存款定活期结构基本保持均衡，活期占比三年均值达79.01%，远高于全行一般性对公存款活期占比，财政性存款的平均付息率低于全行平均水平，属于低成本优质存款（见表1）。

表1　2006—2008年财政性存款结构表

年度	合计（亿元）	活期存款（亿元）	活期占比（%）	定期存款（亿元）	定期占比（%）
2006年	5 545.1	4 485.44	80.89	1 059.66	19.11
2007年	6 487.76	5 038.67	77.66	1 449.09	22.34
2008年	7 235.37	5 678.06	78.48	1 557.31	21.52
三年均值	6 422.75	5 067.39	79.01	1 355.35	20.99

注：本表所指财政性存款含代理中央地方财政拨付资金款项、机关团体存款、机构客户定期存款、代理非税收入收缴款项、特种存款及30%事业单位存款。

（二）制约财政资金体内循环的因素

1. 财政资金体内循环意识欠缺。由于行内部门分工不同，且部门之间互动衔接不够，未完全从战略的视角去认识财政资金流转的巨大辐射效应，缺乏财政资金体内循环的全局观念，未能实现财政存款收益最大化。特别是随着国库管理制度改革的深化，财政集中支付力度加大，资金支付效率越来越高，财政资金支付的中间流转环节资金沉淀减少，大量的资金体现在最终收款人即公司类客户以及部分个人类客户的账户上。由此导致在支付流转环节中，经过长期营销维护而取得的部分财政存款流转到建行体外，无法实现真正意义上的财政资金体内循环。无论是从成本的角度还是从客户贡献度最大化的角度考虑，财政资金的辐射和拉动效应都没有得到充分利用。

2. 客户基础薄弱，账户总量不足。账户是存款之源。实现财政资金体内循环的先决条件之一是要有一定规模数量的存款账户，也就是要具备资金流转过程上、中、下游各环节的客户基础。与主要竞争对手比，我行客户基础及账户总量均不占优势。2008年6月数据显示，我行结算账户数量市场占比19.93%，仅占工行账户总数的57.49%、农行的62.96%；基本存款账户数量与同业差距最大，占比18.59%，分别占工行、农行基本结算账户数的54.93%和57.41%。

3. 金融服务缺乏比较优势。要最大限度地实现财政资金体内循环，除了丰富的客户资源、坚实的账户基础外，还需要具备一定的比较优势。与主要竞争对手相比，我行在产品功能、品牌化建设、信息系统建设、服务及时性与有效性等方面缺乏竞争优势。

一是产品功能特色不突出。我行的资金结算类产品在功能上、价格上没有较为明显的竞争优势，一些特色产品如企业网银、代收代付、对公通存通兑等业务与国内同业领先水平相比存在一定差距。

二是品牌化建设不深入。与主要竞争对手比，我行缺乏易被客户识别、认同且具有核心竞争优势的品牌化产品，对现有产品及服务的品牌管理意识相对薄弱，对具有竞争优势的产品和服务的包装及品牌推广还需进一步加强。

三是信息技术优势不明显。财政等政府类客户除对资金的安全性有着较高要求外，还十分重视银行对其业务需求响应的时效性。与工行、招行等对手相比，我行信息技术支撑还不能完全满足业务发展的需要，在一定程度上影响了服务的及时性与有效性。

二、财政资金支付总体流程及资金体内循环有效路径

（一）财政资金支付总体流程

随着社会经济快速发展和财政职能的不断调

整，财政资金管理体制改革进程逐步加快，财政资金的拨付已形成相对完整的运行体系，主要流程如图2所示。

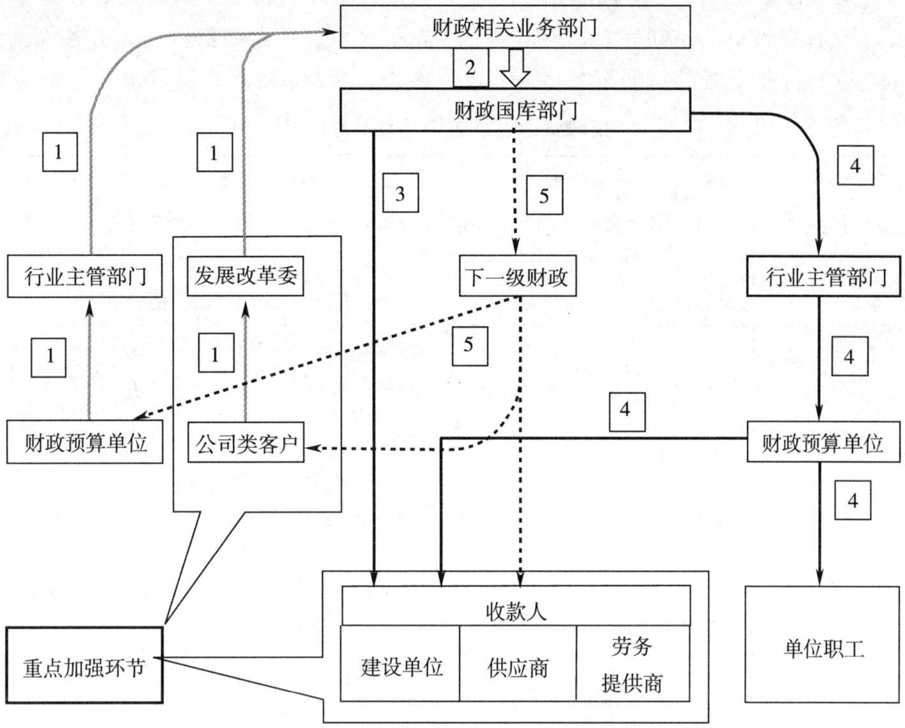

图2 财政资金支付流程图

1. 财政资金申报阶段。财政资金的使用单位主要包括两大类客户：财政预算单位和项目单位。其中，财政预算单位主要指政府机关、文化、教育卫生等行政事业单位；项目单位主要指从事基础建设的部分行业、享受国家专项基金的企业、从事国家重点科研开发任务的企业等。

财政预算单位申报财政资金流程为：基层预算单位根据相关规定向上级行业主管部门提出年度预算报告，主管部门审核后报同级财政部门，经由同级人大核准后将资金计划批复财政，由财政部门根据实际情况拨付资金。项目单位申报财政资金流程为：客户根据国家相关政策向同级发展改革委提出立项申请，由发展改革委相关部门议定后列入经济发展计划，并由财政匹配相应资金并按需要进行资金拨付（见图1流程1）。

2. 财政资金审批阶段。财政资金拨付审批涉及财政部门内设的行业管理部门（如经济建设、科教文卫、农业等部门）和国库部门，具体环节为资金计划由财政部门内设的行业管理部门进行审核平衡，确定资金拨付进度。按照财政资金管理政策，资金由财政国库部门依照内部行业管理部门的资金拨付计划进行资金拨付（见图1流程2）。

3. 财政资金拨付阶段。该阶段由财政国库部门依照用款单位用款计划，按照财政资金使用的相关规定采取不同的支付方式进行资金拨付，主要有直接支付、授权支付以及实拨资金三种方式。

直接支付指资金由财政部门零余额账户直接拨入最终收款人账户。例如，将预算单位大宗物品采购资金拨至经政府采购中心确定的供应商、预算单位基本建设项目资金直接拨入项目承建单位账户（见图1流程3）。

授权支付指财政部门对预算单位下达授权支付额度，由预算单位按年度财务预算在额度控制范围内使用资金，范围包括日常经费支出、未纳入财政统发的工资支出等（见图1流程4）。

实拨资金是财政部门将资金拨入同级行业主管部门，由行业主管部门将资金拨入财政资金使用单位（见图1流程5）。

（二）资金流转环节关键客户

新形势下的财政资金的支付管理具有预算管理、层级管理、集中管理等特点。鉴于上述特点，可以看出随着财政管理改革的不断完善，财政资金在各级预算单位和行业主管部门的沉淀进一步减少，主要沉淀在最终收款人的账户中。无论何种支付方式，我行的营销重点应锁定财政部门、发展改革委、行业主管部门、预算单位等政府机构类客户以及大型供应商、劳务提供商等公司类客户，营销重点客户及营销方向如表2所示。

表2　　财政资金重点营销环节及方向

重点客户	主要职能	营销重点方向	牵头及协助营销部门
财政部门主要业务司局（处室），包括国库司、国际司、国防司、社保司等	归口管理各类财政资金；对行业主管部门具有较强影响力；对商业银行代理业务进行资格认定	争取各类财政资金专户及财政业务代理资格，同时借助财政客户的影响力，开展对行业主管部门的营销	机构业务部
发展改革委	审批、核准、审核重大建设项目	了解财政匹配的资金，从中提取有价值的项目，营销项目单位开设账户	公司业务部牵头、机构部配合
行业主管部门	制定行业发展政策，负责系统内项目申报及行政经费审批	了解行业信息、开展有针对性的账户营销，并通过其对下属单位的影响力，形成对该行业自上而下的系统营销	机构业务部牵头、个人存款与投资部、信用卡等部门配合营销对私业务
财政预算单位	财政资金的具体使用者	营销其各类账户，并在此基础上对其开展交叉营销服务，渗透其对公对私业务，奠定基础	机构业务部牵头、个人存款与投资部、信用卡等部门配合营销对私业务
大型供应商、劳务提供商等	财政资金的最终落脚点，财政集中支付方式下的收款人	根据相关信息，有针对性地营销其结算账户，力争以财政为导向的政府采购资金、财政匹配项目资金最终流入我行	公司业务部牵头、个人存款与投资部、信用卡等部门配合营销对私业务

（三）资金体内循环有效路径

根据财政资金支付重点营销对象的不同职能，结合财政资金不同支付方式的特点，除对财政部门有关职能司局（处室）开展重点营销外，我们还应有所侧重地对其他重点客户开展有针对性的营销工作。

1. 直接支付方式下。目前，在国库集中支付改革推进较快的地区，大宗政府采购及大型项目建设资金的拨付主要通过财政直接支付方式，资金由财政部门零余额账户直接支付到供应商或劳务提供商账户。对此，我们应该采取如下路径开展工作。

从发展改革委和财政部门获取项目信息，掌握大宗财政资金流向及财政资金重点支出方向，根据上述信息积极营销相关供应商或劳务提供商的结算账户，根据财政资金拨付的进度安排，及时进行沟通联动，保证最终资金流入供应商或劳务提供商在我行开立的结算账户，实现财政资金的体内循环。

2. 授权支付方式下。各级预算单位的一般预算经费支出及零星采购支出主要通过授权支付方式。在此方式下，预算单位根据预算安排，在授权额度范围内通过零余额账户将资金支付到最终收款人。对此我们应通过以下路径有效开展工作。

重点营销行业主管部门和预算单位，取得预算单位代理资格，开展对预算单位的对公对私业务交叉营销，促成预算单位其他账户在我行开立及个人业务与我行的合作；同时，在与预算单位积极沟通的前提下，掌握预算单位日常规律性支出或较大规模支出的收款单位，并通过此信息开展对预算单位下游客户的积极营销。

3. 实拨资金方式下。在部分国库集中支付改革还未全面到位的地区以及基层行政区域，财政资金仍通过实拨资金的方式拨付。在实拨资金方式下，财政部门、行业主管部门及预算单位均在商业银行开立相关账户，并通过以上账户逐级拨付资金，在拨付资金各环节均产生一定的资金沉淀。对此我们应通过以下路径有效开展工作。

通过财政部门掌握实拨资金方式支付的资金种类，争取位于资金源头的财政资金专户；借助财政部门、发展改革委等关键部门的影响力，积极营销行业主管部门及预算单位，力争全行业自上而下的专户在我行开立；同时借助财政资金的主导地位，加强对客户的维护工作，力争客户其他账户转至我行。

三、实现财政资金体内循环的整体策略

从发展趋势看，我国财政资金管理的主要目标是实现国库现金余额最小化和投资收益最大化，随着财政管理体制改革的不断深化，财政资金的使用效率进一步提高，在商业银行体内沉淀的形式也较以往发生了较大变化。在积极财政政策背景下，为了抓住财政投入力度不断加大、财政支出规模持续增长的市场机遇，有效实现财政资金在我行体内良性循环的业务发展目标，提高财政性资金在我行的综合贡献能力，应积极实施以下有效策略。

（一）明确财政资金体内循环的发展思路

财政资金通过各级财政部门源源不断地会聚注入到我行财政性存款的蓄水池中，之后又通过各类支付方式流入下游的各用款单位，其中一部分下游资金沉淀在我行，但是大部分资金流入到他行账户中。如果能够有效吸引下游资金在我行沉淀，就如同减少蓄水池的排水出口，不仅可以有效提升我行负债业务能力，而且可以降低营销成本。因此应当站在全行战略高度树立财政资金体内循环的业务发展思路，积极把握财政支付资金急剧增加的最新市场变化趋势，充分发挥我行财政性存款具备一定规模的优势，搭建部门联动平台，利用行内资金结算网络，形成财政性资金在我行系统内部有效、稳定运转的良好态势。

（二）搭建财政资金体内循环的多级体系

财政客户对象涉及各级财政、政府类客户、项目建设单位以及最终收款人，分属于不同层级的机构类、公司类等不同类型客户，具有差异显著的金融服务需求。因此要实现财政资金体内良性循环的目标，就必须建立总行、分行、支行等各级机构共同参与、涵盖行内多个部门的全方位、多层级、立体化的服务网络，针对循环网络上不同节点组建服务团队，研究确定营销工作目标，及时沟通业务信息，组织专项推进活动，在不同的环节分别介入，实现财政资金在我行系统内全程跟踪、全程营销的工作模式，进而打通财政资金在我行体内循环的脉络和通道。

总行应站在战略高度，抓信息，抓源头，充分利用有效资源，进一步发挥龙头作用，加强与发展改革委、财政部、行业主管部门等掌控资源部门的沟通、联系，获取财政资金的有效信息，掌握资金流向，争取业务合作机会，并将信息及时传递给下级行。在地方财政职能和资金支配权限进一步增强的背景下，分行应充分发挥主观能动性，结合本地实际情况，加强对地方发展改革委、财政部门、行业主管部门、财政预算单位、大型供应商、劳务提供商的营销力度。同时，充分发挥桥梁作用，加强与上下级行的沟通联系，指导经办行开展营销工作。经办行应该从多渠道获取财政资金来源信息，跟踪财政资金流向，做好财政资金体内循环的下游节点营销、开户和日常维护服务。

（三）提升财政资金体内循环的内在能力

财政资金具有集约化程度高、辐射面广、流量大的特点，是各家商业银行的存款源头和争夺焦点，因此要实现财政资金在我行体内循环的目标，必须切实提高我行核心竞争能力，提供差异化优质服务，以提升财政资金在我行体内循环的内在能力。一是加强对财政政策的前瞻性研究，了解掌握客户金融服务需求。我行应紧密结合当前经济形势的变化，深入分析财政政策变化趋势，全面采集客户新的金融服务需求。由于财政资金支付涉及客户群体十分广泛，因此准确把握宏观财政政策，做好客户需求分析工作，抓住关键环节、选准突破口，奠定实现财政资金体内循环的基础。二是加大部门联动力度，提升整体服务水平。特别是在积极财政政策背景下，我行应紧紧抓住机遇，充分利用各级政府加大基础设施建设的时机，加大部门联动力度，不断提升服务层次

和服务水平，转变服务意识，借助政府部门对信贷资金的需求，争取财政配套资金，密切跟踪各地区政府采购中心，引导各类供应商在我行开户，积极开展供应链融资和现金管理等业务，促进财政资金体内循环。三是转变服务模式，创新服务产品。财政资金流转的整个环节涉及我行多个业务条线的诸多产品，为发挥建设银行整体优势提供了便利条件。我行应针对新形势和金融服务需求的变化，结合当地实际情况加大产品创新力度，发挥我行特色产品的优势，自始至终努力贯彻实现财政资金体内循环的工作思路，为流程中各环节的参与者推介产品，将我行更多的产品渗透到全流程，为实现财政资金体内循环创造有利条件。特别要针对财政资金管理目标，设计开发财政金融服务解决方案，打造财政资金金融服务品牌，为财政提供融资、财务顾问、现金管理、支付结算、资金监管、造价咨询、个人金融等一揽子金融服务。四是建立健全灵活的价格机制。针对财政业务发展战略定位以及市场竞争压力，应充分考虑财政业务综合收益以及对下游客户的重要影响，对财政资金建立弹性、灵活的价格机制，从而为财政资金体内循环提供保障。

四、建立财政资金体内循环的评价机制

实现财政资金在体内良性循环的目标，涉及不同业务部门、不同层级机构、不同银行产品和服务，因此必须建立科学有效的评价机制，合理设置定性和定量相结合的业务评价指标，将短期经济效益和长远经济效益相结合，准确评定各环节的贡献度和业务发展总体成效。定性指标侧重在工作推进、产品应用、市场占比、服务创新等方面，定量指标侧重在财政资金沉淀比率等具体业务数据。通过制定适合业务开展要求的工作评价指标，建立科学有效的评价机制，精确评价工作成效，准确判断财政资金的贡献度，有效调动工作推进的积极性。

总行机构业务部：
执笔　魏　强　樊　帆　苏　旭　乔华炜
审稿　俞　立

精品化　有特色　加快县支行发展转型

河南省分行　许会斌

中央经济工作会议有关统筹城乡协调发展和加速中小城镇建设的政策信号表明，县域经济已经毋庸置疑地成为提振内需、调整结构、持续发展和社会和谐的关键领域。作为大型商业银行的建设银行，必须思考在县域经济的立足和长远发展问题。县支行是建设银行连接县域的基本支点，县支行的发展转型应该成为建设银行可持续发展的重要一环，努力推进、不断深化。

一、县支行发展转型的基本动因

（一）县域经济特点需要转型

河南是一个县域人口占全省人口80%以上的人口大省，也是一个土地面积占全省总面积90%以上的农业大省。2008年，生产总值占全省70.46%，金融机构存款占38.22%，贷款占26.47%。在工业化、城镇化、农业现代化的背景下，特别是中央加快中小城镇建设的政策推动，拥有巨量潜在城市人口，同时具有众多中小城镇的河南省，人口和产业积聚将带来县域经济前所未有的发展机遇，并由此带来前所未有的金融需求。统计表明，假设河南省2008年城镇化率达到全国水平（45.7%），在2008年数字基础上静态推算，将有962万名农民成为城市居民。以城镇居民和农村居民人均消费支出差额5 793元估算，仅这一个指标就有望带来557亿元的居民消费增量，更不用说产业发展、城市基础设施改善的拉

动效应。不失时机地抓住县域市场的发展机遇和潜力，进一步发挥建设银行作为大型商业银行的市场影响和服务能力，离不开县支行的发展转型。

（二）民本政策落实需要转型

近年来，国家在医疗、卫生、文化、教育、涉农经济发展这些民本政策方面的落实，有相当一部分在县域，这就要求金融服务必须跟上。从河南省分行在县域的信贷投资看，2009 年当年新增22.9 亿元，主要涉及电力、煤炭、钢铁、烟草等行业；从服务的客户数量看，河南省县域有300 多万户的客户接受建设银行的服务。要结合国家“关心民生、改善民生”的最新政策导向和重点，针对社会和公众对金融服务的巨大需求，立足民本、深化服务、推进转型，以民生工程建设为重点，加快实施总行“民本通达”民生系列产品综合服务方案，发挥国有大型金融机构的重要作用，推动地方经济稳步增长，实现建设银行“民本金融”与和谐社会的协调发展，离不开县支行的发展转型。

（三）同业竞争需要转型

目前，各家银行都在不断强化自身的特色优势，工商银行凭借规模效益优势，中国银行借助外汇业务优势，股份制银行利用创新优势，农业银行、农村信用社和邮储银行通过农村市场优势，在不同层面，都在不断增加建设银行的竞争压力。就县域布局看：网点规模上，农业银行超过65%的网点集中在县域，比建设银行多600 个左右；工商银行在 ATM 布局上，县域力度不断加大；在信贷业务发展上，农业银行和工商银行比建设银行投放分别多67.07 亿元和 13.38 亿元。报载，在部署2010 年中心工作时，除农业银行提出“要加快县支行综合改革，增强县支行经营活力和服务‘三农’能力，使县域支行成为‘三农’金融事业部的重要支撑”外，工商银行要求稳步提升“县域机构信贷比重”，建设银行在提到“三农”金融支持力度时，使用了“特别是要下大力气加强”的表述。虽然我行经营转型取得了先发优势，包括网点转型、客户服务、渠道营销、个性理财、员工素质等方面树立了良好的社会形象，但同时也成为主要竞争对手紧逼、紧盯、紧赶的目标。在建设银行领先优势尚未稳固的情况下，唯有转型是战略选择，唯有转型是领先同业的手段。

（四）持续发展需要转型

在当前全球金融危机和“稳增长、调结构、促发展”的宏观政策下，面对激烈的同业竞争，总行在发展战略导向上更加注重长期持续的增长，对优化结构和推进转型等工作提出了新的要求。河南省分行要圆满实现“系统创优、同业领先”的目标，达到“效益更好，质量更优，资产负债规模更大，战略性业务更强，客户满意度和员工满意度更佳”，突出人均、网均和成本效益比，打造专业化的经营与服务品牌，就必须要进一步加快体制机制改革和创新。加快推进县支行转型，赢得竞争优势，推动持续发展，符合总行政策导向，也是巩固县支行发展成果的必由之路。

二、县支行发展转型的初步成效

始于2007 年的县支行转型，在探索中开始不断取得成效。

（一）理清了县支行的发展思路

在对近年来县支行发展过程中正反两方面的经验认真总结的基础上，根据外部环境和自身经营状况，县支行的发展思路逐步形成。2007 年把县支行发展定位作为分行十件大事之一专题研究，召开专题会议，制定下发《关于推进县支行经营转型的指导意见》，解决了县支行从“求生存”到“谋发展”的问题。2009 年，加快县支行发展转型会议，制定《加快县支行发展的十条意见》，县支行发展总体思路进一步明晰：围绕全行总体目标，以“有特色、精品化”为指导方针，抓住国家扩大内需和支持“三农”政策的机遇，牢牢把握区域经济发展规律和客户群体特征，抓主线、树标杆，转变方式、突出重点，坚持走“精品化”、“特色化”发展之路，“小行做精、大行做强”，持续提升县域市场竞争能力，把县支行打造成区域有特色、产品有亮点、同业有优势的精品银行，不断提高县支行的价值贡献度。

（二）明确了县支行的转型重点

在“公司资产业务上收，零售业务下沉”的经营环境下，县支行面临着新的抉择，针对服务客户对象发生的较大变化，转型发展的重点要作相应调整。县支行在发展道路上，要由规模化向集约化转型，由外延型向内涵型转型；在客户定位上，要由大众化客户向高端客户转型；在产品定位上，要从全面开花到特色发展转型；在营销渠道上，要以过去的物理网点为主，向精品网点＋电子化渠道转型；在收入结构上，由过去的以利差收入为主，向中间业务收入为主转型；在营销模式上，要以理财经理和行长单打独斗的传统方式，向组建任务型团队转型，由过去的以物理网点为主，向“物理网点＋电子银行＋产品经理＋客户经理＋任务型团队”五位一体新模式转型；县支行行长角色转型，要由行政化向专业化转型，即由“官”向“商”转型，由行长向客户经理、产品经理转型。

（三）建立了县支行的管理模式

结合当地经济资源特点，省分行制定了《县支行差别化管理办法》，提出对县支行分类及差别化管理的具体措施，按照各县支行业务规模，实行分类划分、重点倾斜、差别管理，初步建立了县支行的分类评价体系。2009年，这一体系得到进一步完善。在此基础上，已经连续举办两年的系列评先活动将坚持持久。特别是新办法《中国建设银行河南省分行县（市）支行分类及评先办法》兼顾了不同类别县支行的特点，给县支行的发展转型以明确的政策激励。与此同时，对县支行授权、授信、基础设施倾斜、政治经济待遇、干部任用等都作了相应安排，并陆续建立起省分行部门对口联系县支行制度，力求在更广泛的领域凝聚提升县支行发展转型的推动力。

（四）释放了县支行的经营活力

发展转型使县支行经营活力逐步释放：经营观念有了新的提升，县支行成为业务发展的主渠道之一；市场营销有了亮点，特色化的业务逐步显现；合规管理有了起色，重大违规行为得到遏制；最终表现为经营业绩和贡献度有了显著变化，业务发展呈现良好态势。据统计，2009年，县支行一般性存款新增122.26亿元，全行占比29.9%；网均新增约是同业平均值的1.4倍。实现中间业务收入3.52亿元，全行占比22.06%，较2006年底提高2.22个百分点；网均收入约是同业平均值的1.3倍。99个县支行有74个突破了小企业业务，小企业贷款累计投放13.4亿元，县支行小企业累计投放占全部小企业累计投放金额的61%。

三、县支行发展转型的深化之路

县支行的发展转型有了一个好的开端，实现“精品化、有特色”，提升县支行可持续的竞争能力，转型的细化、深化任重道远。

（一）抓定位，强化分类指导

根据县域经济状况、同类别县行情况、县支行网点规模、点均水平等数据，进一步明确功能定位和发展目标，推动县支行分类、分层发展。对工业强县，要贯彻“抓大带小”策略，筛选当地的支柱企业、拳头企业、中小企业客户，把公司业务与个人业务有效地结合，展开公私联合营销。通过批量发卡、个人理财、电子银行等产品实现突破，提高个人业务的覆盖面；对工业县，要贯彻“以零促批”与“抓大带小”相结合的原则，根据本地区经济发展特色和本行业务特点，坚持有重点地培育和发展特色拳头产品，主要是发展存款、中间业务、电子银行业务和借记卡客户；对农业县，要贯彻“以零促批”策略，突出当地市场资源优势和特色，大力提升中端客户群体规模，抓住源头客户，重点营销银行卡和财政统发业务，维持传统产品的市场占比和份额，推动中小企业的批发性业务发展。

（二）抓客户，强化主攻目标

细分客户，抓住六类重点客户：第一类是财政类客户，财政客户重点是抓住财政资金归集专户，实现在建设银行开户；财政代发客户重点是营销行政、教育、医疗、卫生等事业单位群体，加快开办代发工资、银行卡、电子银行等业务。第二类是住房资金管理类客户，抓好住房公积金和住房维修基金业务。第三类是百强企业客户和重点建设项目客户，通过开展公私产品联动营销，力争使个人金融产品全面覆盖到这类客户。第四类是中小企业和私营业主，通过对公存款、个人结算、助业贷款等银行产品，了解和支持客户，实现银企双赢。第五类是优质商户客户，借助“结算通”、“龙卡通”等产品，重点营销商贸聚集区大型优质商户。第六类是垄断性行业客户，包括电力、电信、交通、烟草等行业，力争实现在我分行开立对公专户、个人客户批量化、整体化的发卡。

（三）抓营销，强化服务能力

一是建立跨层级、跨条线的营销团队，深化联动营销。建立围绕财政、住房公积金和其他重点公司客户的团队营销模式，由二级分行负责人、县支行负责人、客户经理等组成客户营销团队，二级分行相关部门骨干、县支行理财经理等组成产品支持团队，协同作战，务求实效。二是“以零促批”，通过零售业务切入、渗透、培育、拓展目标公司客户。以理财讲座、产品推介活动等方式，切入重点公司客户，获得目标公司客户管理人员和职工的认同，争取对方在建设银行开立对公账户；通过零售产品，了解、掌握对私营业主和中小企业的客户资产、经营状况、信用情况等信息，积极拓展这类客户。三是“抓大带小”，通过抓住核心客户、龙头客户，带动和发展上下游中小客户。抓住财政客户，向重点学校、医院等优质财政事业单位渗透；抓住行业核心企业客户，向原料提供、产品配套、下游销售等相关企业客户渗透；抓住批发商贸企业客户，向代理、零售企业渗透；抓住垄断行业等高收入企业客户，向企业高级管理人员和职工拓展零售业务。四是创新营销方法，构建网点、团队、活动、媒体相结合的立体营销模式，提升市场拓展能力。对重点行业客户，要积极推荐资金结算、资产业务、代发工资、联名卡、个人信贷等业务，推动全面合作；要充分利用县域当地公共媒体，对我行产品、服务、渠道等进行立体宣传，提升建设银行的市场形象。

（四）抓渠道，强化整体实力

一是科学规划网点布局，加大贵宾理财中心的投入和建设力度。加大网点的装修、改造投入力度，科学规划网点布局，发挥县支行网点的辐射能力和服务能力；对重点县支行，建立规格较高、适度超前的贵宾理财中心，确保建设银行网点在当地的精品形象。二是加强个人专业营销队伍建设。保证个人客户经理配置要求，个人客户经理原则上符合我行高端客户条件客户的配置数量控制比例，设立理财中心的县支行应配备具有AFP资格、CFP资格的理财经理；充实支行网点对公客户经理队伍，根据支行（网点）对公业务的规模和发展潜力配备对公业务客户经理。三是加快电子银行渠道发展速度。把加快电子银行业务发展作为解决县支行网点、人力不足的重要措施，通过“电子银行产品经理＋电子银行＋自助设备＋E路同行”模式，发挥服务优势，为客户提供结算、代发工资、账户查询、账户提醒等服务，满足客户的各种金融需求。四是向县支行倾斜自助设备配置，及时更新老旧设备。加强对县域支行符合条件的重点区域投放离行式自助设备的力度，延伸服务网络，优化用卡环境；加大计算机终端、打印机、点钞机、验钞机等设备的配置和更新力度，提高设备维修服务水平和自助设备无故障运行率，提升整体服务能力。五是加快县支行的信息渠道建设。将视频会议系统延伸至县支行，缩短政策传导层级；开发基于网络的“视频理财支持系统”，拓宽县支行高端客户服务渠道，提升理财服务能力。

（五）抓机制，强化发展激励

一是加强联动营销机制建设。制定县支行联动营销激励约束考核办法，配置专项费用，目标到户、责任到人，加强对联动营销活动指导和监督；加强条线内部联动营销，针对不同的客户群体，推出综合产品包，提供一揽子服务，提高建设银行产品对客户的渗透率，提升客户忠诚度。二是制定完善重点行倾斜政策。对重点县支行，实行计划单列管理，由省分行直接对重点县支行经营绩效按年进行评定，对若干绩效突出、管理规范的县支行给予一定额度的绩效奖励，并对重点县支行的班子成员、员工在工资待遇和福利上实行资源倾斜。

（六）抓合规，强化风险规避

一是进一步加强合规文化建设。把“言善信、行善规”，“善建者行、合规者盈”的理念落实在经营管理工作的全过程，教育和引导员工，成就操作合规、遵章守纪、规范经营的职业习惯，提高员工职业素质和职业道德水平。二是加强县支行各类风险的全面控制。要加强柜面操作风险的管理和监控，深化对产品营销的风险管理，销售基金、保险、黄金等理财产品要做好风险偏好测试，做到合规销售；营销电子银行、银行卡等产品，要对客户进行关键风险提示和操作知识培训，提高客户风险防范意识和安全使用水平。三是进一步规范操作，合规经营。加强风险管理队伍建设，严格按照省分行要求配备个人业务风险管理员、巡回检查辅导人员，建立网点层面的第一道风险管理屏障；狠抓落实，确保经营活动与操作过程双合规，实现营销规范、操作规范、管理规范、流程规范；加强对重点业务、重点部位、重点环节、重点人员、重点区域、重要时段的检查和监督，建立落实制度，细化和落实各项规章制度的执行能力。

（七）抓配套，强化协调推动

一是人力资源配置和使用要到位。在全行人力资源发展规划上，统筹兼顾县支行人员的调配，通过充实年轻的学生、充实业务骨干等形式，改善人员结构；要加强县支行人员的岗位交流，满足员工职业生涯发展，调动员工积极性，促进县支行整体素质和能力的提升。二是业务政策落实要到位。省分行对县支行授信、授权、员工福利待遇、计划考核相关规定细化落实，提高县支行差别化管理力度。同时，鼓励二级分行在省分行确定的重点县支行以外，确定本行重点县支行，重点支持，优先发展。三是管理指导要到位。动态关注县域经济发展，不定期对县支行的业务发展进行分析评价，突出功能定位、产品定位、客户定位，落实“有特色、精品化”的要求。省分行要完善县支行通报制度和评先制度，突出业务特色，打造明星县支行，推动县支行全面发展。四是企业文化建设要到位。县支行在突出业务发展的同时，重视企业文化建设，适应改革发展对企业文化建设提出的挑战和要求，将企业文化运用和渗透到县支行的各个层面，发挥强有力的文化支持和思想保障作用，促进县支行市场竞争力和服务营销能力的持续提升。

浅析低碳经济对我国商业银行的影响

广东省分行　曾俭华

全球金融危机发生以来，低碳经济逐渐成为国际社会广泛关注的焦点话题。正确认识并把握低碳经济发展趋势，对商业银行的发展与创新具有至关重要的指导意义。

一、国外低碳经济发展动向

低碳经济是指以低能耗、低污染、低排放为特点的经济模式，其实质是能源的高效利用、清洁能源开发和追求绿色 GDP，其内容不仅包括新能源技术创新和产业革命，还包括由此带来的人类生活方式与生存发展观念的根本性转变。

近年来，西方国家纷纷将发展低碳经济作为新的经济增长点。在美国，发展新能源经济成为奥巴马政府经济刺激计划的主要内容，今后 10 年内美国将每年投资 150 亿美元用于新能源技术开发。在欧洲，欧盟将在 2013 年之前投资 1 050 亿欧元支持“绿色经济”发展，促进就业和经济增长，保持欧盟在“绿色技术”领域的世界领先地位。低碳经济的兴起有着深刻的经济与政治背景。从经济上看，全球金融危机发生以后，西方国家急需为下一轮经济增长周期寻找支撑点，新能源和相关产品一旦实现技术突破并形成商业价值，西方经济将有望再次焕发活力并保持“火车头”地位。从政治上看，凭借技术优势掌握低碳经济相关国际标准和规则制订的主导权，进而强化对国际社会掌控能力，是西方国家大力推动低碳经济的主要战略动机。

二、我国应对低碳经济的基本策略

面对国际社会就低碳经济展开的新一轮博弈，我国政府的应对策略大致可归纳为以下几点：一是顺应人类进步的历史潮流，将节能减排和保护环境作为未来发展经济的重要立足点。二是加快低碳经济相关技术的自主创新，力争在核心技术上占领更多主导权，避免受制于人。在“十二五”期间，国家将会出台更多的低碳经济相关产业扶持政策。三是发展适合中国国情的低碳经济模式，加快传统产业的升级与改造。四是本着互利互惠的原则，在具体领域与发达国家开展务实合作，借此推动我国进一步迈向环境友好型社会和资源节约型社会。

综合而言，中国低碳经济的发展将是一个比较漫长的渐进过程。从短期和中期看，以“节能减排”为导向的产业结构调整和新技术开发将是中国发展低碳经济的主要着力点；从长期看，以新能源逐步替代传统能源将是必然的趋势。

三、低碳经济对我国商业银行的影响分析

（一）从传统业务角度看，高碳产业的退出和低碳经济的兴起应成为银行业务经营的重要导向

一是从全球产业分工链条中发掘我国最直接受益的低碳产业。分析我国低碳经济的发展，必须认清几个基本事实。首先，尽管当前中国经济笼罩着不少的光环，客观来看，中国在全球产业分工的地位并没有出现根本性变化。根据经济学的微笑曲线理论，在制造业价值链的研发设计、加工制造和市场营销三个主要环节中，是一条两头附加值高、中间附加值低的微笑曲线，而中国的位置基本上仍处于微笑曲线的底部，这一现状的改变也绝非一日之功。其次，低碳经济不同于互联网经济和虚拟经济，其本质已经回归到实体经济的发展，因而中国与西方经济体将存在更多的正面竞争可能。最后，新能源生产和应用的核心技术仍主要掌握在欧美国家手中。因此，受益于低碳经济的市场机遇主要仍在于我国具有优势的制造行业，特别是节能消费产品（电工、家电等）、新能源装备配套生产、环保装备、节能建材等制造行业。

二是从我国低碳经济发展趋势中探寻最具潜力的低碳产业。受制于能源消费习惯和生产成本，现阶段我国低碳能源的生产与消费还没有形成规模。2008 年，我国低碳能源（水电、核电、风电）的生产与消费分别仅占能源生产与消费总量的 9% 和 8.9%，剔除水电、核电，真正意义的可再生能源比重更是微不足道。从长期看，以新能源替代传统能源是不可逆转的趋势，因此，高能效的电力、交通、建筑、工业和绿色基础设施建设等领域将会产生重大投资机会。据媒体披露，我国即将出台《新能源振兴规划》，到 2020 年风电总装机容量目标为 1.5 亿千瓦；太阳能光伏的总装机容量目标为 2 000 万千瓦，核电运行装机容量 8 000 万千瓦，分别为 2008 年实际装机容量的 15 倍、200 倍、8 倍；总投资额达 4.5 万亿元人民币，拉动全社会总投资约 9 万亿元。

三是通过结构调整坚决退出高碳产业。

（二）从业务创新角度看，低碳经济的发展为金融创新提供了广阔空间

一是新能源技术创新带来的投资机遇。低碳经济的发展有赖于能源技术的革新，拥有核心技术的企业将占据低碳产业高端位置。目前，不少全球领先的商业银行已经围绕低碳技术创新领域开展业务，通过设立产业投资基金等形式，对低碳技术创新项目进行直接或间接投资，如荷兰银行设立的“低碳加速器”基金、德意志银行设立的“德银气候变化基金”等。

二是围绕碳排放权交易的产品与服务创新。从目前情况看，各国碳排放市场仍处于相互分割状态。与碳排放交易相关的结算、清算以及其他金融交易（如碳信用的出借、回购等）的平台都还远未成熟。围绕这一市场，国内外银行已经开展不少金融产品与服务创新。如中国银行和深圳发展银行先后推出了“二氧化碳排放额度期货价格”基金类理财产品。国外一些银行尝试提供“碳银行”服务，进行碳信用的登记、托管、结算和清算工作，并尝试开展碳信用借贷业务。

三是参照“赤道原则”推进业务流程的改造与创新。“赤道原则”作为全球主要金融机构判断、评估和管理国际项目融资中的环境和社会风险的行业标准，对制造业、化工、能源、基础设施等 62 个行业在环境、健康、安全等方面的标准与解决途径作出了规范。随着我国低碳经济的发展和公众环境意识的提高，由于得不到公众支持而夭折的项目屡见不鲜（如厦门 PX 化工项目），因此，推行“赤道原则”不仅仅是银行履行企业的环境和社会责任的要求，更是确保自身信贷资产安全和维护银行声誉的重要保证。

（三）从风险管理角度看，低碳经济的发展也存在不少隐忧和潜在风险

一是要密切关注“碳关税”对我国加工贸易

型企业经营带来的巨大冲击。根据2009年6月美国众议院通过的《美国清洁能源安全法案》，美国将对从不实施碳减排限额的国家进口的能源密集型产品征收边境调节关税，即所谓的“碳关税”。一旦该法案真正付诸实施，我国大量的劳动密集型产业将失去竞争力，面临破产风险，必须引起国内银行的高度关注和警惕。二是预防投资过热引发的局部地区或行业形成产能过剩。为促进“低碳经济”转型，国家出台了一系列税收及其他优惠政策措施，全国各地投资一哄而上，加剧新兴产业竞争，企业盈利能力下降，商业银行所面临的风险会因此而提高。三是低碳经济发展的技术风险也不能轻视。一些前沿领域的低碳技术，如碳捕捉技术、碳埋藏技术等，目前还处于实验研发阶段，商业化程度较低，市场培育不成熟，相关企业如采用还无法形成稳定的利润。

国有大型商业银行支持中小企业融资问题研究

陕西省分行　崔滨洲

我国中小企业发展迅猛，已经成为最具生机和活力的群体，在创新产品技术、促进经济结构调整、推动区域经济崛起、提供就业岗位、确保经济增长、维护社会稳定等方面的作用越来越大。截至2008年底，我国中小企业已达4 000多万户，占全部企业总数的99.5%，创造了58%的GDP，提供了75%的就业机会，贡献了48%的税收，提供了75%的新技术。但是，在我国这样一个银行主导型融资体系中，银行机构对中小企业信贷支持却明显不足，目前仅占主要银行贷款的14.7%。特别是2008年以来，随着金融危机影响的不断扩大，银行支持中小企业融资问题日显突出。

一、银行支持中小企业融资的问题及当前的解决思路

发达国家很早就开始关注银行支持中小企业融资问题。国内外许多学者从银行分工的角度研究后认为，大银行和中小银行在对不同规模、性质的企业提供融资服务时，具有不同的比较优势。支持中小企业，中小银行更具优势，形成了一种颇具影响的“小银行优势”假说，甚至认为“中国中小企业发展根本不能指望大银行”。他们的根据是，中小企业贷款金额小，而大银行审批环节多、链条长，单位贷款运作成本很高，对双方都不划算；大银行偏重利用财务报表等“硬信息”决策，而中小企业往往报表不全，收集、审核成本高，甚至劳而无获；中小企业一般处在竞争性较强的领域，生存率低，信贷风险大，而大银行面对的大企业较多，贷款供不应求，容易忽视中小企业；大银行比较看重担保抵押，而中小企业往往难以提供。与之相反，中小银行服务于特定区域，决策链条短，具有人缘、地缘优势，可以规避这些问题，适应中小企业“短、频、快”的信贷需求。因此，支持中小企业融资必须大力发展中小银行。

我国2003年出台的《中小企业促进法》明确提出要加强对中小金融机构的支持，陆续成立多家中小银行，并在准备金缴存等方面给予倾斜。人民银行、银监会还多次要求各家银行建立小企业授信专营机构，这也可以说是一种特殊的中小银行。贷款占全国金融机构近50%的四大国有银行积极响应，设机构，建机制，改流程，创产品，支持中小企业，但仍不能满足中小企业的强劲需求。因而，无论从自身成长还是从支持实体经济发展来看，进一步探讨国有大银行支持中小企业融资的新思路、新模式十分必要。

二、国有商业银行支持中小企业融资具有的优势

随着各级政府中小企业发展思路和模式的重新调整，改革开放和市场化进程的不断推进，经济布局和结构的不断优化，我国中小企业发展态势已经出现全新变化。国有商业银行转变观念，建立新的经营方式，就能够形成支持中小企业融资的“大银行优势”。

（一）中小企业发展的新趋向为国有商业银行的金融支持提供了坚实基础

受各种因素的推动，当前我国中小企业正在由单户分散发展向集群式发展转变，使银行可以由针对单个企业的零售信贷转向针对同一群体的批发信贷。一是随着我国经济结构的不断调整，各地立足自身优势，不断加强行业、企业整合，建立起一些特色明显的大集团、大企业，中小企业也相对集中在这些行业。国有商业银行可以围绕这些大集团、大企业，批量了解其上下游中小企业信息，利用其价值运动，减少实物资产抵押依赖，为其提供批量融资服务。二是各级政府日益注重产业集群、工业园区建设，不断将从事同一产业、生产同类产品的中小企业集中于同一地域，实行集群化发展，并建立政府主导平台，提供支持和服务。它使得一个区域的中小企业往往具有同质性，为国有大银行批量了解信息、批量信贷支持提供了方便。国有大银行可以选择一批上规模、有优势的产业基地、工业园区，推动政府搭建融资支持平台，为中小企业提供批量融资服务。三是一些行业主管部门、商业协会、区域性中小企业协会也日益加强了对系统内中小企业融资的整体规划和组织推动，银行可以加强与它们的联系协作，有重点地提供批量信贷。

（二）国有大银行风险管理模式的调整可以为其支持中小企业融资提供有效的风险管控保障

我国经济市场化程度的提高越来越能够使银行在贷款管理上由聚焦单个企业向聚焦单个企业与聚焦企业间交易并重转变，降成本，防风险，拓宽客户面。所谓聚焦单个企业是指，银行将贷款的安全性主要寄托于企业自身的不断发展和抵押担保上，贷款偿还主要依靠企业自身，银行不参与和控制企业产品销售及其现金流。这就必然要求企业财务状况良好，具有较高的成长性、竞争力，能够提供可靠的担保。按照这一思路经营，银行可选择的对象并不多。所谓聚焦企业间的交易是指，银行重点关注借款企业生产、服务的真实性，货款回笼的可靠性和可控性；密切参与或跟踪其交易，甚至与借款人及其上下游企业签订契约，掌控其货款流转，保障贷款安全。基于这种思路经营，银行可以不必全面收集企业历史数据，简化信用评价，降低信息成本，选择对象可以更为宽泛。那些成长性一般但生产交易真实、货款回笼可控的中小企业，都可以成为支持对象。因此，银行在贷款管理上由聚焦单个企业向聚焦单个企业与聚焦企业间交易并重转变，既可以在有效控制信贷风险的基础上扩大信贷投放，提高收益，也可以支持一些经营一般但销售稳定可靠、货款回笼可控的中小企业维持生产甚至进一步发展，更可以支持国家保就业，达到“三赢”。

（三）国有商业银行支持中小企业融资具有良好的基础

其一，国有商业银行客户数量众多。如果仔细排查，国有商业银行就会发现，许多企业的交易往往都发生在其客户之间，如果建立银行、借款人及双方客户之间的配合关系，有效控制其货款，可支持对象就很多。其二，国有商业银行机构网点众多。它们可以利用这些机构网点及其员工，像小银行一样，培育地缘、人缘优势，低成本地了解区内中小企业“软信息”，挖掘有价值的企业；可以通过多家机构网点甚至跨地域的分支行联动，掌控中小信贷企业资金流，有效控制信贷风险。其三，国有大银行经营越来越综合化。它们基本都建立了基金公司、租赁公司、投资银行机构，能够为中小企业借助产业基金，以及上市、租赁、发债融资提供全方位服务，满足其不同的融资需求。

三、国有商业银行支持中小企业融资的新策略

国有商业银行应当尽快转变观念，积极创新，既有效支持优质单户中小企业融资，又充分发挥自身优势，大力支持其批发式融资和基于交易的融资。

（一）真正树立支持中小企业融资是国有商业银行持续健康发展之本的理念

观念支配行动。国有商业银行各级管理人员必须尽快提高认识，确立支持中小企业融资是本行持续健康发展之本的内生需求理念。其一，支持中小企业融资是实现业务快速发展的需要。经过近年日趋激烈的竞争，一个区域存量大企业在各家银行的分布格局已经基本确定，格局再造难度很大，而新的大企业也非常有限。同时，大企业融资日益借助证券市场，金融资产安排更加偏好高收益项目，存款、贷款增长潜力有限。但是中小企业对资金需求最为迫切，银行只要提供信贷支持，就可以争取其结算和其他业务。抓住中小企业，就抓住了业务持续增长之源。其二，支持中小企业融资是提高盈利水平的需要。适度宽松货币政策的实施，使银行信贷供给较充沛，大企业贷款竞争激烈，银行谈判能力弱，利率下浮普遍。但是小企业往往急需资金，对利率不敏感，国有商业银行可以尽可能上浮利率，提高贷款收益。其三，支持中小企业可以巩固、拓展与一些大企业的合作关系。一些中小企业往往给大企业供应关键原料、提供核心技术，带来采购、销售的地理便利性，与其关系密切。国有大银行加强与它们的合作，可以增强与大企业谈判的力量，拓展大企业业务。其四，支持中小企业融资是有效防范风险的需要。过度将贷款投向大企业，必然导致风险集中。支持中小企业融资，就可以通过在大企业与中小企业之间的多样化信贷安排来分散信用风险。其五，支持中小企业融资是应对当前金融危机的需要。金融危机导致全球经济动荡，前景不明。大企业的业务往往涉及全国乃至境外，本地银行往往无法全面准确评估其风险，一旦出事，将“一子错，满盘输”。但一般而言，中小企业的往来企业较少，关系比较稳定，银行可以较为准确地评估、把握、控制其风险。当前，发达国家银行就在调整信贷策略。美国、欧洲分别有95%、68%的银行收紧了大企业信贷，相对分别只有90%、56%的银行减缩了中小企业信贷。

（二）尽快建立专业化经营与协同运作的经营机制

建立专业化经营、流水线作业、一厅式集中办理的信贷工厂是中小企业客户数量多，信贷需求短、频、快、风险高的客观要求，也是强化中小企业信贷流程约束的必然选择，还是监管部门的要求。但单纯专业化却不利于发挥国有商业银行整体优势，导致规模、范围不经济。国有商业银行应立足自身优势，按照“前台营销充分发散，中后台集中管理，各方全面配合”的思路，建立中小企业信贷的专业化经营与整体有机联动经营机制，以专业化经营做精做细，提高效率；以整体联动做大做强，扩展规模。

基于这一思路，国有商业银行建立专业化经营机制应从三方面着手。一是在大中城市建立专业化管理机构，并授予其相对独立的信贷决策权，降低审批层级。二是在该机构内设立专职信用评价、授信、审批人员，推行专业、专注的管理，实行一厅式办理。三是对地方中小企业集中地行业、区域，配备专门人员，实行专营、专攻，从而防风险、提效率、促发展。

中小企业专营机构更要注意建立五方面的协同机制，实现协同效应。一是建立与公司、集团、机构客户经营部门的协同机制。这些部门与当地政府、大企业、主要的产业基地或园区管委会联系紧密，具有高层谈判、系统营销的优势。中小企业专营机构应加强与它们的协同，积极搭建高层平台，实施批量营销和整体风险控制。二是建立与同一管辖行机构网点的协同机制。充分发挥机构网点多的优势，推动各机构网点联动，积极培育地缘、人缘关系，全员收集中小企业“软信息”；充分排查那些上下游企业均在本行结算的中小企业，为其提供基于交易的信贷产品，并掌控借款人现金流，在有效防范风险的基础上，扩大中小企业支持面。三是建立与风险条线的协同机制。国有商业银行目前普遍实行了经营条线和风险条线的分离。鉴于中小企业个性化特征明显，必须让风险条线人员提前介入，同步调查，同步诊断，了解产品，避免授信、用信审查时再反复。四是建立与本系统其他分支行、海外机构的协同机制。共同支持跨地域、跨国界销售中小企业的融资，共同控制其现金流，有效防范风险。五是建立与本系统所属投资银行、租赁公司的协同机制。为本地具有成长潜力的初创期中小企业引进产业投资基金，为资金短缺无法购置设备的企业提供融资租赁，促进其尽快发展。

国有商业银行可以大量利用团队这一形式提高协同效果。对一些大集团、大企业的供应链融资，对重点行业、商会、产业基地和工业园区，可以成立包括负责人、公司业务客户经理、审批人、风险经理、若干中小企业客户经理的专门销售团队。负责人总协调；公司业务客户经理负责协调供应链核心企业，以及行业、商会、基地、园区高层关系，收集信息，推动其出台方便所属中小企业批量贷款的措施；中小企业客户经理负责具体企业的业务办理；审批人、风险经理提前介入，把握风险，设计方案，及时审批，从而，既分工负责，又相互衔接，协同推进，形成一个完整的服务流程，提高经营效率。

（三）及时搭建促进中小企业信贷业务由零售型向批发型转变的合作平台

根据中小企业集群式发展的特点，国有商业银行各级分支机构要尽快搭建四大营销平台，促进其信贷业务由零售型向批发型转变。一要搭建与当地主要产业链核心企业的合作平台。不断深化合作关系，努力挖掘为其配套的中小企业资源，运用供应链融资产品，进行批量开发，共同掌控其现金流。二要搭建与各级政府、产业基地、工业园区的合作平台。积极与其高层协商，促使其多方筹资，设立担保基金、贴息基金，建立联贷联保机制，统一筛选企业，由其提供担保、贴息，批量向银行办理贷款，并要求其承担监控贷款使用、督促按期偿还的责任，减少银行管理成本（见图1）。三要搭建与重点行业主管部门、商业协会的合作平台。推动主要行业主管部门、协会建立其系统内中小企业联贷联保体系，规范融资、用资、偿还，使银行能够从整体上给其提供批量信贷支持。四要搭建与各类有实力担保公司的合作平台，由它们给银行的批量贷款或零售贷款提供担保，分散信贷风险。

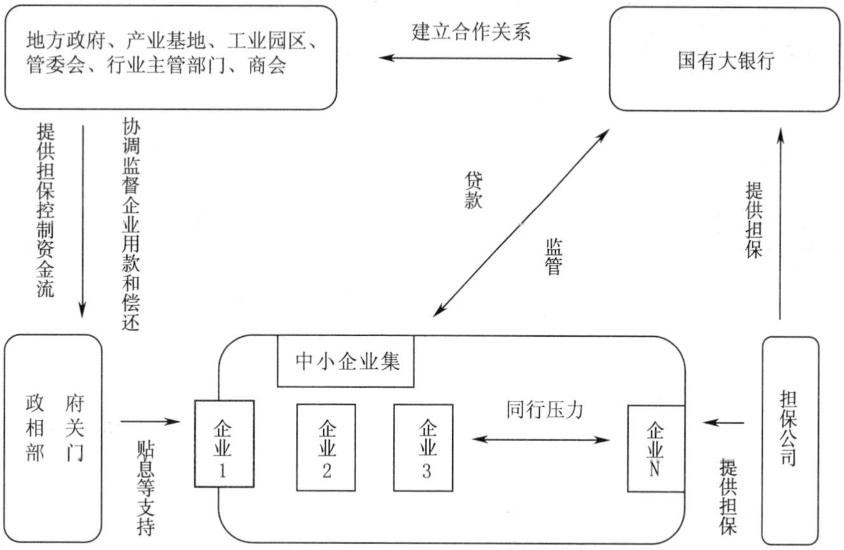

图1 国有商业银行利用相关平台支持中小企业融资模式图

（四）尽快制定适应中小企业和不同经营策略的贷款规则

中小企业的行业、区域特点千差万别，国有大银行对其贷款规则不能大一统。总行应树立原则导向管理理念，着重制定一些原则性规定，而重点授权一级分行基于规则导向管理要求，制定符合地方中小企业发展特点的具体规则。

要尽快制定适应集群式批发、基于交易信贷业务发展的规则、标准。对基于交易的信贷业务，风险评估、信用评级规则就不必过多关注中小企业的历史财务数据，而重点评估其生产可行性、交易真实性、贷款回笼可靠性及可控性；可以不作信用评级要求，不对抵押作过高要求。对批发式信贷，应重点评估中小企业集群整体债务偿还能力，而不必过多关注个体情况。

（五）加强产品创新，增强产品的针对性、方便性

中小企业对信贷产品的需求更具个性化和多样化，国有大银行必须建立中小企业信贷产品创新机制，强化创新。要在一级分行以上层级配备专人从事产品设计与创新，给其建立直达一线乃至中小企业的信息沟通、交流通道，使其随时了解需求和创新。要加强全行产品创新人员统一调度，发挥集体智慧，提高创新能力。

要重点加强批发类、基于交易的信贷产品创新。一要积极开发无抵押贷款业务。目前许多外资银行已经推出了此类业务，可以大力借鉴引进。二要不断完善供应链融资产品系列，拓展供应链融资链条，建立"1 + N"模式，围绕其核心企业，向其供应商、制造商、分销商、零售商直至最终用户延伸投放贷款，既使供应链上缺少担保的中小企业获得无抵押贷款，也使银行的融资风险因核心企业的存在而相对可控。三要充分围绕所搭建的高层支持平台，大力创新联贷联保、融资平台统一授信等产品。四要探索权利质押方式，为创新型企业提供专利质押贷款。

（六）建立健全针对性的激励约束机制

国有大银行各机构中小企业信贷业务发展参差不齐，刚刚起步的机构，要强化激励，尽快发展。由于中小企业信贷风险较高，在落实监管部门有关免责规定的基础上，各机构对相关人员经办的贷款应实行单一企业风险、所有企业总体风险收益的双线考核，对一些仅因工作失误导致个别、少量贷款产生风险，而所有经办企业总体风险较小的人员，应减轻处罚或不处罚，保护其积极性。

要加快建立有利于形成各方合力的激励约束机制。各级管辖行应拿出专门费用，对在挖掘客户、协同营销和风险防范中充分发挥了作用的机构网点、干部员工给予奖励；要将本行重点企业上下游和本行重点支持工业园区中小企业发展的目标、任务纳入相应公司客户经理的考核中，严格考核，避免各自为战、单户突破的低效率、高成本方式，真正发挥大银行的优势；对一些采取团队营销的集群企业，运用平衡计分卡，将每个成员的考核与整体发展目标关联，促进团队成员密切协作，共同推进业务发展。

金融支持柴达木循环经济建设的思考

青海省分行　郭继庄

作为国家首批13个循环经济试点的产业园区之一，柴达木循环经济试验区经过三年多的开发建设，已初步建成了六大工业体系，基本形成了产品成链、特色产业纵向延伸和横向拓展的资源开发利用新格局，显现出巨大的活力。2008年，海西州完成地区生产总值273.11亿元，占全省的28%；实现工业增加值201.19亿元，占全省的46%，已成为青海省资源开发和推进工业化的重点地区。然而，同期海西州各金融机构贷款余额为111.9亿元，仅占全省的10.8%；贷款新增38.1亿元，仅占全省的18.1%，与海西州在全省的经济地位相差甚远。对青海银行业来说，积极参与柴达木循环经济建设，既是履行金融支持职能的本质任务，也是促进自身快速发展的必然选择。如何做好对柴达木循环经济建设的信贷投入，实现地方经济建设与银行业务发展的"共赢"，是摆在青海省银行业面前的重要课题。

一、柴达木循环经济建设为青海省银行业发展带来重大机遇

根据《柴达木循环经济试验区实施方案》，青海省将在石油天然气、煤炭、盐湖化工，金属、非金属矿产深加工等领域建设213个重点项目，总投资1 159.78亿元。根据海西州"十一五"规划，"十一五"期间全州将实施149个重点项目，总投资786亿元，重点建设石油天然气化工、盐湖化工、盐碱化工、多金属和煤化工五大产业链，形成3个千吨级生产能力（1 000万吨油气当量、

1 000 万吨动力煤、1 000 万吨焦煤），并形成 10 个百万吨级产品和 10 个十万吨级产品。同时，下大力气完善基础设施，计划安排投资 227 亿元用于铁路、公路、机场、电力项目建设。要实现上述目标，必须有强大的资金支持作后盾。目前，青海省企业融资方式仍以间接融资为主，柴达木资源开发企业中，除盐湖集团、中信国安是上市公司外，其余企业均未上市，融资渠道单一，银行贷款仍是企业融资的主要来源，民间资本及外部投资非常有限，资金紧缺的矛盾较为突出。此外，青海省财政力量较为薄弱，在基础设施建设方面也需要银行的资金支持。可以说，柴达木循环经济建设为青海省银行业提供了巨大的市场空间和良好的发展机遇。

青海省银行业应该积极参与柴达木循环经济建设，把青海省的资源优势和自身金融优势有机结合在一起，在促进柴达木循环经济建设的同时，实现自身的发展壮大。首先，必须借助西部大开发的强劲势头，抓住国家发展循环经济、延伸产业链的有利时机，依托柴达木资源富集优势，积极支持符合国家产业政策和信贷政策的项目与行业，优先支持石油天然气化工、盐湖化工、煤化工、有色金属等横向链接产业，促进经济和金融的有效融合。其次，应该积极介入柴达木地区基础设施建设，加大对电力、铁路、公路、机场的支持力度，为柴达木循环经济发展奠定良好基础。

二、金融支持柴达木循环经济区建设的基本思路

在国家大力发展循环经济的大趋势下，柴达木循环经济试验区拥有非常广阔的发展前景，因而吸引了省内，甚至省外众多金融机构的目光。柴达木循环经济试验区巨大的市场空间，既为青海省分行带来良好的机遇，也带来了严峻的挑战。就目前现状来看，青海省分行要在激烈的市场竞争中赢得先机，必须在以下几个方面采取有效措施。

一是加大信贷支持力度，增强市场竞争力。根据青海省的实际，对公类传统信贷业务在今后较长时间内将仍然是青海省分行经营收益的主要来源，也是青海省分行全面介入项目和企业、掌握合作主动权的重要手段。当前，柴达木试验区正处于开发建设的关键时期，资金需求非常旺盛。根据试验区所在地——海西州“十一五”规划，“十一五”期间全州将实施 149 个重点项目，总投资约 786 亿元，其中今明两年信贷资金需求大约在 150 亿元。对柴达木试验区这块“蛋糕”，各家商业银行都虎视眈眈，竞争非常激烈。目前，青海省分行在柴达木地区的市场份额不高，仅占柴达木地区信贷总额的 22.4%。对青海省分行今后的发展来说，进一步加大信贷支持力度，或设置“循环经济专项信贷规模”，必将对青海省分行在柴达木占据市场领先地位起到重要的推动作用。

二是制定差异化信贷政策，着力推广“绿色信贷”。循环经济试验区是贯彻落实科学发展观的关键领域，也是推行“绿色信贷”的主战场。但从实际情况看，目前推行的难度较大。柴达木循环经济区内的产业有其自身的特殊性，统一的信贷标准对一些发展前景良好的优质项目和企业会形成较大制约。比如，由于“循环经济模式”的独特性，试验区内许多项目单个来看，会形成废料、产生排放，项目自身的环保处理也不能达标。但由于这些废料、废矿能够被其他项目作为生产原料利用和消化，所以从项目集群整体来看实质是零排放，完全可以达到要求。因此，从实际出发，根据循环经济试验区产业、客户等特点，制定具体的“绿色信贷”政策和符合循环经济建设项目特色的准入标准或区域性标准，尝试推行“循环经济特色试点行”工作，创新信贷管理模式，开展产业链企业和项目整体评价和授信，再根据产业链上各企业实际需求分割额度，为试验区的客户和项目提供灵活的信贷支持，对“绿色信贷”在柴达木试验区乃至国内其他试验区的顺利推行来说不失为一条有效途径。

三是开发适应循环经济特点的特色金融产品，打造竞争优势。循环经济具有跨行业、综合性、系统性、关联性强等特点，将产生一个新的产业链和资金链。不论是工业发展，还是整个经济建设，都体现“循环”的特点，始终用循环的理念、循环的模式、循环的措施来推动。这给商业银行的金融创新提供了平台，同时也带来了挑战，如何创造出符合“循环”品牌特色的金融服务和产品成为决定商业银行核心竞争力的关键。目前，

柴达木循环经济试验区内商业银行产品和服务同质化严重，青海省分行在同业竞争中并不具备明显的比较优势。因此，在深入研究循环经济产业链运作规律和特点的基础上，围绕客户多样化、个性化的需求，结合“绿色信贷”，开发设计“循环”和“绿色”品牌系列产品，如“环保型”、“资源型”、“洁净生产”等特色金融产品，满足客户多样化、差异化的金融需求，从根本上解决客户需求和产品之间的矛盾，打造独树一帜的产品优势，必将有效提升青海省分行在柴达木地区的市场竞争能力。

四是制定区域性业务发展战略，与青海地区经济发展规划有效对接。由于地理位置、自然条件等因素，青海省经济发展客观上与全国存在明显的阶段差，目前尚处于工业化初期，发展空间很大。丰富的自然资源、重要的生态地位，使青海省与沿海地区相比具有强大的后发优势。尤其是资源富集的柴达木盆地，拥有丰富的石油、天然气、盐湖、有色金属等重要资源，随着循环经济开发建设的不断推进，柴达木地区将成为青海省乃至全国重要的后续资源基地和原材料工业基地。近年来，青海省积极实施优势资源转换战略，加快推进水电、盐湖化工、石油天然气、有色和黑色金属、生物、煤炭等资源的开发利用，并确立了“生态立省”战略，坚持生态保护和经济发展相统一，突出结构调整和产业升级，大力发展循环经济，积极推进新型工业化进程。因此，只有充分考虑青海发展实际，以战略发展的眼光从更深和更广的角度出发，来思考如何更有效地参与循环经济区建设，才能实现业务发展战略与青海经济发展规划有效对接，进而促进青海省分行战略目标的顺利实现。

三、支持柴达木循环经济区建设须处理好几个方面的关系

柴达木循环经济区的建设发展是一项复杂的社会系统工程，必然会遇到许多问题。只有形成科学发展的共识，立足当前，着眼长远，强化服务，加快创新，才能实现质量与效益并重的高效发展。在支持和参与循环经济区建设过程中，应该着力处理好以下几个关系。

一是处理好业务发展与风险防范的关系。柴达木盆地作为资源开发聚集区，受国家宏观调控政策和产业政策的影响很大，政策风险、市场风险较多。加之基础设施建设严重滞后，科技投入、智力资源不足和技术创新能力弱的矛盾突出，容易产生投资风险和经营风险。因此，在支持和参与循环经济区建设过程中，必须处理好业务发展与风险防范的关系，探索建立循环经济信贷业务风险监控管理新机制，培育与资产结构、业务结构和收益结构相适应的风险管理能力，加强对政策、市场、行业、客户的研究分析，积极关注市场风险和环境风险，在管好信贷风险、控制信用风险的同时，兼顾本外币、表内表外、银行账户和交易账户等业务的操作风险，全面提升风险管理水平。

二是处理好自身利益与落实宏观调控政策的关系。作为金融企业，贯彻落实国家宏观调控政策既是义不容辞的责任，也是促进自身发展的需要。支持柴达木循环经济建设，必须把贯彻国家宏观调控政策放在首位，加强信贷结构调整，坚持“有所为，有所不为”。对符合国家产业政策和“绿色信贷”的优良产业、行业和客户积极主动争取；对夕阳产业、“双高”行业和项目，以及技术落后的“六小”客户和项目，实行严格的准入和退出机制。同时，控制好贷款投放的规模，掌控好信贷投放的节奏，自觉处理好追求利润最大化与贯彻宏观调控要求的关系。

三是处理好业务发展规模与质量的关系。伴随着柴达木循环经济试验区的不断发展，青海省分行各项业务规模也将不断扩大。在业务扩张的同时，必须摒弃单纯追求简单数量增长的粗放式发展，坚持降低风险、加强内控、提高资产质量和效益，努力做到发展的质与量相协调，实现规模与效益、短期利益与长期利益的统一。

四是处理好传统业务与新兴业务的关系。传统业务是建设银行的现实利益所在，新兴业务是未来的发展方向，两者互为条件，相互促进。在业务发展过程中既要重视存款、贷款等传统业务的发展，又要兼顾中间业务的发展，尤其要重视新兴业务的创新与发展。根据循环经济试验区企业和项目的特点，可以考虑推广供应链融资系列产品，将产品涵盖循环经济产业链的各个环节和全部过程，重点发展生产企业向供应商发出订单

开始的订单融资，买断应收账款的保理业务，基于物流的动产质押、仓单质押和保单融资等业务和产品。

五是处理好银行与政府、企业间的关系。循环经济的发展需要政府、企业、银行三方面的共同支持。因此，必须加强与政府、企业的沟通，及时了解政府的战略规划，积极建议政府采取减免息、减免税收等优惠政策扶持亏损企业，或鼓励上下游企业实施并购，推动整个循环产业链的有效运行。同时，深入了解企业在循环经济产业链中的地位、作用和特色需求，以科学的眼光看待企业的经济效益和社会效益，有针对性地制定差别化的信贷政策，合理搭配不同链条、不同环节的资金投放量，才能实现“银企共赢”。

小额农户贷款调研报告

新疆维吾尔自治区分行办公室　张　涛　王文永　孔建新

自2002年新疆维吾尔自治区分行（以下简称新疆区分行）开办农户贷款业务以来，已累计向12万户农户发放35.8亿元贷款。其中，2006年至2009年11月底的近四年间累计投放28.23亿元，占个人类贷款累计投放额比例为30%，投放平均增长速度为62%。经办机构由最初的3家二级分行扩展到12家；合作对象从兵团3个师，拓展到12个师+6个地方涉农龙头企业；客户群体从兵团向地方扩展；产品投向也从单一的棉花种植逐步向蔬果粮食种植、种苗培育、农业生产基础设施建设、农资流通供给、农机设备购买、果品采摘贮藏、标准化基地养殖、牛羊育肥、兵团小城镇住房建设等领域拓展；贷款投放时间从年初春耕的集中发放发展到全年循环投放；业务领域从起初单一的棉花种植逐步覆盖农、林、牧、渔及加工五个大类，产、供、销、贮、农资、用工、机具等多个环节。

从贷款结构看，新疆区分行小额农户贷款全部为流动资金贷款。从资产质量来看，继续保持了业务开办以来“零”不良贷款和贷款本息回收100%的记录。从发展势头来看，新疆区分行小额农户贷款近年来一直处于逐年递增态势。截至2009年11月底，新疆区分行当年投放的小额农户贷款已达11.89亿元，占当年个贷投放总量的29%；贷款余额为11.58亿元，占个人贷款余额的15.2%；余额比年初新增3.5亿元。从市场格局来看，农村信用社、农业银行新疆兵团分行、建设银行新疆区分行等正规金融机构是小额信贷市场的发展主体。就建设银行新疆区分行而言，随着新疆区分行对当地农业发展支持力度的不断增大和资产质量持续保持“零”不良的良好势头，农户贷款正逐渐成为新疆区分行在当地具有一定影响力的品牌业务。

新疆区分行绩效在服务“三农”中得到提升。自2002年试点以来，新疆区分行小额农户贷款业务经营得到了较快发展，2009年实现利息收入6 441.66万元，比上年增长102.32%。虽然2008年受到金融危机的影响，仍然取得了较好的业绩，实现利息收入3 183.92万元。通过对农业产业化的支持，不仅扩大了新疆区分行业务发展和利润增长空间，还进一步增强了自身可持续发展的核心竞争力。

一、新疆区分行小额农户贷款的主要做法及其社会效益

（一）新疆区分行小额农户贷款的主要做法

1. 抢抓机遇，将新疆生产建设兵团农牧团场职工作为个人信贷业务发展重点，以期达到弥补城市优质客户群体发展空间不足和解决同业竞争日趋激烈的矛盾，支持新型团场建设。支持“三农”发展，是党中央赋予金融机构的崇高历史使命，但并不意味着金融机构以牺牲自身利益来承

担服务“三农”的社会责任。为防范风险，确保该项业务实现有质量的发展，新疆区分行在客户的筛选方面，选择了新疆生产建设兵团系统综合实力较强、经济效益较好的团场职工作为贷款对象，团场提供产品包购包销，并为农户贷款提供连带责任保证担保。选择的团场均在当地有一定的影响和规模，具有代为清偿贷款全部本息能力的企业法人或公司法人资格。在贷款管理方面，明确规定贷款额度不得超过所从事生产经营项目投入资金的70%，贷款期限根据农户从事基本生产地经营周期和收入情况确定，原则上种植业期限不超过1年，林果业和养殖业3年，最长不超过5年（含）；定价坚持收益覆盖风险的原则，在规定的利率浮动范围内，根据当地同业竞争情况、担保方式、项目风险合理确定利率浮动幅度，对历年合作良好的团场提供保证担保的优质客户，最低可执行9折优惠利率；还款频次根据生产经营项目周期、资金回笼情况确定，每年至少偿还1次小额农户贷款本息。在银行与客户信贷关系协调方面，经办行与农户、团场签订三方协议，银行集中投放贷款，委托团场统一使用资金、统一管理、统一还款；兵团团场根据经营项目内容，选择是否办理农业保险防范风险，并在我行开立专用账户，经办行指派专人监督其贷款的使用；建立高层联系制度，经办行和二级分行的行领导加大和兵团系统高层管理人员的联系沟通力度，定期开会协商解决小额农户贷款过程中出现的问题。同时，在业务开办过程中不断加大检查力度，并在规范业务管理和防范风险的前提下，持续优化业务流程，提高工作效率，使其更加贴近市场，贴近客户。

在兵团小额农户贷款的实践中，为了更好地适应兵团系统产业结构调整政策和团场经营管理制度的变革，新疆区分行紧跟市场的步伐，一方面提出了“将产品创新与兵团产业结构调整、与兵团农户的日常生产生活需求紧密结合起来，不断巩固和拓展兵团农户贷款业务广度和深度，扩大合作领域、丰富合作内涵，努力打造覆盖兵团农户特定客户群体生产经营、日常生活各个环节的‘个贷’产品服务链的工作思路”；另一方面，重新恢复了兵团农户个人贷款，于2006年底对兵团小额农户贷款重新作了修改完善，并形成了《建设银行新疆区分行兵团系统小额农户消费额度贷款实施细则》，使兵团小额农户贷款更加贴近市场，贴近客户。2006年，新疆区分行兵团农户个人贷款主要集中投向棉花种植业；2007年新疆区分行结合兵团农机具财政补贴政策，不仅开创了与棉花种植生产相配套的兵团农户农机具贷款，还抓住兵团系统小城镇建设工作推进和农户购房资金不足的现状，向团场正式职工发放了兵团小城镇建设住房贷款；2008年新疆区分行还针对旱年打井补贴政策和棉花拾花期间现金结算劳资费的特点，首次尝试发放了打井灌溉贷款、拾花周转贷款。

2009年，新疆区分行针对兵团对外担保政策的变化，一方面积极调整经营合作模式；另一方面抓住近期国家大力扶持农业发展政策出台之机，积极尝试其他领域的合作。一是向有真实种植承包合同的农场基层管理人员发放大额贷款；二是对与该行合作多年的优质存量兵团农户贷款客户尝试发放信用贷款；三是尝试发放以团场担保为主，个人财产抵押、自然人担保、多户联保等方式为补充的农户贷款；四是对团场无法提供担保的贷款，要求团场出具协助还款承诺书，承诺在团场统一资金结算时，优先扣划贷款本息用于偿还银行贷款；五是继续优化贷款流程，提高服务质量和服务效率，通过采用“集中调查、面谈、面签”，“批量审批”，“统一发放、管理、回收”的小额贷款管理模式，新疆区分行将贷款申请在行内的流转时间缩短到3个工作日；六是对下游产品收稳定购的养殖户，采取企业担保或“订单企业+农户”的模式，重新启动养殖业贷款。上述举措，不仅丰富了新疆区分行兵团“个贷”产品创新，还进一步增强了新疆区分行的核心竞争力，有效巩固和拓展了个人信贷业务在新疆生产建设兵团系统的市场份额，同时也为该行进一步拓展地方农户个人贷款积累了丰富的实践经验。

2. 总结兵团农户贷款的成功经营管理经验，在保持兵团市场竞争优势的同时，在地方农户贷款领域开辟新的战场，实施业务战略突破。2009年新疆区分行开始探索同业极少介入的地方农业个人贷款新领域。一方面，通过认真细致的市场调研和分析，摸清了地方农业贷款的发展现状；另一方面，对新疆地方农业生产大都采取的“地方企业统一组织、部署、实施、管理”+“农户个体承包或参与经营”经营模式和“兵团＋团场职工”的小额农户贷款管理模式进行比较分析，并借鉴兵团小额农户贷款的成功经验，大胆探索，寻找与地方农户合作新的领域和突破口，从而推动地方涉农产业的持续发展。第一，根据各地农业发展情况和地方经济环境，确定发展地方性支农个人贷款的区域。先期在乌鲁木齐地区进行试点；然后在农业经济情况较好的地区进行逐步推广。第二，筛选潜在合作对象，按照“公司＋农户”的模式办理业务，公司或专业担保公司为贷款提供保证担保。一是选择当地具有一定实力和规模的农业生产企业；二是充分利用各地从事农业生产企业的信息，根据承包期限、从业时间、经营管理水平、盈利能力、资产规模、信用状况等信息，确定目标客户。第三，对合作公司实施名单管理。不仅要筛选出当地具有竞争优势和丰富管理经验的企业，还要根据实际情况对其设计出具体的贷款服务方案，报分行准入。第四，在地方小额农户贷款的营销方面，采取先开办试点，再逐步推广的渐进发展模式。贷款投向以粮食种植为主，同时还兼顾有稳定销售渠道的经济作物、养殖业、农资流通业。第五，在客户选择方面，大力扶持从事农业生产3年以上，有一定经营管理水平，效益较好，并有稳定下游订单收购的经济作物、养殖业贷款农户作为小额农户贷款发放对象。

截至2009年11月底，新疆区分行已在乌鲁木齐、昌吉、吐鲁番、石河子、阿克苏、伊犁、巴州等地区，成功试点了“订单企业＋农户”、“企业＋担保公司＋农户”、“多户联保”模式的地方农户贷款，贷款投放余额已达6 000万元。目前，新疆区分行已成功营销和储备的地方小额农贷款项目涉及果蔬种植、种苗培育、家禽标准化养殖、短期牛羊育肥、农业生产基地建设、农资流通供给、农机设备购买、果品收获采摘、贮藏保鲜、农产品加工等方面。预计2010年，新疆区分行将结合南北疆地区农业发展的特点，进一步扩大地方小额农贷业务合作领域。

（二）小额农户贷款的社会效益和经济效益

1. 棉花种植业贷款不仅是新疆农民，尤其南疆“三地州”少数民族拾花工发家致富的真正帮手和重要途径，也是金融行业促进新疆政治稳定、民族团结和社会进步的服务品牌。2009年，建设银行新疆区分行新增小额农户贷款90%用于棉花种植业，支持的棉花种植面积达到480万亩，约占新疆棉花种植总面积的24%，不仅为12 000户农户直接带来棉花纯收入48亿元，还间接为60万名各族拾花工带来了纯收入2.8亿元，其中，解决少数民族拾花工短期就业35万人。同时，还带动了棉花收购加工业的发展。2009年，新疆农民人均纯收入为4 000元，比2008年增收497元。

2. 林果业贷款助推了新疆农业产业化。2009年9月，巴州分行为当地两家从事香梨销售企业的下游客户（冷库租赁户）成功发放了林果业贷款，共18笔，金额2 080万元，在担保方式上，采取类似团场担保即龙头企业担保的模式操作。这不仅是新疆金融系统内首批涉农类林果业贷款，还填补了巴州分行乃至新疆区分行个人涉农林果业贷款的空白，并探出了一片“蓝海”业务领域。

3. 养殖业贷款推动了少数民族农户生产经营规模化和集约化。从建设银行吐鲁番分行牛羊育肥贷款典型调查来看，该行于2009年8月向艾丁湖乡96户少数民族农民发放了1 173万元牛羊育肥贷款，这些农户当年共新增育肥羊8 000只、育肥牛3 000头，扣除成本费用之后，平均每户农民获得了近8 000元的牛羊育肥纯收入。目前，牛羊育肥贷款已经成为建设银行支持当地农村经济的拳头产品，深受当地农民的喜爱。

4. 小额农户贷款提高了产业发展组织化程度。近年来，新疆区分行在促进当地农业资源优势转化为产业优势战略方面，不断加大信贷投入，尤其加大了对龙头企业的扶持力度。新疆区分行营业部采用“公司＋担保公司＋农户”的形式，向长期销售“泰昆”牌系列饲料承包经销大户发放了1 675万元的农户贷款，不仅解决了饲料承包经销户经营资金不足的问题，还有效帮助新疆泰昆集团有限责任公司保持了“泰昆”牌系列饲料在全疆市场上25%以上销售份额。

二、当前影响建设银行新疆区分行个人涉农贷款发展的因素分析

（一）新疆区分行开办个人涉农贷款的有利因素

1. 国家产业政策支持为建设银行发展个人涉

农贷款打开了空间。随着国家一系列“三农”政策的深入实施，解决好“三农”问题成为新疆兵团及地方发展的重中之重。兵团系统确定了“减棉、增粮、增果、兴牧”的产业结构调整方针。地方扶持一些农业龙头企业、特色农业和种植、养殖大户，向规模经济方向发展。从长远看，国家工业反哺农业，国家实现农业现代化的时代也已开始，这些都为涉农金融服务打开了发展空间，也为新疆区分行谋取个人涉农贷款更大的发展提供了新的机会和更多的发展渠道。

2. 兵团政策和管理的变化为建行发展兵团小额农贷提供了广阔的市场。兵团在国家实行计划单列，是党政军企合一，承担“屯垦戍边”历史使命的特殊社会组织。在长期农业屯垦事业发展中，兵团形成了集约化程度高、机械化程度高、科技含量高、单产及商品率高等独具特色的农业突出优势。特别是随着“土地承包经营，产权明晰到户，农资集中采供，产品订单收购”的团场基本经营制度的确立和完善，进一步明确了团场承包职工家庭的生产经营主体地位和团场的经营管理主体地位，团场农工生产积极性高涨，产生了巨大的生产经营资金需求。

3. 发展农户贷款是建设银行自身业务发展战略的需要。新疆区分行在做好城镇住房金融与个人信贷业务的同时，紧密围绕本地市场特色，结合新疆兵团经济特殊体质和新疆农业大区的特点，把当地涉农市场作为业务发展的土壤和根基，寻求切入点，探索业务合作。一方面，坚持紧跟市场，不断调整经营策略；另一方面坚持业务创新，开拓新的合作领域。在风险可控的前提下，最大限度地满足兵团及地方农户生产生活需求，较好地实现了银行、企业、农户的共赢目标。

（二）影响新疆区分行个人农贷发展的不利因素

1. 同业市场竞争加剧，对建设银行形成巨大发展压力。自2008年9月农业银行在兵团系统发行“金穗惠农卡”以来，农业银行凭借机构贴近农场，资金链贯通客户群体以及“金穗惠农卡”具有存取、转账、结算、消费、放贷等多功能优势，对建设银行种植业个人农贷市场形成巨大的冲击。个别金融同业采取非正当手段争夺市场，使个人种植业农户贷款业务发展陷入无序竞争，一方面使建设银行面临丢失市场份额的风险；另一方面也迫使建设银行在定价上、管理上和制度上向客户作出妥协，这些都加大了建设银行发展个人涉农贷款的操控难度。

2. 兵团担保政策的变化，使建设银行面临发展和管理困境。新疆生产建设兵团2008年5月出台了兵金融［2008］3号文件（《关于进一步做好兵团团场农业承包职工小额贷款工作的通知》），明确提出“兵团所有师团今后不再为职工小额贷款提供担保”。而团场担保恰是建设银行兵团农户贷款最关键的一项风险控制措施和管理控制措施。现在各农业师执行程度不一，随着这项政策的逐步落实，新疆区分行将面临兵团贷款农户无法集中统一管理的困境，贷款的风险难于得到控制，贷款的质量难以得到保障，贷后管理的工作量和难度将加大。

3. 内部服务管理能力的局限制约个人涉农贷款进一步发展。在服务机构设置和分布上，建设银行的经办机构远离个人涉农贷款客户群体的团场。由于服务管理半径有限，发展较远的客户群体，管理能力、管理成本都面临着考验。

在服务产品和渠道上，建设银行对生产经营资金活动集中在县、乡镇、团场的农贷客户交易群体和农业对口合作单位，没有匹配的产品、渠道支撑。一方面，建行单一、零星、没有载体支撑的产品难以与农业银行“惠农卡”的用卡环境和综合功能相抗衡，另一方面，由于没有信贷资金的回流吸纳渠道，建设银行失去了对团场、农户的资金吸纳功能，长此以往，难以形成资金吸存、放贷的良性发展模式。

三、对发展小额农户贷款业务的几点建议

（一）采取地域竞争策略，探寻小额农户贷款新的成长空间

新疆地域有地方和兵团两个经济体，地方和兵团农垦师因地域环境的差异，不仅表现出极大的经济差异，而且在农户信贷需求方面也存在一定的区域层次差异。整体来说，乌鲁木齐、昌吉、石河子等沿天山北坡经济带经济较发达，第一、第二、第三产业发展都较快。但从第一产业来看，兵团的产业化程度高，地方则比较分散、机械化

程度不高。从农业的综合竞争力看，兵团农一师、农八师、农三师、农六师、农七师较强，地方阿克苏、昌吉州较强。同时，它们的涉农贷款需求也比较旺盛和种类繁多。

在地域分布上，新疆区分行14个二级机构，13家设在地州所在城市或兵团及地方共存城市，1家设在兵团农垦师（市），4家三级机构设在兵团农垦师（市），2个农垦师（市）没有机构，而在大部分地方县、兵团团场建设银行均没有设置机构。这种点到面不到的机构设置，面对农户个体的分散，乡镇、团场的远离等特点，建设银行只有选择具有近、富、熟、集约、规模的客户群体。具体来说，就是地理位置贴近客户群体，产品和服务贴近客户，富裕的地域和富裕的客户群体有广阔的信贷资金需求，可以依靠以往的业务往来和合作关系延伸服务，形成规模的客户群体信贷需求能够批发受理和批量处理。新疆区分行可在现有较为成熟的个人涉农贷款产品基础上，依据二级机构的管理力量和经营特点，因地制宜，各有侧重，探寻新的成长空间。

（二）紧跟市场，不断提升金融服务水平

在个人涉农贷款领域，对建设银行构成最大竞争威胁的是农业银行。农业银行有农业贷款传统经验、贴近和熟悉客户以及农业政策对口等优势。对于农业银行，建设银行必须走市场化的发展道路，依托农业龙头企业、农业大户，延伸农业产业链条，合理定价，丰富产品，提高效率，提升集约程度，定位适合自己的客户群体，才能巩固和提升市场份额。对于其他商业银行，建设银行要运用产品创新策略和综合定价策略，在风险可控的原则下，简化手续，让利农户，提高效率，提升对市场的占有量。对于同业进入的农业种植领域，建设银行须保持传统市场份额不丢，并有所增长。对于农机具、打井等同业尚未进入的领域，建设银行要迅速占领和大面积覆盖市场。

（三）加强创新，不断扩大市场份额

在产品策略上，应有机地学习他行的产品优势，不断在产品种类上突破创新，在产品功能上丰富完善，在产品服务渠道上扩充延伸。对于相对成熟的产品，要扩大产品覆盖面。例如，针对农机具贷款、打井贷款和农业基础设施贷款等一次性投入、多年收益、市场饱和度有限的产品，要采取迅速培育和占领市场的策略。对于种植、养殖业贷款可按生产销售周期和资金循环周期，进行授信额度配置和期限配置，可以把整个生产销售链条的各个环节需求进行授信整合和期限整合，加大集约程度，加宽时间周期，减少管理环节和周期期限波动。通过不断的创新，深入了解农户资金需求，创造符合农户需求的产品和担保方式。

（四）细分市场，择优扶持优质客户

在个人涉农客户群体选择上，优先寻找有国家惠农政策鼓励、扶持的客户群体和农业龙头公司，选择其中的中高端客户、大户和利于集中管理的客户群。对于与建设银行已有2～3年合作关系信用记录良好的老客户，可采用信用方式，培养客户的忠诚度。对于新进入的个人涉农贷款领域和新客户，采取团场、涉农公司推荐，或者他行优质客户直接准入等方式，在兵团团场担保难以为继的情况下，采取3～5户联保，或选择有政策针对性的对口基金、贴息、担保公司等灵活担保方式，尽快从依托团场的管理中走出来，一方面建设、培养依托产业链控制和资金链控制的管理关系，另一方面建设、培养农户自治管理的依托关系。

（五）加强管理，不断提高议价水平

在定价方面可参考两个方面的因素，一是与同业比，在利率和附带效应与同业相同的情况下，风险控制稳定，可以向集约化管理程度高，批量规模大，单位管理成本省的方向发展。二是与个人类贷款的其他产品比，利率不低于其他产品利率，如果贷后管理成本节省、风险损失概率小于其他产品，可以在批量规模化方向发展，也可以从资金的不同用途的成本收益比、剩余的放贷管理能力等方面来参考个人涉农贷款的定价。三是针对老客户新产品情况，应采取新产品捆绑老产品综合定价。四是对于种植业同业竞争不规范情况，应采取定价保持同业水平，以提高议价能力。

北部湾经济区发展规划升级与信贷业务发展策略

广西壮族自治区分行 李思影

一、北部湾经济区的发展现状

北部湾经济区地处我国沿海西南端，由南宁、北海、钦州、防城港四市所辖行政区域组成，陆地面积4.25万平方公里，海域总面积12.9万平方公里，总人口约1 300万人。北部湾经济区位居中国—东盟经济圈、华南经济圈、西南经济圈的接合部，地处中国与东盟合作、泛珠三角合作等多区域合作的交汇点，是泛北部湾经济区合作的核心组成部分。它既是中国与东盟合作的前沿和枢纽，也是西南地区走向东盟、走向世界市场的门户和最便捷的出海大通道，区位优势明显，资源优势突出，战略地位显著，发展潜力巨大，是我国同东盟各国发展经济、贸易、文化交流的前沿基地，也是我国“睦邻、安邻、富邻”周边外交政策的一个重要载体，是推动“泛珠”合作和泛北部湾经济圈区域合作的重要阵地。

2008年2月，《广西北部湾经济区发展规划》获国务院批准实施，根据规划，北部湾经济区将建设成为立足北部湾、服务“三南”（西南、华南和中南）、沟通东中西、面向东南亚，充分发挥连接多区域的重要通道、交流桥梁和合作平台，以开放合作促开发建设，努力建成中国—东盟开放合作的物流基地、商贸基地、加工制造基地和信息交流中心，成为带动、支撑西部大开发的战略高地和开放度高、辐射力强、经济繁荣、社会和谐、生态良好的重要国际区域经济合作区。

目前，北部湾经济区已经进入了历史上最好的发展时期，经济实力明显增强，经济总量占广西全区的比重不断提高；基础设施建设取得重大进展，沿海港口吞吐能力超过5 000万吨，集疏运条件逐步完善，西南出海大通道作用得到发挥；产业快速发展，中石油1 000万吨炼油项目、防城港钢铁基地项目、防城港核电项目等一批国家重点项目先后落户；开放水平不断提高，与国内其他地区的经济合作日益深化，在面向东盟开放合作中的地位日益凸显；人民生活水平明显提高，生态建设和环境保护得到加强。

二、北部湾经济区带来的机遇与挑战

截至2008年底，北部湾经济区开工建设或已列入规划的重大项目共有43个，包括防城港钢铁基地项目、防城港核电项目、南宁至广州快速铁路项目、北海铁山港300万吨LNG项目等，总投资达4 300多亿元。而未来10年，北部湾经济区还将形成2万亿元至2.5万亿元的投资规模，其中产业投资将超过9 500亿元，基础设施建设将超过4 000亿元，城市建设约4 400亿元，人口增加带来的房地产投资约3 000亿元；北部湾经济区布局的石化、林浆纸、新能源、钢铁和铝加工、粮油食品、海洋产业、高新技术、物流产业以及旅游、会展、金融等产业项目的发展需要年均1 000亿元以上的金融资本投放增量，这对于商业银行而言无疑是一个重要的发展机遇。与此同时，随着中国与东南亚国家经济的进一步发展，“两廊一圈”经济合作区域的逐渐形成，必将带来国际贸易的发展与国家间经济的融合，这也给商业银行加强国际合作特别是与东南亚国家的金融交流打开了窗口。

目前，北部湾经济区已经成为各家商业银行竞争的焦点和中心，群雄逐鹿的竞争态势已初步显现，无论是客户营销还是业务拓展，建设银行都将面临着激烈的同业竞争。此外，由于北部湾经济区属于后发展地区，目前仍然面临着经济规模、产业结构、社会文化建设等诸多瓶颈；同时北部湾经济区的金融市场发展水平不高，区域性市场作用不明显，服务范围不广，功能不完善，资金运作水平不高，金融生态环境有待改善，也在一定程度上限制了金融支持作用的发挥。

三、建设银行在北部湾经济区的业务发展现状

建设银行广西壮族自治区分行（以下简称广西区分行）目前在北部湾经济区内共设有15个二级分支机构，150多个营业网点，遍布南宁、北海、钦州、防城港市区以及扶绥、宾阳、横县、邕宁、武鸣、凭祥、东兴、灵山、合浦等县市。截至2008年底，建设银行广西区分行在北部湾经济区各项存款余额599.1亿元，占全区建设银行的54.1%，比年初新增75.1亿元；各项贷款余额为399.1亿元，占全区建设银行的62.2%，比年初新增41亿元；实现中间业务净收入2.3亿元，占全区建设银行的49.3%，同比新增0.45亿元。与经济区内的同业四行相比，建设银行广西区分行各项存款市场份额为29.7%，位居第二位；各项贷款市场份额为29.4%，位居第二位；贷款新增份额为55.3%，位居第一位。

从2005年至2009年，建设银行广西区分行已累计向北部湾经济区投放各类贷款992.8亿元，重点支持了钦州电厂、北海电厂、防城港务集团20万吨级码头、南宁市快速环道、南宁市污水排放等一批重大基础设施项目，重点扶持了南糖集团、南化集团、大海粮油工业（防城港）有限公司等一批重要企业。北部湾经济区已开工或即将开工的43个重大建设项目中，建设银行广西区分行已经审批、承诺的项目就有16个，承诺及审批金额达到810亿元。同时，建设银行广西区分行还先后与北海、钦州、防城港市政府以及北部湾开发投资公司、北部湾国际港务集团等重点客户签订了战略合作协议，并在2008年成功拓展了北部湾经济区的两大标志性项目——防城港钢铁基地项目和防城港核电项目的基本结算账户，进一步密切了与北部湾经济区的合作关系。2007年12月，由建设银行总行主办、建设银行广西区分行承办的首届北部湾经济与业务发展研讨会在南宁成功举行，进一步扩大了北部湾经济区和建设银行的影响。

四、建设银行在北部湾经济区的信贷业务发展战略

（一）找准信贷业务的切入点

北部湾经济区项目多，资金需求量大，金融发展的空间十分广阔。但信贷投放必须找准切入点，以避免无效或低效的资源投入；特别是要结合北部湾经济区发展的规划来明确投向的重点，坚持有所为有所不为。在行业和客户的选择上，应当重点支持基础设施、基础产业和地方支柱产业的建设和发展，特别是港口、交通、能源、有色金属等既符合国家宏观调控政策和产业政策，又体现区域经济特色、对区域经济发展起到关键作用的行业和产业，促进北部湾经济区的结构调整和产业升级；同时还应当加大对中小企业的支持力度，培育一批经营管理水平高、发展前景好的中小企业客户群体，增强北部湾经济区发展的活力。

（二）提高信贷服务能力

一是坚持实践“以客户为中心”的经营理念，加快制度创新和流程再造，优化内部组织架构，减少管理层级，打造“流程银行”，切实改进目前业务流程中掣肘服务效率、服务质量的相关环节；建立完善的客户关系管理系统，有效整合客户信息，建立客户需求的快速响应机制和相应的产品研发系统，提高服务的效率。二是按照国家宏观经济政策、产业政策和区域发展要求，结合广西及北部湾区域的经济发展规划，充分发挥自身优势和特色，通过加强全行上下联动、横向联动，进一步做好支持和服务工作，努力实现银政共赢、银企共赢、建设银行内部各分行共赢的局面。应发挥传统业务优势，大力支持北部湾重点项目和基础设施建设；充分运用银行信用卡、银行票据、贴现、信用证等业务功能，大力支持北部湾优质中小企业发展；创新金融服务方式，在传统商业银行业务的基础上，全面引入投资银行业务、信托业务和租赁业务，增加服务的深度和广度，提升服务的品质和品位；充分发挥工程造价咨询专业优势，为项目建设提供工程预决算、造价咨询、施工监理等服务。三是以广西区分行为平台，有效推动区域内广东、云南、深圳、海

南、贵州、香港、新加坡、越南分行筹备处等相关分行之间的联动营销和服务，搭建内部业务交流平台，在市场资源、业务经验等方面实现共享，强化建设银行的网络优势，提升整体服务效率。

（三）提高信贷拓展能力

1. 做强传统业务。利用北部湾经济区大规模进行固定资产建设的机遇，做好固定资产贷款等传统信贷产品的营销与投放，争取更多的业务主办银行资格；同时建立贷款审批的绿色通道和预授信体系，提高授信业务的审批速度，更好地适应客户的要求。同时以银团贷款业务为载体，进一步加强与同业和兄弟分行的合作，满足重点客户和重大项目的融资需求。一方面通过组建内部银团，加强不同省、区、市以及海内外分行间的联动，满足大型优质公司客户跨区域生产经营和投资、收购项目等产生的融资需求；另一方面拓宽思路，加强跨区域、跨国界的银行合作，尤其是与东盟各国商业银行间的合作，共同服务于跨国大型企业在北部湾的投资项目，满足其高质量、高标准的金融服务需求；同时在合作中还可借鉴国外商业银行服务大型项目建设的经验，提升自身的服务水平，从而达到以经济交流带动金融交流、以金融交流促进经济交流的目的。还要大力发展供应链融资、搭桥贷款等业务，满足客户流动性周转资金的需求，保障项目建设的顺畅进行。

2. 做实创新业务。利用国家政策调整的机遇，积极拓展并购贷款和资本金贷款，解决项目资本金不足或到位不及时的问题，为后续的信贷投放奠定基础。积极参与企业的融资设计，引导企业在传统融资渠道的基础上寻求新渠道，帮助企业根据自身实际选择正确的融资方式，以降低融资成本，提高资金使用效益，同时运用IPO、债券担保和承销等产品和服务为企业提供融资便利。要大力发展投资银行业务和信托业务，通过资产证券化、资产转让、信托受益凭证等产品和手段，盘活现有存量资产，缓解资金供求的矛盾，解决集团客户授信集中度的问题。积极引入BOT、TOT、融资租赁等国际通用的融资模式，不断开拓和完善灵活有效的融资机制和融资模式，进一步拓宽融资渠道，利用总行和建银国际的融资平台，积极参与北部湾产业投资基金的设立并扶持其快速发展，积极发挥其对经济区产业结构调整升级、临海工业基地振兴、国际商贸物流中心建设以及新兴产业发展的支持作用。

（四）把握信贷风险

1. 提高行业分析能力。根据北部湾经济区的建设规划，对北部湾区域内未来发展主要行业的特征进行分析，判断具体行业受到北部湾发展政策的支持程度、对生产要素的依赖程度以及行业的市场结构。对北部湾经济区现有主要行业的发展现状进行分析，收集行业的主要经济指标和行业内主要客户的基本状况、评价行业规模经济效应、行业的集中度以及行业所处的产业链，判断现有行业竞争能力和发展前景。

2. 加强客户评判能力。要分析客户在市场中的持续经营和发展能力的大小，从客户的基本面分析客户基本状况、内部管理能力评判客户的优劣和风险点。同时，对企业的产品进行分析，分析产品与同行业竞争对手比较是否具备成本优势、是否具备规模经济、是否具备品牌优势、产品差异化的持久性、技术是否成熟和具备核心性，判断企业在生命周期所处的位置，从而选择成长期和成熟期的客户，制订合理的银企合作方案，控制信贷风险。

3. 强化项目选择能力。要选择符合国家产业、国土、环保、资源、城市规划政策及其他相关政策要求的项目；审核项目发起方的资质，尽量选择具备如下条件的项目发起方：具有充足的资金实力，拥有良好的金融、商业信用记录，并成立拥有成功开发过类似规模和复杂程度项目专家的团队，尤其是外商企业投资项目。应严格根据境内资产进行授信，综合考虑其集团公司或母公司实力。对于重大项目可以考虑在我分行开立专户对项目资金实行封闭管理，严格资金用途的审查，按项目进度使用；使用前必须准确地说明其用途、数额、支出时间、去向，确保资本金只能用于项目的投资建设和生产经营所用。

4. 关注资本金。要关注项目建设所需资金筹措方案的合理性和可行性，评估总投资是否估算准确，是否存在因总投资估算不足导致超概算，或因总投资估算过量而减少自有资金投入数量；关注项目资本金的出资来源和出资方式，防止接受以其他银行信贷资金（国家另有规定除外）、向股东借款等债务性资金充作项目的自有资本金；

关注审查资本金到位情况。对于已到位的资本金和其他建设资金，须审查验资报告或相应的资金到位证明材料，及时对存放资金的账户进行审查。重点加强项目建成后的资本金管理，防止以建设银行贷款置换等各种方式抽逃资本金。

5. 落实有效担保。在选择客户和项目时除了关注第一还款来源外，还需把握和落实贷款担保人或担保物的风险，构筑贷款偿还的第二道防线，增加贷款最终偿还的可能性。选择担保物时，要关注担保品或担保人的合格性，担保的合格性确保了担保的合法、合规性，是担保生效的前提也是银行寻求法律保护的基本要求；要关注担保人或担保物担保能力的合理性，确定合理的担保数额和担保率，担保物至少能覆盖全部贷款本金、利息和相关费用，降低信用风险敞口；还要关注担保人或担保物的完备性，保障担保主体资格的合法和合规及担保程序的合法和合规；更要关注担保的可控性，保障担保的存在能有效制约借款人或担保人不利于建设银行的行为，促使其积极归还到期贷款；重点要关注担保的可执行性，了解担保执行和偿付程序是否简易和可操作，以及担保品的变现能力，应尽可能选择对还款来源容易控制的担保方式，使担保真正起到抵御和化解贷款风险的作用。

买单制与基层员工绩效考核机制研究

河北省分行 朱建辉 梁宝增

买单制的实质是计件工资制在银行业的应用。目前，买单制不仅被美国银行、汇丰银行、恒生银行和荷兰银行等国际知名银行使用，包括建设银行在内的国内银行也在广泛使用。

一、买单制实施的作用和效果

买单制把复杂的考评过程简单化，把上级行的战略目标具体化，把经营业务产品计量化，不仅对推动银行战略业务快速发展、提高员工营销积极性效果极为显著，同时也促进了联动营销、网点转型、产品创新等。

（一）使战略意图传导直接彻底，促进战略业务发展的作用明显

经济增加值（EVA）是个综合性指标，侧重于对机构（如一级分行、二级分行）的考核评价，细化到具体岗位和具体产品相对较难，尤其是对一些当期（近期）EVA为负值或很难计算的战略性产品，沿用EVA考核方法很难体现战略导向。买单制主要针对当期不产生EVA或产生EVA不多的战略性产品，能有效引导全行业务转型和长期竞争力的提升。通过买单制，上级行对战略业务发展的把控能力明显增强，分行对市场变化的应对能力明显提升。买单价格直接面对一线员工，避免了不合理的层层分配带来的激励作用衰减或激励信息扭曲，促进了总分行战略意图的有效传导，促进了战略业务的快速发展。

（二）考核效率得到提升，促进了人员合理流动，全面激发了一线员工的营销热情，网点销售能力明显提升

买单制将考核结果细化到人，提升了考核体系的效率。买单制的实施较好地激发了员工的销售热情，鼓励各级行争抢市场份额。买单制提倡多劳多得，充分体现资源向一线倾斜和向前台倾斜，满足了网点员工自我价值实现的需求，使前台岗位竞争力明显增强，中后台人员主动向前台流动。买单制激励方式简单、直接、透明，员工每天的营销成绩可及时反映，工作的努力程度在买单考核中更加透明。这种绩效考核方式唤醒了员工的营销意识，激发了员工的营销热情，挖掘了员工的营销潜能，带动了员工服务观念的转变。

（三）促进业务条线之间的联动营销，带动综合营销和全员营销

买单制实施后，由于每一项产品都有明晰产品定价，按照“谁营销谁买单”、“共同营销协商分成”的原则，有效解决了联动营销中利益分配问题。客户经理不再单一营销本部门的产品，而是为客户提供综合性的解决方案，充分挖掘客户价值。员工不分前台、中台、后台，不分劳务工、短期工、长期工，都能按照既定价格买单，充分发挥了每一个员工的营销潜能。联动营销、综合营销、全员营销由过去的以行政命令为主，变为利益机制下的主动和自觉行为。

（四）提升员工服务质量，促进产品创新，积极推动网点转型

买单制实施后，员工为了提高营销成功率，会主动学习产品业务知识，提高营销技能，加强与客户的沟通交流，主动根据客户年龄特点和风险偏好有针对性地进行产品营销。员工也会对产品创新提出更高的要求，前台柜员迫切希望各产品部门能不断推出满足市场需求的产品；同时，柜员也会及时将市场和客户的需求反馈给产品管理部门，从而提高产品创新的效率。业务量买单提高了柜台人员的工作积极性，服务质量与工作效率明显提高，客户满意度得到提升。在买单制的作用下，基层单位逐渐从核算型向营销型转变，从经营产品向经营客户转型。

二、买单制实施中存在的难点和问题

（一）买单制与资源配置政策和综合经营计划衔接不够，综合考核政策尚不健全，使得实施效果大打折扣

1. 买单制与现行的上下级行资源配置政策衔接不够。在总行对一级行和一级分行对二级分行层面，员工费用包括基本薪酬、岗位薪酬、经济增加值绩效薪酬统筹管理基金和战略性激励薪酬。而在二级分行与基层机构之间，基于经营管理架构、业务和产品发展的不平衡、历史薪酬水平差异等，各行在买单制产品选择、产品单价的测算和买单绩效的安排上，难以与相应资源总量准确衔接匹配。

2. 买单制与综合经营计划管理衔接不够。计价考核与计划考核的不匹配，削弱了综合经营计划的导向作用和刚性约束，在业务指标合理确定的情况下，可能出现综合经营计划中的业务指标完成率与员工绩效水平相脱钩的情况。

3. 综合考核及其他配套管理措施不到位。各分行对一线员工的考核侧重于对经营业绩和业务指标的考核，对服务水平、风险控制等指标的激励约束不足，容易引发员工重数量、轻质量，重营销、轻风险以及员工之间内部竞争等现象发生。如信用卡业务只考核客户新增，没有考虑是否激活或交易；电子银行业务只考核客户新增，没有考虑是否交易及带来的收入；专职大堂经理为了增加收入，放弃对客户的服务和对大堂的管理，转为利用接待客户的机会营销，引起其他客户的不满和流失等。

（二）科学合理的岗位薪酬体系、买单价格管理机制、买单费用的二次分配机制以及买单产品价值链分配机制等配套机制不够完善，造成基层机构同一岗位或不同岗位内部员工之间绩效工资的不合理差距过大

1. 科学合理的岗位薪酬体系尚未建立。当前建设银行基层员工工资收入主要由基本工资、岗位工资和绩效工资构成。由于建设银行尚未建立基于不同岗位的绩效考核分配体系，缺乏对岗位业绩的合理评价并配备相应的岗位工资，现有的岗位工资无法体现不同岗位的履岗难易程度及岗位目标完成情况的差距。实施买单制后，前台尤其是具备销售职能的前台员工拥有更多的销售机会，在岗位工资和基础绩效工资基础上能再获得一部分买单兑现工资，使得前台、中台、后台之间，不同条线之间收入差距拉大，难以保证各员工类群之间具有合理的目标薪酬对比关系。

2. 买单产品价格制定不够合理、科学，部分分行买单价格管理、调整机制不够灵活。由于目前管理会计数据支撑不足，定价中对部分买单产品的盈利性分析较为粗略，买单价格不能充分体现产品营销难度、价值创造能力、战略意义的差异，没有充分考虑费用平衡和控制的需求，个别买单产品定价与市场脱节，甚至激励过度。调研显示，大部分分行对买单价格按季或半年进行调整，但也有部分分行年度中间不对买单价格进行调整。个别分行没有结合当地实际和发展重点对上级行的参考价格进行调整，使买单价格不能完全反映当地市场环境、同业竞争形势的变化。部分分行未建立价格定期动态调整机制，一旦年中出现市场行情变化或产品销售超预期，容易导致买单价格偏高，与总体财务费用无法衔接。

3. 买单费用的二次分配机制不完善，团队买单及价值链分配机制不健全，基层机构同一岗位或不同岗位内部员工之间绩效工资不合理差距过大。部分分行未能建立合理的业务营销流程和网点内部不同岗位之间合理的利益分配机制，也没实施对业务量进行买单，简单地将买单费用全部直接兑现到个人，造成高低柜员之间员工收入差距过大。由于对公业务价值链较长，涉及的岗位和部门较多，每一个项目营销的时间长短不一，营销难度也有很大差异，有些项目是通过高层营销才取得成功，有些项目是市场本身带来的机遇，还有些项目产生的效益需要逐年体现。科学合理评价客户经理和营销团队的劳动付出难度较大，团队内部如何对价值链的每个环节、每个岗位进行公平的激励缺乏科学标准，团队买单机制尚不健全，在一定程度上造成对公业务人员买单激励相对不足。

（三）买单产品范围逐年扩大，产品种类繁多，战略重点不够突出，发展重点不明确，弱化了买单制对战略重点业务发展的指导作用

在买单政策推行初期，为保证买单政策得到全面贯彻落实，总行提出买单产品只能增加不能减少、买单价格只能提高不能降低等政策要求。而部分分支行在政策实施中缺乏灵活性和操作性，在买单制实施过程中存在一定的矛盾和问题。目前，买单产品主要由业务部门从业务发展角度提出需求，大部分都能体现全行战略发展导向，但由于对发展的战略性、长期效益和买单适用性考虑不够，个别业务部门将买单产品视做资源分配手段，要求种类多多益善、价格越高越好。经过2007年、2008年两年不断的发展壮大，总行制定的买单产品（明细）数量达112项，部分分支行在总行基础上还补充增加了新的买单产品。由于买单产品过于繁多，反而导致战略重点不突出，发展重点不明确，弱化了买单制对战略重点业务发展的指导作用。个别无须营销的产品甚至也进行买单，如历年来均销售火爆的国债和2008年的信托贷款类理财产品，往往需要客户提前预约，基本不需要前台主动营销，但各行也给予了买单激励。

（四）科技系统对买单制考核的支持严重不足，管理成本偏高，制约了考核兑现买单绩效的准确性和及时性，实施效率偏低

业务数据能准确统计、及时反映员工销售业绩是买单制顺利高效实施的重要保障。但目前建设银行在用的业务（产品）、信息管理等系统较多，中间业务产品营销数据来源比较分散。通过调研发现，由于员工绩效考核系统（EPEM 系统）存在一定的缺陷，如产品覆盖率低、操作过于烦琐、产品价格调整缺乏灵活性，数据准确性不够等，大部分分行未使用该系统，基层网点仍在每天手工统计买单业务量，花费人力多，耗时长，准确性差，管理成本过高。

三、进一步完善落实买单制的建议

当前买单制实施中遇到的困难和问题，有些并非由买单制本身存在缺陷所引起，而是由于相关配套的薪酬分配、综合考核、业务流程等管理政策及其他管理手段不完善导致的。因此，应通过不断完善买单制及相关配套政策，对各项业务的健康发展发挥积极的促进作用。

（一）构建以科学的岗位评价为基础、多种考核形式并存的薪酬体制

进一步建立和完善岗位评价体系，分别确定不同条线、不同岗位的工作职责，设定岗位基础工作任务和工作目标，制订岗位考核评价方案，合理确定各岗位的目标薪酬，以及各岗位基本工资、岗位工资、买单激励和任务工资等薪酬组成的比例关系，建立起以科学的岗位评价为基础、多种考核形式并存的薪酬体制。

（二）完善和细化成本效益核算体系，以管理会计为手段，为合理测算买单产品价格提供科学依据

推进实施管理会计，搭建和完善包括经营收入、资本性支出和管理费用在内的全面核算体系，实现分机构、分部门、分产品和分客户及人员等成本对象的各项效益和成本的详细测算，通过投入产出模型和量本利分析模型，实现银行的全面成本核算与管理，进而确定该机构、部门、产品和客户及人员等成本对象或责任中心的盈利能力。

提供各机构网点的综合收益及成本分摊数据、各产品部门的综合收益及成本分摊数据、明细产品的成本分摊及盈利情况数据、重点客户的综合收益及成本分摊等数据，为买单产品价格确定提供科学依据，也为买单费用在不同条线、层级和团队成员间分配提供参考。

（三）尽快研发统一的买单考核系统，为买单制的实施提供有力的科技支撑，降低买单制的管理成本

收集整理各行近几年在实施买单制过程中的各项需求，研发适合业务发展和管理体制的现买单系统，制定相应的管理流程，明确考核流程，加强对系统使用人员的培训，确保系统正常运行，提高买单数据的准确性和及时性，将各级买单绩效考核兑现人员从繁重的买单数据测算、整理工作中解脱出来。同时，应加快完善 EPEM 系统的优化改造，解决买单产品覆盖不全及数据不够准确、操作过于烦琐和价格调整缺乏灵活性等问题，提高系统的可用性、灵活性、适应性。

（四）加强对二级分行买单制实施的规范和指导

一是下发买单产品指导性目录。由计划财务部门牵头研究提出当年拟重点发展的买单产品指导性目录，并根据产品发展状况及市场环境提出买单价格的区间。明确二级分行在省分行买单产品目录之外选取买单产品时应遵循的原则，如属于总行重点发展的战略性产品或基础性指标、边界明晰、能明确考核和计量的产品，以及当期不产生 EVA 或产生 EVA 不高、但对全行战略转型或长期价值创造起重要作用的战略性产品等。确定买单产品价格时应充分考虑买单产品的战略意义、买单产品当前和未来的价值创造能力、产品营销的难易程度以及买单价格和财务资源之间的平衡等因素。二是对买单制实施过程中的相关问题进行明确，如要求各行应建立买单价格定期回顾、市场监测和买单价格定期调整的机制（原则上要求按季回顾调整）；明确各分行买单费用原则上不应超过绩效工资总量的一定比例，避免分行买单费用占比过高，总量无法平衡；赋予基层行一定的权限，允许基层网点负责人对买单兑现的部分费用进行二次分配等。三是进一步细化团队买单和价值链分配方法，分行应加强对不同种类对公产品买单方式的指导。

郑州南环支行电子银行业务超常规发展调查

河南省分行　高关民　张　伟　薛春利

郑州南环支行超常规发展电子银行业务，“小”产品开拓了“大”市场，在总行组织的电子银行“351”劳动竞赛中，从全国 13 600 多家网点脱颖而出，连续 9 个月蝉联全国百佳网点第一名，省分行许会斌行长专门发了贺信。省分行办公室、电子银行部和企业文化部组成调研组，对该支行进行了调研。

一、南环支行电子银行业务的基本情况

南环支行位于郑州市南部航海中路，地处城乡结合部，在拥有 85 个营业网点的郑州金水支行，一共 19 名员工的南环支行所处的地理位置、硬件设施并不优越，业务规模不大。

2006 年以前，南环支行在郑州金水的各支行中经营排名靠后。2006 年 8 月，新班子成立后，通过认真分析周围有华中食品城、鞋城等批发市场，衍生物流客户百余家这一市场和客户状况，决定把中间业务作为工作重点，将突破口放在电子银行上。经过两年来的持续努力，南环支行电子银行业务实现了超常规发展。

2009年度，共发展短信签约客户近3.6万户，个人网银盾客户8 328户，手机银行客户12 973户，电子银行业务收入由2005年不足1万元发展为2009年的136.92万元，是全省电子银行收入唯一突破百万元的网点，是2008年全年收入的2.6倍。电子银行及柜面业务分流率达到3 000%，相当于还有30个虚拟的南环支行在同步营业，同步贡献。在总行组织的电子银行“351”劳动竞赛中，连续9个月蝉联全国百佳网点第一名。

二、南环支行的特色做法和经验

通过调研我们发现，郑州南环支行在电子银行业务营销中有一套自己的做法。

（一）提振信心，打足营销底气

电子银行业务是一项新兴业务，更是一项发展潜力巨大的业务。郑州南环支行管理团队对电子银行业务的重要性有充分的认识，并强力推进。他们从培养员工大胆开口——“敢讲”开始，鼓励员工战胜羞怯和畏难情绪，大胆开口去讲。他们经常讲三句话：“不要怕被拒绝”、“大胆开口，就成功了一半”、“自信、自信、再自信”。对每一个客户做到“三多”：多问一句、多听一句、多介绍一句。同时对新员工实行一帮一、手牵手营销关爱活动。通过信心培育，增强了员工营销的主动性。营销成功让员工品尝到了快乐，反过来更进一步增加了他们的自信。经过日积月累，主动大胆营销变成了一种习惯。

（二）精准切入，批量营销客户

2006年，针对当时物流客户均以现金形式为下游商户结算等情况，南环支行积极营销安利物流等龙头物流企业，站在客户的角度，深入分析了物流公司每天几百万元现金分4辆车来往十几个分部送款带来的人力物力成本及潜在风险，鼓励他们用卡转账结算。起初，营销推进较为困难。后来，该行抓住郑州市发生了一起物流公司货款被抢案件的时机，深入物流公司和商户中宣传，从部分物流公司和自愿办卡的商户着手，很快打开了局面。后又推出了手机短信业务，实现了商户资金到账即时掌握。2008年11月，适应物流客户需求，带货号短信这种网银模式成功上线，吸引了大批物流公司和商户的关注。其间分五批为2万多名客户批量办理了手机短信业务，初步奠定了电子银行业务的客户基础。

（三）四步营销，规范营销行为

在长期的营销实践中，他们总结出了网点四步营销法。第一步，宣讲。由大堂经理对在等待区等待的客户讲解电子银行功能等，时间不超过两分钟，同时送上一杯水和一块开心糖果。第二步，签约。客户到柜台办理业务时，由柜员进行再推介，客户接受后签约。第三步，激活。签约后，柜员呼号大堂经理带领客户到电子银行自助区现场激活，仔细为客户讲解和演示产品使用方法和注意事项，递上一张大堂经理的名片，承诺随时为客户解决疑难问题，解除了客户的后顾之忧。第四步，体验。大堂经理为客户送咖啡和糖果，手把手教客户在自助区完成实际操作。

（四）精细管理，释放营销活力

为发挥员工营销电子银行产品的积极性，南环支行制定了切实有效的激励约束机制，进一步细化了激励办法，通过不断总结和完善，该行内部管理更加精细，考核办法更加严谨，绩效分配更具动力。比如，在柜台销售的电银产品，对柜员和大堂经理实行按比例分成，柜台营销签约和大堂经理激活演示按6:4分别体现在绩效分配中。同时，该行策划、开展了“产品销售能手评比”、“签约电银有礼”、“营销电银有奖”等系列营销竞赛活动。建立了员工业绩逐日上报、通报制度，使得各有分工，各司其职，默契配合，人人争先。有效的激励约束机制让努力营销电子银行产品的员工收入的水平得到了提升，南环支行员工今年以来一直拿封顶工资，整体收入水平平均提高了30%。

（五）柔性激励，增强营销动力

在做好物质激励的同时，南环支行还非常注重精神激励等柔性激励措施。实施荣誉激励，设置精神墙，评选每日之星、每周之星、每月之星，实施不同激励。每天办理网银、短信等电子银行业务第一名的员工可以现场摘取贴在精神墙上的10元奖金，每周之星可以摘取更多，每月之星可以带薪休假一天，由营销业绩最少的员工替休假的员工上岗营销。实行轮岗激励，每周营销电子银行产品突出的员工可以轮岗到VIP柜，在VIP柜坚持一周轮岗当大堂经理。实施体验激励，支行专门带领员工去品味高档生活方式，组织活动让员工见大世面，开阔眼界。实施及时激励，对于员工的贡献，不论场合、不管时间，及时发现及时奖励，只要员工有闪光点就即刻实施，使精神激励能够适时发挥作用。

三、“南环网效”的启示

南环支行不是一个偶然现象，而是具有示范效应的一个典型。从南环支行交流提拔到郑州其他支行任职的5名同志，也把南环经验带到了所在的支行，带动了所在支行电子银行业务的快速发展，其中之一的郑上路支行也入围了总行电子银行“351”竞赛“全国百佳”。部分地市分支行到郑州南环支行学习取经后，复制其营销和管理经验，取得了明显成效。“南环网效”给我们如下几点启示。

（一）电子银行业务的快速发展是银行业战略转型的必然趋势

电子银行是对银行业的一场革命，是对整个金融产业的深刻变革。中国是一个手机大国、电话大国、互联网大国，中国的手机用户、固定电话用户、网民数量都是全球第一。近年来，代表着银行先进生产力的电子银行业务在我国保持高速的发展态势。电子银行已经由银行业最初的“点缀”逐渐成为商业银行改变金融业竞争格局的新型服务渠道，成为商业银行挽留并在更大范围内争夺客户的利器，成为推进银行战略转型的必然选择。南环支行的实践符合了银行业战略转型的必然趋势，同时也充分证明，电子银行业务蕴藏着巨大的市场潜力和广阔的发展空间，以电子银行业务为突破口，可以助推银行业的战略转型，实现营业网点从传统服务向现代服务转变，从实体服务向虚拟服务转变，从单一服务向全功能服务转变，从繁杂的手工服务向电子化服务转变。

（二）高度重视和强力推进是电子银行业务快速发展的关键所在

南环支行电子银行业务的快速发展，与支行班子的高度重视和强力推进密不可分。他们在全体员工中普及电子银行知识，带头使用、体验和推广电子产品，持续重视电子银行产品的培训、营销和推广。南环支行电子银行业务的发展也是河南省分行电子银行业务发展的一个缩影。近年来，河南省分行电子银行业务的快速发展，确立了在同业和系统内的领先地位。省分行党委思想认识转变“早”，高度重视电子银行业务的发展，把电子银行业务放在由保障替代作用向战略提升作用转变的战略位置，用全局的思维、长远的眼光强力推动电子银行业务的发展，抢占了市场先机，赢得了未来市场竞争的主动权。正是由于河南省分行各级管理者的高度重视和强力推进，河南省分行的电子银行业务才有了快速发展的今天。

（三）产品创新是电子银行业务快速发展的核心支撑

电子银行业务是新兴业务，必须依托能够满足客户需求的新产品率先占领市场。南环支行正是依托手机短信等业务，实现了对客户的渗透和对客户价值的深度挖掘，特别是敏锐捕捉客户需求，开发了带货号短信这种产品，吸引了大批物流公司和商户的关注，实现了手机短信批量办理。带货号短信这种产品的开发和推广，完全体现了“以客户为中心”的创新理念，集中反映了与潮流共舞、与时代同步、与客户同行的创新原则，充分实现了客户需求到哪里、建设银行服务就到哪里的价值追求，实际上体现了“你的需求，我的追求”的人本观念。当今科技和网络发展日新月异，在产品创新上略有迟疑就会被同业落下。只有领先一步，才能争取主动，实现领先必须抓住市场脉搏，洞察市场需求，开发创新产品，从适应市场需求向引领培育市场转变，才能在未来的竞争中立于不败之地。

（四）精准营销和精良服务是电子银行业务快速发展的重要保证

电子银行作为银行的综合经营渠道、客户关系平台和客户服务窗口，尤其需要高度重视客户需求，做好营销和服务。南环支行市场培育、客户营销、精良服务“三驾马车”并驾齐驱，以短信等产品为突破口，从物流企业入手，向上下游客户逐步渗透营销。通过柜面的四步营销和贯穿于每个岗位、每道工序的贴心服务，赢得了客户的信赖，当地物流上下游客户使用建设银行短信已成为约定俗成的行规，提高了客户对建设银行的依存度。3 000%的柜面业务分流率，显示了电子银行在推进网点转型、促进柜面业务分流方面的积极作用。

（五）精细管理和柔性激励是电子银行业务快速发展的重要动力

在金融产品日益同质化的今天，金融服务市场的竞争很大程度上是精细管理的竞争和企业文化的竞争。制度机制是刚性约束，精神激励和文化塑造是柔性导向，两者方式不同，但都是精细管理的重要手段和文化培育的重要内容。南环支行既注重刚性约束，又注重柔性激励，“双轮驱动”，有效细化了制度机制。注重精神激励等柔性激励，切实调动了每位员工的积极性、能动性、创造性，增强了网点团队的凝聚力、战斗力，形成了激励有力、和谐共进的团队文化。令员工满意的竞争氛围和充分的自身发展空间，使员工尽情展现自身价值，尽情发挥自己的才能，为电子银行业务快速发展提供了不竭的动力。

当前商业银行经济资本管理存在的问题与完善建议

广东省中山市分行 张 勇

一、当前银行经济资本管理中存在的主要问题

从建设银行、招商银行、深圳发展银行等在国内较早推行经济资本预算管理的银行来看，经济资本管理机制在推进过程中，主要存在以下问题。

（一）经济资本计量分配不尽科学

一是经济资本分配系数的准确性不够。风险管理信息基础优良的国际先进商业银行一般采用内部评级法进行风险管理和经济资本管理，这也是在《巴塞尔新资本协议》框架下国际银行业风险管理和经济资本管理的发展趋势，内部评级法通过对客户违约概率以及预期损失和非预期损失的计量，进而进行经济资本计量和分配，其对象是具体的客户和债项，经济资本计量和分配结果的产生是由下而上、由细而粗的。但是，目前国内大多数银行内部评级系统尚在建设之中，即使系统开发完成后，为使系统适于本行自身风险管理的实际，还有一个经营数据积累、系统参数调整的过程。因此，我国银行大多数采用的计量方法相对是粗线条的、是平均意义下的系数法，这也是目前经济资本分配系数准确性不够的原因。二是经济资本产品分配系数分类不细。由于我国银行经济资本计量和分配大多数采用标准法，所以在进行产品细化时要受到会计核算和风险预警评级系统产品分类的制约，产品的会计核算及其在风险预警评级系统的分类情况，最终确定了经济资本分配系数的细化程度。三是对市场风险经济资本的计量不充分。目前，部分银行市场风险经济资本根据资金交易在险价值 VAR 的倍数来确定，其准确性有待于进一步验证。

（二）经济资本配置方式尚不完善

商业银行经济资本配置一般由其总行来完成，各级分行不再对下级行经济资本配置，各级分行对其下级行处的经济资本管理主要通过产品计划来实现，使下级行对总行政策导向理解上存在不同程度的误差。例如，各个省分行对二级分行都采用贷款规模控制，而并非采用经济资本约束，容易造成贷款投向僵化，不利于结构调整，甚至背离股东回报要求。此外，目前总行经济分配分为分行计划与部门计划两个层面，经济资本在横向和纵向配置上的衔接上也存在一定矛盾。

（三）基层行经济资本管理不能有效融入日常管理之中

目前，银行的基层行在经济资本管理中，经

济资本分配的政策效应主要通过经济资本分配系数影响经济增加值计算结果来体现，经济资本分配系数是以某类产品的平均风险程度为线索的，但由于同一类产品中不同客户、不同地区的风险状况存在较大差异，实际的贷款营销及定价决策应以每一个客户具体的经营状况分析和判断为依据。由于不同的行业和具体客户的差异较大，基层行缺乏这方面的研究力量，迫切需要具体的指导意见，使以产品为线索的分配系数通过一定的调整过程落实和反映到客户上。

（四）对下级行的考核配套政策方面与经济资本管理理念存在冲突

目前，部分商业银行总行、一级分行除了对下级行实现的经济增加值实行综合考核外，还建立了单项考核办法，形成了多层次的绩效评价体系。这些办法中个别指标与经济资本管理的要求不一致。例如，在等级行评定中，资产规模越大，得分越高。由于评定结果直接关系到分支行领导年薪和授权，同时基于维护客户关系的需要，各行有通过扩张生息资产、发放贷款来提升考核排名的冲动，从而弱化了经济资本约束风险资产总量的要求。又如，业务部门对以经济增加值为核心的考核政策连续性的担忧，也可能影响其对贷款营销的态度。按现在对贷款效益贡献的计算方法，一些贷款在投放当年增加值为负数。如果考核政策连续，当年的损失可以在第二年及以后年度得以补偿。经营部门担心考核政策在年度间发生重大变化，其付出了努力却得不到回报，同时还要承担贷款的风险责任，因此，可能放弃贷款营销，而选择营销当年见效的其他业务品种。

（五）基层分支行信息技术对经济资本管理支持不足

目前在大多数商业银行一级分行以下单位经济资本管理数据主要依靠手工计算，对分行别、分部门、分产品的经济资本监控和考核存在一些困难，如数据处理量大、机械重复劳动多；会计科目的核算不能满足经济资本的计量要求，如会计总账系统中无资产五级分类信息、信贷管理系统按会计科目要求归类困难、一些产品分部门的数据只能依靠经验比例等。

二、完善商业银行经济资本管理机制的建议

（一）改进经济资本管理流程，强化对预算实施的动态监控

鉴于我国银行目前仍普遍实行以总分行制为主要模式的经营管理体制，总行在经济资本管理上应主要着眼于政策的研究与制定，立足于宏观层面总量分配与控制，而经济资本具体在业务、部门、客户上的分配摆布与调整优化则应充分发挥各级分支行的主观能动性，赋予其在不同业务、部门、客户间调整经济资本的充分权利，减少不必要的上报审批环节，提高工作效率增强市场反应能力。同时，要加强对经济资本预算实施的过程管理，充分发挥各业务条线的职能作用，明确部门的经济资本管理职责，建立部门间定期分析研究解决预算实施问题的工作机制，保证经济资本管理“总量控制、结构最优”目标的实现。

（二）完善经济资本宏观管理参数，指导经济资本微观管理参数运用

一是经济资本管理参数需要动态调整。适用于宏观层面预算管理和绩效考核的经济资本宏观管理参数不是一成不变的，而是动态的管理参数，需要根据宏观形势、行业状况、区域经济、市场竞争等因素的发展变化定期进行调整和修正，以充分反映风险变化和体现政策导向。二是提高经济资本分配系数准确性。充分利用现有风险数据，逐步在产品风险状况和经济资本分配系数之间建立映射关系，使经济资本分配系数的确定具有相对更高的准确性。三是应加强经济资本微观管理参数运用指导。为确保在产品定价和客户盈利性分析等领域经济资本微观管理参数运用的标准化和规范化，应尽快提出微观领域经济资本分配系数细化的指导意见，包括细化系数的要求和方式等。例如，对具体客户的经济资本分配系数，可以根据客户重要性和客户信用等级等标准制定相应的分配系数调整的指导意见，指导各分行在总行核定的经济资本额度的范围内，根据具体信贷业务的区域、行业、产品、客户评级、期限和贷款方式等因素，在综合分析其风险水平的基础上，确定适当的经济资本分配系数。

（三）加快风险管理系统建设，完善相关配套管理制度

积极推进风险管理系统建设，以此为基础逐步采用先进的计量方法。要确定和分解经济资本，首先要计算单个客户和单笔资产的违约概率、违约损失率以及风险敞口等关键指标，然后才能开始其他计算程序。因此，商业银行要努力夯实内部评级基础，加快系统平台的开发和建设，提高风险计量的专业化水平。同时，坚持“同步推进、配套建设”的原则，不断完善相关配套管理制度，通过加强对利率风险、汇率风险和流动性风险的经济资本计量模型的研究和加强非信贷资产的质量和风险评价体系建设，为充分发挥经济资本管理机制在价值管理中的各种作用创造条件。

（四）建立和完善以经济资本分配为基础的RAROC管理体系

经济资本预算管理不能简单理解为建立一套算法或开发一个系统。经济资本的理念和方法必须运用到银行所有业务流程中去，并使之充分发挥决策支持作用。目前，RAROC已在国际先进银行中得到了广泛运用，在其内部各个层面的经营管理活动中发挥着重要作用。我国银行应借鉴其成功经验，逐步建立以经济资本分配为基础，以RAROC指标为纽带、使各种风险紧密联系的统一管理体系。在单笔业务层面上，可用RAROC来衡量一笔业务的风险与收益是否匹配，为是否开展该笔业务以及如何进行定价提供决策依据。在资产组合层面上，在考虑单笔业务的风险和资产组合效应之后，可依据RAROC衡量资产组合的风险与收益是否匹配，及时对RAROC指标呈现明显不利变化趋势的资产组合进行处理。在银行总体层面上，可利用RAROC进行目标设定、业务决策、资本配置和绩效考核等。高级管理层在确定银行能承担的总体风险水平，即风险偏好之后，计算银行需要的总体经济资本，以此评价自身的资本充足状况；将经济资本在各类风险、各个业务部门和各类业务之间进行分配，以有效控制银行的总体风险，并通过分配经济资本优化资源配置；同时，将股东回报要求转化为对全行、各业务部门和各个业务线的经营目标，用于绩效考核，使银行实现在可承受风险水平之下的收益最大化，并最终实现价值最大化目标。

（五）加大信息技术对经济资本管理的支持力度

技术支持是影响经济资本管理体系可操作性的重要因素。要从根本上改变经济资本分配和经济增加值的运作效力，必须实现信息基础质的提升。根据国外先进银行的经验，其经济资本管理一般都有先进的管理信息系统作支撑，如资产负债管理系统、资金转移定价系统、财务集中管理系统、内部评级系统等。这些管理信息系统不仅可以处理银行内部的资本配置问题，还可以对账面收益水平进行调整。因此，我国银行业下一步应当加紧进行内部评级系统、ERP系统、管理信息系统的开发建设，尽早进行经营管理信息的有效积累，改变目前信息散乱、整合困难、利用低效的状况。而各级分行也应该在现有信息条件下，注意充分挖掘和利用现有经营管理信息，改善经济资本分配和经济增加值考核的运用状况。

（六）提高各级分支机构对经济资本预算管理理念的执行效果

经济资本管理机制微观层面的改进方向主要是指在银行的各级分支行、各部门、客户经理个人在经济资本计量、分配运用等方面存在的有待于改进之处，其执行者主要由各级分支行相关人员来承担。为促使经济资本分配系数在不同领域、层面和对象的正确运用，总行必须加强政策指导，各级行和各部门应继续加强对经营理念、经营政策、管理方法的宣传和培训，保障总行制定的经济资本管理政策顺畅、无偏传导，使各级经营管理人员能够正确理解政策、准确把握参数、熟练运用方法，在各个经营管理领域中算好账、做好激励和决策。一是各级分支行在理论上要深刻理解经济资本管理的本质。银行的分支机构理解经济资本管理政策，必须着重理解经济资本分配系数的导向性、前瞻性和不同运用领域的差异性。二是灵活处理与协调经济资本管理与经营活动的关系。各级经营单位在客户拓展工作中要以风险效益匹配为基础，应以综合效益、长期效益为取舍标准。

关于对搭桥贷款营销和授信决策取向的思考

重庆市分行 王翎 许斌

搭桥贷款是指银行对借款人或股东已明确来源的投资资金或营运资金尚未到位时向其发放的，以其已明确来源的资金偿还的、用于与已明确来源的资金用途一致的封闭性短期贷款。

受国际金融危机的影响，在国内既面临保经济增长，又面临结构调整，多重矛盾叠加的情况下，国家在2008年下半年以来相继出台了一系列“扩内需、保增长、调结构”的宏观经济政策。对此总行积极响应，要求全行充分利用当前货币政策宽松局面的有利条件，通过丰富建设银行贷款产品种类，为客户提供更完善的金融服务。自2008年12月以来，各行积极跟进，主动营销搭桥贷款新产品，争取市场先机，使搭桥贷款业务呈爆发式增长。笔者根据审批实践中所遇到的一些问题，提出搭桥贷款营销和授信决策取向的几点意见，供大家参考。

一、关于产品的风险性问题

根据搭桥贷款的特性，其单笔贷款风险的大小主要取决于已明确来源资金到位的可靠程度，搭桥贷款本身并非属于低风险授信产品，即使有明确的资金来源计划，但仍然受宏观经济周期和各地金融生态环境、资金来源方实力、相关方政策执行力、建设项目管理等多方面变化的影响，即使是以财政资金作为还款来源的贷款采取担保方式发放，但往往由于客户系政府融资平台公司，其背后有一定的金融资源或行政资源，银行贷款风险难以缓释，对于采用信用方式发放贷款潜在的风险更是不容忽视。

二、关于产品营销的功利性问题

搭桥贷款是从传统流动资金贷款中分离出来的、独立的公司信贷产品，对搭桥贷款的需求背景、风险评估、额度确定和贷后管理等与一般商业、工业等流动资金贷款有着明显的区别，但又与客户现实财务安排和中长期信贷需求有着密切的联系。因此，一方面，搭桥贷款具有“自偿性”，类似于订单业务，客户有一单业务银行做一单业务，货款回笼就立即无条件偿还贷款；另一方面，银行营销搭桥贷款应该是战略性的，宏观上要纳入更高层面统筹考虑准入政策、授信总量控制规模，微观上表面是“及时雨”，但绝非权宜之策，而是谋求客户长期的资金流对经办行的综合贡献。若对客户合作没有通盘长久的考虑，宁可放弃单笔收益率低的搭桥贷款业务，让银行有限的信贷资源配置到优质客户和优质高效的项目上。

三、关于营销产品的策略问题

搭桥贷款涉及行业领域广、政策性强，对于没有风险缓释措施的某些搭桥贷款，甚至可能是高风险授信业务，对风险识别和控制能力要求高。切忌将拿到项目资金计划如获至宝，简单地按资金计划的最长期限、最高额度制订授信方案，要防止客户对银行贷款资金的过度依赖而轻视或忘记还款来源的“自偿性”，防止项目超概、资金来源覆盖贷款到期本息的余地小、资金计划调整、项目业主流动性等一系列问题。一般情况下对同一非生产性项目既做项目资本金搭桥贷款又同时给予项目贷款要慎之又慎，而对生产性项目应严

禁给予资本金搭桥贷款和承诺项目贷款。同时，在接触客户时要谨慎营销，对风险与收益的平衡作出较恰当的营销决策，防止搭桥贷款未审批通过，导致为今后自身业务的发展增加拓展成本。

四、对财政资金搭桥贷款客户的选择问题

政府层级越高，可支配财力就越大，资金来源的可靠程度也就越大。在客户或项目选择上要坚定不移地坚守“有保有压”的风险偏好，保还款来源可靠程度高、风险可控的项目，反之则压。因此，要大胆营销中央国债资金、灾害治理专项资金等中央预算内财政资金搭桥项目，积极介入已获政府部门批准的省级重点工程财政资金类搭桥贷款项目，审慎营销区县级财政预算内用于项目建设、税收返还、财政补偿或补贴的资金的搭桥贷款项目。对于政府性债务余额超过安全范围和一般预算收入不能满足一般公共服务支出的区县的财政资金类搭桥项目需求，建设银行不适宜介入。

CHINA 中国建设银行年鉴 2010
CONSTRUCTION BANK ALMANAC

第七部分　大事记

领导重要活动类

1月12日 行长张建国到山东省分行进行专题调研，副行长范一飞及总行有关部门负责人陪同。

1月23日 董事长郭树清、副行长胡哲一一行先后到总行信息技术部北京开发中心、北京市城建支行看望慰问员工，为他们送去了新春的祝福。

2月2日 行长张建国代表全行员工，在人民网向海内外朋友致以新春的问候和美好的祝愿，并向长期以来关心、支持和帮助建设银行发展的广大客户、境内外投资者和社会各界表示诚挚的感谢。

3月2日 行长张建国、副行长陈佐夫一行走访国务院三峡建设委员会办公室，与汪啸风主任等三峡办领导进行会谈。

3月17日 行长张建国一行到苏州分行调研。

4月13日 董事长郭树清一行赴河南与河南省人民政府签订战略合作备忘录，并到河南省分行进行调研，检查指导工作。副行长陈佐夫、董事王勇、监事程美芬等陪同参与了相关调研。

4月14日 行长张建国在广州参加了中小企业客户座谈会，倾听中小企业对银行金融服务的意见，探讨如何应对全球金融危机挑战，提升银行对中小企业的金融服务水平。批发业务总监顾京圃等参加了座谈。

4月16日 董事长郭树清一行到重庆市分行调研，检查指导工作。调研期间，出席了建设银行与重庆市人民政府战略合作备忘录签字仪式，并与重庆部分中小企业客户进行了座谈。副行长陈佐夫、董事王永刚、监事金磐石等陪同参加调研。

4月16日 行长张建国、批发业务总监顾京圃一行赴陕西省分行进行调研。

4月27日 总行党委副书记、监事长谢渡扬一行到湖北省分行调研。

5月4日 总行党委、董事会、监事会、高管层领导，向全行共青团员和青年员工致以亲切的问候。

5月5日至7日 董事长郭树清一行赴苏州市、镇江市进行工作调研，考察了解江苏省分行中小企业金融服务水平，与苏州、镇江两地的部分小企业代表进行了座谈。

6月5日 董事长郭树清率团赴美国参加与美国银行的年度例会，拜访了美国银行首席执行官刘易斯先生及高管团队。

6月11日 行长张建国一行赴浙江省分行进行调研。

6月25日 行长张建国、副行长朱小黄拜访全国社保基金理事会理事长戴相龙，就双方进一步加强在股权投资、基础设施建设投资、存款及托管业务等方面的合作达成共识。

7月6日 监事长谢渡扬一行赴黑龙江省分行、哈尔滨培训中心调研。

7月8日 监事长谢渡扬到青岛市分行调研。

7月21日 监事长谢渡扬到甘肃省分行调研。

7月22日 董事长郭树清到北京明苑会议中心，看望在那里培训的总行本部及直属机构的2009年新行员，并与他们座谈。

8月6日 董事长郭树清赴黑龙江省分行和哈尔滨培训中心调研，检查指导工作。

9 月 5 日至 8 日 董事长郭树清从上海转赴浙江省分行、宁波市分行调研，并与当地来自各行业的民营企业和中小企业负责人座谈交流，了解客户需求。

10 月 20 日至 22 日 董事长郭树清出席了在广西南宁举办的“第六届中国—东盟商务与投资峰会”以及“越南政府领导与中国企业 CEO 圆桌对话会”。参会期间，郭树清分别拜访了广西壮族自治区党委书记郭声琨、广西壮族自治区政府主席马飚，会见了越南国家银行副行长阮文平，并对广西壮族自治区分行进行了调研。

10 月 28 日 董事长郭树清一行前往建设银行北京产品创新实验室，了解产品创新的进展情况。

12 月 10 日至 12 日 董事长郭树清、副行长陈佐夫、董事刘向辉、监事程美芬、首席审计官于永顺等到新疆维吾尔自治区分行检查指导工作。

12 月 31 日 行长张建国、副行长陈佐夫在总行技术部、总务部和行长办公室等部门领导的陪同下，来到北京洋桥科技大厦，视察年终转结工作。张建国代表董事长郭树清等行领导，亲切慰问了奋战在年终转结工作岗位上的全体员工。

机构及人事类

1 月 4 日 印发《关于中国建设银行股份有限公司第二届监事会相关委员会组成人员调整的通知》（建总发［2009］2 号）。

1 月 15 日 印发《关于中国建设银行股份有限公司董事会、高管层组成人员调整的通知》（建总发［2009］7 号）。

2 月 2 日 印发《关于设立中国建设银行 95533 客户服务武汉中心的通知》（建总发［2009］13 号），决定设立中国建设银行 95533 客户服务武汉中心，承担全行 95533 外呼经营和客户呼入服务等职责。

2 月 24 日 印发《关于成立中国建设银行内控管理委员会的通知》（建总发［2009］28 号），决定成立中国建设银行内控管理委员会，不再保留风险管理与内控委员会。内控管理委员会下设办公室，挂靠风险管理部。

2 月 25 日 印发《关于中国建设银行巡视工作领导小组办公室更名的通知》（建党发［2009］3 号），将中国建设银行巡视工作领导小组办公室更名为中国共产党中国建设银行委员会巡视工作办公室。

3 月 13 日 建设银行深圳市分行“村镇业务部”正式挂牌成立，并现场为来自宝安、龙岗的 8 家村镇集体企业和 5 户村民提供授信额度 30 亿元的金融服务。总行副行长范一飞、深圳市副市长陈应春、副市长唐杰出席挂牌仪式。

4 月 10 日 建设银行第一期专业技术人才培训班结业式在总行党校举行，监事长谢渡扬参加了结业式并作了重要讲话。总行人力资源部、党校负责人出席了结业式。来自总行 22 个部门和各分行（培训中心）的 62 名学员获得了本期培训班的结业证书。

4 月 10 日 建信基金管理公司成都分公司开业。

5 月 11 日至 17 日 建设银行在江西井冈山干部学院举办新任职领导人员培训班，2008 年以来新提拔任职的 29 名一级分行副行级、总行部门副总经理级领导人员参加了学习。董事长郭树清出席了开班

仪式，并作了重要讲话。

5月14日 董事长郭树清、副行长朱小黄与万科、绿地等六家房地产企业负责人就近期房地产市场形势、加强银企合作等进行座谈。

5月21日 中国建设银行与南洋理工大学合作，在新加坡举办了一期管理人员高级研修班，监事长谢渡扬出席开班仪式并讲话。

6月1日 中国建设银行伦敦子银行——中国建设银行（伦敦）有限公司在英国伦敦开业。董事长郭树清、副行长范一飞、投资理财总监毛裕民出席了开业晚宴。参加开业晚宴的还有中国驻英国大使傅莹、英国经济商务部部长伊恩·皮特森及来自英国社会各界嘉宾200余人。

6月4日 行长张建国、批发业务总监顾京圃赴杭州会见阿里巴巴董事局主席马云和浙江省省长吕祖善，就网络银行业务发展及三方共建网络银行事宜进行交流和沟通。

6月5日 中国建设银行纽约分行在美国纽约举行开业典礼。中国建设银行董事长郭树清、副行长范一飞，中国驻纽约总领事彭克玉先生，纽约市副市长 Robert Liebe 先生，纽约州银行管理局局长 Richard H. Neiman 先生及来自美国社会各界嘉宾400余人出席了开业典礼。

8月13日 中国建设银行亚洲成功收购美国国际信贷（香港）有限公司。中国建设银行在香港的全资子公司——中国建设银行（亚洲）股份有限公司与美国国际集团（AIG）双方代表在香港正式签署了《股份收购协议书》等一系列法律文件，就收购美国国际信贷（香港）有限公司（AIGF）的全部股份达成最终协议。

9月9日 建设银行第一间产品创新实验室在北京正式建成并投入使用。副行长陈佐夫及部分高管人员，以及美国银行 Muareen 女士出席了开业仪式。

11月27日 建设银行在香港培训中心举办了为期六天的“工会主席高级研修班”。来自各一级分支机构的工会主席（主任）和副主席（副主任）参加了培训。副行长、总行工会主任辛树森出席开班仪式并讲话。

12月2日至4日 人力资源管理工作研讨及美国银行人力资源管理合作项目培训班在北京举办，总行人力资源部、各一级分行、培训中心有关人员共110人参加研讨培训。

12月15日 建信基金管理公司上海分公司开业。

12月23日 建设银行海外机构管理部（国际业务部下设的二级部）正式成立（建总发［2009］215号），主要负责全行海外机构和海外业务的归口管理。副行长范一飞参加成立仪式。

业 务 类

1月5日 交通部部长李盛霖一行专程到建设银行，与董事长郭树清、行长张建国、监事长谢渡扬等建设银行领导举行了调研沟通会。

1月5日 应中国核工业集团公司的邀请，董事长郭树清、非执行董事李晓玲、监事刘进等在北京出席了《中国核工业集团公司与银行机构战略合作协议、集团化银行融资公约、银行融资合同》签约仪式。

1月8日 建设银行与中国农业大学在北京签署《战略合作协议》。副行长朱小黄、中国农业大学

党委书记瞿振元、校长柯炳生等出席签约仪式。

1月9日 副行长朱小黄出席建设银行与大连市政府、重要优质客户战略合作签约仪式。

1月12日 行长张建国、副行长范一飞赴济南出席建设银行与山东省政府战略合作签约仪式。

1月14日 截至2009年1月14日，建设银行个人储蓄本外币存款余额突破3万亿元大关，达到30 056.03亿元，实现了5年来个人存款翻番，其中上市3年以来，个人存款增长超过1万亿元。

1月15日 董事长郭树清出席2009年度中国建设银行和美国银行战略协助项目启动仪式。

1月20日 建设银行与中国盐业总公司在北京签署《战略合作协议》。行长张建国、副行长朱小黄，中国盐业总公司总经理茆庆国、副总经理杜茂华等出席了签字仪式。

2月5日 随着资产保全业务管理系统二期（SARM系统）的成功上线，建设银行资产保全业务全面实现了电子化、流程化管理。

2月9日 建设银行与中国航空工业集团联合发起成立航空产业股权投资基金。该基金将由建设银行全资子公司建银国际与中航工业集团子公司中航投资和中航咨询共同成立专门的管理公司进行管理。

2月20日 建设银行与甘肃省政府在总行本部大楼签署了100亿元中期票据业务合作备忘录，监事长谢渡扬出席签字仪式，副行长范一飞、甘肃省常务副省长冯健身出席签字仪式并致辞。

2月21日 建设银行正式推出电话支付系统首批业务功能，并在湖南省分行、云南省分行投产。

3月2日 建设银行新的大额支付系统在全行上线。建立了一级分行业务分散处理、总行集中管理、各分行通过总行应急平台互为应急的业务运行管理模式，在总行、分行和人民银行间搭建了一条全程电子信息自动传递通道。

3月3日 建设银行与中国黄金集团公司共同签署《战略合作协议》。行长张建国、中国黄金集团公司总经理孙兆学出席签约仪式。

3月3日 建设银行在北京举行冠军足球卡发卡仪式。副行长陈佐夫、中国银联总裁许罗德和AC米兰俱乐部著名球星巴雷西等出席。

3月10日 建设银行与中国科技大学在北京签署《战略合作协议》。行长张建国、副行长陈佐夫、批发业务总监顾京圃，中国科技大学校长侯建国、副校长张淑林等领导出席签约仪式。

3月13日 建设银行与湖北省政府在北京签署战略合作备忘录。董事长郭树清、行长张建国，湖北省省委书记罗清泉、省长李鸿忠等出席签约仪式。

3月19日 建设银行与中国东方航空股份有限公司在上海签署银企全面合作协议。建设银行行长张建国，东航集团公司总裁、股份公司董事长刘绍勇出席签约仪式并致辞。双方代表签署了《银企战略合作协议》、《东航龙卡合作协议》、《大客户客运销售合作协议》。

3月27日 建设银行发布2008年度经营业绩报告。年报显示，2008年，建设银行实行积极稳健的经营方针，业务转型、结构调整和综合化经营取得明显进展，客户服务和风险管理能力持续提升，圆满完成了全年经营管理任务。

4月7日 董事长郭树清、副行长陈佐夫在郑州出席建设银行与河南省政府战略合作签约仪式，签约金额2 500亿元，董事王勇、监事程美芬等出席。

4月7日 行长张建国、批发业务总监顾京圃等在西安出席建设银行与陕西省政府战略合作签约仪式，签约金额1 200亿元。

4月9日 副行长陈佐夫出席了重庆分行与万州、涪陵等10个库区核心区域签署《战略合作备忘录》的签约仪式。建设银行拟在2009—2013年五年给予重庆库区10个重点区县总额398亿元的融资支持。

4月12日 董事长郭树清、副行长陈佐夫等在重庆出席建设银行与重庆市政府战略合作签约仪式，

签约金额2 080亿元。其间，郭树清还出席了建设银行中小企业客户座谈会。

5月12日　建设银行与中国中铁股份有限公司在北京签署《战略合作协议》，行长张建国、副行长范一飞、批发业务总监顾京圃与中国中铁股份有限公司总裁李长进、副总裁李建生、董事会秘书于腾群等出席签字仪式。

5月19日　建设银行与深圳航空有限责任公司在深圳举行深航尊鹏龙卡信用卡首发仪式。副行长陈佐夫、深圳航空高级顾问李泽源以及各界来宾150多人出席仪式。

5月22日　建设银行与新奥集团签署了《银企战略合作协议》。行长张建国、副行长胡哲一出席了签约仪式。

6月9日　副行长朱小黄出席并主持中国银行业协会银团贷款与交易专业委员会评优表彰暨项目签约大会。会议组织了包括建设银行牵头的“云南省城市污水处理设施200亿元银团贷款项目”在内的10家银行、18个项目现场签约，金额总计1 762亿元。公司业务部总经理靳彦民代表建设银行领取“中国银行业银团贷款最佳发展奖”和“中国银行业银团贷款最佳管理奖”两项奖。

6月26日　建设银行与华电集团公司在北京签署《银企合作协议》。行长张建国、副行长胡哲一，华电集团公司总经理云公民、副总经理陈飞虎等出席签字仪式。

6月30日　建设银行与宁波港集团有限公司签署《战略合作协议》，标志着双方在建立全面战略合作伙伴关系方面步入了一个全新的发展阶段。

6月　经过近5年的不懈努力，国际保理商年会大会决议：建设银行正式成为国际保理商联合会（FCI）的会员。

7月1日　建设银行海外清算系统（GMPS）收到第一笔由北京市分行客户汇出的美元付款，标志着建设银行海外清算系统正式投产、纽约分行美元清算服务的正式推出。

7月6日　建设银行在上海成功举办人民币跨境结算业务合作备忘录签约仪式，桑坦德银行、美国银行、汇丰银行等多家金融机构与建设银行签署备忘录。

7月23日　建设银行与中国东方电气集团有限公司签订了《资金集中管理合作协议》。行长张建国、批发业务总监顾京圃等出席签字仪式。

8月3日　建设银行与南非金融服务集团——第一兰特银行签署了旨在扩大非洲业务合作的战略合作备忘录。副行长陈佐夫和第一兰特银行首席执行官希兹瓦·恩克萨萨那先生出席了在南非约翰内斯堡举行的签字仪式。

8月3日　建设银行分别与上海市政府、浙江省政府和阿里巴巴公司签订《网络银行业务风险池合作协议》。

8月10日　建设银行电子银行业务渠道后台管理整合功能成功上线，系统统一支持网上银行、手机银行、短信金融服务、电话银行、电话支付、信用卡中心处理等多个电子银行业务系统后台管理功能的统一接入和整合。

8月15日　建设银行电话银行渠道全面开通投资理财功能。客户无须网点签约，拨打95533即可享受电话银行提供的基金国债、纸黄金、外汇买卖业务，或办理证券第三方转账等投资理财相关服务。

8月18日　“投资银行业务综合支持项目”系统正式上线运行，总行召开全行动员视频会议，副行长范一飞到会作动员讲话。

8月26日　建设银行与首都机场集团公司在北京签署了《银企战略合作协议》。行长张建国与首都机场集团公司总经理张志忠出席签字仪式并致辞。

8月28日　建设银行企业网上银行正式推出定向保理融资业务，成为业内首创并推出企业网上银行定向保理产品的第一家商业银行。

8 月 建设银行与 BNP 签署了以色列政府贷款总协议，为今后继续拓展以色列政府贷款业务打下了基础。

9 月 1 日 行长张建国代表建设银行与解放军总后勤部财务部签订公务卡服务协议。

9 月 8 日 行长张建国致信祝贺全行人民币企业存款余额突破 40 000 亿元大关，祝贺北京、广东、上海、江苏、浙江、四川、山东、深圳、河北、湖南、辽宁、湖北等 12 家分行企业存款突破千亿元，并向全行对公条线全体员工致以衷心的感谢。

9 月 14 日 建设银行与中国核工业建设集团公司在北京签署《战略合作协议》，行长张建国、副行长朱小黄等出席签约仪式。

9 月 14 日 建设银行与西班牙桑坦德银行正式签署《贸易资产转让和风险参与协议》。

9 月 17 日 建设银行与上海市政府在北京签署了战略合作备忘录。上海市委书记俞正声和建设银行董事长郭树清出席仪式并分别致辞，行长张建国与上海市长韩正代表双方在协议书上签字，监事长谢渡扬、副行长朱小黄、零售业务总监杜亚军等出席签约仪式，上海市常务副市长屠光绍主持签字仪式。

9 月 23 日 建银国际医疗基金在北京正式挂牌。行长张建国、监事长谢渡扬、副行长陈佐夫出席揭牌仪式。

9 月 建设银行“中国艺术家龙卡信用卡”在北京发行，中国艺术家龙卡为国内首张面向全国艺术家发行的专属信用卡。

10 月 9 日 建设银行住房金融与个人信贷业务实现历史性突破，个人贷款余额突破 10 000 亿元。10 月 23 日，行长张建国向全行房金条线员工签发贺信表示祝贺。

10 月 15 日 建设银行组织开发的个人外币存款跨一级分行通存通兑业务系统顺利上线，在全国率先开通外币通存通兑业务。

10 月 20 日 建设银行与中国南方航空股份有限公司在广州白云国际会议中心举行仪式，庆祝航空联名信用卡——南航明珠龙卡信用卡正式面世。副行长陈佐夫与中国南方航空股份有限公司总经理谭万庚等出席了仪式。

10 月 27 日 建设银行与土耳其电信在伊斯坦布尔举行支持华为电信设备出口信贷业务签约仪式。副行长范一飞与土耳其电信董事会副主席 Ibrahim Sahin 先生签署了 1.2 亿美元出口买方信贷业务框架协议。双方还签署了 3 000 万美元出口买方信贷贷款协议。

11 月 3 日至 4 日 副行长范一飞一行赴浙江，分别与浙江省人民政府常务副省长陈敏尔、副秘书长陈国平，阿里巴巴董事局主席马云、副主席蔡崇信，支付宝总裁邵晓锋等商谈深化网络银行业务合作事宜。

11 月 12 日 建设银行湖南省分行与长沙公交投资有限公司在长沙举行“建设银行公交联名金融 IC 卡”首发仪式。总行副行长胡哲一、湖南省人大常委会副主任陈叔红等出席了发卡仪式。

11 月 25 日 解放军总后勤部与工商银行、农业银行、建设银行三大商业银行在北京举行《军人保障卡业务合作协议》签约仪式。行长张建国出席签约仪式并发表讲话，副行长陈佐夫代表建设银行与总后勤部签署了合作协议。

12 月 1 日 工业和信息化部与工商银行、农业银行、中国银行、建设银行四大商业银行支持中小企业发展合作备忘录签字仪式在人民大会堂举行。工业和信息化部部长李毅中及工商银行、农业银行、中国银行、建设银行四大商业银行主要领导在签字仪式上讲话，并分别代表各方在合作备忘录上签字。

12 月 21 日 行长张建国、副行长范一飞一行赴杭州参加《浙江省政府、建设银行、阿里巴巴网络银行合作备忘录》签署仪式。

12 月 28 日 授信风险监测系统（CRMS）二期在全行正式推广运行，实现了从贷款审批受理到贷

后管理全流程的风险监控。

2月、8月、12月 建设银行分别发行次级债400亿元、200亿元和200亿元，合计共发行800亿元。

12月30日 建设银行与纽约梅隆银行正式签署《全球托管账户协议》。

12月30日 德国朗盛集团获得国家外汇管理局批准，在建设银行办理外币资金池业务。这是建设银行第一次实现在系统直联模式下为跨国公司客户提供外汇现金管理服务。

12月 建设银行与裕信奥地利银行签署了铁道部利用奥地利政府贷款2 629万欧元项目金融协议，为建设银行进一步经办铁道部项目奠定了基础。

2009年 建设银行分别与台湾台新国际银行、香港恒生银行、台湾日盛国际商业银行、美国GE资本管理公司等6家境外保理商签署了《国际保理商间协议》。

会议类

1月12日 2009年总行本部暨离退休老同志春节团拜会在全国政协礼堂举行。董事长郭树清，监事长谢渡扬，纪委书记、副行长辛树森，副行长朱小黄，党委委员胡哲一以及董事会、监事会、总行部门副总经理及以上人员，员工代表及离退休老同志等400多人欢聚一堂，辞旧迎新，共庆新春佳节。原总行老领导朱登山、周汉荣、苏文川、刘淑兰、赵玉琢、耿耕山、石春贵出席了团拜会。

1月21日至22日 建设银行海外机构座谈会在北京召开。会议由副行长范一飞主持，投资理财总监毛裕民、总行相关部门和各海外机构负责人参加了会议。

2月24日至25日 2009年全行工作会在北京召开。董事长郭树清发表重要讲话，行长张建国作经营情况报告，监事长谢渡扬就相关工作提出了要求。副行长辛树森、陈佐夫、范一飞，信达资产管理公司总裁田国立，副行长兼首席风险官朱小黄，党委委员胡哲一，首席财务官庞秀生，首席审计官于永顺，董事会秘书陈彩虹，批发业务总监顾京圃，零售业务总监杜亚军，投资理财总监毛裕民出席会议，部分董事、监事和中央及国家有关部门的同志应邀出席会议。

2月24日至25日 全行党的工作会议暨纪检监察工作会议在北京召开。郭树清、张建国、谢渡扬、辛树森、陈佐夫、范一飞、朱小黄、胡哲一出席会议。会上，总行党委书记、董事长郭树清作了重要讲话；总行党委副书记、行长张建国宣读了表彰决定；总行纪委书记、副行长辛树森作了题为《深入贯彻落实科学发展观，努力开创全行反腐倡廉建设的新局面》的工作报告。部分董事、监事、高管人员，中央纪委、银监会代表出席了会议。

3月12日至13日 全行资产保全工作会议在北京召开。副行长朱小黄参加会议并作了报告，各分行主管领导及资产保全部总经理、总行相关部门的代表参加了会议。

3月24日至25日 全行审计工作会议在北京召开，董事长郭树清、监事长谢渡扬参加会议并作了重要讲话，首席审计官于永顺作了会议总结。部分董事、监事，审计部、审计分部、总审计室及总行各经营管理部门负责人等参加了会议。

3月25日 中共中央政治局常委、中央纪委书记贺国强到建设银行调研，并在建设银行主持召开中央金融机构负责人座谈会，发表重要讲话。总行党委书记、董事长郭树清就建设银行工作情况作了汇

报，总行党委委员、纪委书记、副行长辛树森就建设银行反腐倡廉建设情况作了汇报。

3月26日 中国建设银行股份有限公司2009年第一次临时股东大会在北京召开。会议审议通过了中国建设银行股份有限公司发行次级债券的议案和通过公司网站向H股股东提供公司通讯的议案。

4月9日至10日 全行安全保卫工作会议在北京召开。副行长辛树森出席会议并讲话，各分行分管安全保卫工作的行领导及安全保卫部门主要负责人参加会议。

4月14日至15日 全行机构业务工作会议在北京召开。行长张建国出席会议并作重要讲话，副行长陈佐夫作工作报告，批发业务总监顾京圃主持会议。

4月16日 总行召开本部副总经理以上领导人员会议和全行系统视频会议，学习传达中央纪委书记贺国强在中央金融机构调研座谈会上的重要讲话精神，并就贯彻落实提出具体要求。总行党委委员、副行长辛树森、胡哲一，首席审计官于永顺出席会议并作了重要讲话。

4月27日 全行信访工作会议在河北廊坊召开。纪委书记、副行长辛树森出席会议并作了重要讲话。

5月7日 全行产品与质量管理工作座谈会在廊坊召开。副行长陈佐夫出席会议并作重要讲话。

5月25日 全行法律合规工作（视频）会议在京召开。副行长胡哲一出席会议并作了重要讲话。

5月27日 珠三角地区协调委员会2009年例会暨并购贷款研讨会在海南召开，副行长范一飞、投资理财总监毛裕民出席会议并讲话。

6月4日至5日 建设银行在北京召开"双十大"客户暨资产质量重点联系行风险处置专题会议，副行长朱小黄参加会议并作重要讲话。

6月10日 全行贷后管理工作专题视频会议在北京召开，行长张建国，副行长胡哲一、朱小黄出席并作重要讲话。

6月11日 中国建设银行2008年度股东大会在北京召开。会议审议批准了关于2008年度董事会报告，2008年度监事会报告，2008年度财务决算方案，2008年下半年利润分配方案，2008年度董事、监事薪酬清算方案，2009年度固定资产投资预算，聘任2009年度会计师事务所，委任陈佐夫先生担任执行董事等议案。

6月12日 全行贷后管理视频会议在北京召开。行长张建国、副行长朱小黄到会作重要讲话，零售业务总监杜亚军，总行30多个部门负责人及高级经理，一级、二级分行及支行领导，风险、对公、对私及资产保全条线负责人，从事贷后管理工作的业务人员参加了会议。

7月14日 中德住房储蓄银行召开第二届董事会第五次会议，董事长郭树清出席了会议。会议审议通过了《中德住房储蓄银行2009—2011年发展规划纲要》。

7月23日至24日 总行在北京召开2009年夏季工作座谈会。董事长郭树清出席会议并作重要讲话，行长张建国作工作报告，监事长谢渡扬主持会议并讲话，副行长辛树森传达了全国纪委书记座谈会会议精神；副行长陈佐夫、范一飞、胡哲一，信达资产管理公司总裁田国立，首席财务官庞秀生，首席审计官于永顺，董事会秘书陈彩虹，批发业务总监顾京圃，零售业务总监杜亚军，投资理财总监毛裕民，部分专职董事和独立董事，专职监事、职工监事、外部监事等出席会议。

8月6日 由总行主办、广西壮族自治区分行承办的"中国建设银行第二届北部湾经济与业务发展研讨会"在南宁顺利召开。副行长胡哲一出席了会议。

9月7日 总行在云南昆明召开全行纪委书记专题研讨会，总行纪委书记、副行长辛树森出席并作重要讲话。各一级分行纪委书记、总行相关部门人员参加了会议。

10月12日 全行百名网点代表经验交流会在北京召开。董事长郭树清出席会议并讲话。副行长陈佐夫、首席财务官庞秀生、投资理财总监毛裕民出席会议。部分董事、监事以及总行有关部门负责人出

席了会议。来自全行基层网点的100名一线员工代表参加了会议。

10月13日至14日 全行办公室工作会议在北京召开。副行长辛树森出席会议并作重要讲话。各一级分行、培训中心分管领导和办公室主任、总行相关部门负责人参加了会议。

11月13日 全行秋季工作会议（视频）在北京召开。董事长郭树清作重要讲话，行长张建国作工作报告，会议由监事长谢渡扬主持。副行长陈佐夫、范一飞、朱小黄作了专题发言。总行各部门负责人、在北京子公司主要负责人、总行本部职代会代表、总行本部获突出贡献奖员工在主会场出席了会议。各一级分行、培训中心领导，总行各审计分部、各总审计室、信用卡中心、中德住房储蓄银行负责人，分行职代会代表、获突出贡献奖员工在分会场出席了会议。

11月13日 建设银行第二届职工代表大会第二次会议（视频）在北京召开。董事长郭树清作重要讲话。行长张建国宣读了表彰中国建设银行突出贡献奖获奖员工的决定。监事长谢渡扬，副行长陈佐夫、朱小黄出席会议。副行长、工会主席辛树森主持大会。总行高级管理人员、各部门主要负责人、总行本部获突出贡献奖的员工在主会场参加了大会。各一级分行、培训中心负责人，总行审计分部、各总审计室、信用卡中心等负责人在分会场参加了会议。全行系统职工代表分别在主会场和分会场参加了会议。

11月26日 建设银行召开子公司座谈会。副行长范一飞主持会议并作重要讲话，首席财务官庞秀生、投资理财总监毛裕民出席会议，总行相关部门负责人和境内控股子公司派出董事、监事、相关管理人员参加了会议。

12月7日 总行党委召开扩大会议，认真传达学习中央经济工作会议精神。总行党委委员，部分董事、监事，高管层成员和党委各部门负责人参加了会议。

12月10日 全行公共关系与企业文化工作（视频）会议在北京召开，副行长辛树森出席会议并作了重要讲话。

12月11日 总行在沈阳市召开了基本养老保险个人账户做实业务拓展情况座谈会，副行长朱小黄出席会议，并作了重要讲话。

12月15日至16日 全行公司集团业务座谈会在安徽合肥召开，行长张建国出席会议并作重要讲话，批发业务总监顾京圃作工作报告。各一级分行分管领导、香港分行负责人和总行有关部门负责人等参加了会议。其间，张建国会见了安徽省委、省政府的主要领导，会见了合肥市委、市政府的主要领导。

综　合　类

1月 总行党委作出决定，授予北京市东四支行等127个单位为第二届中国建设银行文明单位。

1月 建设银行手机银行获首届中国电子金融“金爵奖”用户满意品牌。

2月2日 总行发布《关于表彰奥运金融服务与安全运营保障工作先进集体和先进个人的决定》，授予北京市分行、总行信息技术管理部北京数据中心等47家单位“奥运金融服务与安全运营保障工作组织奖”，授予北京市分行信息系统运行保障团队等500个基层网点、专业服务中心和管理团队“奥运金融服务与安全运营保障工作团队奖”，授予张先峰等1 500名员工“奥运金融服务与安全运营保障工

作明星奖”。

2月12日 英国《银行家》杂志刊载了2009年度全球金融品牌500强排行榜，建设银行以90.24亿美元的品牌价值列全球第9位，较上年度再进9位。

2月24日 在美国《环球金融》杂志“中国之星”评选中，建设银行获得“最佳公司贷款银行”、“最佳按揭贷款银行”两项大奖。

2月28日 第二届“中国金融营销奖”颁奖典礼在北京隆重举行，建设银行继第一届“中国金融营销十佳奖”之后，再次荣获数项大奖：蝉联中国金融营销奖“最佳企业社会责任奖”；建设银行“‘百易安’产品创新营销案例”获得公司业务类“金融产品十佳奖”；“建设银行姚明VISA信用卡营销案例”和“建设银行‘e路通’杯全国大学生网络商务创新应用大赛”分获零售业务类“金融产品十佳奖”。

2月 全行开展个人存款突破3万亿元宣传及表彰活动。授予100家单位“个人存款突破3万亿百佳网点奖”，授予1 000名员工“个人存款突破3万亿增储能手奖”。

4月13日 美国《福布斯》杂志最近公布了2009年度全球上市公司2 000强排名，建设银行由上年度的第62位上升至第23位，上升39位，在国内同业中升幅最大。

4月14日 “2008年达者兼济天下财富凝聚爱心——中国金融慈善榜”，建设银行荣获“金融行业·卓越贡献奖”及“2008年中国金融产品社会公益奖”两项大奖。

5月4日 团中央组织的第十三届“中国青年五四奖章”颁奖仪式在人民大会堂举行。建设银行广东省中山分行郑凯珊荣获“中国青年五四奖章”，是金融系统唯一获此殊荣的青年员工。建设银行也是金融系统唯一一家连续三年推荐的候选人单位。

5月11日 建设银行4个单位和个人荣获中华全国总工会表彰，34个单位和个人荣获中国金融工会表彰。

5月15日 2009年“亚洲银行家领袖成就奖”颁奖仪式在北京举行，建设银行获其中的“风险管理成就奖（中国区域）”，是国内同业中唯一获得风险管理方面奖项的银行。

5月20日 ISSSP中国第二届亚太六西格玛领导力大会暨颁奖仪式在北京举行，建设银行副行长陈佐夫出席，接受了中国质量协会会长陈邦柱和国际六西格玛专家委员会（ISSSP）全球主席Roxanne女士共同颁发的“亚太六西格玛领导力大奖”，并以“持续改进，追求卓越，创建国际一流银行”为题发表主题演讲。此奖项首次在中国颁发，是亚太六西格玛管理领域的最高荣誉。

6月1日 建设银行第四届乒乓球赛日前圆满完成各项赛事落下帷幕。副行长、工会主席辛树森为获奖分行和选手颁奖，并发表了讲话。

6月9日 建设银行银团贷款业务获得中国银行业协会主办的“中国银行业银团贷款最佳发展奖”和“中国银行业银团贷款最佳管理奖”。

6月25日 在香港《亚洲货币》杂志2009年度最佳银行评选活动中，建设银行获评中国区最高奖项——中国最佳银行奖。

6月 建设银行再度获得“2009年中国国际呼叫中心与客户关系管理大会”颁发的年度“中国最佳呼叫中心”称号，两名信用卡呼叫中心员工分别获得“2009年中国最佳呼叫中心客户服务代表奖”以及“中国最佳奥运会志愿者奖”。

6月 建设银行国际互联网网站荣获国家工业和信息化部等单位颁发的“2009年中国本土银行网站竞争力排名最具发展潜力奖”。

7月3日 在香港《资本》杂志举行的2009年度“中国杰出企业成就奖”颁奖典礼上，建设银行连续第二年获得内地银行业唯一的“中国杰出零售银行奖”。

7月17日 据不完全统计，2008年上半年，建设银行共获得包括英国《欧洲货币》、美国《环球金融》杂志、中国香港《亚洲货币》杂志、新加坡《亚洲银行家》杂志、《上海证券报》、中国扶贫基金会等媒体和机构授予的“中国最佳银行奖”、“中国杰出零售银行”、“中国风险管理成就奖”、“最佳公司贷款银行”、“最佳理财品牌”、“中国扶贫基金会20年特别贡献奖”等41项重要奖项（含排名）。

7月27日 在《经济观察报》2008年度中国最佳银行评选活动中，建设银行蝉联“中国最佳风险管理银行奖”，同时摘得“中国最佳电子银行奖”。

8月14日 建设银行宣布，为支援遭受台风灾害的台湾同胞渡过难关，重建家园，启动应急预案，决定向台湾灾区捐款人民币500万元，捐款将通过海协会尽快拨付灾区。

9月4日 建设银行“e贷通”产品获得“第二届中国中小企业最佳融资方案”奖。

9月24日 总行工会和离退休人员管理部联合举办“庆祝中华人民共和国成立60周年中国建设银行书画摄影展”。此次参展的优秀书画摄影作品，总行采取网上展览方式，链接在建设银行信息门户网站上。

9月29日 建设银行西藏自治区分行拉萨林廓北路支行营业部二级业务员普布扎西，被国务院授予“全国民族团结进步模范个人”荣誉称号。

10月14日 在2008年度全国金融企业财务决算报表工作评比中，建设银行在36家中央金融企业中名列前茅，再次获得财政部的通报表扬。

10月 建设银行在《首席财务官》杂志举办的“中国CFO最信赖的银行”评选活动中，获得“最佳资产托管奖”。

11月5日 中国人民银行发文表彰金融统计数据集中工作先进集体和先进个人，建设银行是所有商业银行中唯一同时获得“先进团队奖”、“优秀组织奖”、“业务创新奖”三项殊荣的单位。同时总行信息中心李涛、信息技术管理部王雪峰、重庆市分行王微微被授予“金融机构金融统计数据集中工作先进个人”称号。

11月17日 建设银行召开第二届二次职工代表大会，吕永生等39名同志荣获第三届“中国建设银行突出贡献奖”的荣誉称号，并分别荣获10万元奖金。

11月26日 在和讯网2009年第三届中国电子银行高峰论坛上，建设银行荣获“最佳网上银行”、“最佳手机银行”两项大奖。同期，在金融界网站2009年最佳电子银行颁奖盛典上，建设银行摘得“网上银行最具客户忠诚度奖”、“网上银行最佳安全奖”、“手机银行最佳风险管理奖”三项大奖。

11月 在《南方周末》与中国银联联合举办的“2009年南方周末银行信用卡高峰论坛”上，建设银行信用卡荣获“2009年度十大银行信用卡”和“2009年度顾客最喜爱的汽车卡”两个奖项。

11月 在第三届中国电子金融发展年会暨第二届中国电子金融“金爵奖”颁奖典礼上，建设银行电话银行、自助银行分别独家获得“2009年最受用户喜爱的电话银行”奖和“2009年最受用户喜爱的自助银行”奖。

12月7日 第三届中国电子金融发展年会暨第二届中国电子金融“金爵奖”颁奖盛典在北京举行，“2009年中国电子金融服务顾客满意度”调查结果以及“金爵奖”获奖名单揭晓，建设银行再次获奖。

12月12日 建设银行网上银行荣获“首届中国网上银行博览会暨中国网上银行评选颁奖盛典”之“2009年最受网友欢迎的网银品牌”、“2009年度网银创新成就奖”、“中国网银十年重大技术成就奖”三项大奖，广州开发中心主任张应丰荣获2009年度“中国网银发展十年功勋人物”。

12月 建设银行组织开发的非信贷资产风险管理信息系统获得中国人民银行2008年度银行科技发展奖三等奖。

12月 在首届移动金融服务高峰论坛上，建设银行手机银行摘取“最有价值手机银行奖”。

2009 年　建设银行荣获英国《全球托管人》杂志 2009 年“新兴市场托管银行服务评选——中国地区”的“国内最佳托管银行”荣誉称号（Domestic Top Rated）。

2009 年　建设银行获得香港财资杂志 *The Assets* 2009 年度中国最佳次托管银行奖。

2009 年　中国人民银行公布了 2008 年度银行科技发展奖获奖项目，建设银行 13 个信息科技项目获奖。其中 9 个项目荣获二等奖，4 个项目荣获三等奖。

2009 年　建设银行共申报知识产权专利申请 33 项，软件版权登记 19 项。共有 12 个发明项目被授予专利权，14 个项目取得了计算机软件著作权登记证书。

2009 年　建设银行开展了纪念“五四”90 周年评选表彰活动，表彰优秀共青团员、优秀团干部、五四红旗团委，命名百余位总行级青年岗位能手，有 4 名青年员工荣获团中央、金融团工委殊誉。树立并宣传先进典型，开展“金融青年服务明星”评选活动，其中 10 名同志被中央金融团工委命名为“全国金融青年服务明星”。广东省分行郑凯珊获金融系统第 13 届“中国青年五四奖章”，山西省分行王红梅获金融系统第 19 届“中国十大杰出青年”提名奖。

CHINA 中国建设银行年鉴 2010
CONSTRUCTION BANK ALMANAC

第八部分　附录

2009年中国建设银行董事、监事及高级管理层成员名录

董事

郭树清　董事长、执行董事

张建国　副董事长、执行董事

辛树森　执行董事

陈佐夫　执行董事（自2009年7月）

王永刚　非执行董事

王　勇　非执行董事

王淑敏　非执行董事

刘向辉　非执行董事

张向东　非执行董事

李晓玲　非执行董事

格里高利·L. 科尔　非执行董事

彼得·列文爵士　独立非执行董事

宋逢明　独立非执行董事

詹妮·希普利　独立非执行董事

伊琳·若诗　独立非执行董事

黄启民　独立非执行董事

谢孝衍　独立非执行董事

监事

谢渡扬　监事长

刘　进　监事

金磐石　监事

程美芬　职工代表监事

孙志新　职工代表监事

帅晋昆　职工代表监事

郭　峰　外部监事

戴德明　外部监事

高级管理人员

张建国　行长

辛树森　副行长

纪委书记

陈佐夫　副行长

范一飞　副行长

朱小黄　副行长

首席风险官

胡哲一　副行长（自 2009 年 3 月）

庞秀生　首席财务官

于永顺　首席审计官

陈彩虹　董事会秘书

顾京圃　批发业务总监

杜亚军　零售业务总监

毛裕民　投资理财总监

公司秘书

陈美嫦　公司秘书

2009年中国建设银行各分行班子成员名录

北京市分行

行长、党委书记：	王军
副行长、党委副书记：	章更生
副行长、党委副书记：	方秋月
副行长、党委委员：	秦仁文
副行长、党委委员：	龚毅
纪委书记、党委委员：	董建恒
副行长、党委委员：	李凡
风险总监：	邓艾兵
工会主任：	梁继生
行长助理：	郎理英（女）
资深专员：	赵克义（2009年11月任）

天津市分行

行长、党委书记：	高德高
纪委书记、党委委员：	李军（女）
副行长、党委委员：	邱书民
副行长、党委委员：	刘步其
副行长、党委委员：	王斌
副行长、党委委员：	文远华
风险总监：	詹毅文

河北省分行

行长、党委书记：	杨毓
副行长、党委委员：	王斌
副行长、党委委员：	孙福州
副行长、党委委员：	姚仲友（2009年11月免，调离）
纪委书记、党委委员：	傅永德
副行长、党委委员：	郭英辉（女）（2009年10月免）
副行长、党委委员：	周小知（2009年12月任）
副行长、党委委员：	肖朝辉（2009年12月任）
风险总监：	王东标

工会主任：杜彦芳（女）

山西省分行

行长、党委书记：马卓
副行长、党委副书记：陈东平
副行长、纪委书记、党委委员：解陆一
副行长、党委委员：斛文锋
副行长、党委委员：宋海林（2009年12月任）
工会主任：孟荣华
风险总监：杨利亚
资深专员：张斌政
资深专员：康生福（2009年2月任）

内蒙古自治区分行

行长、党委书记：黄先俊
副行长、党委副书记：裴品才
副行长、党委委员：张勤
副行长、党委委员：高升亮
副行长、纪委书记、党委委员：肖青（女）
风险总监：崔殿满

辽宁省分行

行长、党委书记：李英俊
副行长、纪委书记、党委副书记：陈利（2009年11月任副行长、党委副书记）
副行长、党委委员：籍宝奎（2009年10月任）
副行长、党委委员：陈宝东（2009年12月任）
副行长、党委委员：韩民
副行长、党委委员：于宁哲
纪委书记、党委委员：司朝伟（2009年11月任）
风险总监：刘伟
行长助理：张勇（2009年12月任）

大连市分行

行长、党委书记：杨文升
副行长、党委副书记：林忠治（2009年7月免）
副行长、党委副书记：程超英（女）（2009年12月任）
副行长、党委委员：冯涛
副行长、党委委员：石新亭
副行长、党委委员：张喜军
纪委书记、党委委员：张继波
风险总监：李明凯
调研员：谷大成（2009年8月逝世）

吉林省分行

行长、党委书记：	王毅
主要负责人：	张勤（2009 年 10 月任）
副行长、党委委员：	孙平生
副行长、党委委员：	杨铁军
副行长、党委委员、工会主任：	姚殿英
副行长、党委委员：	吕春光（2009 年 11 月任党委委员，12 月任副行长）
纪委书记、党委委员：	具京子（女）
副行长、党委委员：	程超英（2009 年 12 月免）
风险总监：	尹君
行长助理：	孙建国

黑龙江省分行

行长、党委书记：	薛峰
副行长、党委委员：	于长利
副行长、党委委员：	耿庆军
副行长、党委委员：	姜鸿飞
纪委书记、党委委员、工会主任：	张慧敏（女）
副行长、党委委员：	杨玉江
风险总监：	董发凯
行长助理：	李松
行长助理：	邹洵游

上海市分行

行长、党委书记：	赵欢
副行长、党委副书记：	忻明宝
副行长、党委委员：	张益民
副行长、纪委书记、党委委员：	沈芳珍（女）（2009 年 12 月免去副行长）
副行长、党委委员：	张忠德
副行长、党委委员：	林顺辉
副行长、党委委员：	陈金富（2009 年 12 月任）
风险总监：	徐众华

江苏省分行

行长、党委书记：	张援朝
副行长、党委副书记：	沈义明
纪委书记、党委委员：	王建国
副行长、党委委员：	樊庆刚
副行长、党委委员：	金扬统
副行长、党委委员：	邵斌
工会主任：	郑从安（2009 年 5 月退休）

风险总监：　　武莉（女）

苏州分行

行长、党委书记：　　夏平（2009 年 7 月免，调离）
行长、党委书记：　　岳鹰（2009 年 7 月任，2 月任主要负责人）
副行长、党委副书记：　　林忠治（2009 年 7 月任）
副行长、党委委员：　　黄松鹤
副行长、党委委员：　　徐挺
副行长、党委委员：　　沈业贵（2009 年 7 月免，调离）
纪委书记、党委委员：　　方建平（2009 年 12 月任）
工会主任：　　吕伟民（2009 年 12 月免去纪委书记、党委委员）
风险总监：　　陈慧芳（女）
资深专家：　　林少斌

浙江省分行

行长、党委书记：　　余静波
副行长、党委副书记：　　苏克
副行长、党委委员：　　侯建培
副行长、纪委书记、党委委员：　　张民
副行长、党委委员：　　劳新江
工会主席：　　傅春兰（女）
风险总监：　　尚朝辉（2009 年 12 月免，调离）
行长助理：　　何向东
行长助理：　　王叶毅

宁波市分行

行长、党委书记：　　刘丽华（女）
副行长、党委副书记：　　葛王杰
副行长、党委委员：　　任国正
纪委书记、党委委员：　　张依娜（女）
副行长、党委委员：　　陈恒星
风险总监：　　叶进（2009 年 7 月任）
行长助理：　　卢冲
资深专员：　　张鹏群
资深专员：　　郑顺年

安徽省分行

行长、党委书记：　　白国祥
纪委书记、党委委员：　　田苗根
副行长、党委委员：　　高强
副行长、党委委员：　　刘兴华
风险总监：　　潘虹

行长助理兼人力资源部总经理：　杨庆生（2009 年 7 月任）
行长助理兼个人金融部总经理：　杨学军（2009 年 7 月任）
资深专员：　范绍杰（2009 年 4 月任，同时免副行长、党委委员职务）
资深专员：　徐明堑（2009 年 4 月任，同时免副工会主任职务）

福建省分行

行长、党委书记：　康义（2009 年 12 月任，10 月任主要负责人）
行长、党委书记：　陈轼（2009 年 12 月免，任资深专家）
副行长、党委副书记：　林青山（2009 年 9 月免，任资深专员；11 月免，退休）
副行长、党委委员：　李文贤
副行长、党委委员：　林和发
副行长、党委委员：　刘峰
纪委书记、党委委员：　胡敏华
副行长、党委委员：　丁保平
风险总监：　张俊
资深专员：　张维禹（2009 年 10 月免，退休）
资深专员：　吴炳康（2009 年 12 月免，退休）

厦门市分行

行长、党委书记：　陈万铭
副行长、党委副书记：　生柳荣
副行长、党委委员：　林华（女）
副行长、党委委员：　肖春辉
纪委书记、党委委员：　戴丽萍（女）
风险总监：　黄惠玲（女）（2009 年 12 月免，同时任副行长、党委委员）

江西省分行

行长、党委书记：　段超良
副行长、党委委员：　余惠芳（女）
纪委书记、党委委员：　易建荣（2009 年 11 月免）
副行长、党委委员：　万国平
副行长、党委委员：　彭家彬(2009 年 3 月任，2007 年 11 月至 2009 年 3 月任行长助理)
副行长、党委委员：　张中科(2009 年 3 月任，2007 年 11 月至 2009 年 3 月任行长助理，2009 年 10 月免)
纪委书记、党委委员：　隋岩（女）（2009 年 11 月任）
风险总监：　隋岩（女）（2009 年 11 月免）
工会主任：　丁嘉槐
资深专员：　高根林

山东省分行

行长、党委书记：　彭洪明

副行长、党委委员：	李文达（2009年11月免）
副行长、纪委书记、党委委员：	张维国
副行长、党委委员：	刘振奇
副行长、党委委员：	路民
工会主任：	魏兆新
风险总监：	姚启凡
资深专员：	李五玲（女）（2009年2月任）
行长助理：	李建平

青岛市分行

行长、党委书记：	刘铁彦（2009年12月免）
行长、党委书记：	郭英辉（女）（2009年12月任，10月任主要负责人）
副行长、党委委员：	王士清
副行长、党委委员：	郭中华（女）
副行长、党委委员：	刘从正
纪委书记、党委委员：	张新华
资深专员：	刘津南
风险总监：	陈庆辉
行长助理：	柴翔

河南省分行

行长、党委书记：	许会斌
副行长、党委委员：	张志军
副行长、党委委员：	石永拴
副行长、党委委员：	王保信
副行长、党委委员：	黄兴宏
纪委书记、党委委员：	奚丽娟（女）
风险总监：	许建东

湖北省分行

行长、党委书记：	王江
副行长、党委副书记：	陈汉华
副行长、党委委员：	刘力耕
副行长、党委委员：	张进（2009年9月免，退休）
副行长、党委委员：	王进军（2009年8月任）
纪委书记、党委委员：	王继光
工会主任：	卢久生
风险总监：	梁德顺（2009年12月免）
巡视员：	陶恒喜
行长助理：	段红涛（2009年8月任）
行长助理：	石章振（2009年8月任）
资深专员：	李长运（2009年2月任）

三峡分行

行长、党委书记：	林帆
副行长、党委委员：	罗泽民
纪委书记、党委委员：	佟晓林
副行长、党委委员：	张家材
风险总监：	汪兴全
工会主任：	宋文德

湖南省分行

行长、党委书记：	龚蜀雄
副行长、党委委员：	陈二尧
副行长、党委委员：	魏振华
纪委书记、党委委员：	廖金华（2009年10月免，退休）
纪委书记、党委委员：	易建荣（2009年11月任）
副行长、党委委员：	刘广良
副行长、党委委员：	尹利芳（2009年12月任）
风险总监：	李华峰（2009年12月免，同时任副行长、党委委员）
风险总监：	梁德顺（2009年12月任）

广东省分行

行长、党委书记：	曾俭华
副行长、党委副书记：	李锦海
副行长、党委委员：	沈奕明
副行长、纪委书记、党委委员：	王少先
副行长、党委委员：	陈翠芳（女）
副行长、党委委员：	刘军
副行长、党委委员：	岳鹰（2009年7月免）
风险总监：	陈建华
工会主任：	王志雄

深圳市分行

行长、党委书记：	田惠宇
副行长、党委副书记：	易景安
副行长、党委委员：	张学庆（2009年7月免）
副行长、党委委员：	祝九胜
副行长、党委委员：	赵芝然（2009年4月任）
风险总监：	韩凤林
行长助理：	汪涛（2009年4月任）
行长助理：	戴惠明（2009年4月任）

广西壮族自治区分行

行长、党委书记：	袁明

副行长、党委副书记：　廖林
副行长、党委委员：　李思影
副行长、党委委员：　梁建林
纪委书记、党委委员、工会主任：　杨静挺
风险总监：　喻金龙
行长助理：　黄诚东
行长助理：　农卫东

海南省分行

行长、党委书记：　梁福成
副行长、党委委员：　李泉
副行长、党委委员：　赵永林
副行长、纪委书记、党委委员：　路建华
副行长、党委委员：　李明曦
副行长、党委委员：　石滨（女）
工会主任：　李冬生
风险总监：　李忠东

四川省分行

行长、党委书记：　曾益
副行长、党委委员：　李果（2009 年 12 月任党委副书记）
副行长、党委委员：　杨丰来
副行长、党委委员：　万鸿
副行长、党委委员：　王浩
纪委书记、党委委员：　王雄
副行长、党委委员、工会主任：　颜克忠（2009 年 11 月任）
风险总监：　汪海
行长助理：　戴虎林
资深专员：　邹大鹏（2009 年 10 月免）

重庆市分行

行长、党委书记：　黄叔平（女）
副行长、党委委员：　余江（2009 年 12 月任党委副书记）
副行长、纪委书记、党委委员：　宁新民（2009 年 12 月免纪委书记）
副行长、党委委员：　郑保钢（2009 年 10 月免）
纪委书记、党委委员：　李述成（2009 年 12 月任）
工会主任：　罗文章（2009 年 6 月任）
风险总监：　高永强
行长助理：　文姜元
行长助理：　熊刚
资深专员：　颜显民（女）（2009 年 11 月任）

贵州省分行

行长、党委书记：	吴民豪
副行长、党委委员：	张民权
副行长、党委委员、工会主任：	蒋晓树
副行长、党委委员：	杜坚（2009 年 2 月任）
副行长、党委委员：	许修智（2009 年 2 月任）
纪委书记、党委委员：	尹慧琳（女）（2009 年 2 月任）
风险总监：	王黎川（2009 年 11 月免）

云南省分行

行长、党委书记：	潘念宁（女）
副行长、党委副书记：	麦仲山
副行长、党委委员：	马亦凌（女）
副行长、党委委员：	何跃
纪委书记、党委委员：	董晓威
风险总监：	陈义
行长助理：	王晶武
资深专家：	帅晋昆
资深专员：	范京云

西藏自治区分行

行长、党委书记：	颜克忠（2009 年 6 月免）
副行长、党委副书记：	韩文贞（2009 年 6 月主持工作，同时任党委副书记）
副行长、党委委员：	罗文章（2009 年 6 月免）
副行长、党委委员：	严仕成
纪委书记、党委委员：	次仁顿珠
副行长、党委委员：	卢生（2009 年 6 月任）
副行长、党委委员：	李振宇（2009 年 6 月任）
工会主任：	杨培源
风险总监：	查克健
巡视员：	罗布桑珠

陕西省分行

行长、党委书记：	崔滨洲
副行长、党委委员：	高育昌
副行长、党委委员：	魏承国
副行长、党委委员：	孟鸿康
副行长、党委委员：	刘红旗
党委委员、纪委书记：	王德刚
风险总监：	曹建平
行长助理：	张玺峰（2009 年 12 月任）

行长助理：　　张敏（女）（2009 年 12 月任）

甘肃省分行

行长、党委书记：　　康义（2009 年 12 月免）

行长、党委书记：　　艾尔肯·艾则孜（2009 年 12 月任，10 月任主要负责人）

副行长、党委委员：　　孙一顺

副行长、党委委员：　　王文永（2009 年 12 月任）

副行长、党委委员：　　苏安平（2009 年 12 月任）

纪委书记、党委委员：　　李述成（2009 年 12 月免）

风险总监：　　杨仲元

行长助理：　　申健（2009 年 6 月任）

行长助理：　　朱博海（2009 年 6 月任）

青海省分行

行长、党委书记：　　郭继庄

副行长、党委委员：　　张海

副行长、党委委员：　　王正录

纪委书记、党委委员：　　卜建平

副行长、党委委员：　　郑海峰

副行长、党委委员：　　杨险峰

风险总监：　　金大钊

行长助理：　　梁世斌

宁夏回族自治区分行

行长、党委书记：　　李秀昆

副行长、党委委员：　　刘海涛

副行长、党委委员：　　徐长宁

纪委书记、党委委员：　　袁贵

风险总监：　　李惠

新疆维吾尔自治区分行

行长、党委书记：　　张涛（女）

副行长、党委副书记：　　戴跃明

副行长、党委委员：　　李忠华

副行长、党委委员：　　张春生

纪委书记、党委委员：　　王文永（2009 年 12 月免，调离）

风险总监：　　闫静波

哈尔滨培训中心

主任、党委书记兼建设银行党校哈尔滨分校校长：

吕春光（2009 年 11 月免）

主任、党委书记兼建设银行党校哈尔滨分校校长：

李文达（2009 年 11 月任）

副主任、党委委员：　　孙耀河（2009 年 12 月任党委副书记）

纪委书记、党委委员兼建设银行党校哈尔滨分校副校长：

李文（2009 年 2 月免）

资深专员：　　李文（2009 年 2 月任）

资深专员：　　刘铁男（2009 年 1 月免，退休）

常州培训中心

主任、党委书记兼建设银行党校常州分校校长：

江炳钰（2009 年 10 月免，同时任副主任、党委副书记）

主任、党委书记兼建设银行党校常州分校校长：

张中科（2009 年 10 月任）

副主任、纪委书记、党委委员兼建设银行党校常州分校副校长：

赵余分

副主任、党委委员：　　屈建伟